제 3 판

경제경영통계학

이 종 원 저

傳 英 社

제 3 판을 내면서

이 책이 처음 출판된 지 17년, 그리고 제2판이 나온 지도 벌써 9년이나 흘렀다. 여러 가지 면에서 부족한 점이 많음에도 불구하고 꾸준히 이 책을 아껴주는 독자들의 성원이 있었다. 이에 다소나마 부응코자 제3판을 펴내게 되었다. 금번에 책을 개정하면서 아래와 같은 사항에 중점을 두었다.

첫째, 제2판 출간 시 대부분의 내용을 한글로 전환하면서 한글로 표기할 경우 오해의 여지가 많은 용어 또는 장 및 절의 제목 등에 한정하여 한자로 표기하는 원칙을 세웠었다. 그러나 한글세대의 확산 및 컴퓨터 사용의 일반화와 더불어 한자사용에 대한 불편을 호소하는 독자들이 많았다. 이를 감안하여 제3판에서는 원칙적으로 모든 내용을 한글로 표기하고자 하였다. 다만, 오해의 여지가 큰 용어의 경우에는 영문표기를 병기함으로써 독자의 이해를 돕고자 하였다.

둘째, 본서는 현실감 있는 예제를 분석에 활용함으로써 독자의 관심을 높이고 현실적 적용능력을 배양시키고자 노력하여 왔다. 따라서 본서에서는 한국경제현상에 관한 실제 통계자료를 가능한 한 많이 활용하고 있다. 그러나 이로 인하여 일정 기간마다 자료를 수정 또는 갱신하여 주어야만 하는 번거로운 작업이 요구되었다. 금번 개정에서도 이러한 필요성에 부응한 개편 작업이 대종을 이루게 되었다. 그런데 분석대상 기간을 최근 시기로 갱신하여 줄 경우 기존의 분석결과를 대체할 정도로 만족할 만한 수준의 분석 결과가 도출되지 못한 부분이 일부분 나타났다. 따라서 제10장과 제12장에 소개된 실증분석 사례 중 일부는 불가피하게 개편을 유보하게 되었다. 이에 대해 후일의 개편을 약속하며 독자들의 양해를 구하는 바이다.

셋째, 본서는 제2판에서 SAS프로그램을 이용한 실증분석 방안을 숙지할 수 있는 체제로 전환하는 것을 목표로 하여 개정된 바 있다. 그런데 당시 작성된 「SAS를 이용한 통계분석방안에 관한 안내」와 교재 내에 수록된 예제 및 연습문제들을 풀 수 있도록 작성된 프로그램들은 모두 SAS Version 6.0에 근거하여 작성된 것이었다. 그 동안 SAS 프로그램이 지속적으로 업그레이드되어 현재 SAS Version 8.0이 주로 사용되고 있다. 이번 개정에서는 이러한 PC활용상의 여건을 감안하여 부록에 첨부된 「SAS 사용안내」 부분을 최근의 버전에 맞추어 새롭게 개편하였다. 그리고 이번 개정판에서는 예제 및 연습문제 풀이용 SAS 프로그램의 제공방식을 바꾸었다. 즉, 응용 프로그램 디스켓을 별도로 제공하는 대신 독자들이 박영사 홈페이지(http://www.pakyoungsa.co.kr)의 자료실에서 도서명이나 저자명을 이용하여 직접 다운로드 받아 활용할 수 있는 체제로 전환하였다.

이와 같이 책을 개편하는 작업은 생각보다 번거로운 과정과 많은 시간을 요하는 것이었다. 이에 따라서 여러 사람의 도움을 받게 되었음을 밝힌다. SAS 사용안내와 프로그램 개편, 자료의 수정 및 갱신과 실증분석 결과의 개편, 그리고 프로그램 디스켓의 개작과 연습문제 해답집의 개정 등을 수행하는데 수고해준 한국직업능력개발원의 이상돈 박사와 윤여인 연구원, 그리고 성균관대학교 경제학과 박사과정의 손수정 양, 한자를 한글로 개편하는 작업과 색인작업에 도움을 준 성균관대학교 경제학과 석사과정의 김두식 양, 원고정리와 교정에 수고해 준 성균관대학교 경제학과 박사과정의 김기호 군과 석사과정의 김종길 군 및 손재희 양 그리고 표지디자인을 보다 세련되고 참신한 모습으로 바꾸어 준 이금용 선생 등 모두에게 감사의 뜻을 전하고 싶다.

또한 금번 개정판이 보다 새롭게 단장될 수 있도록 도와 주신 박영사의 조성호 과장께 감사드린다.

2003년 2월

저 자

전정판을 내면서

이 책을 처음 펴낸 지도 벌써 만 7년이 되어 온다. 단지 이해하기 쉽고 또 현실에 대한 응용의 폭을 넓힐 수 있는 내용의 교재를 만들어 보겠다는 일념으로 시작하였으나 필력이 부족하여 부끄러운 작품이 되고 말았다는 생각이 자주 들었다. 그러나 이로 인해 여러분들로부터 귀중한 조언을 접할 수 있었던 점은 매우 유익한 경험이 되었다. 사실 이번 전정판은 이분들의 조언과 학생들로부터의 반응을 종합적으로 고려하여 개편한 것이다.

개정작업에 있어 주안점을 두었던 사항들은 다음과 같다.

첫째, 이번 전정판에서 가장 중점을 두었던 사항은 그간 숙제로 미루어 놓았던 과제로서, 본 교재에 소개된 통계분석방안을 컴퓨터를 이용하여 수행할 수 있는 체제로 전환하는 것이었다. 이를 위해 SAS를 이용한 PC 활용방안 중 핵심적인 내용은 부록에 싣고 자세하고 구체적인 내용은 별도책자로 펴내게 되었다(「SAS를 이용한 統計分析」, 박영사, 1995). 단, 본서에서는 주요 통계분석 프로그램 중 가장 적용범위가 넓고 또 그 사용이 일반화되어 있는 SAS 프로그램(Version 6.0)에 근거하여 PC 활용방안을 작성·제시하였다.

한편, 본문 중 활용한 모든 예제와 복습문제 및 연습문제에 관련된 통계분석방안을 모두 SAS 프로그램으로 작성하여 책 뒤 배면에 부착시켜 제공함으로써 독자의 편의를 도모하였다. 단, 이 프로그램들을 사용함에 있어 경우에 따라서는 본문 중 필산에 의해 산출·제시된 분석 결과들과는 미세하나마 차이가 발생할 수도 있음을 지적해 둔다.

자료 디스켓에는 관련 데이터를 포함한 SAS 프로그램 파일들을 입력시켜 놓았으며 각 파일의 명칭은 다음과 같은 체계로 작성되었다.

CH○○MT○○.PRG : 제○○장 본문(Main Text) 중에 나타난 ○○번째 예제풀이를 위한 SAS 프로그램

CH□□RP□□.PRG : 제□□장 □□번 복습문제(Review Problems) 풀이를 위한 SAS 프로그램

CH△△EP△△.PRG : 제△△장 △△번 연습문제(Exercise Problems) 풀이

를 위한 SAS 프로그램

둘째, 초판에 실었던 附表들 중 일부는 판독하기 어렵다는 문제가 있었고, t, χ^2, F분포표 등은 표본규모(n)나 유의수준(α)의 범위가 다소 한정되어 있어서 현실적으로 필요한 상황에 충분히 대응할 수 없다는 불편함이 있었다. 이번 개정판에 있어서는 이러한 문제들을 해결하고자 SAS 프로그램을 이용하여 분석범위와 活字體를 동시에 확대시킨 형태로 꾸며 보았다.

셋째, 본문내용 중 어색한 부분은 바로잡고 잡다한 부분을 축약시켰으며 시기적으로 낡아버린 자료들은 모두 최근 것으로 대체하였으나 전체의 내용구도는 그대로 유지하였다. 단, 제10장과 제12장의 회귀분석 내용만은 이 책을 計量經濟學의 기초강좌용으로 활용할 분들을 염두에 두고 확대·개편하였다.

넷째, 한자사용을 가능한 한 줄여 한글세대 독자들에게 보다 익숙한 형태의 지면을 구성하였고 활자크기를 확대하여 시각적인 편의를 도모하였다.

이상과 같은 편집원칙에 따라 전정판을 내고 보니 분량이 전보다 늘어나 독자들에게 심리적으로 부담감을 주게 된 것 같아 송구스럽다. 애당초 두 학기에 걸쳐 사용할 교재로 개발된 것이었고, 또 경상계통 統計學에서 필수적으로 다루어지는 주제만을 다룬 것이어서 어느 한 부분을 빼어 버리기가 곤란하였다. 非母數統計學 부분은 생략할 수도 있겠으나 이에 관한 적절한 교재가 없는 편이어서 그대로 두었다. 분량을 축소하도록 권고한 여러분께 미안할 따름이다. 한 학기 강의용으로 사용하시는 분들은 교과목의 중점목표를 고려하여 적절한 부분을 취사선택하여 활용하시길 바랄 뿐이다.

단지 개정판을 내는 것이었지만 예상외로 많은 시간이 걸리고 번거로운 과정을 겪게 되어 여러 사람의 도움을 받게 되었다. SAS 프로그램의 사용안내 및 해답집을 작성하는 데 수고해 준 고려경제연구소 李相敦 연구원과 KDI 盧龍煥 연구원, 그리고 성대 응용통계연구소 崔鉉集 연구원에게 이 기회를 통하여 감사드린다. 한편, 원고정리와 교정에 많은 수고를 해준 성대 경제학과 대학원생 金基湖 군과 성대 경제학과 李潤鎭, 權元協, 李在夏 군, 그리고 산뜻한 표지디자인을 제공해 준 李錦龍 양 등에게 고마움을 전하고 싶다. 특히 이번의 개정판이 보다 새롭고 알찬 내용이 되도록 물심양면으로 도와주신 박영사의 盧賢哲 선생께 사의를 표한다.

1993년 8월

著 者

머 리 말

한국의 학문수준도 이제는 상당한 단계에 이르러 대학교재 출판이 학자의 학문적 연구업적이 될 수 있는 시기는 지났다는 감이 든다. 따라서 교재 출판이란 일정 수준 이상의 사람은 누구나 알고 있는 사실을 어떻게 하면 효율적으로 편집하여 독자에게 편의를 제공하고 있는가에 그 중점이 두어져야 타당할 것이라 생각된다. 통계학 교재가 이미 여러 권 출판되어 있음에도 불구하고 본서를 집필하게 된 동기는 바로 이와 같은 관점에서 볼 때 저자 나름대로 몇 가지 점에서 독자에게 기여할 수 있는 길이 있으리라는 기대에서였다.

저자는 본서를 집필함에 있어 다음과 같은 몇 가지 사항에 주안점을 두었다.

첫째, 지난 10여 년간의 강의경험으로 볼 때 많은 학생들에게 통계학에 대한 충분한 이해나 응용능력이 쉽사리 갖추어지지 못한다는 점을 감안하여 주요 내용의 요약을 위주로 하는 설명방식을 탈피하고 자세하고 친절하면서도 이해하기 쉬운 내용의 설명을 시도하였다. 이러한 노력의 일환으로 강의중 다소의 의문은 가지고 있으면서도 질문하기는 쑥스러워 그냥 지나친다든지 또는 귀찮아서 구체적으로 확인하지 않고 넘겨 버리기 쉬운 부분에 대하여 상세한 설명과 증명(또는 참고문헌 소개)을 제공하였다.

둘째, 일반적으로 내용을 쉽게, 그리고 내용의 전개를 매끄럽게 만들다 보면 상당히 많은 내용을 생략하게 되는 문제점이 있다. 따라서 본서를 Thomas H. Wonnacott & Ronald J. Wonnacott의 *Introductory Statistics*와 같은 정도로 이해하기 쉽고 친절한 설명을 목표로 쓰되 Donald L. Harnett의 *Introduction to Statistical Methods*에서 다루어진 범주 이상의 내용을 빠짐없이 소개하고자 노력하였다. 그러나 자세하고 쉽게 쓴다는 일과 많은 것을 다룬다는 일은 서로 상반되는 측면이 있어 필력이 부족한 저자로서는 내용전개의 흐름을 뚜렷이 부각시키지 못할 가능성을 예상하지 않을 수 없었다. 이러한 점을 감안하여 본서는 다소의 무리를 감수하면서 전체내용을 일목요연하게 가지분류표(tree chart) 형태로 분류하여 제시하였다. 동시에 각 편 및 장별 내용을 유기적으로 연결시켜, 잡다하리만큼 방대한 내용의 소개로 인하여 내용의 전반적인 흐름이

흐트러지는 경향을 방지하고자 노력하였다. 이러한 목적을 달성하기 위해 각 편마다 통계학의 종합계보표를 반복적으로 제시하여 현재 독자가 공부하고 있는 부분이 전체 통계학 내용 중 어느 부분에 해당되는지를 주지시키고자 노력하였고, 또한 독자의 편의를 돕고자 본서에 소개된 통계분석과정 중 필수적인 분석방안 및 공식들을 별도 정리하여 앞뒤 표지 배면에 제시하여 상황과 여건에 따라 합당한 분석기법을 혼동 없이 선정하여 활용할 수 있도록 꾸며 보았다.

셋째, 독자들이 통계분석의 유용성을 인식하고 나아가서는 통계학 자체에 보다 큰 관심과 흥미를 가질 수 있도록 제한적이나마(경상계열에 중점을 둠) 현실성 있는 예제 및 연습문제를 다양하게 활용하고자 노력하였다. 특히 현실문제에 대한 응용력배양 측면을 염두에 두고 예제를 선정하였으나 책의 분량을 고려하여 많은 문제가 제공되지 못한 점에 대해서는 아쉬운 감이 없지 않다.

넷째, 대부분의 국내 통계학교재가 비모수통계 부분을 다소 등한시하여 왔고, 또 비모수통계만을 다룬 단일교재가 전무한 점을 감안하여 비모수적 통계분석에 관한 내용은 상당한 면을 할애하여 검토하였다. 이 부분에 대해서는 Sidney Siegel의 *Nonparametric Statistics*를 주로 참고하였으며, 방대하고 다양한 내용을 효율적으로 제공하고자 저자 나름대로 고안한 별도기준에 의해 체계화하여 두 장으로 압축시켜 보았다. 한편, 계량경제학 입문과정을 위하여 본서를 이용할 분들이 있으리라 예상하여 회귀분석편 또한 상대적으로 많은 내용을 담았다.

결과적으로 내용이 다소 방대하여져서 한 학기 교재로 사용하기에는 힘겨운 분량이 되었으나 다른 교재들이 내용전개의 일관성을 강조한 나머지 등한시하기 쉬운 내용까지를 가능한 한 많이 포함하여 필요에 따라 참고하려는 독자들에게 편의를 베푸는 것이 본서의 주목적이었는바, 일면 불가피한 결과라 생각된다.

이 책을 쓰는 데 주로 많이 참고한 서적은 Thomas H. Wonnacott & Ronald J. Wonnacott; Donald L. Harnett; D. L. Harnett & James L. Murphy; Leonard J. Kazmier; Paul G. Hoel & R. J. Jessen; Jan Kmenta; Robert S. Pindyck & Daniel L. Rubinfeld; Alexander M. Mood & Franklin A. Graybill & Duane C. Boes; Bernard W. Lindgren; Robert V. Hogg & Allen T. Craig; William G. Cochran; Sidney Siegel 등이 쓴 통계학·수리통계학 및 계량경제학 교재이다.

저자가 미천한 이 책을 출판하기까지는 거의 5년 반이란 세월이 흘렀다.

자신의 역량도 모르는 채 시작은 쉽게 하였으나 능력과 열의의 부족으로 몇 번씩이나 중단할 뻔하였다. 그 때마다 여러 가지 면에서 격려해 주신 은사 및 동료, 그리고 박영사 직원 여러분께 감사드린다.

졸저나마 무사히 이 책이 출간되기까지는 실로 여러 사람의 도움을 받았다. 집필의 기회를 주신 박영사 安鍾萬 사장님과 李明載 상무님, 그리고 朴基男 부장님, 정성껏 출판과정을 돌보아 주신 鮮于泰鎬 과장님과 夫聖耀 과장님에게 이 기회를 통하여 감사드린다. 한편, 1981년 이 책을 구상할 당시 내용편집에 귀중한 조언을 해준 당시 성균관대 경제학과 대학원생 吳文平, 安鍾範, 金仁戊, 백종진 및 홍순용 군, 1983년 원고정리에 많은 수고를 해준 당시 성대 경제학과 학생 李俊浩 군과 李圭寅 군, 그리고 종제 李鍾一 군(당시 인하대 경제학과 재학중) 등 제군에게 고마움을 전하고 싶다. 그리고 1986년 마무리 단계에서 원고정리 및 편집 그리고 교정에 이르는 방대한 작업을 도맡아준 金昌權 군('85 성대 대학원 경제학과 졸)과 교정을 맡아준 鄭聖哲, 金明煥 군(이상 '86 성대 대학원 경제학과 졸)과 金光壽, 李相敦 군(현재 성대 경제학과 재학중) 등 제군에게 심심한 감사를 보낸다. 특히 폭염중에 본인의 일도 제쳐놓고 보잘 것 없는 원고를 철저히 읽어 가며 아낌없는 조언을 베풀어 준 지우 아주대학교 경제학과 金喆煥 교수께 사의를 표한다.

끝으로 낳아 주시고 길러 주신 부모님과 가르쳐 주신 은사님께 감사드리며, 많은 날을 책을 쓴답시고 가정생활에 불충실했던 사람에게 인내와 관용을 베풀어 준 식구들에게 고마움을 전하고 싶다.

1986년 8월

著 者

목 차

2. 추측통계를 위한 확률이론

제 3 장 개별사상의 확률

제 4 장 전체사상의 확률 Ⅰ: 확률분포기초

제 5 장 전체사상의 확률 Ⅱ: 주요확률분포

제 6 장 표본통계량과 확률분포

3. 추측통계 Ⅰ: 일변량분석

제 7 장 통계적 추론 Ⅰ: 추정

제 8 장 통계적 추론 Ⅱ: 검정

제 9 장 통계적 추론 Ⅲ: 분산분석

4. 추측통계 II: 다변량분석

제10장 회귀분석 I: 단순선형회귀분석

제11장 상관분석

제12장 회귀분석 Ⅱ : 다중선형회귀분석

5. 비모수통계

제13장 χ^2검정과 비모수통계

제14장 기타 주요비모수통계

6. 기타 주요통계분석

제15장 시계열분석과 지수

제16장 통계적 의사결정론

서　　론

1. 통계학의 정의

현대사회를 정보의 시대라고 한다. 이와 같은 단정적인 표현은 다소의 무리가 있을지도 모른다. 그러나 우리들의 일상생활에 있어 홍수처럼 쏟아져 나오고 있는 각종 정보 및 자료를 올바로 이해하고 또 효율적으로 이용할 수 있는 능력의 중요성이 날로 커가고 있음은 부정할 수 없을 것이다. 자료를 유효적절히 사용할 수 있는 능력을 쌓는 일은 특히 현대 경제 및 경영분야의 학문연구에 있어 필수불가결의 과정이 되었다.

자료의 수집·정리 및 분석, 그리고 이와 같은 자료의 분석을 토대로 이루어지는 의사결정 등이 바로 통계학의 주내용을 이루게 된다. 그러나 통계학의 정의를 보다 명확히 하자면 몇 가지 기본적인 용어에 대한 이해가 필요하다. 따라서 이들 개념을 간략히 살펴본 다음 보다 명쾌한 통계학의 정의를 정립해 보기로 한다.

모집단(population)**과 표본**(sample)

통계분석에 있어 분석대상이 되는 개체들의 전체집합을 모집단(population)이라 한다. 예컨대, 우리가 도시근로자들의 임금수준에 관심을 갖는다면 각 도시에 거주하고 있는 근로자들의 봉급액을 나타내는 수치들의 집합이 바로 모집단이 되는 것이다. 물론 우리는 보다 정확한 분석을 위하여 모집단에 관하여 가능한 한 많은 정보를 얻고자 할 것이다. 그러나 모집단에 포함된 모든 정보를 수집하는 일은 불가능하며, 가능하다 하더라도 시간과 비용이 너무 많이 들게 되는 문제가 있다. 따라서 단지 이들 모집단에 관한 정보 중 제한된 양만을 수집하거나 관찰함으로써 추론하게 되는데, 이러한 목적을 위하여 조사대상으로 채택된 모집단의 일부를 표본(sample)이라 일컫는다.

모수(parameter)와 통계량(statistic)

모집단을 구성하는 개체들의 수가 많건 적건간에 이들 구성인자들(예컨대 전체 서울시민의 소득수준)에 관한 정보를 어떤 형태로 파악하는 것이 유용할 것인지를 고려할 필요가 있다. 즉, 서울시민의 소득을 전부 조사할 수 있다 하더라도 확인된 소득수준 전부를 그냥 나열하고 만다면 모집단의 특성을 파악하기가 힘들다. 따라서 우리는 일반적으로 이와 같은 모집단의 특징을 나타내는 대표적 수치를 제시하게 된다. 예를 들면, 서울시민의 평균소득수준이 얼마인지(이를 산술평균이라 한다), 어느 소득수준에 해당되는 사람수가 가장 많은지(이를 최빈치라 한다), 또는 소득수준 크기의 순서에 따라 전체 대상자를 배열하였을 경우 중앙에 위치하는 사람의 소득이 얼마인지(이를 중앙치라 한다)를 산정하여 제시함으로써 모집단의 특징 중 일면을 대표하게 된다. 한편, 서울시민의 소득문제와 관련하여 우리는 이러한 대표치 개념 이외에 시민들 중 저소득층 및 고소득층의 비중은 얼마나 되며, 이들간의 소득격차 정도는 어떠한가에 관한 정보를 얻어 냄으로써 관심의 대상인 모집단의 특성을 보다 다각적으로 표현할 수 있다. 이러한 특징을 대변하는 특성치를 산포도라 한다. 이상과 같이 모집단에 관한 정보를 보다 조직적으로 요약하여 제시할 수 있는 특성치들을 모수 또는 종합지표(parameter or summary measure)라 한다.

그러나 모집단은 보통 그 규모가 매우 커서 그 구성인자 전부를 관측할 수는 없으며, 결과적으로 모집단의 특성을 나타내는 모수(예컨대, 모집단의 평균이나 분산)를 직접 산출할 수가 없다. 따라서 우리는 대개 표본을 추출하여 그 속에 포함된 정보를 관측함으로써 표본의 특성을 대표하는 각종 특성치(예컨대, 표본의 평균이나 분산)를 대신 산출하게 되는데, 이러한 표본의 특성치를 우리는 통계량(statistic)이라 부른다. 그리고 이와 같이 산출된 표본의 특성치, 즉 통계량을 근거로 마침내 모집단의 특성을 규정하는 모수에 대한 추론을 할 수 있으며, 이러한 과정이 현대 통계분석(좀더 구체적으로 말하자면 추측통계학)의 주된 내용이 된다.

통계학의 발전과정

앞서 모집단과 표본, 그리고 모수와 통계량에 대한 개념을 대비시켜 설명하는 가운데 이미 독자들은 통계학의 기본적인 내용을 어느 정도 파악하였으리라 믿는다. 이제 통계학의 정의를 정립하기에 앞서 마지막으로 통계학의 발전과정 및 방법론을 잠시 살펴보기로 한다.

통계학의 기원을 17세기의 각종 투기 및 도박 등의 승부기회에 관한 연구에서 찾기도 하지만, 과학적인 통계적 분석이 거의 모든 학문분야에 응용될 수 있도록 발전된 것은 최근 약 1세기 동안의 일이다. 그리고 초기 통계학의 내용은 자료를 표나 도표에 의해 정리하여 제시하는 정도에 불과하였다. 그러나 근대에 이르러서는 자료의 특성을 나타내는 대표치를 이용하여 분석하는 방법이 도입되었고, 이러한 방법은 원시적이지만 기초적인 형태로서 현대통계학의 한 부분을 구성하고 있다. 예컨대, 1인당 평균국민소득, 소득의 분포도, 경제성장률, 물가지수 등은 이러한 기법에 의하여 계산되는 것이다. 이와 같이 정보를 수집·정리·분석하는 방법을 기술통계학(descriptive statistics)이라 하며, 이러한 명칭은 분석대상집단의 특성을 단순히 묘사하거나 서술하는 것이 주내용이 되고 있는 데서 연유된 것이다. 기술통계학은 또한 연역적 통계학(deductive statistics)이라고도 일컬어지는데, 이것은 위와 같은 기술통계학의 논리전개과정이 연역적 추리방법에 주로 의존하고 있기 때문이다. 그리고 기술통계학의 분석은 분석대상집단에 관한 전체 관측내용을 근거로 관측된 자료의 특성을 체계 있게 요약하여 제시하는 방법에 속하므로, 일반적으로 이러한 연역적 논리전개 결과 얻은 (기술통계학적)결론은 불확실성이 전혀 없는 명백한 사실의 요약된 표현으로 이해할 수 있다.

한편, 20세기로 접어들면서 통계학연구의 주요 내용은 정보의 조직적인 분석 및 활용방안과 이에 의거한 의사결정방법으로 전환되었다. 즉, 통계분석의 주관심사는 자료를 단순히 요약·정리하여 제시하는 기술통계분석방안에서 표본의 통계량을 근거로 모집단의 모수에 관한 추론을 시행하는 이른바 추측통계학(inferential statistics)으로 옮겨 온 것이다. 이러한 통계분석방법 및 추리과정, 즉 추측통계학은 귀납적 통계학(inductive statistics)이라고도 불리는데, 이것은 (표본내의)한정된 양의 정보를 기초로 하여 결론을 도출하기 때문이다. 그리고 이와 같이 귀납적 추론방법에 의한 분석방안은 제한된 표본정보만을 근거로 이루어지므로 추론 결과 얻은 결론은 항상 불확실성을 내포하게 된다. 따라서 이에 의거한 의사결정은 일반적으로 다소의 위험을 수반하게 된다. 그러나 다행히도 이러한 불확실성 또는 위험의 정도를 측정할 수 있는 방법이 개발되었다. 즉, 추측통계방법에 의한 결론은 항상 불확실하지만, 이러한 결론의 신뢰할 수 있는 정도를 계산할 수 있게 된 것이다. 따라서 일반적으로 통계적 추론에 의한 결론은, 예컨대 위험 정도를 나타내 줄 수 있는 확률 개념을 이용하여 표현되며, 따라서 확률이론은 통계학연구에 필수불가결의 분야가 되었다.

여하튼 오늘날 우리가 당면하는 대부분의 의사결정은 제한된 정보에서 결론을 얻어 내야 하는 상황에서 이루어지고 있어 추측통계이론의 중요성이 날로 증가하고 있다. 특히 추측통계방법론의 개발은 일상생활에 대한 활용뿐만 아니라 기업경영은 물론 국민경제의 운용방법에 이르는 광범위한 영역에 획기적인 발전을 가져왔다. 많은 학생들이 대학진학에 있어 학교를 선정하거나 또는 전공을 선택하는 데 있어 상당한 시간을 고심해 보았을 것이다. 그러나 이러한 선택문제에 있어 학생들의 의사결정은 단지 제한된 정보에 의해서 이루어지고 있으므로(예컨대, 수능시험의 성적, 고교 내신등급, 대학입시 전문기관의 예측, 지도교사 및 부모의 조언 등에 의해 얻을 수 있는 정보) 선택의 결과는 불확실하며 항상 위험을 내포하고 있다. 기업을 경영하는 사람들도 비슷한 문제에 직면하게 된다. 예컨대, 새로운 상품을 개발하여 생산한다면 성공할 수 있을까, 지금 이 시기에 공장의 시설확장이 바람직한 것일까, 광고에는 어느 정도의 비용을 쓰는 것이 적당할까 하는 등의 문제들에 관하여 끊임없이 의사결정을 내려야 하며, 이는 제한된 정보에 의해 이루어질 수밖에 없다. 이와 같은 불확실성하의 의사결정의 주요 도구로서 현대 통계학은 중요한 역할을 하는 것이다. 이러한 의미에서 볼 때 통계학은 불확실성하에서의 의사결정을 위한 방법론이라고 보아도 과언이 아닐 것이다.

이상에서 우리는 분석대상이 되는 모집단과 그의 특성치인 모수, 그리고 모집단에 대한 추론을 위해 도출된 표본과 그 특성치인 통계량에 대한 개념을 서로 대비하여 살펴보았다. 동시에 통계학을 분석방법 및 발전과정에 따라 분류해 보기도 하였다. 이제 이상과 같은 제반 내용을 이용하여 통계학에 대한 정의를 다음과 같이 정립하고자 한다.

> 통계학이란 관심 또는 연구의 대상이 되는 집단에 관한 자료를 수집·정리·분석하기 위한 과학적 방법인 동시에 추출된 표본의 통계량에 의거하여 모집단의 모수에 대하여 추론하는 방법과 이러한 추론을 근거로 합리적으로 의사를 결정하는 방법에 관한 체계적인 지식을 정리해 놓은 학문이다.

이러한 통계학의 정의 중 전반부(점선친 부분)는 기술통계학, 그리고 후반부(밑줄친 부분)는 추측통계학의 개념을 각각 대변하고 있다.

2. 통계학연구의 의의

지금까지 통계학은 도대체 무엇을 하는 학문인가를 검토하여 보았다. 독자들은 아마도 통계학의 정의를 규명하는 과정에서 제시된 여러 가지 예제들을 통하여 간접적으로나마 통계학연구가 어떻게 경제·경영문제의 해결에 소용이 되는지를 느낄 수 있었으리라 믿는다. 이제 통계학 또는 통계적 추론방법이 경제학과 경영학연구에 대하여 갖는 중요성 또는 의의를 독자들에게 보다 강조하여 인식시키고자 몇 가지 주요한 통계학적 추론의 적용 예를 제시해 보고자 한다.

경제학과 통계학

경제학연구의 기본과제 중 하나는 일정한 조건하에서 각종 경제변수들간에 성립되는 인과관계를 규명하는 일이라고 볼 수 있으며, 이러한 과정을 통하여 각종 경제이론이 개발되어 온 것이다. 이와 같은 경제이론의 개발은 객관적 타당성이 있는 연구절차 및 연구방법을 필요로 하게 된다.

자연과학의 경우는 온도·습도 등을 일정하게 유지시킬 수 있는 여건하에서 반복적인 실험을 통하여 자연현상의 인과관계를 규명한다. 그러나 경제학(및 기타 사회과학)의 경우, 그 연구대상은 인간 자신 및 그 경제행위가 되며, 이들의 행위를 일정 조건하에서 반복하여 관측할 수는 없다. 따라서 경제학에 있어서는 지금 우리가 처해 있는 현실을 마치 우리가 실험을 위해 일부러 그렇게 만들어 놓은 것처럼 가정한다. 이와 같이 우리가 처한 현실세계를 가상적인 실험실로 간주하고 이 실험실의 여건을 대변하는 제반 조건을 가정(assumption)이라 한다. 그러나 복잡한 경제현상을 모두 나타낼 수는 없으므로 가장 특징적이고 대표적인 현상만을 추상화하여 표시하게 되며, 실험의 용도나 분석의 단순화를 위해 가정을 현실과 다소 거리가 있는 조건들로 나타내기도 한다.

일단 가정이 설정되면 가정에 의해 제시된 조건하에서 경제변수들간에 어떤 인과관계가 성립되는가를 규명하게 된다. 이러한 경제변수들간의 본질적인 함수관계를 서술적으로 또는 수학적으로 단순화시킨 것을 가설(hypothesis)이라 한다.

이와 같은 과정을 거쳐 경제행위에 대한 직관, 즉 경제적 가설이 설정되면 과연 이 가설이 현실타당성이 있는지의 여부와 이러한 가설에 의해 과거 및 현재 그리고 장래의 경제상황을 설명 또는 예측할 수 있는지의 여부를 확인하게 된다. 이러한 과정을 가설검정이라 하며, 이 과정에서 가설로 제기된 경제적 행태에 대한 자료를 수집하여 통계적 분석을 함으로써 가설의 현실타당성 여부를 확인하게 된다. 이 검정의 결과 현실타당성이 인정될 때 비로소 그 가설은 경제이론으로 정립된다. 한편, 검증 결과 현실타당성이 인정되지 못하면 일단은 현실을 추상화한 기본전제, 즉 가정이 지나치게 현실과 괴리된 것이 아닌가 살펴보고 이를 재조정한 후 이제까지의 과정을 반복하게 된다.

그림 A 경제이론 개발의 기본과정

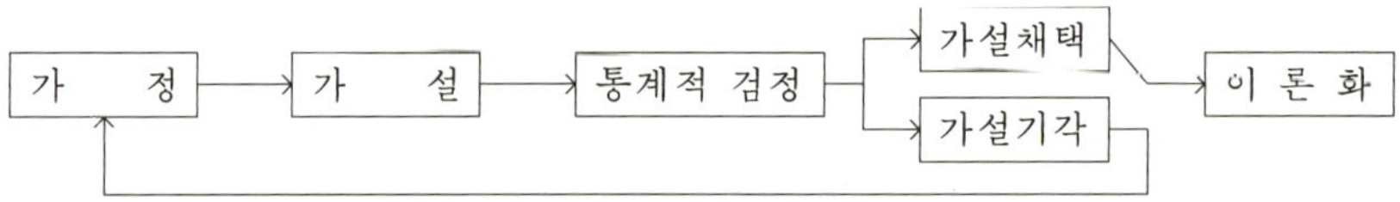

경제학연구의 기초방법론 문제를 과도하리만큼 장황하게 늘어놓은 이유는 통계학이 경제이론의 성립과정에서 얼마나 중요한 것인지를 강조하기 위해서였다. 실상 경제학이 오늘날처럼 실용적인 학문이 될 수 있었던 것은 통계학의 공헌이 없이는 불가능하였다고 해도 과언이 아닐 것이다. 또한 경제이론이 20세기에 들면서 급속히 발전할 수 있었던 것은 통계분석방법이 경제학에 도입된 데 기인한다고 볼 수 있으리만큼, 통계학이란 경제학연구에 있어 필수불가결의 것이 되었다. 뿐만 아니라 현대 경제이론의 대부분은 수리적 모형화를 통하여 이해되고 있으며, 각종 경제정책의 수립과 효과측정은 물론 주요 경제지표의 산정과 예측 등 제반 경제문제의 연구과정에 통계적 기법이 필연적으로 활용되고 있음은 주지의 사실이다.

경영학과 통계학

통계분석이 없는 경영학은 상상할 수 없을 정도로 통계학은 현대 경영학 연구에 중요한 역할을 담당하고 있다. 이러한 사실은 경영학과 통계학의 유기적 관계를 구체적으로 밝히지 않더라도 다음과 같은 중요 문제 해결과정을 일별함으로써 충분히 납득할 수 있으리라 믿는다.

1) 공인회계사가 어느 대기업체나 기관의 재무상태에 관한 기록을 감정할 경우 수취 가능한 모든 계정의 정확성을 일일이 확인할 수는 없다. 따라서 회계사는 일반적으로 통계적 표본추출법에 의거, 몇몇의 표본계정을 선정하여 조

사함으로써 전체 계정의 정확성 여부를 판정한다.

2) 생산과정 책임자가 생산비를 절감할 수 있는 새로운 생산방법을 도입함에 있어, 이 방법에 의해 생산된 제품이 일정수준 이상의 품질수준을 유지할 수 있는지를 확인하고자 할 때, 새로운 방법으로 만들어 낸 제품 중 일부를 선정하여 품질을 검사함으로써 전체 제품의 품질을 평가하게 된다.

3) 판매담당 책임자는 새로운 상품을 개발하여 생산하기에 앞서 과연 이 상품이 성공할 수 있는지, 즉 시장성이 있는가를 으레 확인하고 싶어질 것이다. 무작정 대량으로 생산하였다가 팔리지 않게 되면 막대한 손해를 보게 될 것이기 때문이다. 이 경우 새로운 상품의 견본을 만들어 소비자에게 제공한 뒤 일정 지역을 선정하여 이 상품에 대한 수요를 조사함으로써 시장성을 판정할 수 있게 된다.

4) 이외에도 특정 상품의 판매촉진을 위해 광고를 할 경우 어떤 방법이 가장 효과적인지, 그리고 광고비 지출은 어느 정도가 적정선인지 하는 문제에 대한 의사를 결정해야 할 때, 또는 신입사원이나 판매사원을 연수시킬 경우 어떤 프로그램에 의한 교육이 가장 효과적인지를 파악코자 할 때, 그리고 자금운용에 있어 여러 가능한 투자방법 중 어느 것을 어느 정도의 비율로 선택할 것인지를 결정해야 될 때 등등에 있어 각종 통계적 추론방법이 요구되는 것이다.

이상에서 본 바와 같이 결국 업종과 직책을 막론하고 통계적 분석능력이 없이 제대로 능력을 발휘할 수 있는 전문경영인이란 상상할 수 없을 정도로 통계학은 현대경영학에 필수적 요소가 되고 있다.

3. 책의 구성과 특징

이제 독자들은 통계학이란 도대체 무엇을 하는 학문이며 또 왜 경상계통의 학문연구에 그것이 필요한가를 다소나마 수긍할 수 있으리라 믿는다. 문제는 이러한 통계학의 주요 내용을 어떻게 효과적으로 전달할 수 있을 것인가 하는 것이다. 저자는 이 문제의 해결을 위하여 각종 통계분석방법들을 일정 기준에 의해 분류하되 분석방법간의 관계를 조직적으로 연결시킴으로써 조감적인 통계학의 계보를 일목요연하게 파악할 수 있도록 노력하였다. 이러한 목적을 위해 경우에 따라서는 엄밀한 분류가 다소 문제시되는 경우도 있겠으나, 그러한 방법이 교육적 효과라는 측면에서 볼 때 실보다 득이 많으리라 믿으며 다음과 같이 분류하였다.

우선 자료의 수집·정리 및 분석에 관한 내용들을 모아 제 1 편 기술통계에 정리하였다. 따라서 보다 근대적인 통계방법론을 다루는 추측통계, 즉 표본통계량을 근거로 모집단의 모수에 관한 추론을 하고 또 이와 같은 추론에 근거하여 의사결정을 하는 과정에 관한 분석내용은 제 2 편부터 소개하였다. 한편, 앞서 지적하였듯이 추측통계 또는 귀납적 통계추론에 의한 결론은 항상 불확실성하의 의사결정을 수반하며, 따라서 확률개념을 통하여 표현된다. 그러므로 추측통계학을 제대로 이해하려면 상당 수준의 확률이론에 관한 연구가 선행되어야 할 것이며, 본서에서는 이러한 점을 감안하여 본격적인 추측통계 내용을 다루기 앞서 추측통계를 위한 확률이론편을 제 2 편에 정리하여 다루었다.

한편, 추측통계는 분석대상집단의 특징을 한 개의 변량을 이용하여 이루어지는 분석내용과, 두 개 이상 변량간에 성립되는 관계에 관한 분석내용으로 구분하여 각각 제 3 편 및 제 4 편에 제시하였다. 이와 같은 분류방법은 많은 학생들이 제 4 편 다변량분석에 나오는 회귀분석이나 상관분석이 전통적인 추측통계와는 전혀 상관이 없는 별도의 분석방법인 것으로 오해하는 사례를 막기 위한 것이다. 독자들은 제 4 편에서 전개되는 제반 분석내용들도 제 3 편의 내용에서처럼 표본자료를 이용하여 모수(parameter)에 대한 추정을 하거나 가설을 검정하는 것임을 확인하게 되면 저자가 그림 B와 같이 통계학내용을 분류하여 제시코자 했던 동기를 보다 잘 이해할 수 있으리라 믿는다.

제 5 편은 이른바 비모수통계(nonparametric statistics)라 불리는 분석방법을 모아 놓았는데 이는 분석대상집단에 대한 관측자료가 모수라는 특성치를 산출하여 활용할 수 없는 상황에도 불구하고 통상적인 통계적 추론을 수행해야 하는 경우의 분석방안에 관한 것을 다루게 된다.

그리고 마지막 편에서는 이제까지의 범주에 포함시키기는 곤란하나 경상계열 통계학연구에 있어 매우 중요한 기타 통계분석 내용을 포함시켰다.

이상과 같은 분류는 어디까지나 교육목적상 편의를 위한 노력의 일환으로, 보다 효율적으로 통계학의 내용을 소개하고자 시도된 것이므로, 경우에 따라 다소의 무리가 있음을 재삼 밝혀 두고자 한다.

통계학 전체를 일단 다음의 도표와 같이 여섯 개의 편으로 구분하여 소개하되 각 편에 속하는 장들과 또 각 장별 주요 내용은 또다시 일정 기준에 의하여 세분함으로써 책 전체가 하나의 계보표(tree-chart) 형태로 정리될 수 있도록 하였다.

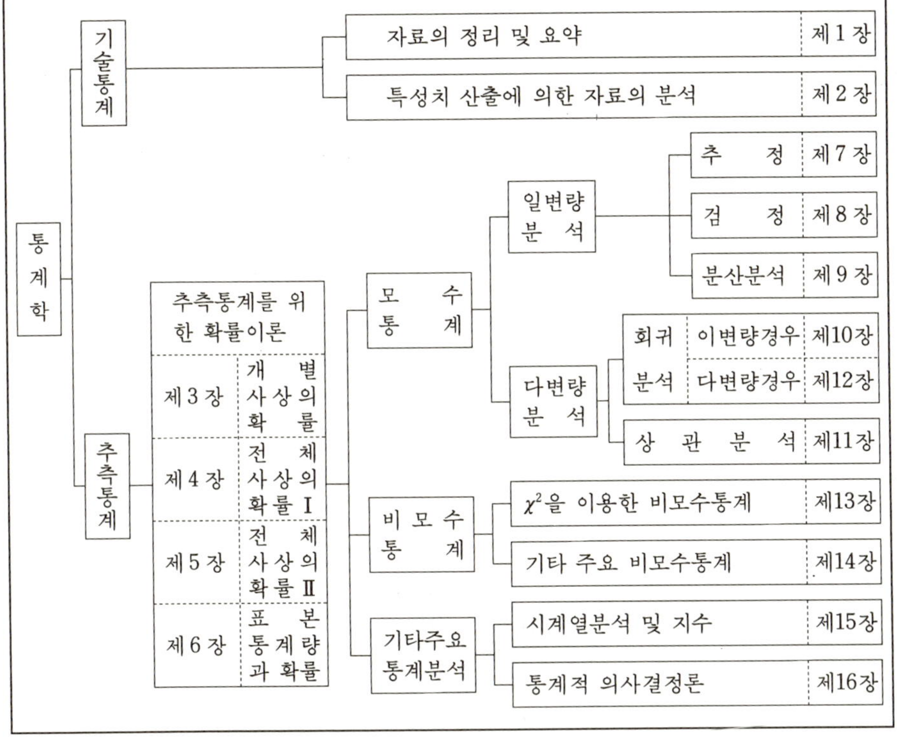

그림 B 통계학계보표

각 장은 첫머리에 앞뒤 장과의 연관성 및 해당 장의 내용개요를 소개하였고, 본문 내용의 전개는 항상 주요 예제의 풀이를 통하여 이해를 돕고자 하였다. 또 각 장의 말미에는 해당 장에서 다룬 내용을 요약하여 정리하였고, 이어 이미 내용 중 소개된 예제와 비슷한 형태의 문제는 복습문제로, 그리고 응용력을 키우기 위한 사례분석은 연습문제의 형태로 제시하되 가능한 한 경상계 학문연구와 관련이 큰 것으로 선정하였다. 문제에 대한 해답은 독자의 불편을 덜고자 각 장의 말미에 제공하였다. 여기서 독자들에게 강조하고 싶은 것은, 문제를 실제로 풀어 보기 전에는 결코 통계학을 충분히 이해할 수 없다는 점이다. 쓰여진 내용을 충분히 검토하여 모르는 부분이나 이해하지 못하는 부분이 없도록 숙지하였다 해도 실제문제에 부딪치게 되면 종종 암담한 심경이 되기 쉬우므로 다양한 문제를 실전적으로 해결해나가는 연습을 결코 게을리해서는 안 될 것이다.

1

기술통계

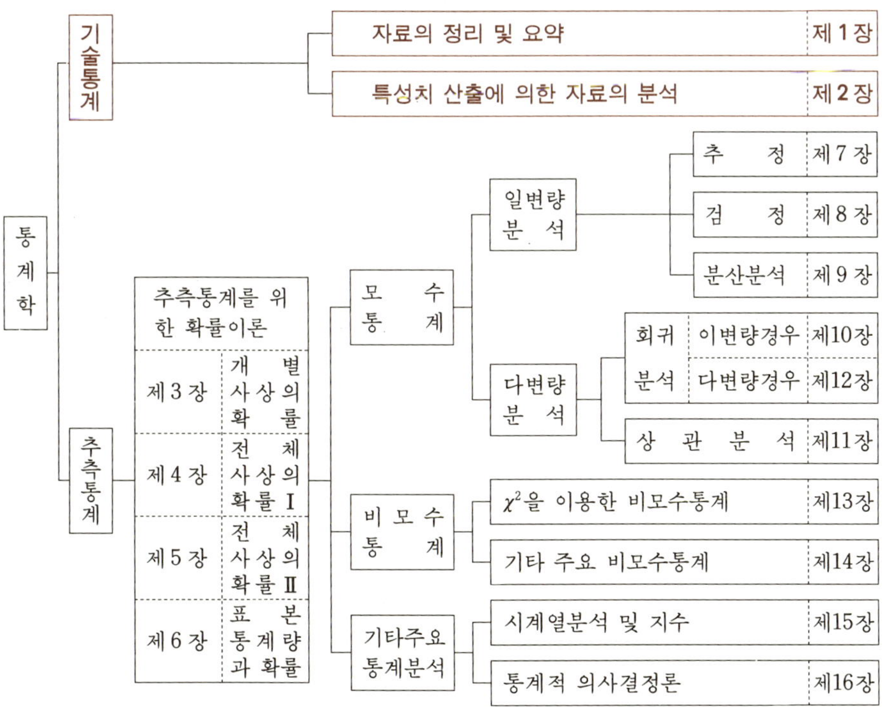

통계학
기술통계
자료의 정리 및 요약
제 1 장
특성치 산출에 의한 자료의 분석
제 2 장
추측통계
추측통계를 위한 확률이론
제 3 장
개별사상의 확률
제 4 장
전체사상의 확률 I
제 5 장
전체사상의 확률 II
제 6 장
표본통계량과 확률
모수통계
일변량 분석
추정
제 7 장
검정
제 8 장
분산분석
제 9 장
다변량 분석
회귀분석
이변량경우
제10장
다변량경우
제12장
상관분석
제11장
비모수통계
χ^2을 이용한 비모수통계
제13장
기타 주요 비모수통계
제14장
기타주요 통계분석
시계열분석 및 지수
제15장
통계적 의사결정론
제16장

본편은 주어진 자료를 단순히 정리하여 제시하고 분석하는 내용을 다루는 통계학의 가장 기초적인 형태, 즉 기술통계에 해당하는 부분이다. 따라서 본격적으로 표본통계량에 의한 모수의 추정 등을 다루는 통계적 추론방법이 개발되기 이전부터 성립되어 온 구식 통계분석방법에 관한 것이다. 그러나 여기에 소개되는 개념 및 분석내용은 다음에 전개되는 각종 통계적 추론의 기본이 될 뿐만 아니라 지금도 우리는 일상생활에서 빈번하게 사용하고 있으며, 이를 체계적으로 공부하지 않고서는 현대적 통계분석방법을 이해할 수 없는 부분이기도 하다.

본서는 기술통계학에 관한 제반 사항을 자료의 정리 및 요약에 관한 장(제 1 장)과 특성치 산출에 의한 자료의 분석방법에 관한 장(제 2 장)으로 양분하였다. 한편 제 1 장 자료의 정리부분에서는 도수분포의 작성방법 및 이를 바탕으로 도출되는 여러 형태의 그래프 표현방법을 소개하였다. 그리고 제 2 장의 특성치 산출부분은 특성치의 성격에 따라 대표치, 산포도, 왜도 및 첨도로 구분하여 제시하였다.

그림 1 기술통계의 구성

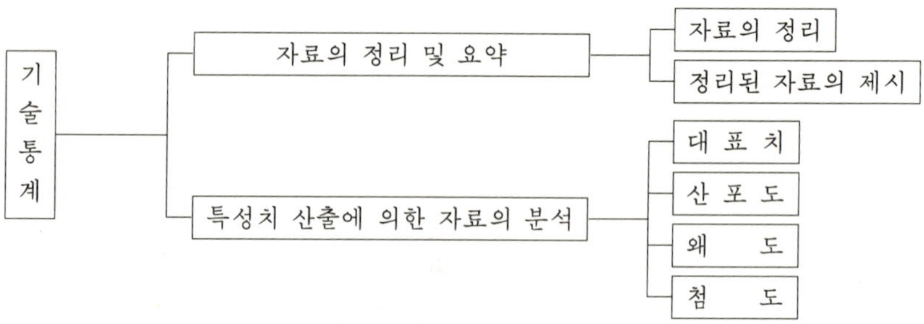

제 1 장 자료의 정리 및 요약

본장은 수집된 자료를 특성에 따라 효율적으로 정리하는 방안과 정리된 자료를 간편하게 각종 그래프 형태로 제시하는 방법을 다루게 된다. 따라서 본장은 대표적인 자료의 정리방법인 도수분포표의 작성방안과 이를 토대로 도출되는 원반도표 · 기둥그림표 등을 다음과 같은 골격하에 제시하고자 한다.

그림 I 자료의 정리방안과 정리된 자료의 표현방법

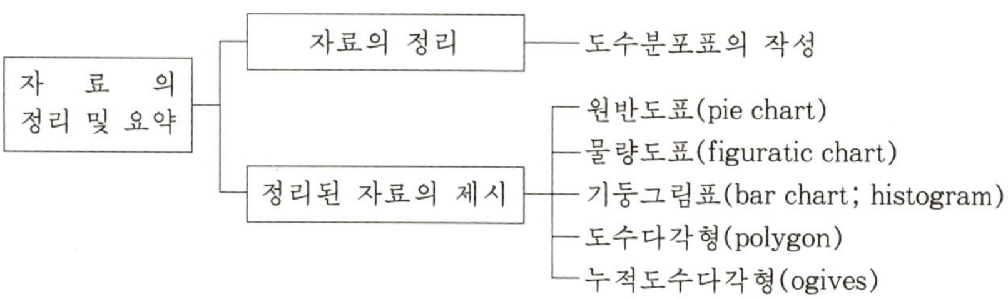

제 1 절 개 요

자료를 정리하거나 요약하기에 앞서 과연 어떻게 자료를 수집할 것인가 하는 문제를 고려해야 할 것이다. 그러나 이에 관한 자세한 논의는 제 2 편 제 6 장으로 미루고, 여기서는 일단 합리적인 방법에 의해 자료가 수집되었다고 가정하되 모집단의 규모가 아주 작아서(예컨대, 한 학급), 이에 속한 전체 구성 요소에 대한 관측이 가능한 경우를 중심으로 논의하기로 한다.

일단 이상과 같은 가정을 하고 난 다음에는 연구대상인 모집단, 예컨대 한 학급 구성원의 어떤 특성을 문제삼을 것인가를 결정해야 하는데, 이와 같이 관심의 대상이 되는 특성 또는 속성을 변수(variable)로 삼게 된다(예를 들면, 통계학 성적). 이 특성 또는 변수를 관측하여 얻은 결과를 자료(data)라고 하며, 이는 성격에 따라 다음과 같이 구분할 수 있다.

첫째, 자료가 시험점수 · 몸무게 · 상품가격 등과 같이 숫자로 표시될 수 있는 경우와 성별 · 업종 · 계급 등과 같이 범주로 표시되는 경우를 생각할 수 있다. 전자를 수량적 자료(numerical data), 그리고 후자를 범주별 자료(categorical data)라 한다.

둘째, 수량적 자료는 다시 이산적 자료(discrete data)와 연속적 자료(continuous data)로 구분하기도 한다. 인구수 · 상품개수처럼 정수로 표기될 수 있는 자료를 이산적 자료라고 하고, 몸무게 · 길이 · 소요시간 등과 같이 측정치의 값이 소수점을 이용하여야만 정확히 표시할 수 있는 자료를 연속적 자료라 한다. 이들의 측정치가 취할 수 있는 값이 정수들만이 아니고 정수 사이에 성립되는 무수히 많은 값으로 표현될 수도 있다는 사실에 연유하여 생긴 이름이다.

제 2 절 자료의 정리 : 도수분포표

수집된 자료는 특히 그 양이 많을수록 원자료(raw data)를 그대로 나열해 놓아서는 일목요연하게 그 자료의 성격을 파악하기 힘들다. 따라서 자료를 어떤 방법으로든 일단 정리할 필요가 있다. 자료의 정리를 위해 가장 손쉽게 사용되는 기술통계의 초기단계방법이 바로 도수분포표(frequency distribution)의 작성이다. 이 방법은 원자료의 본질적 특성을 왜곡하거나 손상시키지 않으면서 원자료를 요약할 수 있을 뿐 아니라, 자료를 보다 간편하게 제시할 수 있는 것이다. 일반적으로 도수분포표를 작성할 때 먼저 자료를 제한된 수효의 범주(category)나 구간(class)으로 나눈 다음, 각 범주나 구간에 속하는 관측치들의 개수 또는 빈도수를 기록한다.

1. 범주별 자료의 도수분포

우선 범주별 자료를 정리한 경우를 들어보자. 표 1-1은 통계청의 2002년도 「주요경제지표」에 나타난 2000년도 산업별 취업자현황을 나타낸다.

표 1-1 산업별 취업자

(단위 : 천 명)

산 업 (X)	취업자수 (f)
농림어업	2,288
광 공 업	4,262
사회간접자본 및 기타 서비스업	14,511
합 계	21,061

자료 : 통계청, 「주요경제지표」(2002).

우리 나라 전체 노동인구가 취업하고 있는 업종을 1차, 2차 및 3차산업에 준하는 범주로 구분한 뒤, 산업별 분포상태를 보다 알아보기 쉽게 나타내기 위하여 작성된 도수분포표의 예다. 이 때 표의 첫째 열에 있는 X는 관심의 대상이 되는 변수를 나타낸다. 그런데 여기서는 자료가 범주적 자료이므로 서로 다른 세 개의 범주로 표시되었다. 두 번째 열의 f는 총노동인구 중 각 범주에 속하는 취업자수를 나타내며, 이를 빈도수(frequency) 또는 도수라 한다. 이와 같이 자료를 정리함으로써 우리는 비로소 어느 산업에 종사하는 사람이 많고 적은지를 쉽게 파악할 수 있다.

경우에 따라서는 산업별 취업자수가 전체 노동자 중에서 차지하는 비율을 알고 싶게 된다. 이 경우 각 산업별 취업자수를 총취업자수(N)로 나눈 비율을 계산하게 되는데, 이를 상대적 빈도(relative frequency) 또는 상대도수라 한다. 또 이와 같은 상대적 빈도를 경우에 따라서는 백분율로 표시할 때도 있다. 표 1-1을 이용하여 산출한 산업별 취업자의 상대적 빈도와 백분율은 표 1-2와 같다.

상대적 빈도나 백분율은 특히 크기가 다른 둘 이상의 집단을 서로 비교하는 데 더욱 유용한 표현방법이 된다. 즉, 상대적 빈도나 백분율을 이용할 경우,

표 1-2 산업별 취업자의 상대적 빈도 및 백분율

X	상대적 빈도$\left(\frac{f}{N}\right)$	백분율$\left(\frac{f}{N}\cdot 100\right)$%
농림어업	0.109	10.9
광 공 업	0.202	20.2
사회간접자본 및 기타 서비스업	0.689	68.9
합 계	1.0	100%

표 1-3 한국과 대만의 산업별 취업자의 상대도수

	한국(2000년)	대만(1999년)
농림어업	0.109	0.083 (776천명/9,385천명)
광 공 업	0.202	0.279 (2,614천명/9,385천명)
사회간접자본 및 기타 서비스업	0.689	0.639 (5,995천명/9,385천명)
합 계	1.0	1.0

자료 : 한국 : 전게서.
대만 : 통계청, 「국제통계연감」(2002).

예컨대 한국과 대만의 산업별 취업자를 동시에 파악하여 동일산업이 한국과 대만에서 차지하는 비중을 서로 비교할 수 있다. 표 1-3에서 대만은 한국에 비해 농림어업 및 사회간접자본분야에 종사하는 취업자비율이 작은 반면, 광공업의 경우에는 한국보다 큰 비중을 차지하고 있음을 쉽게 알 수 있다.

2. 수량적 자료의 도수분포

이상에서 우리는 범주별 자료를 도수분포표에 의해 정리하는 방법을 알아보았다. 그러나 이보다는 오히려 수량적 자료(numerical data)를 도수분포표화하는 작업이 보다 빈번하게 발생하며, 이 경우의 작성과정은 다소 복잡해진다.

모대학 경제학과 졸업생 중 취업된 50명의 초임을 조사한 결과가 표 1-4와 같다고 하자. 얼핏 보기에 이와 같은 원자료는 대상집단의 크기가 불과 50명인데도 그 특성을 쉽게 파악하기가 쉽지 않다. 이러한 자료의 특성을 보다 조직적으로 파악하려면 적당한 수의 일정한 구간을 설정하여 각 구간에 속하는 값의 개수를 헤아려 제시하는 이른바 도수분포표를 작성하여 정리하는 방법을 활용할 수 있다. 정리과정에서 작성자는 구간(class)의 수를 몇 개로

표 1-4 취업된 졸업생의 초임 (단위 : 만 원)

129	161	143	139	138
156	152	155	150	167
170	147	135	144	131
179	156	151	157	115
141	160	149	164	169
112	142	140	154	161
176	182	109	137	124
173	159	146	158	149
134	168	141	136	145
126	175	146	163	123

할 것이며, 또 구간의 간격, 즉 구간폭을 어느 정도로 정할 것인가를 결정해야 한다.

2.1 구간수와 폭의 결정

일반적으로 각 구간의 폭은 모든 구간에 대하여 동일하도록 선택된다. 그렇지 않으면 도수분포의 해석상 난점이 생기기 때문이다(이 점은 본절 후반부에서 독자 스스로 확인할 수 있을 것이다). 그리고 구간의 수가 지나치게 많으면 자료를 요약하는 기능이 떨어질 것이고 또 지나치게 적으면 정보의 특성을 잃게 되므로 보통 6개 이상 20개 이하로 잡는 것이 일반적이다.[1)]

일단 구간수가 결정되면 관측치 중 최대값에서 최소값을 뺀 숫자(이는 측정치의 범위가 된다)를 결정된 구간수로 나누어 구간폭을 산정할 수 있다. 즉, 구간폭$=\dfrac{\text{최대측정치}-\text{최소측정치}}{\text{구간수}}$에 의해 결정할 수 있다. 그러나 극단적으로 작거나 큰 값(extreme value)이 한두 개 있음으로 해서 구간폭이 넓어질 경우도 있고, 또 그렇지 않은 경우라 하더라도 각 구간의 폭을 나타내는 값들이 불편한 숫자가 될 수도 있어(예컨대, 93.4～97.4 등) 상기공식에 의한 자동적인 구간폭 결정이 절대적인 것은 아니다.

1) 구간수를 계산하는 보다 조직적인 방법으로 Sturges의 공식이 있다. 측정한 값의 수가 n 개라면, 이 때 구간수 k는

$$k=1+\frac{\log_{10} n}{\log_{10} 2}$$

가 되도록 하는 것이 합리적이라는 것이다. 그러나 이 공식은 물론 절대적인 것은 아니며 적용상의 난점이 있다.

2.2 수량적 자료의 도수분포표 작성예

앞서 제시한 대졸 취업자의 초임에 대한 원자료는 전부 정수로 표시되어 있어 얼핏 보기에는 이산적 자료(discrete data)처럼 보인다. 그러나 자료를 보다 간편하게 제시하기 위해 편의상 만 원 단위로 측정된 것이므로 실제임금은 만 원 이하의 단위에서 반올림한 것으로 보는 것이 옳다. 따라서 임금을 만 원 단위로 정확히 표시하면 소수점 이하 자리 숫자가 생기게 되어 연속적 자료(continuous data)로 이해되어야 할 것이다. 이러한 점을 감안하면 각 구간을 표시하는 경계치 또는 임계치(values of class limit)는 원자료보다 하나 더 많은 소수점을 가지는 숫자로 표기할 필요가 있으며, 또한 모든 관측치를 반드시 한 구간에만 속하도록 책정하여야 할 것이다. 표 1-4에 주어진 자료의 경우는 최대값이 182, 그리고 최소값이 109이므로 계산의 편의상 구간폭을 10으로 잡아 9개 구간으로 정리하는 것이 적당할 것이다. 그리고 이 때 경계치, 즉 각 구간의 상한과 하한은 표 1-5와 같이 설정할 수 있다.[1] 표 1-5는 표 1-4에 주어진 자료를 정해진 구간별로 도수를 산정하여 표현함으로써 원자료의 특성을 보다 편리하게 파악할 수 있게 한 도수분포표이다. 이 경우 또한 9개 구간의 개별도수를 총도수$\left(N=\sum_{i=1}^{9} f_i\right)$로 나누어 상대도수를 계산할 수 있고 다른 대학 경제학과 졸업생 중 취업된 사람들의 초임을 이용한 상대도수를 계산할 경우 상호 비교가 가능해질 것이다.

표 1-5 대졸 취업자 초임의 도수분포표

구　간(X)	도수(f)	누적도수	상대도수(f/N)	누적상대도수
$100.5 \le X_1 < 110.5$	1	1	0.02	0.02
$110.5 \le X_2 < 120.5$	2	3	0.04	0.06
$120.5 \le X_3 < 130.5$	4	7	0.08	0.14
$130.5 \le X_4 < 140.5$	8	15	0.16	0.30
$140.5 \le X_5 < 150.5$	12	27	0.24	0.54
$150.5 \le X_6 < 160.5$	10	37	0.20	0.74
$160.5 \le X_7 < 170.5$	8	45	0.16	0.90
$170.5 \le X_8 < 180.5$	4	49	0.08	0.98
$180.5 \le X_9 < 190.5$	1	50	0.02	1.00
합　계	50		1.00	

1) 물론 표 1-4에 나타난 관측치가 1,000원 단위에서 반올림한 것이 아니라면, 즉 이산적 자료로 볼 수 있다면 구간의 표시는 101 이상 111 미만, 111 이상 121 미만, …, 181 이상 191 미만으로 나타냄으로써 경계치를 보다 간편화할 수 있음은 물론이다.

제 3 절 도표를 통한 자료의 설명

자료를 범주 또는 구간별로 구분하고 도수 및 상대도수를 작성·제시함으로써 대상집단의 성격을 파악하는 데 큰 도움을 줄 수 있다. 그러나 이에 그치지 않고 도수분포표를 이용하여 도표 형태로 자료를 표현함으로써 보다 효율적인 시각적 효과를 도모하는 경우를 흔히 볼 수 있다.

1. 원반도표(pie chart)와 물량도표(figuratic chart)

가장 대중적이고 간편한 형태로 원반도표를 들 수 있다. 원반이 관측대상이 되는 전체 집단을 나타내도록 하고 특성에 따라 구분될 수 있는 부분들로 분할하되 구분된 각 범주가 차지하는 비중을 면적의 크기에 따라 분할함으로써 시각적으로 쉽게 특성이 파악되도록 표현하는 것이다. 앞서 이용한 표 1-3을 상대도수 및 백분율에 의거, 원반도표로 표시한 것이 그림 1-1에 나타나 있다. 그러나 그림에서 보듯이, 각 범주별 비중이 큰 차이가 없을 경우 각 범주가 차지하는 면적 또한 시각적으로 쉽사리 비교할 수 없는 문제가 있다.

이와는 별도로, 구분된 범주의 수가 아주 적을 때, 예컨대 두 범주에 의해 자료가 구분·정리되었을 경우에는 다렐 후프(Darrell Huff)[1]가 제시한 것처럼 연구대상 물체의 모양을 이용하되 그 크기를 달리하는 물량도표(figuratic

그림 1-1 산업별 취업자비율

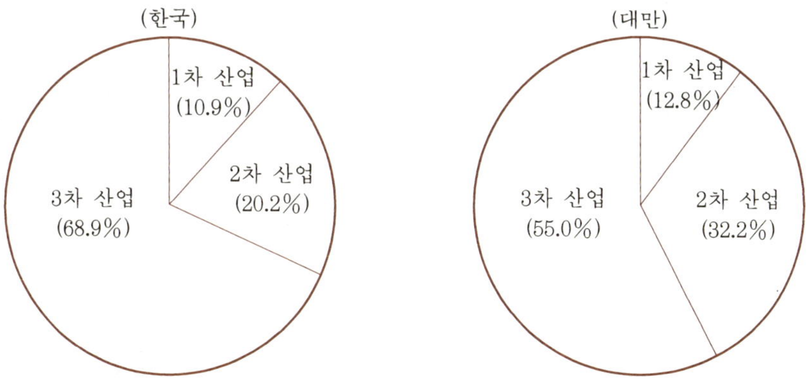

1) Darrell Huff, *How To Lie with Statistics*(Norton, 1954).

그림 1-2 센서스 인구비교 I

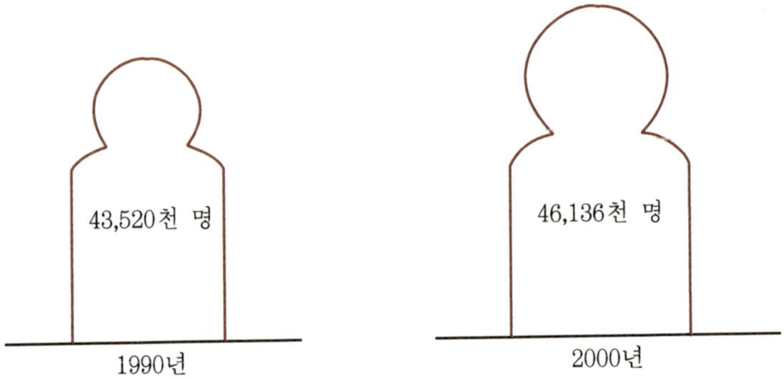

chart)를 사용할 수 있다. 그림 1-2는 정부가 1980년 10월 1일과 1990년 11월 1일에 실시한 센서스 인구자료를 토대로 그려진 물량도표이다.

인구의 증가를 나타내기 위하여 그림을 그릴 때, 1990년을 대변하는 인물그림은 1980년 그림의 약 1.2배의 높이를 갖도록 그릴 수 있다. 이 때 너비 또한 약 1.2배가 되도록 그릴 경우, 넓이는 약 1.44배 정도가 되므로 실질적 증가율을 왜곡시키는 결과를 초래할 수도 있다. 따라서 신문이나 잡지들은 이러한 문제점을 해결하기 위해 다소 변형된 물량도표를 사용한다. 즉, 천만 명을 대변하는 인물그림과 백만 명을 대변하는 인물그림을 크기에 따라 구분하여 두 시기의 인구를 표시하곤 한다. 이러한 방법을 이용한 것이 그림 1-3이다.

하지만 여기에도 문제가 있다. 1990년의 경우 인구가 4,352만 명이므로 백만 명을 나타내는 조그만 인물그림을 3개로 할 수도 없고, 또 4개로 할 수도

그림 1-3 센서스 인구비교 II

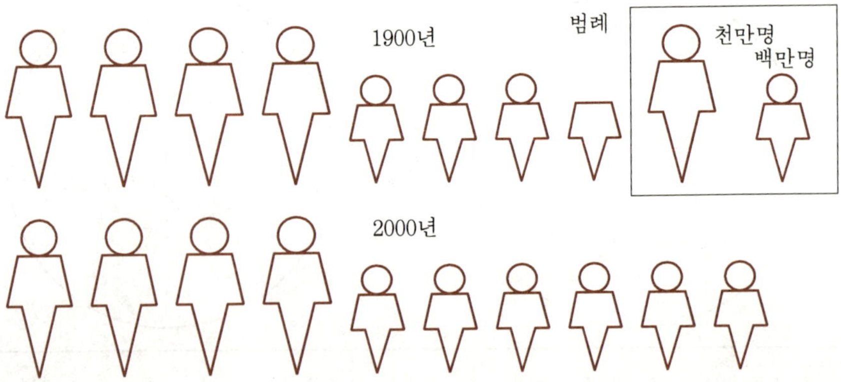

없다. 결국은 백만 명을 나타내는 그림의 약 50%부분을 나타내기 위하여 인물그림을 동강내야 하기 때문이다. 물론 10만 명을 대변하는 더 조그만 인물그림을 사용할 수 있으나, 이처럼 여러 크기의 그림을 많이 사용하는 것은 일목요연한 느낌을 주지 못한다. 이러한 단점에도 불구하고 많은 신문이나 잡지들은 몇 개 국가의 GNP, 인구, 군인수, 비행기수, 탱크, 그리고 군함수 등을 비교할 때, 이상과 같은 기법을 곧잘 사용하고 있다.

이상에 소개한 원반도표나 물량도표는 성격상 주로 범주별 자료를 요약·설명하는 데 쓰이게 되며, 수량적 자료의 경우는 구간의 수가 일반적으로 많아지므로 다소 다른 형태의 도표를 필요로 하게 된다.

2. 기둥그림표(막대그림표, bar chart or histogram)

앞서 논의한 원반도표(pie chart)나 물량도표(figuratic chart)에 비해 보다 조직적이고 일반화된 것이 기둥그림표와 막대그림표이다. 기둥그림표는 구간의 값을 횡축에 나열하고, 각 구간에 속하는 도수를 서로 다른 높이의 기둥에 의해 표시하는 방법이며 막대그림표는 각 범주별 값을 막대(bar)형식으로 표현하는 방법이다. 단 후자는 막대가 범주별로 서로 분리된 형태로 표현되는 반면(그림 1-4 참조) 전자는 구간별로 기둥을 붙여진 형태로 표현한다(그림 1-5 참조). 이 방법들은 수량적 자료와 범주별 자료에 사용된다. 범주별 자료의 경우에는 각 범주별 도수의 크기를 막대의 높이로 나타내기만 하면 된다. 표 1-2를 이용한 산업별 취업자수의 막대그림표는 그림 1-4와 같다.

그림 1-4 산업별 취업자수의 막대그림표

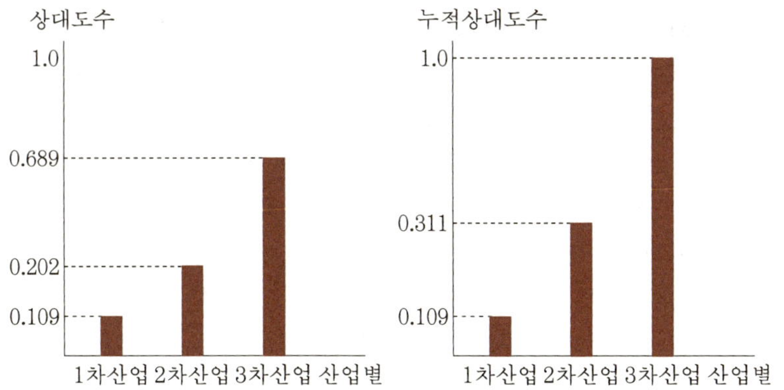

그림 1-5 대졸 취업자 초임의 기둥그림표

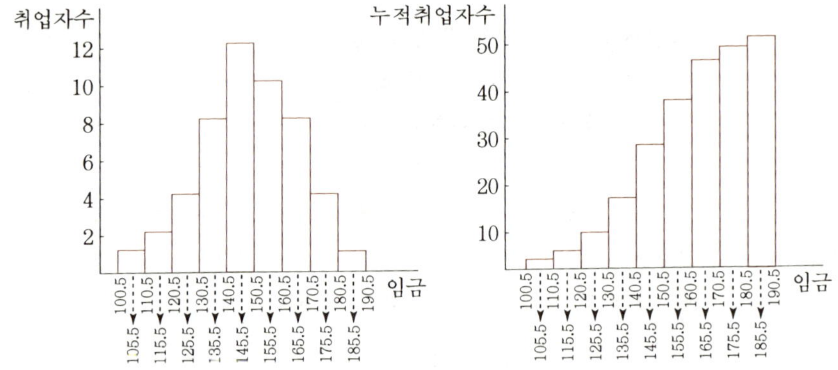

그러나 수량적 자료의 경우에는 도수분포표의 작성 당시 이미 원자료를 크기순으로 정리한 바 있지만, 각 구간의 값을 수평축에 구성할 때 또한 값의 크기순에 따라 나열해야 하며, 이 점이 범주별 자료를 사용할 때와 구별되는 것이다. 한편, 수량적 자료 중 이산적 자료는 각 구간의 값이 하나이므로 이러한 값들을 크기대로 나열한 뒤 해당 도수를 기둥의 높이로 표시하면 된다. 그러나 연속적 자료일 경우에는 각 구간의 값이 일정한 범위로 표현되므로 임계치로 각 구간의 경계를 표시하거나 또는 각 구간의 값들을 대표하는 수치를 선정하여 표시한다. 후자의 경우 일반적으로 각 구간의 중앙에 위치한 값을 선정한다.

표 1-5에 의해 정리된 대졸 취업자의 초임에 관한 자료를 기둥그림표로 표시하면 그림 1-5와 같다. 이 경우 범주별 자료나 이산적 자료가 기둥그림표로 표현될 때 각 기둥간의 공간이 있는 것이 일반적인 데 대해(그림 1-4 참조), 연속적 자료의 경우에는 각 기둥이 서로 밀착되도록 표현하게 된다. 단, 그림 1-5에 나타난 바와 같이 각 구간은 임계치로 구분하거나 각 구간의 대표치, 즉 중앙치인 105.5, …, 185.5에 의해 대변되도록 표기한다. 그리고 앞 절에서 지적한 바 있듯이, 각 구간폭을 동일하게 책정하여야만 기둥그림표 작성시에 동일 간격을 책정할 수 있다. 그리고 기둥의 높이는 도수, 상대도수 또는 필요에 따라서는 누적상대도수 중 어느 것을 사용하여 나타내어도 상관이 없다. 일단 이와 같이 기둥그림표가 작성되면 각 구간의 비중을 시각적으로 쉽게 파악할 수 있고, 특히 구간의 수가 많아질수록 원반도표나 물량도표에 비해 보다 효율적으로 시각적 설명을 제공할 수 있게 된다.

3. 도수다각형(꺾은금그림표, polygon)과 누적도수다각형(ogives)

위에서 설명한 기둥그림표는 자료를 요약·설명함에 있어 이전의 다른 형태보다 유용함이 입증되었으나, 기둥을 일일이(특히 구간수가 많을 때) 그려야 하는 번거러운 면이 있다. 이러한 점에 착안하여 제시된 것이 도수다각형 또는 누적도수다각형이다. 그림 1-6은 그림 1-5에 나타난 기둥그림표를 이용하여 작성된 도수다각형과 누적도수다각형이다.

이것은 기둥그림표에서 각 기둥의 중간점을 잡아 이를 단순히 연결시킨 것에 불과하다(이 때 각 기둥의 중간점에 대응하는 값은 각 구간치의 중앙치가 됨은 물론이다). 그러나 이렇게 함으로써 그림표 작성상의 번잡스러움을 덜 수 있으며, 보다 중요한 이점은 두 개 이상의 서로 다른 집단의 도수다각형을 동시에 한 그림에 나타낼 수 있어 상호 비교가 용이해진다는 점이다. 특히 누적도수다각형(cumulative percentage curve or ogive)을 이용할 경우에는 대상집단의 관측치를 중간값, 즉 작은 값부터 시작하여 중간에 위치한 값을 찾는다든지, 또는 서로 다른 두 집단을 비교할 때, 관측치의 변화율 등을 쉽게 비교할 수 있다. 그림 1-6의 오른쪽 그림에서 볼 수 있듯이 50%에 위치한 사람의 봉급수준은 누적백분율에 해당되는 거리만큼 종축의 위치를 선정한 뒤, 누적도수다각형을 이용하여 횡축에서 확인할 수 있다. 그리고 타학교출신 졸업자의 초임에 관한 누적도수다각형이 그림 1-6(오른쪽 그림)에 점선으로 나타난 형태와 같다고 가정하면, 원래 집단에 비해 경사가 급하며 따라서 각 구간별 빈도수의 차이가 많은 편이란 점 등을 확인 비교할 수 있는 이점이 있다. 특히 누

그림 1-6 대졸 취업자 초임의 도수다각형과 누적도수다각형

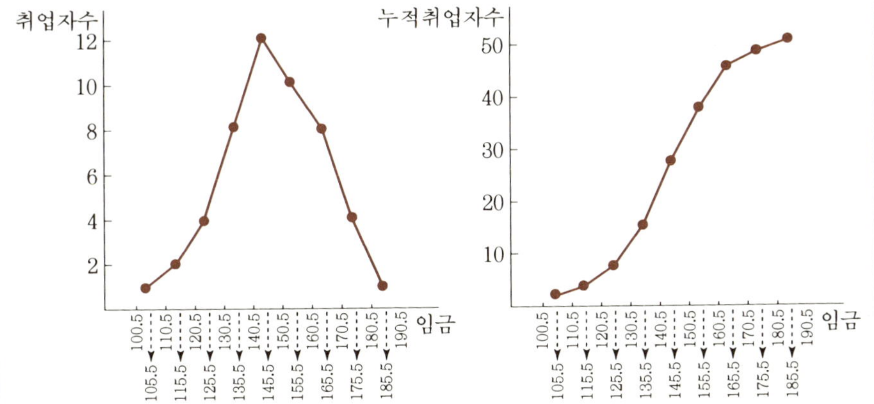

적도수다각형을 백분율로 표시함으로써 구성원수가 서로 다른 경우에도 직접 비교가 가능함을 쉽게 알 수가 있다. 마지막으로 상대도수와 누적상대도수의 개념들은 제 2 편에서 다루게 될 확률 개념을 정의하는 데 결정적인 도움을 제공하게 됨을 기억해 두기 바란다.

제 4 절 요 약

본장에서는 기술통계분석의 일차적 과정이라 할 수 있는 자료의 정리 및 정리된 자료의 제시방법에 대하여 간략히 살펴보았다.

통계자료를 요약·제시하는 모든 기술통계적 분석방법은 일반적으로 일단 도수분포표 형태로 자료를 정리한 뒤 이를 근거로 다양한 도표를 이용하여 표현한다. 자료의 형태에 따라(예컨대, 자료가 범주별, 수량적 또는 이산적 및 연속적인가에 따라) 다소의 차이는 있으나, 일반적으로 가장 빈번하게 사용되는 도표로서 원반도표·물량도표·기둥그림표 및 꺾은금그림표 등을 들 수 있다. 그러나 전반적인 측면에서 볼 때 가장 대표적인 도표는 꺾은금그림표라 볼 수 있다. 한편, 누적도수분포를 꺾은금그림표화한 이른바 누적꺾은금그림표(ogive)는 누적도수를 상대도수 또는 백분율 형태로 표현할 경우 전체 관측치 중 특정 값 이하가 차지하는 비중(또는 백분율)을 결정하거나 서로 다른 두 집단의 분포를 상호 비교하는 데 아주 유용하게 사용된다.

복습문제

[1] 다음 용어들의 개념을 비교·설명하라.

1) 모집단과 표본
2) 모수와 통계량
3) 연역법과 귀납법
4) 기술통계와 추측통계
5) 수량적 자료와 범주별 자료
6) 이산적 자료와 연속적 자료

[2] 다음은 국내 대표적인 양대 라면회사의 매출액이다. 회사별 시장점유율을 구하고 이를 기둥그림표와 원반도표로 도시하라.

(단위 : 백만 원)

회 사	매 출 액
A라면	578,859
B라면	494,328

[3] 다음 통계청이 조사한(2001년 기준) 주택선호 형태에 대한 백분비이다. 도시 및 농촌, 그리고 전국의 주택별 선호도를 기둥그림표와 원반도표 형태로 표시하라.

구 분	단독주택	빌 라	아 파 트	기 타	계
전 국	31.3	2.0	66.2	0.5	100.0
도 시	17.5	3.2	78.8	0.5	100.0
농 촌	39.8	1.3	58.6	0.3	100.0

[4] 다음은 무작위추출한 도시근로자 20명의 주당 평균근로시간이다.

42.4	49.4	49.9	45.9	51.4
54.3	49.1	53.4	46.8	50.4
52.4	48.3	56.5	47.0	46.3
54.2	53.8	44.1	54.9	43.7

1) 적당한 구간을 설정하여 도수분포표를 작성하라.
2) 작성된 도수분포표를 이용하여 각 구간별 상대도수 및 백분율을 산출하라.
3) 작성된 도수분포표를 이용하여 기둥그림표와 도수다각형 그리고 누적도수다각형을 도출하라.
4) SAS 프로그램(부록 참조)을 이용하여 기둥그림표와 누적기둥그림표·원반도표를 작성해 보여라.

연습문제

[1] 다음은 농림부와 통계청이 조사한 1997년부터 2001년까지의 농가 및 도시근로자의 월평균소득이다.

(단위 : 원)

연 도	농 가	도시근로자
1997	1,957,363	2,287,335
1998	1,707,811	2,133,115
1999	1,860,246	2,224,743
2000	1,922,677	2,386,947
2001	1,992,231	2,625,118

1) 연도별로 농가와 도시근로자의 소득비를 구하여라.
2) 도수다각형을 이용하여 연도별 소득비의 변화추세를 설명하라.

[2] 다음은 통계청이 조사한 2001년도 연령별 경제활동인구 내용이다.

연령(세)	인구(단위 : 1,000명)
15～19	415
20～24	1,693
25～29	2,640
30～34	2,727
35～39	3,172
40～44	3,343
45～49	2,624
50～54	1,925
55～59	1,345
60～64	1,130
65 이상	1,167
합 계	22,181

1) 연령별 경제활동인구에 대한 기둥그림표와 도수다각형을 도시하라.
2) 연령별 경제활동인구 각각의 상대도수 및 백분율을 구한 후, 이를 원반도표와 기둥그림표로 도시하고, 그 경제적 의미를 밝혀라.
3) 연령별 경제활동인구의 누적상대도수 및 누적백분율을 구하여 이를 도수다각형으로 도시하고, 그 경제적 의미를 밝혀라.

[3] 다음은 교육인적자원부가 집계한 2001년도 학생현황이다.

1) 각급 학교별 구성비를 구하고, 2001년도 학생현황을 원반도표 및 기둥그림표를 이용하여 설명하라.
2) 각급 학교별 누적구성비를 구하고, 꺽은금그림표를 활용하여 이것이 시

사하는 바를 설명하라.

(단위 : 명)

구 분	학생수
초등학교	4,089,429
중 학 교	1,831,152
고등학교	1,911,173
전문 및 교육대학	974,067
대학교 및 대학원	1,972,908
기 타	553,585
합 계	11,384,442

[4] 다음은 2000년도에 실시한 총인구 및 주택센서스에서 밝혀진 15세 이상 인구의 혼인상태이다. 남자 및 여자별, 그리고 전체의 혼인상태에 대한 백분비를 산출하고 원반도표 및 기둥그림표를 이용하여 각각의 구성비를 비교·설명하라.

(단위 : 명)

혼인상태 \ 성별	남 자	여 자
미 혼	6,316,890	4,617,137
기 혼	11,010,349	11,013,456
이 혼	324,191	380,525
사 별	322,751	2,349,647
미 상	6,375	5,212
합 계	17,980,556	18,365,977

[5] 본문 중 표 1-1에 나타난 산업별 취업자 자료를 활용하되 SAS 프로그램(부록 참조)을 이용하여 원반도표와 기둥그림표를 도출해 보여라.

복습문제 해답

[1] (생략)

[2] 시장점유율 : A라면 53.9%
B라면 46.1%
(도표 생략)

[3] (도표 생략)

[4]

평균근로시간	근로자수	상대도수 (백분율 : %)	누적상대도수 (누적백분율 : %)
42.0～44.9	3	0.15(15)	0.15(15)
45.0～47.9	4	0.2 (20)	0.35(35)
48.0～50.9	5	0.25(25)	0.60(60)
51.0～53.9	4	0.2 (20)	0.80(80)
54.0～56.9	4	0.2 (20)	1.00(100)
합 계	20	1.0(100)	

(도표 생략)

연습문제 해답

[1] 1) 도시근로자에 대한 농가의 소득비를 각 연도별로 백분율을 표시하면 각각 85.6, 80.1, 83.6, 80.5 그리고 75.9 이다.

2) (생략)

[2]

연 령	상대도수(백분율 : %)	누적상대도수(누적백분율 : %)
15～19	0.019(1.9)	0.019(1.9)
20～24	0.076(7.6)	0.095(9.5)
25～29	0.119(11.9)	0.214(21.4)
30～34	0.123(12.3)	0.337(33.7)
35～39	0.143(14.3)	0.480(48.0)
40～44	0.151(15.1)	0.631(63.1)
45～49	0.118(11.8)	0.749(74.9)
50～54	0.087(8.7)	0.836(83.6)
55～59	0.061(6.1)	0.896(89.6)
60～64	0.051(5.1)	0.947(94.7)
65 이상	0.053(5.3)	1.000(100.0)
합 계	1.000(100.0)	

(도표 생략)

[3] 각급 학교별 구성비(%)는 각각 36.09, 16.16, 16.86, 8.60, 17.41 그리고 4.89 이고, 누적구성비는 36.09, 52.25, 69.11, 77.71, 95.12 그리고 100.00 이다. (도표 생략)

[4]

(단위 : %)

구 분 \ 성 별	남	여	전 체
미 혼	35.13	25.14	30.08
기 혼	61.23	59.97	60.59
이 혼	1.80	2.07	1.94
사 별	1.80	12.79	7.35
미 상	0.04	0.03	0.03
합 계	100.00	100.00	100.00

(도표 생략)

[5] (생략)

제 2 장 특성치산출에 의한 자료의 분석

앞 장에서 우리는 원자료를 특히 그 규모가 클 때 몇 개의 항목(범주)이나 구간으로 묶어 요약함으로써 많은 시간과 노력을 덜 수 있는 방법, 즉 도수분포표 작성에 의한 자료의 정리방안과, 이와 같이 정리된 자료를 도표로 표현하여 시각적 효과를 도모하는 방안에 대하여 알아보았다. 그러나 도수분포표나 이에 의거한 자료의 도표적 설명은 자료가 분포되어 있는 외양을 시각적으로 보여 줄 수 있지만 자료의 특징을 수량적으로 표현할 수는 없다. 이와 같은 문제점을 극복하기 위해 자료의 특성을 어떤 기준에서 파악할 것이며, 또 어떻게 계산하는가를 설명하는 것이 본장의 주요 내용이다.

자료의 특성을 하나의 수치로 표현함에 있어 주로 고려대상이 되는 기준은 일반적으로 다음의 네 가지로 구분할 수 있다.

첫째, 자료 전체를 하나의 수치로 요약하여 대표시키고자 할 때 이를 대표치(central tendency, central location)라 하며, 평균·중앙치·최빈치 등이 이에 속한다.

둘째, 관측된 자료가 분포된 형태, 특히 대표치를 중심으로 얼마나 밀집 또는 흩어져 있는지를 나타내는 것으로 이를 산포도(degree of dispersion)라 하는데, 분산·표준편차·평균편차 그리고 범위 등이 이에 속하는 특성치들이다.

셋째, 측정된 자료가 어느 쪽(오른쪽 또는 왼쪽)으로 치우쳐 있는지, 그리고 치우쳐 있는 정도는 어떠한지를 확인하기 위한 특성치로 왜도, 즉 비대칭도(skewness)를 들 수 있다.

마지막으로 측정된 자료의 분포가 어느 정도 밀집된 형태를 취하는지를 나타내는 첨도(kurtosis)를 들 수 있다.

이상과 같은 특성치에 관한 내용을 본장에서는 다음과 같은 체계로 제시할 것이다.

그림 Ⅱ 특성치의 종류

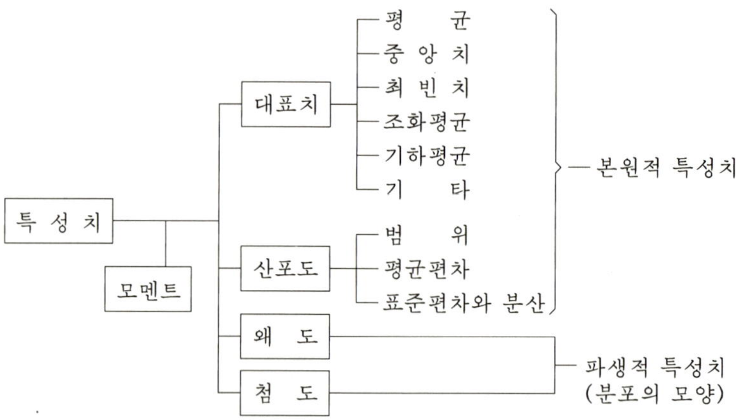

(위에 소개한 각종 특성치의 대부분을 포괄적으로 표현할 수 있는 기본적 통계 개념으로 "모멘트"(moment)가 있는데, 그 형태를 달리함에 따라 앞에서 밝힌 여러 특성치 개념을 정의할 수 있는 아주 중요한 이론적 기초 개념이다. 그러나 이 개념이 독자적으로 어떤 특성을 대변한다고 한정시키기는 곤란한 면이 있어 이곳에서는 그 설명을 생략하였다.)

제1절 대 표 치

하나의 숫자로 자료의 특성을 표현하고자 할 때 가장 먼저 생각할 수 있는 특성치로, 측정치들이 집중되어 있는 위치(central location or central tendency)를 들 수 있는데 이를 대표치라 한다. 대표치 중 가장 일반적인 것은 평균(mean)·중앙치(median) 그리고 최빈치(mode)이다. 이들 중 산술평균이 통계적 추론에 주로 쓰이는 특성치이기는 하나, 연구목적과 변수의 성격에 따라 다른 특성치가 더 적절한 경우도 있다. 예컨대, 범주별(항목별) 자료가 주어졌을 때 평균이나 중앙치 개념보다는 오히려 최빈치 개념의 사용이 더 적절할 경우가 있다.[1] 그러나 본절에서는 논의의 편의상 가장 일반적인 자료 형태인 연속적 수량자료를 중심으로 대표치를 설명하기로 한다.

1. 최 빈 치

최빈치는 수집된 자료 중 가장 여러 번 측정된 값이나 항목, 즉 가장 빈도수가 많은 수치나 범주를 말하며, 숫자로 표시된 자료(수량적 자료)는 물론 항목별로 집계된 자료(범주별 자료)에도 자주 쓰이는 개념이다.

예컨대, H건설이 서울과 안양의 두 지역에 아파트를 지어 분양하고자 하는데 18평, 25평, 36평 및 42평형의 네 가지 모형을 적절히 배합하여 건축할 계획을 갖고 있다 하자. 한편, 분양신청 접수에 앞서 서울과 안양의 분양대상

표 2-1 아파트 희망평수

모 델	크기(항목)	희망세대수(도수)	
		서 울	안 양
A	18 평형	15	30
B	25 〃	20	26
C	36 〃	40	24
D	42 〃	25	20
	합 계	100	100

1) 예를 들면, 전체 근로자 중 1차, 2차 및 3차산업에 종사하는 사람수에 관한 자료가 주어졌을 때 가장 용이하게 계산될 수 있는 대표치는 바로 최빈치가 된다. 즉, 어느 산업분야에 종사하는 근로자수가 가장 많은지를 확인하는 것이다. 이러한 예제에서 평균이나 중앙치의 계산은 별로 의미를 가지지 못함을 독자는 쉽게 이해할 수 있을 것이다. 이와 같은 상황은 특히 범주별 자료를 사용할 때 주로 예견될 수 있는 현상이다.

그림 2-1 아파트 희망평수

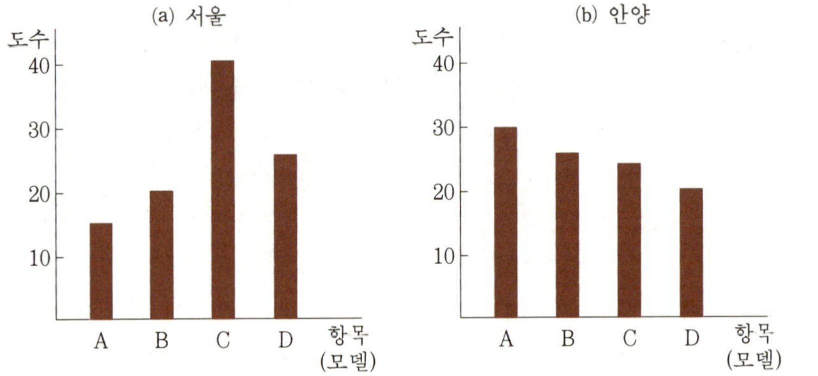

자를 각각 100명씩 적절한 절차에 따라 선정하여 희망하는 아파트의 규모를 조사한 결과 표 2-1을 얻었으며, 이것을 기둥그림표로 나타낸 것이 그림 2-1이라 하자.

그림 2-1 (a)의 서울의 경우에 가장 빈도가 높은 모델은 36평형의 C모델로서 이것이 최빈치(mode)가 된다. 이와 같은 결과는 H건설이 서울지역에 아파트를 건설하는 데 있어 4개의 서로 다른 규모의 아파트 중 어느 규모를 가장 많이 짓는 것이 유리한지에 관한 의사결정에 좋은 참고가 될 수 있을 것이다.

그러나 가장 빈도가 높은 항목의 규모나 수치가 전체 자료의 중심위치로부터 멀어질수록 그 항목은 중심위치를 대변하는 대표치로서의 의의는 사라진다. 예컨대, 위의 예에서 그림 2-1 (b)에서처럼 안양지역에 건설될 아파트 중 분양대상자들이 가장 많이 희망하고 있는 모델은 18평형 아파트로 나타나고 있다. 그렇다면 과연 이 때 가장 도수가 높은 18평형 아파트가 중심위치를 나타내는 대표치의 의미를 갖는가 하는 점이다.

또한 경우에 따라서는 최빈치가 두 개 이상이 될 수 있다. 예를 들면, 서울시 지하철공사에서 아르바이트대학생 검표원들을 효율적으로 배치하기 위하여 하루 중에서 어느 시간대에 승객이 가장 많은가를 조사해 본 결과 대략 오전 8시 전후와 오후 7시 전후로 나타났다면, 이 경우에는 최빈치가 두 개가 된다. 이를 개략적으로 그림 2-2에 기둥그림표로 그려보면 쉽게 그 모양새가 쌍봉(bimodal)을 이루고 있음을 알 수 있다.

위에서 살펴보았듯이 이와 같은 이유들로 해서 최빈치가 대표치로서의 구

그림 2-2 시간대에 따른 지하철 이용 승객수

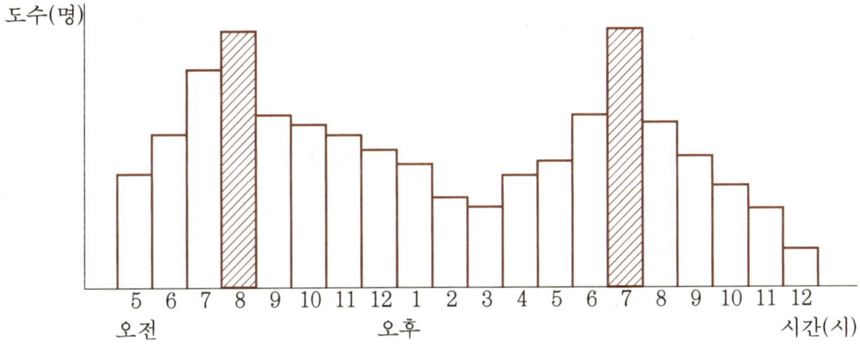

실을 하는 데 한계가 있음을 알 수 있다. 한편, 동일간격을 갖는 여러 개의 구간별로 요약 정리된 도수분포표상의 자료에서 최빈치를 산출하는 방법은 별도의 공식을 필요로 하는데, 이에 대하여는 본절의 7.1항에서 다른 대표치의 산출법과 더불어 밝히기로 한다.

2. 중앙치(median)

자료의 대표적 수치로서, 자료의 중심위치를 찾아내는 데 사용되는 또 하나의 개념으로 중앙치(또는 중위수라 함 : median)가 있다. 이것은 크기 순서에 따라 배열된 숫자들 중에서 중앙에 위치하는 값으로 정의된다. 따라서 자료를 동일한 규모의 두 집단으로 나누는 작업이 필요할 때 적당한 대표치 산출방안이 된다.

한 집단 숫자들의 중앙치를 찾아내는 작업은 일단 숫자들이 크기에 따라 배열만 되면 어려운 것이 없다. 만일 자료들의 집합에 포함된 수치의 개수가 홀수이면 그 중앙치는 가장 작거나 큰 값으로부터 중앙에, 즉 $\left(\frac{N+1}{2}\right)$번째 위치한 수치를 찾으면 된다. 예컨대, 5개 수치가 크기순으로 나열되었을 경우 가운데 위치는 $\left(\frac{5+1}{2}\right)=3$번째가 될 것이다. 그러나 자료 전체의 개수가 짝수이면 정확히 중앙에 위치하는 숫자는 없다. 대신 두 개의 숫자가 중앙위치 양쪽에 있게 된다. 따라서 일반적으로 이들 두 숫자의 가운데 값을 구하여 중앙치로 삼는다. 예를 들어 4개의 숫자가 크기순으로 배열되어 있을 경우, 중앙치는 두 번째와 세 번째 숫자의 중간값이 된다. 단, 이 경우 또한 중앙치의 위치를 선정하는 공식은 자료의 총수가 홀수일 때와 동일하다. 다시 말하면, N이 4이면 $\left(\frac{N+1}{2}\right)=2.5$가 되며, 이는 두 번째와 세 번째 값의 중간을 의미한다.

이상과 같이 정의되는 중앙치는 성격상으로 보아 범주별로 정리된 자료에는 적용되기 곤란하며, 수량적 자료에 주로 사용되는 개념이다. 또한 수량적 자료에서도 이산적 자료의 경우보다는 연속적 자료의 경우에 계산이 다소 복잡해지며 따라서 별도의 공식이 필요하다. 연속적 자료의 중앙치 계산방법은 본절의 7.2항으로 미루기로 하고, 여기서는 이산적 자료의 중앙치 계산을 위한 간단한 예를 살펴보기로 한다.

모대학 경제학과 졸업생 중 취업된 50여 명의 초임을 조사한 표 1-4에서 계산의 편의를 위해 임의로 10명만을 뽑아 임금을 살펴보았더니 다음과 같았다(단위 : 만 원).

$$\{109, 176, 141, 147, 123, 175, 152, 159, 139, 164\}$$

이 때 중앙치를 계산하기 위해선 아래와 같이 우선 관측된 자료를 작은 값으로부터 큰 값에 이르는 순서로 배열해야 한다.

$$\{109, 123, 139, 141, 147, 152, 159, 164, 175, 176\}$$

항목수(N)가 10이므로 중앙치는 $\frac{N+1}{2}=\frac{10+1}{2}=5.5$번째에 위치하며, 이는 5번째와 6번째 값의 중간을 의미하므로 구하려는 중앙치는 $\frac{147+152}{2}=149.5$(만 원)이 된다.

3. 산술평균

가장 일반적으로 사용되는 대표치로 산술평균(arithmetic mean)이 있다. 자료 전체의 개별수치를 전부 더한 다음 자료집단에 속한 숫자들의 개수로 단순히 나누어 준 값을 평균(mean : 보통 "산술"이란 말은 생략된다)이라 부른다. 따라서 평균이란 물리학에서의 무게중심과 유사한, 자료의 균형점으로 파악될 수 있다. 그리고 정의상 평균이란 개념은 범주별 자료에는 적용될 수 없고, 수량적 자료에 한해 사용될 수 있음을 쉽게 이해할 수 있다. 예컨대, 의복의 치수를 소(small) · 중(medium) · 대(large) 및 특대(extra large)로 구분하여 각 범주별로 판매량을 관측하였을 경우, 이와 같은 범주 또는 항목은 서로 더할 수 없는 자료이므로 평균이란 개념이 성립되지 못한다. 한편, 앞에서 소개한 최빈치나 중앙치와 마찬가지로 평균 또한 자료가 동일간격을 갖는 여러 개의 구간으로 정리되었을 경우에는 별도의 공식을 통하여 계산할 필요가 생김은 물론이다. 우선 간단한 형태의 수량적 자료를 중심으로 평균의 정의를 수식화하여 보기로 한다.

연구대상이 되는 집단(모집단)의 규모를 N, 그리고 집단 내에 속한 N개의 수치를 변수 X_i에 의해 표시할 때 X_i는 X_1부터 X_N까지 N개의 수치를 총체적으로 대변한다. 따라서 이 자료집단의 평균은 모든 수치를 서로 더한 것을 이들 수치의 개수인 N으로 나누어 구할 수 있으며 다음과 같이 정리될 수 있다.

[모집단의 평균]

$$\mu = \frac{X_1 + X_2 + \cdots + X_N}{N} = \frac{1}{N}\sum_{i=1}^{N} X_i \qquad (2.1)$$

공식 (2.1)에 사용한 부호 μ(그리스문자로 "뮤"라 읽는다)는 통계학에서 모집단의 평균을 나타내도록 약속된 문자이다.[1] 실상 이러한 공식이 없어도 독자들 대부분이 통계학을 배우기 훨씬 이전에 평균을 구하는 법과 또 그 개념에 익숙해 왔다. 그러나 이처럼 일상생활화된 평균이란 개념은 통계적으로 유의성이 아주 큰(특히 추측통계학에서) 중요한 개념임을 기억해 둘 필요가 있다. 여기서도 마찬가지로 구간값을 이용한 평균의 계산은 본절의 7.3항으로 미루기로 하고, 다만 중앙치 계산예로 사용되었던, 모대학 경제학과 졸업생 취업자 중 무작위로 추출한 10명의 초임에 대한 평균만을 식 (2.1)을 이용하여 구해 보기로 한다. 즉,

$$\begin{aligned}\mu &= \frac{X_1 + X_2 + \cdots + X_{10}}{N} \\ &= \frac{109 + 176 + 141 + 147 + 123 + 175 + 152 + 159 + 139 + 164}{10} \\ &= 148.5(\text{만 원})\end{aligned}$$

임을 알 수 있다.

---

1) 통계학에서는 전통적으로 모집단의 특성을 나타내기 위하여 그리스문자를 사용하는 반면, 영어의 알파벳은 표본의 특성을 나타내는 데 사용하고 있다. 예컨대, 표본의 평균은 (표본의 크기가 n일 때) $\bar{X} = \frac{1}{n}\sum_{i=1}^{n} X_i$와 같이 나타난다. 전형적으로 한 문자 상단의 "바"(bar)기호는 그 문자에 의해 설명되는 모든 자료의 평균을 의미한다. 따라서 $\bar{X}$는 X에 의해 정의되는 자료집단의 평균을 의미하게 된다.

4. 기하평균(geometric mean)

최빈치나 중앙치, 그리고 평균과 같은 대표치들은 일단 원사료를 일정 구간이나 범위(또는 항목)별로 정리한 도수분포표가 작성되면 이로부터 직접 계산할 수 있는 보다 일반적인 대표치들이다. 그러나 연구대상이 되는 자료가 어떤 구간이나 항목으로 분류되기는 곤란한 경우들이 있다. 예컨대, 연간 물가상승률이나 경제성장률 또는 인구증가율 등처럼 일정 기간에 발생한 변화율들의 단위기간(예컨대, 연간 변화율에 관한 자료일 때는 1년)당 평균변화율을 들 수 있다. 이 경우 만일 각 연도의 변화율을 합하여 관측연수로 나누어 평균을 삼는다면(이 경우는 산술평균이 됨) 전체 대상기간 동안의 연간 평균변화율 개념으로 이해하기는 곤란하다. 왜냐하면, 변화율이란 서로 다른 두 기간의 변화량을 기준연도의 값으로 나눈 개념이므로 이와 같은 비율들을 무작정 더하고 또 관측된 비율의 개수로 나누어 평균개념으로 파악할 수는 없기 때문이다. 예컨대, 비록 1, 2차연도 모두 똑같이 5%씩의 증가율을 보였다 하더라도 1차연도의 변화율의 기준과 2차연도의 변화율의 기준은 서로 달라진다는 점에 유의해야 할 것이다.

이상과 같은 이유 때문에 산술평균은 수치의 변화가 기하급수적으로 또는 등비수열적으로 변하는 상황에서는 대표치로서의 역할을 제대로 수행할 수 없어 변량의 대표치를 다른 방법에 의해 계산할 필요가 생긴다.

이러한 경우를 위하여 고안된 대표치 개념인 기하평균은 다음과 같이 정의된다. 즉, X_1, X_2, $\cdots$, X_N이라는 변량이 관측되면 이들 변량의 기하평균은 다음 식에 의하여 산출된다.

[기하평균]

$$M_g = \sqrt[N]{X_1 \cdot X_2 \cdots X_N} = \sqrt[N]{\prod_{i=1}^{N} X_i} \tag{2.2}$$

(단, 여기서 Π는 "파이"라 읽는 그리스문자의 대문자로 $\prod_{i=1}^{N} X_i$는 X_1부터 X_N까지를 차례로 곱한다는 뜻을 나타내는 기호로 사용됨)

등비수열적 또는 기하급수적으로 변화하는 현상은 경제학 및 경영학분야에 있어 자주 볼 수 있다. 시계열(time series)에 있어서의 물가변동률, 인구성장률, 경제성장률 등과 같이 동일종류의 통계치를 시간적 선후순서에 따라 배열한 것을 들 수 있다.

이해를 돕기 위해 Y가 국민소득수준을 나타내며 Y_0는 1990년 말, Y_1은 1991년 말 식으로 하여 Y_{10}은 2000년 말의 국민소득수준을 나타낸다고 가정한다. 이 때 1991년부터 매년의 국민소득성장률을 r_1, r_2, $\cdots$, r_{10}으로 표시하면

$$r_1=\frac{Y_1}{Y_0}-1,\ r_2=\frac{Y_2}{Y_1}-1,\ \cdots,\ r_{10}=\frac{Y_{10}}{Y_9}-1 \tag{2.3}$$

이 성립되고,

$$\begin{aligned} Y_1 &= Y_0(1+r_1) \\ Y_2 &= Y_1(1+r_2)=Y_0(1+r_1)(1+r_2) \\ &\vdots \\ Y_{10} &= Y_9(1+r_{10})=Y_0(1+r_1)(1+r_2)\cdots(1+r_{10}) \end{aligned} \tag{2.4}$$

과 같이 바꿔 쓸 수 있다.

이제 10년간의 연평균성장률을 r이라 하면, r은 r_1, $\cdots$, r_{10}을 대표하는 값이므로 다음과 같은 관계식이 성립한다.

$$Y_{10}=(r+1)^{10}Y_0 \tag{2.5}$$

$$\text{또는 } (r+1)^{10}=\frac{Y_{10}}{Y_0} \tag{2.6}$$

한편, 식 (2.4)와 식 (2.5)를 결합하면,

$$(r+1)^{10}=\prod_{i=1}^{10}(1+r_i) \tag{2.7}$$

가 된다. 따라서

$$(r+1)=\sqrt[10]{\prod_{i=1}^{10}(1+r_i)} \tag{2.8}$$

에 의해 연평균성장률 r을 계산할 수 있으며, 이 때 연평균성장률이란 대표치는 식 (2.8)과 같은 기하평균공식을 통하여 산출해야 하는 당위성을 알 수 있다.

한편, 식 (2.2)에 의해 실제 기하평균을 구하는 작업은 복잡하므로 일반적으로 log값을 이용하여 계산하게 된다. 즉, 식 (2.2)의 양변에 log를 취하게 되면

$$\log M_g = \frac{1}{N}(\log X_1 + \log X_2 + \cdots + \log X_N)$$

$$= \frac{1}{N}\sum_{i=1}^{N} \log X_i \quad (2.9)$$

가 되므로, 변화율의 log값을 취한 후 이들의 산술평균(이를 $\overline{\log X}$라 하자)을 구한 뒤 M_g를 계산할 수 있다.[1)]

$$M_g = 10^{\overline{\log X}} \quad (2.10)$$

[예 제]

우리 나라의 1991년~2001년의 소비자물가지수는 표 2-2와 같다. 이 때 (1) 각 연도의 소비자물가상승률을 구하고, (2) 1991년부터 2001년의 10년간 연평균소비자물가상승률을 구하여라.

표 2-2 우리 나라의 소비자물가지수 (2000=100)

연 도	1991	1992	1993	1994	1995	1996	1997	1998	1999	2000	2001
물가지수	69.3	73.5	77.3	81.3	85.0	89.4	92.4	97.8	98.2	100	103.6

자료 : 한국은행, 「경제통계연보」.

1) 먼저 1991년에서 1992년의 소비자물가상승률(r_1)은 식 (2.3)에서처럼

$$r_1 = \frac{1992\text{년도 물가지수}}{1991\text{년도 물가지수}} - 1 = \frac{73.5}{69.3} - 1 = 0.061$$

임을 알 수 있다. 마찬가지의 방법으로 r_2, r_3, …, r_{10}을 구해 보면, 각각의 값은 $r_2=0.052$, $r_3=0.052$, $r_4=0.046$, $r_5=0.052$, $r_6=0.034$, $r_7=0.058$, $r_8=0.004$, $r_9=0.018$, $r_{10}=0.036$이 된다.

2) 10년간의 연평균물가상승률을 r이라 하면, 식 (2.8)에서

$$(r+1) = \sqrt[10]{\prod_{i=1}^{10}(1+r_i)}$$

또는 식 (2.9)를 이용하면

$$\log(r+1) = \frac{1}{10}\sum_{i=1}^{10}\log(1+r_i)$$

가 성립된다. 따라서

1) 단, 식 (2.9)를 이용한 기하평균계산법은 변화율을 나타내는 X값이 음수($X<0$)일 경우에는 활용하기 곤란하며, 따라서 계산과정이 번거롭더라도 직접 식 (2.2)를 이용할 수밖에 없다.

$$\log(r+1) = \frac{1}{10}\{\log 1.061 + \log 1.052 + \cdots + \log 1.036\}$$
$$= 0.0175$$

(단, 편의상 소수점 넷째 자리 미만에서 반올림했음)

와 같이 계산된다.

부표 A의 상용대수표에서 상용대수값이 0.0175인 진수값을 구해 보면 1.041이다.[1] 즉,

$$\log(r+1) = \log 1.041$$

따라서

$$r+1 = 1.041$$
$$r = 0.041$$

이므로, 10년간 연평균상승률은 4.1%였음을 알 수 있다.

한편, 연평균상승률은 대상기간의 초기연도와 말기연도, 두 시기의 관측치만을 고려함으로써 산출할 수도 있다. 예컨대, 위 예제에서 단지 1991년도와 2001년도 물가지수를 식 (2.5)나 (2.6)에 대입하여 연평균상승률을 직접 구할 수도 있는 것이다. 1991년도 물가지수(P_0)가 69.3, 2001년도 물가지수(P_{10})가 103.6이므로

$$(r+1)^{10} = \frac{P_{10}}{P_0} = \frac{103.6}{69.3} = 1.49$$

가 되고, 양변을 상용대수로 취하면

$$10 \cdot \log(r+1) = \log 1.49 = 0.1732$$

이 되므로,

$$\therefore \log(r+1) \fallingdotseq 0.017$$

와 같아진다.

위와 마찬가지로 $\log(r+1) = \log 1.041$가 되므로 $r = 0.041$가 되어 앞의 방법으로 구한 결과와 동일하게 됨을 알 수 있다.

---

1) 보간법을 이용한 것임. 즉, $\log(r+1) = 0.0175$는 $\log 1.041 = 0.0174$와 $\log 1.042 = 0.0179$의 사이에 있으므로, 구하려는 진수는 $1.041 + \frac{(0.0175 - 0.0174)}{(0.0179 - 0.0174)} \times (1.042 - 1.041) \fallingdotseq 1.0412$가 됨을 알 수 있다.

5. 조화평균(harmonic mean)

앞에서 산술평균의 사용이 곤란하여 대신 기하평균이란 대표치 개념을 사용해야 되는 경우를 살펴보았다. 이 밖에도 산술평균에 의한 대표치 사용이 부적합한 중요한 사례를 또 찾아볼 수 있다. 예컨대, 기존 변수의 역수를 취하여 산술평균을 구한 다음 다시 그 값의 역수를 취함으로써 대표치를 구할 필요가 발생할 수 있다. 이러한 경우를 위한 대표치가 바로 조화평균이며 다음과 같이 정의된다.

[조화평균]

$$M_h = \frac{1}{\frac{1}{N}\left(\frac{1}{X_1} + \frac{1}{X_2} + \cdots + \frac{1}{X_N}\right)} = \frac{N}{\sum_{i=1}^{N} \frac{1}{X_i}} \tag{2.11}$$

소형승용차의 휘발유 $1l$당 주행거리를 확인코자 고속도로 100km와 도심지 100km를 시험주행하였다. 이 차는 고속도로에서 주행하는 경우 $1l$당 14km, 도심지에서는 $1l$당 10km를 달릴 수 있다고 한다. 이 경우 전구간에서 l당 평균주행거리를 구하기 위해 먼저 총(100+100)km를 주행하는 데 소모되는 휘발유를 계산해 보면, $\left(\frac{100}{14} + \frac{100}{10}\right)l$가 됨을 알 수 있다. 따라서 전구간에서의 l당 평균주행거리는

$$\frac{200}{\frac{100}{14} + \frac{100}{10}} = \frac{2}{\frac{1}{14} + \frac{1}{10}} = 11.67\left(\Leftarrow \frac{N}{\frac{1}{X_1} + \frac{1}{X_2}} = M_h\right)$$

로 조화평균법에 의해 계산될 수 있음을 알 수 있다.

6. 기타 대표치

이상에서 다섯 가지의 대표치를 살펴보았다. 이들 중 산술평균・기하평균 그리고 조화평균을 계산적 대표치라 한다면 중앙치나 최빈치는 위치적 대표치라 할 수도 있다. 그런데 후자, 즉 위치적 대표치의 성격을 갖는 것으로 최빈치와 중앙치 외에 사분위수・십분위수 그리고 백분위수를 들 수 있다. 따라서 이들은 중앙치를 구하는 방법과 비슷한 과정에 의해 계산될 수 있다. 즉, 자료를 작은 값부터 크기 순서에 따라 배열하였을 경우 전체를 4등분, 10등분 또는

100등분하여 각 구분점이 되는 값을 지칭하게 된다. 따라서 이러한 대표치들은 주어진 자료를 몇 개의 특정한 개수(보편적으로 4, 10 그리고 100개로 구분)의 집단으로 분할할 때 사용된다. 물론 이들 집단은 각각 똑같은 개수의 값들을 가지도록 나누어진다.

자료를 네 개의 똑같은 크기의 집단으로 나눌 때, 각 집단은 사분위라 하고 4등분하는 위치에 있는 수를 사분위수(quartile)라 한다. 그러나 대부분의 경우 네 개의 동일규모 집단으로 나눌 수 있는 단일수치(주어진 자료 중 어느 한 수치)들을 쉽게 얻을 수 없다. 따라서 4등분하는 구분점의 위치를 특정 방법에 의해 계산하여 이들 위치에 속하는 값을 산정하게 된다.

첫 번째 4분위수(제 1 사분위수)의 위치 $= \frac{1}{4}N + \frac{1}{4}$

두 번째 4분위수(제 2 사분위수)의 위치 $= \frac{2}{4}N + \frac{2}{4} = \frac{1}{2}N + \frac{1}{2}$

세 번째 4분위수(제 3 사분위수)의 위치 $= \frac{3}{4}N + \frac{1}{4}$ (2.12)

즉, 상기와 같은 공식에 의해 각 구분점의 위치를 정하여 제 1, 제 2, 제 3 사분위수를 찾게 된다. 이 공식은 방법론상 중앙치계산법과 같으며, 결과적으로 제 2 사분위수는 중앙치와 같아진다.

동일한 방법으로 자료를 10등분 또는 100등분하여 각 구분점의 수치를 찾아 십분위수(decile) 또는 백분위수(percentile)라 부른다. 이러한 대표치를 위한 공식은 중앙치와 4분위수의 공식으로부터 유추할 수 있어 생략한다. 단, 우리가 일상적으로 쓰고 있는 퍼센트(%)의 개념이 100분위수에 연유함을 지적해 둔다.

앞에서 중앙치의 계산 예를 보이기 위해 이용했던 모대학 경제학과 졸업생 중 취업된 사람 중에서 10명만을 뽑은 초임자료를 사용하여 제 1 사분위수와 제 3 사분위수의 계산과정을 살펴보자.

{109, 123, 139, 141, 147, 152, 159, 164, 175, 176}(단위 : 만 원)

자료의 개수(N)가 10이므로 식 (2.12)를 이용하면 제 1 사분위수의 위치는 $\frac{1}{4}N + \frac{1}{4}$, 즉 $\frac{1}{4} \times 10 + \frac{1}{4} = 2.75$번째가 된다. 따라서 제 1 사분위수는 $123 + \frac{3}{4}(139 - 123) = 135$로 1,350,000원이다. 또한 제 3 사분위수는 $\frac{3}{4}N + \frac{1}{4} = \frac{3}{4} \times$

$10+\frac{1}{4}=7.75$ 번째에 위치하므로 그 값은 $159+\frac{3}{4}(164-159)=162.75$, 즉 1,627, 500원이다.

7. 그룹화된 자료의 대표치계산법

지금까지 소개한 각종 대표치 계산법은 수량적 자료의 경우 자료들이 그룹화되지 않은, 즉 동일간격을 가지는 구간으로 구분하여 정리되지 않은 상태로 제시되었다. 그러나 자료의 양이 많을수록 이와 같은 기초적 방법에 의해 대표치를 계산하는 과정은 점차 비효율적이 된다. 따라서 자료를 일단 크기에 따라 구간별로 정리한 도수분포표로 작성한 다음, 추가적인 가정을 통해 계산하는 방법이 개발되었다. 이러한 방법이 보편적으로 쓰여질 수 있는 것은 산술평균, 최빈치, 중앙치, 그리고 각종 위치적 대표치를 나타내는 분위수가 있으나, 여기서는 편의상 전자의 세 가지 종류의 대표치에 한하여 공식을 도출하기로 한다. 자료는 상호 비교를 위해 제1장에서 사용한 것을 재사용하기로 한다(표 1-4 또는 표 1-5 참조). 표 2-3은 표 1-5를 수정하여 제시한 것이다.

7.1 최 빈 치

최빈치는 가장 여러 번 발생한 수치이며, 따라서 원자료를 같은 수치별로 발생도수를 정리하면 저절로 확인될 수 있다. 그러나 일단 자료가 표 2-3처럼

표 2-3 대졸 취업자의 초임

구간(X_i)	구간중앙 대표값	빈도도수 (f_i)	누적도수	상대도수 (f_i/N)	누적상대도수
100.5~110.5	105.5	1	1	0.02	0.02
110.5~120.5	115.5	2	3	0.04	0.06
120.5~130.5	125.5	4	7	0.08	0.14
130.5~140.5	135.5	8	15	0.16	0.30
140.5~150.5	145.5	12	27	0.24	0.54
150.5~160.5	155.5	10	37	0.20	0.74
160.5~170.5	165.5	8	45	0.16	0.90
170.5~180.5	175.5	4	49	0.08	0.98
180.5~190.5	185.5	1	50	0.02	1.00
합 계		50 $\left(=N=\sum_{i=1}^{9} f_i\right)$	50	1.00	

구간별 도수분포표 형태로 정리되어 제시되면 그러한 방법으로는 최빈치를 찾을 길이 없다. 따라서 구간별 도수가 가장 큰 140.5~150.5구간(이 구간은 최빈구간이라 함)에 속하는 어떤 값이 아마 가장 여러 번 관측되었을 것이라고 가정하는 방법을 택할 수밖에 없다. 이 경우 우선 해당 구간(class)의 중간값(mid-point of the class, 또는 class mark라 함)을 편의상 최빈수로 택하는 방법이 있을 것이다. 그러나 표 2-3에서처럼 자료의 분포가 최빈구간의 중앙치를 중심으로 대칭관계에 있지 않을 경우 145.5를 최빈치로 삼기에는 석연치 않은 점이 있다. 최빈구간 밑의 구간의 도수가 8, 윗구간의 도수가 10인 점을 감안하면 최빈치는 최빈구간의 중앙으로부터 위쪽에 있다고 보는 것이 합리적일 것이다. 이러한 점을 감안하여 일반적으로 최빈치는 다음 공식을 통해 계산된다.

[그룹화된 자료의 최빈치]

$$M_0 = L_l + \left(\frac{\Delta l}{\Delta l + \Delta h} \right) \cdot c \qquad (2.13)$$

(단, L_l : 최빈구간의 하한치(lower limit of the modal class)
Δl : 최빈구간도수와 아래구간도수의 차이
Δh : 최빈구간도수와 윗구간도수의 차이
c : 구간폭(class interval))

그림 2-3을 이용하여 위의 공식이 적합함을 검토해 보자. 이 그림은 최빈구간과 인접한 두 구간의 도수를 기둥그림표 형태로 나타낸 것이다. 앞에서 지적한 바와 같이 최빈치는 최빈구간의 중앙보다 조금 윗부분에 있다고 볼 수는

그림 2-3 최빈치의 산출원리

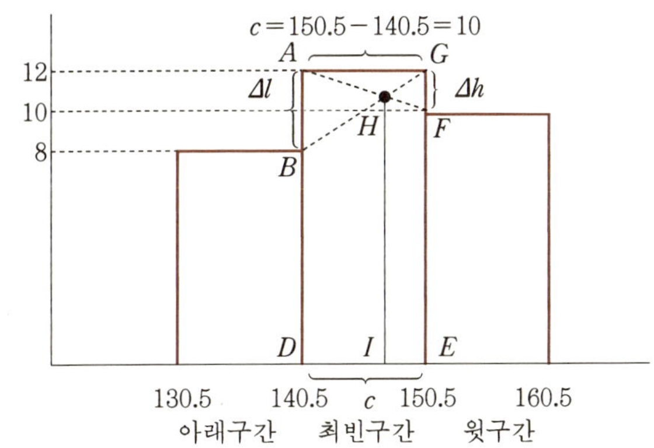

있으나 정확한 위치를 찾는 방법이 요구된다. 이를 해결하기 위해 그림에서와 같이 Δl(최빈구간과 그 아래구간의 빈도수의 차이)과 Δh(최빈구간과 그 윗구간의 빈도수의 차이)를 정의하고 대각선을 그어 만난 점을 H라 하고 이에 대응하는 횡축상의 점을 I라 한다. 그러면 I점이 바로 최빈치가 되는 것이다. 점 D는 최빈구간의 하한치 140.5를 나타내므로 여기에다 선 DI의 거리를 계산하여 더함으로써 최빈치가 산정될 수 있다. c를 최빈구간의 구간폭, 그리고 선 DI거리는 미지수로 보고 X라 하자. 그러면

$$\begin{aligned} X : c &= \overline{DI} : \overline{DE} = \overline{BH} : \overline{BG} = \overline{BH} : (\overline{BH} + \overline{HG}) \\ &= \overline{AB} : (\overline{AB} + \overline{FG}) \\ &= \Delta l : (\Delta l + \Delta h) \\ \therefore\ X &= \frac{\Delta l}{\Delta l + \Delta h} \cdot c \end{aligned}$$

가 된다. 따라서 최빈치는

$$\begin{aligned} M_0 = L_l + X &= L_l + \frac{\Delta l}{\Delta l + \Delta h} \cdot c \\ &= 140.5 + \frac{4}{4+2} \cdot 10 \\ &= 147.17 \end{aligned}$$

과 같이 산출된다.

7.2 중 앙 치

중앙치는 전체 자료를 크기순으로 배열하였을 때, 중앙에 위치하는 수치를 말하므로 원자료를 크기순으로 나열한 후 $\left(\frac{N+1}{2}\right)$번째 위치에 있는 수를 확

[그룹화된 자료의 중앙치]

$$M_d = L_l + \frac{\frac{N+1}{2} - F}{f_{\text{med}}} \cdot c \qquad (2.14)$$

(단, L_l : 중앙치구간의 하한치
F : 중앙치구간 이전까지의 누적도수
f_{med} : 중앙치구간의 도수
c : 구간폭)

그림 2-4 중앙치의 산출원리

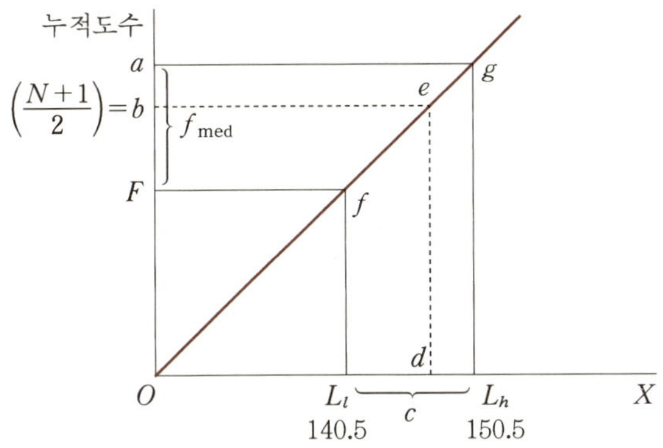

인하면 된다. 그러나 자료가 구간별 도수분포표 형태로 제시되면, 위의 방법으로 중앙치를 쉽사리 찾을 수 없게 된다. 따라서 그룹화된 자료로부터 중앙치를 계산하기 위해 다음의 공식을 사용하게 된다.

총자료수(N)가 50이므로 중간위치는 $\dfrac{N+1}{2}=25.5$가 된다. 한편, 130.5~140.5구간까지의 누적도수는 15이고, 140.5~150.5구간까지 포함한 누적도수는 27이므로, 25.5번째 위치는 후자의 구간에 속하는 것임을 알 수 있다. 이를 중앙치구간이라 한다. 이 구간에 속하는 인원수는 12명이고 이 구간의 간격은 10이다. 그리고 중앙위치(25.5)는 중앙치구간 이전까지의 누적인원수 15로부터 $25.5-15=10.5$ 거리에 있다. 따라서 중앙치는 중앙치구간의 값 중 상한치에 오히려 가까운 값이 될 것임을 알 수 있다. 이 때 정확한 중앙치 산출을 위해 고안된 위의 식 (2.14)의 논리적 정당성을 입증하고자 그림 2-4를 활용하기로 한다.

그림에서 b는 중앙치의 위치, F는 중앙치구간 이전까지의 누적도수(=15), a는 중앙치구간까지 포함한 누적도수(=27)이므로 선 $\overline{aF}$의 거리는 중앙치구간의 도수(=12)를 나타낸다. 한편, L_l은 중앙치구간의 하한치(=140.5), 그리고 L_h는 중앙치구간의 상한치를 나타내므로 $\overline{L_lL_h}$는 구간폭(c)이 된다. 이 때 중앙치의 위치를 나타내는 점 b에 대응하는 횡축에서의 값, 즉 점 d의 값이 바로 중앙치가 될 것이다. 이 점의 값은 L_l에다 선 $\overline{L_ld}$의 거리를 더함으로써 계산될 수 있다. 이 거리를 일단 미지수로 보아 X라 하자. 그러면

$$X : c=\overline{L_ld} : \overline{L_lL_h}=\overline{fe} : \overline{fg}=\overline{Fb} : \overline{Fa}=\left(\frac{N+1}{2}-F\right) : f_{\text{med}}$$

$$\therefore\ X=\frac{\frac{N+1}{2}-F}{f_{\text{med}}}\cdot c$$

가 되고, 따라서

$$M_d=L_l+X=L_l+\frac{\frac{N+1}{2}-F}{f_{\text{med}}}\cdot c$$

가 된다. 주어진 자료를 이용하면 다음과 같이 중앙치가 산출될 수 있다.

$$M_d=140.5+\frac{25.5-15}{12}\cdot 10-149.25$$

7.3 산술평균

산술평균은 자료값을 전부 더한 다음 사용된 자료의 개수로 나누어 계산함은 주지의 사실이다. 그러나 이것도 자료가 표 2-3과 같이 구간별로 그룹화된 형태로 제시되면, 원래의 자료값들이 정확히 얼마였는지 확인할 길이 없다. 따라서 일정한 가정에 의해 편법으로 계산할 수밖에 없다. 즉, 구간의 중간값이 각 구간에 속한 값들을 대표할 수 있다고 가정한 뒤, 이 대표적 수치들을 해당 도수만큼씩 여러 번 더함으로써 실제의 수치의 합산에 대신하는 것이다. 따라서 원래 $\mu=\frac{1}{N}\sum X_i$로 정의된 평균계산공식은 다소의 수정이 필요하다. 각 구간의 대표치를 X_i^c라 하고 이에 대응하는 도수를 f_i^c라 하면 평균은 다음 식과 같이 정의될 수 있다(단, 이 때 구간수는 m개라 가정함).

[m개 구간으로 구분된 자료의 평균]

$$\mu=\frac{1}{N}\sum_{i=1}^{m}X_i^c f_i^c=(f_1^c X_1^c+f_2^c X_2^c+\cdots+f_m^c X_m^c)\cdot\frac{1}{N} \qquad (2.15)$$

식 (2.15)는 간단히 다음과 같이 표기하기도 한다.

$$\mu=\frac{1}{N}\sum_{i=1}^{m}X_i f_i \qquad (2.16)$$

이제 실제 자료를 이 식에 대입하여 평균을 구하면

$$\mu=\frac{1}{50}(105.5\times 1+115.5\times 2+125.5\times 4+135.5\times 8+145.5\times 12+155.5\times 10$$

$$+165.5\times8+175.5\times4+185.5\times1)=\frac{7{,}435}{50}=148.7$$

가 되며, 이는 원자료(표 1-4 참조)가 알려져 있을 때 $\mu=\frac{1}{N}\sum_{i=1}^{N}X_i$에 의하여 구한 값 148.5와 거의 같으므로 간편계산법으로서 충분한 가치가 있다.

그러나 식 (2.16)에 의한 평균의 계산도 구간수가 많아지거나, 구간대표값이나 또는 도수가 커질수록 계산하는 데 어려움이 있다. 이러한 점을 감안하여 고안된 것을 가평균법이라 한다. 가평균은 일반적으로 전체 분포의 중간위치에 있는 구간의 대표값으로 정하나 이론상으로는 어느 구간의 대표값(class mark)을 선정하여도 무방하다. 일단 가평균(assumed mean)이 선정되면 각 구간의 대표값(X_i)과 가평균(M_a)의 차이(deviation of X_i from the assumed mean), $d_i=X_i-M_a$가 산출될 수 있으며, 이 때 평균은 다음 식과 같이 정의된다.[1)]

[가평균을 이용한 평균의 간편계산공식]

$$\mu=M_a+\bar{d}=M_a+\frac{1}{N}\sum_{i=1}^{m}d_i f_i \qquad (2.17)$$

(단, $\bar{d}$는 d_i의 평균)

이 식을 이용한 평균의 계산과정을 보이고자 원자료를 표 2-4와 같이 정리하였다. 표에서처럼 가평균을 145.5로 선정하면 평균은 식 (2.17)에 의거 다음과 같이 계산된다.

$$\mu=M_a+\bar{d}=M_a+\frac{1}{N}\sum_{i=1}^{m}d_i f_i=145.5+\frac{1}{50}\times160=148.7$$

이 계산 결과는 가평균법을 이용하지 않았을 경우와 정확히 동일함을 알 수 있다. 경우에 따라서는 도수(f_i)가 상당히 크거나, d_i값 또한 큰 숫자로 나타나면 아직도 식 (2.17)에 의한 계산은 번거롭다. 따라서 계산을 더욱 간편화할 필요가 있을 경우에는 이른바 부호화방법(coding method)을 사용할 수 있다.

1) 이와 같은 공식의 당위성을 밝히고자 다음과 같이 식 (2.16)과 (2.17)이 동일함을 증명한다.

$$\mu=M_a+\frac{1}{N}\sum_{i=1}^{m}d_i f_i=M_a+\frac{1}{N}\sum_{i=1}^{m}(X_i-M_a)f_i=M_a+\frac{1}{N}[(X_1-M_a)f_1+(X_2-M_a)f_2+\cdots+(X_m-M_a)f_m]$$

$$=M_a+\frac{1}{N}\left(\sum_{i=1}^{m}X_i f_i-M_a\cdot N\right)=M_a+\frac{1}{N}\sum_{i=1}^{m}X_i f_i-M_a=\frac{1}{N}\sum_{i=1}^{m}X_i f_i$$

따라서 가평균법은 임의의 가평균을 이용하여, 각 대표값들이 가평균으로부터 떨어져 있는 거리(d_i)를 계산하여 이들의 평균(각 값의 가평균으로부터의 거리의 평균)을 구한 다음, 가평균에 더하여 산술평균을 구하는 것이다.

표 2-4 간편 평균계산법의 한 예

구 간	구간의 중간점(X_i)	도수(f_i)	$d_i = X_i - M_a$	$d_i f_i$	$b_i = \frac{d_i}{c}$	$b_i f_i$
$100.5 \le X < 110.5$	105.5	1	−40	−40	−4	−4
$110.5 \le X < 120.5$	115.5	2	−30	−60	−3	−6
$120.5 \le X < 130.5$	125.5	4	−20	−80	−2	−8
$130.5 \le X < 140.5$	135.5	8	−10	−80	−1	−8
$140.5 \le X < 150.5$	145.5	12	0	0	0	0
$150.5 \le X < 160.5$	155.5	10	+10	100	1	10
$160.5 \le X < 170.5$	165.5	8	+20	160	2	16
$170.5 \le X < 180.5$	175.5	4	+30	120	3	12
$180.5 \le X < 190.5$	185.5	1	+40	40	4	4
합 계		$N = \sum f_i = 50$		$\sum d_i f_i = 160$		$\sum b_i f_i = 16$

이 방법은 우선 d_i를 구간폭 c로 나눈 값을 $b_i = \frac{d_i}{c}$라 정의하여 계산한다. 놀랍게도 b_i의 값은 가평균구간에서는 0, 그 아래구간은 −1, −2, −3, … 그리고 윗구간에서는 +1, +2, +3, …과 같이 나타나므로 실제 b_i의 값을 계산할 필요조차 없어진다. 단지 가평균구간을 중심으로 아래, 위로 ±1, ±2, ±3, …의 숫자를 자동적으로 적어 넣기만 하면 된다. 이와 같은 b_i의 값이 일종의 부호(code)와 같아진다고 하여 부호화방법이라 일컫는다. 일단 b_i가 계산되면 역시 각 b_i값에 이에 대응하는 도수(f_i)를 곱하고 이를 합산하는 과정을 통해 평균을 계산하게 된다. 즉, 평균은

[부호화방법에 의한 평균계산공식]

$$\mu = M_a + \bar{b} \cdot c = M_a + \left(\frac{1}{N} \sum_{i=1}^{m} b_i f_i \right) \cdot c \tag{2.18}$$

(단, $\bar{b}$는 b_i의 평균)

와 같이 정의되며, 이는 간단히 정리하면 식 (2.17)과 같아짐을 알 수 있다. 즉, 식 (2.18)은

$$\begin{aligned} \mu &= M_a + \bar{b} \cdot c \\ &= M_a + \left(\frac{1}{N} \sum_{i=1}^{m} b_i f_i \right) \cdot c \\ &= M_a + \frac{1}{N} \sum_{i=1}^{m} (b_i \cdot c) \cdot f_i \end{aligned}$$

$$=M_a+\frac{1}{N}\sum_{i=1}^{m}d_i f_i$$

이 되어 식 (2.17)과 같아진다.

표 2-4의 자료에 식 (2.18)을 적용하여 보자. 가평균구간의 b_i값은 0이고, 그 이전구간의 b_i는 자동적으로 −1, −2, −3과 −4, 그리고 이후 구간의 b_i는 각각 +1, +2, +3과 +4가 됨은 전술한 바와 같다. 이제 b_i와 그에 대응하는 도수(f_i)를 곱하여 $\sum b_i f_i=16$을 산출하면, 이 집단의 평균은 식 (2.18)에 의해 다음과 같이 계산된다.

$$\begin{aligned}\mu&=M_a+\bar{b}\cdot c\\&=M_a+\frac{1}{N}\left(\sum_{i=1}^{m}b_i\cdot f_i\right)\cdot c\\&=145.5+\frac{1}{50}(16)\cdot 10=148.7\end{aligned}$$

이 결과는 식 (2.17)에 계산된 평균치와 결국 같아짐을 확인할 수 있다.

8. 대표치의 비교

이제까지 우리는 여러 형태의 대표치 개념과 그 계산방법을 연구하였다. 그렇다면 이제 남은 문제는 이와 같이 여러 종류의 대표치 중 어느 것을 어느 경우에 사용하는 것이 합당한지를 확인하는 길이다. 이 문제에 대한 해답을 얻기 위해 여기서는 자료의 형태 및 연구목적 또는 대표치 사용용도에 따라 각 대표치의 합당성을 비교하고자 한다.

주어진 자료가 범주별 자료, 즉 항목별로 발생도수가 측정된 형태를 취할 경우 산술평균의 개념은 성립될 수 없으며, 중앙치보다는 최빈치가 가장 적절한 대표치로서의 역할을 하게 된다. 예컨대, 어느 직장의 고용원들을 최종학력에 따라 분류한 자료가 주어질 때, 최종학력의 평균은 계산될 수 없다. 단지 어느 학력을 가진 사람이 가장 많은지를 확인하는 최빈치나 중앙에 위치하는 사람의 학력을 나타내는 중앙치가 보다 적절한 대표치가 될 것이다.[1] 그러나 보다 일반적으로 우리가 경제・경영문제와 관련하여 사용하는 자료는 수량적 자료이다. 이 경우 각종 대표치가 갖는 특색을 다음과 같이 정리할 수 있다.

1) 단, 최빈치는 이중적 특성을 가진 자료(예컨대, 남녀 혼성된 집단의 몸무게)의 경우 두 개 이상의 값으로 나타날 수 있다는 문제점이 있다.

1) 자료가 기하평균이나 조화평균의 개념 사용을 요하지 않는 보편적 성격을 띨 때 우리가 사용할 수 있는 대표치는 평균과 최빈치, 그리고 위치상의 대표치인 중앙치와 기타 대표치(quartile, decile, percentile)가 된다. 앞에서 밝힌 바 있듯이, 최빈치란 단순히 주어진 자료 중 어느 것이 가장 여러 번 측정 또는 발생되었는지를 밝히는 데 불과하다. 따라서 빈도수에 관한 정보만으로 계산이 가능하다. 중앙치는 일단 주어진 자료를 크기순으로 나열한 뒤 총도수 등을 이용하여 중앙에 위치한 값을 찾게 된다. 따라서 빈도수와 자료값의 크기 순서에 관한 정보가 중앙치 계산에 필요하다. 한편, 평균은 도수 및 자료값의 크기 순서는 물론 모든 자료의 값 자체에 이르는 모든 정보를 이용하여 계산된다. 따라서 수집된 자료에 포함된 정보를 가장 많이 사용하고 있어 가장 신뢰할 수 있는 대표치의 역할을 할 수 있다.

2) 위에서 밝힌 대로 평균이 다른 대표치에 비해 가질 수 있는 우월성에도 불구하고 주어진 자료 중 극히 일부가 극단적으로 크거나 작을 경우 이 극단적인 값의 영향을 받게 된다는 문제점이 있다. 따라서 이 경우 평균은 전체 자료의 중심적 위치로서의 대표치 역할을 적절히 수행하지 못할 것이다. 예컨대, 어느 학급 학생들의 평균가계수입을 알고자 할 때, 총 20가구 중 19가구의 소득수준은 월 10만 원에서 100만 원 사이에 있으나 나머지 한 학생의 가계수입은 1억 원을 상회한다면, 이 경우의 산술평균이 과연 대표치의 성격을 띨 수 있는지 의문시됨을 알 수 있다. 이러한 경우에는 최빈치나 중앙치가 보다 합리적으로 사용될 수 있다.

3) 자료가 도수분포 형태로 주어진 상태에서 특히 양극단의 구간이 ~이상 또는 ~이하의 값을 포함하도록 표현된 개방구간(open-ended interval) 형태로 정리된 경우, 산술평균의 계산은 불가능해지지만 중앙치나 최빈치의 계산은 가능하다. 예컨대, 어느 한 집단의 월 평균가계소득 수준을 30만 원 이하, 30만 원부터 40만 원 사이, 40만 원부터 50만 원 사이, …, 100만 원 이상과 같이 구분하여 도수분포가 작성된 경우 '30만 원 이하'와 '100만 원 이상' 구간에 대하여는 구간별 대표값인 중앙치를 정의할 수 없으며, 따라서 평균의 계산은 불가능해진다.

4) 주어진 자료가 시계열자료로, 특히 등비수열과 같은 특징을 가질 경우, 또는 역수의 평균 개념이 필요한 경우에 있어 산술평균 개념은 곤란해지며, 따라서 기하평균이나 조화평균의 사용을 필요로 하게 된다. 참고삼아 주어진 자료로 위의 세 가지 대표치를 계산할 경우 성립되는 관계식을 소개하면 다음

과 같다.

$$M \geq M_g \geq M_h \quad \left(\begin{array}{l} M : \text{산술평균} \\ M_g : \text{기하평균} \\ M_h : \text{조화평균} \end{array} \right) \tag{2.19}$$

5) 자료의 분포 형태가 단 한 개의 봉우리(peak)를 가질 때, 즉 두 개 이상의 최빈치(또는 최빈구간)가 발생하지 않으며, 또한 최빈치가 극단적인 값을 취하지 않을 경우 평균과 중앙치, 그리고 최빈치간에는 다음과 같은 관계식이 성립된다.

$$\mu - M_0 \cong 3(\mu - M_d)$$

이것은 피어슨(Karl Pearson, 1857~1936)에 의해 밝혀진 실증분석상의 결과이며 산술평균과 중앙치가 알려진 경우 최빈치를 산정하는 데 사용되기도 한다. 즉,

$$M_0 \cong \mu - 3(\mu - M_d) \tag{2.20}$$

에 의해 최빈치를 구할 수 있다. 그러나 이 관계식은 많은 경험적 사실에 근거한 것에 불과하므로 결코 정확한 수리적 관계를 나타내는 것이 아니다. 다만 어림 계산을 위한 것일 뿐이라고 볼 수 있다.

이상으로 볼 때 특수한 경우를 제외하고는 산술평균이 모든 대표치 중 가장 적합한 것이라 볼 수 있다. 또한 평균은 그 나름대로의 결함이 있으나, 이러한 결함을 상쇄할 만한 이론적 탁월성이 구비되어 있다. 이 점에 관한 상세한 설명은 제2편 제7장에서 다루게 된다.

제 2 절 산포도(변산도 : degree of dispersion or variability)

앞 절에서 우리는 여러 가지의 대표치를 비교·검토하였다. 그리고 다소 결함은 있으나 산술평균이 가장 합당한 대표치임을 확인하였다. 그러나 평균을 비롯한 여러 대표치는 단순히 수집된 자료의 중심적 위치를 대변하는 데 불과하다. 즉, 자료의 특성 중 일부만을 다룬 데 그친 것이다. 자료의 특성 중 중심

그림 2-5 동일평균을 갖는 분포의 여러 형태

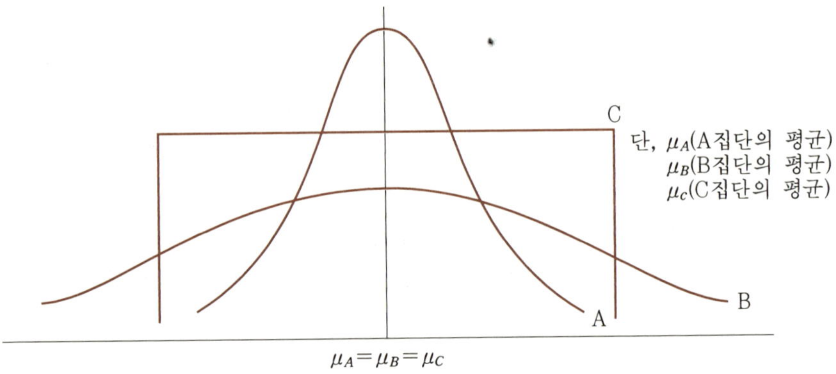

적 위치 다음으로 중요한 것은 자료의 각 수치가 어떻게 분포되어 있는가를 묘사할 수 있는 측정도구가 될 것이다. 즉, 자료가 어느 정도 분산되어 있는지를 확인하는 방법이다. 이를 위한 측정도구를 산포도(degree of dispersion) 또는 변산도(degree of variability)라 한다.

그림 2-5는 평균이 서로 같은 세 집단의 도수다각형이다. 이들 세 집단은 동일한 평균을 갖고 있으나 A 집단이 평균을 중심으로 가장 가까운 거리에 밀집되어 있는 분포를 보이고 있다. 따라서 A 집단의 구성원은 B나 C에 비해 상대적으로 동질성(homogeneous)을 갖고 있다고 볼 수 있고, 구성원간의 차이가 적은 편임을 시사하고 있다. 이와 같은 자료의 분포적 특징을 측정할 수 있는 산포도를 통하여 우리는 각 자료집단의 특성을 상호 비교할 수 있게 된다. 문제는 측정된 자료들의 값이 흩어져 있는 정도를 어떻게 계측할 것인가 하는 것이다.

일반적으로 바람직한 산포도의 측정방법에는 몇 가지 기준이 있다. 첫째, 산포도를 나타낼 수치나 지수는 평균과 같은 대표치와는 독립적 관계에 있어야 한다. 즉, 어느 산포도가 평균과 1차함수 관계에 있다면 이는 분산되어 있는 정도뿐 아니라 평균치의 영향을 아울러 받게 되므로 순수한 산포도를 측정할 수 없기 때문이다. 따라서 자료의 분포가 그 평균이 얼마이든간에 흩어져 있는 정도가 동일할 경우 산포도의 값이 같아질 수 있는 방안이라야 바람직할 것이다. 예컨대, 그림 2-6은 평균이 각각 μ_A와 μ_B로 서로 다른 두 자료집단의 분포를 나타낸다. 이 두 분포가 분산되어 있는 정도가 동일하다면 이들 집단의 산포도 역시 같아져야만 이러한 측정치가 평균과는 상관없이 단지 산포도만을

그림 2-6 평균은 다르나 산포도가 같은 분포

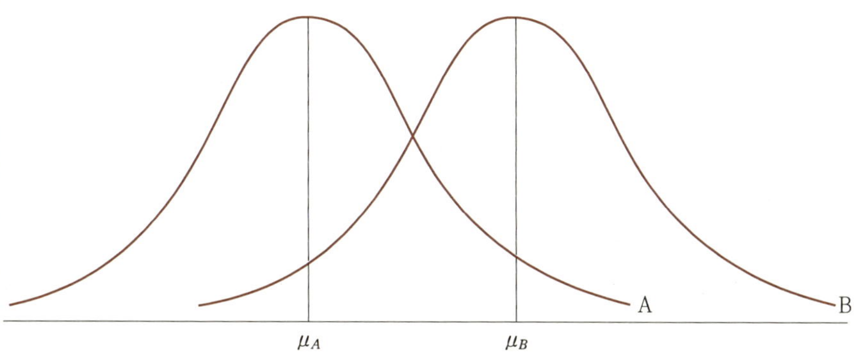

나타낸다는 의미를 가질 것이다.

둘째, 산포도의 계산에 있어 주어진 자료 중 선택된 일부 수치만으로 산정되는 것보다는 모든 값이 계산에 포함되도록 고안된 방법이 논리적으로 합당할 것이다.

셋째, 바람직한 측정방안은 자료의 전형적 분포의 특징을 반영할 수 있어야 할 것이며, 마지막으로 수리적 취급이 편리할 것이라야 할 것이다.

이상과 같은 기준에 의거하여 산포도의 측정도구로 주로 사용되고 있는 방안을 검토하여 보자.

1. 범위(range)

산포도의 가장 간단한 측정방안으로 "범위"가 있다. 이것은 자료 중 가장 큰 값과 작은 값의 절대적인 차이로 정의된다.

{109, 123, 139, 141, 147, 152, 159, 164, 175, 176}　　(단위 : 만 원)

표 1-4로부터 위와 같이 10명만을 추출한 모대학 졸업생의 초임에 대한 자료에서 범위를 구해 보면 176−109=67(만 원)이 된다.

범위는 대표치와 독립적으로 결정되며 또한 계산하기 쉽다는 장점을 가지고 있다. 그러나 범위는 자료집합에서 제일 큰 값과 작은 값의 두 개 수치를 제외한 나머지 모든 값을 무시한다. 따라서 이들 두 수치 중 어느 하나라도 나머지 수치들로부터 멀리 떨어져 극단적인 값을 취하면 범위는 이에 따라 아주 커지게 되므로, 자료들이 퍼져 있는 정도에 관한 효과적인 측정방안으로서는 결정적인 결함을 갖는다.

2. 중간범위(mid-range)

범위가 극단적인 수치의 영향을 받아 적절한 산포도의 측정방안으로서는 한계가 있다는 점을 감안하여 이를 다소 수정한 산포도 개념이 나왔다. 중간범위라 정의되는 이 측정방안은 범위와 마찬가지 방법으로 정의되었지만 자료의 중간부분값만을 고려한다는 데 차이점이 있다. 이렇게 함으로써 자료를 크기순으로 정리하였을 때 극단적으로 크거나 작은 수치를 고려대상에서 제외시킬 수 있게 되며, 따라서 극단적인 수치의 영향으로부터 벗어날 수 있게 된다. 주로 많이 쓰이는 중간범위로는 중간부분의 80% 또는 50%를 차지하는 집단의 범위를 산정하는 방법이 있다. 즉, 가장 작은 수치로부터 10%와 가장 큰 수치로부터 10%를 각각 떼어 버린 나머지 수치집단의 범위를 구하거나 또는 각각 25%를 양극에서 제거한 나머지 집단의 범위를 계산함으로써 전체 집단의 중간부분 80% 또는 50%가 차지하는 범위를 구한다. 전자를 $P_{90}-P_{10}$ 중간범위(90 percentile-10 percentile mid-range), 그리고 후자를 사분위간 중간범위(inter-quartile mid-range)라 한다. 사분위간 중간범위란 이름이 붙게 된 이유는 가장 크거나 작은 수치 25%를 각각 제거하는 작업은 제3 사분위계수(Q_3)에서 제1 사분위계수(Q_1)를 뺀 (Q_3-Q_1)효과와 같은 데 연유한다.

그러나 이러한 중간범위도 자료집단의 분포에 관한 정보를 모두 활용하지 못하며, 자료의 값들은 물론 그들간의 차이를 전혀 고려하지 못한다는 문제를 여전히 안고 있다.

3. 평균편차(mean deviation)

수집된 자료의 어떤 값도 무시하지 않으면서, 그리고 평균값의 영향을 제거시킨 상태하에서 자료들이 분포되어 있는 정도를 측정하는 방법이 있다. 이 방법은 원래의 자료를 일단 새로운 숫자로 전환시키는 과정을 수반한다. 즉, 모든 자료의 값으로부터 평균을 빼는데, 이 결과 산출된 일련의 숫자를 우리는 편차(deviation)라 한다. 이렇게 계산된 편차는 자료집단 내의 각 숫자가 평균으로부터 어느 방향으로 얼마나 멀리 떨어져 있는지를 나타내 준다.

이 과정을 공식화하기 위해 N개의 값, X_1, X_2, $\cdots$, X_N이 각각 평균(μ)으로부터의 편차(D_i)로 전환되었다고 하자. 이제 이 새로운 변수값, 즉 편차들은 $D_i = X_i - \mu$, ($i = 1, 2, 3, \cdots, N$)과 같이 나타낼 수 있으며, 이 때 그 평균은 영(zero)이 된다.[1] 즉, $\sum_{i=1}^{N}(X_i - \mu) = \sum D_i = 0$ 이다.

앞의 모대학 경제학과 졸업생 중의 취업자들 가운데 뽑은 10명의 초임에서 평균은 1,485,000원이므로 각각의 편차는 다음과 같음을 알 수 있다.

$$D_i = \{-39.5, -25.5, -9.5, -7.5, -1.5, 3.5, 10.5, 15.5, 26.5, 27.5\} \text{ (단위 : 만 원)}$$

따라서

$$\sum_{i=1}^{10}(X_i - \mu) = -39.5 - 25.5 - 9.5 - 7.5 - 1.5 + 3.5 + 10.5 + 15.5 + 26.5 + 27.5 = 0$$

이 됨을 알 수 있다.

일단 이와 같이 평균으로부터의 편차가 계산되면 이 숫자들을 통하여 자료가 퍼져 있는 정도를 나타낼 수 있는 단일계수를 찾는 작업이 필요하다. 가장 손쉬운 방안은 편차들의 절대값의 평균을 구하는 것이다. 이를 평균편차(mean deviation)라 하며 다음과 같이 정의된다.

[평균편차]

$$M.D. = \frac{1}{N}\sum_{i=1}^{N}|X_i - \mu| \tag{2.21}$$

앞에서 구한 편차들을 토대로 평균편차를 구해 보면,

$$M.D. = \frac{1}{10}(39.5 + 25.5 + 9.5 + 7.5 + 1.5 + 3.5 + 10.5 + 15.5 + 26.5 + 27.5) = 16.7(\text{만 원})$$

이 된다. 따라서 이 집단의 각 값은 산술평균으로부터 떨어져 있는 거리가 평균적으로 167,000원임을 알 수 있다.

이와 같이, 편차의 절대값을 이용하여 산포도를 측정하는 방안은 좋은 산포도 측정방법에 요구되는 대부분의 특성을 만족시키고 있다. 단, 평균편차의 공식이 절대값 부호를 포함하고 있어 수학적으로 조작하기 불편한 점이 있음을 지적할 수가 있다.

---

1) $\sum(X_i - \mu) = \sum D_i$이 0이 되는 사실은 다음과 같이 증명될 수 있다.

$$\sum(X_i - \mu) = \sum X_i - \sum \mu = \sum X_i - N\mu = N\left(\frac{\sum X_i}{N} - \mu\right) = N(\mu - \mu) = 0$$

4. 표준편차(standard deviation)와 분산(variance)

평균편차가 수학적 조작이 곤란함에도 불구하고 편차의 절대값을 사용하는 주원인은 바로 편차들의 평균이 0이 되기 때문이다. 이러한 문제를 제거하기 위한 하나의 방안으로 편차를 제곱한 값들의 평균을 구할 수 있다. 편차 제곱의 평균을 우리는 분산(variance)이라 일컫는다. 이렇게 계산된 분산은 자료가 흩어져 있는 정도를 측정하는 데 요구되는 여러 조건을 충족시키는 전형적인 산포도 측정방안이다. 즉, 분산은 평균으로부터의 편차값을 이용하여 계산되므로 평균값과는 독립적으로 산정되며, 주어진 자료의 모든 값을 이용할 뿐만 아니라 조작이 상당히 쉽다(예컨대, 미분할 수도 있다). 또한 분산의 값은 자료의 조그만 변화에도 아주 민감하여, 예컨대 100개의 숫자로 형성된 집단의 자료 중 어느 하나만의 값이 변해도 분산의 값이 달라질 정도의 정밀성을 갖추고 있다.

이제 평균으로부터의 편차들을 제곱한 값들의 평균이라 정의되는 분산은 (대상집단이 모집단으로 간주될 때) 일반적으로 σ^2으로 표기되며 다음과 같이 정의된다(여기서 σ^2은 그리스문자 "시그마"의 제곱이다).

[모집단의 분산]

$$\sigma^2 = \frac{1}{N}\sum_{i=1}^{N}(X_i - \mu)^2 \tag{2.22}$$

분산은 주어진 자료단위를 제곱한 상태로 계산되므로 사용된 자료와 같은 단위로 표시하려면 분산의 제곱근을 구해야 할 것이다. 분산의 제곱근, 즉 $\sqrt{\sigma^2}$ 또는 σ를 표준편차라 한다. 표준편차는 분산을 대신하여 자료의 산포도를 묘사하기 위해 사용된다. 모집단의 표준편차는 다음과 같이 정의된다.

[모집단의 표준편차]

$$\sigma = \sqrt{\frac{1}{N}\sum_{i=1}^{N}(X_i - \mu)^2} \tag{2.23}$$

앞의 평균편차 자료를 이용하여 모분산과 표준편차를 구하면 다음과 같다.

모분산 : $\sigma^2 = \frac{1}{10}\{(-39.5)^2 + (-25.5)^2 + (-9.5)^2 + (-7.5)^2 + (-1.5)^2$
$+ 3.5^2 + 10.5^2 + 15.5^2 + 26.5^2 + 27.5^2\} \times 10{,}000^2$

$$=418.05 \times 10{,}000^2(\text{원})$$

∴ 표준편차 : $\sigma \fallingdotseq 20.4 \times 10{,}000 = 204{,}000(\text{원})$

일반적으로 분산 σ^2의 값에 대한 정확한 해석은 평균편차에 비해 어렵다. 왜냐하면, 분산의 정도가 측정단위에 따라 달리 나타나기 때문이다. 예컨대, 위의 모분산 및 표준편차의 계산 예에서는 1원 단위로 측정한 결과였지만 이를 10,000원 단위로 계산해 보면,

$$\text{모분산 :} \quad \sigma^2 = \frac{1}{10}\{(-39.5)^2 + (-25.5)^2 + (-9.5)^2 + (-7.5)^2 + (-1.5)^2 + 3.5^2 + 10.5^2 + 15.5^2 + 26.5^2 + 27.5^2\} = 418.05(\text{만 원})$$

∴ 표준편차 : $\sigma \fallingdotseq 20.4(\text{만 원})$

따라서 이 두 쌍의 값을 비교해 보면 1원 단위로 측정하였을 경우의 분산이 10,000원 단위로 측정하였을 경우의 결과를 사용할 때보다 더 커짐을 알 수 있다. 물론 표준편차의 값은 원래의 측정단위와 같은 단위로 표현되므로 변동이 없다.

그러나 어떠한 경우를 막론하고 모집단의 흩어져 있는 정도가 증대될수록 σ^2(또는 σ)의 값 역시 증가할 것이다. 반대로 자료의 변화가 전혀 없다면 모든 모집단 내 값들이 단일수치와 같다는 것을 의미하며(즉, 모든 i에 대해서 $X_i=\mu$), $\sigma^2=\sigma=0$이 된다.

그런데 독자는 이상과 같은 분산과 표준편차가 모집단의 산포도를 측정하는 서로 다른 두 가지 방법이 아님을 명심해야 한다. σ는 단지 σ^2의 제곱근이므로 이들 두 개념은 산포도에 관한 똑같은 정보를 반영하는 것이며, 다만 다른 단위로 표현되었을 뿐이다. 차이가 있다면 표준편차는 모집단 내의 수치와 같은 단위로 표기되며, 평균으로부터의 전형적인(또는 표준적인) 차이를 나타내고 있어 해석상 편리하다는 점이 될 것이다. 그러나 표준편차는 제곱근기호에 의해 정의되므로 수학적 조작이 불편하다는 측면이 있다.

4.1 분산의 간편계산법

앞에서 사용한 예에서 볼 수 있듯이 모집단의 크기가 상당히 작음에도 불구하고 분산이나 표준편차는 계산하는 과정이 지루하다. 이러한 계산상의 불편을 덜고자 통계학자들은 간편계산법을 고안해 냈다. 아래의 공식이 바로 간편계산용 σ^2의 정의이다. 식 (2.24)는 각 X_i값을 제곱한 값의 평균($\overline{X^2}$), 즉 X_i^2의

평균에서 X_i의 평균(μ)의 제곱을 차감한 것이 분산과 같아짐을 의미하고 있다.[1)]

[모집단의 분산]

$$\sigma^2=\left(\frac{1}{N}\sum_{i=1}^{N}X_i^2\right)-(\mu)^2=\overline{X^2}-\mu^2 \tag{2.24}$$

(단, $\overline{X^2}$은 X_i^2들의 평균)

여기서 재미있는 사실은 각 X_i값에서 어떤 상수를 각각 뺀 수를 Y_i라 하고, 위의 공식 중 첫항 $\left(\frac{1}{N}\Sigma X_i^2\right)$을 $\frac{1}{N}\Sigma Y_i^2$으로, 그리고 두 번째 항은 $\bar{Y}$(Y의 평균)의 제곱으로 대치하여도 σ^2의 값은 변하지 않는다는 것이다. 이러한 사실을 이용하여 우리는 특히 X_i의 값이 커서 제곱한 값을 다루기 곤란할 때 유효하게 σ^2계산에 사용할 수 있다. 즉, 다음과 같은 관계가 성립됨을 알 수 있다.

$$\begin{aligned}\sigma^2&=\frac{1}{N}\sum_{i=1}^{N}Y_i^2-(\bar{Y})^2=\frac{1}{N}\sum_{i=1}^{N}(X_i-k)^2-\left\{\frac{1}{N}\sum_{i=1}^{N}(X_i-k)\right\}^2\\&=\frac{1}{N}\left[\sum_{i=1}^{N}X_i^2-2k\sum_{i=1}^{N}X_i+k^2\cdot N\right]-\left[\left(\frac{1}{N}\sum_{i=1}^{N}X_i\right)^2-2k\cdot\frac{1}{N}\sum_{i=1}^{N}X_i+k^2\right]\\&=\frac{1}{N}\sum_{i=1}^{N}X_i^2-\left(\frac{1}{N}\sum_{i=1}^{N}X_i\right)^2\\&=\frac{1}{N}\sum_{i=1}^{N}X_i^2-\mu^2\end{aligned}$$

앞에서 사용한 분산의 계산방법 대신 $Y_i=X_i-58$로 하여 σ^2을 계산하면 앞에서와 마찬가지의 답을 얻을 수 있다.

4.2 그룹화된 자료에서의 분산의 계산

지금까지 제시된 분산에 관한 공식은 자료들이 구간별로 분류되어 정리되지 않은 상태를 전제로 한 것이다. 그러나 특히 자료의 양이 많아질수록 우리

1) 식 (2.22)와 식(2.24)가 동일함은 다음과 같이 증명될 수 있다.

$$\begin{aligned}\sigma^2&=\frac{1}{N}\Sigma(X_i-\mu)^2=\frac{1}{N}\Sigma(X_i^2-2X_i\mu+\mu^2)=\frac{1}{N}\Sigma X_i^2-\frac{1}{N}\Sigma 2X_i\mu+\frac{1}{N}\Sigma\mu^2\\&=\frac{1}{N}\Sigma(X_i^2)-(2\mu)\frac{1}{N}\Sigma X_i+\frac{1}{N}(N\cdot\mu^2)=\frac{1}{N}\Sigma(X_i^2)-2\mu\cdot\mu+\mu^2=\frac{1}{N}\Sigma X_i^2-\mu^2\\&=\overline{X^2}-\mu^2\end{aligned}$$

어느 변수의 평균$=\overline{(\text{변수})}=\frac{1}{N}\Sigma(\text{변수})$ 형태로 나타남을 주시할 것, 예컨대 $\overline{X^2}$은 X_i^2이라는 변수의 평균이고 $\frac{1}{N}\Sigma X_i^2$과 같이 정의된다.

는 일반적으로 동일간격을 갖는 몇 개의 구간을 설정하고 각 구간에 속하는 자료의 개수를 헤아려 정리하여 이른바 도수분포표를 작성하게 된다. 구간의 수 그리고 각 구간의 대표치(각 구간의 중앙치 또는 중간위치의 값)를 선정하는 방법은 이미 대표치 계산방법을 설명할 때 다루었으므로 생략하기로 한다.[1) 일단 자료가 도수분포표 형태로 정리되면 분산은 다음 공식에 의해 계산된다.

$$\sigma^2 = \frac{1}{N}\sum_{i=1}^{m}(X_i - \mu)^2 f_i = \sum_{i=1}^{m}(X_i - \mu)^2\left(\frac{f_i}{N}\right) \qquad (2.25)$$

즉, 각 구간별 대표적 편차를 제곱하고 해당 구간의 도수를 곱하여 얻은 숫자들의 평균을 구하는 것이다. 이는 각 구간에 속한 여러 개의 숫자들을 일일이 평균으로부터 차감하여 편차를 계산하는 대신 각 구간의 대표치로부터의 편차에다 이 구간에 속하는 자료의 개수를 곱함으로써 계산을 단순화하는 어림셈 방법이다. 앞에서 사용한 표 2-3에 근거하여 위의 공식을 이용하면 $\sigma^2 = 293$이 된다.

4.3 가평균을 이용한 분산의 간편계산법

위의 공식에 의한 분산 및 표준편차의 계산은 각 자료의 값을 일일이 고려할 때에 비하여 상당히 계산상의 부담을 덜어 준 것이 사실이다. 그러나 각 구간별 편차의 값이 매우 큰 숫자가 나올 경우 역시 이들을 제곱하는 과정은 지루하게 될 것이다. 이러한 문제를 다소나마 완화하기 위해 앞에서 가평균을 이용한 평균계산법의 경우처럼 보다 간편한 계산법을 강구할 수 있다. 즉, 분산은 다음 공식에 의해 정의될 수 있다.

$$\sigma^2 = \frac{1}{N}\sum_{i=1}^{m}(d_i^2 f_i) - (\bar{d})^2 \qquad \begin{pmatrix} \text{단, } d_i = X_i - M_a \\ M_a : \text{가평균} \end{pmatrix} \qquad (2.26)$$

독자들은 앞에서 분산의 값은 본래의 X_i값 대신 X_i에서 어떤 상수(여기서

1) 구간별로 자료가 분류 정리된 경우, 모집단의 평균은 다음 공식으로 계산됨을 참고할 것.

$$\mu = \frac{1}{N}\sum_{i=1}^{m}X_i f_i\left(\text{또는 } \sum_{i=1}^{m}X_i\left(\frac{f_i}{N}\right)\right)$$

$$= M_a + \bar{d} = M_a + \left(\frac{1}{N}\sum_{i=1}^{m}d_i f_i\right) \quad (\text{단, } d_i = X_i - M_a)$$

$$= M_a + \bar{b}\cdot c = M_a + \left(\frac{1}{N}\sum_{i=1}^{m}b_i f_i\right)\cdot c \quad \left(\text{단, } b_i = \frac{d_i}{c} = \frac{X_i - M_a}{c},\ c\text{는 구간폭}\right)$$

는 가평균 M_a)를 차감한 $Y_i = (X_i -$ 상수)를 이용하여 계산하여도 무방하다는 사실을 확인한 바 있다. 위의 공식은 그러한 사실을 이용하여 X_i^2 대신 X_i에서 어떤 상수, M_a를 차감한 $d_i(=X_i - M_a)$제곱의 평균에서, d_i의 평균 $(\bar{d})$의 제곱을 차감함으로써 분산을 구할 수 있음을 보여 주고 있다. 이제 앞서의 자료 표 2-3를 이용하여 윗식 (2.26)을 적용해 보면 전과 똑같은 값 293을 계산해 낼 수 있다.

이상에서 사용된 d_i의 값이 아직도 상당히 클 경우엔 한 걸음 더 나아가 보다 간편한 숫자로 전환시킬 필요가 있다. 이는 앞서도 설명한 바 있는 부호화 방법(coding method)의 이용을 의미한다. 즉, $b_i = \frac{d_i}{c}$(c는 구간폭)가 되도록 b_i를 정의하면 가평균으로 선정된 구간대표값에 대응하는 b_i값은 자동적으로 영(zero)이 될 것이며, 그보다 낮은 구간은 순서에 따라 …, -3, -2, -1, 그리고 그보다 높은 수치를 갖는 구간은 순서대로 $+1$, $+2$, $+3$, …과 같이 b_i값은 자동적으로 산정된다. 이처럼 b_i값이 산정되면 분산의 간편계산용 공식은 다음과 같아진다.[1)]

$$\sigma^2 = \left[\frac{1}{N} \sum_{i=1}^{m} b_i^2 f_i - (\bar{b})^2 \right] \cdot c^2 \quad (\text{단, } c\text{는 구간폭}) \qquad (2.27)$$

이제 앞에서의 자료를 윗공식을 이용하여 분산을 계산하면 293이 되고, 이는 이전의 공식을 이용하였을 때와 동일함을 알 수 있다. 따라서 표준편차는 17.1(만 원)이 된다.

그런데 표준편차는 한 그룹의 관측치들이 특정 분포를 따를 때 분포되어 있는 정도에 관한 훌륭한 정보를 제공할 수 있는 특성이 있다. 예컨대, 모집단이 정규분포를 따른다면 모집단 내의 모든 값들의 약 68%가 평균으로부터 양쪽으로 표준편차의 한 배 거리에 들어가며, 약 95%가 평균을 중심으로 양쪽으로 표준편차의 두 배 거리 이내에 포함된다는 사실을 이용하여 관측치들의 분포상태를 표현할 수 있다.[2)]

이 방법을 예증해 보면, 표 1-4에서 모대학 경제학과 졸업생 중 취직된 사

---

1) 식 (2.26)과 식 (2.27)이 서로 같아짐은 다음과 같이 증명된다.

$$\sigma^2 = \frac{1}{N}\sum d_i^2 f_i - (\bar{d})^2 = \frac{1}{N}\sum (c \cdot b_i)^2 f_i - \left(\frac{\sum d_i f_i}{N}\right)^2$$
$$= \frac{c^2}{N}\sum b_i^2 f_i - \left(\frac{\sum c \cdot b_i f_i}{N}\right)^2 = c^2 \cdot \frac{1}{N}\sum b_i^2 f_i - c^2\left(\frac{\sum b_i f_i}{N}\right)^2 = c^2\left[\frac{1}{N}\sum b_i^2 f_i - (\bar{b})^2\right]$$

2) 정규분포에 관해서는 제5장에서 자세히 다루게 될 것임.

람들 50명의 초임에 대한 평균은 1,487,000원이고 표준편차는 171,000원이라는 것은 이미 계산해 낸 바 있다. 따라서 이 분포의 평균으로부터 양쪽으로 표준편차의 한 배 거리에 속하는 범위를 구해 보면 1,316,000원~1,658,000원이다. 이 범위에 포함되는 도수는 33명으로 전체 모집단의 66%를 차지하고 있다. 마찬가지로 표준편차의 두 배 거리에 속하는 범위는 1,145,000원~1,829,000원이므로 이에 속하는 도수는 48명으로 96%를 차지하고 있음을 알 수 있다.[1)] 그러므로 우리는 일단 어느 자료집단의 평균과 표준편차를 알게 되면, 이 집단의 분포에 대해 상당히 훌륭한 묘사를 할 수 있게 된다.

5. 비 교

지금까지 우리는 자료의 산포도를 측정하는 네 가지 측정방법을 고찰하였다. 산포도를 측정하는 데 요구되는 몇 가지 조건을 기준으로 볼 때 표준편차 또는 분산이 범위나 중간범위 또는 평균편차에 비해 우수한 측정방안으로 밝혀졌다. 즉, 표준편차는 평균의 값이 무엇이든지 상관없이 단지 분포된 정도를 측정할 수 있고, 주어진 자료에 포함된 모든 수치를 계산에 사용하며, 수학적인 조작 또한 용이하다는 장점을 가지고 있다. 또한 자료의 분포상태가 뒤에서 배우게 될 정규분포에 가까울수록 우리는 표준편차를 이용하여 분포에 대한 아주 유익한 추론을 할 수도 있다. 마지막으로 표준편차는 자료집단 내의 각 숫자가 평균으로부터 떨어져 있는 거리, 즉 편차를 일단 제곱하는 과정을 거치므로 편차가 큰 숫자가 집단 내에 많이 포함되어 있을수록 표준편차의 값이 커진다는 특징이 있다. 이는 편차가 큰 것일수록 일종의 벌칙을 보다 크게 책정(제곱함으로써)함을 의미하게 된다. 경제 · 경영문제에 있어 우리는 자주 어떤 기준치로부터 거리가 먼 값, 즉 오차가 커진다거나 기대값으로부터 멀어져 위험부담이 커질 때 이를 가능한 한 회피코자 할 것이며, 이를 위해 오차를 제곱하여 계산하는 분산과 표준편차 개념을 주요 판정기준으로 사용하게 됨을 강조해 두고자 한다.

---

1) 물론 이러한 현상은 자료집단의 분포가 정규분포에 가까울수록 분명하게 나타난다. 위의 예제에서는 사전에 자료집단의 분포에 대한 아무런 가정도 설정한 바 없으나 결과적으로 볼 때 정규분포에 가까운 모양을 하고 있다고 추론할 수 있다.

제 3 절 분포의 모양 : 왜도 및 첨도

일단 자료집단의 대표치와 산포도가 측정되면 이러한 특성치들을 통하여 자료의 특징, 즉 중심위치 및 변이도(또는 변산도)를 파악할 수 있다. 그러나 경우에 따라 우리는 이 밖에도 자료가 분포되어 있는 모양을 다른 각도에서 묘사하는 방법이 자주 활용된다.

현실적으로 자료의 분포는 대부분 하나의 정상(peak)을 갖는다. 분포의 모양이 한 개의 봉우리를 가지므로 최빈치 또한 하나가 될 것인바, 단일최빈치 또는 단일봉(uni-modal)분포라고 한다. 반면 두 개의 봉우리를 갖는 분포를 쌍봉분포(bi-modal)라 한다. 실제로 하나 이상의 최빈치를 갖는 분포는 둘 또는 그 이상의 자료가 복합되어 있을 때 관측될 수 있는 것이다. 예를 들어 한 전자제품 대리점의 TV수상기 판매상황을 가격별 기둥그림표로 나타낸 것이 그림 2-7과 같다고 하자. 이제 두 개의 최빈치가 관측될 수 있는데 그 중 하나는 일반 TV수상기의 판매를, 그리고 다른 하나는 HDTV수상기의 판매를 반영한다. 만일 이와 같은 자료를 일단 종류별로 구분하여 도수분포를 작성하고 이에 의거하여 도수다각형을 도출하면 그림 2-8과 같은 형태가 관측될 수 있다. 자료집단 A의 분포는 오른쪽으로 긴 꼬리를, 그리고 B분포는 왼쪽으로 긴 꼬리를 가지는 모양을 취하고 있다. 이 두 분포는 그림 2-7을 일반 TV와 HDTV에 대한 판매자료로 구분하였을 경우 성립될 수 있는 가상적 분포들이다. 경우에 따라서는 이와 같이 구분된 단일최빈치를 갖는 분포의 모양이 좌우 대칭의 형

그림 2-7 TV 수상기 판매상황

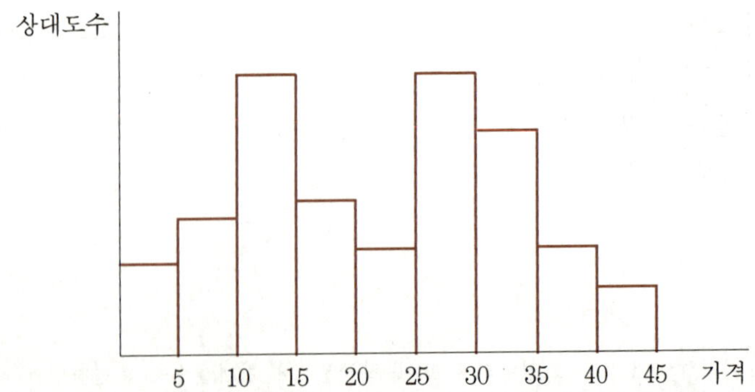

그림 2-8 그림 2-7의 도수다각형

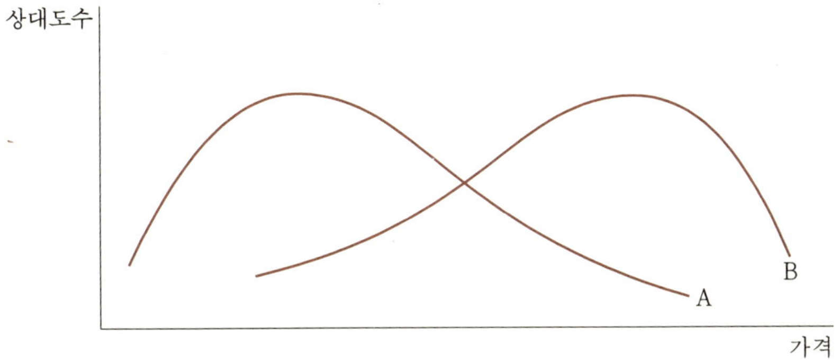

태도 취할 수 있다. 또 좌우대칭인 것도 평균 부근에 어느 정도 밀집되어 있는지에 따라 봉우리의 높이가 달라질 것이다. 이상에서와 같이 어느 자료의 분포가 좌로 또는 우로 경사가 졌는지, 또는 대칭인지, 그리고 정상의 높이는 어떤지 하는 사항에 대한 측정방안이 마련된다면, 우리는 자료의 분포상황을 보다 면밀히 파악할 수 있게 된다. 이와 관련된 주요 측정도구로 왜도(skewness)와 첨도(kurtosis)가 있다.

1. 왜도(비대칭도 : skewness)

자료의 분포가 단일최빈치를 가지며 좌우대칭이면(symmetric) 평균과 중앙치, 그리고 최빈치의 값이 서로 같아진다(그림 2-9의 (a)). 반면에 자료가 어느 한쪽으로 치우친 모양을 가지면 이 세 가지 대표치의 위치는 서로 달라진다(그림 2-9의 (b)와 (c)). 즉, 아래 그림 중 (b)분포에서처럼 오른쪽으로 완만한 경사를 이루면 평균치는 중앙치보다 크고, 그리고 중앙치는 최빈치보다 큰 값을 갖게 된다. 반면 (c)분포에서와 같이 왼쪽으로 긴 꼬리가 형성되면 세 대표치의 크기순서는 정반대가 된다.[1] 그리고 이와 같이 한쪽으로 치우친 분포의 경우 치우친 정도에 따라 세 대표치의 값들의 차이는 점차 커지게 된다. 이러한 사실을 이용하여 우리는 분포의 치우친 정도, 즉 왜도를 측정할 수 있다. 식 (2.28)은 피어슨(K. Pearson)이 개발한 왜도의 계산법이다.

1) 그림 2-9에서 (b)의 경우에는 $M_0<M_d<\mu$이고, (c)의 경우엔 $\mu<M_d<M_0$이다. 이와 같은 관계가 성립되는 이유는, 단일봉(uni-modal)분포에서는 일반적으로 $\mu-M_0\cong3(\mu-M_d)$의 관계가 성립된다는 사실에서 유추해 낼 수도 있다.

그림 2-9 단일최빈치를 갖는 분포의 모양

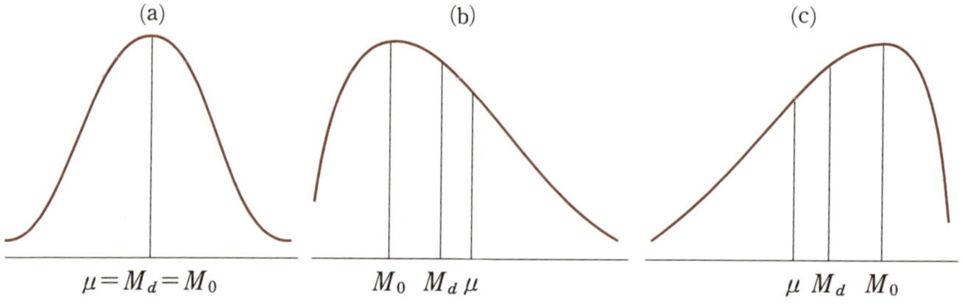

[왜 도]

$$S_k = \frac{3(\mu - M_d)}{\sigma} \cong \frac{\mu - M_0}{\sigma} \qquad (2.28)$$

즉, 왜도는 평균에서 중앙치를 차감한 값의 3배를 표준편차로 나누어 구하거나, 평균에서 최빈치를 차감한 값을 표준편차로 나누어 산출하며,[1] 산출된 왜도값에 따라 분포모양의 특징을 표 2-5에서처럼 해석할 수 있다.[2]

그러나 단순히 S_k의 값이 음수가 나오면(negatively skewed) 자료집단의 분포는 왼쪽으로 긴꼬리를 갖게 되고(skewed to the left), 반대로 S_k의 값이 양수(positively skewed)가 나오면, 즉 양의 왜도가 관측되면 오른쪽으로 긴 꼬리(skewed to the right)를 형성하는 것으로 이해되기도 한다. 이와 같이 왜도값으로 분포 형태의 특징을 묘사하는 예는 제2편 이후에서 여러 확률분포의 모양을 설명하는 과정에서 찾아볼 수 있다.[3]

---

1) 본장 제1절에서 단일최빈치를 갖는 분포의 경우 $3(\mu - M_d) \cong (\mu - M_0)$가 됨을 밝힌 바 있다.

2) 위에 소개한 왜도의 계산공식은 피어슨에 의해 개발된 계산법이고 그 밖에도 여러 왜도 계산법이 있다. 그 중 하나를 소개하면 적률개념을 이용하는 것으로 다음과 같이 계산된다. $mS_k = \frac{\Sigma(X-\mu)^3}{N} / \sigma^3$이다. 여기서 $\frac{\Sigma(X-\mu)^3}{N}$은 X_i값들의 평균에 대한 3차 모멘트(3rd moment about mean) 개념이 된다. 모멘트란 원래 역학상 물체의 회전하는 힘의 크기를 나타내는 개념인데, 피어슨이 통계학에 도입하였으며 다음과 같이 정의된다. $\frac{1}{N}\Sigma f_i(X_i - A)^k$, (단, $\Sigma f_i = N$)를 변량 X의 A에 관한 k차 모멘트라 한다. 따라서 평균 $\mu = \frac{1}{N}\Sigma f_i X_i$는 0(원점)에 대한 1차 모멘트이고(이 때 $A=0$), 분산 $\sigma^2 = \frac{1}{N}\Sigma f_i(X_i - \mu)^2$은 평균에 관한 2차 모멘트이다. 물론 이와 같은 정의식의 형태는 구간별로 정리된 도수분포표를 이용하지 않고 자료집단 내에서 각 개별수치를 직접 이용할 때에는(이 때 모든 $f_i=1$), $\frac{1}{N}\Sigma(X-A)^k$가 됨은 물론이다.

3) 식 (2.28)에 의해 어느 분포의 왜도가 $S_k=0$으로 계산되어도 좌우대칭을 이루지 않을 수 있다. 자세한 내용은 Mode and Grayville, 3rd ed. (1974), p. 76을 참조.

표 2-5 왜도값의 크기와 분포모양

S_k의 값	의 미
$S_k \le -1$	상당히 왼쪽으로 긴 꼬리를 가진다.
$-1 < S_k < 0$	약간 왼쪽으로 긴 꼬리를 가진다.
$S_k = 0$	좌우대칭으로 어느 쪽으로도 치우치지 않는다.
$0 < S_k \le 1$	약간 오른쪽으로 긴 꼬리를 가진다.
$S_k > 1$	상당히 오른쪽으로 긴 꼬리를 가진다.

이제 표 1-4를 이용하여 왜도를 구해 보자. 모집단이 표 1-4라고 할 때, 평균·중앙치 및 표준편차는 각각 148.7, 149 및 17.1이다. 따라서 $S_k = \frac{3(148.7-149)}{17.1} = -0.1$로 약간 왼쪽으로 긴 꼬리를 가지나, 거의 좌우대칭임을 알 수 있다.

2. 첨도(kurtosis)

자료가 분포되어 있는 모양을 묘사하는 또 하나의 측정도구로 첨도가 있다. 이것은 분포의 모양이 얼마나 평평한가 또는 뾰족한가를 밝혀 주게 된다. 첨도의 정의식은 다음과 같다.[1)]

[첨 도]

$$K_u = \frac{P_{90} - P_{10}}{1/2(Q_3 - Q_1)} \tag{2.29}$$

즉, 첨도는 두 개의 중간범위간의 비율로써 $P_{90} - P_{10}$중간범위를 사분위간 중간범위로 나눈 값으로 정의되는데, K_u의 값이 커질수록 분포의 모양은 뾰족해진다. 정확한 K_u값의 한계는 없으나 상당히 평평한 분포를 저봉(platykurtic)분포, 상당히 뾰족한 분포는 고봉(leptokurtic)분포, 그리고 보편적인 분포를 중봉(mesokurtic)분포라 부르기도 한다.[2)] 첨도는 이 교재의 내용과 목적에 비추어 볼 때 그다지 중요하지 않은 개념이므로 상세한 계산의 예는 생략하기로 한다.

1) 위에 밝힌 공식은 계산상의 편리를 위한 것이고 원칙적으로는 다음과 같다.

$$mK_u = \frac{\frac{1}{N}\Sigma(X_i - \mu)^4}{\sigma^4}$$

여기서 $\frac{1}{N}\Sigma(X_i - \mu)^4$은 X_i의 평균에 관한 4차 모멘트이다.

2) 적률을 이용한 첨도 계산식을 사용할 때 mK_u의 값이 3보다 크면 급첨(고봉), 3보다 작으면 완첨(저봉)이라고 간주하는 견해가 있다. 이는 정규분포의 경우 $mK_u = 3$이 됨을 이용한 것이다.

그리고 왜도와 첨도는 일면 대표치와 산포도의 각종 개념을 이용하여 정의될 수 있어, 자료의 특성을 나타내는 데 부차적인 의의를 갖는다고 볼 수 있다.

제4절 요 약

제1장에서는 자료를 일단 도수분포표 형태로 정리·요약한 다음 이들을 도표적으로 표현하는 제 방안에 대하여 살펴보았으며, 본장에서는 자료의 특징을 보다 조직적으로, 그리고 수량적으로 표현하는 여러 방법을 살펴보았다.

자료의 특성을 하나의 대표적 수치를 통하여 표현하는 방법들은 네 가지 종류로 구분될 수 있다. 즉, 자료집단이 집중되어 있는 중심위치를 나타내는 대표치와 자료의 변화도를 나타내는 산포도, 그리고 자료의 비대칭성 및 밀집도를 표현해 주는 왜도와 첨도로 구분될 수 있으며, 이처럼 자료의 특징을 계수화된 어떤 수치로 요약한 것을 특성치 또는 모수라 정의하였다.

첫번째 종류의 특성치인 대표치에 속하는 모수에는 가장 여러 번 관측된 값으로 정의되는 최빈치, 자료의 크기순으로 나열했을 때 중앙에 위치하는 값으로 정의되는 중앙치, 그리고 자료집단의 관측치의 합을 총도수로 나누어 정의한 산술평균 등이 있다. 이들 중 최빈치나 중앙치는 위치상의 대표치 개념의 성격을 갖는 반면, 평균은 수량적 또는 계산적 대표치의 성격을 갖는다. 또한 여러 기준과 상황에 따라 비교해 볼 때 대표치 중에서는 자료에 포함된 정보를 최대한 이용하여 산출되는 산술평균 개념이 가장 적절하고 또 바람직한 대표치임이 밝혀졌다.

이상의 세 가지 특성치 외에도 대표치에 속하는 모수에는 변화율의 평균 개념인 기하평균과 특수한 여건상의 평균 개념인 조화평균과 같은 계산적 대표치와 4분위수·10분위수 그리고 100분위수와 같은 위치적 대표치들이 있다.

두 번째 특성치 종류인 산포도는 자료집단의 변화도를 나타내도록 고안된 모수들로서 범위·중간범위·평균편차 및 표준편차(또는 분산) 등의 모수들이 있다. 일반적으로 바람직한 산포도의 측정방법에 요구되는 몇 가지 기준에 의거 상기 산포도에 관한 특성치들을 비교한 결과 분산(및 표준편차) 개념이 가장 바람직한 모수의 특성을 갖고 있음이 확인되었다.

세 번째 특성치인 왜도는 관측된 자료가 어느 방향으로 어느 정도 치우쳐 있는지를 나타내는 모수이고, 네 번째 특성치인 첨도는 자료집단의 분포가 어느 정도 밀집된 형태를 취하는지를 나타내는 모수라 볼 수 있는데, 두 특성치가 모두 자료가 분포되어 있는 모양을 묘사해 주기 위한 분석장치라는 점에 유사성이 있다.

지금까지 본장에서 살펴본 내용들은 결국 자료집단의 특성(대표치 · 산포도 · 왜도 · 첨도)을 묘사하는 방법론에 관한 것이었으며, 제 1 장에서 소개한 자료의 요약 및 제시방법과 더불어 기술통계의 핵심적인 내용을 구성하는 것이다.

복습문제

[1] 다음 용어들의 개념을 비교 · 설명하라.

1) 대표치와 산포도
2) 왜도와 첨도

[2] 주요 대표치 개념을 정의하고, 그 효율성을 비교 · 검토하라.

[3] 주요 산포도 개념을 정의하고, 그 효율성을 비교 · 검토하라.

[4] 수영을 할 줄 모르는 여행자가 강을 건너고자 할 때 강의 평균수심은 충분한 안내정보를 제공한다고 볼 수 있는가? 만일 아니라면 어떤 특성치가 가장 유용한가?

[5] 무작위로 선정된 중소기업 사장 10명의 월평균소득이 300만 원이라 하자. 이 경우 평균보다 바람직한 대표치가 있을까? 있다면 무엇이며, 또 이떤 이유로 평균보다 선호될 수 있는지를 밝혀라.

[6] 어느 아파트단지에서 어린이 놀이터를 만들기에 앞서 단지 내에 살고 있는 어린이들의 연령층을 파악하고자 16명을 임의 선정하여 나이를 조사해 보았더니 다음과 같았다고 하자. 이 때 다음을 구하라.

1, 4, 8, 4, 11, 7, 3, 11, 9, 7, 3, 7, 10, 8, 3, 7

1) 평균연령
2) 중앙치
3) 최빈치
4) 범위
5) 표준편차

[7] 문제 [6]의 자료를 활용하되 SAS를 이용하여 다음의 특성치들을 산출해 보여라.

1) 평균
2) 중앙치
3) 최빈치
4) 분산
5) 표준편차
6) 최고치
7) 최저치
8) 범위
9) Q_1
10) Q_3
11) (Q_3-Q_1)범위

[8] D회사에서 새로 개발한 소형차를 시험주행한 결과 고속도로에서는 $1l$당 20km를, 그리고 시내에서는 $1l$당 10km를 주파한 것으로 나타났다. 이 차의 l당 평균주행거리는 얼마인가?

[9] 아래표는 통계청에서 조사한 1997~2001년의 제조업생산지수이다.

1) 각 연도의 생산지수증가율을 구하여라.
2) 1997년부터 2001년까지의 4년간 연평균 생산지수증가율을 구하여라.

(2000=100)

연 도	생 산 지 수
1997	73.1
1998	68.3
1999	85.4
2000	100.0
2001	100.9

연습문제

[1] 다음은 2000년 한국·미국·일본 세 나라의 총인구 및 연평균 인구증가율을 나타낸 표이다. 세 나라 전체의 연평균 인구증가율을 구하라.

	인구(천 명)	1995~2000기간 동안의 연평균 인구증가율(%)
한 국	47,008	0.84
미 국	283,230	1.06
일 본	127,096	0.26

[2] 어느 보집단의 평균이 10, 그리고 분산이 100이라 하자. 다음과 같은 상황에서 평균과 분산에는 어떤 변화가 발생하는가?

1) 각 관측치에 a를 더한 경우
2) 각 관측치에 b를 곱한 경우
3) 각 관측치에 b를 곱한 다음 a를 더한 경우

[3] 어느 회사의 연간 1주 이상 결근자의 연령별 백분율이 다음과 같다고 할 때, 40대가 가장 건강치 못하다고 결론내릴 수 있는가? 이에 답하고 그 이유를 밝혀라.

연 령	1주 이상 결근한 고용자 백분율(%)
10 대	5
20 대	20
30 대	25
40 대	30
50 대	15
60 대 이상	5
합 계	100

[4] 1990년도의 도시와 농촌의 인구비는 약 7.44 : 2.56이며, 도시근로자 평균 월소득과 농가 평균월소득은 각각 943,272원과 918,815원으로 밝혀졌다.

1) 도시와 농촌을 합한 총월평균소득은?
2) 도시와 농촌 월평균소득의 표준편차가 각각 8만 원과 10만 원이라고 가정하면, 도시와 농촌 전체 월평균소득의 표준편차는 얼마가 되는가?

[5] 다음은 K공단 내 입주업체 중 임의 선정한 20개 기업의 여성근로자 초임 수준이라고 하자.

825,000	814,000	818,000	791,000
804,000	826,000	794,000	800,000
796,000	814,000	815,000	815,000
806,000	812,000	803,000	823,000
799,000	808,000	810,000	808,000

1) 평균과 중앙치를 구하라.
2) 범위와 분산을 구하라.
3) 구간폭을 5,000원으로 잡아 위의 자료를 그룹화한 도수분포표를 작성하고, 이를 근거로 기둥그림표와 도수다각형을 도출하라.
4) 누적도수분포표를 작성하여 800,000원 이상의 초임을 제시하는 업체의 비중을 찾아라.
5) 작성된 도수분포표에 근거하여 평균·중앙치·4분위계수·최빈치 및 분산을 구하라.
6) 왜도 및 첨도를 구하여 분포 형태를 설명하라.

[6] 다음은 한국의 1991년과 2001년의 10분위별 소득누적분포표이다.

(단위 : %)

연 도	1	2	3	4	5	6	7	8	9	10분위
1991	3.3	8.5	14.8	22.0	30.1	39.3	49.8	62.0	76.7	100.0
2001	2.9	7.5	13.3	20.0	27.9	36.9	47.4	59.7	74.6	100.0

1) 로렌츠 곡선(Lorenz curve)을 작성하여 비교·설명하라.
2) 위의 자료를 10분위별 소득분포표로 전환하여 도수다각형을 작성하고, 왜도의 부호를 평가해 보아라.
3) 2)의 결과로 보아 1991년과 2001년의 경우 소득의 평균·중앙치 및 최빈치간의 크기순서는 어떻게 된다고 보는가?

복습문제 해답

[1][2][3] (생략)

[4] 범위

[5] 중앙치(median) : 극단치에 영향을 받지 않는다.

[6] 1) 6.44 2) 7 3) 7 4) 10 5) 2.99

[7] 1) 6.44 2) 7 3) 7 4) 9.60
5) 3.10 6) 11 7) 1 8) 10
9) 3.5 10) 8.5 11) 5

(참고 : 실제로 SAS 프로그램을 수정 없이 활용할 경우에는 모분산 대신 표본분산공식에 의해 분산이 산출되므로 이와 관련된 제반 분석 결과는 위의 결과와 다소 상이하게 나타날 수 있음에 유의 바람)

[8] 13.3

[9] 1) −6.6, 25.0, 17.1, 0.9
2) 8.4%

연습문제 해답

[1] $\frac{47{,}008\times0.0084+283{,}230\times0.01+127{,}096\times0.003}{47{,}008+283{,}230+127{,}096}\doteqdot 0.008151$ $\therefore$ 0.82%

[2] 1) $E[X+a]=10+a$ $V(X+a)=V(X)=100$
2) $E[bX]=bE[X]=10b$ $V(bX)=b^2V(X)=100b^2$
3) $E[bX+a]=10b+a$ $V(bX+a)=100b^2$

[3] 없다. (∵ 연령별 고용자수가 미상이므로)

[4] 1) 937,011 원
2) $\sigma^2=\frac{7.44\sigma_1^2+2.56\sigma_2^2}{10}=7{,}321{,}600{,}000$ $\therefore$ $\sigma\doteqdot 85{,}566.35$(원)

[5] 1) 평균 : 809,050 원, 중앙치 : 809,000원
2) 범위 : 35,000 원, 분산 : 96,247,500 원(단 자료를 표본으로 보고 표본분산을 산출하면 101,313,158원이 됨)

3) (생략)

4) 80%

5) 평균 : 809,500 중앙치 : 810,625 최빈치 : 812,500 분산 : 103,500,000

Q_1=802,083

Q_2=810,625

Q_3=817,083

6) 첨도=4 왜도=−0.03

[6] (생략)

2

추측통계를 위한 확률이론

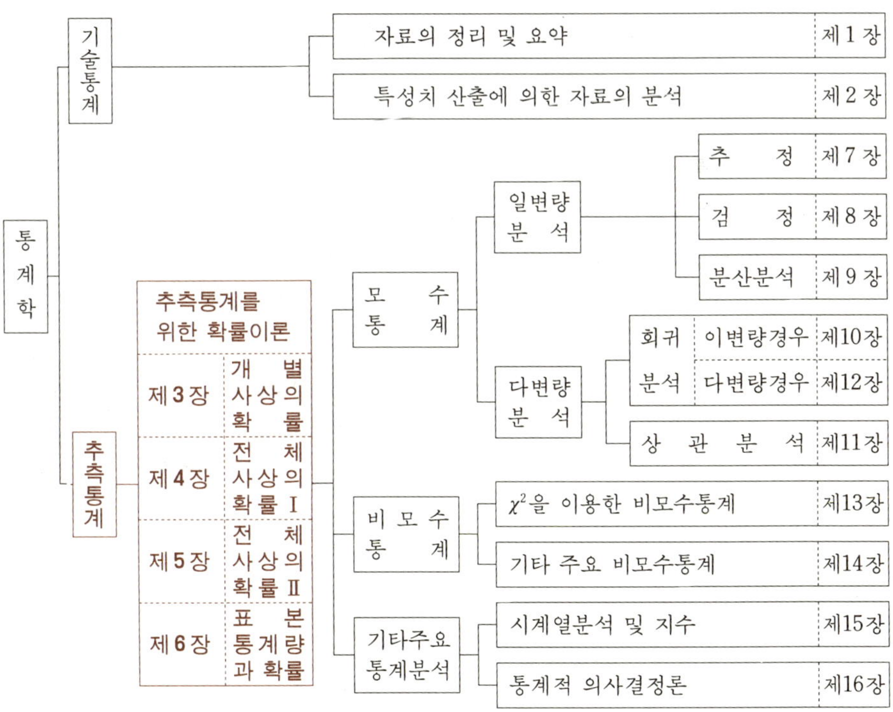

제1편에서 우리는 자료를 단순히 수집·정리하거나, 정리된 자료를 분석하여 자료집단의 특성(대표치·산포도·왜도·첨도)을 묘사하는 방법, 즉 기술통계학에 대하여 살펴보았다. 이와 같은 서술적인 통계방법은 기초적 단계에 불과하며 연역적 분석 결과를 근거로 얻은 결론이기에 항상 확실성 있는 사실이 된다. 그러나 현대적 의미의 보다 높은 차원의 통계분석, 즉 표본의 통계량에 의해 모집단의 특성치를 추론하고, 이와 같은 분석을 기초로 하여 통계적 의사결정을 하는 방법론의 경우 제한된 표본정보만으로는 모집단의 특성을 완벽하게 파악할 수 없으므로 그 결론은 언제나 불확실하다는 특징이 있다. 따라서 이와 같은 결론의 신뢰도를 측정할 필요가 있다. 바꾸어 말하면 추측통계적 방법에 의한 결론은 일반적으로 확률 개념을 이용하여 표현되는 것이다. 확률이론이 추측통계학 연구에 필요한 까닭이 바로 여기에 있다.

확률이론만을 독립적으로 연구한다 하더라도 어느 정도의 수준에 이르기엔 상당히 많은 시일이 요구된다. 따라서 본편에서 다루게 될 내용은 통계적 추론에 필요한 사항에 한정시켰고, 이 또한 경상계통의 추측통계학 연구에 필요한 사항을 중심으로 아주 기초적인 내용만을 정리·제시하였다. 문제는 기초적인 확률이론조차 초보자에게는 많은 혼란을 야기할 만큼 복잡한 측면이 있다는 점이다. 따라서 본서는 다소의 무리를 감수하면서 기초확률이론을 별도기준에 의해 조직적으로 분류함으로써 보다 효과적인 이해를 도모하였다.

그림 2 확률이론 분류표

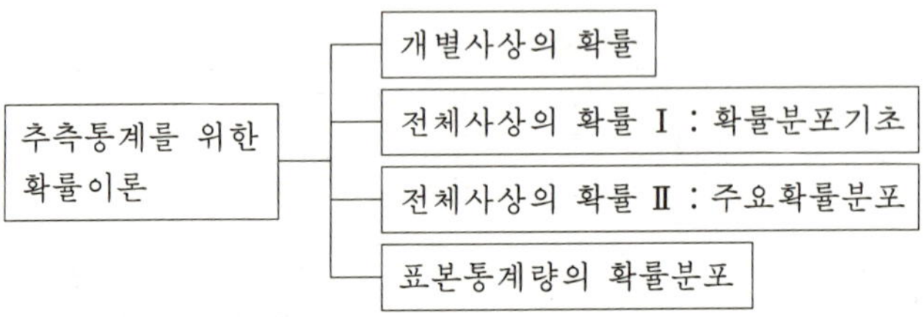

위의 도표에서처럼 본편은 통계적 추론에 필요한 확률이론을 크게 네 부분으로 분류하여 제시하였다. 확률이론의 기초가 되는 개별사상(individual event)의 확률계산법을 제3장에서, 그리고 이러한 개별사상 모두를 동시에 고려함으로써 개별사상들이 갖게 되는 확률분포의 특성을 파악하는 내용을 제4장에서 다루었고, 이처럼 개별사상들 전체를 묘사하는 확률분포 중 중요한 형태를 제5장에서 취급하였다. 한편, 우리가 모집단의 특성을 파악하기 위하여 표본을 추출하였을 때 표본의 특성치, 즉 표본(sample)의 통계량(statistic)들이 갖게 될 확률분포 형태를 앞에서 제시한 3개 장의 내용과 관련지어 제6장에 정리하였다. 바로 이 표본통계량이 따르게 될 이론적 확률분포가 통계적 추론에 기본이 되는 것이며, 이러한 내용을 충분히 이해시키고자 제3장부터 제5장에 이르는 방대한 확률이론에 관한 사항을 서술하고 있다고 하여도 과언이 아니다.

제 3 장 개별사상의 확률

본장은 여러 상황하에서 발생할 수 있는 사상 또는 사건(event)들의 확률을 계산하는 방법을 소개하게 된다. 이를 위하여 초반부에서는 확률 개념과 집합이론을 이용한 사상의 확률계산법을 밝힌다. 어떤 실험을 시행할 때 발생할 수 있는 결과의 전체집합을 표본공간(sample space)이라 하고, 개별적인 실험의 각 결과를 표본점(sample point)이라 하는데, 단일표본점(한 가지 실험 결과) 또는 두 개 이상의 표본점(두 가지 이상의 실험 결과)으로 정의되는 여러 형태의 사상을 여집합·합집합 그리고 교집합 형태로 구분·파악하여 확률을 계산하는 방법은 중반부에서 다루었다. 특히 교집합사상의 확률계산은 상대적으로 복잡한 측면이 있어 이를 조건부확률 개념을 통하여 설명하였다. 그리고, 후반부에서는 교집합 형태의 사상이 보다 특수한 여건하에서 발생할 경우의 확률계산법을 다루었으며, 마지막으로 각종 확률계산법의 요약내용을 본장의 끝부분에 제시하였다.

그림 Ⅲ 개별사상과 기초확률계산법 분류기준

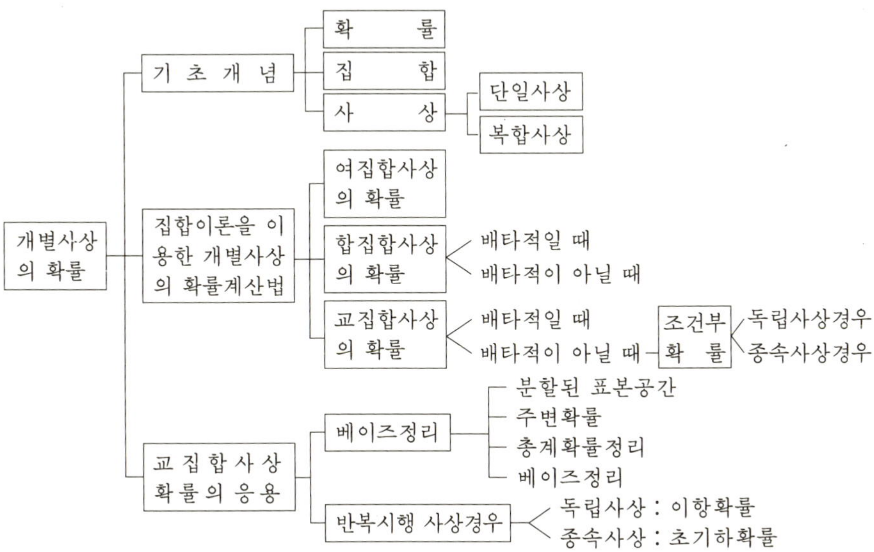

제1절 개 요

제1편에서 밝힌 바 있듯이 통계학에서 가장 문제가 되는 것은 불확실성(uncertainty)이다. 왜냐하면, 미지의 모집단에 대한 특성을 미리 알 수도 없고, 통계적 의사결정과정에서 정확한 예측을 할 수도 없기 때문이다. 따라서 이러한 문제를 분석할 때 어떤 사상 또는 사건이 발생할 가능성을 평가해야 한다. 예컨대 표본에 의거한 분석이 모집단의 특성을 얼마나 정확히 반영할 수 있는지 또는 통계적 의사결정에 의한 결론이 실제로 발생할 가능성은 어느 정도인지 하는 등의 문제를 들 수 있다. 이러한 문제에 대한 분석은 결국 한 사건이나 사상 또는 사상들의 집합(set)이 발생할 확률을 확인하는 것으로 파악될 수 있다.

확률은 단일사상(simple event)이나 단일사상의 집합으로 볼 수 있는 복합사상(compound event)이 발생할 가능성을 나타내는 0과 1 사이의 수라고 정의할 수 있다. 어느 사상이 0이라는 확률을 갖는다는 것은 이 사상이 분명히 발생하지 않을 것이라는 의미가 된다. 반면 1이라는 확률값을 갖는 사상은 반드시 발생한다는 뜻이 될 것이다. 어떤 사건이 발생할 가능성을 나타내는 0과 1 사이의 값을 찾아내는 작업은 모든 형태의 통계적 분석의 기본이 되며, 확률이론은 이와 같은 분석의 기초를 마련하게 된다.

제2절 확률의 정의

확률 개념은 용도나 상황에 따라 달리 해석될 수 있다. 따라서 확률의 근본적인 개념을 파악하기 위하여 확률에 대한 여러 견해를 살펴볼 필요가 있다. 확률 개념에 대한 견해는 일반적으로 주관적 확률 개념과 객관적 확률 개념으로 구분되며, 객관적 확률은 다시 고전적 확률 개념과 장기적 상대도수 확률 개념으로 분류된다. 이러한 확률 개념의 구분은 확률을 결정하는 방법론에 있어 차이가 있기 때문이다.

1. 주관적 확률

주관적 확률은 확률을 의사결정자의 지식·정보 및 경험에 의거한 주관적 평가에 의해 결정하는 해석방법이다. 이러한 확률해석방법은 특히 현대의 통계적 의사결정이론에서 중요시되고 있다. 물론 이러한 방법에 의해 결정된 확률은 개개인의 주관적 평가에 의존하므로 동일현상이 발생할 확률을 각기 달리 제시할 수 있다. 따라서 객관타당성 있는 수학적 체계정립이 상당히 곤란하다는 문제점이 있고 이러한 이유로 해서 오랫동안 무시되어 왔다. 그러나 이러한 주관적 평가도 평가자의 지식이나 정보, 그리고 경험이 충분히 축적될수록 객관성을 갖게 될 가능성이 커지게 된다. 또한 경우에 따라서는 비단 정보나 경험이 제한된 상황하에서나마 어떤 사건이 발생할 가능성을 결정해야 할 경우, 우리는 주관적 확률 개념의 사용이 필요하게 된다.[1)]

예컨대, 독자가 현대 유니콘스 야구팀이 삼성 라이온즈팀과의 다음 시합에서 이길 확률이 0.6이라고 믿는다고 하자. 이것은 분명히 주관적인 평가이고 따라서 독자의 의견이 현대팀이나 삼성팀의 감독이나 또는 인천과 대구시민의 의견과 같을 필요가 없다. 그러나 수년간 현대와 삼성팀간의 대전실적이나 새로 입단한 선수들의 능력 등 여러 가지 정보와 경험이 쌓일수록 각자의 의견은 점차 접근될 수 있다. 다시 말해서 이 두 팀에 관한 정보 및 각종 통계가 충분히 주어지면 각 평가자의 주관적 견해는 다음에 설명할 객관적 확률 개념에 의한 견해와 상당히 가까워지리라고 기대할 수 있게 된다.

2. 객관적 확률

객관적 확률 개념은 사전적으로 평가가 가능한 고전적 확률개념과 사후적 평가의 성격을 갖는 장기적 상대도수 확률개념으로 구분될 수 있다.

2.1 고전적 확률개념(classical probability)

이 개념은 확률이론이 개발된 초창기(17세기 중엽)에 주로 투기(주사위나 트럼프게임)과정에서 사용된 것으로, 나타날 수 있는 모든 결과가 발생할 가능성이 동일할 때(equally likely), 그리고 각 결과는 서로 배타적일 때(mutually

1) 본장 말미에서 언급될 베이즈정리(Bayes' rule)나 제16장에서 다루게 될 통계적 의사결정론은 주관적 확률 개념이 사용되는 좋은 예가 될 것이다.

exclusive), 즉 어느 한 결과와 다른 결과가 동시에 발생할 수 없는 상황일 때에 한하여 적용된다. 확률의 계산은 명시된 특징을 갖는 어느 결과들의 수를 발생할 수 있는 모든 결과의 총수로 나누어 구하게 된다. 즉, 발생가능한 결과의 총수를 N, 그리고 일정한 특징(예컨대 A)을 갖는 결과들의 개수를 n이라 하면, A가 발생할 가능성은 다음과 같이 계산된다.

[고전적 확률의 계산법칙]

$$P(A)=\frac{n}{N}=\frac{A\text{라는 특징을 갖는 결과들의 개수}}{\text{전체 가능한 결과들의 개수}} \tag{3.1}$$

예컨대, 동전을 던져 앞면이 나올 확률을 구하거나, 주사위를 던져 짝수가 나올 확률을 구할 때 전자는 $\frac{1}{2}$, 그리고 후자도 $\frac{1}{2}$로 쉽게 계산이 된다. 이는 동전의 경우, 동전을 던져 나올 수 있는 결과는 앞면이나 뒷면 두 가지뿐이고 또 각각의 발생할 가능성이 동일하므로 식 (3.1)에 의거 $\frac{n}{N}=\frac{1}{2}$이 된다. 그리고 주사위의 경우 총가능결과는 1부터 6까지 6개이며, 또 각 숫자가 나올 가능성이 동일하므로, 이 중 짝수라는 특징을 가진 결과의 수(2, 4, 6)인 3을 총결과수 6으로 나누어 짝수가 나올 확률을 구하게 된다.

여기서 주의할 것은 동전이건 주사위이건간에 실제로 경험을 하지 않고 다만 직관적으로 각 결과가 나올 가능성이 동일하다고 보는 점이다. 이처럼 실험에 앞서 논리적 유추에 의거한 확률 개념이라는 점 때문에 고전적 확률 개념은 사전적(a priori) 확률이라고도 한다. 그러나 이러한 확률 개념은 각종 실험 결과가 동일하지 않은 경우에는 적용이 곤란하다. 따라서 보다 보편적이고 근대적인 확률 개념이 필요하게 되며 이러한 목적에 합당한 것이 바로 장기적 상대도수 개념을 이용한 확률 개념이다.

2.2 장기적 상대도수 확률개념(long-run relative frequency probability)

이 견해에서는 확률을 한 사건이 장기적으로 발생하는 상대도수(relative frequency)로 정의한다. 이러한 확률 개념을 객관적 확률(objective probability)이라 하는 것은 객관적인 증거에 의해 결정되며, 결정하는 사람에 관계없이 동일한 확률값을 갖기 때문이다.

장기적 상대도수로 확률을 결정하는 예로 동전을 계속적으로 반복하여 던져 그 결과를 관찰·기록하는 실험을 들 수 있다. 처음 단계에선 앞면이 나올 확률이 심하게 변하지만, 충분히 많은 횟수를 거듭하면 앞면이 나올 확률은 어

그림 3-1 케릭(Kerrick)의 동전실험과 상대도수

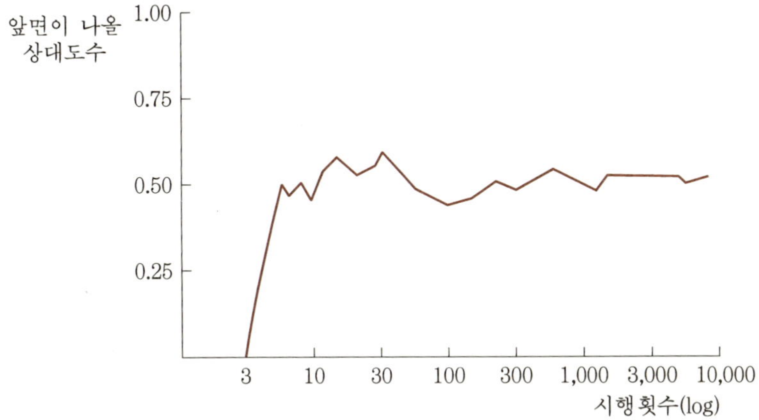

자료 : D. L. Harnett, *Introduction to Statistical Methods*, 2nd ed. (1975), p. 38, Fig. 2-1.

느 수치에 점차 접근하게 된다. 이와 같은 실험은 제2차 세계대전중에 통계학자 케릭(J. E. Kerrick)이 덴마크에서 그의 수용소생활중에 수행했는데 그는 10,000번의 시행 중에 5,067번 앞면을 얻었다. 시행횟수에 따른 상대도수분포는 그림 3-1과 같다.

그림 3-1에서 앞면이 나온 상대도수는 몇 번의 시행 후에는 일정한 값(0.5)에 대해 안정적이다. 그리고 시행횟수가 증가될수록 앞면의 상대도수는 일정한 값에 가까워지고 결국은 그 값과 일치하게 된다. 이와 같이 수렴되는 상대도수의 극한(limits of relative frequency)을 장기상대도수확률로 파악할 수 있다. 이를 수학적으로 정의하면 다음과 같다. 여기서 $N\to\infty$은 동전을 던지는 실험의 시행횟수(N)가 무한에 접근함을 의미한다.[1)]

[장기상대도수확률]

$$P(A)=\lim_{N\to\infty}\frac{n}{N} \qquad \left(\begin{array}{l} A : \text{앞면이 나오는 결과} \\ n : \text{앞면이 나온 횟수} \\ N : \text{동전을 던진 횟수} \end{array}\right) \qquad (3.2)$$

이상과 같은 장기상대도수 개념을 이용한 확률은 실제 수많은 실험과 관찰을 통해서만 계산할 수 있다는 어려움이 있다. 따라서 현실적으로는 상대도

1) 이처럼 어떤 실험을 계속적으로 반복시행할 경우 분석대상이 되는 사건의 발생확률이 일정한 수치에 수렴하게 되는 현상을 대수의 법칙(the law of large numbers)이라 한다.

수의 극한치를 추정함으로써 구하거나, 한 사건이 발생할 기대상대도수(expected relative frequency)를 결정함에 의해 계산된다.

우리는 특히 기대상대도수에 의해 확률을 결정할 경우 일정한 조건이나 가정을 요하며 이들 조건으로 득징지어지는 실험모형(experimental model)을 상정하게 된다. 이러한 논리적 실험을 통하여 나올 수 있는 결과들 중 일정한 특성을 갖는 결과를 규정하고(이를 사상이라 함), 이러한 결과, 즉 사상이 발생할 확률을 계산하게 된다. 이와 같이 이론적 실험결과와 관련된 사상의 확률계산은 집합 개념을 이용하는 것이 가장 편리하다.

제 3 절 집합이론

수학적인 집합이론은 근본적인 확률 개념을 논하는 데 편리한 방편을 마련해 준다. 왜냐하면, 어느 실험의 시행 결과를 나타내는 사상이란 바로 전체집합의 한 부분이며, 따라서 부분집합으로 파악될 수 있기 때문이다.

집합(set)이란 잘 정의된 대상들의 모임이다. 여기서 이 집합을 구성하는 요소를 원소(element)라 부르는데, 이들 구성인자들의 수가 때로는 무한대에 가깝거나 또는 상당히 제한된 크기를 갖게 된다. 이들 원소의 수가 상당히 적은 편일 때 집합을 나타내는 가장 단순한 방법은 모든 구성인자를 열거하는 것이다. 일반적으로 집합은 A, B, C와 같은 대문자로 표현하며 이 집합의 각 원소를 { } 속에 열거하되 쉼표 ','에 의해 원소들을 구분한다. 주사위가 가진 점들의 숫자를 집합 A라 하면,

$$A=\{1,\ 2,\ 3,\ 4,\ 5,\ 6\}$$

과 같이 나타낼 수 있다.

집합을 구성하는 원소들의 수가 일일이 열거하기 곤란할 경우 우리는 이들 원소들을 표시하는 원칙을 세울 필요가 있다. 일반적으로 { } 내에 첫번째 항은 관심의 대상이 되는 어떤 특성을 대변하는 부호 또는 변수를 나타내도록 하고, 다음에 분리선을 그은 다음 앞서 정의된 변수값을 적절히 표시하게 된다. 예컨대, S가 한 상품의 매상고를 나타내며 0과 1,000,000 사이의 값을 가질 때, 모든 가능한 매상고로 형성되는 집합 B는

$$B=\{S|0\leq S\leq 1{,}000{,}000\}$$

로 나타낼 수 있다. 판매액이 정수의 값만 취한다면 $B=\{S|0\leq S\leq 1{,}000{,}000,$ $S=$정수$\}$라고 나타낸다.

특정한 문제에서 가능한 모든 결과의 집합을 전체집합(universal set)이라 하면(Ω로 나타냄), 이들 결과 중 일부를 나타내는 집합을 부분집합이라 한다. 이러한 부분집합 중 가장 작은 것은 공집합(empty or null set)이며 ϕ로 나타내는데 이것은 어떤 원소도 포함하지 않는 것을 말한다.

1. 여집합(complementary set)

일단 전체집합(Ω)과 부분집합(C)이 정의되면 전체집합을 구성하는 원소 중 집합 C에 포함되지 않는 부분이 생기는데 이를 집합 C의 여집합이라 하며 $\bar{C}$로 표시한다. 이 개념을 더욱 명확히 하기 위하여 벤도표(Venn diagram)[1]를 이용해 보자. 그림 3-2에서 사각형은 전체집합 Ω를 표시하고, 사각형 안의 원은 집합 C이다. 이 때 사각형의 빗금친 부분은 여집합 $\bar{C}$가 된다.

여기서 여집합 개념과 관련지어 두 가지 중요한 개념을 설명할 수 있다. 첫째 집합 C와 그의 여집합 $\bar{C}$는 전체집합의 모든 가능한 원소를 포함하고 있으며 이러한 집합들을 전체집합을 완전히 구성하는 집합들(exhaustive sets)이라 한다. 즉, $C+\bar{C}=\Omega$ 일 때 C와 $\bar{C}$는 전체집합을 완전히 구성하는 집합들이 된다.

반면에 집합 C와 그의 여집합 $\bar{C}$는 동일한 원소를 동시에 포함할 수 없다. 즉, C에 속하는 원소는 $\bar{C}$에 속할 수 없고 그 역도 마찬가지다. 이런 특징을 가

그림 3-2 집합 C의 여집합

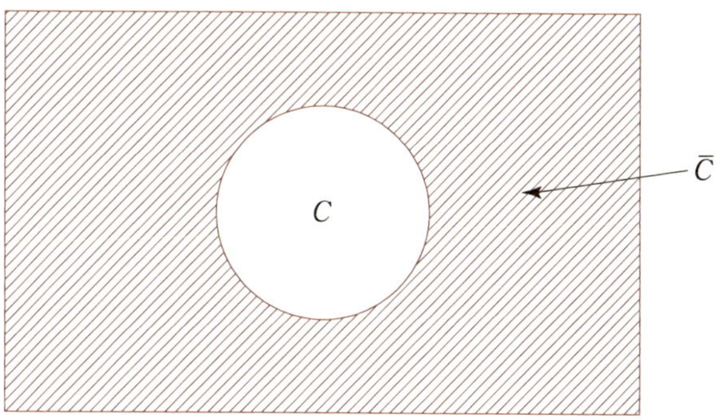

1) 이 방법론의 주창자 J. Venn(1834~1923)의 이름을 딴 것임.

그림 3-3 교 집 합

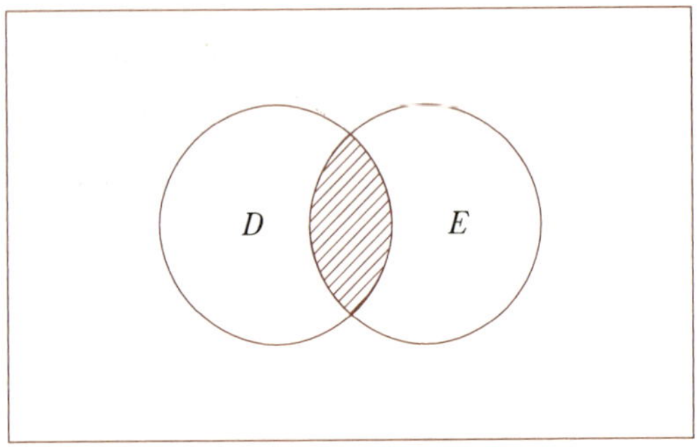

진 두 집합을 상호 배타적인(mutually exclusive) 집합이라 한다. 따라서 한 집합과 그의 여집합은 전체집합을 완전히 구성하고(exhaustive) 또한 동시에 상호 배타적인 특징을 가지고 있다.

주사위를 던졌을 때 나올 수 있는 숫자 전부로 이루어지는 전체집합은 $\Omega=\{1, 2, 3, 4, 5, 6\}$이고, 이들 결과 중 짝수가 되는 것을 집합 C라 하면, $C=\{2, 4, 6\}$이 된다. 이 때 C는 Ω의 부분집합이 됨은 물론이다. 그리고 C의 여집합 $\bar{C}$는 $\bar{C}=\{1, 3, 5\}$, 즉 홀수가 되는 결과를 나타내는데, C와 $\bar{C}$의 합은 전체집합 Ω와 같아지며, 반면에 C와 $\bar{C}$는 어느 한 결과도 동시에 포함할 수 없으므로 이 두 집합은 전체집합을 완전히 구성하며 또 상호 배타적이다.

2. 교집합(intersection set)

교집합이란 두 집합에 공통으로 속하는 모든 원소로 구성된다. 두 집합 D와 E의 교집합은 $D\cap E$라 표시하며, 그림 3-3의 벤도표에서 빗금친 부분을 나타낸다.

주사위 문제에서 D는 짝수, 그리고 E는 3보다 큰 수를 각각 나타낸다고 정의하면, $D\cap E$는 D에 속한 2, 4, 6과 E에 속한 4, 5, 6 중 공통된 원소인 4와 6으로 구성될 것이다.

이러한 교집합 개념은 셋 또는 그 이상의 집합 사이에서도 성립될 수 있다. 세 집합 F, G, 그리고 H의 교집합은 $F\cap G\cap H$라 쓰며, 그림 3-4의 빗금친 부분으로 나타낸다. 만약 세 집합이 공유하는 부분이 없으면 세 집합의 교집합은 공집합이 된다. 이는 세 집합이 상호 배타적일 때 생기는 현상이다. $F\cap G\cap$

그림 3-4 세 집합 사이에서의 교집합

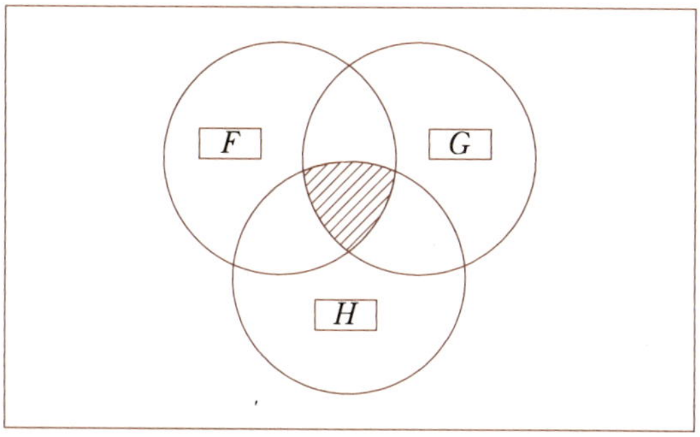

그림 3-5 상호 배타적인 세 집합

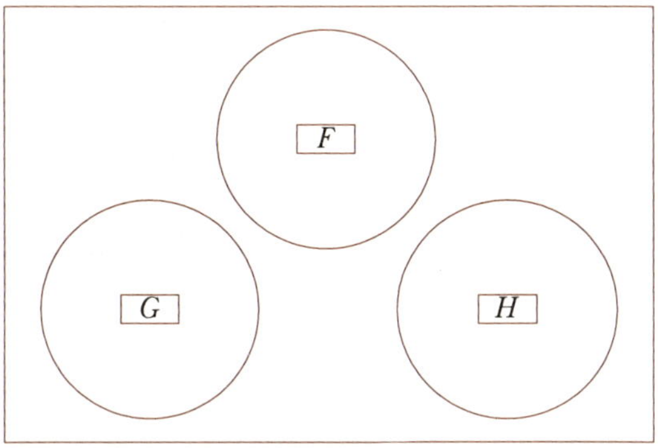

$H=\phi$가 되는 경우는 그림 3-5에서 볼 수 있다.

3. 합집합(union set)

둘 이상의 집합을 결합시킬 때 성립되는 또 다른 개념으로 합집합이 있는데, 이는 적어도 어느 한 집합에 속하는 모든 원소로 구성된다. 따라서 $A \cup B$로 표시되는 A와 B의 합집합은 집합 A나 집합 B(또는 집합 A와 집합 B 동시)에 포함되는 모든 원소를 포함한다.

주사위 문제에서 A를 짝수, 그리고 B를 3보다 큰 숫자를 나타내는 집합이라 하면, A와 B의 합집합은 $A \cup B=\{2, 4, 5, 6\}$가 될 것이다. 합집합을 벤 도표를 이용하여 표시하면 그림 3-6과 같다. 즉, 그림에서 빗금친 부분이 합집

그림 3-6 합 집 합

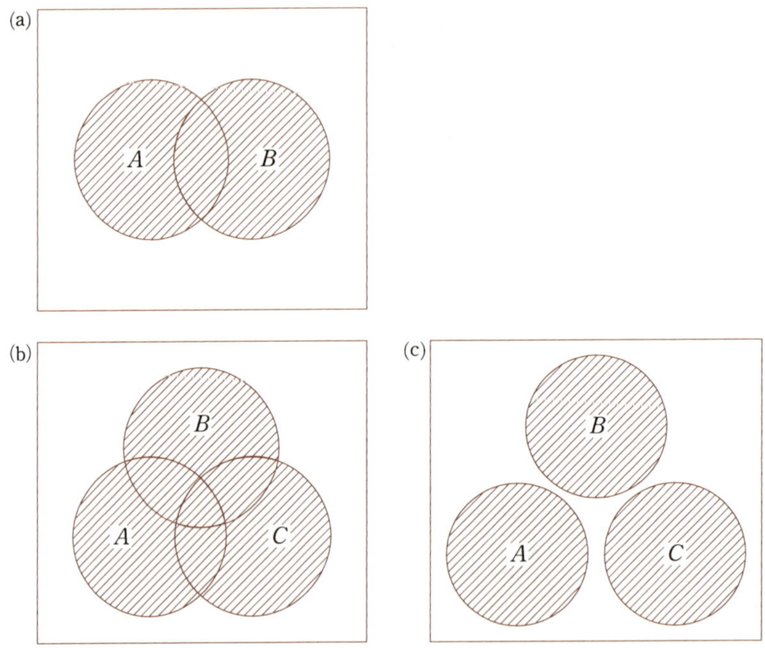

합이 된다.

이 개념 또한 셋 이상의 집합의 경우에 적용하는 것은 어렵지 않다. 그림 3-6에서 (b)의 빗금친 부분이 바로 $A \cup B \cup C$가 된다. 그리고 교집합의 경우와는 달리 비단 각 개별집합이 서로 공유하는 부분이 없이 상호 배타적인 관계에 있더라도 이들의 합집합은 공집합이 아니다(그림 3-6 (c) 참조).

이상의 결과를 정리하면 합집합은 다음과 같은 관계가 있음을 알 수 있다.

$$A \cup B = A + B - (A \cap B) \qquad (3.3)$$

물론 $A \cap B = \phi$, 즉 A와 B가 상호 배타적일 때는 $A \cup B$가 단순한 A와 B의 합과 같아진다.

$$A \cup B = A + B \qquad (A\text{와 } B\text{가 상호 배타적일 경우의 합집합}) \qquad (3.4)$$

제 4 절 집합이론과 확률원리

앞 절에서 소개한 집합이론을 확률 개념에 도입하기 위하여 우선 집합과 확률 개념의 상호 관계를 명백히 하여 둘 필요가 있다. 어떤 실험의 시행을 통하여 발생할 수 있는 모든 결과를 포함하는 집합을 전체집합이라 할 수 있다. 이와 같이 실험의 모든 결과를 나타내는 전체집합은 확률이론에서의 표본공간(sample space) 개념과 상통된다. 전체집합을 구성하는 원소(element)를 확률론에서는 표본공간을 구성하는 표본점(sample point)이라 하며, 이는 실험 결과로 얻어진 개별적 사건을 의미한다. 그리고 확률이론에서는 일반적으로 이처럼 실험 또는 관측을 통해 얻은 결과를 사상이라 하는데, 이는 집합이론에서의 부분집합 개념과 같다. 단일표본점에 의해 정의되는 사상을 단일사상(elementary or simple event; 이는 집합이론에서의 원소(element)에 해당되는 개념이다), 그리고 두 개 이상의 표본점으로 정의되는 사상을 복합사상(compound event)이라 부른다(이는 집합이론에서의 부분집합 개념과 상통한다).

이상과 같은 여러 개념간의 관계를 표 3-1에 정리하였다.

이상과 같은 용어의 정확한 이해를 위해 한 가지 예를 들어 보자. 어느 학생이 통계학시험을 보아 얻을 수 있는 점수를 X라고 한다면, X가 취할 수 있는 값은 0부터 100까지의 101개의 숫자가 될 것이다. 이들 101개로 구성되는 전체집합이 바로 이 실험의 표본공간이 된다.

〔전체집합 : $\Omega=\{X \mid 0 \leq X \leq 100,\ X=\text{정수}\}$〕: 표본공간

이 때 0부터 100까지의 각 점수는 전체집합을 구성하는 원소가 되며 동시에 표본점이 된다. 그리고 이 학생이 낙제하지 않는 점수를 얻는 상황을 집합

표 3-1 집합 및 확률에 관한 통계용어 대비표

집합론적 개념	집합론적 용어	확률론적 용어	확률론적 개념
한 집합의 모든 원소	전체집합 (universal set)	표본공간 (sample space)	실험의 모든 가능한 결과
개별구성인자	원소 (element)	표본점 (sample point)	개별실험 결과 또는 사건
하나 또는 둘 이상의 구성인자의 모임	부분집합 (subset)	사상 (event)	하나 또는 둘 이상의 실험 결과

P라 하면, $P=\{X|60 \leq X \leq 100\}$라 표시할 수 있으며, 이 부분집합은 여러 개의 표본점으로 구성되어 표현되는 사상이 된다.

이제 이와 같은 용어들을 통하여 한 사상이 발생할 확률을 결정하는 과정을 살펴보기 전에 한 사상의 확률을 보다 정확히 정의할 필요가 있다. 실험의 결과를 나타내는 사상을 E_i라 하면, E_i는 표본공간의 부분집합이 된다. E_i가 발생할 확률을 $P(E_i)$로 표기하면 $P(E_i)$는 다음에 제시된 세 가지 공리에 의해 정의되는 실수가 된다.

이러한 공리는 장기적 상대도수로서의 확률 개념과 일치한다. 즉, 공리 1은 한 사상의 상대도수는 0 이상 1 이하이며, $P(E_i)=0$은 E_i가 절대로 발생하지 않음을, 그리고 $P(E_i)=1$은 E_i가 항상 발생함을 의미한다. 공리 2는 전체집합의 상대도수가 1이 됨을 말하며, 공리 3은 각 사상이 동시에 발생할 수 없을 경우 이들 사상의 합집합의 확률은 각 사상의 상대도수의 합과 같아진다는 것이다. 따라서 사상의 확률은 표본공간에서 각 사상을 나타내는 부분집합의 상대도수를 확인함으로써 결정될 수 있다.

[확률의 기본공리]

공리 1 :　$0 \leq P(E_i) \leq 1$

공리 2 :　$P(\Omega)=\sum P(E_i)=1$

공리 3 :　$E_1, E_2, \cdots, E_i$가 상호 배타적인 부분집합이면 이들 부분집합의 합집합의 확률은 각 부분집합의 확률의 합과 같아진다. 즉,

$$P(E_1 \cup E_2 \cup \cdots \cup E_n)=P(E_1)+P(E_2)+\cdots+P(E_n)$$

이러한 공리의 사용예를 위해 주사위 두 개를 던지는 실험을 고려해 보자. 주사위가 공정하게 만들어졌다면 36가지의 개별결과가 나올 확률 또는 장기상대도수는 서로 같아진다. 즉, 각 표본점의 확률은 $\frac{1}{36}$로 동일하게 될 것이며 이 확률값이 0과 1 사이에 있음을 확인할 수 있다. 또 36개 결과가 발생할 확률이 각각 $\frac{1}{36}$이므로 전체집합의 확률은 당연히 1이 된다. 그리고 두 주사위의 점들의 합이 9가 되는 사상을 E_9라 하면 $P(E_9)=\frac{4}{36}$가 된다. 그림 3-7에서 보듯이 총 36개 표본점 중 합이 9가 되는 것은 (3, 6), (4, 5), (5, 4), (6, 3)의 네 경우이다.

이상에서 우리는 집합이론을 이용하여 확률을 계산하는 원리를 알아보았는데 집합이론을 확률이론에 도입시킴으로써 특정한 사상이 발생할 확률을 계산할 수 있게 되었다. 그러나 대부분의 경우 어느 한 특정 사상의 발생가능성

그림 3-7 두 주사위를 던졌을 때의 표본공간

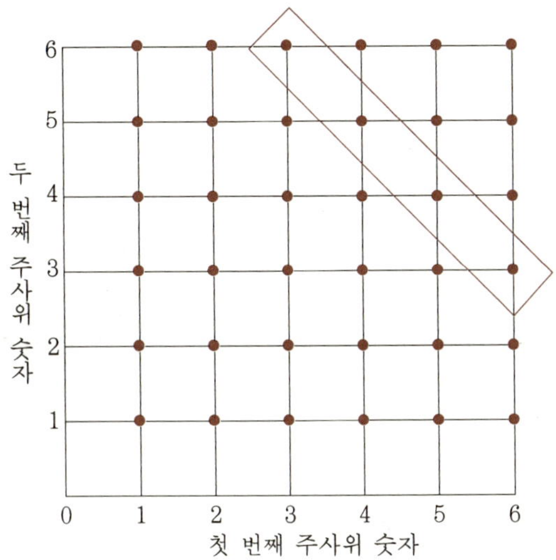

뿐 아니라 이러한 사상들이 결합된 형태의 결과가 발생할 확률을 계산해야 할 필요가 생긴다. 이 경우에 성립되는 제반 법칙은 앞서 밝힌 세 가지 공리를 기초로 작성될 수 있는데, 이러한 문제는 사상들이 결합된 형태별로 절을 바꾸어 설명하기로 한다.

제 5 절 집합이론을 이용한 확률계산법

1. 여집합사상의 확률(probability of a complementary set)

여집합의 확률법칙이란 사상 E_i가 발생하지 않을 확률은 1에서 사상 E_i가 발생할 확률을 뺀 것과 같음을 의미한다.

[여사상의 확률법칙]

$$P(\bar{E}_i) = 1 - P(E_i) \tag{3.5}$$

이러한 법칙은 여집합의 정의와 $P(\Omega)=1$이라는 확률 공리 2에서 도출될 수 있다. 예컨대, 삼성 라이온즈 야구팀이 2003년도 정규리그에서 우승할 확률이 0.4라면, 우승하지 못할 확률은 1에서 0.4를 뺀 0.6이 될 것이다. 이 법칙은 너무도 당연하여 기억할 필요도 없어 보이지만, 많은 통계학 초보자들이 이 법칙의 사용을 제대로 못하는 경우가 많다. 경우에 따라서는 이 법칙을 사용하지 않으면 우리가 원하는 사상의 확률계산이 무척 힘들게 되는 경우가 있다. 예를 들면, 동전을 100번 던져 관측한 앞면의 수로 표본공간을 구성할 때, 표본점은 0(앞면이 하나도 안 나왔을 경우)부터 100까지의 숫자로 나타내진다. 이 경우 만일 앞면이 나온 횟수가 적어도 두 번 이상이 될 사상(A)의 확률을 구한다 하자. 그러면 $P(A)$는 앞면이 두 번 나올 확률, 세 번 나올 확률, …, 그리고 100번 나올 확률을 일일이 계산하여 합해야 한다는 번거로움이 있다. 그러나 식 (3.5)에 나타난 여사상의 확률법칙을 이용하면 $P(A)$는 1에서 앞면이 전혀 나오지 않을 확률과 한 번 나올 확률을 빼어 줌으로써 구할 수 있다.

2. 합집합사상의 확률(probability of a union set)

두 사상 E_i와 E_j의 합집합의 확률은 E_i나 E_j에 속하는 표본점의 확률과 같다. 이와 같은 정의는 두 집합의 합집합에 관한 정의식에서 비롯된다. 즉, 두 집합 E_i와 E_j가 있을 때 이 두 집합의 합집합은 일반적으로 $E_i \cup E_j = E_i + E_j - (E_i \cap E_j)$가 되므로 두 사상 E_i와 E_j의 합의 확률은 식 (3.6)과 같은 법칙을 갖게 된다. 따라서 $P(E_i \cup E_j)$의 확률을 구할 때 단순히 $P(E_i) + P(E_j)$로 산출해서는 안 된다. 교집합의 확률인 $P(E_i \cap E_j)$가 두 번 계산되기 때문이다.

[합의 일반법칙]

$$P(E_i \cup E_j) = P(E_i) + P(E_j) - P(E_i \cap E_j) \qquad (3.6)$$

이러한 법칙의 사용예로 전자계산기 제조업자의 경우를 들어 보자. 전자계산기가 제대로 작동되려면 기계 자체(hardware)에 결함이 없어야 될 뿐 아니라 소프트웨어(software), 즉 프로그램이 정확히 개발되어야 한다. 이제 기계 자체가 생산과정에서 결함이 생길 확률은 $P(D_1) = 0.2$이고, 프로그램 개발과정에 결함이 생길 확률이 $P(D_2) = 0.3$이라 하자(그림 3-8 참조). 이 전자계산기가 제대로 기능을 발휘하자면 기계 자체나 프로그램에 결함이 없어야 할 것임은 물론이다. 기계 자체에도 결함이 있고 프로그램에도 결함이 생길 확률이 0.1이라면(즉, $P(D_1 \cap D_2) = 0.1$이면), 이 때 전자계산기가 제대로 기능을 발휘할 수 있는 확률 $P(\bar{D})$는 다음과 같이 계산될 수 있다.

그림 3-8 결합이 있는 상품의 확률예

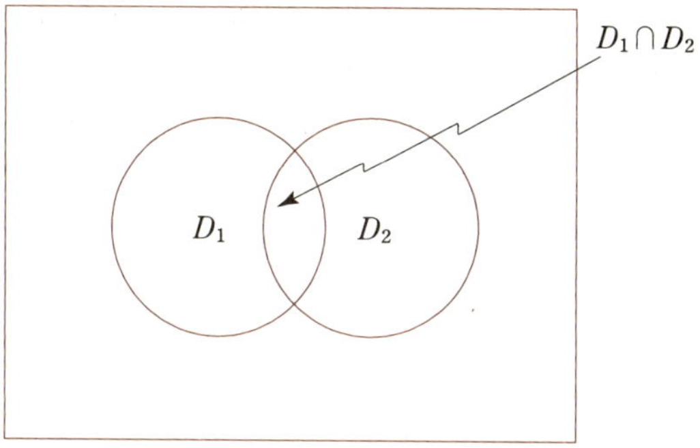

$$
\begin{aligned}
P(\bar{D}) &= 1 - P(D) = 1 - P(D_1 \cup D_2) \\
&= 1 - [P(D_1) + P(D_2) - P(D_1 \cap D_2)] \\
&= 1 - [0.2 + 0.3 - 0.1] \\
&= 0.6
\end{aligned}
$$

즉, 이 계산기가 결함이 전혀 없을 확률 $P(\bar{D})$는 1에서 이 계산기가 제대로 기능을 발휘하지 못할 확률 $P(D)$를 뺀 것과 같은데, 계산기가 제대로 기능을 발휘 못하는 경우는 기계 자체의 고장(D_1)이나 프로그램의 잘못(D_2)에 기인하므로 $D = D_1 \cup D_2$의 관계가 성립된다. 그리고 $P(D_1 \cup D_2)$는 앞의 공식에 따라 $P(D_1) + P(D_2) - P(D_1 \cap D_2)$와 같으므로 주어진 각각의 확률을 식에 대입하여 구한다. 이상의 예는 합의 일반법칙과 여사상의 확률계산법을 동시에 필요로 하는 문제이다.

경우에 따라서는 두 사상 E_i와 E_j가 서로 배타적일 수 있다. 이 경우 두 사상의 교집합은 공집합이 되므로 합의 일반법칙은 다소 수정되어야 한다.

[합의 특별법칙(상호 배타적인 사상의 경우)]

$$P(E_i \cup E_j) = P(E_i) + P(E_j) \tag{3.7}$$

예를 들면, 한 학생이 통계학시험에서 A를 받을 확률이 0.3, B를 받을 확률이 0.4라 할 때, 이 학생이 A 또는 B를 받을 확률은

$$P(A \cup B) = P(A) + P(B) = 0.3 + 0.4 = 0.7$$

이 된다. 이상과 같은 합의 법칙 (3.6)과 (3.7)은 세 가지 이상의 사상의 경우

에서 쉽게 확대 · 적용할 수 있다.

위의 전자계산기 문제에서는 교집합의 확률이 이미 주어진 것으로 가정하고 합집합사상의 확률을 구하였다. 그러나 교집합의 확률은 일반적으로 알려져 있지 않으며, 따라서 이와 같은 상황에서는 합집합의 확률계산을 위해 교집합의 확률계산이 선행되어야 한다.

3. 교집합사상의 확률(probability of an intersection set)

두 사상, E_i와 E_j의 교집합사상에 관한 일반공식은 다음과 같이 정리된다.

[교집합사상확률의 일반법칙]

$$P(E_i \cap E_j) = P(E_i) + P(E_j) - P(E_i \cup E_j) \tag{3.8}$$

윗식에 의하면 교집합의 확률계산을 위해서는 합집합의 확률이 밝혀져야 한다. 그러나 앞서 밝힌 바대로(식 (3.6)) 합집합의 확률계산은 교집합의 확률계산이 선행되어야 한다는 문제점이 있다. 결국 교집합이나 합집합 중 어느 하나의 확률이 알려지지 않는다면 두 경우의 확률을 찾기 위한 돌파구는 찾을 수가 없게 된다. 이러한 문제는 일반적으로 이른바 조건부확률(conditional probability) 개념을 이용함으로써 해결하게 된다. 즉, 교집합의 확률을 조건부확률로 나타낼 수 있다면, 조건부확률이 밝혀질 때 교집합의 확률계산이 가능해지며, 따라서 합집합의 확률 또한 계산할 수 있는 것이다. 따라서 일반적으로 교집합의 확률은 식 (3.8)의 형태를 사용하는 대신 조건부확률로 표현된 공식을 사용하여 계산된다.

3.1 조건부확률(conditional probability)

지금까지의 확률은 표본공간에 특별한 조건이 붙지 않을 때 결정되는 확률 개념들이었다. 그러나 경우에 따라서는 특정 조건하에서 어느 사상이 발생할 확률을 고려하게 되는데 이와 같은 상황에서의 확률을 조건부확률이라 한다. 어떻게 보면 지금까지 우리가 살펴본 확률은 어떤 실험에서 한 사상이 발생할 확률에 국한되어 왔다고 볼 수 있다. 그러나 경우에 따라서는 두 번 이상의 단계를 거치는 실험을 하게 된다. 이러한 경우 두 번째 단계의 실험은 일반적으로 첫번째 단계의 실험 결과에 영향을 받게 되며, 따라서 두 번째 단계의 실험단계에서 나오는 특정 결과의 확률은 첫번째 단계의 실험 결과의 특정 조

그림 3-9 조건부확률의 계산예

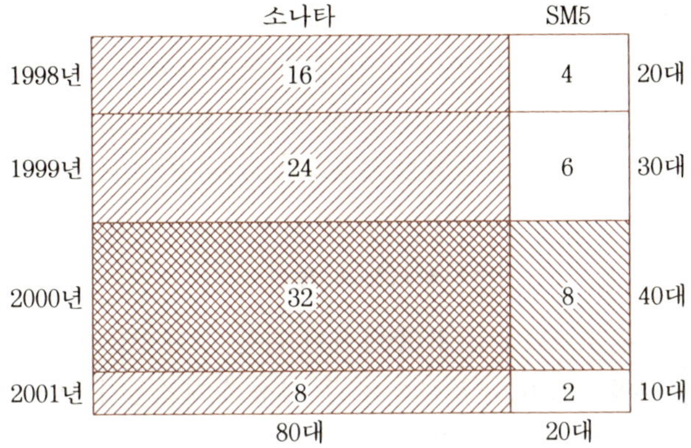

건에 좌우된다. 예컨대, 한국은행이 신입행원 선발을 위해 모대학 경제학부에 10명의 졸업예정자 추천을 의뢰하였는데, 이들 추천된 학생들은 1차에서 필답시험, 2차에서는 구두시험을 치르기로 되어 있다 하자. 이 경우 추천된 학생이 두 번째 시험에서 합격할 확률은 1차관문을 통과해야 한다는 조건이 붙게 됨을 알 수 있다. 그러나 조건부확률이란 반드시 이와 같이 두 번 이상의 단계를 요하는 실험에 국한되어 사용되는 것은 아니고, 이와 유사한 상황 특히 두 가지 사상이 결합되어 발생하는 상황에도 적용될 수 있는 개념이다. 따라서 결합사상, 즉 교집합사상의 확률계산에 아주 유용한 개념이 된다. 조건부확률을 교집합확률에 적용시킴에 앞서 우선 조건부확률의 계산예를 들어 보자.

시내에 있는 한 중고자동차시장에 중형승용차 100대를 자동차 종류 및 제조연도별로 조사한 결과가 그림 3-9와 같다. 그 중 80대는 소나타, 그리고 20대는 SM5이며, 제조연도별로 보면 98년형이 20대, 99년형이 30대, 2000년형이 40대, 그리고 2001년형이 10대로 알려져 있다. 여기에서 한 대의 차를 무작위로 추출한 결과 소나타가 나왔을 때 이 소나타 승용차가 2000년형일 가능성을 계산하자면, 바로 조건부확률의 개념이 도입되어야 한다. 이 문제는 실제 실험은 한 번밖에 시행하지 않았으나 두 가지 사상이 결합된 형태이므로 편의상 두 단계로 구분하여 처리함으로써 쉽게 해결될 수 있다. 즉, 소나타가 뽑히는 것은 첫단계, 그리고 이러한 조건하에서 2000년형의 차가 선정되는 것을 두 번째 단계로 파악하면, 이 때의 확률은 다음과 같이 계산된다.

$$P(2000\text{년형} \mid \text{소나타}) = \frac{32}{80} = \frac{2}{5} = 0.4$$

여기서 괄호 안의 분리선은 선후에 표시한 사상을 조건으로 분리선 앞의 사상이 발생한다는 의미를 나타낸다. 확률이 위와 같이 계산되는 것은 첫단계에서 표본공간은 승용차 100대로 이루어지나, 두 번째 단계에서의 표본공간은 소나타 80대로 바뀌게 된다. 이 새로운 표본공간 중에서 2000년형의 소나타가 32대이므로 소나타 중에서 2000년형이 뽑힐 확률 $P(2000\text{년형}|\text{소나타})$은 $\frac{32}{80}$가 된다.[1)]

3.2 조건부확률공식과 교집합사상의 확률

위의 문제에서 소나타면서 2000년형인 차는 32대임을 계산하였는데, 이는 곧 소나타라는 사상과 2000년형이라는 두 사상의 교집합사상(그림 3-9에서 두 개의 사선이 중복된 부분), 즉 $(2000\text{년형}\cap\text{소나타})$에 해당하는 부분집합사상을 의미한다. 따라서 조건부확률은 교집합사상의 확률과 결합시켜 표현할 수 있다. 위의 예를 다시 이용하면 아래와 같이 정리될 수 있다.

$$P(2000\text{년형}|\text{소나타})=\frac{32}{80}=\frac{32/100}{80/100}=\frac{P(2000\text{년형}\cap\text{소나타})}{P(\text{소나타})}$$

또 이를 일반화시키면 다음과 같다.

[조건부확률공식]

$$P(B|A)=\frac{P(B\cap A)}{P(A)}\ \text{또는}\ \frac{P(A\cap B)}{P(A)} \tag{3.9}$$

이 공식은 교집합의 확률이 알려졌을 때 조건부확률을 구하는 데 유용하게 쓰일 수 있다. 그러나 일반적으로 조건부확률은 주어진 정보를 가지고 쉽게 판정이 될 수 있어(특정 조건을 만족시키는 새로운 표본공간의 설정을 통하여) 식 (3.9)는 오히려 다소의 변형을 통하여 교집합의 확률계산에 조건부확률을 이용하는 공식으로 유도된다. 즉, 식 (3.9)의 양변에 $P(A)$를 곱하면 다음과 같다.

[곱의 일반법칙]

$$P(A\cap B)=P(A)\cdot P(B|A) \tag{3.10}$$

1) 이와 같은 조건부확률의 경우 두 번째 시행에서 새로운 표본공간의 규모가 형성되는 예는 두 실험이 시차를 갖고 시행될 때 더욱 명확해진다. 예컨대, 전체 차량 100대 중 두 대를 뽑을 경우 첫번째 뽑은 차가 소나타일 때 두 번째 뽑은 차가 소나타가 될 확률을 구한다고 하자. 첫번째 시행에서 소나타 한 대가 이미 선발되었으므로, 나머지 차량은 99대, 그 중에 소나타는 79대가 남게 된다. 따라서 $P(\text{소나타}_2|\text{소나타}_1)=\frac{79}{99}$가 되고, 이 때 두 번째 시행에서의 표본공간의 크기는 99가 되며 100보다 적음을 알 수 있다.

이를 교집합확률에 관한 곱의 일반법칙이라 한다. 이 공식이 의미하는 것은 A가 발생하고 또 B가 발생할 확률 $P(A \cap B)$는 우선 A가 발생할 확률에다 A가 발생할 것을 조건으로 B가 발생할 확률 $P(B|A)$를 곱하여 구할 수 있다는 것이다.

앞의 중고자동차 예를 다시 사용하여 한 대의 중고차량을 임의추출한 결과 이 차가 2000년형이면서 소나타일 확률을 생각해 보자. 이는 곧 P(2000년형∩소나타)를 구하는 것과 같으며 그림 3-9에 주어진 자료를 이용하면 이에 해당되는 차는 총 100대 중 32대이므로 2000년형이라는 사상과 소나타라는 사상의 교집합의 확률은 32/100가 됨을 직관적으로 알 수 있다. 이제 이 교집합사상의 확률을 식 (3.10)에 제시된 공식에 의해 계산해 보자.

$$P(2000\text{년형} \cap \text{소나타}) = P(2000\text{년형}) \cdot P(\text{소나타}|2000\text{년형})$$
$$= \frac{40}{100} \cdot \frac{32}{40} = \frac{32}{100}$$

즉, 교집합사상의 확률은 공식이 의미하는 바와 같이 2000년형이라는 사상이 발생할 확률에다 이를 조건으로 소나타가 선정될 확률을 곱하여 계산됨을 알 수 있다. 교집합사상의 확률은 사상의 결합확률이라고도 하며, 이 공식은 특히 두 사상이 시차를 가지고 발생할 경우에 명백한 해결방안을 마련해 준다. 예컨대, 빈 병 100개를 수집하여 모은 결과 이 중 약 10%가 파손된 것으로 밝혀졌다 하자. 이 중 두 개를 임의추출한 결과 두 개 모두 파손되어 재사용이 불가능한 병이 나올 확률은 $P(D_1 \cap D_2)$와 같이 표현할 수 있다. 여기서 D_1은 첫번째 뽑은 병이 파손된 사상, D_2는 두 번째 병이 파손된 사상을 각각 나타낸다. 공식에 의하면 D_1, D_2의 결합확률은

$$P(D_1 \cap D_2) = P(D_1) \cdot P(D_2|D_1) = \frac{10}{100} \cdot \frac{9}{99} = \frac{1}{110}$$

가 된다. 이 예제에서 볼 수 있듯이 시차를 두고 실험을 시행할 경우 일반적으로 두 번째 시행의 표본공간의 크기가 달라짐을 알 수 있다. 그러나 경우에 따라서는 첫번째 사상이 발생함을 조건으로 한 두 번째 사상의 조건부확률이 전혀 조건부사상의 영향을 받지 않을 수도 있다. 이는 두 번째 시행에서도 전과 동일한 표본공간의 수가 유지되는 경우이다. 예컨대, 위의 예제에서 만일 첫번째 뽑은 병을 다시 복귀시킨 다음 새로 한 개의 병을 추출한다면, 두 번째 시행에서도 여전히 표본공간의 규모는 100개가 되고 또 손상된 병의 숫자도 전

과 같이 10개가 된다. 따라서 결합확률 $P(D_1 \cap D_2)$는 다음과 같이 계산된다.

$$P(D_1 \cap D_2) = P(D_1) \cdot P(D_2 | D_1) = \frac{10}{100} \cdot \frac{10}{100} = \frac{1}{100}$$

이와 같이 두 번째 사상이 첫번째 사상의 영향을 받지 않을 때 두 사상은 서로 독립적이라고 한다.

3.3 독립사상과 교집합사상의 확률

위의 예에서처럼 한 사상의 확률이 다른 사상의 발생에 영향을 미치지 않을 때 이러한 사상을 독립적 사상이라고 하며, 이 경우에 성립되는 확률법칙은 다음과 같다.

[독립사상의 조건부확률법칙]

$$P(E_j | E_i) = P(E_j), \qquad \text{단, } P(E_i) \neq 0 \tag{3.11}$$

식 (3.11)이 의미하는 바는 사상 E_i와 E_j가 서로 독립적일 때 조건사상 E_i는 사상 E_j가 발생할 확률에 어떠한 영향도 주지 않음을 말한다. 이 공식을 결합사상의 확률법칙, 즉 곱의 일반법칙(식 (3.10))에 대입하면 다음과 같다.

[독립사상의 결합확률법칙]

$$P(E_i \cap E_j) = P(E_i) \cdot P(E_j | E_i) = P(E_i) \cdot P(E_j) \tag{3.12}$$

이는 두 결합사상의 확률은 개별사상의 확률을 각각 구하여 곱하는 것과 같아짐을 의미한다. 이러한 확률법칙은 셋 이상의 사상이 서로 독립적인 경우에도 성립한다.

[n개 독립사상의 결합확률법칙]

$$P(E_1 \cap E_2 \cap \cdots \cap E_n) = P(E_1) \cdot P(E_2) \cdot \cdots \cdot P(E_n) \tag{3.13}$$

통계학의 초보자들은 상호 독립적인 사상과 서로 배타적인 사상을 자주 혼동하게 된다. 두 개의 사상 E_i와 E_j가 서로 배타적이라 함은 두 사상이 표본공간 내에서 공유하는 부분이 전혀 없다는 것을 의미하며, 따라서 두 사상의 교집합 확률은 $P(E_i \cap E_j) = P(\phi) = 0$이 된다. 반면 두 사상이 서로 독립적이면 $P(E_i \cap E_j) = P(E_i) \cdot P(E_j)$가 되며(단, $P(E_i) \neq 0$, $P(E_j) \neq 0$이라 가정), 이러한 관계가 성립되는 것은 두 사상이 배타적이 아닐 때, 즉 표본공간 내에서 두 사상

그림 3-10 독립적 사상의 예

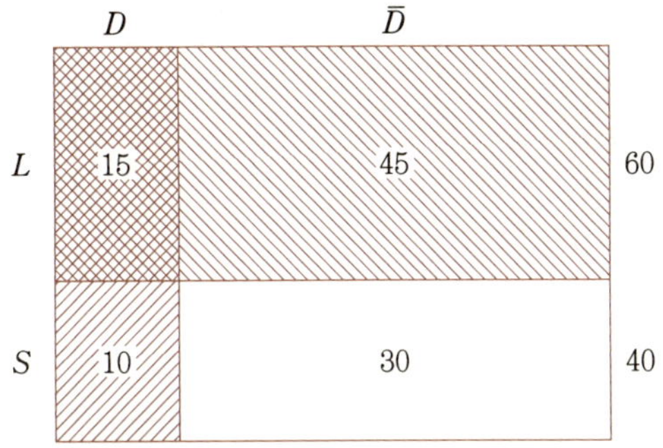

이 서로 공유하는 부분이 있는 경우에 한하여 발생할 수 있다. 물론 상호 배타적이 아닌 두 사상이 모두 독립적이 되는 것은 아니며, 단지 전제조건이 됨을 의미할 뿐이다. 이제 두 개념간의 차이를 보다 구체적인 예를 통하여 살펴보기로 하자.

그림 3-10은 한 기업이 생산하는 종이컵 100개에 대한 내용을 나타낸다. 총 100개의 종이컵 중 60개는 큰 컵이고, 나머지 40개는 작은 컵이다. 그리고 생산된 큰 컵 중 15개와 작은 컵 10개는 결함이 있다고 본다. 큰 사각형을 표본공간으로 보면, 이를 합격품과 불합격품, 즉 결함이 있는 컵(D)과 결함이 없는 컵($\bar{D}$)으로 구분할 수도 있고, 큰 컵을 나타내는 사상(L)과 작은 컵을 나타내는 사상(S)으로 나타낼 수도 있다. 이 때 사상 D와 $\bar{D}$, 그리고 사상 L과 S는 각각 서로 배타적이다. 즉, 두 사상간의 공유점은 없고, 두 사상의 교집합은 공집합이 되므로 교집합사상의 확률은 각각 0이 된다.

$$P(D\cap \bar{D})=P(\phi)=0$$
$$P(L\cap S)=P(\phi)=0$$

반면 생산된 100개의 종이컵 중 하나를 임의추출한 것이 결함이 있는 큰 컵일 가능성, 즉 $P(D\cap L)$를 계산하여 보자. 이 때 사상 D와 사상 L은 그림 3-10에서 나타난 바와 같이 서로 공유하는 부분이 있다(즉, 배타적이 아님). 따라서 두 집합의 교집합의 확률은 0이 아닐 것이며, 그 확률은 교집합의 일반확률공식(3.12)에 의해 계산된다. 즉,

$$P(D\cap L)=P(D)\cdot P(L|D)$$

그림 3-11 상호 종속적 사상의 예

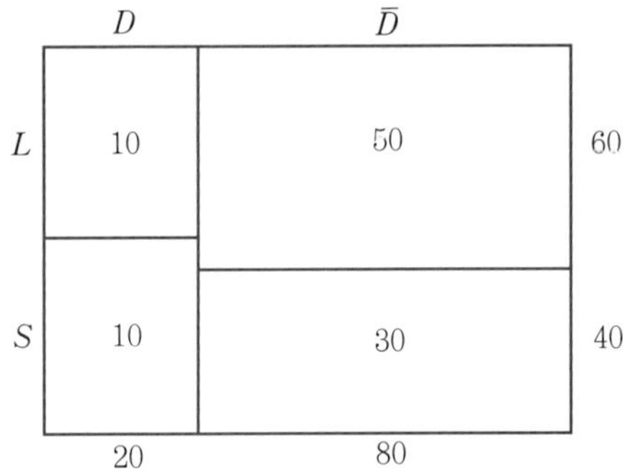

$$=\frac{25}{100}\cdot\frac{15}{25}=0.15$$

한편 $P(L)$, 즉 선정된 컵이 단순히 큰 것일 확률은 60/100임을 알 수 있는데, 이는 $P(L|D)$의 값 $\frac{15}{25}$와 서로 같다.

$$P(L|D)=P(L)$$

이는 곧 L과 D가 서로 독립적인 사상임을 의미한다. 독자들은 이러한 결과가 두 사상이 서로 배타적이 아닌 경우에 발생하였음을 알 수 있고, 또 서로 배타적이 아닌 상황 중의 특수한 경우임을 확인할 수 있을 것이다. 예컨대, 위의 예를 그림 3-11과 같은 내용으로 바꾸어 보면,

$$P(D\cap L)=P(D)\cdot P(L|D)$$
$$=\frac{20}{100}\cdot\frac{10}{20}=\frac{1}{10}$$

그리고

$$P(L)=\frac{60}{100}\neq P(L|D)=\frac{10}{20}$$

이 된다. 따라서 사상 L은 조건부사상 D의 영향을 받는 종속적 사상임을 알 수 있다. 요약하면 독립적 사상이란 항상 상호 배타적이 아닌 경우에 한하여 성립되는 특수한 결합사상이라 할 수 있다.

이제까지 집합이론을 이용하여 도출한 확률법칙을 정리하여 보면 표 3-2와 같다.

표 3-2 확률법칙의 요약

사상의 형태별 확률	표 시 법	상호 배타적인 경우	상호 배타적이 아닌 경우	
			상호 종속적인 경우	상호 독립적인 경우
여사상의 확률	$P(\bar{E}_i)$	$1-P(E_i)$	–	–
합집합사상의 확률	$P(E_i \cup E_j)$	$P(E_i)+P(E_j)$	$P(E_i)+P(E_j)-P(E_i \cap E_j)$	좌 동
조건부사상의 확률	$P(E_i \mid E_j)$	0	$P(E_i \cap E_j)/P(E_j)$	$P(E_i)$
교집합사상의 확률	$P(E_i \cap E_j)$	0	$P(E_i)\cdot P(E_j \mid E_i)$	$P(E_i)\cdot P(E_j)$

주 : 실제의 합집합사상의 확률공식은 다음과 같아짐을 유의할 것.

$$P(E_i \cup E_j)=P(E_i)+P(E_j)-P(E_i \cap E_j) \begin{cases} \rightarrow P(E_i)+P(E_j)-P(E_i)\cdot P(E_j \mid E_i) & \text{(단, } E_i\text{와 } E_j\text{는 종속적)} \\ \rightarrow P(E_i)+P(E_j)-P(E_i)\cdot P(E_j) & \text{(단, } E_i\text{와 } E_j\text{는 독립적)} \\ \rightarrow P(E_i)+P(E_j) & \text{(단, } E_i\text{와 } E_j\text{는 상호 배타적)} \end{cases}$$

이상에서처럼 단일 또는 복합사상이 여사상이거나 합집합의 사상 또는 교집합을 이루는 사상일 경우의 각 사상의 확률계산법을 연구하였다. 특히 교집합을 이루는 사상의 경우 1차적으로는 조건부사상에 의해 확률을 계산하되 경우에 따라, 즉 서로 독립적인 사상들이 결합된 교집합사상의 경우에는 별도의 공식을 이용하여 확률을 계산함을 알게 되었다. 또한 합집합은 일반적으로 교집합사상의 확률이 밝혀져야 계산이 가능하나 서로 배타적인 사상들의 교집합사상의 경우에는 교집합의 확률이 0이 되어 합집합의 확률은 단순히 개별사상들의 확률의 합과 같아짐도 확인되었다.

확률계산의 필요성은 이상의 상황에서 끝나지 않는다. 보다 복잡한 현상에 대한 확률은 기본적으로는 표 3-2에 소개한 확률법칙을 적절히 응용하여 계산할 수밖에 없다. 이러한 상황 중 특히 교집합사상의 확률공식을 확대 · 적용할 수 있는 두 가지 경우, 즉 표본공간이 분할된 경우와 실험을 반복시행할 경우를 절을 바꾸어 다루어 보자.

제 6 절 교집합사상확률의 응용

교집합을 이루는 사상이 특수한 여건하의 표본공간 내에서 정의될 때 교집합확률공식은 다소의 변형을 통하여 보다 간편한 형태로 전환하여 사용한다. 이에 속하는 여건 중 두 가지 중요한 상황은 표본공간이 두 가지 이상의 기준에 의해 분할되어 있을 경우와 반복시행되는 실험 결과로서 표본공간이 구성되는 경우를 들 수 있다.

1. 분할된 표본공간(partitioned population or partitioned sample space)

분할된 표본공간의 예는 앞에서 이미 사용한 바 있다. 즉, 그림 3-9에서처럼 중고차 100대로 구성된 표본공간의 각 표본점들을 차종(소나타 · SM5)에 따라, 그리고 생산연도에 따라 구분할 수 있는 경우 이를 분할된 표본공간(partitioned sample space)이라 부른다. 이와 같은 예는 경상계통 문제연구에 빈번하게 발생하는 것으로, 예컨대 다음과 같은 문제를 들 수 있다.

표 3-3은 서울지역 주요 백화점인 롯데 · 신세계 및 현대의 월별 HDTV수상기 판매대수를 가상적으로 작성한 것이다. 판매된 총 1,000대의 HDTV는 우선 백화점별로 구분할 수 있으며(각각 400, 350 및 250대), 또한 판매된 월별로도 구분할 수 있다. 편의상 월별 구분을 세로로, 그리고 백화점별 구분을 가로로 하여 각기 해당되는 표본점들을 나타낸 표 3-3에서 표본공간은 두 가지 기준에 의해 가로 및 세로로 분할될 수 있음을 알 수 있다. 이 때 어느 한 TV

표 3-3 서울지역 주요 백화점의 월별 HDTV수상기 매상고

월 \ 백화점	롯데	신세계	현대	계
1	40	30	30	100
2	30	30	20	80
3	30	20	20	70
4	25	20	15	60
5	25	30	15	70
6	35	30	25	90
7	30	35	20	85
8	35	35	25	95
9	40	30	20	90
10	25	25	15	65
11	35	30	15	80
12	50	35	30	115
합계	400	350	250	1,000

를 무작위추출한 결과 이것이 신세계에서 6월중에 판매된 것일 확률을 구하려면 이는 신세계라는 사상과 6월이라는 사상이 결합된 교집합사상(빗금친 부분)의 확률을 구하는 것과 같다. 주어진 자료에 의하면 이는 직접 표로부터 $\frac{30}{1,000}$임을 확인할 수 있으나 앞 절에서 배운 확률공식을 이용하여도 구할 수 있다.

$$P(\text{신세계} \cap 6\text{월}) = P(\text{신세계}) \cdot P(6\text{월} | \text{신세계})$$
$$= \frac{350}{1,000} \cdot \frac{30}{350} = \frac{30}{1,000}$$

이와 같은 예는 얼마든지 있다. 예컨대, 어느 상품이 3대의 기계에 의해 생산되는데 검사요원에 의해 생산기계별로 불합격품을 조사하여 집계한 경우, 또는 자동차 사고건수를 지역별 및 운전사의 연령별로 구분하여 정리한 경우, 또는 세 가지 경제서적의 종류별(paper-back 또는 hard-bound) 판매실적을 집계할 경우 등을 들 수 있다. 이러한 경우 관찰의 대상이 되는 사상은 관련된 두 개별사상이 결합된 상태로 파악될 수 있다. 이와 같이 두 가지 기준에 의해 분할되는 표본공간과 관련하여 정의되는 주요한 확률 개념으로 주변확률(marginal probability)이 있다.

1. 1 주변확률(marginal probability)과 총계확률정리(total probability theorem)

위의 예에서 무작위로 추출된 TV수상기가 1월중 판매된 것일 확률(P(1월))을 고려하여 보자. 이는 표 3-3에 주어진 자료로 보아 $\frac{100}{1,000} = \frac{1}{10}$임을 알 수 있다. 그런데 P(1월)이란 의미는 사실 1월중에 롯데 · 신세계 및 현대에서 판매된 것을 모두 포함하는 사상의 확률이며, 따라서 P(1월)$=P$(1월$\cap$롯데)$+P$(1월$\cap$신세계)$+P$(1월$\cap$현대), 즉

$$\frac{100}{1,000} = \frac{40}{1,000} + \frac{30}{1,000} + \frac{30}{1,000}$$

과 같은 관계식이 성립된다.

이와 같이 개별사상의 확률이기는 하지만 결합사상들의 확률을 합하여 표시될 수 있을 경우 이를 주변확률이라 부른다. 표 3-3에서 보듯이 1월이란 사상의 크기가 첫째 줄 오른쪽 가장자리(주변)에 나타나 있는 데서 연유한 이름이다. 여하튼 표 3-3과 같이 분할된 표본공간의 경우에는 1월부터 12월, 그리

고 3개 백화점을 나타내는 총 15개 사상의 주변확률이 산출될 수 있다. 그리고 각 주변확률은 교집합사상확률들의 합으로 표현될 수 있다. 이제 이러한 상황을 일반화시키기 위하여 롯데백화점의 판매량을 사상 L로 나타내고, 사상 L과 결합하여 발생하는 사상, 즉 월별 판매량을 E_1, E_2, E_3, …, E_{12}라고 표시하자. 그러면 사상 L의 주변확률은 다음과 같이 표현될 수 있다.

$$
\begin{aligned}
P(L) &= \sum_{i=1}^{12} P(L \cap E_i) \\
&= P(L \cap E_1) + P(L \cap E_2) + \cdots + P(L \cap E_{12}) \qquad (3.14)
\end{aligned}
$$

식 (3.14)를 이용하여 주변확률을 정리하면 다음과 같다.

[사상 L의 주변확률]

$$
P(L) = \sum_{i=1}^{12} P(L \cap E_i) = \sum_{i=1}^{12} P(E_i) \cdot P(L|E_i) \qquad (3.15)
$$

식 (3.15)를 우리는 총계확률정리(total probability theorem)라 일컫는다. 이제 이 공식을 이용하여 롯데에서 판매된 TV수상기가 추출된 확률을 계산하면 다음과 같다.

$$
\begin{aligned}
P(L) &= P(E_1) \cdot P(L|E_1) + P(E_2) \cdot P(L|E_2) + \cdots + P(E_{12}) \cdot P(L|E_{12}) \\
&= \frac{100}{1{,}000} \cdot \frac{40}{100} + \frac{80}{1{,}000} \cdot \frac{30}{80} + \cdots + \frac{115}{1{,}000} \cdot \frac{50}{115} \\
&= \frac{400}{1{,}000}
\end{aligned}
$$

이상의 예제에서는 $P(L)$을 표 3-3으로부터 직접 구할 수 있는 것이어서 구태여 식 (3.15)를 이용할 필요가 없다. 물론 경우에 따라서는 식 (3.15)가 반드시 필요한 경우도 있다. 그러나 식 (3.15)가 갖는 보다 중요한 의미는 이것이 곧 통계적 의사결정의 모태가 되는 베이즈정리(Bayes' rule)의 기본이 된다는 점이다.

1.2 베이즈정리(Bayes' rule)

확률이론의 법칙을 응용함에 있어 가장 흥미로운 것 중 하나는 새로운 정보에 입각하여 지금까지 알려지지 않은 확률을 추정하는 일이다. 새로운 정보를 기초로 의사를 결정하는 통계적 의사결정의 문제는 제5편에서 자세히 다룰 것이므로 여기에서는 그 기본이 되는 베이즈정리만 살펴보기로 한다.

베이즈정리란 어느 한 사상의 확률을 새로운 정보에 입각하여 결정하는 과정에 관한 법칙으로 일종의 조건부확률에 관한 공식으로 표현되며, 그 공식의 도출과정에서 앞서 살펴본 총계확률정리가 이용된다. 이 공식은 영국의 철학자 토마스 베이즈(Thomas Bayes, 1702~1761)가 1763년에 발표한 논문(실제로는 베이즈 사후 2년째인 1763년에 발견됨)에 제시된 것으로 최근에야 관심을 끌게 되었다. 그의 업적은 조건부확률을 계산하는 특수한 방법을 고안한 것이라 볼 수 있다. 즉, 그는 새로운 정보에 의해 사상 A의 확률이 밝혀졌을 때, 이를 근거로 어떤 사상 E_i가 발생할 확률, 즉 조건부확률인 $P(E_i|A)$를 계산하는 방법을 제공한 것이다. 이는 특히 $P(E_i)$가 밝혀지지 않았을 때 이를 확인할 수 있다는 데 중요성이 있으나, 비단 $P(E_i)$가 알려져 있다 하더라도 이를 새로운 정보 $P(A)$에 입각하여 재조정할 수 있다는 의의도 있는 것이다. 이 때 $P(E_i|A)$를 사후적 확률이라고 하며, $P(E_i)$를 새로운 정보를 이용하기 이전의 확률이라 하여 사전적 확률이라고 한다.

예컨대, 한국 국민 중 약 5%가 고혈압(H)를 앓고 있다고 하자. 즉, 한국인 중 어느 한 사람을 선정하였을 때 그 사람이 고혈압일 확률 $P(H)$은 0.05라는 것이다. 이와 같은 사전적 확률(prior probability)은 새로운 정보에 의해 재평가될 수도 있다. 만일 새로운 의료조사 결과 고혈압환자 중 음주(A)하는 사람은 75%, 그리고 고혈압이 아닌 사람($\bar{H}$) 중 음주하는 사람이 50%라는 사실, 즉 $P(A|H)=0.75$, 그리고 $P(A|\bar{H})=0.5$임이 밝혀졌다고 하자. 그러면 이러한 정보를 이용하여 음주하는 사람 중 얼마가 고혈압인지, 즉 $P(H|A)$의 값이 어떻게 되는지를 확인할 수 있게 된다. 이와 같이 새로운 정보에 입각하여 조정된 확률 $P(H|A)$를 사후적 확률(posterior probability)이라 한다. 이제 이러한 문제의 해결을 위하여 다음과 같은 관계식을 고려해 보자. 조건부확률공식에 의거 $P(H|A)$를 다음과 같이 표현할 수 있다.

$$P(H|A)=\frac{P(H\cap A)}{P(A)} \tag{3.16}$$

이것은 또 다음과 같은 형태로 전환할 수도 있다.

$$P(H\cap A)=P(A\cap H)=P(H)\cdot P(A|H) \tag{3.17}$$

한편, $P(A)$를 주변확률로 파악하고 총계확률정리를 이용하면 다음과 같

이 고쳐 쓸 수가 있다. 즉,

$$\begin{aligned}P(A)&=\sum_{i=1}^{2}P(A\cap H_i)\\&=P(A\cap H_1)+P(A\cap H_2)\\&=P(H_1)\cdot P(A|H_1)+P(H_2)\cdot P(A|H_2)\end{aligned}$$

단, H_1은 고혈압, H_2는 비고혈압사상을 나타내며, 서로 여사상관계에 있으므로 H_1을 단순히 H(고혈압)로 표현하면 H_2는 $\bar{H}$(비고혈압)로 표현할 수 있게 된다. 따라서 위의 식은 다음과 같이 바꾸어 나타낼 수 있다.

$$P(A)=P(H)\cdot P(A|H)+P(\bar{H})\cdot P(A|\bar{H}) \tag{3.18}$$

따라서 식 (3.17)과 (3.18)을 식 (3.16)에 대입하면,

[베이즈정리]

$$\begin{aligned}P(H|A)&=\frac{P(H\cap A)}{P(A)}=\frac{P(H)\cdot P(A|H)}{P(A)}\\&=\frac{P(H)\cdot P(A|H)}{P(H)\cdot P(A|H)+P(\bar{H})\cdot P(A|\bar{H})}\end{aligned} \tag{3.19}$$

가 된다.

바로 식 (3.19)를 우리는 베이즈정리라 한다. 이제 식 (3.19)를 이용하여 앞의 문제를 풀면,

$$\begin{aligned}P(H|A)&=\frac{P(H)\cdot P(A|H)}{P(H)\cdot P(A|H)+P(\bar{H})\cdot P(A|\bar{H})}\\&=\frac{0.05(0.75)}{0.05(0.75)+0.95(0.5)}\fallingdotseq 0.073\end{aligned}$$

이 된다. 이로써 우리는 음주자의 약 7.3%가 고혈압을 갖게 된다고 판정할 수 있게 되었는데, 이는 새로운 정보, 즉 음주사항에 관한 자료를 근거로 계산된 사후적 확률이 되는 것이다.

조건부확률공식과 총계확률정리를 이용하여 식 (3.19)를 일반화시킨 베이즈정리는 다음 식과 같다.

$$P(E_j|A)=\frac{P(E_j)\cdot P(A|E_j)}{P(A)}=\frac{P(E_j)\cdot P(A|E_j)}{\sum_j P(E_j)\cdot P(A|E_j)} \tag{3.20}$$

도출과정은 연습문제로 돌리기로 하고 식 (3.20)에 나타난 베이즈정리의 일반공식 적용예를 살펴보기로 하자.

[예 제]

A, B 그리고 C전기회사에서 백열등(P)과 형광등(H)의 1일 생산량을 조사한 결과, A사는 200개의 백열등과 100개의 형광등을, B사는 50개의 백열등과 150개의 형광등을, 그리고 C사에서는 백열등과 형광등을 각각 50개씩 생산한다고 밝혀졌다고 가정하자. 임의로 선택된 형광등이 B사의 제품일 확률, 즉 $P(B|H)$는 얼마인가(표 3-4 참조)?

식 (3.20)을 이용하여 $P(B|H)$를 정리해 보면,

$$P(B|H)=\frac{P(B)\cdot P(H|B)}{P(A)\cdot P(H|A)+P(B)\cdot P(H|B)+P(C)\cdot P(H|C)}$$

가 된다. 각자의 확률치를 구하기 위해 먼저 위의 조사 결과를 토대로 분할표를 작성해 보면, 표 3-4와 같다.

표 3-4 A, B, C전기회사의 백열등 · 형광등 생산량

품 목 / 회 사	백열등(P)	형광등(H)	합 계
A	200	100	300
B	50	150	200
C	50	50	100
합 계	300	300	600

따라서 각각의 확률치는 다음과 같다.

$$P(A)=\frac{300}{600}=\frac{1}{2},\quad P(B)=\frac{200}{600}=\frac{1}{3},\quad P(C)=\frac{100}{600}=\frac{1}{6}$$

$$P(H|A)=\frac{100}{300}=\frac{1}{3},\quad P(H|B)=\frac{150}{200}=\frac{3}{4},\quad P(H|C)=\frac{50}{100}=\frac{1}{2}$$

이를 식 (3.20)에 대입하면,

$$P(B|H)=\frac{\frac{1}{3}\cdot\frac{3}{4}}{\frac{1}{2}\cdot\frac{1}{3}+\frac{1}{3}\cdot\frac{3}{4}+\frac{1}{6}\cdot\frac{1}{2}}=\frac{1}{2}$$

즉 임의로 선택된 형광등이 B사의 제품일 확률 $P(B|H)$는 $\frac{1}{2}$이 된다.

2. 반복시행사상(repeated trials)

앞서 교집합사상의 확률법칙을 표본공간이 두 가지 기준에 의거 분할될 수 있을 경우에 응용함으로써 주변확률개념과 총계확률정리, 그리고 베이즈정리를 도출해 낼 수 있었다. 결합된 사상의 또 한 가지 주요한 응용예는 표본공간이 반복시행된 실험 결과로 구성되는 경우이다.

예를 들어, 동전을 10번 반복하여 던져 앞면이 나오거나 뒷면이 나오는 것을 관측하였을 때, 나타날 수 있는 모든 결과에 의해 표본공간이 구성될 것이다. 이와 같은 상황에서 어느 한 특정 결과(예컨대, 앞면이 세 번 나오는 사건)가 나올 확률을 계산하기 위해서는 우선 발생 가능한 모든 결과의 수가 밝혀져야 한다. 지금까지 다루어 온 문제들의 경우 벤도표 등을 통하여 쉽게 표본공간을 구성하거나 한 사상의 확률을 구할 때 단순히 이 사상에 속하는 표본점의 수를 세어 봄으로써 가능했었다. 그러나 반복시행을 통한 실험 결과의 경우, 표본공간의 수는 물론 어느 한 사상이 포함하는 표본점이란 쉽사리 확인될 수가 없다. 그리고 특정 결과가 발생할 확률을 계산하기 위하여 우선 반복적 시행의 실험 결과수를 계산할 수 있어야 한다. 따라서 본항에서는 우선 몇 가지 수학적 용어를 이용한 계산방법을 소개하고, 그 다음에 각종 반복실험 시행 결과들의 확률계산문제를 다루기로 한다.

2.1 실험결과수의 계산방법

일반적으로 여러 단계를 거치는 실험 결과의 수는 실험의 각 단계에서 발생하는 결과수에 따라 결정된다. 즉, 두 단계를 거치는 실험에서 첫단계에선 m가지 결과, 그리고 두 번째 단계에서는 n가지 결과가 나올 수 있다면, 두 단계를 거치는 이 실험의 가능한 모든 결과수는 $m \times n$이 된다. 이러한 법칙은 그 이상의 단계를 거치는 실험에도 확대·적용될 수 있다.

예컨대, 어느 이온음료회사가 네 가지 광고안 중에서 하나, 그리고 다섯 가지 병모양 중에서 하나를 선택하고자 한다고 하자. 이 때 가능한 결과, 즉 광고와 병모양을 결합하여 발생하는 형태의 수는 $4 \times 5 = 20$가지가 된다.

경우에 따라 실험의 각 단계에서 발생할 수 있는 결과수가 동일하거나, 또는 동일한 실험이 반복될 수 있다. 각 단계에서 n가지 결과가 나올 수 있고, 이러한 단계를 k번 반복하였다면, 가능한 결과의 총수는 다음과 같다.

$$\underbrace{n \times n \times \cdots \times n}_{k\text{개}} = n^k \tag{3.21}$$

예컨대, 어느 주부가 여유자금을 시중은행에 1년만기 정기예금 형태로 예치하였는데, 이자는 예치자가 원할 경우 분기별로 지급할 수도 있고, 분기별 이자에 해당되는 금액을 원금에 가산시켜 예금으로 받아들일 수도 있다면, 이 때 이 주부는 매분기마다 두 가지 방법 중 한 가지를 선택할 것이고, 이것을 4번 반복하게 될 것이다. 따라서 1년간 가능한 선택 결과의 총수는 $2^4=16$가지가 된다.

2. 1. 1 순열(permutation)

경우에 따라서는 반복시행되는 각 단계에서 발생할 수 있는 결과수가 점차 감소하는 상황을 상정할 수 있다. 예들 들면, 10개의 서로 다른 상품 중 하나를 선택하고, 다음 단계에서는 나머지(9개) 중 하나를, 그리고 세 번째 단계에서도 나머지(8개) 중 하나를 선택하는 방법으로 시행하고 이를 열 번째 단계까지 계속 시행한다면 가능한 결과의 총수는 $10\times9\times8\times\cdots\times2\times1$이 될 것이다. 이 경우와 같은 실험 결과의 수는 10개의 서로 다른 상품을 배열하는 방법수와 동일하다. 이와 같이 서로 다른 요소를 서로 다른 순서에 따라 배열하는 방법의 최대수를 순열(permutation)의 수라 한다.

순열이란 어떤 결과들을 배열함을 의미하며, n가지 결과의 순열(순서대로 배열한 것)의 수는 이 결과들을 서로 다른 순서대로 배열할 수 있는 최대수를 말한다.

예컨대, 한 기업가가 주어진 자본범위 내에서 세 가지 사업에 투자할 수 있다 하자. 단, 각 사업의 예상수익률은 동일하다고 본다. 그러나 위험부담을 덜기 위하여 우선 그 중 한 가지 사업만을 시작하고, 일정 기간 후 또 한 사업, 그리고 또 일정 기간이 지난 뒤에 마지막 한 사업에 착수한다면 이 기업가가 선택할 수 있는 투자순위의 총수는 $3\times2\times1=6$이 되며, 이는 곧 3개 사업을 순서대로 배열하는 방법수, 즉 순열의 수와 같다.

이러한 경우를 일반화하여 n가지 결과를 순서대로 배열하는 방법수를 구하면 총순열의 수는 $n\cdot(n-1)\cdot(n-2)\cdot(n-3)\cdot\cdots\cdot3\cdot2\cdot1$이 되는데, 이를 간략히 $n!$로 표기하며 n팩토리얼(factorial) 또는 n계승이라 읽는다. 예컨대, $5!$은 $5\times4\times3\times2\times1=120$이 되며, $0!$과 $1!$은 1이라고 정의한다. 반면 n개의 사물을 순서적으로 배열하는 방법수를 ${}_nP_n$(n 퍼뮤테이션 n이라 읽음)이라고도 쓰며,

$_nP_n = n!$ 이 된다.

만일 총 n개의 대상물 중 X개만을 순서적으로 배열할 경우에 총순열수를 계산하려면, $_nP_X$의 값을 구하는 것과 같아지며

$$_nP_X = n(n-1)\cdots(n-X+1) \tag{3.22}$$

이 될 것이다. 한편, $_nP_X$은 다음과 같이 나타낼 수도 있다.[1)]

[순열의 계산]

$$_nP_X = \frac{n!}{(n-X)!} \tag{3.23}$$

예컨대, 한 사업가가 투자할 수 있는 대상사업 10개 중 3개 사업만을 골라 하나씩 순서대로 투자를 실시할 경우 총가능한 방법수는 $_{10}P_3 = \frac{10!}{(10-3)!} = 10 \cdot 9 \cdot 8 = 720$가지가 된다. 이는 첫번째 사업실시의 선택방법은 10이며, 두 번째 단계에서의 선택가능수는 9, 그리고 마지막 단계에서의 선택폭이 8이 된다는 사실과 일치하고 있다.

2. 1. 2 조합(combination)

순열이 사물을 배열하는 방법에 의해 그 수가 결정됨을 알아보았다. 그러나 우리는 순서를 정하여 배열하는 일에는 관심이 없는 경우가 있다. 즉, 순서에 상관없이 사물을 결합하는 방법의 수에만 관심을 갖게 되는 경우가 있다. 예컨대, 위에서 사용한 예에서 이 기업가가 10개 사업 중 3개를 골라 동시에 착수할 경우 총 가능한 방법수는 순서배열과는 상관이 없어 순열 개념으로는 계산이 불가능함을 알 수 있다. 이 경우 10개 중 3개를 결합하는 방법수를 우리는 조합이라 한다. 순열과 조합을 비교하기 위해 한 예를 들어 보자. 4개의 상품 A, B, C, D 중 두 가지를 골라 순서대로 배열하는 방법수는 $_4P_2 = \frac{4!}{2!} = 12$가 된다. 이를 구체적으로 밝히면 표 3-5와 같다.

그러나 두 상품을 동시에 구매할 경우의 방법수를 계산할 때에는 순서적인 배열은 문제되지 않으며, 다만 두 상품의 결합상태만이 중요하다. 표 3-5에 나타난 것처럼 이러한 방법수는 6으로 순서적 배열방법수의 절반에 불과하다.

1) 식 (3.22)와 식 (3.23)이 서로 같음을 다음과 같이 증명할 수 있다.

$$_nP_X = \frac{n!}{(n-X)!} = \frac{n(n-1)(n-2)\cdots(n-X+1)(n-X)(n-X-1)\cdots\cdots 3\cdot 2\cdot 1}{(n-X)(n-X-1)\cdots\cdots 3\cdot 2\cdot 1}$$
$$= n(n-1)\cdots(n-X+1)$$

표 3-5 순열과 조합의 비교

조 합	순 열
$A \quad B$	$AB,\ BA$
$A \quad C$	$AC,\ CA$
$A \quad D$	$AD,\ DA$
$B \quad C$	$BC,\ CB$
$B \quad D$	$BD,\ DB$
$C \quad D$	$CD,\ DC$

일반적으로 n개의 사물 중에서 X개를 선정하여 결합시키는 조합수는 ${}_nC_X$ 또는 $\binom{n}{X}$로 표기하며, 이는 n개 사물 중에서 X개를 선정하여 결합시킬 수 있는 서로 다른 집합의 최대수를 나타낸다. 따라서 조합은 순서를 고려하지 않으므로 순열보다 그 수가 적다. 위의 예제에서처럼 $X=2$인 경우 순열의 수는 조합의 수의 2배가 되며 $X=3$일 경우는 6배가 된다. 즉, 각 조합을 구성하는 사물의 수(X)를 배열하는 방법수를 조합의 수에 곱한 것이 순열의 수가 된다. 따라서 다음과 같은 식이 성립된다.

[순열과 조합의 관계]

$$ {}_nP_X = X!\cdot {}_nC_X \quad \text{또는} \quad {}_nC_X = \frac{{}_nP_X}{X!} \tag{3.24} $$

식 (3.23)의 결과를 이용하여 식 (3.24)를 재정리하면 다음과 같다.

[조합의 계산]

$$ {}_nC_X = \frac{n!}{X!(n-X)!} \tag{3.25} $$

모기업체에서 S대학 경제학과 졸업예정자 10명을 추천의뢰하였다 하자. 성적과는 상관없이 선발할 경우 졸업예정자 100명 중 10명을 선정하는 방법수는 아래와 같다.

$$ {}_{100}C_{10} = \frac{100!}{10!90!} = \frac{100\cdot 99\cdot 98\cdot\cdots\cdot 91}{10\cdot 9\cdot 8\cdot\cdots\cdot 1} $$

2.1.3 순열과 조합법칙의 확대

n개의 대상물 또는 실험 결과가 동일종류나 동일성격을 갖는 k개의 부분집합으로 구분될 경우 순열과 조합수의 계산방법은 다소의 수정을 요하게

된다.

총 n개로 구성되는 집단이 동일성격을 갖는 k개의 그룹으로 분할될 수 있다 하자(단, $n>k$). 이 때 각 그룹을 형성하는 부분집합의 크기를 n_1, n_2, $\cdots$, n_k라 하면, $n=n_1+n_2+\cdots+n_k$가 된다. 이 경우 총 n개의 대상물을 순서배열하는 방법수는 다음과 같다.

$$\frac{n!}{n_1!\,n_2!\cdots n_k!} \tag{3.26}$$

식 (3.26)이 의미하는 것은 n개 대상을 순서대로 배열하는 방법의 총수를 나타내는 분자를 동일성격을 갖는 대상물로 구성된 개별 부분집합들 내에서 순서배열하는 방법수로 나누어 주어야 함을 나타내고 있다. 이는 동일한 대상물들을 서로 다른 것처럼 간주하여 배열하는 것을 피하기 위해서이다. 예컨대, 식 (3.26)의 특별한 형태로 $k=2$인 경우를 살펴보자. $n_1=X$이면 $n_2=n-X$가 될 것이다. 따라서 이 경우의 순열의 수는 $\frac{n!}{X!(n-X)!}$이 된다.

조합의 법칙 또한 대상물이 k개의 동류집합으로 구분될 경우 다소 조정이 필요하다. 예컨대, 총 n개로 구성되는 집단이 k개의 동류집단으로 분할되며 각 집단의 크기가 n_1, n_2, n_3, $\cdots$, n_k라 하자(단, $n=n_1+n_2+\cdots+n_k$). 이 중 X개를 뽑아내되 첫번째 집단으로부터 X_1개, 두 번째 집단으로부터 X_2개 식으로 선정하는 방법수는 다음과 같아진다.

$$\binom{n_1}{X_1}\binom{n_2}{X_2}\cdots\binom{n_k}{X_k} \tag{3.27}$$

예컨대, 한국의 주요 기업 100개 중 15개가 삼성, 15개가 LG, 그리고 15개가 SK 산하의 기업체라 하자. 이들 100개 기업체 중 10개를 임의로 선정하여 재무상태를 점검할 경우, 삼성 산하 회사가 4, LG가 3, SK가 2, 그리고 기타가 1의 비율로 선정될 방법수는 $\binom{15}{4}\binom{15}{3}\binom{15}{2}\binom{55}{1}$이 된다.

이상에서 우리는 대상물이나 실험 결과의 전부 또는 일부를 선정하여 순서배열하는 방법수를 계산하는 방법을 연구해 보았다. 이와 같은 방법은 특히 어떤 실험을 반복시행할 경우 발생할 수 있는 결과의 총수(표본공간의 크기)를 계산하거나 이들 중 특정 결과(특정 사상)를 나타내는 부분집합의 크기(특정 사상에 포함된 표본점의 수)를 산출하는 데 아주 유용하다. 이러한 방법을 이용하여 반복시행되는 실험 결과와 관련된 두 가지 중요한 확률법칙을 강구해 보기로 한다.

2.2 초기하확률(hypergeometric probability)과 다항확률(multinomial probability)

모대학의 금년도 입학생 총수는 n명인데 이들은 k개의 서로 다른 고등학교 출신인 것으로 밝혀졌다고 하자(단, $n_1+n_2+\cdots+n_k=n$). 이들 신입생 중 X명을 임의선정하여 전년도 입시홍보활동에 대한 의견을 청취하고자 할 때, 첫 학교에서 X_1명, 둘째 학교에서 X_2명 식으로(즉, $X_1+X_2+\cdots+X_k=X$가 되도록) 선정될 확률은 다음과 같다.

[초기하확률공식]

$$\frac{\binom{n_1}{X_1}\binom{n_2}{X_2}\cdots\binom{n_k}{X_k}}{\binom{n}{X}} \tag{3.28}$$

이러한 확률을 초기하확률이라 한다.

식 (3.28)의 분모는 총 n명 중 X명을 선발하는 방법의 총수로 표본공간의 크기를 나타내며, 분자는 첫번째 학교에서 X_1명, 두 번째 학교에서는 X_2명 식으로 선발하는 방법수를 나타내고 있으며, 따라서 분자는 이렇게 정의된 사상이 포함하는 표본점들의 수를 나타내고 있다. 식 (3.28)의 가장 간단한 형태는 대상자가 두 그룹으로만 구분될 경우이며, 식 (3.28)은 $\binom{n_1}{X_1}\binom{n_2}{X_2}\Big/\binom{n}{X}$와 같이 된다. 예컨대, 경제학과 신입생 100명 중 40명은 서울출신이고, 나머지 60명은 지방출신이라 하자. 이 때 이들 중 5명을 선발하되 1명씩 5번 반복하며, 이미 선발된 자는 다음 번 선발에서 제외한다면, 선발된 5명이 모두 지방출신일 확률은 다음과 같아진다.

$$\frac{\binom{40}{0}\binom{60}{5}}{\binom{100}{5}} = \frac{60!/55!5!}{100!/95!5!} = \frac{60\cdot59\cdot58\cdot57\cdot56}{100\cdot99\cdot98\cdot97\cdot96}$$

이 문제는 앞서 우리가 배운 확률법칙을 응용한다면, 일종의 결합사상의 확률이 될 것임을 알 수 있다. 즉, 서울출신을 S, 지방출신을 L로 표시하면, 1

명씩 5번 반복하여 선발된 학생이 모두 지방출신일 확률은 $P(L_1 \cap L_2 \cap L_3 \cap L_4 \cap L_5)$가 된다. 우리는 이러한 교집합사상의 확률은 조건부확률을 이용하여 풀 수 있음을 알고 있다. 즉,

$$P(L_1 \cap L_2 \cdots \cap L_5) = P(L_1) \cdot P(L_2 | L_1) \cdot P(L_3 | L_1 \cap L_2) \cdot \cdots \cdot P(L_5 | L_1 \cap L_2 \cdots \cap L_4)$$
$$= \frac{60}{100} \cdot \frac{59}{99} \cdot \frac{58}{98} \cdot \frac{57}{97} \cdot \frac{56}{96}$$

이 되며, 이는 위의 초기하확률공식을 이용하여 푼 것과 똑같은 결과를 가져온다. 말하자면, 초기하확률의 계산은 반복시행된 실험 결과와 관련된 결합확률을 계산하는 데 편리한 방법이 되고 있다.

위의 예제에서 각 단계의 지방출신 학생이 선발되는 확률들이 서로 다름을 알 수 있는데, 이는 이미 선발된 자는 다시 선발될 수 없다는 조건 때문이다. 이처럼 반복시행되는 각 단계에서 특정한 그룹에 속하는 자를 선발하는 확률이 서로 다르다는 것은 각 시행의 결과가 서로 독립적이 아니고 종속적임을 시사하고 있는 것이다.

만일 이미 선발된 자도 다시 선발될 수 있도록 추첨방법을 변경한다면, 각 단계에서 지방출신 학생이 선발될 확률은 항상 $\frac{60}{100}$으로 일정하게 된다. 즉, 이 경우 각 단계별 시행 결과는 서로 독립적이라 볼 수 있다. 따라서 이 경우의 확률은 다음과 같다.

$$P(L_1 \cap L_2 \cap L_3 \cap L_4 \cap L_5) = P(L_1) \cdot P(L_2 | L_1) \cdot \cdots \cdot P(L_5 | L_1 \cap L_2 \cap L_3 \cap L_4)$$
$$= P(L_1) \cdot P(L_2) \cdot \cdots \cdot P(L_5)$$
$$= \frac{60}{100} \cdot \frac{60}{100} \cdot \frac{60}{100} \cdot \frac{60}{100} \cdot \frac{60}{100}$$

이처럼 반복시행되는 실험이 시행단계와 상관없이 독립적인 확률을 갖게 되는 경우를 우리는 초기하확률과 구분하여 정리할 필요가 있다.

총 N명으로 구성된 집단에서 N_1명은 서울출신, 그리고 나머지는 지방출신이라 하자. 이들 중 n명을 선발하되 1명씩 n번 반복하고 선발된 자도 다음 번 선발의 대상이 된다면, 각 선발단계에서 서울출신이 선발될 확률은 $\frac{N_1}{N}$으로 일정하게 된다. 이를 P_1이라 하자. 반면 지방출신이 선발될 확률은 $\frac{N-N_1}{N}$이 될 것이고, 이 또한 선발단계와 상관없이 일정하다. 이를 P_2라 하면 $P_2 = 1 - P_1$이 될 것이다. 이제 선발된 n명 중 X명이 서울출신일 확률을 구해 보자.

우선 처음 X번 선발된 자가 모두 서울출신이고, 나머지 $(n-X)$번 선발된

자는 모두 지방출신일 확률은

$$
\begin{aligned}
&P(S_1 \cap S_2 \cap \cdots \cap S_X \cap L_1 \cap L_2 \cap \cdots \cap L_{n-X}) \\
&= P(S_1) \cdot P(S_2 | S_1) \cdot \cdots \cdot P(L_1 | S_1 \cap \cdots \cap S_X) \cdot \cdots \cdot P(L_{n-X} | S_1 \cap \cdots \cap L_{n-X-1}) \\
&= \underbrace{P_1 \cdot P_1 \cdot \cdots \cdot P_1}_{X\text{개}} \cdot \underbrace{P_2 \cdot P_2 \cdot \cdots \cdot P_2}_{n-X\text{개}} \\
&= P_1^{X} \cdot P_2^{n-X}
\end{aligned}
$$

그러나 반드시 서울출신이 처음 X번 시행 중에 선발되리란 법은 없다. 단지 n번 시행 중 X번만 서울출신이면 족한 것이다. 따라서 위에 계산된 확률은 아직 완전한 해답이 될 수 없다. 최종해답을 구하려면 이 결과에 ${}_nC_X$(즉, n번 시행 중 X번을 구분하는 방법수)를 곱해 주어야 한다. 따라서 이러한 상황하에서 n명 중 X명이 서울출신일 확률은 식 (3.29)와 같다.

[이항확률공식]

$$\binom{n}{X} P_1^{X} P_2^{n-X} \tag{3.29}$$

이와 같은 확률을 이항확률(binomial probability)이라 부른다. 이 또한 반복시행되는 실험 결과로 구성되는 표본공간에서 특정한 사상을 나타내는 결합사상의 확률을 보다 간편하게 계산하는 데 이용될 수 있는 것이다.

이항분포를 일반화한 것이 다항분포이다. 총 N개로 구성된 집단이 k개의 동류집단으로($N_1+N_2+\cdots+N_k=N$) 구분될 수 있는 상황에서 1개씩 n번 추출하되 한번 선택된 것도 다시 선택될 수 있으며, N_1으로부터 X_1개, N_2로부터 X_2개 식으로($X_1+\cdots+X_k=n$) 추출될 확률을 구한다면, 이는 식 (3.30)과 같아진다.

[다항확률공식]

$$\frac{n!}{X_1!\,X_2!\cdots X_k!} P_1^{X_1} \cdot P_2^{X_2} \cdot \cdots \cdot P_k^{X_k} \tag{3.30}$$

예컨대, 혈액은행에 헌혈하는 사람의 혈액형이 O형일 확률이 0.5, A형이 0.2, AB형이 0.15, 그리고 B형이 0.15라고 하자. 새로 10명의 헌혈자가 나타났는데, 이 중에서 O형이 5명, A형이 3명, AB형이 2명, B형이 0명일 확률은 다음과 같다.

$$\frac{10!}{5!3!2!0!}(0.5)^5(0.2)^3(0.15)^2(0.15)^0=0.014$$

이상으로 반복시행되는 실험 결과와 관련된 결합사상의 확률을 계산하는 방법을 연구하여 보았다. 일반적으로 통계학에서 주로 많이 이용되는 것이 반복시행을 가정한 실험 결과들의 확률이며, 그 중에서도 전체집단이 두 개의 동류집단으로 구분되는 상황이 큰 의의를 갖게 된다. 따라서 이항확률과 초기하확률은 제5장에서 상세히 다루게 된다.

제7절 요 약

본장에서는 추측통계에 필요한 확률이론부분 중 가장 기초가 되는 내용, 즉 제반 확률개념을 정의하는 일과 여러 상황하에서 발생할 수 있는 사상들의 확률을 계산하는 방법을 중점적으로 다루었다. 단, 본장에서는 표본점 하나로 정의되는 단일사상이나 두 개 이상의 표본점으로 정의되는 복합사상의 개별적인 확률계산법을 사상의 형태(여집합·합집합 또는 교집합적 사상)에 따라 구분하여 제시하는 데 한정하였다.

확률은 우선 주관적 확률과 객관적 확률로 양분되며, 후자는 다시 고전적 확률 개념과 장기상대도수적 확률 개념으로 구분되는데, 각 사상이 서로 배타적이 아니고 또 발생할 확률 또한 상이한 상황에 이르는 모든 여건을 고려하기 위해서는 확률을 장기적 상대도수 개념으로 파악하는 것이 적절하다. 한편, 주관적 확률은 평가자가 충분한 지식이나 정보, 그리고 경험을 바탕으로 산출할 경우 객관성은 커지게 되며 특히 새로운 정보를 보다 중점적으로 평가기준으로 삼는 통계적 의사결정이론에 중요한 역할을 담당하고 있다.

일단 이와 같이 확률 개념이 설정되면 개별적인 사상의 발생확률은 그 사상이 표본점 하나로 정의된 단일사상인지, 아니면 두 개 이상의 표본점으로 정의된 복합사상인지에 따라 산출방법을 달리할 필요가 있다. 특히 복합사상의 경우는 그 사상이 여집합적 사상인지, 아니면 합집합이나 교집합적 사상의 성격을 갖는지에 따라 별도의 확률계산공식을 활용해야 함을 확인하였다.

여러 기준에 따라 각기 상이한 확률계산법을 강구하는 가운데 결국 확률계산의 핵심은 교집합적 사상의 확률계산과정임이 밝혀졌고, 이 과정은 두 사상이 서로 독립적으로 결합되었는지의 여부에 따라 달라지며, 여기에서 조건부확률개념이 중요한 역할을 담당하는 것으로 파악되었다.

교집합을 이루는 두 사상이 결합된 교집합사상의 확률은 특히 표본공간이 일정 기준에 따라 분할될 수 있는 경우나 반복시행하는 실험 결과와 관련하여 산출할 때 특수한 양상을 띤다. 전자의 경우와 관련하여서는 주변확률 개념을 이용한 총계확률정리와 베이즈정리를 도출할 수 있었고, 후자의 경우에서는 반복되는 시행간의 독립성 여부에 따라 이항확률과 초기하확률 공식을 활용함으로써 특수여건하에서의 교집합적 사상의 확률계산방법을 고찰하였다.

복습문제

[1] 다음 용어들의 개념을 비교·설명하라.

1) 상대도수와 확률
2) 도수분포와 확률분포
3) 단일사상과 복합사상
4) 합집합·교집합·여집합
5) 배타적 사상과 비배타적 사상
6) 독립사상과 종속사상
7) 배타적 사상과 독립적 사상
8) 사전적 확률과 사후적 확률
9) 전체집합과 표본공간
10) 부분집합과 사상

[2] 다음 관계식들의 진위를 가려라.

1) $A-B=A\bar{B}=A-AB$
2) $\bar{A}B\cap A\bar{B}=\phi$
3) $\overline{A\cup B}=\bar{A}\cap\bar{B}$
4) $\overline{A\cap B}=\bar{A}\cup\bar{B}$
5) $AB\cup A\bar{B}=A$
6) $A\cap\bar{A}=\phi$
7) $A\cup\bar{A}=\Omega$
8) $A\cup B=(A-B)\cup(A\cap B)\cup(B-A)$

[3] $P(A)=\frac{2}{3}$, $P(B)=\frac{1}{3}$, 그리고 $P(A|B)=\frac{1}{2}$이라 보고 다음 물음에 답하여라.

1) $P(A\cap B)$
2) $P(A\cup B)$
3) $P(B|A)$
4) A와 B는 독립적인가?
5) A와 B는 배타적인가?
6) A와 B는 표본공간을 완전히 구성하는가?

[4] 다음은 증권투자전문가들에 의해 평가된 100여 가지 증권의 위험도와 수익성에 관한 자료이다. 임의선정한 증권과 관련하여 다음과 같은 확률을 계산하라.

위험도 \ 수익성	고	저	계
대	5	0	5
중	20	40	60
소	14	16	30
전 무	1	4	5
합 계	40	60	100

1) 주변확률 6개를 정의하고 산출하라.
2) $P(\overline{\text{대}})$
3) $P(\text{대} \cap \text{중})$
4) $P(\text{중} \cup \text{고})$
5) $P(\text{고} \cap \text{대})$
6) $P(\text{저} \cup \text{소})$
7) $P(\text{중} | \text{저})$
8) 10개의 증권을 동시에 임의추출하였을 때, 그 중 수익성이 높은 것(고)이 9개 포함되었을 확률은?
9) 증권을 임의로 5번 추출하였을 때(복원가정), 5번 모두 수익성이 낮은 것(저)이 뽑혀 나올 확률은?
10) 총계확률정리와 베이즈정리가 성립되는 한 예를 위의 자료를 이용하여 보여라.
11) 위험도와 수익성은 서로 독립적 관계에 있다고 볼 수 있는가? 답하고 그 이유를 설명하여라.

[5] 서울에서 부산으로 소포를 빠른우편 또는 보통우편으로 보낼 때 이틀 이내에 도착할 확률이 각각 0.6과 0.4라 하자(즉, $P(\text{속})=0.6$, $P(\text{보})=0.4$). 두 개의 소포를 하나는 빠른우편으로, 다른 하나는 보통으로 보냈다면 둘 중 적어도 하나가 이틀 이내에 도착할 확률은 얼마인가? 두 사상이 서로 독립적이라 가정하고 산출하라.

[6] 대학입시 준비생을 대상으로 설문조사한 결과가 다음과 같다.

질 문	그렇다고 대답한 사람 비율
주요 교과서를 읽었는가?(교)	80% $P(\text{교})$
주요 참고서적을 읽었는가?(참)	50 $P(\text{참})$
주요 문제집을 읽었는가?(문)	30 $P(\text{문})$
주요 교과서와 참고서적을 동시에 사용했는가?	40 $P(\text{교} \cap \text{참})$
주요 교과서와 문제집을 동시에 사용했는가?	30 $P(\text{교} \cap \text{문})$
주요 참고서적과 문제집을 동시에 사용했는가?	20 $P(\text{참} \cap \text{문})$

이를 참조하여 다음을 구하라.

1) P(교∪참)

2) P(참∪문)

3) P(교∪문)

[7] 경제학부를 지원한 학생 중 100명을 임의선정하여 계량경제학과목의 선택 여부를 확인한 결과 다음과 같은 표를 얻었다고 하자.

	남	여
선 택 함	38%	16%
선 택 안 함	21%	25%

무작위로 선정한 학생이

1) 남자일 확률

2) 여자일 확률

3) 계량경제학을 선택하고 있을 확률

4) 계량경제학을 선택하지 않았을 확률

5) 남학생이거나 계량경제학을 선택했을 확률

6) 계량경제학을 선택한 남학생일 확률

을 각각 구하라.

[8] 삼성 라이온즈 4번 타자 이승엽 선수가 안타를 칠 확률은 우완투수의 경우 0.43, 그리고 좌완투수인 경우엔 0.39라 하자. 다음 시합에서 이 선수가 우완투수를 만날 확률이 0.75이고, 좌완투수를 만날 확률이 0.25라면, 다음 시합에서 이 선수가 안타를 칠 확률은?

연습문제

[1] 교집합사상의 확률과 조건부확률, 그리고 주변확률 개념을 연결하여 총계확률정리 및 베이즈공식을 도출하라.

[2] A와 B, B와 C, 그리고 C와 A가 서로 독립적일 때, A, B와 C는 동시적으로 독립적이라 볼 수 있는가? 구체적인 예를 들어 설명하라.

[3] 집합이론상의 제 개념(전체집합 · 원소 · 부분집합 등)을 확률론적 용어(표본공간 · 표본점 · 사상 등) 및 개념으로 전환하여 확률계산의 원리를 설명하라.

[4] 이항분포와 초기하분포의 유사점과 상이점을 밝혀라.

[5] 다항확률공식을 이용하여 이항확률공식을 도출하라.

[6] A와 B가 독립적이면 A와 $\bar{B}$ 또는 $\bar{A}$와 B, 그리고 $\bar{A}$와 $\bar{B}$ 또한 독립적이라 볼 수 있는가를 답하고 설명하라.

[7] 어느 회사의 직원 중 40%가 여자라고 한다. 한편, 전체 직원 중 50%가 중앙치보다 높은 연봉을 받는다고 하자. 만일 남자 직원 중 2/3가 중앙치 이상의 연봉을 받는다면, 중앙치 이하의 연봉을 받는 직원이 여자일 확률은 얼마인가?

[8] 8명의 판매담당사원이 작년도에 큰 영업신장을 기록하여 이들 중 4명을 임의선정하여 제주도로 1주일간의 위로휴가를 보내고자 한다. 이들 중 5명이 기혼자라면, 선발된 4명 중 적어도 3명 이상이 기혼자일 확률은 얼마나 되는가?

[9] 통계학의 기말고사는 5문제가 출제될 것이며, 이는 1주일 전 미리 내어준 총 10개의 예상문제 중 임의선정된다고 하자. 이 중 8문제에 대한 해답만을 준비한 학생이 기말시험에서 낙제하지 않을(60점 이상일) 확률은?

[10] 연령별 흡연자비율을 조사한 결과가 다음과 같다고 하자.

연 령 / 흡연 유·무	청 년(Y)	중 년(M)	노 년(O)	계
흡 연(S)	1/4	1/16	1/8	7/16
비 흡 연($\bar{S}$)	1/4	3/16	1/8	9/16
합 계	1/2	1/4	1/4	1

1) 중년층 사람 중 흡연자비율은?
2) 흡연자 중 청년비율은?
3) 임의추출한 사람이 비흡연자인 확률 9/16를 총계확률정리를 이용하여 표현하라.
4) 베이즈정리가 적용되는 한 실례를 위 자료를 이용하여 밝혀라.

[11] 어느 회사에서 텔레비전을 일반 TV 또는 HDTV 두 종류와 소형(20인치) 또는 대형(40인치) 두 가지 크기로 생산하고 있다. 소형의 주문비율이 0.3, HDTV의 주문비율이 0.8이고 HDTV 중 85%가 대형으로 주문되고 있다면, 일반 TV 중 몇 %가 대형으로 주문될까?

[12] 서울시내에서 택시 운전기사들은 점심식사시 약 1/4 정도가 차 열쇠를 차 안에 그대로 꽂아 둔 채 식당에 간다고 하자. 경찰당국에 의하면 차 열쇠가 꽂혀 있는 차들의 약 5%가 도난당하였고 열쇠를 남겨 놓지 않은 차는 단 1% 정도만이 도난당했다고 한다. 도난당한 차가 열쇠를 차내에 남겨 둔 상태였을 가능성은?

[13] 학생들이 주말을 이용하여 간이 노상음식점을 부업으로 경영하고자 한다. 날씨가 좋으면 이익을 볼 수 있을 확률이 3/4 이지만, 날씨가 나쁘면 이익을 볼 수 있을 확률은 1/8 에 불과하다고 한다. 일기예보에 의하면 주말에 날씨가 좋을 확률은 2/5 라 한다.

1) 학생들이 주말 부업에서 이익을 보게 될 확률은 얼마인가?
2) 학생들이 주말 부업에서 이익을 본 것으로 알려진 경우 주말의 날씨가 좋았을 확률은 얼마인가?

[14] 축구 국가대표 상비군은 총 40 명으로 대학선수가 10 명, 일반 실업 및 금융단소속 선수가 10 명, 그리고 프로선수가 20 명이다. 국가상비군은 다시 20 명의 월드컵팀과 올림픽 대표팀으로 2 원화되어 있으며, 월드컵팀은 대학선수가 6 명, 실업금융단선수가 4 명, 그리고, 프로선수가 10 명으로 구성되어 있다. 대학·일반 및 프로의 세 그룹 중 한 그룹을 임의선정한 다음 두 선수를 뽑았을 때 두 선수 모두 월드컵팀 선수였다. 선발된 두 선수가 대학선수그룹에서 선정되었을 확률은?

[15] 4 명의 자녀를 갖기 원하는 부부들과 관련하여 다음과 같이 세 가지 사상을 정의하자.

A : 모두 남자 또는 모두 여자
B : 남자 1 명, 여자 3 명
C : 남자 2 명 이상

1) $P(A)+P(B)+P(C)$값을 평가하고 이 세 사상들은 상호 배타적이라고 볼 수 있는지에 대해 답하라.
2) A°를 모두 여자 자녀를 원하는 사상으로 정의하면 $P(A^{\circ})+P(B)+P(C)$값은 어떻게 될까?

복습문제 해답

[1] (생략)

[2] 전부 맞음.

[3] 1) $\frac{1}{6}$ 2) $\frac{5}{6}$ 3) $\frac{1}{4}$ 4) 아니다. $P(A|B) \fallingdotseq P(A)$

5) 아니다. $P(A \cap B) \fallingdotseq 0$ 6) 아니다. $P(A \cup B) \fallingdotseq 1$

[4] 1) P(고)$=0.4$, P(저)$=0.6$, P(대)$=0.05$, P(중)$=0.6$, P(소)$=0.3$, P(전무)$=0.05$

2) 0.95 3) 0 4) 0.8 5) 0.05 6) 0.74 7) 0.67

8) $\dfrac{\binom{40}{9}\binom{60}{1}}{\binom{100}{10}}$ 9) $(0.6)^5$ 10) (생략) 11) 종속적 관계

[5] $0.6+0.4-(0.6)(0.4)=0.76$

[6] 1) 0.9 2) 0.6 3) 0.8

[7] 1) 0.59 2) 0.41 3) 0.54 4) 0.46 5) 0.75 6) 0.38

[8] 0.42

연습문제 해답

[1] (생략)

[2] 독립적이 아니다.

[3] (생략)

[4] (생략)

[5] (생략)

[6] 독립적이다.

[7] 0.6

[8] $\dfrac{\binom{5}{3}\binom{3}{1}+\binom{5}{4}\binom{3}{0}}{\binom{8}{4}}=\dfrac{1}{2}$

[9] $\dfrac{\binom{8}{3}\binom{2}{2}+\binom{8}{4}\binom{2}{1}+\binom{8}{5}\binom{2}{0}}{\binom{10}{5}}$

[10] 1) $\dfrac{1}{4}$ 2) $\dfrac{4}{7}$

3) $P(\bar{S})=P(\bar{S}|Y)P(Y)+P(\bar{S}|M)P(M)+P(\bar{S}|O)P(O)$,

$\dfrac{9}{16}=\dfrac{1}{4}+\dfrac{3}{16}+\dfrac{1}{8}$

4) (생략)

[11] $P(\text{대}|\text{혹})=0.1$

[12] $\frac{5}{8}$

[13] 1) $\frac{15}{40}=\frac{3}{8}$ 2) $\frac{4}{5}$

[14] $$\frac{\frac{\binom{6}{2}}{\binom{10}{2}}\cdot\frac{1}{3}}{\frac{\binom{6}{2}}{\binom{10}{2}}\cdot\frac{1}{3}+\frac{\binom{4}{2}}{\binom{10}{2}}\cdot\frac{1}{3}+\frac{\binom{10}{2}}{\binom{20}{2}}\cdot\frac{1}{3}}$$

[15] 1) $P(A)+P(B)+P(C)>1$, 배타적이 아니다.

2) $P(A^{\circ})+P(B)+P(C)=1$, 배타적

제 4 장 전체사상의 확률 Ⅰ: 확률분포기초

앞 장에서 우리는 개별사상의 확률, 즉 단일사상이나 몇 개 사상의 결합으로 구성되는 복합사상들의 확률을 개별적으로 계산하는 방법을 고찰하였다. 계속하여 이번 장에서는 실험 결과 발생할 수 있는 모든 결과, 다시 말해서 가능한 모든 사상들의 확률을 종합적으로 파악하는 방법을 모색하고자 한다. 우리는 어떤 행동이나 실험의 결과로 발생할 수 있는 한두 가지의 결과만 가지고 그 행동이나 실험에 대한 충분한 평가를 할 수 없으므로, 모든 가능한 결과를 고려할 필요성이 생긴다. 본장은 이러한 필요성에 부합되는 방법론을 다루는 것이다. 이러한 목적을 위하여 제1절에서는 실험 결과 발생 가능한 모든 결과, 즉 사상 전체를 종합적으로 나타낼 수 있는 개념인 확률변수를 소개하고, 이어서 전체 사상들이 발생할 확률을 종합적으로 정리하는 방안, 즉 확률분포의 작성방안을 제2절에서 다루게 된다. 그리고 제3절에서는 확률분포를 이용하여 기대치를 산정하는 방안을 강구하게 되는데, 기대치란 실험의 모든 가능한 결과로부터 우리가 평균적으로 기대할 수 있는 상황을 특정지어 주는 값을 의미하며, 따라서 기대치가 일단 산출될 경우 우리는 통계적 의사결정에 보다 총체적인 판단기준을 제시할 수 있게 되는 것이다. 이어서 제4절에서는 파생적 확률변수의 기대치 산출방법과 두 개 이상의 확률변수가 결합되어 발생할 경우의 확률분포 및 기대치를 다루었다.

그림 Ⅳ 전체사상 확률문제의 주요 내용

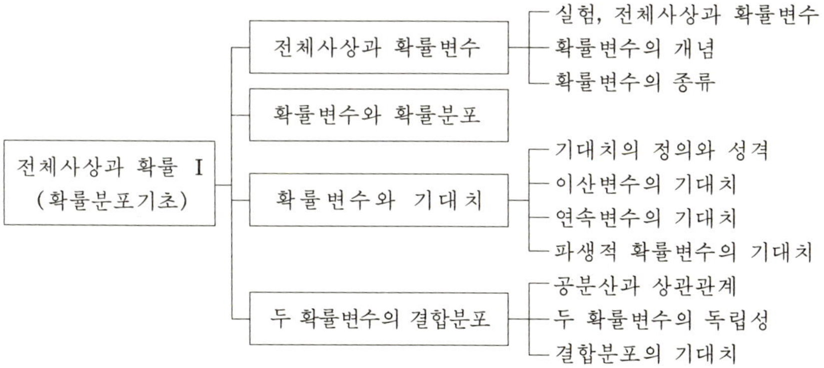

제 1 절 전체사상과 확률변수

우리는 일상생활에서 끊임없이 모종의 의사결정을 하고 있으며, 이러한 의사결정은 불확실성하에서 수행된다. 예컨대, 한 회사가 새로운 상품을 개발하여 이를 생산·판매하고자 생산시설을 확장할 경우, 이 상품에 대한 수요수준을 확신하지 못한 채 의사를 결정하게 된다. 또는 이 상품의 판매촉진을 위해 동일규모 예산으로 광고를 할 경우, 어느 방법이 가장 좋은 효과를 가져올지 확신하지 못한 가운데 결정해야 되는 경우를 생각할 수 있다. 이 밖에도 주어진 자금으로 증권을 사려 할 때, 어느 것을 사는 것이 가장 유리할지 확신할 수 없는 가운데 의사를 결정하는 문제 등을 들 수 있다. 이와 같은 예에서 수요수준·광고효과·증권수익률 등은 수없이 많은 값을 취할 수 있다. 따라서 이들은 항상 동일한 값을 갖는 상수가 아니라 그 값이 수시로 변하는 변수(variable)로 일단 취급할 수 있을 것이다. 그런데 이러한 경우의 변수를 통계학에서는 확률변수(random variable)라 부르는데, 이는 이 변수가 어느 특정한 값을 취하게 되는 것이 필연적이라기보다는 우연적이고 기회적이기 때문이다. 일반적으로 우리가 의사결정에 앞서 어떤 행동의 결과, 발생할 수 있는 모든 경우를 고려할 때 각각의 경우는 특정한 순서나 형태로 발생하는 것이라기보다는 확률적으로 발생한다고 볼 수 있으며, 따라서 실제로 실험을 해보기 전에는 그 결과를 명확히 알 수 없으므로, 이들 결과를 나타내는 변수를 확률변수라 부르게 된 것이다. 즉, 일상적 의사결정과정에서처럼 불확실한 상황에 처해 있을 경우, 또는 실제 실험이 이루어지기 이전단계에서처럼 각종 결과를 확신할 수 없는 경우와 같이, 사전에 정확한 값을 알 수 없는 변수는 확률변수가 된다. 가장 쉬운 예를 하나 들어 보면, 두 개의 주사위를 던졌을 때 나타난 면의 점(dot)들의 합이 무엇이 될지 우리는 확신할 수 없다. 그러나 이 경우 점들의 합이 취할 수 있는 값들은 확률적으로 발생한다고 볼 수 있으며, 이러한 실험의 결과를 대변하는 변수를 확률변수라 하는 것이다.

확률변수의 개념을 다른 각도에서 정의하기 위하여 제3장에서 소개한 표본공간(sample space)과 표본점(sample point) 등의 개념을 이용하여 보자. 발생가능한 모든 실험 결과 전체를 표본공간이라 하고, 각 개별 실험 결과를 표본점이라 정의한 바 있는데, 여기서 표본공간 내의 모든 표본점의 특징을 실수로 대응시켜 표현한 것이 바로 확률변수라 할 수 있다.

그림 4-1 표본공간 · 표본점 그리고 확률변수

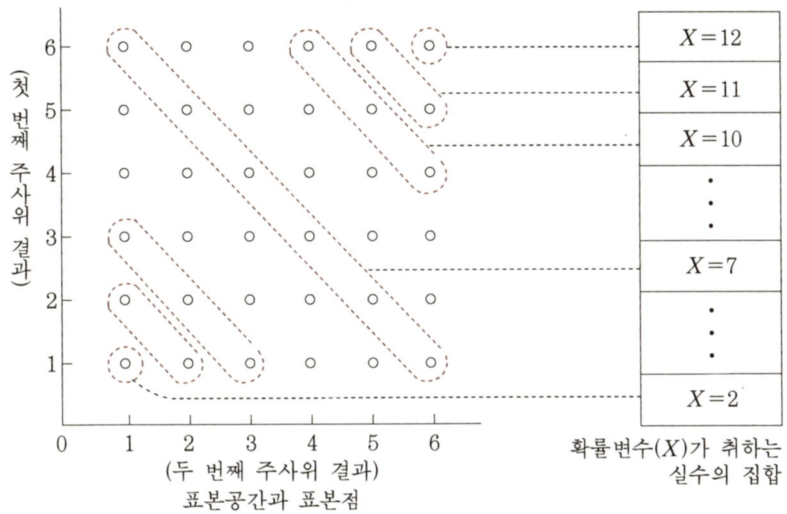

예컨대, 두 개의 주사위를 던지는 실험을 보다 구체적으로 고려하여 보자. 한 주사위에서 관측가능한 점의 수는 1부터 6까지이며, 다른 주사위에서 관측가능한 점의 수도 1부터 6까지이므로 전체 관측가능한 실험 결과수는 총 36가지가 된다. 즉, 이 경우 표본공간은 36개의 표본점으로 구성되는 셈이다. 여기서 두 주사위로부터 관측된 점들의 합을 변수 X라 하면, $X=2$가 되는 경우는 (1, 1)의 한 가지이고, $X=3$이 되는 경우는 (1, 2), (2, 1)의 두 가지이며, $X=4$의 경우는 (1, 3), (2, 2), (3, 1)의 세 가지 결과가 된다. 같은 방법으로 $X=5, 6, \cdots, 12$가 되는 경우를 그림 4-1과 같이 표현한 표본공간을 이용하여 X의 각 값에 해당되는 표본점의 수를 헤아릴 수 있다. 이와 같이 확률변수란 표본공간의 각 표본점이 갖는 특징을 실수화하여 표현하는 함수 개념인 것이다. 표본공간과 확률변수간의 관계를 도시하면 그림 4-1과 같다.

이상의 예를 종합해 보면, 결국 확률변수란 실험에서 나올 수 있는 모든 결과들을 대변하는 변수이며, 그 변수가 취하게 되는 값은 실험의 각 결과들을 특징지울 수 있는 수치들이라는 점을 지적할 수 있다. 그런데 전구의 수명을 확인하거나 일정 투자액이 가져다 줄 수익률을 조사하는 등과 같은 실험의 결과는 실수로서 표시되는 확률변수인 반면, 동전을 던지는 결과에서처럼 질적인 실험 결과(전면 혹은 후면이 나타나는 결과)를 나타내는 확률변수도 있다. 그러나 우리는 일반적으로 질적으로 구분되는 결과 또한 각 결과를 적절한 기준에 따라 일정한 실수값으로 전환하여 처리할 수 있으며, 따라서 실험의 결과가 수량적이건 질적이건 간에 항상 각 결과는 실수로 표현될 수 있다.

제 2 절 확률변수와 확률분포

앞 절에서 고려한 한 쌍의 주사위를 던지는 예제에서처럼 일단 각 실험결과의 특징을 실수로 표시함으로써 확률변수를 정의하면 확률변수의 특정한 값이 발생할 가능성을 산출할 수 있다. 가장 간단한 확인방법은 모든 가능한 확률변수의 값이 갖는 상대도수를 구하는 것이다.[1] 이와 같이 확률변수가 취할 수 있는 값과 이 값들이 발생할 가능성이 상대도수에 의해 확인되면 비로소 우리는 확률함수 또는 확률분포를 구성할 수 있게 된다. 확률모형을 구성하는 과정을 도표화하면 그림 4-2와 같다.

이와 같은 확률함수의 구성에 있어 일반적으로 확률변수 X를 이산변수일 때와 연속변수일 때로 구분하여 다룬다. 즉, 실험의 각 결과가 이산변량으로 표기될 수 있을 때의 함수를 확률질량함수(pmf; probability mass function)라 부르고, 연속변량으로 표기될 때는 확률밀도함수(pdf; probability density function)라 부르게 된다.

1. 이산확률변수

확률변수가 취하는 값이 헤아릴 수 있을 정도로 한정되어 있고 또 정수만을 가질 때 우리는 일반적으로 이산확률변수라 한다. 따라서 한 실험의 결과가 일련의 정수값에 의해 특징지어질 수 있는 경우가 이에 해당된다. 이와 같은

그림 4-2 확률모형의 형성

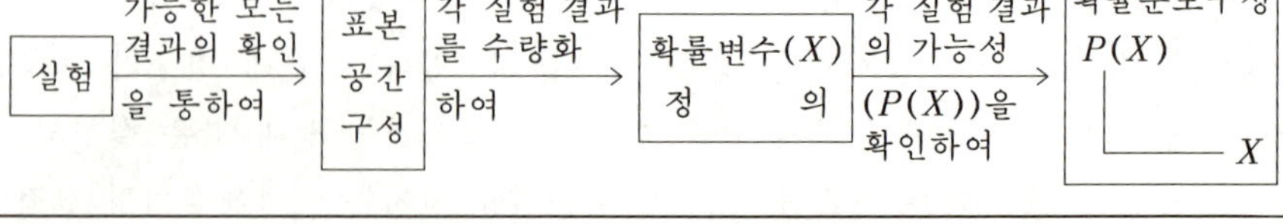

1) 이 방법은 각 개별 표본점들이 발생할 가능성이 동일할 경우에만 적용될 수 있음은 물론이다.

확률변수에 의해 구성되는 확률모형을 우선 살펴보기로 하자.

1.1 확률질량함수

이산확률변수를 X라 하고, X가 취할 수 있는 값을 x라 하면 $P(X=x)$(또는 단순히 $P(x)$)는 확률변수 X가 특정한 값 x를 가질 수 있는 확률을 나타내게 된다. 즉, 앞의 예(그림 4-1 참조)에서 X가 취할 수 있는 값은 2부터 12가 되며, 예컨대 $P(X=2)$ 또는 $P(2)$는 두 주사위 윗면의 합이 2가 될 확률을 나타내게 된다. 물론 $P(2)$는 발생가능한 실험 결과 중 일부에 불과한 것이므로 확률질량함수를 구성하기 위해서는 모든 가능한 결과의 확률을 구하여야 한다. 그림 4-1에 나타난 표본공간을 재구성하면 표 4-1과 같다.

$X=2, 3, 4, \cdots, 12$가 되는 표본점을 헤아려 우선 그 빈도수를 확인한 다음 총빈도수로 나눈 상대도수를 구할 수 있다. 이 경우 각 실험 결과, 즉 각 표본점이 발생할 가능성은 동일한 것으로 볼 수 있으며, 앞서 구한 상대도수 자체는 확률변수 X가 특정한 값(2, …, 12)을 취할 확률과 같아진다. 여기서 우리는 상대도수의 개념이 확률질량함수의 개념과 유사하다는 것을 알 수 있다. 물론 양자가 개념상 동일한 것은 아니다. 전자는 제한된 횟수의 실험 결과로 얻을 수 있는 단기적인 것인 데 반하여, 후자는 무수히 반복하여 실험한 결과 얻을 수 있는 이론적이며 장기적인 상대도수라는 점에서 구분된다. 이제 표 4-1과 같이 정리된 자료를 이용하여 확률질량함수를 도시하면 그림 4-3과 같다. 이 때 X의 각 값이 발생할 확률은 X의 각 값에서 수직거리로 나타나는데, 이

표 4-1 두 주사위면의 합을 나타내는 확률함수

X의 값	빈 도	상대빈도	확률질량함수값	누적확률질량함수값
2	1	1/36	$P(X=2)=1/36$	$P(X\leq 2)=1/36$
3	2	2/36	$P(X=3)=2/36$	$P(X\leq 3)=3/36$
4	3	3/36	$P(X=4)=3/36$	$P(X\leq 4)=6/36$
5	4	4/36	$P(X=5)=4/36$	$P(X\leq 5)=10/36$
6	5	5/36	$P(X=6)=5/36$	$P(X\leq 6)=15/36$
7	6	6/36	$P(X=7)=6/36$	$P(X\leq 7)=21/36$
8	5	5/36	$P(X=8)=5/36$	$P(X\leq 8)=26/36$
9	4	4/36	$P(X=9)=4/36$	$P(X\leq 9)=30/36$
10	3	3/36	$P(X=10)=3/36$	$P(X\leq 10)=33/36$
11	2	2/36	$P(X=11)=2/36$	$P(X\leq 11)=35/36$
12	1	1/36	$P(X=12)=1/36$	$P(X\leq 12)=36/36=1$
합 계	36	1	1	

그림 4-3 두 주사위의 합을 나타내는 확률질량함수

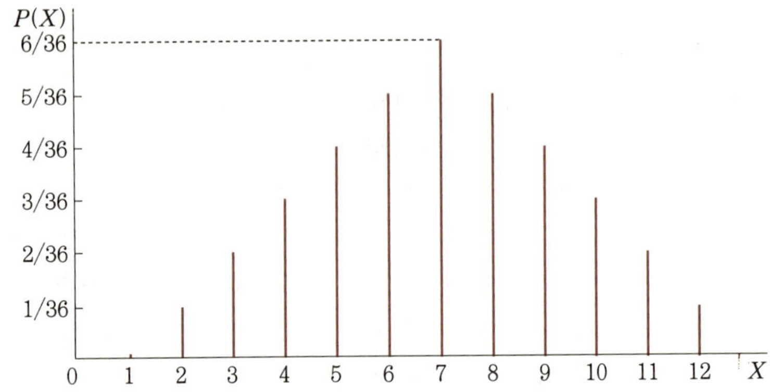

수직거리를 질량(mass) 또는 높이(height)라 하며, X의 각 값을 질량점(mass point)이라 한다.

1.2 누적확률질량함수

상대도수에서 누적상대도수라는 개념이 파생되듯이 누적확률질량함수라는 개념은 확률질량함수로부터 파생된다. 상대도수를 계속적으로 합하여 누적상대도수를 구하듯 확률을 계속적으로 합하여 누적확률을 구한다. 일반적으로 $X=a$까지의 누적확률함수를 $F(a)$라고 표기하는데, 이 때 $F(a)=P(X\leq a)$, 즉 확률변수 X의 값이 a이거나 a보다 작을 확률의 값을 의미하게 된다.[1)]

그림 4-4 두 주사위의 합을 나타내는 누적확률질량함수

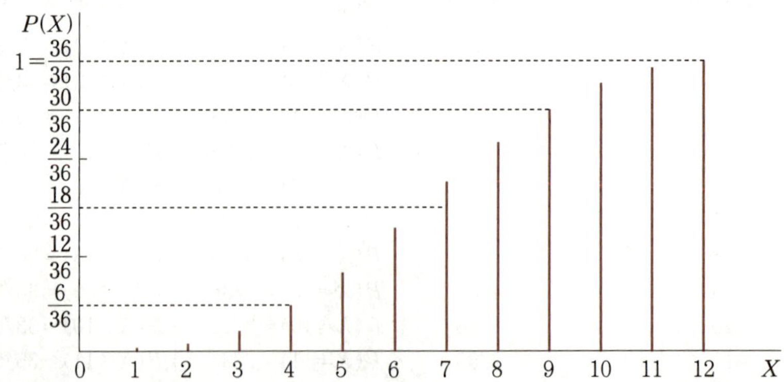

1) 일반적으로 통계학에서 소문자 f는 확률함수, 그리고 대문자 F는 누적확률함수를 나타낸다.

[누적확률질량함수]

$$F(a)=P(X\leq a)=\sum_{X\leq a}P(X) \tag{4.1}$$

두 주사위에 관한 예를 이용하면 두 주사위 눈의 합이 3 이하일 확률은 다음과 같다.

$$F(3)=P(X\leq 3)=P(X=2)+P(X=3)=\frac{1}{36}+\frac{2}{36}=\frac{3}{36}$$

마찬가지로 누적확률을 계산한 결과가 역시 표 4-1에 나타나 있다. 이와 같은 누적확률을 도표로 표시한 것이 그림 4-4이다.

1.3 확률질량함수의 속성

확률변수가 취하는 값들, 즉 확률치는 제3장에서 밝힌 바 있는 세 가지 기본공준을 만족시켜야 함은 물론이다.[1] 또한 확률변수의 결과들이 이들 세 가지 공준을 만족시킬 수 있을 때에 비로소 확률질량함수로서 정의될 수 있다. 그러나 편의상 이와 같은 공준을 다음의 두 가지 속성으로 대신하는 것이 일반적이다.

[확률질량함수의 속성]

속성 1 : $0\leq P(X=a)\leq 1$

속성 2 : $\sum_{\text{모든 }X}P(X)=1$ (4.2)

첫번째 속성이 의미하는 것은 모든 가능한 실험 결과 중 어느 한 결과가 발생할 가능성을 의미하는 확률값의 크기는 1보다 클 수 없고 또 0보다 작을 수 없음을 시사하는 것이다. 여기서 주의할 것은 확률변수 X가 이산확률변수이므로 정수 이외의 값이 발생할 확률은 성립되지 않는다는 것이다. 예컨대, a가 3.5 또는 $\sqrt{2}$라면 $P(X=a)$는 $P(X=3.5)=0$ 또는 $P(X=\sqrt{2})=0$이 된다. 이를 종합적으로 표현하면 다음과 같다.

이산확률변수에 있어서 정수 이외의 값이 발생할 확률은 0으로 정의한다.

반면에 두 번째 속성은 모든 가능한 실험의 각 결과들이 발생할 확률을 모두 더하면 1이 된다는 것으로, 이는 실험의 각 결과들이 상호 배타적임을 암

1) 제3장 제4절 참조.

시하고 있다.

2. 연속확률변수

지금까지 우리는 실험에서 나올 수 있는 결과들이 이산량일 경우만을 살펴보았는데, 실험의 결과는 연속량에 의해 표현될 수도 있다. 즉, 실험 결과를 나타내는 확률변수의 값이 연속량으로 표기될 수 있는 것이다.

2.1 확률밀도함수

연속확률변수가 갖는 값, 즉 연속확률함수를 통상 확률밀도함수(probability density function), 또는 단순히 밀도함수(density function)라 부른다. 이러한 확률밀도함수는 수없이 많은 사상(events)을 갖는 확률질량함수를 이용하여 만든 도수다각형(frequency polygon)의 형태로 파악될 수 있다.

표 4-2는 시내 모전자제품 대리점의 1일 매출액을 확률밀도함수화한 것이라 하자. 이 결과를 이용하여 상대도수분포표 및 상대도수다각형을 작성한 것이 그림 4-5이다. 즉, 그림 4-5는 표 4-2를 기둥그래프화한 후에 각 기둥의 중앙을 연결하여 얻은 일종의 도수다각형이다.

여기서 계급간격(class interval)을 1,000으로부터 점차 줄여 500 또는 250 단위씩으로 설정하여 표 4-2를 재작성하여 기둥그래프를 도출하고 또 도수다각형으로 도시하면, 그림 4-6과 같아진다. 이러한 과정에서 우리는 두 가지 특징을 발견할 수 있는데, 그 첫째는 도수다각형의 높이는 점차 낮아지고, 둘째 그 모양은 점차 매끄러운 연속선의 형태로 변화한다는 것이다. 이러한 작업을 계속하여 계급간격을 0에까지 접근시킨다면, 계급(또는 사상)의 수는 무한히

표 4-2 1일 매출액의 확률밀도함수 (단위 : 천 원)

매출액(X)	확률$P(X)$
$0 < X \leq 1{,}000$	0
$1{,}000 < X \leq 2{,}000$	0.05
$2{,}000 < X \leq 3{,}000$	0.25
$3{,}000 < X \leq 4{,}000$	0.30
$4{,}000 < X \leq 5{,}000$	0.25
$5{,}000 < X \leq 6{,}000$	0.10
$6{,}000 < X \leq 7{,}000$	0.05

그림 4-5　1일 매출액의 상대도수

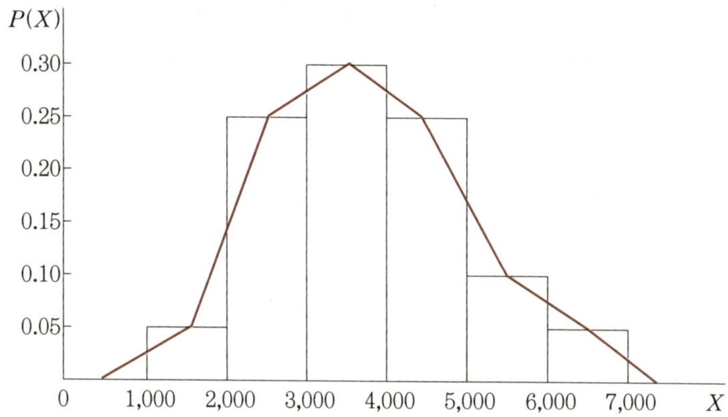

그림 4-6　계급간격을 세분화할 경우의 1일 매출액의 상대도수다각형

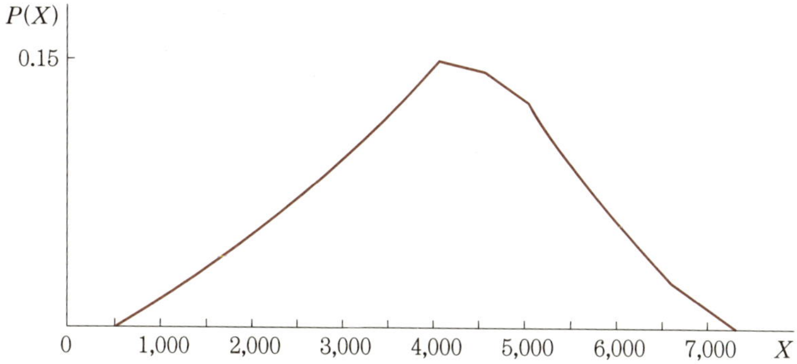

(a) 계급간격을 반으로 줄인 경우

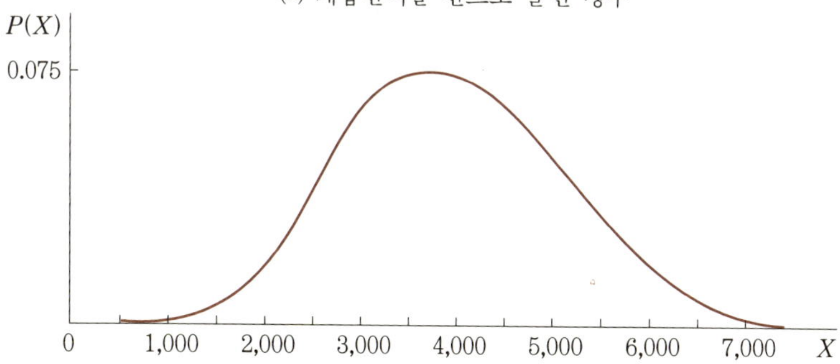

(b) 계급간격을 $\frac{1}{4}$로 줄인 경우

커질 것이며, 이 때 형성되는 도수다각형은 어느 곳도 꺾이거나 각을 이루지 않는 아주 매끄러운 확률밀도함수의 형태가 될 것이다. 이러한 사실에 근거하여 우리는 연속확률변수에 대하여 다음과 같은 한 가지 중요한 법칙을 도출할 수 있다.

> 연속확률변수에 있어서 어떤 특정한 값이 발생할 확률은 0으로 정의한다.

이것은 연속확률함수의 경우 한 표본점에 대한 확률은 정의할 수 없으며, 단지 두 표본점 사이의 구간에 대해서만 확률을 정의할 수 있다는 것을 의미한다. 즉, 연속확률변수 X의 값이 a와 b 사이에 존재할 확률 $P(a \le X \le b)$는 정의되나, $P(X=a)=P(X=b)=0$이 된다는 것이다. 따라서 다음의 관계가 성립됨은 자명한 일이다.

$$P(a < X < b) = P(a \le X < b) = P(a < X \le b) = P(a \le X \le b) \qquad (4.3)$$

식 (4.3)은 확률질량함수에서는 성립될 수 없다. 그리고 X가 이산확률변수일 경우 $P(a \le X \le b)$는 단순히 X가 취할 수 있는 값들의 상대도수를 합산하여 계산할 수 있으나, X가 연속확률변수일 경우에는 이와 같은 방식으로 확률을 구할 수 없음을 기억해야 한다.

여기서 위와 관련하여 또 한가지 주의할 점이 있다. 일반적으로 연속확률변수 X의 확률밀도함수를 $f(X)$로 표기하며, 이는 확률 $P(X)$와는 구별되어야 한다. $P(X)$의 값은 수식에 의해, 또는 확률값을 계산하여 종합적으로 정리한 확률분포표(부표 B와 C 참조)를 이용하여 구해지기도 한다. 그러나 $f(X)$의 값은 항상 수식에 의해서만 정의되며, 또한 그 값이 확률 자체가 되지는 못한다. 즉, $f(X)$의 값은 확률이 아니라 X의 각 값에 대응하는 확률밀도함수의 높이에 불과한 것이다. 그러므로 연속확률변수 X와 관련하여 확률을 정의할 때에는 X의 각 값에 대응하는 $f(X)$의 높이를 합하는 것이 아니라, 그림 4-7에서 볼 수 있듯이 일정한 구간, 예컨대 a와 b 사이의 값을 X가 갖게 될 확률은 확률밀도함수 $f(X)$와 X축, 그리고 a와 b로 둘러싸인 면적에 의해 구하게 된다.

그림 4-7의 (a)에서 $P(a \le X \le b)$는 빗금친 부분이 되며, 이는 수학적으로 $f(X)$를 a부터 b까지 확률변수 X에 대하여 적분함으로써 구해진다는 것을 의미한다.

그림 4-7 확률밀도함수와 확률

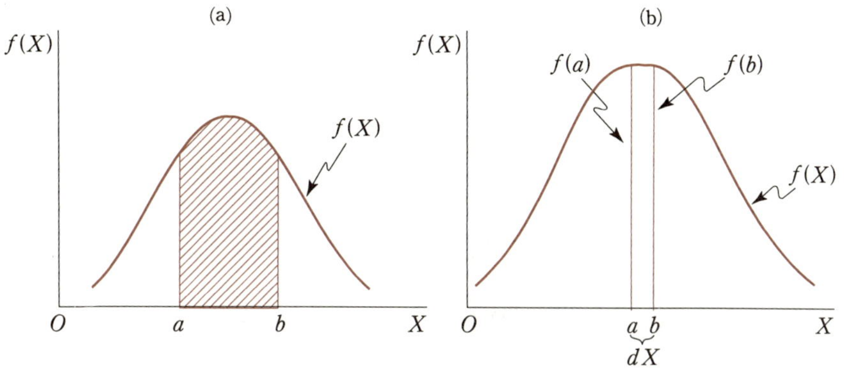

[연속확률변수의 확률정의식]

$$P(a \leq X \leq b) = \int_a^b f(X)\,dX \qquad (4.4)$$

X값을 무수히 많은 간격으로 세분하여 계급간격이 0에 가까워질 경우 그 계급간격을 dX(예컨대, 그림 4-7 (b)에서 a와 b 사이)라 하면, 그 계급의 최소치인 $X=a$에서의 높이 $f(a)$나 계급의 최대치인 $X=b$에서의 높이 $f(b)$는 거의 같아질 것이다. 따라서 이 때 형성되는 직사각형 $abf(a)\,f(b)$의 넓이는 a와 b 사이의 거리인 밑변(또는 가로) dX와 높이(또는 세로) $f(X)$를 곱한 값으로 정의될 것이고, 이것이 바로 $P(a \leq X \leq b)$에 해당하는 확률값이 될 것인데, 이를 적분 개념을 이용하여 표현한 것이 $P(a \leq X \leq b) = \int_a^b f(X)\,dX$인 것임을 독자들은 쉽게 이해할 수 있으리라 믿는다.

이제 연속확률함수인 확률밀도함수의 몇 가지 예를 그림 4-8을 이용하여 살펴보기로 하자. 각각의 경우에 $P(1 \leq X \leq 2)$값을 식 (4.4)를 이용하여 구해 보면,

(a) $P(1 \leq X \leq 2) = \int_1^2 f(X)\,dX = \int_1^2 dX = \Big[X\Big]_1^2 = 1$

(b) $P(1 \leq X \leq 2) = \int_1^2 f(X)\,dX = \int_1^{\sqrt{2}} X\,dX + \int_{\sqrt{2}}^2 X\,dX = \left[\dfrac{X^2}{2}\right]_1^{\sqrt{2}} = \dfrac{1}{2}$

(c) $P(1 \leq X \leq 2) = \int_1^2 f(X)\,dX = \int_1^2 e^{-X}dX = \Big[-e^{-X}\Big]_1^2 = e^{-1} - e^{-2}$

가 됨을 알 수 있다.

그림 4-8 확률밀도함수의 예

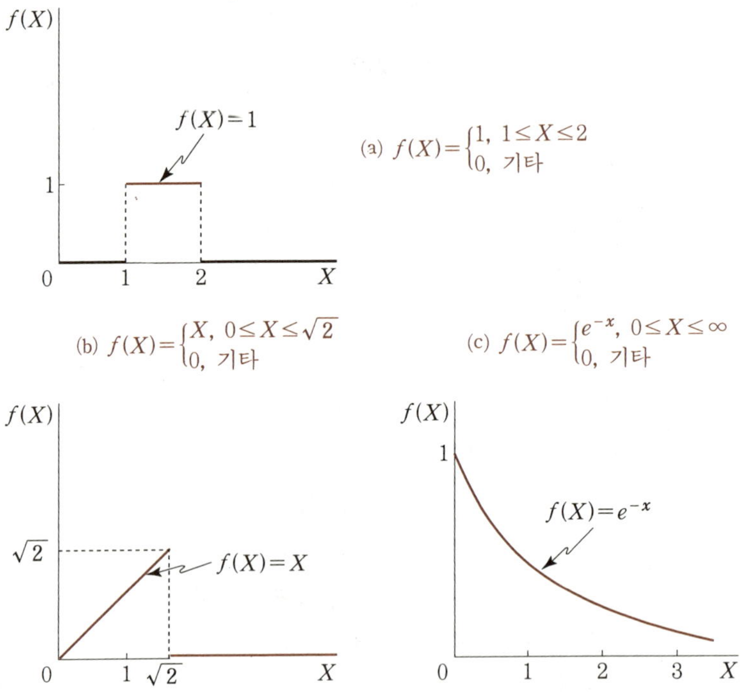

2.2 확률밀도함수의 속성

확률밀도함수를 적분함으로써 X가 특정 구간의 값을 갖게 될 확률을 계산하게 되지만, 이처럼 구해진 확률값은 확률질량함수에 적용되는 확률법칙에 부합됨은 물론이다. 즉, 일정 구간에 대한 확률값은 0보다 작을 수 없고 확률의 총합, 즉 전체 구간에 대한 확률값은 1이 되어야 한다.[1)]

[확률밀도함수의 속성]

속성 1 : $f(X)\ge 0$

$$\text{속성 2 : } \int_{-\infty}^{\infty} f(X)\,dX=1 \tag{4.5}$$

1) 첫번째 속성은 확률밀도함수 $f(X)$가 0보다 작은 값을 결코 가질 수 없음을 의미한다. 그러나 $f(X)$의 값(이것은 결코 확률이 아니라 확률밀도함수의 높이라는 점을 상기하라)이 항상 1보다 작거나 같아야 할 필요는 없다. 왜냐하면, 확률밀도함수의 높이인 $f(X)$의 값이 1보다 크다는 것이 $f(X)$에 의해 형성되는 (전체)면적이 1보다 크다는 것을 의미하지는 않기 때문이다. 예컨대, 예제 (b)에서 $1\le X\le\sqrt{2}$에서는 확률밀도함수의 높이가 1보다 커질 수 있음을, 즉 $f(X)\ge 1$이 될 수도 있음을 보여 주고 있다.

다시 그림 4-8에 열거한 세 가지 함수예를 이용하여 위의 특성들을 확인해 보기로 하자. 먼저 (a), (b), (c) 모두 $f(X) \geq 0$로 식 (4.5)의 첫번째 속성을 만족시켜 주고 있음을 보여 주고 있다.

한편, $\int_{-\infty}^{\infty} f(X)dX$를 구해 보면,

$$\text{(a)} \int_{-\infty}^{\infty} f(X)\, dX = \int_{1}^{2} f(X)\, dX = 1$$

$$\text{(b)} \int_{-\infty}^{\infty} f(X)\, dX = \int_{0}^{\sqrt{2}} f(X)\, dX = 1$$

$$\text{(c)} \int_{-\infty}^{\infty} f(X)\, dX = \int_{0}^{\infty} f(X)\, dX = \Big[-e^{-X}\Big]_{0}^{\infty} = 1$$

로 모두 식 (4.5)의 두 번째 속성을 만족시키고 있음을 알 수 있다.

2.3 누적확률밀도함수

확률밀도함수의 속성을 보다 정확히 확인하기 위해서 확률밀도함수의 누적함수를 살펴볼 필요가 있다. 우리는 이것을 누적분포함수(cumulative distribution function) 또는 간단히 분포함수라 한다. 만일 X가 이산확률변수라면, 누적분포함수는 X가 어떤 특정한 값과 같거나 작은 값을 가질 확률을 나타내므로 이를 만족시키는 X의 각 값의 확률을 구하여 합하면 될 것이다. 그러나 X가 연속확률변수일 때에는 확률밀도함수를 적분함으로써 누적분포함수를 계산하게 된다. 앞서 우리는 $F(X)$에 의해 누적확률을 나타낸 바 있는데, 이를 누적분포함수에 대해서도 같이 사용한다. 단, 이산변수의 경우에는 $F(X)$는 단순히 $P(X \leq x)$의 의미를 가지나 연속변수의 경우의 누적분포함수는 다음과 같이 정의된다.

[누적분포함수]

$$F(x) = P(X \leq x) = \int_{-\infty}^{x} f(X)dX \tag{4.6}$$

이와 같은 누적분포함수 $F(x)$는 특히 확률변수 X가 a와 b 사이의 값을 갖게 될 확률을 구하는 데 매우 유용하다.

[누적분포함수를 이용한 연속확률변수의 확률계산기본공식]

$$P(a \leq X \leq b) = F(b) - F(a) \tag{4.7}$$

그림 4-9 누적분포함수의 확률계산

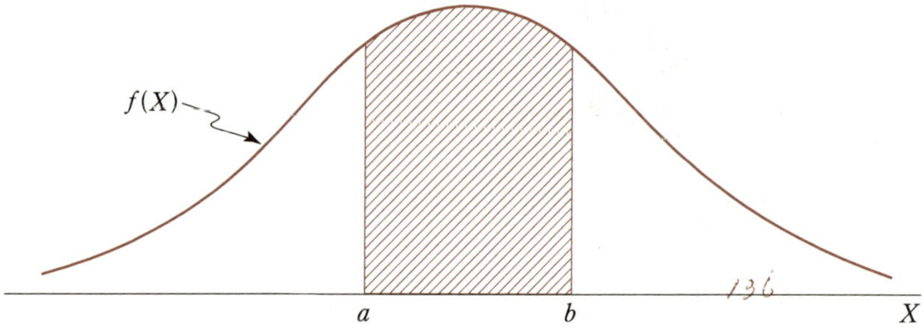

식 (4.7)이 성립하는 것은 위의 그림 4-9를 이용하면 쉽게 이해할 수 있다. $F(b)$는 $P(-\infty \leq X \leq b)$이고, $F(a)$는 $P(-\infty \leq X \leq a)$이므로, $F(b)-F(a) = P(-\infty \leq X \leq b) - P(-\infty \leq X \leq a) = P(a \leq X \leq b)$와 같게 되며, 그림의 빗금친 부분과 같아지기 때문이다.

여기서 누적분포함수를 표기함에 있어 누적확률질량함수를 나타내는 $F(x)$와 같은 기호를 사용하는 것은, 확률밀도함수 $f(X)$는 확률이 아니라 단지 확률밀도함수의 높이를 나타내지만 $F(x)$는 $P(X \leq x)$를 의미하여 누적확률질량함수의 경우와 같이 확률값을 표시하기 때문이다.

한편, 이제 우리는 누적분포함수의 개념을 이용하여 확률밀도함수의 두 번째 속성을 재음미할 수 있게 되었다. 즉,

$$\int_{-\infty}^{\infty} f(X)\,dX \Rightarrow F(+\infty) = P(-\infty \leq X \leq +\infty) = 1 \qquad (4.5)'$$

따라서 $f(X)$ 밑부분에 형성되는(X축 윗부분) 넓이의 전체 크기가 1이 되어야 한다.

그림 4-8에 나와 있는 각각의 확률밀도함수에 대한 누적분포함수를 구해보면, (a)에서

$X<1$일 때 $f(X)=0$이므로 $F(x)=\int_{-\infty}^{x} 0 \cdot dX = 0$

$1 \leq X \leq 2$일 때 $f(X)=1$이므로 $F(x)=\int_{-\infty}^{x} dX = \int_{1}^{x} dX = [X]_1^x = x-1$

$X>2$일 때 $f(X)=0$이므로 $F(x)=\int_{-\infty}^{x} dX = \int_{-\infty}^{1} 0 \cdot dX + \int_{1}^{2} dX + \int_{2}^{x} 0 \cdot dX$
$= 1$

그림 4-10 그림 4-8의 확률밀도함수에 대한 누적분포함수의 예

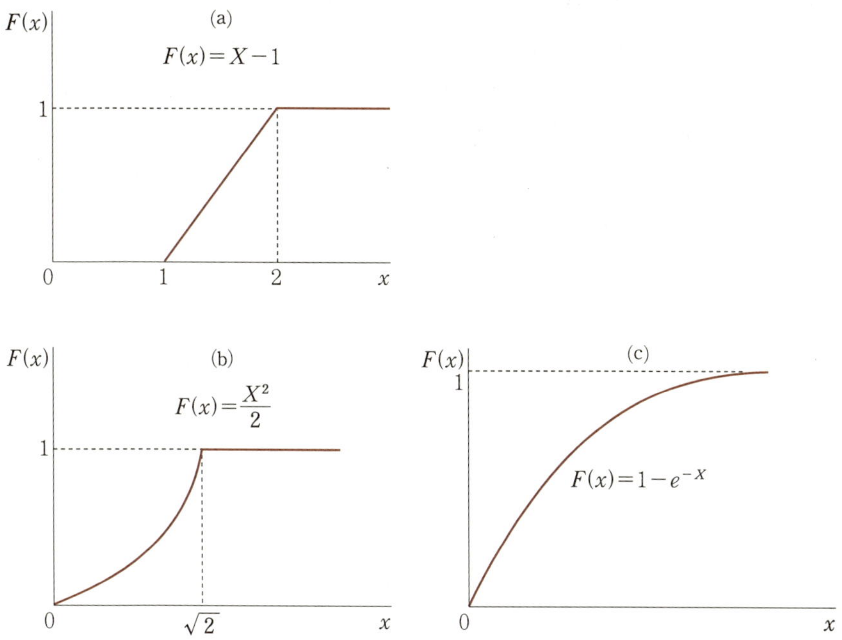

이다. 마찬가지 방법으로 (b), (c)의 누적분포함수는

(b) $X<0$일 때 $f(X)=0$ $\quad\therefore\ F(x)=0$

$0\leq X\leq\sqrt{2}$일 때 $f(X)=X$ $\quad\therefore\ F(x)=\dfrac{X^2}{2}$

$X>\sqrt{2}$일 때 $f(X)=0$ $\quad\therefore\ F(x)=1$

(c) $X<0$일 때 $f(X)=0$ $\quad\therefore\ F(x)=0$

$X\geq 0$일 때 $f(X)=e^{-X}$ $\quad\therefore\ F(x)=1-e^{-X}$

가 된다. 이를 도표화한 것이 그림 4-10이다.

제 3 절 확률변수와 기대치

지금까지 우리는 어떤 실험의 결과 발생하는 개별사상의 확률은 물론, 모든 사상들의 확률을 종합적으로 나타내는 확률분포에 대하여 살펴보았다. 어느

특정한 사상 하나만의 확률보다는 발생가능한 모든 사상들의 확률을 확인할 수 있을 때 우리는 의사결정에 있어 전보다 훨씬 유리한 입장에 설 수 있다. 그러나 이러한 상태의 정보만으로는 아직도 미흡한 점이 있다. 즉, 사상 전체의 확률은 물론 이들이 갖는 어떤 대표적 특성을 확인하는 것이 필요하다. 대표적 특성을 나타내는 지표로는 제1편에서 소개한 평균과 분산을 들 수 있다. 단, 여기서 유의할 점은 평균과 분산이 관측된(observed) 평균과 분산이 아니라, 어느 확률변수로부터 우리가 평균적으로 기대할 수 있는 평균과 분산의 개념으로 다루게 된다는 것이다. 이러한 값을 기대치(expected value)라 한다.

1. 이산적 확률변수와 기대치

확률변수 X가 이산량을 가질 때 그 기대치는 X가 취할 수 있는 모든 값에 그 값들이 나올 확률을 곱하여 합한 것으로 정의된다.

[확률변수 X의 기대치]

$$E[X]=\sum_{\text{모든 }X} X\cdot P(X) \tag{4.8}$$

특기할 것은 이와 같이 정의된 기대치는 결국 확률변수의 산술평균과 같아진다는 것이다.

[모 평 균]

$$\mu=E[X]=\sum X\cdot P(X) \tag{4.9}$$

여기서 모평균 μ의 정의가 제1일에서 본 모평균의 정의와 매우 흡사함을 알 수 있다. 단지 차이가 있다면, 제1편에서는 변수의 각 값이 그에 대응하는 상대도수(f_i/N)로 곱해졌으나, 여기서는 개별 확률변수의 값이 확률값($P(X)$)으로 곱해지는 것뿐이다. $P(X)$가 장기적 상대도수(long run relative frequency) 개념에 연유함을 상기할 때, 제1편에서의 상대도수가 무한한 반복실험 결과에서 관측된다면, 결국 확률 개념이 될 것이고 양자는 같아지게 될 것이다.

$$\mu=\frac{\sum X_i f_i}{N}=\sum X_i\left(\frac{f_i}{N}\right) \underset{\substack{\uparrow \\ N\to\infty}}{\Longrightarrow} \sum X_i\cdot P(X_i)=E(X) \tag{4.10}$$

확률변수 X의 기대치 $E[X]$를 계산하는 한 예를 들어 보자. 표 4-1에서 주사위 두 개를 던져 나타나는 점들의 합에서 평균적으로 기대되는 숫자를 계산하고자 우선 X를 두 주사위에 나타난 점들의 합을 나타내는 확률변수로 보고, X가 취할 수 있는 값을 살펴보면, 2와 12 사이의 정수가 될 것이다. 이들 합을 나타내는 숫자들이 나타날 확률을 이용하여 X의 기대치를 구하면,

$$2\left(\frac{1}{36}\right)+3\left(\frac{2}{36}\right)+4\left(\frac{3}{36}\right)+\cdots+12\left(\frac{1}{36}\right)=7$$

이 된다. 즉, 주사위 한 쌍을 던질 때 평균적으로 기대되는 점의 숫자의 합, 다시 말해서 기대치는 7이 된다.

2. 파생적 확률변수와 기대치

여기서 한 가지 독자들이 잊기 쉬운 것을 상기시킬 필요가 있다. 즉, 확률변수 X가 취할 수 있는 수는 어떤 실험의 결과 발생할 수 있는 사상(event)들을 특징적으로 나타내는 숫자라는 점이다. 이와 같은 각 사상들의 특징을 필요에 따라 다소 변형시킬 수 있다. 물론 이 경우 변형된 숫자와 본래의 숫자는 수리적 연관성을 갖는 것이 일반적이다. 바꾸어 말해서 본래의 숫자를 변형시킴에 있어 우리는 확률변수의 함수식을 이용하는 것이다. 예컨대, 확률변수 X가 두 주사위를 던져 나타난 점들의 합을 나타낼 때, 이러한 실험의 결과에 따라 일정한 상금을 탈 수 있다 하자. 만일 이들 점의 합에 100을 곱한 만큼의 상금을 준다면 상금을 나타내기 가장 간편한 식은 $100X$가 될 것이다. 상금액수를 Y라는 변수로 나타낸다면, $Y=100X$의 관계가 성립되며, Y는 X와 1차 함수 관계에 있음을 알 수 있다. 또한 본래 확률변수의 함수로 정의된 Y 또한 새로운 확률변수가 됨을 알 수 있다. 이것은 Y가 이 실험에서 받을 수 있는 상금액수를 대변하고 있으며, 각종 상금액을 받을 수 있는 확률이 동시에 정의되기 때문이다. 이와 같은 사실을 이용하여 우리는 다음과 같은 정리를 정립할 수 있다.

[정리 4. 1]

X가 확률변수일 때 X의 함수로 표현되는 모든 $g(X)$(예를 들면, $100X$, X^2, $\log X$, e^X, … 등등)도 확률변수가 된다.

앞의 정리를 수학적으로 증명하는 번거로움을 피하면서도 우리는 이 정리가 갖는 의미를 쉽게 이해할 수 있을 것이다. 즉, X가 실험의 결과들을 나타내는 일련의 숫자들이라 보고, X의 함수 $g(X)$는 이들 결과에 따른 상금액수라고 파악하되 상금결정방법에 따라 $g(X)$는 $100X$, X^2, $\log X$ 등이 될 수 있다고 보면 되는 것이다. 단, 여기서 중요한 것은 상금액을 나타내는 $g(X)$의 값이 X의 값과는 물론 달라지지만, $g(X)$의 개별값이 발생할 확률은 본래의 확률변수 X가 발생할 확률과 동일하다는 점이다. 따라서 새로운 확률변수 $g(X)$의 기대치는 다음과 같이 정의된다.

[$Y=g(X)$의 기대치]

$$E[Y]=E[g(X)]=\sum_{\text{모든 }X}g(X)\cdot P(X) \quad (4.11)$$

그러면 $E[g(X)]$를 계산해 보기 위하여 한 가지 예를 들어 보자. $Y=g(X)=100X$라 하고 X는 앞에서와 같이 두 주사위 눈의 합을 나타내며 Y는 상금액수를 나타낸다면, 평균적으로 기대할 수 있는 상금액수 $E[g(X)]$는

$$\begin{aligned}E[g(X)]&=\sum_{\text{모든 }X}100X\cdot P(X)=100(2)\left(\frac{1}{36}\right)+100(3)\left(\frac{2}{36}\right)\\&\quad+100(4)\left(\frac{3}{36}\right)+100(5)\left(\frac{4}{36}\right)+100(6)\left(\frac{5}{36}\right)\\&\quad+100(7)\left(\frac{6}{36}\right)+100(8)\left(\frac{5}{36}\right)+100(9)\left(\frac{4}{36}\right)\\&\quad+100(10)\left(\frac{3}{36}\right)+100(11)\left(\frac{2}{36}\right)+100(12)\left(\frac{1}{36}\right)\\&=700(\text{원})\end{aligned}$$

이 된다.

한편, $Y=g(X)$가 다음과 같이 특수한 형태를 취할 때 우리는 흥미 있는 결과를 가져올 수 있다. 이제 X의 평균(또는 기대치)을 μ라 하고 $Y=g(X)=(X-\mu)^2$이라 정의하자. 그러면

$$\begin{aligned}E[Y]&=E[g(X)]=E[(X-\mu)^2]\\&=\sum_{\text{모든 }X}(X-\mu)^2\cdot P(X)\end{aligned} \quad (4.12)$$

가 된다. 한편, $P(X)$란 장기적인 상대도수 개념이므로 이를 이용하여 식 (4.

12)를 다소 변형시키면

[분산 : $(X-\mu)^2$의 기대치]

$$E[Y]=E[(X-\mu)^2]=\sum_{\text{모든 }X}(X-\mu)^2\cdot P(X)\underset{N\to\infty}{\uparrow}=\sum_{\text{모든 }X}(X-\mu)^2\left(\frac{f}{N}\right)$$

$$=\frac{1}{N}\sum_{\text{모든 }X}(X-\mu)^2 f=\sigma^2=\text{Var}(X) \qquad (4.13)$$

가 됨을 알 수 있다. 즉, $(X-\mu)^2$의 기대치란 바꾸어 말해서 확률변수가 그 평균으로부터 떨어진 편차의 제곱에 대한 기대치이며, 이것은 우리가 제2장에서 배운 모집단의 분산 개념이 되는 것이다. 따라서 분산의 제곱근인 σ는 표준편차로 정의된다.

[표준편차]

$$\sigma=\sqrt{\sigma^2}=\sqrt{\text{Var}(X)} \qquad (4.14)$$

이제 식 (4.13)과 (4.14)를 이용하여 확률변수 X의 분산과 표준편차를 계산하는 한 예를 들어 보자.

X가 전과 같이 두 주사위 눈의 합을 나타낸다면,

$$\begin{aligned}\text{Var}(X)=\sigma^2&=\sum_{\text{모든 }X}(X-7)^2P(X)\\&=(2-7)^2\left(\frac{1}{36}\right)+(3-7)^2\left(\frac{2}{36}\right)+(4-7)^2\left(\frac{3}{36}\right)+(5-7)^2\left(\frac{4}{36}\right)\\&\quad+(6-7)^2\left(\frac{5}{36}\right)+(7-7)^2\left(\frac{6}{36}\right)+(8-7)^2\left(\frac{5}{36}\right)+(9-7)^2\left(\frac{4}{36}\right)\\&\quad+(10-7)^2\left(\frac{3}{36}\right)+(11-7)^2\left(\frac{2}{36}\right)+(12-7)^2\left(\frac{1}{36}\right)=\frac{210}{36}\end{aligned}$$

$$\sigma=\sqrt{\sigma^2}=\sqrt{\frac{210}{36}}=2.415$$

한편 경우에 따라서, 특히 X의 평균 $E[X]=\mu$가 복잡한 수일 때는 계산의 간편화를 위하여 식 (4.13)을 다음과 같이 변형시켜 사용하기도 한다.

$$\begin{aligned}V(X)&=E[(X-\mu)^2]\\&=\sum_{\text{모든 }X}\{X^2-2\mu X+\mu^2\}P(X)\\&=\sum_{\text{모든 }X}X^2\cdot P(X)-2\mu\cdot\sum X\cdot P(X)+\mu^2\sum P(X)\end{aligned}$$

$$=E[X^2]-2\mu(\mu)+\mu^2$$
$$=E[X^2]-\mu^2$$
$$\left(\begin{array}{l}\because\ \sum X\cdot P(X)=\mu \\ \quad \sum P(X)=1 \\ \quad \text{그리고 } Y=X^2\text{라 하면 } \sum X^2\cdot P(X)=\sum Y\cdot P(X)=E[Y]=E[X^2]\end{array}\right)$$

[간편계산을 위한 분산공식]

$$\therefore\ \mathrm{Var}(X)=\sigma^2=E[X^2]-(E[X])^2 \qquad (4.15)$$

즉, X의 분산은 X^2의 평균에서 X의 평균을 제곱한 값을 빼서 구할 수도 있다. 위의 예를 식 (4.15)를 이용하여 풀어도 동일한 결과가 나옴을 다음에서 알 수 있다.

$$\sigma^2=E[X^2]-\mu^2$$
$$=\sum X^2P(X)-7^2$$
$$=4\left(\frac{1}{36}\right)+9\left(\frac{2}{36}\right)+16\left(\frac{3}{36}\right)+25\left(\frac{4}{36}\right)+36\left(\frac{5}{36}\right)+49\left(\frac{6}{36}\right)$$
$$+64\left(\frac{5}{36}\right)+81\left(\frac{4}{36}\right)+100\left(\frac{3}{36}\right)+121\left(\frac{2}{36}\right)+144\left(\frac{1}{36}\right)-7^2$$
$$=\frac{210}{36}$$

3. 연속적 확률변수와 기대치

지금까지 우리가 배운 것은 확률변수가 이산적인 경우에 한하여 기대치를 구하는 과정이었다. 확률변수가 연속적일 경우에도 물론 기대치를 정의할 수 있으나, 앞서의 공식들을 다소 변형시켜야 할 것이다. 즉, 식 (4.8), (4.11), (4.13)은 다음과 같이 변형된다.

[X의 기대치]

$$E[X]=\mu=\int_{-\infty}^{\infty}Xf(X)dX \qquad (4.16)$$

[$g(X)$의 기대치]

$$E[g(X)]=\int_{-\infty}^{\infty}g(X)f(X)dX \qquad (4.17)$$

[분산 : $(X-\mu)^2$의 기대치]

$$\mathrm{Var}(X)=\sigma^2=E[(X-\mu)^2]=\int_{-\infty}^{\infty}(X-\mu)^2 f(X)dX \qquad (4.18)$$

위의 식들이 어떻게 도출되며 또 어떤 의미들을 함축하고 있는지 등에 관해서는 독자들이 이미 익숙해졌으리라 믿고, 여기서는 단지 위의 식들을 실제 활용하여 연속확률변수의 평균이나 분산과 같은 기대치를 도출하는 과정에 관한 예를 드는 것으로 그치고자 한다.

그림 4-8에서 사용한 바 있는 확률밀도함수 중 한 예를 다시 고려해 보자.

$$f(X)=\begin{cases} e^{-X}, & 0\le X\le\infty \\ 0, & \text{기타} \end{cases}$$

우선 위와 같은 확률밀도함수를 갖는 연속확률변수의 기대치는 식 (4.16)에 의해

$$\begin{aligned} E[X]=\mu&=\int_{-\infty}^{\infty}Xf(X)dX=\int_{-\infty}^{\infty}Xe^{-X}dX \\ &=\frac{Xe^{-X}}{-1}-\int\left(\frac{e^{-X}}{-1}\right)dX \\ &=\frac{Xe^{-X}}{-1}-\frac{e^{-X}}{(-1)^2} \\ &=\frac{e^{-X}}{-1}\left\{X-\frac{1}{(-1)}\right\} \\ &=-e^{-X}(X+1) \end{aligned}$$

가 된다.

위의 확률밀도함수와 형태가 비슷한 이른바 지수분포(exponential distribution, 제5장에서 취급될 것임)를 따르는 연속확률변수를 고려해 보자.

$$f(X)=\begin{cases} \lambda e^{-\lambda X}, & 0\le X\le\infty \\ 0, & \text{기타} \end{cases}$$

이제 이 분포의 평균과 분산을 식 (4.16)과 (4.17)에 의거 계산하면 다음과 같은 결과를 얻는다.

$$E[X]=\int_0^{\infty}X\lambda e^{-\lambda X}dX=[-Xe^{-\lambda X}]_0^{\infty}-\int_0^{\infty}(-e^{-\lambda X})dX$$

$$=[-Xe^{-\lambda X}]_0^\infty - \left[\frac{1}{\lambda}e^{-\lambda X}\right]_0^\infty = \frac{1}{\lambda}$$

$$E[X^2] = \int_0^\infty (X^2)\lambda e^{-\lambda X}dX = [-X^2e^{-\lambda X}]_0^\infty - \int_0^\infty (-2Xe^{-\lambda X})dX$$

$$=[-X^2e^{-\lambda X}]_0^\infty + 2\left[-\frac{1}{\lambda}Xe^{-\lambda X}\right]_0^\infty + 2\int_0^\infty \frac{1}{\lambda}e^{-\lambda X}dX$$

$$=[-X^2e^{-\lambda X}]_0^\infty + 2\left[-\frac{1}{\lambda}Xe^{-\lambda X}\right]_0^\infty - 2\left[\frac{1}{\lambda^2}e^{-\lambda X}\right]_0^\infty$$

$$=\frac{2}{\lambda^2}$$

$$\mathrm{Var}(X) = E[X^2] - \{E[X]\}^2 = \frac{2}{\lambda^2} - \left(\frac{1}{\lambda}\right)^2 = \frac{1}{\lambda^2}$$

즉, 지수분포를 따르는 연속확률변수 X는 평균 $\frac{1}{\lambda}$, 분산 $\frac{1}{\lambda^2}$의 값을 갖는다.

4. 기대치에 관한 법칙

확률변수 X가 이산적이건 연속적이건, X가 취할 수 있는 값들이 많아지고 또 X의 함수로 정의되는 새로운 확률변수의 기대치를 구하고자 할 때, 우리는 계산의 간편화를 위한 몇 가지 기대치 계산에 관한 법칙을 기억해 둘 필요가 있다.

> 법칙 1 : $E[k] = k$ (단, k는 상수)

k가 상수일 때, 상수의 기대치는 상수 그 자체와 같다는 일종의 정의에 가까운 법칙이다.

> 법칙 2 : $\mathrm{Var}(k) = 0$ (단, k는 상수)

k가 상수라는 것은 k의 값이 항상 일정하다는 의미인데, 분산이란 변화의 정도를 측정하는 대표치이므로, 변화가 없는 상수의 분산, 즉 변화의 정도는 '0'이 될 수밖에 없다.

> 법칙 3 : $E[kX] = kE[X]$

확률변수에 상수 k를 곱한 것의 기대치는 원래의 확률변수의 기대치에 상수를 곱한 것과 같다는 것으로 다음과 같이 증명될 수 있다.

$$E[kX]=\sum_{\text{모든}X} kX\cdot P(X)=k\cdot\sum X\cdot P(X)=k\cdot E[X]$$

예컨대, $k=100$ 이라 하고 X를 두 주사위 눈금의 합을 나타내는 확률변수라 하면, 앞서 확인한 바 있듯이 $E[X]=7$ 이 된다. 따라서 $E[100X]=100E[X]=100\cdot 7=700$ 과 같이 계산될 수 있어 훨씬 간편한 계산이 이 법칙을 통해 가능함을 알 수 있다.

법칙 4 : $\mathrm{Var}(kX)=k^2\mathrm{Var}(X)$

확률변수에 상수를 곱한 것의 분산은 원래의 확률변수의 분산에다 상수의 제곱을 곱한 것과 같아진다. 관계식은 다음과 같이 확인될 수 있다.

$$\begin{aligned}
\mathrm{Var}(kX)&=E[(kX-E[kX])^2]\\
&=E[k^2X^2-2kX\cdot E[kX]+(E[kX])^2]\\
&=E[k^2X^2-2k^2X\cdot E[X]+k^2\{E[X]\}^2]\\
&=k^2E[X^2-2X\cdot E[X]+\{E[X]\}^2]\\
&\quad(\because \text{ 법칙 3에 의거 } E[kX]=kE[X])\\
&=k^2\cdot E[\{X-E[X]\}^2]\\
&=k^2\,\mathrm{Var}(X)
\end{aligned}$$

원래 분산이란 변수값들이 변수의 평균으로부터 어느 정도 떨어져 있는지를 계산한 다음 이들을 제곱하여 더한 값들의 평균을 의미하므로 이 변수에 상수를 곱한 변수의 분산은 원래 변수의 분산에다 상수의 제곱을 곱한 만큼 커질 것임은 계산과정상 명백하다.

이상의 기대치 계산에 관한 법칙들은 이 책의 이후 부분에서 매우 유용하게 쓰이게 될 것이다. 그러나 이외에도 많은 경우에 몇 개의 추가적인 법칙이 자주 이용되는데, 이들 법칙은 확률변수가 두 개 이상일 경우에 관한 것이어서 항을 바꾸어 다루어 보기로 한다.

5. 이변수확률과 기대치

추가적인 기대치 계산법칙의 도출에 앞서 우선 한 가지 실험에서 두 가지 이상의 확률변수가 정의되는 상황에 대하여 생각해 보기로 하자.

5.1 이변수확률

어느 목재상회에서 판매하고 있는 목재는 길이에 따라 팔기도 하고 두께에 따라 팔기도 한다고 하자(너비는 10cm로 동일규격이라 가정). 즉, 길이가 1m, 2m, 3m 및 5m인 재목을 두께가 1cm, 2cm 및 3cm의 형태로 판매할 때, 길이는 확률변수 X에 의해, 그리고 두께는 확률변수 Y에 의해 나타낼 수 있다. 이 경우 우리는 한 가지 실험에서 두 확률변수가 상호 관련되어 정의됨을 볼 수 있는데, 이들 확률변수가 결합되어 발생하는 확률을 우리는 이른바, 이변수확률함수(bivariate probability function) 또는 결합확률함수(joint probability function)에 의해 나타낸다. 이 때 두 개의 확률변수 X와 Y에 대하여 $X=x$, $Y=y$일 때의 결합확률은 다음과 같이 표시된다.

[결합확률]

$$P(X=x \text{ and } Y=y)=P(x, y) \tag{4.19}$$

확률변수가 2개 이상 결합된 확률함수의 경우에도 1변수확률함수의 경우의 성립요건인 두 가지 속성이 그대로 적용된다.

[결합확률함수의 속성]

$$\text{속성 1:} \quad 0 \le P(x, y) \le 1$$

$$\text{속성 2:} \quad \sum_{\text{모든 } Y} \sum_{\text{모든 } X} P(x, y)=1 \tag{4.20}$$

위의 재목판매에 관하여 판매된 총 10,000개의 재목의 분포상태로부터 다음과 같은 조사자료가 얻어졌다고 하자.

표 4-3 재목의 길이와 두께에 관한 확률자료

두께(y) \ 길이(x)	1	2	3	5	합 계
1	0.10	0.15	0.12	0.06	0.43
2	0.05	0.07	0.10	0.05	0.27
3	0.04	0.02	0.14	0.10	0.30
합 계	0.19	0.24	0.36	0.21	$\sum_y \sum_x P(x, y)=1$

확률변수 X는 1, 2, 3 또는 5, Y는 1, 2 또는 3의 값을 가지므로, $P(X=5, Y=3)=P(5, 3)$은 모집단에서 무작위로 추출한 재목이 5m의 길이와 3cm의 두께를 가진 것일 확률을 나타낸다. 표 4-3에 의하면 이 확률값은 0.10이다. 같은 식으로 나머지 결합확률도 표 4-3으로부터 확인될 수 있다.

한편, 결합확률함수의 경우 또한 누적확률함수가 정의될 수 있는데, 이를 누적결합확률함수(cumulative joint probability function)라 하고, 다음과 같이 표기한다.

[누적결합확률함수]

$$F(x, y)=P(X\leq x,\ Y\leq y) \tag{4.21}$$

표 4-3에서, 예컨대 $F(2, 2)$의 값을 구하면 다음과 같다.

$$\begin{aligned}F(2, 2)&=P(X\leq 2,\ Y\leq 2)=P(1, 1)+P(1, 2)+P(2, 1)+P(2, 2)\\&=0.10+0.05+0.15+0.07=0.37\end{aligned}$$

다음으로 제3장에서 배운 주변확률(marginal probability) 및 조건부확률(conditional probability) 개념이 정의될 수 있음을 알 수 있다. 우선 X변수에 대한 주변확률과 Y변수에 대한 주변확률을 정의하면,

[X 및 Y에 대한 주변확률]

X에 대한 주변확률 : $$P_X(x)=\sum_{\text{모든 }y}P(x, y)$$

Y에 대한 주변확률 : $$P_Y(y)=\sum_{\text{모든 }x}P(x, y) \tag{4.22}$$

과 같다. 예를 들면,

$$P_X(1)=\sum_{\text{모든 }y}P(1, y)=P(1, 1)+P(1, 2)+P(1, 3)=0.19$$
$$P_Y(3)=\sum_{\text{모든 }x}P(x, 3)=P(1, 3)+P(2, 3)+P(3, 3)+P(5, 3)=0.30$$

과 같아짐을 표 4-3을 이용하여 확인할 수 있다.

한편, Y가 발생하는 조건으로 X가 발생할 확률을 $P_{X|Y}(x|y)$, 그리고 X가 발생할 것을 조건으로 Y가 발생할 확률을 $P_{Y|X}(y|x)$라 표시하면, 다음과 같은 관계가 성립한다.

[조건부결합확률]

$$P_{X|Y}(x|y)=P(X=x|\,Y=y)=\frac{P(x, y)}{P_Y(y)}$$
$$P_{Y|X}(y|x)=P(Y=y|\,X=x)=\frac{P(x, y)}{P_X(x)} \tag{4.23}$$

예컨대, 표 4-3을 이용하여 $P_{X|Y}(2|3)$을 구하면

$$P_{X|Y}(2|3)=P(X=2|Y=3)=\frac{P(2,\ 3)}{P_Y(3)}=\frac{0.02}{0.30}=\frac{1}{15}$$

이 되고, 나머지 조건부확률도 같은 방법으로 구해질 수 있다.

마지막으로, 결합확률함수의 통계학상의 용도 중 가장 중요한 것으로 두 확률변수의 독립성 판정문제를 들 수 있다. 즉, 앞의 예에서 두 확률변수 X와 Y가 서로 독립인지 아닌지를 확인하는 문제인데, 제3장에서 배운 확률이론의 결과를 이용하면 다음과 같이 정리될 수 있다.

[독립적 결합확률]

$$X\text{와 } Y\text{가 독립이면, } P(x,\ y)=P_X(x)\cdot P_Y(y) \qquad (4.24)$$

식 (4.24)가 성립되면, 즉 결합확률이 두 개의 주변확률의 곱과 같아지면, X와 Y는 독립적이라 볼 수 있다. 물론 X와 Y의 모든 가능한 조합($P(1,\ 1)$, $P(1,\ 2)$, $\cdots$, $P(5,\ 3)$)에 대하여 식 (4.24)가 성립되어야만 X와 Y가 독립이 되는 것이다. 앞의 예제에서는 $P(1,\ 1)=0.10$이나 $P_X(1)\cdot P_Y(1)=0.19\times 0.43$이므로 양자가 서로 다르다. 따라서 판매된 재목의 길이와 두께는 서로 독립적이 아니다.

5.2 이변수의 기대치(bivariate expectation)

앞에서 우리는 하나의 확률변수에 대한 기대치 개념을 통하여 확률분포의 평균과 분산을 구하였다. 제1편에서 도수분포표를 이용하여 평균 및 분산 등의 대표치 계산법을 익힌 바 있었는데, 본편 제4장에서는 도수분포 대신 확률분포표를 이용하여 평균 및 분산을 계산하는 방법을 개발한 셈이다. 이제 이러한 방법을 두 개의 확률변수로 정의되는 확률분포에 적용해 보기로 한다.

두 개의 확률변수 X와 Y의 함수를 $g(X,\ Y)$로 나타내면 그 기대치는 다음과 같이 정의될 수 있다.

[$g(X, Y)$의 기대치]

$$E[g(X,\ Y)]=\sum_{\text{모든}\,y}\ \sum_{\text{모든}\,x} g(x,\ y)P(x,\ y) \qquad (4.25)$$

따라서 $g(X,\ Y)$의 구체적인 함수 형태에 따라 위의 식은 여러 모양을 취하게 된다. 예컨대, $g(X,\ Y)=x\cdot y$라 하면

$$E[g(X,\ Y)]=E[X\cdot Y]=\sum_{\text{모든}\,y}\ \sum_{\text{모든}\,x}(x\cdot y)P(x,\ y)$$

가 되고, $g(X,\ Y)=x\pm y$라면

$$E[g(X,\ Y)]=E[X\pm Y]=\sum_{\text{모든}y}\sum_{\text{모든}x}(x\pm y)P(x,\ y)$$

와 같이 될 것이다.

그러면 만약 $g(X,\ Y)=x\cdot y$의 형태를 취할 때 $E[g(X,\ Y)]$가 갖는 의미는 무엇일까? 앞서 사용한 예에서처럼 X를 재목의 길이, Y를 두께로 나타내도록 하면, $x\cdot y$는 일종의 면적 또는 양의 개념이 될 것이고, 따라서 $E[X\cdot Y]$는 재목이 평균적으로 팔리는 양이 될 것이다. 이와 같이 여기서처럼 두 변수가 결합된 함수의 경우에도 기대치 개념은 평균량을 대변함을 알 수가 있다.

이제 두 확률변수의 기대치 계산에 필요한 법칙을 정리하기에 앞서 한 가지 꼭 필요한 새로운 개념을 소개할 필요가 있다. 두 변수간의 관계에 관한 개념으로 공분산(covariance)이 바로 그것이다. 이는 두 개의 변수가 어느 정도로 함께 변화하는가를 측정하는 것으로 다음과 같이 정의된다.[1)]

[X와 Y의 공분산]

$$\text{Cov}(X,\ Y)=E[(X-\mu_X)\cdot(Y-\mu_Y)] \tag{4.26}$$

(단, $E[X]=\mu_X,\ E[Y]=\mu_Y$)

만약 $(X-\mu_X)$와 $(Y-\mu_Y)$가 동시에 '+'이거나 혹은 '−'라면, $\text{Cov}(X,\ Y)$는 '+'값을 가질 것이다. 그러나 부호가 서로 다른 때에는 $\text{Cov}(X,\ Y)$가 '−'값을 갖게 될 것임을 알 수 있다. 따라서 우리는 $\text{Cov}(X,\ Y)$의 값이 '+' 또는 '−'인가에 따라 두 변수가 각 변수와 평균치로부터 괴리되어 있는 방향이 동일한 방향인지의 여부를 식별할 수 있다. 그리고 위의 식은 계산의 편의를 위하여 다음과 같이 고쳐쓰기도 한다.[2)]

---

1) 변수 하나의 값이 산포되어 있는 정도를 측정하는 대표치가 분산(variance)이라는 것은 이미 잘 알고 있을 것이다. 즉, $\text{Var}(X)=E[(X-\mu_X)^2]$와 같이 정의되며, 이는 X의 각 값이 그 평균으로부터 떨어져 있는 정도 $(X-\mu_X)$를 측정하는 방안이다. 반면 두 변수 $X,\ Y$의 공분산의 경우에는 한 변수의 편차$(X-\mu_X)$를 제곱하는 대신 각 변수의 편차 $(X-\mu_X)$와 $(Y-\mu_Y)$를 서로 곱한 다음 그 값의 평균치를 구함으로써 두 변수가 각각의 평균으로부터 괴리되는 정도가 어느 정도 관련성을 갖는지를 평가할 수 있도록 정의되고 있다.

2) 식 (4.27)의 증명 :
$$\begin{aligned}\text{Cov}(X,\ Y)&=E[(X-\mu_X)(Y-\mu_Y)]\\&=E[XY-\mu_XY-\mu_YX+\mu_X\mu_Y]\\&=E[XY]-\mu_XE[Y]-\mu_YE[X]+\mu_X\mu_Y\\&=E[XY]-\mu_X\mu_Y\\&=E[XY]-E[X]E[Y]\end{aligned}$$

[간편계산을 위한 공분산공식]

$$\text{Cov}(X, Y)=E[X\cdot Y]-E[X]\cdot E[Y] \tag{4.27}$$

한편, 앞서 우리는 두 확률변수가 서로 독립적이면 결합확률은 두 주변확률의 곱과 같아짐을 살펴본 바 있다. 즉,

$$P(x, y)=P_X(x)\cdot P_Y(y) \tag*{(4.24)$'$}$$

이와 같은 관계식을 이용하여 우리는 두 변수가 독립적일 때 다음이 성립함을 확인할 수 있다.[1)]

두 변수 X, Y가 독립적일 때, $E[X\cdot Y]=E[X]\cdot E[Y]$ (4.28)

따라서 두 변수가 서로 독립적이면 $\text{Cov}(X, Y)$가 0이 된다는 결과를 아울러 도출할 수가 있다. 즉, 두 변수 X, Y가 서로 독립적이면,

$$\begin{aligned}\text{Cov}(X, Y)&=E[XY]-E[X]E[Y]\\&=E[X]E[Y]-E[X]E[Y]\\&=0\end{aligned} \tag{4.29}$$

이와 같이 $\text{Cov}(X, Y)$의 값이 0이 되는 것은 두 변수간의 선형상관관계가 없다는 것을 의미하는 것이다.

그러면 이제 이상과 같은 두 변수의 기대치 개념과 공분산 개념을 통하여 몇 개의 기대치에 관한 법칙을 정리해 보기로 하자.

법칙 5 : $E[X\pm Y]=E[X]\pm E[Y]$

두 확률변수의 합이나 차의 기대치는 각 변수의 기대치들의 합이나 차와 같아진다는 것으로 결합확률 및 주변확률 개념을 이용하여 쉽게 증명될 수 있다. 즉,

$$\begin{aligned}E[X\pm Y]&=\sum_{\text{모든}y}\sum_{\text{모든}x}(x\pm y)P(x, y)\\&=\sum\sum x\cdot P(x, y)\pm\sum\sum y\cdot P(x, y)\\&=\sum_x x\sum_y P(x, y)\pm\sum_y y\sum_x P(x, y)\end{aligned}$$

---

1) 식 (4.28)의 증명 : $E[X\cdot Y]=\sum_x\sum_y x\cdot y\cdot P(x, y)$
$=\sum_x\sum_y x\cdot y\cdot P(x)P(y)$ (∵ 식 (4.24)′)
$=\sum_x x\cdot P(x)\sum_y y\cdot P(y)$
$=E[X]\cdot E[Y]$

$$= \sum x \cdot P_X(x) \pm \sum y \cdot P_Y(y)$$
$$= E[X] \pm E[Y]$$
$$\left(\because \begin{array}{l} \sum_y P(x, y) = P_X(x) \\ \sum_x P(x, y) = P_Y(y) \end{array} \right)$$

법칙 6 : $E[X \cdot Y] = E[X] \cdot E[Y] + \text{Cov}(X, Y)$

두 변수를 곱한 값의 기대치는 각 변수기대치의 곱에서 두 변수간의 공분산을 더한 것과 같다는 것으로 이는 $\text{Cov}(X, Y) = E[X \cdot Y] - E[X] \cdot E[Y]$에서 쉽게 변형될 수 있는 관계식이다. 물론 X와 Y가 서로 독립적이라면, $\text{Cov}(X, Y) = 0$ 이 되므로, $E[X \cdot Y] = E[X] \cdot E[Y]$가 성립됨은 물론이다.

법칙 7 : $\text{Var}(X \pm Y) = \text{Var}(X) + \text{Var}(Y) \pm 2\text{Cov}(X, Y)$

두 변수의 합이나 차의 분산은 각 변수의 분산의 합에서 두 변수간의 공분산의 2배를 더하거나 뺀 값과 같아진다는 것으로 다음과 같이 증명된다.

$$\begin{aligned}
\text{Var}(X \pm Y) &= E[\{(X \pm Y) - E[X \pm Y]\}^2] \\
&= E[(X \pm Y)^2 - 2(X \pm Y) \cdot E[X \pm Y] + (\mu_X \pm \mu_Y)^2] \\
&= E[X \pm Y]^2 - 2E[X \pm Y] \cdot E[X \pm Y] + (\mu_X \pm \mu_Y)^2 \\
&= E[X \pm Y]^2 - (\mu_X \pm \mu_Y)^2 \\
&= E[X^2 \pm 2XY + Y^2] - (\mu_X^2 \pm 2\mu_X\mu_Y + \mu_Y^2) \\
&= (E[X^2] - \mu_X^2) + (E[Y^2] - \mu_Y^2) \pm 2(E[XY] - \mu_X\mu_Y) \\
&= \text{Var}(X) + \text{Var}(Y) \pm 2\text{Cov}(X, Y)
\end{aligned}$$

이 또한 두 변수가 서로 독립적이면, $\text{Cov}(X, Y) = 0$ 이 되므로 $\text{Var}(X \pm Y) = \text{Var}(X) + \text{Var}(Y)$와 같아진다. 여기서 주의할 것은 $(X \pm Y)$의 분산을 구할 때, 부호와 상관없이 각 변수의 분산을 더한다는 것이다. 이는 분산을 구하는 과정에 있어 편차를 제곱한 값의 평균치를 취하는 데서 기인한다.

이상과 같은 기대치법칙은 연속확률변수에 있어서도 동일하게 성립됨은 물론이다. 따라서 연속확률변수에 대한 내용과 증명과정은 생략하기로 한다.[1)]

지금까지 우리는 기대치 계산에 관한 7가지 주요 법칙을 정리하여 보았다. 이 법칙들은 이 책 후반부에서 계속적으로 인용되고 사용되는 아주 중요한 관계식들이다. 여기서는 이 법칙들의 이용방법을 익히는 뜻으로 변수가 1차변환(linear transformation)될 경우의 기대치 계산문제를 다루어 보기로 한다.

1) 연속확률변수에 대하여 관심 있는 독자는 Donald L. Harnett, *Introduction to Statistical Methods*, 2nd ed., Ch. 3, pp. 123～126 을 참조.

원래 확률변수를 X라 하면, X의 1차함수 또한 확률변수가 되고, 따라서 그 기대치가 정의될 수 있음을 배운 바 있다.[1)] 이제 새로운 확률변수 Y가 X의 1차함수로 $Y=a\pm bX$의 형태를 취한다 하자.

이 때 $Y=a\pm bX$의 평균과 분산은 어떻게 될까? 이를 구하기 위하여 우리는 앞서 정리한 7가지 법칙을 이용하게 된다. 우선 평균부터 구해 보기로 한다.

$$
\begin{aligned}
E[Y] &= E[a\pm bX] && \text{(단, } a\text{와 } b\text{는 상수)} \\
&= E[a]\pm E[bX] && (\because \text{ 법칙 5}) \\
\therefore\ E[Y] &= a\pm bE[X] && (\because \text{ 법칙 1과 법칙 3})
\end{aligned}
$$

즉,

법칙 8 : $E[a\pm bX]=a\pm bE[X]$

마찬가지 방법으로 Y의 분산을 구하여 보면 다음과 같다.

$$
\begin{aligned}
\mathrm{Var}(Y) &= \mathrm{Var}(a\pm bX) \\
&= \mathrm{Var}(a)+\mathrm{Var}(bX)\pm 2\mathrm{Cov}(a, bX) \quad (\because \text{ 법칙 6}) \\
&= 0+b^2\mathrm{Var}(X)\pm 2\mathrm{Cov}(a, bX) \quad (\because \text{ 법칙 2와 4}) \\
\therefore\ \mathrm{Var}(Y) &= b^2\mathrm{Var}(X) \quad (\because \text{ 상수}(a)\text{와 변수}(X)\text{간의 공분산은 0})
\end{aligned}
$$

즉,

법칙 9 : $\mathrm{Var}(a\pm bX)=b^2\,\mathrm{Var}(X)$

이상의 예에서 우리는 앞에서 정리한 7개의 법칙을 적절히 활용함으로써 여러 형태의 확률변수 기대치를 계산해 낼 수 있음을 알 수 있게 되었다. 마지막 예로서 특수한 형태의 1차함수를 다루어 보자. 즉, 확률변수 X의 값에서 그 평균(μ)를 뺀 값을 표준편차(σ)로 나눈 값을 Z라 하면 $Z=\dfrac{X-\mu}{\sigma}$는 X의 1차함수로서 새로운 확률변수가 된다. 이제 Z의 평균과 분산을 각각 구하여 보자.

$$
E[Z]=E\left[\frac{X-\mu}{\sigma}\right]=E\left[-\frac{\mu}{\sigma}+\frac{1}{\sigma}X\right]
$$

1) [정리 4.1] 참조.

$$= -\frac{\mu}{\sigma} + \frac{1}{\sigma}E[X] \quad (\because \text{ 법칙 } 8)$$

$$= -\frac{\mu}{\sigma} + \frac{1}{\sigma}\cdot\mu = 0$$

$$\therefore \ E[Z] = 0 \tag{4.30}$$

한편,

$$\mathrm{Var}(Z) = \mathrm{Var}\left(\frac{X-\mu}{\sigma}\right) = \mathrm{Var}\left(-\frac{\mu}{\sigma} + \frac{1}{\sigma}X\right)$$

$$= \left(\frac{1}{\sigma}\right)^2 \mathrm{Var}(X) \qquad (\because \text{ 법칙 } 9)$$

$$= \frac{1}{\sigma^2}\cdot\sigma^2 = 1$$

$$\therefore \ \mathrm{Var}(Z) = 1 \tag{4.31}$$

이 된다. 이상의 계산 결과 $Z=\dfrac{X-\mu}{\sigma}$는 평균이 0, 그리고 분산이 1이 되는 특수한 변수가 되었다. 이러한 특징을 갖도록 정의된 변수 Z를 표준화변수(standardized variable)라 하는데, 후에 이 개념은 아주 중요하게 활용된다.

제 4 절 요 약

제3장에서 여러 형태의 사상을 결합 형태에 따라 구분하여 그 확률을 개별적으로 산출하는 방안을 강구한 바 있었는데, 본장에서는 이러한 방안을 기초로 실험 결과 발생할 수 있는 모든 결과의 확률을 전부 계산하는 문제를 다루었다.

가능한 모든 실험 결과 또는 전체사상의 확률을 일단 계산하게 되면, 일부 결과 또는 개별사상의 확률만을 산출하였을 때보다 분석대상에 대한 보다 정확한 통계적 추론을 시행할 수 있다. 그러나 발생가능한 결과의 수가 클수록 우리는 모든 결과의 발생가능 확률을 보다 종합적으로 파악할 필요성을 느끼게 되며, 이러한 목적을 위해 기대치의 개념을 도입하여 활용하는 방법을 살펴보았다.

이상과 같은 점을 감안하여 본장에서는 우선 확률적으로 발생한다고 볼 수 있는 모든 실험 결과의 특징을 일련의 수치로 표현할 수 있는 확률변수 개념을 도입하였다. 이어서 확률변수가 취할 수 있는 모든 값과 이 값들이 발생할 가능성을 확인함으로써 확률분포를 구성하는 방법을 모색해 보았다. 확률분포는 변수가 이산변수인지 연속변수인지에 따라 확률질량함수와 확률밀도함수로 구분하였으며, 전자의 경우에는 확률을 질량(또는 질량점에서의 높이)에 의해, 그리고 후자의 경우는 일정 구간이 차지하는 넓이(또는 밀도)에 의해 산출해야 되는 이유를 살펴보았다.

확률분포에 의해 실험 결과 발생 가능한 모든 현상의 확률이 파악되면, 이들 결과를 대표할 수 있는 기대치의 산출이 가능해진다. 뿐만 아니라 실험의 각 결과와 일정 함수관계를 갖는 제반 현상을 새로운 확률변수의 도출을 통하여 표현할 수 있으며, 이와 같이 파생된 확률변수의 기대치를 아울러 산출할 수 있게 된다. 파생된 확률변수의 기대치 계산에 필수적인 9가지의 기대치 계산법칙은 이후의 장에서도 자주 쓰이게 되는 점을 감안하여 본장의 끝부분에 정리하여 두었다.

복습문제

[1] 다음 용어의 개념을 비교·설명하라.

1) 확률변수와 기대치
2) 공분산과 상관관계
3) 확률질량함수와 확률밀도함수

[2] 다음은 우편물이 서울에서 부산까지 배달되는 데 소요되는 날짜수에 관한 확률분포라 하자.

X(날짜수)	$P(X)$
0	0.0
1	0.4
2	0.3
3	0.2
4	0.1

1) 위의 확률분포는 확률질량함수의 기본 속성 두 가지를 만족시키고 있는지 확인하라.
2) 배달소요일자의 평균 및 분산을 구하라.
3) 우편물이 배달되는 데 2일 이상 걸릴 확률은?

[3] $E[X]=5$, $V(X)=10$이고, $E[Y]=10$, $V(Y)=20$이며, X와 Y가 서로 독립적일 때 다음을 확인하라.

1) $E[X\cdot Y]$
2) $E[X+2Y]$
3) $V(X-Y)$
4) $\mathrm{Cov}(X, Y)$

[4] X와 Y 두 학교 테니스부는 각각 4명의 선수를 출전시켰는데 X교는 1, 2, 3, 4학년이 각각 1명씩이고 Y교는 3학년이 2명, 그리고 4학년이 2명이다.

1) 이들 선수들이 첫번 경기에 선발될 확률은 동일하다고 가정하고 선수들의 학년수를 각각 X와 Y라는 확률변수로 나타내어 확률분포를 작성하라.
2) $E[X]$, $E[Y]$를 구하라.
3) $V(X)$, $V(Y)$를 구하라.
4) $E[X+Y]$, $V(X-Y)$를 산출하라.
5) $\mathrm{Cov}(X, Y)$
6) X와 Y는 서로 독립적인가? 답하고 그 이유를 설명하라.

연습문제

[1] 상자 안에 공이 10개 들어 있는데 그 중 하나는 1, 둘은 2, 셋은 3, 그리고 나머지 넷은 4라는 숫자가 쓰여져 있다. 이 상자에서 공 하나를 무작위로 추출할 때 나타난 숫자를 확률변수 X로 표현할 때 $E[X]$와 $\mathrm{Var}(X)$를 구하라. 그리고 $Y=aX+b$라 할 때 $E[Y]$와 $\mathrm{Var}(Y)$를 계산하라.

[2] X와 Y의 결합확률함수가 다음과 같다고 가정하자.

Y \ X	5	10
1	2/10	3/10
2	4/10	1/10

1) X와 Y의 주변확률함수를 구하라.
2) $E[X]$, $E[Y]$, $E[X+Y]$를 구하라.
3) $V(X)$, $V(Y)$, $V(X-Y)$를 구하라.
4) X와 Y가 독립적인지의 여부를 밝혀라.

[3] 실험 결과가 다음과 같은 확률함수가 기본적인 속성 두 가지를 만족시키는지 확인하고, 또 그 평균 및 분산을 구하라.

1) $P(X)=\begin{cases} \frac{1}{14}X^2, & X=1,\ 2,\ 3 \\ 0 \quad, & \text{기타} \end{cases}$

2) $f(X)=\begin{cases} \frac{1}{2}X, & 0\le X\le 2 \\ 0 \quad, & \text{기타} \end{cases}$

3) $P(X)=\begin{cases} \frac{e^{-\lambda}\lambda^X}{X!}, & X=1,\ 2,\ \cdots \\ 0 \quad, & \text{기타} \end{cases}$

4) $f(X)=\begin{cases} \lambda e^{-\lambda X}, & X\ge 0 \\ 0 \quad, & \text{기타} \end{cases}$

[4] X는 그 값이 1이 될 확률이 p, 0이 될 확률이 $(1-p)$인 이산확률변수라 하자.

1) $E[X]$, $V(X)$를 구하라.
2) $E[X^2]$, $V(X^2)$

[5] 진위형문제(true-false problem) 4개가 출제된 시험에서 수험생은 정답을 구분할 능력이 전혀 없이 단지 요행을 바라며 답하였다고 하자. 따라서 각 문제마다 정답을 맞힐 확률은 1/2이라고 볼 수 있다.

1) 이 때 X는 정답수를 나타내는 확률변수로 정의하면 $E[X]$와 $V(X)$는 각각 얼마가 되는가?
2) 낙제생을 없애고자 출제자는 기본점수 60점을 모두에게 주고 한 문제 맞출 때마다 10점씩을 가산해 준다고 하자. 이 때 수험생이 얻게 될 점수를 Y라는 확률변수로 표현하고 그 평균과 분산을 계산하라.

[6] 다음은 어느 동네의 맞벌이부부 열 쌍의 월평균소득이다.

(단위 : 만 원)

부 부	남편소득(X)	아내소득(Y)
1	150	125
2	175	175
3	175	150
4	150	150
5	150	150
6	175	125
7	200	150
8	175	150
9	200	175
10	200	150

남편과 아내의 소득을 각각 X와 Y로 나타낼 때

1) $E[X]$, $V(X)$는?
2) $E[Y]$, $V(Y)$는?
3) $\mathrm{Cov}(X, Y)$는?
4) $E[Y|X=150]$, $E[Y|X=175]$, $E[Y|X=200]$을 구하여 그 특징을 밝혀라.
5) $Z=X+Y$의 평균과 분산은?
6) 모든 세금을 공제한 후 부부의 소득이 $DI=0.8X+0.9Y$라면 DI의 평균과 분산은?
7) 부부간의 소득차를 $D=X-Y$라 하고 그 평균과 분산을 구하라.

복습문제 해답

[1] (생략)

[2] 1) (생략)

2) 평균 2, 분산 1

3) 0.6

[3] 1) 50 2) 25 3) 30 4) 0

[4] 1) (생략) 2) $E[X]=2.5$, $E[Y]=3.5$ 3) $V(X)=\frac{5}{4}$, $V(Y)=\frac{1}{4}$

4) $E[X+Y]=6$, $V(X-Y)=1.5$ 5) 0 6) 독립적

연습문제 해답

[1] $E[X]=3$, $E[Y]=E[aX+b]=3a+b$

$\mathrm{Var}(X)=1$, $V(Y)=V(aX+b)=a^2$

[2] 1) $P_X(5)=0.6$, $P_X=(10)=0.4$

$P_Y(1)=0.5$, $P_Y(2)=0.5$

2) $E[X]=7$, $E[Y]=1.5$, $E[X+Y]=8.5$

3) $V(X)=6$, $V(Y)=0.25$, $V(X-Y)=7.25$

4) $P(5, 1)=\frac{2}{10}\neq P_X(5)\cdot P_Y(1)=0.3$

∴ 독립적이 아님.

[3] 1) $E[X]=2\frac{4}{7}$, $\mathrm{Var}(X)=\frac{19}{49}$

2) $E[X]=\frac{4}{3}$, $\mathrm{Var}(X)=\frac{2}{9}$

3) $E[X]=\mathrm{Var}(X)=\lambda$

4) $E[X]=\frac{1}{\lambda}$, $\mathrm{Var}(X)=\frac{1}{\lambda^2}$

[4] 1) $E[X]=p$, $V(X)=p(1-p)$

2) $E[X^2]=p$, $V(X^2)=p(1-p)$

[5] 1) $E[X]=2$, $V(X)=1$

2) $E[X]=80$, $V(X)=100$

[6] 1) $E[X]=175$, $V(X)=375$

2) $E[Y]=150$, $V(Y)=250$

3) $\mathrm{Cov}(X, Y)=125$

4) $E[Y|X=150]=\frac{425}{3}$

$E[Y|X=75]=150$

$E[Y|X=100]=\frac{475}{3}$

5) $E[Z]=325$, $V(Z)=875$

6) $E[DI]=275$, $V(DI)=622.5$

7) $E[D]=25$, $V(D)=375$

제 5 장 전체사상의 확률 Ⅱ: 주요확률분포

제2편에 들어와 제3장에서는 하나 또는 둘 이상의 사상이 발생할 확률을 계산하는 방법을 연구하여 보았고, 제4장에서는 실험 결과 발생할 수 있는 모든 사상의 확률문제를 다룰 수 있는 확률변수와 확률분포에 대하여 연구하였다. 그 결과 발생가능한 모든 사상의 확률계산은 물론, 평균적으로 발생할 확률변수값, 즉 기대치를 계산할 수 있게 되었으며, 통계적 추론 및 의사결정을 하는 데 보다 유용한 정보를 얻을 수 있는 기반이 구축되었다고 볼 수 있다. 그러나 확률변수를 상황에 따라 정의하고, 그에 대한 확률분포를 구성하는 과정은 상당히 번거로워 많은 시간과 노력을 요하게 됨을 독자들은 이미 느끼고 있을 것이다. 다행히도 일상생활 주변에서 일어나고 있는 대부분의 상황은 몇 개의 주요 확률변수로 표현될 수 있어, 이들 확률분포에 관한 특징을 파악해 두면, 각 상황에 대응하는 확률함수를 선정하여 이용함으로써 일일이 확률분포를 구성하거나 평균 및 분산과 같은 특성치를 매번 도출하는 번거로움을 피할 수 있다.

바로 이러한 점을 감안하여 본장에서는 많은 경우의 실험을 대변할 수 있는 주요 확률분포를 유형별로 분류하여 다루고자 하는 것이다. 기준에 따라 분류방법은 여러 가지가 있으나, 여기서는 독자들의 이해를 돕고자 저자가 별도로 고안한 분류도표(그림 V)를 이용하고자 한다.

그림 V 주요확률분포의 계보

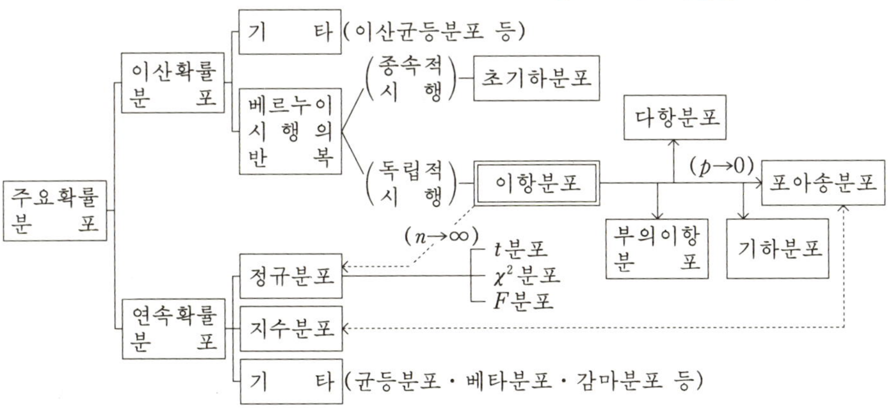

일반적으로 확률분포의 유형은 확률변수가 이산량을 갖는가 연속량을 갖는가에 따라 이산확률변수의 확률분포(확률질량함수: pmf) 또는 연속확률변수의 확률분포(확률밀도함수: pdf)로 양대분한다. 대부분의 이산확률분포는 반복되는 베르누이시행에 근거를 두고 있으며 반복되는 시행이 종속적 관계에 있는지 또는 독립적 관계에 있는지에 따라 일단 초기하분포(hypergeometric distribution)와 이항분포(binomial distribution)로 양대분된다.[1] 그러나 실제로 이산확률분포의 기본이 되는 것은 이항분포이며, 여건과 관심의 차이에 따라 이항분포를 갖는 경우와 동일한 실험을 초기하분포(hypergeometric distribution), 부의 이항분포(negative-binomial distribution), 기하분포(geometric distribution) 등의 형태로 파악하여 분석한다. 한편, 이항확률분포는 특히 어느 한 사상이 발생할 확률이 아주 작을 때 계산의 편의상 특별한 공식으로 전환하는데, 그 대표적인 것이 포아송분포(Poisson distribution)이다.

한편, 실험횟수를 무한대로 증가시킴에 따라 확률질량함수인 이항분포는 극한에 있어 확률밀도함수인 정규분포(normal distribution) 형태와 같아지며(이러한 관계는 그림 V에서는 점선으로 표시함), 다시 정규분포를 근거로 t, χ^2, F 등의 분포를 정의할 수 있게 된다. 반면 지수분포(exponential distribution)라는 확률밀도함수는 다른 각도에서 포아송분포라는 확률질량함수와 긴밀한 관련을 맺는 것으로 파악될 수 있다(그림 V 참조). 이상과 같은 관계를 감안하여 각종 확률분포를 그림 V와 같은 형태로 연결시켜 보았다. 물론 이 밖에도 여러 형태의 확률분포가 있으나, 가장 중요하고 또 자주 사용되는 것은 이항분포・포아송분포・정규분포・지수분포・t분포・χ^2분포 그리고 F분포라 볼 수 있다. 이 장에서는 이들 중 앞의 4개 분포를 다루고 나머지 3개 분포는 제6장에서 표본통계량과 결부시켜 설명하기로 한다.

---

1) 논리상 대부분의 이산확률분포의 기본이 되는 실험은 이른바 베르누이시행(Bernoulli trial)이라는 점을 감안하여 저자에 따라서는 베르누이시행을 일종의 이산확률분포 형태로 파악한 다음 베르누이분포라 명명하기도 한다. 그러나 베르누이시행이란 실험 결과가 두 가지 상호 배타적인 사상으로 구분되는 실험을 단지 한번 시행하였을 경우만을 대상으로 정의되므로 일반적인 이산확률분포의 모체로 간주하기에는 논리전개상 다소의 어려움이 뒤따른다. 따라서 본서에서는 일단 주요 확률분포의 계보표(그림 V)는 이산확률분포의 시발점을 베르누이시행에 두는 형태로 분류하였으나 실제 본문내용의 전개는 이항분포를 기준으로 삼았다. 우리의 주요 관심사는 단 한번만의 시행으로 국한된 이른바 베르누이분포가 아니라 베르누이시행이 반복되는 보다 일반적인 상황이기 때문이다.

한편, 그림 V에 도시한 바 있듯이, 반복되는 베르누이시행이 서로 독립적인지 아니면 종속적인지의 여부에 따라 이산확률분포는 일단 이항분포와 초기하분포로 구분하는 것이 논리상 합리적이기는 하지만 초기하분포의 중요성이 상대적으로 작은 점을 감안하여 본문에서는 포아송분포 이후 기타 주요 이산확률분포를 다룰 때 함께 취급하였다.

제 1 절 이산확률분포의 기본형태 : 이항분포

두 가지 형태로 분류될 수 있는 결과가 발생하는 베르누이시행을 반복하는 실험과 관련하여 가장 기본이 되는 확률분포가 이항분포이다. 따라서 여러 종류의 이산확률분포는 바로 이항분포와 긴밀한 관련성을 가지고 있는, 말하자면 사촌 정도 되는 것들이라고 볼 수 있다.[1] 본절에서는 이러한 이항분포를 집중적으로 다루고, 기타 확률분포 중 중요한 것은 다음 절에서 취급하기로 한다.

1. 이항분포의 특징

일상생활에서 우리는 어느 실험의 결과가 두 가지 형태로 구분되는 경우를 쉽게 찾아볼 수 있다. 예를 들면, 동전을 던지는 실험은 그 결과가 앞면이거나 뒷면이 된다. 대학입시시험을 비롯한 여러 시험의 결과는 합격 혹은 불합격으로 그 결과를 생각할 수 있고, 생산제품은 우량품과 불량품으로 판정할 수도 있다. 이 밖에도 한 집단을 남녀로 구분하거나 일정 기준연령 이상과 미만으로 나눌 수도 있고, 상품가격이 오르거나 내리는 것으로 파악하는 등 이루 말할 수 없을 만큼 많은 현상들이 이러한 유형에 속함을 알 수 있다. 이와 같이 두 가지 결과로 특징지어지는 실험들을 설명하는 데 있어 가장 기본적이고 또 중요한 역할을 하는 것이 이항분포이다. 이항분포는 1700년대의 스위스 수학자들, 특히 베르누이(Bernoulli) 집안 학자들의 확률에 관한 연구에서 그 기원을 찾을 수 있다. 이러한 이유로 해서 두 가지 결과와 관련된 실험을 반복(예컨대, 동전 던지기)하는 것을 베르누이시행이라고 한다.[2] 그러나 우리는 단 한번의 베르누이시행에 대한 것보다는 일련의 독립적이고 반복적인 베르누이시행에

1) 공식적으로 이러한 이산확률분포들을 이항분포계열(family of binomial distribution)이라 한다.

2) 단 한번의 시행을 대상으로 하는 베르누이시행 또는 베르누이분포의 경우 서로 배타적인 두 가지 사상으로 구분되는 실험 결과 중 하나를 성공(S), 그리고 다른 하나를 실패(F)로 정의하고 각각의 발생가능성을 $P(S)=p$, $P(F)=q=1-p$라 가정하면 베르누이분포의 확률함수는 $f(X_B : p)=p^X(1-p)^{1-X}$(단, $X=0$ 또는 1)와 같이 표현할 수 있다. 그리고 베르누이분포를 따르는 이산확률변수 X_B의 평균과 분산은 각각 $E[X_B]=p$, $\text{Var}(X_B)=p(1-p)$가 되는데 이와 같은 확률함수 및 평균과 분산은 본절에서 소개하고 있는 이항분포를 시행횟수가 단 1회인($n=1$) 경우에 대하여 도출한 결과와 동일하게 된다. 베르누이분포는 특수한 상황에서 성립되는 이항분포의 한 예로 이해할 수 있으며 또는 베르누이분포를 일반화(반복시행)시킨 것이 이항분포라고 볼 수도 있다.

관심을 갖게 된다. 반복적으로 행해지는 시행이 독립적이라 함은 한 시행의 결과가 다른 시행의 결과에 영향을 미칠 수 없음을 의미한다. 바꾸어 말하면, 각 결과가 매 시행에서 발생할 확률이 항상 일정함을 뜻하고 있다. 예컨대, 동전을 던지는 실험을 반복시행할 때 결과는 앞면과 뒷면의 두 가지이고, 앞면 또는 뒷면이 각 시행에 있어 발생할 확률은 항상 일정하다고 볼 수 있으므로(바꾸어 말하면 각 시행이 서로 독립적이므로) 이항분포를 따른다고 볼 수 있다. 그러나 둘 중 어느 한 결과가 발생할 확률이 일정하다는 조건은 위와 같은 동전의 예 이외에도 있다. 합격품과 불합격품의 비율이 9 : 1인 제품이 있다 하자. 여기서 한 개를 뽑았을 때 합격품일 확률과 두 번째에 한 개를 뽑는 시행에서 합격품일 확률이 같아지려면, 다음 두 조건 중 하나가 만족되어야 할 것이다. 즉, 한 개씩 물건을 뽑되 일단 뽑았던 것을 복원시킨 다음 총제품수가 일정하도록 유지시켜 다음 시행을 하거나, 또는 총제품수가 무한히 많아 첫번째 또는 두 번째 뽑았던 제품을 복원하지 않아도 다음 번 추출시 합격품을 뽑을 확률이 거의 변동이 없을 때 각 시행은 동일한 확률을 유지할 수 있고, 따라서 서로 독립적 시행으로 이해될 수 있다.

간추려 말하면, 결국 이항분포란 두 가지 결과를 갖는 실험을 반복시행할 때, 각 시행이 서로 독립적이어서 각 결과가 발생할 확률이 일정할 경우(이것은 복원을 가정하거나 무한대에 가까운 모집단을 가정함으로써 가능)에 성립되는 특징을 가진 확률분포라 볼 수 있다.

이상과 같이 특징지어지는 이항분포는 관심의 대상이 되는 확률이 매 시행마다 동일한 값을 갖게 되므로, 반복시행횟수만 결정되면 분포의 모양이 정확히 파악될 수 있게 된다. 이제 두 가지 결과를 편의상 성공과 실패라고 하고, 각 시행에서 성공할 확률을 p, 그리고 실패할 확률을 q라 하고(따라서 $q=1-p$), 이러한 실험을 n번 반복하여 X번 성공하였다 하자. 이 때 매 시행에서 동일한 값이 유지되는 성공의 확률 p와 시행횟수 n을 이항분포의 모수라 한다. 이처럼 두 개의 모수를 갖기 때문에 이항분포를 2모수계열 확률분포(family of two-parametric probability distributions)라 하기도 한다. 여기서 모수라 함은 제1편에서와 동일한 것을 의미한다. 즉, 모집단의 특성을 나타내는 상수를 일컫는 것이다. 따라서 p와 n의 값이 주어지면, 구체적인 성공횟수의 발생확률은 물론, 통계적 추론의 주관심이 되는 평균과 분산의 값도 결정할 수 있게 된다.

2. 이항분포의 확률계산법

이항분포를 따르는 확률변수의 확률계산을 위한 공식을 도출하기 위하여 제3장에서 전개된 확률법칙을 이용하기로 한다. 매 시행에서 성공할 확률이 p로 일정하고, n번 반복되는 베르누이시행에서 X번 성공할 확률을 계산해 보자. 총 n번 시행 중 X번 성공했다 함은 나머지 $(n-X)$번은 실패했다는 것이므로, 성공을 S, 실패를 F로 표기하면, n번 중 X번 성공할 확률은 다음과 같은 교집합사상의 확률로 표현할 수 있다.

$$
\begin{aligned}
&P(\underbrace{S_1 \cap S_2 \cap \cdots \cap S_X}_{X\text{번}} \cap \underbrace{F_1 \cap F_2 \cap \cdots \cap F_{n-X}}_{(n-X)\text{번}}) \\
&= P(S_1)\cdot P(S_2)\cdot \cdots \cdot P(S_X)\cdot P(F_1)\cdot P(F_2)\cdot \cdots \cdot P(F_{n-X}) \\
&= \underbrace{p\cdot p\cdot \cdots \cdot p}_{X\text{개}}\cdot \underbrace{q\cdot q\cdot \cdots \cdot q}_{n-X\text{개}} \\
&= p^X q^{n-X} \qquad (5.1)
\end{aligned}
$$

베르누이시행의 각 시행은 서로 독립적이므로 교집합사상의 확률은 각 개별 사상의 확률을 곱한 것과 같아진다.[1] 또한 각 시행에서 성공에 대한 확률은 p로 동일하고 실패의 확률은 q로 일정하므로, n번 시행에서 X번 성공할 확률은 p를 X번, 그리고 q를 $(n-X)$번 서로 곱한 것과 일단 같아지게 된다. 그러나 이상에서 산출한 확률은 n번 시행 중 처음부터 X번은 모두 성공하고, 그 이후 $(n-X)$번은 모두 실패한 경우만을 고려한 것임에 주의할 필요가 있다. n번 시행 중 X번 성공한다는 것은 성공과 실패가 위와는 다른 순서로 발생할 수도 있다는 것을 의미하며, 이러한 배열방법의 총수는 ${}_nC_X$ 또는 $\binom{n}{X}$와 같아진다. 즉, $\binom{n}{X}$란 결국 n개 중 X개를 뽑아내어 이를 성공이라 지정하는 방법수를 나타내며, 바로 n개 중 X개를 뽑는 조합의 수와 같아지는 것이다. 따라서 n번 시행에서 X번 성공할 확률은 결국 다음과 같아진다.

---

1) 두 사상 E_1과 E_2의 교집합확률은 $P(E_1 \cap E_2) = P(E_1)\cdot P(E_2|E_1)$이지만, E_1과 E_2가 독립적이면 $P(E_2|E_1) = P(E_2)$가 되므로, $P(E_1 \cap E_2) = P(E_1)\cdot P(E_2)$가 된다. 이러한 법칙은 2개 이상의 사상이 결합된 경우에도 확대・적용될 수 있음은 물론이다. 자세한 것은 제3장 제6절을 참조.

[이항분포함수]

$$P(X\,;\,n,p)=\begin{cases}\binom{n}{X}p^Xq^{n-X} & : \begin{cases}X=0,1,2,\cdots,n\\ n=0,1,2,\cdots\cdots\end{cases}\\ 0 & :\ \text{기타}\end{cases} \qquad (5.2)$$

이 공식이 바로 각 시행에 대한 성공의 확률이 p로 일정한 베르누이시행을 독립적으로 n번 반복하는 실험의 이항분포함수가 된다.

이 공식에 의한 확률계산의 예를 들기 위하여 불량품비율이 10%인 생산품 중에서 4개의 견본을 뽑는다고 하자. 견본 하나씩을 뽑는 과정이 서로 독립적이라고 가정하면(예컨대, 생산품의 양이 아주 많다면) 각 시행과정에서 불량품을 뽑을 확률 p는 0.1로 일정하므로, 4번(즉, $n=4$) 시행에서 $X=1$의 불량품이 나올 확률은 다음과 같아진다.

$$\begin{aligned}P(X=1)&=\binom{n}{X}p^Xq^{n-X}\\&=\binom{4}{1}(0.1)^1(0.9)^3\\&=\frac{4!}{1!3!}(0.1)(0.729)\\&=0.2916\end{aligned}$$

한편, $P(X=2)=\binom{4}{2}(0.1)^2(0.9)^2=0.0486$이 되고, $P(X=3)$과 $P(X=4)$도 같은 요령으로 구할 수 있다. 표 5-1은 이러한 계산 결과에 대한 값을 보여

표 5-1 이항분포의 확률 : $n=4$, $p=0.1$인 경우

X	$\binom{n}{X}$	p^Xq^{n-X}	$P(X)=\binom{n}{X}p^Xq^{n-X}$
0	$\binom{4}{0}=1$	$(0.1)^0(0.9)^4=0.6561$	0.6561
1	$\binom{4}{1}=4$	$(0.1)^1(0.9)^3=0.0729$	0.2916
2	$\binom{4}{2}=6$	$(0.1)^2(0.9)^2=0.0081$	0.0486
3	$\binom{4}{3}=4$	$(0.1)^3(0.9)^1=0.0009$	0.0036
4	$\binom{4}{4}=1$	$(0.1)^4(0.9)^0=0.0001$	0.0001
합 계			1.0000

그림 5-1 이항분포 : $n=4$, $p=0.1$인 경우

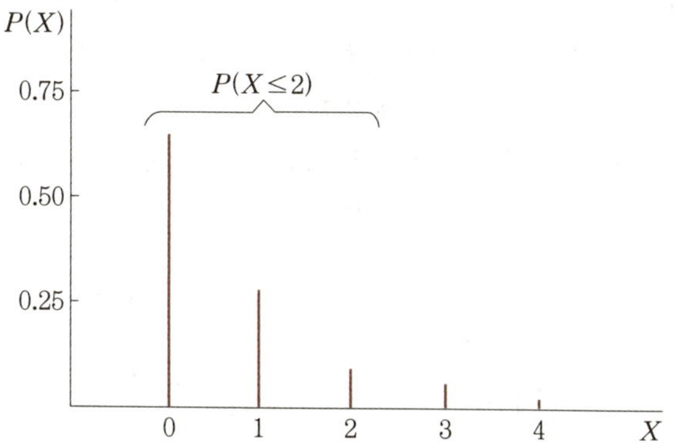

주고 있다. 표 5-1을 그림으로 나타낸 것이 그림 5-1이다.

한편, 만일 4개를 뽑아 불량품이 2개 이하일 경우의 확률을 구한다면, $P(X\leq 2)=P(X=0)+P(X=1)+P(X=2)$와 같아지며, 이들 확률값은 표 5-1을 이용하면,

$$P(X\leq 2)=0.6561+0.2916+0.0486=0.9963$$

이 된다. 이 결과는 그림 5-1에서 첫번째 3개의 기둥 높이를 더한 것과 같아진다.

이상에서 우리는 이항분포를 따르는 베르누이시행이 반복시행되는 실험에서 우리가 필요한 확률을 공식을 통해 쉽게 구할 수 있음을 알게 되었다. 그러나 만일 n이, 즉 시행횟수가 점차 커짐에 따라 공식을 이용한 확률계산은 점차 복잡해진다는 문제가 생긴다. 예컨대, 불량품비율이 10%인 상품 중에서 20번 반복하여 추출한 결과 불량품이 2개 나올 확률을 공식을 이용하여 구해 보면, 다음과 같아진다.

$$P(X=2)=\binom{n}{X}p^Xq^{n-X}=\binom{20}{2}(0.1)^2(0.9)^{18}$$
$$=\frac{20}{2!18!}(0.1)(0.1)\underbrace{(0.9)(0.9)\cdots(0.9)}_{18\text{개}}$$

위와 같은 계산은 상당히 번거로운 과정이 될 것임에 틀림없다. 이러한 문제에 대응하여 시행횟수 n이 1, 2, 3, 4, …, 9, 10, 20, 30, 50, 100일 때와 성공

의 확률 p가 0.01부터 0.99에 이르기까지 성립되는 이항분포의 확률을 사전에 계산한 다음 그 결과를 도표 형태로 제시한 것이 부표 B이다. 물론 실제로 부표를 보면 p의 값이 0.5까지밖에 다루어지지 않았다. 그 이유는 이항분포의 대칭성 때문이다. $p=0.9$인 이항분포에서 20회 반복시행 결과 18번 성공하는 확률은 $P(X=18)=\binom{20}{18}(0.9)^{18}(0.1)^2$이 되는데, 이것은 $p=0.1$, $n=20$인 이항분포에서 2번 성공하는 확률과 같아진다. 즉,

$$\binom{20}{18}(0.9)^{18}(0.1)^2=\binom{20}{2}(0.1)^2(0.9)^{18}$$

이와 같은 관계가 성립될 수 있는 것은 $\binom{20}{18}=\binom{20}{2}$가 되기 때문이다. 이를 일반화하면

$$\binom{n}{X}p^X(1-p)^{n-X}=\binom{n}{n-X}(1-p)^{n-X}p^X \qquad (5.3)$$

이 되는데, 이 관계식이 의미하는 것은 n번 시행에서 X번 성공하는 확률은 $(n-X)$번 실패하는 확률과 같은 의미를 함축하고 있기 때문이다. 위의 두 식이 외관상 다른 부분은 $\binom{n}{X}$와 $\binom{n}{n-X}$뿐인데, 실제로는 $\binom{n}{X}=\frac{n!}{X!(n-X)!}$이고 $\binom{n}{n-X}=\frac{n!}{(n-X)!X!}$으로 서로 같은 값이 되어 버린다.[1)]

그러면 불량품비율이 10%인 상품 중에서 20개를 추출했을 때, 2개가 불량품일 확률을 부표에 있는 이항확률분포표를 이용하여 찾아보자. 표 5-2는 부표 B에 있는 이항분포표 중 $n=20$인 경우를 발췌해 놓은 것이다.

표 5-2에서 $p=0.1$일 경우 $X=2$가 되는 확률은 0.2852임을 쉽게 알 수 있다. 따라서 이와 같은 표를 이용함으로써 $\binom{20}{2}(0.1)^2(0.9)^{18}$을 계산하는 번거로움을 피할 수 있는 것이다. 한편, $p=0.9$일 경우 $X=18$이 되는 확률은 $\binom{20}{18}$

---

1) 독자들은 $(p+q)^n$을 이항정리(binomial expansion)에 의해 나타낼 수 있음을 알고 있을 것이다. 즉, $n=0, 1, 2, \cdots$에 따라 $(p+q)^n$은 다음과 같아진다.

$$\begin{aligned}
(p+q)^0 &= 1\\
(p+q)^1 &= p+q\\
(p+q)^2 &= p^2+2pq+q^2\\
(p+q)^3 &= p^3+3p^2q+3pq^2+q^3\\
(p+q)^4 &= p^4+4p^3q+6p^2q^2+4pq^3+q^4\\
&\vdots\\
(p+q)^n &= p^n+\binom{n}{1}p^1q^{n-1}+\binom{n}{2}p^2q^{n-2}+\cdots+q^n
\end{aligned}$$

이와 같이 확정되는 식들의 계수는 삼각형을 이루며 변화해 가는데, 이들 계수의 값은 다름아닌 $\binom{n}{0}$, $\binom{n}{1}$, $\binom{n}{2}$, $\cdots$, $\binom{n}{n}$에 의해 대변될 수 있는 이항계수(binomial coefficient)이며, 위와 같은 설명도식을 파스칼의 삼각형(Pascal's triangle)이라 한다.

표 5-2 이항확률분포표 : $n=20$일 경우

$n=20$

X	p	01	02	03	04	05	06	07	08	09	10		
0		8179	6676	5438	4420	3585	2901	2342	1887	1516	1216		20
1		1652	2725	3364	3683	3774	3703	3526	3282	3000	2702		19
2		0159	0528	0988	1458	1887	2246	2521	2711	2828	2852		18
3		0010	0065	0183	0364	0596	0860	1139	1414	1672	1901		17
4		0000	0006	0024	0065	0133	0233	0364	0523	0703	0898		16
5		0000	0000	0002	0009	0022	0048	0088	0145	0222	0319		15
6		0000	0000	0000	0001	0003	0008	0017	0032	0055	0089		14
7		0000	0000	0000	0000	0000	0001	0002	0005	0011	0020		13
8		0000	0000	0000	0000	0000	0000	0000	0001	0002	0004		12
9		0000	0000	0000	0000	0000	0000	0000	0000	0000	0001		11
		99	98	97	96	95	94	93	92	91	90	p	X
X	p	11	12	13	14	15	16	17	18	19	20		
0		0972	0776	0617	0490	0388	0306	0241	0189	0148	0115		20
1		2403	2115	1844	1595	1368	1165	0986	0829	0693	0576		19
2		2822	2740	2618	2466	2293	2109	1919	1730	1545	1369		18
3		2093	2242	2347	2409	2428	2410	2358	2278	2175	2054		17
4		1099	1299	1491	1666	1821	1951	2053	2125	2168	2182		16
5		0435	0567	0713	0868	1028	1189	1345	1493	1627	1746		15
6		0134	0193	0266	0353	0454	0566	0689	0819	0954	1091		14
7		0033	0053	0080	0115	0160	0216	0282	0360	0448	0545		13
8		0007	0012	0019	0030	0046	0067	0094	0128	0171	0222		12
9		0001	0002	0004	0007	0011	0017	0026	0038	0053	0074		11
10		0000	0000	0001	0001	0002	0004	0006	0009	0014	0020		10
11		0000	0000	0000	0000	0000	0001	0001	0002	0003	0005		9
12		0000	0000	0000	0000	0000	0000	0000	0000	00001	0001		8
		89	88	87	86	85	84	83	82	81	80	p	X

⋮
(중 략)
⋮

X	p	41	42	43	44	45	46	47	48	49	50		
1		0004	0003	0002	0001	0001	0001	0001	0000	0000	0000		19
2		0024	0018	0014	0011	0008	0006	0005	0003	0002	0002		18
3		0100	0080	0064	0051	0040	0031	0024	0019	0014	0011		17
4		0295	0247	0206	0170	0139	0113	0092	0074	0059	0046		16
5		0656	0573	0496	0427	0365	0309	0260	0217	0180	0148		15
6		1140	1037	0936	0839	0746	0658	0577	0501	0432	0370		14
7		1585	1502	1413	1318	1221	1122	1023	0925	0830	0739		13
8		1790	1768	1732	1683	1623	1553	1474	1388	1296	1201		12
9		1658	1707	1742	1763	1771	1763	1742	1708	1661	1602		11
10		1268	1359	1446	1524	1593	1652	1700	1734	1755	1762		10
11		0801	0895	0991	1089	1185	1280	1370	1455	1533	1602		9
12		0417	0486	0561	0642	0727	0818	0911	1007	1105	1201		8
13		0178	0217	0260	0310	0366	0429	0497	0572	0653	0739		7
14		0062	0078	0098	0122	0150	0183	0221	0264	0314	0370		6
15		0017	0023	0030	0038	0049	0062	0078	0098	0121	0148		5
16		0004	0005	0007	0009	0013	0017	0022	0028	0036	0046		3
17		0001	0001	0001	0002	0002	0003	0005	0006	0008	0011		3
18		0000	0000	0000	0000	0000	0000	0001	0001	0001	0002		2
		59	58	57	56	55	54	53	52	51	50	p	X

$(0.9)^{18}(0.1)^2$ 인데 부표에는 0.5를 넘는 p의 값은 나와 있지 않다. 따라서 이 경우에는 앞에서 밝힌 관계식 (5.3)을 이용하여,

$$\binom{20}{18}(0.9)^{18}(0.1)^2=\binom{20}{20-18}(1-0.9)^{20-18}(0.9)^{18}=\binom{20}{2}(0.1)^2(0.9)^{18}$$

가 됨을 확인한 다음, 표에서 $p=0.1$, 그리고 $X=2$가 되는 확률을 대신 찾으면 되는 것이다.

이상과 같은 이항분포는 물론 제4장에서 밝힌 확률함수의 기본요건인 두 가지 속성을 만족시킴은 물론이다. 즉, X가 이항분포를 따를 때 다음 관계식이 성립된다.

$$0\leq P(X)\leq 1$$
$$\sum_{\text{모든}X}P(X)=1 \tag{5.4}$$

두 번째 속성이 성립되는 것만을 간단히 증명해 보자. 앞에서 이용한(주 참조) 이항정리에 의하면,

$$(p+q)^n=\sum_{X=0}^{n}\binom{n}{X}p^Xq^{n-X} \tag{5.5}$$

가 되고, 한편 $q=1-p$이므로 위의 식의 값은

$$(p+q)^n=(p+1-p)^n=1$$

이 됨을 쉽게 알 수 있다. 또한 p 또는 q의 값이 1보다 크지 않은 양수 또는 0이므로 $\binom{n}{X}p^Xq^{n-X}$ 또한 음수는 될 수 없으며, $\sum_{\text{모든}X}\binom{n}{X}p^Xq^{n-X}=1$이 되기 때문에 개별적인 $\binom{n}{X}p^Xq^{n-X}$의 값은 1보다 클 수 없을 것이다. 따라서 첫번째 속성인 $0\leq P(X)\leq 1$ 또한 간접적으로 증명된 셈이다.

3. 이항분포의 평균과 분산

지금까지 우리는 이항분포의 특징과 이항분포를 따르는 실험 결과와 관련된 확률계산법을 배웠다. 따라서 일단 어떤 실험이 앞에서 밝힌 이항분포의 기본요건과 일치된다면 각종 실험 결과의 확률은 쉽게 구할 수 있게 된 셈이다. 그러나 개별 실험 결과의 확률을 표를 이용하여 쉽게 찾을 수 있다 하더라도

시행횟수 n이 커질수록 기대치를 구하는 것은 역시 번거로운 일이 될 것이다. 예컨대, $n=20$, $p=0.1$인 이항분포에서 X를 성공횟수를 나타내는 확률변수라 할 때, X의 기대치 또는 평균을 구하려면

$$
\begin{aligned}
E[X] &= \sum_{\text{모든 } X} X \cdot P(X) \\
&= 0 \cdot P(X=0) + 1 \cdot P(X=1) + 2 \cdot P(X=2) + \cdots + 20 \cdot P(X=20)
\end{aligned}
$$

이 되므로, 표에서 총 21개의 확률값을 일일이 찾아 대입하여 계산하여야 할 것이다.

이러한 상황에 대비하여 보다 손쉽게 평균 및 분산을 구할 수 있는 방안을 강구할 필요가 생긴다. 앞에서 밝혔듯이 이항분포란 두 개의 모수 n과 p에 의해 특징지어지므로, 이들 모수에 의해 평균과 분산의 값을 구할 수 있을 것이라 기대할 수 있다.

X가 이항분포를 따른다면 그 평균과 분산은 다음과 같이 정의된다.

[이항분포의 평균과 분산의 정의]

평균 : $E[X_b] = \sum X \cdot P(X) = \sum X \binom{n}{X} p^X q^{n-X}$

분산 : $\mathrm{Var}(X_b) = \sum (X-\mu)^2 P(X) = \sum X^2 P(X) - \mu^2$ (5.6)

$= \sum X^2 \binom{n}{X} p^X q^{n-X} - \mu^2$

(X_b는 이항분포를 따르는 확률변수 X라는 뜻)

이러한 식의 계산은 중급수학수준을 요하므로, 여기에서는 간접적 방법에 의한 결과도출에 그치고자 한다.[1)]

우선 평균을 구하기 위해 편의상 확률변수 X는 1이나 0 중 하나의 값을 가지며, 독립적으로 n번 반복되는 베르누이시행으로 이루어지는 실험에서 관측된다 가정하자. 이제 각 시행에서 1이 관측되는 확률을 성공할 확률이라 하고 p로 표기하며, 반면 0이 나올 확률을 실패할 확률이라 하여 q로 표기하자. 그러면 각 시행에서 X가 갖는 기대치는

$$
E[X] = \sum_{X=0}^{n} X \cdot P(X) = 0 \cdot q + 1 \cdot p = p
$$

1) 이들 식의 결과는 소위 적률모함수(moment generating function)를 활용하여 얻어지는 데 관심 있는 독자는 Robert V. Hogg & Allen T. Graig, *Introduction to Mathematical Statistics*, 4th ed. (Macmillan, 1978), pp. 91~92를 참조.

가 될 것이고, 이러한 실험을 n번 시행했을 경우 평균성공횟수는 $n\times p$가 될 것이다. 이는 각 시행이 서로 독립적으로 이루어진다는 사실을 이용하여 다음과 같이 산출될 수도 있다.

$$\begin{aligned} E[X_b] &= E[\underbrace{X+X+X+\cdots+X}_{n\text{개}}] \\ &= \underbrace{E[X]+E[X]+\cdots+E[X]}_{n\text{개}} \quad (\because \text{ 기대치법칙 5}) \\ &= n\cdot E[X] = n\cdot p \end{aligned}$$

한편, 분산을 구하기 위하여 우선 $E[X^2]$를 계산하면

$$E[X^2] = \sum_{X=0}^{n} X^2 P(X) = (0^2)q + (1)^2 p = p$$

가 된다. 따라서

$$\begin{aligned} \mathrm{Var}(X) &= E[X^2] - (E[X])^2 \\ &= p - p^2 = p(1-p) = p\cdot q \end{aligned}$$

가 될 것이다. 한편, 이 분산은 한 번 시행에 대한 것이므로, n번 시행의 경우 성공횟수 X의 분산은 npq가 될 것이다. 즉,

$$\begin{aligned} \mathrm{Var}(X_b) &= \mathrm{Var}(X+X+X+\cdots+X) \\ &= \underbrace{\mathrm{Var}(X)+\mathrm{Var}(X)+\cdots+\mathrm{Var}(X)}_{n\text{개}} \quad (\because \text{ 기대치법칙 7}) \\ &= n\cdot \mathrm{Var}(X) \\ &= n\cdot p\cdot q \end{aligned}$$

이상의 결과를 요약하면 이항분포를 따르는 확률변수 X의 평균과 분산은 다음과 같다.

[이항분포의 평균과 분산]

평균 : $E[X_b] = n\cdot p$

분산 : $\mathrm{Var}(X_b) = n\cdot p\cdot q$ (5.7)

4. 이항분포의 형태와 근사치계산

이상에서 이항분포를 따르는 확률변수의 확률계산방법과 평균 및 분산공식을 도출함으로써 독립적으로 반복시행되는 베르누이실험형에 대한 기본적인 문제해결방안을 강구하였다. 그러나 우리 주위에서 흔히 발생하는 일들이 모두 이항분포를 따른다고 볼 수는 없다. 하지만 이항분포에 약간의 수정을 가하면 보다 다양한 사건에 대한 확률문제를 분석할 수가 있다. 이와 같은 상황의 이해를 돕기 위하여 우선 이항분포가 갖는 모양의 특색을 살펴보자.

이항분포가 n과 p 두 개의 모수에 의해 특징지어지는 분포이므로, 이항분포의 모양은 물론 이 두 모수 값에 따라 달라지게 된다. 따라서 우선은 n이 작은 경우와 큰 경우로 나누고, 다음 n이 작은 경우에 한하여 p의 값이 1/2보다 작을 때, 같을 때, 그리고 클 때로 나누어 살펴보기로 한다.

1) n이 작을 때($n \leq 30$)

a) $p < \frac{1}{2}$ b) $p = \frac{1}{2}$ c) $p > \frac{1}{2}$

2) n이 클 때($n \geq 30$)

우선 n, 즉 시행횟수가 상당히 작은 경우 각 시행에서 성공할 확률 p가 0.2, 0.5, 그리고 0.8과 각각 같다고 하고, n은 편의상 5라 한 다음, 각각의 경우에 대응하는 분포를 그려보면 그림 5-2와 같다.

그림 5-2 p값의 변화에 따른 이항분포($n=5$일 때)

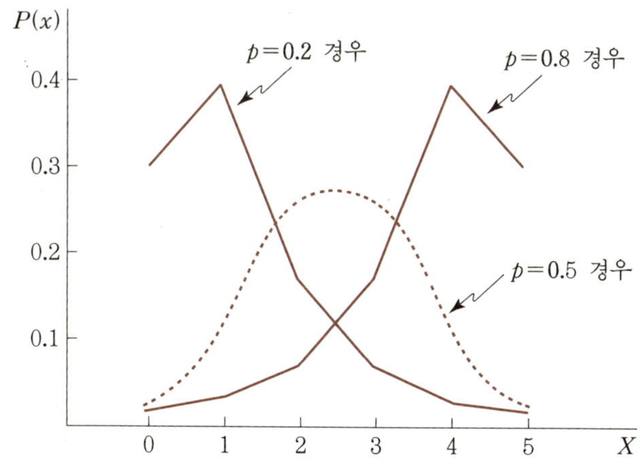

그림에서 보듯이 p의 값이 $\frac{1}{2}$과 같을 때에는 좌우대칭 형태가 되나 p의 값이 $\frac{1}{2}$보다 크거나 작을 때에는 음의 왜도(negatively skewed) 또는 양의 왜도(positively skewed)를 갖는 분포 형태를 취함을 알 수 있다. 물론 $p=\frac{1}{2}$ 경우에는 평균과 중앙치 그리고 최빈치가 모두 서로 같아지는데, 이처럼 평균을 중심으로 좌우대칭이 되는 이유는 이항확률공식을 음미하여 보면 쉽게 알 수 있다.

$$\begin{aligned} P(X) &= \binom{n}{X} p^X q^{n-X} \\ &= \binom{n}{X} 0.5^X 0.5^{n-X} \\ &= \binom{n}{X} 0.5^n \end{aligned}$$

즉, $p=q=\frac{1}{2}$이면 $p^X q^{n-X}$값은 X의 값이 무엇이든 항상 0.5^n으로 일정하게 된다. 따라서 X의 확률값은 $\binom{n}{X}$에 의해 주로 영향을 받게 되는데, 앞에서 확인한 바 있듯이 $\binom{n}{X}$의 값은 좌우대칭을 이룬다. 따라서 좌우대칭을 이루는 $\binom{n}{X}$에 일정한 값 0.5^n을 곱한 값 또한 좌우대칭을 이룰 것임은 명백한 사실이다.

한편 n, 즉 시행횟수가 상당히 많은 경우는 어떠한가? 이 경우 역시 $p=\frac{1}{2}$이면 좌우대칭이 될 것임은 분명하다. 문제는 n은 크나 $p \fallingdotseq \frac{1}{2}$인 경우인데, 편의상 $p=0.2$로 보고 n의 값을 5, 10, 50, 100으로 변화시켜 보자.

그림 5-3에서처럼 n의 값이 비교적 작은 경우 분포의 모양은 양의 왜도를

그림 5-3 시행횟수 증가에 따른 이항분포 형태($p=0.2$일 때)

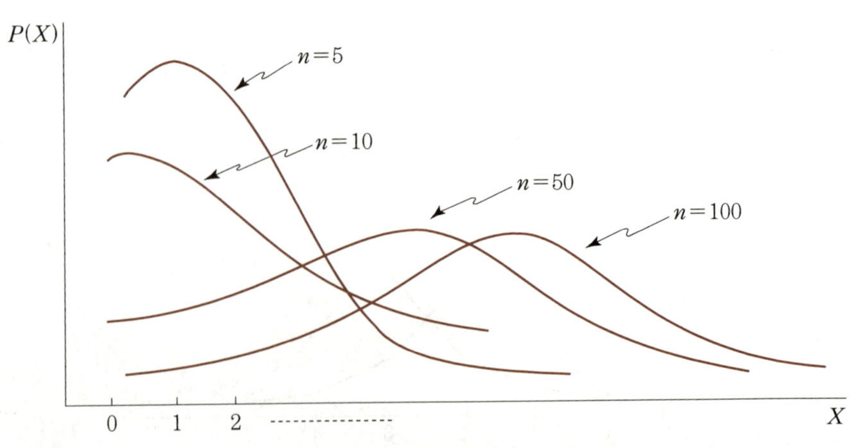

갖는 분포의 형태를 취하나, n의 값이 커질수록 분포의 모양은 점차 좌우대칭에 가까워짐을 알 수 있다. n의 값이 일정 수준보다 커지면 거의 좌우대칭 형태가 될 뿐 아니라 그 모양이 후에 배우게 될 정규분포와 거의 같아지는 것이 학자들에 의해 확인되었다.[1] 정규분포에 대하여는 제 4 절에서 상세히 다루기로 한다. 주의깊은 독자들은 n의 값이, 예컨대 50과 100 사이라든지 또는 그 이상일 경우 부표 B에는 이항확률표가 제공되지 않았음을 알고 의아해 할 것이다. 이것은 n의 값이 적어도 30을 넘어서기 시작하면 이항분포는 좌우대칭의 정규분포를 대신 사용함으로써 필요한 확률계산을 할 수 있기 때문에 생략된 것이다. 이와 같은 근사치계산법도 정규분포를 다룬 다음 취급할 것이다.

위와 같은 결과를 우리는 수학적 증명 없이도 직관적으로 감지할 수 있다. 즉,

$$P(X)=\binom{n}{X}p^X q^{n-X} \tag{5.2}$$

에서 $n\to\infty$에 따라 $\binom{n}{X}$의 값들은 굉장히 큰 숫자들이 된다. 따라서 $p\neq\frac{1}{2}$이므로 $p^X q^{n-X}$의 값이 $\left(\frac{1}{2}\right)^n$으로 일정하지 못하더라도 앞의 $\binom{n}{X}$의 값이 압도적으로 크고, 또 그 값이 좌우대칭을 이루므로 전체값이 역시 좌우대칭 형태를 갖게 되는 것이다.

위와 같은 직관적 견해에 의문을 품은 독자가 있으리라 믿는다. 예컨대, p의 값이 0.000001 처럼 아주 작다면, 이를 n제곱한 값은(특히 $n\to\infty$ 경우) 무척 작은 수가 될 것이고, 따라서 $\binom{n}{X}$의 값이 아무리 크더라도 $p^X q^{n-X}$값의 변화를 무시할 수 없는 경우도 생길 것이다. 이러한 극단적인 상황에는 정규분포에 의한 이항분포의 어림셈에 다소 무리가 따를 수도 있다. 따라서 이러한 경우는 별도의 방법을 이용하여 확률계산을 하게 되는데, 이 때 사용되는 것이 다음 절에서 배울 포아송(Poisson)분포이다.

제 2 절 포아송(Poisson)분포

이산확률분포 중 이항분포 다음으로 자주 이용되는 것으로 포아송(Poisson)분포가 있다. 이 분포는 창시자인 프랑스의 수학자 포아송(S. D. Poisson)의 이

1) 자세한 내용은 Mood and Graybill, *op. cit.*, pp. 119~121을 참조.

름을 따서 명명한 것으로, 포아송은 1837년 그의 논문에서 여자와 어린이의 자살자수는 물론 프러시아 군대에서 병사가 말에 깔려 죽을 확률을 비교적 정확히 묘사할 수 있는 분포를 제시한 것이다. 이 분포는 최근 경영학의 OR분야에서 널리 응용되고 있는데, 특히 가종 용역기관의 단위시간당 몰려오는 고객의 수와 관련하여 이용되고 있다. 예를 들면, 은행창구, 고속도로의 통행료징수소, 슈퍼마켓의 계산대 등에 단위시간당 몰려드는 고객수는 물론 공항 활주로에 착륙하는 비행기수 등과 관련되는 문제들이다. 이 밖에도 인쇄물 한 페이지당 오식의 수, 피의 부유물 중 흰피톨의 수, 페인트칠을 한 표면 중 잘 안 칠해진 부분의 비율 등은 단위면적에 대한 확률변수로 파악하여 포아송분포를 이용한다.

이상과 같은 문제에서 포아송분포는 네 가지 기본적 가정이 충족되면 단위시간이나 면적당 특정 사건의 발생확률을 결정하는 데 사용될 수 있다. 첫째 단위기간(예컨대, 1시간)은 많은 수의 부분단위기간(예컨대, 1초)으로 나누어지되, 이 부분단위기간 내에서 특정 사건이 발생할 확률이 희박할 정도로 짧은 소단위기간으로 분할될 수 있을 것, 둘째 각 소단위기간중 사건이 발생할 확률은 고려대상 전체 기간중 일정할 것, 세째 각 소단위기간중 사건이 두 번 이상 발생할 확률이 무시될 정도로 적을 것, 그리고 마지막으로 각 기간에서의 사건 발생은 서로 독립적일 것을 요구하고 있다.

이상의 조건은 얼핏보기에 까다롭고 확인하기 힘든 것같아 보이나, 앞에서 열거한 여러 예들은 대체적으로 이들 조건에서 크게 벗어나지 않는 상황에 속하는 문제들이다. 예컨대, 1시간당 은행창구에 몰려드는 고객의 수에 관한 문제를 고려하여 보자. 이 단위시간을 $\frac{1}{3,600}$로 나누어 1초라는 소단위기간으로 분할할 경우, 직관적으로 보아 이 소단위기간중 고객의 도착수는 대체로 일정하며, 또 매우 적어 두 사람 이상이 몰려올 가능성이 크지 않으며, 단위기간에 도착하는 고객의 수는 서로 독립적으로 이루어진다고 보는 데 큰 무리가 없을 것이므로, 포아송분포를 적용할 수 있다. 다른 예에서도 첫번째와 세 번째 조건은 일반적으로 단위시간당 발생건수를 다루는 문제에서 대체적으로 충족되고 있다. 그러나 두 번째 및 네 번째 조건은 충족되기 쉽지도 않고 또한 확인하기도 쉽지 않다. 그럼에도 불구하고 포아송분포는 많은 경우에 별 무리 없이 적용되어 사용되고 있다.

1. 포아송분포의 특징과 확률계산법

위에 열거한 예들을 종합적으로 묘사하고자 우리는 단위시간당 X개의 사건이 발생할 확률문제를 중심으로 포아송분포를 이용하는 여러 방안을 살펴보고자 한다. 이 분포를 따르는 모집단을 특징지우는 데 필요한 특성치, 즉 모수는 단위시간당 평균발생률뿐이다.[1] 이 모수를 우리는 λ("람다"라 읽음)라는 그리스문자로 표기한다. 따라서 λ의 값은 특정 단위시간(예컨대, 1분, 1시간 등등)당 사건의 평균발생건수로 정의된다.

그러면 λ의 값은 어떻게 구하나? 실제적인 응용에 있어 λ의 값은 경험적으로 결정된다. 따라서 λ는 사전연구 등 기초조사를 통하여 미리 알 수 있다고 본다. 일단 λ가 알려지면, 포아송분포를 이용하여 우리는 단위시간당 사건이 X번 발생할 확률을 구하게 된다. 포아송분포는 다음 식에 의해 정의된다.

[포아송분포함수[2]]

$$P(X\,;\,\lambda)=\begin{cases}\dfrac{e^{-\lambda}\lambda^{X}}{X!} & : \quad X=0,\ 1,\ \cdots, \qquad \lambda>0 \\ 0 & : \quad \text{기타}\end{cases} \tag{5.8}$$

여기서 e는 자연대수(natural log)의 밑수와 같은 값을 나타낸다.

위의 식 (5.8)과 같이 정의되는 포아송분포를 도표화한 것이 그림 5-4이다. 그림에서 볼 수 있듯이 포아송분포는 λ값이 0에 가까울수록 양의 왜도를 갖는 분포 형태를 취하고, 반대로 그 값이 점차 커지면 대칭형을 이룬다. λ가 이 분포의 유일한 모수이고, 또 그 값의 변화가 분포모양을 결정해 주는 사실을 위의 그림을 통하여 아울러 확인한 셈이다. 물론 이 λ의 값에 따라 평균과 분산의 값도 영향을 받으리란 것은 직관적으로 감지할 수 있을 것이다. 이들 특성치의 산출은 뒤로 미루고 우선 공식을 이용한 확률계산법을 살펴보자.

과거의 경험상 시내 모은행에는 매일 10시와 11시 사이에 고객이 평균 60명씩 몰려든다고 하자. 그러면 10시와 11시 사이에 1분당 2명이 도착할 확

1) 따라서 포아송분포는 일모수 이산확률분포계열(family of one-parametric pmf)에 속하며, 이 모수값에 의해 평균 및 분산 등의 특성치를 계산할 수 있다.

2) 이 분포 또한 $0\leq P(X)\leq 1$과 $\sum P(X)=1$이라는 속성을 만족시킨다. 두 번째 속성의 증명은 $\sum P(X)=\sum e^{-\lambda}\lambda^{X}/X!=e^{-\lambda}\sum\lambda^{X}/X!=1$ 또는 $e^{\lambda}=\sum\lambda^{X}/X!$ 임을 증명하면 되는데 e^{λ}는 맥로린 시리즈(Maclaurin series)에 의해 전개함으로써 쉽게 확인된다.
즉, $1+\lambda+\frac{\lambda^2}{2!}+\frac{\lambda^3}{3!}+\cdots=\sum_{X=0}^{\infty}\frac{\lambda^X}{X!}$은 e^{λ}에 수렴하므로 $\sum_{X=0}^{\infty}\frac{e^{-\lambda}\lambda^X}{X!}=e^{-\lambda}\sum_{X=0}^{\infty}\frac{\lambda^X}{X!}=e^{-\lambda}\cdot e^{\lambda}=1$ 이 된다.

그림 5-4 포아송분포

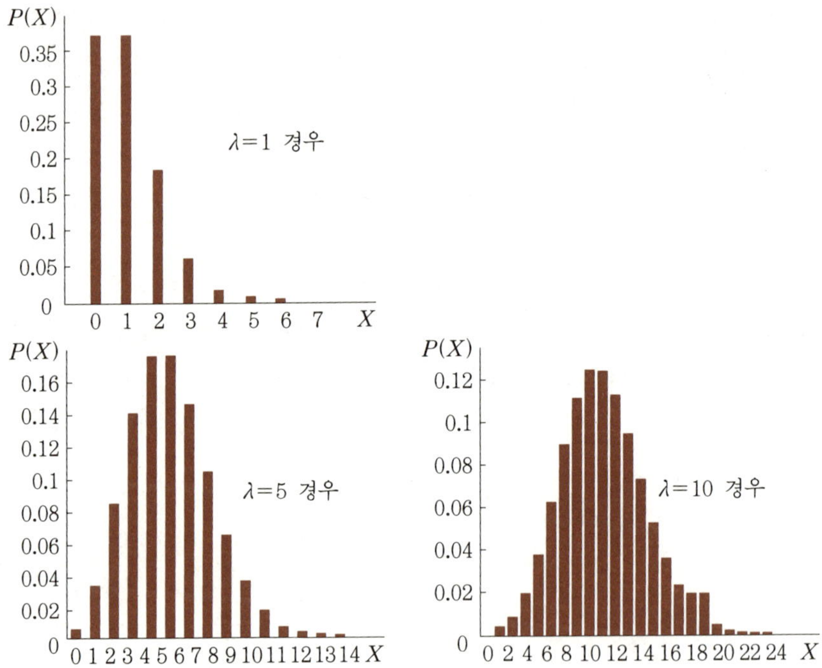

률은 얼마인가?

해답을 얻기 위해 우선 관심의 대상이 되는 단위시간(즉, 1분)당 평균도착인원수를 찾아야 한다. 대상기간 동안 도착률을 일정하다고 가정했으므로(포아송분포의 기본가정) 1분당 평균도착률은 $\lambda=\frac{60}{60}=1$이 된다. 따라서 이 때 $X=2$가 될 확률은

$$P(X=2|\lambda=1)=\frac{e^{-\lambda}\lambda^{X}}{X!}=\frac{e^{-1}1^{2}}{2!}=0.5e^{-1}$$
$$=0.5(0.3679)=0.1839$$

가 된다. 포아송분포의 경우 그 확률계산은 역시 필산으로 하기에 번거로운 데가 있어 이항분포의 경우에서처럼 여러 가지 상황하의 포아송분포확률을 계산하여 표로 제공하고 있다. 부표 C를 보면 λ값이 0.01에서 20.0에 이르기까지의 확률값을 제공하고 있다. 이 부표 C 중 일부를 표 5-3과 같이 발췌하여 보았다. 표에 의하면 $\lambda=1$일 때 $X=2$가 되는 확률은 0.1839로 공식에 의해 얻은

표 5-3 포아송분포표의 일부

X	0.1	0.2	0.3	0.4	0.5	0.6	0.7	0.8	0.9	1.0
0	.9048	.8187	.7408	.6703	.6065	.5488	.4966	.4493	.4066	.3679
1	.0905	.1637	.2222	.2681	.3033	.3293	.3476	.3595	.3659	.3679
2	.0045	.0164	.0333	.0536	.0758	.0988	.1217	.1438	.1647	.1839
3	.0002	.0011	.0033	.0072	.0126	.0198	.0284	.0383	.0494	.0613
4	.0000	.0001	.0002	.0007	.0016	.0030	.0050	.0077	.0111	.0153
5	.0000	.0000	.0000	.0001	.0002	.0004	.0007	.0012	.0020	.0031
6	.0000	.0000	.0000	.0000	.0000	.0000	.0001	.0002	.0003	.0005
7	.0000	.0000	.0000	.0000	.0000	.0000	.0000	.0000	.0000	.0001
X	1.1	1.2	1.3	1.4	1.5	1.6	1.7	1.8	1.9	2.0
0	.3329	.3012	.2725	.2466	.2231	.2019	.1827	.1653	.1496	.1353
1	.3662	.3614	.3543	.3452	.3347	.3230	.3106	.2975	.2842	.2707
2	.2014	.2169	.2303	.2417	.2510	.2584	.2640	.2678	.2700	.2707
3	.0738	.0867	.0998	.1128	.1255	.1378	.1496	.1607	.1710	.1804
4	.0203	.0260	.0324	.0395	.0471	.0551	.0636	.0723	.0812	.0902
5	.0045	.0062	.0084	.0111	.0141	.0176	.0216	.0260	.0309	.0361
6	.0008	.0012	.0018	.0026	.0035	.0047	.0061	.0078	.0098	.0120
7	.0001	.0002	.0003	.0005	.0008	.0011	.0015	.0020	.0027	.0034
8	.0000	.0000	.0001	.0001	.0001	.0002	.0003	.0005	.0006	.0009
9	.0000	.0000	.0000	.0000	.0000	.0000	.0001	.0001	.0001	.0002

⋮

(계 속)

결과와 같음을 알 수 있다.

2. 포아송분포의 평균과 분산

포아송분포를 따르는 문제를 다룰 경우에도 여러 가지 의사결정과정에서 그 평균과 분산을 알 필요가 있다. 그러면 이 분포의 평균과 분산은 어떻게 산출될 수 있을까? 이 또한 이항분포의 경우에서처럼 적률모함수(moment generating function)를 이용하거나, 맥로린 시리즈(Maclaurin series)를 이용하여 도출될 수 있으나, 자세한 과정은 본장의 보론편에서 소개하기로 하고 여기서는 단지 직관에 의하여 평균과 분산을 간접적으로 확인하는 과정에 한하여 언급하고자 한다.

우선 독자들은 제1절의 끝부분에서 특히 p의 값이 극히 작을 때, 이항분포확률계산은 상당히 번거로워지며, 따라서 n의 값이 상당히 크면 포아송분포에 의해 어림계산을 할 수 있다고 언급한 것을 기억할 것이다. 확률 p의 값이 $\frac{1}{2}$과 상당히 큰 차이를 보이지만, 시행횟수 n의 값이 매우 클 때에는 이항분포 확률값은 포아송분포값과 같아지기 때문이다. 이와 같은 관계를 수식으로 표현하면 다음과 같다.[1]

$$\lim_{\substack{n\to\infty \\ p\to 0}}\binom{n}{X}p^{X}q^{n-X}=\frac{e^{-\lambda}\lambda^{X}}{X!} \tag{5.9}$$

그러면 이러한 포아송분포의 평균은 무엇일까? 이는 λ가 단위시간당 평균 사건발생률이라 정의되었듯이 λ값 자체가 평균이므로 달리 계산할 필요가 없다. 수학적으로는 이항분포함수가 $n\to\infty$, $p\to 0$ 경우 포아송분포함수화되고 이와 더불어 $np\Rightarrow\lambda$가 됨을 의미하기 때문이다.

[포아송분포의 평균]

$$E[X_p]=\mu_{X_p}=\lambda \tag{5.10}$$

(여기서 하첨자 p는 포아송분포를 따르는 확률변수임을 나타냄)

그러면 포아송분포의 분산은 어떻게 구하나? 위에서 우리는 $np=\lambda$라는 사실을 알았다. 한편, 이항분포의 분산은 npq이므로 포아송분포의 분산은 λ가 될 것이다. 왜냐하면, np는 $n\to\infty$, $p\to 0$의 경우 λ와 같아지며 $p\to 0$이므로 $q\to 1$이 되어 결국 $npq=\lambda\cdot q=\lambda\cdot 1=\lambda$가 되는 것이다.

[포아송분포의 분산]

$$\mathrm{Var}(X_p)=\lim_{\substack{n\to\infty \\ p\to 0}}npq=\lambda \tag{5.11}$$

(X_p는 포아송분포를 따르는 확률변수 X라는 뜻)

포아송분포를 따르는 확률변수의 평균 및 분산문제에 대한 이해를 돕고자 간단한 예를 들어 보기로 한다. 만일 X가 포아송분포를 따르며, 이 때 단위시간당 발생건수 X가 0이거나 1이 될 가능성이 동일하다면, 이 확률변수 X의 평균은 얼마가 될까? 우선 $p[X=0]=p[X=1]$이라는 정보를 포아송분포함수에 각각 대입하면,

1) 구체적인 증명과정은 Bernard W. Lindgren, *Statistical Theory*, 3rd ed. (Macmillan, 1976), pp. 182~185를 참조.

$$P(X=0)=\frac{e^{-\lambda}\lambda^X}{X!}=\frac{e^{-\lambda}\lambda^0}{0!}=e^{-\lambda}$$

$$P(X=1)=\frac{e^{-\lambda}\lambda^X}{X!}=\frac{e^{-\lambda}\lambda^1}{1!}=e^{-\lambda}\cdot\lambda$$

와 같아지고, 두 식의 값이 같아지려면 $e^{-\lambda}=e^{-\lambda}\cdot\lambda$, 즉 $\lambda=1$ 이 되어야 할 것이다. 따라서 X의 평균, $E[X]=\lambda=1$ 이 된다. 부표 C(또는 표 5-4)에서 $\lambda=1$ 일 때 $p(X=0)$과 $p(X=1)$은 각각 0.3679로 같아짐을 확인할 수 있을 것이며, 이는 바로 $p(X=0)=p(X=1)=e^{-\lambda}$ 또는 $e^{-\lambda}\cdot\lambda$에 $\lambda=1$을 대입한 값이다.

3. 포아송분포에 의한 이항분포의 근사치계산

앞에서 포아송분포의 평균 및 분산을 간접적으로 도출하는 과정에서 이미 밝힌 바 있지만, 이항분포함수는 p의 값이 아주 작으나 $n\to\infty$ 이 될 경우 포아송분포함수와 같아진다. 즉,

$$\lim_{\substack{n\to\infty \\ p\to 0}}\binom{n}{X}p^X q^{n-X}=\frac{e^{-\lambda}\lambda^X}{X!} \qquad (5.12)$$

따라서 이와 같은 상황에서 번거로워지는 이항분포함수(p 값이 작고 n 이 크기 때문) 계산을 포아송분포 확률공식을 이용하여 대신할 수 있다. 이는 $n\to\infty$, $p\to 0$ 경우 $np=\lambda$의 값은 상당히 안정된 작은 정수가 될 수 있어 포아송공식의 사용이 가능해진다. 그러면 p의 값이 얼마나 작고 또 n의 값이 얼마나 클 때 이상과 같은 근사치 계산이 적절할까? 일반적으로 $p\leq 0.1$ 이고 $n\geq 30$ 이면 대략 무리 없는 근사치가 계산됨이 실증분석 결과 확인되고 있다.[1)]

단, 이와 같은 근사치 계산이 성립되려면 두 분포의 특성이 비슷해야 함은 물론이다. 그런데 $n\to\infty$ 경우 $E[X_b]=np=\lambda$, 그리고 $\text{Var}(X_b)=npq=\lambda$가 되고 두 분포의 특성치들이 같아지므로 근사치 계산의 타당성이 입증되고 있다. 물론 근사치 계산이 유효하기 위해서는 위의 식 (5.12)가 성립된다는 사실이 필수적이다.

이제 포아송분포에 의한 이항확률분포의 근사치 계산의 타당성을 간단한 예를 통하여 살펴보기로 한다. $p\leq 0.1$과 $n\geq 30$의 두 조건을 만족시키는 여러

1) Donald L. Harnett, *Introduction to Statistical Methods*, 2nd ed. (Addison-Wesley, 1975), Ch. 4, pp. 152~155 참조.

표 5-4 포아송분포에 의한 이항분포의 어림셈계산예($n=100$, $p=0.01$ 경우)

	$\binom{n}{X}p^Xq^{n-X}$	$e^{-\lambda}\lambda^X/X!$
$P(X=0)$	0.3660	0.3679
$P(X=1)$	0.3697	0.3679
$P(X=2)$	0.1849	0.1839
$P(X=3)$	0.0610	0.0613
$P(X=4)$	0.0149	0.0153
$P(X=5)$	0.0029	0.0031
$P(X=6)$	0.0005	0.0005
$P(X=7)$	0.0001	0.0001

가능한 상황 중 계산의 편의상 $p=0.01$, 그리고 $n=100$이 되는 경우를 고려할 경우 $\binom{n}{X}p^Xq^{n-X}$와 같은 이항확률공식에 의해 산출된 확률은 표 5-4의 첫째 열과 같다(부표 B 참조). 한편, 이를 $\lambda=np=(0.01)(100)=1$인 포아송분포로 간주하여 $e^{-\lambda}\lambda^X/X!$ 공식에서 확률을 계산해 보면 표 5-4의 둘째 열과 같아진다(부표 C 참조). 계산의 대비표에서 볼 수 있듯이 포아송분포를 이용한 이항분포에 대한 근사치 계산은 아주 만족할 만한 결과를 가져다 줌을 알 수 있다.

제 3 절 기타 주요이산확률분포

이항분포가 이산확률분포의 기본이 되고 또 이 분포에 의해 증명될 수 있는 상황이 우리 주위에 허다하지만 경우에 따라선 이 분포를 이용할 수 있는 여건이 갖추어지지 않았거나 보다 복잡한 상황 또는 전혀 색다른 여건이 주어진 경우를 생각할 수 있다. 이러한 경우를 위한 이산확률분포 중 중요한 것은 초기하분포, 다항분포, 부의 이항분포(negative binomial distribution), 그리고 기하분포(geometric distribution) 등을 들 수 있다. 이들을 간단히 살펴보기로 한다.

1. 초기하분포(hypergeometric distribution)

초기하분포에 관한 확률계산은 이미 제3장에서 다룬 바 있다. 즉, K개의 불량품을 포함하여 총 N개로 구성된 모집단에서 표본 n개를 추출할 때, 이 표본 중 X개의 불량품이 섞여 있을 확률은 $\binom{K}{X}\binom{N-K}{n-X}\Big/\binom{N}{n}$라는 공식에 의해 계산되었다. 이러한 공식이 이용되기 위한 조건으로 표본추출시 비복원을 가정하고, 또 모집단수는 유한하다는 것을 가정하였다. 즉, 일단 꺼낸 것을 다시 모집단으로 되돌려 놓지 않은 채 다음 표본을 추출하는 것이다. 따라서 매 추출단계에서 불량품을 뽑게 될 확률은 점차 바뀌어 간다. 따라서 각 추출시행은 서로 종속적이 된다. 이러한 관계를 기본적 확률공식을 이용하여 설명해 보자.

$$P(D_1 \cap D_2 \cap \cdots \cap D_X \cap G_1 \cap G_2 \cap \cdots \cap G_{n-X})$$
$$= P(D_1) \cdot P(D_2 | D_1) \cdot P(D_3 | D_1 \cap D_2) \cdots$$

위의 식은 n번 시행에서 X번은 불량품(D)을, 그리고 $(n-X)$번은 우량품(G)을 뽑아낼 확률을 의미하며, 각 시행에서 일단 추출된 것은 복원시키지 않으므로, 두 번째, 세 번째 시행에서 불량품을 뽑을 확률은 계속 변화하게 된다. 따라서 각 시행은 서로 종속적 사상관계에 있게 된다. 이 경우가 바로 본장 서두에서 밝힌 바 있듯이 베르누이시행을 반복하는 실험에서 각 시행이 서로 종속적 관계를 갖게 되는 경우에 해당하는 상황이다.

그러면 이와 같은 분포가 기본적으로 이항분포와 다른 것은 무엇인가를 살펴보자. 이항분포의 경우, 각 시행이 서로 독립적으로 이루어지므로 두 가지 가능한 결과 중 어느 하나가 발생할 확률은 매 시행과정에서 일정하게 유지된다. 초기하분포의 경우에는 두 가지 유형의 결과가 나올 수 있는 상황이지만, 각 시행과정이 서로 종속적이 되어 어느 한 유형의 결과를 뽑는 확률은 점차 달라진다. 이와 같은 차이가 발생하는 원인은 모집단의 크기 N이 유한할 때 먼저 뽑은 것은 되돌려 놓지 않은 데 기인하는 것이다. 만일 먼저 뽑은 것을 일단 확인한 후 모집단에 다시 포함시킨 연후에 다음 번 추출을 한다면, 모집단의 수가 적은 경우라 하더라도 매번 추출할 때마다 어느 한 유형에 속하는 것을 뽑을 확률은 일정하게 되고, 따라서 각 시행은 서로 독립적인 것이 될 수 있다.

위의 예에서 만일 복원을 가정한다면 각 시행과정에서 불량품을 뽑을 확률은 K/N로 일정할 것이고, 따라서 이항분포를 따르는 것으로 이해될 수 있다. 이 때 K/N는 이항분포의 p와 같은 의미를 갖는다.

그렇다면 도대체 왜 이와 같은 초기하분포를 연구할 필요가 생기는 것일까? 독자들은 위와 같은 예에서 특정 상품(예컨대, 형광등이나 타이어)을 뽑아 이것이 불량품인지의 여부를 일단 확인해야 하는 상황을 상상해 보기 바란다. 이러한 확인과정은 대부분 표본을 파괴하거나 소모시키게 되는 것이 일반적이다. 따라서 이러한 과정을 거친 표본을 복원시킨 후 재추출하여 검사할 수 없는 경우가 발생하는 것이다. 이 밖에도 어떤 사회문제에 대한 학생들의 견해를 밝히고자 한 명씩 약간명의 학생을 모집단에서 선발하여 그들의 견해를 물어볼 경우 일단 한번 질의에 응한 사람은 다시 선발대상에 넣지 않는 것이 상식적이다. 이러한 이유로 해서 대부분의 여건이 이항분포를 사용할 수 있는 문제라 하더라도 모집단의 크기가 상대적으로 작고 또 복원이 불가능할 때에는 결국 초기하분포를 이용할 수밖에 없다.

그러면 초기하분포의 모수는 무엇이며 또 평균과 분산은 어떻게 될까? 이항분포가 n과 p 두 개의 모수를 갖는 데 비해 초기하분포는 N, K, 그리고 n 등 세 개의 모수에 의해 특징지어지며, 따라서 그 평균 및 분산도 이들 세 모수에 의해 표현될 수 있다. 증명 없이 결과만을 제시하면 초기하분포를 따르는 확률변수 X의 평균과 분산은 다음과 같다.[1)]

[초기하분포의 평균과 분산]

$$\text{평균}: E[X_h] = \sum X \frac{\binom{K}{X}\binom{N-K}{n-X}}{\binom{N}{n}} = n \cdot \frac{K}{N}$$

$$\text{분산}: \mathrm{Var}(X_h) = \sum X^2 \frac{\binom{K}{X}\binom{N-K}{n-X}}{\binom{N}{n}} - \mu^2 = n \cdot \frac{\mathrm{K}}{\mathrm{N}} \cdot \frac{\mathrm{N}-\mathrm{K}}{\mathrm{N}} \cdot \frac{\mathrm{N}-n}{\mathrm{N}-1} \tag{5.13}$$

(X_h는 초기하분포를 따르는 확률변수 X라는 뜻)

평균을 나타내는 공식을 자세히 보면 $\frac{K}{N}$란 불량품비율을 나타내는 이항분포의 p 개념과 같은 것이어서 결국 평균의 경우는 초기하분포도 이항분포와 같아짐($\because\ n \cdot \frac{K}{N} = n \cdot p$)을 보여 주고 있다. 반면 분산의 경우에는 $\frac{K}{N} = p$이므로 $\frac{N-K}{N} = q$가 될 것인바, $\mathrm{Var}(X_h) = n \cdot p \cdot q \cdot \frac{N-n}{N-1}$으로 바꿀 수 있고, 따라서 이항분포의 분산 $\mathrm{Var}(X_b) = n \cdot p \cdot q$와는 다소 상이함을 알 수 있다. 결국 유한모집단으로부터 비복원을 가정하여 표본을 추출하는 시행은 평균에 있어서는 복원을 가정할 경우와 동일한 결과를 갖게 되나 분산은 오히려 적어짐을 보여

1) 자세한 것은 Bernard W. Lindgren, *Statistical Theory*, 3rd ed. (Macmillan Pub. Co., 1976), pp. 168~172를 참조. 단, 본장에서의 초기화분포에 대한 표기방식이 표준적임에도 불구하고 제3장 (9.111)에서는 순열과 조합개념을 연계시켜 설명하는 과정에서 달리 표현되었음을 유의바람.

주고 있다. 즉, $\mathrm{Var}(X_h)=n\cdot p\cdot q\cdot \frac{N-n}{N-1}<\mathrm{Var}(X_b)=n\cdot p\cdot q$가 되며, 이것은 표본크기가 적어도 2 이상일 때, 즉 $n\geq 2$일 때 $\frac{N-n}{N-1}<1$이 되기 때문이다. 직관적으로 설명하자면 유한모집단에서 표본을 추출할 때 만일 극단적인 숫자가 추출되더라도 비복원을 가정하면 이들 숫자는 다시 추출될 기회가 없어지므로 추출된 표본관측치들의 분산은 복원을 가정할 때에 비하여 적어질 수밖에 없다. 여기서 $\frac{N-n}{N-1}$이란 항은 결국 모집단이 유한한 데 기인하는 것이므로, 유한모집단조정계수(finite population correction factor)라 부른다. 이 개념은 앞으로 반복적으로 사용되므로 꼭 기억해 두기 바란다.

이상에서 보면, 결국 이항분포와 초기하분포의 차이는 모집단의 유한성이라 볼 수 있다. 따라서 모집단의 규모가 점차 커지면, 비록 비복원을 가정하더라도 특정 결과를 각 시행에서 관측한 확률은 그다지 변화가 없을 것이다. 예컨대 모집단의 규모가 $N=100$이라 하고, 이 중 $K=50$개가 불량품이라 하자. 10개의 표본을 복원하지 않고 추출할 경우 첫번째 표본이 불량품일 확률은 $\frac{50}{100}=\frac{1}{2}$이고, 두 번째도 불량품일 확률은 $\frac{49}{99}$, 그리고 세 번째는 $\frac{48}{98}$이 될 것이지만, $\frac{49}{99}$나 $\frac{48}{98}$의 값은 $\frac{50}{100}$과 거의 같으므로 계산이 복잡한 초기하분포 공식 대신에 이항분포확률표를 이용하는 것이 편리하다. 즉, 10개의 표본 중 X개가 불량품일 확률 $\binom{50}{X}\binom{50}{10-X}\Big/\binom{100}{10}$를 계산하려 한다면, 부표 B의 $n=10$, $p=0.5$인 부분을 이용하면 된다. 따라서, 예컨대 $P(X=0)$은 0.001, 그리고 $P(X=1)$은 0.0098 등의 값을 부표 B에서 찾아 $\binom{50}{0}\binom{50}{10}\Big/\binom{100}{10}$과 $\binom{50}{1}\binom{50}{9}\Big/\binom{100}{10}$의 근사치로 사용할 수 있다. 이러한 과정을 우리는 이항분포에 의한 초기하분포확률 근사치 계산 또는 어림셈이라 한다. 그런데 이러한 어림셈이 유효하려면 일반적으로 모집단의 크기가 적어도 표본크기의 20배는 넘어야 한다는 것이 통설로 되어 있다. 따라서 일률적으로 N이 어떤 특정 수보다 클 때 어림셈이 가능하다는 식으로 판정하는 대신, n의 크기가 N의 5% 미만일 때 어림셈이 인정될 수 있다고 보는 것이 타당할 것이다.

마지막으로, 이상에서 설명한 초기하분포는 실험 결과가 두 개 이상인 경우에 대해서도 확대적용할 수 있음을 지적해 두고자 한다. 예컨대, N개 모집단 중 첫번째 종류가 N_1개, 두 번째 종류가 N_2개, … 그리고 k번째 종류가 각각 N_k개 있다 하자. 여기서 표본 n을 뽑아낼 때 이 표본 속에 첫번째 종류가 n_1개, 두 번째 종류가 n_2개, … 그리고 k번째 것이 n_k개 들어 있을 확률은 다음 공식에 의해 계산이 가능하다.

[초기하확률분포식의 일반화]

$$P(N_1, N_2, \cdots, N_k | n_1, n_2, \cdots, n_k) = \frac{\binom{N_1}{n_1}\binom{N_2}{n_2}\cdots\binom{N_k}{n_k}}{\binom{N}{n}} \qquad (5.14)$$

예컨대, S대학교 경상대학의 금년도 취업대상자수는 총 500명($N=500$)인데, 한국은행으로부터 단 10명($n=10$)의 추천의뢰가 왔다 하자. 취업대상자 중 경제학과가 100명($N_1=100$), 경영학과가 250명($N_2=250$), 그리고 무역학과가 150명($N_3=150$)명인데, 무작위로 선발된 10명의 학생이 각 학과에서 각각 5명, 3명, 그리고 2명씩 추출되었을 가능성은 $\binom{100}{5}\binom{250}{3}\binom{150}{2}\Big/\binom{500}{10}$와 같이 계산된다.

2. 다항분포(multinomial distribution)

초기하분포를 변형시켜 두 가지 이상의 결과가 나올 수 있는 경우에 확대 적용할 수 있는 것처럼, 이항분포 또한 일반화하여 실험 결과가 둘 이상으로 구분될 수 있는 경우의 확률문제를 설명할 수 있다. 이항분포를 확대변형한 것을 다항분포라 부른다. 사실 엄밀하게 이야기하자면 이항분포는 다항분포의 특수한 경우에 해당된다고 보아야 한다.

내년도 대학입시 지원생들의 내신성적이 K등급으로 구분되었다 하자. 총 N명 중 1등급은 N_1명, 2등급은 N_2명, $\cdots$, K등급은 N_k명으로 밝혀졌다. 이제 이들 중 n명을 복원조건하에 차례로 선발하였을 때, 선발된 n명 중 1등급이 n_1명, 2등급이 n_2명, $\cdots$, K등급이 n_k명이 있을 확률을 구하면 다음과 같아진다.

$$P(n_1, n_2, \cdots, n_k) = \frac{n!}{n_1!\,n_2!\cdots n_k!}\,p_1^{n_1}p_2^{n_2}p_3^{n_3}\cdots p_k^{n_k} \qquad (5.15)$$

여기서 $p_1, p_2, \cdots, p_k$는 각 등급 학생이 선발될 확률로 실제로는 $\frac{N_1}{N}, \frac{N_2}{N}, \cdots, \frac{N_k}{N}$와 같아지고, $n_1+n_2+\cdots+n_k=n$, 그리고 $N_1+N_2+\cdots+N_k=N$이 됨은 물론이다. 따라서 $p_1+p_2+\cdots+p_k=1$이 된다. 이항분포공식 $\binom{n}{X}p^Xq^{n-X}$는 $\frac{n!}{X!(n-X)!}p^Xq^{n-X}$과 같으며, 이는 위의 다항분포가 단지 두 그룹으로 구분되어 있을 경우의 형태 $\frac{n!}{n_1!\,n_2!}p_1^{n_1}p_2^{n_2}$ (단, $p_1+p_2=1$, $n_1+n_2=n$)에 해당되는 것이다. 그리고

이항분포가 $\sum(p+q)^n$에 해당된다면 다항분포는 $\sum(p_1+p_2+\cdots+p_k)^n$에 해당되는 것이다. 앞에서 초기하분포를 일반화한 공식의 사용예로 이용한 예를 다항분포 확률공식의 적용이 가능하도록 다소 수정하여 보자. 두 분포간의 차이가 있다면, 유한모집단에서 표본을 추출할 때, 전자의 경우에는 비복원을, 그리고 후자의 경우에는 복원을 가정한다는 사실뿐임을 우리는 이미 알고 있다. 따라서 앞의 예에서 학생을 1명씩 무작위로 총 10명을 선발하되, 매 추첨과정에서 선발된 학생을(좀 어색한 가정이긴 하지만) 일단 복원시킨 다음 추첨을 실시한다고 가정한다. 그러면 경제학과와 경영학과 그리고 무역학과 학생이 각각 5번, 3번 및 2번씩 선발될 확률은 다항분포 확률공식을 이용하여 산출될 수 있게 된다. 즉,

$$\frac{10!}{5!3!2!}\left(\frac{100}{500}\right)^5\left(\frac{250}{500}\right)^3\left(\frac{150}{500}\right)^2$$

과 같아진다. 여기서 $\left(\frac{100}{500}\right)$, $\left(\frac{250}{500}\right)$ 및 $\left(\frac{150}{500}\right)$은 각 학과 학생이 매 추첨과정에서 선발될 가능성을 나타내며, 일단 복원추출을 가정하면, 이러한 확률은 매 추첨과정에서 일정한 값을 갖게 된다는 사실이 바로 초기하분포의 일반 공식의 적용 경우와의 차이점으로 지적될 수 있다.

3. 기하분포(geometric distribution)와 부의 이항분포(negative-binomial distribution) 및 이산균등분포(uniform discrete distribution)

이항분포를 일반화시켜 다항분포를 구성할 수 있는 반면, 모든 여건이 이항분포의 성립요건을 충족시키는 상황에서도 확률변수를 달리 정의함으로써 다소 변형된 확률분포를 규정할 수가 있다.

우선 반복시행되는 베르누이실험에서 발생할 수 있는 실험 결과가 성공과 실패의 두 가지로 구분되는 상황을 고려해 보자. 이항분포란 이 때 n번 시행해서 X번 성공하는 확률을 규정하고 있음은 이미 알고 있는 사실이다. 반면에 만일 X번 계속 실패한 뒤에 비로소 첫번째 성공할 확률에 관심을 둔다면, 이 때의 확률은 다음 식에 의해 구할 수 있다.

[기하분포의 확률함수]

$$P(X_g)=p\cdot q^X \tag{5.16}$$

(X_g는 기하분포를 따르는 확률변수 X라는 뜻)

이러한 분포식을 갖는 것을 기하분포(geometric distribution)라 한다. 이 식은 원래 $\binom{X}{X}pq^X$이지만 $\binom{X}{X}=1$이므로 위와 같이 된 것이다.

[예 제]

주택복권에 당첨(등수에 관계없이)될 확률을 $\frac{1}{5}$이라 하자. 매회마다 복권을 구입하는 사람이 연속하여 세 번 낙첨된 후 비로소 처음으로 당첨될 확률을 구하라.

이 경우의 확률은 바로 기하분포에 해당되는 것이므로 식 (5.16)을 이용하여 풀면 $P=\frac{1}{5}\cdot\left(\frac{4}{5}\right)^3=\frac{64}{625}$와 같아진다.

다음으로 만일 X번 실패한 뒤 비로소 r번째 성공할 확률을 알고 싶다면 이 때에는 다음의 공식으로 계산될 수 있다.

[부의 이항분포 확률함수]

$$P(X_{nb})=\binom{r+X-1}{X}p^r q^X \qquad (5.17)$$

(X_{nb}는 부의 이항분포를 따르는 확률변수 X라는 뜻)

r번째 성공을 거두기 이전의 총 $(r+X-1)$번의 시행과정에서 X번 실패하였으므로 $p^r q^X$앞에 $\binom{r+X-1}{X}$를 곱한 것인데, 이러한 확률분포식을 부의 이항확률(negative-binomial)이라 한다.

[예 제]

천하장사 씨름대회 결승전은 5판 3승 원칙으로 승자를 가린다. 결승전에 오른 A와 B라는 두 장사는 실력이 대등(즉, 이들의 승리가능성은 동일)하다고 가정하자. A장사가 2번 진 후 3번째 승리를 거두어 천하장사가 될 확률을 구하라.

이 문제는 부의 이항분포확률에 해당되므로 식 (5.17)을 이용하여 풀면 $P=\binom{3+2-1}{2}\left(\frac{1}{2}\right)^3\left(\frac{1}{2}\right)^2=\binom{4}{2}\left(\frac{1}{2}\right)^5=\frac{3}{16}$임을 알 수 있다.

이들 외에 주요한 확률질량함수로 이산균등분포(uniform discrete distribution)가 있는데, 이는 X값에 상관없이 일정한 확률을 갖는 분포로, 예를 들어 주사위를 던져 나오는 점의 숫자를 X로 나타내면, $X=1, 2, \cdots, 6$이 될 것이고, $P(X=1)=P(X=2)=\cdots=P(X=6)=\frac{1}{6}$이 됨을 알 수 있다. 일반적으로 이 분포의 확률은 $P(X)=\frac{1}{N}$이며, 이 때 N은 X가 취할 수 있는 값의 수를 의미한다.

이상에서 여러 이산확률분포를 간략히 살펴보았는데, 이들 또한 $0 \leq P(X) \leq 1$과 $\sum P(X)=1$의 조건을 만족시켜야 할 것임은 물론이다. 관심 있는 독자들은 스스로 이들 조건이 성립되는지 확인해 보기 바란다.

마지막으로, 지금까지 소개한 여러 이산확률분포를 보면 이산균등분포를 제외한 모든 분포가 어느 형태로든 이항분포와 관련을 맺고 있음을 알 수 있다. 이러한 이유로 해서 이항분포를 이산확률분포의 기초로 단정했던 것이며, 관련된 이산확률분포들은 이항확률계열분포(family of binomial probability distribution)라 칭하는 것이다. 그러나 본장 도입부에 소개한 그림 V에서 밝힌 바 있듯이, 다음 절부터 소개되는 정규분포도 이항분포와 유기적으로 연결시킬 수 있을 만큼 이항분포가 통계학에서 갖는 중요성은 실로 큰 것이다.

제 4 절　연속확률분포의 기본형태 : 정규분포

본장에 들어와 지금까지 우리는 확률변수가 이산량을 갖는 경우에 성립되는 주요 확률분포를 살펴보았다. 본절에서부터는 연속량을 갖는 것으로 정의될 수 있는 확률변수의 분포, 즉 연속확률분포를 다루게 된다.

확률변수가 연속적이라 함은 어느 특정한 두 점 사이의 어떠한 수치도 취할 수 있음을 의미한다. 물론 이러한 정의는 이론적으로 연속이라 볼 수 있는 상황에 대한 것인 만큼 실제 계측에 있어서는 한계가 있다. 예컨대, 100m 육상경기에서 주파시간을 확률변수 X로 나타낼 때, X가 취할 수 있는 값은 0부터 무한대까지 어떤 수도 될 수 있다. 그러나 전자측정기로도 주파시간은 1/1000초 정도밖에 기록할 수 없다. 따라서 이러한 변수는 이론적으로 연속이나 실제 운용상 이산적인 측면이 있다. 그러나 0과 정수만을 취할 수 있는 이산변수보다는 상대적으로 연속적이라고 볼 수 있으므로 연속변수로 정의함이 편리하며, 또 그렇게 가정하는 것이 보다 더 타당한 경우가 많다.

연속변수가 취하는 주요 확률분포는 정규분포 · 지수분포 · χ^2분포 · t분포 그리고 F분포 등이 있다. 이들 중 가장 중요하고 또 보편적인 형태가 정규분포라 할 수 있다. 본장에서는 연속확률분포의 기본이 되는 정규분포를 집중적으로 다루고 t분포와 F분포는 다음 장에서 논하기로 한다.

1. 정규분포(normal distribution)의 기원

18세기 과학자들이 측정오차들의 값, 또는 제조품규격의 기준치와의 차이 등이 규칙성을 가지는 분포 형대를 형성함을 발견하였다. 이러한 형태의 오차발생 실험을 통하여 '오차의 정규분포곡선'(normal curve of errors)으로 불리어지는 좌우대칭형의 분포가 도출되었는데, 이를 함수적으로 체계화한 것이 정규분포이다. 이 분포는 당시 초기 연구가의 한 사람인 칼 가우스(Karl Gauss, 1777~1855)의 이름을 따서 가우스분포(Gaussian distribution)라고도 불리운다.

정규분포는 오늘날 가장 널리, 또 보편적으로 쓰이는 대표적 분포이며, 수많은 자연현상을 매우 양호하게 규명할 수 있어 많은 확률문제에 적용되는 기준으로 이용되고 있다. 뿐만 아니라 일정한 조건하에서는 앞에서 배운 이항분포나 포아송분포의 근사치를 구하는 데 이용될 수도 있다는 편리하고 유용한 특징을 가지고 있다.

2. 정규분포의 특징

정규분포는 음의 무한대와 양의 무한대 사이의 어떠한 값도 취할 수 있는 $(-\infty \leq X \leq \infty)$ 연속확률변수의 분포로 μ와 σ 두 개의 모수에 의해 특징지어지며 다음과 같은 함수에 의해 정의된다.

[정규분포함수]

$$f(X) = \frac{1}{\sigma\sqrt{2\pi}} e^{-(1/2)\{(X-\mu)/\sigma\}^2}, \qquad -\infty \leq X \leq \infty \tag{5.18}$$

(단, $\pi = 3.141592\cdots$, $e = 2.7182\cdots$)

여기서 주의할 것은 μ와 σ는 정규분포의 모수(parameter)인 동시에 평균과 표준편차가 된다는 점이다. 우리는 다른 분포를 따르는 확률변수의 평균과 분산을 표시하는 데 μ와 σ^2을 쓰고 있는데, 이는 원래 정규분포의 모수인 정규분포의 평균과 분산 자체가 바로 μ와 σ^2과 같아지는 데 연유한다. 통계학에 있어 가장 빈번히 사용되는 정규분포에 대한 일종의 특례적 전통인 것이다. 한편, 만일 확률변수가 평균 μ, 분산 σ^2을 갖는 정규분포를 따른다면, 간단히 $X \sim N(\mu, \sigma^2)$라고 일반적으로 표기함을 지적해 둔다.

그러면 식 (5.18)에 의해 정의되는 정규분포는 어떤 특징을 가지고 있나?

그림 5-5 정규분포

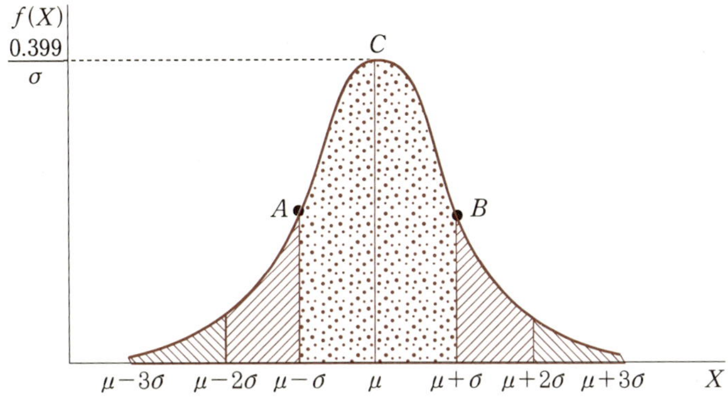

그림 5-6 표준편차가 다른 정규분포들

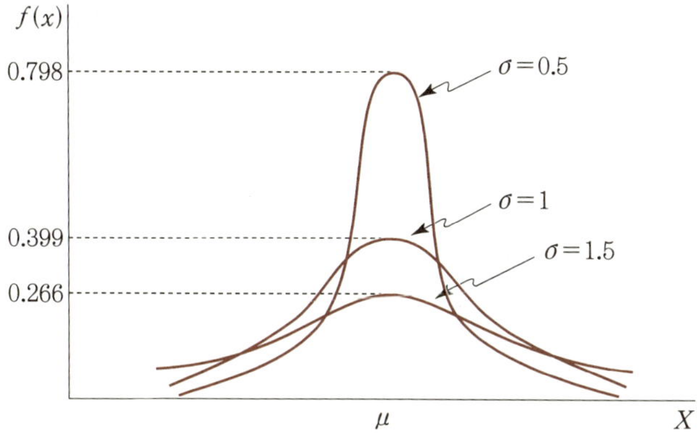

이에 대한 해답은 식 (5.18)을 도표화한 그림 5-5에서 쉽게 찾아볼 수 있다.

첫째, 정규분포는 평균을 중심으로 좌우대칭이며 종(bell)모양을 하고 있다. 따라서 평균=중앙치=최빈치가 성립된다.

둘째, 분포의 최고높이는 $0.399/\sigma$가 되며,[1] 따라서 표준편차 또는 분산의 값(산포된 정도)에 따라 달라진다. 즉, 산포된 정도가 클수록 σ값이 커지고, 따라서 $0.399/\sigma$값은 작아져 완만한 형태를 이룰 것이고, 산포 정도가 적어 σ값이 적어지면 높이는 반대로 높아진다. σ의 값이 0.5, 1.0, 그리고 1.5인 경우의 정

1) 이 결과는 식 (5.18)에서 $X=\mu$를 대입함으로써 $X=\mu$인 점에서의 $f(X)$의 높이를 구한 것이다. 즉,

$$f(X)=f(\mu)=\frac{1}{\sigma\sqrt{2\pi}}e^{-\frac{1}{2}\left(\frac{\mu-\mu}{\sigma}\right)^2}=\frac{1}{\sigma\sqrt{2\pi}}e^0=\frac{1}{\sigma\sqrt{2\pi}}=0.399/\sigma$$

규분포 모양을 도시하면 그림 5-6과 같다.

셋째, 평균으로부터 양쪽으로 표준편차의 1배 거리에 있는 두 점으로 형성되는 구간이 전체 밀도함수 면적에서 차지하는 비율은 약 0.68이다. 즉, $P(\mu-\sigma\leq X\leq\mu+\sigma)=0.6826$, 바꾸어 말하면 X의 값이 관측될 때 그 값이 이 구간 내에 있을 확률이 0.68이라는 것이다. 여기서 $\int f(X)dX=1$, 즉 $p.d.x$와 X축으로 둘러싸인 총면적이 1임을 주의하라(확률분포의 두 번째 속성). 또 한 가지 이와 관련하여 유의할 점은 평균으로부터 양쪽으로 σ만큼 떨어진 거리에 있는 점들은 기하학적으로 볼 때 바로 변곡점에 대응하게 된다. 그림 5-5에서 A와 B가 바로 변곡점이다.[1)]

넷째, 평균을 중심으로 좌우로 표준편차 크기의 2배 거리만큼씩을 벌려 만든 구간이 형성하는 면적은 약 0.954, 그리고 3배 거리만큼의 구간으로 형성하는 면적은 약 0.997이 된다는 특징을 갖는다. 바꾸어 말하면, X가 정규분포를 따를 때 X값들의 약 95.4%는 X의 평균으로부터 2배 거리 내에, 그리고 약 99.7%는 3배 거리 내에 있다는 의미가 된다. 즉,

$$P(\mu-2\sigma\leq X\leq\mu+2\sigma)=0.9544$$
$$P(\mu-3\sigma\leq X\leq\mu+3\sigma)=0.9974$$

이상과 같은 특징을 갖는 것이 정규분포라 할 수 있는데, 이와 같은 연속확률분포 또한 확률분포의 기본요건인 두 가지 속성을 만족시켜야 함은 물론이다. 우선 $f(X)\geq0$이 됨은 그림에서 명확히 나타나 있으나, $\int f(X)dX=1$이 되는 두 번째 조건을 증명하는 것은 이 책의 수준을 넘는 수학지식을 요하므로 생략하기로 한다.[2)]

그러면 정규분포에 있어 평균과 분산은 어떻게 되며, 또 확률계산은 어떻게 이루어질까? 앞서 언급한 바 있듯이 정규분포를 따르는 확률변수 X의 평균과 분산은 μ와 σ^2이다. 이들 결과는 실제로 다음 식을 풀어 증명할 수 있으나, 자세한 과정은 역시 수준문제상 생략하기로 한다.[3)]

---

1) 즉, 이 점에서 2차 미분값이 0이 된다. 또한 점 A에 이르기까지의 $f(X)$는 그 값이 증가하되 그 증가율이 점차 커져 왔으나, A점 이후에선 $f(X)$값이 증가하나 그 증가율은 점차 둔화되며, C점을 지나면서 $f(X)$값은 감소하기 시작하는데, B점까지는 그 감소율이 점차 커지나 B점 이후에서는 $f(X)$가 감소하되 감소율은 둔화되는 것이다. 이처럼 증감률의 변화가 오는 점을 변곡점이라 한다.

2) 관심 있는 독자는 Lindgren, *op. cit.*, p. 187를 참조.

3) 관심 있는 독자는 Robert V. Hogg and Allen T. Craig, *op. cit.*, pp. 109～112를 참조.

[정규분포의 평균과 분산]

평균 : $E[X_N]=\int X\cdot f(X)dX=\int X\cdot \frac{1}{\sigma\sqrt{2\pi}}e^{-(1/2)\{(X-\mu)/\sigma\}^2}dX=\mu$

분산 : $\mathrm{Var}(X_N)=\int X^2\cdot f(X)dX-\mu^2=\sigma^2$ (5.19)

(X_N은 정규분포를 따르는 확률변수 X라는 뜻)

한편, 정규분포는 지금까지 다루어 온 확률분포와는 달리 연속확률분포이므로, 확률의 계산은 X가 특정값을 갖는 확률을 구하는 것이 아니라 X가 일정범위 내에 속할 확률을 구하되 $f(X)$와 X축으로 둘러싸인 면적에 의해 계산된다. 따라서 정규밀도함수를 특정 구간에 대해 적분함으로써 얻어진다. 예컨대, 다음과 같이 확률이 계산될 수 있으나 이러한 산출과정은 결코 쉽지 않아 별도의 확률계산법을 개발할 필요가 있다.

$$P(\mu-2\sigma\leq X\leq\mu+2\sigma)=\int_{\mu-2\sigma}^{\mu+2\sigma}\frac{1}{\sigma\sqrt{2\pi}}\exp\left[-\frac{1}{2}\left(\frac{X-\mu}{\sigma}\right)^2\right]dX=0.9544$$

3. 정규분포에서의 확률계산법

가장 먼저 머리에 떠오르는 확률계산법은 위와 같은 적분을 학자들이 전자계산기 등을 이용해 계산한 결과가 종합확률표 형태로 제시되면 이를 활용하는 방법을 생각할 수 있다. 그러나 여기에는 한 가지 문제가 있다. 정규분포를 따르는 X가 취할 수 있는 구간은 $-\infty\leq X\leq\infty$ 이어서 무한수에 가까운 표가 필요하게 된다는 점이다.

X는 대학입시의 성적을 나타낼 수도 있고, 한 국민의 소득수준이나 신장, 몸무게 등을 나타낼 수도 있으니, 각각의 경우마다 다른 평균과 분산을 갖게 되므로 그림 5-7에서처럼 수없이 많은 정규분포들이 $-\infty$와 ∞ 사이에 존재할 것이고, 이들 각 분포에 대응하는 확률계산표를 일일이 작성, 제시한다는 것은 거의 불가능할 것이라 볼 수 있다. 그러면 이러한 문제점을 해결하기 위한 방법은 없을까? 물론 있다. 그 방법은 모든 형태의 정규분포를 하나의 공통된 표준모형으로 일단 전환시키는 것이다. 이를 정규분포의 표준화(standardization)라 한다.

그림 5-7 정규분포의 여러 형태

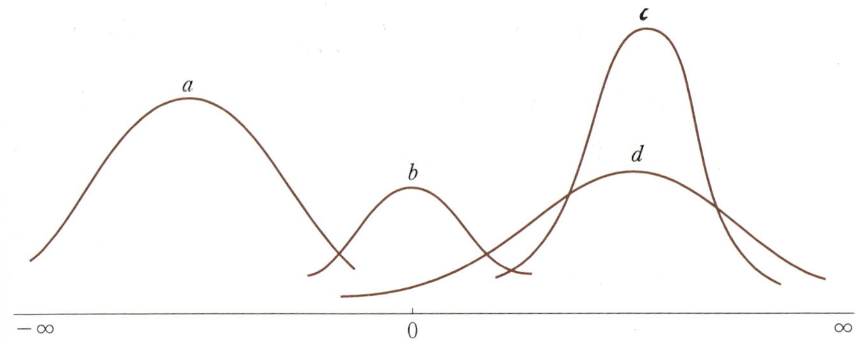

3.1 표준화된 정규분포

표준화, 즉 각기 다른 모양과 위치를 가지는 정규분포들을 하나의 공통된 정규분포로 전환시키는 기본적인 방법은 X값이 평균으로부터 떨어져 있는 거리들을 표준편차의 단위로 측정하는 것이다. 즉, X값이 평균에서 표준편차의 몇 배 거리만큼 떨어져 있는가 하는 식으로 표현한다. 이를 수식으로 표현하면, X의 각 값에서 X의 평균(μ_X)을 뺀 값을 표준편차(σ_X)로 나눈 값으로 전환하는 것이다.

$$Z=\frac{X-\mu_X}{\sigma_X} \tag{5.20}$$

이 식은 결국 X와 그 평균과의 거리가 표준편차의 몇 배가 되는지를 계산해 주고 있는데 이와 같이 표준화된 값을 일반적으로 Z라 표기한다. 일단 표준화가 이루어지면 X의 원래 평균 및 분산값이 얼마였든, 또는 어떤 단위로 측정되었든 상관없이 Z값은 원래 변수 X의 값과 평균과의 차이를 표준편차의 배수로 나타내 줄 것이다.

만일 X가 정규분포를 따른다면 X를 표준화시킨 변수 Z는 표준화된 확률변수가 된다. Z가 어떤 특성을 갖게 되는지를 확인하기 위해 앞에서 배운 기대치 계산법칙을 이용해 보자. Z의 평균은

$$E[Z]=E\left[\frac{X-\mu}{\sigma}\right]=E\left[\frac{1}{\sigma}X-\frac{\mu}{\sigma}\right]=\frac{1}{\sigma}E[X]-\frac{\mu}{\sigma} \quad (\because \text{ 기대치법칙 1과 3})$$

$$=\frac{\mu}{\sigma}-\frac{\mu}{\sigma}=0 \quad (\because\ X\sim N(\mu,\ \sigma^2))$$

이 되고, 분산은

$$\mathrm{Var}(Z)=\mathrm{Var}\left(\frac{X-\mu}{\sigma}\right)=\mathrm{Var}\left(\frac{1}{\sigma}(X-\mu)\right)=\frac{1}{\sigma^2}\mathrm{Var}(X) \quad (\because \text{ 기대치법칙 9})$$

$$=\frac{\sigma^2}{\sigma^2}=1 \quad (\because \mathrm{Var}(X)=\sigma^2)$$

이 된다. 이를 정리하면 다음과 같이 쓸 수 있다.

[표준정규분포의 평균과 분산]

$$Z=\frac{X-\mu}{\sigma}\sim N(0,\ 1) \tag{5.21}$$

독자들은 여기서 왜 Z가 정규분포를 따르는가에 의문을 품을지도 모른다. 이것은 Z가 X의 1차함수이기 때문이다. 즉, 확률변수 X가 정규분포를 따르면 X의 1차함수도 정규분포를 따른다는 다음의 정리에 의한 것이다.[1)]

[정리 5.1]

확률변수 X가 정규분포를 따를 때 X의 1차함수로 표현되는 모든 파생확률변수도 정규분포를 따른다.

그러면 이처럼 모든 가능한 형태의 정규분포를 변형시켜 하나의 공통된 형태로 전환한 표준화된 정규분포의 특징은 어떠할까? 우선 Z의 밀도함수를 구하기 위해 식 (5.18)에 $(X-\mu)/\sigma$ 대신 Z를, 그리고 $\sigma=1$을 대입하면 다음과 같은 결과가 나온다.

$$f(Z)=\frac{1}{\sqrt{2\pi}}\exp\left(-\frac{1}{2}Z^2\right) \tag{5.22}$$

이 분포를 그림으로 표시한 것이 그림 5-8이다. 결국 Z는 특수한 경우의 (즉, $\mu=0$, $\sigma=1$) 정규분포에 불과함을 그림을 통해 확인할 수 있다. 따라서

$$P(-1\le Z\le 1)=P(\mu-\sigma<X<\mu+\sigma)=0.6826$$
$$P(-2\le Z\le 2)=P(\mu-2\sigma<X<\mu+2\sigma)=0.9544$$

1) 이 정리에 대한 증명은 R. L. Anderson and T. A. Bancroft, *Statistical Theory in Research* (McGraw-Hill, 1952) pp. 63~64를 참조. 이 정리에 대한 보다 상세한 내용 및 예제를 확인하고자 하는 독자는 J. Kmenta, *Elements of Econometrics*(Macmillan, 1971) pp. 83~85 및 pp. 105~107을 참조.

그림 5-8 표준정규분포

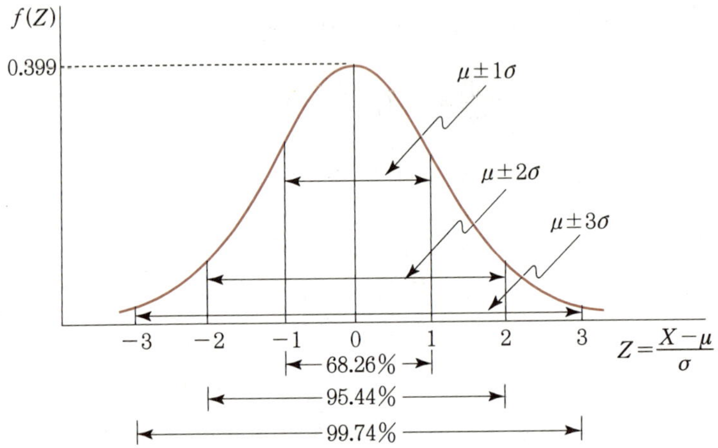

그림 5-9 표준정규분포의 누적확률함수

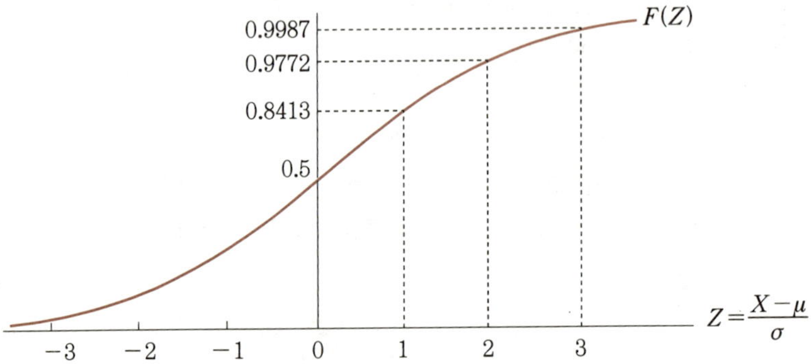

$$P(-3 \leq Z \leq 3) = P(\mu - 3\sigma < X < \mu + 3\sigma) = 0.9974$$

가 되는 특성을 갖게 된다.

이제 문제는 이와 같은 표준정규분포를 이용하여 어떻게 확률계산을 할 수 있는지를 알아보는 일이 남아 있다. 이를 위하여 우선 Z의 누적분포함수(cumulative distribution function)를 구해 보자. 그림 5-9는 Z의 누적분포함수를 나타낸다.

$F(z)$란 $P(Z \leq z)$를 뜻하는 것이므로, $P(Z \leq 0)$ 또는 $F(0)$은 0.5가 될 것이다. $Z=0$이란 X와 그 평균이 같아서 $(X-\mu)/\sigma = 0$이 됨을 말하며, Z는 평

표 5-5 표준정규확률분포표

Z	.00	.01	.02	.03	.04	.05	.06	.07	.08	.09
.0										
.1				(중			략)			
.2										
⋮										
2.0	.9772	.9778	.9783	.9788	.9793	.9798	.9803	.9808	.9812	.9817
2.1	.9821	.9826	.9830	.9834	.9838	.9842	.9846	.9850	.9854	.9857
2.2	.9861	.9864	.9868	.9871	.9875	.9878	.9881	.9884	.9887	.9890
2.3	.9893	.9896	.9898	.9901	.9904	.9906	.9909	.9911	.9913	.9916
2.4	.9918	.9920	.9922	.9925	.9927	.9929	.9931	.9932	.9934	.9936
2.5	.9938	.9940	.9941	.9943	.9945	.9946	.9948	.9949	.9951	.9952
2.6	.9953	.9955	.9956	.9957	.9959	.9960	.9961	.9962	.9963	.9964
2.7	.9965	.9966	.9967	.9968	.9969	.9970	.9971	.9972	.9973	.9974
2.8	.9974	.9975	.9976	.9977	.9977	.9978	.9979	.9979	.9980	.9981
2.9	.9981	.9982	.9982	.9983	.9984	.9984	.9985	.9985	.9986	.9986
3.0					⋮					

균($\mu_Z=0$)을 중심으로 대칭이므로 바로 이 중심점까지의 면적은 0.5가 될 것이다. 마찬가지 방법으로

$$F(1)=P(Z\leq 1)=0.5+\frac{0.6826}{2}=0.8413$$

$$F(2)=P(Z\leq 2)=0.5+\frac{0.9544}{2}=0.9772$$

$$F(3)=P(Z\leq 3)=0.5+\frac{0.9974}{2}=0.9987$$

등으로 계산이 가능하다. 이러한 과정을 통하여 계산한 Z의 누적분포함수값을 표준정규확률분포표라 하며, 그 결과는 부표 D에 제시되어 있는데, 이것을 그대로 표 5-5에 옮겨 보았다.

첫째 행은 Z값의 소숫점 이하 둘째 자리까지를 나타낸다. 표에서 보면 Z값은 0부터 3.99까지만 나와 있는데, 그 이유는 Z가 그 평균(0)을 중심으로 좌우대칭이므로 음수의 경우는 별도로 취급하지 않아도 양수인 경우를 유추하여 활용할 수 있고, 한편 $P(Z\leq 3)$이 거의 1에 가까운 확률값인 0.9987이 되므로, 그 이상의 값에 이르는 누적확률값은 1로 볼 수 있기 때문에 더이상 구분하여 제시할 필요가 없기 때문이다. 예컨대, 표에서 $F(2.55)$값을 찾으려면 표에 점선으로 표시한 위치의 값을 읽으면 된다. 그러면 이제 이 표를 이용하여 정규

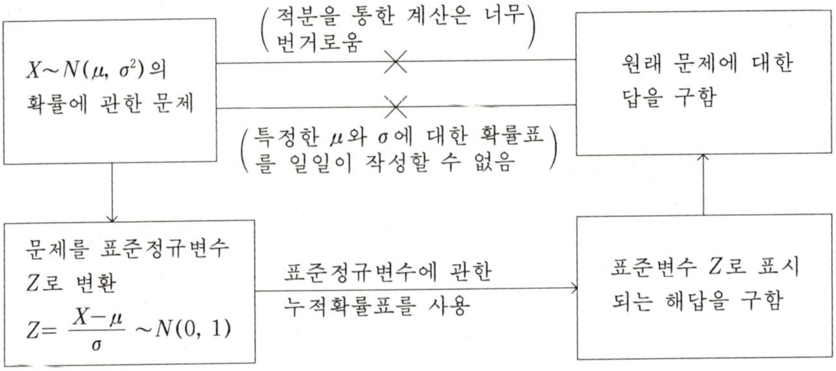

그림 5-10 표준정규분포를 이용한 확률계산절차

분포를 따르는 확률변수의 확률계산법을 강구해 보자.

그림 5-10은 정규분포의 표준화를 통한 확률계산방안의 절차를 보여 주고 있다. 그림에서 볼 수 있듯이 정규분포를 따르는 연속확률변수 X의 확률계산은 본질적으로 일정 구간에 대한 $f(X)$의 적분을 통해 이루어지나, 그 계산이 번거로우므로 이를 미리 계산해 놓은 표를 이용하는 방안이 필요하게 된다. 그러나 X가 취할 수 있는 값은 $-\infty$와 ∞ 사이의 모든 값이므로 수없이 많은 정규분포의 확률표를 일일이 만들어 제공한다는 것은 불가능하다. 따라서 간접적인 방법을 강구하게 되는데, 이는 X를 변환시켜 모든 정규분포가 공통의 모양을 갖도록 정의한 표준정규확률변수를 이용해서 이루어진다. Z는 평균이 0, 분산이 1이 되는 특수한 정규분포를 가지며 이에 대한 누적확률표를 이용하여 일단 각종 확률을 계산한 다음, 원래의 변수 X개념으로 표현된 문제에 대한 확률값을 얻는다.

3.2 기본적인 확률계산법칙

이제 보다 효율적인 표의 이용을 위해서 기본적인 확률계산과정에 대한 법칙을 도표를 이용하여 소개하기로 한다.

법칙 1 : $P(Z \leq a) = F(a)$, 단 $a \geq 0$

Z의 값이 a인 곳까지의 누적 확률값을 찾으면 된다.

그림 5-11 $P(Z \le a)$

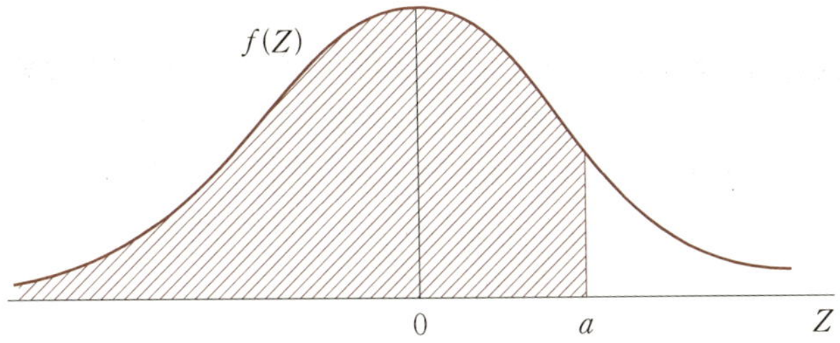

> 법칙 2: $P(Z \ge a) = 1 - P(Z \le a) = 1 - F(a)$

Z가 a보다 클 확률은 1(전체 면적)에서 Z가 a보다 작을 확률을 뺀 것과 같다는 여집합의 법칙을 이용한 것이다. 이러한 법칙이 필요한 것은 그림이 누적분포, 즉 $-\infty$부터 a까지의 면적만을 나타내고, 특정값 a보다 큰 부분의 값을 나타내 주지 않기 때문이다.

그림 5-12 $P(Z \ge a)$

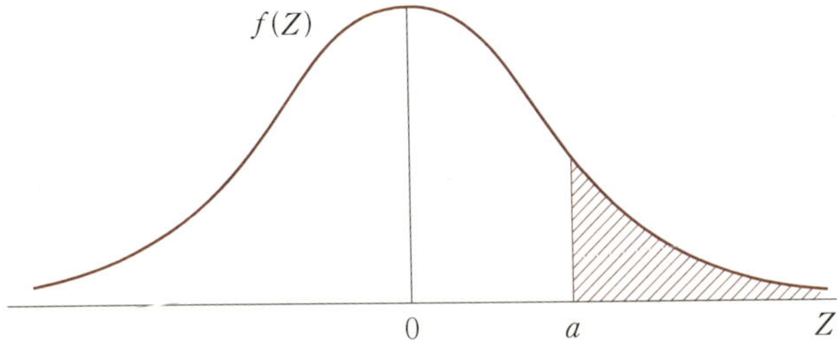

> 법칙 3: $P(Z \le -a) = P(Z \ge a) = 1 - F(a)$

Z가 음수 $-a$보다 작을 확률은 a보다 클 확률과 같아진다. Z가 0을 중심으로 대칭이기 때문이다. 확률표는 Z가 음수를 취할 때의 누적확률을 제시하지 않으므로, 위와 같은 관계식을 이용하는 것이 불가피하다.

그림 5-13 $P(Z \le -a) = P(Z \ge a)$

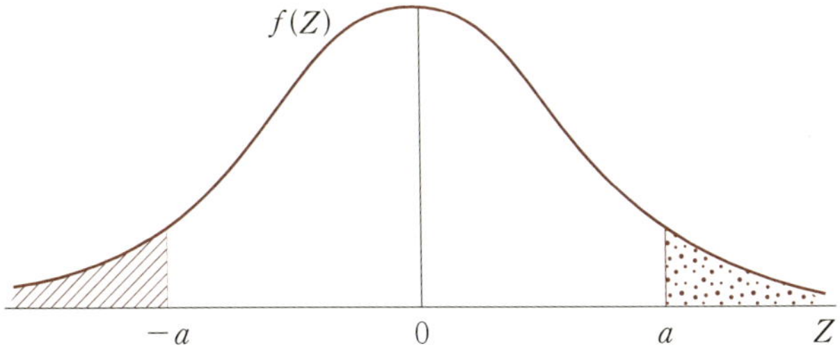

법칙 4: $P(Z \geq -a) = F(a)$

Z가 음수 $-a$보다 클 확률은 결국 Z가 a보다 작을 확률과 같아짐을 그림을 통해 알 수 있다. 이 결과를 앞의 법칙을 이용해 증명할 수 있다.

$$\begin{aligned} P(Z \geq -a) &= 1 - P(Z \leq -a) && (\because \text{ 법칙 2}) \\ &= 1 - [1 - F(a)] && (\because \text{ 법칙 3}) \\ &= F(a) \end{aligned}$$

그림 5-14 $P(Z \geq -a)$

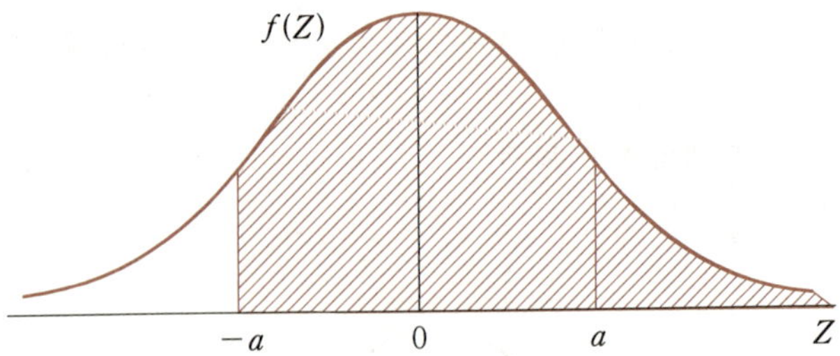

법칙 5: $P(a \leq Z \leq b) = F(b) - F(a)$

Z의 값이 a와 b 사이일 확률은 그림에서 보듯이 $F(b)$에서 $F(a)$를 차감한 것과 같아진다.

그림 5-15 $P(a \leq Z \leq b)$

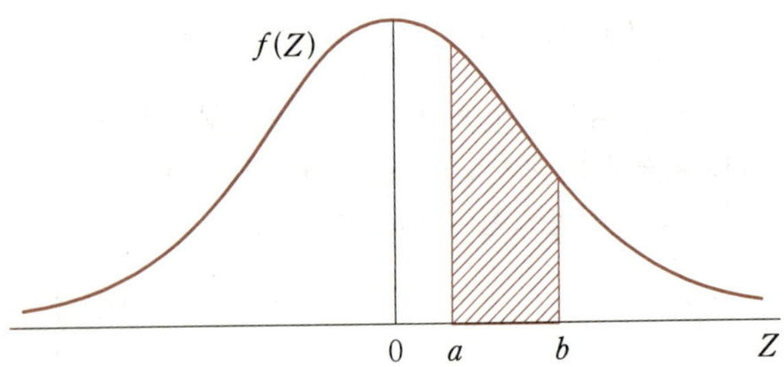

이외에도 독자들은 $P(-a < Z < -b)$ 또는 $P(a < Z < b)$ 등에 관한 결과를 계산해 보기 바란다. 이제 이상과 같은 계산과정을 익히기 위한 예제를 몇 개 들어 보자.

변수 X가 어느 한 선진국 국민들의 소득수준을 나타내는 확률변수이며, 평균이 10천불, 그리고 분산이 $\sigma^2 = (10\text{천불})^2$인 정규분포를 따른다면, 다음과 같은 상황이 발생할 가능성들은 위에 열거한 다섯 가지 법칙들을 적절히 선정, 적용하여 구할 수 있다. 즉, 무작위추출한 표본의 관측치가 ① 20(천불) 이상, ② 20(천 불) 이하, 그리고 ③ 20(천 불) 이상 30(천 불) 이하일 확률은 다음과 같이 산출된다(부표 D 참조).

$$① \ P(X \geq 20) = P\left(Z \geq \frac{20-\mu}{\sigma}\right) = P\left(Z \geq \frac{20-10}{\sqrt{100}}\right) = P(Z \geq 1)$$
$$= 1 - F(1) = 1 - 0.8413 = 0.1587$$

$$② \ P(X \leq 20) = P(Z \leq 1) = F(1) = 0.8413$$

$$③ \ P(20 \leq X \leq 30) = P\left(\frac{20-10}{\sqrt{100}} \leq Z \leq \frac{30-10}{\sqrt{100}}\right) = P(1 \leq Z \leq 2)$$
$$= F(2) - F(1) = 0.9772 - 0.8413 = 0.1359$$

이상에서 살펴본 정규분포는 모든 분포 중 가장 광범위하고 보편적으로 사용될 만큼 적용 가능한 일들이 우리 일상생활에 무수히 존재할 뿐 아니라, 특히 제7장 및 제8장에서 다룰 통계적 추론문제에 있어 기본이 되는 분포이기도 하다. 또한 본질적으로 정규분포가 아닌 시행 결과도 일정 조건이 갖추어지면 정규분포를 이용하여 어림셈을 할 수 있는데, 그 주요한 예가 이항분포에 대한 근사치 계산이다.

4. 정규분포에 의한 이항분포확률의 근사치계산

이항분포문제를 다룰 때 시행 또는 관측횟수 n이 점차 커지면 확률을 이항확률공식에 의해 계산하기가 몹시 복잡해짐을 확인한 바 있다. 또한 n의 값이 커질수록 $p \neq \frac{1}{2}$이라도 분포의 모양은 점차 좌우대칭의 형태를 이루며 정규분포에 접근하는 것을 지적한 바 있다. 따라서 p의 값이 극단적으로 작거나 또는 1에 가깝지 않을 때 n의 값이 일정 크기를 넘어서면, 이항분포에 관한 확률계산을 정규분포를 이용하여 그 근사치를 계산해 낼 수 있게 된다. 이와 같은 어림셈은 p가 $\frac{1}{2}$에 가까울수록, 그리고 n의 값이 클수록 정확해진다. 그러나 p의 값이 $\frac{1}{2}$에 얼마나 가까워야 한다거나 n의 크기가 적어도 얼마 이상이어야 한다든지 하는 기준이란 설정하기가 그리 쉽지 않다. 다만 $npq \geq 3$일 때 일반적으로 이러한 근사치 계산은 꽤 훌륭한 결과를 얻을 수 있어 자주 이용되고 있다.[1)]

1) 이에 대한 근거는 Mood and Graybill, *op. cit.*, pp. 119～121를 참조. $n \to \infty$라도 $p \to 0$일 경

그림 5-16 연속변수화 조정문제

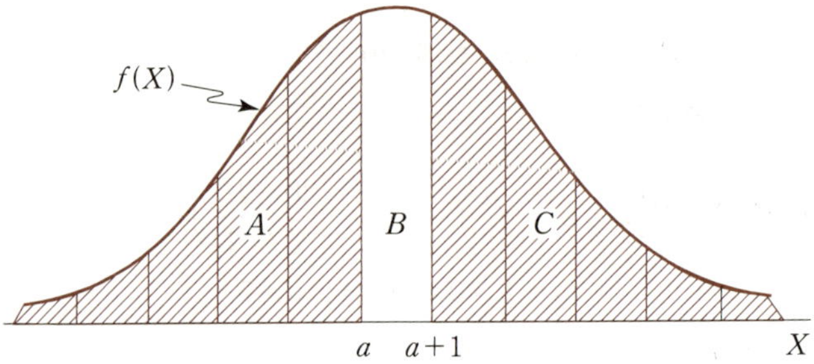

일단 정규분포에 의한 이항분포확률의 어림셈이 적합하다고 판단되면, 이후의 확률계산은 앞서 일반 정규분포의 경우처럼 일단 표준화 과정을 통하여 이루어지게 된다. 이상과 같은 내용을 수식을 통해 정리해 보면 다음과 같다.

$$\lim_{n\to\infty}\binom{n}{X}p^X q^{n-X} \Longrightarrow \frac{1}{\sigma\sqrt{2\pi}}\exp\left\{-\frac{1}{2}\left(\frac{X-\mu}{\sigma}\right)^2\right\} \tag{5.23}$$

$$\lim_{n\to\infty}\frac{X-np}{\sqrt{npq}} \Longrightarrow N(0,1)$$

$$\text{즉, } Z=\frac{X-\mu_X}{\sigma_X}=\frac{X-np}{\sqrt{npq}} \quad (npq>3 \text{ 일 때}) \tag{5.24}$$

식 (5.24)는 이항분포를 따르는 확률변수의 평균은 np와 같고, 또 표준편차는 $\sqrt{npq}$와 같으므로, 일단 정규분포에 의한 근사치 계산이 타당할 정도로 n의 크기가 확보되면, 이를 표준화시켰을 때 표준정규분포가 됨을 의미하고 있다.

이러한 근사치 계산에 주의해야 할 사항이 하나 있다. 원래 이항분포는 이산확률분포이므로 확률변수는 정수값만을 취할 수 있는 것이어서

$$P(X\le a)+P(X>a)=P(X\le a)+P(X\ge a+1)=1$$

의 관계가 성립된다. 그러나 확률변수 X가 정규분포를 따른다고 보았을 때에는

$$P(X\le a)+P(X\ge a+1)=A+C\fallingdotseq 1$$

가 된다. 즉, 그림 5-16에서처럼 a와 $a+1$ 사이의 면적 B가 고려대상에서 제외

우($npq<3$이 될 정도로)는 포아송분포에 의해 이항분포확률의 어림셈을 하는 것이 일반적이다. 본장 제2절 참조.

되어 버린다. 이러한 문제의 해결을 위해 우리는 일반적으로 a부터 $a+1$까지의 구간을 이등분하여 양쪽에 귀속시키게 된다. 즉, $P(X \leq a)$는 $P\left(X \leq a+\frac{1}{2}\right)$, 그리고 $P(X \geq a+1)$은 $P\left(X \geq a+\frac{1}{2}\right)$로 조정함으로써 고려대상에서 제외되었던 면적 B를 포함시키는 것이다. 이와 같은 과정을 '연속변수화조정'이라 한다. 이러한 조정과정을 포함한 최종적 근사치 계산공식은 다음과 같다.

[정규분포에 의한 이항분포의 근사치 계산공식]

$$Z=\frac{X-\mu}{\sigma}=\frac{X \pm \frac{1}{2}-np}{\sqrt{npq}} \qquad (5.25)$$

$$\left(\pm\frac{1}{2} : \text{연속변수화 조정계수}\right)$$

이상의 근사치 계산과정의 이해를 돕기 위해 한 예를 들어 보자. 어느 국회의원 입후보자의 모집단에서의 지지율이 0.64일 때, 이 집단으로부터 100명을 임의추출하여 그 중 60명 이상이 이 후보를 지지할 확률을 구하는 경우를 생각해 보자. 우선 이항확률표를 이용하여 확률계산을 하면

$$\begin{aligned} P(X \geq 60) &= \sum_{X=60}^{100}\binom{100}{X}(0.64)^X(0.36)^{100-X} \\ &= 0.8263 \qquad (\text{부표 B에 의해}) \end{aligned}$$

이 된다. 한편, $npq=100(0.64)(0.36)=23.04$로 3보다 크므로 근사치 계산이 타당시된다고 볼 수 있어 위에서 개발한 수식을 이용하면,

$$\begin{aligned} P(X \geq 60) &= P\left(\frac{X-\mu}{\sigma}=Z \geq \frac{60-\frac{1}{2}-np}{\sqrt{npq}}\right) \\ &= P\left(Z \geq \frac{59.5-64}{\sqrt{23.04}}\right)=P(Z \geq -0.94) \\ &= F(0.94) \qquad (\because \text{ 법칙 } 4) \\ &= 0.8264 \qquad (\text{부표 D에 의해}) \end{aligned}$$

가 된다. 이를 위의 결과와 비교해 보면 정규분포에 의한 근사치 계산이 매우 정확함을 알 수 있다.

제 5 절 기타 주요연속확률분포

정규분포 외에도 많은 연속확률분포가 있으나 그 중 자주 통계적 추론에 쓰이는 것으로 지수분포(exponential distribution) · χ^2분포 · t분포 · F분포 · 균등분포(uniform or rectangular distribution) · 감마분포(gamma distribution) · 베타분포(beta distribution) 등이 있다. 본장에서는 이들 중 지수분포와 정규분포 · χ^2분포만을 다루고, 표본분포에서 주로 사용되는 t분포 및 F분포는 다음 장에서 다루기로 한다. 기타 분포는 본책의 주요 내용과 연관성이 상대적으로 적어 생략하였다.[1)]

1. 지수분포(exponential distribution)[2)]

현대 경영학, 특히 대기행렬이론(queuing, or waiting-line theory)을 중심으로 하는 OR분야에 주로 쓰이는 분포의 하나로 앞에서 배운 이산확률분포 중 포아송분포와 직결되어 있는 연속확률분포의 한 형태이다. 예컨대, 어느 사건이 포아송분포의 확률법칙에 따라 발생한다면, 이러한 사건들이 발생하는 사이에 경과되는 시간은 이른바 지수분포를 따른다는 것이다. 만일 은행에 도착하는 고객수가 포아송분포에 따라 설명된다면 한 고객과 다음 고객이 도착하는 사이에 경과되는 시간의 확률은 지수분포에 의해 설명된다는 것이다. 따라서 지수분포는 연속함수의 하나이지만 이산확률함수인 포아송분포처럼 λ 하나만의 모수를 갖고 있다. 따라서 앞에서 정의된 바와 같이 λ는 포아송분포를 따르는 사건이 일어나는 평균발생률이며, 이 값에 의해 지수분포가 특징지어진다. 보다 구체적으로 말하자면 λ가 평균발생률을 나타내는 상황에서 두 사건 사이에 경과되는 시간을 확률변수 X로 표시하면, 이 변수의 확률분포는 다음 식으로 나타나는 지수함수가 된다.

[지수분포함수]

$$f(X)=\begin{cases}\lambda e^{-\lambda X}: & 0<X<\infty,\ \lambda>0\\ 0 \quad : & \text{기타}\end{cases} \tag{5.26}$$

1) 보다 자세한 내용은 R. V. Hogg and A. T. Craig, *op. cit.*, Ch. 3을 참조.

2) 이 분포는 생략해도 뒷부분과의 연결에 무방하다. 즉, 이 분포는 독자적인 영역에 주로 응용되는 것으로 이후에 나오는 주요 통계적 추론에서는 사용되는 예가 드물어 생략해도 좋다.

그림 5-17 지수분포

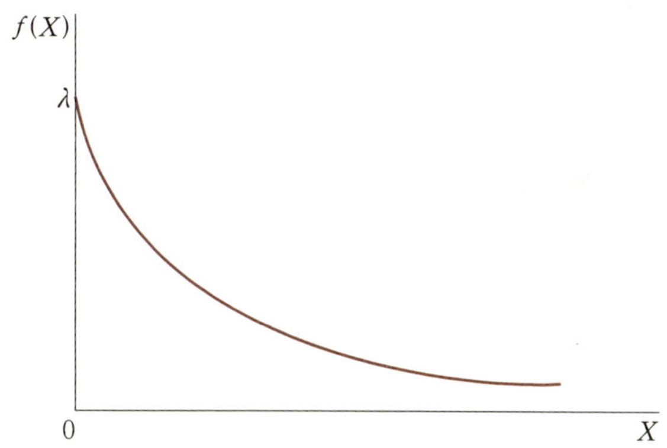

이 함수를 도표화한 것이 그림 5-17이다.

수식과 그림을 통해 알 수 있듯이 두 사건 사이의 경과시간(X)의 확률 $f(X)$는 지수함수적으로 감소하게 된다. 즉 X가 무한대로 커짐에 따라 $f(X)$는 0에 가까워진다. 한편 X는 연속확률함수이지만 정규분포와는 달리 0보다 작은 값을 갖지 않는다. 이는 X가 정의대로 시간을 나타내는 변수이기 때문이며, 공식에서 보듯이 $\lambda>0$일 경우 $f(X)\geq 0$이 됨을 알 수 있다. 그리고 종축의 절편은 λ가 되는데, 즉 $f(0)=\lambda$라는 것으로 식 (5.26)에 $X=0$을 대입하여 얻을 수 있는 결과이다.

이 지수분포 또한 모든 확률함수에 요구되는 두 가지 조건, 즉 $f(X)\geq 0$과 $\int f(X)dX=1$이 성립됨은 물론이다. 첫번째 조건이 성립되는 것은 위에서 이미 확인되었다. 두 번째 조건은 $f(X)$를 0부터 ∞까지 적분함으로써 얻어질 수 있다. 즉, 다음과 같은 결과가 도출됨을 알 수 있다.

$$\int_0^\infty f(X)dX=\int_0^\infty \lambda e^{-\lambda X}dX=[-e^{-\lambda X}]_0^\infty=e^0=1$$

1.1 지수분포의 평균과 분산

λ를 평균사건발생률로 정의할 때 지수분포는 사건발생 사이에 경과되는 시간의 확률분포를 나타낸다는 것을 생각하면, 지수분포의 평균은 $1/\lambda$이 될 것임을 직관적으로 알 수 있다. 예컨대, 어느 은행의 출납계에 매분당 1/2명이 평균적으로 도착한다고 가정하면, 이것은 2분에 한 명꼴로 도착한다는 의미가 되므로, 고객의 도착 사이에 소요되는 시간은 평균적으로 2분이 될 것이다. 즉,

두 사건(고객의 도착) 사이의 경과시간을 나타내는 지수분포의 평균은 포아송분포 평균의 역수인 $1/\lambda=2$가 됨을 알 수 있다. 포아송분포에서처럼 지수분포 또한 λ를 모수로 하고 있어 평균과 분산의 값이 λ의 함수로 표현될 수 있을 것이며, 도출된 결과는 다음과 같다.[1)]

[지수분포의 평균과 분산]

평균 : $E[X_e]=\dfrac{1}{\lambda}$

분산 : $\mathrm{Var}(X_e)=\dfrac{1}{\lambda^2}$ (5.27)

(X_e는 지수분포를 따르는 확률변수라는 뜻)

1.2 지수분포의 확률계산법

어느 슈퍼마켓의 계산대에 고객이 1분당 평균 $\lambda=3.8$로 도착한다 하자. 이 때 고객들의 도착 사이에 소요되는 시간을 설명하기 위한 지수분포는

$$f(X_e)=3.8e^{-3.8X}$$

이 되고, $\mu_{Xe}=\dfrac{1}{\lambda}=\dfrac{1}{3.8}=0.263$분, 그리고 분산은 $\dfrac{1}{\lambda^2}=\dfrac{1}{3.8^2}=0.069$분이 될 것이다. 이 때 두 고객이 도착하는 사이의 시간이 1분보다 작을 확률을 산출해 보기로 하자.

이는 그림 5-18에서 빗금친 부분의 면적을 구하는 것으로 공식을 이용하여 계산하면,

$$P(X<1)=\int_0^1 3.8e^{-3.8X}dX=[-e^{-3.8X}]_0^1=1-e^{-3.8}=0.978$$

이 된다. 그러나 이러한 적분과정을 일일이 겪어야 확률계산이 가능하다면 몹시 번거로운 일임에 틀림이 없다. 따라서 이 분포에 대해서도 미리 이러한 적

1) $E[X]=\int_0^\infty X\cdot\lambda e^{-\lambda X}dX=[-Xe^{-\lambda X}]_0^\infty-\int_0^\infty -e^{-\lambda X}dX=[-Xe^{-\lambda X}]_0^\infty-\left[\frac{1}{\lambda}e^{-\lambda X}\right]_0^\infty=\frac{1}{\lambda}$ (부분적분공식)

$$E[X^2]=\int_0^\infty X^2\lambda e^{-\lambda X}dX=[-X^2e^{-\lambda X}]_0^\infty-\int_0^\infty -(2Xe^{-\lambda X})dX$$

$$=[-X^2e^{-\lambda X}]_0^\infty+2\left[-\frac{1}{\lambda}Xe^{-\lambda X}\right]_0^\infty+2\int_0^\infty \frac{1}{\lambda}e^{-\lambda X}dX$$

$$=[-X^2e^{-\lambda X}]_0^\infty+2\left[-\frac{1}{\lambda}Xe^{-\lambda X}\right]_0^\infty+2\left[-\frac{1}{\lambda^2}e^{-\lambda X}\right]_0^\infty=\frac{2}{\lambda^2}$$

$$\therefore\ \mathrm{Var}(X)=E[X^2]-(E[X])^2=\frac{2}{\lambda^2}-\left(\frac{1}{\lambda}\right)^2=\frac{1}{\lambda^2}$$

그림 5-18 슈퍼마켓에 관한 지수분포

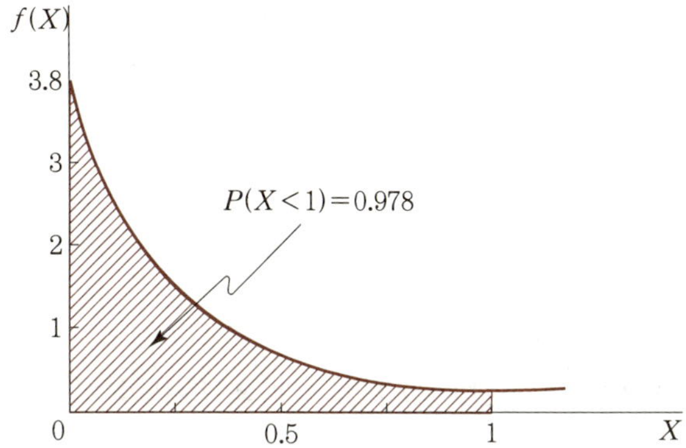

분과정을 통해 계산된 확률표가 작성되어 있다(부표 E 참조). 그러나 이러한 누적확률표는 수많은 λ와 X의 각기 다른 수들의 조합수만큼 필요하게 되고, 이 무수한 모든 경우에 해당하는 누적확률표를 작성할 수는 없다. 따라서 편법으로 λ와 경과시간을 나타내는 변수 X를 서로 곱한 값(0부터 9.9 사이에 한함)을 하나의 변수처럼 취급하여 그에 대응하는 누적확률을 계산해 놓았다. 위의 예제에서처럼 $\lambda=3.8$이고 $X\leq 1$이면, 표에서는 $\lambda X=(3.8)\cdot(1)$에 대응하는 값을 읽으면 되며, 밑에 소개한 표의 일부처럼 그 값은 0.978이다.

물론 경우에 따라 경과시간 X가 일정한 수보다 클 확률 또는 특정한 두 수치 사이에 있을 확률의 계산이 요구될 것이다. 예컨대 $\lambda=3.8$일 때 $P\left(X\geq\frac{1}{2}\right)$을 구하려면 우선 표를 이용하기에 앞서 다음의 여집합법칙을 이용해야 함을 염두에 두어야 한다.

$$P\left(X\geq\frac{1}{2}\right)=1-P\left(X\leq\frac{1}{2}\right)$$

표 5-6 지수분포의 누적확률표

λX	$F(X)$
0.0	0.000
0.1	0.095
⋮	⋮
3.7	0.975
3.8	0.978
3.9	0.980
⋮	⋮
9.9	0.99995

$P\left(X\le\frac{1}{2}\right)$은 $\lambda\cdot X=3.8\left(\frac{1}{2}\right)=1.9$이고, 이 때의 $P\left(X\le\frac{1}{2}\right)=F\left(\frac{1}{2}\right)$은 부표 E에서 0.850임을 알 수 있다. 따라서 $P\left(X\ge\frac{1}{2}\right)=1-0.850=0.150$이 된다. 한편, 이 예제에서 $\lambda=3.8$일 때 $P\left(\frac{1}{2}\le X\le 1\right)$을 구하려면, $P(X\le 1)$, $P\left(X\le\frac{1}{2}\right)$을 각각 구하여 차감함으로써 구할 수 있다. 즉,

$$P\left(\frac{1}{2}\le X\le 1\right)=P(X\le 1)-P\left(X\le\frac{1}{2}\right)$$
$$=F(1)-F\left(\frac{1}{2}\right)$$

표에서 $\lambda=3.8$일 때 $F(1)=0.978$, 그리고 $F(0.5)=0.850$이므로 다음과 같이 계산된다.

$$P\left(\frac{1}{2}\le X\le 1\right)=0.978-0.850=0.128$$

마지막으로, 지수분포확률의 계산이 대기행렬(queuing)문제에 있어 유용한 상황을 소개하기로 한다. 만일 분당슈퍼마켓의 계산대에 도착하는 고객수를 관찰함은 물론 계산원의 고객 1인당 계산에 필요한 시간을 동시에 관측하면, 계산원이 계산작업을 X분만큼 하지 않을 확률이라든가 또는 반대로 고객이 X분 이상 기다려야 할 확률 등을 계산할 수 있게 된다. 또한 이와 같은 확률계산을 통하여 계산원을 몇 명 또는 계산대를 몇 군데 마련하는 것이 적절한가 하는 문제를 결정하는 데 유용한 정보를 제공할 수 있게 된다. 이 밖에도 은행의 창구직원을 몇으로 할 것인가, 또는 고속도로의 톨게이트를 몇 개 정도만 개방할 것인가, 그리고 원활한 비행기의 이착륙을 위해서는 몇 개의 활주로 사용이 필요한가 하는 등등의 문제가 바로 이러한 분포의 응용을 통해 이루어질 수 있다.

2. χ^2 분포[1)]

앞의 항에서는 포아송분포와 긴밀한 관련을 맺고 있는 지수분포에 대하여 살펴보았는데 이번에는 정규분포와 밀접한 관계를 가지고 있는 분포에 대해 살펴보자. 먼저 이들 중에서 가장 널리 쓰이는 것 중의 하나인 카이자승(chi-square)분포라 불리우는 연속확률밀도함수에 대하여 알아보기로 한다.

앞에서 정규분포를 따르는 확률변수를 논의할 때 이 변수가 일정 범위의

1) 이 분포는 다음 장에서 보다 상세한 응용 예가 다루어질 것이므로 제6장과 함께 읽는 것이 효과적일 것이다.

값을 취하는 확률을 계산하기 위하여 $Z=(X-\mu)/\sigma$와 같이 표준화시키는 과정을 거친 바 있다. 그러나 지금까지 소개한 이항분포・포아송분포・정규분포 그리고 지수분포에 있어서는 특정한 사건의 발생을 나타내는 변수가 하나일 경우에 대한 확률분포를 다룬 셈이다. 주의깊은 독자들은 기억하겠지만 제 4 장에서 두 개 이상의 확률변수를 결합하여 새로운 확률변수를 만들 수 있음을 기대치 개념과 관련하여 소개한 바 있다. 여기에서 지금 소개하는 χ^2분포는 정규분포의 표준화과정과 같은 변환과정과, 그리고 하나가 아닌 여러 개의 변수들로 표현되는 새로운 형태의 확률분포인 것이다.

2.1 χ^2분포의 정의

어떤 사건이나 상황을 나타내는 확률변수 X가 있다 하자. 단, 각 사건은 서로 독립적이라 가정한다. 예컨대, 특정 제품을 만드는 여러 개의 기계(또는 노동자)의 경우 각 기계의 제품이 갖는 특징을 확률변수(X)로 나타내면, 서로 독립적인 상황의 확률변수를 상정할 수 있다. 이제 이 기계가 생산한 제품의 길이(X)가 μ와 σ^2의 평균 및 분산을 갖는 정규분포를 따른다면, 이를 $Z=(X-\mu)/\sigma$로 변환하여 표준화시킬 수 있을 것이다. 즉, 각 기계로부터 생산된 제품의 길이(X)를 표준화하여 서로 독립적인 정규변수들(Z)을 도출한다. 여기에서 도출된 파생변수의 수(예컨대, 기계의 수)를 ν(그리스문자로 "누"라 읽음: nu)로 표시하면, ν개의 표준화된 정규변수$\left(\frac{X_1-\mu_1}{\sigma_1}, \frac{X_2-\mu_2}{\sigma_2}, \cdots, \frac{X_\nu-\mu_\nu}{\sigma_\nu}\right)$값이 정의될 것인데 이들을 제곱한 다음 전부 합한 값은 식 (5.28)과 같이 표현되며 이처럼 정의된 새로운 변수를 바로 χ^2(그리스문자로 카이자승: chi-square)이라 한다.[1)]

$$\chi_\nu^2=\left(\frac{X_1-\mu_1}{\sigma_1}\right)^2+\left(\frac{X_2-\mu_2}{\sigma_2}\right)^2+\cdots+\left(\frac{X_\nu-\mu_\nu}{\sigma_\nu}\right)^2=Z_1^2+Z_2^2+\cdots+Z_\nu^2$$
$$=\sum_{i=1}^{\nu}Z_i^2 \qquad (5.28)$$

일반적으로 χ^2변수에는 오른쪽 아래에 ν라는 문자를 붙여 쓰며, 이것은 ν개의 값에 의해 특징지어짐을 나타내게 된다.

---

1) 카이자승분포는 정규분포를 따르는 확률변수 X의 2차함수 형태로 표현되는 일종의 파생적 확률변수(derived random variable)의 확률분포이다. 이와 같은 파생확률변수의 확률분포의 주 예로서 제 6 장에서 소개할 각종 표본통계량의 확률분포, 즉 t분포 및 F분포를 들 수 있다.

이상과 같이 정의되는 χ^2분포는 여러 상황에서 중요한 의미를 갖는다. 예컨대, Z_i가 어떤 제품 길이의 평균으로부터의 거리 또는 편차(단, 표준화된 단위일 경우)를 나타낸다면 Z_i^2은 이들 편차의 제곱이 된다. 그리고 $\chi_\nu{}^2 = \sum Z_i^2$은 ν개의 다른 기계가 생산한 제품 길이의 평균으로부터의 편차를 제곱한 것의 합이 된다. 따라서 χ^2값은 분산을 다루는 문제에 주로 적용된다. 분산이란 원래 한 변수의 값이 평균으로부터 얼마나 떨어져 있는가를 측정키 위한 대표치로 평균으로부터의 편차를 제곱한 값을 모두 더한 값의 평균($\text{Var}(X) = \sum(X_i - \mu)^2/N$)임을 상기하면, 위와 같이 정의된 χ^2분포가 분산 개념과 유사한 점이 있음을 알 수 있다. χ^2분포의 적용문제는 다음 장에서 상세히 다루게 될 것인바 여기에서는 생략하기로 한다.

2.2 χ^2분포의 특징

χ^2분포는 한개의 모수 ν를 갖는 연속확률밀도함수이므로 그 평균과 분산은 모수인 ν에 의해 특징지어진다.[1] 즉, χ^2분포의 밀도함수는

[χ^2분포함수]

$$f(\chi^2) = \frac{(\chi^2)^{(\nu-2)/2} \cdot e^{-\chi^2/2}}{2^{(\nu-2)}[(\nu-2)/2]!} \tag{5.29}$$

이며, 평균과 분산은 다음과 같다.

[χ^2분포의 평균 및 분산]

$$\begin{aligned} E[\chi_\nu{}^2] &= \nu \\ \text{Var}(\chi_\nu{}^2) &= 2\nu \end{aligned} \tag{5.30}$$

이처럼 평균과 분산의 값이 모수 ν에 의존하며, ν는 χ^2을 구성하기 위해 합계한 서로 독립적인 변수의 개수를 나타내는데, 여기서 ν를 일반적으로 자유도(degree of freedom)라 한다.[2] 이제 이 자유도 ν의 값이 변화함에 따른 χ^2분

1) χ^2분포의 확률밀도함수와 평균 및 분산 등의 성립과 도출과정은 윤기중, 「수리통계학」(박영사, 1974), pp. 308~314를 참조.

2) 자유도(d. f.; degree of freedom)란 독립적인 변수의 개수 또는 값을 자유로이 취할 수 있는 변수의 총수를 나타내며, 위 예제에서는 χ^2분포를 정의하는 과정에서 합산한 원래의 확률변수의 총수가 바로 자유도가 될 것이다. 합산과정에 활용된 원래의 확률변수가 모두 서로 독립적인 관계에 있기 때문이다. χ^2의 자유도는 경우에 따라 자유도가 변화할 수 있으며, 그 중요한 예가 제6장에 소개된다. 자유도에 관한 보다 자세한 설명 또한 그 때까지 미루기로 한다.

그림 5-19 ν값에 따른 χ^2분포 모양의 변화

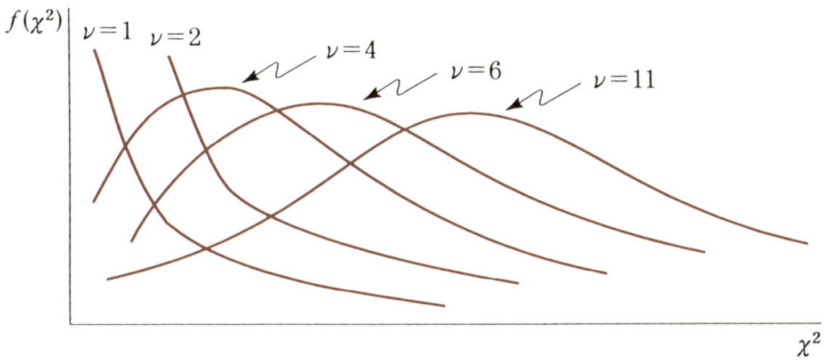

포의 모양을 살펴보자.

위의 그림에서 보면 χ^2분포는 ν의 값이 커짐에 따라 오른쪽으로 이동하며 양의 왜도를 갖는 분포의 형태에서 좌우대칭 형태로 변화해 감을 알 수 있다. χ^2의 우측이동현상은 χ^2의 평균이 ν값과 같으므로 ν의 값이 클수록 오른쪽으로 이동하며, 분산(2ν) 역시 점차 커지므로 점차 완만한 형상을 갖게 되는 것이다. 이 분포 또한 확률분포의 두 가지 기본요건인 $f(\chi^2)>0$, $\int f(\chi^2)d\chi^2=1$이 달성됨은 물론이다.

2.3 χ^2분포의 확률계산법

그러면 χ^2분포에 있어 확률은 어떻게 계산할 것인가? 앞에서 배운 정규분포나 지수분포 등 연속확률분포에서처럼 변수가 일정 구간의 값을 취할 확률은 적분과정을 통해 계산하게 된다. 그러나 정규분포 때와는 달리 공통으로 적용할 수 있는 표준화된 확률분포표의 작성은 불가능하다. 왜냐하면, χ^2분포는 위에서 확인한 바와 마찬가지로 ν값, 즉 서로 독립적인 항의 수에 따라 그 위치와 모양이 변화하기 때문이다. 이러한 문제는 지수분포의 경우에서도 마찬가지였으며, 지수분포표 작성시에는 이 문제를 변수의 값과 모수의 값을 곱한 값들에 대하여 누적확률을 계산하여 제시함으로써 해결하였다. 그러나 같은 문제이기는 하나 χ^2분포의 경우에는 주요 관심대상이 되는 누적확률(0.005, 0.10, …, 0.90, 0.95, 0.99 등)값을 갖게 되는 χ^2값을 자유도가 1일 경우부터 100일 때까지 한정하여 제시하는 방안을 일반적으로 채택하고 있다.

표 5-7에서 보면 왼쪽과 위쪽에 Z값을 표시하고, 이에 대응하는 누적확률을 나머지 부분에 표시했던 누적표준정규분포표와는 달리, 누적확률 중 주요한

표 5-7 누적 χ^2분포표

F(누적확률) / ν(자유도)	0.005	…………	0.99	0.995
1	0.00	…………	6.63	7.88
2	0.01	⋮	9.21	10.60
⋮	⋮	⋮	⋮	⋮
30	13.79	⋮	50.89	53.67
⋮	⋮	⋮	⋮	⋮
100	67.33	⋮	135.81	140.17
Z_α($\nu>100$ 경우)	−2.576	…………	+2.326	+2.576

값 10개만을 위쪽에 나열한 다음 이러한 누적확률을 갖게 되는 χ^2변수값을 그 밑에 자유도의 크기에 따라 정리해 놓고 있음을 알 수 있다[1] 표가 $\nu=100$에서 그친 것은 자유도가 커짐에 따라 χ^2분포는 점차 좌우대칭형이 되며, 그 모양도 정규분포를 이용한 근사치 계산을 이용해도 큰 무리가 없기 때문이다. 표의 아래쪽에 $\nu>100$일 경우를 위해 정규분포를 이용한 변수값의 근사치가 제공되어 있다.[2]

그러면 그림을 이용한 χ^2분포의 확률계산의 한 예를 들어 보자. 서로 독립적으로 생산하는 기계 11대로부터 생산된 제품의 길이를 표준화하여 제곱한 값의 합으로 정의된 χ^2확률변수값이 18보다 작을 확률을 구해 보자. 즉, $\nu=11$인 경우에 대응하는 행을 보면, 누적확률이 0.9일 때 χ^2값은 17.28이고, 누적확률이 0.95일 때 χ^2값은 19.68이다. 즉, 우리가 알고 싶은 $\nu=11$에 대한 확률 $P(\chi^2_{11}<18)$과 정확히 일치하는 값은 찾을 수 없다. 따라서 단지 우리가 말할 수 있는 것은 "$P(\chi^2_{11}<18)$은 0.9 내지 0.95이다" 또는 "$P(\chi^2_{11}<18)$이란 현상이 나타날 확률은 90∼95%이다"라는 것뿐이다.

1) 단, 부표 F(p. 831)에 게재한 누적χ^2분포표는 F(누적확률값 : $1-\alpha$) 대신 우단(오른쪽 꼬리 부분) 면적(α)을 기준으로 χ^2값을 작성·제시하였음에 유의하기 바란다.

2) 자유도가 100 이상일 때 주요 누적확률값에 대응하는 χ^2변수값은 부표 F의 하단에 소개한 χ^2과 표준정규확률변수 Z의 관계식을 이용하여 산출할 수 있다. 예컨대, 자유도가 ν일 때 χ_α^2까지 누적확률이 $(1-\alpha)$ 또는 χ_α^2보다 큰 값을 가질 확률이 α가 되는 χ_α^2 변수값은 $\chi_\alpha^2=\frac{1}{2}[Z_\alpha+\sqrt{(2\nu-1)}]^2$에 의해 구할 수 있다. 만일 $\nu=201$, $\alpha=0.01$이라면, 부표 F에서 $Z_\alpha=2.33$이므로 $\chi^2=\frac{1}{2}[2.33+\sqrt{2(201)-1}]^2 \fallingdotseq 249.3$이 된다.

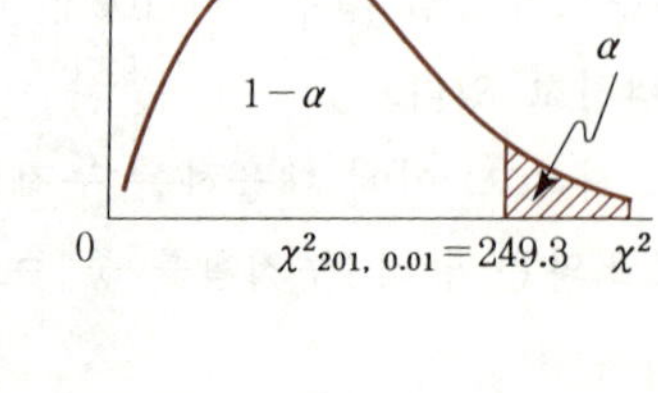

제 6 절 요 약

본장에서는 우리 일상생활에서 흔히 볼 수 있는 현상들을 잘 묘사할 수 있는 주요 확률분포를 유형별로 구분하여 다루었다. 일단 이들 확률분포에 관한 특징을 파악해 두면 상황에 따라 적절한 확률함수를 선정하여 이용함으로써 제 4 장에서처럼 일일이 매 경우마다 전체 사상의 확률을 산출하여 확률분포를 구성하거나 평균 및 분산과 같은 특성치(기대치)를 매번 도출하는 번거로움을 피할 수 있다는 이점이 있다.

확률분포는 확률변수가 이산변량으로 표현되는지(주로 발생횟수를 기록할 경우: process of counting) 또는 연속변량으로 표현되는지(주로 관측치를 기록할 경우: process of measuring)에 따라 확률질량함수와 확률밀도함수로 구분된다. 전자는 확률변수가 취하는 모든 가능한 값의 발생확률을 일종의 기둥그림표 형태로 나타내는 반면, 후자는 연속확률변수가 취할 수 있는 값들이 일정 범위 내에 속할 확률을 확률밀도함수 및 X축, 그리고 설정된 구간으로 이루어지는 면적으로 파악한다.

이산확률변수의 확률분포인 확률질량함수들은 기본적으로 이항분포계열에 속하며, 따라서 이항분포는 모든 확률질량함수의 기본이 되는 핵심적인 확률분포라 할 수 있다. 이항분포는 단지 두 가지 종류의 결과만이 발생하는 실험을 반복하는 과정에 관한 확률계산법을 제공하고 있다. 물론 이 때 반복되는 시행은 서로 독립적이어서 매 시행과정에서 어느 한 종류의 사건이 발생할 가능성은 일정하도록 유지될 수 있어야 한다는 가정을 필요로 한다. 이러한 이항분포는 두 개의 모수, 즉 시행횟수(n)와 한 사건의 발생확률(p)에 의해 그 구체적인 분포형태와 평균(np) 및 분산(npq)이 결정된다.

이항분포계열에 속하는 확률질량함수 중 중요한 것은 초기하분포, 부의 이항분포, 기하분포, 그리고 포아송분포 등이 있으며, 특히 포아송분포는 p가 매우 작으나 n이 상당히 큰($n \geq 30$ 및 $np < 5$가 될 정도) 이항분포확률의 근사치 계산을 가능케 하는 특성을 지니고 있다.

한편, 연속확률변수의 확률분포인 확률밀도함수의 기본이 되는 것은 정규분포이며, 이는 전체 확률분포 중 가장 중요한 확률모형이라 할 수 있다. 이는 대부분의 관측치들은 거의 정규분포에 가까운 분포를 가지며, 또 다른 확률분포의 근사치 계산에 활용될 수 있는 경우가 종종 있으며, 특히 다음 장에서 다루게 될 표본통계량(예컨대, 표본평균)이 따르는 분포로 확인될 수 있다는 사실 등에 근거한다.

정규분포는 종모양의 좌우대칭형을 이루며, 확률계산은 표준화과정$\left(Z=\frac{X-\mu}{\sigma}\right)$을 통하여 이루어진다. 한편, $n \geq 30$, $npq \geq 5$가 만족되는 경우 우리는 정규분포를 이용하여 이항분포확률의 근사치 계산을 할 수 있다. 이는 이항분포함수가 n이 점차 커지면 정규분포함수에 가까워진다는 사실에 입각한 것이다. $n \geq 30$, $npq < 3$가 될 정도로 p가 작은 값을 취할 때, 포아송분포에 의한 이항확률의 근사치를 제공한다고 지적한 바 있다. 그런데 일단 $n \geq 30$이 만족되는 한 포아송분포 또한 정규분포에 의한 근사치 계산이 용인될 수 있으며, 일반적으로 $\lambda(=np) \geq 10$이 성립될 경우 훌륭한 근사치가 산출되는 것으로 알려져 있다.

연속확률분포에는 정규분포 외에도 지수분포 및 χ^2분포 등의 확률밀도함수가 자주 이용된다. 특히 χ^2분포는 다음 장에 소개할 t분포 및 F분포와 더불어 통계적 추론에 가장 빈번히 사용되는 중요한 확률분포이다.

본장에서 소개된 확률분포들의 특기사항을 간단히 정리해 보면 다음과 같다.

표 5-8 주요 확률분포

확률변수의 종류	확률분포명	확률분포식	모수	평균	분산	확률 계산표
이산변수	이항분포	$\binom{n}{X}p^X q^{n-X}$	n, p	np	npq	부표B
	초기하분포	$\frac{\binom{K}{X}\binom{N-K}{n-X}}{\binom{N}{n}}$	N, K n	$n\cdot\left(\frac{K}{N}\right)$	$n\cdot\left(\frac{K}{N}\right)\left(\frac{N-K}{N}\right)\cdot\left(\frac{N-n}{N-1}\right)$	
	부의 이항분포	$\binom{r+X-1}{X}p^r q^X$	p, r	rq/p	rq/p^2	
	기하분포	pq^X	p	q/p	q/p^2	
	포아송분포	$\frac{e^{-\lambda}\lambda^X}{X!}$	λ	λ	λ	부표C
연속변수	정규분포	$\frac{1}{\sqrt{2\pi}\sigma}e^{-\frac{1}{2}\left(\frac{X-\mu}{\sigma}\right)^2}$	μ, σ	μ	σ^2	
	표준정규분포	$\frac{1}{\sqrt{2\pi}}e^{-\frac{1}{2}z^2}$		0	1	부표D
	지수분포	$\lambda e^{-\lambda X}$	λ	$1/\lambda$	$1/\lambda^2$	부표E
	χ^2분포	생략	ν	ν	2ν	부표F

□ 보 론

맥로린 시리즈에 의한 포아송분포의 평균과 분산

중급수학지식을 가진 독자를 위하여 포아송분포의 평균과 분산이 λ와 같다는 것을 맥로린 시리즈를 이용해 설명하고자 한다. 평균은 정의에 의해

$$\begin{aligned}
E[X_p] &= \sum_{X=0}^{\infty} X \cdot \frac{\lambda^X e^{-\lambda}}{X!} \\
&= \sum_{X=1}^{\infty} X \cdot \frac{\lambda^X e^{-\lambda}}{X!} \quad (\because\ X=0 \text{ 경우는 더할 필요 없음}) \\
&= \sum_{X=1}^{\infty} \frac{\lambda^X e^{-\lambda}}{(X-1)!} \\
&= \lambda e^{-\lambda} \sum_{X=1}^{\infty} \frac{\lambda^{X-1}}{(X-1)!} \\
&= \lambda e^{-\lambda} \sum_{Y=0}^{\infty} \frac{\lambda^Y}{Y!} \quad (\text{단, } Y=X-1) \\
&= \lambda \cdot e^{-\lambda} \cdot e^{\lambda} \left(\because\ e^{\lambda} = \sum_{Y=0}^{\infty} \frac{\lambda^Y}{Y!}\right)^{1)}
\end{aligned}$$

$$\therefore\ E[X_p] = \lambda$$

다음 분산은

$$\begin{aligned}
\mathrm{Var}(X_p) &= E[X^2] - \mu^2 \\
&= \sum_{X=0}^{\infty} X^2 \cdot \frac{\lambda^X e^{-\lambda}}{X!} - \lambda^2 \\
&= \sum_{X=1}^{\infty} X \cdot \frac{\lambda^X e^{-\lambda}}{(X-1)!} - \lambda^2 \\
&= \sum_{X=1}^{\infty} \frac{(X-1+1)\lambda^X e^{-\lambda}}{(X-1)!} - \lambda^2 \\
&= \sum_{X=1}^{\infty} \frac{(X-1)\lambda^X e^{-\lambda}}{(X-1)!} + \sum_{X=1}^{\infty} \frac{\lambda^X e^{-\lambda}}{(X-1)!} - \lambda^2 \\
&= \lambda^2 e^{-\lambda} \sum_{X=2}^{\infty} \frac{\lambda^{X-2}}{(X-2)!} + \lambda e^{-\lambda} \sum_{X=1}^{\infty} \frac{\lambda^{X-1}}{(X-1)!} - \lambda^2 \\
&= \lambda^2 e^{-\lambda}(e^{\lambda}) + \lambda e^{-\lambda}(e^{\lambda}) - \lambda^2 \\
&= \lambda^2 + \lambda - \lambda^2 = \lambda
\end{aligned}$$

$$\therefore\ \mathrm{Var}(X_p) = \lambda$$

---

1) e^{λ}을 맥로린 시리즈 전개(Maclaurin series expansion)를 이용하여 간단히 설명하면 다음과 같다.

$$\sum_{Y=0}^{\infty} \frac{\lambda^Y}{Y!} = \lim_{n\to\infty} \sum_{y=0}^{\infty} \frac{\lambda^Y}{Y!} = \lim_{n\to\infty}\left\{1 + \frac{\lambda}{1!} + \frac{\lambda^2}{2!} + \frac{\lambda^3}{3!} + \cdots + \frac{\lambda^n}{n!}\right\} = e^{\lambda}$$

복습문제

[1] 다음 확률분포들의 유사점과 상이점을 비교·검토하라.

1) 초기하분포와 다항분포
2) 부의 이항분포와 기하분포
3) 포아송분포와 지수분포
4) 정규분포와 t분포(제 6 장 참조)
5) χ^2분포와 F분포(제 6 장 참조)

[2] 다음과 같은 조건하에서 SAS를 이용하여 확률분포표를 작성해 보아라(부록 참조).

1) $n=10$, $p=0.4$ 일 경우의 이항확률분포표
2) $\lambda=2$ 일 경우의 포아송확률분포표
3) $N=100$, $K=40$, $n=10$ 일 경우의 초기하확률분포표
4) $r=9$, $\rho=0.6$ 일 경우의 부의 이항확률분포표
5) $\mu=0$, $\sigma^2=1$ 일 경우의 정규확률분포표
6) $\lambda=2$ 일 경우의 지수확률분포표
7) $v=10$ 일 경우의 χ^2 확률분포표
8) $v_1=10$, $v_2=20$ 일 경우의 F확률분포표(제 6 장 참조)

[3] 새로 개발된 전폭기는 공중에서 목표물에 폭탄을 발사하여 명중시킬 확률이 0.8이라 한다. 다섯 대의 전폭기가 출격하여 목표물을 공격하였을 때,

1) 한 대만이 명중시킬 확률은?
2) 두 대 이상이 명중시킬 확률은?
3) 적어도 한 대는 명중시킬 확률은?
4) 기껏해야 두 대가 명중시킬 확률은?
5) X가 명중횟수를 나타내는 확률변수라면 $E[X]$와 $V(X)$는?
6) 1)~4)문항에 대한 답을 SAS를 이용하여 산출해 보여라.

[4] 모회사 과장급 사원 중 약 20%가 자가용을 소유하고 있다고 하자. 이들 중 5명을 임의추출하여 자가용을 가지고 있는 사람 수를 X라 할 때, 다음을 구하라.

1) $P(X=1)$ 2) $P(X\geq 1)$
3) $P(X\leq 3)$ 4) $E[X]$ 5) $V(X)$
6) 1)~3)문항에 대한 답을 SAS를 이용하여 산출해 보여라.

[5] A 회사가 생산한 전구 중 약 10%는 불합격품이라고 한다. 생산감독관이 생산된 전구 중 하나씩 임의로 추출하여 10번에 걸쳐 검사하였을 때,

1) 이 중 5개가 불합격품일 확률은?
2) 이 중 적어도 9개가 불합격품일 확률은?
3) 이 중 많아야 2개 정도가 불합격품일 확률은?
4) 불합격품 수를 X라 하면 $E[X]$와 $V(X)$는?
5) 1)~3)문항에 대한 답을 SAS이용하여 산출해 보여라.

[6] 인천공항에서 여행자 수하물을 통관시킬 때 한 시간당 평균 5개꼴로 포아송분포에 따라 취급한다고 가정하자.
1) 임의선정한 시간대에 10개의 수하물이 통관될 확률은?
2) 한 개의 수하물도 통관되지 못할 확률은?
3) 적어도 2개 이상이 통관될 확률은?
4) 이상의 문항에 대한 답을 SAS를 이용하여 산출해 보여라.

[7] $X \sim N(100, 40^2)$일 경우 다음을 계산하되 필산한 결과와 SAS를 이용하여 산출한 결과를 비교해 보아라.
1) $P(X \geq 100)$ 2) $P(X = 100)$
3) $P(X \leq 50)$ 4) $P(80 \leq X \leq 120)$
5) $P(X \leq -40)$ 6) $P(-10 \leq X \leq 50)$

[8] 다음 이항확률을 정규분포에 의한 근사치 계산법을 이용하여 계산하라.
1) $P(X=50/n=100,\ p=0.5)$
2) $P(X \geq 60/n=100,\ p=0.5)$
3) $P(X \leq 40/n=100,\ p=0.5)$
4) $P(40 \leq X \leq 60/n=100,\ p=0.5)$

[9] 다음 식을 만족시키는 Z_α와 $Z_{\frac{\alpha}{2}}$를 부표 D를 활용하여 구한뒤 SAS를 이용한 결과와 비교해 보아라.
1) $P(Z \geq Z_\alpha) = 0.01$ 2) $P(Z \leq -Z_\alpha) = 0.025$
3) $P(Z \geq Z_{\frac{\alpha}{2}}) = 0.01$ 4) $P(Z \leq -Z_{\frac{\alpha}{2}}) = 0.05$

[10] 국회의원의 연령은 평균 50세, 표준편차 10세인 정규분포를 따른다고 하자. 임의선정한 국회의원이 30세 이하일 확률은 얼마인가?

[11] 확률변수 X가 $n=25$, $p=1/5$인 이항분포를 따를 때 다음을 계산하여라.
1) $E[X]$ 2) $V(X)$
3) $P(X < E[X] - 2.5\sqrt{\mathrm{Var}(X)})$

[12] 5명의 국회의원 중 3명은 농산물 수입자유화에 반대하고, 2명은 찬성하는 입장을 취하고 있으며, 이들 중 3명이 임의선정되어 TV대담에 출연하는 계획이 있다고 하자.
1) 3명 모두가 반대자일 확률은?

2) 적어도 1명은 반대자일 확률은?
3) 3명 모두가 찬성자일 확률은?

[13] 자유도가 24인 χ^2 변수값과 관련하여 다음 물음에 답하라.
1) 이 χ^2 분포의 평균과 분산은?
2) $P(\chi^2 \geq 42.98)$의 값은?
3) $P(\chi^2 \leq 9.89)$의 값은?
4) 2)와 3)에 대한 답을 SAS를 이용하여 산출해 보여라.

연습문제

[1] 50 대 50으로 공동출자한 다국적기업에서 임원을 한국인 10명, 미국인 10명으로 구성하였는데, 이들 중 3명을 무작위로 선정하여 해외판매담당 임원으로 천거키로 하였다고 하자.
1) 선정된 3명 중 1명만이 미국인일 확률은?
2) 선정된 3명 중 다수(majority)가 한국인일 확률은?
3) 선정된 3명 중 한국인수를 X라는 확률변수로 설정하면 $E[X]$와 $V(X)$는 얼마인가?

[2] 어느 건축기사가 벽면에 타일을 붙일 때, 이틀 이내에 떨어져 버리는 타일수가 단위면적당 평균 2개꼴인 포아송분포를 따른다면, 기본단위면적에서 적어도 한 개 이상의 타일이 떨어질 확률은?

[3] 아무리 감독을 철저히 해도, 시내 모 야간 나이트클럽에 들어오는 손님 중 미성년자수는 시간당 약 4명꼴로 포아송분포를 따른다고 하자. 그리고 1명이라도 미성년자가 발견되면 행정처벌을 받게 된다. 개점 후 1시간 뒤 감독관이 들이닥쳐 입장객 모두를 점검하였다면 이 클럽이 처벌을 면할 수 있는 확률은?

[4] 모회사 교환대에 걸려오는 전화수는 1분당 3회꼴의 포아송분포를 따른다고 하자.
1) 임의선정한 1분 동안 한 번도 전화가 걸려오지 않을 확률은?
2) 한 통화 후 다음 통화가 이루어질 때까지 적어도 3분이 경과할 확률은?

[5] B스탠드바에서는 1시간 동안에 술 대신 청량음료를 주문하는 사람수가 평균 5명꼴로 포아송분포에 따라 나타난다고 한다. 지금 바(bar) 내에는 한 병의 청량음료도 없어 새로 주문을 하였으나 2시간이 지나야 배달이

된다고 한다. 배달될 때까지 무사히 청량음료를 찾는 사람이 나타나지 않을 확률은?

[6] 한국인들 중 약 30%가 O형, 25%가 A형, 25%가 B형, AB형이 15%, 그리고 기타형이 5%라 한다. 임의선정된 10명 중 O형이 3명, A형이 2명, B형이 3명, AB형이 2명일 확률은?

[7] 높이뛰기 경기는 주어진 높이를 3회 실시하여 한 번만 성공하면 통과하는 것으로 인정하는 방식을 채택하고 있다. 어느 선수가 주어진 높이를 성공적으로 도약할 수 있는 확률이 0.6이라면 이 선수가 이 높이를 3차 시기에 비로소 통과할 수 있는 확률은(기하분포공식을 사용하여 답하라)?

[8] 국내 프로야구의 코리안시리즈는 4번 먼저 이기는 팀을 승자로 정한다. 결승에 진출한 두 팀의 전력은 동일하여 매 경기에서 승리할 확률은 $\frac{1}{2}$이라고 한다.

1) 이들 중 한 팀이 3번 진 후 4번째 승리를 거두어 승자가 될 확률은?
2) 코리안시리즈에서 승패가 결정나기 위해서 치러야 할 가장 가능성이 큰 경기수는?

[9] 다음 관계식을 증명하라.

1) $E[X]=\sum_{X=0}^{n} X\binom{n}{X}p^X q^{n-X}=np$

2) $V(X)=\sum_{X=0}^{n}(X-E[X])^2\binom{n}{X}p^X q^{n-X}=npq$

3) $\lim_{\substack{n\to\infty \\ p\to 0}}\binom{n}{X}p^X q^{n-X}=\frac{e^{-\lambda}\lambda^X}{X!}$ (단, $\lambda=np$)

[10] 다음 물음에 답하여라.

1) $Z\sim N(0, 1)$일 때, $P(-1.5<Z<0.5)$
2) $Z\sim N(0, 1)$일 때, $P(-0.05<Z<b)=0.40$이 되는 b값
3) $Z\sim N(0, 1)$일 때, $P(Z>|a|)=0.12$가 되는 a값
4) $X\sim N(100, 400)$일 때, $P(X<c)=0.95$가 되는 c값
5) $X\sim N(100, 100)$일 때, $P(d<X<e)=0.9$가 되는 최소구간은?

[11] A교수가 4지선다형 문제를 출제함에 앞서 정답을 단지 요행만을 바라며 무작위로 고르려는 학생은 적어도 전체 문제 중 50% 이상이 틀릴 가능성이 99.9%가 되도록 의도하였다면 A교수는 몇 문제 이상을 출제해야 하는가(정규분포에 의한 근사치 계산법을 이용하여 답하라)?

[12] 다음과 같은 누적확률밀도함수를 갖는 연속확률변수와 관련하여 다음 물음에 답하라.

$$F(x)=\begin{cases} \dfrac{X-a}{b-a} & : a\le X\le b \\ 0 & : X<a \\ 1 & : X>b \end{cases}$$

1) $a\le X\le b$구간에 해당하는 확률밀도함수를 구하라.

2) 1)에서 도출된 함수가 확률밀도함수의 기본적 두 가지 속성을 만족시키는지 확인하라.

3) 1)에서 도출된 확률밀도함수의 평균과 분산을 구하라.

[13] 기하분포와 부의 이항분포가 확률질량함수의 두 가지 기본 속성을 만족시키는지의 여부를 확인하라.

복습문제 해답

[1] (생략)

[2] (생략)

[3] 1) 0.0064 2) 0.9933 3) 0.9997 4) 0.0579
5) $E[X]=4$, $V(X)=0.8$ 6) (생략)

[4] 1) 0.4096 2) 0.6723 3) 0.9933 4) 1
5) 0.8 6) (생략)

[5] 1) 0.0015 2) 0 3) 0.9298 4) $E[X]=1$, $V(X)=0.9$
5) (생략)

[6] 1) 0.0181 2) 0.0067 3) 0.9596 4) (생략)

[7] 1) 0.5 2) 0 3) 0.1056 4) 0.383
5) 0.0002 6) 0.1026

[8] 1) 0 2) 0.0287 3) 0.0287 4) 0.9642

[9] 1) 2.325 2) 1.96 3) 2.325 4) 1.645

[10] 0.0228

[11] 1) 5 2) 4 3) 0

[12] 1) $\dfrac{\binom{3}{3}\binom{2}{0}}{\binom{5}{3}}=0.1$ 2) 1 3) 0

[13] 1) 24, 48　　2) 0.01　　3) 0.005　　4) (생략)

연습문제 해답

[1] 1) $\binom{10}{1}\binom{10}{2}\Big/\binom{20}{3}=\frac{45}{114}$　　2) $\dfrac{\binom{10}{2}\binom{10}{1}+\binom{10}{3}\binom{10}{0}}{\binom{20}{3}}=0.5$

3) $E[X]=1.5,\ V(X)=0.671$

[2] 0.8647

[3] 0.0183

[4] 1) 0.0498　　2) 0.00011

[5] 0.0

[6] $\frac{10!}{3!2!3!2!}(0.3)^3(0.25)^2(0.25)^3(0.15)^2\cong 0.015$

[7] $0.6(0.4)^2$

[8] 1) $\binom{6}{3}\left(\frac{1}{2}\right)^7=\frac{5}{32}$　　2) 6 또는 7 번

[9] (생략)

[10] 1) 0.6247　　2) $b=1.18$　　3) $a=\pm 1.555$　　4) $c=132.9$
5) 83.55 부터 116.45

[11] 25 $\left(\because\ P\left(X<\frac{1}{2}n\right)=P\left(Z<\dfrac{\frac{1}{2}n+\frac{1}{2}-\frac{1}{4}n}{\sqrt{\left(\frac{1}{4}\right)\left(\frac{3}{4}\right)n}}\right)=0.999\right)$

단, 정답수$(X)=25$가 30 이하로 나타나 정규분포에 의한 근사치 계산법의 적용을 다소 문제삼을 수 있음.

[12] 1) $\frac{1}{b-a}$　　2) (생략)　　3) $E[X]=\frac{(a+b)}{2},\ V(X)=\frac{(b-a)^2}{12}$

[13] (생략)

제 6 장 표본통계량과 확률분포

본장은 제2편 추측통계를 위한 확률이론 기초부분의 마지막 부분으로 내용상으로는 제1편에서 소개한 기술통계의 통계량(statistic) 개념과 제2편의 3개장에 걸쳐 소개한 확률 개념을 연결시키는 작업에 해당된다. 즉, 본장은 표본정보를 적절히 종합하여 주요 표본통계량(sample statistic) 개념을 설정한 다음, 이들 표본통계량들이 따르는 확률분포를 확인하는 과정을 종합・정리함으로써 제삼편에서 소개될 추측통계분석의 기초를 마련하고자 하는 것이다.

일반적으로 통계적 추론과정은 다음의 네 단계를 거쳐 이루어진다고 볼 수 있다.

첫째, 모집단을 가장 잘 대표하는 표본을 추출할 수 있는 방법의 모색

둘째, 표본정보를 효율적으로 종합하여 묘사할 수 있는 방법의 선정

셋째, 모집단에 대한 적절한 추론방법의 적용

넷째, 표본정보에 근거한 추론의 신뢰성 확인

따라서 본장에서는 이러한 네 단계 중 첫번째 및 두 번째 단계에 대한 내용인 표본설계방법과 표본분포에 관한 내용을 다루게 되며, 세 번째 및 네 번째 단계에 관한 통계적 추론은 제7장 추정이론 및 제8장 검정이론에서 다루어질 것이다.

통계학을 공부한 사람은 누구나 인정하겠지만 특히 초보자들이 궁지에 빠지기 쉬운 부분이 바로 본장에서 다루게 될 표본분포이론이다. 반면 표본분포분야는 현대통계학의 주 내용인 추측통계학 또는 통계적 추론의 기본이 되는 아주 중요한 부분이기도 하다. 이러한 점을 감안하여 가능한 한 자세한 설명을 하면서도 전체 내용을 효율적으로 체계화하여 제시하려는 목적에서 다음과 같은 분류표를 활용해 보고자 한다.

그림 VI 표본추출방법 및 표본통계량의 확률분포 분류표

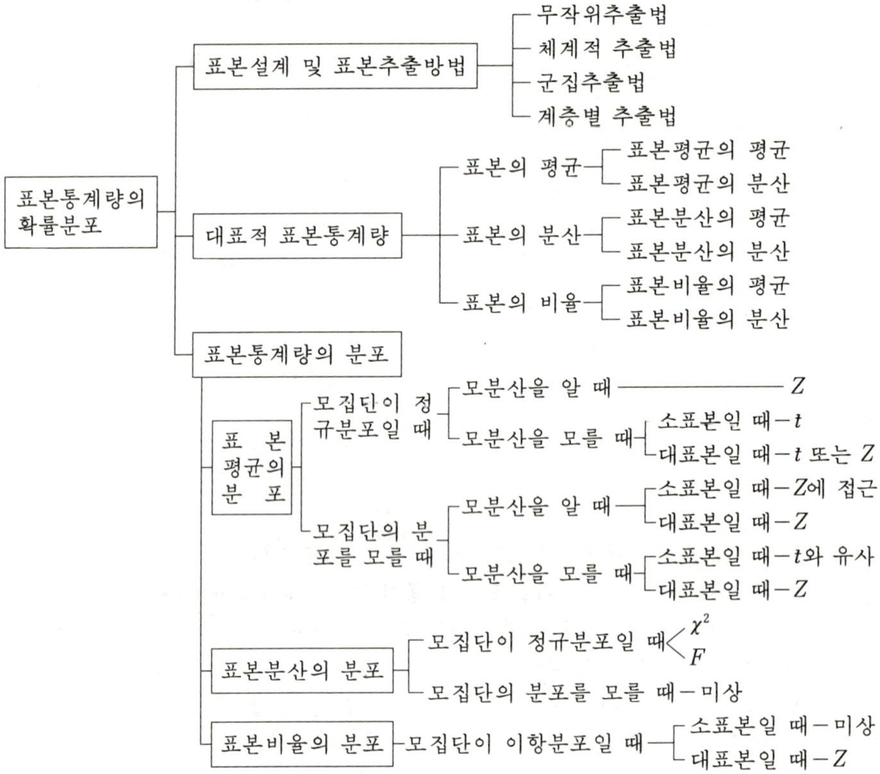

위의 도표를 지금 당장 이해하기는 어렵다. 또한 그 구조 자체가 외견상 몹시 복잡해 보일 것이다. 그러나 일단 이 장이 끝나면 위의 분류표는 다소 단순화된 결과로 압축될 수 있으며, 여기에서 압축된 형태로 제시된 분류표는 본장 이후에 소개될 각종 통계적 추론에 중요한 길잡이가 될 것으로 믿는다.

제 1 절 표본설계 및 표본추출방법

표본추출설계란 자료를 수집하기 전에 연구대상이 되는 모집단으로부터 표본을 얻기 위한 절차 및 방법에 관한 계획을 뜻한다. 좋은 표본을 얻기 위한 첫번째 조건은 분석하고자 하는 모집단을 대표할 수 있도록 표본추출방법을 계획하는 일이 될 것이다. 표본설계방법의 미숙으로 잘못된 결론에 도달한 예는 많다. 외국의 경우이기는 하나 이러한 문제에 대한 전형적인 본보기로 자주 인용되는 것은 리터러리 다이제스트(Literary Digest)사에 의해 시도되었던 1936년 미국 대통령선거에 대한 여론조사가 있다. 리터러리 다이제스트사는 전화번호부와 자동차등록부로부터 얻은 200만 명이 넘는 표본을 기초로 랜던의 압도적 승리를 예언하였다. 그러나 실제로는 루즈벨트가 오히려 압승을 거두었다. 이와 같은 과오는 사용된 표본이 전화와 자동차를 갖고 있는 중상류층의 국민으로 구성된 데 기인한다. 루즈벨트는 저소득층으로부터 전폭적인 지지를 받았고, 이들의 의견은 여론조사에 반영되지 못했던 것이다.

1. 오차발생의 근거

일반적으로 통계적 추론이 갖는 과오나 오차의 출처는 두 가지로 구별될 수 있다. 하나는 표본설계상의 미숙으로 인한 것이고, 다른 하나는 표본설계와 관계없이 발생하는 것이다. 후자에 대한 예로서 부정확하게 규정된 모집단, 또는 응답과정상의 과오를 들 수 있다.

만일 중고등학교 학군 결정을 위한 학군내 학생들의 신상조사를 한다면 무엇을 근거로 학군 내의 학생자격을 정의할 것인가? 원칙적으로는 해당 지역에 부모와 같이 실제로 거주하는 학생이어야 할 것이나, 이를 일일이 확인하기 곤란하므로 편의상 주민등록 기재 여부만을 확인하게 된다. 이러한 사실을 충분히 고려하지 않은 채 학군 내 학생(모집단)에 관한 어떤 특징을 밝히려 한다면, 과오가 발생할 것임은 물론이다. 한편 여론조사에서 빈약한 언어로 작성된 질문이나 부적절한 면담기술 등은 진정한 여론을 반영하기 곤란할 것이다. 예컨대, 법문제와 같은 민감한 문제에 대한 개인의 경험을 조사할 때, 면담자들이 정직한 사실을 제공할 것이라 기대하기는 어렵다. 이러한 종류의 오류는 표본계획과는 별 상관없이 발생하며, 어쩔 수 없이 감수할 수밖에 없는 문제이다.

반면 다이제스트사의 여론조사에서처럼 그릇된 표본추출방법을 택함으로써 모집단을 대표할 수 있는 표본을 얻지 못하여 발생하는 과오는 분명히 표본설계상의 과오로 인한 것이라 볼 수 있으며, 따라서 이러한 종류의 과오는 회피하거나 축소시킬 수 있는 것이다. 표본설계의 주 목적은 바로 이러한 요인에 따른 과오의 발생을 극소화하는 방안을 강구하는 데 있다. 일반적으로 표본의 규모를 점차 확대시킴으로써 과오의 가능성이나 정도를 줄일 수 있으며, 그릇된 표본조사로 인해 발생할 수 있는 손실(선거에서 낙선, 투자실수로 인한 손실 등) 또한 감소시킬 수 있는 가능성이 높아지게 된다. 그러나 표본수의 증가는 금전과 시간소모 등의 또 다른 비용증가를 수반하게 된다. 따라서 표본설계는 표본추출 소요비용과 과오발생으로 인한 비용을 동시에 균형적으로 고려하여, 말하자면 최적표본추출방안을 강구할 수 있도록 계획되어야 할 것이다. 하지만 부적합한 결정으로 인한 비용을 구체적으로 적절히 고려하여 의사를 결정하는 일은 쉬운 문제가 아니다. 또한 앞에서 지적한 바 있는 표본설계와 상관없이 발생하는 과오 또한 조직적으로 고려하기 난감한 측면이 있다. 이러한 점을 감안하여 여기에서는 표본추출과정에서 발생하는 과오를 효과적으로 최소화하는 방법에 관한 표본계획문제만을 간략히 다루기로 한다.

2. 표본계획의 종류

표본정보에 의한 모수에 대한 추론이 여러 형태의 오차를 발생시킴에도 불구하고 표본을 이용하는 이유는, 첫째 모집단 전체를 관측하는 데 비해 시간과 경비를 절약할 수 있고, 둘째 모집단의 크기가 거의 무한대에 가까울 정도로 커서 일일이 관측하기 불가능하며(특히 제한된 일정 시기에서의 상황을 파악할 수 없음), 셋째 조사과정이 대상물건의 소모나 파괴(예컨대, 전구의 수명조사)를 동반할 때 대상물건 전체를 조사할 수 없다는 점, 그리고 넷째로 적절한 방법을 도입한다면 모집단 전체를 관찰하지 않고도 모집단의 특성을 정확히 추론해 낼 수 있다는 이론적 근거 등을 들 수 있다.

이와 같은 이유를 근거로 창안된 표본의 추출방법은 일반적으로 두 가지로 구분될 수 있다. 그 중 하나는 모집단의 각 요소들이 표본으로 선정되는 과정에 확률법칙이 적용되도록 계획하는 형태로 이를 확률적 표본추출법이라 한다. 반면 확률법칙과는 다른 기준이 표본추출의 기준으로 사용되는 방법을 비확률적 표본추출법이라 한다. 예를 들면, 추출상의 용이도, 전문가의 의견, 조사자의 편의성 등을 기준으로 표본을 추출하는 경우가 후자에 속하는 것이다.

이상과 같은 구분 외에 표본계획을 세움에 있어 고려해야 할 중요한 사항으로 유한모집단과 무한모집단의 구분문제를 들 수 있다. 이 구분은 특히 모집단의 요소가 표본에 포함될 확률을 결정할 필요가 있을 때 중요한 의미를 갖는다. 예컨대, 유한모집단으로부터 비복원을 전제로 표본을 추출할 때 특정 요소가 추출될 확률은 각 단계마다 변화할 것이나, 모집단의 규모가 유한하더라도 복원을 가정하면 무한모집단에서처럼 각 추출단계에서의 확률은 불변인 것으로 이해될 수 있는 것이다. 우리는 제3장과 제5장에서 초기하분포와 이항분포를 다룰 때 바로 이러한 구분으로 인한 확률함수 형태의 변화를 확인한 바 있다. 또한 유한모집단의 경우라 할지라도 표본의 규모가 모집단에 비해 상당히 작을 때(예컨대, 5% 이하) 모집단규모 자체의 대소구분은 별로 큰 의미가 없음을 배웠다. 물론 이러한 구분이 의미가 있는 상황에서는 유한모집단조정계수의 사용이 필요해진다. 이상과 같은 사항은 일단 표본추출방법이 확률적인지의 여부를 구분하는 작업 이후에 충분히 고려될 수 있는 것이어서, 우선은 모집단이 무한히 크거나 아니면 복원을 가정할 수 있는 상황이라 가정하고 표본추출방법을 유형별로 살펴보기로 한다.

앞에서 설명한 바와 같이 오차(또는 오류 · 과오)란 표본추출방법에 따른 표본추출오차와 표본추출법과는 상관없이 발생하는 비표본추출오차가 있으며, 후자는 불가피한 측면이 있다. 표본추출방법에 따라 발생하는 오차는 우연성과 편의(bias)로 인한 것이며, 우연에 따른 오차는 표본규모의 증가를 통해서 감소시킬 수 있는 반면, 편의에 의한 오차는 적절한 추출방법의 선택을 통하여 감소될 수 있다. 이제 이러한 표본추출오차를 극소화하기 위한 주요 방안을 검토해 보기로 한다.

2.1 확률적 표본추출

훌륭한 표본을 구성하기 위한 첫번째 요건은 모집단 내의 각 구성요소가 표본에 포함될 가능성이 동일하며 또 독립적인 기회를 갖는 것이다. 이러한 요건을 달성시키는 표본추출방법을 확률적 표본추출법이라 한다. 그리고 이처럼 표본이 추출될 확률이 동일할 경우의 표본을 단순무작위표본(simple random samples) 또는 단순임의표본이라 부르며, 실질적으로는 본장 이후 이 책에서 다루게 될 제반 확률문제 분석과정에서 암묵적으로 가정하고 있는 표본 형태이다. 예컨대, 분양예정인 아파트에 수많은 입주신청자가 몰려올 경우 선발하는 방법, 또는 매주 발행하여 일정액을 당첨금으로 지급하는 총 판매된 복권 중 당첨번호를 선택하는 방법 등을 고려할 때 독자들은 신청자나 구매자 전원에게 똑같은 선발기회가 주어져야 할 것이라고 생각할 것이다. 그러면 과연 어떻게 하여 동일한 기회가 대상자(모집단) 전원에게 돌아가도록 하는 상황에서 선발할 수 있을까? 물론 복권의 경우 각 번호가 쓰여진 판을 활로 쏜다든지, 대상자 이름을 상자 속에 넣고 흔든 다음 눈을 가리고 뽑아 내는 등의 추첨방법이 있다. 그러나 특히 표본의 크기가 커짐에 따라 이러한 방법은 보다 효과적인 방법을 요할 것이며, 가장 대표적인 방법으로 무작위수표(난수표)의 사용을 들 수 있다.

2.1.1 무작위수표(난수표)와 무작위추출(simple random sampling)

단순한 추첨보다 체계적이고 효과적인 방법으로 무작위수표의 사용을 들 수 있다. 즉, 각 숫자가 무작위로 나열되도록 조직한 다음 이들 중 필요한 만큼의 숫자를 선택하는 것이다. 표 6-1은 랜드연구소(Rand Corporation)가 발행한 100만 개의 숫자를 무작위로 나열해 놓은 난수표의 일부를 발췌해 놓은 것이다(부표 G 참조). 만일 모집단의 크기가 N이고, 이들 중 n개의 표본을 추출한다면, 난수표의 어느 점을 선택하든 그 점으로부터 체계적으로, 즉 행 또는 열을 따라 n개의 수를 선택하는 것이다. 예를 들어, 모집단에 100개의 요소가 있는데 이들 중 4개를 무작위추출하는 경우를 고려해 보자. 첫번째 열의 맨 아래부터 10번째 되는 숫자(70684)부터 시작하면, 모집단의 규모가 100이므로 각 숫자의 앞의 두 단위만 사용하면 된다. 아래로 읽어 내려가면 70, 26, 47, 66이 된다. 따라서 이들 4숫자에 의해 대변되는 4개의 요소를 표본으로 삼으면 된다.

이러한 방법은 모집단의 크기가 작을 때 가장 훌륭한 결과를 가져오나 모집단의 규모가 커질수록 이러한 방법에 의한 무작위추출은 점차 곤란해진다. 예컨대, 100만 명으로 구성된 모집단이 있을 때, 난수표를 이용하여 1,000명을 추출할 수는 있으나, 각 사람마다 난수를 배정하는 문제를 고려하면 이론적으로는 가능하나 비용이 무척 드는 비실용적 방안이 될 것임에 틀림이 없다. 따라서 보다 실용적이고 효율적인 방법이 요구된다. 여하튼 무작위추출을 시행할 경우 표본추출상 발생할 수도 있는 선호 또는 편의가 제거될 수 있음을 기억해 두어야 할 것이다. 물론 우연성에 의한 오류의 가능성은 남아 있으나, 이러한 종류의 오류는(다음 장에서 자세히 다루겠지만) 예측될 수 있는 것이므로

표 6-1 난수표의 일부와 사용예

88862	47146	64314	64253	76747	26393	7380	43411	79442	34325
78933	64933	94980	24460	32979	29261	88289	85653	85887	3205
30860	51531	56274	63704	55912	93811	72967	7939	53836	34615
27030	12217	33990	49426	65815	44482	87670	52217	38565	65213
54082	47999	74846	20844	37486	20939	67029	57155	44487	21553
68063	74286	35030	51836	15323	76626	57647	90056	28037	81372
42644	61032	24283	87191	53204	47784	54855	66473	66943	40817
27132	73347	40424	71344	53118	77595	71366	46602	29105	75777
79225	48234	10418	58098	45746	11172	64067	26359	36756	68182
27938	77389	58569	54036	51829	43900	57654	38023	16003	30040
57433	70641	62807	55461	55320	52257	42448	28207	42176	47481
30717	83787	66626	36070	76032	28052	70978	50353	49783	58570
58726	51976	50381	53103	53465	69359	100205	8743	53783	32221
39886	32204	36735	83915	76176	49033	37426	39213	34039	26141
52417	24341	57069	36162	55448	28789	67630	69544	120249	29956
74319	26205	19684	55022	51480	5132	61118	72218	28724	33670
34759	21154	46231	45445	86584	87036	21982	55277	10179	49426
36005	45531	33220	59149	75847	39428	62023	33442	34846	48862
56027	52509	18217	18020	102246	57899	55752	37459	82683	115545
15666	41195	52647	39715	51264	13267	76919	22515	44335	2056
76845	85598	56711	43374	5955	44834	12640	71830	47137	27142
56538	33137	40901	1772	49327	72378	79690	40001	67834	53359
69030	32121	43964	10745	52580	1125	80493	52411	60600	41122
38752	64274	10133	21839	61531	36215	20539	77433	43950	10459
58492	76875	75331	14113	51558	49533	85766	45644	36914	45028
70684	50818	66212	34977	60469	91163	45231	38386	79841	36678
26107	35397	22941	61715	53195	10656	34639	46588	78885	24525
47901	66365	69833	11735	36564	57470	16029	34931	52185	37757
66686	43769	47675	22385	54107	33228	69736	53750	81929	123273
40116	6850	50535	47997	51469	71948	32587	66835	45465	94441
68503	52714	100478	13645	89439	60593	101982	90501	35967	37478
62529	76688	74224	46694	73801	14628	51362	63537	46601	41236
91370	50410	39616	83707	7750	57193	70876	48463	12328	21825
24314	73231	51289	123335	29016	60621	9843	71540	62653	89416
52269	89342	47927	70902	53577	49741	64025	42877	56937	79597

큰 문제가 되지는 않는다.

2.1.2 체계적 표본추출(systematic sampling)

모집단이 일단 무작위로 배열되어 있다고 볼 수 있을 때 출발점을 무작위로 선정한 다음 그로부터 k번째 거리에 있는 요소를 계속 선택하여 나감으로써 표본을 구성할 수 있다. 이러한 방법을 체계적 표본추출이라 하는데, 모집단을 난수표화하지 않고도 표본을 추출할 수 있다는 실용성은 있으나, 과연 모집단이 무작위로 배열된 상태에 있다고 볼 수 있는지가 문제시된다. 예컨대, 서울시민을 모집단으로 할 때 전체 시민에 난수를 배정하는 번거로움을 없애기 위해 전화번호부를 이용할 경우 각 페이지의 맨 앞에서 다섯 번째 줄에 기재된 사람들로 표본을 만드는 방법을 구상할 수 있다. 그러나 이 방법은 각 표본으로 추출될 수 있는 모든 집합이 동일한 추출기회를 가졌다고 볼 수 없어 무작위추출과는 엄밀한 의미에선 구분된다. 물론 대부분의 서울시민이 전화를 소유하고 있다면, 다이제스트사의 예에서와 같은 편의현상은 크지 않을 수도 있다.

하지만 이 방법을 적용함에 있어 잘못하면 소위 주기적 편의(periodic bias)현상이 초래됨을 명심해야 한다. 예컨대, 백화점에서 1일 매상고에 관한 조사를 위해 어느 한 요일을 선정한 후 그 날로부터 매 7일 후(1주일 후)의 날을 조사일로 선정한다면 특정한 요일만 조사될 것이고, 따라서 그 요일이 각 요일의 대표적 유형으로 간주될 수 없는 이상 주기성에 따라 편의현상이 생길 수 있는 것이다.

2.1.3 모집단에 관한 사전지식이 있을 경우의 추출방안: 계층별추출과 군집추출

경우에 따라서는 모집단에 대한 사전적 정보가 이용될 수 있는 상황이 있다. 이 경우 무작위추출이나 체계적 추출방법보다 다소 간편하고 체계적인 추출방법이 도입될 수 있는데 이들에 대해 간략히 언급하고자 한다.

(1) 계층별추출(stratified simple random sampling)　　우선 모집단이 동질적인 특성을 가진 계층이나 그룹으로 구분될 수 있는 상황을 고려해 보자. 단 이와 같은 구분은 각 계층이나 집단 내의 요소들이 거의 비슷한 특성을 갖도록 하고 서로 다른 계층이나 그룹에 속한 요소들간에는 특성에 현저한 차이가 있도록 구성되어야 한다. 예컨대, 어떤 새로운 제품에 대한 선호도를 조사하기 위해 표본을 구성할 경우 모집단의 규모가 상당히 커서 무작위추출 절차를 밟기가 쉽지 않다고 하자. 반면 대상 모집단은 공공기관의 필요에 의해 이미 소

득별로 구분되어 있다면, 조사자는 상상, 상중, 상하, 중상, 중중, 중하, 하상, 하중, 하하의 소득그룹으로 일단 분류한 다음 각 그룹으로부터 특정 기준(예를 들면, 구분된 각 그룹의 상대적 크기)에 따라 일정 수를 추출하여 표본으로 삼을 수 있는 것이다.

이러한 방법의 장점은 상대적으로 작은 표본을 가지고도 무작위추출에 대응하는 효과를 얻을 수 있다는 것이다. 뿐만 아니라 경우에 따라서는 효율적이고 저렴한 비용으로 조사를 할 수도 있다. 어느 국회의원 입후보자에 대한 선호가 고소득층에서 많은 지지를, 그리고 저소득층에선 낮은 지지를 받고 있다면, 중간소득계층의 태도가 결정적인 역할을 할 것인바, 중간소득층으로부터 보다 많은 표본을 추출하여 정확한 예측을 할 수 있다. 또한 어느 특정 계층의 조사를 위한 비용이 상대적으로 비쌀 경우 이 계층에선 보다 적은 표본을 추출함으로써 비용을 줄일 수도 있다. 즉, 각 계층에서 추출하는 수를 계층별 크기의 비율에 따라 신축적으로 달리함으로써 보다 저렴하고 효율적인 효과를 얻을 수도 있다는 것이다.

(2) 군집(집락)추출(cluster sampling) 계층별로 모집단이 구분되어 있는 경우란 그리 흔하지 않다. 그러나 많은 경우에 연구대상이 되는 모집단이 자연적으로 또는 인위적으로 여러 집단으로 구성되어 있을 수 있다. 예컨대, 한국은 특별시 1개, 직할시 5개 및 9개의 도로 나누어져 있고, 서울은 22개의 구로 행정구역상 구분되어 있는데, 이들 구역이 말하자면 전체를 구성하는 군집으로 이해될 수 있다. 그러나 원래 'cluster'가 포도송이라는 뜻을 갖고 있듯이 이 방법에서 각 군집은 같은 줄기에 달린 포도송이처럼 서로 특성이 거의 같도록 구분되어 있어야 한다. 따라서 계층별추출법과는 아주 대조적인 상황에 적용될 수 있음을 알 수 있다. 여하튼 각 군집이 전체 모집단을 각각 대변할 수 있다면 이들 중 어느 하나를 무작위추출하여 표본으로 삼거나, 한 군집의 규모가 크다면 일단 추출된 군집 내에서 2차적으로 일정 수를 다시 무작위로 뽑아낼 수도 있을 것이다.

이상과 같은 방법은 많은 시간과 노력을 절약할 수 있음에 틀림없으나, 대체적으로 군집추출방법은 지역적 편의현상(geographic bias)이 발생하기 쉬움을 유의해야 한다. 한국 국민의 특정 정치문제에 대한 견해파악을 위해 서울시라는 군집을 표본으로 삼는다면, 서울시민이 한국민을 대표할 수 없는 이상 지역적 편의현상이 발생할 수밖에 없음을 쉽게 이해할 수 있다.

이상에서 우리는 무작위추출·체계적 추출·계층별추출 그리고 군집추출의 네 가지 표본조사방법을 간단히 살펴보았다. 그러나 하나의 계층이나 군집을 표본으로 삼기에는 그 크기가 너무 커서 다루기도 힘들고 또 비용도 많이 들 때, 또는 표본의 검사과정이 표본의 파괴나 소모를 발생시킬 때에는 두 단계 이상의 추출과정을 밟게 된다. 각 단계는 군집추출·계층별추출 및 단순임의추출 등 어떤 방법이라도 도입할 수 있다. 한 단계이건 여러 단계이건 지금까지 소개한 표본추출방법은 기본적으로는 모집단 내의 모든 구성요소가 추출될 확률이 동일하도록 여건을 마련하는 데 있어, 가능한 한 용이하고 저렴한 비용을 들여 표본을 구성하는 것이라 볼 수 있다. 이와는 달리 확률 개념을 떠난 표본추출방법이 가끔 이루어지는데, 이에 대하여 간단히 살펴보자.

2.2 비확률적 표본추출

경우에 따라 표본을 구성함에 있어 한 사람이나 여러 사람의 판단에 의해 표본을 추출할 수도 있다. 이러한 방법은 무작위추출이 불가능하거나 실용적이 못될 때 도입된다. 예컨대, 무작위추출을 할 시간과 재정적 여유가 없거나 확률 개념에 따른 무작위추출이 그다지 중요하지 않은 서술적 연구를 할 때, 또는 모집단의 크기가 아주 작으며 무작위표본보다는 전문가의 판단에 따른 표본구성이 오히려 유용하다고 판단될 때 등의 경우를 들 수 있다.

2.2.1 할당추출(quota sampling)

비확률적 표본추출방법 중 대표적인 예로서 할당추출방법을 들 수 있다. 이 방법은 표본을 수집하는 사람들에게 특정 수만큼의 요소를 추출하도록 할당하는 것으로, 특히 여론조사 등에 자주 이용되고 있다. 표본의 규모에 따라 면담할 사람수가 정해지고 일정 수만큼을 면담하도록 할당받으면, 면담과정은 모두 면담자의 판단에 따르게 된다(물론 기본적인 지침은 있지만). 잘 훈련된 면담자들을 이용하여 우리는 매우 효율적이고 경제적인 표본추출을 할 수 있다. 그러나 면담자에게 할당되는 표본수는 확률적 근거가 없는 지극히 자의적 결정에 따르며 또한 면담과정이 면담자의 어떤 편견에 영향을 받을 수 있다는 위험이 있음을 지적해 둘 필요가 있다.

2.2.2 편의추출(convenience sampling or chunk sampling)

두 번째로 편의추출법 또는 청크추출(chunk sampling)이라는 절차를 들 수 있는데 이는 연구자가 가장 손쉽게 얻을 수 있는 요소를 선택하여 표본으로 삼는 것이다. 예컨대, 독자들이 통계학을 수강할 때 담당교수로부터 소속대학생들의 한 달간 용돈 액수 및 용도에 관한 연구를 하도록 숙제를 받았다고 하자. 일부 학생들이 무작위추출을 시행할 수 있는 방안이 막연하여 자기 과의 학생이나 가까운 친구들을 표본으로 삼아 조사한 뒤 결과를 보고했다면 이는 바로 편의추출에 해당될 것이다. 이 방법은 시간이나 비용을 가장 적게 들일 수는 있으나 표본오차가 일반적으로 매우 큰 비과학적 접근방법임에 틀림없다.

이상에서 우리는 여러 가지 표본추출방안에 대하여 알아보았다. 물론 가능하다면 표본오차가 큰 비확률적 표본추출은 피해야 할 것이며, 확률적 추출의 경우에는 단순무작위추출이 여의치 않아 다른 방법을 적용할 때에도 각종 편의현상을 피할 수 있도록 유념해야 할 것이다. 그리고 우리가 실제로 표본을 추출할 때 지금까지 소개한 여러 방법 중 어느 것을 도입하게 될지 모르겠지만, 일단은 모집단 내의 각 요소가 표본에 포함될 가능성이 동일하게 주어지도록 추출절차를 밟았다고 가정하고 이후의 통계적 추론을 전개하게 된다. 물론 이러한 가정이 성립되지 못하는 상황도 있을 것이나, 이 책의 나머지 부분에서는 일단 단순임의추출에 의한 표본추출이 이루어졌다는 가정하에 각종 분석을 진행할 것이다.[1)]

제 2 절 대표적 표본통계량

앞 절에서 우리는 통계적 추론과정에서 첫번째 단계인 모집단으로부터의 표본추출방안에 대하여 간략히 살펴보았다. 본장 서두에서 언급한 바 있듯이 두 번째 단계에서는 일단 표본을 구성하는 방안이 마련되면(편의상 이후 분석에서는 항상 단순임의추출법을 가정키로 한 사실을 명심할 것) 이 절차에 따라 얻어진 표본에 포함된 정보를 어떻게 묘사하여 제시하는가 하는 문제에 부딪히게 된다.

제 1 편에서도 살펴보았듯이 일반적으로 어느 집단의 특성을 묘사하는 방법으로는 대표치와 산포도의 두 가지 특성치를 확인하는 길이 있다. 그리고 대표치 중에서는 평균(이항분포의 경우는 비율), 그리고 산포된 정도를 나타내는 특성치 중에서는 분산이 가장 유용한 특성치로 인정되고 있다. 따라서 연구대

1) 단순임의추출법(또는 무작위추출법)과 그 밖의 여러 표본추출방법에 관한 자세한 내용은 제한된 지면에 소개하기도 힘들고, 또 본서의 주된 관심영역이란 기준에서 볼 때 그 상대적 중요성이 적어 생략하였다. 관심 있는 독자들은 William G. Cochran, *Sampling Techniques*, 3rd ed.(John Wiley & Sons)를 참조.

상이 되고 있는 모집단의 특징을 가장 효율적으로 묘사하는 방법은 이들 평균과 분산을 알아내는 작업이 될 것이다. 문제는 이와 같은 평균이나 분산을 확인하기에는 모집단의 규모가 일반적으로 지나치게 크다는 것이다. 이러한 이유 때문에 불가피하게 표본을 추출하게 되는 것이고, 일단 표본추출이 반드시 필요하다면 어떤 방법이 가장 효율적인가를 살펴본 것이다. 우리는 확률이론상 하자가 없는 보편적인 무작위추출에 의한 표본추출을 가정키로 하였으며 우선 이 방법에 의해 구성된 표본으로부터 표본평균과 표본분산을 산출하게 된다. 이와 같은 표본의 특성치를 "통계량"(statistic)이라 한다.

1. 표본평균

표본을 대표하는 특성치 중 가장 중요한 것은 표본의 평균이다. 표본평균을 계산하는 방법은 모집단의 평균을 구하는 과정과 하나도 다를 바가 없다. 이제 표본을 구성하는 요소들의 값을 X로 표시하고, 이들 값의 빈도를 f로 표시하면 표본평균($\bar{X}$)은 다음과 같이 정의된다.

[표본평균]

$$\bar{X}=\frac{1}{n}\sum_{i=1}^{c}X_if_i \quad \begin{pmatrix} n: \text{표본크기} \\ c: \text{계급수} \end{pmatrix} \qquad (6.1)$$

물론 각 표본의 관측값의 빈도(f_i)가 1이라면 위의 식은 $\bar{X}=\frac{1}{n}\sum X_i$가 될 것이다.[1] 이 식을 제1편 제1장에서의 모평균에 관한 공식 $\mu=\frac{1}{N}\sum X_if_i$ 또는 $\mu=\frac{1}{N}\sum X_i$($f_i=1$일 때)와 비교하면, 집단의 구성요소의 수가 모집단의 경우에는 N, 표본의 경우에는 n(단, $n\leq N$)이라는 것 이외에는 차이가 없다.

여기에서 표본평균을 다시 한번 음미해 볼 필요가 있다. 제4장에서 기대치를 소개할 때 우리는 중요한 정리 하나를 배운 적이 있다(정리 4.1). 즉, X가 확률변수일 때 X의 어떤 함수도 확률변수가 된다는 것이다. 따라서 원래 확률변수의 함수 형태로 정의되는 새로운 확률변수(예컨대, 표본평균) 또한 그 자체의 평균과 분산을 갖게 되는 것이다.

앞에서 언급한 바 있듯이 우리는 무작위추출을 가정하고 있다. 따라서 모집단의 크기가 N이고, 이로부터 표본을 추출하되 그 크기를 n으로 한다면, 표

1) 모든 관측치의 빈도가 1이라 함은 관측된 모든 표본값이 서로 다르다는 의미가 된다.

본을 구성할 수 있는 방법수는 $\binom{N}{n}=\frac{N!}{n!(N-n)!}$ 만큼 된다.[1] 이처럼 많은 수의 표본을 추출할 수 있다면 이들 표본들의 평균 또한 같은 수만큼 많아지게 되는데, 각 표본의 평균을 $\bar{X}$로 표시할 때 결국 $\bar{X}$는 $\binom{N}{n}$만큼 많은 값을 취할 수 있는 새로운 확률변수가 되는 것이다. 이러한 결과는 $\bar{X}$가 X의 일차함수란 사실로 미루어보아 [정리 4.1]이 그대로 적용될 수 있는 경우에 해당된다.

그런데 문제는 일반적으로 모집단의 규모가 다루기 곤란할 정도로 크기 때문에 표본을 추출한다는 것인데, 모집단으로부터 표본을 추출할 수 있는 총 방법수 또는 추출 가능한 총표본수 $\binom{N}{n}$은 오히려 모집단의 크기보다 더 커지므로$\left(\binom{N}{n}>N\right)$, 새로운 확률변수 $\bar{X}$가 취할 수 있는 모든 값을 확인한다는 것은 더욱 곤란한 일이 된다. 그러나 다행히도 우리는 앞에서 배운 확률이론을 도입하여 모든 가능한 $\bar{X}$의 값을 직접 구하지 않고도 이들 값의 평균과 분산을 이론적으로 산출해 낼 수 있다.

모집단의 크기가 N이면 $\binom{N}{n}$개의 $\bar{X}$값으로 구성되는 새로운 수치의 집단을 상상할 수 있는데, 이를 본래의 모집단과 구별하기 위해 파생된 모집단(derived population)이라 한다. 그러면 이 파생된 모집단을 구성하는 $\bar{X}$값들의 평균과 분산을 구해 보자.

이제 새로운 확률변수의 평균과 분산을 $E[\bar{X}]$ 또는 $\mu_{\bar{X}}$, 그리고 $\text{Var}(\bar{X})$ 또는 $\sigma_{\bar{X}}^2$이라고 표기하면, 다음과 같이 도출될 수 있다.

$\bar{X}$의 평균 :

$$\begin{aligned}\mu_{\bar{X}}&=E[\bar{X}]=E\left[\frac{1}{n}\sum X_i\right] \quad (\text{단, 모든 } f_i=1)\\&=\frac{1}{n}E[\sum X_i]=\frac{1}{n}E[X_1+X_2+\cdots+X_n]\\&=\frac{1}{n}\{E[X_1]+E[X_2]+\cdots+E[X_n]\}\\&=\frac{1}{n}\underbrace{(\mu+\mu+\cdots+\mu)}_{n\text{개}}=\frac{1}{n}\cdot n\mu=\mu\end{aligned}$$

따라서 $\bar{X}$의 평균은 다음과 같이 정리된다.

1) 이는 유한모집단(크기가 N)으로부터 비복원추출을 한 경우를 의미하는데, n이 N의 5% 이하가 될 정도로 작은 상황이어서 무작위추출의 가정이 크게 무리가 없는 상황을 가정한 것이다. 반면 엄밀한 의미의 복원추출을 가정한다면, 크기 n의 표본을 구성하는 방법수는 N^n으로 $\binom{N}{n}$보다 훨씬 커진다.

[표본평균의 평균]

$$E[\bar{X}] = \mu_{\bar{X}} = \mu \tag{6.2}$$

$\bar{X}$의 평균계산을 편의상 모든 값의 빈도가 1이라 보고 진행하면, 기대치법칙에 의하여 표본의 각 구성요소들의 기대치에 표본크기 n으로 나눈 것과 같아지게 된다. 그런데 첫번째 추출된 값(X_1)이나 n번째 추출된 값(X_n)이나 각 추출된 값으로부터 우리가 평균적으로 기대할 수 있는 값, 즉 기대치는 항상 $E[X_i]=\mu$로 일정하므로, 위와 같은 결과를 얻을 수 있다. 한편, $\bar{X}$의 분산도 기대치법칙을 이용하면 다음과 같이 도출된다.

$\bar{X}$의 분산 :

$$\begin{aligned}
\sigma_{\bar{X}}^2 &= \mathrm{Var}(\bar{X}) = \mathrm{Var}\left(\frac{1}{n}\sum X_i f_i\right) = \mathrm{Var}\left(\frac{1}{n}\sum X_i\right) \quad (\text{단, 모든 } f_i=1) \\
&= \frac{1}{n^2}\mathrm{Var}(\sum X_i) = \frac{1}{n^2}\mathrm{Var}(X_1 + X_2 + \cdots + X_n) \\
&= \frac{1}{n^2}\{\mathrm{Var}(X_1) + \cdots + \mathrm{Var}(X_n)\} \\
&\qquad (\because \text{ 서로 독립적이므로 } \mathrm{Cov}(X_i,\ X_j)=0) \\
&= \frac{1}{n^2}\underbrace{(\sigma_X^2 + \sigma_X^2 + \cdots + \sigma_X^2)}_{n\text{개}} = \frac{1}{n}\sigma_X^2
\end{aligned}$$

따라서 $\bar{X}$의 분산은 다음과 같아진다.

[표본평균의 분산]

$$\mathrm{Var}(\bar{X}) = \sigma_{\bar{X}}^2 = \frac{1}{n}\sigma_X^2 \tag{6.3}$$

이상에서 우리는 $\binom{N}{n}$개의 $\bar{X}$값으로 구성되는 파생적 모집단의 두 특성치 $E[\bar{X}]$와 $\mathrm{Var}(\bar{X})$를 구해 보았는데, 평균의 경우에는 모집단의 평균인 $E[X]=\mu_X$와 같아졌고, 분산은 모분산 σ_X^2에 $\frac{1}{n}$을 곱한 $\frac{\sigma^2}{n}$과 같아진다는 결과를 얻었다.

여기에서 다시 한번 지적해 두어야 하는 점은 무작위추출을 가정하고 있다는 것이다. 따라서 모집단의 크기가 상대적으로 작을 경우에는 복원추출을 가정함으로써 매 추출단계에서 특정 요소가 선발될 확률을 동일하도록 유지시키는 작업이 필요하다. 그러나 경우에 따라서는 유한모집단으로부터 추출하되

그림 6-1 X와 $\bar{X}$의 분포

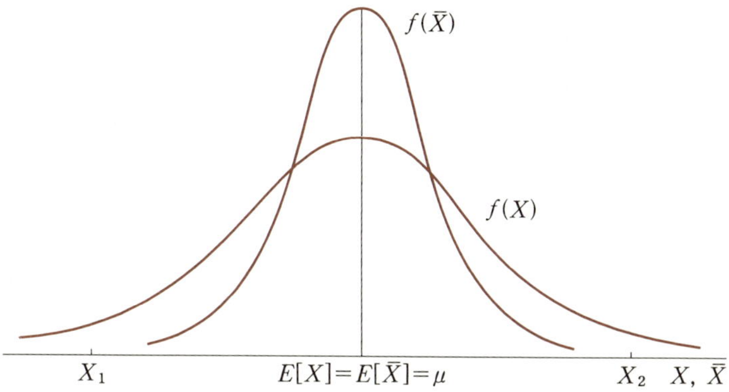

복원이 불가능(추출된 표본들이 조사과정에서 소모 또는 파괴되는 경우)하게 될 수도 있다. 이 경우 각 단계에서 각 요소들이 추출될 가능성, 즉 확률은 차츰 변화하며 따라서 각 추출단계는 서로 독립적이 못 된다. 따라서 $\bar{X}$의 분산은 식 (6.3)에서처럼 계산될 수 없다. 이러한 경우 $\bar{X}$의 분산을 결과만 제시한다면 다음과 같아진다.[1)]

[유한모집단에서 비복원추출할 경우 $\bar{X}$의 분산]

$$\sigma_{\bar{X}}^2 = \mathrm{Var}(\bar{X}) = \frac{1}{n}\sigma^2 \cdot \frac{N-n}{N-1} \tag{6.4}$$

여기에서 마지막 항이 새로 추가된 것을 알 수 있는데 이는 독자에게 이미 낯익은 형태이다. 즉, 유한모집단조정계수인 것이다.[2)] 그러면 이와 같은 조정항이 붙은 경우의 효과는 무엇일까?

원래 모집단의 구성요소 X의 분포가 그림 6-1의 $f(X)$와 같다 하자. 이때 모집단(크기는 n)의 평균으로 구성되는 파생적 모집단의 분포는 $f(\bar{X})$와 같아진다. $f(\bar{X})$가 $f(X)$보다 훨씬 산포된 정도가 작아지는 것은 추출된 표본들이 극한값(X_1 or X_2)을 취할 수도 있으나, 그 평균값은 덜 극한적인 값을 갖

1) W. G. Cochran, *op. cit.*, Ch. 2를 참조.

2) 제4장과 제5장에서 이항분포와 초기하분포의 차이는 바로 초기하분포가 유한모집단으로부터 비복원을 가정하고 추출한다는 데 있었고, 결과적으로 두 분포에 있어 분산의 차이는 바로 $\frac{N-n}{N-1}$ 이란 계수만큼 달라짐을 배운 적이 있다. 즉,

$$\mathrm{Var}(X_b) = n \cdot p \cdot q$$

$$\mathrm{Var}(X_h) = n \cdot \frac{K}{N} \cdot \frac{N-K}{N} \cdot \frac{N-n}{N-1} = n \cdot p \cdot q \cdot \frac{N-n}{N-1}$$

게 되므로 분산도가 낮아지게 되기 때문이다.[1] 예컨대, 표본의 크기가 2라 하고 X_1과 X_2의 값이 추출되었다 하더라도 그 평균 $(X_1+X_2)/2$는 중심부에 가까운 값을 갖게 됨을 알 수 있다. 이러한 현상은 표본의 크기가 확대될수록 커지며, 따라서 식 (6.3)의 결과에서 보듯이 모분산의 $\frac{1}{n}$이 표본평균들의 분산이 된다.[2]

그러나 이 결과는 만일 모집단이 유한할 경우에는 복원을 가정하여야 얻어질 수 있는 것이다. 만일 복원추출이 불가능하다면 $\bar{X}$의 분산은 어떻게 달라질까? 다시 한번 $n=2$가 되는 표본을 추출한다고 하자. 복원의 경우에는 첫번째 추출된 것이 X_1과 같은 극한치가 나왔을 경우 이를 일단 복원시킨 다음 두 번째 추출을 시행하므로 똑같은 극단적인 값이 다시 뽑힐 가능성이 있다. 그러나 비복원을 가정하면 첫번째 단계에서 비록 극단적인 값이 나왔더라도 이를 복원하지 않으므로, 두 번째 추출에서는 이와 같은 극단치는 나오지 않게 되므로 두 관측치의 평균은 후자의 경우 중심부분에 더 가까워지는 경향이 생긴다. 다시 말해서 비복원을 가정할 때 $\bar{X}$의 분산은 더욱더 작아질 수 있는 것이다. 식 (6.4)에서 보듯이 비복원의 경우 $\bar{X}$의 분산은 복원 경우의 분산에 $\frac{N-n}{N-1}$을 곱한 것으로 정의되었는데 $\frac{N-n}{N-1}<1$이므로 그 분산값이 작아짐을 알 수 있다.[3]

지금까지의 논의에 대한 이해를 돕고자 간단한 예를 들어 보기로 한다. 상자에 1, 2 그리고 3이란 숫자가 쓰여진 공 세 개가 담겨진 모집단을 고려해 보자. 모집단의 크기는 $N=3$이 되며, 이들 중 2개를 뽑아 표본을 구성한다면 $n=2$가 된다.

우선 모집단의 평균과 분산을 계산하면 다음과 같아진다.

---

1) 일반적으로 표본평균이 극단적으로 큰〔작은〕 값을 가지려면 표본에 속한 모든 항목이 거의 극단적으로 큰〔작은〕 값을 가져야 할 것이다. 그러나 매번 추출을 반복하는 과정에서 극단적인 값이 계속 추출될 확률은 극히 희박해진다. 즉, n번의 추출 중에는 중간값과 극단적인 값이 많이 섞이게 될 것이다. 따라서 $\bar{X}$가 어떤 극치를 가질 확률은 X의 경우보다 훨씬 적어지는 것이다.

2) $n=1$이면 표본은 1개의 관측치만 갖게 되므로 X와 $\bar{X}$의 분포는 동일해진다. 즉, $\sigma_{\bar{X}}{}^2=\frac{\sigma^2}{n}=\frac{\sigma^2}{1}=\sigma^2$. 반면 n이 커짐에 따라 $\bar{X}$의 분포는 점차 평균을 중심으로 집중되며, $n\to\infty$가 되면(또는 $n=N$) 모든 표본평균은 모평균 μ와 같아지므로 $\bar{X}$의 분산은 0이 된다. 즉, $\bar{X}$의 값은 μ선상에 수직선으로 나타난다. 수식으로 보면 $\sigma_{\bar{X}}{}^2=(\sigma^2/n)\underset{n\to\infty}{\uparrow}=(\sigma^2/\infty)=0$이다.

3) 앞서 우리는 $\frac{\sigma^2}{n}$의 값이 $n\to\infty$에 따라 0에 가까워짐을 확인한 바 있다. 따라서 무한모집단으로부터 표본을 추출한 경우 $n\to\infty$에 따라 $\frac{\sigma^2}{n}\to 0$이 된다. 그러나 유한모집단 경우는 단지 $n\to N$이면 표본평균의 분산이 0이 되므로 무한모집단의 경우보다 빨리 0에 접근한다. 일반적으로 n의 크기가 N의 5% 수준을 넘어서면 유한모집단조정계수가 필요해짐을 상기하라.

표 6-2 모집단과 표본의 특성치 계산

X_i	f_i	$X_i f_i$	$X_i^2 f_i$	$\bar{X}$(복원 경우)		$\bar{X}$(비복원 경우)	
				$\bar{X}_i$	f	$\bar{X}_i$	f
1	1	1	1	1	(1, 1)		
2	1	2	4	1.5	(1, 2) (2, 1)	1.5	(1, 2) 또는 (2, 1)
3	1	3	9	2.0	(1, 3) (3, 1) (2, 2)	2.0	(1, 3) 또는 (3, 1)
		$\Sigma X_i f_i$ $=6$	$\Sigma X_i^2 f_i$ $=14$	2.5	(2, 3) (3, 2)	2.5	(2, 3) 또는 (3, 2)
				3.0	(3, 3)		
모집단 크기 $N=3$				파생적 모집단 크기			
				$N^n=3^2=9$		${}_NC_n={}_3C_2=3$	

$$E[X]=\mu_X=\frac{1}{N}\Sigma X_i f_i=\frac{1}{3}\Sigma X_i f_i=\frac{1}{3}(6)=2$$

$$\text{Var}(X)=E[X^2]-\mu_X^2=\frac{1}{N}\Sigma X_i^2 f_i-2^2=\frac{1}{3}(14)-4=\frac{2}{3}$$

다음에 복원을 가정하여 2개를 뽑아 표본을 구성한다고 할 때, 표본의 평균 $\left(\frac{1}{2}\Sigma X_i f_i\right)$이 취할 수 있는 값은 표 6-2에서 보듯이 1, 1.5, 2.0, 2.5 그리고 3.0의 5개 숫자가 될 것이고, 이들 값이 나올 수 있는 숫자들의 조합은 표 6-2에서와 같다. 따라서 표본평균의 평균과 분산은

$$E[\bar{X}]=\mu_{\bar{X}}=\frac{1}{9}(1\times1+1.5\times2+2.0\times3+2.5\times2+3.0\times1)$$

$$=\frac{1}{9}\times18=2$$

$$\text{Var}(\bar{X})=E[\bar{X}^2]-(\mu_{\bar{X}})^2$$

$$=\frac{1}{9}(1^2\times1+1.5^2\times2+2.0^2\times3+2.5^2\times2+3.0^2\times1)-2^2$$

$$=\frac{1}{9}(1+4.5+12+12.5+9)-4=\frac{3}{9}=\frac{1}{3}$$

이 되는데, 이 결과는 식 (6.2)와 (6.3)을 이용해 얻은 결과와 같아진다. 즉,

$$E[\bar{X}]=\mu_{\bar{X}}=\mu_X=2$$

$$\text{Var}(\bar{X})=\sigma_{\bar{X}}^2=\frac{\sigma_X^2}{n}=\frac{2/3}{2}=\frac{1}{3}$$

한편, 비복원을 가정할 때의 $\bar{X}$의 평균과 분산을 보면

$$E[\bar{X}]=\mu_{\bar{X}}=\frac{1}{3}(1.5+2.0+2.5)=2$$

$$\begin{aligned}\mathrm{Var}(\bar{X})&=\sigma_{\bar{X}}{}^2=E[\bar{X}^2]-\mu_{\bar{X}}{}^2\\&=\frac{1}{3}(1.5^2+2.0^2+2.5^2)-2^2=\frac{1}{6}\end{aligned}$$

과 같아지는데, 이 경우 또한 앞에서 도출한 식 (6.4)를 이용한 결과와 같아진다.[1)]

$$\mathrm{Var}(\bar{X})=\sigma_{\bar{X}}{}^2=\frac{\sigma_X{}^2}{n}\cdot\frac{N-n}{N-1}=\frac{2/3}{2}\cdot\frac{3-2}{3-1}=\frac{1}{3}\cdot\frac{1}{2}=\frac{1}{6}$$

2. 표본분산

표본의 특성을 나타내는 또 하나의 중요한 특성치는 표본분산이다. 표본평균의 경우에는 모집단평균에 관한 공식과 기본적으로 하등의 차이가 없었다. 그러나 표본분산은 다음의 두 가지 점에서 차이가 있다.

첫째, 분산이란 평균(μ)으로부터의 편차를 제곱하여 합한 것을 총빈도수로 나눈 값인데, 대부분의 경우 모평균 μ는 알려져 있지 않다. 따라서 표본에서 분산을 구하자면 μ 대신 이에 관한 추정치인 $\bar{X}$를 사용하게 된다.

둘째, 모분산은 편차 제곱의 합을 관측치의 총수(N)로 나누어 구했으나, 표본의 경우에는 관측치의 총수(n)보다 하나 적은 $(n-1)$로 나눈다. 그 이유는 제7장에서 자세히 다루어지겠지만 결과론적으로 말해서 $(n-1)$로 나눈 값을 표본분산으로 할 때 이 값이 모분산에 대해 가장 좋은 추정치가 되기 때문이다.[2)] 결과적으로 표본분산은 다음과 같이 정의된다.

---

1) 표 6-2에서 비복원의 경우 파생적 모집단 크기는 $_NC_n={}_3C_2=3$이며, 표본을 구성함에 있어 어느 것이 먼저 추출되었는지는 문제되지 않는다. 따라서, 예컨대 표본평균이 1.5가 되는 경우에는 2와 1이(순서에 상관없이) 추출된 경우 한 가지뿐이다. 마찬가지로 $\bar{X}$가 2 또는 2.5가 되는 경우에는 각각 3과 1, 또는 3과 2가 추출된 경우뿐이다. 표에 표시된 형태로는 마치 비복원 경우의 파생적 모집단 크기가 혹 6으로 오인될 여지가 있으나 달리 적당한 표현방법이 없어 그리 나타낸 것이다.

2) 우리는 제5장에서 χ^2분포를 다룰 때 자유도에 관해 배운 적이 있다. 이는 그 값이 자유로이 결정될 수 있는 변수값의 개수를 말한다. 예를 들어, 크기가 2인 표본($n=2$)의 평균이 10이라고 하자. 즉, $\bar{X}=\frac{1}{2}(X_1+X_2)=10$. 이 때 X_1값이 0, 1, 2, …라면 평균($\bar{X}$)이 10이 되기 위해서는 X_2값이 20, 19, 18, … 과 같아져야 한다. 따라서 실제 변수값은 X_1와 X_2 두 개인 듯 보이나 그 평균이 10으로 주어지면 이들 중 한개 값은 자유로이 정할 수 있지만 나머지 한개 값은 자유가 없다. 이와 같은 단계는 다음 그림에 잘 나타나 있다. 그림에서 대각선은 $\bar{X}=10$이 되는 제약사항을 표시하고 있다. X_1값이 정해지면 X_2값은 X_1값에서의 수직선과 $\bar{X}$선이 만난 곳에서 수평선을 그어 X_2축과 만난 지점의 값을 읽으

[표본분산]

$$s^2 = \frac{1}{n-1}\Sigma(X_i - \bar{X})^2 f_i$$

$$= \frac{1}{n-1}[\Sigma X_i^2 f_i - n\cdot\bar{X}^2] \qquad (6.5)$$

N크기의 모집단에서 n크기의 표본을 무작위추출하여 구성할 때 표본분산 또한 $\binom{N}{n}$개만큼 많이 형성될 수 있다. 이 표본분산의 값 또한 원래의 확률변수의 2차함수이므로 새로운 또 하나의 확률변수가 되며, 이 새로운 확률변수 또한 자체의 평균 및 분산을 갖게 된다. 우선 표본분산들의 평균을 계산해 보자.

$$E[s^2] = \mu_{s^2} = E\left[\frac{1}{n-1}\Sigma(X_i - \bar{X})^2 f_i\right] = E\left[\frac{1}{n-1}\Sigma(X_i - \bar{X})^2\right] \text{ (단, 모든 } f_i = 1)$$

$$= \frac{1}{n-1}E[\Sigma(X_i - \bar{X})^2] = \frac{1}{n-1}E[\Sigma\{(X_i - \mu) - (\bar{X} - \mu)\}^2]$$

$$= \frac{1}{n-1}E[\Sigma(X_i - \mu)^2 - 2\Sigma(X_i - \mu)(\bar{X} - \mu) + \Sigma(\bar{X} - \mu)^2]$$

$$= \frac{1}{n-1}[\Sigma E(X_i - \mu)^2 - 2E[n(\bar{X} - \mu)(\bar{X} - \mu)] + \Sigma E(\bar{X} - \mu)^2]$$

$$= \frac{1}{n-1}\left[\Sigma\sigma^2 - 2n\cdot\frac{\sigma^2}{n} + \frac{\Sigma\sigma^2}{n}\right]$$

$$= \frac{1}{n-1}[n\sigma^2 - 2\sigma^2 + \sigma^2] = \sigma^2$$

따라서 s^2의 평균은 다음과 같이 정리된다.

면 되는 것이다. 이처럼 표본의 크기가 2이지만 자유로이 값을 취할 수 있는 것은 $n-1=2-1=1$개의 변수값밖에 없다. 문제를 보다 일반화시켜 크기가 4인 표본($n=4$)의 평균이 5라 하자. 이 때 4개의 관측가능치 중 일단 3개만 정해지면 역시 나머지 1개는 자동적으로 결정되며, 따라서 이 경우의 자유도는 $n-1=4-1=3$이 된다. 같은 논리로써 $\bar{X}$값이 주어지면 $\chi^2 = \frac{\Sigma(X_i - \bar{X})^2}{\sigma^2}$은 $(n-1)$의 자유도를 갖게 됨을 알 수 있다. 이상과 같은 예에서 자유도가 표본크기(n)보다 하나 작은 수가 되는 것은 모평균(μ)이 알려지지 않아 그것 대신 표본의 평균($\bar{X}$) 값을 활용하여 변수 χ^2을 정의하는 데 연유하는 것이다. 만일 모평균(μ)이 알려졌다면 χ^2변수는 $\Sigma\frac{(X_i-\mu)^2}{\sigma^2}$으로 정의되며, 이 때의 자유도는 $(n-1)$이 아니라 n이 된다. 이상과 같은 상황을 종합하면 자유도란 일반적으로 총관측치수에서 미지의 모수 대신 사용한 추정치의 개수(위 예에선 $\bar{X}$ 한개)를 뺀 것으로 정의할 수 있다. 제4편에서는 자유도가 $n-2$ 이하가 되는 경우를 보게 될 것이다. 이 때 미지의 모수에 대한 추정치의 사용이 2개 이상이 됨은 물론이다.

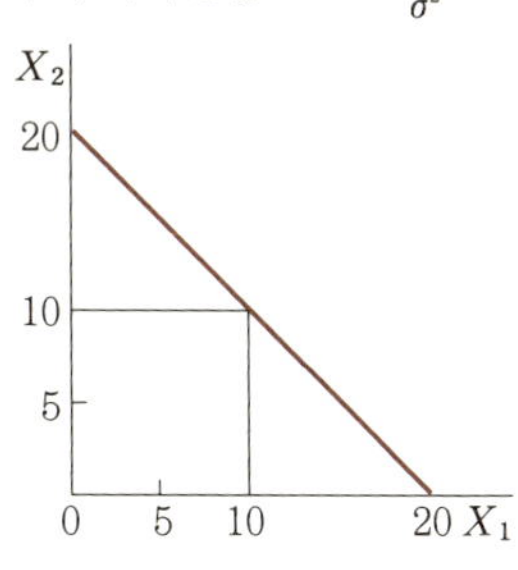

[표본분산의 평균]

$$E[s^2]=\sigma^2 \tag{6.6}$$

즉, 표본분산의 값으로 정의되는 확률변수 s^2의 기대치 또는 평균은 모분산과 같아지게 된다. 한편, s^2의 분산 $\mathrm{Var}(s^2)$ 또는 $\sigma_{s^2}^2$은 $2\sigma^4/(n-1)$과 같아진다.

[표본분산의 분산]

$$\mathrm{Var}(s^2)=\sigma_{s^2}^2=\frac{2\sigma^4}{\nu}=\frac{2\sigma^4}{n-1}\ \left(\begin{array}{l}\text{단, } \nu \text{는 자유도이며,}\\ \text{이 경우 } \nu=n-1 \text{ 이 된다}\end{array}\right) \tag{6.7}$$

이상과 같은 결과들은 기대치 계산에 관한 법칙을 이용하여 도출된 것이다. 앞에서 이용한 예에서 실제 표본분산의 값을 사용해도 물론 동일한 결과가 나올 것이다. 독자 스스로 확인해 보기 바란다.[1)]

3. 표본비율

앞에서 논의한 표본의 평균과 분산 대신 경우에 따라서는 표본비율(성공확률·불합격품비율 등)의 사용이 요구되는 경우가 있다. 즉, 표본을 구성하는 각종 시행 결과가 이항분포 형태를 따를 경우가 있다. 이처럼 어떤 실험의 결과들이 이항분포를 따를 때에는 그 특성치가 되는 모수를 확인함으로써 모집단의 특성을 나타낼 수 있는데, 이항분포의 모수는 n과 p임을 이미 배운 바 있다. 이 중 n이란 표본의 크기를 의미하므로 이것만 결정되면 p의 값에 따라 각종 결과를 묘사할 수 있게 된다. 이 p값을 표본을 통해 추론하기 위해 표본에서의 비율 $\hat{p}$를 사용한다면 이 표본비율 $\hat{p}$는 또 하나의 새로운 확률변수가 된다. 즉, 모수인 모비율의 추정을 위한 $\hat{p}$라는 통계량은 다음에서처럼 원래 확률변수의 1차함수이기 때문이다.

[표본비율]

$$\hat{p}=\frac{X}{n}\ \left(\begin{array}{l}\text{단, } X\text{는 } n\text{개 표본 중 관측된 불량품의 개수}\\ \text{또는 } n\text{번 시행 중 성공한 횟수를 나타냄}\end{array}\right) \tag{6.8}$$

표본비율이라는 확률변수 또한 자체의 평균과 분산을 갖게 됨은 물론이며 그 계산 결과는 다음과 같다.

1) 도출과정에 대해 관심 있는 독자는 Bernard W. Lindgren, *Statistical Theory*, 3rd ed.(1976), p. 216을 참조.

[표본비율의 평균과 분산]

$$\text{평균}: \quad E[\hat{p}] = \mu_{\hat{p}} = E\left[\frac{X}{n}\right] = \frac{1}{n}E[X] = \frac{1}{n}\cdot n\cdot p = p$$

$$\text{분산}: \quad \text{Var}(\hat{p}) = \sigma_{\hat{p}}^2 = \text{Var}\left(\frac{X}{n}\right) = \frac{1}{n^2}\text{Var}(X) = \frac{1}{n^2}\cdot n\cdot p\cdot q = \frac{pq}{n} \quad (6.9)$$

즉, 표본비율 $\hat{p}$의 값들은 그 평균(또는 평균적으로 기대되는 수치)에 있어 모비율 p와 같아지나 분산은 모분산 npq를 n^2으로 나눈 값인 pq/n와 같아지게 된다.

한편, 표본비율이란 통계량 역시 유한모집단에서 비복원을 가정하여 추출된 경우에는 그 분산이 $\frac{pq}{n}\cdot\frac{N-n}{N-1}$이 됨은 물론이며, 이와 관련한 실제 응용은 연습문제로 넘긴다.

제 3 절 표본분포

이상에서 우리는 표본평균 · 표본분산 그리고 표본비율이라는 세 가지의 통계량이 갖는 각각의 평균과 분산을 계산해 보았다. 표본 사용의 궁극적 목표는 표본이 가진 정보를 종합적으로 대변하는 표본의 통계량들을 계산함으로써 모집단의 모수(모평균 · 모분산 · 모비율)에 대한 추리를 함에 있다(이것이 통계적 추론의 세 번째 단계로서 추론이라 하며 다음 장에서 상세히 다룰 것임).

문제는 이와 같은 통계량의 값을 과연 모집단의 모수값으로 간주할 수 있는가 하는 것이다. 예컨대, 서울시민의 월평균소득을 확인하고자 1,000명의 표본을 구성하여 그 평균을 구한 결과 200만 원으로 밝혀졌다고 하자. 그러면 과연 모집단인 서울시민 전체의 월평균소득이 정확히 200만 원이라고 할 수 있는가 하는 문제가 생긴다. 직관적으로 이와 같은 추리는 오차가 발생할 가능성을 항상 내포하고 있음을 알 수 있다. 즉, 서울시민의 월평균소득이 200만 원이란 대답은 틀릴 가능성이 많다는 것이다. 그러면 과연 어느 정도나 실제 모집단의 평균과 상이할까? 이 의문에 대한 답을 얻으려면 표본의 평균 ($\bar{X}$)값들이 어떻게 분포되었는가를 확인해야 될 것이다.[1)]

1) 이 분포를 확인함으로써 비로소 우리는 표본통계량값의 정확도를 확률 개념으로 표시할 수 있게 된다. 독자들이 모두 알고 있듯이 추측통계학의 결론은 항상 불확실하지만 그 불확실한 정도를 확률 개념을 통해 계산할 수 있는 것이며, 이를 위해 우리는 표본통계량이 따르는 확인분포의 확인을 필요로 한다.

지금까지 우리가 확인한 사실은 $\bar{X}$의 평균이 모평균 μ과 같고, $\bar{X}$의 분산은 모분산 σ^2의 $\frac{1}{n}$인 $\frac{\sigma^2}{n}$과 같아 원래의 확률변수 X보다 훨씬 산포된 정도가 작은, 즉 평균을 중심으로 밀집된 형태의 분포를 갖는다는 것이다. 이처럼 밀집된 형태를 갖는 통계량 $\bar{X}$의 분포는 일반적으로 원래의 모집단이 정규분포를 따르고 있는지의 여부와 모분산이 알려져 있는지의 여부, 그리고 표본의 크기 등에 따라서 달라지는데, 이러한 내용을 다루는 것이 본장의 주 내용인 표본분포, 즉 표본통계량의 확률분포이다. 이제 표본분포의 형태를 결정지어 주는 몇 가지 기준에 따라 표본통계량이 갖는 확률분포를 확인해 보기로 하자. 조직적인 설명을 위해 본장 서두부분의 분류표(그림 Ⅵ)의 일부를 제시하면 다음과 같다.

그림 Ⅵ 표본추출방법 및 표본통계량의 확률분포분류표

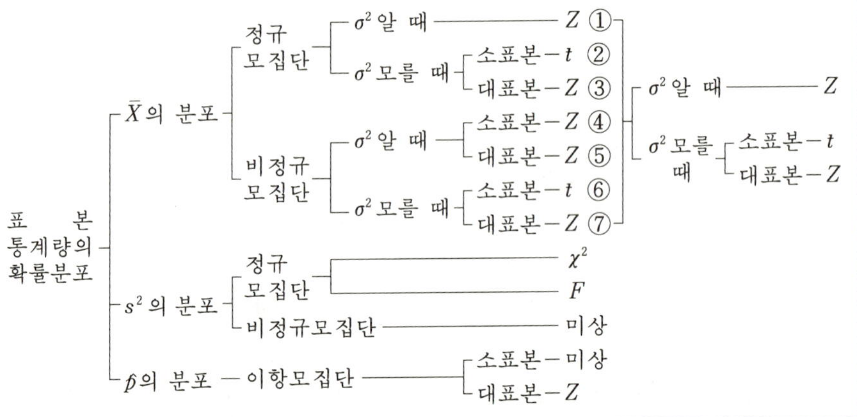

1. 표본평균($\bar{X}$)의 확률분포

표본들의 평균값($\bar{X}$)이 따르는 분포의 형태는 우선 모집단의 확률변수(X)가 정규분포인지의 여부에 따라 달라지며, 또 모집단의 분산이 알려져 있는가에도 의존하므로 다음과 같이 네 가지 경우로 구분하여 연구해 보기로 한다.

1.1 모집단이 정규분포를 따르고 모분산(σ^2)이 알려졌을 경우

정규분포를 따르는 모집단의 특성을 알아내기 위하여 표본추출을 통해 표본통계량을 계산한다고 하자. 즉, 평균 μ와 분산 σ^2을 갖는 확률변수 X(즉, $X \sim N(\mu, \sigma^2)$)가 취할 수 있는 수많은 값들 중 n개를 추출하여, 그 평균을 구한 다음 $\bar{X}$라 표기하고 이것으로 모평균 μ를 추정한다 하자. 이 표본통계량 $\bar{X}$가 모수 μ를 얼마나 정확하고 믿을 만하게 추정하는가를 알기 위해서 가능한 모든 표본(크기는 n이라 함)을 추출하여 각 표본의 평균($\bar{X}$)을 계산한 다음, 이 표본평균($\bar{X}$)값들을 일종의 도수분포 형태로 나타내어 어떤 형태의 분포가 되는지를 확인할 필요가 있다.

앞 절에서 우리는 이미 크기가 n인 가능한 모든 표본평균들의 평균은 모평균과 같고 또 표본평균들 값의 분산은 모분산의 $\frac{1}{n}$임을 확인한 바 있다. 그리고 이 표본평균값들로 구성되는 분포는 원래의 분포보다 훨씬 평균을 중심으로 밀집된 형태(표본평균의 분산이 $\frac{\sigma^2}{n}$인 점에 유의)를 취하며, 이러한 현상은 표본의 크기가 커질수록 가속됨을 배웠다. 그렇다면 원래의 분포가 정규분포일 때 이보다 밀집된 형태를 취하는 $\bar{X}$의 분포는 무엇일까? 이에 관하여 아주 유용한 정리를 이용할 수 있다.[1)]

[정리 6. 1]

확률변수 X가 정규분포를 따를 때 X의 일차함수 형태로 나타나는 새로운 확률변수도 정규분포를 따른다.

이 정리에 의하면 결국 $\bar{X}$의 가능한 모든 값들도 정규분포를 따르게 된다는 것이다. $\bar{X}=\frac{1}{n}\sum X_i f_i$가 X의 1차함수이기 때문이다. 즉 $\bar{X}$의 분포는 원래보다 뾰족한 형태를 취하면서도 좌우대칭의 종모양을 가지며 기타 정규분포가 되기 위한 제 조건[2)]을 모두 만족시킨다. 따라서 $\bar{X}\sim N(\mu_{\bar{X}}, \sigma_{\bar{X}}^2)$ 또는 $\bar{X}\sim N\left(\mu_X, \frac{\sigma_X^2}{n}\right)$이라 결론지을 수 있다.

이상과 같은 결과의 이해를 돕고자 평균이 50이고 분산이 80인 정규모집단으로부터 $n=20$인 표본을 추출하였다고 가정하자. $E[\bar{X}]=\mu_{\bar{X}}=\mu_X=50$이고 $\mathrm{Var}(\bar{X})=\sigma_{\bar{X}}^2=\frac{\sigma_X^2}{n}=\frac{80}{20}=4$가 되므로 정리에 의하면 $\bar{X}\sim N(50, 4)$가 되어야 한다. 따라서 $\mu_{\bar{X}}\pm\sigma_{\bar{X}}=50\pm2=48\sim52$, $\mu_{\bar{X}}\pm2\sigma_{\bar{X}}=50\pm4=46\sim54$, 그리고 $\mu_{\bar{X}}\pm3\sigma_{\bar{X}}=50\pm6=44\sim56$의 구간의 값들이 과연 전체 $\bar{X}$값 중 68.26%, 95.44% 그리고 99.74%를 차지하는가를 확인하면 된다.

위와 같은 확률을 계산하려면 원칙적으로 정규분포의 확률밀도함수를 해당 구간에 대하여 적분하여야 하지만, 그 계산과정이 아주 복잡해서 표준화된 정규분포표를 이용한다는 것은 제5장에서 언급한 바 있다. 즉, $X\sim N(\mu_X, \sigma_X^2)$

1) 이 정리는 제5장 제4절에서 이미 소개된 바 있음.

2) 제5장 제4절 참조.

경우의 확률계산은 X를 표준화한 $Z\sim N(0,\ 1)$라는 표준정규확률변수의 누적확률표(부표 D)를 이용하게 된다. 여기에서 표준확률변수 Z란 정규분포를 따르는 확률변수(X)의 각 값에서 그 평균(μ_X)을 뺀 수를 표준편차(σ_X)로 나눈 값을 말한다. 즉 Z는 다음과 같이 정의된다.

$$Z=\frac{X-E[X]}{\sqrt{\mathrm{Var}(X)}}=\frac{X-\mu_X}{\sqrt{\sigma_X{}^2}}=\frac{X-\mu_X}{\sigma_X} \qquad (5.20)'$$

정규모집단에서 추출된 표본의 평균($\bar{X}$) 또한 정규분포를 따르므로 이 또한 확률계산을 위해서 표준화할 필요가 있다. 따라서 $\bar{X}$에서 그 평균을 빼고 표준편차로 나누면 표준정규변수 Z가 될 것이다. 즉,

$$Z=\frac{\bar{X}-E[\bar{X}]}{\sqrt{\mathrm{Var}(\bar{X})}}=\frac{\bar{X}-\mu_{\bar{X}}}{\sqrt{\sigma_{\bar{X}}{}^2}}=\frac{\bar{X}-\mu_X}{\sqrt{\sigma_X{}^2/n}}=\frac{\bar{X}-\mu_X}{\sigma_X/\sqrt{n}}\sim N(0,\ 1) \qquad (6.10)$$

과 같이 된다.[1] 여기서 $\bar{X}$의 분산 $\sigma_{\bar{X}}^2$의 제곱근을 $\sigma_{\bar{X}}$로 표시할 수 있는데, 이는 위에서처럼 $\sigma_X/\sqrt{n}$의 값을 갖는다. 그러나 분산의 제곱근을 일반적으로 표준편차라 일컫고 있지만 이 경우에는 표준오차라 부르는 것이 관례다. 편차 대신 오차(error)라 부르는 이유는 표본평균 $\bar{X}$가 미지의 모평균에 대한 추정치이며, 따라서 ($\bar{X}-\mu_X$)란 표본평균을 사용함에 따른 표본오차가 되기 때문이다. 따라서 $\sigma_{\bar{X}}$는 미지의 모평균에 관한 추론을 하기 위해서 표본평균을 사용할 때 표본오차의 척도가 될 수 있으므로 이를 표준오차라 부른다.

그러면 앞서의 예에서처럼 정규모집단에서 추출된 표본평균들이 과연 정규분포를 따르게 되는지를 확인하는 문제로 돌아가서, 우선 다음과 같은 확률을 계산해 보자.

$$\begin{aligned}P(48\le\bar{X}\le 52)&=P\left(\frac{48-\mu}{\sigma/\sqrt{n}}<\frac{\bar{X}-\mu}{\sigma/\sqrt{n}}<\frac{52-\mu}{\sigma/\sqrt{n}}\right)\\&=P\left(\frac{48-50}{\sqrt{80}/\sqrt{20}}<Z<\frac{52-50}{\sqrt{80}/\sqrt{20}}\right)\\&=P(-1<Z<1)\\&=\Phi(1)-\Phi(-1)\end{aligned}$$

1) 만일 유한모집단으로부터 비복원조건하에 표본이 추출되었다면 $E[\bar{X}]=\mu_X$, $\mathrm{Var}(\bar{X})=\frac{\sigma_X{}^2}{n}\cdot\frac{N-n}{N-1}$이 되므로 표준화시킬 경우 $Z=\dfrac{\bar{X}-\mu_X}{\frac{\sigma_X}{\sqrt{n}}\cdot\frac{\sqrt{N-n}}{\sqrt{N-1}}}$와 같아짐을 유의할 것.

$$=\Phi(1)-(1-\Phi(1))$$
$$=2\Phi(1)-1=0.6826$$

같은 방법으로 다음과 같은 계산 결과를 얻을 수 있다.

$$P(46\leq\bar{X}\leq54)=P(-2<Z<2)=0.9544$$
$$P(44\leq\bar{X}\leq56)=P(-3<Z<3)=0.9974$$

이들 계산 결과들은 앞에서 제기된 문제, 즉 표본평균 $\bar{X}$가 역시 정규분포의 제반특성을 만족시켜 주고 있는지의 여부에 결정적인 확증을 제시해 준다.

이상에서 정규모집단으로부터 무작위추출된 표본들의 평균값들은 역시 정규분포를 따르게 된다는 사실을 알게 되었지만 이 사실만으로 모든 경우에서 표본평균에 의한 모평균의 추정을 할 수는 없다. 왜냐하면, 현실상황에서 과연 조사대상이 되는 모집단이 정규분포를 따른다는 확증을 가질 수 없는 경우가 많이 있기 때문이다. 이 문제에 관한 논의는 다음 항에서 고려하기로 한다.

1.2 모집단의 분포가 알려지지 않는 경우(단, σ는 알려짐)

표본이 추출된 모집단이 정규분포가 아니거나 알려져 있지 않다면 $\bar{X}$의 분포에 관하여 1.1과 같은 결론을 내릴 수는 없다. 특히 표본의 크기가 작을 때 $\bar{X}$의 분포 형태는 주로 모집단의 형태와 매우 흡사하기 때문이다. 그러나 표본의 크기 n이 커짐에 따라 원래의 모집단의 형태가 어떤 것이었던간에 $\bar{X}$의 분포는 점점 정규분포의 모양을 갖게 된다. 이러한 현상에 관한 것을 "중심극한정리"(central limit theorem)라고 하는데 [정리 6.2]와 같이 요약된다.[1)]

[정리 6.2 중심극한정리]

평균 μ와 분산 σ^2을 가진 모집단으로부터 추출된 무작위표본들의 평균은 모집단의 분포 형태와 상관없이 n이 무한대에 접근할수록 평균 μ와 분산 $\frac{\sigma^2}{n}$을 갖는 정규분포에 접근한다. 이 정리를 수식으로 요약하면 다음과 같이 쓸 수 있다.

$$n\rightarrow\infty \text{에 따라, } \bar{X}\sim N\left(\mu,\ \frac{\sigma^2}{n}\right)$$

$$\text{또는 } n\rightarrow\infty \text{에 따라, } Z=\frac{\bar{X}-\mu}{\frac{\sigma}{\sqrt{n}}}\sim N(0,\ 1)$$

1) 이 정리에 대한 증명에 관심 있는 독자는 Mood and Graybill, *op. cit.*, pp. 233~236을 참조.

우리는 이 책에서 이 정리를 직접 증명하지는 않을 것이다. 대신 그림 6-2에 제시한 여러 형태의 분포를 이용하여 간접적으로나마 이 정리의 정당성을 밝히고자 한다. 그림 6-2에서 보면 첫째 행에서 네 개의 서로 다른 모집단의 표본 형태를, 그리고 나머지 행에서는 표본의 크기가 2, 5 그리고 30일 때 $\bar{X}$의 분포 형태를 보여 주고 있다. 첫째 열은 모집단이 정규분포를 따를 때 이로부터 추출한 표본의 평균 $\bar{X}$도 정규분포를 따른다는 것으로 바로 앞 항에서 밝힌 내용을 보여 주고 있다. 둘째 열은 균등분포(uniform distribution), 셋째 열은 이산확률분포 형태의 한 예로서 쌍봉분포(bimodal distribution), 그리고 마지막 열에서는 지수분포(exponential distribution)를 갖는 모집단에서 추출된 평균이 표본크기가 점점 커짐에 따라 좌우대칭의 정규분포화해 가는 과정을 보여 주고 있다. 중심극한정리는 아주 유용한 정리여서 쌍봉분포와 같은 이산확률분포는 물론 지수분포처럼 완전히 비대칭적인 모집단을 갖는 표본에 대해서도 성립됨을 알 수 있다. 그림 6-2는 또한 표본평균 $\bar{X}$의 분포가 정규분포와 거의 같아지기 위하여는 표본의 크기가 대략 30을 넘어서면 충분하다는 것을 보여 주고 있다.

이상에서 우리는 1.1의 경우를 통해 표본평균분포의 계보표 ①항을, 그리고 1.2의 중심극한정리를 통해 ⑤항을 설명한 셈이 된다.

1.3 정규분포로부터 표본을 추출하였으나 모분산(σ^2)이 알려지지 않은 경우

이제까지 우리는 $\bar{X}$의 분포를 확인하는 과정에서 모집단의 분산이 알려져 있다고 가정하여 왔다. 그러나 현실적으로 σ^2의 값이 알려져 있는 경우란 극히 드물다. 일반적으로 σ^2의 값 또한 우리가 추정하고자 하는 모집단의 모수인 것이다. σ^2의 값이 알려져 있지 않다면 어떻게 할 것인가? 가장 합리적인 방법은 σ^2값에 대한 가장 좋은 추정치를 사용하는 것이라 하겠다.

앞에서 우리는 표본분산 s^2의 값이 평균적으로 σ^2과 같아짐을 확인한 바 있다. 즉, $E[s^2]=\sigma^2$. 따라서 σ^2가 알려져 있지 않을 경우 s^2을 대신 쓸 수 있는 근거가 생기게 된 것이다. 이제 $\bar{X}$의 분포를 확인하고자 이를 표준화한 값을 살펴보기로 하자. 즉,

$$Z=[\bar{X}-E[\bar{X}]]\Big/\sqrt{\mathrm{Var}(\bar{X})}=(\bar{X}-\mu_X)\Big/\frac{\sigma_X}{\sqrt{n}}$$

에서 σ값을 모르므로 σ 대신 s를 쓰면 아래와 같아진다.

그림 6-2 여러 형태의 모집단으로부터 추출된 표본의 평균이 갖는 분포

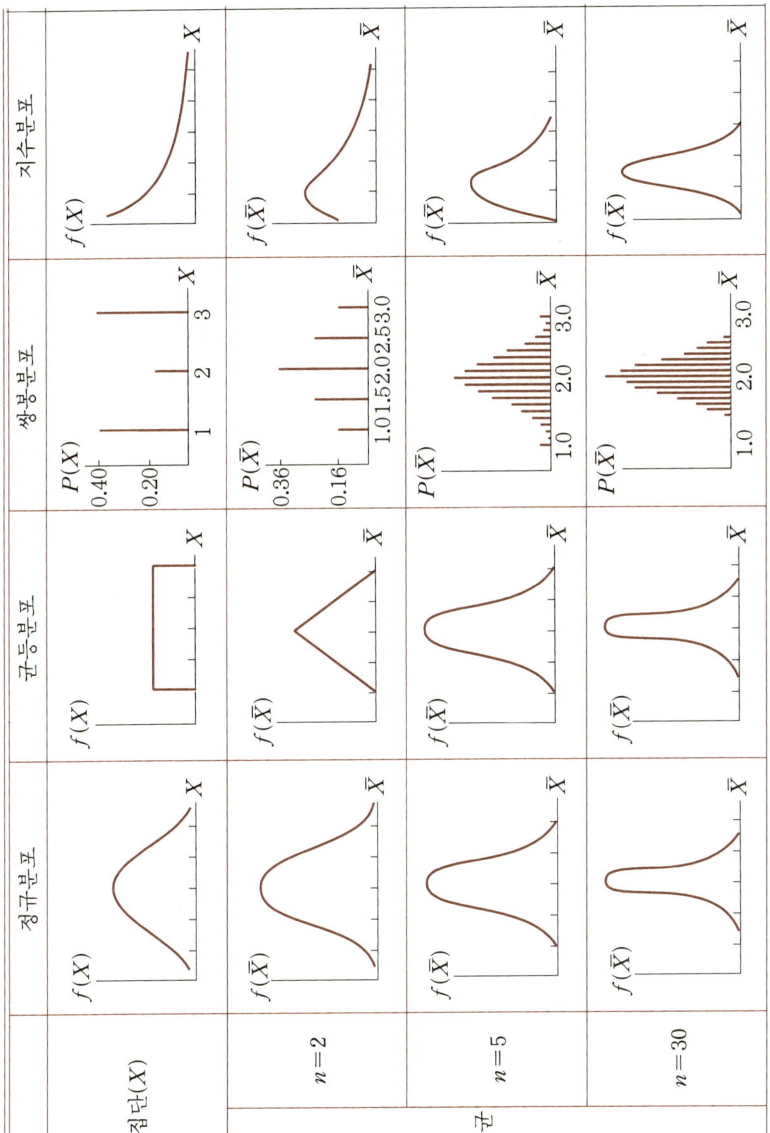

자료 : D. L. Harnett, *op. cit.*, p. 207

$$(\bar{X}-\mu_X)\Big/\frac{s}{\sqrt{n}}$$

그러면 이렇게 표준화된 확률변수는 과연 어떤 모양의 분포를 따를까? 이 분포의 모양에 대하여 처음 연구한 사람은 에이레공화국의 통계학자인 고셋(W. S. Gossett)으로 이를 t분포라 하였다. 그러나 고셋이 근무했던 양조장에서는 고용자가 연구 결과를 발표하는 것을 허용하지 않았기 때문에 고셋은 "student"라는 필명을 사용하였다. 이러한 사실로 인하여 1908년 고셋의 연구를 기리기 위해 이 분포의 이름을 "student의 t분포"라고 일컫게 되었다. 그러면 t분포라고 정의된 통계량 $t=(\bar{X}-\mu)\Big/\frac{s}{\sqrt{n}}$는 도대체 어떤 형상을 하고 있는가 살펴보자.

t분포의 확률밀도함수는 아주 복잡하며 여기에서 구태여 소개할 필요성도 별로 없어 이를 생략하기로 하고 단지 t분포의 형태 및 특징만을 밝혀 두기로 한다.[1)] 우선 t분포는 평균이 0이고 0을 중심으로 좌우대칭의 모양을 갖는다. 즉,

$$E[t]=E\left[\frac{\bar{X}-\mu}{s/\sqrt{n}}\right]=0$$

이러한 결과는 직관적으로도 확인할 수 있다. 앞에서 우리는 $\frac{\bar{X}-\mu}{\sigma/\sqrt{n}}=Z\sim N(0,\ 1)$이라는 사실을 배웠다. 이제 t와 Z를 비교하여 보면 둘 사이의 차이는 분모에 있을 뿐 분자의 값은 동일하다. 따라서 σ 대신 s를 사용한 t 또한 평균이 Z와 같이 0이 되고 좌우대칭형이 될 것임에 틀림없다. σ 대신 s를 사용하였기 때문에, 즉 s를 통하여 σ를 추정한 것이므로 오차가 발생할 수 있으며, 따라서 불확실한 요소가 덧붙여졌다. 그러므로 t는 Z보다 분산의 값이 커질 것이라는 가능성을 갖게 되는 것이 유일한 차이점으로 등장한다.

이상과 같은 사실에서 볼 수 있듯이 실제 t분포의 분산은 Z분포의 분산보다 크다. 그러면 얼마나 클까? 여기에 대해서는 일률적으로 대답할 수가 없다. 그 이유는 t분포의 값은 s값에 의존하고, 한편 s값은 표본의 크기에 의존하므로 $\left(s^2=\frac{1}{n-1}\Sigma(X_i-\bar{X})^2f_i\right)$, t값 또한 표본의 크기 n에 따라 달라지기 때문이다. 예컨대, 표본의 크기 n이 아주 커져서 모집단의 크기 N과 거의 같아진다면, s값은 σ와 거의 같아질 것이고, 따라서 t분포는 Z분포와 거의 동일한 형태를 취하리라 예상할 수 있다. 반면 n의 크기가 작아지면 s값이 σ와 달라질 가

1) t분포에 대한 자세한 내용은 *Ibid.*, pp. 249～251을 참조.

능성은 커지고, 그러한 오차발생의 가능성으로 인하여 t분포는 Z분포보다는 큰 분산값을 갖게 될 것이다. 이제 이상과 같은 t분포에 대한 직관적인 관찰을 토대로 t분포의 특징을 정리해 보면 다음과 같다.[1)]

[정리 6.3 t분포의 특징]

첫째, t분포의 형태는 자유도에 의존한다.

둘째, $E[t]=E\left[\dfrac{\bar{X}-\mu}{s/\sqrt{n}}\right]=0$

셋째, $\mathrm{Var}(t)=\mathrm{Var}\left(\dfrac{\bar{X}-\mu}{s/\sqrt{n}}\right)=\nu/(\nu-2)$ (단, ν는 자유도)

t분포가 표본의 크기에 의존함은 앞에서의 논의로 충분하게 이해되었으리라 믿는다. 그러나 통계학에서는 t분포의 특징을 오히려 자유도 ν와 관련시켜 설명하는 것이 관습으로 되어 있다. 여하튼 여기에서 자유도라 하는 것은 제5장에서 설명한 바 있지만 자유로이 값을 취할 수 있는 변수값의 수를 가리킨다. 따라서 t분포의 경우 자유도는 $\nu=n-1$이 된다. 이는 t분포가 미지의 σ 대신 s를 사용하는 과정에서 자유도를 1만큼 상실하였기 때문이다. 이 이유를 제5장에서의 설명과는 다른 각도에서 검토해 보자.

실제 사용가치가 있는 관측치의 수를 자유도라 할 수 있으므로 t의 자유도는 표본의 크기보다 하나 작은 수가 될 것이다. 예컨대 $n=1$이라면, 즉 관측치가 단 하나라면 표준편차를 측정하는 데 아무런 방안도 없다. 그러므로 자유도는 0이다. 그리고 $n=2$일 경우에 비로소 한 관측치를 기준으로 다른 관측치의 변화 정도를 측정할 수 있게 된다. 바로 이 변화량으로 우리는 모집단의 표준편차를 측정하는 것이다. 따라서 일반적으로 표본의 크기가 n이면 이 중 하나는 기준이 되고(이것을 표본평균으로 보아도 됨), 나머지 관측치들이 이 기준치로부터 떨어진 정도를 가지고 모표준편차의 추정치인 s를 계산하게 되므로 자유도가 $n-1$이 되는 것이다. t분포에서 표본크기 n 대신 자유도 ν(여기서는 $n-1$)를 사용하는 것은 다음에 올 제3편에서처럼 두 변수 이상이 복합된 경우 자유도가 $(n-1)$이 아닌 t분포 형태가 나올 수 있기 때문이다.

이제 t분포가 자유도에 의해 특징지어지는 상황을 그림 6-3을 통해 살펴보자. 그림 6-3에서는 Z와 t가 동시에 그려져 있다. t분포는 표본크기가 4와

1) *Ibid.*, pp. 249~251 참조.

그림 6-3 표준정규분포와 t분포

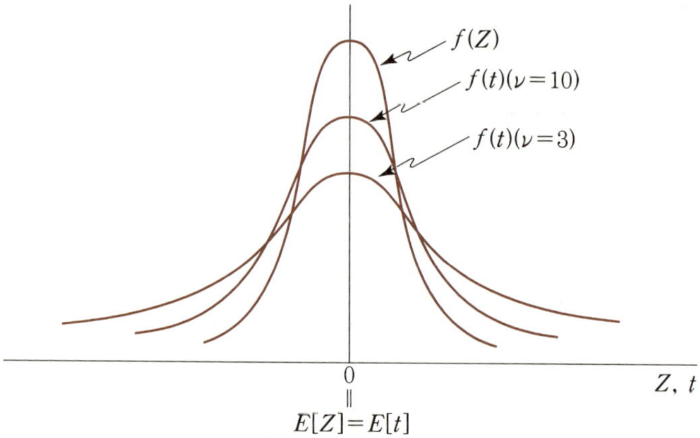

11이고 따라서 자유도가 각각 3과 10일 경우를 나타내고 있다. 우선 Z뿐만 아니라 t도 그 평균이 0이고 이를 중심으로 좌우대칭임을 알 수 있다. 그러나 t는 일반적으로 Z보다 완만하게 분포되어 있으며, 자유도가 커질수록 Z에 접근함을 보여 주고 있다. 이를 수식으로 확인하면 $n=4$인 경우 t의 분산은 $\frac{\nu}{\nu-2}=\frac{3}{3-2}=3$으로 정규분포의 분산 1보다 훨씬 크다. 한편, $n=31$일 경우를 살펴보면 $\frac{\nu}{\nu-2}=\frac{30}{30-2}=\frac{30}{28}=1.07$로 $\text{Var}(Z)=1.0$과 거의 같아진다. 따라서 $n\to\infty$ 경우 t는 Z분포가 된다고 볼 수 있다. 이러한 이유로 $n\geq 30$ 경우 우리는 t확률분포표 대신 Z확률분포표를 이용하여 확률계산을 하곤 한다.

t분포와 관련된 확률문제의 계산과 t분포가 $n\to\infty$ 경우 Z와 같아지는 것을 설명하기 위하여 다음의 예를 활용하기로 한다. 우선 t분포의 누적확률표를 사용하는 방법부터 소개해 보자.

t분포는 자유도에 따라 모양이 바뀌므로 표준화된 정규분포 Z처럼 한 개의 표로 모든 경우를 대신할 수 없다. 따라서 χ^2분포의 경우처럼 가장 많이 이용되는 누적확률(0.75, 0.90, …)을 갖는 t값을 자유도에 따라 달리하여 부표 H에 제시하였다. 예컨대, $n=31$일 때 $P(t<\alpha)=0.975$가 되는 t의 값은 $\alpha=2.042$가 된다. 한편, n이 아주 커져서 무한대에 가까워질 때 $P(t<\alpha)=0.975$인 α값을 표에서 찾아보면 1.960임을 알 수 있다. 이는 표준정규분포의 누적확률표(부표 D)에서 $P(Z<\alpha)=0.975$가 되는 α값을 찾아보았을 때와 같아진다. 즉, $P(Z<1.96)=0.975$가 되는 것이다. 이상의 예에서처럼 0.975가 되는 t값은 자유도가 30에서 40, 60 그리고 120이 될 때까지 각각 2.021, 2.000, 1.980이

되며, ∞의 경우에는 Z와 동일한 1.960이 됨을 표에서도 확인할 수 있다. 즉, "$n \to \infty$에 따라 $t \to Z$"라 할 수 있다. 단, t분포는 ν의 값에 따라 모양이 달라지므로 항상 t 밑에 그 자유도를 표기해 두어야 함을 잊어서는 안 될 것이다.

이상의 설명으로 우리는 $\bar{X}$분포의 종합계보표에서 ②항과 ③항을 다룬 셈이다. 앞에서 두 경우의 상황이 종합표의 ①항과 ⑤항에 해당된 내용이었으므로 이제 남은 것은 ④, ⑥ 및 ⑦항이다. 이 세 가지 항에 대하여는 다음과 같이 종합적으로 검토해 보기로 한다.

1.4 모집단의 분포가 알려지지 않았고 모분산(σ^2)도 알려지지 않은 경우

지금까지 논의해 온 세 가지 경우를 정리해 보면, 우선 모집단이 정규분포이고 모분산이 알려져 있으면 표본의 규모와 상관없이 $\bar{X}$는 정규분포를 따른다는 것과(①항), 둘째 모집단은 역시 정규분포이나 모분산을 모를 때에는 $\bar{X}$를 표준화한 통계량은 Z보다 분산이 큰 t분포를 따르나 표본의 크기가 커짐에 따라 Z분포에 접근한다는 것(②항과 ③항), 그리고 셋째 모집단이 정규분포가 아니거나 혹은 알려지지 않았으나, 모분산은 알고 있을 경우에는 표본의 크기가 커지면 중심극한정리에 따라 $\bar{X}$는 정규분포화한다는 것(⑤항)으로 요약될 수 있다. 따라서 이제 남은 것은 모집단의 분포뿐만 아니라 모분산도 모르는 경우(표본의 크기를 막론하고)와 모집단분포는 역시 모르나 모분산은 알고 있는데, 단지 표본규모가 작아 중심극한정리의 적용이 불가능한 경우가 될 것이다.

우선 모집단의 분포와 모분산이 모두 미지일 경우부터 고려해 보기로 하자. 원칙적으로 t분포란 정규모집단으로부터 표본을 추출하였으나 모분산이 알려지지 않았을 때 성립하는 표본분포이다. 그러나 앞에서도 지적하였듯이 모집단이 과연 정규분포를 따르는지의 여부를 정확히 표본추출 이전에 알아내기는 힘든 것이다. 그러나 다행히도 이와 같은 모집단의 정규성이라는 가정은 그렇게 큰 구속력을 갖는 것이 아니어서 이 가정은 다소 완화시킬 수 있다.[1] 따라서 모집단의 분포가 미지일 경우라도 모분산을 모를 때(이를 표본분산 s로 대신하여) $\bar{X}$를 표준화한 통계량은 대략 t분포와 비슷하게 된다고 볼 수 있다. 이와 같은 t분포 적용의 확대가능성을 일컬어 t분포의 강력성(robustness)이라 한다. 일단 위의 상황에 t분포가 적용될 수 있다면 역시 표본크기 n이 커짐에 따라 점차 Z분포에 가까워질 것임은 당연하다. 따라서 ⑥항은 t분포, 그

1) Harnett, *op. cit.*, 2nd ed., p. 216 참조.

리고 ⑦항은 Z분포에 속하는 상황으로 간주할 수 있을 것이다. ⑦항이 Z분포를 따르게 된다는 사실은 우선 n이 클 때($n \geq 30$), $\bar{X}$의 분포가 모분산만 알려졌다면 중심극한정리에 의해 정규분포화될 것이란 사실과 $n \to \infty$에 따라 $s \to \sigma$가 되어 $t = \frac{\bar{X}-\mu}{s/\sqrt{n}} \to Z = \frac{\bar{X}-\mu}{\sigma/\sqrt{n}}$ 현상이 복합되어 나온 결과로 볼 수도 있다.

이제 남은 것은 모집단분포는 미지이나 모분산은 알려져 있는 경우 중 표본의 크기가 작을 때에 해당되는 $\bar{X}$의 분포가 될 것이다. 사실 이 경우에 대해서는 정확한 결론이 없다. 단지 모집단의 분포가 무엇인지는 모르나 좌우대칭에 가까운 형태라면 이로부터 추출한 표본의 평균들은 정규분포와 크게는 틀리지 않을 것이라고 예상할 뿐이다. 이러한 사실은 ⑥항의 경우도 마찬가지여서 t가 아무리 적용한계가 넓나 하더라도 다소의 오차가 확대됨을 피할 길은 없다. 결론적으로 말한다면, ④항은 대략 Z분포, 그리고 ⑥항은 대략 t분포에 속하며, 이러한 어림짐작은 모집단이 좌우대칭에 가까울수록 좋아진다는 것과 가능한 한 비용이 더 들더라도 표본규모를 늘려 보다 믿을 수 있는 상황인 ⑤항이나 ⑦항에 속하는 여건으로 바꾸어 나가는 것이 가장 좋은 방안이라 할 수 있다.

이상으로 전부 7개 항에 걸친 상황을 크게 4종류로 나누어 고려하였다. 독자들이 지금 얼마나 혼란에 빠져 있을까는 충분히 상상이 된다. 그러나 이제까지의 논의는 이후의 주요 통계적 추론의 근본이 되는 것이어서 피할 수 없는 내용이기도 하다. 이제 $\bar{X}$의 분포가 모집단의 분포형태, σ^2값이 알려져 있는지의 여부, 그리고 표본크기가 얼마인가에 따라 각각 어떠한 형태의 분포가 되는지를 충분히 고려한 셈이다. 그러나 이 7가지 경우를 항상 개별적으로 기억하기는 그리 쉽지 않은 일이다. 따라서 우리는 7가지 경우를 다음과 같이 사용상 편의를 위해서 재정리하기로 한다.

즉, 그림 6-4에서 지금까지 고려한 총 7가지 경우 중 단 두 경우에만 $\bar{X}$가 t분포를 따르는 것으로 확인되었으며, 이 두 경우 모두 모분산(σ^2)이 알려져 있지 않은 상황에서 소표본을 추출한 경우에 해당됨을 알 수 있다. 한편, 나머지 다섯 가지 경우에는 σ^2값이 알려진 경우와, 그리고 σ^2을 모르더라도 $n \geq 30$일 경우로 구분될 수 있으며 두 경우 모두 Z분포를 따른다는 것으로 요약될 수 있다. 따라서 $\bar{X}$의 분포는 그림의 오른쪽에서처럼 세 가지 상황으로 요약될 수가 있고 이것만은 독자들이 이후에 나오는 통계이론의 이해를 위해 꼭 기억해 두어야 할 내용이 되는 것이다. 아울러 이와 관련하여 덧붙이고 싶은 것은

그림 6-4 표본평균의 확률분포분류표

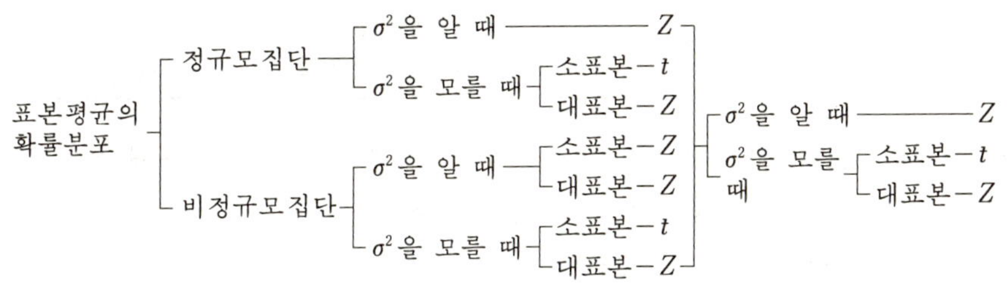

현실적으로 모집단의 형태는 물론 모분산이 알려져 있는 경우란 거의 없다. 만일 알려져 있다면 아마도 평균도 또한 알려져 있을 가능성이 크며, 따라서 $\bar{X}$를 이용한 μ에 대한 추정의 필요성이 없어진다. 따라서 실제로 우리가 가장 흔히 직면하는 상황이란 모분산을 모를 경우이고, 이 때 표본의 크기에 따라 t 또는 Z를 참고하면 된다. 그럼에도 불구하고 σ^2을 알고 있는 상황에서부터 논의를 진행한 것은 이것을 기초로 다른 상황을 설명할 수 있을 뿐 아니라 과거의 자료 및 믿을 만한 추정치 등에 의해 σ^2에 대한 수치가 마련되어 있는 경우도 있어, 상기와 같이 세 가지 경우로 $\bar{X}$의 분포를 정리한 것이다.

2. 표본분산(s^2)의 확률분포

지금까지 우리는 표본평균값이 갖는 확률분포에 관하여 살펴보았다. 이는 표본평균으로 모집단의 평균에 대하여 추론하는 데 필수불가결의 내용이 될 것이다(제 7 장 참조). 마찬가지로 우리는 모집단의 분산을 추론하는 데 표본의 분산을 사용하게 되며 이러한 추론의 정확성을 판단하기 위해 표본분산이 갖게 될 확률분포에 대한 연구가 필요하다. 한편, 크기가 N인 모집단에서 크기 n인 표본을 추출하는 방법의 수는 ${}_NC_n$이고, 따라서 ${}_NC_n$개만큼 많은 수의 표본평균($\bar{X}$) 및 표본분산(s^2)이 산출될 수 있음은 전술한 바와 같다. 표본평균($\bar{X}$)들의 평균은 $E[\bar{X}]=\mu$, 그리고 분산은 $\mathrm{Var}(\bar{X})=\sigma^2/n$으로 확인되었고, $\bar{X}$라는 새로운 확률변수가 따르게 되는 확률분포는 상황에 따라 t 또는 Z분포로 표준화시킬 수 있음을 배웠다. 이제 남은 문제는 표본분산(s^2)(그 평균과 분산은 각각 σ^2과 $2\sigma^4/\nu$로 이미 확인됨)은 과연 어떤 분포를 갖게 되는지를 알아보는 일이다. 그러나 $\bar{X}$의 경우와는 달리 불행하게도 표본분산(s^2)들의 값이 분포된 형태는 지금까지 우리가 배워 온 여러 확률분포 중 어느 하나와도 정확히 일

그림 6-5 표본분산의 확률분포

s^2의 분포	정규모집단……χ^2, F
	비정규모집단……미상

치하는 것은 없다. 단지 표본이 정규모집단으로부터 추출된 경우에 한하여 s^2 값들의 분포상태를 제5장에서 소개한 χ^2분포와 연관시킬 수 있을 뿐이다.

그림 6-5에서 보듯이 모집단이 정규분포가 아닌 경우에는 그나마도 s^2의 분포와 연결시킬 수 있는 확률분포를 찾을 수도 없다. 그러나 앞에서 t분포의 강력한 적용의 확대성(robustness)경향처럼 s^2분포의 경우에도 모집단이 정규분포가 아닌 경우에까지 χ^2과의 연관성을 유지할 수 있다고 볼 수 있다(χ^2의 적용확대가능성). 그러나 이와 같은 적용확내가능성은 t분포의 경우보다 훨씬 미약하다. 그 이유 중의 하나는 $\bar{X}$가 X의 1차함수인 반면 s^2은 X의 2차함수여서 오차의 한계가 증대되기 때문이다.

한편 두 개의 독립적인 χ^2분포를 결합시켜 F분포를 정의할 수 있는데, 이는 동시에 두 표본분산간의 비율로 정의되는 표본통계량의 분포로 정의될 수도 있다. 곧 밝혀지겠지만, 앞서의 χ^2분포가 한 표본의 분산과 직접 연결될 수 있는 점을 이용하여 표본분산에 의거 모분산을 추정할 때 χ^2분포가 이용된다. 반면 아래에서 살펴볼 F분포는 두 표본분산값의 비율(s_1^2/s_2^2)로 정의될 수 있으며 두 모분산을 비교할 때 F분포가 활용될 수 있다. 종합적으로 정리하자면 결국 표본분산(s^2)의 분포 형태를 직접 표현할 수 있는 방안은 현재로는 없으나, 다행히 χ^2분포 및 F분포와의 연관성을 이용하여 우리가 정작 필요한 모분산(σ^2)에 관한 추론을 실시할 수 있다는 것으로 요약할 수 있다. 이러한 점을 감안하여 본 항에서는 χ^2분포와 F분포에 대하여 논의하기로 한다.[1)]

2.1 s^2과 χ^2분포

표본분산(s^2)의 분포 또한 t분포를 처음으로 발견한 고셋에 의해 처음으로 밝혀졌다. 우선 $s^2=\frac{1}{n-1}\Sigma(X_i-\bar{X})^2 f_i$이므로 s^2의 값은 항상 양의 값을 가지게 될 것이므로 정규분포와는 거리가 멀 것임을 직관적으로 느낄 수 있다. 사실 s^2의 분포는 χ^2분포처럼 오른쪽으로 경사진(skewed to the right) 모양을 갖고 있다. 이를 구체적으로 밝히면 모분산이 σ^2인 정규모집단에서 두 확률변수

1) F분포 또한 강한 확대적용성이 있어 모집단이 정규분포가 아닌 경우에까지 적용시킬 수 있으나, 역시 t분포에 비해 정확도는 떨어진다.

는 다음과 같은 관계를 갖는다.[1)]

$$s^2 = \frac{\sigma^2}{\nu} \cdot \chi^2 = \frac{\sigma^2}{n-1} \cdot \chi^2 \quad \text{(단, } \nu \text{는 자유도)} \qquad (6.11)$$

즉, s^2의 분포는 앞에서 배운 χ^2에다 $\frac{\sigma^2}{n-1}$라는 상수를 곱한 것과 같다는 것이다. 제5장에서 우리는 이미 χ^2의 모양은 물론 그 평균과 분산까지도 확인한 바 있다. 이를 다시 정리해 보면 다음과 같다.

$$E[\chi_\nu{}^2] = \nu$$
$$\mathrm{Var}(\chi_\nu{}^2) = 2\nu \qquad (5.30)'$$

이를 이용하여 s^2의 평균과 분산이 본장 제2절에서 얻은 결과와 같아짐을 확인할 수 있다. 즉,

$$E[s^2] = E\left[\frac{\sigma^2}{\nu}\chi^2\right] = \frac{\sigma^2}{\nu}E[\chi^2] = \frac{\sigma^2}{\nu} \cdot \nu = \sigma^2 \quad \text{(기대치법칙 3)} \qquad (6.6)'$$

$$\mathrm{Var}(s^2) = \mathrm{Var}\left(\frac{\sigma^2}{\nu}\chi^2\right) = \frac{\sigma^4}{\nu^2}\mathrm{Var}(\chi^2) = \frac{\sigma^4}{\nu^2} \cdot 2\nu = \frac{2\sigma^4}{\nu} \quad \text{(기대치법칙 4)} \qquad (6.7)'$$

그러나 통계학에서는 관습적으로 s^2분포를 별도로 명명하지 않고 기존의 χ^2분포를 이용하는 것이 통례로 되어 있다. 따라서 위의 식 (6.11)을 χ^2확률변수에 대하여 다시 정리함으로써 여러 확률문제 계산에 있어 χ^2분포의 누적확률표를 이용하게 된다.

$$\chi_\nu{}^2 = \frac{\nu}{\sigma^2} \cdot s^2 \quad \text{또는} \quad \frac{(n-1)s^2}{\sigma^2} \quad (\nu = \text{자유도} = n-1) \qquad (6.12)$$

이 공식은 식 (6.11)의 변환에 불과하지만 동시에 다음과 같은 사실을 나타내고 있다. 즉, s^2이 σ^2을 분산으로 가지는 정규모집단으로부터 크기 n만큼

---

1) $s^2 = \frac{1}{n-1}\Sigma(X_i - \bar{X})^2 f_i$이므로, 만일 모든 X_i의 빈도수(f_i)를 편의상 1이라 가정하면,

$$s^2 = \frac{1}{n-1}\Sigma(X_i - \bar{X})^2 = \frac{\sigma^2}{n-1} \cdot \frac{\Sigma(X_i - \bar{X})^2}{\sigma^2} = \frac{\sigma^2}{n-1}\chi_\nu{}^2$$

가 된다. 단, 여기서 자유도 ν의 값은 $(n-1)$이 되며, 이는 미지의 모평균 대신 추정치 $\bar{X}$를 대신 사용하여 χ^2을 정의하였기 때문이다.

뽑은 표본의 분산이라면 $\frac{(n-1)s^2}{\sigma^2}$은 자유도 $(n-1)$인 χ^2분포와 동일하다. 그리고 결과적으로 볼 때 χ^2분포란 모분산과 표본분산의 일정 비율과 같아진다는 사실이다. 따라서 σ^2이 미지일 때 우리는 s^2값을 계산하여 χ^2분포를 이용함으로써 σ^2값에 대한 추정을 할 수 있는 계기가 마련되는 것이다. 단, 여기서 한 가지 주의할 것은 제5장에서 소개된 χ^2 경우는 자유도가 n이었으나(모평균 μ가 알려진 경우), 여기서는 미지의 모평균 μ 대신 그 추정치 $\bar{X}$를 이용하여 s^2을 계산하였으므로 자유도는 표본크기(n)보다 1이 작은 $(n-1)$이 된다는 점이다.

이상의 논의를 근거로 한 예제의 풀이과정을 살펴보기로 하자.

모분산이 100인 정규모집단에서 $n=21$인 표본을 추출하여 그 분신을 계신한 결과 $s^2 \geq 200$일 확률은 얼마나 될까?

$s^2 = \frac{\sigma^2}{n-1}\chi^2$와 $\chi^2 = \frac{(n-1)s^2}{\sigma^2}$을 이용하면,

$$
\begin{aligned}
&P(s^2 \geq 200 \mid \sigma^2 = 100,\ n=21) \\
&= P\left(\frac{\sigma^2}{n-1}\chi_\nu^2 \geq 200\right) \\
&= P\left(\chi_\nu^2 \geq \frac{n-1}{\sigma^2}\cdot 200\right) \\
&= P\left(\chi_\nu^2 \geq \frac{200}{100}\cdot 20\right) \\
&= P(\chi_\nu^2 \geq 40) \\
&= 1-P(\chi_\nu^2 \leq 40)
\end{aligned}
$$

가 된다. χ^2의 누적확률표에서 $\nu = n-1 = 21-1 = 20$인 경우를 보면 $P(\chi_{20}^2 \leq 40.0) = 0.995$이다. 따라서

$$P(s^2 \geq 200) = 1-P(\chi^2 \leq 40) = 1-0.995 = 0.005$$

가 됨을 알 수 있다.

2.2 F분포

표본분산과 관련된 또 하나의 중요한 확률분포로 1924년 피셔(R. A. Fisher)에 의해 처음 개발된 F분포가 있다. F분포는 정규모집단에서 독립적으로 추출된 두 표본의 분산을 각각 s_1^2과 s_2^2이라 할 때 다음과 같이 정의된다.[1)]

1) 원래 F분포의 정의는 두 개의 서로 독립적인 χ^2변수를 각각의 자유도로 나눈 값들의 비

$$F_{(\nu_1, \nu_2)} = \frac{s_1^2}{s_2^2} \qquad (6.13)$$

따라서 F분포 역시 항상 양의 값을 가지게 되며 χ^2분포와 흡사하게 오른쪽으로 경사진 형태를 취한다.

반면 χ^2분포는 자유도와 표본의 크기에 따라 분포가 오른쪽으로 이동하며(평균이 ν, 2ν이므로) 점차 좌우대칭적으로 확산되어 가지만, F분포는 두 표본과 관련되어 있어 두 표본의 크기, 나아가서는 두 개의 자유도에 따라 그 형태가 달라진다. 즉, F분포는 두 개의 자유도를 특성치로 하는 확률분포가 된다. 따라서 F분포의 확률밀도함수는 물론 그 평균과 분산 또한 두 개의 자유도에 의해 표현될 것이나 그 사용의 기회가 기초통계학에서는 별로 없어 이 책에서는 소개하지 않았다.[1)]

위의 F분포의 정의식 (6.13)을 잠시 살펴보면 F분포의 용도를 쉽게 간파할 수 있다. 즉, F분포가 두 표본분산의 비율과 같아지므로 우리는 이를 이용하여 두 표본이 동일한 정규모집단으로부터 추출되었는지를 결정하거나 표본이 서로 다른 두 개의 정규모집단에서 추출되었을 때 두 모집단의 분산이 동일한 것으로 볼 수 있는지의 여부를 판정하는 데 F분포를 사용할 수 있는 것이다. 예컨대, 두 모집단에서 별도로 추출된 표본들의 분산을 각각 s_1^2과 s_2^2이라 하자. $\frac{s_1^2}{s_2^2}$의 값이 1과 거의 같다면 두 모집단의 분산이 동일하다는(즉, $\sigma_1^2 = \sigma_2^2$) 결론을 얻을 수 있고, 반면 $\frac{s_1^2}{s_2^2}$의 값이 1보다 크거나 훨씬 작다면 $\sigma_1^2 = \sigma_2^2$이란 확신은 점차 사라지게 되는 것이다.

F분포 사용의 이해를 돕기 위해 다음과 같은 경우를 고려하여 보자. 두 개의 정규모집단에서 각각 한 개씩의 표본을 추출하였다 하자. 첫 번째 표본의 크기가 $n_1 = 11$이고, 두 번째 표본의 크기가 $n_2 = 16$이라면 우리가 이용할 F분포는 $\nu_1 = 11 - 1 = 10$, $\nu_2 = 16 - 1 = 15$인 경우가 될 것이다. 여기서 $s_1^2 = 254$, 그리고 $s_2^2 = 100$이라면 두 표본이 같은 분산을 갖는 모집단에서 추출되었을

율로 정의된다. 즉,

$$F = \frac{\chi^2/\nu_1}{\chi^2/\nu_2} = \frac{\dfrac{(n_1-1)s_1^2}{\sigma_1^2} \Big/ n_1 - 1}{\dfrac{(n_2-1)s_2^2}{\sigma_2^2} \Big/ n_2 - 1} \qquad \left(\begin{array}{l}\text{단, } n_1\text{은 첫째 표본의 크기} \\ \quad\; n_2\text{는 둘째 표본의 크기}\end{array}\right)$$

이 때 만일 $\sigma_1^2 = \sigma_2^2$라면 위의 식은 $F = s_1^2/s_2^2$이 되어 위의 식 (6.13)과 같아지는 것이다. 따라서 식 (6.13)은 항상 두 모집단의 분산이 같거나 또는 동일모집단에서 두 개의 표본이 추출된 경우에 성립하는 것임을 명심해야 한다.

1) 자세한 내용은 Mood and Graybill, *op. cit.*, 3rd ed. (1974), pp. 246~249를 참조.

그림 6-6 F분포($\nu_1=10$, $\nu_2=15$)

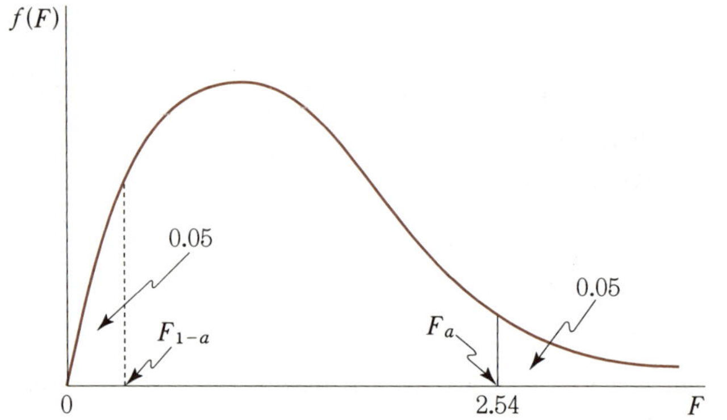

가능성을 F분포를 이용해서 확인할 수 있다.

부표(Ⅰ-a)에 나와 있는 F분포표를 보면 $\nu_1=10$, $\nu_2=15$의 경우 $P(F \leq 2.54)=0.95$로 나와 있다. 이것은 두 표본이 동일한 분산을 갖는 정규모집단에서 추출되었더라도 두 표본의 분산비율이 1과는 상당히 달라 2.54까지 될 수 있는 확률은 0.95라는 것이다. 비록 동일한 분산을 갖는 모집단들에서 추출되더라도 표본의 크기가 상대적으로 작으면 표본분산들의 값이 상당히 달라질 수 있는 가능성이 크다는 것을 의미한다.

여기서 F분포표에 관해 다소의 보충설명을 할 필요가 있을 것 같다. 정규분포의 경우에는 모든 정규분포를 표준화한 표준정규분포 Z의 누적확률표를 이용할 수 있으므로 소수점 두 자리에 이르는 모든 Z값에 대하여 누적확률을 표로 제시할 수 있었다. 그러나 t분포나 χ^2분포의 경우에는 이들 분포가 표본의 크기에 따라 그 모양이 달라지므로 주요 누적확률(0.9, 0.95, 0.99 등)값을 갖는 t나 χ^2값을 자유도별로 제시하였다. 그런데 F분포는 두 개의 표본크기에 따라 형태를 달리하고 있어 누적확률까지 동시에 고려하자면 3차원적인 표가 필요해진다. 이를 평면상에 제시하기란 물론 불가능하다. 따라서 F분포의 경우에는 누적확률이 0.95, 0.975, 0.99 그리고 0.995가 되는 F값을, 두 개의 자유도 값을 달리해 가면서 제시하게 된 것이다. 부표 Ⅰ-a는 누적확률이 0.95가 되는 F값, 부표 I-b는 누적확률이 0.975가 되는 F값, 부표 I-c는 누적확률이 0.99가 되는 F값, 그리고 부표 Ⅰ-d는 누적확률이 0.995가 되는 F값을 각각 나타내고 있다.

F분포표를 사용함에 있어 한 가지 주의할 점이 있다. 부표 Ⅰ에서 볼 수

있듯이 모든 F값은 1보다 큰 경우만을 보여 주고 있다. 이는 편의상 s_1^2이 s_2^2보다 크다는 가정 아래 작성된 것이다. 따라서 두 개의 표본 중 큰 분산을 갖는 표본을 제1표본이라 보고 그 표본의 크기를 n_1, 따라서 $\nu_1 = n_1 - 1$이 되도록 한 뒤에 표를 사용해야 한다.

주의깊은 독자들은 이와 같은 제안에 다소 의문을 가질 수 있다. 사실 $s_1^2 < s_2^2$이 되도록 F값을 계산하면 F값은 분명히 1보다 작아지는데, 이런 경우엔 F값을 찾아낼 방법이 없다. 그러나 걱정할 필요는 없다. 왜냐하면, 부표에 제시된 표만 가지고도 이런 경우의 F값의 계산이 가능하기 때문이다.[1)]

$$F_{\nu_1, \nu_2, 1-\alpha} = \frac{1}{F_{\nu_2, \nu_1, \alpha}} \tag{6.14}$$

위의 식은 F값들이 F_α보다 클 확률을 α, 그리고 F값들이 $F_{1-\alpha}$보다 클 확률을 $1-\alpha$와 같도록 F_α와 $F_{1-\alpha}$를 정의할 경우(그림 6-6 참조), 즉

$$\begin{cases} P(F > F_\alpha) = \alpha \\ P(F > F_{1-\alpha}) = 1-\alpha \end{cases} \quad \text{또는} \quad \begin{cases} P(F < F_\alpha) = 1-\alpha \\ P(F < F_{1-\alpha}) = 1-(1-\alpha) = \alpha \end{cases}$$

가 성립하도록 F_α와 $F_{1-\alpha}$를 표기할 때 $F_{1-\alpha}$는 F_α의 역수를 취하되 자유도의 순서를 바꿔 읽은 F값을 취하면 된다는 것을 의미한다.

예컨대, $\alpha = 0.05$일 때 $F_{10, 15, \alpha} = 2.54$라면, $F_{10, 15, 1-\alpha} = \frac{1}{F_{15, 10, \alpha}} = \frac{1}{2.85}$이 된다. 이 때 누적확률은 각각 다음과 같아짐을 유의하기 바란다.

$$P(F \leq F_{10, 15, \alpha} = 2.54 \mid \nu_1 = 10, \nu_2 = 15) = 1 - \alpha = 0.95$$

$$P\left(F \leq F_{10, 15, 1-\alpha} = \frac{1}{2.85} \,\middle|\, \nu_1 = 10, \nu_2 = 15\right) = \alpha = 0.05$$

이상에서 ν_1은 $F = \frac{s_1^2}{s_2^2}$의 분자에 속하는 표본의 자유도, 그리고 ν_2는 분모에 해당하는 표본의 자유도를 각각 나타내며, 그 순서가 바뀌어, 즉 값이 작은 표본분산이 분자로 가고 값이 큰 표본분산이 분모로 가서 F값이 1보다 작아질 경우에는 각 표본의 자유도로 표를 이용하되 순서를 바꾸어야 할 것임은 당연하다. 이와 같은 계산의 응용은 제7장과 8장에서 다루어질 것인바 여기서는 이 정도 설명으로 그친다.

---

1) F_α 및 $F_{1-\alpha}$를 정의하는 방법은 저자에 따라 달라지는 경향이 있어 독자들의 혼란을 초래할 가능성이 크다. 본서에서는 제7장 및 8장에서 사용할 F분포 및 기타 분포의 F첨자표기법과 일관성을 유지하고자 위와 같이 정의하였다.

3. 표본비율($\hat{p}$)의 확률분포

표본평균 및 분산 외에 자주 사용되는 표본통계량으로 표본비율이 있다. 표본비율에 대해서도 이미 본장 제2질에서 그 평균과 분산은 이미 확인한 바 있다. 즉,

$$E[\hat{p}]=p$$

$$\mathrm{Var}(\hat{p})=\frac{pq}{n} \text{ 또는 } \frac{pq}{n}\cdot\frac{N-n}{N-1} \qquad (6.9)'$$

표본비율은 평균(μ)과 분산(σ^2)을 모수로 특징지어지는 분포와는 달리 모집단이 이항분포라는 이산확률분포를 따를 때 이용된다. 이항분포는 이미 여러 번 설명한 바 있듯이 오직 두 가지 결과만을 가져오는 실험이 반복시행된 결과를 나타내는 것으로, 시행횟수(또는 표본크기) n과 두 결과 중 한 결과가 매 시행에서 나올 확률 p라는 두 개의 모수에 의해 특징지어진다. 편의상 p를 매 시행단계에서의 성공률 또는 합격품과 불합격품이 섞인 모집단에서의 불합격품비율 등으로 정의하고, 이 모집단에서 n번 시행 또는 추출한 표본 중 성공횟수 또는 불합격품의 수를 X개라 하면 $\frac{X}{n}$는 표본성공률 또는 표본불합격품비율 등을 나타내는 표본비율이 된다.

한편, X가 원래 이항분포를 따르는 확률변수였고 이항분포는 $n\to\infty$에 따라 정규분포화되기 때문에 X의 일차함수인 $\frac{X}{n}=\hat{p}$ 또한 표본크기가 커짐에 따라 정규분포에 가까워진다는 사실은 전술한 바와 같다. 따라서 n이 ∞에 접근함에 따라 $\hat{p}$는 평균이 p, 분산이 pq/n인 정규분포에 가까워진다. 즉, $\hat{p}=\frac{X}{n}\sim N\left(p, \frac{pq}{n}\right)$라 정리할 수 있다. 환언하면 이항분포를 따르는 모집단으로부터 추출된 표본의 비율이란 통계량은 표본크기가 30 이상일 때 정규분포에 접근하게 된다는 것이다. 따라서 이와 관련된 확률계산은 표본비율을 표준화한 표준정규변수 Z의 확률분포를 이용하게 됨은 당연하다.

$$Z=\frac{\hat{p}-E[\hat{p}]}{\sqrt{\mathrm{Var}(\hat{p})}}=\frac{\hat{p}-p}{\sqrt{\frac{pq}{n}}}\sim N(0, 1) \qquad (6.15)$$

그러면 표본비율과 관련된 문제 하나를 살펴보자. 어느 제약회사가 제품 중 약 10%는 유통과정에서 변질 또는 오염 및 파괴되어 당초 명시된 약효를

발휘할 수 없다고 한다. 이를 확인하기 위해 약방에 있는 해당 약품을 무작위로 100개 추출하여 실험하였다고 하자. 이 때 이 중에서 20개 이상이 불량품일 가능성은 얼마인가?

$$\begin{aligned} P(X \geq 20) &= P(\hat{p} \geq 0.2) \quad \left(\because\ P\left(\frac{X}{n} = \hat{p} \geq \frac{20}{100}\right)\right) \\ &= P\left(\frac{\hat{p}-p}{\sqrt{\frac{pq}{n}}} = Z \geq \frac{0.2-p}{\sqrt{\frac{pq}{n}}}\right) \\ &= P\left(Z \geq \frac{0.2-0.1}{\sqrt{\frac{0.1 \times 0.9}{100}}}\right) \\ &= P\left(Z \geq \frac{0.1}{0.03} = 3.333\right) \\ &= 1 - P(Z < 3.333) \\ &= 1 - \Phi(3.333) \end{aligned}$$

이 값을 부표 D에서 찾으면,

$$P(X \geq 20) = 1 - 0.9996 = 0.0004$$

가 된다. 이 결과는 전체 모집단의 10%만이 불량품일 때 실제로 표본 100개 중 20개 이상이 불량품으로 발견될 가능성이 0.0004로 아주 희박하다는 것을 의미한다.[1] 이러한 결론은 실제 표본 중 20% 이상이 불량품으로 확인되는 경우 모집단의 불량품비율이 10%에 불과하다는 사실은 신뢰하기에 곤란하다는 의미를 아울러 갖고 있음을 주지해 두기 바란다. 이와 같은 논리가 다음 장에서 활용되기 때문이다.

제 4 절 요 약

본장은 주요 표본추출방법을 소개하고 이들 방법에 근거하여 추출된 표본정보를 종합적으로 표현한 이른바 표본통계량(예컨대, 표본의 평균 및 표본의 분산)의 특징을 파악하는 과정을 별도 기준에 의거 제시한 것이다.

---

1) 이 문제는 정규분포에 의한 이항분포의 근사치계산법(공식 (5.25))에 의거하여 해결될 수도 있으며 그 경우의 확률은 0.008로 산정될 것이다.

표 6-3 표본통계량의 평균과 분산 및 표본분포

표본통계량	평 균	분 산	상황 및 여건	활용될 표본분포
$\bar{X}$	μ	$\frac{\sigma^2}{n}$ (단, 유한모집단에서 비복원추출된 경우에는 조정계수 $\frac{N-n}{N-1}$을 곱함)	σ^2 알 때	$Z=\frac{\bar{X}-\mu}{\sigma/\sqrt{n}}$
			σ^2 모르고 표본규모(n)가 작을 때	$t=\frac{\bar{X}-\mu}{s/\sqrt{n}}$
			σ^2 모르나 $n\geq 30$ 일 때	$Z=\frac{\bar{X}-\mu}{s/\sqrt{n}}$
s^2	σ^2	$\frac{2\sigma^4}{\nu}$	정규모집단 단일표본	$\chi_\nu^2=\frac{(n-1)s^2}{\sigma^2}$
$\frac{s_1^2}{s_2^2}$	–	–	정규모집단 복수표본	$F_{\nu_1,\ \nu_2}=\frac{s_1^2}{s_2^2}$
$\hat{p}$	p	$\frac{pq}{n}$	$n\geq 30$	$Z=\frac{\hat{p}-p}{\sqrt{pq/n}}$

표본통계량의 특징은 그 평균 및 분산 그리고 표본통계량이 따르는 확률분포를 도출 또는 확인함으로써 밝혀질 수 있다. 대표적 표본통계량은 표본의 평균($\bar{X}$)과 분산(s^2), 그리고 표본의 비율($\hat{p}$)을 들 수 있으며, 이들의 특징은 표 6-3과 같이 파악되었다.

표 6-3에 정리된 바와 같이 표본의 평균은 그 값을 표준화시켰을 때 결국 모분산(σ^2)이 알려진 상황에서는 표준정규분포(Z), 그리고 모분산(σ^2)이 알려지지 않은 상황에서는 t분포를 따르게 되며, 후자의 경우 표본크기(n)가 30을 상회하면 Z분포에 의해 어림셈이 가능해짐을 알 수 있다.

한편, 표본분산의 경우에는 표본수에 따라 χ^2분포 및 F분포와 간접적으로 연관시킴으로써 그 특징을 파악할 수 있으며, 표본비율의 경우에는 표본크기(n)가 30을 넘을 때 한해서 정규분포에 의한 일종의 어림셈 과정을 통하여 분포적 특징을 묘사하게 된다.

이상과 같은 각종 표본통계량의 확률분포에 관한 지식은 다음에서 소개할 추측통계분석의 기초를 제공하게 된다.

복습문제

[1] 다음 용어들의 개념을 비교·설명하라.

1) 무작위추출법과 체계적 추출법
2) 군집추출법과 계층별추출법
3) 확률적 표본추출과 비확률적 표본추출
4) 표본추출오차(sampling errors)와 비표본추출오차(nonsampling errors)
5) 주기적 편의와 지역적 편의
6) 할당추출법과 편선추출법
7) 표본규모와 자유도
8) 중심극한정리
9) 유한모집단조정계수
10) 평균의 표준오차

[2] 어느 사격선수가 매 사격시 4점, 3점, 2점, 1점 또는 0점을 기록할 확률이 1/10, 3/10, 3/10, 2/10 및 1/10이라 하자.

1) 매 사격시 얻는 점수를 확률변수 X로 정의하면 $E[X]$와 $V(X)$는?
2) 총 100회 기록사격한 점수 중 5개를 무작위추출하였을 때 평균점수를 $\bar{X}$라 하면 $E[\bar{X}]$와 $V(\bar{X})$는?
3) 문항 2)에서 5개를 추출하되 복원을 가정한다면 $E[\bar{X}]$와 $V(\bar{X})$는 어떻게 달라질까?

[3] $X \sim N(10, 25)$ 경우 다음 확률을 구하라.

1) $P(7.5 < X < 12.5)$
2) 이 모집단에서 25개를 임의추출하여 구성한 표본의 평균이 7.5와 12.5 사이에 존재할 확률은?

[4] 성인 피그미족의 신장은 평균 1m, 표준편차 10cm의 정규분포를 따른다고 하자. 100명의 피그미족을 임의추출하였을 때 평균신장을 $\bar{X}$라 하면, 다음의 값은 어떻게 되나?

1) $P(\bar{X} \geq 1.02\text{m})$
2) $P(\bar{X} < 0.99\text{m})$
3) $P(0.95\text{m} < \bar{X} < 1.05\text{m})$
4) 이상의 문제들을 SAS를 이용하여 답해 보아라.

[5] 고졸 여자취업자의 초임은 평균 139만 원인 정규분포를 따른다 하자(단, 모분산은 미상). 이들 중 5명을 무작위로 선정하여 그들의 초임을 알아본즉 140.4, 139.6, 138.0, 136.7 및 137.8만 원이었다면

1) 이 표본의 평균과 분산은?

2) 이처럼 임의추출된 5명의 평균초임이 137.9만 원보다는 클 확률은?

3) 이상의 문제들을 SAS를 이용하여 답해 보아라.

[6] 다음 두 상황에서 $P(t>t_\alpha)=\alpha$를 만족시키는 t_α값을 찾아라(부표 H와 SAS를 동시에 이용하여 결과를 비교할 것).

1) $\alpha=0.05$, 자유도$=10$

2) $\alpha=0.01$, 자유도$=20$

[7] 분산이 8.25인 정규모집단에서 3개를 임의추출하여 표본을 삼을 때

1) $\dfrac{(n-1)s^2}{\sigma^2}$값이 5.99보다 클 확률은?

2) s^2이 $\sigma^2(=8.25)$보다 3배 이상 될 확률은?

3) 이상의 문제들을 SAS를 이용하여 답해 보아라.

[8] 다음 상황에서, $P(F>F_\alpha)$를 만족시키는 F_α값을 찾아라.

1) $\alpha=0.01$, 자유도(20, 30)

2) $\alpha=0.05$, 자유도(40, 10)

3) 이상의 문제들을 SAS를 이용하여 답해 보아라.

연습문제

[1] 시외전화 통화기록 중 121건을 임의추출하여 그 평균과 표준편차를 계산한즉 5분과 45초로 밝혀졌다.

1) 만일, 실제 모집단의 평균이 $\mu=4\frac{5}{6}$분이라면 $P(\bar{X}\geq 5)$는?

2) 1)번 항의 답을 구하기 위해 모집단의 분포 형태를 알아야 하나? 이에 대해 답하고 그 이유를 밝혀라.

[2] 한국 성인남자의 평균신발길이는 20cm이고 표준편차는 2cm라 한다. 한국 성인남자 중 몇 %가 25cm 이상의 신을 신을까? 그리고 모집단이 정규분포를 따른다면 무작위추출된 16인의 성인남자 표본이 갖는 평균이 25cm 이상일 확률은?

[3] C회사는 자기 회사에서 만든 면도날이 평균적으로 최소한 30회는 쓸 수 있다고 광고하고 있다. 이 회사 제품을 사용하는 사람 5명을 무작위추출하여 조사해 본즉 각각 24회, 32회, 16회, 20회 및 24회 사용이 가능했다고

한다.

1) 이 표본의 평균과 분산을 구하라.

2) 이 표본정보에 의하면, C회사의 주장을 어떻게 평가할 수 있을까(제8장 검정 참조)?

[4] L회사가 생산한 라면의 월간매상고는 평균 100,000개, 그리고 표준편차 10,000개인 정규분포 형태를 이룬다고 한다.

1) 특정 월간매상고가 120,000개 이상이 될 확률은?

2) 특정 월간매상고가 적어도 몇 개 이상일 확률이 99%라고 볼 수 있는가?

[5] 두 정규모집단에서 각각 1개씩 표본을 뽑아 그 분산을 계산한즉 $s_1^2=30$, $s_2^2=15$이라 한다. $n_1=36$, $n_2=25$이고 두 모집단의 분산이 동일하다면 두 표본분산의 값이 위와 같은 차이 이상으로 나타날 확률은?

[6] 표본분산의 분산이 다음과 같아짐을 증명하라(식 (6.7) 참조).

$$\text{Var}(s^2)=2\sigma^4/\nu \qquad (\text{단, } \nu\text{는 자유도})$$

[7] S회사가 수출한 전자제품 중 약 10%가 클레임(claim)을 당하여 반송되고 있다고 하자. 과연 전 제품 중 10% 정도가 불합격품인지 여부를 확인하고자 수출할 상품 중 100개를 임의추출하여 조사할 때 이 중 불량품이 10개 이하로 나타날 확률은?

복습문제 해답

[1] (생략)

[2] 1) $E[X]=2.1 \quad V(X)=1.29$

2) $E[\bar{X}]=2.1 \quad V(\bar{X})=\dfrac{1.29}{5}\cdot\dfrac{95}{99}=0.2476$

3) $E[\bar{X}]=2.1 \quad V(\bar{X})=\dfrac{1.29}{5}=0.258$

[3] 1) 0.383 2) 0.9876

[4] 1) 0.0228 2) 0.1587 3) 1 4) (생략)

[5] 1) $\bar{X}=138.5$(만 원), $s^2=2.2$(만 원) 2) 0.9~0.95 3) (생략)

[6] 1) $t_{0.05,\ 10}=1.812$ 2) $t_{0.01,\ 20}=2.528$

[7] 1) $P\left(\frac{(n-1)s^2}{\sigma^2}>5.99\right)=P(\chi_2^2>5.99)=0.05$

2) $P\left(\frac{s^2}{\sigma^2}\geq 3\right)=P\left(\frac{\nu s^2}{\sigma^2}\geq 2\times 3\right)=P(\chi^2\geq 6)\fallingdotseq 0.05$

3) (생략)

[8] 1) 2.55　　2) 2.66　　3) (생략)

연습문제 해답

[1] 1) 0.0073

2) 몰라도 상관없음. (∵ 중심극한정리를 적용할 수 있으므로)

[2] 1) 0.62%　　2) 0

[3] 1) $\bar{X}=23.2$(회)　　$s^2=35.2$(회)

2) 주장의 내용을 귀무가설 H_0 : $\mu\geq 30$ 이라 표현하고 검정하면 $t=\frac{\bar{X}-\mu_0}{s/\sqrt{n}}=\frac{23.2-30}{\sqrt{35.2}/\sqrt{5}}=-2.563$ 인 반면 $-t_{0.05,\ 4}=-2.132$ 이고 $-t_{0.025,\ 4}=-2.776$ 이므로, $\mu\geq 30$ 이란 주장이 맞을 가능성은 5% 이하에 불과하다.

[4] 1) 0.0228　　2) 약 76,750

[5] $P\left(\frac{s_1^2}{s_2^2}>\frac{30}{15}=2\right)=P(F_{35,\ 24}>2)$

이 때 $P(F_{35,\ 24}>2.535)=0.01$, $P(F_{35,\ 24}>1.915)=0.05$ 이므로,

∴ $0.05>P(F_{35,\ 24}>2)>0.01$

(참고 : 부표 I에는 $\nu_1=35$ 인 경우가 없으므로 보간법을 사용할 수도 있으나 이 경우는 P.C.를 이용하여 산출한 위의 분석 결과와는 다소 상이해질 것임.)

[6] (생략)

[7] 이항분포확률(부표 B)을 이용하면 0.5832 이고 정규분포에 의한 표준비율분포의 어림셈공식(공식 (6.15))을 이용할 경우에는 0.5, 그리고 정규분포에 의한 이항분포의 근사치계산법(공식 (5.25))을 이용할 경우에는 0.5663 이 된다.

3
추측통계 I : 일변량분석

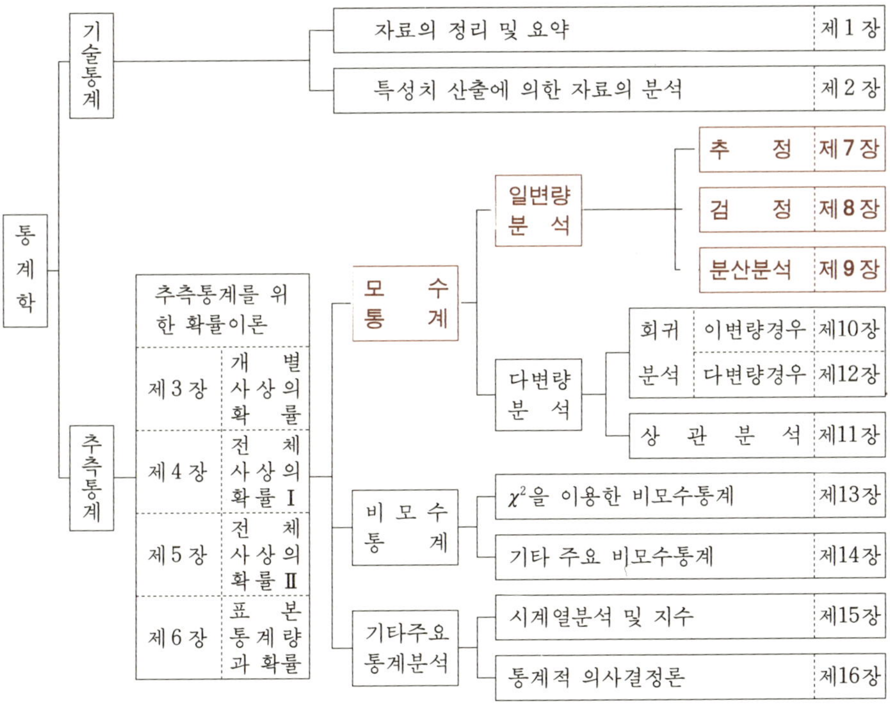

제1편에서 우리는 기술통계학에 관한 내용을 다루었고, 제2편에서는 추측통계학의 기초가 되는 제반 확률이론을 다루어 왔다. 제3편은 제2편의 내용을 토대로 본격적인 추측통계학의 내용을 담게 된다.

통계적 추론은 크게 보아 두 가지로 나누어지는데, 그 하나는 모집단의 특성치인 모수를 표본의 특성치인 표본통계량을 근거로 하여 추정하는 것이다. 다른 하나는 통계적 검정으로 모집단의 모수에 대한 가설을 평가하는 단계 또는 가정된 모수값의 유효성 내지 신뢰성을 검사하는 과정이라 할 수 있다. 단, 추정이건 검정이건 간에 우리는 추측통계이론을 우선 하나 내지 두 개의 표본을 이용할 경우에 한하여 제7장과 8장에 제시하였다. 한편 3개 이상의 표본을 가지고 3개 이상의 모집단과 관련된 가설을 검정하게 되는 이른바 분산분석은 제9장에서 취급하였다.

그런데 제3편이 전통적인 의미의 추측통계이론을 기초적인 수준에서나마 총괄하여 제시하는 것이라 볼 수는 있으나 엄밀한 의미에서 보면 제4편 또한 근대적 의미의 추측통계이론에 속하는 것이어서 본편을 추측통계Ⅰ, 그리고 다음 편을 추측통계Ⅱ라고 제목을 붙였다. 이 두 편의 차이점에 대해서는 다음 편의 도입부에서 자세히 설명하기로 하고, 본편의 주요 내용만을 간단히 도표화해 보면 다음과 같다.

그림 3 추측통계Ⅰ 일변수분석

- 추측통계 Ⅰ (일변량분석)
  - 추정
    - 1표본인 경우
    - 2표본인 경우
  - 검정
    - 1표본인 경우
    - 2표본인 경우
  - 분산분석 — 3표본 이상 경우의 검정

제 7 장 통계적 추론 I : 추정

일반적으로 모집단의 규모란 방대한 것이어서 이들을 구성하는 요소 전부를 관측한다는 것은 시간이나 경비문제상 어려움이 많다. 따라서 모집단의 특성을 나타내는 모수의 값을 직접 계산하기 힘들며, 이러한 이유로 우리는 모집단으로부터 적절한 과정을 통해 추출한 표본을 대신 관찰함으로써 모수값을 추리하게 된다. 즉, 표본의 특성치인 표본평균($\bar{X}$), 표본분산(s^2) 또는 표본비율($\hat{p}$)과 같은 표본통계량의 값을 구하여 모평균(μ)·모분산(σ^2) 및 모비율(p)의 값을 추론하게 되는데 이 과정을 추정이라 한다.

표본이란 모집단의 일부에 불과하며, 따라서 모집단의 특성을 정확하게 나타내 주기엔 불완전한 정보를 제공할 수밖에 없다. 즉, 표본통계량에 의해 추정된 모수들의 추정치는 불확실성을 내포하고 있으며(귀납적 결론을 맺는 추측통계학의 모든 결론은 불확실함), 이 불확실성의 정도를 파악하기 위해 전장에서 배운 표본분포이론을 이용하게 된다.

이상과 같은 추정문제를 효과적으로 정리하고자 본장은, 첫째로 바람직한 추정량이 되기 위한 기준을 제시하고, 두 번째로 이와 같이 바람직한 조건을 구비한 추정량을 도출하는 방법에 대하여 논의한 다음, 마지막으로 모수에 대한 실질적인 추정방안에 대하여 살펴보기로 한다.

다음 그림은 본장의 내용을 개략적으로 정리한 분류표이다.

그림 Ⅷ 추정의 주요 내용

- 추정
  - 바람직한 추정량의 기준
    - 불편성
    - 효율성
    - 충족성
    - 일관성
  - 바람직한 추정량의 도출
    - 최우법(MLE)
    - 최소자승법
    - 기타방법
  - 추정방법
    - 점추정
    - 구간추정
      - 단일표본의 경우
        - 모평균의 추정
        - 모분산의 추정
        - 모비율의 추정
        - 표본규모와 최대허용 오차간의 관계
      - 두 표본의 경우
        - 평균의 차에 대한 추정
        - 비율의 차에 대한 추정

본문을 전개하기에 앞서 몇 가지 주요한 개념을 명확히 하여 둘 필요가 있는 것 같아 언급하여 두기로 한다. 우선 모집단의 특성치인 모수(parameter)를 추정하는 데 사용되는 통계량(statistic), 예컨대 $\bar{X}$, $\hat{p}$, s^2 등을 우리는 추정량(estimator: 추정에 사용되는 통계량이란 뜻)이라 하고, 어느 한 표본에 포함된 정보를 이용하여 얻은 구체적인 추정량의 값을 추정치(estimate: 추정된 값, 모수값으로 추정한 통계량의 값이란 뜻)라고 한다.

한편, 추정치를 표시함에 있어 단일치(single value)를 사용할 경우도 있고, 구간치(range of value)를 사용할 경우도 있는데, 전자를 점추정치(point estimate), 그리고 후자를 구간추정치(interval estimate)라고 한다.

제 1 절 바람직한 추정량의 기준

모수를 추정하는 통계량을 선택함에 있어 어떤 통계량이 추정에 있어 가장 바람직한지를 판별하는 기준을 고려해 볼 필요가 있다. 즉, 어떤 조건이 만족되는 통계량이라야 바람직한 추정량이 될 것인지, 또는 좋은 추정량이 지녀야 할 특성들이란 어떠한 것인지를 확인하고자 하는 것이다. 이러한 특성들로 제시되고 있는 것은 대략 일곱 가지 정도가 있으나 여기서는 이들 중 네 가지를 중심으로 정리하고자 한다. 다음에 제시될 특성들은 추정량으로서의 정당성은 물론 의사결정과정에서 불확실성으로 인한 제 비용을 극소화시키는 조건으로서도 이해될 수 있다.

설명의 간편화를 위해 이후 논의에 있어 모든 종류의 모수를 θ로 표시하고, 이에 대한 추정량은 $\hat{\theta}$로 총괄하여 나타내기로 한다. 예컨대, θ가 μ를 나타낸다면 $\hat{\theta}$는 $\bar{X}$가 될 것이다. 물론 통계량이란 평균·분산 및 비율 이외에도 중위수·최빈치·범위 등이 될 수도 있는 것이나, 본절을 읽고 나면 알 수 있듯이 특정 목적을 위해서는 이 책에 소개되는 통계량들(표본평균·분산 및 비율)은 최적추정량으로 선별된 것들이다. 따라서 다른 종류의 추정량에 대하여 언급하거나 이 책에 소개된 추정량들이 다른 종류들보다 우수하다는 예시나 증명을 구체적으로 다루는 일은 생략할 것이다.

1. 불편성(unbiasedness)

좋은 추정량이라고 판정할 수 있는 첫번째 기준은 추정량의 값이 평균적으로 실제 모수값에 얼마나 접근할 수 있는가 하는 평가가 문제가 된다. 즉, 추정량($\hat{\theta}$)의 기대치($E[\hat{\theta}]$)가 모수(θ)의 값과 일치하거나 거의 동일한 값을 갖는다는 것은 바람직한 일일 것이다. $\hat{\theta}$의 기대치가 θ와 같지 않을 때 추정량 $\hat{\theta}$은 편의성(bias)을 갖는다고 하고 이 편의의 크기는 실제 모수값과 편의된 추정량의 평균치와의 차이인 ($E[\hat{\theta}]-\theta$)로 정의된다. 이상적인 상황은 이 편의값이 0이 되는 경우일 것이며, 이 경우의 추정량을 불편추정량이라고 부른다. 불편성을 정의하면 다음과 같다.

그림 7-1 추정량의 편의성

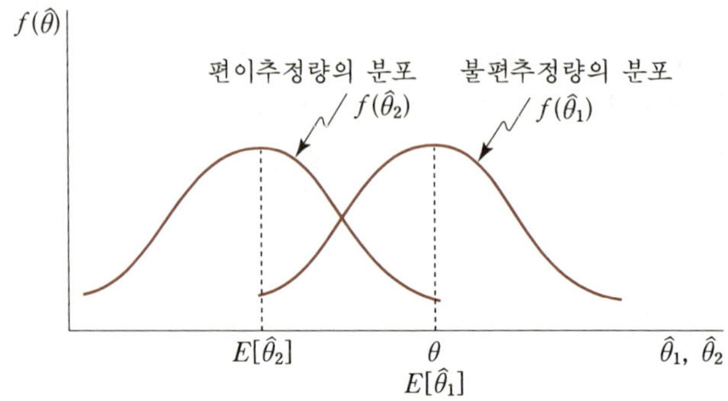

[불 편 성]

추정량은 그 기대치가 추정할 모수값과 일치할 때, 즉 $E[\hat{\theta}]=\theta$일 때 불편이라 한다. (7.1)

불편성을 그림을 이용하여 나타내면 그림 7-1과 같다. 그림에서 첫번째 추정량 $\hat{\theta}_1$의 평균은 모수값 θ와 일치하므로 불편추정량이라고 할 수 있으나, 두 번째 추정량 $\hat{\theta}_2$은 그 평균이 모수값과 다르므로 편의추정량이 되며 이 때 편의는 $(E[\hat{\theta}_2]-\theta)$의 절대치만큼 된다.

그러면 우리의 관심사인 모평균과 모분산 그리고 모비율에 대한 추정량으로 사용될 표본통계량들이 과연 이 기준에 합당한 것인가를 확인해 보자.

1.1 표본평균

모집단의 평균을 추정함에 있어 편의된 추정량의 예는 얼마든지 있다. 예컨대, 표본관측치 중 가장 큰 수치나 작은 수치를 택하여 추정량으로 삼는다면 추정치가 모평균값보다 크거나 작게 나오게 될 것이다. 그러나 표본평균을 추정량으로 삼을 경우 제6장에서 살펴본 바와 같이 $E[\bar{X}]=\mu_X$이므로 $\bar{X}$가 μ의 불편추정량이 됨을 알 수 있다. 즉, $\theta=\mu$라고 보고 $\hat{\theta}=\bar{X}$라 놓으면, $E[\hat{\theta}]=\theta$가 되므로 편의는 $(E[\hat{\theta}]-\theta)=0$이 되어 $\hat{\theta}$인 $\bar{X}$는 불편추정량이 된다.

1.2 표본분산

제6장에서 표본분산의 분포를 설명하는 과정에서 표본분산 s^2의 기대치가 σ^2이 됨을 밝힌 바 있다. 따라서 모분산의 추정량은 여러 형태가 있으나, 그

중 $s^2=\frac{1}{n-1}\sum(X_i-\bar{X})^2 f_i$로 정의된 표본분산은 불편추정량임을 알 수가 있다. 단, 여기서 한 가지 유의할 점은 s^2이 σ^2의 불편추정량이라 해도 s는 σ의 불편추정량이 아니라는 사실이다. 즉, $E[s]\fallingdotseq\sigma$가 된다.[1)]

일반적으로 s는 실제 모집단의 표준편차값을 과소평가하는 경향이 있다. 이처럼 s가 σ를 과소평가하는 경향 때문에 $\frac{\bar{X}-\mu}{s/\sqrt{n}}$는 $\frac{\bar{X}-\mu}{\sigma/\sqrt{n}}$를 과대평가하게 되고, 따라서 t는 Z보다 큰 표준오차를 갖게 된다.

[예 제]

모집단이 1, 2, 3 세 숫자로 구성되었을 때 이 중 2개를 복원추출하는 경우를 다시 고려해 보자(제6장 제2절 참조).

여기서 $\mu=E[X]=(1+2+3)/3=2$, 그리고 $\sigma^2=2/3$가 되며, $E[\bar{X}]=\cdots=2$, 그리고 $E[s^2]=\cdots=2/3$로서 $\bar{X}$와 s^2이 각각 μ와 σ^2의 불편추정량임을 알 수 있다. 그러나 $\sigma=\sqrt{2/3}=0.816$임에 반하여 $E[s]=0.629$로 σ를 과소평가하는 편의추정량이 된다. 이 때 편의는 $0.816-0.629=0.187$이다.

---

1) N개의 모집단에서 n개의 표본을 추출하는 표본수는 ${}_NC_n$(이하 편의상 m개라 함)이므로 이들 표본에서 계산된 표본분산들의 기대치는 $E[s^2]=\frac{s_1^2+\cdots+s_m^2}{m}$이고, 각각의 표본에서 계산된 표본표준편차들의 기대치는 $E[s]=\frac{s_1+\cdots+s_m}{m}$이다. 그런데 이미 제6장에서 밝힌 바 있듯이 $E[s^2]=\sigma^2$이므로 $\sigma=\sqrt{\frac{s_1^2+\cdots+s_m^2}{m}}$이라 할 수 있다. 이제 σ와 $E[s]$의 크기를 비교하기 위해 편의상 각각을 제곱한 값의 차이를 D라 정의한 다음(둘 다 양수이므로 제곱해서 크기를 비교해도 무방함), D의 부호를 살펴보기로 한다.

$$\begin{aligned}D&=E[s^2]-(E[s])^2\\&=\frac{s_1^2+\cdots+s_m^2}{m}-\frac{(s_1+\cdots+s_m)^2}{m^2}\\&=\frac{1}{m^2}\{m(s_1^2+\cdots+s_m^2)-(s_1+\cdots+s_m)^2\}\\&=\frac{1}{m^2}\{m(s_1^2+\cdots+s_m^2)-(s_1^2+\cdots+s_m^2+2s_1s_2+\cdots+2s_{m-1}s_m)\}\\&=\frac{1}{m^2}\{(m-1)(s_1^2+\cdots+s_m^2)-2(s_1s_2+s_1s_3+\cdots+s_{m-1}s_m)\}\\&=\frac{1}{m^2}\{(s_1-s_2)^2+(s_1-s_3)^2+\cdots+(s_{m-1}-s_m)^2\}\geq 0\end{aligned}$$

그러므로 $(E[s])^2$은 $E[s^2]=\sigma^2$보다 클 수 없으며 따라서 s의 기대치 $E[s]$는 $\sigma(=\sqrt{E[s^2]}=\sqrt{\sigma^2})$보다 일반적으로 작음을 알 수 있다. 독자의 이해를 돕고자 $m=3$이 되는 가상적인 경우를 통하여 위와 같은 관계가 성립함을 재확인해 보기로 하자.

$$\begin{aligned}D&=\frac{s_1^2+s_2^2+s_3^2}{3}-\frac{(s_1+s_2+s_3)^2}{3^2}\\&=\frac{1}{3^2}\{3(s_1^2+s_2^2+s_3^2)-(s_1+s_2+s_3)^2\}\\&=\frac{1}{3^2}\{3(s_1^2+s_2^2+s_3^2)-(s_1^2+s_2^2+s_3^2+2s_1s_2+2s_2s_3+2s_3s_1)\}\\&=\frac{1}{3^2}\{2(s_1^2+s_2^2+s_3^2)-2(s_1s_2+s_1s_3+s_2s_3)\}\\&=\frac{1}{3^2}\{(s_1-s_2)^2+(s_2-s_3)^2+(s_1-s_3)^2\}\geq 0\end{aligned}$$

그러나 비단 s가 σ의 불편추정량이 아니더라도 s^2이 σ^2의 불편추정량이므로 σ의 추정량으로 통상 사용되고 있다. 물론 s를 불편추정량화시키는 교정요소(correction factor)가 있으나, 이 요소는 모집단의 분포 형태에 따라서 달라지므로 일반화가 어려우며, 적용의 현실성 측면이나 수준문제를 고려하여 이 책에서는 소개하지 않았다. 단, 표본의 크기가 점차 커지면 s^2은 σ^2값에 가까워질 것이므로 s가 갖는 편의성도 점차 줄어들 수 있음을 기억해 둘 필요가 있다.

1.3 표본비율

이항분포의 모수인 모비율(p)의 추정량으로 사용될 표본비율도 불편성을 만족하는가? 역시 제6장에서 확인한 바 있듯이 $E[\hat{p}]=E\left[\frac{X}{n}\right]=\frac{1}{n}E[X]=\frac{1}{n}\cdot np=p$가 되므로 $\hat{p}$는 p의 불편추정량임을 알 수 있다.

이상과 같이 불편성이란 단지 추정량 $\hat{\theta}$의 평균이 θ와 같아지는 것을 요구할 뿐이므로 몇 가지 약점이 있음을 알 필요가 있다. 예컨대, 동전을 던지는 실험에서 앞면이 나오는 확률이 $p=1/2$일 때 실제로 400번 동전을 던져 앞면이 나올 횟수를 두 번 관측해 보니 각각 100번과 300번이었다고 하자. 그러면 추정치는 $\hat{p}=\frac{100}{400}=\frac{1}{4}$ 또는 $\hat{p}=\frac{300}{400}=\frac{3}{4}$이 되지만 $E[\hat{p}]=\frac{100}{400}\cdot\frac{1}{2}+\frac{300}{400}\cdot\frac{1}{2}=\frac{1}{2}$이므로 $\hat{p}$란 추정량은 여하튼 불편성을 가진 것으로 판정될 것이다. 여기서 $\hat{p}$는 편의성이 없는 것으로 일단 판정될 수 있겠으나 두 차례에 걸친 실제 추정치 $\hat{p}=\frac{1}{4}$, $\hat{p}=\frac{3}{4}$은 실제 모수값$\left(\frac{1}{2}\right)$과는 상당한 차이를 보이고 있어 불편추정량 $\hat{p}$가 바람직한 추정량이라고 인정하기에는 어딘가 석연치 않다는 인상을 주게 된다. 이러한 현상은 특히 추정량의 값, 즉 추정치가 모수값 부근에서 자주 관측될 가능성이 적을수록 심해진다. 이러한 점을 보완하기 위해 좋은 추정량이 갖추어야 할 속성으로 다음의 효율성을 제시하게 된다.

2. 효율성(efficiency)

2.1 효율성과 최소분산

앞서의 예에서 보았듯이 불편성이란 바람직한 추정량의 훌륭한 전제조건이 되는 것임에는 틀림없다. 그러나 불편성을 가진 추정량이라 할지라도 실제 추정량의 값, 즉 추정치는 모수의 값과 많은 차이를 보일 가능성이 있다. 이와 같은 오차가 가능한 한 덜 일어나는 추정치를 얻으려면 추정량의 관측치가 대

그림 7-2 불편추정량과 효율적 추정량

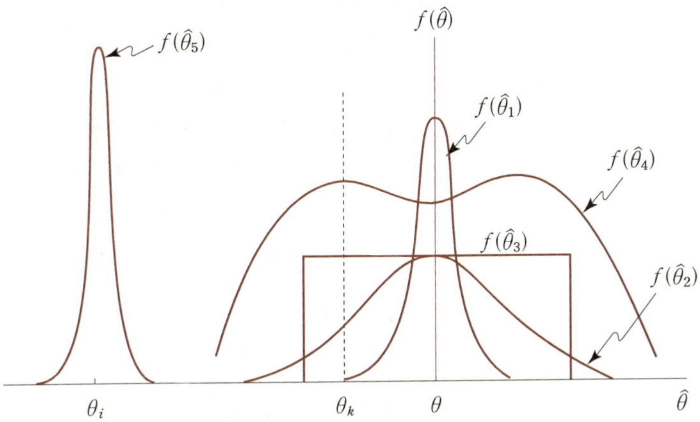

부분 모수값 근처에서 관측되어야 한다는 추가적인 조건을 필요로 하게 된다. 바꾸어 말하면, 추정량의 분포가 모수값 부근에 밀집되어 있도록, 즉 추정량의 분산이 작도록 제한을 가하는 것을 말한다.

그림 7-2에 소개된 추정량 4개를 보면 모두 그 평균이 모수 θ와 같으므로, 모두 불편성을 갖고 있다. 그러나 $f(\hat{\theta}_1)$에 비해 $f(\hat{\theta}_2)$은 모수 θ값과 상당한 차이가 있는, 예컨대 θ_k값이 추정치로 관측될 가능성이 크다. 이러한 가능성은 $f(\hat{\theta}_3)$와 $f(\hat{\theta}_4)$의 경우는 더욱 크다. 즉, 4개의 불편추정량 중에 $f(\hat{\theta}_1)$가 가장 분산이 작고, 따라서 추정량의 관측치인 추정치가 대부분 모수값 θ부근에서 관측될 확률이 크다. 이처럼 불편성을 갖는 추정량 중에 가장 작은 분산을 갖는 추정량을 효율적 추정량이라고 한다. 따라서 불편성이란 효율적 추정량이 되기 위한 하나의 전제조건이 되는 것이다.

[효 율 성]

불편성을 갖는 추정량 중에 가장 작은 분산을 갖는 추정량을 효율적 추정량이라 한다. (7.2)

예컨대, 그림 7-2에서 $\hat{\theta}_5$는 $\hat{\theta}_1$부터 $\hat{\theta}_4$까지의 모든 추정량보다 작은 분산을 가지며 θ_i값을 중심으로 밀집되어 있다. 그러나 이 추정량이 평균적으로 갖는 추정치 θ_i는 실제 모수값과는 큰 차이(오차)가 있기 때문에 바람직한 추정량으로 간주할 수가 없다. 따라서 불편성이 없는 효율적인 추정량이란 생각할 수 없는 것이다.

이상의 논리를 종합하면 결국 효율적 추정량이란 불편추정량 중에 분산이 최소인 것으로 정의할 수 있으며, 따라서 최소분산불편추정량(minimum variance unbiased estimator) 또는 최량효율추정량(best efficient estimator)이라고 한다. 여기서 최량(best)이란 최소분산을 의미한다.

그러나 모든 추정량 중에 어떤 것이 최량인가를, 즉 가장 작은 분산을 갖는지를 확인하는 것은 쉽지 않다. 따라서 일반적으로 두 추정량 중에 어느 것이 나은지를 평가하기 위해서 상대적 효율성(relative efficiency)을 사용한다. 두 불편추정량 $\hat{\theta}_1$와 $\hat{\theta}_2$가 있을 때 두 추정량의 상대적 효율성은 다음과 같이 정의된다.

$$\text{상대적 효율성 : } \frac{\mathrm{Var}(\hat{\theta}_2)}{\mathrm{Var}(\hat{\theta}_1)} \tag{7.3}$$

윗식 (7.3)의 값이 1보다 크면 $\hat{\theta}_1$가, 그리고 1보다 작으면 $\hat{\theta}_2$가 각각 상대적으로 효율성이 큰 추정량이라고 판정하게 된다. 예컨대, 정규모집단의 평균에 대한 추정량으로 대표적인 것은 표본평균이다. 그러나 이외에도 표본중앙치는 모평균의 불편추정량이 될 수 있다(정규분포의 대칭성 때문). 한편, $\bar{X}$의 분산은 $\frac{\sigma^2}{n}$임이 제6장에서 밝혀졌고, 또한 그 반면에 증명 없이 결과만을 제시하면 표본중앙치의 분산은 $\frac{\pi\sigma^2}{2n}$으로 알려져 있다.[1] 이제 $\bar{X}$를 $\hat{\theta}_1$, 그리고 표본중위수 $(\hat{X})$를 $\hat{\theta}_2$라 하면, 상대적 효율성 $\frac{\mathrm{Var}(\hat{\theta}_2)}{\mathrm{Var}(\hat{\theta}_1)} = \frac{\pi}{2n}\sigma^2 \Big/ \frac{\sigma^2}{n} = 1.57$이 되므로 표본평균이 표본중위수에 비하여 효율적 추정량임을 알 수 있다.[2]

한편, 모분산의 추정에 가장 자주 사용되는 표본분산 $s^2 = \frac{1}{n-1}\sum(X_i - \bar{X})^2 f_i$는 그 분산이 $\frac{2\sigma^4}{n-1}$으로 밝혀졌다(제6장 제2절 참조). 만일 σ^2에 대한 또 다른 추정량을 $\hat{\sigma}^2 = \frac{1}{n}\sum(X_i - \bar{X})^2 f_i$로 정의하면, 그 분산은 $\frac{2(n-1)}{n^2}\sigma^4$이 된다.[3] 그리고 $\frac{2(n-1)}{n^2}\sigma^4 < \frac{2\sigma^4}{n-1}$이므로 $\hat{\sigma}^2$은 s^2보다 작은 분산을 갖고 있으며, 따라서 상대적 효율성을 가진 것으로 보인다. 그러나 $\hat{\sigma}^2$은 불편추정량이 아니므로 $\left(\because\ E[\hat{\sigma}^2] = \frac{n-1}{n}\sigma^2\right)$ 효율적 추정량이 될 수 없어 상호 비교는 무의미하다. 모

---

1) D. L. Harnett, *op. cit.*, p. 234 참조.

2) 모평균의 추정 경우에는 가장 효율적인 추정량, 즉 최소분산치를 갖는 불편추정량을 정확히 결정할 수 있다. 중급통계학에서 대체적으로 소개하는 내용을 보면, 정규모집단의 평균을 추정하는 경우 어떤 불편추정량도 $\frac{\sigma^2}{n}$보다 작은 분산은 가질 수 없다는 것이 증명되었다. 따라서 표본평균은 모평균의 최량효율추정량인 것이다.

3) $\mathrm{Var}(\hat{\sigma}^2) = \mathrm{Var}\left(\frac{n-1}{n}s^2\right) = \frac{(n-1)^2}{n^2}\mathrm{Var}(s^2) = \frac{(n-1)^2}{n^2} \cdot \frac{2\sigma^4}{n-1} = \frac{2(n-1)}{n^2}\sigma^4$

분산의 경우도 모집단이 정규분포를 따를 때 표본분산 s^2은 모든 불편추정량 가운데 가장 분산이 작은 최량효율추정량임을 증명할 수 있으나 본서에서는 생략하기로 한다.[1)]

2.2 BLUE와 최량추정량

여기서 추정량의 효율성문제와 관련된 두 가지 사항을 다음의 논의를 위해 소개해 두기로 한다.

그 하나는 BLUE라 일컫는 것으로 best linear unbiased estimator, 즉 최량선형불편추정량이라고 일컬을 수 있는 것이다. 많은 경우에 추정량의 형태가 원래의 확률변수 X의 1차함수인 것이 편리하다. 왜냐하면, 우선 계산상 취급이 간편하다는 점을 들 수 있고, 둘째로는 X가 정규분포를 따를 때 그의 1차함수로 나타나는 새로운 확률변수(예컨대, $\bar{X}$) 또한 정규분포를 따르게 된다는 정리(제5장 정리 5.1 참조)를 이용할 수도 있기 때문이다. 따라서 불편추정량이란 선형일 수도 있고 그렇지 않을 수도 있으나, 선형인 것만을 고려하고 선형인 것 중 최소의 분산을 갖는 추정량을 사용하곤 한다. 이 때 선형이며 불편성을 갖는 추정량 중에 최소분산을 갖는 것을 BLUE 또는 최량선형불편추정량이라고 한다. 예컨대, $\bar{X}$는 바로 BLUE의 좋은 예가 되나, s^2은 X의 2차함수이므로 BLUE가 될 수 없다. 학자에 따라서는 BLUE를 바람직한 추정량의 한 기준으로 보는 경우도 있다.

두 번째로, 경우에 따라 우리는 비록 편의성이 다소 있더라도 분산이 훨씬 작은 값을 취하게 되는 추정량을 선호할 경우가 있다. 그림 7-3에서 $\hat{\theta}_1$는 효율적 추정량, 즉 불편성을 갖는 추정량 중에서는 최소의 분산을 갖는 것이라고 하자. 반면 $\hat{\theta}_2$는 그림에서 보듯이, 그 평균 $E[\hat{\theta}_2]$가 θ_1이므로 $|\theta_1-\theta|$만큼의 편의를 갖는 추정량이다. 그러나 $\hat{\theta}_2$는 $\hat{\theta}_1$에 비해서 아주 밀집된 형상을 하고 있어 그 분산이 $\hat{\theta}_1$에 비해 아주 작음을 보여주고 있다. 이 때 과연 $\hat{\theta}_1$과 $\hat{\theta}_2$ 중 어느 것이 바람직하다고 볼 수 있는가? 불편성을 중시하는 통계이론상의 경향으로 우리는 일반적으로 $\hat{\theta}_1$를 선호하여 사용하고 있다. 그러나 경우에 따라 실제 추정에서 오차를 극소화하는 것이 보다 중요한 상황에서는 $\hat{\theta}_2$가 선호될 수도 있는 것이다. 그러면 $\hat{\theta}_2$가 갖는 오차 때문에 발생하는 문제점을 감수하고도 보다 작은 분산으로 인하여 얻을 수 있는 혜택이 크다고 판단할 수 있는 근거 내지 기준을 생각해 낼 수는 없을까? 이에 대한 해결책으로 우리는 평균평방오

1) 자세한 내용은 Jan Kmenta, *op. cit.*, pp. 159~161을 참조.

차(MSE; mean squared error)라는 개념을 사용한다.

MSE란 모수의 추정량 $\hat{\theta}$와 모수 θ의 차이인 오차, $(\hat{\theta}-\theta)$를 제곱한 값의 평균치, 즉 $E[(\hat{\theta}-\theta)^2]$을 의미한다.[1] 오차(error)를 제곱한(squared) 값의 평균(mean)이라고 하여 그 앞자를 따서 MSE라 부르는 것이다. 그리고 이 MSE값이 최소가 되는 것을 최량추정량(best·estimator)이라고 하는 것이다. MSE의 의미를 보다 구체적으로 음미하기 위해 다음을 살펴보자.

$$\begin{aligned}
\mathrm{MSE}(\hat{\theta}) &= E[(\hat{\theta}-\theta)^2] \\
&= E[\{(\hat{\theta}-E[\hat{\theta}])+(E[\hat{\theta}]-\theta)\}^2] \quad (E[\hat{\theta}]\text{를 한 번 빼고 또 더함}) \\
&= E[(\hat{\theta}-E[\hat{\theta}])^2]+2E[(\hat{\theta}-E[\hat{\theta}])(E[\hat{\theta}]-\theta)] \\
&\quad +E[(E[\hat{\theta}]-\theta)^2] \\
&= E[(\hat{\theta}-E[\hat{\theta}])^2]+E[(E[\hat{\theta}]-\theta)^2] \\
&= \mathrm{Var}(\hat{\theta})+(E[\hat{\theta}]-\theta)^2 \quad (\because\ E[\hat{\theta}]\text{와 } \theta\text{는 상수})
\end{aligned}$$

$$\left(\begin{aligned}
\text{단, } & 2E[(\hat{\theta}-E[\hat{\theta}])(\mathrm{E}[\hat{\theta}]-\theta)] \\
&= 2(E[\hat{\theta}]-\mathrm{E}[\hat{\theta}])(\mathrm{E}[\hat{\theta}]-\theta) \\
&= 0
\end{aligned}\right)$$

따라서 평균평방오차는 다음과 같이 정의될 수 있다.

[평균평방오차]

$$\mathrm{MSE}(\hat{\theta})=\mathrm{Var}(\hat{\theta})+(\hat{\theta}\text{의 편의})^2 \qquad (7.4)$$

위의 결과식 (7.4)를 보면 결국 MSE란 추정량의 분산과 편의(bias)의 제곱과의 합과 같아짐을 알 수 있다. 따라서 MSE가 최소가 되려면 추정량의 분산은 물론 편의도 작아져야 할 것이다. 편의가 최소인 경우는 물론 0일 경우로 불편추정량의 경우가 된다. 따라서 불편추정량의 경우 편의가 0이므로, 불편추정량끼리 MSE를 비교하는 것이 곧 둘의 분산을 비교하는 것과 같아지며, 이를 앞서 설명한 상대적 효율성이라 한다.

한편, 편의가 0이 아니지만 그 분산이 불편추정량 중 최소의 분산을 갖는

---

1) $(\hat{\theta}-\theta)$, 즉 추정량과 모수의 차이는 추정치와 모수의 실제값과의 차이를 나타내므로 이를 추정으로 인한 오차(error)라고 한다. 반면 $(\hat{\theta}-E[\hat{\theta}])$은 추정량들의 값과 이들의 기대치인 평균과의 차이이고 추정치들이 그들의 평균으로부터 떨어져 있는 거리를 나타내므로 이를 $\hat{\theta}$의 편차라고 부를 수 있다(예컨대, $(\theta-E[\theta])$는 θ의 편차임). 물론 $E[\hat{\theta}]=\theta$가 되어 $\hat{\theta}$가 불편추정량이 되면 $\hat{\theta}-E[\hat{\theta}]=\hat{\theta}-\theta$가 되어 둘은 서로 같아진다. 그리고 또 한가지는 이들과 혼동하기 쉬운 개념으로 $E[\hat{\theta}]-\theta$가 있는데, 이는 앞에서 지적했듯이 편의라고 부른다.

그림 7-3 평균오차와 최량추정량

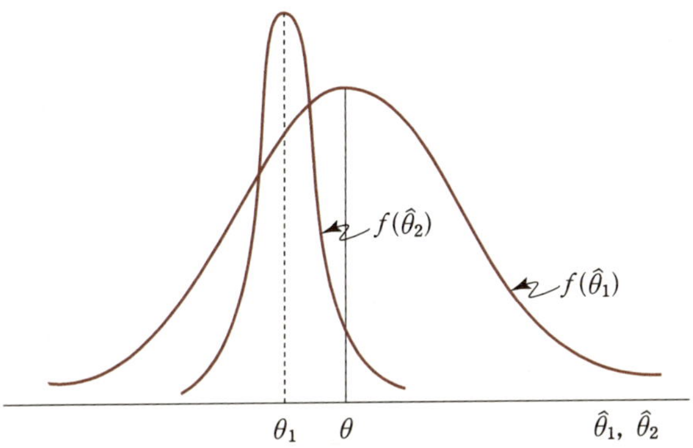

효율적 추정량보다도 훨씬 작은 분산을 가져 분산과 편의제곱의 합이 효율적 추정량의 분산보다도 작아질 수 있는 경우가 있다(그림 7-3 참조). 이러한 경우 MSE가 보다 작은 추정량을 우리는 최량추정량이라고 한다. 앞에서 우리는 표본분산 s^2에 비해 $\hat{\sigma}^2=\frac{1}{n}\Sigma(X_i-\bar{X})^2 f_i$가 보다 작은 분산을 가짐을 확인한 바 있다. 사실 $\hat{\sigma}^2$은 그뿐 아니라 분산과 오차제곱의 합으로 구성되는 MSE값 또한 s^2보다 작음을 기억해 둘 필요가 있다. 즉,

$$\text{MSE}(s^2)=\text{Var}(s^2)+[\text{bias}(s^2)]^2$$
$$=\frac{2\sigma^4}{n-1}+0$$
$$\text{MSE}(\hat{\sigma}^2)=\text{Var}(\hat{\sigma}^2)+(E[\hat{\sigma}^2]-\sigma^2)^2$$
$$=\frac{2(n-1)}{n^2}\sigma^4+\left(\frac{n-1}{n}\sigma^2-\sigma^2\right)^2$$
$$=\frac{2(n-1)\sigma^4}{n^2}+\frac{\sigma^4}{n^2}$$
$$=\frac{2n-1}{n^2}\sigma^4<\frac{2n}{n^2}\sigma^4=\frac{2}{n}\sigma^4<\frac{2}{n-1}\sigma^4$$
$$\therefore\ \text{MSE}(\hat{\sigma}^2)<\text{MSE}(s^2) \tag{7.5}$$

이 관계를 도표화한 것이 그림 7-4이다. 그림에서 보듯이 $\hat{\sigma}^2$은 s^2보다 σ^2 값과 상관없이 그 MSE가 항상 작음을 알 수 있다. 이러한 사실에도 불구하고 $\hat{\sigma}^2$보다 s^2을 선호하여 σ^2에 대한 추정량으로 사용하는 것은 불편성을 중시하는 사조 때문이다.

그림 7-4 두 추정량(s^2과 $\hat{\sigma}^2$)의 평균평방오차

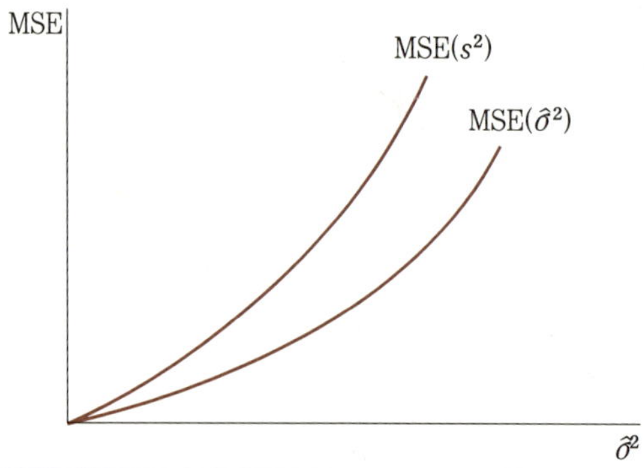

3. 충족성(sufficiency)

불편성 및 효율성과 더불어 소규모표본(small sample)에 있어서 바람직한 특성으로 간주되는 또 하나의 기준으로 충족성이 있다. 일반적으로 표본자료에 내재된 모든 정보를 활용할 수 있도록 정의된 추정량을 충족성이 있는 추정량이라고 한다. 예컨대, 중앙치나 최빈치는 표본자료의 크기에 따른 서열이나 빈도수만을 이용하는 반면, 표본평균은 표본의 모든 관측치 자체까지 고려하고 있어 충족성을 갖고 있는 추정량이 된다. 여기서 또 한 가지 중요한 사실은 충족성이 있는 추정량이라야 효율적 추정량이 될 수 있다는 것이다. 즉, 충족성은 효율성의 필요조건이 된다.

4. 일관성(consistency): 대표본의 기준

제6장에서 보았듯이 일반적으로 표본의 크기가 변함에 따라 표본통계량의 분포, 즉 추정량들의 분포 형태도 변화함을 보았다. 예컨대, 정규모집단으로부터 추출된 표본의 표본평균은 역시 정규분포를 따르되, 표본의 크기 n이 커짐에 따라 그 분산이 점차 작아지는 형태를 가지며, 모집단이 정규분포가 아닐 경우라도 이들로부터 추출한 표본의 평균은 $n \to \infty$에 따라 정규분포에 접근한다는 중심극한정리를 배운 바 있다. 따라서 표본의 크기에 무한수에 접근할 때 표본통계량 또는 추정량이 어떤 특징을 가지며, 또 어떤 특징을 갖는 것이 바

람직한 것인지를 고려할 필요가 있다. 통상적으로 표본의 규모가 매우 클 때 훌륭한 추정량이 되기 위한 조건은 세 가지로 분류되며, 이를 바람직한 대표본의 특성(large sample properties) 또는 점근적 특성(asymptotic properties)이라 부르는데, 이들 특성으로는 점근적 불편성(asymptotic unbiasedness) · 일관성(consistency) 그리고 점근적 효율성(asymptotic efficiency)이 있다. 이들과는 달리 표본의 크기가 크지 않더라도 성립될 수 있는 바람직한 추정량의 특성들, 즉 앞에서 소개한 불편성 · 효율성 그리고 충족성들을 소표본특성(small sample properties) 또는 유한표본특성(finite sample properties)이라고 한다.

대표본의 첫번째 특성인 점근적 불편성은 비록 표본크기가 작을 때에는 편의가 있더라도 표본규모가 커짐에 따라 편의가 사라지는 성격을 갖는 추정량의 특성을 일컫는다. 표본의 평균 $\bar{X}$는 불편추정량이라서 표본의 크기에 상관없이 편의가 없는 추정량이다. 만일 $\bar{X}$ 대신 $\hat{X}=\dfrac{1}{n-1}\Sigma X_i f_i$라는 추정량을 사용한다면 $E[\hat{X}]=\dfrac{n}{n-1}\mu$가 될 것이므로 편의적 추정량이 될 것이다. 그러나 표본규모 n이 점차 커지면 $\dfrac{n}{n-1}$값은 1에 접근할 것이고, 따라서 결국 $E[\hat{X}]$의 값은 μ와 같아지게 되므로 대표본의 경우 편의는 사라지게 될 것인바, $\hat{X}$는 점근적 불편성을 가진 통계량이라 볼 수 있다. 따라서 불가피한 사정으로 불편추정량의 사용이 여의치 못할 때에는 가능하면 대표본에서나마 편의가 없는 추정량의 사용을 고려하는 것이 합당할 것이다.

두 번째 바람직한 대표본의 기준으로 일관성을 들 수 있는데, 이것이 대표본특성 중에 가장 중요한 조건이 된다. 일관성이란 표본의 크기가 커짐에 따라 표본오차가 작아지는 특성을 말하는 것으로 일관성을 가진 추정량 $\hat{\theta}$의 값은 $n \to \infty$와 같은 극한(limit)의 경우 모수인 θ와 일치된 값을 갖게 된다. 일관성에 관한 특성을 도표화한 것이 그림 7-5이다. 그림에서 표본크기가 증가할수록 추정량 $\hat{\theta}$가 모수 θ에 점차 접근하고 극한에는 일치하게 됨을 보여주고 있다.

일관성을 공식적으로 정의하면 다음과 같다.

[일 관 성]

$$P\lim_{n\to\infty}(|\hat{\theta}-\theta|<\varepsilon)=\lim_{n\to\infty}P(|\hat{\theta}-\theta|<\varepsilon)=1 \tag{7.6}$$

(단, ε는 아주 작은 양의 정수)

위의 식이 성립되면 $\hat{\theta}$는 θ의 일관성추정량이 된다. 식 (7.6)이 의미하는 것은 표본크기가 무한대로 증가될 경우 추정량 $\hat{\theta}$와 모수 θ간의 차, 즉 표본오차의 크기가 아주 작은 어떤 양의 정수보다도 작은 확률이 1이 될 때 $\hat{\theta}$은 일

그림 7-5 일관성 개념에 대한 도해——표본크기와 추정량의 분포 형태

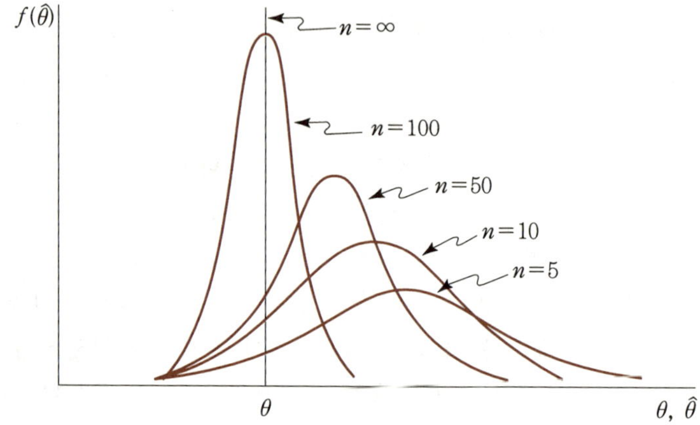

관성 있는 추정량이라 한다는 것이다. 그러나 이 정의식 (7.6)에 의해 각종 추정량의 일관성 여부를 판정하는 작업은 그다지 쉬운 과정이 아니어서 보다 취급이 간편한 판정을 위하여 일관성조건을 다음과 같이 표현하기도 한다. 즉,

$$\lim_{n\to\infty}\mathrm{MSE}(\hat{\theta})=\lim_{n\to\infty}E[(\hat{\theta}-\theta)^2]=\lim_{n\to\infty}[\{\mathrm{Var}(\hat{\theta})\}+\{\mathrm{bias}(\hat{\theta})\}^2]=0 \quad (7.7)$$

이란 조건을 달성시키는 추정량 $\hat{\theta}$는 일관성추정량이라고 할 수 있다. 식 (7.7)이 뜻하는 것은 평균평방오차의 크기가 $n\to\infty$인 경우 0이 되는 추정량, 즉 분산과 편의의 제곱을 더한 값이 0이 되는 추정량을 일관성추정량이라 한다는 것이다. 따라서 만약 편의가 없는 불편추정량의 경우에는 단지 그 분산이 $n\to\infty$에 따라 0에 접근한다면 일관성추정량이라 할 수 있을 것이다. 예로서 표본평균 $\bar{X}$라는 추정량을 고려해 보자.

$E[\bar{X}]=\mu$이므로 불편추정량이다. 한편 $\mathrm{Var}(\bar{X})=\dfrac{\sigma^2}{n}$이므로, $\lim_{n\to\infty}\mathrm{Var}(\bar{X})=\lim_{n\to\infty}\dfrac{\sigma^2}{n}=0$이 된다. 따라서 $\bar{X}$는 일관성추정량이 된다.

한편, 표본비율 $\hat{p}$의 경우는 $E[\hat{p}]=E\left[\dfrac{X}{n}\right]=\dfrac{1}{n}E[X]=\dfrac{1}{n}(np)=p$가 되어 $\hat{p}$ 또한 불편추정량이 된다. 그리고 $\mathrm{Var}(\hat{p})=\dfrac{pq}{n}$로 극한치가 0이 되므로, 즉 $\lim_{n\to\infty}\mathrm{Var}(\hat{p})=\lim_{n\to\infty}\dfrac{pq}{n}=0$이므로 $\hat{p}$ 또한 일관성추정량이 된다. 일관성을 갖는 추정량의 예를 하나 더 들어 보기로 하자. 표본분산 s^2은 제6장에서 평균이 σ^2, 그리고 분산이 $\dfrac{2\sigma^4}{\nu}$ 또는 $\dfrac{2\sigma^4}{n-1}$과 같아짐을 확인한 바 있다. 즉, $E[s^2]=\sigma^2$, $\mathrm{Var}(s^2)=\dfrac{2\sigma^4}{n-1}$이 된다. 따라서 s^2은 불편추정량인 동시에 $\lim_{n\to\infty}\dfrac{2\sigma^4}{n-1}=0$이 성립하므로 일관성추정량이 됨을 쉽게 알 수 있다.

여기서 한 가지 분명히 해 두고 넘어갈 사항이 있다. 일반적으로 식 (7.7)을 만족시키는 추정량을 평균평방오차상의 일관성(MSE consistency)을 갖는다고 정의하며, 평균평방오차상의 일관성을 갖는 추정량은 항상 식 (7.6)의 일관성조건을 만족시킨다는 사실이다. 반면 식 (7.6)을 만족시키는 일관성 있는 추정량이 항상 식 (7.7)에 정의된 평균평방오차상의 일관성조건을 만족시키지는 못한다. 따라서 식 (7.7)은 식 (7.6)의 일관성에 대한 충분조건일 뿐 필요조건이 되지 못한다는 것을 지적해 두고자 한다.[1)]

이상의 점근적 불편성과 일관성 외에 대표본특징으로 거론되는 것으로 점근적 효율성이 있다. 그러나 이 개념은 이 책의 수준을 넘는 내용을 통해서 설명이 가능하기 때문에 생략하기로 한다.[2)] 단지 그 주된 내용을 직관적으로 표현한다면 점근적으로 불편성을 가지는 추정량 중 극한의 경우 성립되는 분산, 즉 극한분포의 분산(variance in a limiting distribution)이 최소가 되는 추정량은 점근적 효율성을 갖는다고 한다.

제 2 절 바람직한 추정량의 도출방안: 최우법

제 1 절에서 소개한 바람직한 추정량의 조건 또는 특징들은 추정량이 훌륭한 것인지를 판단하는 기준을 제공하지만 이러한 조건들을 전부 또는 대부분 보유하는 추정량을 구하는 방법을 제시하지는 못하고 있기 때문에 이를 별도로 고려할 필요가 있다.

경우에 따라서, 예컨대 모평균의 추정량인 표본평균이나 모비율의 추정량인 표본비율의 경우처럼 앞에서 설명한 모든 조건을 갖춘 추정량이 있는 반면, 이처럼 모든 특성을 고루 갖춘 추정량의 발견이 가능치 못한 경우도 있다. 이러할 때에는 여러 특성 중 어느 것을 보다 중요시하는가 하는 문제가 발생하는데, 보편적으로 효율성이 가장 중요한 고려사항이 된다. 그러나 어떠한 경우를 막론하고 적절한 추정량을 결정할 수 있는 일반적인 과정을 밟는 것이 중요하다. 이러한 과정으로서 적률법(method of moments)・최소자승법(method of least squares) 및 최우법(method of maximum likelihood) 등 다수가 있다. 이 장에서는 최우법만을 소개할 것이며, 최소자승법(method of least squares)은 제10

1) Mood and Graybill, *op. cit.*, pp. 295～296 참조.
2) J. Kmenta, *op. cit.*, p. 167 참조.

장에서 다루기로 한다.[1)]

1920년대 피셔(R. A. Fisher)는 앞 절에서 논의한 기준들의 상당히 많은 조건(전부는 아님)을 만족시키는 추정량을 찾기 위한 방법으로서 최우법을 개발하였다. 이 방법은 비교적 도출과정이 용이하고 다른 방법에 의한 추정량보다 비교적 효율적인 추정량을 제공하기 때문에 자주 쓰이고 있다. 또한 이 방법에 의하여 얻어진 추정량은 표본크기가 증대됨에 따라, 모수 θ를 중심으로 하여 정규분포를 이루는 편리한 특성을 갖게 된다. 단, 단점이 있다면 최우추정량은 자주 편의성을 갖게 된다는 것이다.

최우법이란 한마디로 말하자면 주어진 표본이 추출될 수 있는 확률 또는 가능성이 가장 큰 표본공간(sample space)을 설정함으로써 모수값을 추정하는 것이다. 다시 말해서 관측된 표본값들이 다른 어느 표본공간에서보나도 더욱 빈번하게 나타날 가능성을 가진 표본공간을 선택하는 것이다. 이렇게 선정된 표본공간에 대응하는 추정량을 θ의 최우추정량이라고 한다. '최우'라는 말은 가장 가능성 있는 표본공간을 선정하는 과정이라는 의미가 된다.

이제 최우추정량이 되는 표본통계량을 도출하는 방법에 앞서 보다 직관적으로 최우추정치의 값을 구할 수 있는 예 하나를 들어 보기로 하자. 이항분포의 모수인 미지의 모비율, 예컨대 성공할 확률 p를 추정하기 위해 다섯 차례에 걸친 반복시행을 하였고, 그 다섯 번의 반복시행 중 세 번 성공하였다고 가정하자. 그렇다면 과연 어떤 표본공간에서 이러한 결과를 발생시킬 가능성이 가장 클 것인가? 즉, 실제 모집단(표본공간)에서의 성공비율(p)이 얼마일 때 다섯 번 시행에서 세 번 성공하는 표본 결과를 발생시킬 가능성이 가장 큰가 하는 것을 확인할 필요가 있다. 이러한 결과를 가져올 확률이 가장 큰 p값의 선정을 위해 p가 취할 수 있는 여러 수치를 임의선정하여 각 경우마다 5회 시행 중 3회 성공할 확률을 구한 결과 표 7-1을 얻었다.

표 7-1은 p값이 0.1에서 0.9에 이르는 아홉 가지 경우마다 5회 중 3회 성공하는 결과가 발생할 확률을 이항확률분포공식 $\binom{5}{3}p^3q^2$에 의거하여 계산한 결과를 보여주고 있다. 표에 의하면 $p=0.6$일 때 5회 중 3회 성공할 가능성이 가장 큰 것으로 나타났다. 물론 p의 값은 위의 아홉 가지 이외에도 얼마든지

1) 참고적으로 밝혀 두면 적률법에 의한 추정량은 대부분 일관성을 갖고, 최우법은 일관성은 물론 점근적 효율성을 가진 추정량을 결정해 준다. 그러나 최우법은 많은 경우에 편의를 갖는 추정량을 도출하게 되며, 최소자승법에 의한 추정량은 일관성이 결여된 추정량을 초래하는 경우도 있는 등의 문제점도 있다. 자세한 것은 Mood and Graybill, *op. cit.*, pp. 273~288을 참조.

표 7-1 최우추정치 계산을 위한 예

p	5회 중 3회 성공할 확률 : $\binom{5}{3}p^3q^2$
0.1	$\binom{5}{3}(0.1)^3(0.9)^2=0.0081$
0.2	$\binom{5}{3}(0.2)^3(0.8)^2=0.0512$
0.3	$\binom{5}{3}(0.3)^3(0.7)^2=0.1323$
0.4	$\binom{5}{3}(0.4)^3(0.6)^2=0.2304$
0.5	$\binom{5}{3}(0.5)^3(0.5)^2=0.3125$
0.6	$\binom{5}{3}(0.6)^3(0.4)^2=0.3456$
0.7	$\binom{5}{3}(0.7)^3(0.3)^2=0.3087$
0.8	$\binom{5}{3}(0.8)^3(0.2)^2=0.2048$
0.9	$\binom{5}{3}(0.9)^3(0.1)^2=0.0729$

있을 수 있으나 결과는 마찬가지이다. 따라서 p의 최우추정치는 0.6이 되며, 이는 곧 표본비율 $X/n=3/5$과 같아진다는 결론을 얻을 수 있다. 마찬가지 방법으로 모평균의 최우추정량은 표본평균이 된다는 것도 확인할 수 있으나, 이것은 독자들에게 일임하기로 한다.

이제 문제는 결과적으로 $\hat{p}=\dfrac{X}{n}$라는 표본비율이 모비율의 최우추정량임을 확인하였지만 각종 모수의 최우추정을 위와 같은 번거로운 과정을 항상 밟아 이행할 수는 없다. 따라서 모수의 최우추정량이 되는 표본통계량을 도출하는 일반적인 방법을 먼저 확인한 뒤에 최우추정량으로 확인된 통계량의 값을 표본에서 계산함으로써 최우추정치를 구하는 과정을 밟아야 할 것이다. 최우추정량을 구하는 방법은 다음과 같다.

최우법은 관측된 표본값들을 얻을 수 있는 가능성을 나타내는 함수를 극대화하는 모수를 찾는 방법이라고 할 수 있다. 이 때 이러한 가능성을 나타내는 함수를 우도함수(likelihood function)라고 부르며 L로 표시한다. 이제 변수 X_1은 첫번째 관측된 표본값이 될 수 있는 숫자를, 그리고 X_2는 두 번째 관측에서 나타날 수 있는 숫자를 표시하며, 계속하여 X_n은 n번째 관측에서 나타날 수 있는 숫자를 나타낸다고 하자. 그리고 실제 관측 결과, 첫번째는 x_1, 두 번째는 x_2, …, 그리고 n번째는 x_n이란 값을 얻었다고 하자. 만일 모집단은 모수 θ를 갖는 이산변수로 구성되어 있다면, 이 때 한 특별한 표본관측 결과 x_1, x_2, …, x_n이 발생할 확률은 우도함수 L로 표시될 수 있으며, 이 우도함수는 모수가 θ라는 조건의 제한을 받게 된다. 즉,

$$L = P(X_1 = x_1,\ X_2 = x_2,\ \cdots,\ X_n = x_n | \theta) \tag{7.8}$$

물론 모집단이 연속변량을 갖는 변수로 구성된 경우에는 $L = f(x_1, x_2, \cdots, x_n | \theta)$과 같은 결합밀도함수(joint density function)가 된다.

일단 위와 같은 우도함수가 정의되면 다음 일은 이 함수를 극대화시키는 모수를 찾는 것이다. L의 극대화는 일차도함수가 0이 되는 조건을 달성시키는 조건을 이용함으로써 가능해진다. 많은 경우에 L 자체보다는 L의 log값을 극대화하곤 한다. 왜냐하면, log를 취해도 분석 결과는 변하지 않을 뿐만 아니라 그 계산과정이 훨씬 쉬워지기 때문이다.

가장 손쉽게 이 최우법을 적용할 수 있는 경우는 베르누이 실험 결과를 나타내는 이항분포가 될 것이다. 이 경우 어떤 표본 x_1, x_2, …, x_n이 나올 확률은 오로지 관측된 성공횟수에 의존하며 이 때 확률은 $\binom{n}{X} p^X q^{n-X}$에 의해 결정된다. 따라서

$$L = \binom{n}{X} p^X q^{n-X} \tag{7.9}$$

이제 여기에 log를 취한 다음 극대화조건식을 구해 보자.

$$\begin{aligned}
\log L &= \log\left[\binom{n}{X} p^X q^{n-X}\right] \\
&= \log\binom{n}{X} + X\log p + (n-X)\log(1-p) \\
\frac{d\log L}{dp} &= X\cdot\left(\frac{1}{p}\right) + (n-X)\left(\frac{1}{1-p}\right)(-1) \\
&= \frac{X}{p} - (n-X)/(1-p) = 0 \\
\therefore\ \ p &= \frac{X}{n}
\end{aligned}$$

즉, p를 $\dfrac{X}{n}$, 즉 표본비율 $\hat{p}$의 값을 취하도록 할 때 우도함수도 극대가 된다. 바꾸어 말하면, 바로 표본비율 $\hat{p}$이 모수 p의 최우추정량임을 나타내는 것이

다. 최우추정량인 $\hat{p}$은 앞 절에서 이미 불편성·충족성 그리고 일관성을 갖는다는 것을 확인한 바 있다.

다음으로 평균 μ, 분산 σ^2을 갖는 정규모집단으로부터 표본을 추출할 때 모평균과 모분산의 최우추정량을 찾아보기로 하자. 서로 독립적으로 추출된 n개의 관측치 $x_1, x_2, \cdots, x_n$이 모두 결합적으로 발생하는 확률은 $L=f(x_1, x_2, \cdots, x_n)$과 같아진다. 한편, 각 관측치는 서로 독립적이므로 제3장에서의 결과를 이용하면 결합밀도함수는 $L=f(x_1)\cdot f(x_2)\cdot\cdots\cdot f(x_n)$이 된다. 그리고 각각은 정규분포를 따를 것인바 $f(x_i)=\frac{1}{\sigma\sqrt{2\pi}}\exp\left[-\frac{1}{2}\left(\frac{X_i-\mu}{\sigma}\right)^2\right]$의 형태를 취할 것이다. 따라서 우도함수는 다음과 같아진다.

$$L=\frac{1}{\sigma\sqrt{2\pi}}\exp\left[-\frac{1}{2}\left(\frac{X_1-\mu}{\sigma}\right)^2\right]\cdot\frac{1}{\sigma\sqrt{2\pi}}\exp\left[-\frac{1}{2}\left(\frac{X_2-\mu}{\sigma}\right)^2\right]\cdot\cdots\cdot$$
$$\frac{1}{\sigma\sqrt{2\pi}}\exp\left[-\frac{1}{2}\left(\frac{X_n-\mu}{\sigma}\right)^2\right]=\frac{1}{\sigma^n(2\pi)^{\frac{n}{2}}}\exp\left[-\frac{1}{2}\Sigma\left(\frac{X_i-\mu}{\sigma}\right)^2\right] \quad (7.10)$$

여기에 log를 취하여 극대화조건을 찾아보자.

$$\begin{aligned}\ln L&=\ln\left[\frac{1}{\sigma^n(2\pi)^{\frac{n}{2}}}\exp\left\{-\frac{1}{2}\Sigma\left(\frac{X_i-\mu}{\sigma}\right)^2\right\}\right]\\&=\ln\frac{1}{\sigma^n}+\ln\left(\frac{1}{2\pi}\right)^{\frac{n}{2}}-\frac{1}{2}\Sigma\left[\frac{X_i-\mu}{\sigma}\right]^2\\&=-n\ln\sigma-\frac{n}{2}\ln 2\pi-\frac{1}{2\sigma^2}\Sigma(X_i-\mu)^2\end{aligned}$$

$$\frac{\partial\ln L}{\partial\mu}=\frac{1}{\sigma^2}\Sigma(X_i-\mu)=\frac{1}{\sigma^2}(\Sigma X_i-n\mu)=0$$

$$\therefore\ \Sigma X_i=n\mu \text{ 또는 } \mu=\frac{\Sigma X_i}{n}\Longrightarrow\bar{X}$$

한편,

$$\frac{\partial\ln L}{\partial\sigma^2}=-\frac{n}{2}\cdot\frac{1}{\sigma^2}+\frac{1}{2\sigma^4}\Sigma(X_i-\mu)^2=0$$

$$\therefore\ \sigma^2=\frac{1}{n}\Sigma(X_i-\mu)^2\Longrightarrow\hat{\sigma}^2$$

이 결과는 특정 표본 $x_1, \cdots, x_n$이 관측되었을 때 이 표본을 발생시킬 가능성이 가장 높은 모평균과 모분산은 $\bar{X}$ 및 $\hat{\sigma}^2$의 값과 같아진다는 것이다. 바꾸어 말하면, $\bar{X}$와 $\hat{\sigma}^2$은 μ와 σ^2에 대한 최우추정량이 된다.

앞 절에서 논의된 결과를 보면 $\bar{X}$는 불편성 · 효율성 · 충족성 · 일관성 등 모든 조건을 만족시키는 반면 $\hat{\sigma}^2$는 편의성을 갖는다는 것을 확인한 바가 있다. 이처럼 최우추정량은 경우에 따라 편의성을 가진 표본통계량이 될 수도 있다.

최우법의 재미있는 응용으로 펠러(Feller)의 연구가 있다.[1] 그는 미국자연보호국(US Conservation Dept.)이 어느 호수에 있는 물고기수를 추정하고자 500마리를 잡아서 어떤 표시를 한 뒤 다시 놓아 주었다고 가정하였다. 그 후 며칠 후에 다시 1,000마리를 잡아보니 그 중 표시가 있는 고기가 40마리였다면 이 호수에 있는 고기의 총수에 대한 최우추정치는 얼마나 될 것인가?

1,000마리를 잡아 동시에 관찰한다는 것은 일단 비복원추출 과정으로 볼 수 있고, 두 가지 종류(표시된 것과 안 된 것)만이 관측되므로 초기하분포를 적용할 수 있을 것이다. 호수 전체에는 N마리의 고기가 있다고 보고, 추출된 1,000마리 중 표시된 고기수를 $x_1=40$, 그리고 표시가 없는 고기수를 $x_2=960$이라고 가정하자. 한편, 전체 고기 중 표시된 고기수는 $N_1=500$이므로, 표시 안 된 고기수는 $N_2=N-N_1=N-500$이 될 것이다. 따라서 추출된 1,000마리 중 40마리가 표시된 것일 확률은 다음과 같다.

$$\frac{\binom{N_1}{x_1}\binom{N_2}{x_2}}{\binom{N_1+N_2}{x_1+x_2}}=\frac{\binom{500}{40}\binom{N-500}{960}}{\binom{N}{1,000}}$$

펠러는 위의 식을 이용하여 최우추정량을 계산한 결과 $N_1\left(\frac{x_1+x_2}{x_1}\right)$임을 확인하였다.[2] 따라서 위와 같은 표본을 얻을 수 있는 가능성이 가장 큰 물고기의 총수는 $500\cdot\left(\frac{40+960}{40}\right)=12,500$마리가 된다.

제 3 절 점추정(point estimation)

제1절에서 우리는 바람직한 추정량이 되기 위한 여러 가지 조건을 배웠고, 제2절에서는 이러한 조건들을 만족시키는 추정량을 결정하는 방안에 대하

1) W. Feller, *An Introduction to Probability Theory and its Application*, Vol. 1(Wiley, 1968), pp. 43~44 참조.

2) *Ibid.*

여 연구하였다. 또한 우리가 대부분의 경우 사용할 표본평균·표본분산 및 표본비율과 같은 추정량들은 모평균·모분산 및 모비율에 대한 가장 훌륭한 표본통계량임을 아울러 확인하였다. 즉, 이들은 바람직한 추정량으로서의 기준이 되는 특성의 대부분을 갖고 있는 것이다. 이로써 이제 우리는 모수에 대한 바람직한 추정을 할 수 있는 모든 기반을 닦은 셈이 된다. 추정은 앞서 말한 바와 같이 점추정과 구간추정으로 구분되는데, 이 절에서는 전자에 관하여 간단히 언급하고 후자에 관해서는 다음 절에서 자세히 논하기로 한다.

점추정이란 한 마디로 말해서 모수에 대한 가장 바람직한 추정량의 값을 표본정보를 이용하여 단일 값으로 제시하는 방법이라고 할 수 있다. 예를 들면, 표본에서 계산된 표본평균값으로 모평균에 대한 추정치로 삼는 것과 같은 것을 말한다. 이처럼 추정에 있어 단일 값으로 모수를 추정한 값을 점추정치라고 부른다.

한편, 어떤 추정량이 앞에서 열거한 바람직한 추정량의 모든 기준을 만족시키는 것이라고 하더라도, 한 개의 표본으로부터 산출된 점추정치는 표본오차(sampling error) 때문에 모수와 일치하는 값을 갖게 될 확률은 극히 적다. 단지 우연히 일치할 수 있을 뿐이다. 물론 다른 추정량에 비해서 표본오차가 발생할 가능성이 적은 것은 사실이다. 그러나 가장 훌륭한 추정량의 값이라 하더라도 정확히 모수값과 같아질 것이라고 확신할 수는 없다.

예컨대, 정원이 100명인 S대학 경제학과에 입학을 지원할 학생의 대학입시 성적이 300점이라고 하자. 선시험·후지원식의 입시제도하에서 접수가 마감된 결과를 보면 총 200명이 지원한 것으로 나타났으나 이들의 대학입시 성적은 공식적으로 집계되지 않았다. 300점을 맞은 학생이 합격 여부를 확인하고자 총지원자 중 30명을 임의로 선정하여 성적을 파악한 결과 12명만이 300점 이상으로 나타났다고 하자. 그런데 총 200명의 지원자 중 300점 이상자가 100명 이하이면 이 학생이 합격할 것인데 이 학생이 얻은 정보는 무작위추출된 30명 중 12명이 300점 이상이라는 사실뿐이다. 모집단 중 300점 이상자 비율을 p라 하고 이를 추정하여 합격 여부를 확인하고자 한다면, 앞에서의 논의 결과 가장 좋은 추정량은 표본비율 $\hat{p}$이므로 이를 계산하여 추리하여야 할 것이다. $\hat{p}=\frac{X}{n}=\frac{12}{30}=0.4$이므로 이 때 p에 대한 점추정치는 $\hat{p}=0.4$가 된다.

그러면 이 문제에서 과연 이 점추정치를 가지고 300점을 얻은 학생이 반드시 합격권 내에 들어갈 것이라고 확신할 수 있겠는가? 물론 없다. 이 예에서처럼 점추정치라는 것은 실제 모수값과 일치한다는 보장이 없을 뿐더러 점추정치가 갖는 불확실성을 묘사하는 어떤 방안도 마련하지 못한다는 문제가 있다. 이와 같은 문제점을 해소시킬 수 있는 추정방법이 바로 구간추정인 것이다. 구간추정은 일반적으로 일정 범위 안에 실제 모수값이 들어가 있을 확률을 제공함으로써 불확실성을 완화시키는 방안인데, 다음 절에서 자세히 다루기로 한다.

제 4 절 구간추정(interval estimation)

앞에서 설명한 점추정은 항상 표본오차를 수반하므로 점추정치를 전적으로 신뢰할 수는 없었다. 즉, 점추정을 함에 있어 우리는 단지 한 개의 표본의 관측을 통해 추정치를 얻으므로 이 추정치가 실제 모수값과 일치될 가능성은 희박한 것이다. 따라서 이 점추정치를 중심으로 일정 구간을 설정하는 구간추정을 하게 된다. 그러나 이렇게 설정된 구간 내에 반드시 실제 모수값이 존재하지 않을 가능성은 남아 있다. 이 확률을 오차율이라고 하고, 반면에 구간 내에 실제 모수값이 들어가 있을 확률을 신뢰수준이라 한다. 그리고 이러한 오차율이나 신뢰수준은 표본분포를 이용하여 결정될 수 있는 것이다. 이와 같은 사실을 근거로 하여 모수값을 구간을 설정하여 추정하는 방법을 구간추정이라고 한다.

구간추정은 점추정과는 달리 모수가 갖게 될 값의 범위를 제공하되 이 범위 내에 모수의 실제값이 존재할 확률, 즉 구간추정치의 신뢰도를 동시에 제공하므로 구간추정법에 의해 설정된 구간을 신뢰구간(confidence interval, 이하 C.I.라 약칭함)이라 한다. 예컨대, 모수 θ에 대한 구간추정을 다음과 같이 표현하였다고 하자.

[모수 θ에 대한 구간추정]

$$P(\theta_L < \theta < \theta_U) = 1 - \alpha \tag{7.11}$$

식 (7.11)이 의미하는 것은 모수 θ의 값이 θ_L과 θ_U 사이에 있을 확률이 $1-\alpha$라는 것으로서 이 때 $\theta_L \sim \theta_U$를 신뢰구간, θ_L을 신뢰구간의 하한(lower limit of C.I.), θ_U를 신뢰구간의 상한(upper limit of C.I.), 그리고 θ_L과 θ_U를 합쳐서 신뢰임계치(confidence limit)라고 한다. 그리고 $1-\alpha$를 신뢰수준(confidence level) 또는 신뢰계수(confidence coefficient)라고 부르는 반면 α는 오차

율(probability of error)이라 칭한다.

구간추정에 따른 여러 개념과 또 추정과정에 대한 이해를 돕기 위해 다음과 같은 사항을 고려해 보자. 제6장에서 우리는 표본통계량 $\bar{X}$, s^2, $\hat{p}$ 등이 어떤 확률분포를 따르게 되는지를 확인한 바가 있다. 또한 이들 통계량이 일정 구간의 값을 취할 확률을 각종 확률분포의 누적확률분포를 이용하여 찾는 방법을 배웠다. 예컨대, 우리가 평균 μ를 갖는 정규모집단에서 크기 n의 표본을 추출할 때 $P(a \le \bar{X} \le b) = 0.95$가 되는 a와 b를 찾을 수 있다. 이것은 확률변수 $\bar{X}$가 일정 구간 $[a, b]$ 내의 값을 가질 확률이 95%라는 것이다.

그러나 통계적 목적으로 미지수인 μ에 대하여 추정하는 것이므로 $\bar{X}$의 값을 이용하여 μ에 대한 신뢰구간(C. I.)을 정해야 한다. 예컨대, $P(\mu_L \le \mu \le \mu_U) = 0.95$가 되는 μ_L과 μ_U값을 찾아 μ값이 이 구간에 속할 확률을 95%라고 확신하기를 원하는 것이다. 여기서 0.95가 바로 신뢰도를 의미하며, 이는 모수의 구간추정치($\mu_L \sim \mu_U$)의 정확도를 나타내는 것이다. 따라서 이 구간추정은 $1-0.95 = 0.05$만큼의 오차발생의 가능성을 내포하고 있는 것으로 볼 수 있다. 그러므로 오차발생 가능성을 α로 표시하면, 신뢰도는 $1-\alpha$라고 나타낼 수 있다.

1. 오차율(probability of error : α)

여기서 오차발생 가능성을 나타내는 α에 대하여 잠시 생각해 보기로 하자. 이는 설정된 구간이 모수의 실제값을 포함하지 못할 확률을 의미하므로, 구간추정의 부정확도 내지 실수할 확률을 대변하고 있기 때문에 오차율(probability of error)이라고도 불린다. 한편, 신뢰구간이 실제의 모수값을 포함하지 못할 확률이 α라면, 반대로 신뢰구간이 실제의 모수값을 포함할 확률은 $1-\alpha$ 또는 $100(1-\alpha)$%라고 표시할 수 있으며(왜냐하면, 두 사상은 서로 여집합의 관계에 있으므로), 이것이 곧 신뢰도 또는 신뢰수준(C. I.)인 것이다.

한편, α값과 신뢰구간의 크기는 서로 역관계에 있음을 알 수 있다. 여타조건이 일정할 때 α값이 낮게 책정될수록 신뢰구간은 커지게 된다. 즉, 모수가 설정된 구간 내에 반드시 포함되어 있을 가능성을 크게 하여 추정상의 오차를 줄이려면 구간의 폭을 넓히는 결과가 된다는 것이다. 그러나 통상 α값은 0.01, 0.05, 0.1로 책정되는 것이 일반적이며, 따라서 신뢰구간은 99%, 95%, 90%의 신뢰수준을 갖도록 산출된다.

그러나 물론 신뢰구간의 폭은 α값에만 의존하는 것은 아니다. 일반적으로 신뢰구간은 표본정보를 기초로 설정되므로 표본의 크기에 따라 그 폭이 변화하게 된다. 표본크기가 증대될수록 표본오차의 가능성은 줄어든다. 다시 말해서 보다 많은 관측치를 가지고 추정할 때 추정치의 신뢰성은 높아진다. 따라서 동일수준의 신뢰도를 보장하는 신뢰구간은 표본크기가 증가함에 따라 그 폭이 작아질 것이다. 가능한 한 신뢰구간을 작게 선정하는 것이 바람직하나, 그러기 위해서는 표본크기를 증대시켜야 할 것이다. 이러한 점으로 미루어 볼 때 결국 표본크기를 결정할 경우, 신뢰구간은 물론 표본크기를 증대시킬 때의 비용과 추정오차허용율을 동시에 고려하여야 할 것이다.

2. 신뢰구간의 결정

일단 조사자에 의해 오차율(α)과 표본크기(n)가 결정되면 신뢰수준($1-\alpha$)은 자동적으로 결정된다. 그렇다고 신뢰구간이 동시에 자동적으로 설정되지는 않는다. 신뢰수준이 주어져도 신뢰구간이 결정되기 위해서는 두 가지가 고려되어야 한다.

첫째, 신뢰구간은 하한 및 상한 또는 임계치(lower and upper limits or boundaries of a C. I.)에 의해 표시되는데 실제 모수값이 이 두 임계치 사이에 없을 확률, 즉 오차율(α)은 모수값이 하한보다 작거나 상한보다 큰 값을 가질 확률의 합과 같은 것이다. 문제는 각각의 경우 확률이 얼마가 되도록 α를 구분할 것인가 하는 것이다. 자세한 설명은 생략하겠지만 α를 이등분하여, $\alpha/2$를 상한 쪽에 그리고 나머지 $\alpha/2$는 하한 쪽에 놓는 것이 가장 바람직한 것으로 알려져 있다.[1)]

둘째, 이제까지의 논의로 우리는 표본크기(n)와 오차율(α)이 결정되면 신뢰수준($1-\alpha$)도 자동적으로 정해지며 표본관측치를 기초로 신뢰구간값을 구함에 있어 통상적으로 오차발생 가능성을 구간의 상·하한에 양분하여 놓는다는 것을 알았다. n과 α가 주어졌을 때 표본값을 이용하여 신뢰구간을 설정하는데 필요한 마지막 단계는 바로 표본값들이 갖는 표본분포의 형태가 되는 것이다.

앞 절에서 소개한 입학생 문제에 있어 자세한 계산과정은 후에 밝히겠지만 구간추정의 결과만을 제시하면 다음과 같다.

$$P(p_L < p < p_U) = P(0.253 < p < 0.547) \fallingdotseq 0.9$$

1) Mood and Graybill, *op. cit.*, pp. 379~380 참조.

그리고

$$P(0.3 < p < 0.5) \fallingdotseq 0.736$$

90%의 신뢰도를 주는 구간추정은 0.253부터 0.547이 되므로($p>0.5$면 300점 얻은 학생은 낙방함) 대학입시 성적이 300점인 학생의 합격 여부 결정에 하등의 도움을 주지 못한다. 합격 여부가 확실해지는 최대의 구간추정치를 찾아보니 모비율이 0.3부터 0.5 사이에 있을 확률은 0.736으로 계산되었다. 이것은 이 학생이 30명의 표본을 이용하여 얻은 표본비율 0.4를 근거로 확실히 합격할 것이라고 믿는다면 이러한 결론의 정확성 또는 신뢰도는 불과 73.6% 수준밖에 안 된다는 것이다.

이제 구간추정을 하는 방법을 구체적으로 다루되 편의상 한 개의 표본을 이용하는 경우와 두 개의 표본을 이용하는 경우로 양분한 다음, 한 개의 표본 경우에는 다시 모평균·모비율 및 모분산에 대한 구간추정법과 표본크기와 최대허용오차간의 관계에 관한 내용으로 구분하여 다루기로 한다. 그리고 두 개 표본을 사용하는 경우에는 두 모평균의 차이와 두 모비율간의 차이에 대한 구간추정으로 구분하여 취급할 것이다.

3. 모평균(μ)에 대한 구간추정

구간추정을 하기 위해서는(신뢰구간을 설정하기 위해서는) 표본의 크기와 관측치, 그리고 오차율이 주어졌다 하더라도 표본값들의 특성치인 표본통계량이 어떤 분포를 따르는지를 알아야 한다. 예컨대, 모평균 μ의 구간추정을 하려면, 크기 n인 표본의 평균값($\bar{X}$)을 중심으로 α수준에 따라 신뢰구간을 설정하게 되는데, 이 때 표본통계량인 표본평균 $\bar{X}$가 어떤 분포를 따를 것인가를 확인해야 하는 것이다. 제6장의 내용에 의하면 $\bar{X}$의 분포는 모분산 σ^2이 알려져 있는지에 따라, 그리고 표본의 크기에 따라 달라진다고 한다. 따라서 모평균에 대한 구간추정은 이들 결정요인의 상황별로 다루어져야 한다.

3.1 모분산(σ^2)을 알고 있을 경우

우선 모분산이 알려진 정규모집단에서 추출된 임의 표본에 의거하여 모수 μ에 대한 신뢰구간을 설정하여 보자. μ에 대한 가장 바람직한 추정량은 표본평균($\bar{X}$)이라는 표본통계량이며, 이는 정규분포를 따르되 그 평균이 μ, 그리고

분산은 $\frac{\sigma^2}{n}$과 같아진다는 것을 제6장에서 배운 바 있다.[1] 즉,

$$\bar{X} \sim N\left(\mu_X, \ \frac{\sigma_X{}^2}{n}\right) \qquad (6.2)'(6.3)'$$

이 성립되며, 이를 표준화하면 다음과 같다.

$$Z = \frac{\bar{X} - \mu_X}{\sigma/\sqrt{n}} \sim N(0, 1) \qquad (6.2)'(6.3)'$$

따라서 우리는 표본평균의 값이 일정 구간 내에 있을 확률계산을 정규분포표를 이용하여 얻을 수 있다. 예컨대, $\bar{X}$의 값이 a와 b 사이의 구간 내에 속할 확률이 신뢰도와 같도록, 즉 $P(a < \bar{X} < b) = 1 - \alpha$가 되도록 a와 b값을 구할 수 있다. 물론 이와 같은 확률을 계산하려면 일단 표준화과정을 거쳐야 하므로 다음과 같이 바꾸어 쓸 수 있다.

$$P(a < \bar{X} < b) = 1 - \alpha \quad (\text{단}, \alpha\text{는 오차율}, a < \mu < b)$$
$$= P(a - \mu < \bar{X} - \mu < b - \mu) \quad (\text{각 항에서 } \mu\text{를 뺌})$$
$$= P\left(\frac{a-\mu}{\sigma/\sqrt{n}} < \frac{\bar{X}-\mu}{\sigma/\sqrt{n}} < \frac{b-\mu}{\sigma/\sqrt{n}}\right) \quad (\text{각 항을 양수 } \sigma/\sqrt{n}\text{로 각각 나눔})$$
$$\therefore \ P(a < \bar{X} < b) = P\left(\frac{a-\mu}{\sigma/\sqrt{n}} < Z < \frac{b-\mu}{\sigma/\sqrt{n}}\right)$$
$$= 1 - \alpha \quad \left(\because \ Z = \frac{\bar{X}-\mu}{\sigma/\sqrt{n}}\right) \qquad (7.12)$$

식 (7.12)는 $\bar{X}$가 구간 (a, b) 내에 있을 확률을 일단 표준화한 Z의 구간 $\left(\frac{a-\mu}{\sigma/\sqrt{n}}, \ \frac{b-\mu}{\sigma/\sqrt{n}}\right)$으로 변환시킨 것이다. 여기서 편의상 $\frac{a-\mu}{\sigma/\sqrt{n}} = -Z_{\alpha/2}$, 그리고 $\frac{b-\mu}{\sigma/\sqrt{n}} = Z_{\alpha/2}$라고 놓으면 결국 식 (7.12)는 다음과 같이 된다.

$$P(-Z_{\alpha/2} < Z < Z_{\alpha/2}) = 1 - \alpha \qquad (7.13)$$

식 (7.13)을 도표화한 것이 그림 7-6이다.

여기에서 결국 $Z_{\alpha/2}$는 $P(Z > Z_{\alpha/2}) = \alpha/2$, 그리고 $-Z_{\alpha/2}$는 $P(Z < -Z_{\alpha/2}) = \alpha/2$의 관계가 성립될 때의 각각의 Z값을 표시한다. 즉, 오차율을 양분하여 양쪽 극한 쪽에 설정하면 Z분포의 양쪽 꼬리부분에 $\alpha/2$의 크기로 나타나며, 따

1) 모집단이 정규분포가 아닌 상황이라도 $n \geq 30$이 성립되면 중심극한정리에 의해 통계량 $\bar{X}$의 분포는 정규분포화되므로 모분산이 알려진 경우에는 일단 이 범주 속에 속하는 것으로 본다.

그림 7-6 표준화된 표본평균의 확률구간: $\frac{\bar{X}-\mu}{\sigma/\sqrt{n}}$

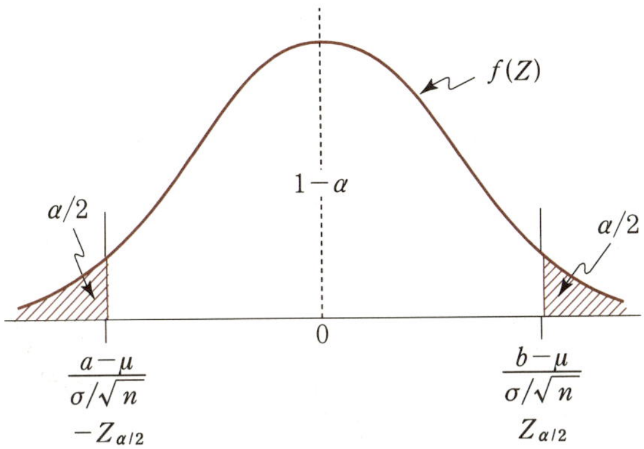

라서 $\pm Z_{\alpha/2}$는 상·하한치가 되는 것이다. 하나는 $Z_{\alpha/2}$, 그리고 다른 하나는 "−"를 붙인 $-Z_{\alpha/2}$로 표시하는 것은 Z가 그 평균인 0을 중심으로 좌우대칭이므로 0으로부터 $Z_{\alpha/2}$와 $-Z_{\alpha/2}$에 이르는 좌우거리가 같아지기 때문이다.

이제 문제는 식 (7.13)이나 그림 7-6은 표본평균의 확률구간을 나타낼 뿐 우리가 추정하고자 하는 모평균 μ에 대한 신뢰구간이 아니라는 점이다. 이 목적을 달성시키기 위하여 식 (7.13)을 변환시켜 보자.

$$
\begin{aligned}
1-\alpha &= P(-Z_{\alpha/2}<Z<Z_{\alpha/2}) \\
&= P\left(-Z_{\alpha/2}<\frac{\bar{X}-\mu}{\sigma/\sqrt{n}}<Z_{\alpha/2}\right) \\
&= P\left(-Z_{\alpha/2}\frac{\sigma}{\sqrt{n}}<\bar{X}-\mu<Z_{\alpha/2}\frac{\sigma}{\sqrt{n}}\right) \quad \left(\text{각 항에 양수인 } \frac{\sigma}{\sqrt{n}}\text{를 곱함}\right) \\
&= P\left(+Z_{\alpha/2}\frac{\sigma}{\sqrt{n}}>\mu-\bar{X}>-Z_{\alpha/2}\frac{\sigma}{\sqrt{n}}\right) \quad (\text{각 항에 } -1\text{을 곱함}) \\
&= P\left(-Z_{\alpha/2}\frac{\sigma}{\sqrt{n}}<\mu-\bar{X}<Z_{\alpha/2}\frac{\sigma}{\sqrt{n}}\right) \\
&= P\left(\bar{X}-Z_{\alpha/2}\frac{\sigma}{\sqrt{n}}<\mu<\bar{X}+Z_{\alpha/2}\frac{\sigma}{\sqrt{n}}\right) \quad (\text{각 항에 } \bar{X}\text{를 더함})
\end{aligned}
$$

$$\therefore\ P\left(\bar{X}-Z_{\alpha/2}\frac{\sigma}{\sqrt{n}}<\mu<\bar{X}+Z_{\alpha/2}\frac{\sigma}{\sqrt{n}}\right)=1-\alpha \tag{7.14}$$

변환 결과 식 (7.14)를 얻었다. 이 식이 의미하는 것은 모평균 μ가 구간 $\left(\bar{X}-Z_{\alpha/2}\cdot\frac{\sigma}{\sqrt{n}},\ \bar{X}+Z_{\alpha/2}\cdot\frac{\sigma}{\sqrt{n}}\right)$ 내에 있을 확률이 $1-\alpha$가 된다는 것으로, 바꾸어

그림 7-7 모분산이 알려진 경우의 모평균의 신뢰구간

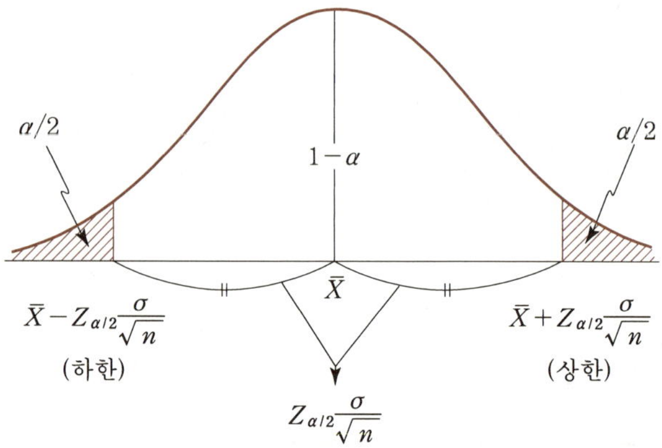

말하면 이 구간이 바로 신뢰수준이 $100(1-\alpha)\%$인 신뢰구간의 구간추정치가 되는 것이다. 즉, μ의 $100(1-\alpha)\%$의 신뢰구간은

[모분산이 알려진 경우의 모평균의 신뢰구간]

$$\bar{X}-Z_{\alpha/2}\frac{\sigma}{\sqrt{n}}<\mu<\bar{X}+Z_{\alpha/2}\frac{\sigma}{\sqrt{n}} \tag{7.15}$$

이 된다는 것이다. 이 때 상한과 하한은 표본평균 $\bar{X}$에 각각 $Z_{\alpha/2}\frac{\sigma}{\sqrt{n}}$를 더하거나 빼서 구하게 되는 것이다. 이러한 관계를 도표화하면 그림 7-7과 같다.

이상과 같은 μ의 구간추정 결과 얻을 수 있는 신뢰구간에 관한 예를 들어 보기로 하자. S대학에서 신입생의 I.Q.수준을 알아보고자 25명을 무작위추출하여 테스트한 결과 이들의 평균이 $\bar{X}=120$임을 확인하였다. 모집단의 I.Q.성적은 정규분포에 가까우며 표준편차는 $\sigma=5$라고 알려졌다면 95%의 신뢰도를 주는 μ의 구간추정치는 얼마인가? 모분산이 알려진 정규모집단으로부터의 무작위추출이므로 $\bar{X}$는 정규분포를 따를 것인바, 바로 식 (7.15)에 의거하여 답을 구할 수 있다. 즉,

$$P\left(\bar{X}-Z_{\alpha/2}\frac{\sigma}{\sqrt{n}}<\mu<\bar{X}+Z_{\alpha/2}\frac{\sigma}{\sqrt{n}}\right)=0.95$$

여기서 두 한계치는 $\bar{X}\pm Z_{\alpha/2}\frac{\sigma}{\sqrt{n}}$가 되며, 양쪽 꼬리의 면적이 $\alpha/2=0.05/2=0.025$가 되는 $\pm Z_{\alpha/2}$의 값은 표준정규분포의 누적확률표(부표 D)에서 ±1.96

그림 7-8 $\sigma=5$, $X=120$, $n=25$, $\alpha=5\%$ 경우의 μ의 신뢰구간

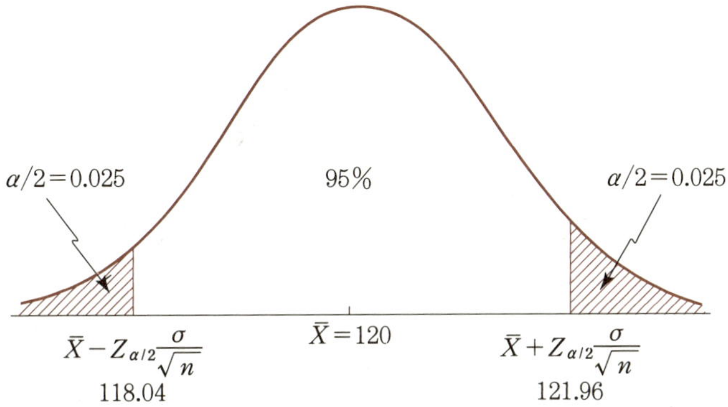

으로 확인된다. 따라서 μ의 상·하한치를 각각 μ_L과 μ_U로 표시하면

$$\mu_L=\bar{X}-Z_{\alpha/2}\frac{\sigma}{\sqrt{n}}=120-1.96\frac{5}{\sqrt{25}}=118.04$$

$$\mu_U=\bar{X}+Z_{\alpha/2}\frac{\sigma}{\sqrt{n}}=120+1.96\frac{5}{\sqrt{25}}=121.96$$

과 같아지므로, 따라서 오차허용률을 5%로 하는 μ에 대한 신뢰구간은 118.04 ~121.96이 될 것이다. 여기에서 표본에 의한 오차율(α)을 1%로 하면 이 때 $\pm Z_{\alpha/2}=2.575$이므로 99% 신뢰수준을 갖는 추정구간은 117.425~122.575가 된다. 이 구간은 앞의 것보다 넓으므로, 이 구간이 모수 μ를 포함한다는 확신은 보다 높아질 수 있는 것이다. 그러나 단순히 구간을 넓혀 신뢰수준을 높이는 것은 그 유용성의 한계가 있으므로, 비용이 크게 증가하지 않는 한 표본의 크기를 증대시켜서 같은 넓이의 구간으로도 보다 높은 신뢰수준을 유지하는 것이 바람직하다. 예컨대, 위의 예에서 100% 신뢰구간이 90~150이라면, 이는 오차의 가능성이 없다고 할 수는 있으나 별 유용성이 없는 것임에 틀림없는 것이다. 이 문제를 도표로 표시한 것이 그림 7-8이다.

이상과 같은 문제해결에 자칫하면 실수하기 쉬운 두 가지 사항을 지적해 두기로 한다.

첫째, 모집단의 규모가 유한($n\geq 0.05N$)하고 표본추출이 비복원 조건하에 이루어졌을 때에는 $\bar{X}$의 분산이 $\frac{\sigma^2}{n}\cdot\frac{N-n}{N-1}$이 되므로 식 (7.15)에 나타난 μ의 신뢰구간은 식 (7.16)과 같이 조정되어야 한다.

그림 7-9 오차율 변화와 $Z_{\alpha/2}$값

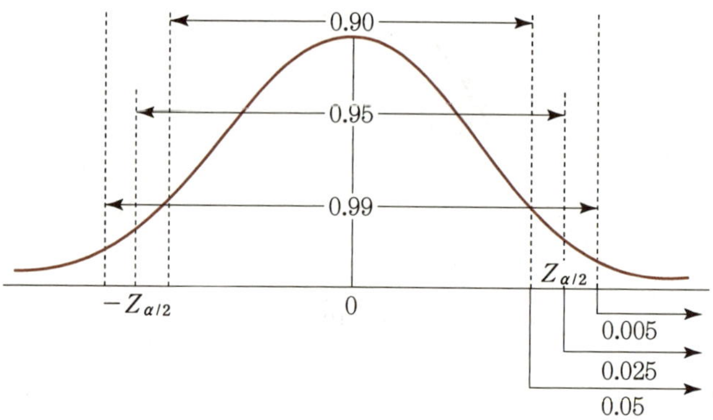

[유한모집단조정계수가 필요한 경우의 신뢰구간]

$$\bar{X}-Z_{\alpha/2}\frac{\sigma}{\sqrt{n}}\sqrt{\frac{N-n}{N-1}}<\mu<\bar{X}+Z_{\alpha/2}\frac{\sigma}{\sqrt{n}}\sqrt{\frac{N-n}{N-1}} \qquad (7.16)$$

둘째, $\pm Z_{\alpha/2}$값을 구하는 과정은 표준정규분포의 누적확률표를 이용하여 얻어진다. 예컨대, $\alpha=1\%$, 5%, 10%라고 하면 오른쪽 꼬리부분의 면적은 $\alpha/2=0.005, 0.025, 0.05$가 된다. 따라서 이에 해당하는 Z값을 찾으려면 Z의 누적확률표에서 누적확률이 각각 0.995, 0.975, 0.95가 되는 Z값을 확인하면 되는 것이다. 반면에 $-Z_{\alpha/2}$는 단지 앞에서 구한 값에 "−"를 붙이면 된다. 자주 사용되는 Z값을 독자를 위해 제공하면 표 7-2와 같다.

표 7-2 오차율과 $\pm Z_{\alpha/2}$

오차율(α)	$\pm Z_{\alpha/2}$
1%	±2.575
2%	±2.325
5%	±1.96
10%	±1.645

3.2 모분산(σ^2)이 알려지지 않고 표본크기가 작을 경우

앞의 항에서 모분산(σ^2) 또는 모표준편차(σ)가 알려진 경우 모평균에 대한 구간추정을 하는 방법에 대하여 알아보았다. 그러나 제6장에서도 지적한 바 있지만, 모평균 μ를 몰라서 이를 추정하여야 할 때에는 미지의 μ를 중심으

로 한 산포도 개념인 분산 역시 알려져 있지 않은 것으로 보아야 한다. 따라서 보다 현실적인 상황은 σ^2이 알려져 있지 않다라고 가정하는 조건하의 추정이라고 볼 수 있다. 역시 제6장에서 논의한 결과 우리는 미지의 σ 대신에 그 추정량인 s를 사용할 경우 $\bar{X}$를 표준화한 $\dfrac{\bar{X}-\mu}{s/\sqrt{n}}$는 Z보다도 분산이 큰 t를 따르며, 그 형태는 자유도 $\nu=n-1$에 따라 달라진다는 것을 배웠다. 그러므로 σ^2이 알려져 있지 않을 때 μ에 대한 신뢰구간은 t분포를 이용하여 설정되어야 할 것이다. 즉,

$$
\begin{aligned}
1-\alpha &= P(a<\bar{X}<b) \\
&= P\left(\frac{a-\mu}{s/\sqrt{n}}<\frac{\bar{X}-\mu}{s/\sqrt{n}}<\frac{b-\mu}{s/\sqrt{n}}\right) \\
&= P\left(\frac{a-\mu}{s/\sqrt{n}}<t_\nu<\frac{b-\mu}{s/\sqrt{n}}\right) \\
&= P\left(-t_{\alpha/2,\,\nu}<t_\nu=\frac{\bar{X}-\mu}{s/\sqrt{n}}<+t_{\alpha/2,\,\nu}\right) \qquad (7.17)
\end{aligned}
$$

여기서 앞 항에서와 같은 과정을 밟아 다음을 얻게 된다.

$$
P\left(\bar{X}-t_{\alpha/2,\,\nu}\frac{s}{\sqrt{n}}<\mu<\bar{X}+t_{\alpha/2,\,\nu}\frac{s}{\sqrt{n}}\right)=1-\alpha \qquad (7.18)
$$

따라서 σ^2이 알려져 있지 않다면 정규모집단에서 임의 추출된 표본의 정보를 이용하여 얻은 모평균 μ에 대한 $100(1-\alpha)\%$ 신뢰구간은 다음과 같다.

[모분산이 안 알려진 경우 모평균의 신뢰구간]

$$
\bar{X}-t_{\alpha/2,\,\nu}\frac{s}{\sqrt{n}}<\mu<\bar{X}+t_{\alpha/2,\,\nu}\frac{s}{\sqrt{n}} \qquad (7.19)
$$

여기에서 $\pm t_{\alpha/2,\,\nu}$은 자유도(ν)의 크기에 따라서 변하는 t값의 상·하한을 의미한다. 그러나 Z의 경우와는 달리 α수준 변화에 따른 $\pm t_{\alpha/2}$값을 제공할 수가 없다. 왜냐하면, $\pm t_{\alpha/2}$값이 ν에 따라 변화하기 때문이다. 따라서 표본크기에 따라 정해진 자유도를 갖는 t분포를 이용하여 각각의 t값을 찾아야 한다. 예컨대, $n=31$, 즉 $\nu=n-1=31-1=30$인 경우 오차율 $\alpha=1\%$, 5%, 10%를 허용하는 구간추정의 경우 $t_{\alpha/2}$값은 누적확률이 각각 0.995, 0.975, 0.95 되는(α를 양분하였으므로 $t_{\alpha/2}$보다 t값이 큰 확률은 각각 0.005, 0.025, 0.05 임) t값을 t의 누적확률표에서 읽으면 된다. 부표 H에서 이 경우의 t값은 각각 2.75, 2.042,

1.697 이다.

식 (7.19)가 적용되는 예를 들어 보자. 모회사에서 제작된 철관의 직경은 제작기계의 노후로 인하여 일정하지가 않다고 하자. 이제 직경을 나타내는 확률변수 X가 거의 정규분포를 따르고 있으나, 그 분산(σ^2)은 알 수 없을 때 직경의 평균에 대한 추정을 위해 100개의 표본을 추출하여 표본평균 10cm, 그리고 표본분산 $s^2=9$cm를 얻었다면 99% 신뢰수준을 갖는 모집단의 평균직경 μ의 신뢰구간은 얼마인가?

모든 여건이 바로 본항에서 다룬 조건에 부합되므로 μ의 신뢰구간은 다음과 같다.

$$\bar{X}-t_{\alpha/2,\ \nu}\frac{s}{\sqrt{n}}<\mu<\bar{X}+t_{\alpha/2,\ \nu}\frac{s}{\sqrt{n}}$$

$$10-t_{(0.005,\ 99)}\frac{3}{\sqrt{100}}<\mu<10+t_{(0.005,\ 99)}\frac{3}{\sqrt{100}}$$

$$10-2.62(0.3)<\mu<10+2.62(0.3)$$

$$\therefore\ 9.214<\mu<10.786$$

단, t의 누적확률표인 부표 H에는 $\nu=99$인 경우가 없어 그것과 가장 가까운 $\nu=120$ 경우를 이용하여 어림값을 취했다. 이 문제의 경우에도 만일 위의 구간이 실제로 별로 유용성이 없다면, 예컨대 직경의 오차가 0.5cm 이내라야 합격품이라면 위와 같은 구간이 99%의 신뢰도를 준다고 해도 아무런 효용가치가 없다. 따라서 신뢰도를 낮추어서라도, 즉 표본오차의 가능성을 보다 크게 허용해서라도 구간을 줄이던가 아니면 시간과 비용을 추가적으로 투입하여 표본규모를 늘여서 구간을 축소하여야 할 것이다. 마지막으로 지적해 두고 싶은 사항은 여기서도 유한모집단으로부터의 비복원추출표본을 이용할 경우에는 조정계수 $\sqrt{\frac{N-n}{N-1}}$이 사용된다는 것이며, 다음 항의 경우에도 마찬가지로 적용을 받는다.

3.3 모분산(σ^2)은 알려져 있지 않으나 표본크기가 클 경우

모든 여건이 3.2와 같으나 단지 표본크기가 상당히 클 경우($n\geq 30$)에는 $\frac{\bar{X}-\mu}{s/\sqrt{n}}=t$가 표준정규분포에 접근한다는 것을 우리는 역시 제6장에서 배운 바 있다. 따라서 앞의 항에서 도출된 신뢰구간은 $n\geq 30$의 경우 다음의 식을 대신 사용해도 무방하다.

[모분산은 안 알려져 있으나 표본규모가 클 경우의 모평균의 신뢰구간]

$$\bar{X} - Z_{\alpha/2}\frac{s}{\sqrt{n}} < \mu < \bar{X} + Z_{\alpha/2}\frac{s}{\sqrt{n}} \tag{7.20}$$

이것은 단지 식 (7.19)의 어림셈에 불과한 것이나, 자유도를 일일이 고려해 가며 t표를 이용하는 번거로움을 회피할 수 있다는 사용상의 편리성이 있다. 앞의 항에서 소개한 문제를 식 (7.20)을 이용하여 풀어 보면($n=100>30$ 이므로)

$$10-2.575\frac{3}{\sqrt{100}} < \mu < 10+2.575\frac{3}{\sqrt{100}}$$

$$\therefore\ 9.2275 < \mu < 10.7725$$

이다. 위의 결과에서 볼 수 있듯이 앞에서 구한 구간 9.214～10.786과 거의 같아짐을 알 수 있다.

4. 모분산(σ^2)에 대한 구간추정

상황에 따라서 우리는 모평균보다는 모분산에 대하여 더 큰 관심을 가질 수 있다. 예컨대, 철관을 생산하는 기업은 제품의 평균직경 자체보다는 생산된 제품들의 실제 직경이 어느 정도의 변화폭을 갖는지에 관하여 더 큰 관심을 가질 수 있다. 제품들을 실제 판매할 수 있으려면 기준치를 중심으로 일정 수준 이내의 오차만이 허용되는 것이 일반적인 현상이기 때문이다. 또한 한국·대만 등 흔히 중진국에 속하는 국가들의 1인당 국민소득은 대동소이하나, 소득의 분포현황은 상당한 차이를 보이고 있다고 할 때, 소득이 고소득층에 밀집되어 있는 것보다는 중간층을 중심으로 밀집되어 있는 것이 바람직하다고 경제이론은 설명하고 있다. 이 경우 특정 국가의 소득은 그 평균으로부터 어느 정도의 변화폭을 가지고 있는지를 측정하고자 한다면 이는 바로 모분산에 대한 추정문제로 귀착될 것이다.

정규모집단에서 추출한 표본의 분산(s^2)을 가지고 모분산을 추정하는 방안은 제6장에서 전개된 s^2의 분포를 이용하여 이루어진다. 즉, 우리는 $\frac{(n-1)s^2}{\sigma^2}$이 $(n-1)$의 자유도를 갖는 χ^2분포를 갖는다는 사실을 이용하게 된다.

앞에서와 마찬가지로 우선 $P(\chi^2_{1-\alpha/2} < \chi^2 < \chi^2_{\alpha/2})$가 되는 χ^2의 상·하한값

그림 7-10 χ^2분포와 한계치

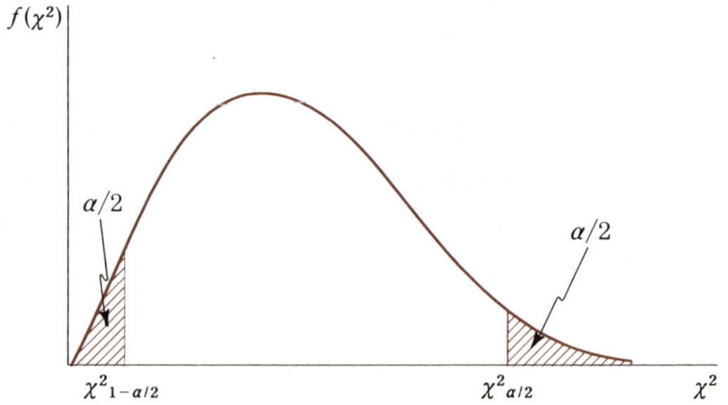

을 부표 F에 있는 누적확률표를 이용하여 n과 α값에 따라 찾는다.[1] 다음에는 $P(a<s^2<b)=1-\alpha$가 되는 확률구간을 설정한 다음, 이를 알려지지 않은 σ^2에 대한 신뢰구간으로 변환하게 된다. 이상의 과정을 수식으로 표시하면 다음과 같다. 우선

$$\begin{aligned}1-\alpha &= P(a<s^2<b)\\ &= P((n-1)a<(n-1)s^2<(n-1)b)\\ &= P\left(\frac{(n-1)a}{\sigma^2}<\frac{(n-1)s^2}{\sigma^2}<\frac{(n-1)b}{\sigma^2}\right)\end{aligned}$$

$$\therefore\ 1-\alpha = P(\chi^2_{1-\alpha/2}<\chi^2<\chi^2_{\alpha/2}) \qquad (7.21)$$

한편,

$$\begin{aligned}1-\alpha &= P(\chi^2_{1-\alpha/2}<\chi^2<\chi^2_{\alpha/2})\\ &= P\left(\chi^2_{1-\alpha/2}<\frac{(n-1)s^2}{\sigma^2}<\chi^2_{\alpha/2}\right)\\ &= P\left(\frac{1}{\chi^2_{1-\alpha/2}}>\frac{\sigma^2}{(n-1)s^2}>\frac{1}{\chi^2_{\alpha/2}}\right)\end{aligned}$$

(각 항의 역수를 취하면 부등호 방향이 바뀜)

---

1) χ^2분포는 모두 양의 값을 갖기 때문에 평균 0을 중심으로 좌우대칭인 Z나 t 경우처럼 $Z_{\alpha/2}$나 $t_{\alpha/2}$를 구하여 단지 "$-$"를 붙여 한계값을 구할 수는 없다. 따라서 $\chi^2_{\alpha/2}$는 $P(\chi^2>\chi^2_{\alpha/2})=\alpha/2$, 그리고 $\chi^2_{1-\alpha/2}$는 $P(\chi^2<\chi^2_{1-\alpha/2})=\alpha/2$가 되는 χ^2값들을 별도로 각각의 표를 이용하여 찾아야 한다. 여기서 χ^2밑에 쓰여진 부호는 각 극한치값 오른편에 있는 면적을 나타낸다고 보면 기억하기가 편리할 것이다.

$$\therefore\ 1-\alpha=P\left(\frac{(n-1)s^2}{\chi^2_{\alpha/2}}<\sigma^2<\frac{(n-1)s^2}{\chi^2_{1-\alpha/2}}\right) \tag{7.22}$$

(각 항에 $(n-1)s^2$을 곱함)

이 된다.

따라서 모분산 σ^2에 대한 $100(1-\alpha)\%$ 신뢰구간은 다음과 같이 표현될 수 있다.

[모분산에 대한 신뢰구간]

$$\frac{(n-1)s^2}{\chi^2_{\alpha/2}}<\sigma^2<\frac{(n-1)s^2}{\chi^2_{1-\alpha/2}} \tag{7.23}$$

모분산추정의 예를 들어 보자. 앞에서 이용한 정규분포를 따르는 철관의 직경문제에서 모분산이 알려져 있지 않기 때문에 이를 추정하고자 표본 100개를 임의 추출하여 관측한 결과 표본분산 $s^2=9$임이 밝혀졌다면 σ^2의 99% 신뢰구간은 어떻게 될까? 식 (7.23)을 이용하면 다음과 같다.

$$\frac{(n-1)s^2}{\chi^2_{\alpha/2}}<\sigma^2<\frac{(n-1)s^2}{\chi^2_{1-\alpha/2}}$$

$$\frac{(100-1)9}{140.2}<\sigma^2<\frac{(100-1)9}{67.33}$$

$$6.36<\sigma^2<13.23$$

즉, 모분산 σ^2, 다시 말해서 모집단에서의 철관의 직경값들이 갖는 분산값의 99% 신뢰도를 갖는 구간추정치는 6.36~13.23이 된다. 여기서 두 한계값이 표본분산 9로부터 거리가 서로 다른 이유는(상한이 더 멀리 떨어짐), χ^2분포가 오른쪽으로 길게 경사진(positively skewed; skewed to the right) 형태를 취하기 때문이다.

5. 모비율(p)에 대한 구간추정

이상에서 우리는 가장 중요한 모집단의 특성치 두 개, 즉 모평균과 모분산에 대한 추정방법에 대하여 알아보았다. 한편, 여기에서 개발된 구간추정법은 이항분포를 따르는 이산변량문제에도 적용될 수가 있다. 즉, 표본의 규모 n이 무한수에 접근하면 이항분포는 정규분포와 흡사하게 된다는 사실을 이용하여 우리는 모집단에 속한 두 종류의 구성요소 중 하나가 차지하는 비율, 즉 모비율에 대한 추정을 할 수 있다. 예컨대, 모집단에서 흡연자비율, 특정 후보를 지지하는 유권자비율, 생산품의 불량품비율 등의 문제를 우리는 표본정보를 이용하여 추정할 수 있는 것이다.

역시 제6장에서 우리는 표본비율 $\hat{p}=\frac{X}{n}$(n은 시행횟수, X는 성공횟수 또는 특정 요소의 발생건수)은 $n\to\infty$에 따라 정규분포를 따르며, 평균은 $E[\hat{p}]=p$, 그리고 분산은 $\text{Var}(\hat{p})=\frac{pq}{n}$가 됨을 확인한 바 있다. 즉,

$$\hat{p}\sim N\left(p,\ \frac{pq}{n}\right) \tag{6.9$'$}$$

따라서 이를 표준화하면 다음과 같이 된다.

$$Z=\frac{\hat{p}-p}{\sqrt{\frac{pq}{n}}}\sim N(0,\ 1) \tag{6.15$'$}$$

그러므로 모평균에 대한 신뢰구간을 설정하기 위해서 밟았던 과정을 적용할 수 있다. 즉,

$$\begin{aligned}1-\alpha&=P(a<\hat{p}<b)\\&=P\left(-Z_{\alpha/2}<Z=\frac{\hat{p}-p}{\sqrt{\frac{pq}{n}}}<Z_{\alpha/2}\right)\\&=P\left(-Z_{\alpha/2}\sqrt{\frac{pq}{n}}<\hat{p}-p<Z_{\alpha/2}\sqrt{\frac{pq}{n}}\right)\\&=P\left(\hat{p}-Z_{\alpha/2}\sqrt{\frac{pq}{n}}<p<\hat{p}+Z_{\alpha/2}\sqrt{\frac{pq}{n}}\right)\end{aligned} \tag{7.24}$$

가 되므로 모비율에 대한 $100(1-\alpha)\%$ 신뢰구간은 다음과 같은 형태를 갖게 된다.

$$\hat{p}-Z_{\alpha/2}\sqrt{\frac{pq}{n}}<p<\hat{p}+Z_{\alpha/2}\sqrt{\frac{pq}{n}} \tag{7.25}$$

그러나 여기 한 가지 문제가 있다. 알려지지 않은 p에 대한 구간추정을 위해 우리는 표본비율 $\hat{p}$을 구하고, 여기에서 $Z_{\alpha/2}\sqrt{\frac{pq}{n}}$값을 더하거나 빼서 상·하한을 설정하게 된다. 그러나 p는 아직 알려지지 않았기 때문에 $\sqrt{\frac{pq}{n}}$값을 알 길이 없다. 따라서 p에 대한 추정치인 $\hat{p}$(따라서 $q=1-p$는 $\hat{q}=1-\hat{p}$으로)에 의해 대체시켜 계산할 수밖에 없다. 따라서 최종적인 p에 대한 구간추정공식은 다

음과 같아진다.

[모비율에 대한 신뢰구간]

$$\hat{p}-Z_{\alpha/2}\sqrt{\frac{\hat{p}\hat{q}}{n}}<p<\hat{p}+Z_{\alpha/2}\sqrt{\frac{\hat{p}\hat{q}}{n}} \tag{7.26}$$

이제 식 (7.26)을 이용하여 제 3 절 말미에 소개되어 계산과정의 설명 없이 제 4 절 서두에 결과만을 제시했던 문제를 해결해 보기로 한다.

총지원자 200 명 중에 30 명을 추출한 결과 이 중 300 점 이상의 수능 성적을 얻은 학생은 12 명이었다. 총지원자 중 300 점 이상 득점자비율이 90% 신뢰도를 갖는 구간추정을 위해서 식 (7.26)을 이용하여 계산하면 다음과 같다.

$$\hat{p}-Z_{\alpha/2}\sqrt{\frac{\hat{p}\hat{q}}{n}}<p<\hat{p}+Z_{\alpha/2}\sqrt{\frac{\hat{p}\hat{q}}{n}}$$

$$0.4-1.645\sqrt{\frac{(0.4)(0.6)}{30}}<p<0.4+1.645\sqrt{\frac{(0.4)(0.6)}{30}}$$

$$0.253<p<0.547$$

이전에도 지적한 바가 있듯이 이 구간추정치는 90%의 확신을 가져다 줄 수 있으나 수능 성적이 300 점인 학생은 300 점 이상이 0.5 이하의 비율이어야 합격할 수 있으므로 위에서 구한 구간추정 결과는 별 효용이 없는 것이 된다. 신뢰구간을 축소시키자면 오차허용률 α를 높이는 방안이 있으나 의사결정에 도움이 되는 구간(p값의 추정구간이 0.5 이하에서만 성립되는 경우)의 신뢰수준은 겨우 74%에도 미치지 못한다. 즉,

$$P(0.3<p<0.5)\fallingdotseq 0.736$$

이 되어 결국 이 문제에서 신뢰도를 위축시키지 않고 신뢰구간을 유용한 수준 내로 끌어들이기 위한 방법은 어렵더라도 표본의 크기 n을 증대시켜 표본오차를 줄이는 방안밖에 없다. 30 명이라는 소규모 표본의 정보만으로는 유용한 결론을 얻을 수 없는 예인 것이다.

이 문제와 관련하여 한 가지 더 부연하여 설명할 필요가 있는 것은 앞의 모평균의 추정에서 항상 그러하였듯이 유한모집단으로부터 비복원추출을 하였을 경우에는 유한모집단 조정계수 $\sqrt{\frac{N-n}{N-1}}$을 사용해야 한다는 점이다. 위의 문제에선 $N=200$, $n=30$이므로 n은 N의 15%수준이다. 따라서 조정계수의 사

용을 권장하는 한계수준(5%)을 상회하기 때문에 조정계수의 사용이 요구된다. 또한 결과가 유용성 있는 수준 내의 구간을 나타낸다면 조정계수의 사용 후 어떻게 변화하는지 확인할 필요가 있을 것이다.

위 예에서 비복원추출을 가정하고 일단 유한모집단 조정계수를 이용하여 300점 이상 득점자비율에 대한 90% 신뢰구간을 계산하면 다음과 같다.

$$\hat{p}-Z_{\alpha/2}\sqrt{\frac{\hat{p}\hat{q}}{n}}\sqrt{\frac{N-n}{N-1}}<p<\hat{p}+Z_{\alpha/2}\sqrt{\frac{\hat{p}\hat{q}}{n}}\sqrt{\frac{N-n}{N-1}} \qquad (7.26)'$$

$$0.4-1.645\sqrt{\frac{(0.4)(0.6)}{30}}\sqrt{\frac{200-30}{200-1}}<p<0.4+1.645\sqrt{\frac{(0.4)(0.6)}{30}}\sqrt{\frac{200-30}{200-1}}$$

$$0.264<p<0.536$$

예상했던 대로 계산 결과는 유한모집단 조정계수를 사용하지 않았을 때와 다소의 차이를 보여주고 있으나 유한모집단 조정계수의 사용이 문제해결에 결정적인 역할을 담당하지는 못하는 상황이라 볼 수 있다.

6. 표본크기(n)와 최대허용오차간의 관계

지금까지 우리는 모평균의 구간추정에 대한 세 가지, 모분산의 구간추정, 그리고 모비율의 구간추정 등 모두 다섯 가지의 신뢰구간 도출을 위한 공식을 개발해 보았다. 이것으로써 하나의 표본을 이용하여 구간추정을 하는 대표적인 경우는 마친 셈이다.

그런데 이러한 과정은 일반적으로 일단 크기 n인 표본관측치가 주어지면 추정하려는 모수에 대한 추정량을 결정하고, 이 추정량($\bar{X}$, s^2, $\hat{p}$, …)이 어떤 표본분포를 따르는지를 확인하여 오차를 α수준 정도로 허용하는 신뢰구간을 도출하는 것이었다. 예컨대, 모평균 μ에 대한 추정은 표본의 크기 n과 표본평균 $\bar{X}$, 그리고 오차율 α와 $\bar{X}$가 따르는 확률분포 등 네 가지 정보에 의해 이루어지는 것이다.

그러나 경우에 따라서는 위와 같은 과정에 의해 도출된 아주 높은 신뢰수준을 갖는 신뢰구간이라 하더라도 의사결정에 하등의 도움을 주지 못하는 것을 앞의 항에서 본 적이 있다. 즉, 추정 결과로 얻어진 신뢰구간이 주어진 신뢰수준을 유지하면서 특정 범위 내에 포함되어야 하는 경우가 간혹 있는 것이다. 이 문제는 결국 표본의 크기 n을 증대시킴으로써 해결이 가능하다는 생각을 주의깊은 독자라면 느낄 수 있으리라 믿는다. 따라서 유지하고 싶은 신뢰수준하에서 모수의 추정치($\hat{\theta}$)와 모수(θ) 사이에 존재하는 최대차이 또는 최대오차(maximum difference)를 어느 정도 허용할 것인가에 따라 최소한 요구되는 표본의 크기를 결정하여야 할 필요성이 제기된다.

이제 첫째로 얼마의 신뢰수준을 갖기 원하는가? 그리고 둘째로는 θ추정에 있어서 최대오차($|\hat{\theta}-\theta|=D$)를 어느 정도 허용할 것인가? 하는 문제에 대하여 일정한 기준이 세워졌다고 보고 이들 조건을 달성시키는 표본크기를 구하는 방법에 대하여 알아보기로 한다.

6.1 모평균(μ)에 대한 구간추정의 경우

모평균에 대한 구간추정을 하는 경우에는 역시 세 가지 상황으로 구분하여 다루어질 수 있다.

6.1.1 모집단이 정규분포이고 모분산(σ^2)이 알려진 경우

이 조건하에서 모평균 μ에 대한 $100(1-\alpha)\%$의 신뢰구간은

$$\bar{X}-Z_{\alpha/2}\frac{\sigma}{\sqrt{n}}<\mu<\bar{X}+Z_{\alpha/2}\frac{\sigma}{\sqrt{n}} \qquad (7.15)'$$

위의 식을 다소 변형하면 다음을 얻을 수 있다.

$$-Z_{\alpha/2}\frac{\sigma}{\sqrt{n}}<\bar{X}-\mu<Z_{\alpha/2}\frac{\sigma}{\sqrt{n}} \qquad (7.15)''$$

따라서 정규분포는 좌우대칭이기 때문에 $|\bar{X}-\mu|=D$, 즉 오차의 절대값이 주어진 n에서 취할 수 있는 최대값은 $Z_{\alpha/2}\frac{\sigma}{\sqrt{n}}$가 된다. 이제 $D=Z_{\alpha/2}\frac{\sigma}{\sqrt{n}}$라고 놓고, 이를 만족시키는 n의 값을 찾기 위해 n에 대하여 풀면 다음 식을 얻는다.

$$n=\frac{Z_{\alpha/2}^2\cdot\sigma^2}{D^2} \qquad (7.27)$$

식 (7.27)을 만족시키는 n은, 따라서 최대오차가 D를 넘지 않을 확률이 $100(1-\alpha)\%$인 신뢰구간을 얻게 해줄 것이다.

예컨대, 모분산이 9인 정규모집단에서 추출한 표본의 평균($\bar{X}$)을 가지고 모평균(μ)을 추정하되 최대오차가 1을 넘지 않으리란 확신을 99%할 수 있는 신뢰구간을 찾으려 한다면 표본의 크기는 최소한 얼마나 되어야 하는가?

$$Z_{\alpha/2}=2.575\ (\because\ \alpha/2=0.005),\ D=1,\ \sigma=\sqrt{9}=3 \text{ 이므로}$$

$$n=\frac{(2.575)^2\cdot(9)}{1^2}=59.675625$$

따라서 위의 조건을 만족시키는 최소한의 표본규모는 $n=60$이 된다. $n\geq 59.675625$가 되는 최소의 정수가 60이며, 표본크기란 소수가 될 수 없기 때문이다.

6.1.2 모집단이 정규분포가 아니지만 모분산(σ^2)이 알려진 경우

이 조건하에서도 중심극한정리에 의해 $\bar{X}$는 $n\geq 30$ 경우에 정규분포를 따른다고 볼 수 있으므로 모집단이 정규분포인 경우와 동일한 공식이 도출되고 또한 적용될 수 있다. 단, 식 (7.27)을 이용하되 구해진 결과가 $n\geq 30$이 되는지를 반드시 확인해야 한다. n이 30이 넘으면 이러한 어림셈은 타당하다고 볼 수 있으나, 그렇지 못하면 중심극한정리가 적용될 수 없기 때문에 $Z_{\alpha/2}$값을 이용할 수 없어서 얻어진 결과는 신뢰할 수 없는 것이 되어 버린다.

6.1.3 모집단이 정규분포이나 모분산(σ^2)이 알려져 있지 않은 경우

이번에는 모집단은 정규분포를 따르나 모분산이 알려지지 않은 경우를 고려해 보자. 앞에서의 논의 결과에 따르면, 이 경우 μ에 대한 신뢰구간은 다음과 같다.

$$\bar{X}-t_{\alpha/2,\nu}\frac{s}{\sqrt{n}}<\mu<\bar{X}+t_{\alpha/2,\nu}\frac{s}{\sqrt{n}} \tag{7.19$'$}$$

이 식을 다소 변형하면

$$-t_{\alpha/2}\cdot\frac{s}{\sqrt{n}}<\bar{X}-\mu<t_{\alpha/2}\cdot\frac{s}{\sqrt{n}} \tag{7.19$''$}$$

가 된다. t분포 또한 평균이 0이고 이것을 중심으로 해서 좌우대칭이므로, 이때 최대허용오차의 절대값은 $|\bar{X}-\mu|=D=t_{\alpha/2}\cdot\frac{s}{\sqrt{n}}$가 된다. 이를 n에 대하여 정리하면 다음 식을 얻는다.

$$n=\frac{t_{\alpha/2}^2\cdot s^2}{D^2} \tag{7.28}$$

그러나 이 식은 이용할 수가 없다. 왜냐하면, 첫째 t값은 자유도 $\nu=n-1$에 의존하는데 아직 n값이 결정되지 않았고, 둘째 $s^2=\frac{1}{n-1}\Sigma(X_i-\bar{X})^2 f_i$ 또한 미지수로 되어 있는 n값에 의해 결정되므로 표본을 아직 추출하지 않은 현 단계에서는 위의 공식은 아무 가치가 없기 때문이다. 따라서 다른 방법을 강구해야 하는데 이 책에서는 수준문제상 생략하기로 한다.

6.2 모비율(p)에 대한 구간추정의 경우

모비율을 추정하는 경우에도 모평균추정의 경우에서처럼 최대오차를 일정한 한도 내에서 유지시킬 수 있는 표본크기의 결정과정을 밟을 수 있다. $n \geq 30$의 경우 $\hat{p} \sim N\left(p, \frac{pq}{n}\right)$이기 때문에 p에 대한 신뢰구간은 다음과 같이 도출된 바가 있다.

$$\hat{p} - Z_{\alpha/2}\sqrt{\frac{\hat{p}\hat{q}}{n}} < p < \hat{p} + Z_{\alpha/2}\sqrt{\frac{\hat{p}\hat{q}}{n}} \tag{7.26)'$$

따라서

$$-Z_{\alpha/2}\sqrt{\frac{\hat{p}\hat{q}}{n}} < \hat{p} - p < Z_{\alpha/2}\sqrt{\frac{\hat{p}\hat{q}}{n}} \tag{7.26)''$$

이 되고, 최대오차 $D = |\hat{p} - p| = Z_{\alpha/2}\sqrt{\frac{\hat{p}\hat{q}}{n}}$와 같아진다. 마찬가지 방법으로 이 식을 n에 대해서 풀면 다음의 식을 얻는다.

$$n = \frac{Z^2_{\alpha/2} \cdot \hat{p}\hat{q}}{D^2} \tag{7.29}$$

그러나 여기에도 문제가 있다. 즉, 아직 표본을 뽑기 전이므로 표본비율 $\hat{p}$은 알 수 없다는 것이다. 이 문제를 해결하는 일반적인 방안으로서 우리는 $\hat{p}\hat{q}$이 취할 수 있는 최대값을 사용하게 된다. $\hat{p}\hat{q}$이 최대가 되는 것은 이 둘의 값이 같은 $\hat{p} = \hat{q} = \frac{1}{2}$일 때이므로 다음 관계식이 성립된다.

$$n = \frac{Z^2{}_{\alpha/2}\left(\frac{1}{2}\right)\left(\frac{1}{2}\right)}{D^2} = \frac{Z^2_{\alpha/2}}{4D^2} \geq \frac{Z^2_{\alpha/2} \cdot \hat{p}\hat{q}}{D^2} \tag{7.30}$$

따라서 $n = \frac{Z^2_{\alpha/2}}{4D^2}$을 이용하여 문제를 해결할 수 있다. 단, 여기서도 $n \geq 30$이 되어야 계산 결과가 의미가 있는 것이며, 만약 $n < 30$이라면 이항분포의 정규분포에 의한 근사치 계산이 성립되지 않으므로 아무런 의미가 없다.

앞에서 이용한 대학입시 문제를 다시 한번 고려해 보자. 최대오차를 0.1

이내로 하면서 90% 신뢰할 수 있는 모비율에 대한 구간추정 결과를 얻으려면 표본의 크기는 얼마나 되어야 할까? 이전에는 총 200명 응시자 중에 30명을 뽑아 그 중 12명이 300점 이상임을 확인한 뒤, 이를 이용하여 90% 신뢰구간을 도출하였으나 의사결정에 도움이 못 되는 결과를 가져왔던 점을 상기하라. 이제 위의 식 (7.30)을 이용하면

$$n=\frac{Z_{\alpha/2}^2}{4D^2}=\frac{(1.645)^2}{4(0.1)^2}\fallingdotseq 67.65$$

따라서 표본크기가 이 경우에는 최소한 68명이 되어야 한다는 것을 알 수 있다. 이 답은 $n>30$이 되므로 일단 취할 수 있다.

그러면 이 결과를 증명하는 견지에서 구간추정을 하되 68명의 표본을 뽑았다고 문제를 바꾸어 보자. 이 중에 40%가 300점 이상 득점자로 밝혀졌을 때 90%의 신뢰구간을 결정해 보자.

$$\hat{p}-Z_{\alpha/2}\sqrt{\frac{\hat{p}\hat{q}}{n}}<p<\hat{p}+Z_{\alpha/2}\sqrt{\frac{\hat{p}\hat{q}}{n}}$$

$$0.4-1.645\sqrt{\frac{(0.4)(0.6)}{68}}<p<0.4+1.645\sqrt{\frac{(0.4)(0.6)}{68}}$$

$$0.3023<p<0.4977$$

예상했던 대로 $|\hat{p}-p|=D=0.0977$로 0.1보다 작은 수준이 유지되었음을 알 수 있다. 그리고 이제 비로소 90% 신뢰구간이 의사결정상 의미가 있는 추정치가 도출될 것이다. 즉, 총지원자 중 300점 이상자의 비율은 0.3023~0.4977 사이에 있을 가능성이 90%이므로 300점을 얻은 학생은 합격할 수 있다는 확신을 90%수준에서 가질 수 있는 것이다. 그러나 결과적으로 볼 때 원칙적으로 이 문제는 표본크기가 유한모집단의 약 34%에 달하므로 유한모집단의 조정계수를 사용해야 된다. 따라서

$$n=\frac{Z_{\alpha/2}^2}{4D^2}\cdot\frac{N-n}{N-1}=67.65\times\frac{132}{199}\fallingdotseq 44.87$$

이 되므로 $n\geq 45$라야 한다.

$n\geq 45$의 규모로 구간추정을 다시 하면, p의 한계치 $p_c=\hat{p}\pm Z_{\alpha/2}\sqrt{\frac{\hat{p}\hat{q}}{n}}\sqrt{\frac{N-n}{N-1}}$ $=0.4\pm 1.645\sqrt{\frac{0.24}{45}}\sqrt{\frac{155}{199}}\fallingdotseq 0.4\pm 0.1$이 되어 전과 같은 수준의 구간추정치를 갖게 된다.

7. 두 개의 표본을 이용하여 추정하는 경우

이제까지 우리는 하나의 표본을 이용하여 모집단의 평균이나 분산, 그리고 비율에 관하여 구간추정치를 계산하는 방법을 모색해 왔다. 그러나 경우에 따라서는 독립적으로 추출된 두 개의 표본을 이용하여 이들 표본이 속해 있던 모집단의 모평균들이나 모비율들의 차이에 대해 신뢰구간을 설정할 필요가 생길 것이다.

예컨대, 두 표본평균의 차이($\bar{X}_1-\bar{X}_2$)를 가지고 ($\mu_1-\mu_2$)에 대하여 추정을 하는 경우를 들 수 있다. 이러한 문제를 해결하기 위해서는 우선 ($\bar{X}_1-\bar{X}_2$)라는 새로운 확률변수가 도대체 어떤 분포를 따를 것인지를 확인해야 하고, 또 그 확인을 위해서는 모집단에 관한 정보가 어떤 것인지 알아내야 할 것이다. 이러한 내용의 분석은 원래 제6장 말미에서 다루어져야 할 것이나, 제6장의 내용이 지나치게 방대해져서 생략했던 것이다. 그러나 이와 같은 모평균 및 모비율들간의 차이에 관한 통계적 추론은 추정의 경우보다는 주로 검정에서 다루어지므로, 여기에 대한 논의는 제8장으로 미루기로 한다.

제 5 절 요 약

본장은 추측통계의 핵심적인 내용인 추정문제, 즉 표본정보에 의거한 표본통계량의 값을 이용하여 모집단의 특성치인 모수에 대한 추론을 수행하는 과정과 관련된 제반문제를 다루었다.

추정에 사용되는 추정량은 일반적으로 불편성 · 효율성 및 일관성 등과 같은 바람직한 특성을 갖춘 것이어야 하며, 가장 빈번하게 이용되는 대표적 추정량인 표본평균($\bar{X}$) · 표본비율($\hat{p}$) 및 표본분산(s^2)은 모두 이러한 특성을 갖고 있는 통계량임이 확인되었다.

추정에는 점추정과 구간추정이 있으나 통상적으로 추정은 후자의 형태로 이루어진다. 구간추정은 표본통계량의 분포를 이용하여 점추정치를 중심으로 일정 구간을 설정함으로써 성립된다. 이렇게 설정된 추정구간이 항상 실제 모수값을 포함할 수는 없으며, 실제 모수값이 구간 내에 포함되지 못할 가능성을 오차율, 그리고 실제 모수값이 구간 내에 포함될 확률을 신뢰수준 또는 신뢰도라 한다.

표 7-3 구간추정공식의 종합

추정대상	추정량	구간추정(신뢰구간)	비 고
μ	$\bar{X}$	$\bar{X}-Z_{\alpha/2}\frac{\sigma}{\sqrt{n}}<\mu<\bar{X}+Z_{\alpha/2}\frac{\sigma}{\sqrt{n}}$	모분산(σ^2)이 알려진 경우
		$\bar{X}-t_{\alpha/2}\frac{s}{\sqrt{n}}<\mu<\bar{X}+t_{\alpha/2}\frac{s}{\sqrt{n}}$	모분산이 미지이고, 표본규모가 작을 때($n<30$)
		$\bar{X}-Z_{\alpha/2}\frac{s}{\sqrt{n}}<\mu<\bar{X}+Z_{\alpha/2}\frac{s}{\sqrt{n}}$	모분산이 미지이나 표본규모가 클 때($n\geq30$)
p	$\hat{p}$	$\hat{p}-Z_{\alpha/2}\sqrt{\frac{\hat{p}\hat{q}}{n}}<p<\hat{p}+Z_{\alpha/2}\sqrt{\frac{\hat{p}\hat{q}}{n}}$	$n\geq30$ 이어야 함
σ^2	s^2	$\frac{(n-1)s^2}{\chi^2_{\alpha/2}}<\sigma^2<\frac{(n-1)s^2}{\chi^2_{1-\alpha/2}}$	

실제 구간추정에 사용할 통계량은, 예컨대 모평균에 대한 추정의 경우에는 모집단의 분포 형태, 모분산의 값이 알려져 있는지 여부, 그리고 표본의 크기 등에 따라 Z 또는 t분포를 선정하여 이용한다. 한편, 모비율에 대한 추정에는 Z분포, 그리고 모분산에 대한 추정에는 χ^2분포를 각각 활용하며, 이와 같은 통계량의 선정은 전적으로 제6장의 표본통계량의 확률분포에 근거하여 이루어진다.

독자의 편의를 위하여 본장에서 제시된 각종 구간추정공식을 표 7-3과 같이 정리하였다. 그러나 이와 같은 공식을 이용해 도출한 구간추정이 높은 신뢰수준을 갖는다 하더라도 경우에 따라서는 의사결정에 아무런 도움이 되지 못할 수 있다. 즉, 도출된 구간추정이 갖는 최대오차가 허용할 수 있는 한계를 넘어설 수 있기 때문이다. 이러한 문제는 결국 표본규모를 확대시킴에 의해 해결할 수 있으며, 이러한 목적으로 식 (7.27)과 식 (7.30)과 같은 최소표본규모의 크기를 결정하는 공식이 활용되고 있다.

복습문제

[1] 바람직한 추정량의 네 가지 기본특성을 간략히 설명하라.

[2] 다음 용어의 개념을 비교·설명하라.
1) 추정량과 추정치
2) 점추정과 구간추정
3) BLUE와 최량추정량
4) 평균평방오차와 일치성
5) 최우법과 최소자승법(제10장 참조)
6) 신뢰수준과 오차율
7) 신뢰구간과 임계치

[3] 표본크기와 최대허용오차간의 관계를 간략히 설명하라.

[4] 표본평균은 바람직한 추정량의 특성 중 어떤 특성을 가지고 있는지 답하고 그 이유를 밝혀라.

[5] $\hat{\sigma}^2=\frac{1}{n}\Sigma(X_i-\bar{X})^2$은 왜 σ^2에 대한 불편추정량이 되지 못하는지를 밝혀라.

[6] 다음을 만족시키는 Z_α값을 구하라.
1) $P(Z>Z_\alpha)=0.01$
2) $P(Z<-Z_\alpha)=0.025$

[7] $Z_{\alpha/2}=2.05$가 되는 α값은?

[8] 모회사 근로자들의 건강상태 평가방안의 일환으로 9명을 무작위선정하여 연간 병원출입횟수를 조사한즉 3, 2, 4, 4, 0, 8, 9, 1, 5로 밝혀졌다. 병원출입횟수에 대한 모평균의 99% 신뢰구간을 구하고 SAS를 이용하여 결과를 확인하라.

[9] D회사 소형승용차 25대를 임의선정하여 시험주행한 결과 l당 평균주행거리가 16km, 그리고 분산이 9km로 밝혀졌다.
1) 모평균에 대한 95% 신뢰구간을 구하라.
2) 36대를 시험주행한 결과 또한 위와 같다면 이 때 신뢰구간은 어떻게 되며 전에 비해 어떤 변화가 발생하는지 또한 왜 그러한 변화가 발생하는지를 설명하라.

[10] 농촌지역의 인터넷 사용 실태를 파악하고자 인터넷가입자 중 100가구를 임의선정, 조사해 본즉 40가구가 초고속인터넷에 가입하고 있음이 밝혀졌다고 하자. 인터넷을 사용하고 있는 전체 농가 중 초고속인터넷에 가입하

고 있는 농가비율의 80% 신뢰구간을 구하라.

[11] 한국담배인삼공사에서 새로 나온 K담배는 개피당 니코틴 함량의 표준편차가 2mg이라고 한다. 평균니코틴 함량을 추정함에 있어 최대허용오차를 0.4mg 이내로 하는 90% 구간추정을 제시하려면 표본의 크기는 최소한 어느 정도이어야 하나?

[12] 도시가스 배관을 생산하는 업체가 생산기의 정밀도를 확인하고자 30개의 표본을 임의추출하여 직경을 조사한 결과 표준편차가 0.005cm로 밝혀졌다. 모집단의 분산에 대한 95% 신뢰구간을 구하라.

[13] $\sum X=200$, $\sum X^2=895$, $n=100$ 일 때

1) μ에 대한 95% 신뢰구간은?

2) σ^2에 대한 95% 신뢰구간은?

연습문제

[1] 세 관측점으로 구성된 표본에 내재된 정보를 가지고 모평균(μ)에 대하여 다음과 같은 세 가지 추정량을 고안하였다.

$$\bar{X}=\frac{1}{3}X_1+\frac{1}{3}X_2+\frac{1}{3}X_3$$

$$\hat{X}=\frac{1}{4}X_1+\frac{1}{4}X_2+\frac{1}{2}X_3$$

$$\tilde{X}=\frac{1}{4}X_1+\frac{1}{4}X_2+\frac{1}{4}X_3$$

1) 이들 중 불편추정량은?

2) 불편추정량이 되기 위한 조건은 무엇이라고 보는가?

3) 각 추정량의 분산은?

4) 가장 효율적인 추정량은? 즉, 불편추정량 중 최소분산을 갖는 것은?

[2] 영업세 자진납부를 한 어느 상점의 시간당 매출액을 평가하고자 임의로 선정한 100시간에 걸쳐 관측한 결과 평균은 $\bar{X}=10$만 원, 분산은 $s_X^2=9$만 원으로 집계되었다고 하자.

1) 시간당 평균매출액에 대한 80% 신뢰구간을 구하라.

2) 관측치 중 20%가 12만 원을 넘어섰다면 전체 시간당 매출액 중 12만 원을 넘어서는 매출액의 비율에 대한 90% 신뢰구간은?

[3] 서울시내 대학교 재학생 중 100명을 임의선정하여 조사한 결과 20명만이

자기 집에서 거주하고 있음이 밝혀졌다고 하자. 전체 학생 중 자가거주생 비율에 대한 99% 신뢰구간을 구하라.

[4] $E[s^2]=\sigma^2$일 때, $E[s]=\sigma$가 성립되는지 여부를 밝히고 그 이유와 의미를 설명하라.

[5] 어느 학용품회사가 만들어 낸 20cm 자의 정확성을 평가하고자 그 회사 제품 50개를 수거하여 표준편차를 구해 본즉 0.001cm로 밝혀졌다고 하자. 모분산에 대한 99% 신뢰구간을 구하라.

[6] M사가 새로 개발하는 승용차는 시간당 최고 150km를 주파할 수 있도록 고안되었다고 한다. 과거의 실적으로 보아 M사 제품의 승용차는 시간당 속도의 표준편차가 10km로 알려졌다고 가정하자. 신형승용차의 최고속도에 대한 평가를 위해 표본검사를 시행할 때 만일 최대허용오차를 2km 이내로 하는 99% 신뢰수준을 유지하는 추정을 하려면 적어도 몇 개의 표본이 필요한가?

[7] X_1과 X_2는 서로 독립적인 확률변수로 각각 모수 λ로 특징지어지는 포아송분포를 따른다고 하자. 이 두 변수의 평균은 λ에 대한 불편추정량이 되는지 밝혀라.

[8] 만일 $\hat{\theta}$이 θ에 대한 불편추정량이라면 $\hat{\theta}^2$이 θ^2에 대한 불편추정량이 되기 위한 조건은?

[9] 학생회장에 출마한 학생이 자기를 지지하는 학생의 비율을 알고 싶어 무작위 표본조사를 실시하고자 한다. 한 사람을 조사하는 데 100원씩이 소요된다고 가정하면 최대허용오차를 5% 이내로 유지하는 95% 신뢰구간을 설정하기 위해서는 최소한 얼마의 비용이 필요한가?

[10] 모회사가 제작중인 동파이프의 직경은 제작기계의 노후로 인해 점차 정확도가 떨어지는 경향이 있다 하자. 이제 이 기계의 정밀성을 확인코자 SRS에 의해 직경에 관한 15개의 표본자료를 다음과 같이 얻었다면 모평균과 모분산에 대한 99% 구간추정치들은 얼마가 될까? SAS를 이용하여 답하라.

(단위 : cm)

10.5	10.3	9.5	9.0	10.0
9.3	9.2	10.2	9.7	9.9
10.1	9.8	10.0	9.4	9.3

복습문제 해답

[1] [2] [3] [4] [5] (생략)

[6] 1) 2.325　　2) $Z_\alpha=1.96$

[7] $\alpha=0.0404$

[8] $\bar{X}=4$, $s^2=9$, $4\pm3.355\cdot\frac{3}{\sqrt{9}}=4\pm3.355$

[9] 1) 16 ± 1.2384

2) 16 ± 0.98; 구간이 좁아짐; 표본크기 증가로 오차발생 가능성이 감소

[10] 0.4 ± 0.0628

[11] 68

[12] 0.000015857~0.000045171(cm)

[13] 1) $2\pm1.96\frac{\sqrt{5}}{10}$ 또는 1.562~2.438

2) $3.8194<\sigma^2<6.6694$

연습문제 해답

[1] 1) 첫번째와 두 번째　　2) 가중치의 합이 1

3) $V(\bar{X})=\frac{\sigma^2}{3}$, $V(\hat{X})=\frac{3\sigma^2}{8}$, $V(\tilde{X})=\frac{3\sigma^2}{16}$　　4) 첫번째

[2] 1) $100{,}000\pm38.451$　　2) 0.2 ± 0.0658

[3] 0.2 ± 0.103

[4] (생략)

[5] 0.000000616~0.000001751(cm)

[6] 166

[7] $E[\bar{X}]=E\left[\frac{X_1+X_2}{2}\right]=\frac{1}{2}(2\lambda)=\lambda$

[8] $V(\hat{\theta})=E[\hat{\theta}^2]-(E[\hat{\theta}])^2$

$\therefore E[\hat{\theta}^2]=V(\hat{\theta})+\theta^2$　　따라서 $V(\hat{\theta})=0$ 이면 $E[\hat{\theta}^2]=\theta^2$가 됨.

[9] $n=385$ 비용=38,500

[10] 평균 : 9.4031~10.0902
분산 : 0.0893~0.6865

제 8 장 통계적 추론 II: 검정

추측통계의 주 내용 중의 하나인 모집단의 특성치, 모수에 대한 추정방안을 제7장에서 다루었다. 이에 이어 본장에서는 추측통계의 또 다른 주요 분석내용인 가설의 검정방법에 대하여 논하려고 한다.

가설의 검정은 제7장의 추정과정과 밀접한 관련을 맺고 있다. 추정이란 규모가 방대하여 전체 구성요소 전부를 관측할 수 없는 모집단의 모수를, 표본을 추출하여 얻은 표본통계량을 이용하여 추리하되 일반적으로 표본통계량의 관측치인 점추정치를 중심으로 일정한 구간을 설정하는 방법이라 하겠다. 이처럼 설정된 구간을 신뢰구간이라 칭하였고, 이 구간추정치의 확실성을 신뢰도라고 불렀다.

그림 Ⅷ 가설검정의 주요 내용

- 가설의 검정
  - 가설검정의 의미
    - 가설검정의 의미
    - 가설의 종류와 검정 형태
  - 가설검정의 순서 및 기본적 방법론
  - 가설검정의 오류
  - 모수에 대한 가설검정
    - 단일표본의 경우
      - 모평균
        - σ^2을 알고 있을 경우
        - σ^2을 모르나 표본이 큰 경우
        - σ^2을 모르고 표본이 작은 경우
      - 모분산
      - 모비율
    - 복수표본의 경우
      - 모평균의 차
        - σ_1^2, σ_2^2이 알려졌을 경우
        - σ_1^2, σ_2^2을 모르나 표본이 큰 경우
        - σ_1^2, σ_2^2을 모르고 표본이 작은 경우
        - σ_1^2, σ_2^2을 모르고 표본이 작으나 표본이 대응된 쌍을 이룰 경우
      - 모비율의 차
      - 모분산의 동일성 여부

반면에 가설의 검정이란 모수가 취하리라고 가정한 값이 무리 없이 받아들여질 수 있는가를 판정하는 방법이라고 할 수 있다. 이러한 방법을 통계적 가설의 검정(test of a statistical hypothesis) 또는 단순히 가설검정(hypothesis testing)이라고 부르기도 한다. 가설검정의 기본적인 방법은 사실이라고 가정한 모수의 값을 중심으로 일종의 신뢰구간을 설정한 뒤 표본조사를 통해 얻어진 모수의 추정치가 이 구간 내에 속하면 가정된 값을 채택하고, 아니면 기각해 버리는 것이라 하겠다. 물론 실제로 가설검정에 적용할 공식은 위와 같은 방법에 기초를 두되 사용상의 편의를 위해 다소 변형된 형태를 취하게 된다.

제 7 장에서의 추정내용이 제 6 장에서의 표본분포이론을 토대로 이루어졌듯이 본장의 가설검정도 표본분포이론체제와 동일한 형태의 골격으로 구분하여 진행될 것이다.

본장의 내용을 개괄해 보면 우선 가설검정이 무엇을 의미하며, 가설의 종류에 따라 검정방법이 어떻게 달라지는지를 제 1 절에서 살펴본다. 제 2 절에서는 가설검정은 기본적으로 어떤 절차와 방법에 의해 진행되는지를 알아볼 것이며, 제 3 절은 이와 같은 가설검정이 초래하는 오류문제를 다루게 된다. 마지막으로 본장의 주 내용인 각종 모수에 대한 검정은 제 4 절에서 다루게 되는데, 이는 편의상 표본이 하나일 때와 두 개일 때로 나누고 각각의 경우마다 모평균·모비율 그리고 모분산에 관한 가설의 검정방법을 논하게 된다. 추정의 경우에서처럼 가설의 검정에서도 오차허용률 또는 추론의 신뢰성을 확률 개념으로 표시하게 되는데, 이와 같은 신뢰수준은 물론 표본분포에 근거하여 산정된다.

제 1 절 가설검정의 의미

우리는 일상생활에서 또는 연구과정에서 어떤 모집단의 특징에 대하여 나름대로의 추측이나 주장을 하게 된다. 예컨대, Y대학과 K대학 학생들의 지능도(I. Q.)는 별 차이가 없다고 주장하거나, 한국 최고의 바둑기사 이창호 씨가 세계바둑대회에서 우승할 수 있다고 예상하거나, 또는 모회사 백열전구는 평균적으로 약 1,000시간밖에 쓸 수 없는 것 같다고 짐작하는 등 각종 모집단(들)의 특성에 대한 주장 내지 가정을 하곤 한다. 이러한 주장이 올바른 것일 수도 있고 그렇지 못한 경우도 있을 것이다. 이러한 주장의 진위를 가리기 위하여 표본을 추출하여 조사함으로써 타당성 여부를 확인한다면 이 과정이 바로 통계적 가설검정이라고 할 수 있다.

1. 가설검정의 정의

가설검정을 보다 조직적으로 정의한다면 모집단의 특성치인 각종 모수에 대하여 가정되었거나 예상되는 값의 진위를 표본정보를 이용하여 판정하는 통계적 추론방법이라고 할 수 있다. 이러한 가설검정은 일반적으로 모수값에 대하여 서로 상반되는 두 개의 가설 중에서 하나를 채택하는 방식으로 진행되며, 채택의 기준이 되는 것은 표본관측치와 표본통계량의 확률분포이므로 추론 결과는 특정 수준의 오차발생의 가능성을 내포하게 된다.

모수값이 취하리라고 가정한 값을 표시하는 방법에는 두 가지가 있다. 그 하나는 단 하나의 값(single value)으로 나타내는 이른바 단순가설(simple hypothesis)의 형태이고, 다른 하나는 일정한 영역의 값(range of values)으로 표현하는 복합가설(composite hypothesis)의 형태이다. 예컨대, "한국인 성년 남자의 평균신장(μ)이 170cm이다"라고 가설을 세울 수도 있고, "170cm보다 작지는 않을 것이다"라고 가정할 수도 있는 것이다. 전자를 단순가설, 후자의 형태를 복합가설이라고 부를 수 있으며, 이를 각각 "$\mu=170$" 또는 "$\mu\geq170$"처럼 표시하게 된다. 물론 복합가설에 비해서 단순가설이 검정하기에 편리한 것은 사실이다.

단순가설이건 복합가설이건 이들 가설을 채택 또는 기각하는 것이 가설의 검정이라고 하였는데 위에 제시된 가설, 예컨대 "$\mu=170$"이라는 가설을 채택

한다는 것은 “μ≒170”이라는 가설을 믿지 않는다는 뜻이며, “$\mu=170$”을 기각한다 함은 “μ≒170”이라고 믿게 된다는 뜻을 내포하는 것이다. 따라서 앞에서 언급한 바 있듯이 통상적으로 가설검정이란 미리 서로 상반되는 가설(예컨대, “$\mu=170$”과 “μ≒170”)을 설정한 뒤에 표본정보를 이용하여 이 둘 중에서 하나를 선택하는 방법을 취하게 된다. 이 때 서로 상반되는 두 가설을 우리는 귀무가설(null hypothesis)과 대립가설(alternative hypothesis)[1]이라고 명명한다. 여기에서 주의할 점은 두 가설은 서로 여집합관계가 되도록 설정되어야 한다는 점이다. 따라서 귀무가설이 만일 “$\mu \geq 170$”이라면, 대립가설은 당연히 “$\mu < 170$”으로 표현되어야 할 것이다. 이후 논의과정에서 편의상 귀무가설을 H_0, 그리고 대립가설은 H_A로 표기하기로 한다. 예컨대,

$$\begin{cases} H_0 : \text{“}\mu = 170\text{”} \\ H_A : \text{“}\mu \neq 170\text{”} \end{cases} \quad \text{또는} \quad \begin{cases} H_0 : \text{“}\mu \geq 170\text{”} \\ H_A : \text{“}\mu < 170\text{”} \end{cases}$$

와 같이 표기할 수 있다.

2. 가설검정의 형태

상반되는 두 개의 가설 중 특히 귀무가설의 형태가 단순가설인지 아니면 복합가설인지에 따라 검정 형태가 달라진다. 검정 형태를 논하기에 앞서 그 기준이 되는 귀무가설에 대하여 잠시 생각해 보자.

귀무가설이라는 용어는 원래 가설검정 연구의 초기 단계에서 지어진 이름으로 연구자가 기각되기를 바라는 또는 무효가 되기를 희망하는 가설이라는 데에서 연유된 명칭이다. 즉, 귀무가설은 연구자가 모수의 참값이 아니라고 생각하는 값으로 정의하고, 반대로 대립가설은 모수가 실제 취하리라고 예상하는 값으로 설정하여 관측된 표본자료를 이용하여 귀무가설을 기각할 수 있기를 희망하였던 것이다.

그러나 오늘날 대부분의 가설검정에서는 일반적으로 초창기에 부여되었던 이와 같은 귀무가설에 대한 의미는 사라졌다. 따라서 단순히 서로 상반되는 두 개의 가설을 설정하여 대립시켜 놓는 것이 일반화되었다. 단, 아직도 경우에 따라서는 귀무가설의 초창기적 의미가 유용하게 이용될 수도 있음을 유의할 필요가 있다. 이 점에 관해서는 후술하기로 한다.

1) 대립가설은 대체가설이라고도 한다.

귀무가설이 어떤 경로를 따라 또는 어떤 동기에서 설정되었든지간에 그 형태가 단순가설인가 아니면 복합가설인가에 따라, 즉 검정할 모수에 대한 가정치가 단일값인지 아니면 일정 영역의 값인가에 따라 검정방법이 달라지게 된다. 우선 일반적으로 귀무가설이 취할 수 있는 형태와 이와 대칭되는 대립가설 형태를 성인 남자의 신장문제와 관련하여 정리해 보면 다음과 같다.

$$\text{Case I} \begin{cases} H_0: \text{“}\mu=170\text{”} \\ H_A: \text{“}\mu\neq170\text{”} \end{cases}$$

$$\text{Case II} \begin{cases} H_0: \text{“}\mu\geq170\text{”} \\ H_A: \text{“}\mu<170\text{”} \end{cases}$$

$$\text{Case III} \begin{cases} H_0: \text{“}\mu\leq170\text{”} \\ H_A: \text{“}\mu>170\text{”} \end{cases}$$

Case Ⅰ의 경우에는 귀무가설이 단순가설이고, Case Ⅱ와 Case Ⅲ의 경우에는 복합가설의 형태임을 알 수 있다. 귀무가설이 Case Ⅰ의 경우처럼 모수의 값이 특정한 값 170과 같다는 식으로 가정되었을 경우에는 표본조사 결과로 얻은 표본평균($\bar{X}$)의 값이 170보다 아주 크거나 또는 아주 작을 때 귀무가설을 기각할 수 있게 될 것이다. 아주 작다거나 크다는 것을 판단할 기준은 표본평균의 분포를 이용하여 설정하는데, 특히 분포의 양쪽 꼬리부분에 해당하는 값으로부터 도출된다. 이러한 값들을 임계치 또는 한계치라고 하는데, 귀무가설이 이 예에서처럼 단순가설일 경우에는 양쪽 꼬리부분에서 각각 하나씩 도합 2개가 나오게 된다. 따라서 귀무가설의 채택 여부는 표본정보와 이 두 개의 한계치와의 비교를 통해 결정되므로 우리는 이러한 검정 형태를 양측검정(two-sided test or two tail test)이라고 한다.

반면에 귀무가설이 Case Ⅱ나 Ⅲ처럼 일정 영역의 값으로 정의될 때에는, 즉 모수값이 가정된 특성치값보다 크거나 작다는 식으로 가설이 설정될 경우에는 이러한 주장을 확인할 때 표본분포의 양쪽 꼬리부분 중 필요한 어느 한 쪽만을 고려함으로써 채택 여부를 결정할 수 있게 된다. 이 경우에서 한계치는 하나만이 존재하게 되는데, 이 때의 검정방법은 표본정보와 이 한계치의 비교를 통해 이루어지므로 단측검정 또는 편측검정(one-sided test or one tail test)이라고 한다.

단측검정은 다시 우측검정(right-hand side test; right-hand tail test)과 좌측검정(left-hand side test; left-hand tail test)으로 구분되며, Case Ⅱ처럼 귀무가설

이 모수값을 특정 값보다 크다는 식으로 나타난 경우에는 좌측검정, 그리고 Case Ⅲ처럼 귀무가설이 모수값을 특정치보다 작게 설정하고 있을 경우에는 우측검정을 적용하게 된다. 그 이유는 후에 자세히 밝혀지겠지만 우선 직관적으로 설명해 보자. Case Ⅱ의 경우 귀무가설은 모수의 값이 170보다 크다는 주장을 대변하고 있다. 만일 표본평균값이 170보다 큰 값으로 관측된다면 이 귀무가설을 기각할 하등의 이유가 없다. 바꾸어 말하면 이 귀무가설을 기각할 수 있는 경우란 표본평균이 170보다 아주 작은 값으로 관측될 경우가 될 것이다. 그리고 어느 정도 작은 값이라야 귀무가설의 타당성을 부정할 수 있는지를 결정하는 데 사용될 한계치는 표본분포의 왼쪽 꼬리부분에 속하는 값이 될 것이다. 따라서 이 왼쪽 한계치와 표본 관측치와의 비교를 통해 귀무가설의 채택여부가 결정되므로 이러한 형태의 검정방식을 좌측검정이라고 부르게 된다. 마찬가지 이유로 해서 Case Ⅲ는 우측검정 형태의 검정을 실시하여야 한다.

어떤 형태의 검정을 하더라도 귀무가설의 채택 여부를 결정함에 있어 우리는 표본통계량의 확률분포를 이용하게 되며, 제한된 표본 관측치에 근거한 이와 같은 추론은 항상 오류를 범할 가능성을 내포하고 있는 것이다. 이와 같은 오류문제는 제3절에서 상세히 다루기로 하고, 먼저 가설검정의 기본절차와 방법에 관한 일반적 법칙에 대하여 살펴보기로 한다.

제2절 가설검정의 순서와 기본적 방법론

가설검정의 절차를 정리하기에 앞서 우선 한 가설을 검정하는 가상적인 예를 들어 보자.

서울소재 대학에 재학중인 학생이 한달간 쓰는 용돈의 규모가 대체적으로 분산이 4만 원인 정규분포를 따른다고 가정하자. 모 일간지에 대학생들의 낭비벽에 대한 비판기사와 더불어 이들의 한달 평균 용돈이 30만 원이나 된다고 주장되었다. 한 통계학 수강생이 이 주장의 진위를 가리기 위해 100명의 대학생을 무작위추출하여 조사한 결과 평균 용돈금액이 26만 원이었다고 하자. 이 때 어떤 결론을 내릴 수 있을 것인가?

우선 일간지의 주장을 검정하려면 다음과 같이 귀무가설과 대립가설을 설정해야 할 것이다.

$$H_0 : \mu = 30(\text{만 원})$$
$$H_A : \mu \neq 30(\text{만 원})$$

두 번째 단계로 일단 일간지의 주장인 귀무가설이 사실이라고 보자. 그런 후에 $\mu=30$만 원, $\sigma^2=(2\text{만 원})^2$인 정규모집단에서 추출한 크기 100인 표본의 평균값들이 속하리라고 95% 확신할 수 있는 구간을 설정해 보자.

신뢰구간 추정에서 흔히 보았던 식

$$\bar{X} - Z_{\alpha/2}\frac{\sigma}{\sqrt{n}} < \mu < \bar{X} + Z_{\alpha/2}\frac{\sigma}{\sqrt{n}} \qquad (7.15)'$$

는 다음과 같이 변형된다.

$$\mu - Z_{\alpha/2}\frac{\sigma}{\sqrt{n}} < \bar{X} < \mu + Z_{\alpha/2}\frac{\sigma}{\sqrt{n}} \qquad (7.15)''$$

여기에 각각의 수치를 대입하면,

$$30 - 1.96\frac{2}{10} < \bar{X} < 30 + 1.96\frac{2}{10}$$
$$29.61 < \bar{X} < 30.39$$

이 결과가 의미하는 것은 귀무가설이 사실일 때 크기 100인 표본의 평균이 가질 수 있는 값은 29.61~30.39 구간 내에 속할 것이라고 95% 확신할 수 있다는 것이다.

셋째, 그러나 실제 한 학생이 100명의 표본 관측을 통해 얻은 표본평균은 26만 원으로 위에서 구해진 구간 밖에 있음을 알 수 있다.

넷째, 따라서 이 표본 결과로 미루어 보아 실제 모평균이 30만 원이란 주장을 받아들이기가 곤란하다고 결론지을 수 있다. 물론 이러한 결론은 5%의 오차발생가능성을 안고 있음에 유의할 필요가 있다.

위의 문제를 해결하는 과정에서 독자들은 제7장에서 배운 구간추정과 비슷한 방법이 사용되고 있음을 알 수 있을 것이다. 예컨대, 모평균의 구간추정의 경우에는 점추정치인 표본평균값을 중심으로 표본평균의 분포를 이용하여 구간을 설정하였다. 그러나 여기서는 반대로 일단 귀무가설이 사실이라고 가정하고, 가정된 모평균값(μ_0라고 하자)을 갖는 모집단에서 추출된 크기 n인 표본의 평균값이 취할 수 있는 값의 신뢰구간을 계산하고 있음을 유의할 필요가 있다. 구간을 설정하는 방법은 유사하나 기준을 설정하는 방법이 다른 것이다.

이상의 가설검정과정은 가설을 어떻게 검정하는지를 이해시키는 데 아주 유익한 설명이 될 것이다. 그러나 위에서 언급하였듯이 제7장에서 다룬 구간 추정과의 혼돈가능성이 있다는 점과, 검정에 필요한 계산을 좀더 간편하게 할 수 있을 뿐 아니라 특정 표본 결과를 갖게 될 확률계산이 가능하다는 등 편의상의 요구를 감안하여 실제로는 위와 다소 다른 절차를 밟아 가설을 검정한다. 이 보편적인 방법을 소개하기 위해 다음과 같은 일반적인 가설을 설정하자.

$$H_0 : \mu = \mu_0 \qquad (\mu_0\text{는 가정된 }\mu\text{의 값})$$
$$H_A : \mu \neq \mu_0$$

앞에서의 방법에 의하면 일단 $\mu=\mu_0$를 사실로 가정한 뒤 이러한 평균값(μ_0)을 갖는 정규모집단(분산을 σ^2)에서 크기 n인 표본을 무작위추출하였을 때 표본평균값이 취할 수 있는 구간을 $100(1-\alpha)\%$ 수준의 신뢰도를 가지고 도출하였다. 즉,

$$\mu_0 - Z_{\alpha/2}\frac{\sigma}{\sqrt{n}} < \bar{X} < \mu_0 + Z_{\alpha/2}\frac{\sigma}{\sqrt{n}} \tag{8.1}$$

다음에 실제 표본평균을 계산하여 이 구간 내에 속하는 값을 얻으면 귀무가설을 인정하고 그렇지 않으면 부인한다는 것이다.

이제 식 (8.1)을 다소 변형하여 보자. 각 항에서 μ_0를 빼면,

$$-Z_{\alpha/2}\frac{\sigma}{\sqrt{n}} < \bar{X} - \mu_0 < Z_{\alpha/2}\frac{\sigma}{\sqrt{n}} \tag{8.1$'$}$$

다시 각 항을 $\frac{\sigma}{\sqrt{n}}$로 나누면,

$$-Z_{\alpha/2} < \frac{\bar{X}-\mu_0}{\sigma/\sqrt{n}} < Z_{\alpha/2} \tag{8.2}$$

가 된다.

따라서 $\bar{X}$가 식 (8.1)에 나타난 구간 내에 속하는지를 확인하는 것은 식 (8.2)에서 $\bar{X}$에 실제 관측치를 넣은 값 $\frac{\bar{X}-\mu_0}{\sigma/\sqrt{n}}$이 구간($-Z_{\alpha/2}$, $Z_{\alpha/2}$) 내에 있는지를 관찰하는 것과 같아지게 된다. 즉, 표본평균값($\bar{X}$)을 표준화한 값이 두 표준화된 한계치 구간 내에 있는지의 여부를 확인함에 의해 귀무가설을 평가할 수 있다. 식 (8.2)는 식 (8.1)에 비해 계산상 간편하면서도 동일한 분석 결

그림 8-1 임계치와 채택역 그리고 기각역

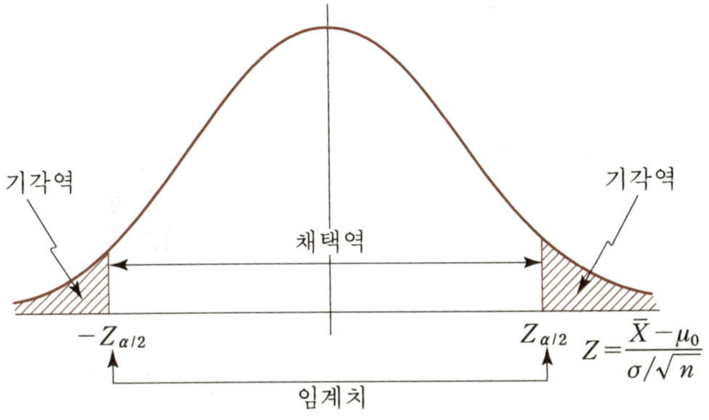

과를 가져오므로 주로 이를 사용한다. 이제 식 (8.2)의 의미를 도표화하면 그림 8-1과 같다.

그림 8-1에서 볼 수 있듯이 이 경우에는 귀무가설이 $H_0: \mu=\mu_0$로 단순가설이므로 양측검정을 실시하여야 한다. 이때 두 임계치 $\pm Z_{\alpha/2}$가 존재하는데 $\frac{\bar{X}-\mu_0}{\sigma/\sqrt{n}}$가 $Z_{\alpha/2}$보다 크거나 또는 $-Z_{\alpha/2}$보다 작은 값을 갖는 것은 가정된 μ_0와 실제 관측치 $\bar{X}$가 상당히 틀린 값을 가질 때 발생하는 것이다. 이는 귀무가설을 인정하기 힘들게 됨을 의미한다. 따라서 이 두 임계치 밖의 구역을 우리는 귀무가설을 기각하게 되는 Z값 영역이라고 하여 기각역, 그리고 두 임계치 사이의 영역을 채택역이라고 부르는 것이다. 한편, α란 검정상의 오차발생 가능성을 의미하는데, 검정에서는 추정에서처럼 오차율이라고 부르지 않고 유의수준 또는 제1종오류(type I error)라고 부른다. 그 이유는 다음 절에서 밝혀질 것이다.

대학생 용돈문제를 이제 새로운 방법으로 풀어 보기로 한다.

$$Z_{\text{cal.}}=\frac{\bar{X}-\mu_0}{\sigma/\sqrt{n}}=\frac{26-30}{2/\sqrt{100}}=-20$$

Z통계량의 계산된 값은 $Z_{\text{cal.}}$(calculated Z value)$=-20$인 반면 유의수준 5%하의 임계치는 $\pm Z_{\text{crit.}}$(critical Z values)$=\pm 1.96$이다. 즉, 계산된 통계량의 값은 기각역에 속하는 것으로 나타났으므로 귀무가설을 채택할 수 없게 된다는 점과 동일한 결론을 얻게 된다(그림 8-2 참조). 그러나 검정과정이 전에 비해 훨씬 간편함을 독자들은 느낄 수 있으리라고 믿는다.

그림 8-2 Z통계량의 계산치와 임계치의 비교

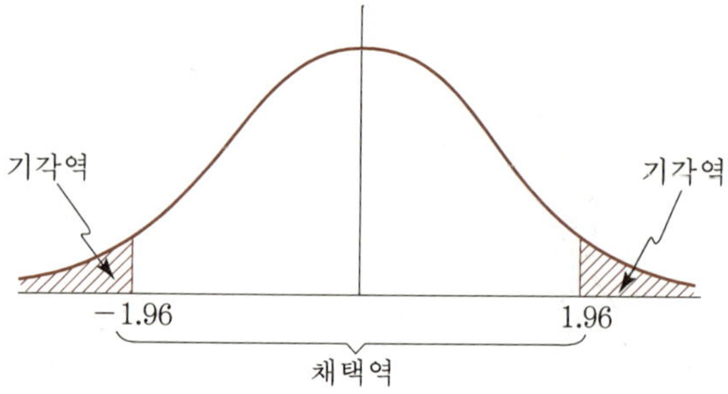

이상에서 소개한 가설검정방법 내지 절차를 정리해 보면 다음과 같다.

[가설검정의 절차]

1) 귀무가설과 대립가설을 선정한다.
2) 적절한 표본통계량을 선정한다.
3) 선정된 표본통계량의 값을 계산한다.
4) 유의수준과 그에 상응하는 임계치를 설정한다.
5) 표본통계량의 값과 임계치를 비교하여 최종적인 판단을 내린다.

즉, 첫째로 해결하려는 문제에 따라 귀무가설을 설정한 다음, 둘째 단계에서는 주어진 여건을 파악(모분산값이 알려져 있는지, 표본크기는 얼마인지 등등)하여 검정하려는 모수(모평균·모비율·모분산 등등)에 대응하는 표본통계량($\bar{X}$, $\hat{p}$, s^2 등등)이 따르는 표본분포의 형태(Z, t, χ^2, F 등등)를 선정한다. 셋째로 전단계에서 선정된 표본분포에 따라 표준화된 표본통계량의 값을 구한다. 그리고 네 번째 단계에서는 유의수준을 결정하고 그에 해당하는 임계치를 조사한다. 마지막으로 다섯 번째 단계에서는 산출된 표본통계량의 값과 임계치를 비교하여 귀무가설의 채택 여부를 결정한다.[1)]

제 3 절 가설검정의 오류

모수에 대한 추정과정이 그러하였듯이, 가정된 모수값의 진위를 판정하는

1) 한편 H_0가 사실일 때 표본분포가 3) 단계에서 산출된 표본통계량의 값보다 (절대치가) 큰 값들을 갖게 될 확률을 p값(p-value)이라고 부르기도 한다. 이 값들을 이용하여 가설을 검정하는 방식이 대부분의 전산통계 패키지 프로그램에서 활용되고 있는데, 예컨대 산출된 p값이 설정된 유의수준 α값보다 작으면 귀무가설을 기각하는 방식으로 활용된다.

가설의 검정과정 또한 한정된 표본정보를 기초로 이루어지므로, 그 결과는 오류가 발생할 가능성을 항상 안고 있다. 추정의 경우 표본오차로 인하여 구간추정치가 실제의 모수값을 포함하지 못할 가능성을 단순히 오차율(probability of error)이라 정의하고 α로 표기하였다. 가설검정과정 또한 표본오차로 인한 오류의 발생 가능성이 상존한다는 사실은 동일하나 발생할 수 있는 오류는 두 가지 형태로 구분될 수 있다는 점에서 상이한 측면을 가지고 있다. 즉 검정상의 오류는 제1종오류 또는 α오류(type Ⅰ error or α-error)와 제2종오류 또는 β오류(type Ⅱ error or β-error)로 구분되는데, 전자는 귀무가설이 사실인데도 불구하고 이를 기각할 가능성을 나타내며, 후자는 귀무가설이 실제로는 허위인데도 이를 채택하게 될 가능성을 각각 확률 개념으로 표기한 것이다. 이들 개념의 이해를 돕고자 한 예를 들어 보기로 한다.

소형승용차는 출고 후 첫 1년간은 1l 휘발유로 평균 12km를 주행할 수 있다고 한다. 그러나 둘째 연도에는 l당 10km 정도밖에 주행할 수 없다고 보자. 물론 l당 주행거리는 운전사의 습관이나 교통의 혼잡도, 기후, 그리고 도심지를 주로 주행하는지 아니면 고속도로를 주행하는지 등등의 여건에 따라 달라질 수 있다고 한다. 첫째 연도와 둘째 연도의 l당 주행거리는 각각 평균을 12km/l, 10km/l로 하는 정규분포를 따른다고 가정하고, 출고 후 경과 연수를 모르는 소형승용차를 여러 시간 동안 시험운전하여 본 결과 l당 11km를 주행하였음을 관측하였다고 하자.

그러면 과연 이 승용차는 출고 후 1년 이내의 차인지 2년 이내의 차인지를 어떻게 판정할 것인가? 물론 보다 확실성 있는 해답을 얻으려면 추가적인 정보, 예컨대 각 모집단의 분산값 등이 알려져야 할 것이나 여기서는 단지 오류의 종류와 그 의미를 소개하기 위한 예이므로 생략하였다.

이제 주어진 정보만으로 내릴 수 있는 결론은 두 가지뿐이다. 즉, '1년 이내의 차량이다'라는 것과 '2년 이내의 차량이다'라는 것이다.

표본차량의 주행거리가 두 종류 차량의 평균의 중간에 위치하고 있어 어느 쪽으로든 결론이 날 수도 있다. 두 모집단의 분산도 거의 비슷하여 그림 8-3과 같은 형태를 각각 취한다고 하자. 그러면 l당 11km 주행거리는 두 종류 중 어느 차량의 경우에도 발생할 수 있는 현상임을 알 수 있다. 여기에서 만일 표본차량의 주행거리가 11km 이상이라면 그 차는 '출고 후 1년 이내의 차량이다'라는 귀무가설을, 그리고 표본차량의 주행거리가 11km 이하라면 그 차는 '출고 후 2년 이내의 차량이다'라는 귀무가설을 채택한다고 하자. 이 때 실제로

그림 8-3 출고 후 1년 및 2년 경과된 소형승용차의 l당 주행거리 분포

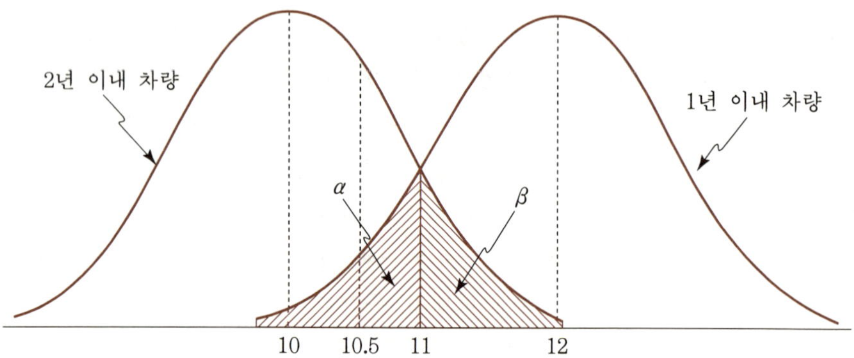

는 출고 후 1년이 경과하지 않은 차량인데도 l당 주행거리가 11km를 밑도는 차량이 표본으로 추출되었다면 '출고 후 1년 이내의 차량이다'라는 가설을 기각(즉 '출고 후 2년 이내의 차량이다'라는 가설을 채택)하게 될 것인데, 이처럼 실제로는 사실인 귀무가설을 기각하게 될 가능성을 제1종오류 또는 α오류라고 부르며, α오류의 크기는 그림 8-3의 빗금친 α부분의 면적과 같아진다. 이처럼 실제로는 사실인 귀무가설을 기각할 표본오차율을 제1종오류 또는 α오류라고 한다.

반면에 실제로는 출고 후 1년 이상 2년 이내 경과되었으나 l당 주행거리가 11km를 상회하는 차량이 표본으로 추출되었다면 오히려 '출고 후 1년 이내의 차량이다'라는 귀무가설을 채택하게 될 것이다. 이처럼 실제로는 사실이 아닌 귀무가설을 채택하게 될 가능성을 제2종오류 또는 β오류라고 하며, β오류의 크기는 그림의 빗금친 β부분의 면적과 같다. 이상과 같은 오류의 종류를 요약한 것이 표 8-1이다.

표 8-1에서 보듯이 α와 $1-\alpha$, 그리고 β와 $1-\beta$는 각각 여집합을 구성하므로 그 합이 1이 된다. 즉, 귀무가설이 사실일 때 이를 채택할 확률$(1-\alpha)$과 기각할 확률(α)의 합은 1이고, 마찬가지로 귀무가설이 허위일 때 이를 채택할 확률(β)과 기각할 확률$(1-\beta)$의 합도 1이 된다. 반면에 α와 β의 합은 1이 되지

표 8-1 가설검정상의 오류

귀무가설의 진위 / 귀무가설의 채택 여부	귀무가설이 사실	귀무가설이 허위
귀무가설의 채택	$(1-\alpha)$	제2종오류(β)
귀무가설의 기각	제1종오류(α)	$(1-\beta)$

않는다.[1] 그러나 α와 β값이 서로 무관한 것은 아니다. 즉, α수준이 떨어지면 β수준은 높아지게 된다(똑같은 비율로는 아니지만). 예컨대, 그림 8-3에서 임계치를 11 대신 10.5로 설정한다면 α지역은 좁아지는 반면에 β지역은 넓어지고 α가 줄어든 비율보다 큰 폭으로 넓어지게 될 수 있음을 알 수 있다.

한편, 표본의 크기가 커지면 표본오차의 가능성은 줄어들게 되고, 따라서 α 및 β값 모두 감소하게 된다는 특징이 있다. 그렇다면 이와 같은 특징과 상호 관련성을 가지고 있는 α와 β수준은 어떻게 결정할 것이며, 또는 어느 정도 인정할 수 있는 검정을 실시할 것인지, 그리고 어떻게 하면 이들 오류의 가능성을 축소시킬 수 있는지 하는 것이 문제로 남게 된다.

물론 표본의 크기 n을 증가시키면 α뿐만 아니라 β까지 감소시킬 수 있으나, 이 때에는 이로 인하여 증대되는 비용문제가 동시에 고려되어야 할 것이므로 일단 표본크기가 고정되어 있다고 가정하기로 한다. 그러면 주어진 표본규모하에서 α와 β를 최소화하는 방안은 무엇일까? 위에서 밝힌 바 있듯이 α의 감소는 β의 증가로 나타나므로 두 오류수준 중 어느 것에 우선적으로 배려를 해야 하는지에 관한 어떤 판단기준의 설정이 필요하다.

전통적으로 기각되기를 희망하는 가설을 귀무가설로 설정하고, 이 때 희망대로 기각할 수 있는 임계역, 즉 기각역을 선정하는 것이 고전적 가설검정의 방법이며, 따라서 우선 α에 대한 값을 임의로 선정(예컨대, 1%, 5%, 10% 등)한 뒤 β를 최소화시킬 수 있는 임계역을 선택하는 것이 일반적이다. 이렇게 선택된 임계역을 주어진 α수준의 최강임계역(most powerful critical region of size α)이라고 하고 이 때의 검정을 최강검정이라고 한다. 이 방법은 귀무가설이 실제로는 사실인데도 불구하고 이를 기각하게 될 위험수준을 중요시하여 제1종오류(α) 수준을 먼저 임의 선정한 후 β의 크기를 고려한다는 것이다. 이러한 초창기적 가설검정방법론은 귀무가설이 기각되기를 기대하는 세론을 대변하도록 하여 통상적으로 대립가설이 채택되기를 기대한 데에서 기인한다.

그러나 제1종오류의 수준을 나타내는 α값은 연구자가 사실인 귀무가설을 부당하게 기각하는 가능성을 대변하는 것이며, 이 가능성은 상당히 중요한 의미를 가질 수도 있다. 이러한 의미 때문에 α는 흔히 유의수준(level of signifi-

---

1) α와 β는 모두 일종의 조건부확률을 나타냄을 유의하라. 즉,

$\alpha = P$(귀무가설 기각 | 귀무가설이 사실) $= P(R|T)$

$\beta = P$(귀무가설 채택 | 귀무가설이 허위) $= P(A|\bar{T})$

$\therefore\ \alpha+\beta = P(R|T) + P(A|\bar{T}) \neq 1$

(단, R은 기각, A는 채택, T는 사실, 그리고 $\bar{T}$는 허위를 각각 의미함)

cance)이라고 불린다. 예컨대, "새로 개발된 암치료약이 유해하다"는 귀무가설을 선정하였고, 또 그것이 사실임에도 불구하고, 귀무가설이 기각되기를 기대하는 욕심에서 기각역을 넓게 선정하여 이를 기각했다고 하자. 이는 이 약이 실세로는 유해한데도 불구하고 무해하다고 하고 나아가서는 암치료에 효능이 있다는 대립가설을 채택하였다는 의미가 된다. 이러한 결과가 인명에 미치는 가공할 만한 결과를 상상해 보면 α수준의 중요성은 족히 이해될 수 있을 것이다. 따라서 일반적으로 α수준을 5% 이하의 작은 값으로 설정하게 된다.

α값을 5%보다 작은 임의의 값으로 선정한 후 β값을 최소화하는 기각역을 찾는 방법은 최근에 많은 비판을 받고 있다. 귀무가설을 연구자가 반증하고자 하는 가설로 항상 표현한다는 것이 필요한 것도 아니고 훌륭한 통계적 방법도 못 된다는 것이다. 그런 관습은 검정의 진정한 목적이나 유효성을 왜곡시키거나 교란시킬 수도 있다는 것이다. 따라서 연관된 β값의 수준을 전혀 고려하지 않고 α값을 임의로 먼저 선정하는 대신에 α와 β를 동시에 모두 고려하여 그 값들을 결정하여야 한다고 주장하는 견해가 있다. 그러나 α를 미리 선정하는 것이 반드시 옳지 못하다는 것은 아니며, α와 β를 다른 여건과 더불어 동시에 고려하는 문제는 이 책의 수준을 넘는 내용이므로 일단 생략하기로 한다.[1]

그러면 α값이 먼저 선정되었든 아니면 β와 동시에 고려되어 선정되든 α값이 작은 값을 갖게 되는 상황에서 어떻게 하면 β값을 최소화할 수 있는 임계역을 선정할 수 있을 것인가? 이 문제의 해결은 귀무가설이 허위일 때 이를 제대로 기각할 수 있는 힘을 측정할 수 있는 소위 검정력함수(power function)[2]를 이용하여 달성될 수 있다. 그러나 이것 또한 이 책의 수준문제상 자세한 내용은 생략하였다.[3] 단, 검정력함수를 이용하여 얻을 수 있는 최적검정 방안, 즉 주어진 α를 조건으로 하여 β값이 최소가 되는 임계역에 관한 결과만을 제시하면 다음과 같다. 즉, 단측검정의 경우 크기 α의 최적임계역은 좌단 또는 우단에 위치하여 설정될 때, 그리고 양측검정의 경우는 α를 2등분한 $\alpha/2$값에 해당되는 지역을 표본분포의 양단에 설정하는 것이 기타 지역에 설정하는 것에 비해 β값을 최소로 하는 최강검정방법이 된다.

---

1) Mood and Graybill, *op. cit.*, pp. 410~414 및 pp. 421~423 참조.

2) 검정력함수는 $(1-\beta)$값을 최대로 하는, 다시 말해서 β값을 극소화시키는 임계역의 선정을 가능케 해준다.

3) D. L. Harnett, *op. cit.*, pp. 266~281 참조.

제 4 절 단일표본에 의한 가설검정

제1절에서 제3절에 이르기까지 우리는 가설검정의 의미와 기초방법론, 그리고 가설검정 결과 발생하는 오류와 이를 최소화하는 임계역 설정방안 등에 대하여 논의하여 왔다. 이제 이러한 논의를 근거로 모수에 대한 가설을 검정하는 실질적인 방안을 유형별로 고려해 보기로 한다.

본절에서는 단일표본정보를 가지고 검정할 수 있는 대표적인 경우 세 가지, 즉 모평균·모비율 그리고 모분산에 대한 가설의 진위를 확인하는 절차를 다루고, 다음 절에서는 두 개의 표본정보에 의거하여 두 모집단의 모수들을 비교하는 내용을 취급할 것이다.

1. 모평균(μ)에 대한 가설검정

모집단의 특성치 중에서도 가장 기본적이고 자주 검정의 대상이 되는 것은 평균이라고 할 수 있다. 일반적으로 모평균 μ의 참값이 μ_0와 같다고 가정할 때 기각역의 설정은 ① 모분산 σ^2, 표본크기 n, 오류의 수준 α 및 β값과, ② μ를 추정하는 데 적절하다고 인정되는 표본분포 형태, 그리고 ③ 대립가설의 형태 등에 의존한다.

한편, 우리는 이미 μ에 대한 적절한 검정통계량은 $\bar{X}$이며, $\bar{X}$의 분포는 σ^2값이 알려져 있는지의 여부와 n값에 따라 Z 또는 t분포를 따른다는 사실을 알고 있다. 따라서 α값을 일정 수준에서 결정한 다음 대립가설을 단순가설(H_A : $\mu \neq \mu_0$)과 복합가설(H_A : $\mu \geq \mu_0$ 또는 H_A : $\mu \leq \mu_0$)의 형태로 바꾸어 가며 고려하고자 한다. 그러므로 μ에 대한 검정은 σ^2값이 알려져 있는지의 여부와 표본크기 n에 따라서 Z 또는 t분포를 이용하되, 가설 형태와 α값에 의거한 임계치를 계산하여 실시하게 된다. 따라서 모평균에 대한 검정은 편의상 σ^2이 알려져 있는 경우와 σ^2이 알려져 있지 않는 경우로 나누되 후자의 경우에는 표본크기의 대소로 재구분하여 설명하고자 한다. 그러나 모든 가설검정의 기본적인 방법론은 동일한 것이므로, σ^2이 알려져 있는 경우의 모평균에 대한 검정과정에 대해서는 다소 상세히 다루되 나머지 경우는 간략히 취급하고자 한다.

1.1 모분산(σ^2)이 알려진 경우

모집단이 정규분포를 따르고 그 분산 σ^2값이 알려져 있다면, 이로부터 추출한 표본의 평균 $\bar{X}$는 평균 μ, 그리고 분산이 σ^2/n인 정규분포를 따르게 된다. 물론 모집단이 정규분포가 아니더라도 표본크기가 30을 상회한다면, 중심극한정리에 의해 $\bar{X} \sim N(\mu, \sigma^2/n)$가 되므로 같은 유형에 포함시켜 다룰 수 있다. 가설검정의 기본적 순서 및 과정은 이미 제2절에서 다루었으므로 여기서는 실제 문제 해결예를 중심으로 내용을 전개하고자 한다.

시내 각 정육점에서는 소고기를 팔 때 1근, 즉 600g 단위로 판매한다. 그런데 여기에 사용되는 저울은 경과연수 및 기타 요인으로 인해 다소의 측정상 오차를 가져오며, 이 때 실제 1근에 해당되는 소고기를 각 저울로 측정했을 때의 관측치의 차는 표준편차가 30g인 정규분포를 따른다고 하자. 이 때 100군데의 정육점을 임의선정하여 거기서 사용하는 저울로 실제 1근에 해당되는 소고기를 측정한 결과 평균 630g이었다면, 과연 시내 정육점들이 사용하는 저울이 약간의 오차는 있으되 1근 소고기를 계측할 때 평균적으로 600g의 눈금을 보인다는 주장을 어떻게 평가할 수 있을까?

이러한 주장을 평가하는 기본적인 방법은 제2절에서 언급한 바 있듯이, 일단 그 주장(μ=600g)을 사실로 가정한 다음 이 가정된 값을 중심으로 특정구간을 설정하여,[1] 표본에서 관측된 평균값이 이 구간 내에 포함되면 당초의 주장을 인정하고, 그렇지 않으면 기각하는 방법을 사용할 수 있을 것이다. 이 때의 구간은, 예컨대 $\mu=600$이 사실이라면, 크기 100인 표본의 평균은 $594.12 < \bar{X} < 605.88$이 성립되어야 한다는 식으로 설정할 수 있다(단, α=5%라 가정). 또는 이 때의 $\bar{X}$를 Z로 표준화하여[2] $-1.96 < \dfrac{\bar{X}-\mu_0}{\sigma/\sqrt{n}} < 1.96$과 같은 형태로 제시될 수도 있다. 앞에서 언급한 바 있듯이 여러 가지 편의상 우리는 후자의 방법을 사용하기로 한다.

그러면 본격적으로 해답을 얻기 위하여 제2절에서 설명한 검정의 기본단계에 따라 진행하여 보자.

---

1) 두 구간의 극한치는 각각 $\mu_0 \pm Z_{\alpha/2}\dfrac{\sigma}{\sqrt{n}}$가 되도록 설정된다.

2) $P(a < \bar{X} < b) = 1-\alpha$가 되도록 a와 b를 설정할 때 이는 $P\left(\dfrac{a-\mu_0}{\sigma/\sqrt{n}} < \dfrac{\bar{X}-\mu_0}{\sigma/\sqrt{n}} = Z < \dfrac{b-\mu_0}{\sigma/\sqrt{n}}\right) = 1-\alpha$ 또는 $(-Z_{\alpha/2} < Z < Z_{\alpha/2}) = 1-\alpha$로 변환시킬 수 있으므로,

$$-Z_{\alpha/2} = \frac{594.12-600}{30/\sqrt{100}} \fallingdotseq -1.96, \quad Z_{\alpha/2} = \frac{605.88-600}{30/\sqrt{100}} \fallingdotseq 1.96$$

이 된다.

첫째, 귀무가설과 대립가설을 설정하는 문제이다. 우선은

$$\begin{cases} H_0 : \mu = 600 \\ H_A : \mu \neq 600 \end{cases}$$

의 단순가설 형태의 귀무가설을 다루고, 나중에

$$\begin{cases} H_0 : \mu \leq 600 \\ H_A : \mu > 600 \end{cases}$$

의 복합가설 형태의 귀무가설을 고려해 보자.

둘째, 적정 표본통계량을 선택하는 문제인데, σ^2이 알려져 있는 정규모집단이므로 μ의 검정에 사용된 $\bar{X}$의 표본분포는 정규분포가 되며, 이를 표준화한 통계량 $Z = \dfrac{\bar{X} - \mu}{\sigma/\sqrt{n}}$ 를 사용하게 된다. 즉, 두 번째 검정과정은 다음과 같이 요약될 수 있다.

[σ^2이 알려져 있는 경우의 모평균에 대한 검정통계량]

$$Z = \frac{\bar{X} - \mu_0}{\sigma/\sqrt{n}} \tag{8.3}$$

셋째, 위에서 선정된 통계량의 값을 구하는 과정이다. $\sigma = 30$, $n = 100$, 그리고 $\bar{X} = 630$으로 가정되었으므로 $Z_{\text{cal.}} = \dfrac{630 - 600}{30/\sqrt{100}} = \dfrac{30}{3} = 10$이 된다. 즉 계산된 통계치 $Z_{\text{cal.}}$은 10이 된다.

넷째, 유의수준 및 임계치의 설정이다. 유의수준은 임의로 설정할 수 있으나, 일반적으로 1%, 2%, 5% 등이 많이 사용되며, 여기에서는 $\alpha = 5\%$라고 일단 설정해 보자. 이에 대응하는 임계치($Z_{\text{crit.}}$)는 $\pm Z_{\alpha/2}$, 즉 ± 1.96이 됨을 표준정규분포의 누적확률표(부표 D)에서 확인할 수 있다. 귀무가설이 단순가설이고, 따라서 양측검정을 하게 되므로 임계치 또한 양쪽에 두게 된다.

다섯째, 마지막 단계에서는 계산된 Z값($Z_{\text{cal.}}$)과 임계치($Z_{\text{crit.}}$)를 비교하여 결론을 내리게 된다. 제4단계에서 선정된 $\alpha = 5\%$에 해당되는 Z의 임계치가 각각 ± 1.96이므로, 그림 8-4에서처럼 이 값을 초과하는 양쪽 꼬리부분에 기각영역이 생기고, 그 안쪽에 채택영역이 형성될 것이다.

참고적으로 $\mu = 600$이 사실일 때 이를 $\bar{X}$가 취할 수 있는 구간치로 표시한 것을 그림의 하단에 표시하여 놓았다. 결국 제3단계에서 계산된 Z값 10은 우측기각역에 속하므로($\bar{X}$값을 이용할 경우에도 $\bar{X} = 630$은 우측기각역에 속함),

그림 8-4 양측검정의 임계치 설정예

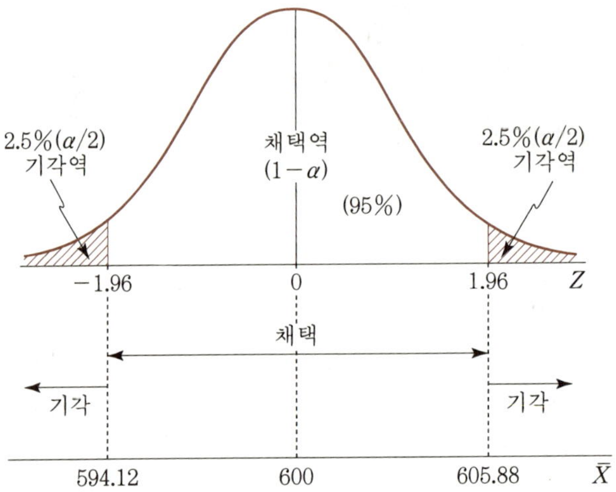

귀무가설은 기각된다. 즉, 시내 정육점이 사용하는 저울은 1근의 소고기를 평균적으로 600g 눈금으로 표시하지 못한다고 결론지을 수 있다. 하지만 이 결론은 $\alpha=5\%$ 수준에서 틀릴 가능성이 있음을 유의하여야 한다.

그러면 다음으로 귀무가설을 복합가설형태로 설정한 경우의 검정과정을 살펴보도록 하자.

첫째, 귀무가설 및 대립가설은 다음과 같이 설정한다.

$$\begin{cases} H_0 : \mu \leq 600 \\ H_A : \mu > 600 \end{cases}$$

둘째, 검정통계량의 표본분포는 정규분포이고, 이를 표준화한 것은 $Z=\frac{\bar{X}-\mu_0}{\sigma/\sqrt{n}}$ 이다.

셋째, 앞에서 선정된 통계량의 값은 $Z=\frac{\bar{X}-\mu_0}{\sigma/\sqrt{n}}=\frac{630-600}{30/\sqrt{100}}=10$ 이다.

넷째, $\alpha=5\%$ 일 때 임계치는 $Z_\alpha=1.645$ 가 된다. 귀무가설이 복합가설이기 때문에 단측검정이 되므로(그림 8-5에서처럼) α를 한쪽(오른쪽)으로 모아야 하며, 이 때 우측 꼬리부분 넓이가 0.05가 되는 Z값은 $Z_\alpha=1.645$ 가 된다.

단측검정이되 우측 꼬리를 이용하는 우측검정을 사용하는 이유는 귀무가설이 μ가 600보다 작다고 주장하고 있으므로 이를 기각할 수 있는 것은 600보다 매우 큰 $\bar{X}$값이 나올 수 있는, 예컨대 Z값이 1.645를 넘을 정도로 크게 계산될 경우이어야 하기 때문이다.

그림 8-5 단측검정의 임계치 설정예

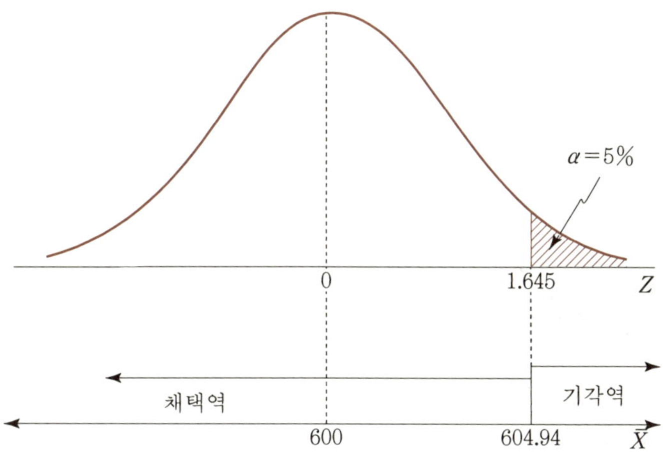

다섯째, $Z_{cal.}$이 10으로 계산되었으므로 임계치 1.645를 훨씬 넘는 기각역에 속한다. 따라서 귀무가설은 역시 기각된다.

여기서 단측검정을 시행함에 있어 한 가지 유의할 점이 있다. 예컨대, 하필이면 귀무가설을 $H_0 : \mu \leq 600$이라고 놓을 필요가 있는가 하는 의문이 생길 수 있다. 그러면 $H_0 : \mu \geq 600$이라고 설정하기로 하고 이 때 발생하는 문제점을 제시함으로써 앞에서의 검정과정이 타당함을 간접적으로 예증해 보기로 한다.

첫째,

$$\begin{cases} H_0 : \mu \geq 600 \\ H_A : \mu < 600 \end{cases}$$

이라 놓으면,

둘째 및 셋째 과정은 양측검정이나 우측검정의 경우와 동일하며 $Z_{cal.}=10$이 된다.

넷째, $\alpha=5\%$일 때 임계치는 $-Z_\alpha=-1.645$가 된다. 귀무가설의 형태로 보아 이번에는 좌측검정을 해야 하기 때문이다.

다섯째, $Z_{cal.}=10$은 채택역에 속하므로 $\mu \geq 600$이라는 귀무가설을 채택하게 된다. 이 문제에서만은 결과적으로는 우측검정을 한 경우와 동일하다. 그러나 셋째 단계에서 계산된 Z값이 (+)인 데 반해, 넷째 단계에서 설정된 임계치는 (−)이다. 따라서 계산된 Z값의 절대적인 크기와 상관없이 항상 귀무가설

그림 8-6 잘못 선정된 좌측검정과 임계치의 예

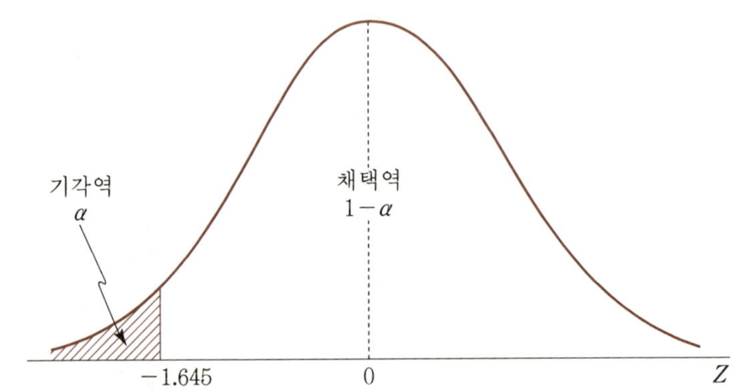

을 채택하게 되므로 β오류가 크게 발생할 가능성이 있음을 유의하여야 한다.

예컨대, 앞에서 우측검정($H_0: \mu \leq 600$에 대한 검정)시 만일 $Z_{cal.}=1.0$으로 계산되었다면, 귀무가설 $\mu \leq 600$은 기각되지 않았을 것이다. 그러나 $Z_{cal.}=1.0$이 되는 상황임에도 불구하고 귀무가설을 $H_0: \mu \geq 600$이라고 놓고 좌측검정을 하여도 역시 귀무가설은 기각되지 않을 것이며, 동일한 상황($Z_{cal.}=1.0$)에 대하여 서로 상반되는 두 귀무가설을 채택하게 되는 모순에 빠진다. 이 상황에서 실제로 정당한 검정법은 물론 우측검정이며, 실수로 좌측검정을 시행할 경우 제2종오류(β)가 아주 커져서 1에 가까워지게 된다. 따라서 잘못 적용된 좌측검정의 결과는 믿을 만한 것이 못 되므로 우측검정 결과를 채택하여야 하고, 그렇게 할 때에 비로소 두 결과를 동시에 채택해야 되는 모순이 사라지게 된다.

이상과 같은 사실로 미루어 보아 일반적으로 표본관측치(여기서는 630)가 가정된 값(여기서는 $\mu_0=600$)보다 크면 귀무가설을 복합가설로 나타낼 경우 $H_0: \mu \leq \mu_0$로 놓고 우측검정을 해야 하고, 반대로 $\bar{X}$가 μ_0보다 작은 값으로 관측되면 $H_0: \mu \geq \mu_0$로 놓고 좌측검정을 해야 할 것이다. 즉, 표본평균값이 가정된 값(μ_0)보다 클 때에는 실제 평균이 가정된 값보다 클 가능성이 많으므로, 이와 상반되는 가설, 즉 실제 평균은 가정된 값보다 작다는 귀무가설을 설정하여야 하는 것이다. 왜냐하면, 그러한 원칙을 따를 때 귀무가설을 기각할 수 있는 가능성을 높일 수 있는 것이며, 본장 서두에서 언급한 바 있듯이 바로 이러한 상황에서는 "조사자가 기각되기를 희망하는 가설을 귀무가설로 설정한다"는 전통적인 관습이 본래의 의미를 되찾게 되는 것이다.

지금까지의 논의에서 얻은 결론을 간단히 정리하면 표 8-2와 같다.

표 8-2 복합가설의 형태와 검정방법

X와 μ_0의 관계	가설의 형태	검정방법
$\bar{X} > \mu_0$	$H_0 : \mu \leq \mu_0$ $H_A : \mu > \mu_0$	우측검정
$\bar{X} < \mu_0$	$H_0 : \mu \geq \mu_0$ $H_A : \mu < \mu_0$	좌측검정

표 8-3 유의수준과 Z분포표의 임계치

α	양측검정		단측검정	
	$-Z_{\alpha/2}$	$+Z_{\alpha/2}$	좌측$(-Z_\alpha)$	우측(Z_α)
1%	−2.575	2.575	−2.325	2.325
2%	−2.325	2.325	−2.055	2.055
5%	−1.96	1.96	−1.645	1.645
10%	−1.645	1.645	−1.285	1.285

이제 이상과 같은 평균에 대한 가설의 검정에 자주 이용되는 Z의 임계치를 α값에 따라 정리하면 표 8-3과 같다. 일일이 Z분포를 찾지 않고도 이용할 수 있도록 기억해 두면 편리할 것이다.

1.2 모분산(σ^2)이 알려져 있지 않은 경우

여러 번 지적하였듯이 모분산이 알려져 있다는 가정은 상당히 비현실적인 가정임에 틀림없다. 실제로는 모분산이 알려져 있지 않아 이의 추정치인 표본분산 s^2을 대신 이용하는 것이 일반적인 현실이다. 그러나 기본적인 검정절차는 앞의 경우와 하등의 차이가 없다. 단지 두 번째 단계에서 선정될 통계량과 세 번째 단계에서 계산될 값이 $Z=\dfrac{\bar{X}-\mu_0}{\sigma/\sqrt{n}}$이 아니라 $t_\nu=\dfrac{\bar{X}-\mu_0}{s/\sqrt{n}}$로 대체될 뿐이다. 즉, 두 번째 검정단계에서는 다음과 같은 검정통계량을 이용하게 된다.

[모분산이 알려져 있지 않은 경우의 모평균에 대한 검정통계량]

$$t_\nu = \frac{\bar{X}-\mu_0}{s/\sqrt{n}} \tag{8.4}$$

이 때 임계치인 $\pm t_{\alpha/2}$ 또는 t_α나 $-t_\alpha$는 각각 표본크기(n)에서 1을 뺀 자유도에 따라 값이 달라지므로 표 8-3과 같은 표준적인 임계치를 사용할 수 없고, 매번 t분포의 누적확률분포표(부표 H)를 이용하여 찾아야 한다는 번거로움이 있다. 그러나 비단 σ^2값을 모른다 하더라도, 즉 $\frac{\bar{X}-\mu_0}{\sigma/\sqrt{n}}$ 대신 $\frac{\bar{X}-\mu_0}{s/\sqrt{n}}$을 사용해야 할 경우라도 $n\geq 30$의 경우에는 $\frac{\bar{X}-\mu_0}{s/\sqrt{n}}=t\sim Z$, 즉 t분포가 거의 Z분포와 같아지므로, $\frac{\bar{X}-\mu_0}{s/\sqrt{n}}=Z$라 놓고 임계치 또한 표 8-3과 같은 Z분포를 이용할 수 있음은 물론이다. 이상의 내용을 정리하면 다음과 같다.

[모분산이 미지이나 표본규모가 큰 경우의 모평균에 대한 검정통계량]

$$Z=\frac{\bar{X}-\mu_0}{s/\sqrt{n}} \tag{8.5}$$

식 (8.3)에서는 물론 식 (8.4)와 (8.5)에서도 표본이 유한모집단에서 비복원추출되었을 경우에는 유한모집단조정계수가 포함된 형태로 변형되어야 한다. 더 이상의 설명은 생략하고 몇 가지 예를 들어 보기로 한다.

[예 제]

시내 L백화점에서 하루에 판매하는 냉장고수는 정규분포를 따른다고 가정하자. 무작위로 선정한 10일간의 판매실적에 관하여 다음과 같은 정보를 얻었을 때(단, X_i는 i번째 날의 1일매상고) 귀무가설 $H_0 : \mu\geq 12$를 $\alpha=5\%$ 수준에서 검정하라.

$$\sum_{i=1}^{10}X_i=100 \qquad \sum_{i=1}^{10}X_i^2=23{,}500 \qquad n=10$$

이미 귀무가설이 설정되어 있으므로 이 가설을 검정하는 데 적절한 통계량을 선정하는 일이 우선 고려되어야 할 것이다. 모분산(σ^2)이 알려져 있지 않을 뿐 아니라 표본규모(n) 또한 작은 편이므로 $t=\frac{\bar{X}-\mu_0}{s/\sqrt{n}}$를 사용해야 하며, 이 통계량의 값을 계산하기 위해 우선 표본의 평균($\bar{X}$)과 분산(s^2)값을 찾아야 한다.

$$\bar{X}=\frac{\sum X_i}{n}=\frac{100}{10}=10 \text{ 이고}$$

$$\begin{aligned} s^2&=\frac{\sum(X_i-\bar{X})^2}{n-1} \\ &=\frac{1}{n-1}(\sum X_i^2-n(\bar{X})^2) \\ &=\frac{1}{10-1}(23{,}500-10(10)^2)=2{,}500 \end{aligned}$$

이므로

$$t_{cal.} = \frac{10-12}{50/\sqrt{10}} = -0.1265$$

가 될 것이다. 한편, $\alpha=5\%$, $\nu=n-1=9$에 대응하는 $-t_\alpha$값은 부표 H에서 -1.833임을 알 수 있다.

계산된 검정통계량의 값(-0.1265)이 아래 그림에서처럼 임계치(-1.833)보다 오른쪽에 있으므로 귀무가설을 기각할 수 없다. 즉, 1일 평균 냉장고 판매량이 12대 이상이라는 가설을 받아들이게 된다.

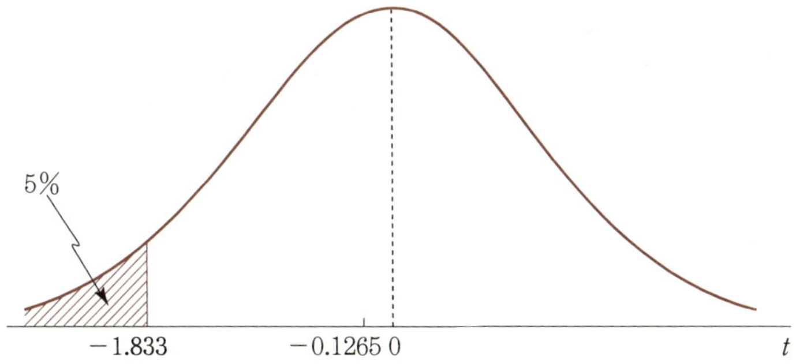

[예 제]

위의 예제를 다소 변경시켜 표본규모(n)가 100인 표본에서 얻은 정보가 다음과 같다고 보고, 전과 같은 귀무가설을 검정하여 보아라.

$$\sum_{i=1}^{100} X_i = 1{,}000 \qquad \sum_{i=1}^{100} X_i^2 = 257{,}500 \qquad n=100$$

모분산이 미지이나 표본규모가 30을 상회하므로 사용할 검정통계량은 $Z=\frac{\bar{X}-\mu_0}{s/\sqrt{n}}$가 될 것이다. 한편,

$$\bar{X} = \frac{\sum X_i}{n} = \frac{1{,}000}{100} = 10$$

이고,

$$s^2 = \frac{1}{n-1}(\sum X_i^2 - n(\bar{X})^2) = \frac{1}{100-1}(257{,}500 - 100(10)^2)$$
$$= 2{,}500$$

이므로,

$$Z \simeq t = \frac{\bar{X}-\mu_0}{s/\sqrt{n}} = \frac{10-12}{50/\sqrt{100}} = -0.4$$

가 된다.

$\alpha=5\%$에 대응하는 Z_α값은 -1.645이므로 이 경우에서도 역시 귀무가설($H_0: \mu\geq 12$)은 기각되지 않는다. 그러나 검정과정에서 t분포 대신 Z분포를 이용할 수 있어 자유도를 고려해야 하는 번거로움을 피할 수 있었음을 지적해 두고자 한다.

[예 제]

A라는 신입사원이 첫달 동안에 100개의 전구를 생산하였는데, 그 중 5개를 무작위추출하여 수명을 조사해 본 결과 70, 75, 80, 85, 그리고 90일로 판명되었다는 가정하에 이 신입사원이 생산한 전구가 평균 75일 이상 사용할 수 있는지의 여부를 $\alpha=10\%$ 수준에서 검정하라.

우선

$$\bar{X}=(70+75+80+85+90)\times\frac{1}{5}=80$$

$$s^2=\frac{1}{5-1}[(70-80)^2+(75-80)^2+(80-80)^2+(85-80)^2+(90-80)^2]$$
$$=62.5$$

이므로,

$$s=\sqrt{62.5}=7.9057$$

이 된다. 여기에서 표본평균값($\bar{X}=80$)이 가정된 모평균값($\mu_0=75$)보다 크므로 단측검정을 실시할 경우 귀무가설은 $H_0: \mu\leq 75$라 설정함이 타당하다. 그래야 귀무가설을 기각할 가능성이 커지기 때문이다.

한편, 이 문제에서도 모분산은 알려져 있지 않고 표본규모 또한 아주 작아 t검정통계량의 사용이 불가피하다. 그런데 이 문제에서는 표본추출이 유한모집단($N=100$)에서 비복원가정하에 이루어졌다고 볼 수 있으며(표본검사과정이 표본의 소모 내지 파괴를 수반함에 유의할 것) 표본규모가 모집단 규모의 5%에 달하므로 일단 유한모집단조정계수를 사용하는 것이 바람직하다. 따라서 사용할 검정통계량의 값은

$$t_{\text{cal.}}=\frac{\bar{X}-\mu_0}{\frac{s}{\sqrt{n}}\sqrt{\frac{N-n}{N-1}}}=\frac{80-75}{\frac{7.9057}{\sqrt{5}}\sqrt{\frac{95}{99}}}=1.44$$

가 되며, $\alpha=10\%$, $\nu=n-1=5-1=4$에 해당하는 t의 임계치는 $t_{\alpha,\nu}=t_{0.1,4}=1.533$이므로 귀무가설은 기각되지 않는다.

이러한 결론은 위와 같은 5개의 표본정보를 가지고서는 이 신입사원이

생산한 전구의 평균수명이 75일 이상이 된다고 볼 수는 없다는 것이다(그림 참조).

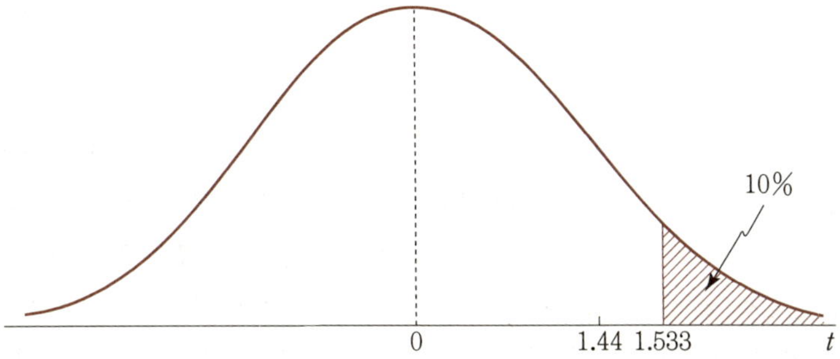

2. 모비율(p)에 대한 가설검정

이항분포를 따르는 모집단의 특성치는 표본크기 n과 모비율 p로 알려져 있다. 이 중 p에 관한 가설검정 또한 앞에서 설명한 과정과 동일한 순서에 의거하여 수행할 수 있다. 물론 이항분포를 이용하는 수도 있겠으나, 여기에서는 표본크기가 30 이상이어서 정규분포에 의한 근사치 계산이 가능한 상황에서의 가설검정방법만을 소개하기로 한다.

제6장과 7장에서 우리는 이항분포를 따르는 모집단에서 추출된 $n \geq 30$ 크기를 갖는 표본에서 발생 가능한 두 종류의 사건 중 하나가 발생할 비율, 즉 표본비율 $\hat{p}$는 평균이 p, 그리고 분산이 $\frac{pq}{n}$인 정규분포를 따르게 됨을 확인한 바 있다. 따라서 모비율에 관한 어떤 귀무가설 $H_0 : p = p_0$이 설정되면, 이에 적용할 통계량은 $\hat{p}$을 표준화한 $Z = \frac{\hat{p} - p_0}{\sqrt{pq/n}}$가 될 것인바, 표본비율 $\hat{p}$값과 가정된 모비율값 p_0를 대입하여 통계량 Z값을 계산하고, 임계치 $\pm Z_{\alpha/2}$(또는 단측검정시에는 $+Z_\alpha$나 $-Z_\alpha$)와 비교하여 귀무가설의 진위를 판정하게 된다. 단, 이 과정에서 한 가지 문제가 생기는데, $Z = \frac{\hat{p} - p_0}{\sqrt{pq/n}}$값을 계산하려면 p와 q값을 알아야 하나 이는 아직 미지인 상태에 있다. 이 문제는 일단 귀무가설을 사실로 인정한 후 Z값을 계산하여 해결한다. 즉, $Z = \frac{\hat{p} - p}{\sqrt{pq/n}} = \frac{\hat{p} - p_0}{\sqrt{pq/n}}$이라고 놓았으므로 미지의 p값 또한 귀무가설에서 가정된 p값인 p_0를 대입함으로써 해소될 수 있는 것이다. 따라서 실제로 계산될 통계량의 값은 $Z_{cal.} = \frac{\hat{p} - p_0}{\sqrt{p_0 q_0/n}}$가 된다.

[모비율에 대한 가설검정통계량]

$$Z=\frac{\hat{p}-p_0}{\sqrt{\frac{p_0q_0}{n}}} \tag{8.6}$$

독자들은 앞에서 모비율에 관한 구간추정 당시(제7장 제4절 5항 참조), $\hat{p}-Z_{\alpha/2}\sqrt{pq/n}<p<\hat{p}+Z_{\alpha/2}\sqrt{pq/n}$에서 미지의 p에 대한 신뢰구간치를 계산하기 위한 공식이 미지의 p를 포함하고 있는 문제를 p의 추정치인 $\hat{p}$으로 p값을 대체시킴으로써 해소시켰던 것을 기억할 것이다. 그러나 가설검정의 경우에는 일단 귀무가설 $H_0: p=p_0$가 사실이라고 가정한 뒤, 이를 중심으로 채택구간을 설정하게 되므로 p값에 $\hat{p}$ 대신 p_0를 대입하여 Z값을 계산하는 것이 타당하다. 이 점을 제외한 나머지 사항은 모평균에 대한 검정과 하등 다른 점이 없으므로, 더 이상의 설명은 생략하고 가상적인 예제 하나를 직접 다루어 보기로 한다.

[예 제]

국회는 그들이 마련한 헌법개정안에 대한 국민여론을 알아보고자 10,000명을 무작위추출하였고, 조사 결과 이들 중 70%가 개정안에 찬성하고 있음이 밝혀졌다고 하자. 이 개정안이 국민투표에서 채택되려면 적어도 75% 이상이 찬성해야 될 경우, 이 안의 채택 여부를 $\alpha=5\%$ 수준에서 검정하라.

우선 표본비율이 $\hat{p}=0.7$이므로 귀무가설은 $H_0: p\geq 0.75$라고 설정하는 것이 타당할 것이다. 이 가설의 검정통계량은

$$Z=\frac{\hat{p}-p_0}{\sqrt{\frac{p_0q_0}{n}}}$$

이므로, Z값을 계산해 보면

$$Z=\frac{0.7-0.75}{\sqrt{\frac{(0.75)(0.25)}{10,000}}}\fallingdotseq\frac{-0.05}{\frac{0.433}{100}}\fallingdotseq-11.55$$

가 된다.

한편, $\alpha=5\%$에 대응하는 Z의 임계치는 $-Z_\alpha=-1.645$이므로 귀무가설은 기각된다. 즉, 국회의 헌법개정안은 국민투표에서 채택되지 못할 것이라는 결론을 얻게 된다.

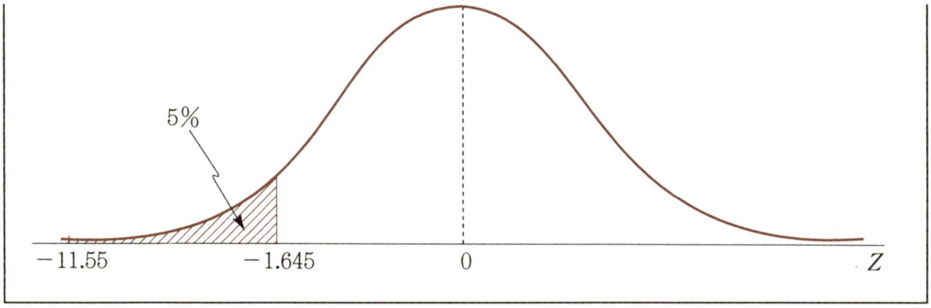

3. 모분산(σ^2)에 대한 가설검정

모집단의 대표적인 특성치인 모분산에 대해서도 앞에서 적용한 가설검정 과정을 적용할 수 있다. 단, 모평균이나 모비율의 검정은 표본평균이나 표본비율의 분포인 Z나 t를 이용한 데 반해, 모분산에 대한 검정은 표본분산의 분포와 직접 연관되어 있는 χ^2분포를 이용하게 된다는 점에 차이가 있을 뿐이다. 따라서 Z분포나 t분포는 평균이 0이고, 0을 중심으로 대칭을 이루고 있지만, χ^2분포는 항상 양(+)의 값을 가지며 우측으로 완만한 경사를 이루므로(skewed to the right), χ^2의 임계치 계산이 다소 달라지게 된다. 역시 간단한 예제를 통하여 모분산의 검정방법을 설명해 보기로 한다.

모회사가 제작한 사탕제조기가 만들어 내는 사탕의 무게는 대체적으로 정규분포를 따르는데, 이 기계의 제작회사는 이 기계의 표준편차가 1g 정도밖에 안 될 정도로 정밀한 것이라고 주장하고 있다고 하자. 이 기계를 구매하려고 하는 사탕 제조업자가 이를 확인하기 위하여 9대의 기계를 임의선정하여 표준편차를 계산한 결과 $s=2$g 이었다면, 이 때 5%의 제1종오류를 허용할 때 어떤 결론을 내릴 수 있을까?

문제의 내용으로 미루어 볼 때 귀무가설은 $H_0 : \sigma<1$ 이라고 설정하는 것이 합당할 것이지만, 검정방법의 다양한 측면을 보기 위해 $H_0 : \sigma=1$ 이란 귀무가설을 동시에 설정하여 검정하기로 한다.

우선 이 문제에 대한 적절한 검정통계량은 $\chi^2=\dfrac{(n-1)s^2}{\sigma_0^2}$ 이 될 것이다.

[모분산에 대한 검정통계량]

$$\chi_\nu^2=\frac{(n-1)s^2}{\sigma_0^2} \tag{8.7}$$

(단, σ_0^2은 귀무가설에서 가정된 값)

주어진 자료를 이용하여 식 (8.7)에 나타난 검정통계량의 값을 구하면

$$\chi^2 = \frac{(9-1)2^2}{1^2} = 32$$

가 된다.

한편, 유의수준 $\alpha=0.05$에 대응하는 χ^2의 임계치는, 귀무가설이 $H_0 : \sigma=1$로 설정되었을 때는 $\chi^2_{1-\alpha/2}$와 $\chi^2_{\alpha/2}$가 되고, 귀무가설이 $H_0 : \sigma<1$의 경우에는 χ^2_{α}가 될 것이며, 이들 임계치들은 부표 F에서 각각 2.18, 17.5와 15.5로 확인할 수 있을 것이다. 따라서 그림 8-7과 같은 임계역이 설정될 것이며, $\chi^2_{\text{cal.}}=32$는 양측검정이건 우측검정이건 모두 빗금친 기각역에 속하고 있어 귀무가설은 기각된다. 따라서 사탕제조기의 표준편차가 1이라는 주장이나 또는 1보다 작

그림 8-7 모분산검정시의 χ^2의 임계역

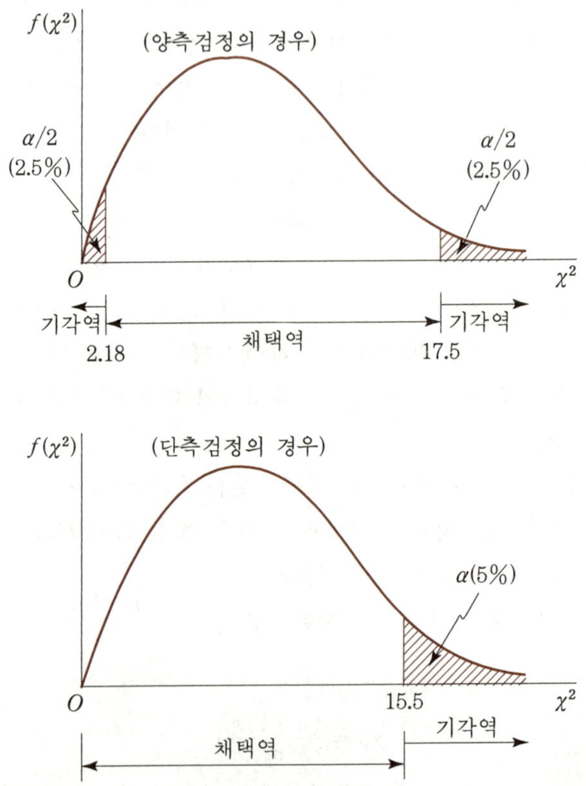

다는 주장은 인정할 수 없다고 결론지을 수 있다.

이제 이러한 검정방법의 당위성을 직관적으로 검토해 보자. $(n-1)\frac{s^2}{\sigma^2}$은 자유도$(n-1)$인 χ^2분포를 따른다. 이 때 $\sigma^2=\sigma_0^2$이라고 귀무가설에서 설정된 분산값 σ_0^2이 실제의 표본에서 얻어진 분산값 s^2과 서로 상당한 차이를 보인다면 $\sigma^2=\sigma_0^2$란 주장을 인정하기 어려울 것이며, 반대로 σ_0^2값과 s^2값이 거의 비슷하다면(이 때 $\chi^2_{\text{cal.}}=(n-1)\frac{s^2}{\sigma^2}\Longrightarrow(n-1)$, 즉 χ^2분포의 평균인 $(n-1)$에 접근함) $\sigma^2=\sigma_0^2$이란 가설을 기각할 하등의 이유가 없어진다. 따라서 $(n-1)\frac{s^2}{\sigma^2}$값이 아주 크거나($s^2$이 σ_0^2보다 아주 클 때), 또는 작을 때(s^2이 σ_0^2보다 아주 작은 값으로 나타날 때)에는 $\sigma^2=\sigma_0^2$이란 가설을 기각하게 되며 그 임계치가 $(n-1)=\nu=8$인 위의 문제에는 그림 8-7과 같이 나타났던 것이다.

제 5 절 복수표본에 의한 가설검정

제4절에서는 한 개의 표본을 이용하여 그것이 추출된 모집단의 평균이나 분산 또는 비율에 대하여 가정된 값의 사실 여부를 검정하는 방법에 대하여 알아보았다. 본절에서는 서로 다른 두 모집단에서 독립적으로 추출된 두 개의 표본을 이용하여 이들이 추출된 두 모집단의 모수, 즉 평균·분산 또는 비율들이 서로 같은지를 평가하는 방안을 강구하게 된다. 논의의 편의상 두 모집단 평균을 비교하는 방안 네 가지와 두 모비율을 비교하는 방안 두 가지, 그리고 마지막으로 두 모분산의 비교에 관한 방안을 차례로 다루기로 한다.

1. 모평균의 차에 관한 가설검정

두 개의 표본들이 동일한 평균을 가지고 있는 모집단에서 추출되었는지를 확인하는 문제는 결국 검정에 사용할 통계량의 형태에 의존하게 된다. 그리고 사용할 통계량의 선정은 모집단에 관한 정보(즉, 모분산이 알려졌는가 하는 문제 등등) 및 표본에 대한 정보(표본의 크기 등)에 따라 달라진다. 따라서 편의상 다음과 같이 네 가지 경우로 나누어 다루도록 하자.

1.1 두 모분산이 알려져 있는 경우

검정의 첫번째 단계는 가설을 설정하는 일이다. 두 모집단의 평균을 각각 μ_1과 μ_2로 표시할 때, 이 두 모평균을 비교하기 위한 가설은 $\mu_1-\mu_2=0$, $\mu_1-\mu_2>0$, 또는 $\mu_1-\mu_2 \gtreqless k$ 등 여러 형태로 설정될 수 있다. 일단 위와 같은 형태의 가설이 설정되면 다음 단계의 검정과정은 적절한 통계량을 선정하는 일이 될 것이다. 우선 우리가 알고 있는 사실을 정리해 보면, μ_1은 $\bar{X}_1$, 그리고 μ_2는 $\bar{X}_2$에 의해 추론될 수 있으므로 이제 두 평균간의 차이를 나타내는 $(\mu_1-\mu_2)$를 하나의 확률변수로 취급하면 이를 추론할 통계량은 $(\bar{X}_1-\bar{X}_2)$가 된다고 볼 수 있다. 원래의 두 모집단이 정규분포를 따른다면 과연 $(\bar{X}_1-\bar{X}_2)$의 분포는 무엇이 될까? 또 이 표본통계량의 평균과 분신은 얼마인가?

첫째 질문과 관련된 통계이론상의 주요 정리를 증명 없이 정리해 보면 다음과 같다.[1)]

> [정리 8.1]
> 두 개의 확률변수 X_1과 X_2가 각각 정규분포를 따르면, $X_1 \pm X_2$로 정의되는 새로운 확률변수도 정규분포를 따른다.

우리는 이미 표본평균 $\bar{X}_1$와 $\bar{X}_2$는 각각 정규모집단의 확률변수의 1차함수이므로 정규분포를 따른다는 사실을 알고 있다.[2)] 따라서 정규분포를 따르는 두 확률변수 $\bar{X}_1$와 $\bar{X}_2$간의 차이로 정의되는 $(\bar{X}_1-\bar{X}_2)$도 [정리 8.1]에 의해 역시 정규분포를 따르게 된다는 결론을 얻을 수 있다.

그러면 새로운 확률변수 $(\bar{X}_1-\bar{X}_2)$의 평균과 분산을 계산해 보도록 하자. 우선 평균은

$$E[\bar{X}_1-\bar{X}_2]=E[\bar{X}_1]-E[\bar{X}_2] \qquad (\because \text{ 기대치법칙 5})$$
$$=\mu_1-\mu_2$$

한편, 분산은 두 표본의 크기를 n_1과 n_2라 할 때,

$$V(\bar{X}_1-\bar{X}_2)=V(\bar{X}_1)+V(\bar{X}_2)-2\,\mathrm{Cov}(\bar{X}_1, \bar{X}_2) \quad (\because \text{기대치법칙 6})$$
$$=\frac{\sigma_1^2}{n_1}+\frac{\sigma_2^2}{n_2}$$

1) 증명과정은 J. Kmenta, *op. cit.*, pp. 83~90을 참조.

2) [정리 6.1]에 의하면 X가 정규분포를 따르면 X의 어떤 1차함수도 정규분포를 따른다고 되어 있다.

이 된다. 마지막 항인 공분산은 두 확률변수 $\bar{X}_1$, $\bar{X}_2$가 서로 독립적으로 추출된 표본들의 평균을 나타내므로 0이 된다. 이상의 결과를 정리해 보면

$$(\bar{X}_1-\bar{X}_2)\sim N\left((\mu_1,\ \mu_2),\ \left(\frac{\sigma_1^{\ 2}}{n_1}+\frac{\sigma_2^{\ 2}}{n_2}\right)\right)$$

이 될 것이고, 이를 표준화하면 다음과 같다.

[모분산이 알려진 경우 두 모평균의 차에 대한 검정통계량]

$$Z=\frac{(\bar{X}_1-\bar{X}_2)-(\mu_1-\mu_2)}{\sqrt{\frac{\sigma_1^{\ 2}}{n_1}+\frac{\sigma_2^{\ 2}}{n_2}}}\sim N(0,\ 1) \tag{8.8}$$

검정의 세 번째 단계는 위와 같이 밝혀진 통계량의 값 $Z_{cal.}$을 계산하는 것으로 일단 귀무가설이 사실이란 가정하에 계산한다. 예컨대, $H_0: \mu_1-\mu_2=0$이라면 통계량의 값은 단순히 $Z_{cal.}=\frac{\bar{X}_1-\bar{X}_2}{\sqrt{\frac{\sigma_1^{\ 2}}{n_1}+\frac{\sigma_2^{\ 2}}{n_2}}}$가 될 것이다.

네 번째 단계는 임계치의 설정인데 일단 α수준을 정한 뒤 귀무가설이 단순가설이면, 즉 $H_0: \mu_1-\mu_2=0$이면 $\pm Z_{\alpha/2}$를, 그리고 귀무가설이 복합가설이면, 즉 $H_0: \mu_1-\mu_2\geqq 0$이면, Z_α 또는 $-Z_\alpha$를 찾아 낸다. 그런 후에 전자에는 양측검정, 그리고 후자에는 단측검정을 실시하게 된다.

다섯 번째 단계에서는 세 번째 단계에서 계산된 통계량의 값과 네 번째 단계에서 설정된 임계치를 비교하여 귀무가설의 채택 여부를 판정하게 된다.

예를 들어 위의 검정과정을 확인해 보기로 하자. H사의 자동차는 l당 주행거리면에서 G사의 자동차보다 우수하다고 주장하는 반면 경쟁사인 G사측은 그렇지 않다고 반박하고 있다고 하자. 이러한 분쟁을 해결하고자 회사별로 자동차를 각각 9대씩 임의로 선정하여 주행거리를 확인한 결과 H사는 l당 평균주행거리가 12km/l, 그리고 G사는 11km/l로 각각 관측되었다고 하자. 이와 같은 경우에, 만일 두 모집단은 주행거리의 표준편차가 각각 1.5km/l와 1km/l인 정규분포를 따른다고 가정할 때, $H_0: \mu_1-\mu_2=0$이란 귀무가설을 1% 유의수준에서 검정하는 문제를 고려해 보자.

첫번째 단계인 귀무가설의 설정은 이미 문제 내에서 주어졌다.

두 번째 단계인 적절한 통계량의 설정문제는 두 모분산이 알려져 있으므로

$$Z=\frac{(\bar{X}_1-\bar{X}_2)-(\mu_1-\mu_2)}{\sqrt{\sigma_1^{\ 2}/n_1+\sigma_2^{\ 2}/n_2}}$$

가 될 것이다.

세 번째 단계에서는 귀무가설 $H_0: \mu_1 - \mu_2 = 0$이 사실이라고 가정하고 Z값을 계산한다.

$$Z_{cal.} = \frac{12-11}{\sqrt{\frac{1.5^2}{9}+\frac{1^2}{9}}} = \frac{1}{\sqrt{\frac{3.25}{9}}} = \frac{3}{\sqrt{3.25}} \fallingdotseq 1.7$$

네 번째 단계는 $\alpha = 1\%$이고 귀무가설이 단순가설이므로, 임계치는 $\pm Z_{\alpha/2} = \pm 2.575$가 된다.

다섯 번째 단계는 계산된 통계량의 값 1.7이 두 임계치 사이의 채택역에 속하는 값이므로 귀무가설은 채택된다. 즉, 두 차종의 l당 평균주행거리는 차이가 없다는 결론을 얻게 되는 것이다.

1.2 두 모분산은 알려져 있지 않으나 표본의 규모가 큰 경우

단일표본을 이용한 가설검정과정에서도 언급한 바 있지만 모분산이 알려져 있다는 가정하의 검정이란 사실 무의미하다. 모분산이 알려지려면 원칙적으로 모평균값이 알려져야 하기 때문이다. 따라서 보다 현실적인 가정이란 모분산이 알려져 있지 않다는 것이 될 것이다. 그러나 이와 같은 보다 현실적인 상황을 가정하더라도 표본크기만 일정 한도를 넘으면 가설의 검정과정은 앞에서의 경우와 흡사하다. 다만 결정적인 차이는 $(\bar{X}_1 - \bar{X}_2)$를 표준화할 때 σ_1^2과 σ_2^2이 알려져 있지 않으므로 불가피하게 그 추정치인 s_1^2과 s_2^2으로 대치하여야 한다는 것이다. 즉,

[모분산이 미지이나 표본규모가 클 경우의 두 모평균의 차에 대한 검정통계량]

$$\frac{(\bar{X}_1 - \bar{X}_2) - (\mu_1 - \mu_2)}{\sqrt{\frac{s_1^2}{n_1} + \frac{s_2^2}{n_2}}} \fallingdotseq Z \qquad (8.9)$$

문제는 이 표준화된 확률변수가 어떠한 분포를 따를 것인가 하는 것이다. 통계이론에 의하면 n_1, $n_2 \to \infty$에 따라 $s_1^2 \to \sigma_1^2$, $s_2^2 \to \sigma_2^2$가 되고, 따라서 식 (8.9)는 정규분포에 접근하게 된다고 한다. 그러므로 검정의 제2 및 제3단계에 사용하는 통계량의 형태가 식 (8.8) 대신 (8.9)가 사용된다는 것 이외에는 앞의 경우와 동일하다.

앞에서의 예제를 다소 변형시켜 두 모집단의 분산이 알려지지 않았다고 가정하되, 두 표본의 크기를 각각 32로 증가시켰을 때, H사 자동차의 평균은 12, G사 자동차의 평균은 11.5로 산출되고, 표본분산은 양사 모두 1km/l로 계측되었다고 하자. 그러면

$$Z_{\text{cal.}}=\frac{12-11.5}{\sqrt{\dfrac{1}{32}+\dfrac{1}{32}}}=\frac{0.5}{\dfrac{1}{4}}=2$$

가 된다.

$\alpha=1\%$일 때 임계치는 전과 같이 ± 2.575가 되므로, 역시 귀무가설이 채택된다. 단, 이 결론은 1%의 α오차를 허용하고 있는 것이다. 만일 $\alpha=5\%$로 변경한다면 $\pm Z_{\alpha/2}=\pm 1.96$이 되고, 귀무가설은 기각된다. 즉, $\alpha=5\%$의 경우에는 두 차종의 l당 평균주행거리에 차이가 있다는 결론을 얻게 된다.

1.3 두 모분산이 알려져 있지 않고 표본규모도 작을 때

경우에 따라서는 앞에서의 상황에서처럼 표본의 크기가 정규분포에 의한 근사치 계산이 정당화될 수 있을 만큼 크지 못한 경우가 발생하게 된다. 즉, 표본크기가 30을 상회하지 못하는 표본의 정보만으로 검정에 임해야 하는 상황이 생기면 전항에서와 같은 편리한 어림셈을 할 수 없게 되는 것이다. 독자들은 단순히 식 (8.9)에 의해 정의된 통계량을 그대로 사용하되 t분포를 따르는 것으로 이해하여 사용하면 되지 않겠는가 하는 추측을 할지도 모른다. 그러나 이러한 추측은 불행하게도 들어맞지 않으며 다소 변형된 별도의 t분포 함수식을 도출해야 되는 번거로움이 발생한다. 그 이유를 밝히기 전에 우선 두 모집단의 분산이 미지이고 두 표본의 크기 또한 작을 때 검정에 사용될 통계량의 형태에 대하여 알아보기로 한다. 다음에 정의될 통계량은 한 개의 표본을 사용할 때와 마찬가지로 표준화된 정규분포가 아니라 t분포를 따르게 됨은 사실이나 다음의 두 가지 가정을 필요로 하게 된다.

첫째, 두 개의 모집단이 모두 정규분포를 따를 것

둘째, 두 모집단의 분산이 서로 동일할 것, 즉 $\sigma_1^2=\sigma_2^2$

이상의 두 가정이 만족된다는 조건하에서 우리가 사용할 수 있는 통계량의 형태는 다음의 식 (8.10)과 같다.

[모분산이 미지이고 표본규모가 작을 경우의 두 모평균의 차에 관한 검정통계량]

$$t_{n_1+n_2-2}=\frac{(\bar{X}_1-\bar{X}_2)-(\mu_1-\mu_2)}{\hat{s}\sqrt{1/n_1+1/n_2}} \tag{8.10}$$

$$\left(\text{단, } \hat{s}=\sqrt{\frac{(n_1-1)s_1^2+(n_2-1)s_2^2}{n_1+n_2-2}}=\sqrt{\frac{\sum(X_{1i}-\bar{X}_1)^2+\sum(X_{2i}-\bar{X}_2)^2}{n_1+n_2-2}}\right)$$

독자들은 난데없이 나타난 이 낯선 모양의 통계량을 보고 다소 당황하리라 믿는다. 또한 특히 두 번째 가정, 즉 $\sigma_1^2=\sigma_2^2$라는 가정이 왜 필요한지에 대하여 의아한 생각을 가지게 되리라고 생각된다. 이러한 궁금증을 풀기 위해 우선 상식적이고 직관적인 논리에 따라 설명해 보기로 한다.

비록 우리가 $\sigma_1^2=\sigma_2^2$라는 가정을 하였고, 또 그 가정이 타당시되는 상황이라 할지라도 독립적으로 추출된 두 표본의 분산이 서로 같아지란 법은 없다. 두 표본의 분산 s_1^2과 s_2^2은 같은 값을 가지는 σ_1^2과 σ_2^2의 추정치이지만, 각 표본의 크기의 차이는 표본추출에 따른 오차로 인해 일반적으로 상이한 값을 가지게 된다. 그렇다면 값이 다른 두 표본분산 중 어느 것을 모분산에 대한 추정치로 인정할 것인가 하는 문제가 파생된다. 아마도 가장 합당한 선택방법은 s_1^2과 s_2^2의 가중평균(weighted average)을 취하는 것이라 볼 수 있다. 즉, 각 표본의 크기를 각각 n_1과 n_2라 하면 각 표본분산의 계산과정에 있어서 자유도는 (n_1-1)과 (n_2-1)이 될 것이므로, 이 두 자유도를 가중치로 삼아 두 표본분산의 가중평균을 구하는 것이다. 이 때 총자유도는 두 자유도의 합인 $(n_1-1)+(n_2-1)=(n_1+n_2-2)$가 된다. 따라서 σ^2의 가중평균추정치 $\hat{s}^2$를 다음과 같이 구할 수 있다.

$$\hat{s}^2=\frac{\text{첫번째 표본의 자유도}}{\text{총자유도}}s_1^2+\frac{\text{두번째 표본의 자유도}}{\text{총자유도}}s_2^2$$

$$=\frac{\nu_1}{\nu_1+\nu_2}s_1^2+\frac{\nu_2}{\nu_1+\nu_2}s_2^2$$

$$=\frac{(n_1-1)}{(n_1-1)+(n_2-1)}s_1^2+\frac{(n_2-1)}{(n_1-1)+(n_2-1)}s_2^2$$

$$\therefore\ \hat{s}^2=\frac{(n_1-1)s_1^2+(n_2-1)s_2^2}{n_1+n_2-2} \tag{8.11}$$

또는

$$\hat{s}^2=\frac{\sum(X_{1i}-\bar{X}_1)^2+\sum(X_{2i}-\bar{X}_2)^2}{n_1+n_2-2} \tag{8.12}$$

$$\left[\begin{array}{l} \because\ s_1{}^2=\dfrac{\sum(X_{1i}-\bar{X}_1)^2}{n_1-1} \\ \quad\ \ s_2{}^2=\dfrac{\sum(X_{2i}-\bar{X}_2)^2}{n_2-1} \end{array}\right]$$

우리는 식 (8.8)에서 두 모분산이 알려져 있는 경우의 검정통계량은

$$\frac{(\bar{X}_1-\bar{X}_2)-(\mu_1-\mu_2)}{\sqrt{\dfrac{\sigma_1{}^2}{n_1}+\dfrac{\sigma_2{}^2}{n_2}}}$$

임을 확인한 바 있다.

여기에서 두 모분산이 같다는 가정을 하면 식 (8.8)은

$$\frac{(\bar{X}_1-\bar{X}_2)-(\mu_1-\mu_2)}{\sqrt{\sigma^2\left(\dfrac{1}{n_1}+\dfrac{1}{n_2}\right)}}$$

가 된다.

그러나 본항에서는 모분산이 서로 같기는 하되 그 값은 미지라고 하였으므로 그 추정치를 사용해야 한다. 그리고 그 추정치로서 가장 합당한 형태는 식 (8.11)로 나타난 $\hat{s}^2$가 될 것이므로, 결국 두 모분산이 서로 같으나 미지인 경우에 사용될 검정통계량은

$$\frac{(\bar{X}_1-\bar{X}_2)-(\mu_1-\mu_2)}{\sqrt{\hat{s}^2\left(\dfrac{1}{n_1}+\dfrac{1}{n_2}\right)}}$$

또는

$$\frac{(\bar{X}_1-\bar{X}_2)-(\mu_1-\mu_2)}{\hat{s}\sqrt{\dfrac{1}{n_1}+\dfrac{1}{n_2}}}$$

가 되며, 바로 이 결과가 앞에서 소개한 식 (8.10)에 나타나 있는 것이다. 여기에서 $\hat{s}^2$을 통상적으로 통합분산 또는 공통분산(pooled variance)이라 부르는데, 엄밀한 의미로 말하자면 가중평균한 표본분산이라고 할 수 있을 것이다.

이상의 설명으로 독자들은 식 (8.10)에 나타난 다소 낯선 형태의 통계량이 어떻게 도출되었는지를 이해하였으리라 믿는다. 그러나 아직도 왜 하필이면 $\sigma_1{}^2=\sigma_2{}^2$과 같은 상당히 제한적인 가정을 해 가며 이러한 식을 도출하였는지는

분명하지 않다. 이에 대해 한 마디로 답하자면 모든 여건상, 즉 모분산이 미지이고 표본규모가 작을 때 적용되는 표본분포는 t분포가 되어야 할 것인데, t분포를 따르는 통계량을 정의하자면 바로 $\sigma_1^2=\sigma_2^2$이라는 가정이 만족되어야 식 (8.10)이 성립되기 때문이다.

원래 t분포는 제6장에서 밝힌 바 있듯이 정규분포를 따르는 모집단에서 추출된 표본의 평균($\bar{X}$)을 표준화한 통계량 $\frac{\bar{X}-\mu}{\sigma/\sqrt{n}}$가 표준정규분포를 따른다는 결과를 이용할 수 없는 상황에서 창출된 분포이다. 즉, $\frac{\bar{X}-\mu}{\sigma/\sqrt{n}}\sim N(0,\ 1)$이지만, 이것은 모분산 σ가 미지일 때 사용할 수 없다. 따라서 σ의 추정치인 표본표준편차 s를 대신 사용하게 되지만, 결과적으로 $\frac{\bar{X}-\mu}{s/\sqrt{n}}$는 표준정규분포와는 다른 형태를 따르게 되어 이를 고셋(W. S. Gosset)이 t분포라 명명한 것이다.

한편, t분포는 수학적으로 표준정규분포를 따르는 변수와 χ^2분포변수를 해당 자유도로 나눈 값의 평방근값과의 비율로도 정의될 수 있다.[1)]

$$t_\nu=\frac{Z\sim N(0,\ 1)}{\sqrt{\chi^2/\nu}}=\frac{\dfrac{\bar{X}-\mu}{\sigma/\sqrt{n}}}{\sqrt{\dfrac{\Sigma(X_i-\bar{X})^2}{\sigma^2}/n-1}}=\frac{\dfrac{\bar{X}-\mu}{\sigma/\sqrt{n}}}{\sqrt{s^2/\sigma^2}}=\frac{\bar{X}-\mu}{s/\sqrt{n}}$$

이제 이러한 t분포의 수학적 정의식을 이용하여 두 개의 표본을 사용하는 상황을 고려해 보자.

$$t_{n_1+n_2-2}=\frac{Z\sim N(0,\ 1)}{\sqrt{\Sigma\chi^2/\{(n_1-1)+(n_2-1)\}}}$$

$$=\frac{\dfrac{(\bar{X}_1-\bar{X}_2)-(\mu_1-\mu_2)}{\sqrt{\dfrac{\sigma_1^2}{n_1}+\dfrac{\sigma_2^2}{n_2}}}}{\sqrt{\left\{\dfrac{\Sigma(X_{1i}-\bar{X}_1)^2}{\sigma_1^2}+\dfrac{\Sigma(X_{2i}-\bar{X}_2)^2}{\sigma_2^2}\right\}\Big/(n_1+n_2-2)}} \qquad (8.13)$$

만일 $\sigma_1^2=\sigma_2^2=\sigma^2$라면,

$$t_{n_1+n_2-2}=\frac{\dfrac{(\bar{X}_1-\bar{X}_2)-(\mu_1-\mu_2)}{\sqrt{\dfrac{\sigma^2}{n_1}+\dfrac{\sigma^2}{n_2}}}}{\sqrt{\dfrac{\Sigma(X_{1i}-\bar{X}_1)^2+\Sigma(X_{2i}-\bar{X}_2)^2}{\sigma^2(n_1+n_2-2)}}}$$

1) 자세한 내용은 Mood and Graybill, *op. cit.*, pp. 249~251을 참조.

$$= \frac{\dfrac{(\bar{X}_1 - \bar{X}_2) - (\mu_1 - \mu_2)}{\sqrt{\dfrac{1}{n_1} + \dfrac{1}{n_2}}}}{\sqrt{\dfrac{\sum (X_{1i} - \bar{X}_1)^2 + \sum (X_{2i} - \bar{X}_2)^2}{(n_1 + n_2 - 2)}}}$$

$$= \frac{(\bar{X}_1 - \bar{X}_2) - (\mu_1 - \mu_2)}{\hat{s}\sqrt{\dfrac{1}{n_1} + \dfrac{1}{n_2}}} \qquad (8.10)'$$

가 된다. 이 과정에서 볼 때 결국 $\sigma_1 = \sigma_2$라는 가정은 이들 값이 알려져 있지 않을 때 표본정보를 통해 t검정을 실시할 수 있도록 해주는 데 필요한 편의상의 가정임을 알 수 있다. 이 가정 없이는 식 (8.13)이 비록 t분포를 따른다 하더라도 표본정보를 가지고 사용할 수 없는 통계량이 되기 때문이다. 물론 식 (8.13)에 나타난 모든 σ_1^2과 σ_2^2 대신 s_1^2과 s_2^2을 근사적으로 대입할 수도 있으나, 이 때 자유도 계산은 아주 복합해지며, 또 어림셈 결과도 바람직하지 못한 결과를 가져올 수 있어 $\sigma_1 = \sigma_2$라는 가정을 일반적으로 요구하게 되는 것이다.

한편, 이상의 설명과정을 통해 알 수 있듯이 $\sigma_1 = \sigma_2$라는 가정의 성립 여부를 떠나 식 (8.9)에 정의된 통계량은 t분포를 따른다고 볼 수 없다는 사실이 명백해졌으리라 믿는다. 바로 이러한 사실 때문에 두 표본을 이용한 검정의 경우에는 식 (8.10)과 같은 별도의 검정통계량이 필요하게 되는 것이다.

이제 두 모집단의 분산이 서로 같으나 그 값은 알려져 있지 않은 경우에 두 모집단의 평균차에 대한 검정을 실시하게 되는 예제 하나를 고려해 보기로 한다. 시내 모대학의 졸업생 중 금년도 취업한 신입사원들 중 인문사회계열 취업자 10명과 자연과학계열 취업자 15명을 무작위로 선정하여 조사한 결과 평균 초임수준은 각각 180만 원과 175만 원, 그리고 분산은 300만 원과 200만 원으로 나타났다고 하자. 이 때 $\alpha = 5\%$ 수준에서 두 그룹의 초임수준이 동일하다고 볼 수 있는지의 여부를 판정하려면 일단 다음과 같이 귀무가설을 설정해야 한다.

$$H_0 : \mu_1 = \mu_2$$

두 모집단의 분산이 알려지지 않았으나, 두 모집단이 모두 같은 대학 졸업생이라는 점을 감안할 때 두 모분산이 서로 같다고 보는 데 별 무리가 없을 것이다. 한편, 두 표본의 규모가 매우 작은 점을 감안한다면 위의 귀무가설을 검정할 통계량은 식 (8.10)에서 정의된 검정통계량이 될 것이다.

$$t_{n_1+n_2-2}=\frac{(\bar{X}_1-\bar{X}_2)-(\mu_1-\mu_2)}{\hat{s}\sqrt{1/n_1+1/n_2}} \qquad (8.10)''$$

한편, $\hat{s}^2$값은 식 (8.11) 또는 식 (8.12)에 의해 산출될 수 있으나 본 예제에서 주어진 자료 형태로 보아 통합분산은 식 (8.11)을 이용하여 계산해야 한다.

$$\hat{s}^2=\frac{(n_1-1)s_1^2+(n_2-1)s_2^2}{n_1+n_2-2} \qquad (8.11)'$$

주어진 자료로부터

$$\hat{s}^2=\frac{(10-1)300+(15-1)200}{10+15-2}=\frac{5{,}500}{23}$$

와 같이 계산되며, $\bar{X}_1=180$, $\bar{X}_2=175$ 이므로 검정통계량 t의 값은

$$t_{\text{cal.}}=\frac{(180-175)-0}{\sqrt{\dfrac{5{,}500}{23}}\sqrt{\dfrac{1}{10}+\dfrac{1}{15}}}=\frac{5}{6.313}=0.792$$

(∵ 귀무가설이 사실이라면 $\mu_1-\mu_2=0$ 이므로)

가 된다. 한편, 자유도 $n_1+n_2-2=23$, 그리고 $\alpha=5\%$에 대응하는 검정통계량의 임계치 $\pm t_{\alpha/2,\,23}$은 부표 H에서 ± 2.069 임을 알 수 있다.

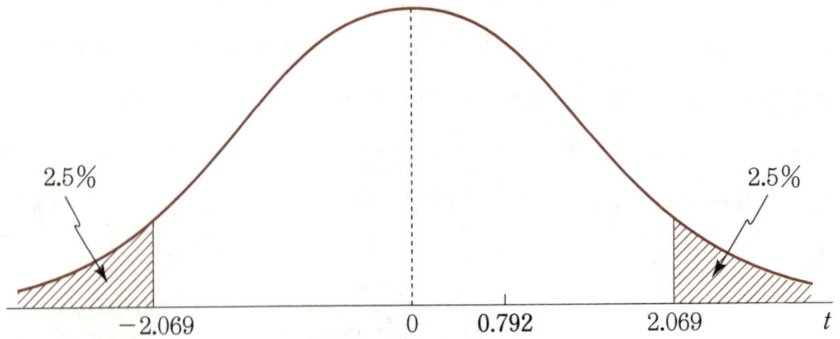

위의 그림에서 볼 수 있는 것처럼 계산된 통계량의 값 0.792는 임계치보다 작으므로 귀무가설은 기각되지 않는다. 즉, 두 집단의 평균초임은 차이가 없다고 결론지을 수 있다.

끝으로, 이 항에서의 통계량과 관련하여 독자들에게 언급할 필요가 있는

것은 도대체 표본의 크기가 얼마 정도면 식 (8.9)를 사용하고, 또 식 (8.10)을 사용하려면 표본크기가 얼마 정도 되어야 하는가 하는 판단기준의 문제이다. 단일표본을 사용할 경우 우리는 일반적으로 표본크기가 30을 넘으면 t를 Z에 의해 근사계산할 수 있다고 배웠다. 이 기준으로 보면 두 표본을 사용할 경우 n_1, n_2 모두 30 이상의 크기를 가져야만 식 (8.9)를 사용할 수 있으리라 생각할 수 있다. 그러나 식 (8.10)에 나타난 t통계량의 자유도는 n_1+n_2-2이고 이 자유도가 30을 넘으면 역시 Z에 의해 어림셈을 할 수도 있다고 볼 수 있고, 또 현실적으로 대부분의 통계학책 부표에 나와 있는 t분포의 누적확률분포는 $\nu>30$에 대하여는 몇 개 특정한 ν값 이외에는 확률값을 제시하지 않고 있다. 이러한 상황을 종합하여 이 책에서는 독자들에게 다음과 같은 요령에 의거하여 통계량을 사용하도록 권하고자 한다.

첫째, 두 표본의 크기가 모두 25~30 이상이 되면 식 (8.9)를 사용한다. 이때 $\sigma_1=\sigma_2$라는 가정은 불필요하다.

둘째, 두 표본의 크기가 25~30에 이르지는 못하나 n_1+n_2-2가 30을 넘으면 식 (8.10)을 사용하되 t분포 대신 Z분포를 사용할 수 있다. 단, 이 경우에는 $\sigma_1=\sigma_2$라는 가정을 필요로 한다.

셋째, 두 표본의 크기가 모두 매우 작아 n_1+n_2-2가 30 이하일 때에는 역시 식 (8.10)을 사용하고 t분포만을 사용해야 한다.

지금까지 제시된 내용을 간단히 정리하여 표를 작성하여 보면 표 8-4와 같이 요약될 수 있을 것이다.

그러나 이상과 같은 가정은 물론 절대적인 것은 아니며, 판단이 곤란한 경우가 얼마든지 있다. 예컨대, $n_1=60$이지만 $n_2=10$인 경우를 들 수 있다. 따라서 여건이 갖추어질 수 있다면 가능한 한 표본들의 크기를 30 이상 유지하도

표 8-4 두 모분산이 미지일 경우의 검정방법

표본크기	검정통계량	비 고
$n_1,\ n_2\geq 30$	$Z=\dfrac{(\bar{X}_1-\bar{X}_2)-(\mu_1-\mu_2)}{\sqrt{\dfrac{s_1^2}{n_1}+\dfrac{s_2^2}{n_2}}}$	σ_1^2, σ_2^2이 미지
$n_1+n_2-2\geq 30$	$Z=\dfrac{(\bar{X}_1-\bar{X}_2)-(\mu_1-\mu_2)}{\hat{s}\sqrt{\dfrac{1}{n_1}+\dfrac{1}{n_2}}}$	σ_1^2, σ_2^2이 미지이지만 $\sigma_1^2=\sigma_2^2$이란 가정 필요
$n_1+n_2-2<30$	$t_{n_1+n_2-2}=\dfrac{(\bar{X}_1-\bar{X}_2)-(\mu_1-\mu_2)}{\hat{s}\sqrt{\dfrac{1}{n_1}+\dfrac{1}{n_2}}}$	σ_1^2, σ_2^2이 미지이지만 $\sigma_1^2=\sigma_2^2$이란 가정 필요

록 해 줌으로써 $\sigma_1=\sigma_2$라는 지극히 제한적인 가정이 필요 없는 식 (8.9)를 사용할 수 있도록 하는 것이 바람직하다고 볼 수 있다. 하지만 비용문제 등으로 인하여 도저히 표본규모를 30 이상 유지할 수 없고, $\sigma_1=\sigma_2$라는 가정을 하기 곤란하거나 또는 회피하고 싶은 상황이 있을 수 있다. 이러한 경우의 문제해결 방법의 하나로 대응된 쌍을 이루는(matched pair) 표본을 이용하는 방법이 있는데, 이에 대하여 항을 바꾸어 살펴보기로 한다.

1.4 두 모분산이 알려져 있지 않고 표본규모도 작으나 표본이 대응된 쌍을 이룰 경우

두 모집단의 분산이 알려지지 않았을 때 추출된 표본의 크기가 작더라도 $\sigma_1=\sigma_2$라는 가정을 요구하지 않고도 두 모집단의 평균의 차에 대한 검정을 할 수 있는 방안이 있다. 이는 쌍체 또는 대응된 쌍(matched pairs)을 이루는 표본을 얻을 수 있을 때 사용될 수 있는 방법이다. 즉, 쌍체표본은 동일하거나 유사한 대상물의 특성을 서로 다른 두 지역에서 또는 서로 다른 두 시점에서 측정한 값을 가지고 표본관측치를 구성한 것을 말한다. 예를 들면, 속독법을 배우기 전과 후의 1분간 독파능력을 측정한다든가, 에어로빅 댄스를 배우기 전과 후의 몸무게를 관찰하는 경우가 있다. 이 경우에는 동일대상물을 서로 다른 두 시점에서 관측하는 것으로 파악할 수 있으며 이처럼 두 관측치가 대응된 쌍을 이루면 보다 간편한 방식에 의해서 두 모평균의 차이에 대한 검정을 할 수 있게 된다.

이제 관측치가 대응된 쌍의 형태로 수집될 때 한 대상물을 두 시점에서 관측한 값들을 X_{1i}와 X_{2i}로 표시하고, 두 관측치의 차이를 D_i라 하면 $D_i=X_{1i}-X_{2i}$가 될 것이다. 그리고 X_{1i}와 X_{2i}가 각각 독립적으로 정규분포를 따른다고 볼 수 있다면, D_i 또한 정리 (8.1)에 의거하여 정규분포를 따르게 될 것이다. 즉, $D\sim N(E[D], \text{Var}(D))$가 된다. 따라서 D를 표준화하면 표준정규분포인 Z가 될 것이므로

$$Z=\frac{D-E[D]}{\sqrt{\text{Var}(D)}}\sim N(0, 1) \tag{8.14}$$

와 같이 쓸 수 있다. 그러나 모집단을 구성하는 대상물 중 일부를 추출하여 표본으로 삼았기 때문에 우리가 얻을 수 있는 정보는 표본에서의 D_i값뿐이다. 그러므로 모집단에서의 D_i에 관한 검정을 하기 위하여, 즉 모집단에서의 두 모평

균의 차이인 $E[D_i]$에 대한 가설검정을 위하여 우리는 표본평균인 $\bar{D}=\frac{\sum D_i}{n}$를 이용하게 된다.

검정의 첫단계인 귀무가설의 설정을 편의상 다음과 같은 형태로 내정하기로 하자. "두 모평균간의 차이가 없다," 즉 "두 시점에서의 관측치들의 평균에 차이가 없다"고 보아

$$H_0 : \mu_1 - \mu_2 = 0 \quad \text{또는} \quad E[\bar{D}]=0$$

이라고 놓자.

둘째 단계인 적절한 검정통계량은 표본평균인 $\bar{D}$를 이용하여 구성되며 식 (8.15)와 같아진다.

$$t_{n-1} = \frac{\bar{D} - E[\bar{D}]}{\sqrt{\mathrm{Var}(\bar{D})}} \tag{8.15}$$

$\bar{D}$를 표준화한 것이 t분포를 따른다고 본 것은 두 모집단의 분산이 미지이기 때문이다. 문제는 $E[\bar{D}]$와 $\mathrm{Var}(\bar{D})$를 확인해 내는 것이므로 이를 계산해 보기로 한다.

$$\begin{aligned} E[\bar{D}] &= E\left[\frac{1}{n}\sum D_i\right] \\ &= \frac{1}{n}E[D_1 + D_2 + \cdots + D_n] \\ &= \frac{1}{n}(E[D_1] + \cdots + E[D_n]) \\ &= \frac{1}{n}\cdot n \cdot E[D] = E[D] = 0 \quad (\text{만일 } H_0\text{가 사실이라면}) \end{aligned}$$

$$\begin{aligned} \mathrm{Var}(\bar{D}) &= \mathrm{Var}\left(\frac{1}{n}\sum D_i\right) \\ &= \frac{1}{n^2}\{\mathrm{Var}(D_1) + \cdots + \mathrm{Var}(D_n)\} \\ &= \frac{1}{n^2}n\cdot \mathrm{Var}(D) = \frac{\mathrm{Var}(D)}{n} = \frac{\sigma_D{}^2}{n} \end{aligned}$$

그런데 $\sigma_D{}^2 = \frac{\sum(D_i - E[D])^2}{n}$이 미지이므로, 우리는 이를 표본분산인 $s_D{}^2 = \frac{\sum(D_i - \bar{D})^2}{n-1}$으로 대체하여 사용하게 된다. 따라서 정규분포를 따르는 $\bar{D}$의

표준화공식은 다음과 같아진다.

[대응된 쌍을 이루는 두 표본자료를 이용한 두 모평균의 차에 대한 검정통계량]

$$\frac{\bar{D}-E[\bar{D}]}{\sqrt{\mathrm{Var}(\bar{D})}}=\frac{\bar{D}-0}{s_D/\sqrt{n}}=t_{n-1} \tag{8.16}$$

결과적으로 식 (8.16)은 두 표본관측치가 쌍을 이루면 단일표본을 이용하는 가설의 검정과정과 같아짐을 보여 주고 있다.

셋째 단계에서는 식 (8.16)에 나타난 통계량 t값을 계산하고, 넷째 단계에서는 임계치를 t분포표에서 찾아야 하는데, 귀무가설이 $H_0: D_i=0$ 또는 $H_0: \mu_1-\mu_2=0$로 단순가설 형태를 취하기 때문에 검정의 형태가 양측검정이 되므로 $\pm t_{\alpha/2,\,\nu}$가 임계치가 될 것이다. 다섯째 단계에서 두 임계치와 셋째 단계에서 계산된 t값을 비교하여 귀무가설의 채택 여부를 결정하면 되는 것이다. 물론 이 경우 또한 표본크기가 30을 상회하게 되면 식 (8.16)은 Z분포에 가까워지며, 따라서 $\pm t_{\alpha/2}$ 대신 $\pm Z_{\alpha/2}$값을 이용하여 검정할 수 있다.

[예 제]

추운 겨울에 운동부족으로 사람들의 몸무게가 늘어날 것이란 일반적인 예상을 확인하기 위해 무작위로 선정된 7사람의 몸무게를 여름과 겨울에 측정한 결과 다음과 같은 결과를 얻었다.

귀무가설을 $H_0: E[\bar{D}]=0$이라 놓고, $\alpha=1\%$ 수준에서 검정하여 보자. 우선 D_i의 평균과 분산을 계산하면

표 8-5 계절에 따른 몸무게 비교

몸무게 \ 사람	1	2	3	4	5	6	7
여름(X_1)	50	60	45	95	70	65	60
겨울(X_2)	55	55	45	100	75	60	65
$D_i=X_{1i}-X_{2i}$	−5	5	0	−5	−5	5	−5

$$\bar{D}=\sum D_i/n=-10/7$$

$$s_D^2=\frac{\sum(D_i-\bar{D})^2}{n-1}=\frac{1}{6}\left[\left(-5+\frac{10}{7}\right)^2+\left(5+\frac{10}{7}\right)^2+\left(\frac{10}{7}\right)^2+\left(-5+\frac{10}{7}\right)^2\right.$$
$$\left.+\left(-5+\frac{10}{7}\right)^2+\left(5+\frac{10}{7}\right)^2+\left(-5+\frac{10}{7}\right)^2\right]=\frac{1}{6}\left(\frac{6{,}650}{49}\right)\fallingdotseq 22.62$$

가 되므로, 검정통계량의 값은

$$t_{\text{cal.}}=\frac{\bar{D}}{s_D/\sqrt{n}}=\frac{-10/7}{\sqrt{22.62}/\sqrt{7}}\fallingdotseq-0.795$$

와 같아진다. 한편, 자유도 $n-1=6$, $\alpha=1\%$에 대응하는 t검정통계량의 임계치는 부표 H에서 ±3.707임을 알 수 있다.

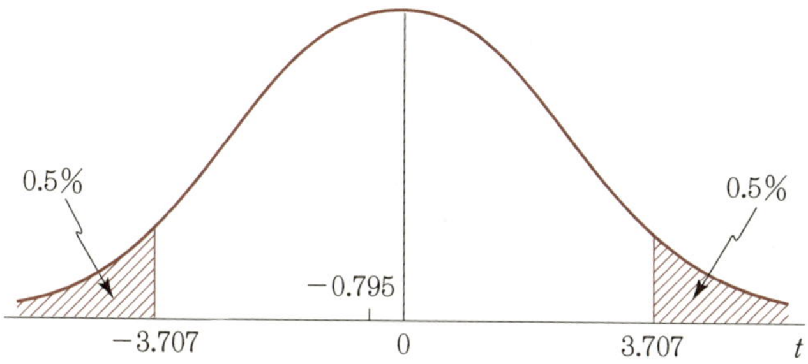

계산된 검정통계량의 값은 임계치보다 작으므로 귀무가설은 기각되지 않는다. 즉, 두 시기에 있어 사람들의 몸무게는 아무런 차이가 없다고 결론지을 수 있다(위 그림 참조).

2. 모비율의 차에 관한 가설검정

두 모비율간의 차이에 대한 가설을 검정하는 과정은 두 모집단의 평균의 차에 관한 검정과정과 흡사하다. 물론 단일표본의 경우가 그러하였듯이 애당초 분석대상이 되는 확률변수가 따르는 분포는 이항분포이다.

그러나 표본크기가 증가함에 따라 정규분포에 가까운 분포를 갖게 된다는 사실을 이용하게 되는 것이다. 즉, 두 가지 결과만으로 나타나는 베르누이시행을 반복하는 실험에서 어느 한 가지 결과가 나올 확률을 p(예컨대, 불량품일 확률)라 하면, 이는 전체 모집단에서 어느 한 특성을 가진 요소가 차지하는 비율과 같아지게 된다. 이 비율 p를 우리는 모비율이라 하며, 이에 관한 추론을 위해 표본에서의 비율 ($\hat{p}$)을 사용해 왔다. 또한 우리는 $\hat{p}=\frac{X}{n}$(단, X는 표본 중 불량품수)의 시행횟수(n)가 30 이상을 넘어설 때 정규분포화된다는 사실을 이용하여 $\hat{p}$을 표준화함으로써 $\frac{\hat{p}-E[\hat{p}]}{\sqrt{\mathrm{Var}(\hat{p})}}=\frac{\hat{p}-p}{\sqrt{pq/n}}$가 표준정규분포 Z가 되도록 변형시킨 바 있다. 즉, $\hat{p}\sim N\left(p,\ \frac{pq}{n}\right)$이란 결과를 제7장에서 얻었다(식 (6.9)′ 참조).

그러면 두 모집단에서의 비율간의 차이에 대하여 설정된 가설은 어떻게 검정할 수 있을까?

첫째, 귀무가설의 형태는 $H_0: p_1-p_2 \gtreqless 0$과 같게 될 것이다.

둘째, 이에 대한 검정통계량은 (p_1-p_2)라는 확률변수의 추정량인 $(\hat{p}_1-\hat{p}_2)$을 표준화하여 얻어질 수 있다. 즉,

$$\frac{(\hat{p}_1-\hat{p}_2)-E[\hat{p}_1-\hat{p}_2]}{\sqrt{\operatorname{Var}(\hat{p}_1-\hat{p}_2)}}$$

그런데

$$E[\hat{p}_1-\hat{p}_2]=E[\hat{p}_1]-E[\hat{p}_2]=p_1-p_2$$

그리고

$$\begin{aligned}\operatorname{Var}(\hat{p}_1-\hat{p}_2)&=\operatorname{Var}(\hat{p}_1)+\operatorname{Var}(\hat{p}_2)-2\operatorname{Cov}(\hat{p}_1,\ \hat{p}_2)\\&=\frac{p_1q_1}{n_1}+\frac{p_2q_2}{n_2}\end{aligned}$$

(단, 셋째 항인 공분산은 두 표본이 서로 독립적으로 추출되었으므로 0이 된다)

가 된다. 따라서 사용될 통계량은

$$\frac{(\hat{p}_1-\hat{p}_2)-(p_1-p_2)}{\sqrt{\dfrac{p_1q_1}{n_1}+\dfrac{p_2q_2}{n_2}}} \tag{8.17}$$

의 형태를 취하게 된다. 그러나 귀무가설 $H_0: p_1-p_2 \gtreqless 0$이 사실이라 하더라도 실제 그 값이 구체적으로 설정되지 않았기 때문에 우리는 그 추정치인 $\hat{p}_1$과 $\hat{p}_2$을 사용하게 되는 것이다.[1] 이 때 두 표본의 크기가 모두 클 때 식 (8.17)은 Z분포에 가까워질 것이다. 즉,

[두 모비율간의 차에 대한 검정통계량]

$$Z=\frac{(\hat{p}_1-\hat{p}_2)-(p_1-p_2)}{\sqrt{\dfrac{\hat{p}_1\hat{q}_1}{n_1}+\dfrac{\hat{p}_2\hat{q}_2}{n_2}}} \tag{8.18}$$

---

1) 단일표본 경우의 검정시에는 $Z=\dfrac{\hat{p}-p_0}{\sqrt{p_0q_0/n}}$라는 검정통계량을 사용하였는데, 이는 $H_0: p=p_0$라는 귀무가설이 사실이란 가정하에 사용되는 검정통계량이었다. 그러나 여기서처럼 두 표본을 이용할 경우에는 $H_0: p_1=p_2$와 같은 귀무가설을 사실이라 가정하여도 식 (8.17)의 분모에 나타난 p_1, p_2값을 단일표본에서처럼 대입할 수 없게 된다. 따라서 대신 $\hat{p}_1$과 $\hat{p}_2$을 이용하게 되는 것이다.

식 (8.18)은 일반적으로 $p_1-p_2=0$ 또는 $p_1=p_2$라는 가정을 반드시 필요로 하는 검정통계량이 아니어서 귀무가설이 $H_0: p_1-p_2>0$ 또는 $H_0: p_1-p_2<0$과 같이 단측검정을 하는 경우에까지 두루 쓰일 수 있다.

한편, 귀무가설이 $H_0: p_1-p_2=0$이라고 설정되었고, 또 일단 이 가설이 사실이라고 가정하여 검정통계량을 설정할 경우에는 두 모평균차에 관한 검정의 경우처럼 가중평균한 비율, 즉 통합비율 또는 공통비율(pooled ratio) 개념을 사용하는 것이 적당하다. 즉,

[결합비율 개념을 이용한 두 모비율간의 차에 대한 검정통계량]

$$Z=\frac{(\hat{p}_1-\hat{p}_2)}{\sqrt{\hat{p}\hat{q}\left(\frac{1}{n_1}+\frac{1}{n_2}\right)}} \tag{8.19}$$

$$\left(\text{단 } \hat{p}=\frac{n_1\hat{p}_1+n_2\hat{p}_2}{n_1+n_2},\ \hat{q}=1-\hat{p}\right)$$

여기에서 $p_1=p_2$라는 가정을 해가며 가중평균한 비율값을 이용하였음에도 불구하고 모평균의 차이에 관한 검정 경우와는 달리 $t_{n_1+n_2-2}$분포가 아닌 Z분포를 따르게 되는 이유는 애당초 각 표본크기가 적어도 30을 넘어야 정규분포에 의한 이항분포의 어림셈이 가능하므로 n_1이건 n_2이건 모두 30을 넘어선다는 데 기인하는 것이다. $n_1,\ n_2\geq 30$이므로 $n_1+n_2-2\geq 58$이 될 수 있음을 염두에 두면 이해가 쉽게 될 수 있을 것이다.

나머지 단계의 가설검정은 특기할 만한 사항이 없으므로 생략하기로 한다. 단, 한 가지 강조해 두고 싶은 것은 식 (8.18) 또는 식 (8.19) 중 어느 것을 이용하든간에 모비율에 관한 가설검정을 할 수 있으려면 항상 표본크기는 적어도 30을 넘어야 하고, 따라서 적용될 통계량은 통상 Z분포를 따르게 된다는 사실이다. 예를 들어 설명하기로 하자.

[예 제]

10원짜리 동전과 100원짜리 동전을 각각 100번씩 던져본 결과 10원짜리 동전의 경우에는 60번, 그리고 100원짜리 동전의 경우에는 40번씩 앞면이 나왔다고 하자. 그러면 $\alpha=5\%$수준에서 두 동전은 과연 앞면이 나올 가능성이 동일하다고 볼 수 있는가?

귀무가설을 $H_0: p_1=p_2$라 설정하면 식 (8.18)보다는 식 (8.19)가 보다 적절한 검정통계량이 될 것이다. $n_1=100,\ n_2=100,\ \hat{p}_1=0.6,\ \hat{p}_2=0.4$이므로

$$Z=\frac{\hat{p}_1-\hat{p}_2}{\sqrt{\hat{p}\hat{q}\left(\frac{1}{n_1}+\frac{1}{n_2}\right)}}=\frac{0.6-0.4}{\sqrt{\hat{p}\hat{q}\left(\frac{1}{100}+\frac{1}{100}\right)}}$$

가 되며,

$$\hat{p}=\frac{n_1\hat{p}_1+n_2\hat{p}_2}{n_1+n_2}$$
$$=\frac{100(0.6)+100(0.4)}{100+100}=0.5$$

을 대입하면

$$Z=\frac{0.6-0.4}{\sqrt{(0.5)(0.5)}\sqrt{\left(\frac{1}{100}+\frac{1}{100}\right)}}=\frac{0.2}{(0.5)\frac{\sqrt{2}}{10}}\fallingdotseq 2.83$$

으로 계산된다.

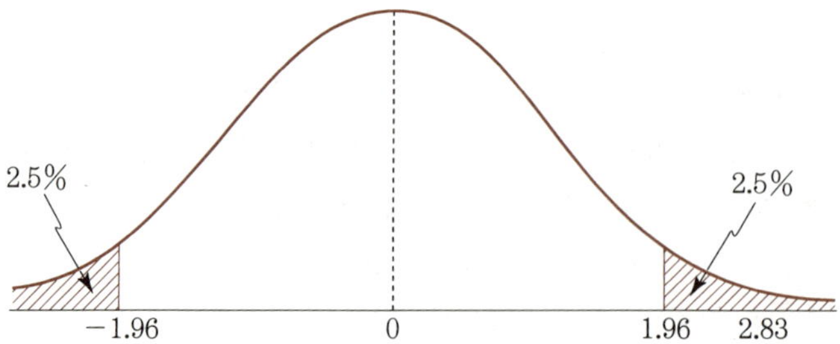

한편, $\alpha=5\%$에 대응하는 Z의 임계치는 ±1.96 이므로 산출된 검정통계량의 값 2.83은 임계치를 벗어나게 된다. 따라서 귀무가설은 기각되며 두 동전은 앞면이 나올 가능성이 같다고 볼 수 없게 된다.

3. 두 모분산의 비교에 관한 가설검정

제5절에 들어와 지금까지 우리는 두 모집단의 평균을 비교하거나 또는 두 모집단의 비율을 비교하는 방안을 강구하여 보았다. 이 두 모수 외에도 모집단의 산포도를 나타내는 특성치인 분산을 서로 비교하는 방법을 필요로 할 경우가 많다. 예컨대, 두 모집단의 소득이 분포되어 있는 상태를 서로 비교하거나, 두 집단을 이루는 학생들의 성적분포 등을 견주어 보는 경우를 들 수 있다. 또는 서로 다른 두 기계가 생산하는 물품이 기준규격에서 벗어나는 정도를 비교하는 등의 품질관리방안에서 우리는 자주 두 모집단의 분산을 비교하게 된다.

한편, 제 6 장에서 우리는 두 개의 서로 독립적인 χ^2분포간의 비율이 F라는 분포를 가지며, 따라서 두 표본의 분산간의 비율이 바로 F분포를 따르게 된다는 사실을 배웠다. 즉,

$$F_{\nu_1, \nu_2} = \frac{\chi_1^2/\nu_1}{\chi_2^2/\nu_2} = \frac{\dfrac{\sum(X_{1i}-\bar{X}_1)^2}{\sigma_1^2}\Big/(n_1-1)}{\dfrac{\sum(X_{2i}-\bar{X}_2)^2}{\sigma_2^2}\Big/(n_2-1)} \qquad (\text{만약 } \sigma_1=\sigma_2 \text{ 이면})$$

$$= \frac{\sum(X_{1i}-\bar{X}_1)^2/(n_1-1)}{\sum(X_{2i}-\bar{X}_2)^2/(n_2-1)} = \frac{s_1^2}{s_2^2} \tag{8.20}$$

따라서 만일 검정하고자 하는 귀무가설이 $H_0: \sigma_1^2 \gtreqless \sigma_2^2$ 이라면, 이를 검정할 검정통계량은 다음과 같아진다.

[두 모분산의 차에 대한 검정통계량]

$$F_{\nu_1, \nu_2} = \frac{s_1^2}{s_2^2} \tag{8.21}$$

따라서 주어진 표본관측치의 표본분산값을 구하여 윗식에 대입한 다음 임계치를 귀무가설 형태에 따라 설정하고, 앞서 계산된 통계량의 값과 비교하여 귀무가설의 채택 여부를 결정하면 될 것이다. 앞서도 지적한 바 있듯이 만일 두 표본분산값이 거의 같아 $F=\frac{s_1^2}{s_2^2}$값이 1에 가깝다면 우리는 $H_0: \sigma_1^2=\sigma_2^2$ 이라는 가설을 기각할 하등의 이유가 없게 되는 것이고, 반대로 F값이 지나치게 크거나 작은 값을 가지면 둘 중의 한 집단의 분산이 다른 집단에 비해 매우 크거나 작다는 것을 의미하므로 $\sigma_1^2=\sigma_2^2$ 이라는 가설은 기각되어야 할 것이다. 예를 들어 보자.

[예 제]

한국과 대만의 일용근로자들의 노임에 관한 분포상태를 비교해 보고자 한국 근로자 21 명과 대만 근로자 11 명을 무작위로 선정하여 이들의 노임에 관한 다음의 자료를 얻었다고 하자.

$$n_1=21 \qquad \sum_{i=1}^{21}(X_{1i}-\bar{X}_1)^2=200$$

$$n_2=11 \qquad \sum_{i=1}^{11}(X_{2i}-\bar{X}_2)^2=100$$

두 나라 근로자들 노임의 분산이 서로 같다는 귀무가설을, 예컨대 $\alpha=10\%$ 수준에서 검정하자면 F검정통계량을 사용해야 할 것이다. 그런데 식 (6.13)

에서

$$F_{(n_1-1),\,(n_2-1)}=\frac{s_1^2}{s_2^2}=\frac{\sum(X_{1i}-\bar{X}_1)^2/(n_1-1)}{\sum(X_{2i}-\bar{X}_2)^2/(n_2-1)}$$

이므로,

$$F_{\text{cal.}}=\frac{200/(21-1)}{100/(11-1)}=1$$

이 된다.

한편, $\alpha=10\%$에 대응하는 F의 임계치는 부표 I-a에서 다음과 같이 찾을 수 있을 것이다.

$$F_{20,\,10,\,0.05}=2.77$$

$$F_{20,\,10,\,0.95}=\frac{1}{F_{10,\,20,\,0.05}}=\frac{1}{2.35}=0.43$$ [1]

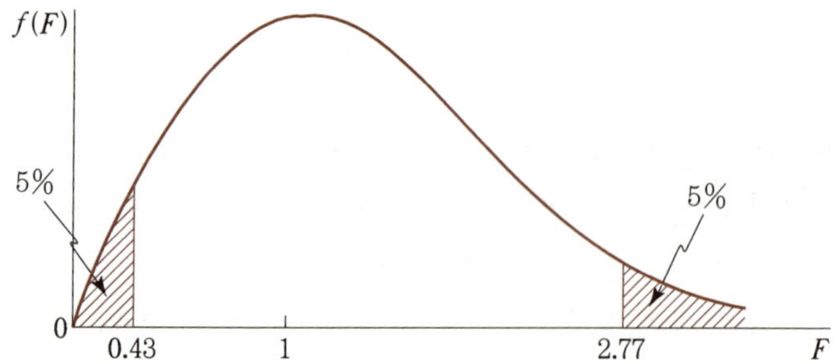

계산된 검정통계량의 값, 1이 두 임계치 사이에 있으므로 귀무가설은 채택되며, 이는 두 나라 일용근로자들의 임금수준은 동일한 분산을 갖고 있다는 결론을 내릴 수 있다.

제6절 요 약

본장에서는 가정된 모수값의 채택 여부를 결정하는 검정에 관한 제반사항을 다루었는데, 가설검정이란 결국 서로 상반되는 두 개의 가설, 즉 귀무가설과 대립가설 중 하나를 표본정보에 근거하여 선택하는 과정이라 볼 수 있다.

가설은 모수값을 단일값으로 정의하는가(예컨대, $H_0: \mu=\mu_0$) 또는 일정 범

1) F의 하한임계치 산출방법은 제6장 제3절을 참조.

위로 정의하는가(예컨대, $H_0: \mu \geq \mu_0$)에 따라 단순가설 또는 복합가설이라 구분하여 부르며, 전자의 경우에는 양측검정, 그리고 후자의 경우에는 단측검정을 시행하게 된다.

가설검정 또한 표본통계량의 확률분포를 근거로 진행되며 검정대상과 여건에 따라 각기 다른 검정통계량이 사용된다. 그러나 어떤 통계량이 검정과정에 선정되든 모든 가설검정과정은 기본적으로 다섯 단계를 거치게 된다. 즉,

1) 귀무가설 및 대립가설의 설정

2) 검정대상과 여건(모집단의 분포, 모분산값이 알려져 있는지의 여부, 표본

표 8-6 가설검정공식 종합표

표본수	검정대상모수	검정통계량	비 고
단일표본	μ	$Z=\dfrac{\bar{X}-\mu_0}{\sigma/\sqrt{n}}$	모분산(σ^2)이 알려진 경우
		$Z=\dfrac{\bar{X}-\mu_0}{s/\sqrt{n}}$	모분산이 미지이나 표본규모가 클 때($n \geq 30$)
		$t=\dfrac{\bar{X}-\mu_0}{s/\sqrt{n}}$	모분산이 미지이고 표본규모가 작을 때($n<30$)
	p	$Z=\dfrac{\hat{p}-p_0}{\sqrt{p_0q_0/n}}$	$n \geq 30$ 이어야 함
	σ^2	$\chi^2=\dfrac{(n-1)s^2}{\sigma_0^2}$	
복수표본	$\mu_1-\mu_2$	$Z=\dfrac{(\bar{X}_1-\bar{X}_2)-(\mu_1-\mu_2)}{\sqrt{\sigma_1^2/n_1+\sigma_2^2/n_2}}$	두 모분산(σ_1^2, σ_2^2)이 알려진 경우
		$Z=\dfrac{(\bar{X}_1-\bar{X}_2)-(\mu_1-\mu_2)}{\sqrt{s_1^2/n_1+s_2^2/n_2}}$	두 모분산은 미지이나 표본규모가 클 경우
		$t_{n_1+n_2-2}=\dfrac{(\bar{X}_1-\bar{X}_2)-(\mu_1-\mu_2)}{\hat{s}\sqrt{\dfrac{1}{n_1}+\dfrac{1}{n_2}}}$	두 모분산이 미지이나 서로 같고 표본규모가 작을 경우
		$t_{n-1}=\dfrac{\bar{D}-E[\bar{D}]}{s_D/\sqrt{n}}$	두 표본이 대응된 쌍을 이룰 경우
	p_1-p_2	$Z=\dfrac{(\hat{p}_1-\hat{p}_2)-(p_1-p_2)}{\sqrt{\dfrac{\hat{p}_1\hat{q}_1}{n_1}+\dfrac{\hat{p}_2\hat{q}_2}{n_2}}}$	귀무가설이 $H_0: p_1 \gtrless p_2$ 일 때 주로 쓰임
		$Z=\dfrac{(\hat{p}_1-\hat{p}_2)-(p_1-p_2)}{\sqrt{\hat{p}\hat{q}\left(\dfrac{1}{n_1}+\dfrac{1}{n_2}\right)}}$	귀무가설이 $H_0: p_1=p_2$ 일 때 주로 쓰임
	σ_1^2/σ_2^2	$F=s_1^2/s_2^2$	

크기 등)에 따라 적절한 검정통계량의 선정

3) 선정된 검정통계량의 값을 표본정보를 이용하여 산출

4) 선정된 검정통계량의 임계치를 유의수준(α)에 따라 확인

5) 3)에서 산출된 검정통계량의 값과 4)에서 확인된 임계치를 비교하여 귀무가설의 채택 여부를 결정하는 과정 등을 거쳐 검정이 이루어진다.

위와 같은 가설검정과정은 귀무가설이 사실임에도 불구하고 이를 기각하거나 또는 귀무가설이 허위임에도 불구하고 이를 채택할 가능성을 내포하고 있는데, 전자를 제1종오류(또는 α오류), 그리고 후자를 제2종오류(또는 β오류)라고 부른다. 바람직한 그리고 강력한 검정과정은 이러한 오류를 가능한 한 극소화시킬 수 있는 것이어야 하며, 우리가 사용하는 검정방법들은 일단 α수준을 임의로 선정한 다음 β수준을 극소화시킬 수 있는 이른바 최강검정법에 속하는 것이다.

본장에서 제시된 각종 가설검정공식을 표 8-6에 정리하였다.

복습문제

[1] 다음 용어들의 개념을 비교・설명하라.
1) 단순가설과 복합가설
2) 귀무가설과 대립가설
3) 단측검정과 양측검정
4) 제일 1 오류와 제 2 종오류
5) 채택역과 기각역
6) 유의수준과 검정오차
7) 검정력곡선과 β오류

[2] 단측검정을 실시할 경우 어떤 기준에 의해 좌측 또는 우측검정을 적용하는가?

[3] 국내 가전3사에서 생산하는 TV의 평균수명은 1,000 시간이며 표준편차는 300 시간인 정규분포를 따른다고 한다. 시험적으로 새로운 생산과정에 따라 TV 100 대를 생산하여 검사해 본즉 평균수명이 1,100 시간으로 나타났다. 유의수준을 1%, 2%, 5% 및 10%로 변경시켜 가며 새로운 과정에 따라 생산된 제품도 장기적으로 평균수준은 1,000 이 될 것이란 가설을 검정하라.

[4] S그룹 산하 기업체에 채용된 대졸 신입사원의 초임수준은 표준편차가 2 만 원이라고 알려졌다. 금년도 S그룹 신입사원 25 명을 무작위추출하여 초임을 조사한즉 평균이 164 만 원으로 밝혀졌다면 $H_0: \mu=160$ 이란 가설을 채택할 수 있는지 $\alpha=1\%$ 수준에서 검정해 보아라.

[5] 25 명을 무작위로 선정하여 1 일 평균 TV 시청시간을 조사한 결과가 다음과 같을 때 귀무가설 $H_0: \mu \geq 3$을 $\alpha=1\%$ 수준에서 검정하라.

$$\sum_{i=1}^{25} X_i = 62.5 \qquad \sum_{i=1}^{25} X_i^2 = 180.25$$

[6] 총학생회는 전체 학생의 80% 이상이 학교식당의 음식의 질과 가격, 그리고 서비스에 대하여 불만스러워한다고 주장하고 있다. 이러한 주장의 진위를 파악하고자 학교신문사는 총 64 명의 학생을 무작위로 선정하여 설문조사를 실시한 결과 그 중 20 명만이 학교식당에 대하여 만족하고 있었음을 확인하였다. 이 결과를 가지고 과연 총학생회측의 주장을 받아들일 수 있는지 $\alpha=5\%$ 수준에서 검정하라.

[7] 올림픽 공식축구공으로 채택되기 위한 여러 가지 기준이 제시되었는데, 그 중 공둘레의 분산이 9mm를 넘어서는 안 된다는 조건이 들어 있다. 국내

축구공 제조업체가 생산한 축구공 26개를 무작위로 선정하여 둘레를 측정해 보니 분산이 4로 나타났다. $\alpha=5\%$ 수준에서 합격 여부($H_0 : \sigma^2 \geq 9$의 기각 가능 여부)를 판정하라.

[8] 종합병원에 취업한 의사와 독자적으로 개업한 의사들간의 소득차이가 있는지 여부를 확인하고자 36명의 개업의사(X_1)와 25명의 종합병원 취업의사의 소득(X_2)을 조사한 결과 다음을 얻었다.

$n_1=36$ $\Sigma X_{1i}=216$ 천만 원 $\Sigma X_{1i}^2=1,856$ 천만 원

$n_2=25$ $\Sigma X_{2i}=125$ 천만 원 $\Sigma X_{2i}^2=841$ 천만 원

귀무가설 $H_0 : \mu_1=\mu_2$를 $\alpha=1\%$ 수준에서 검정하라.

[9] 두 표본에서 얻은 정보가 다음과 같다고 하자.

$n_1=41$ $\Sigma X_{1i}=410$ $\Sigma X_{1i}^2=4,740$

$n_2=41$ $\Sigma X_{2i}=492$ $\Sigma X_{2i}^2=6,904$

1) $H_0 : \mu_1=\mu_2(\alpha=5\%)$를 검정하라.
2) $H_0 : \sigma_1^2=\sigma_2^2(\alpha=10\%)$를 검정하라.

[10] 두 표본에서 얻은 정보가 다음과 같다고 하자.

$n_1=10$ $\bar{X}_1=25$ $s_1^2=200$

$n_2=10$ $\bar{X}_2=20$ $s_2^2=100$

귀무가설 $H_0 : \mu_1=\mu_2$를 $\alpha=5\%$ 수준에서 검정하라.

[11] 적도지방과는 달리 극지방에서의 원심력은 아주 미미하여 모든 물체의 무게는 극지방에서 더 무거워진다고 한다. 이러한 현상의 심각성 여부를 검정하고자 10개 품목을 적도 및 극지방에서 계측한 결과 다음과 같은 결과를 얻었다. 과연 두 지역에서의 무게는 차이가 있다고 볼 수 있는지 $\alpha=1\%$ 수준에서 평가하라(부표 H와 SAS를 이용하여 답을 구한 뒤 비교해 볼 것).

지역 \ 물체	X_1	X_2	X_3	X_4	X_5	X_6	X_7	X_8	X_9	X_{10}
극 지 역	200	140	180	160	190	230	150	150	170	170
적도지역	205	130	180	150	195	220	150	140	165	155

[12] 경제기획원이 조사한 남녀의 TV프로그램 기호도 중 뉴스 청취를 선호하는 비율을 보면 남자는 35%, 여자는 22.8%로 나타났다. 이러한 조사 결과가 남녀 각각 100명씩을 임의 선정하여 조사한 결과라고 가정하면 과연 남자의 뉴스 청취 선호도가 여자보다 높다고 볼 수 있을까? $\alpha=10\%$ 수준에서 평가하라($H_0 : p_1 < p_2$).

[13] 모 지역에서 국회의원에 출마하고자 하는 사람이 50명을 무작위로 선정하

여 자신에 대한 지지도를 조사한 결과가 아래와 같다. 국회의원에 당선되기 위해서는 최소한 35.0% 이상의 지지를 얻어야 할 경우, 이 사람이 국회의원에 당선될지 여부를 SAS를 이용하여 $\alpha=5\%$에서 검정하라.

0	0	1	0	0	1	1	0	1	0
1	0	0	0	0	1	0	0	0	1
0	1	1	0	1	0	1	0	0	1
0	0	1	0	0	0	1	0	1	1
1	0	1	0	0	1	0	0	1	0

단, '1'은 지지, 그리고 '0'은 지지 안함을 나타낸다.

연습문제

[1] 다음 문장의 빈 곳을 메꾸어라.
레이다망의 관측을 통하여 적기 공습 여부를 결정하는 통제관은 레이다에 이상한 비행물체가 나타났을 때, 다음 두 가지 행위 중 하나를 택하게 된다.

H_0 : 이상 없음

H_A : 적기 공습중임

잘못 공습경보(false alarm)을 내리는 경우에는 제□종 오류를 범하는 것이며, 공습을 알아차리지 못하는 경우에는 제□종 오류를 범하게 되는 것이 된다. 전자레이더 장치를 보다 강력한 것으로 갖출 때 □오류를 범할 가능성을 축소시킬 수 있다.

[2] 서울지역 근로자들의 은행 저축액 잔고는 표준편차가 135,000원이고 평균이 400,000원인 정규분포 형태를 취한다고 하자.

1) 100명의 근로자를 무작위추출하여 평균을 구한 다음 귀무가설 $H_0 : \mu=400{,}000$을 검정할 때 귀무가설이 $\alpha=2\%$ 수준에서 기각되지 않으려면 표본평균 $\bar{X}$값은 어느 범위 내에 있어야 하나?

2) 동일한 문제를 표본크기가 400이라고 보고 답하라.

[3] 책꽂이를 전문으로 만드는 목재소에서 하루 평균 송판을 총 연장길이 125m만큼씩 제작하되 50cm 길이로 잘라서 사용하게 된다고 하자. 어느날 50cm 길이의 책꽂이용 송판 16개를 무작위추출하여 지탱 가능한 중량을 검사해 본즉 평균이 10kg, 그리고 분산이 4kg으로 나타났다.

1) 귀무가설 $H_0 : \mu=9$의 채택 여부를 $\alpha=1\%$ 수준에서 결정하라(유한모

집단에서의 비복원추출임에 유의할 것).

2) 귀무가설 $H_0: \mu<9$ 가 채택되려면 α수준은 어느 정도가 되는가?

[4] 각각 100명의 남녀 대학생을 대상으로 설문조사한 결과 혼전 성경험비율은 남자가 40% 여자가 10%로 나타났다. 실제 전체 대학생의 남녀별 혼전 성경험비율은 다르다고 볼 수 있는가? $\alpha=5\%$ 수준에서 평가하라.

[5] K대학 주변에 하숙을 하고 있는 학생들이 하숙비를 내려달라고 요구하며 그 이유 중 하나로 하숙생들이 실제 저녁을 하숙집에서 먹는 경우가 일주일에 4번 이하라는 주장을 내세웠다. 이 주장에 대한 진위를 가리고자 무작위로 선정한 9명의 1주당 저녁식사횟수를 조사하여 다음 결과를 얻었다.

6, 5, 3, 3, 5, 2, 4, 1, 5

귀무가설을 $H_0: \mu\geq4$ 라고 놓고 $\alpha=5\%$ 수준에서 기각역을 설정해 보아라.

[6] 종합병원(X_1)과 개인의원(X_2)의 진료비를 비교해 보고자 종합병원 10곳, 그리고 개인의원 15곳을 무작위로 선정하여 조사한 결과 다음과 같은 자료를 얻었다고 하자.

$$n_1=10 \quad \bar{X}_1=10{,}000 \quad s_1=2{,}000$$
$$n_2=15 \quad \bar{X}_2=8{,}000 \quad s_2=3{,}000$$

1) $H_0: \mu_1=\mu_2$ 를 $\alpha=1\%$ 수준에서 검정하라.

2) $H_0: \sigma_1^2=\sigma_2^2$ 을 $\alpha=2\%$ 수준에서 검정하라.

[7] S대학 입학생 중 남학생 60명과 여학생 40명을 무작위로 선정하여 I. Q.를 검사해 본즉 남학생은 평균 114, 표준편차 4인 반면 여학생은 평균 110, 표준편차 9이었다. 귀무가설 $H_0: \mu_1=\mu_2$ 가 기각될 가능성은?

[8] 판매부진으로 고전하고 있는 S상사가 타개책의 일환으로 새로운 형태의 디자인을 개발하여 판매에 임한 결과 무작위 선정한 10개의 점포에서 판매실적이 다음과 같이 나타났다. 디자인 변경에 따라 판매실적에 변화가 발생했다고 볼 수 있는지 $\alpha=1\%$ 수준에서 평가하라.

디자인 \ 점포	X_1	X_2	X_3	X_4	X_5	X_6	X_7	X_8	X_9	X_{10}
구	100	50	300	800	90	50	30	50	200	500
신	150	40	200	1,000	100	60	20	100	200	600

[9] 정밀기계부품의 수입이 한국 경제의 국제수지 적자에 막대한 영향을 주고 있다. 많은 기업이 국산 기계부품의 사용을 기피하는 이유로 정확성의 결여를 들고 있다. 이러한 주장의 사실 여부를 평가하고자 국산 및 외제부품을 각각 120개씩 무작위추출한 다음 이를 이용하여 생산한 제품들의 규격

이 규정한 기준치를 중심으로 볼 때 그 분산이 각각 300 및 200으로 나타났다고 하자. 국산과 외제 정밀기계부품이 정밀성에 있어 차이가 없다고 볼 수 있는 확률은?

[10] $H_0 : \mu=300$, $H_A : \mu>300$이라고 가설이 설정되고 $n=16$, $\sigma=40$, $\alpha=1\%$로 각각 주어졌을 때

1) 만일 실제 모평균값이 310일 때 귀무가설이 채택될 가능성은?
2) 만일 실제 모평균값이 330일 때 귀무가설이 채택될 가능성은?
3) $\alpha=5\%$라 놓을 때 1), 2)번 문제에서 발생하는 β오류의 수준은?

[11] 다음은 2001년도 상반기의 종업원이 10~29명인 중소기업과 500명 이상인 대기업의 임금수준에 관한 표본자료이다. SAS를 이용하여 다음 물음에 답하라.

중소기업	618	708	417	504	579	348	689	784	465
대 기 업	858	1,024	516	715	903	442	1,014	1,126	655

1) 중소기업의 평균임금수준에 관한 다음 가설을 $\alpha=5\%$ 수준에서 검정하라.

$$H_0 : \mu_1=600$$

2) 대기업 임금수준의 분산에 관한 다음 가설을 $\alpha=1\%$ 수준에서 검정하라.

$$H_0 : \sigma_2^2=60,000$$

3) 중소기업과 대기업간의 평균임금수준이 같다는 주장을 $\alpha=5\%$ 수준에서 평가하라.

$$H_0 : \mu_1=\mu_2$$

4) 두 집단의 임금수준의 산포도(분산)가 동일하다는 주장을 $\alpha=2\%$ 수준에서 평가하라.

$$H_1 : \sigma_1^2=\sigma_2^2$$

[12] 국산과 수입형광등을 각각 30개씩 무작위추출하여 불량품검사를 한 결과가 아래와 같다. 국산과 수입형광등간에 불량비율의 차이가 존재하는지 여부를 SAS를 이용하여 $\alpha=5\%$ 수준에서 검정하라.

국산품	P	F	P	P	P	F	P	P	F	P	P	P	F	P	P
	P	F	P	P	P	F	P	P	P	P	F	P	P	P	P
수입품	P	P	P	F	P	P	P	F	P	P	F	P	P	F	P
	P	P	F	P	P	P	P	F	P	P	P	P	F	F	P

단, 'P'는 정상제품, 'F'는 불량품

복습문제 해답

[1] [2] (생략)

[3] $Z_{cal.}=3.\dot{3}$ ∴ $\alpha=1\%$, 2%, 5% 및 10%에서 $H_0: \mu=1{,}000$을 기각

[4] $Z_{cal.}=10>2.575$ ∴ H_0를 기각

[5] $\bar{X}=2.5$, $s^2=1$ ∴ $t=-2.5<-2.492=-t_\alpha$ ∴ H_0를 기각

[6] $H_0: P\geq 0.8$ $Z=-2.25<-1.645$ ∴ H_0를 기각

[7] $\chi^2=11.\dot{1}<14.61=\chi^2_{1-\alpha,\,25}$ ∴ H_0를 기각, 즉 합격품

[8] $\bar{X}_1=6$, $\bar{X}_2=5$, $s_1^2=16$, $s_2^2=9$ ∴ $Z_{cal.}=1.1149<2.575$ ∴ H_0를 채택

[9] 1) $\bar{X}_1=10$, $\bar{X}_2=12$, $s_1^2=16$, $s_2^2=25$ $Z_{cal.}=-2<-1.96$ ∴ H_0를 기각
2) $0.5917<F=0.64<1.69$ ∴ H_0를 채택

[10] $t_{cal.}\fallingdotseq 0.91<2.101$ ∴ H_0를 채택

[11] $H_0: E[D]=0$, 단 D는 각 지역간의 무게차이 $\bar{D}=5$, $s_D^2=50$,
$t_9=2.236<t_{9,\,0.005}=3.25$ ∴ H_0를 채택, 즉 차이는 없다.

[12] $Z_{cal.}=\dfrac{\hat{p}_1-\hat{p}_2}{\sqrt{\dfrac{\hat{p}_1\hat{q}_1}{n_1}+\dfrac{\hat{p}_2\hat{q}_2}{n_2}}}\fallingdotseq 1.9206$ ∴ H_0를 기각

[13] $Z_{cal.}=0.74125<Z_\alpha=1.64485$
∴ H_0를 기각 못함. 따라서 당선을 확신할 수 없다.

연습문제 해답

[1] 1, 2, 1종과 2종

[2] 1) 368,612.5~431,387.5(원) 2) 384.306.3~415,693.8(원)

[3] 1) $t_{cal.}=2.063<2.947$ ∴ H_0를 채택
2) 2.5% 이하

[4] $Z_{cal.}=4.899>1.96$ ∴ $H_0: p_1=p_2$를 기각
∴ 남녀별 혼전 성경험비율은 다르다.

[5] $\bar{X}<2.9823$

[6] 1) $t_{cal.}=1.846<2.807=t_{\alpha/2}$ ∴ H_0를 채택

2) $F_{cal.}=2{,}000^2/3{,}000^2=4/9=0.\dot{4}$

$F_{9,\,14,\,0.01}=4.03$

$F_{9,\,14,\,0.99}=\dfrac{1}{F_{14,\,9,\,0.01}}=\dfrac{1}{5.0}=0.2$

∴ $0.2<F_{cal.}=0.\dot{4}<4.03$ ∴ H_0를 채택

[7] 약 0.8%

[8] $t_{cal.}=\dfrac{-30}{79.16/\sqrt{10}}=-1.1984>-3.250=-t_{\alpha/2,\,9}$

∴ 귀무가설은 채택, 즉 판매실적에 차이가 없다.

[9] 약 0.98

[10] $\bar{X}^*=\mu_0+Z_{0.01}\dfrac{\sigma}{\sqrt{n}}=323.25$

1) $\beta=P(\bar{X}<323.25\,|\,\mu=310)=P\left(Z<\dfrac{323.25-310}{40/4}\right)\fallingdotseq 0.91$

2) $\beta=P(\bar{X}<323.25\,|\,\mu=330)=P(Z<-0.675)\fallingdotseq 0.25$

3) $\bar{X}^*_{CH}=300+1.645\left(\dfrac{40}{4}\right)=316.45$

∴ $\beta_1=0.7406,\quad \beta_2=0.0877$

[11] $\bar{X}_1=568 \qquad s_1{}^2=21{,}178$

$\bar{X}_2=805.\dot{8} \qquad s_2{}^2=56{,}786.237$

$\hat{s}^2=38{,}982.118$

1) $t_{cal.}=\dfrac{568-600}{s_1/\sqrt{9}}\fallingdotseq -0.66>-t_{\alpha/2,\,8}=-2.306$ ∴ H_0를 채택

2) $\chi^2_{cal.}=\dfrac{(9-1)s_2{}^2}{60{,}000}\fallingdotseq 7.57<\chi^2_{\alpha/2,\,8}=21.96$ (단, $\chi^2_{1-\alpha/2,\,8}=1.34$ 임)

∴ H_0를 채택

3) $t_{cal.}=\dfrac{\bar{X}_1-\bar{X}_2}{\hat{s}\sqrt{\dfrac{1}{n_1}+\dfrac{1}{n_2}}}\fallingdotseq -2.556<-t_{\alpha/2,\,16}=-2{,}120$ ∴ H_0를 기각

4) $F_{cal.}=\dfrac{s_1{}^2}{s_2{}^2}=0.3729<F_{8,\,8}=6.03$ (단, $F_{1-\alpha/2}=\dfrac{1}{6.03}=0.166$ 임)

∴ H_0를 채택

[12] $Z_{cal.}=-0.55522>-Z_{\alpha/2}=-1.96$ ∴ H_0를 채택

제 9 장 통계적 추론 III: 분산분석

일반적으로 기초적인 통계적 추론, 즉 기본적 추측통계학이란 제7장과 제8장에서 취급한 추정 및 가설검정으로 구성된다고 볼 수 있다. 그러나 이 두 장에서 다룬 문제는 하나 또는 두 개의 표본을 이용하여 추론하는 데 그쳤다. 그런데 경우에 따라서는 셋 이상의 표본정보를 이용하여 이들이 추출된 셋 이상의 모집단이 갖는 평균들이 서로 같은가를 확인할 필요가 발생하며, 바로 이러한 문제 해결에 사용될 수 있는 통계적 추론방법이 분산분석이다.

분산분석이란 원래 표본정보 중 분산이라는 통계량의 값을 이용하여 추론하는 일체의 분석내용을 뜻한다. 따라서 앞 장에서 두 모분산을 비교하기 위하여 F 분포를 사용한 방법도 넓은 의미의 분산분석에 포함될 수 있을 것이다. 그러나 본장에서는 여러 모집단의 평균들 사이에 유의적 차이가 있는지의 여부를 검정하는 방법을 주내용으로 하는 협의의 분산분석만을 다루게 될 것이다. 이것 역시 제8장에서의 내용과 더불어 기본적 검정방법에 속하는 것이어서 제3편에 포함시켜 보았다. 물론 보다 복잡한 형태의 분산분석은 단순히 여러 모집단의 평균들을 비교하는 데 그치는 것은 아니다. 그러나 분산분석의 내용이 모평균의 비교를 주로 다루는 정도의 수준이라면, 가설의 검정방법에 이어서 설명하는 것이 편리할 것이라는 생각에서 제3편의 마지막 장인 제9장에서 취급하게 된 것이다. 물론 단순한 모평균들의 유의적 차이에 관한 가설검정 이상의 의미를 내포하고 있는 분산분석방법 또한 본장 후반에서 간단히 언급하였다.

앞 장과의 연관성을 강조하는 동시에 분산분석의 주요 내용을 기초적 수준에서 소개하기 위해 제1절에서는 분산분석의 기초적 개념과 의의에 관하여 약술하였고, 제2절에서는 특정 기준에 의해 구분되는 집단들간의 모평균이 서로 동일하다고 볼 수 있는지의 여부를 판정키 위한 1요소분산분석 또는 1원분산분석법을 소개하고, 이어서 제3절에서는 관측치를 두 가지 서로 다른 기준에 의해 2차원적으로 세분할 수 있을 때 일어나는 제반상황에 대한 분석방법을 제시하였다.

그림 IX 분산분석의 주요 내용

- 분산분석
  - 분산분석의 정의 및 의의
  - 1원분산분석
    - 기본모형
    - 검정방법
    - 간편계산법
  - 2원분산분석
    - 기본모형
    - 검정방법
    - 간편계산법

제1절 개　　요

제8장에서 우리는 기초적 가설검정방법을 배운 바 있다. 즉, 모평균이 특정한 값을 갖는다는 가설, 또는 두 모집단의 평균이 동일하다는 가설 등을 정규분포 및 t분포를 이용하여 검정하는 방안을 강구하였던 것이다. 그러나 이러한 방법으로는 세 개 이상의 모평균이 동일하다는 가설을 검정하기는 곤란하다. 예컨대, n개의 모평균이 서로 같다는 가설을 제8장에서 소개된 방법에 의해 검정하자면 총 ${}_nC_2$번만큼 검정을 해야 하며, 또 서로 상충되는 결과가 관측될 때 이를 합리적으로 총괄하는 결론을 도출할 수가 없다. 따라서 이러한 경우에 우리는 분산분석(analysis of variance; ANOVA)이라는 별도의 기법을 이용하게 된다.

분산분석이란 원래 1919년 피셔(R. A. Fisher, 1890~1962)에 의해 고안된 방법으로 사회과학의 조사방법이 갖는 제한성을 해결하고자 고안된 실험계획법에 주로 사용되어 왔다. 일반적으로 모든 실험이란 여러 가지 요인에 의해 영향을 받는다. 자연과학적 실험에서 동일한 실험이라 하더라도 온도·습도·기압 등에 따라 서로 다른 결과가 나올 수 있듯이 경제학적 실험, 예컨대 동일한 생산요소의 부존량을 가지고도 노동의 숙련도, 기술수준, 토지의 비옥도 등에 따라 생산량이 각기 달라질 수 있는 것이다. 만일 이러한 실험의 목적이 각 요인들의 영향력을 파악하고 이들을 조정함으로써 최적상태의 결과를 얻고자 하는 것이라 하자. 자연과학적 실험은 각 요인의 영향을 파악하기 위해 실험실을 이용하여 문제된 요인 이외의 요인들을 일정한 상태로 유지하며 실험하게 될 것이다. 이 경우의 문제점은 그 실험의 시행횟수가 아주 커지게 된다는 것이다. 반면 사회과학의 경우는 대부분 특정 요인 이외의 요인들의 영향을 일정하게 유지하면서 실험을 반복하는 일이 불가능하다. 일반적으로 사회과학적 실험에 있어 우리가 얻을 수 있는 결과란 일정 시점에서 발생한 현상에 관한 역사적 자료에 불과한 것이기 때문이다.

이상과 같은 실험상의 문제점을 해결하기 위한 방법이 바로 실험계획법(method of experimental design)이며, 이 방법에서 주로 사용되는 기법이 분산분석인 것이다. 분산분석의 본질은 실험의 결과 관측된 변동량을 분산 개념으로 파악한 다음, 이러한 분산이 각 요인에 기인하는 부분과 우연히 발생되었다고 볼 수 있는 부분으로 구분하여 비교함으로써 각 요인의 영향력 유무에 관한 판정을 시도하는 것이라고 할 수 있다. 예컨대, 실험 결과를 J개의 표본으로 구분하여 관측하였을 때 표본간의 차이에 의하여 발생한 변동량이 우연히 발생한 변동량에 비해 상당히 큰 것으로 관측되었다면 이들 표본들의 평균이 동일하다는 가설, 또는 동일한 모집단에서 추출되었다는 주장은 기각되는 것이다.

이상과 같은 분산분석은 표본을 구분하는 기준이 하나인 경우와 둘인 경우로 나누어지는데, 전자를 1요소분산분석(one-factor analysis of variance), 그리고 후자를 2요소분산분석(two-factor analysis of variance)이라 한다. 예컨대, 판매량을 대리점 위치 및 월별로 구분할 경우에는 후자의 분석을 따라야 할 것이다. 전자를 1원분산분석(one-way analysis of variance) 또는 1원배치법(one-way classification)에 의한 분산분석이라 하고, 후자를 2원분산분석(two-way analysis of variance) 또는 2원배치법(two-way classification)에 의한 분산분석이라 부르기도 한다. 또한 구분기준이 셋이면 3요소분산분석 또는 3원분산분석이라 부른다. 한편, 구분된 표본들의 크기가 동일한가에 따라 분석상의 계산절차가 달라지기도 하는데, 우선 일원분산분석법부터 다루되 표본들의 크기가 동일할 경우와 상이할 경우로 나누어 살펴보기로 한다.

제 2 절 1원분산분석

1원분산분석 또는 1요소분산분석(one-way analysis of variance or one-factor analysis of variance)이란 한 가지 기준에 의해 표본들을 구분하여 관측한 다음 각 표본들이 추출된 모집단들의 평균치가 모두 동일하다고 판정할 수 있는지를 결정하는 방법이라 할 수 있다.

1. 기본모형과 검정

특정 기준에 의해 구분되는 J개의 서로 다른 모집단이 있다고 하자. 이들 모집단의 평균이 서로 같은지의 여부를 판정하고자 J개의 표본을 각각의 모집단으로부터 추출하였다. j번째 표본의 크기를 $n_j(j=1,\ 2,\ \cdots,\ J)$라 하고, j번째 표본의 i번째 관측치를 X_{ij}라 하면 X_{ij}는 식 (9.1)과 같이 표기될 수 있다.

[1원분산분석의 기본모형]

$$X_{ij}=\mu+\tau_j+\varepsilon_{ij} \qquad \begin{pmatrix} j=1, 2, \cdots, J \\ i=1, 2, \cdots, n_j \end{pmatrix} \tag{9.1}$$

식 (9.1)에 나타난 바와 같이 각 관측치는 세 가지 요인의 합으로 표현될 수 있다. 여기서 μ는 J개의 모집단 전체로 구성되는 집단의 총평균을, τ_j는 J번째의 모집단으로 구분된 처리효과(treatment effect)를, 그리고 ε_{ij}는 잔차(random error)를 각각 나타낸다. 단, 구분처리효과 τ_j는 일반적으로 식 (9.1)과 같은 단순선형모형에서는 총평균에 대한 편차로 정의된다. 따라서 τ_j값의 총합은 0이 된다. 그리고 잔차항(random-error term) ε_{ij}는 평균이 0이고 분산이 σ^2인 정규분포를 따르는 서로 독립적인 값들로 정의된다. 따라서 식 (9.1)은 다음과 같이 간편하게 고쳐 쓸 수 있다.

$$X_{ij}=\mu_j+\varepsilon_{ij} \tag{9.2}$$

여기서 μ_j는 j번째 모집단의 평균을 나타내며, 총평균 μ와 구분처리효과를 나타내는 τ_j의 합으로 정의될 수 있다. 따라서 J개의 서로 다른 모집단의 평균이 모두 같은지를 확인하는 일은 다음의 둘 중 어느 한 귀무가설을 검정하는 것으로 귀착된다.

$$H_0 : \mu_1=\mu_2=\cdots=\mu_j$$

또는

$$H_0 : \tau_1=\tau_2=\cdots=\tau_j=0$$

즉, 모집단의 평균이 모두 같다는 가설은 J개의 서로 다른 모집단으로 구분하여 놓은 처리효과가 전혀 없다는 가설과 동일한 의미를 갖는 것이다.

이해를 돕기 위해 가상의 예를 들어 보자. 국내 테니스공은 낫소 · 한일 그리고 레오파드의 세 가지 종류가 시판되고 있는데, 각 종류마다 두 개씩을 무작위로 추출하여 그 사용가능시간을 관측한 결과가 표 9-1과 같다고 한다.

표 9-1 세 가지 테니스공의 사용가능 시간수

공의 종류 / 표 본	낫 소 $j=1$	한 일 $j=2$	레오파드 $j=3$
$i=1$	20	18	20
$i=2$	16	22	18

이제 모집단을 공의 종류를 기준으로 구분하였으므로 일원분산분석의 예가 됨을 알 수 있으며, 구분된 모집단의 수는 3이다. 즉, $j=1, 2, 3$이며, $j=1$은 낫소, $j=2$는 한일, 그리고 $j=3$은 레오파드를 각각 나타내도록 정하였다. 각 종류마다 추출된 표본들의 사용가능시간 관측치 X_{ij}가 표 9-1과 같다면 낫소의 평균은 $\bar{X}_1=(20+16)/2=18$, 한일의 평균은 $\bar{X}_2=(18+22)/2=20$, 그리고 레오파드의 평균은 $\bar{X}_3=(20+18)/2=19$가 될 것이며, 총평균은 $\bar{\bar{X}}=(\bar{X}_1+\bar{X}_2+\bar{X}_3)/3=(18+20+19)/3=19$가 될 것이다.

이제 문제는 과연 이 세 가지 종류의 공의 수명이 다르다고 볼 수 있는가 하는 것이다. 각 종류마다 추출된 표본들의 종류별 평균은 서로 다르게 나타났다. 이러한 표본평균의 차이는 모집단의 평균이 실제로 다르기 때문에 발생할 수도 있고, 또는 단지 이유가 뚜렷치 않은 우연한 확률잔차현상에 기인한다고 볼 수도 있을 것이다. 그렇다면 종류별 표본평균의 차이가 과연 모평균들이 서로 다르다고 할 수 있을 만큼 대단한 것일까? 우리는 일반적으로 표본평균들의 차이가 우연히 발생한 잔차에 비해 상당히 클 경우에 모평균이 다르다고 결론짓게 된다. 이를 확인하기 위해 우선 다음과 같은 귀무가설을 설정해야 할 필요가 있다.

$$H_0 : \mu_1=\mu_2=\mu_3$$

이 가설을 검정하기 위하여 우선 표본평균들이 총평균을 기준으로 볼 때 표본들간에 얼마나 변동폭이 큰 것인지를 측정할 필요가 있다. 즉, 표본평균값들의 분산을 구해야 한다.

$$\begin{aligned} s_B^2 &= \frac{1}{J-1}\sum_{j=1}^{J} n_j(\bar{X}_j-\bar{\bar{X}})^2=\frac{1}{2}(2)[(18-19)^2+(20-19)^2+(19-19)^2] \\ &= \frac{1}{2}(2)(2)=2 \end{aligned}$$

다음 우연히 발생한 잔차현상의 크기를 측정해야 될 것이다. 직관적으로 보아 각 표본마다에서 계측되는 분산들의 합이 바로 잔차현상의 영향을 대변한다고 볼 수 있다. 즉,

$$s_1^2=\frac{1}{2-1}\sum_{i=1}^{2}(X_{i1}-\bar{X}_1)^2=\frac{1}{2-1}[(20-18)^2+(16-18)^2]=8$$

$$s_2^2=\frac{1}{2-1}\sum_{i=1}^{2}(X_{i2}-\bar{X}_2)^2=\frac{1}{2-1}[(18-20)^2+(22-20)^2]=8$$

$$s_3^2=\frac{1}{2-1}\sum_{i=1}^{2}(X_{i3}-\bar{X}_3)^2=\frac{1}{2-1}[(20-19)^2+(18-19)^2]=2$$

한편, 이러한 잔차현상의 총합은 위의 세 가지 분산의 합의 형태로 표현될 것이므로

$$s_w^2=\frac{1}{J}\sum_{j=1}^{3}s_j^2=\frac{\sum_{i=1}^{2}\sum_{j=1}^{3}(X_{ij}-\bar{X}_j)^2}{\sum(n_j)-J}$$

즉,

$$\frac{\sum\sum(X_{ij}-\bar{X}_j)^2}{J(n-1)}=\frac{1}{J(n-1)}\sum_i\sum_j(X_{ij}-\bar{X}_j)^2=\frac{1}{3}(8+8+2)=6$$

이 된다.[1] 여기서 표본 내의 분산의 합으로 정의된 s_w^2은 그 자유도가 $(\sum n_j-J)$ 또는 $J(n-1)$이 되며,[2] 이 값의 크기가 바로 우연히 발생할 수 있는 잔차항의 영향력을 나타내는 것이다.

후에 자세히 설명하겠지만 여기서 표본들간의 차이에 기인하는 분산 s_B^2와 각 표본 내의 잔차현상에 기인하는 분산 s_w^2의 비율은 제6장에서 배운 바 있는 F분포를 따르게 된다. 즉,

$$F=\frac{s_B^2}{s_w^2}=\frac{2}{6}$$

만일 귀무가설이 사실이라면 계산된 F값은 1에 가깝거나 작을 것이며, 허위라면 F값이 1보다 크게 될 것이다. 왜냐하면, 표본간의 평균값의 차이가 발생한 정도(s_B^2)가 우연히 발생할 수 있는 변동량(s_w^2) 정도에 머무르거나 그 이하라면 각 표본평균의 차이가 있다고 볼 수 없으며, 반대로 s_B^2가 s_w^2보다 훨씬 크다면 각 표본평균의 차이가 우연히 발생한 것이라고 보기는 힘들기 때문이다.

위에 사용한 예제에서는 $F=\frac{2}{6}$가 되므로 당연히 귀무가설 $H_0 : \mu_1=\mu_2=\mu_3$는 채택될 것이다. 이를 $F_{(J-1),(\Sigma nj-J)}=F_{2,3}$에 해당하는 F분포를 보다 구체적으로 도시하여 설명하면 그림 9-1과 같다.

유의수준 $\alpha=5\%$에서의 F의 임계치는 9.55이며 앞에서 계산된 F값은 $\frac{2}{6}$이므로 H_0가 채택되어야 한다. 이상과 같은 검정방법의 이해를 돕고자 그림 9-2

1) 여기서 s_w^2는 일종의 통합 또는 공통분산(pooled variance) 개념이다.
2) 모든 j에 대해 $n_j=n$이라면 $\sum n_j-J=J(n-1)$이다.

그림 9-1 1원분산분석의 검정 예

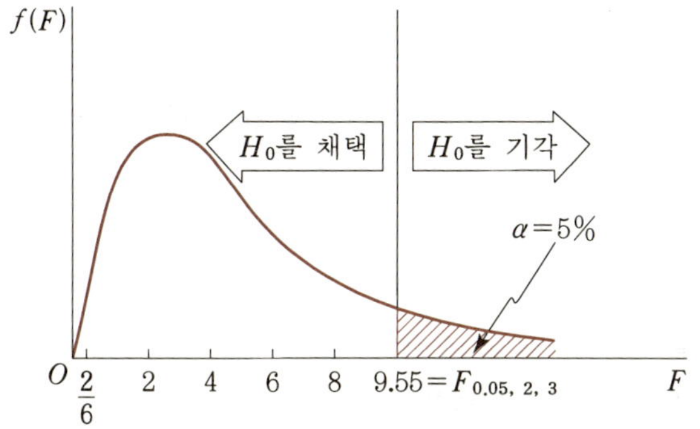

그림 9-2 동일 모집단으로부터 추출된 표본의 예

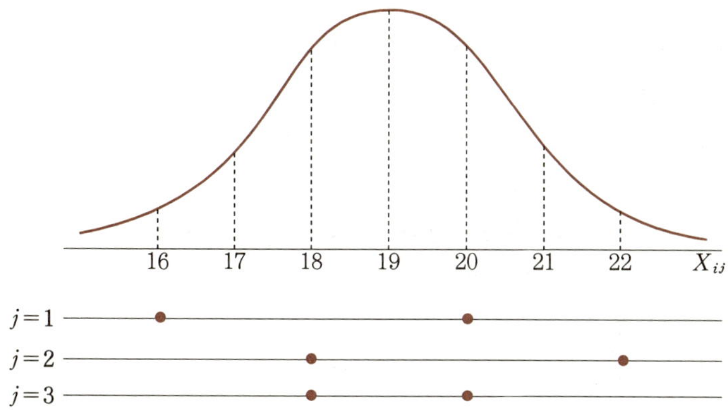

그림 9-3 세 개의 서로 다른 모집단에서 추출된 표본의 예

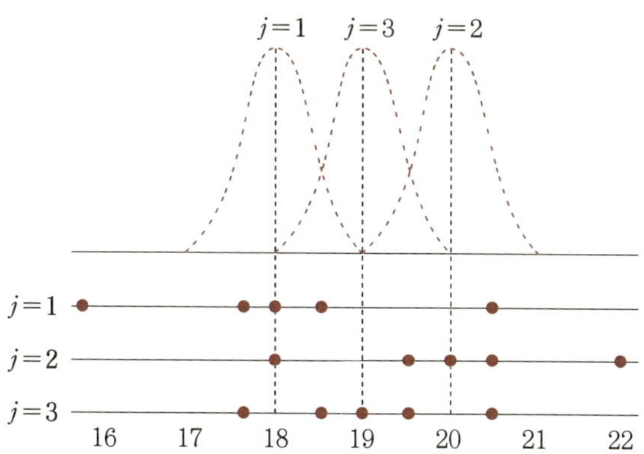

와 9-3을 참고하기로 한다.

그림 9-2는 표 9-1에 나타난 자료를 이용하여 세 가지 서로 다른 공의 사용가능시간수를 횡축에 나타낸 것이다. 그림에 나타나 있듯이 이 경우에는 동일한 내구시간수를 가진 테니스공들의 분포와 같은 형상을 하고 있다.

한편, 표본의 크기가 각각 5개인 가상의 세 표본관측치들이 그림 9-3과 같이 나타난 경우, 각 표본은 분명히 서로 값이 다른 평균치를 중심으로 밀집되어 있음을 알 수 있다. 이와 같은 경우에는 앞서 밝힌 F검정과정을 거칠 경우 세 표본이 동일모집단에서 추출되었다는, 또는 동일평균을 갖고 있는 모집단에서 추출되었다는 가설은 기각될 것이다.

2. 분산분석에서의 F검정

앞서의 예에서 독자들은 관측치의 차이 또는 변동량을 이용하여 각 표본들이 소속된 모집단의 평균이 동일한지의 여부를 판정하는 방법을 알아보았다. 본항에서는 이러한 예에서 활용되는 이른바 분산분석의 일반적인 공식을 도출하여 정리하고자 한다.

우리가 궁극적으로 검정하고자 하는 가설은 물론 $H_0 : \mu_1 = \mu_2 = \cdots = \mu_j$ 또는 $H_0 : \tau_1 = \tau_2 = \cdots = \tau_j = 0$이라는 귀무가설이다. 그리고 이러한 가설의 검정을 우리는 관측된 값들이 서로 얼마나 다른가를 확인함으로써 해결하고자 하는 것이다. 따라서 이 방법에서 가장 필요한 개념은 관측치들간의 차이, 즉 변동량을 측정할 수 있는 분산개념이 될 것임은 자명한 일이다.

우선 총평균에 대한 관측치 전체의 표본분산은 다음과 같이 정의될 수 있다.

[총평균에 대한 관측치 전체의 표본분산]

$$s_T^2 = \frac{\sum_{j=1}^{J}\sum_{i=1}^{nj}(X_{ij} - \bar{\bar{X}})^2}{\sum_{j=1}^{J} n_j - 1} \qquad (9.3)$$

위의 식은 표본분산의 일반적 형태로 분자는 총표본평균에 대한 각 관측치들의 편차를 자승하여 합한 것이고, 분모는 총표본수 $\left(\sum_{j=1}^{J} n_j\right)$에서 1을 뺀 값이다. 이 때 분모는 총표본분산의 자유도가 됨은 물론이다. 이제 논의의 편의상 먼저 분자를 분리하여 고려하기로 한다. 분자는 변동량 또는 편차를 자승한 값들을 합한 것이므로, 자승합(sum of squares; SS)이라 부를 수 있다. 이후 우리는 여러 형태의 자승합 개념을 사용하게 되므로, 이를 서로 구별하기 위하여 위에 나타난 자승합(s_T^2)을 총자승합(sum of squares total; SST)이라 정의하기로 한다. 이것은 관측치들의 편차를 총표본평균에 대하여 계산하는 개념이기 때문이다. 그런데 이렇게 정의된 SST는 두 가지 종류의 자승합(SS)으로 분리될 수 있는 점에 유의할 필요가 있다. 즉, SST는 표본평균들의 차이에 기인하는 부분과 각 표본 내의 관측치들 값의 차이에 기인하는 부분으로 양분될 수 있는 것이다. 전자를 표본간변동 또는 급간변동, 그리고 후자를 표본내변동 또는 급내변동이라 정의하고, 각각 SSB(sum of squares between)와 SSW(sum of squares within)로 표기하기로 한다. 즉,

$$\mathrm{SSB}=\sum_{j=1}^{J} n_j(\bar{X}_j-\bar{\bar{X}})^2 \tag{9.4}$$

$$\mathrm{SSW}=\sum_{j=1}^{J}\sum_{i=1}^{n_j}(X_{ij}-\bar{X}_j)^2 \tag{9.5}$$

그리고

$$\mathrm{SST}=\mathrm{SSB}+\mathrm{SSW}^{1)}$$

또는

$$\sum\sum(X_{ij}-\bar{\bar{X}})^2=\sum\sum(X_{ij}-\bar{X}_j)^2+\sum n_j(\bar{X}_j-\bar{\bar{X}})^2 \tag{9.6}$$

한편, SST의 총관측치수는 $\sum_{j=1}^{J} n_j$이므로 그 자유도는 총관측치수에서 1을 뺀 $(\sum n_j-1)$이 되며, 같은 방식으로 하여 SSW와 SSB의 자유도는 각각

---

1) $\mathrm{SST}=\sum_j\sum_i(X_{ij}-\bar{\bar{X}})^2=\sum\sum[(X_{ij}-\bar{X}_j)+(\bar{X}_j-\bar{\bar{X}})]^2$
$=\sum\sum(X_{ij}-\bar{X}_j)^2+\sum\sum(\bar{X}_j-\bar{\bar{X}})^2+2\sum\sum(X_{ij}-\bar{X}_j)(\bar{X}_j-\bar{\bar{X}})$

여기서 마지막 항만을 고려해 보면,

$$\begin{aligned}2\sum\sum(X_{ij}-\bar{X}_j)(\bar{X}_j-\bar{\bar{X}})&=2\sum_j\{(\bar{X}_j-\bar{\bar{X}})\sum_i(X_{ij}-\bar{X}_j)\}\\&=2\sum_j\{(\bar{X}_j-\bar{\bar{X}})[\sum_i X_{ij}-\sum_i\bar{X}_j]\}\\&=2\sum_j\{(\bar{X}_j-\bar{\bar{X}})[\sum_i X_{ij}-n_j\bar{X}_j]\}\\&=2\sum_j\left\{(\bar{X}_j-\bar{\bar{X}})\left[\sum_i X_{ij}-n_j\frac{\sum_i X_{ij}}{n_j}\right]\right\}\\&=2\sum_j(\bar{X}_j-\bar{\bar{X}})[0]=0\text{ 이 된다.}\end{aligned}$$

한편, 두 번째 항은 i의 값에 영향을 받지 않으므로 $\sum\sum(\bar{X}_j-\bar{\bar{X}})^2=\sum_j n_j(\bar{X}_j-\bar{\bar{X}})^2$이 된다. 따라서

$$\begin{aligned}\mathrm{SST}&=\sum\sum(X_{ij}-\bar{X}_j)^2+\sum\sum(\bar{X}_j-\bar{\bar{X}})^2\\&=\sum\sum(X_{ij}-\bar{X}_j)^2+\sum n_j(\bar{X}_j-\bar{\bar{X}})^2\end{aligned}$$

$\therefore\ \mathrm{SST}=\mathrm{SSW}+\mathrm{SSB}$

$(\sum n_j - J)$와 $(J-1)$이 된다. 물론 이 때 SST의 자유도는 SSW와 SSB의 자유도의 합과 같아진다. 즉,

$$(\sum n_j - 1) = (\sum n_j - J) + (J-1)$$

또한 각 자승합 개념을 각각의 자유도로 나눈 값은 표본분산 개념이 되기 때문에 $s_T^2 = \frac{\text{SST}}{\sum n_j - 1}$는 총표본분산, $s_B^2 = \frac{\text{SSB}}{J-1}$는 표본평균간의 차이에 기인하는 변동량의 분산(표본간분산 · 급간분산), 그리고 $s_w^2 = \frac{\text{SSW}}{\sum n_j - J}$는 표본 내의 변동량의 분산(표본내분산 · 급내분산)에 해당되는 개념이 된다. 그러나 분산분석에서는 이들 분산 개념을 별도의 명칭으로 부르는 것이 일반적이다. 즉, 자승합을 자유도로 나누었다 하여 자승의 평균(mean of squares) 또는 평균자승(mean square)이라 일컫는다. 따라서 s_w^2는 MSW(mean square within or MS within), 그리고 s_B^2는 MSB(mean square between or MS between)라 표기한다.

이제까지 소개한 개념들을 정리하면 표 9-2와 같다.

표 9-2에 나타난 바와 같이 총변동은 두 가지 요인, 즉 표본간의 변동과 표본 내의 변동으로 구분되며, 각각에 대하여 자승합과 자유도가 또한 구분되어 계산될 수 있다. 그리고 표본간의 평균자승(MSB)과 표본내의 평균자승(MSW)은 각각 자승합을 자유도로 나눈 값으로 정의되는 일종의 표본분산값이 도출될 수 있는 것이다.

표본의 크기가 서로 같은 경우가 많은데, 이 때 각 표본의 크기가 n으로 일정하다고 하면(즉, $n_j = n$, $j = 1, \cdots, J$), 표 9-2에 나타난 수식은 표 9-3과 같이 단순화된다.

이제 분산분석을 위한 제반 통계량이 정의된 셈이다. 그러면 당초 검정하

표 9-2 표본크기가 상이할 때의 분산분석표

변 동 요 인	SS(자승합)	d.f.(자유도)	MS(평균자승=SS/d.f.)
표본간변동	$\text{SSB} = \sum n_j(\bar{X}_j - \bar{\bar{X}})^2$	$J-1$	MSB=SSB/$(J-1)$
표본내변동	$\text{SSW} = \sum\sum(X_{ij} - \bar{X}_j)^2$	$\sum n_j - J$	MSW=SSW/$(\sum n_j - J)$
합 계	$\text{SST} = \sum\sum(X_{ij} - \bar{\bar{X}})^2$	$\sum n_j - 1$	MST=SST/$(\sum n_j - 1)$

표 9-3 표본크기가 동일할 때의 분산분석표

변 동 요 인	SS	d.f.	MS
표본간변동	$\text{SSB} = n\sum(\bar{X}_j - \bar{\bar{X}})^2$	$J-1$	MSB=SSB/$(J-1)$
표본내변동	$\text{SSW} = \sum\sum(X_{ij} - \bar{X}_j)^2$	$J(n-1)$	MSW=SSW/$J(n-1)$
합 계	$\text{SST} = \sum\sum(X_{ij} - \bar{\bar{X}})^2$	$Jn-1$	MST=SST/$(Jn-1)$

고자 한 귀무가설 $H_0 : \mu_1 = \cdots = \mu_J$ 또는 $H_0 : \tau_1 = \cdots = \tau_J = 0$은 어떻게 검정할 수 있을까? 우선 가설의 검정을 위해서는 잔차항에 대한 가정이 필요하다. 즉, 각 표본에서 오차항 ε_{ij}는 평균이 영이고, σ^2의 분산을 갖는 정규분포를 따르며, 분산은 모든 표본에 대해 동일하다고 가정한다. 한편, $X_{ij} = \mu + \tau_j + \varepsilon_{ij} = \mu_j + \varepsilon_{ij}$와 같은 선형모형이 사용되고 있으므로 X_{ij}에 대한 영향은 세 가지 요인(총평균 · 처리효과 · 잔차항)이 가법적으로 결합되어 있다고 가정된 셈이다. 이상과 같은 여건하에서 평균자승의 기대값들은 그 결과만 제시할 경우 다음과 같아진다.[1)]

$$E[\text{MSB}] = \sigma^2 + \frac{\sum_j n_j \tau_j^2}{J-1} \tag{9.7}$$

$$E[\text{MSW}] = \sigma^2 \tag{9.8}$$

귀무가설 $H_0 : \tau_1 = \cdots = \tau_J = 0$이 사실이라면 $E[\text{MSB}] = E[\text{MSW}] = \sigma^2$이 되므로 다음의 두 변수는 χ^2분포를 따르게 되며, 그 자유도는 각각 $(J-1)$과 $(\sum n_j - J)$가 된다.

$$\frac{(J-1)\text{MSB}}{\sigma^2} \sim \chi^2_{J-1} \tag{9.9}$$

$$\frac{(\sum n_j - J)\text{MSW}}{\sigma^2} \sim \chi^2_{\sum nj-J} \tag{9.10}$$

이 두 가지 변수가 χ^2분포를 따르게 되는 것은 정규모집단에서 표본을 추출할 때 $\frac{\nu \cdot s^2}{\sigma^2}$은 자유도가 ν인 χ^2분포를 따른다는 사실에 연유하는 것이다 (MSB나 MSW는 일종의 표본분산임을 유의할 것).[2)] 물론 이 두 변수는 서로 독립적이다.

제6장에서 우리는 서로 독립적인 χ^2변수를 각각의 자유도로 나눈 것의 비율은 F분포를 따른다는 것을 확인한 일이 있다. 이제 위의 두 χ^2변수를 각각의 자유도로 나눈 후의 비율을 고려하면 다음 결과를 얻게 된다.

[1원분산분석의 검정통계량]

$$F = \frac{\dfrac{(J-1)\text{MSB}}{\sigma^2} \Big/ (J-1)}{\dfrac{(\sum n_j - J)\text{MSW}}{\sigma^2} \Big/ (\sum n_j - J)} = \frac{\text{MSB}}{\text{MSW}} \tag{9.11}$$

1) D. L. Harnett, *op. cit.*, p. 493 참조.
2) 제6장, 제3절 χ^2분포편 참조.

즉, 귀무가설이 사실이라면 MSB/MSW는 $(J-1)$과 $(\sum n_j - J)$의 자유도를 갖는 F분포를 따르게 된다. 따라서 이 F통계량은 처리효과가 모두 0이라는 귀무가설을 검정하는 데 사용될 수 있다. 식 (9.7)로 미루어 보아 0이 아닌 처리효과는 표본간 평균자승(MSB)값을 증가시킬 것이므로, 계산된 F값이 매우 커져서 귀무가설은 기각될 것이다.

이상과 같은 과정은 결국 관측치들간의 차이가 각 집단간의 평균의 차이에 연유하는지를 보다 조직적으로 판정키 위한 방법임을 독자들은 이해할 수 있으리라 믿는다. 표본간변동량이 표본내변동량, 즉 오차변동량에 비해 큰 값을 가질 때 우리는 표본간의 평균차이가 무시할 수 없는 정도임을 직관적으로 느낄 수 있기 때문이다. 따라서 분산분석에 사용되는 F통계량은 다음과 같이 정의될 수도 있다.

[분산분석의 검정통계량의 의미]

$$F = \frac{\text{설명가능한 변동량이나 분산}}{\text{설명불가능한 변동량이나 분산}} \tag{9.12}$$

총변동량 중 표본간의 평균차이에 기인하는 것으로 설명되는 분산의 크기를 단순히 오차항에 기인하는 분산으로 나누어, 그 값이 클 때에 표본간의 평균의 차이를 무시할 수 없다고 판정하는 것이다.

3. 간편계산법

앞의 항에서 전개한 분산분석표는 분산분석과정을 이해하는 데에는 유용하지만 실제 계산에 적용하는 데에는 어려움이 따른다. 따라서 실제의 계산은 일반적으로 다음과 같은 임의의 변량을 별도로 정의하여 이용하게 된다. 임의의 변동량은 통상 조정항(correction factor)이라 부르며 다음과 같이 정의한다.

$$\text{CF(조정항)} = \frac{\left[\sum_{i=1}^{n_j}\sum_{j=1}^{J} X_{ij}\right]^2}{\sum_{j=1}^{J} n_j} \tag{9.13}$$

식 (9.13)과 같이 정의된 간편계산의 조정항을 이용하면 SST와 SSB, 그리고 SSW는 다음과 같이 고쳐 쓸 수 있다.

$$SST = \sum\sum X_{ij}^2 - CF \tag{9.14}$$

$$SSB = \sum_{j=1}^{J}\left[\frac{\left(\sum_{i=1}^{n_j} X_{ij}\right)^2}{n_j}\right] - CF \tag{9.15}$$

$$SSW = \sum\sum X_{ij}^2 - \sum_{j=1}^{J}\left[\frac{\left(\sum_{i=1}^{n_j} X_{ij}\right)^2}{n_j}\right] \tag{9.16}$$

$$= SST - SSB$$

단, 실제 계산에서는 편의상 SSW는 SST에서 SSB를 빼서 구한다.

이 식들은 앞 항에서 사용된 이론적 식보다 복잡하게 보이지만, 실제로 적용하는 데에는 훨씬 간편하다. 이 식들에 의한 계산이 왜 앞에서의 정의식들에 의한 계산보다 간편한지를 논리적으로 설명하기는 쉽지 않으므로 구체적인 계산 예를 제시하여 독자 스스로가 계산의 간편성을 숙지하였으면 한다. 단 위의 간편셈을 위한 수식들에 나타난 각종 자승합들은 주어진 자료로부터 가장 손쉽게, 그리고 우선적으로 계산되는 항목이란 점이 간편계산을 가능하게 하는 요인임을 지적해 두고자 한다.

동일한 성능을 갖는 상품을 세 가지 디자인으로 고안하여 제품화하였다. 디자인에 따라 매출액에 차이가 발생할 것인지 확인하기 위해 이 상품을 판매하는 수많은 대리점 중 10개 점포를 무작위로 선정하였다. 이들 표본점포가 판매한 다지인별 월매출액을 관측한 결과 표 9-4를 얻었다. 예컨대, 첫 표본점포는 A형 디자인 상품을 10개, B형을 15개, 그리고 C형을 8개 팔았다. 여기서

표 9-4 디자인 형태별 매출액

점포 \ 디자인	A	B	C	합 계
$i=1$	10	15	8	33
2	10	20	5	35
3	20	30	15	65
4	20	25	22	67
5	9	12	6	27
6	12	15	9	36
7	18	24	12	54
8	20	25	15	60
9	15	20	12	47
10	8	10	6	24
합 계	$\sum X_{i1}=142$	$\sum X_{i2}=196$	$\sum X_{i3}=110$	$\sum\sum X_{ij}=448$

표 9-5 디자인별 매출액문제의 분산분석표

요 인	SS	d. f.	MS
표 본 간	SSB=377.9	3−1=2	188.95
표 본 내	SSW=854	30−3=27	31.63
합 계	SST=1,231.9	30−1=29	

우리는 전체 30개의 관측치를 디자인 형태에 따라 세 가지 표본으로 구분하였고, 각 디자인별 표본크기는 10이라 가정하였다($n_1=n_2=n_3=10$).

우선 각 표본마다 관측치를 합하여 $\sum_{i}^{n_j} X_{ij}$를 구한 다음, 이들 소계를 전부 합쳐서 총계 $\sum_{i}^{n_j}\sum_{j}^{J} X_{ij}$를 계산하면 CF, SST 및 SSB는 쉽게 도출할 수 있다.

$$CF-(448)^2/30 \fallingdotseq 6,690.1$$

$$SST=(10)^2+(10)^2+\cdots+(8)^2+(15)^2+\cdots+(10)^2+(8)^2+\cdots+(12)^2$$
$$+(6)^2-(448)^2/30=7,922-6,690.1=1,231.9$$

$$SSB=(142)^2/10+(196)^2/10+(110)^2/10-(448)^2/30$$
$$=7,068-6,690.1=377.9$$

$$SSW=SST-SSB=1,231.9-377.9=854$$

즉, 이상의 계산 결과를 가지고 분산분석표를 작성하면 표 9-5와 같이 정리될 수 있다.

표 9-5에 나타난 값을 이용하여 비로소 우리는 디자인별 매출액이 서로 같다는 가설을 검정할 수 있다. 즉,

$$F=\frac{188.95}{31.63}=5.97$$

한편, $\alpha=1\%$의 유의수준에 해당하는 자유도 (2, 27) 경우 F값은 5.5이므로 결국 귀무가설은 기각되고, 디자인 형태에 따라 매출액의 차이가 발생한다고 확신하게 되는 것이다.

여기서 만일 어느 디자인 상품이 가장 매출액이 높은지를 확인하려면 다음의 과정을 통해 이루어질 수 있다.

총 평 균 : $\bar{\bar{X}}=448/30=14.93$

A형 표본평균: $\bar{X}_1=142/10=14.2$

B형 표본평균: $\bar{X}_2=196/10=19.6$

C형 표본평균: $\bar{X}_3=110/10=11.0$

그리고 추정된 구분처리효과는 각각

$$\bar{\tau}_1 = \bar{X}_1 - \bar{\bar{X}} = 14.2 - 14.93 = -0.73$$
$$\bar{\tau}_2 = \bar{X}_2 - \bar{\bar{X}} = 19.6 - 14.93 = 4.67$$
$$\bar{\tau}_3 = \bar{X}_3 - \bar{\bar{X}} = 11.0 - 14.93 = -3.93$$

따라서 B형 디자인의 상품이 평균적으로 가장 매출액이 높았음을 알 수 있다.

4. 다중비교(multiple comparisons)

이상에서 우리는 F검정법을 이용하여 구분처리효과가 모두 0이라는 가설을 검정하는 방법과 또 간편하게 계산하는 방안을 알아보았다. 이러한 방법은 한마디로 말해서 J개 모집단의 평균 사이에 유의적 차이가 있는가를 조사하는 것이다. 만일 F검정 결과 주어진 유의수준하에서 귀무가설을 기각하였다 할 때, 이는 J개 모집단 평균 사이에 유의적 차이가 있다고 판정할 수 있게 된다. 그러나 이 결과는 J개 평균이 모두 동시에 동일하다고 볼 수 없다는 결정을 내려주었을 뿐 J개 중 과연 어느 특정한 두 개의 모집단 사이에 유의적 차이가 있는지를 밝혀 주지 못하고 있다. 때때로 특정한 두 표본집단간의 차이가 중요한 의미를 가질 수도 있으므로, 집단간의 차이 유무를 확인하는 방법을 마련해 둘 필요가 있다. 이러한 방법으로서 두 집단의 처리효과를 τ_1, τ_2라 하고, $H_0: \tau_1 - \tau_2 = 0$이라는 귀무가설을 검정하기 위하여 $(\tau_1 - \tau_2)$의 $100(1-\alpha)\%$의 신뢰구간을 구한 다음, 이 구간이 0을 포함하는지를 확인함으로써 간접적인 검정방법을 택하는 것이 일반적이다. 즉, $(\tau_1 - \tau_2)$의 $100(1-\alpha)\%$ 신뢰구간은

$$(\bar{\tau}_1 - \bar{\tau}_2) \pm t_{\alpha/2,\ \Sigma nj-J} \cdot \sqrt{\text{MSW}\left(\frac{1}{n_1} + \frac{1}{n_2}\right)} \tag{9.17}$$

가 될 것이다. 여기서 표본내평균자승합(MSW)은 σ^2에 대한 추정치로 사용된 것이다.[1] MSW값을 이용하여 표본분산 개념을 대신할 수 있는 근거는 식 (9.8)에서 밝힌 바 있듯이 $E[\text{MSW}] = \sigma^2$이 되기 때문이다. 앞서의 예에 이 공식을 적용하면 $(\tau_1 - \tau_2)$ 95% 신뢰구간은 $(-0.73 - 4.67) \pm (t_{0.025,\ 27})\sqrt{(31.63)\left(\frac{2}{10}\right)}$,

1) 원래 $\text{MSW}\left(\frac{1}{n_1} + \frac{1}{n_2}\right)$ 자리에는 두 표본집단만의 공통 또는 통합분산(pooled variance), $s_p^2\left(\frac{1}{n_1} + \frac{1}{n_2}\right)$이 사용될 수도 있으나, 여기에서는 보다 많은 표본들에 포함되어 있는 정보를 모두 고려한 통합분산 개념인 $\text{MSW}\left(\frac{1}{n_1} + \frac{1}{n_2}\right)$가 사용되는 것이다.

즉 신뢰구간$(-10.56 \sim -0.24)$으로 표시된다. 이 구간은 0을 포함하지 않으므로 $\alpha=5\%$ 유의수준에서 $(\tau_1-\tau_2)$는 0과 같다는 귀무가설을 기각할 수 있다.

물론 이와 같은 방법은 가능한 모든 쌍에 대해 적용하여야 하나, 모든 가능한 평균간의 차이를 검정한다는 것은 절차상의 어려움이 많다. 바로 이러한 사실이 분산분석방법의 이용을 필요하게 하는 원인 중의 하나가 되기도 한다.

그런데 헨리 셰프(Henry Scheffe)의 연구 결과의 도움으로 우리는 모든 가능한 쌍의 차이에 대한 신뢰구간을 동시적으로 설정할 수 있게 되었다.[1] 셰프가 개발한 이 방법은 "S-방법"이라고도 불리는데, 이 방법에 사용되는 공식을 직접 이론적으로 증명하는 것은 번거로운 일이어서 여기서는 예제를 해결해 나가는 과정을 확대시켜 감으로써 간접적으로 증명하고자 한다.

우선 계속해서 앞에서 사용한 예제를 식 (9.17)에 의해 일단 정리해 보면 다음과 같다.

$$(\tau_1-\tau_2)\text{의 신뢰구간}:\quad (-0.73-4.67)\pm(t_{0.025,\,27})\sqrt{(31.63)\left(\frac{2}{10}\right)}$$

$$(\tau_1-\tau_3)\text{의 신뢰구간}:\quad (-0.73-(-3.93))\pm(t_{0.025,\,27})\sqrt{(31.63)\left(\frac{2}{10}\right)}$$

$$(\tau_2-\tau_3)\text{의 신뢰구간}:\quad (4.67-(-3.93))\pm(t_{0.025,\,27})\sqrt{(31.63)\left(\frac{2}{10}\right)}$$

결국 산출된 세 구간 $(-10.56, -0.24)$와 $(-1.96, 8.36)$ 및 $(3.44, 13.76)$은 각각 두 모집단의 평균의 차이에 대한 $100(1-\alpha)\%$ 신뢰구간이 된다. 즉, 위의 세 구간들은 각각 $100(1-\alpha)\%$ 신뢰할 수 있는 두 모평균간의 차이에 대한 추정구간들이다. 바꾸어 말하면 실제 두 모평균간의 차이가 각각 위에 계산된 구간 내에 속해 있을 확률이 $100(1-\alpha)\%$라는 것이다. 그러나 과연 추정된 세 구간이 동시적으로 실제 두 모평균들간의 차이를 모두 포함하고 있을 확률은 얼마나 될 것인가 하는 의문이 생길 것이다. 예컨대, 셋 중 둘은 사실이나 나머지 하나가 사실이 아니라면 세 구간 전체가 동시에 사실이라는 주장은 성립될 수 없기 때문이다.

만일 각 구간의 설정과정이 서로 독립적으로 이루어졌다면, 세 구간 전체가 동시적으로 성립하게 될 신뢰도는 $(0.95)^3=0.857$로 축소될 것이다. 그러나 각 구간은 MSW를 동시에 이용하여 계산되며 따라서 서로 종속적이다. 그러

1) Henry Scheffe, *The Analysis of Variance*(New York: John Wiley & Sons, 1959).

므로 전체구간 모두에 대한 신뢰도를 100(1－α)%로 할 경우, 각 개별구간의 신뢰도는 적어도 100(1－(α/3))%씩은 잡아야 할 것이다.[1] 따라서 세 구간 모두가 동시에 실제 두 모평균들간의 차이를 포함하고 있을 확률이 100(1－α)%인 경우의 각 쌍의 평균차에 대한 신뢰구간들은 다음과 같아진다.

$$(-0.73-4.67)\pm t_{\alpha/6,\ n_j-J}\sqrt{\mathrm{MSW}\left(\frac{1}{n_1}+\frac{1}{n_2}\right)}$$

$$(-0.73-(-3.93))\pm t_{\alpha/6,\ n_j-J}\sqrt{\mathrm{MSW}\left(\frac{1}{n_1}+\frac{1}{n_3}\right)}$$

$$(4.67-(-3.93))\pm t_{\alpha/6,\ n_j-J}\sqrt{\mathrm{MSW}\left(\frac{1}{n_2}+\frac{1}{n_3}\right)}$$

부표 H에서 $t_{\alpha/6}=t_{0.0083}\fallingdotseq 2.67$이 됨을 확인하여 신뢰구간을 계산하면 각각 (－12.11, 1.31)과 (－3.51, 9.91) 및 (1.89, 15.31)이 되며, 앞에서 계산된 구간에 비해 모두 넓어짐을 알 수 있다.

이 방법은 이해하기 쉬우나 다소의 어림셈을 포함하고 있으며 또 구분된 표본수가 많아질수록 번거로워진다는 문제가 있다. 이러한 점을 개선한 것이 바로 셰프가 개발한 "S-방법"인 것이다.

우선 모든 구간에 대하여 동시적으로 95%의 신뢰를 가질 수 있는 구간들은 다음과 같이 정리된다.[2]

$$(\mu_1-\mu_2)=(\bar{X}_1-\bar{X}_2)\pm\sqrt{(J-1)F_{0.05,\ J-1,\ \Sigma n_j-J}}\sqrt{\mathrm{MSW}\left(\frac{1}{n_1}+\frac{1}{n_2}\right)}$$

$$(\mu_1-\mu_3)=(\bar{X}_1-\bar{X}_3)\pm\sqrt{(J-1)F_{0.05,\ J-1,\ \Sigma n_j-J}}\sqrt{\mathrm{MSW}\left(\frac{1}{n_1}+\frac{1}{n_3}\right)}$$

$$(\mu_2-\mu_3)=(\bar{X}_2-\bar{X}_3)\pm\sqrt{(J-1)F_{0.05,\ J-1,\ \Sigma n_j-J}}\sqrt{\mathrm{MSW}\left(\frac{1}{n_2}+\frac{1}{n_3}\right)} \quad (9.18)$$

식 (9.18)을 이용하여 모든 구간이 모평균의 차이값을 포함할 확률이 95%가 되는 구간들은 각각 다음과 같다.

---

1) 각 구간에서의 오류가 생기는 상황을 E_1, E_2 및 E_3로 표기하면,

$$\begin{aligned} P(E_1 \text{ or } E_2 \text{ or } E_3) &= P(\text{어느 구간에서든 오류가 생기는 상황}) \\ &= P(E_1)+P(E_2)+P(E_3)-P(E_1\cap E_2)-P(E_1\cap E_3)-P(E_2\cap E_3) \\ &\quad +P(E_1\cap E_2\cap E_3)\le P(E_1)+P(E_2)+P(E_3)=1.66\%+1.66\%+1.66\%\fallingdotseq 5\% \end{aligned}$$

2) (9.18)의 공식들이 식 (9.17)과 다른 것은 $t_{0.025}$가 $\sqrt{(J-1)F_{0.05}}$로 대체되었다는 점이다. 두 개씩의 표본그룹을 비교하는 경우 $J=2$가 되므로, $\sqrt{(J-1)F_{0.05}}=\sqrt{F_{0.05}}$가 되며, 나아가서는 $\sqrt{F_{0.05}}=t_{0.025}$가 됨을 이미 제 6 장에서 밝힌 바 있다. 그리고 $J\ge 3$ 경우엔 $\sqrt{(J-1)F_{0.05}}\ge t_{0.025}$가 됨은 물론이다.

$$(-0.73-4.67)\pm\sqrt{2\cdot F_{0.05,2,27}}\sqrt{(31.63)\frac{2}{10}}$$

$$(-0.73-(-3.93))\pm\sqrt{2\cdot F_{0.05,2,27}}\sqrt{(31.63)\frac{2}{10}}$$

$$(4.67-(-3.93))\pm\sqrt{2\cdot F_{0.05,2,27}}\sqrt{(31.63)\frac{2}{10}}$$

부표 I-a를 이용하여 $F_{0.05,2,27}\fallingdotseq 3.35$를 구한 뒤 각 구간을 계산해 보면 각각 $(-11.91, 1.11)$과 $(-3.31, 9.71)$ 및 $(2.09, 15.11)$과 같아진다. 이상과 같은 결과를 가지고 우리는 전체 구간들에 대하여 동시적으로 $100(1-\alpha)\%$ 신뢰를 갖는 상황에서 어느 특정 두 집단들간의 평균의 차이가 있는지의 여부를(H_0 : $\mu_i-\mu_j=0$ 또는 H_0 : $\tau_i-\tau_j=0$) 판정할 수 있게 된다. 그러면 이제 식 (9.18)에 나타난 공식들을 일반화시켜 보기로 하자. 일반화에 앞서 과연 어떠한 상황에서 이러한 일반화된 공식의 사용이 필요한가를 설명하기 위해 다음의 예를 들기로 한다.

A와 B 두 가지 종류의 기계를 각각 8대와 2대씩 가지고 어떤 제품을 생산하는 사람이 새로운 기종인 C형 10대로 기존 A, B형 기계를 대체하고자 계획하고 있다. 이 생산자의 주요 관심은 C형 10대가 종전의 A형 8대와 B형 2대를 사용할 때에 비해서 생산고가 증대될 수 있는가 하는 것이 될 것이다.

새로운 기종에 의한 평균생산량을 μ_3라 하면 종전의 평균생산량은 $0.8\mu_1+0.2\mu_2$라 표시할 수 있을 것이다. 그러면 $[\mu_3-(0.8\mu_1+0.2\mu_2)]$에 대한 신뢰구간을 찾아 과연 이 구간이 0을 포함하는지의 여부를 확인하면 될 것이다.

이제 각각의 평균에 대한 표본평균을 구하여 $\bar{X}_1$, $\bar{X}_2$, $\bar{X}_3$라 하면, 95% 신뢰구간은

$$(\bar{X}_3-0.8\bar{X}_1-0.2\bar{X}_2)\pm t_{0.025}\sqrt{\text{MSW}}\sqrt{\frac{1^2}{n_3}+\frac{(-0.8)^2}{n_1}+\frac{(-0.2)^2}{n_2}} \quad (9.19)$$

과 같이 표현할 수 있다.[1)] 이 때 t의 자유도는 $(n_1+n_2+n_3-3)$이 된다.

여기서 각 평균 앞에 붙은 계수의 합이 0이 됨을 주의할 필요가 있다. 즉,

1) $\text{Var}(\bar{X}_3-0.8\bar{X}_1-0.2\bar{X}_2)=1^2\text{Var}(\bar{X}_3)+(-0.8)^2\text{Var}(\bar{X}_1)+(-0.2)^2\text{Var}(\bar{X}_2)$

$$=\frac{\sigma^2}{n_3}+(-0.8)^2\frac{\sigma^2}{n_1}+(-0.2)^2\frac{\sigma^2}{n_2}$$

$$=\sigma^2\left(\frac{1}{n_3}+\frac{(-0.8)^2}{n_1}+\frac{(-0.2)^2}{n_2}\right)$$

이고, σ^2에 대한 추정치는 MSW이기 때문이다.

$1-0.8-0.2=0$이 된다. 이러한 조건을 달성시키는 평균들의 1차함수적 결합상태를 평균대비(contrast of means)라 한다. 이를 공식화하면,

$$\sum C_j\mu_j, \qquad \text{단 } \sum C_j=0 \tag{9.20}$$

이라 쓸 수 있다. 따라서 (9.19)를 일반화시켜 95% 신뢰구간은 다음과 같이 표현된다.

$$\sum C_j\mu_j=\sum C_j\bar{X}_j \pm t_{0.025}\sqrt{\text{MSW}}\sqrt{\sum (C_j^2/n_j)} \tag{9.21}$$

식 (9.17)은 식 (9.21)의 특수한 경우에 해당하며, 이 때 $C_1=1$, $C_2=-1$, $C_j=0$(단, $j=3, 4, \cdots, J$)이 됨을 알 수 있다.

그러나 식 (9.21)은 평균들간의 상호 비교를 어느 한 특정 상황에 대하여 실시할 때의 신뢰구간일 뿐, (가상적이나마)모든 가능한 방법상의 평균들간의 상호 대비를 고려해야 할 상황에서는 공식이 다소 조정되어야 할 것이다. 이 조정은 식 (9.17)에서 식 (9.18)로 전환했던 과정과 동일한 것이며, 따라서 식 (9.21)은 다음의 식 (9.22)와 같이 조정된다.

$$\sum C_j\mu_j=\sum C_j\bar{X}_j \pm \sqrt{(J-1)F_{0.05}}\sqrt{\text{MSW}\cdot\sum (C_j^2/n_j)} \tag{9.22}$$

물론 여기서 F의 자유도는 $(J-1)$과 $(\sum n_j-J)$가 된다. 식 (9.22)는 실로 대단한 의미를 갖는다. 이 식은 모든 구간에 대한 동시적 신뢰는 물론 모든 가능한 평균대비를 가정하여 도출된 것이기 때문이다. 이처럼 모든 가능한 평균대비를 고려하는 상황에서의 검정방법을 다중비교(multiple comparison or multiple contrasts of means)라 한다.

이 공식을 단지 두 집단(k와 l)간의 평균을 비교하는 상황에 대하여 정리하면,

$$\bar{X}_k-\bar{X}_l \pm \sqrt{(J-1)F_{0.05}}\cdot\sqrt{\text{MSW}\left(\frac{1}{n_k}+\frac{1}{n_l}\right)}$$

또는 (9.23)

$$\bar{\tau}_k-\bar{\tau}_l \pm \sqrt{(J-1)F_{0.05}}\cdot\sqrt{\text{MSW}\left(\frac{1}{n_k}+\frac{1}{n_l}\right)}$$

와 같이 고쳐 쓸 수도 있다.

F검정을 이용한 분산분석이 모집단평균들간의 차이가 유의적인지의 여부를 판정하는 것이라면, 다중비교법이란 각 쌍의 평균간에 특정한 차이가 주어진 신뢰도하에서 유의할 만한지를 확인할 수 있는 의미 있는 검정법이라 할

표 9-6 세 기계의 생산량

표본 \ 기계	A	B	C	합 계
$i=1$	40	46	47	133
2	42	54	48	144
3	38	50	49	137
합 계	$\sum X_{i1}=120$	$\sum X_{i2}=150$	$\sum X_{i3}=144$	$\sum\sum X_{ij}=414$

수 있다.

이제 다중비교에 의한 검정방법을 적용할 수 있는 한 가상적인 예를 다루어 보자. 어떤 기계 세 가지 기종 A, B, C의 생산량 중 무작위추출 결과, 표 9-6과 같은 자료를 얻었다고 하자.

각 기종별 평균생산량과 총평균은 다음과 같이 계산된다.

$$\bar{X}_A = \frac{1}{3}(40+42+38)=40$$

$$\bar{X}_B = \frac{1}{3}(46+54+50)=50$$

$$\bar{X}_C = \frac{1}{3}(47+48+49)=48$$

$$\bar{\bar{X}} = \frac{1}{3}(40+50+48)=46$$

한편,

$$\text{CF}=(\sum\sum X_{ij})^2/\sum n_j=(414)^2/9=19{,}044$$

$$\text{SST}=\sum\sum X_{ij}^2-\text{CF}=40^2+42^2+\cdots+49^2-\frac{414^2}{9}=210$$

$$\text{SSB}=\sum_{i=1}^{J}\left[\frac{\left(\sum_{i}^{n_j}X_{ij}\right)^2}{n_j}\right]-\text{CF}$$

$$=\frac{120^2}{3}+\frac{150^2}{3}+\frac{144^2}{3}-\frac{414^2}{9}$$

$$=19{,}212-19{,}044=168$$

$$\text{SSW}=\text{SST}-\text{SSB}=210-168=42$$

과 같아지며, 이를 분산분석표 형태로 정리한 것이 표 9-7이다.

따라서 기계별 생산량은 하등의 차이가 없다는 귀무가설은 $\alpha=1\%$ 수준에

표 9-7 세 기계의 생산량문제의 분산분석표

요 인	SS	d.f.	MS
표 본 간	SSB=168	3−1=2	84
표 본 내	SSW= 42	9−3=6	7
합 계	SST=210	9−1=8	

서 검정하려면

$$F=\frac{84}{7}=12$$

이고, 임계치(부표 I-c 참조) $F_{0.01,\,2,\,6}=10.9$보다 크므로 기각된다. 즉, 기계별 생산량에는 서로 차이가 있는 것으로 판정된다(그림 9-4 참조).

이상과 같은 분석 결과를 근거로 다중비교검정 방법을 구체적으로 다루어 보자. 앞에서 제시되었던 문제에서처럼 기계 A와 B를 각각 8대와 2대씩 가지고 생산하던 기업가가 이제 새로운 기종인 C형 10대로 기존 A, B형 기계를 대체하고자 한다고 가정한다. 그러면 과연 새로운 기계 C형 10대가 종전의 A형 8대와 B형 2대를 사용할 때에 비해서 생산고가 증대될 수 있다고 볼 수 있을까?

이 문제에 대한 해답은 식 (9.19)를 이용하여 $(\mu_3-0.8\mu_1-0.2\mu_2)$에 대한 신뢰구간을 산정함으로써 얻을 수 있다. $\alpha=1\%$로 가정하면 식 (9.19)로부터

$$(\bar{X}_3-0.8\bar{X}_1-0.2\bar{X}_2)\pm t_{\alpha/2}\sqrt{\text{MSW}}\sqrt{\frac{1^2}{n_3}+\frac{(-0.8)^2}{n_1}+\frac{(-0.2)^2}{n_2}}$$

그림 9-4 생산량 비교에 관한 분산분석검정예

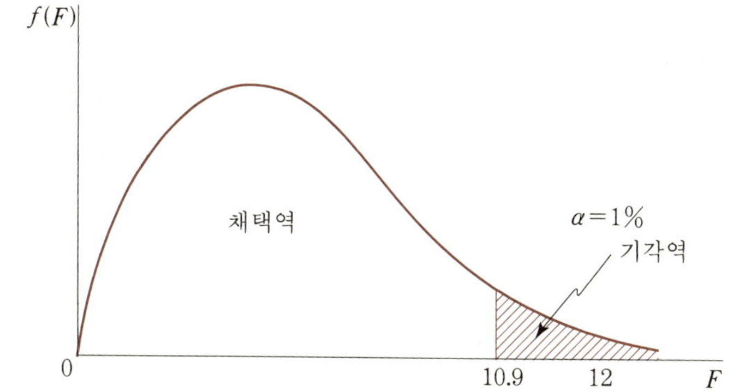

$$=(48-0.8(40)-0.2(50))\pm 3.707\sqrt{7}\sqrt{\frac{1+0.64+0.04}{3}}$$

$$=6\pm 7.339$$

이므로 99% 신뢰구간은 (−1.339, 13.339)가 되며, 0을 포함하고 있다. 따라서 종전의 기계를 신형으로 대체할 때 생산량의 증대가 유의할 만한 수준은 못 되는 것으로 판정된다.

그러나 이 결과는 특정 상황에 대한 신뢰구간이며, 모든 가능한 방법으로 평균을 상호 대비하는 상황에 대응하여 검정하고자 할 때에는 식 (9.19) 대신 식 (9.22)를 사용해야 한다. 위에서 얻은 자료를 식 (9.22)에 대입하면 다음과 같다.

$$(\bar{X}_3-0.8\bar{X}_1-0.2\bar{X}_2)\pm\sqrt{(3-1)F_{0.01}}\sqrt{\text{MSW}}\sqrt{\frac{1^2}{n_3}+\frac{(-0.8)^2}{n_1}+\frac{(-0.2)^2}{n_2}}$$

$$=6\pm\sqrt{2(10.9)}\sqrt{7}\sqrt{\frac{1+0.64+0.04}{3}}$$

$$=6\pm 9.244$$

따라서 99% 신뢰구간은 (−3.244, 15.244)로 전보다 다소 확대됨을 알 수 있다.

제 3 절 이원분산분석(two-way analysis of variance)

앞 절에서는 한 가지 기준에 의해 J개의 표본으로 구분처리한 효과에 대한 검정방법을 강구하였다. 그러나 경우에 따라서는 두 가지 기준에 의해 표본을 구분하여 처리하는 효과에 대한 검정을 할 필요가 있게 된다. 예컨대, 매상고를 디자인이라는 기준에 따라 세 표본그룹으로만 구분하였던 것을 디자인은 물론 광고라는 두 번째 기준에 따라서도 두 표본그룹(광고하는 것과 하지 않는 것)으로 구분처리하는 경우를 들 수 있다. 앞 절에서의 예를 재구분한다면 총 30개의 매상고에 대한 관측치를 디자인에 따라 각 10개씩 세 표본그룹으로 분류할 수 있을 뿐만 아니라, 광고를 했을 때와 하지 않았을 때의 매상고로 각 15개씩 양분할 수 있는 상황을 들 수 있다. 이 경우 결국 여섯 가지 그룹으로 관측치가 세분되며, 두 가지 서로 다른 기준에 따라 구분한 효과가 결합되어 나타날 것이다. 이와 같은 상황에서 관심이 되는 세 가지 의문은 다음과 같다.

첫째, (광고에 관계없이) 디자인에 따라 매상고의 차이가 생기는가?

둘째, (디자인에 상관없이) 광고에 따라 매상고가 변화하는가?

셋째, 매상고는 디자인의 차이만으로 또는 광고실시 여부만으로는 영향이 없으며, 디자인과 광고의 결합효과에 따라 차이가 발생하는가?

하는 것이다. 이와 같은 의문에 대한 해답을 얻기 위하여 우리는 관측치를 다각적으로 조직하여 사용하게 된다. 우선 첫번째 문제에 대한 확인을 위해선 디자인에 따라 각각 10개씩의 관측치로 구분된 매상고를 사용할 수 있고, 두 번째 의문에 대한 대답은 광고실시 여부에 따라 구분된 각 15개씩으로 구성된 두 표본그룹의 매상고가 이용될 수 있을 것이다. 그러나 세 번째 문제는 단순히 디자인이나 광고실시 여부에 따른 결과를 비교하여 해결될 수는 없으며, 두 분류기준의 상호작용(interaction)효과를 파악함으로써 설명될 수 있다. 이것이 바로 이원분산분석모형의 중요한 특성이다. 따라서 이원분산분석에서는 일원분산분석에서와 같이 각각의 기준에 따른 주구분효과(main effects)를 조사할 뿐만 아니라 두 구분기준의 결합 형태에 기인하는 상호작용효과(interaction effects)를 아울러 조사하게 된다.

1. 기본모형

첫번째 요인 또는 기준에 따라 관측치가 J개의 표본그룹으로 분류될 수 있고, 두 번째 요인에 따라서는 K개의 표본그룹으로 분류될 수 있다고 가정하자. 또한 편의상 $J \cdot K$개로 세분된 표본그룹의 관측치들은 g개로 그 크기가 일정하다고 본다. 그러면 첫번째 기준에 따라 j번째로, 그리고 두 번째 기준에 따라 k번째로 구분된 표본의 i번째 관측치를 X_{ijk}라 하면 다음과 같이 표기될 수 있다. 즉, 각각의 관측치는 다섯 가지 요소의 합계로 설명된다.

[이원분산분석의 기본모형]

$$X_{ijk} = \mu + \tau_j + \lambda_k + (\tau\lambda)_{jk} + \varepsilon_{ijk} \qquad (9.24)$$

$$(i=1, \cdots, g, \quad j=1, \cdots, J \quad k=1, \cdots, K)$$

총평균 μ, 첫번째 기준에 따라 특정 표본에 관련된 처리효과 τ_j, 두 번째 기준에 따른 특정 표본에 관련된 처리효과 λ_k, 두 기준의 결합내용과 관련된 상호작용효과 $(\tau\lambda)_{jk}$, 그리고 잔차항 ε_{ijk}의 다섯 가지로 구성된다.

첫번째 요인 또는 분류기준의 처리효과의 합계와 두 번째 요인 또는 분류기준의 처리효과의 합계, 그리고 두 요인의 결합에 따른 구분처리효과의 합계는 모두 0으로 가정되어 있다. 또한 모형의 모수에 대한 통계적 추론을 하기 위해 잔차항 ε_{ijk}는 서로 독립적이며, 평균이 0이고, 또 동일한 분산을 갖는 정규분포를 따른다고 가정한다.

이원분산분석모형의 이해를 돕고자 매상고문제의 예를 단계별로 조정하여 작성해 보기로 한다.

전체 관측치의 평균은 15이고, 첫번째 요인에 따른 구분효과는 $\tau_1=4$, $\tau_2=-3$, $\tau_3=-1$이나 기타 효과들은 모두 0(즉, $\lambda_k=0$, $(\tau\lambda)_{jk}=0$, $\varepsilon_{ijk}=0$)이라면 관측치는 표 9-8과 같아진다. 우선 각 그룹마다 마치 한 개의 관측치만 있는 것처럼 가정한 것은 잔차항이 0일 때 각 그룹 내의 모든 관측치가 모두 같아지기 때문이다.

다음 디자인 구분효과 외에 광고의 효과가 별도로 $\lambda_1=3$, $\lambda_2=-3$으로 나타났다면 표 9-8은 표 9-9와 같이 바뀔 것이다.

마지막으로 두 가지 요인의 결합효과, 즉 상호작용효과가 고려되면 표 9-9는 표 9-10으로 다시 재조정될 것이다($(\tau\lambda)_{jk}$의 합이 0이 되는 조건하에 임의로 작성함).

표 9-8 디자인 구분효과만 고려했을 경우

광고실시 여부 \ 디자인	A	B	C
광고했을 경우	15+4=19	15−3=12	15−1=14
광고하지 않았을 경우	15+4=19	15−3=12	15−1=14

표 9-9 디자인 구분효과와 광고효과를 동시에 고려했을 경우

광고실시 여부 \ 디자인	A	B	C
광고했을 경우	(15+4)+3=22	(15−3)+3=15	(15−1)+3=17
광고하지 않았을 경우	(15+4)−3=16	(15−3)−3=9	(15−1)−3=11

표 9-10 두 가지 요인의 상호작용효과까지 고려했을 경우

광고실시 여부 \ 디자인	A	B	C
광고했을 경우	(15+4+3)−2=20	(15−3+3)+7=22	(15−1+3)−5=12
광고하지 않았을 경우	(15+4−3)+2=18	(15−3−3)−7=2	(15−1−3)+5=16

표 9-11 디자인 및 광고에 따른 매상고 현황

디자인 / 광고실시 여부	A	B	C
광고했을 경우	20−1=19 20+3=23 20+0=20 20−4=16 20+2=22	22+2=24 22+2=24 22−1=21 22+0=22 22−3=19	12−4= 8 12+3=15 12+2=14 12+0=12 12−1=11
광고하지 않았을 경우	18+1=19 18−2=16 18+3=21 18−0=18 18−2=16	2+1=3 2+0=2 2−2=0 2+2=4 2−1=1	16+2=18 16+0=16 16−2=14 16+1=17 16−1=15

한편, 현실적인 관측치는 잔차항의 값이 0이 아닐 것인바, 각 표본그룹 내의 관측치들이 더 이상 동일한 값을 갖는다고 볼 수 없다. 이제 $\sum \varepsilon_{ijk}=0$의 가정이 달성되는 상황하에서 각 ε_{ijk}값을 임의로 선정하여 가상의 관측치를 작성한 것이 표 9-11 이다.

2. 이원분산분석모형에서의 F검정

이원분산분석모형에서도 일원분산분석의 경우에서처럼 총변동량, 즉 각 관측치들의 총평균으로부터의 편차의 제곱을 전부 합한 값은 몇 가지 요소에 의한 변동량의 결합으로 파악할 수 있다. 그러나 일원분산분석의 경우에는 표본간변동량과 표본내변동량(잔차항)으로 양대분되었으나, 여기서는 첫번째 요인과 두 번째 요인, 그리고 상호 작용에 의한 변동량 외에 잔차현상에 의한 변동량까지 전부 네 가지 요인에 의한 변동량으로 구분된다. 따라서 총변동량의 자승합(SST) 또한 네 가지 항목의 합으로 표시될 수 있다.[1]

$$\begin{aligned} SST &= \sum_i \sum_j \sum_k (X_{ijk} - \bar{\bar{X}})^2 \\ &= SSC + SSR + SSI + SSE \end{aligned} \tag{9.25}$$

$$SSC = \sum_j Kg(\bar{X}_j - \bar{\bar{X}})^2 \tag{9.26}$$

$$SSR = \sum_k Jg(\bar{X}_k - \bar{\bar{X}})^2 \tag{9.27}$$

$$SSI = \sum_j \sum_k g(\bar{X}_{jk} - \bar{X}_j - \bar{X}_k + \bar{\bar{X}})^2 \tag{9.28}$$

1) D. L. Harnett, *op. cit.*, pp. 503~504.

표 9-12 일반적 이원분산분석표

변동요인	SS	d. f.	MS=SS/d. f.
열(τ)	SSC	$J-1$	MSC=SSC/$(J-1)$
행(λ)	SSR	$K-1$	MSR=SSR/$(K-1)$
상호작용	SSI	$(J-1)(K-1)$	MSI=SSI/$(J-1)(K-1)$
잔차	SSE	$JK(g-1)$	MSE=SSE/$JK(g-1)$
합 계	SST	$JKg-1$	MST=SST/$(JKg-1)$

$$\mathrm{SSE}=\sum_{i}^{g}\sum_{j}^{J}\sum_{k}^{K}(X_{ijk}-\bar{X}_{jk})^2 \tag{9.29}$$

단, 여기서 SSC는 첫번째 요인(τ_j)에 의한 변동량의 자승합을 의미하며, 편의상 열(column)에 따라 표본그룹을 분류하였으므로 sum of squared column variations의 첫자를 따서 표기한 것이다. 이와 마찬가지로 SSR은 두 번째 요인(λ_k)에 의한 변동량의 자승합으로 행(row)에 따라 표본그룹을 분류하였으므로 sum of squared row variation의 약자를 이용하였고, SSI는 상호작용(interaction)으로 인한 변동량의 자승합, 그리고 SSE는 잔차항(error)에 의한 변동량의 자승합을 의미한다. 그리고 두 기준에 의해 세분된 각 표본그룹의 크기는 g로 일정하게 가정되었고, 첫번째 요인(τ)에 의한 구분은 J, 그리고 두 번째 요인(λ)에 의한 구분은 K라 가정되었다. 따라서, 예컨대 j번째 열에 속한 표본그룹의 크기는 Kg가 되고, k번째 행에 속한 표본그룹의 크기는 Jg가 될 것이며, 각 그룹에서의 평균은 $\bar{X}_j$와 $\bar{X}_k$로 각각 표시하였다. 물론 $\bar{\bar{X}}$는 총평균을 뜻하며, $\bar{X}_{jk}$는 두 기준에 의해 세분된 표본그룹의 평균을 나타낸다. 이상과 같은 관계를 표로 정리하면 표 9-12와 같다.

표 9-12에 나타난 분산분석표를 이용한 검정방법을 도출하기 전에, 앞에서 열거한 가정을 재정리하면 잔차항 ε_{ijk}는 평균이 0이고, 분산이 σ^2으로 일정한 정규분포를 따르며, 서로 독립적이라는 점이다. 따라서 이러한 가정하에서는 각종 평균자승(MS)의 기대치는 다음과 같아진다.[1)]

$$E[\mathrm{MSC}]=E\left[\frac{\mathrm{SSC}}{J-1}\right]=\sigma^2+\frac{Kg\sum_j \tau_j^2}{J-1} \tag{9.30}$$

$$E[\mathrm{MSR}]=\sigma^2+\frac{Jg\sum_k \lambda_k^2}{K-1} \tag{9.31}$$

1) *Ibid.*, pp. 504~505.

$$E[\text{MSI}]=\sigma^2+\frac{g\sum_j\sum_k(\tau\lambda)^2_{jk}}{(J-1)(K-1)} \tag{9.32}$$

$$E[\text{MSE}]=\sigma^2 \tag{9.33}$$

따라서 이 모형에서는 다음과 같은 세 가지 검정이 가능하게 된다.

첫번째로 τ요인(디자인 차이)의 매상고에 대한 구분처리효과가 전혀 없다는 가설의 검정을 할 수 있다.

$$H_0: \tau_1=\tau_2=\cdots=\tau_J=0$$
$$H_A: \text{최소한 한 개의 } \tau_j\neq 0$$

만일 H_0가 사실이라면 $E[\text{MSC}]=\sigma^2$이 되므로, 이 가설의 사실 여부를 판정하고자 F검정법이 도입될 수 있다. 즉,

$$F=\frac{\text{MSC}}{\text{MSE}} \tag{9.34}$$

는 $[(J-1),\ (JK(g-1))]$의 자유도를 갖는 F분포가 될 것인바, 이 통계량값이 F의 임계치보다 클 때 귀무가설은 기각될 것이다.

두 번째는 λ요인(광고실시 여부)의 매상고에 대한 구분처리효과가 전혀 없다는 가설을 검정할 수 있다.

$$\begin{cases} H_0: \lambda_1=\lambda_2=\cdots=\lambda_k=0 \\ H_A: \text{최소한 한 개의 } \lambda_k\neq 0 \end{cases}$$

이 귀무가설이 사실이라면 $E[\text{MSR}]=\sigma^2$가 될 것이고, 따라서

$$F=\frac{\text{MSR}}{\text{MSE}} \tag{9.35}$$

는 $[(K-1),\ JK(g-1)]$의 자유도를 갖는 F분포가 될 것인바, 이 통계량의 값이 아주 커지면 귀무가설은 기각될 것이다.

마지막으로 상호작용효과가 모두 0이라는 가설, 즉

$$\begin{cases} H_0: (\tau\lambda)_{jk}=0 & (j=1,\cdots,J,\quad k=1,\cdots,K) \\ H_A: (\tau\lambda)_{jk}\neq 0 & (\text{적어도 하나의 } j,\ k \text{ 결합에 대하여}) \end{cases}$$

에 대한 검정통계량은

$$F=\frac{\text{MSI}}{\text{MSE}} \tag{9.36}$$

가 될 것이다.

이상의 검정통계량들 또한 기본적으로는 특정 요인에 의해 설명될 수 있는 변동량 또는 분산을 설명할 수 없는 변동량으로 나누어 분자가 분모에 비해 아주 클 경우 특정 요인에 의해 발생한 관측치의 차이가 무시할 수 없음을 시사하는 데에서 그 검정의 의의가 있는 것이다. 예컨대, 식 (9.34) $F=\frac{\text{MSC}}{\text{MSE}}$는 열요인, 즉 디자인의 차이에 따라 발생한 매상고의 변동량을 우연히 발생할 수 있는 매상고의 변동량과 비교하여 디자인 차이가 매상고에 주는 영향이 무시할 만한지의 여부를 결정하는 것이다. 마찬가지로 식 (9.35) $F=\frac{\text{MSR}}{\text{MSE}}$는 행요인, 즉 광고실시여부효과를 확인하기 위한 것임은 물론이다.

3. 간편계산법

앞의 항에서 전개한 분석방법은 그 논리적 타당성을 이해하기는 편리하나, 역시 실제 계산에 있어서는 많은 어려움이 뒤따르는 표현식을 내포하고 있어 일반적으로 다음과 같은 조정항을 이용하여 분석하게 된다. 즉,

$$\text{CF(조정항)}=\frac{(\sum\sum\sum X_{ijk})^2}{JKg} \tag{9.37}$$

$$\text{SST}=\sum\sum\sum X_{ijk}^2-\text{CF} \tag{9.38}$$

$$\text{SSC}=\frac{\sum_j(\sum_i\sum_k X_{ijk})^2}{Kg}-\text{CF} \tag{9.39}$$

$$\text{SSR}=\frac{\sum_k(\sum_i\sum_j X_{ijk})^2}{Jg}-\text{CF} \tag{9.40}$$

$$\text{SSE}=\sum\sum\sum X_{ijk}^2-(\sum_j\sum_k(\sum_i X_{ijk})^2/g) \tag{9.41}$$

그리고

$$\text{SSI}=\text{SST}-\text{SSC}-\text{SSR}-\text{SSE} \tag{9.42}$$

가 된다.

앞에서의 예를 윗식을 이용하여 분석하면 다음과 같다.

$$\text{CF}=450^2/30=6{,}750$$

표 9-13 디자인과 광고효과에 관한 분산분석자료의 요약

광고 \ 디자인		A	B	C	합 계
광고했을 경우		19 23 20 16 22	24 24 21 22 19	8 15 14 12 11	
	소 계	$\sum X_{i11}=100$	$\sum X_{i21}=110$	$\sum X_{i31}=60$	$\sum_i \sum_j X_{ij1}=270$
광고하지 않았을 경우		19 16 21 18 16	3 2 0 4 1	18 16 14 17 15	
	소 계	$\sum X_{i12}=90$	$\sum X_{i22}=10$	$\sum X_{i32}=80$	$\sum_i \sum_j X_{ij2}=180$
합 계		$\sum_i \sum_k X_{i1k}=190$	$\sum\sum X_{i2k}=120$	$\sum\sum X_{i3k}=140$	$\sum\sum\sum X_{ijk}=450$

$$SST=19^2+23^2+\cdots+17^2+15^2-CF$$
$$=8{,}176-6{,}750=1{,}426$$
$$SSC=\frac{190^2}{10}+\frac{120^2}{10}+\frac{140^2}{10}-CF$$
$$=7{,}010-6{,}750=260$$
$$SSR=\frac{270^2}{15}+\frac{180^2}{15}-CF$$
$$=7{,}020-6{,}750=270$$
$$SSE=19^2+23^2+\cdots+17^2+15^2-\frac{100^2+110^2+\cdots+80^2}{5}$$
$$=8{,}176-8{,}060=116$$
$$SSI=SST-SSC-SSR-SSE$$
$$=1{,}426-260-270-116=780$$

위와 같은 계산 결과를 정리하여 표로 나타내 보면 표 9-14와 같다. 표 9-14를 이용하여 우선 디자인 차이에 따른 매상고상의 차이가 없다는 가설의 검정은

$$F_{2,\,24}=\frac{MSC}{MSE}=\frac{130}{4.8\dot{3}}=26.9>F_{0.05,\,2,\,24}=3.40$$

표 9-14 디자인과 광고효과에 관한 분산분석표

변동요인	SS	d. f.	MS
열(디자인)	260(SSC)	3−1=2	260/2=130
행(광 고)	270(SSR)	2−1=1	270/1=270
상호작용	780(SSI)	(3−1)(2−1)=2	780/2=390
잔 차	116(SSE)	3·2(5−1)=24	116/24=4.83
합 계	1,426(SST)	29	

광고실시 여부에 따른 효과검정은

$$F_{1,\,24}=\frac{\text{MSR}}{\text{MSE}}=\frac{270}{4.8\dot{3}}=55.86>F_{0.05,\,1,\,24}=4.26$$

그리고 상호작용효과가 없다는 가설에 대한 검정은

$$F_{2,\,24}=\frac{\text{MSI}}{\text{MSE}}=\frac{390}{4.8\dot{3}}=80.69>F_{0.05,\,2,\,24}=3.40$$

이 되므로 유의수준 $\alpha=0.05$에 대한 F검정 결과 우리는 모든 귀무가설이 기각됨을 확인할 수 있게 된다. 따라서 우리는 다음과 같은 결론을 내릴 수 있다.

첫째, (광고에 관계없이) 디자인에 따라 매상고의 차이가 생기며,

둘째, (디자인에 관계없이) 광고에 따라 매상고가 변화하고,

셋째, 이 두 가지를 합한 효과, 즉 디자인과 광고의 결합 결과 또한 매상고에 변화를 준다.

제 4 절 요 약

본장에서는 셋 이상의 모집단이 갖는 평균들이 서로 같은지의 여부를 판별하는 방법론을 검토하였다. 분산분석이라 부르는 이 방법론은 특정 기준에 따라 여러 집단으로 구분된 표본관측치들의 변동량을 일단 분산 개념으로 파악한 다음, 이러한 분산 중 표본집단간의 차이에 기인하는 변동량이 우연히 발생한 변동량에 비해 상당히 큰 것으로 관측되면, 이 집단들의 평균이 동일하다는 가설 또는 표본들이 동일한 모집단에서 추출되었다는 주장을 기각하는 방법이라 볼 수 있다.

분산분석은 관측치를 단지 한 가지 기준이나 요인에 의해 구분한 경우와 두 가지 요소에 의해 구분한 경우를 구별하여 각각 1원분산분석 및 2원분산분석이라 부른다. 일원분산분석의 경우에는 단일기준에 의해 표본을 구분하여 관측한 다음, 총변동량을 표본간 평균의 차이에 기인하는 것과 단순한 오차변동량에 해당되는 것으로 구분하여 비교함으로써 집단간 평균의 동일성 여부를 판정한다. 한편, 이원분산분석의 경우는 두 가지 기준에 의해 관측치를 구분처리하게 되므로 총변동량을 각 개별기준에 기인하는 것과 두 기준의 상호 작용에 따라 발생하는 것, 그리고 단순한 잔차항으로 분류한다. 일단 총변동량이 위와 같이 구분되면, 개별기준에 따른 변동량과 두 기준간의 상호 작용에 의한 변동량을 잔차항에 해당하는 변동량과 비교하여 각 구분기준에 의한 영향력 유무를 판정하게 된다.

이상과 같은 분산분석은 분석과정에서 서로 독립적인 변동량을 각각에 대응하는 자유도로 나눈 변량(즉, 평균자승합 개념)들간에 성립되는 비율 개념을 활용하게 된다. 변동량을 자유도로 나눈 값들이 χ^2분포를 따르며, 또 서로 독립적이므로 이 변동량들간의 비율은 F분포를 따르게 된다. 결국 분산분석은 하나 또는 두 기준에 의해 구분된 표본간 평균차이에 기인하는 변동량의 크기를 단순한 오차에 기인하는 변동량과 비교하는 것이며, 이 때 이 두 변동량간의 비율이 F분포를 따른다는 사실을 이용하여 표본간 평균의 차이 여부를 판정하는 방법이라 할 수 있다. 그리고 계산된 F값이 클수록 표본간 평균차이에 따라 발생하는 변동량이 상대적으로 크다는 것을 의미하며, 따라서 표본간의 평균차이를 무시할 수 없다고 결론짓게 된다.

그런데 분산분석은 단지 집단별 평균이 모두 동시에 동일하다고 볼 수 있는지의 여부만을 판정해 줄 뿐 과연 어느 특정한 두 집단 사이에 유의적 차이가 존재하는지를 밝혀 줄 수는 없다. 그러나 경우에 따라서는 특정한 두 집단간의 차이가 중요한 의미를 가질 수도 있으며, 따라서 집단간 차이 유무를 확인하는 방법이 별도로 요구된다. 이러한 문제에 대한 분석방법을 다중비교라 하며, 집단간의 평균차이에 대한 신뢰구간이 0을 포함하는지의 여부, 즉 $(\bar{X}_i - \bar{X}_j)$에 의거한 $(\mu_i - \mu_j)$의 신뢰구간 내에 0이 포함되는지의 여부를 확인함으로써 특정 두 집단간의 평균차의 유무를 판정한다. 이와 관련하여 셰프(Henry Scheffe)는 모든 가능한 쌍의 평균차이에 대한 신뢰구간을 동시적으로 고려할 수 있는 이른바 "S-방법"을 고안하였다.

복습문제

[1] 이표본검정과 분산분석의 유사점과 상이점을 밝혀라.

[2] 일원분산분석과 이원분산분석을 비교설명하라.

[3] 다음 용어들을 간략히 설명하라.

1) 처리효과　　2) 표본내변동과 표본간변동

3) 다중비교　　4) 셰프(Scheffe)의 "S-방법"

[4] SST=SSB+SSW가 성립됨을 증명하라.

[5] 다음은 금년도 모대학의 신입생 중 4개 학과에 입학한 학생들 중 무작위로 선발된 각 5명의 대학입시 성적의 평균과 표준편차라 하자. 학과별 학력수준의 차이가 있다고 볼 수 있는가? (단, $\alpha=5\%$)

학　과	평균 대학입시 성적	표준편차*
A	258	15
B	274	20
C	260	9
D	250	10

* $\sqrt{\frac{1}{n-1}\Sigma(X_i-\bar{X})^2}$

[6] 다음은 임의선정한 3개 지역에 시험사용한 두 가지 비료에 따라 얻은 수확량을 나타낸다.

비료＼지역	가		나		다	
A	60	50	80	90	100	100
B	80	80	70	80	120	110

1) 비료 종류에 따라 수확량이 달라지는지를 평가하라($\alpha=5\%$).

2) 지역에 따라 수확량이 상이한지의 여부를 판정하라($\alpha=5\%$).

3) 지역 및 비료 종류의 결합상태에 따라 수확량이 상이하다고 볼 수 있는가를 판정하라($\alpha=5\%$).

4) 이상의 문제들에 대한 해답을 SAS를 이용하여 도출해 보여라.

[7] 본문 중 표 9-4의 자료를 이용한 분석 결과를 SAS를 이용하여 확인하라.

[8] 본문 중 표 9-6의 자료를 이용한 분석 결과를 SAS를 이용하여 확인하라.

[9] 본문 중 표 9-11의 자료를 이용한 분석 결과를 SAS를 이용하여 확인하라.

연습문제

[1] 세 종류 차의 충격흡수능력을 시험하고자 시속 20km로 달리다가 콘크리트벽에 부딪쳐 본즉 각각 다음과 같은 수리비가 필요한 것으로 밝혀졌다.

(단위 : 1,000 원)

실험 \ 차종	H	D	K
A	1,800	2,100	1,400
B	2,000	2,500	1,600

1) 분산분석을 적용하려면 어떤 가정이 필요한가?

2) 세 차의 충격흡수장치가 동일하다고 볼 수 있는지를 평가하라($\alpha=1\%$).

[2] 다음은 무작위로 선정한 남녀 각각 5명의 서울시내 초등교사 봉급수준이다. 남녀 교사간의 봉급수준이 차이가 있는지의 여부를 1) 제8장에서 개발한 두 평균차에 관한 검정방법과 2) 본장에서 소개한 분산분석을 적용하여 본 다음 그 결과를 비교·검토하라($\alpha=5\%$).

남	124	122	144	132	138
여	124	118	116	120	132

[3] 다음은 1999년부터 2001년까지 노동부가 조사한 지역별 임금수준 내역 중 일부를 발췌한 것이다. 이 자료가 무작위로 선정한 3개 연도 근로자의 임금으로부터 선정된 것이라고 가정하고

1) 지역간 임금수준 차이의 유무를 판정하라($\alpha=5\%$).

2) 지역간 차이에 대한 다중비교를 실시하라.

(단위 : 천원)

지역 \ 관측치의 시기	1999	2000	2001
서울	1,339	1,487	1,400
부산	1,126	1,226	1,292
대구	1,214	1,196	1,222
인천	1,149	1,272	1,352

[4] 두 가지 단열재를 아파트·연립주택 및 개인주택에 사용하여 그 단열효과를 측정한 결과가 다음과 같다 하자.

1) 주택 종류에 따라 단열효과가 상이하다고 볼 수 있는지 $\alpha=5\%$ 수준에서 평가하라.

2) 단열재 종류에 따른 단열효과가 상이한지의 여부를 $\alpha=5\%$ 수준에서

주택 형태 \ 단열재 종류	A	B
아 파 트	115	101
연립주택	95	87
개인주택	99	91

판정하라.

3) 주택 종류 및 단열재 종류의 결합 형태에 따라 단열효과의 차이가 있는가?($\alpha=5\%$)

[5] 어느 회사가 새로운 상품을 두 가지 디자인(A_1, A_2)과 가격(B_1, B_2)을 설정하여 세 군데 다른 지역에서 시판한 결과가 다음과 같다 하자.

판매지역	디자인과 가격의 결합상태			
	A_1B_1	A_1B_2	A_2B_1	A_2B_2
I	64	72	60	88
II	84	70	54	84
III	56	74	60	86

1) 이 실험 결과를 디자인과 가격의 두 기준에 따른 관측 결과 형태로 전환하라.
2) 이 실험 결과를 이용하여 2원분산분석표을 작성하라.
3) 디자인 종류에 따라 매상고에 차이가 발생하는가?($\alpha=5\%$)
4) 가격수준에 따라 매상고에 차이가 발생하였는가?($\alpha=5\%$)
5) 디자인 및 가격결합 형태에 따라 매상고에 차이가 발생하였는가?($\alpha=5\%$)
6) 잔차항의 분산(error variance), σ^2에 대한 추정치를 구하라.
7) 3)~5)항의 문제에 대한 해답을 SAS를 이용하여 도출해 보여라.

복습문제 해답

[1]~[4] (생략)

[5] $H_0 : \mu_A=\mu_B=\mu_C=\mu_D,\ F_{\text{cal.}}=\dfrac{s_B^2}{s_w^2}=\dfrac{498.\dot{3}}{201.5}\fallingdotseq 2.47 < F_{3,\,16,\,0.05}=3.24$

$\therefore$ H_0를 채택, 즉 학력수준의 차이가 없다.

[6] CF=86,700, SST=4,500, SSC=3,350, SSR=300, SSE=200

$SSI=650, \quad MSC=\frac{3,350}{2}=1,675, \quad MSR=300, \quad MSI=\frac{650}{2}=325$

$MSE=\frac{200}{6}=33.3$

1) $F=\frac{MSR}{MSE}=9.0>F_{1,\,6,\,0.05}=5.99$

∴ H_0를 기각, 즉 수확량에 차이가 있음.

2) $F=\frac{MSC}{MSE}=50.25>F_{2,\,6,\,0.05}=5.14$

∴ H_0를 기각, 즉 수확량에 차이가 있음.

3) $F=\frac{MSI}{MSE}\fallingdotseq 9.75>F_{2,\,6,\,0.05}=5.14$

∴ H_0를 기각, 즉 수확량에 차이가 있음.

4) (생략)

[7] 본문내용 참조

[8] 본문내용 참조

[9] 본문내용 참조

연습문제 해답

[1] 1) 정규분포 및 공분산

2) $F=8<F_{2,\,3,\,0.01}=30.8$ ∴ H_0를 채택, 즉 동일함.

[2] 1) $H_0: E[\bar{D}]=0, \quad s^2=\frac{\sum(D_i-\bar{D})^2}{n-1}=120$ ∴ $s=10.95$

$t_{cal.}=\frac{\bar{D}-E[\bar{D}]}{s/\sqrt{n}}=2.04<t_{4,\,0.025}=2.776$ ∴ H_0를 채택

2) $F\fallingdotseq 3.97<F_{1,\,8,\,0.05}=5.32$ ∴ H_0 채택

	SS	d. f.	MS
표 본 간	250	1	250
표 본 내	504	10−2=8	63
		9	

[3] 1) $F=4.48>F_{\alpha}=4.07$ ∴ H_0를 기각

	SS	d. f.	MS
SB	77,786.25	3	25,928.75
SW	46,302.67	8	5,787.83
		11	

2) 서울을 제외한 나머지 지역 간에는 전체적으로 임금수준이 서로 비슷하다.

[4]

	SS	d. f.	MS
단열재종류	150	1	150
주 택 종 류	316	2	158
잔 차	12	2	6
합 계	478	5	

1) $F=26.3>F_{2,2,\alpha}=19.0$ ∴ H_0 기각

2) $F=25>F_{1,2,\alpha}=18.5$ ∴ H_0 기각

3) 알 수 없다.

[5] 1)

	B_1	B_2	평 균
A_1	64, 84, 56	72, 70, 74	70
A_2	60, 54, 60	88, 84, 86	72
평 균	63	79	71

2)

	SS	d. f.	MS
디 자 인	12	1	12
가 격	768	1	768
디자인 · 가격	432	1	432
잔 차	456	8	57
합 계	1,668	11	

3) $F=0.21<F_{1,8,\alpha}=5.32$ ∴ H_0 채택

4) $F=13.47>F_{1,8,\alpha}=5.32$ ∴ H_0 기각

5) $F=7.58>F_{1,8,\alpha}=5.32$ ∴ H_0 기각

6) 57

7) (생략)

4

추측통계 II: 다변량분석

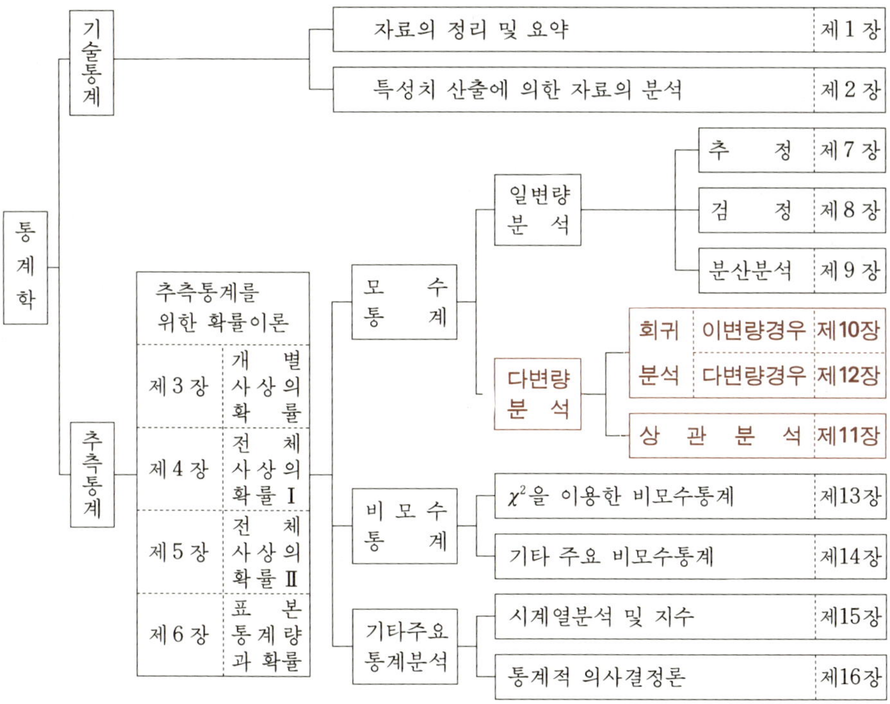

제3편에서는 전통적인 추측통계이론에 관한 사항을 다루었다. 즉, 표본분포를 기초로 하여 각종 모수를 추정하는 방법과 모수의 값이 특정 수치와 동일한지의 여부를 검정하는 방법을 검토하였다. 이와 같은 모수의 추정 및 가설검정방법은 추측통계이론의 핵심이며 또한 기본이 되는 부분이라 할 수 있다. 그러나 지금까지 소개한 추측통계이론이 갖는 다른 한 가지의 중요한 특징은 이들 이론이 기본적으로 한 변량으로 표현되는 현상의 특성에 관한 사항을 취급하고 있다는 점이다. 예컨대, 어느 한 변량의 특성치(평균·분산 등)를 추정한다든지 또는 이 변량이 갖는 대표적 특성치에 관한 제반 가설을 검정하는 방법을 모색하는 내용에 국한되었던 것이다. 따라서 표본은 한 개 또는 여러 개가 사용될 수는 있으나 기본적으로는 한 변량이 취할 수 있는 값들을 특징지어 주는 제반 특성치에 관한 연구방법이라고 할 수 있는 것이다.

이와 달리 본편에 소개될 통계이론은 두 변량(또는 둘 이상의 변량)간의 상호 관계가 갖고 있는 특징을 파악하기 위한 연구방법을 다루게 된다. 예컨대, 한 사람의 소득수준 변화가 소비수준의 변화와 어떤 관련성이 있는지, 관련이 있다면 어느 변량의 변화가 원인이 되고 또는 어느 변량의 변화가 결과적인 현상인지 등에 관한 사항을 연구하는 것이다. 그리고 경우에 따라서는 이러한 두 변량의 관계는 어느 정도 밀접한 것인지만을 조사하게 된다. 전자를 회귀분석, 그리고 후자를 상관분석이라 한다. 이러한 분석은 두 변량들의 특성치를 개별적으로 추정·검정하는 대신 두 변량간의 관계를 나타내는 특성치(두 변량이 1차함수관계에 있다면 그 관계식의 특성치는 기울기와 절편을 나타내는 상수가 될 것임)를 추정 또는 검정하게 된다. 따라서 분석대상이 되는 변량이 둘 이상이라는 점, 그리고 개별변량의 특성치가 아니라 두 변량간의 관계를 특징짓는 모수에 관한 추론을 하게 된다는 점이 제3편에서 다룬 기초추측통계이론과 구분되는 점이다. 그러나 본편에서 다루게 될 통계이론도 기본적으로 미지의 모수(함수관계에 관한 특성치)에 관한 추론방법을 제시하는 추측통계이론임에 틀림없다. 이러한 이유 때문에 본편의 제목을 추측통계 Ⅱ라 하되 변량이 둘 이상임을 병기하였던 것이다. 저자는 독자들이 혹시 모수에 대한 추정·검정을 다루는 추측통계학이 따로 있고, 회귀분석이라는 별개의 독립된 분야가 따로 있다고 생각할지도 모른다는 노파심 때문에 회귀분석 또한 추측통계학의 주요 부분임을 강조하고자 이처럼 구분하여 표기한 것이다.

본편에서 다루게 될 내용을 그림으로 요약해 보면 다음과 같다. 그림에 의하면 변량간의 인과관계를 규명하는 연구방법을 회귀분석이라고 정의함을 알 수 있다. 그리고 특정한 변량값의 변화를 다른 한 변량의 변화에 의해 설명하는 것을 단순회귀분석이라 하며, 둘 이상의 변량값을 이용하여 특정 변량값을 설명하는 것을 다중회귀분석이라 하는데, 이를 각각 제10장과 제12장에서 다룰 것이다. 한편, 두 변량간의 상호 관계가 어느 정도 밀접한지를 판정하는 방안을 상관분석이라 하며, 별도로 제11장에 소개하였다.

그림 4 다변량 추측통계의 주요 내용

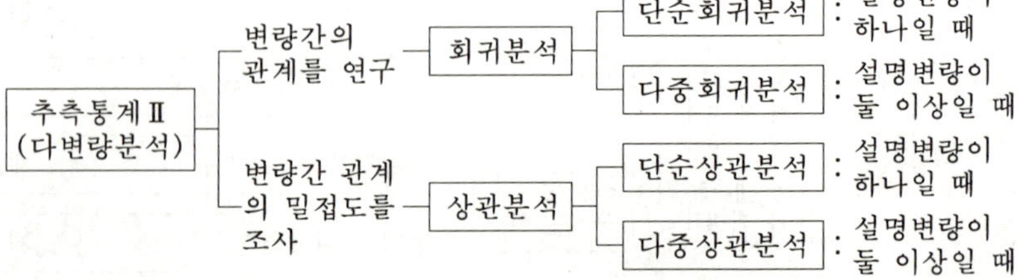

제 10 장　회귀분석 I : 단순선형회귀분석

본장에서는 변량간의 인과관계를 규명하는 회귀분석방법 중 독립변수와 종속변수가 각각 하나이며, 두 변수간의 관계가 1차함수로 파악될 수 있는 경우만을 대상으로 삼고자 한다. 물론 실제 상황에서는 독립변수가 둘 이상인 경우가 보다 일반적이며, 구체적인 함수관계 또한 비선형인 경우가 허다할 것이다. 그렇지만 본장에서 소개할 기본적인 회귀분석방법은 다소의 조정과정을 거치면 여러 상이한 현실적 상황에 부응하는 분석방법을 쉽게 도출할 수 있는 기본적인 분석틀에 해당하는 부분이다.

이처럼 모든 회귀분석의 기본이 되는 이른바 단순선형회귀분석방법을 보다 효율적으로 제시하고자 다음과 같은 체제로 본장을 구성하였다.

그림 X　단순선형회귀분석의 주요 내용

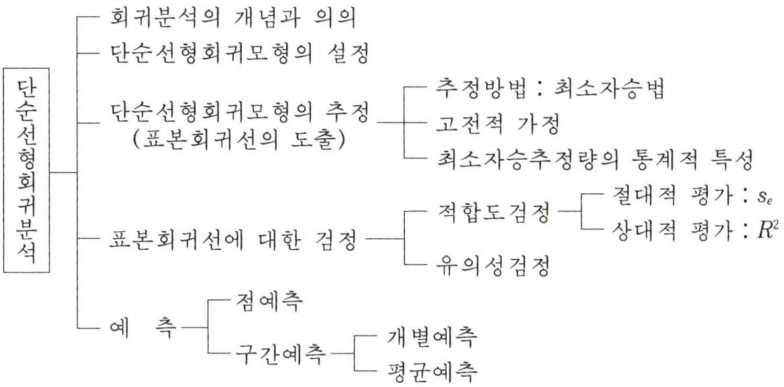

그림에서 볼 수 있듯이 제 1 절에서는 회귀분석의 일반적 정의 및 의의를, 특히 일변량추측통계분석 내용과 대비하여 다루었고, 제 2 절에서는 주로 경상계통에서 볼 수 있는 예를 중심으로 모회귀모형과 모회귀선이 갖는 의미를 파악하고자 하였다. 이어서 제 3 절에서는 모회귀선에 대한 추정치인 표본회귀선을 도출하는 데 활용될 수 있는 여러 방법을 비교·검토하였고, 그 중 가장 바람직한 방법으로 확인된 최소자승법을 중심으로 구체적인 추정방법을 검토하였으며 최소자승법에 의해 도출된 추정량의 통계적 특성은 제일 마지막 부분에 소개하였다. 한편, 최소자승법을 적용하는 것이 항상 최선의 방법이라 할지라도 실제 자료의 분포상태에 따라 도출된 표본회귀선의 신뢰도는 달라지므로 이를 평가할 수 있는 방법이 요구되는데 이러한 내용을 제 5 절에서 취급하였다. 일단 최소자승법에 의해 도출된 표본회귀선이 믿을 만한 것으로 판정되면 비로소 예측을 실시할 수 있으며, 이에 관한 사항은 제 6 절에 간략히 정리하였다. 마지막 제 7 절 및 제 8 절에서는 실증분석을 시행하는 구체적인 과정 및 실제 응용예를 소개하였다.

제 1 절　개요: 회귀분석의 개념과 의의

지금까지 통계적 추론방법을 전개함에 있어 한 개의 변량으로 정의되는 모집단들을 대상으로 그 특성치를, 예를 들면 평균을 추정하는 방법으로부터 두 개의 평균을 비교하는 방법, 그리고 여러 개의 평균을 비교하는 방법(분산분석)에 이르기까지 여러 가지 추정방법들을 검토하였다. 그러나 본장에서는 두 변량(셋 이상의 경우는 제12장에서 다룰 것임) 상호간의 관계의 특성을 규명하는 방법을 강구하게 되는데, 일반적으로 한 변량값의 변화와 다른 한 변량값의 변화가 갖는 수학적 함수식을 파악함으로써 상호 관계를 추론하게 되며, 이와 같은 방법을 회귀분석이라 한다.[1)]

회귀분석은 독립변수 또는 설명변수(independent variable or explanatory variable)라 불리우는 하나 또는 둘 이상의 변량들에 기초하여, 종속변수(dependent variable)라 불리우는 한 변량의 값을 묘사하거나 추정하는 문제를 다룬다. 따라서 회귀분석은 본질적으로 인과관계가 있는 두 변량간의 함수식을 분석대상으로 삼게 되며, 경제학 및 경영학 연구에 있어서는 두 가지 측면에서 큰 역할을 담당하고 있다.

첫째, 본서의 서두에서 밝힌 바 있듯이 인간의 각종 경제행위에 관한 직관적 견해를 "가설"이라 칭하며, 이들의 타당성 여부를 실증분석을 통해 검토하게 되는데, 회귀분석이 바로 이 과정에서 경제변량간의 상호 관계를 수학적 함수식으로 정의하고 이 관계식의 현실타당성 여부를 판정하는 역할을 담당하는 것이다. 예를 들어, 케인즈(J. M. Keynes)가 주장한 절대소득가설, 즉 소비수준은 소득수준에 의존한다는 가설을 $C=a+bY$ (단, C는 소비수준, Y는 소득수준, 그리고 a와 b는 절대소비와 한계소비성향을 나타내는 상수)와 같은 수식으로 정의한 다음, C와 Y에 대한 관측치를 기초로 두 변수간에 설정된 관계식의 타당성 여부를 평가할 수 있는 것이다.

회귀분석의 두 번째 역할은 두 변수간의 관계식이 타당시되는 상황일 때, 한 변량(독립변수, 위의 예에서는 소득수준)값을 기초로 다른 한 변량(종속변수, 위의 예에서는 소비수준)값을 추정 또는 예측하는 일이다. 예를 들어, 특

1) 회귀란 용어는 19C 말 영국의 유전학자 프란시스 갈톤(Francis Galton, 1822∼1911) 경이 아버지의 신장과 자녀들의 신장을 비교하는 연구과정에서 키가 큰 아버지는 키가 큰 자녀를 그리고 키가 작은 아버지는 키가 작은 자녀를 갖게 되는 경향이 있으나 자녀들의 신장은 평균적으로 총인구의 평균신장값에 회귀한다고 말한 데서 유래한다.

표 10-1 일변량분석과 다변량분석의 통계적 추론내용 대비

분석형태 / 내용구분	일변량분석	다변량분석
분석대상	일변량으로 표현되는 모집단의 특징	이변량(이상)간의 관계의 특징
주요 분석대상 : 특성치(모수)	평균(μ) 또는 비율(p)과 분산(σ^2)	절편(α) 기울기(β)
주요 분석내용	1. μ, p, σ^2에 대한 추정 2. μ, p, σ^2에 대한 검정 (참고 : 다수표본 경우일 때의 검정은 ANOVA 임에 유의)	1. α, β에 대한 추정 2. 검정 ─ 적합도검정 / 유의성검정 3. 예측

정한 상품의 매상고와 판매가격간에 안정된 함수관계가 인정된다면, 판매가격이 주어질 때 그에 대응하는 매상고를 정의된 함수식을 이용하여 예측할 수 있는 것이다.

결국 회귀분석은, 첫째로 관측된 두 변량의 값을 기초로 두 변량간의 함수관계가 성립되는지, 된다면 구체적으로 어떤 특징을 갖는 함수관계(예컨대, 1차함수관계)인지를 이해하는 데 이용되고, 둘째로 그 값이 알려진 독립변수를 기초로 종속변수의 값을 예측 또는 추정하는 데 이용된다.

제3편에서 살펴본 일변량분석의 내용과 본편의 다변량분석의 내용을 대비하여 보면 표 10-1과 같이 요약할 수 있을 것이다.

위 표에서처럼 두 변량(이상)간의 추측통계 또한 그 주요 분석내용은 모수에 관한 추정 및 검정이 되고 있으며, 일변량분석과 차이가 있다면, 추론의 대상이 되는 모수가 두 변량간의 관계를 나타내는 특성치란 점과 이들 모수의 추정치를 근거로 독립변수값에 따른 종속변수값을 예측할 수 있다는 점이다.

제2절 단순선형회귀모형의 설정

회귀분석은 하나 또는 그 이상의 독립변수를 포함할 수 있으나, 본장에서는 우선 하나의 독립변수를 이용하는 단순회귀분석(simple regression)에 국한하기로 한다. 또한 종속변수(Y)와 독립변수(X)간의 함수관계를 선형으로 가정한다. 선형함수식을 가정하는 이유는 우선 수학적으로 취급이 간단한 점, 대

부분의 현실적 함수관계에 대한 근사치를 제공할 수 있다는 점, 그리고 대부분의 비선형함수식은 간단한 조정을 통해 선형화할 수 있다는 점 등에 기인한다.

그런데 회귀모형이 어떤 목적(함수관계의 추정 또는 종속변수값의 예측)으로 설정되든간에 우리는 회귀모형을 통해서 종속변수의 정확한 값을 산정할 수는 없다. 독립변수가 종속변수 변화의 주요한 원인이 되더라도 다른 많은 요인들에 의해 종속변수값의 변화가 발생할 수 있기 때문이다. 따라서 우리가 회귀모형의 설정을 통한 분석에서 의도하는 것은 종속변수와 독립변수 사이의 평균적인 관계를 규명하고자 하는 일이다.

일반적으로 변수들간의 관계는 확정적 함수관계(deterministic relationship)와 확률적 관계 또는 통계적 관계(stochastic or statistical relationship)로 구분된다. 확정적 관계란 종속변수가 설명변수(또는 독립변수)에 의해 완전히 설명될 수 있는 경우를 지칭하며 확률적 관계란 종속변수가 설명변수에 의해 완전히 설명될 수 없는 경우를 지칭한다. 이 때 확률적 관계에 있는 변수들 중 종속변수는 일정한 확률분포를 갖는 확률변수(stochastic variable)의 성격을 띠게 되는데, 우리가 회귀분석모형을 설정함에 있어 관심을 갖게 되는 함수관계는 물론 바로 이 확률적 관계인 것이다. 수학이나 물리학에서의 관계는 확정적 관계가 일반적이지만 경제·사회적 현상을 인과관계로 표현하는 함수관계는 확률적 관계일 수밖에 없기 때문이다. 예컨대, $Y=2\pi X$(단, Y는 원둘레, X는 반지름)와 같은 수학적 관계나 $Y=k(m_1m_2/X^2)$(단, Y는 인력, m_1과 m_2는 두 물체의 질량, 그리고 X는 두 물체간의 거리)와 같은 뉴턴의 만류인력법칙에 해당되는 물리학적 관계는 확정적 관계에 속하지만 인간의 행태를 표현하는 관계식은 항상 평균적인 성향을 나타낼 뿐 언제나 우발적인 요인을 내포하고 있는 확률적 관계에 머무를 수밖에 없는 것이다.

함수관계를 설정함에 있어 피설명변수를 종속변수(dependent variable) 또는 결과변수(effect variable)라 하고, 설명변수를 독립변수(independent variable) 또는 원인변수(cause variable)라 하는데, 통상 회귀모형이 피설명변수가 설명변수(들)에 의해 완전히 설명되지 못하는 확률적 모형이 되는 이유는 주로 네 가지 요인에 근거한다. 즉, ① 전혀 설명이 불가능한 확률오차(random factors), ② 측정상의 오류(measurement error), ③ 설명력 있는 다른 독립변수가 모형에서 제외된 점(omitted variables), 그리고 ④ 변수간의 관계가 1차함수가 아닌 점(non-linear relationship) 등에 연유한다. 따라서 회귀모형은 아래 식에서처럼 일정한 유형의 확정적 함수관계를 나타내는 부분과 위와 같은 요인에 근거하는 확률적 오차항을 결합한 형태로 파악할 수 있다.

종속변수 / 독립변수

$$\underbrace{Y_i}_{\text{종속변수}} = \underbrace{\alpha + \beta X_i}_{\text{확정적 부분}} + \underbrace{\varepsilon_i}_{\text{확률적 오차부분}}$$

(독립변수: X_i)

따라서 회귀모형의 정립이란 결국 오차항에 대한 여러 가지 가정을 전제로 종속변수와 설명변수간의 특정한 규칙성을 갖는 함수적 유형을 찾아나가는 과정이라는 의미를 갖는다. 그리고 우리가 회귀모형의 설정을 통한 분석에서 의도하는 것은 특정한 가정을 근거로(예컨대, $E[\varepsilon_i]=0$이 되어 $E[Y]=\alpha+\beta X$가 되도록 가정) 종속변수와 독립변수 사이의 평균적인 관계를 규명하고자 하는 일이라 파악할 수도 있다. 예컨대, $E[\varepsilon_i]=0$이고 ε_i가 일정한 분산을 갖는 정규분포를 따른다는 등의 가정이 설정되면 $E[Y]=\alpha+\beta X$가 되며, ε의 영향으로 $Y(=\alpha+\beta X+\varepsilon)$ 또한 정규분포를 따르는 확률변수로 파악될 수 있다. 여기서 $E[Y]=\alpha+\beta X$가 바로 두 변수간의 특정한 규칙성을 갖는 함수적 유형을 나타냄은 물론이다. 즉, 우리는 주어진 독립변수값에 대한 종속변수의 평균값을 추정하고자 하는 것이다. 바꾸어 말하면 주어진 X값에 대한 Y의 평균값 또는 기대치, 즉 조건부기대치(conditional expectation), $E[Y|X]$에 관심을 두게 된다. 이 기대치는 보통 $\mu_{Y|X}$라고 표기되고, "주어진 X값에 대응하는 Y값들의 평균"을 의미한다.

이제 Y와 X가 선형관계를 갖는다고 가정하였으므로 X의 모든 가능한 값에 대응하는 Y의 조건부기대치들은 일직선상에 있어야 할 것이다. 모든 Y의 조건부기대치들이 놓인 직선을 수식으로 표현하자면 이 선의 기울기와 절편이 정해져야 한다. α를 절편, β를 기울기라 정의하면, 이 직선은 다음과 같이 나타낼 수 있다.

[모회귀선]

$$\mu_{Y|X}=E[Y|X]=\alpha+\beta X \tag{10.1}$$

식 (10.1)을 모회귀선(population regression line)이라 하며, 이것이 곧 두 변수간에 성립하는 이론적 함수관계를 나타낸다. 그러나 우리가 현실적으로 관측할 수 있는 Y의 실제값들은 $E[Y|X]$값과는 차이가 있다. 실제로 관측된 Y값들을 Y_i라 하면 $E[Y|X]$와 Y_i값의 차이는 이론적으로 설정된 함수관계식의

그림 10-1 산포도와 모회귀모형

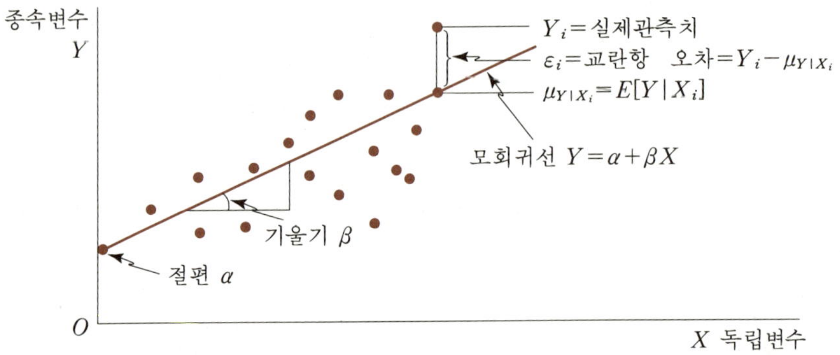

현실설명능력을 평가하는 것이 되며, 모형에 포함된 설명변수로서는 설명할 수 없는 요소가 된다. 이 차이를 무작위오차(random error)라 부르고, ε_i("입실론"이라 읽음)라는 기호로 표기한다.[1] 즉,

$$\varepsilon_i = Y_i - \mu_{Y|Xi} \quad \text{또는} \quad Y_i = \mu_{Y|Xi} + \varepsilon_i \tag{10.2}$$

따라서 Y의 실제관측치 Y_i는 식 (10.1)과 (10.2)에 의해 다음과 같이 표현될 수 있다.

[모(집단)회귀모형]

$$Y_i = \alpha + \beta X_i + \varepsilon_i \tag{10.3}$$

식 (10.3)을 모(집단)회귀모형(population regression model)이라 하고 이를 그림으로 나타낸 것이 그림 10-1이다. 그림에서 Y의 실제관측치들을 독립변수 X값에 대응시켜 나타내었는데, 이를 통상 산포도(scatter diagram)라 한다.

그리고 산포도를 구성하는 Y의 실제관측치 Y_i들은 주어진 X_i값에 대응하는 Y의 평균값, $E[Y|X_i] = \mu_{Y|Xi}$와 일반적으로 일치하지 않으며, 두 값의 차이를 ε_i라 정의하면 이는 두 값간의 수직거리로 표시됨을 알 수 있다.

모회귀선과 교란항에 대한 이해를 돕고자 별도의 그림을 활용해 보자. 그

1) 이러한 항목은 첫째, 전혀 설명이 불가능한 확률오차(random factors), 둘째 측정상의 오류(measurement error), 셋째 설명력 있는 다른 독립변수가 모형에서 제외된 점(omitted variables), 그리고 두 변수간의 관계가 1차함수가 아닐 경우 등으로 인해 발생한다는 점은 전술한 바와 같다.

그림 10-2 모회귀선과 교란항

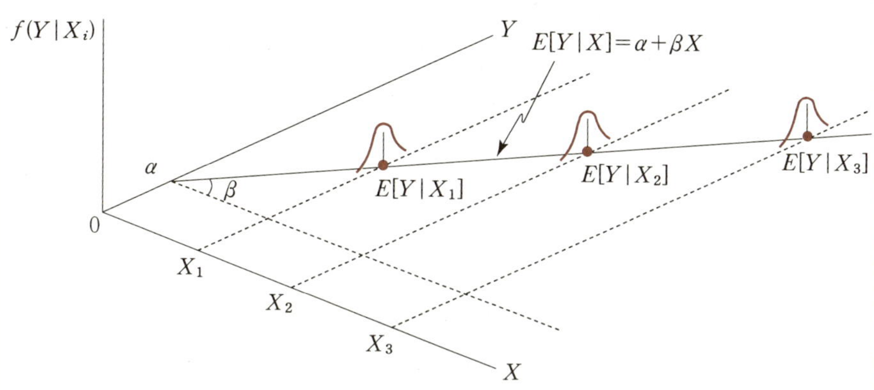

림 10-2에서 밑면은 X와 Y값을, 높이는 X값이 일정한 수준에 주어질 때 이에 대응하는 Y값들의 분포 형태, 즉 $f(Y|X_i)$를 각각 나타낸다. 만일 X가 X_1값을 취할 때 이에 대응한 실제 Y값들의 관측치들을 $X=X_1$선상에 쌓아 올리면 그림에서와 같이 정규분포와 유사한 형태를 취한다고 하자. 그러면 이 때 $X=X_1$ 조건을 만족시키는 Y의 평균값을 $E[Y|X_1]$이라 표기한다. 이제 X값을 X_2, X_3, …로 바꾸어 가면서 이에 대응하는 Y의 평균값들, 즉 $E[Y|X_2]$, $E[Y|X_3]$, …를 찾아 $E[Y|X_1]$과 연결하면 그림에서와 같은 $E[Y|X]$선이 도출될 것이며, 이런 선이 바로 모회귀선이다. 결국 모회귀선이란 주어진 X값에 대응하는 Y의 평균값, 즉 상이한 X변수값에 따라 평균적으로 기대할 수 있는 Y값들의 궤적으로 정의될 수 있으며, 그림에서의 모회귀선($E[Y|X]=\alpha+\beta X$)은 Y를 X의 1차함수로 파악하는 경제적 가설을 수리적으로 표현한 것이다. 이 때 주어진 X값에 대응하는 Y값들이 정규분포 형태를 취한다면 X와 Y의 관계는 2변량 정규분포(bivariate normal distribution)로 파악될 수 있는데, 여기서 Y가 정규분포를 따른다는 가정은 결국 $\varepsilon_i=Y_i-E[Y|X_i]$가 $E[Y|X_i]$를 중심으로 정규분포를 따른다고 가정하는 것과 같은 의미를 갖게 된다. 원래 정규분포는 특정 기준점을 중심으로 발생하는 오차들의 분포에서 유래된 것임을 감안하면, 위의 가정이 전혀 비현실적인 것은 아니다.

그런데 우리가 제3편에 이르기까지 살펴본 추측통계학이란, 미지의 모수를 표본정보에 의하여 추정 또는 검정하는 과정에 관한 것이었다. 제4편에 소개되는 통계이론 또한 이 점에 있어서는 하등에 차이가 없다. 논리적 직관, 즉 가설을 단순히 1차함수 형태로 나타낸 것을 모회귀선이라고 할 수 있고, 가설이 현실타당성이 있는지의 여부는 관련된 두 변수값을 실제로 측정하여 확인해야 될 것인데, 문제는 두 변수값의 관측치란 무수히 많이 존재하는 것이어서 이들을 모두 포함하는 산포도를 그려낸다는 것은 거의 불가능하다는 사실이다. 따라서 회귀분석의 경우에도 이들 수많은 실제 측정가능한 값들 중 일부를 추출한 표본관측값에 의하여 통계적 추론을 하게 되는 것이다. 즉, 추출된 표본측정치를 이용하여 모회귀선($\alpha+\beta X$)의 특성치인 모수, 즉 절편 α와 기울기 β에 대한 추정치를 도출하여 추론하게 된다. 바로 이러한 과정을 회귀분석이라고 한다.

이제 α와 β에 대한 가장 훌륭한 추정치를 구하였다고 가정하고 그 값을 $\hat{\alpha}$과 $\hat{\beta}$으로 나타내면 $\mu_{Y|X}$에 대한 추정치는 결과적으로 $\hat{\alpha}+\hat{\beta}X$가 되는데, 이를 $\hat{Y}$로 표시하면 다음의 식을 얻는다.

[표본회귀선]

$$\hat{Y}=\hat{\alpha}+\hat{\beta}X \tag{10.4}$$

식 (10.4)는 모회귀선의 추정치이므로 이를 표본회귀선(sample regression line)이라 칭한다. 그리고 이 경우에도 표본회귀선과 표본산포도를 구성하는 표본관측치들간에 차이가 발생하는데, 추정치 $\hat{Y}_i$와 실제값 Y_i간의 차이를 e_i라 표기한다. 이 e_i는 흔히 잔차항(residuals) 또는 회귀오차(regression error)라고 불려지는데, 모회귀모형의 오차항 ε_i에 대한 추정치란 의미를 동시에 가지고 있다.

이제 잔차항($e_i=Y_i-\hat{Y}_i$)을 식 (10.4)와 연결하면 다음 식을 얻을 수 있다.

[표본회귀모형]

$$Y_i=\hat{\alpha}+\hat{\beta}X_i+e_i \tag{10.5}$$

식 (10.5)는 Y의 표본관측치 Y_i가 표본회귀선($\hat{Y}_i=\hat{\alpha}+\hat{\beta}X_i$)에 나타난 값과 그로부터의 수직거리를 나타내는 값 e_i와의 합으로 표시될 수 있음을 의미한다. 식 (10.5)를 표본회귀모형이라 하는데, 이는 식 (10.3)에 의해 정의된 모회귀모형에 대응하는 개념이다.

그러면 과연 어떻게 하여 α와 β에 대한 가장 좋은 추정치를 구할 수 있을까? 이에 관해서는 절을 바꾸어서 살펴보기로 한다.

제 3 절 회귀모형의 추정

모회귀선의 특성치인 모수 α와 β에 대한 가장 좋은 추정치를 구하는 일은 결국 어떻게 표본회귀선을 도출하는 것이 최선인가 하는 문제로 귀착된다. 그런데 $\hat{\alpha}$값과 $\hat{\beta}$값을 어떠한 원칙에 따라 구하고자 할 때 그 기준은 표본산포도에 나타난 관측치들을 가장 잘 대표할 수 있는지 여부가 될 것이다. 그리고 관측치에 가장 적합한, 또는 적합도가 가장 큰 표본회귀선이란 오차($e_i = Y_i - \hat{Y}_i$)의 합이 가장 작은 회귀선이라 할 수 있다.[1] 오차를 $e_i = Y_i - \hat{Y}_i$라 정의하면 실제 관측치가 표본회귀선보다 밑에 있을 때에는 e_i의 값이 음(−)이 되고, 반대의 경우엔 e_i가 양(+)의 값을 갖게 될 것이다. 그러면 어떻게 해서 이와 같은 오차의 합을 최소로 할 수 있겠는가? 이에 대해 기본적으로 세 가지 방법을 제시할 수 있을 것이다.

첫번째 방법은 단순히 각 관측치의 회귀선으로부터의 거리, 즉 오차의 합이 최소가 되는 선을 도출하는 것이 될 것이다. 그러나 이 방법은 결정적인 결함이 있는데, 오차의 합이 최소가 되는 경우란 결국 $\sum e_i = \sum(Y_i - \hat{Y}_i) = 0$인 경우이며, 이러한 조건을 만족하는 회귀선은 무수히 많이 존재한다는 사실이다.

그림 10-3에 나타난 네 가지 경우 모두가 오차의 합이 0이 되는 예들이며, 이외에도 얼마든지 관측치 A, B, C에 대한 오차의 합이 0이 되는 회귀선을 그려낼 수 있다. 이와 같은 문제점이 발생하는 근본적인 이유는 바로 양의 오차와 음의 오차가 서로 상쇄되기 때문이다. 따라서 이로부터 오차의 상쇄현상을 방지할 수 있는 방안을 강구할 필요가 있음을 알 수 있다.

두 번째 방법은 오차의 절대값이 최소가 되는 회귀선을 도출함으로써 오

1) 실제 관측치를 가장 잘 나타낼 수 있는 표본회귀선이란 실제 관측치 Y_i에서 수직거리가 최소인 점(A), 수평거리가 최소인 점(C), 또는 회귀선과 직각을 이루는 거리가 최소인 점(B) 등에 의해 형성되는 것으로 일단 이해될 수 있다. 그러나 당초 표본회귀선을 도출하는 것은 미지의 모회귀선 $E[Y|X]$을 추정하는 과정에 속하는 것이고, 이 때 모회귀선이란 주어진 X값에 대해서 평균적으로 기대할 수 있는 Y값으로 정의되므로 회귀분석에서 적합도를 판정하는 기준은 당연히 주어진 X값에 대응하는 Y의 평균치인 회귀선과 실제 Y값과의 차이를 나타내는 수직거리, 즉 오차항의 값의 크기가 되어야 할 것이다(좌측 그림 참조).

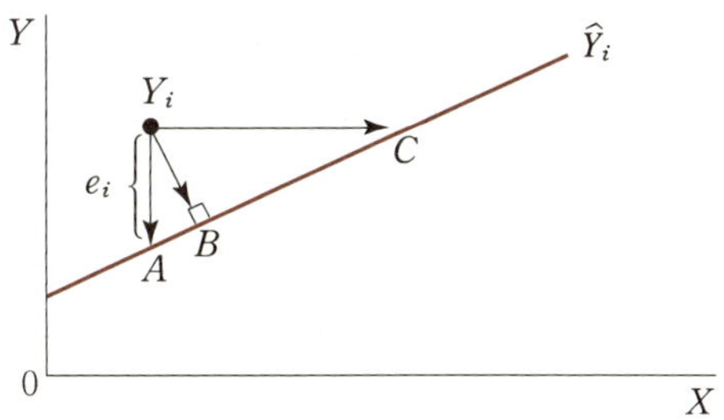

그림 10-3 오차의 합이 0이 되는 회귀선

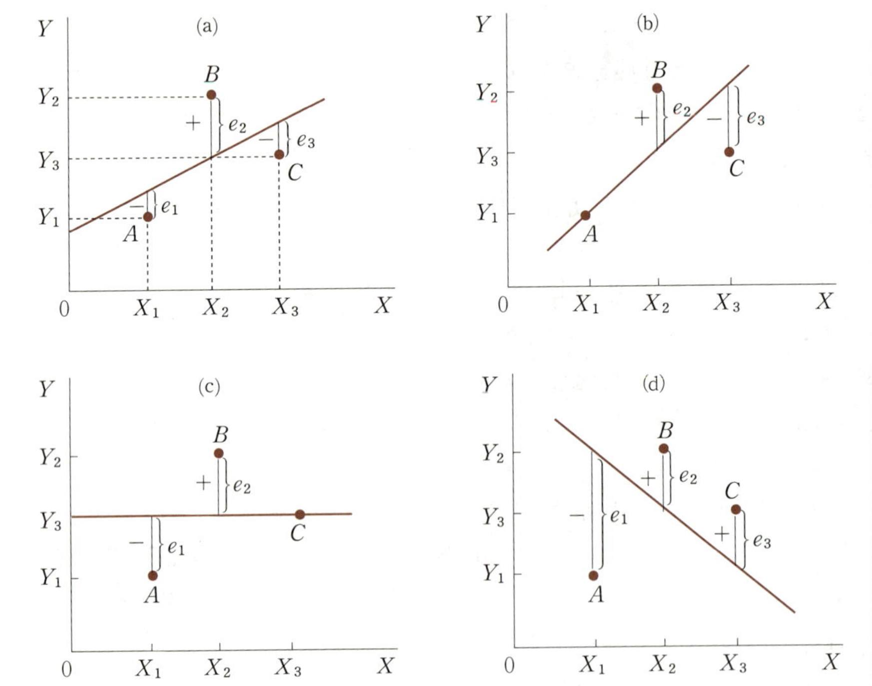

차의 방향(+ 또는 −)에 따른 문제점을 제거하는 동시에, 가장 높은 적합도를 갖는 회귀선을 제시하는 것이다. 즉, $\sum|Y_i - \hat{Y}_i| = \sum|e_i|$의 값이 최소가 되는 표본회귀선을 찾아 줌으로써 첫번째 방법에서와 같이 오차의 합이 항상 0이 되는 문제점을 해결할 수 있다. 그러나 이 방법에 의해 도출될 수 있는 회귀선 또한 유일한 것이 아니므로 $\text{Min}\sum|e_i|$를 만족시키는 회귀선들 중 어느 것을 선택하는 것이 타당한지를 아울러 고려해야 된다는 문제점이 발생한다.

그림 10-4는 세 관측치로부터 오차의 절대값의 합이 최소가 되는 두 개의 다른 회귀선이 존재함을 나타내고 있다. 두 경우 모두 오차의 절대값의 합이 4가 된다. 따라서 이들 중 어느 것이 표본관측치를 가장 잘 나타낸다고 보아야 할 것인가를 판정하는 또다른 기준이 설정되어야 할 것이다. 뿐만 아니라 만일 (b)에 e_2값이 4보다 작은 값으로 나타나고(예컨대, +3), 따라서 절대오차의 합이 최소가 되는 유일한 경우가 된다면 과연 (b)의 경우가 (a)의 경우보다 훌륭한 적합도를 갖는다고 할 수 있을까? (a)는 세 관측점을 고려한 데 반해서 (b)는 단지 두 점을 연결하여 얻은 것으로, 두 번째 관측치는 전혀 고려되지 않

그림 10-4 오차의 절대값의 합이 최소가 되는 회귀선

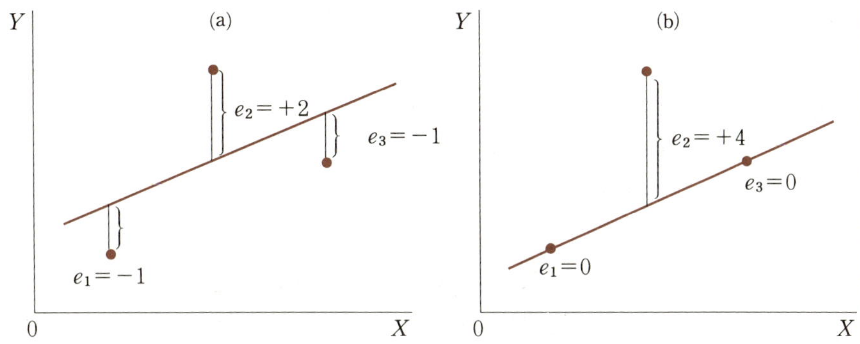

고 있음을 감안할 때 (b) 경우의 절대오차의 합이 (a) 경우보다 작아진다 해도 (b)를 최적회귀선이라 하기에는 어딘가 꺼림직한 생각이 들 수밖에 없다. 이와 같은 문제는 다음과 같은 세 번째 방법을 사용하여 해소될 수 있을 것이다.

세 번째 방법은 오차를 자승한 값들의 합이 최소가 되도록 하는 회귀선을 구하는 것이다. 즉,

$$\text{Min}\sum e_i^2 = \text{Min}\sum (Y_i - \hat{Y}_i)^2 \qquad (10.6)$$

를 만족하는 회귀선 $\hat{Y}_i = \hat{\alpha} + \hat{\beta}X_i$를 찾는 방법이다. 이 방법은 오차를 자승하여 합한 값이 최소가 되는 회귀선을 찾는다는 의미에서 최소자승법(least square method)이라고 불리운다. 이 방법이 앞서 소개한 두 방법에 비해 당초의 목적에 보다 타당한 이유는 다음과 같다.

1) 오차를 자승하여 처리하므로 첫번째 방법에서의 문제점은 자동적으로 해소된다. 즉, 최소자승법에 의해 도출된 회귀선은 첫번째 방법의 $\text{Min}\sum e_i$ 또는 $\sum e_i = 0$이란 결과식을 자동적으로 만족시키게 된다. 따라서 최소자승법은 오차의 일부가 회귀선 위에(양의 오차), 그리고 나머지 오차가 회귀선 밑에(음의 오차) 속하도록 하는 동시에 그 합의 절대치가 같아지도록 해 준다.

2) 최소자승법은 두 번째 방법($\text{Min}\sum |e_i|$)에 비해 수학적으로 다루기가 편리할 뿐만 아니라, 둘 이상의 회귀선이 도출될 가능성을 완전히 배제한다는 장점이 있다. 그러나 최소자승법이 절대오차의 합을 극소화하는 방법보다 우수한 점은 오히려 딴 곳에 있다. 두 번째 방법은 오차의 절대값들을 단순히 합한 값을 이용하고 있어 오차의 중요성을 단지 그 크기에 비례해서 평가하게 된다.

그러나 현실생활에 있어 우리는 작은 여러 개의 오차들보다는 한 개의 큰 오차항에 관심을 갖게 된다. 이것은 우리가 일상 경제생활에서 큰 폭의 충격적 변화를 원하지 않기 때문이다. 따라서 큰 오차일수록 보다 큰 비중의 관심과 벌칙을 부여하는 것이 합당할 것이다. 최소자승법은 오차를 제곱하여 처리하므로 큰 오차일수록 그 제곱한 값은 승수배로 확대되어 합산됨을 알 수 있다. 이것은 어떤 변동폭을 가능한 한 일정한 수준 내로 유지하는 것이 바람직하다는 일반적인 통념과도 일치하는 것이다. 예를 들어, A, B 두 사람이 국가고시에 응시했다고 하자. 두 사람 모두 평균 65점을 얻었으나 A는 전과목이 60점에서 70점 사이에 있고, B는 여러 과목에서 70점 이상의 높은 점수를 얻었으나 한 과목에서 과락(40점 이하)을 하였다면 동일한 평균점수를 얻었음에도 불구하고 B는 낙방하는 결과를 초래하게 된다. 한편, 경영자는 매상고나 수익률이 동일한 평균치를 갖는 경우, 가능하면 변동폭이 적은 경우를 선호할 것은 당연하다. 이러한 예는 주위에서 얼마든지 찾아볼 수 있을 것이다. 결국 변동을 기대치와의 차이로 정의할 때 이 편차의 크기는 바로 위험도를 뜻하는 것으로 파악될 수 있으며, 위험도를 가능한 한 일정한 수준 이내로 유지시키고 싶은 것은 자연스러운 욕망일 것이다. 이것은 제1편 기술통계학편에서 산포도를 나타내는 특성치로 편차 개념을 고려한 바 있는데, 편차를 자승한 값을 합하여 구하는 분산이 편차의 절대치를 합하여 정의한 평균편차보다 통계적 유의성이 크다는 사실과 일맥 상통한다.[1)]

3) 앞에서 밝힌 두 가지 이유보다 더욱 중요한 사실은, 최소자승법은 일정한 가정이 충족되면 이 방법에 의해 도출된 추정치가 제7장에서 제시한 바람직한 추정치의 모든 특성을 갖게 된다는 것이다. 뿐만 아니라 제3편에서 전개한 신뢰구간설정 또는 가설의 검정방법이 그대로 적용될 수 있다. 바로 이러한 이유로 해서 모든 관측치를 가장 잘 대변할 수 있는 회귀선을 최소자승법에 의해 도출하게 되는 것이다.

그러면 최소자승법에 의한 회귀선의 도출은 구체적으로 어떻게 하며 또 어떤 가정들이 만족되면 최소자승법에 의한 추정치가 바람직하게 되는지를 다음 절에서 설명하기로 한다.

---

1) 평균편차 $=\dfrac{\sum|X_i-\mu|}{N}$, 단 N은 모집단의 크기, μ는 X_i의 모평균

분산 $=\dfrac{\sum(X_i-\mu)^2}{N}$

표준편차 $=\sqrt{\text{분산}}=\sqrt{\dfrac{\sum(X_i-\mu)^2}{N}}$

1. 추정방법: 최소자승법

위에서 우리는 추출된 표본의 관측치들을 가장 잘 나타낼 수 있는 여러 가지 방법 중 최소자승법이 가장 좋은 방법임을 확인하였다. 따라서 이하에서는 우선 최소자승법을 이용하여 회귀선을 도출하는 구체적인 과정을 알아보고, 다음에는 최소자승법에 의한 회귀분석에 일반적으로 사용되는 기본적인 가정들을 음미해 보기로 한다. 그리고 이와 같은 가정하에서 최소자승법에 의해 도출된 추정량은 과연 어떠한 통계적 특성을 갖게 되는지를 아울러 살펴보기로 한다.

1.1 표본회귀선의 도출: 최소자승추정량의 도출

모회귀선($E[Y|X]=\alpha+\beta X$)에 대한 추정치인 표본회귀선 $\hat{Y}_i=\hat{\alpha}+\hat{\beta}X_i$를 도출하는 일은 결국 두 개의 모수인 절편 α와 기울기 β를 추정하는 일로 압축될 것이다. 즉, 오차자승의 합을 최소로 하는 $\hat{\alpha}$과 $\hat{\beta}$값을 구하는 일이 된다.[1]

이제 최소자승법에 의해 $\hat{\alpha}$과 $\hat{\beta}$값을 도출하기 위해 다음과 같은 목적함수를 설정하자.

$$\begin{aligned}\text{Min } L &= \text{Min}\sum e_i^2 \\ &= \text{Min}\sum (Y_i-\hat{Y}_i)^2 \\ &= \text{Min}\sum (Y_i-\hat{\alpha}-\hat{\beta}X_i)^2 \quad (\because\ \hat{Y}_i=\hat{\alpha}+\hat{\beta}X_i) \qquad (10.6)'\end{aligned}$$

식 (10.6)′에 나타난 오차의 최소자승값을 구하려면 이 식을 1차미분한 값이 0이 되어야 한다.[2] 즉, 오차자승의 합(L)을 $\hat{\alpha}$과 $\hat{\beta}$에 대하여 각각 편미분한 다음 0으로 놓으면,

---

1) 주어진 자료에 최소자승법을 적용하기에 앞서 우리는 통상 극단치(outliers), 즉 극단적으로 아주 작거나 큰 값을 갖는 표본관측점이 존재하면 1차적으로 그 이유를 규명하여 고려하고, 존재사유가 모형정립에 필수적인 것이 아니라고 판명될 경우에는 추정 결과를 개선시키기 위해 제거해 버리는 것이 일반적이다. 이 과정을 극단적 관측치의 처리과정이라 한다.

2) 사실 식 (10.7)과 (10.8)은 단지 L이 최소값을 갖게 될 필요조건에 불과하다. 따라서 논의의 완벽을 기하려면 충분조건 또한 확인할 필요가 있다. 충분조건은 2차 편미분행렬의 주소행렬(principal minors)값이 항상 0보다 커야 한다는 것이다. 그런데

$$\frac{\partial^2 L}{\partial\hat{\alpha}^2}=2n>0,$$

$$\begin{vmatrix}\partial^2L/\partial\hat{\alpha}^2 & \partial^2L/\partial\hat{\alpha}\partial\hat{\beta} \\ \partial^2L/\partial\hat{\beta}\partial\hat{\alpha} & \partial^2L/\partial\hat{\beta}^2\end{vmatrix}=\begin{vmatrix}2n & 2\sum X_i \\ 2\sum X_i & 2\sum X_i^2\end{vmatrix}=4n\sum X_i^2-4(\sum X_i)^2=4n\sum(X_i-\bar{X})^2>0$$

이므로, 충분조건도 만족됨을 알 수 있다.

$$\frac{\partial L}{\partial \hat{\alpha}} = -2\sum(Y_i - \hat{\alpha} - \hat{\beta}X_i) = 0 \tag{10.7}$$

$$\frac{\partial L}{\partial \hat{\beta}} = -2\sum X_i(Y_i - \hat{\alpha} - \hat{\beta}X_i) = 0 \tag{10.8}$$

이 된다. 이 두 식을 미지수인 $\hat{\alpha}$과 $\hat{\beta}$에 대해 정리하면(X_i와 Y_i는 관측된 값들이므로 미지수가 아닌 상수임) 다음과 같다.

$$(n)\hat{\alpha} + (\sum X_i)\hat{\beta} = \sum Y_i \tag{10.9}$$

$$(\sum X_i)\hat{\alpha} + (\sum X_i^2)\hat{\beta} = \sum X_i Y_i \tag{10.10}$$

이 두 식을 보통 정규방정식(normal equation)이라 부르는데, 여기서 미지수는 $\hat{\alpha}$과 $\hat{\beta}$ 두 개이고 방정식 또한 두 개 이므로 일단 이 연립방정식체계는 유일한 해(unique solution)를 가질 수 있는 기본조건을 갖추고 있다. 우선 크래머 법칙(Cramer's rule)을 사용하여 $\hat{\beta}$를 구하면 다음과 같다.

$$\hat{\beta} = \frac{n\sum X_i Y_i - \sum X_i \sum Y_i}{n\sum X_i^2 - (\sum X_i)^2} \tag{10.11}$$

마찬가지 방법으로 $\hat{\alpha}$을 구할수 있다. 그러나 $\hat{\alpha}$은 일단 도출된 $\hat{\beta}$값을 이용하는 편이 보다 간편하므로 일반적으로 다음 식에 의해 그 값을 구한다.

$$\hat{\alpha} = \bar{Y} - \hat{\beta}\cdot\bar{X} \tag{10.12}$$

$$\left(\text{단, } \bar{Y} = \frac{\sum Y_i}{n},\ \bar{X} = \frac{\sum X_i}{n}\right)$$

이 식은 식 (10.9)를 $\hat{\alpha}$에 대하여 정리한 것이다. 바로 이 두 식((10.11)과 (10.12)에 정리된 것)이 오차자승의 합을 최소로 하는 표본회귀선의 절편과 기울기를 나타내 주는 최소자승추정량이 된다.

식 (10.11)은 분석의 편의를 위해 다음과 같이 변형시키기도 한다.[1)]

$$\hat{\beta} = \frac{\sum x_i y_i}{\sum x_i^2} \tag{10.13}$$

---

1) 식 (10.11)을 편차 개념을 이용하여 정리하면,

$$\hat{\beta} = \frac{n\sum X_i Y_i - \sum X_i \sum Y_i}{n\sum X_i^2 - (\sum X_i)^2} = \frac{n\sum(\bar{X}+x_i)(\bar{Y}+y_i) - \sum(\bar{X}+x_i)\sum(\bar{Y}+y_i)}{n\sum(\bar{X}+x_i)^2 - [\sum(\bar{X}+x_i)]^2}$$

$$= \frac{n\sum(\bar{X}\bar{Y} + x_i\bar{Y} + y_i\bar{X} + x_i y_i) - n\bar{X}\cdot n\bar{Y}}{n\sum(\bar{X}^2 + 2x_i\bar{X} + x_i^2) - n^2\bar{X}^2} \quad (\because \sum(\bar{X}+x_i) = \sum\bar{X} + \sum x_i = n\bar{X} + 0 = n\bar{X})$$

$$= \frac{n^2\bar{X}\bar{Y} + n\bar{Y}\sum x_i + n\bar{X}\sum y_i + n\sum x_i y_i - n^2\bar{X}\bar{Y}}{n^2\bar{X}^2 + 2n\bar{X}\sum x_i + n\sum x_i^2 - n^2\bar{X}^2} = \frac{\sum x_i y_i}{\sum x_i^2} \quad (\because \sum x_i = \sum y_i = 0)$$

그림 10-5 편차값을 이용한 회귀선

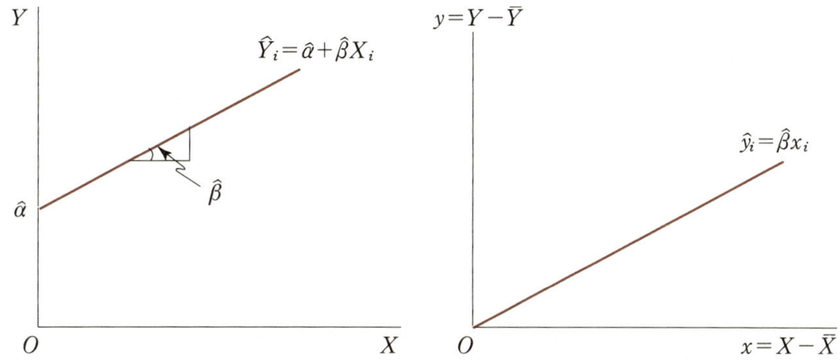

여기서 소문자 x_i와 y_i는 각각 원래 변수 X_i와 Y_i값들의 각각의 평균과의 차이, 즉 편차를 의미한다. 따라서 $x_i=X_i-\bar{X}$, 그리고 $y_i=Y_i-\bar{Y}$의 관계가 있다. 그리고 $\sum x_i=\sum y_i=0$이 된다.[1] 그러므로 x_i와 y_i의 평균 또한 0이 된다. 즉, $\bar{x}=\frac{\sum x_i}{n}=0$, $\bar{y}=\frac{\sum y_i}{n}=0$이 되므로 이 때 절편의 의미는 사라진다(그림 10-5 참조).

그러나 일단 식 (10.11) 대신 식 (10.13)에 의해 $\hat{\beta}$값을 구하더라도 $\hat{\alpha}$값을 별도로 산출할 수 있을 뿐만 아니라 식 (10.13)은 기억하기가 쉽다는 장점이 있다. 이제 최소자승법에 의해 도출된 표본회귀선의 절편과 기울기에 관한 공식을 정리하면 다음과 같다.

[표본회귀선의 기울기와 절편]

$$\text{기울기}:\ \hat{\beta}=\frac{n\sum X_iY_i-\sum X_i\sum Y_i}{n\sum X_i^2-(\sum X_i)^2}=\frac{\sum x_iy_i}{\sum x_i^2} \qquad (10.13)'$$

$$\text{절 편}:\ \hat{\alpha}=\bar{Y}-\hat{\beta}\bar{X} \qquad (10.12)'$$

이제 모회사의 광고비와 이에 대응하는 매출액에 관한 가상의 자료를 이용하여 최소자승추정치들을 산출해 보기로 한다.

표 10-2에서 변수 Y는 매출액, 그리고 변수 X는 광고비지출액을 각각 나타낸다. 이 경우 일반적인 경제적 논리로 보아 Y가 종속변수, 그리고 X가 독립변수 역할을 담당할 것으로 볼 수 있다. 따라서 우리가 추정할 회귀선은

1) 왜냐하면, $\sum x_i=\sum(X-\bar{X})=\sum X_i-n\bar{X}=n\bar{X}-n\bar{X}=0$
$\sum y_i=\sum(Y-\bar{Y})=\sum Y_i-n\bar{Y}=n\bar{Y}-n\bar{Y}=0.$

표 10-2 광고비지출에 따른 매출액 (단위 : 백만 원)

매출액 Y_i	광고비 X_i	X_iY_i	Y_i^2	X_i^2	$y_i=Y_i-\bar{Y}$	$x_i=X_i-\bar{X}$	x_iy_i	y_i^2	x_i^2	$\hat{Y}_i=\hat{\alpha}+\hat{\beta}X_i$
1,000	5	5,000	1,000,000	25	−540	−22.5	12,150	291,600	506.25	1,081.81
1,300	20	26,000	1,690,000	400	−240	−7.5	1,800	57,600	56.25	1,387.27
1,900	40	76,000	3,610,000	1,600	360	12.5	4,500	129,600	156.25	1,794.54
1,500	30	45,000	2,250,000	900	−40	2.5	−100	1.600	6.25	1,590.90
1,400	15	21,000	1,960,000	225	−140	−12.5	1,750	19,600	156.25	1,285.45
1,800	45	81,000	3,240,000	2,025	260	17.5	4,550	67,600	306.25	1,896.36
1,600	25	40,000	2,560,000	625	60	−2.5	−150	3,600	6.25	1,489.09
2,000	50	100,000	4,000,000	2,520	460	22.5	10,350	211,600	506.25	1,998.18
1,700	35	59,500	2,890,000	1,225	160	7.5	1,200	25,600	56.25	1,692.72
1,200	10	12,000	1,440,000	100	−340	−17.5	5,950	115,600	306.25	1,183.63
15,400	275	465,500	24,640,000	9,625	0	0	42,000	924,000	2,062.5	

$$Y_i=\alpha+\beta X_i$$

가 되며, α와 β의 최소자승추정치는 식 (10.12)와 (10.13)에 의해 다음과 같이 산출된다.

$$\hat{\beta}=\frac{\sum x_i y_i}{\sum x_i^2}=\frac{42,000}{2,062.5}=20.\dot{3}\dot{6}$$

$$\hat{\alpha}=\bar{Y}-\hat{\beta}\bar{X}=\frac{15,400}{10}-20.\dot{3}\dot{6}\left(\frac{275}{10}\right)\fallingdotseq 980$$

따라서

$$\hat{Y}_i=980+20.\dot{3}\dot{6}X_i$$

가 된다. 이는 광고비지출과 매출액은 정(正)의 선형함수관계를 갖고 있음을 시사한다.

1.2 최소자승추정법의 기본가정

최소자승법이 다른 방법에 비해 실제 관측치를 보다 잘 나타낼 수 있는 회귀선의 도출을 가능하게 해준다는 점을 이미 지적하였다. 그러나 앞에서 언급하였듯이 최소자승법의 보다 중요한 점은 일정한 조건이 갖추어질 때 이 방법에 따라 도출된 추정량이 바람직한 특성을 갖게 될 뿐 아니라 일반적인 추측통계의 추정 및 검정방법이 그대로 적용될 수 있다는 것이다. 이는 결국 좋은 회귀선이란 오차항의 극소화로 얻어지며, 따라서 오차항에 대한 의미와 가정이 결정적 역할을 담당하게 되기 때문이다. 이제 이러한 상황을 가능하게 하는 기본적 가정을 살펴보기로 한다. 일반적으로 우리가 최소자승법에 의거하여 추론할 때 도입되는 다섯 가지 기본가정은 다음과 같다.[1)]

가정 I : $E[\varepsilon_i]=0$ (10.14)

가정 II : $E[\varepsilon_i^2]=\sigma_\varepsilon^2$ (모든 i에 대해) (10.15)

가정 III : $E[\varepsilon_i\varepsilon_j]=0$ (단, $i\neq j$) (10.16)

가정 IV : $E[\varepsilon_i X_i]=X_i\cdot E[\varepsilon_i]=0$ (10.17)

가정 V : $\varepsilon_i\sim N(E[\varepsilon_i], \mathrm{Var}(\varepsilon_i))$ 또는 $\varepsilon_i\sim N(0, \sigma_\varepsilon^2)$ (10.18)

첫번째 가정인 $E[\varepsilon_i]=0$이 의미하는 것은 잔차항의 평균이 0이 된다는 것이다. 즉, 교란항 ε_i가 우연히 발생하는 오차들이라면 이 오차들은 회귀선을 중심으로 대칭적으로 분포되어 있어야 한다는 것이다. 이 가정은 최소자승법에 의한 추정과정상의 계산을 간편하게 하기 위해 만들어진 편의상의 조건식으로 볼 수도 있다. 만일 가정 I이 현실적으로 성립되지 않는 상황, 즉 $E[\varepsilon_i]=\alpha'\neq 0$이라면 당초의 식 (10.3)은 다음과 같이 고쳐 쓸 수 있다.

$$
\begin{aligned}
Y&=\alpha+\beta X_i+\varepsilon_i\\
&=\alpha+\beta X_i+\varepsilon_i+(\alpha'-\alpha') \qquad (\text{단, } E[\varepsilon_i]=\alpha')\\
&=\alpha+\alpha'+\beta X_i+(\varepsilon_i-\alpha') \qquad (10.19)
\end{aligned}
$$

이 때 $\alpha^*=\alpha+\alpha'$, $\varepsilon_i^*=\varepsilon_i-\alpha'$라 놓으면 식 (10.19)를 다음과 같이 변형시킬 수 있다.

$$Y=\alpha^*+\beta X_i+\varepsilon_i^* \qquad (10.20)$$

이 경우 새로운 교란항의 평균은 $E[\varepsilon_i^*]=E(\varepsilon_i-\alpha')=\alpha'-\alpha'=0$가 되므로 원래의 가정 I과 같은 결과가 된다. 다른 것은 절편의 값이 α 대신 $\alpha^*(=\alpha+\alpha')$가 된다는 것이나, 대부분의 경제모형에서 상수항인 α의 값이 크게 문제되지 않는다는 점을 감안하면 가정 I은 단지 계산상의 편의를 위한 조건식으로 볼 수 있을 것이다.

---

1) 이 다섯 가지 가정 중 첫번째 4개를 보통 가우스-마코프(Gauss-Markov) 또는 단순히 G-M가정이라 하는데, 이는 이들 두 학자가 최소자승법에 의한 회귀분석이론을 전개하는 과정에서 최초로 설정했던 가정들이란 사실에 기인한다. 그러나 최근에는 다섯 번째 가정까지를 포함하여 기본가정으로 삼는 것이 일반적인데, 그 이유는 추후에 밝혀질 것이다.

두 번째 가정, $E[\varepsilon_i^2]=\sigma_\varepsilon^2$(모든 i에 대해)이라는 의미는 관측시점과 상관없이(i의 값이 무엇이든) 교란항들의 분포는 동일한 분산(variance)을 갖는다는 것이다.[1)] 이를 보통 “동분산”(homoskedasticity)가정이라 하는데, 특히 분석자료가 시계열자료(time series data)가 아닌 횡단면자료(cross-section data)일 경우 관측대상물의 특성에 따라 분산의 크기가 달라질 가능성이 커지게 된다. 물론 이러한 현상은 시계열자료를 사용하는 경우에도 분석대상 기간이 길어질수록 나타날 가능성이 커지며, 이러한 현상이 심각한 상태에 이른 상황을 이분산(heteroskedasticity)현상이라 한다.[2)] 이러한 현상이 발생할 경우에는 앞서 소개한 단순회귀분석법에 의한 추정방법은 다소 문제가 있게 되며, 이를 해소할 방안을 별도로 강구하여야 하나 우선 여기서는 이분산현상이 심각하지 않은 것이 현실이라고 가정하자.

세 번째 가정, $E[\varepsilon_i\varepsilon_j]=0$(단, $i\neq j$)의 의미는 서로 다른 관측시점에서의 교란항끼리는 아무런 함수관계가 없다는 것을 의미한다. 즉, ε_i와 ε_j는 서로 1차독립적이라는, 바꾸어 말해서 1차함수관계가 없다는 뜻을 갖고 있다. 만일 ε_i와 ε_j가 서로 독립적이라면 두 변수간의 공분산의 값이 0이 되어야 할 것이다. 즉, $\text{Cov}(\varepsilon_i, \varepsilon_j)=0$이 성립되어야 한다.

$$\begin{aligned}\text{Cov}(\varepsilon_i, \varepsilon_j) &= E[(\varepsilon_i-E[\varepsilon_i])(\varepsilon_j-E[\varepsilon_j])] \\ &= E[\varepsilon_i\varepsilon_j]-E[\varepsilon_i]E[\varepsilon_j]-E[\varepsilon_j]E[\varepsilon_i]+E[\varepsilon_i]E[\varepsilon_j] \\ \therefore\ \text{Cov}(\varepsilon_i, \varepsilon_j) &= E[\varepsilon_i\varepsilon_j]-E[\varepsilon_i]E[\varepsilon_j]=0 \end{aligned} \tag{10.21}$$

그런데 식 (10.21)을 달리 쓰면

$$E[\varepsilon_i\varepsilon_j]=\text{Cov}(\varepsilon_i, \varepsilon_j)+E[\varepsilon_i]E[\varepsilon_j] \tag{10.22}$$

가 되며, 이 때 $\text{Cov}(\varepsilon_i, \varepsilon_j)$가 0이라면 가정 Ⅰ에 의해 $E[\varepsilon_i]=E[\varepsilon_j]=0$이므로 결국 식 (10.22)는

$$E[\varepsilon_i\varepsilon_j]=0 \tag{10.23}$$

---

1) 원래 ε_i의 분산은 $E[\varepsilon_i-\mu_\varepsilon]^2$ (단, $\mu_\varepsilon=E[\varepsilon_i]$)라 정의될 것이나, $\mu_\varepsilon=E[\varepsilon_i]=0$이 되므로 결국 ε_i의 분산은 $E[\varepsilon_i^2]$으로 되고, 그 값이 관측시기($i=1, 2, \cdots, t$)와 상관없이 항상 일정한 값인 σ_ε^2와 같다는 것이 두 번째 가정의 내용이다.

2) 예컨대, 앞에서 소개한 케인즈의 소비함수, $Y_i=\alpha+\beta X_i+\varepsilon_i$(단, Y는 소비수준, 그리고 X는 소득수준을 나타냄)에서 소득수준(X_i)이 높아질수록 소비수준(Y_i)의 변화폭은 넓어질 가능성이 많다. 따라서 교란항 $\varepsilon_i=Y_i-E(Y|X)$의 값은 X값이 커짐에 따라 점차 변동폭, 즉 분산값이 커질 가능성이 많아지는데, 이와 같은 설명변수(X)의 크기에 따라 종속변수(Y)의 변화폭이 변화하는 현상을 이분산현상이라 한다.

이 된다. 따라서 식 (10.23), 즉 가정 Ⅲ은 바로 교란항끼리는 서로 1차독립적임을 의미하는 것이다.[1] 그러나 일반적으로 이러한 가정이 완전히 성립되는 상황을 기대할 수는 없는 것이므로 실제 상황에서는 어느 정도만큼 가정 Ⅲ이 충족된다고 볼 수 있는지를 규정하고, 충족되지 못하는 경우 발생하는 문제점과 그 대응책을 강구해야 될 것이다.

가정 Ⅲ이 충족되지 못하는 상태를 (시)계열상관(serial correlation) 또는 자기상관(autocorrelation)이라 하는데, 그 정도가 얼마나 심한지를 측정하거나 또 그에 따른 문제점 및 해결방안은 본서의 수준을 벗어나는 것이다.[2] 여기서는 가정 Ⅲ도 현실을 크게 벗어나지 않는다고 가정하기로 한다.

네 번째 가정, $E[\varepsilon_i X_i]=X_i E[\varepsilon_i]=0$이 의미하는 것은 설명변수 X_i는 확률변수(random or stochastic variable)라기보다는 비확률적 변수(nonstochastic variable)에 가까우므로 일반적인 상수(constant)처럼 취급하자는 것이다. 따라서 $E[\varepsilon_i X_i]=X_i \cdot E[\varepsilon_i]$가 되며,[3] 가정 Ⅰ에 의해 $E[\varepsilon_i]=0$이므로 결국 위와 같은 가정 Ⅳ에 나타난 관계식이 성립된다. 이 가정은 엄밀히 말하자면 반복시행되는 표본추출과정에서 관측되는 값이 일정한 값을 유지해야만 성립되는 것이므로 다소의 비현실성을 내포하고 있다. 그러나 설명변수 X가 특정한 값을 갖고 있다는 조건하에서 종속변수 Y는 평균적으로 어떠한 값을 취하게 되는가를 추론하고자 하는 것이 회귀분석의 원래 목적이므로 이 가정의 현실성 여부를 크게 문제삼을 필요는 없을 것이다. 뿐만 아니라 이 가정이 다소 비현실적이라 하더라도 이로 인해 발생하는 최소자승추정방법상의 문제점은 별무한 것으로 지적되고 있다.[4]

---

1) 제4장 제3절에 의하면 $\mathrm{Cov}(X, Y)=E[XY]-E[X]E[Y]$이고 X와 Y가 서로 1차독립적이면 $E[XY]=E[X]E[Y]$가 되므로 이 경우엔 결국 $\mathrm{Cov}(X, Y)=0$이 됨을 밝힌 바 있음을 참고.

2) (시)계열상관이란 교란항의 분포가 일정한 패턴을 가지고 주기적으로 반복되는 형태를 취하는(따라서 교란항 값들은 더이상 서로 독립적이라 볼 수 없는) 현상을 지칭한다. 이러한 현상은 회귀모형에 포함된 설명변수 이외에 다른 어떤 요인이 일정 기간 동안에 걸쳐 종속변수에 영향을 미친 경우, 예컨대 종속변수인 생산량을 두 개의 독립변수인 노동 및 자본사용량에 의해 설명하려는 모형에서 일정 기간 동안 노조의 파업이 있었다면 그 기간중 생산량은 여타조건이 일정할 때 파업이 없을 경우와는 다른 수준으로 나타날 것이다. 이처럼 독립변수 외의 요인에 의해 종속변수의 값이 영향을 받을 경우 종속변수(Y)의 실제 관측치와 $E[Y|X]$와의 차이로 정의된 교란항 ε_i값은 특정한 패턴을 갖게 되는데 이를 (시)계열상관이라 칭한다. 이러한 예는 특히 시계열자료를 사용할 때 빈번하게 나타나는데, 농산물수확이 기후 등의 요인에 의해 영향을 받는 경우 등은 좋은 예가 될 것이다. 자기상관에 대한 보다 구체적인 설명에 관심 있는 독자는 Jan Kmenta, *Elements of Econometrics*(Macmillian, 1971), pp. 269～297을 참조.

3) 제4장 제3절 참조.

4) J. Kmenta, *op. cit.*, pp. 297～304 참조.

다섯 번째 가정은 교란항 ε_i가 정규분포를 따른다는 것이다. 이 가정의 현실성 여부를 논리적으로 판정하기는 곤란하다. 그러나 원래 정규분포란 일정 기준점을 중심으로 하여 발생하는 우발적인 오차가 따르는 분포에서 유래된 것임을 감안한다면, 이 가정의 현실성 여부는 크게 우려할 바가 없으리라고 본다.

사실 이 가정을 제외한 앞서의 네 개의 가정만을 G-M가정이라 하고, 또 그들만으로도 최소자승법에 의해 도출한 회귀선의 추정치가 제7장 제2절에서 소개한 바람직한 추정량의 특성을 모두 가지게 된다. 그러나 이 다섯 번째 가정을 수용하지 않고서는 제3편에서 전개한 각종 검정 및 신뢰구간의 설정방법 등을 적용할 수 없다는 사실이 이 가정에 중요한 의미를 부여하는 것이다. 이 점에 관해서는 항을 바꾸어 별도로 설명할 것이나, 가정 Ⅰ과 Ⅱ, 그리고 가정 Ⅴ를 종합적으로 표기하면 $\varepsilon_i \sim N(0, \sigma_\varepsilon^2)$가 된다. 이는 교란항이 정규분포를 따르되 그 평균은 0이고, 분산은 σ_ε^2으로 일정하다는 의미를 종합적으로 표현한 것이다.

2. 최소자승추정량의 통계적 특성

앞서 우리는 다섯 가지의 기본가정, 특히 그 중에서도 처음의 네 가지 가정(즉, G-M가정)이 충족된다면 최소자승법에 의해 산출된 추정량이 통계적으로 바람직한 여러 특성, 즉 불편성·효율성·충족성 및 일관성 등을 고루 보유하게 된다고 언급한 바 있고, 이러한 점이 바로 최소자승법의 사용가치를 보다 높게 하여 준다고 지적해 왔다. 그러면 과연 전항에서 열거한 가정하에서 위에 열거한 특성들이 충족될 수 있는지의 여부를 간략하게 살펴보기로 한다.

첫째 G-M가정하에서 최소자승법에 의해 도출된 추정량은 불편성(unbiasedness)을 갖게 된다. 즉, $E[\hat{\beta}]=\beta$, $E[\hat{\alpha}]=\alpha$, 다시 말해서 추정량 $\hat{\alpha}$과 $\hat{\beta}$의 평균값은 모수인 특성치 α와 β의 실제값과 일치하게 되는 특성을 갖는다는 것이다.

그림 10-6에서 볼 수 있듯이 최소자승추정량(least squares estimator: 이후부터는 LSE라 표기) $\hat{\beta}$가 취할 수 있는 값들의 분포는 $f(\hat{\beta})$와 같고, 또 그 평균이 β의 실제값과 같아진다는 것으로 다른 추정량들의 분포, 즉 $f(\hat{\hat{\beta}})$이나 $f(\hat{\hat{\hat{\beta}}})$보다 통계적으로 바람직한 특성을 갖는다는 것이다.

이와 같은 특성은 수식으로도 간단히 증명될 수 있다. 식 (10.13)으로부터 $\hat{\beta}$을 표기하면,

그림 10-6 추정량의 분포와 불편성

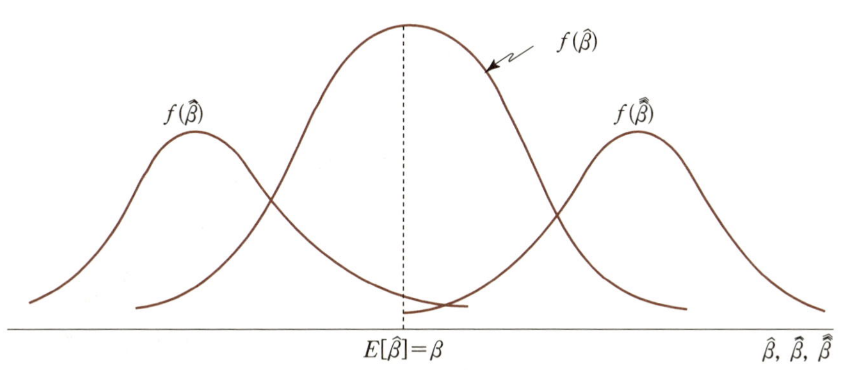

$$\begin{aligned}\hat{\beta} &= \frac{\sum x_i y_i}{\sum x_i^2} = \sum C_i y_i \qquad \left(\text{단, } C_i = \frac{x_i}{\sum x_i^2}\right) \\ &= \sum C_i(\beta x_i + \varepsilon_i) \\ &= \sum C_i \beta x_i + \sum C_i \varepsilon_i \end{aligned} \tag{10.24}$$

가 된다. 여기서 C_i는 일종의 상수이며, 이는 x_i가 비확률변수라는 네 번째 가정에 의해 성립하는 성질이다.

이제 식 (10.24)의 평균을 구해 보면,

$$\begin{aligned} E[\hat{\beta}] &= E[\sum C_i \beta x_i + \sum C_i \varepsilon_i] \\ &= \sum C_i \beta x_i + \sum C_i E[\varepsilon_i] \quad (\because\ C_i, \beta, x_i \text{는 모두 상수}) \\ &= \sum C_i \beta x_i \quad (\because\ E[\varepsilon_i]=0 : \text{가정 I}) \\ &= (\sum x_i / \sum x_i^2) \cdot \beta x_i = \frac{\sum x_i^2}{\sum x_i^2} \cdot \beta = \beta \end{aligned}$$

$$\therefore\ E[\hat{\beta}] = \beta \tag{10.25}$$

가 된다. 즉, LSE인 $\hat{\beta}$는 β의 불편추정량이 됨을 알 수 있다. 마찬가지로 $E[\hat{\alpha}]=\alpha$가 됨을 밝힐 수 있으나 독자들의 연습문제로 남긴다. 독자들은 $\hat{\beta}$의 불편성을 증명하기 위하여 가정 I과 가정 Ⅳ를 사용하였음을 기억해 둘 필요가 있다.

두 번째로 LSE는 효율성을 갖는다는 것이다. 즉, 모든 가능한 불편추정량 중에서 최소의 분산을 갖는 특징이 있다.

그림 10-7에 의하면 LSE 추정량 $\hat{\beta}$은 물론 기타 추정량 β', β'' 및 β''' 모두

그림 10-7 불편추정량과 효율성

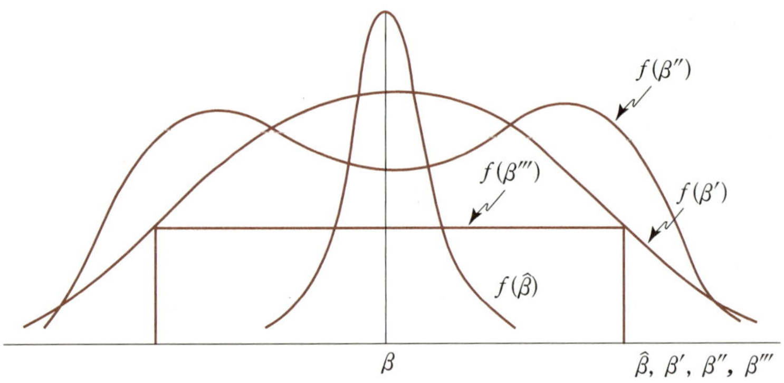

가 불편성을 갖고 있음을 알 수 있다. 그러나 불편성이란 단순히 추정량의 값이 평균적으로 실제 모수값과 같아진다는 것일 뿐, 실제로 시행한 한두 차례의 추정 결과가 반드시 실제 모수값과 일치한다는 뜻은 아니다. 일반적으로 불편성을 가진 추정량이라 하더라도 항상 오차가 발생하는 값을 제공하는 것이 현실이다. 그렇다면 동일한 여건하에서 가능한 한 오차가 적게 발생할 수 있는 추정량이 있다면, 이는 분명히 다른 단순한 불편추정량에 비해 바람직한 특성을 갖고 있다고 볼 수 있다. 이와 같이 불편성을 갖는 모든 가능한 추정량 중 오차발생 가능성이 가장 작은, 즉 분산도가 가장 작은 추정량, 바꾸어 말하면 최소의 분산을 갖는 불편추정량을 효율적 추정량이라 한다. 그런데 LSE에 의한 추정량 $\hat{\beta}$은 그림 10-7에 나타난 여러 가능한 불편추정량 중 가장 작은 분산을 갖는다는 것이다. LSE인 $\hat{\beta}$과 $\hat{\alpha}$이 효율적 추정량이라는 것을 수식으로 증명할 수 있으나 본서에서는 생략하기로 한다.[1)]

세 번째로 지적할 수 있는 것은 앞서의 식 (10.24)에서 본 것처럼 $\hat{\beta}$과 $\hat{\alpha}$는 결국 Y_i의 1차함수라는 점이다. 즉,

$$\hat{\beta} = \sum x_i y_i / \sum x_i^2 = \sum C_i y_i \qquad (10.24)'$$

$$\hat{\alpha} = \bar{Y} - \hat{\beta}\bar{X} = \bar{Y} - \bar{X} \cdot \sum C_i y_i \qquad (10.26)$$

이므로 각 Y_i와 1차함수관계에 있게 됨을 알 수 있다.

일반적으로 지금까지 밝힌 세 가지 특성, 즉 불편성(unbiasedness), 효율성(efficiency), 선형성(linearity)을 LSE가 모두 가지고 있음을 반영하여 LSE추

1) 관심 있는 독자는 *Ibid.*, Ch. 7, pp. 209∼213을 참조.

정량을 BLUE(best linear unbiased estimator)라고 부르고 있다. 여기서 best란 최소의 분산을 갖는다는 의미를 나타내기 위한 용어로 이해하면 될 것이다.[1] 이외에도 LSE는 일관성(consistency)을 갖는 특성을 갖고 있으며, 수식으로 증명될 수 있으나 이 역시 전문적인 계량경제학 교과서를 참고하기를 바라며 여기서는 생략키로 한다.[2]

이상과 같이 LSE는 바람직한 통계적 특성을 가지고 있으나, 오차를 자승한 값들의 합을 최소화한다는 조건($\mathrm{Min}\sum e_i^2$), 즉 최소자승법에 의한 추정량이 과연 잔차항값의 합을 0으로 만든다는 조건($\sum e_i=0$)을 충족시킬 수 있는지의 여부에 대해서는 언급한 바 없다고 사려깊은 독자들은 지적할 것이다. 이러한 의문에 답하기 위해 잔차항의 정의에 의해 식을 전개하면,

$$\begin{aligned}\sum e_i &= \sum(Y_i-\hat{Y}_i)=\sum(Y_i-\hat{\alpha}-\hat{\beta}X_i)\\ &=\sum Y_i-n\hat{\alpha}-\hat{\beta}\sum X_i\\ &=n\hat{\alpha}+\hat{\beta}\sum X_i-n\hat{\alpha}-\hat{\beta}\sum X_i \quad (\because \text{ 식 } (10.9) \text{ 참조})\\ &=0\end{aligned}$$

과 같이 됨을 알 수 있다.

이외에도 LSE에 의한 표본회귀선은 항상 X와 Y의 평균값으로 정의되는 위치를 통과하는 등 재미있고 유익한 함수적 특징을 갖고 있으나, 본문에서는 다루지 않고 보론부분에서 소개하기로 한다.

마지막으로 LSE의 통계적 특성과 관련하여 언급해 둘 필요가 있는 것은 이상의 여러 특성은 이른바 G-M가정으로 일컬어지는 네 가지 가정만으로 성립될 수 있다는 점이다. 따라서 다섯 번째 가정의 가치는 전술한 바와 같이 제3편에서 전개한 일반적인 통계적 추론의 적용을 가능하게 해준다는 데 있는 것으로 보아야 할 것이다. 이러한 특성 외에도 다섯 번째 가정은 LSE가 BLUE일 뿐 아니라 최우추정량(MLE; maximum likelihood estimator)과도 같아진다는 점에서 중요성을 가지고 있다.

1) 이처럼 G-M가정하에서 최소자승법에 의해 도출된 추정량이 BLUE가 된다는 것을 Gauss-Markov 정리라고 한다.

2) 제7장 제2절에서 다룬 바 있는 일관성에 관한 정리를 이용하면, LSE의 일관성은 LSE가 MSE(mean square error, 평균평방오차) 일관적이란 사실을 확인함으로써 증명될 수 있다. 그런데 MSE=(추정량의 오차)^2+(추정량의 분산)의 관계가 있으며, LSE, $\hat{\beta}$의 경우는 $E[\hat{\beta}]=\beta$로 오차가 없을 뿐 아니라, $\hat{\beta}$의 분산은 $\mathrm{Var}(\hat{\beta})=s_e^2/\sum x^2=\frac{\mathrm{SSE}}{n-2}\cdot\frac{1}{\sum x_i^2}$(본장 제5절 참조)로 $\lim_{n\to\infty}\mathrm{Var}(\hat{\beta})=0$가 되므로, 표본규모가 매우 커지면 $\hat{\beta}$의 MSE는 0에 수렴하게 됨을 알 수 있다. 즉, LSE, $\hat{\beta}$은 MSE 일관적이며, 따라서 일관성을 가진 추정량이 된다.

이미 독자들이 알고 있듯이 최우추정량이란 표본추출시에 관측된 표본값들이 실제로 나타날 가능성을 가장 크게 할 수 있는 값을 의미하는 것으로, 다섯 번째 가정, 즉 교란항이 정규분포를 따른다는 가정이 추가됨으로써 MLE는 LSE와 일치하게 된다.

이를 증명하기 위해

$$Y_i = \alpha + \beta X_i + \varepsilon_i, \quad \text{단 } \varepsilon_i \sim N(0, \sigma_\varepsilon^2) \tag{10.27}$$

에서 서로 독립적으로 추출된 Y_i의 분포 및 특성치를 구해 본다.

$$\begin{aligned} E[Y_i] &= E[\alpha + \beta X_i + \varepsilon_i] \\ &= \alpha + \beta X_i + E[\varepsilon_i] \\ &= \alpha + \beta X_i \quad (\because E[\varepsilon_i] = 0 : \text{가정 I}) \end{aligned} \tag{10.28}$$

$$\begin{aligned} \text{Var}(Y_i) &= \text{Var}(\alpha + \beta X_i + \varepsilon_i) \\ &= \text{Var}(\varepsilon_i) \\ &= \sigma_\varepsilon^2 \end{aligned} \tag{10.29}$$

($\because$ $\alpha + \beta X_i$는 상수임, 제4장 기대치법칙 참조)

한편, Y_i는 상수 $\alpha + \beta X_i$와 확률변수 ε_i의 합으로 정의되어 있으므로, 제6장에 소개한 정리 (6.1)에 의거 정규분포를 따르는 ε_i(가정 V)의 1차함수인 Y_i 또한 정규분포를 따르게 된다. 따라서 이상과 같은 결과를 종합하여 표기하면,

$$Y_i \sim N(\alpha + \beta X_i, \sigma_\varepsilon^2) \tag{10.30}$$

즉, Y_i는 평균이 $\alpha + \beta X_i$이고 분산이 σ_ε^2인 정규분포를 따르는 변수로 이해될 수 있다.

한편, Y_i가 서로 독립적으로 추출되었으므로 결국 모든 Y_i값을 대표하는 우도함수(likelihood function)는

$$L = P(Y_1)P(Y_2)\cdots P(Y_n) \tag{10.31}$$

으로 표기될 것이고, 이 함수의 값을 최대화시키는 α 및 β값이 최우추정량(MLE)이 될 것이다. 단, Y_i가 정규분포를 따르므로 다음 식이 성립된다.

$$P(Y_i) = \frac{1}{\sqrt{2\pi}\,\sigma} \exp\left[-\frac{1}{2}\left(\frac{Y_i - \alpha - \beta X_i}{\sigma}\right)^2\right] \tag{10.32}$$

이제 식 (10.30), (10.31) 및 (10.32)을 이용하여 우도함수를 다시 정리하면

$$L=\prod_{i=1}^{n}\left(\frac{1}{\sqrt{2\pi}\,\sigma}\right)\exp\left[-\frac{1}{2\sigma^2}(Y_i-\alpha-\beta X_i)^2\right] \qquad (10.33)$$

가 되며, 이 식의 극대치를 찾는 계산과정을 편리하게 하기 위하여 우도함수에 log를 취하여 대수우도함수(log likelihood function)를 정의한다.[1)]

$$\log L=-\frac{n}{2}\log 2\pi-\frac{n}{2}\log\sigma^2-\frac{1}{2\sigma^2}\Sigma(Y_i-\alpha-\beta X_i)^2 \qquad (10.34)$$

이제 극대값을 구하기 위한 필요조건을 구하면, 즉 위의 식을 α 및 β, 그리고 σ^2에 대한 1차편미분을 각각 0으로 놓으면,

$$\partial(\log L)/\partial\alpha=\frac{1}{\sigma^2}\Sigma(Y_i-\alpha-\beta X_i)=0 \qquad (10.35)$$

$$\partial(\log L)/\partial\beta=\frac{1}{\sigma^2}\Sigma[X_i(Y_i-\alpha-\beta X_i)]=0 \qquad (10.36)$$

$$\partial(\log L)/\partial\sigma^2=-\frac{n}{2\sigma^2}+\frac{1}{2\sigma^4}\Sigma(Y_i-\alpha-\beta X_i)^2=0 \qquad (10.37)$$

이 된다. 그런데 식 (10.35)와 (10.36)은 결국 앞서 LSE를 구하는 과정에서 파생된 정규방정식(normal equation)과 같으므로 식 (10.35)와 (10.36)에서 도출된 MLE인 α' 및 β'의 값은 결국 LSE의 값 $\hat{\alpha}$ 및 $\hat{\beta}$과 같아진다. 즉,

$$\text{MLE}\begin{cases}\alpha'=\bar{Y}-\beta'\bar{X}=\hat{\alpha}\\ \beta'=\Sigma x_i y_i/\Sigma x_i^2=\hat{\beta}\end{cases}\text{LSE}$$

단, 식 (10.37)에서 구해진 σ^2에 대한 MLE를 $(\sigma^2)'$라 하면

$$(\sigma^2)'=\frac{\Sigma(Y_i-\alpha'-\beta' X_i)^2}{n} \qquad (10.38)$$

과 같이 되는데, 사실 이 추정량은 편의성을 갖는다는 문제점이 있다. 바로 이러한 이유 때문에 일반적으로 회귀분석에서 σ^2에 대한 추정은 편의가 있는 최우추정량($\sigma^{2\prime}$) 대신 불편추정량인 최소자승추정량 $s_e^2\left(=\frac{1}{n-2}\Sigma(Y_i-\hat{\alpha}-\hat{\beta}X_i)^2\right)$을 주로 사용하고 있다. 이 점에 관해서는 추후에 상술하기로 한다.

1) $L=f(Y_1)f(Y_2)\cdots f(Y_n)$이면 $\log L=\Sigma\log f(Y_i)$가 됨을 참조.

제 4 절 회귀모형추정예: 실증분석

18C 후반 독일 통계학자 엥겔(C. L. E. Engel)이 벨기에 노동자의 가계소득 분석 결과 소비항목별 비중이 일정 소득계층 내에서는 대체로 일정하나 소득계층이 달라지면 소비항목별 비중은 다음과 같이 변화한다고 주장하였다.

첫째, 소득수준이 높을수록 음식비 비중이 점차 감소한다.

둘째, 소득수준이 높을수록 피복비 비중은 비교적 안정적이다.

셋째, 소득수준이 높을수록 문화비 비중은 급격히 상승한다.

넷째, 소득수준이 높아도 주거비와 광열비 비중이 거의 일정하다.

이상과 같은 분석 결과 중에서도 특히 첫번째 항목이 가장 주목을 받아오는 이른바 "엥겔법칙"이다.

엥겔법칙을 보다 조직적으로 설명하기 위해 수요함수를 활용해 보기로 한다. 일반적으로 어느 한 재화에 대한 수요(D_1)는 그 재화의 가격(P_1)과 여타 재화의 가격(P_2) 및 소득수준(I)에 의존하는 것으로 이해할 수 있다. 즉,

$$D_1 = f(P_1,\ P_2,\ I)$$

여기서 여타 재화의 가격(P_2)과 소득수준(I)이 일정할 때 수요(D_1)와 가격(P_1)간에 성립되는 관계를 수요함수라 하며, 일반적으로 그 관계는 역의 관계를 갖는 함수로 파악된다. 즉,

$$D_1 = f(P_1) \qquad \left(\text{단, } \frac{\partial D_1}{\partial P_1} < 0\right)$$

따라서 수요곡선은 우하향하는 형태를 갖는다. 그런데 주어진 소득(I)은 두 가지 종류의 재화만을 소비하는 데 쓰여진다면 다음과 같은 예산제약식(budget constraint)이 성립된다.

$$I = D_1P_1 + D_2P_2$$

이 때 여타 재화가격(D_2)과 소득(I)이 일정할 때 가격(P_1)이 수요(D_1)에 미치는 효과는 통상 가격효과(price effect)를 나타내는 가격-소비곡선(price-consumption curve; PCC)을 통하여 이해할 수 있으며 또 이를 이용하여 수요곡선이 도출되기도 한다. 그림 10-8은 재화 1만의 가격이 p_1에서 p_1'로 변화할 경우 수요에 미치는 효과(d_1에서 d_1'로 변화)를 나타내 준다.

그림 10-8 가격-소비곡선과 수요함수의 도출

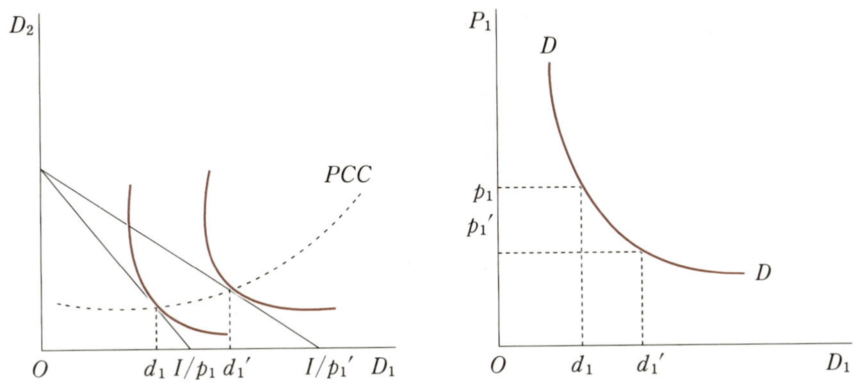

그림 10-9 소득소비곡선과 엥겔곡선의 도출

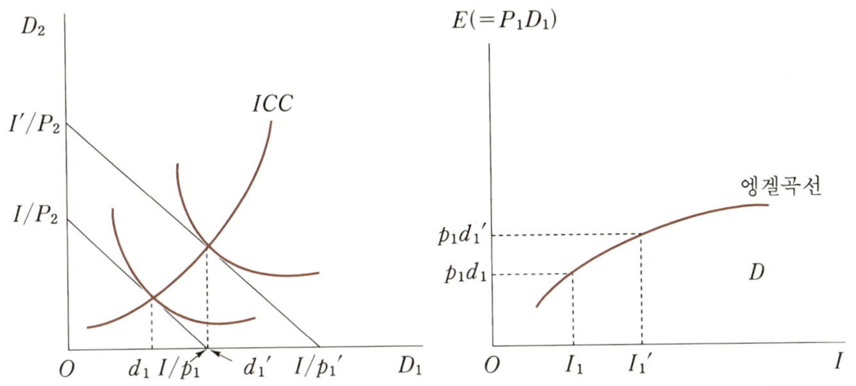

한편, 두 재화가격은 일정(P_1, P_2)하고 소득(I)만이 변화할 경우에 나타나는 상황은 그림 10-9의 (a)에서와 같이 소위 소득소비곡선(income-consumption curve)에 의해 표현될 수 있으며 이를 그림 (b)와 같이 재화 1을 중심으로 표현한 것을 통상 엥겔곡선이라 한다. 엥겔법칙이란 이 엥겔곡선의 기울기가 점차 완만해지는 현상, 즉 소득증가율보다 음식품과 같은 재화의 소비지출액의 증가율이 점차 줄어드는 현상을 지칭하는 것이다.

이러한 엥겔곡선을 추정하고 또 엥겔법칙의 현실성 여부를 검정하려면 우선 구체적인 함수관계를 적절히 설정해야 할 것이다. 만일 소득과 음식비 지출간의 관계를 선형으로 설정한 후 모형을 추정할 경우에는 탄력성의 크기를 통해 엥겔법칙의 성립 여부를 확인할 수 있다. 즉,

$$E = \alpha + \beta I + \varepsilon$$

에서 β를 추정한 다음 탄력성값(I와 E의 평균값에서 정의)

$$e = \frac{dE/E}{dI/I} = \frac{dE}{dI} \cdot \frac{I}{E} = \hat{\beta} \cdot \frac{\bar{I}}{\bar{E}}$$

을 산출하되 그 값이 1보다 작으면 엥겔법칙이 성립하는 것으로 판정하면 된다.

물론 두 변수간의 관계는 선형 이외에도 다음과 같은 비선형함수관계를 이용하여 설명할 수도 있으나 본장에서는 선형함수의 추정에 한정하여 실증분석을 시도코자 한다.[1]

$$E = \alpha + \beta \cdot \log I + \varepsilon$$
$$\log E = \alpha + \beta \cdot \log I + \varepsilon$$

한편, 보다 엄격히 말하자면 엥겔법칙의 확인을 위해서는 어떤 재화의 가격(P_2)을 일정하게 유지시키며 소득변화만의 효과를 분석해야 하며, 이를 위해서는 다음 장에서 취급할 다중회귀분석을 활용하는 것이 원칙이란 점을 일단 지적해 두고 싶다.

표 10-3은 한국은행 홈페이지의 통계DB검색에서 발췌한 1980년부터 2001년까지의 민간소비지출의 구성에 관한 자료이다. 주어진 자료가 횡단면자료(cross-section data)가 아닌 시계열자료(time series data)이지만 과연 엥겔법칙이 성립하는지 여부를 살펴보기로 한다.

이제 음식비지출액을 종속변수 Y로, 그리고 소득액을 설명변수 X로 정의한 다음 실증분석을 위해 다음과 같은 모형을 설정한다. 단, 여기서의 소득액은 엥겔법칙 분석의 전통에 따라 가처분소득 대신 (국내소비)총지출액을 대신 사용하였다.

$$Y_i = \alpha + \beta X_i + \varepsilon_i$$

이제 주어진 자료를 이용하여 최소자승추정량을 산출하면 다음과 같다.

$$\hat{\beta} = \sum x_i y_i / \sum x_i^2 = 0.1482$$
$$\hat{\alpha} = \bar{Y} - \hat{\beta}\bar{X} = 9{,}238.447$$

---

1) 엥겔법칙에 관한 보다 자세한 내용은 M. D. Intrilligator, *Econometric Models, Techniques and Applications*(North-Holland, 1978), pp. 209～211, 221, 224, 243을 참조.

표 10-3 민간소비지출의 구성

(단위 : 10억 원)

연 도	국내소비 지 출 액	음 식 비 (연초포함)	피 복 비 (신발포함)	주거 · 광열비 (수도료 포함)	교육 · 문화 오 락 비
1980	23,769	10,012	2,225	2,285	1,749
1981	29,552	12,538	2,510	2,939	2,432
1982	33,438	13,121	2,495	3,476	3,083
1983	37,554	13,761	2,695	3,830	3,806
1984	41,817	14,428	2,848	4,306	4,519
1985	46,117	15,286	2,700	4,703	5,235
1986	51,094	16,144	3,010	5,302	6,051
1987	57,653	17,508	3,394	6,000	7,003
1988	66,026	19,437	3,914	6,920	8,224
1989	76,298	21,755	4,466	8,077	9,719
1990	91,954	24,980	5,360	11,099	11,773
1991	111,001	28,634	6,334	14,061	14,213
1992	127,317	30,300	7,262	17,225	16,703
1993	145,152	32,422	8,110	21,491	19,032
1994	172,016	37,105	9,602	26,807	22,729
1995	201,630	39,565	11,757	31,238	27,348
1996	227,295	42,006	12,597	36,155	30,719
1997	248,623	44,936	12,453	42,090	32,868
1998	241,858	45,072	9,686	44,948	30,198
1999	268,230	49,988	10,467	45,832	33,042
2000	293,678	51,571	11,902	51,278	37,282
2001	317,311	53,719	12,202	55,753	41,402

엥겔법칙이 성립하려면, 총소득 중 음식비지출액 비중인 엥겔계수($\hat{\beta}$값)가 점차 감소해야 하며, 음식비지출액의 총소득에 대한 탄력성이 1보다 작아야 된다.

한편, 위의 추정모형에서 탄력성값은

$$e=(dY/Y)/(dX/X)=(dY/dX)\cdot(X/Y)=\hat{\beta}\cdot(X/Y)=\hat{\beta}\cdot(\bar{X}/\bar{Y})$$
$$=0.1482(132{,}244.69/28{,}831.27 \fallingdotseq 0.6798$$

(단, $X=\bar{X}$, $Y=\bar{Y}$점에서의 탄력성임)

가 되며, 따라서 엥겔법칙이 성립함을 알 수 있다.

이상에 소개한 엥겔계수는 국가별 생활수준을 비교하거나, 일정 지역의 생활수준 향상 판정 여부에 사용되기도 하며, 심지어 노조 임금인상 요구의 근거자료로 활용되기도 한다. 통상 엥겔계수가 20% 이하면 상류, 40% 이상이면 하류, 그리고 20%~40% 사이면 중류로 보는 견해가 있으므로 한국의 경우는 상류라 볼 수 있다(표 10-3 참조). 그러나 소득이 아주 높아지면 오히려 엥겔계수가 높아지는 현상도 나타나며, 또 엥겔계수를 산출하여 비교할 때 음식품의 상대가격 자체나 가격변화 내용 등이 동시에 고려되어야 함은 물론이다.

제 5 절 표본회귀선에 관한 평가

전절에서 우리는 모든 가능한 방법 중 최소자승법에 의한 표본회귀선의 도출이 가장 합리적이고, 또 바람직한 방법임을 확인하였다. 그렇다면 과연 어떠한 두 변량간의 함수관계를 확인하기 위해 단지 최소자승법을 적용만 하면 항상 바람직한 결과를 얻는다는 것일까? 불행하게도 문제는 그렇지 못하다.

예컨대, 그림 10-10에 나타난 세 가지 경우 중 어떤 형태의 관측치가 주어지더라도 최소자승법을 적용하면 일단 어떤 형태로든 특정한 결과를 줄 것임은 사실이다. 그러나 상식적으로 보아 (b)에 나타난 회귀선의 경우 과연 설명변수 X가 Y를 설명하는 데 훌륭한 지표가 된다거나, 또는 두 변수간에 실제로 1차함수관계가 성립된다고 볼 수 있는지에 대해서는 회의심을 가질 수밖에 없다. 따라서 아무리 좋은 방법을 도입했다 하더라도 우리가 얻은 표본회귀선이 기대했던 의미를 항상 부여해 준다고 볼 수는 없는 것이다. 도출된 표본회귀선이 의미 있는 분석 결과를 제공할 수 있으려면 우선 표본회귀선이 관측치들을 잘 대표해 주고 있다고 볼 수 있어야 하기 때문이다(예컨대, 그림 10-10의 (a) 경우). 이 경우 표본회귀선이 모든 관측점들을 적합하게 나타내고 있는지의 정도를 판정하는 방안이 필요하게 되는데, 이를 "적합도검정"이라 한다.

한편, 그림 10-10의 (c) 경우를 보면 적합도를 판정하는 어떤 종류의 방법을 사용치 않더라도 도출된 표본회귀선은 대부분의 관측점을 훌륭하게 대표하고 있음을 한눈에 알아볼 수 있다. 그러나 당초에 우리가 회귀분석을 경제 또는 경영문제에 도입한 이유는 특정한 두 변량간에 (1차)함수관계가 성립되는지의 여부를 확인하고, 나아가서 설명변수값이 주어질 때 종속변수의 값은 평균적으로 어느 수준이 되는지를 추정하기 위함이었다. 그러나 그림 (c)의 경우 표본회귀선의 적합도는 아주 훌륭하지만, X값의 변화와 상관없이 Y값은 거의 일정한 수준을 유지하고 있음을 알 수 있다. 바꾸어 말하자면, 변수 X는 변수 Y의 변화를 설명할 수 있는 능력을 갖추지 못한다는 의미가 되며, 나아가서 두 변량간에는 1차함수관계 자체가 성립되지 않음을 뜻하고 있는 것이다. 이

그림 10-10 관측치의 형태와 표본회귀선

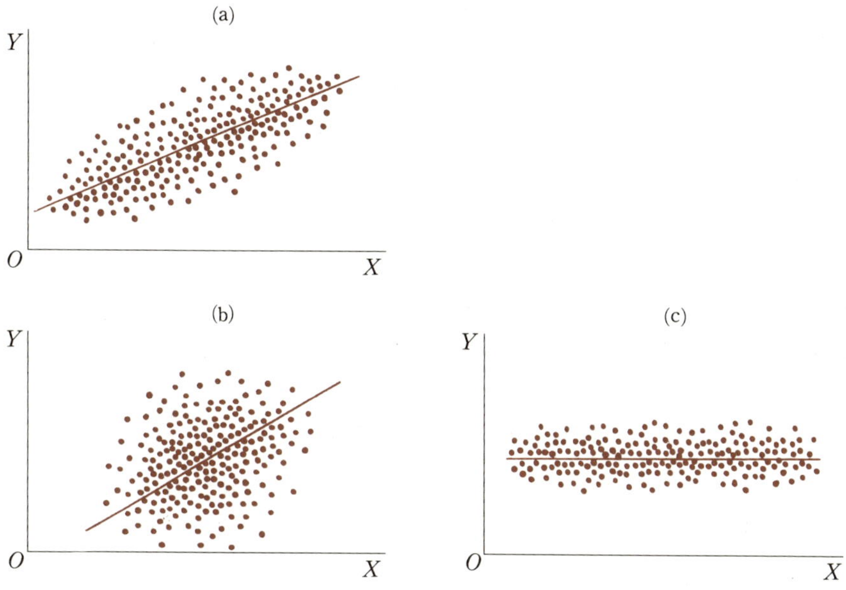

러한 현상은 표본회귀선을 나타내는 식 (10.4) $\hat{Y}_i = \hat{\alpha} + \hat{\beta}X_i$에서 $\hat{\beta}$의 값이 0과 같거나 거의 같다고 판정되는 결과가 발생될 경우에 나타나는 것이며, 이러한 현상의 발생 유무를 판정키 위한 검정방법을 별도로 모색하여야 할 것이다. 이러한 목적을 위해 회귀분석에 도입되는 통계적 검정방법을 "유의성검정"이라 한다.

이상으로 미루어 보아 아무리 훌륭한 통계적 특성을 지닌 최소자승법을 적용하여 표본회귀선을 도출한다 할지라도, 그 결과를 이용하여 의미 있는 분석을 수행하기 위해서는 적어도 위와 같은 두 측면에서의 평가과정을 성공적으로 거쳐야 할 것이며, 이들 과정이 바로 2변량통계분석방법에 있어서의 검정과정인 것이다.

1. 적합도검정(goodness-of-fit-test)

적합도란 한 마디로 말하여 도출된 표본회귀선이 각 관측점들을 얼마나 잘 나타내 줄 수 있는지의 여부를 말한다. 그러나 여기서 말하는 적합도란 대표성 정도를 판정하는 것에 국한되는 것이 아니라, 당초에 어떤 직관에 의해 가정되었던 (선형)함수관계식, 즉 모회귀선의 존재 여부를 표본관측점이 확인시켜 줄 수 있는지를 아울러 판정시켜 주는 역할을 해주는 것이다. 예를 들어, 케인즈의 소비함수를 $C_i = \alpha + \beta Y_i$와 같이 표기하고, 이러한 선형관계식이 현실적 타당성이 있는지를 확인하려면 종속변수 C(소비수준)와 설명변수 Y(소득수준)에 관한 관측자료로 형성되는 산포도(scatter diagram)가 위와 같이 가정된 선형관계식과 상당히 합당한 형태로 나타나는지를 확인해 보아야 한다. 이와 같은 목적을 위해 우선은 최소자승법을 통해 표본회귀선을 도출하여 가정된 선형관계식의 추정식으로 삼되, 도출된 추정식의 관측치에 대한 대표성 여부가 신뢰할 만한 수준인지를 판정해야 할 필요가 발생한다. 바로 이러한 목적을 위한 장치가 적합도판정법이라는 것이다.

1.1 표준추정오차에 의한 적합도검정법 : 절대평가

적합도를 판정하는 방법은 기본적으로 두 가지가 있는데, 그 하나는 잔차항으로부터 도출되는 이른바 추정량의 표준오차 또는 표준추정오차(standard error of the estimate) 개념을 이용하는 것이다. 여기서 s_e라고 표기하는 표준오차 개념은 회귀분석 결과 발생하는 잔차 내지 오차, 즉 표본관측치와 회귀분석에 의하여 도출된 표본회귀선상의 추정치와의 차이를 제곱하여 합한 값을 평균한 값의 평방근으로 정의된다. 따라서 s_e는 표본회귀선을 중심으로 본 표본관측치들의 일종의 표준편차 개념으로 이해될 수 있다. 즉,

[표준추정오차]

$$s_e = \sqrt{\frac{\sum e_i^2}{n-2}} = \sqrt{\frac{\sum (Y_i - \hat{Y}_i)^2}{n-2}} \tag{10.39}$$

과 같이 정의된다.[1)]

여기서 가정 V(식 (10.18) 참조), 즉 오차항이 정규분포를 따른다는 가정이 충족된 상태라면, 그림 10-11에 나타난 관측점들 중 약 68.26%가 표본회귀선 $\hat{Y}_i = \hat{\alpha} + \hat{\beta} X_i$를 중심으로 상하로 s_e만큼 떨어진 거리 내에 분포되어 있다고

---

1) 필산으로 s_e값을 구하고자 할 때 위의 식 (10.39)가 $\sqrt{\frac{\sum Y_i^2 - \hat{\alpha}\sum Y_i - \hat{\beta}\sum X_i Y_i}{n-2}}$와 같다는 결과를 이용하면 편리하다. 이에 관한 증명은 연습문제로 미루기로 한다. 한편, 여기서 s_e를 정의함에 있어 표본의 크기로 나누는 대신 $(n-2)$로 나눈 값을 사용하는 이유는 회귀분석과정에서 $\hat{\alpha}$과 $\hat{\beta}$이란 두 개의 추정량을 이용할 수밖에 없다는 제한 때문에 자유도가 사용된 추정량의 개수(2개)만큼 줄어들어야만 결과적으로 정의된 s_e^2이 σ_ε^2의 불편추정량이 되기 때문이다.

그림 10-11 표준추정오차와 적합도

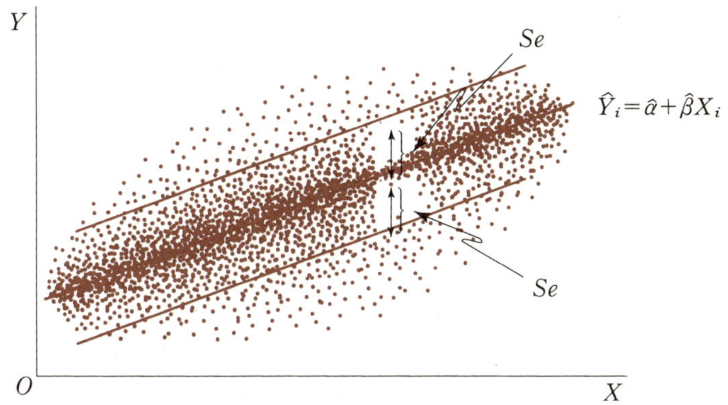

볼 수 있다. 같은 논리에 의거(제5장 제5절 참조)하여 표본회귀선을 중심으로 상하 s_e의 두 배 거리만큼 떨어진 구간 내에는 관측치의 약 95.44%, 그리고 s_e의 세 배 거리만큼 떨어진 구간 내에는 약 99.74%가 귀속될 것이라고 평가할 수 있게 된다.

이러한 사실로 미루어 볼 때 s_e값의 크기가 작으면 작을수록 대부분의 관측점들이 표본회귀선을 중심으로 밀집되어 있다는 의미를 갖게 되며, 따라서 s_e값의 크기를 통하여 표본회귀선의 적합도를 판정할 수 있다는 논리가 성립된다. 그러나 표본회귀선의 적합도에 관한 평가기준으로서의 s_e의 기능은 다소의 문제점을 안고 있다. 즉, 식 (10.39)에 의해 정의된 s_e를 보면 그 값이 분석대상변수의 절대값의 크기, 특히 Y_i값을 측정한 기준단위에 직접적인 영향을 받는다는 문제가 있다. 예컨대, Y값의 크기가 천 원 단위로 관측된 경우와 백만 원 단위로 관측된 경우 동일한 조건하에서라면 후자의 경우의 s_e값이 자동적으로 크게 나타날 수밖에 없다. 이러한 현상은 결국 별도로 분석된 여러 표본회귀분석 결과의 적합도를 서로 직접 비교평가할 수 없다는 문제점을 가져다 주는 것이다. 이러한 문제는 분석대상 변수값의 절대치를 직접 이용하여 적합도를 판정하고자 하는 데 기인하는 것이며, 이러한 이유로 해서 s_e를 통한 적합도검정을 "절대평가"라 부르기도 한다. 한편, 이에 따른 문제점의 해결을 위해서는 상호 비교가 가능한 적합도의 상대적 평가방법이 별도로 강구되어야 함을 알 수 있다.

이제 제3절에서 다룬 바 있는 광고비와 매출액에 대한 문제(표 10-2 참조)에서 사용된 자료를 이용하여 적합도의 절대적 평가기준이 되는 표준회귀오차 s_e를 계산해 보기로 한다. 식 (10.39)에 의하면 s_e는 다음과 같이 산출될 수 있다.

$$s_e = \sqrt{\frac{\sum(Y_i - \hat{Y}_i)^2}{n-2}} = \sqrt{\frac{\sum Y_i^2 - \hat{\alpha}\sum Y_i - \hat{\beta}\sum X_i Y_i}{n-2}}$$

$$= \sqrt{\frac{24{,}640{,}000 - 980(15{,}400) - 20.\dot{3}\dot{6}(465{,}500)}{10-2}}$$

$$= \sqrt{\frac{68{,}727.5}{8}} = 92.68$$

한편, 표본회귀선 $\hat{Y}_i = \hat{\alpha} + \hat{\beta}X_i$를 중심으로 아래, 위로 s_e거리만큼 떨어진 거리를 갖는 구간은 가정 $V(\varepsilon_i \sim N(0, \sigma_\varepsilon^2))$가 충족될 경우 전체 관측점들 중 약 68.26%를 포함할 것이다. 본 예제에서는 표 10-2에 산출한 $\hat{Y}_i$와 실제 관측치 Y값과의 차이가 92.68 이내가 되는 것을 헤아려 보면 전체 10개 관측점 중 6개가 이 범위 내에 들어가 있음을 확인할 수 있다.

1.2 결정계수에 의한 적합도검정법 : 상대평가

앞서 지적한 상대적 평가방법 도입의 필요성에 따라 마련된 평가방법으로 결정계수(coefficient of determination)라 일컫는 적합도판정기준이 있다. 이 용어의 개념을 정의하기 위해선 다소의 수학적 도출과정이 필요하므로 그림 10-12를 이용하여 설명하고자 한다.

설명변수 X가 X_A값을 취할 때 이에 대응하는 Y값이 점 A로 관측되었을

그림 10-12 편차 · 오차 및 결정계수

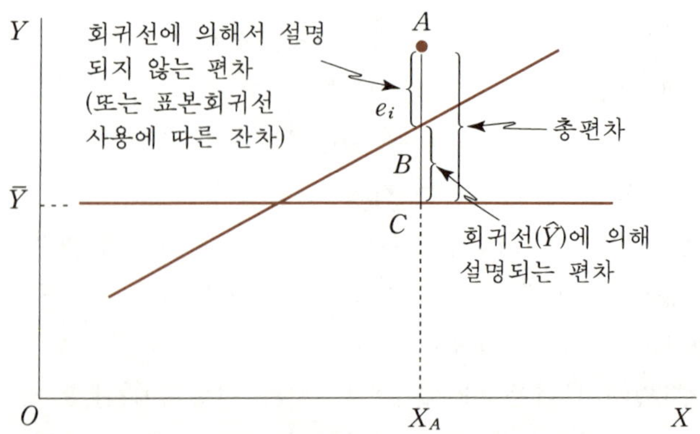

경우, 이 때의 Y의 관측치와 Y의 평균값($O\bar{Y}$ 또는 X_AC)과의 차이, 즉 편차(deviation)는 선 AC로 표현될 것이다. 그런데 AC는 실제로 AB와 BC로 나누어 질 수 있다. 즉,

$$AC = AB + BC$$

그리고 AC가 $(Y_i - \bar{Y})$인 반면 AB는 $(Y_i - \hat{Y}_i)$, BC는 $(\hat{Y}_i - \bar{Y})$임을 각각 쉽게 확인할 수 있다. 따라서 다음과 같은 관계식이 성립된다.

$$(Y_i - \bar{Y}) = (Y_i - \hat{Y}_i) + (\hat{Y}_i - \bar{Y}) \tag{10.40}$$

이제 윗식을 양변을 각각 제곱하여 합한 값으로 전환시키면 다음과 같다.

$$\begin{aligned}\sum(Y_i - \bar{Y})^2 &= \sum[(Y_i - \hat{Y}_i) + (\hat{Y}_i - \bar{Y})]^2 \\ &= \sum(Y_i - \hat{Y}_i)^2 + \sum(\hat{Y}_i - \bar{Y})^2 + 2\sum(Y_i - \hat{Y}_i)(\hat{Y}_i - \bar{Y})\end{aligned} \tag{10.41}$$

즉,

$$\sum(Y_i - \bar{Y})^2 = \sum(Y_i - \hat{Y}_i)^2 + \sum(\hat{Y}_i - \bar{Y})^2 \tag{10.42}$$

식 (10.42)는 결국 식 (10.41)의 마지막 항이 0이 되어 버린다는 의미를 갖고 있으나, 이 역시 연습문제로 돌리기로 한다. 식 (10.42)의 각 항을 우리는 통상 SST, SSE 및 SSR로 부르고 있는데, 이는 각각 sum of squared total, sum of squared error 및 sum of squared regression의 준말이며, 편차자승의 총합, 오차자승의 총합 및 회귀선과의 편차자승의 총합의 의미를 지닌다. 저자에 따라서는 단순히 전변동·잔차변동 및 회귀변동이라 칭하기도 함을 병기해 둔다.[1)]

이제 식 (10.42)을 각각 SST로 나누어 보면

$$\frac{\text{SST}}{\text{SST}} = \frac{\text{SSE}}{\text{SST}} + \frac{\text{SSR}}{\text{SST}} = 1 \tag{10.43}$$

이 성립되는데, 이 중 SSR/SST를 우리는 결정계수(coefficient of determination)라 칭하며 통상 R^2으로 표기한다.[2)] 반면 SSE/SST는 잔차계수(coefficient of alienation)라 불리우지만, 통계학의 관습상 잔차계수보다는 결정계수 R^2을 일반적으로 사용하고 있다.

식 (10.43)을 R^2 개념을 이용하여 개편하면 다음과 같다.

---

1) 단, 여기서 SSE란 최소자승회귀선을 찾기 위해 극소화시킨 $\sum e_i^2$값에 해당함을 주지하기 바란다.

2) 결정계수를 R^2으로 표기하는 이유는 다음 장(상관분석)에서 자세히 설명하기로 한다.

[표본회귀선의 적합도검정통계량 : 결정계수]

$$R^2=\frac{\text{SSR}}{\text{SST}}=\frac{\text{SST}}{\text{SST}}-\frac{\text{SSE}}{\text{SST}}=1-(1-R^2) \qquad (10.43)'$$

위의 식에서 결국 R^2의 값은 1과 0 사이의 값을 갖게 됨을 알 수 있는데 $R^2=1$이란 SSE=0일 때 가능한 것인바, 모든 관측점이 회귀선상에 집결되는 현상이 발생하여 표본회귀선에 의해 두 변수간의 함수관계가 한 치의 오차도 없이 설명될 수 있음을 의미하는 것이다. 물론 이러한 상황이 현실적으로 발생하기는 쉽지 않다. 그러나 $R^2=\frac{\text{SSR}}{\text{SST}}$의 값이 전체변동량(SST) 중 표본회귀선에 의해 설명될 수 있는 변동량(SSR)의 비율을 나타내는 것이므로 R^2의 값이 1에 가까울수록 표본회귀선의 적합도가 높아진다.[1] 그리고 R^2의 값은 SSR/SST로 정의되므로 당초 분석대상 변수의 단위들은 서로 상쇄되어 버려 결국 R^2값은 0과 1 사이의 값을 갖는 일종의 지수적 성격을 띠게 된다. 따라서 s_e에 의한 표본회귀선의 적합도 평가방법에 내재되었던 문제점이 R^2을 사용함으로써 해소될 수 있음을 알 수 있으며, 이러한 이유로 해서 표본회귀선의 적합도 평가에 관한 한 R^2을 가장 일반적으로 사용하고 있다.

앞서의 예제(표 10-2 참조)를 사용하여 결정계수 R^2을 산출해 보자. 식 (10.43)′에 의하면

$$\begin{aligned}R^2&=\frac{\text{SSR}}{\text{SST}}=\frac{\text{SST}-\text{SSE}}{\text{SST}}=1-\frac{\text{SSE}}{\text{SST}}\\&=1-\frac{\sum(Y_i-\hat{Y}_i)^2}{\sum y_i^2}=1-\frac{68{,}725.8}{924{,}000}=0.926\end{aligned}$$

가 되는데, 이는 Y의 총변동 중 약 93%를 표본회귀선이 설명해 줄 수 있다는 의미를 갖는다. 따라서 이 경우 표본회귀선의 적합도는 우수한 것으로 판정할 수 있다.

2. 표본회귀선에 대한 통계적 유의성검정

전항에서 우리는 표본회귀선의 적합도를 판정하는 두 가지 방안을 강구하

1) 시계열자료들은 일반적으로 시간이 경과함에 따라 여러 요인에 의하여 증가하는 추세를 갖는다. 따라서 이러한 성격을 갖는 임의의 두 변동간의 회귀분석 결과 R^2의 값이 1에 가깝다고 해서 반드시 두 변수가 적합한 1차함수관계에 있다고 판정할 수는 없음을 기억해 둘 필요가 있다.

여 보았다. 그렇다면 훌륭한 통계적 특성을 보유한 최소자승법을 사용하여 회귀분석을 시행하였을 뿐만 아니라 도출된 표본회귀선의 적합도 또한 거의 1에 가까운 바람직한 결과를 얻었을 때, 우리는 과연 도출된 표본회귀선을 거의 완전무결한 추정 결과라고 인정할 수 있을까? 본절의 서두에서도 밝힌 바 있듯이(그림 10-10의 (c) 참조) 아무리 적합도가 높다 하더라도(예컨대, $R^2 \cong 1$) $\hat{\beta}$의 추정치가 거의 0에 가까워 표본회귀선이 수평에 가까운 형태를 취한다면, 설명변수 X가 어떤 값을 갖든지 Y의 값은 거의 일정하게 될 것이고, 따라서 변수 X는 변수 Y의 변화를 설명할 수 있는 능력을 잃게 된다. 아울러 Y를 X의 1차함수관계로 파악하려는 노력이 의미를 상실하게 되는 것이다. 따라서 표본회귀선에 대한 평가를 완결하기 위해서는 전항에서 설명한 적합도판정 외에 별도의 검정방법이 요구되며, 이를 우리는 표본회귀선에 대한 통계적 유의성검정(test of significance)이라 한다. 이러한 명칭을 사용하는 이유는 기울기를 나타내는 특성치 β의 값이 0과 유의할 만큼 현저하게 다르다(significantly different from zero)고 판정할 수 있는지의 여부를 가름하는 방법이라는 데에 연유한다.

유의성검정에서 귀무가설은 우리가 기대하는 상황과 정반대가 되도록 설정한다. 즉,

$$H_0 : \beta = \beta_0 = 0$$
$$H_A : \beta \neq \beta_0 = 0 \qquad (10.44)$$

위와 같은 설정방법은 귀무가설이란 우리가 기각되기를 희망하는 가설이라는 전통적 의미와 취지를 살리는 효과를 가져다 줄 뿐 아니라 $\beta=0$와 같은 현상이 발생하는지의 여부를 확인코자 하는 유의성검정 자체의 의도에 부합하는 것이다.

이 가설을 검정하려면 우선 모수 β에 대한 가장 바람직한 추정량을 선정해야 하는데, 지금까지의 논의에서 우리는 LSE인 $\hat{\beta}$이 최선임을 수차례에 걸쳐 확인한 바 있다. 따라서 이제 남은 문제는 $\hat{\beta}$이 과연 어떤 분포를 따르고 있는지를 확인하는 일이라 할 수 있다.

본장 제3절에서 우리는 이미 다섯 가지 기본가정하에서 Y_i는 평균이 $\alpha+\beta X_i$이고 분산이 σ_ε^2인 정규분포를 따르게 된다는 사실을 배운 바 있다. 즉,

$$Y_i \sim N(\alpha+\beta X_i,\ \sigma_\varepsilon^2) \qquad (10.30)'$$

또한 β의 LSE인 $\hat{\beta}$은

$$\hat{\beta}=\frac{\sum x_i y_i}{\sum x_i^2}=\sum C_i y_i, \quad \text{단 } C_i=\frac{x_i}{\sum x_i^2} \tag{10.24}''$$

이므로, Y에 대한 1차함수관계에 있음을 역시 본장 제3절에서 증명한 바 있다. 따라서 정리 (6.1)(제6장 참조)에 의거해 $\hat{\beta}$ 또한 정규분포를 따르게 된다고 결론지을 수 있다. 즉,

$$\hat{\beta}\sim N(E[\hat{\beta}], \text{Var}(\hat{\beta})) \tag{10.45}$$

한편, G-M가정하에서 도출된 LSE, $\hat{\beta}$는 불편추정량이므로 $E[\hat{\beta}]=\beta$가 될 것이며(식 (10.25) 참조), 따라서 식 (10.45)는 다음과 같이 고쳐 쓸 수 있다.

$$\hat{\beta}\sim N(\beta, \text{Var}(\hat{\beta})) \tag{10.45}'$$

$\text{Var}(\hat{\beta})$는 본절의 말미에서 구체적으로 그 도출과정을 다루겠으나, 우선 그 결과만을 소개하면 $\text{Var}(\hat{\beta})=\sigma_\varepsilon^2/\sum x_i^2$(식 (10.52) 참조)과 같다. 따라서 $\hat{\beta}$을 표준화하면,

$$Z=\frac{\hat{\beta}-\beta}{\sigma_\varepsilon/\sqrt{\sum x_i^2}}\sim N(0, 1) \tag{10.46}$$

와 같은 표준정규분포를 따르는 통계량이 도출될 것이다. 그러나 σ_ε은 일반적으로 알려지지 않기 때문에 이에 대한 점근적 불편추정량 s_e를 대신 사용하게 된다. 따라서 미지인 σ_ε 대신 s_e값을 이용하여 $\hat{\beta}$를 표준화시킨 추정량은 일단 t분포를 따르는 것으로 간주해야 할 것이다.[1] 물론 이 경우도 표본규모가 아주 커져서 30 이상을 상회한다면 표준정규분포인 Z에 의해 어림셈을 할 수 있을 것이다. 즉,

$$t=\frac{\hat{\beta}-E[\hat{\beta}]}{s_{\hat{\beta}}}\cong Z \qquad (n\geq 30\text{ 인 경우}) \tag{10.47}$$

한편, $E[\hat{\beta}]=\beta$이고 귀무가설은 β의 가정된 값 β_0를 0으로 놓고 있으므로, 검정절차에 따라 검정통계량 t의 값은

[표본회귀선의 유의성검정통계량]

$$t=\frac{\hat{\beta}-\beta_0}{s_{\hat{\beta}}}=\frac{\hat{\beta}-0}{s_{\hat{\beta}}}=\frac{\hat{\beta}}{s_{\hat{\beta}}} \tag{10.48}$$

1) 제6장 표본통계량의 확률분포 참조.

이 된다. 따라서 추정된 $\hat{\beta}$의 값이 그 표본표준편차인 $s_{\hat{\beta}}$값과의 비율로 나타나는 t값(이 때 자유도는 물론 $n-2$가 됨을 유의)을 우선 계산한 다음, 자유도가 $n-2$인 각각의 유의수준($\alpha=1\%$, 2%, 5% 또는 10%)에 대응하는 t의 임계치와 비교하여 귀무가설을 기각할지의 여부를 결정하게 된다.

이제 회귀계수에 대한 유의성검정과정의 이해를 돕고자 앞서 이용한 광고비와 매출액문제를 다시 고려해 보자.

식 (10.48)에 의하면 귀무가설 $H_0 : \beta=0$에 대한 검정통계량은 $t=\hat{\beta}/s_{\hat{\beta}}$가 될 것이며, 마찬가지 논리에 따르면 $H_0 : \alpha=0$에 대한 검정통계량은 $t=\hat{\alpha}/s_{\hat{\alpha}}$이 될 것이다(식 (10.49) 참조). 그러나 아직 $s_{\hat{\beta}}$이나 $s_{\hat{\alpha}}$을 산출할 수 있는 공식은 제시된 바 없어 본절 후미에서 산출된 결과만을 임시로 활용키로 한다(식 (10.57)과 식 (10.58) 참조).

우선 계산 결과만을 이용하면

$$t=\hat{\beta}/s_{\hat{\beta}}=\frac{20.\dot{3}\dot{6}}{2.04}\fallingdotseq 9.98$$

$$t=\hat{\alpha}/s_{\hat{\alpha}}=\frac{980}{63.32}\fallingdotseq 15.48$$

이 된다.

한편, 자유도가 $n-2=8$이고, $\alpha=1\%$ 또는 5%일 때 검정통계량 t의 임계치를 부표 H에서 찾아보면 $\pm t_{\alpha/2}=\pm 3.355$($\alpha=1\%$ 경우)와 ± 2.306($\alpha=5\%$ 경우)이다.

따라서 표본정보에서 산출된 검정통계량의 값들(9.98과 15.48)은 $\alpha=1\%$ 및 5%에 대응하는 임계치보다 훨씬 크며, 따라서 두 개의 귀무가설은 모두 기각된다. 즉, α와 β는 그 값이 0과는 매우 다르며, 따라서 설명변수의 종속변수에 대한 설명능력이 있는 것으로 판정할 수 있다(아래 그림 참조).

위의 예에서 보았듯이 우리가 귀무가설 $\beta=0$을 기각할 수 있었던 것은 $\hat{\beta}$

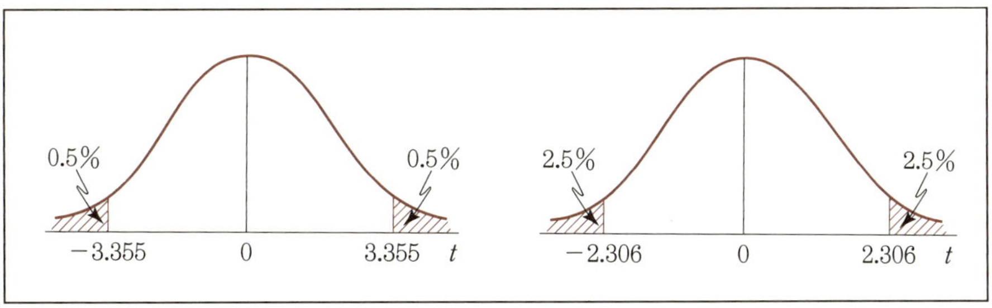

값이 상대적으로 $\hat{\beta}$의 표준편차값보다 상당히 커서 β의 실제값이 0과 같다는 가설을 믿기 힘든 정도였기 때문이다. 이처럼 바랐던 대로 귀무가설을 기각할 수 있다는 사실은 두 변수간의 인과관계에 관한 논리적 직관을 선형함수로 표현한 모회귀선이 현실타당성 내지 객관성을 갖고 있다고 판정할 수 있는 근거를 마련해 주는 셈이다.

이상과 같은 과정은 절편을 나타내는 모수 α에 대해서도 똑같이 적용될 수 있다.

$$t_{n-2}=\frac{\hat{\alpha}-E[\hat{\alpha}]}{\sqrt{\mathrm{Var}(\hat{\alpha})}}=\frac{\hat{\alpha}-\alpha}{s_{\hat{\alpha}}}$$

$$=\frac{\hat{\alpha}-\alpha_0}{s_{\hat{\alpha}}} \quad (H_0: \alpha=\alpha_0 \text{라는 가정하에}) \qquad (10.49)$$

즉, 식 (10.49)를 이용하여 위에서 밟아온 과정과 동일한 절차에 따라 귀무가설을 검정할 수 있다.

한편, 식 (10.48)과 식 (10.49)를 다소 변형시켜 다음과 같은 두 개의 관계식을 얻을 수 있다.[1)]

$$\hat{\beta}-t_{\alpha/2,\, n-2}\cdot s_{\hat{\beta}}<\beta<\hat{\beta}+t_{\alpha/2,\, n-2}\cdot s_{\hat{\beta}} \qquad (10.50)$$

$$\hat{\alpha}-t_{\alpha/2,\, n-2}\cdot s_{\hat{\alpha}}<\alpha<\hat{\alpha}+t_{\alpha/2,\, n-2}\cdot s_{\hat{\alpha}} \qquad (10.51)$$

이 결과식은 모수인 절편 α와 기울기 β에 대한 일종의 신뢰구간을 의미하는 것이고, 이 구간을 설정함에 있어 최소자승추정량 $\hat{\beta}$와 $\hat{\alpha}$가 구간의 중심값인 점추정치를 제공하고 있음을 알 수 있다. 단, 이와 같은 신뢰구간이 의미를 갖기 위해서는 앞서 밝힌 표본회귀선에 대한 평가가 선행되어야 한다는 점을 유의해야 할 것이다.

앞의 예제에서 산출된 결과들을 식 (10.50)과 식 (10.51)에 각각 대입해 보면, β와 α에 대한 99% 신뢰구간의 임계치는 다음과 같다.

$$\beta_c=\hat{\beta}\pm t_{\alpha/2}s_{\hat{\beta}}=20.36\pm 3.355(2.04)$$

$$\fallingdotseq 20.36\pm 6.84$$

1) $t_{n-2}=\frac{\hat{\beta}-\beta}{s_{\hat{\beta}}}$가 α수준에 대응하는 임계치를 $\pm t_{\alpha/2}$라 하면 결국 $P(t_{\alpha/2}<\frac{\hat{\beta}-\beta}{s_{\hat{\beta}}}<t_{\alpha/2})=1-\alpha$라는 의미가 되며, 이 식을 변형하면 $P(\hat{\beta}-t_{\alpha/2,\, n-2}\cdot s_{\hat{\beta}}<\beta<\hat{\beta}+t_{\alpha/2,\, n-2}\cdot s_{\hat{\beta}})=1-\alpha$가 되므로 위의 식 (10.50)과 (10.51)은 각각 β와 α에 대한 $100(1-\alpha)$% 신뢰를 주는 구간추정치의 의미를 갖는다.

$$\alpha_c = \hat{\alpha} + t_{\alpha/2} s_{\hat{\alpha}} = 980 \pm 3.355(63.32)$$
$$\fallingdotseq 980 \pm 212.44$$

이상에서 우리는 LSE에 의해 도출된 표본회귀선에 대한 평가를 적합도의 측정과 통계적 유의성검정을 통하여 판정하는 방법을 개발하고 또 적용하는 방법에 대하여 살펴보았다. 아무리 LSE가 회귀분석방법으로서 훌륭한 통계적 특성을 갖는 방법이라 하더라도, 이를 적용하여 얻은 결과는 본절에서 밝힌 평가과정을 거쳐 그 효율성이 인정되어야만 비로소 의미를 부여받게 되는 것이다. 즉, 평가 결과가 훌륭한 것이라야만 도출된 표본회귀선이 모회귀선(가정된 선형인과관계식)에 대한 적절한 추정치 역할을 할 수 있다는 의미가 된다. 또는 가정된 1차함수관계식이 실제로 존재한다고 인정할 수 있는 기반이 마련되는 것이다. 따라서 이러한 추정결과식(표본회귀선)에 의해 우리는 비로소 미래에 대한 예측을 합리적으로 할 수 있는 근거를 찾을 수 있다.[1)]

이제 절을 바꾸어 예측에 관한 내용을 고찰하기에 앞서 지금까지 미결로 남겨 두었던 사항 한 가지를 간략하게 논하고자 한다. 앞서의 논리전개과정에서 $s_{\hat{\beta}}$이나 $s_{\hat{\alpha}}$은 표본회귀분석 결과에 의거하여 분석자 자신이 그 값을 산출해야만 하는 것이다.

우선 $\hat{\beta}$의 분산, 즉 $s_{\hat{\beta}}^2$의 도출과정을 살펴보자. 앞서 여러 차례 이용한 바 있는 공식을 다시 한번 활용하기로 한다.

$$\hat{\beta} = \sum x_i y_i / \sum x_i^2 = \sum C_i y_i, \quad \text{단 } C_i = \frac{x_i}{\sum x_i^2}$$
$$= \sum C_i(\beta x_i + \varepsilon_i) = \sum C_i \beta x_i + \sum C_i \varepsilon_i \qquad (10.24)'''$$

따라서

$$E[\hat{\beta}] = E[\sum C_i \beta x_i + \sum C_i \varepsilon_i]$$
$$= \sum C_i \beta x_i + \sum C_i E[\varepsilon_i] \quad (\because \text{ 가정 IV})$$
$$= \sum C_i \beta x_i \quad (\because \text{ 가정 I} : E(\varepsilon_i) = 0)$$
$$= \frac{\sum x_i}{\sum x_i^2} \beta x_i = \beta \qquad (10.25)'$$

한편,

1) 표본회귀선에 대한 평가방안으로 F검정법을 사용하기도 하나, 이 문제는 편의상 제12장 (회귀분석 II)에서 다루기로 한다.

$$\begin{aligned}
\text{Var}(\hat{\beta}) &= E[\hat{\beta}-\beta]^2 \\
&= E[\sum C_i\beta x_i + \sum C_i\varepsilon_i - \beta]^2 \\
&= E[(\sum C_i x_i - 1)\beta + (\sum C_i\varepsilon_i)]^2 \\
&= E[(\sum x_i^2/\sum x_i^2 - 1)\beta + \sum C_i\varepsilon_i]^2 \\
&= E[\sum C_i\varepsilon_i]^2 \\
&= \sum C_i^2 E[\varepsilon_i^2] + 2E[\sum C_i C_j \varepsilon_i \varepsilon_j] \\
&= \sum C_i^2 \sigma_\varepsilon^2 + 0 \quad (\because \text{ 가정 Ⅲ} : E(\varepsilon_i, \varepsilon_j)=0) \\
&= \sigma_\varepsilon^2 \frac{\sum x_i^2}{(\sum x_i^2)^2} = \sigma_\varepsilon^2/\sum x_i^2
\end{aligned}$$

즉,

$$\text{Var}(\hat{\beta}) = \sigma_\varepsilon^2/\sum x_i^2 \tag{10.52}$$

따라서 $\hat{\beta}$는 평균이 β, 분산이 $\sigma_{\hat{\beta}}^2 = \sigma_\varepsilon^2/\sum x_i^2$인 정규분포를 갖는다. 즉,

$$\hat{\beta} \sim N(\beta,\ \sigma_\varepsilon^2/\sum x_i^2) \tag{10.53}$$

여기서 우리는 $\hat{\beta}$의 분산은 σ_ε^2값에 비례하지만 $\sum x_i^2$과는 반비례하는 함수관계에 있음을 유의할 필요가 있다. 만일 σ_ε^2값이 일정하다면 $\sum x^2$, 즉 X값들의 변화정도(분산)가 클수록 $\hat{\beta}$의 분산은 작아지고 따라서 β는 보다 정밀하게 추정될 수 있기 때문이다.

비슷한 과정을 되풀이하면 $\hat{\alpha}$는 평균이 α이고, 분산이 $\sigma^2 = \sigma_{\hat{\alpha}}^2 \cdot \sum X_i^2/n\sum x_i^2$인 정규분포를 따르게 된다.[1] 즉,

$$\hat{\alpha} \sim N(\alpha,\ \sigma_\varepsilon^2 \cdot \sum X_i^2/n\sum x_i^2) \tag{10.54}$$

여기서도 우리는 $\hat{\alpha}$의 분산이 σ_ε^2과 $\sum X_i^2$에는 비례하나 n과는 반비례하는 함수관계에 있음을 주지하기 바란다. 여하튼 여기서의 문제는 앞서 지적한 바 있듯이 σ^2이 가정 Ⅱ에 의거하여 일정한 것으로 간주할 수 있지만 그 값이 실제로 얼마인지는 일반적으로 알려지지 않는다는 것이다. 따라서 σ_ε^2에 대한 가장 훌륭한 추정량을 찾아내야 하는데, 이를 우리는 s_e^2라 표기하고

$$s_e^2 = \frac{\text{SSE}}{n-2} = \frac{\sum(Y_i - \hat{Y}_i)^2}{n-2} = \frac{\sum Y_i^2 - \hat{\alpha}\sum Y_i - \hat{\beta}\sum X_i Y_i}{n-2} \tag{10.55}$$

---

1) 이에 대한 설명은 연습문제로 돌린다.

라고 정의한다.

따라서 $\dfrac{\hat{\beta}-\beta}{\sigma_{\hat{\beta}}}$는 정규분포를 따르는 $\hat{\beta}$를 표준화한 것이므로 표준정규분포 Z를 따르게 되지만, 즉

$$\frac{\hat{\beta}-\beta}{\sigma_{\hat{\beta}}}=\frac{\hat{\beta}-\beta}{\sigma_{\varepsilon}/\sqrt{\sum x_i^2}}=Z \tag{10.56}$$

의 관계가 성립되지만, σ_{ε}가 미지이고, 따라서 이 대신 불편추정량 s_e를 사용하면 $\hat{\beta}$를 표준화한 식 $\dfrac{\hat{\beta}-\beta}{s_{\hat{\beta}}}$은 일반적으로 t분포를 따르게 된다. 즉,

$$\frac{\hat{\beta}-\beta}{s_{\hat{\beta}}}=\frac{\hat{\beta}-\beta}{s_e/\sqrt{\sum x_i^2}}=t \tag{10.57}$$

마찬가지로

$$\frac{\hat{\alpha}-\alpha}{s_{\hat{\alpha}}}=\frac{\hat{\alpha}-\alpha}{s_e\cdot\sqrt{\dfrac{\sum X_i^2}{n\cdot\sum x_i^2}}}=t \tag{10.58}$$

가 된다. 물론 두 경우 모두 표본크기가 30정도를 넘어서면 Z분포로 대치하여 어림셈을 할 수 있음은 전술한 바와 마찬가지다.

끝으로 $\hat{\alpha}$과 $\hat{\beta}$간의 공분산 개념이 비슷한 과정을 거쳐 도출될 수 있으나 연습문제로 돌리고 결과만을 소개하면 다음과 같다.

$$\text{Cov}(\hat{\alpha},\ \hat{\beta})=-X\cdot\sigma^2/\sum X_i^2=-X\cdot\text{Var}(\hat{\beta}) \tag{10.59}$$

위의 식에서 우리는 $\hat{\alpha}$와 $\hat{\beta}$간의 공분산은 $\hat{\beta}$의 분산값의 함수로 표현될 수 있으며, 따라서 공분산의 부호는 X의 부호에 달려 있음을 알 수 있다. 이는 $\hat{\beta}$의 분산(사실 어느 변수의 경우도 마찬가지)이 항상 양수이기 때문이다.

마지막으로 표본회귀선을 이용하여 모평균에 대한 구간추정하는 방안을 고려해 보기로 한다. 즉, 표본회귀선 $\hat{Y}=\hat{\alpha}+\hat{\beta}X$를 이용하여 Y의 모평균에 대한 신뢰구간을 설정하는 방법에 대하여 살펴보고자 한다. 그런데

$$E[Y|X]=\mu_{Y|X}=\alpha+\beta X$$

이므로, $E[Y|X]$는 α와 β의 추정량인 $\hat{\alpha}$와 $\hat{\beta}$의 오차들로 표현되는 어떤 값에 의존할 것이다.

그림 10-13은 이를 그림으로 표현한 것이다. 그리고 이를 수식으로 표현하면 다음과 같다.

그림 10-13 표본회귀선 오차영역

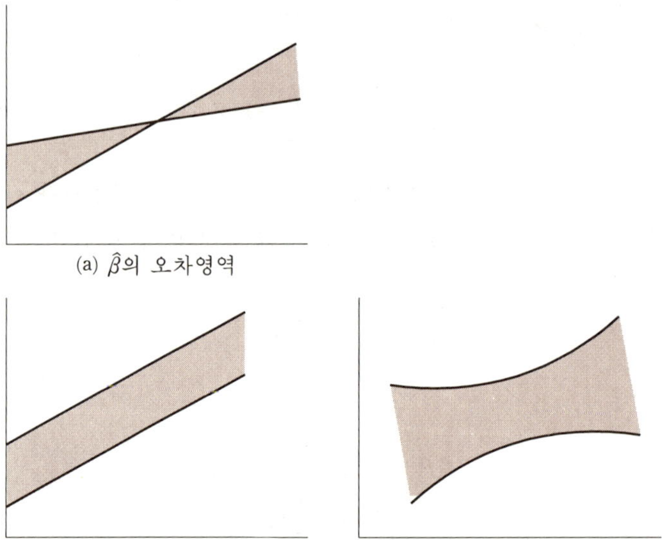

(a) $\hat{\beta}$의 오차영역

(b) $\hat{\alpha}$의 오차영역

(c) $\hat{\alpha}$와 $\hat{\beta}$의 결합오차영역

$$E[\hat{Y}]=E[\hat{\alpha}+\hat{\beta}X]=\alpha+\beta X=E[Y|X] \tag{10.60}$$

$$\mathrm{Var}(\hat{Y})=\sigma^2_{Y|X}[1/n+(X-\bar{X})^2/\Sigma(X-\bar{X})^2] \tag{10.61}$$

따라서

$$\hat{Y}\sim N(\mu_{Y|X}, \mathrm{Var}(\hat{Y})) \tag{10.62}$$

한편, $\mathrm{Var}(\hat{Y})$은 $X=\bar{X}$일 때 최저가 되며, 그 값은

$$\mathrm{Var}(\hat{Y})=s^2_{Y|X}/n \tag{10.63}$$

이 되므로 이는 제3편 제6장에서 본 $\sigma_{\bar{X}}{}^2=\sigma^2/n$의 공식논리와 같음을 주지하기 바란다.

여하튼 결론적으로 정리하면 $E[Y|X]$에 대한 구간추정은

$$\hat{Y}\pm t_{\alpha/2}\cdot s_e\sqrt{1/n+(X-\bar{X})^2/\Sigma(X-\bar{X})^2} \tag{10.64}$$

이 될 것이다.

이제 본절을 끝내기 전에 앞의 예제 풀이과정에서 미루어 놓았던 $\hat{\beta}$와 $\hat{\alpha}$의 분산을 식 (10.53)과 식 (10.54)를 이용하여 계산하여 보면 다음과 같다.

$$s_{\hat{\beta}} = s_e / \sqrt{\sum x_i^2} = \frac{92.68731}{\sqrt{2,062.5}} = 2.04$$

$$s_{\hat{\alpha}} = s_e \cdot \sqrt{\sum X_i^2 / n \sum x_i^2} = 92.68731 \left(\sqrt{\frac{9,625}{20,625}} \right)$$

$$= 63.32$$

제 6 절 표본회귀선에 의한 예측

회귀분석을 시도하는 목적 중 하나는 설명변수의 값이 알려질 때 그에 대응하는 종속변수의 값을 추론하는 것이라 할 수 있다. 앞서 여러 절에 걸쳐 LSE가 회귀분석으로서 갖는 통계적 우수성, 그리고 최소자승법에 의한 추정결과식, 즉 표본회귀선을 평가하는 방법에 이르는 여러 가지 사항을 살펴보았다. 이러한 모든 과정에서 도출된 추정결과식이 적합도나 통계적 유의성검정에서 바람직한 것으로 평가되면, 비로소 우리는 훌륭하다고 평가된 표본회귀선에 의거하여 예측을 할 수 있게 된다.

예측이란 두 변수가 만족할 만한 인과관계, 즉 함수관계(여기서는 선형관계, 즉 1차함수관계)를 갖고 있는 것으로 판정되었을 때 표본회귀선에 의거하여 미래의 종속변수값을 판정함을 의미한다.

이와 같은 예측은 예측대상 시기에 따라 사후적 예측(ex-post forecast)과 사전적 예측(ex-ante forecast)으로 구분된다. 만일 예측하고자 하는 기간이 회귀분석 대상기간 이후에 속한다 하더라도 이미 과거에 속하는 기간이라면 설명변수는 물론 종속변수의 값도 알 수 있는 것이 일반적이다. 따라서 이러한 상황에서 설명변수값을 표본회귀선에 대입하여 종속변수값을 예측하는 것을 사후적 예측이라 하는데, 사실상 이러한 과정은 예측 자체보다는 추정된 표본회귀선에 의해 예측된 종속변수값이 실제 실현된 종속변수값과 얼마나 근접된 값으로 나타나는지를 확인함으로써 표본회귀선의 설명력을 평가하는 또 하나의 방법으로 이용될 수 있다는 데 그 의의가 있다.

진정한 의미의 예측이란 현시점 이후에 속하는 순수한 미래를 대상으로 하되 가정된 설명변수값을 가지고 종속변수값을 추정하는 것이라 볼 수 있으며, 이를 사전적 예측이라 한다.

그림 10-14는 두 가지 다른 예측의 차이를 잘 설명해 주고 있다. 물론 우

그림 10-14 사후적 예측과 사전적 예측

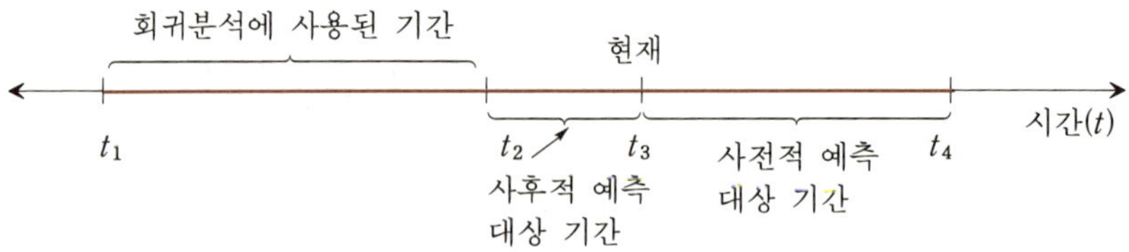

리가 진실로 필요로 하고 관심을 갖는 예측이란 사전적 예측이다.

여기서 한 가지 주목해야 할 사항은 장래에 대한 예측을 시행함에 있어 우리가 사용할 설명변수의 값이 알려져 있는지의 여부가 중요한 역할을 한다는 것이다. 설명변수가 알려진 상태하에서의 예측을 무조건부예측(unconditional forecasting)이라 하고, 설명변수가 미지인 상태에서의 예측을 조건부예측(conditional forecasting)이라 한다.[1] 현실적으로 후자의 경우가 일반적일 것이나 통상적으로 미래에 있어서 우리는 설명변수의 값을 어느 정도 조작(control) 가능하다고 보고, 실제의 설명변수값이 우리가 가상적으로 가정한 값과 거의 같을 것이라는 가정하에 예측을 한다. 따라서 조건부예측이 논리적으로 합당함에도 불구하고, 편의상 무조건부예측방법을 일반적으로 이용하게 되는 것이다.[2] 따라서 이후에 전개할 예측방법은 원칙상으로는 사전적 예측에 속하지만 설명변수값이 알려져 있다는 가정을 추가하여 무조건부예측을 실시할 수 있는 상황을 염두에 둔 예측방법이라 할 수 있다.

장래에 대한 무조건부예측을 시행하는 방법은 크게 보아 점예측(point forecast)과 구간예측(interval forecast)의 두 가지가 있다.

점예측이란 단순히 표본관측점들을 근거로 최소자승법에 의해 도출된 표본회귀선을 이용하여 가상적인 미래의 설명변수값 X_f(단, 이 X_f값은 표본회귀선 도출을 위한 회귀분석에 사용되지 않은 별도의 X값이라야 함)에 대응하는 종속변수값을 하나의 수치로 표현하는 방법을 말한다.

이제 그림 10-15의 (a)를 이용하여 보다 구체적인 점예측과정을 설명하면 다음과 같다. 예측에 사용된 설명변수값이 X_f라면, X_f에서 수직선을 그어 표본회귀선과 만나는 점을 F라 하고, F점에서 X축과 평행선을 그어 Y축과 만난 점의 Y값을 $\hat{Y}_f$라 하면, 이 $\hat{Y}_f$값이 바로 점예측치가 되는 것이다. 이를 수식으

1) 따라서 사후적 예측은 대체로 무조건부예측에 속하고, 사전적 예측의 대부분은 조건부예측에 속하게 된다.

2) 이에 관한 자세한 내용에 관심 있는 독자는 Robert S. Pindyck and Daniel L. Rubinfeld, *Econometric Models and Economic Forecasts*, 2nd ed.(McGrow-Hill, 1981), Ch. 8을 참조.

그림 10-15 점예측과 구간예측

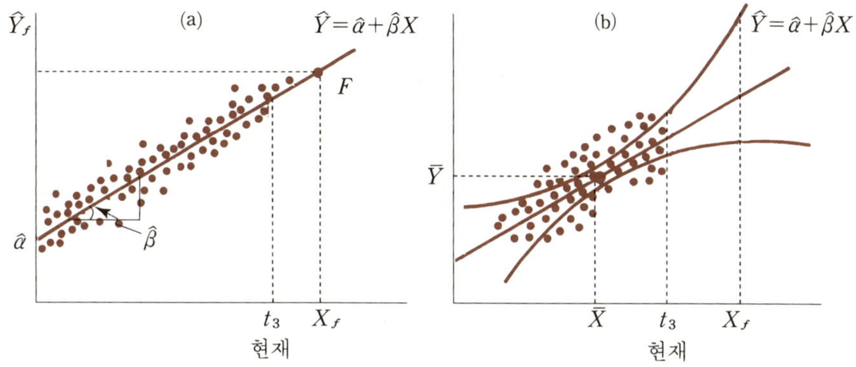

로 표현하면 다음과 같다.

[표본회귀선에 의한 점예측공식]

$$\hat{Y}_f=\hat{\alpha}+\hat{\beta}X_f \tag{10.65}$$

따라서 종속변수에 대한 점예측이란 단순히 표본회귀방정식에 새로 설정된 X값, 즉 X_f를 대입하여 산정되는 $\hat{Y}_f$값에 불과한 것이다. 물론 이러한 점예측은 전절에서 지적한 것처럼 표본회귀선에 대한 평가가 훌륭한 것으로 판정된 후에만 의미를 갖게 된다.

이제 본장에서 계속 사용해 온 예제를 다시 한번 활용하여, 임의로 선정한 X값, $X_f=60$일 때의 Y의 점예측치를 찾아보자. 식 (10.65)에 의해

$$\hat{Y}_f=\hat{\alpha}+\hat{\beta}X_f=980+20.36(60)=2{,}201.6$$

이 된다. 이는 광고비를 60(백만 원) 지출할 때 매출액은 2,201.6(백만 원)이 된다는 의미를 갖는다.

한편, 예측이란 속되게 표현하자면 장래의 종속변수값에 대하여 마치 점을 치는 작업과도 흡사한 측면이 있을 뿐 아니라 아무리 설명변수의 값을 장래에 조작가능하다 하더라도 실제로 Y값이 식 (10.65)에 의해 도출된 $\hat{Y}_f$와 동일하게 될 가능성은 극히 희박한 것이다. 특히 현재로부터 상당기간 후의 기간을 대상으로 점예측치를 추정할 경우 직관적으로 보아 예측에 사용하기 위해 가정한 X_f값 자체의 실현가능성이 상대적으로 희박해지므로, 이 값에 의해 예측된 $\hat{Y}_f$값의 신뢰성은 점차 퇴색될 것이다. 따라서 예측이란 가까운 장래에 한정

하여 실시하는 것이 논리상 타당하다. 그러나 아무리 가까운 장래에 대한 예측이라 하더라도 역시 점예측치와 실제 발생할 종속변수값이 일치할 가능성은 여전히 희박한 것이므로, 대개 이러한 점예측치를 중심으로 일정한 구간을 설정하여 제시하는 이른바 구간예측을 동시에 실시한다.

구간예측에 사용되는 식은 다음과 같다.[1)]

[표본회귀선에 의한 구간예측공식]

$$\hat{Y}_{fc}=\hat{Y}_f \pm t_{\alpha/2,\ n-2}\cdot s_f \tag{10.66}$$

$$\left(\text{단, } s_f=s_e\sqrt{1+\frac{1}{n}+\frac{(X_f-\bar{X})^2}{\sum x_i^2}}\right)$$

식 (10.66)에 나타난 $t_{\alpha/2}$값 또한 표본의 규모(n)가 30을 상회하면, Z값으로 대체하여 사용해도 무방함은 두말할 나위 없다.

앞의 점예측 예를 계속 활용하여 99% 신뢰도를 갖는 구간예측임계치를 구하면 다음과 같다.

$$\begin{aligned}\hat{Y}_{fc}&=\hat{Y}_f\pm t_{\alpha/2}\cdot s_e\sqrt{1+\left(\frac{1}{n}\right)+\frac{(X_f-\bar{X})^2}{\sum x_i^2}}\\&=2{,}201.6\pm(3.355)(92.68731)\sqrt{1+\frac{1}{10}+\frac{(60-27.5)^2}{2{,}062.5}}\\&=2{,}201.6\pm394.81\end{aligned}$$

---

1) 우선 주어진 X값을 X_f라 할 때의 모회귀선상의 실제값을 Y_f, 그리고 표본회귀선을 이용한 예측치를 $\hat{Y}_f$라 하면, 예측으로 인한 오차 $\hat{\varepsilon}_f$는 다음과 같다.

$$\hat{\varepsilon}_f=Y_f-\hat{Y}_f=(\alpha+\beta X_f+\varepsilon_f)-(\hat{\alpha}+\hat{\beta}X_f) \tag{f.1}$$

이제 $\hat{\varepsilon}_f$의 평균 및 분산을 산출하기 위하여 식 (f.1)을 이용해 보자.

$$E[\hat{\varepsilon}_f]=E[Y_f-\hat{Y}_f]=E[\varepsilon_f]+E[\alpha-\hat{\alpha}]+X_fE[\beta-\hat{\beta}]=0+(\alpha-\alpha)+X_f(\beta-\beta)=0 \tag{f.2}$$

$$\begin{aligned}\text{한편, } \mathrm{Var}(\hat{\varepsilon}_f)&=\mathrm{Var}((\alpha+\beta X_f)+\varepsilon_f-\hat{\alpha}-\hat{\beta}X_f)\\&=\mathrm{Var}(\varepsilon_f-(\hat{\alpha}-\hat{\beta}X_f))\quad(\because (\alpha+\beta X_f)\text{는 상수})\\&=\mathrm{Var}(\varepsilon_f)+\mathrm{Var}(\hat{\alpha}-\hat{\beta}X_f)\quad(\because \text{두 항은 서로 독립적})\\&=\sigma_\varepsilon^2+\mathrm{Var}(\hat{\alpha})+\mathrm{Var}(\hat{\beta}X_f)+2C(\hat{\alpha},\ \hat{\beta}X_f)\\&=\sigma_\varepsilon^2+\sigma_\varepsilon^2\frac{\sum X^2}{n\sum x^2}+X_f^2\cdot\frac{\sigma_\varepsilon^2}{\sum x^2}-2X_f\frac{\bar{X}\sigma_\varepsilon^2}{\sum x^2}\\&=\sigma_\varepsilon^2+\sigma_\varepsilon^2\left(\frac{1}{n}+\frac{\bar{X}^2}{\sum x^2}\right)+X_f^2\cdot\frac{\sigma_\varepsilon^2}{\sum x^2}-2X_f\frac{\bar{X}\sigma_\varepsilon^2}{\sum x^2}\\&=\sigma_\varepsilon^2\left(1+\frac{1}{n}+\frac{\bar{X}^2+X_f^2-2X_f\bar{X}}{\sum x^2}\right)\end{aligned}$$

$$\therefore\ \mathrm{Var}(\hat{\varepsilon}_f)=\sigma_\varepsilon^2\left(1+\frac{1}{n}+\frac{(X_f-\bar{X})^2}{\sum x^2}\right)$$

그런데 σ_ε^2는 미지이므로 실제 계산에서는 추정치 s_e^2을 사용한다. 따라서 이에 대응한 $\mathrm{Var}(\hat{\varepsilon}_f)$를 s_f^2이라 표기한다면, 결국 $s_f=s_e\sqrt{1+\frac{1}{n}+\frac{(X_f-\bar{X})^2}{\sum x^2}}$이 되며, 이는 곧 위의 식 (10.66)의 s_f와 같음을 보여 준다.

한편, 식 (10.66)을 좀 더 자세히 살펴보면 s_f값은 X_f의 값이 $\bar{X}$와 같아질 때 최소가 된다는 사실을 알 수 있다.

이는 예측에 사용할 설명변수 X_f의 값이 X값들의 평균값과 멀어질수록 예측오차는 커지고 예측구간폭은 점차 넓어지게 된다는 것을 의미한다.

그림 10-15의 (b)에 나타난 것처럼 식 (10.66)에 의해 도출되는 구간예측치들은 X의 평균값($\bar{X}$) 부근에서 가장 좁은 폭으로 표현되고, $\bar{X}$로부터 멀어질수록 구간예측의 폭은 넓어지는 것을 알 수 있다. 바로 이러한 측면에서 보더라도 현재(t_3)로부터 먼 장래에 대한 예측을 실시할 경우 X_f의 값은 일반적으로 $\bar{X}$로부터 멀어질 것이며, 따라서 구간예측의 폭은 상당히 커질 것이므로 예측의 신뢰성은 점차 낮아질 수밖에 없는 것이다.

제 7 절 실증분석과정 안내

이제까지 우리는 계량분석의 기본이 되는 단순선형회귀분석의 핵심적인 내용을 전부 살펴본 셈이다. 문제는 과연 이러한 논리에 근거하여 실제로는 어떻게 현실분석에 임하는가 하는 점이 될 것이다. 본절에서는 실증분석을 시행하는 구체적인 과정을 간략히 안내하고 제8절에서 실제 응용예를 직접 다루어 보기로 한다.

1. 모형의 설정

실증분석과정에서 제일 먼저 직면하는 문제는 분석대상이 되는 경제이론 내지 가설을 실증분석이 가능한 구체적인 함수 형태로 표현하는 일이다. 경제변수간의 함수관계는 대부분의 경우 알려지지 않는 것이 통례이다. 단지 분석의 편의상 선형함수관계를 우선적으로 고려하고 설명변수 또한 하나부터 시작해서 점차 확대해 가는 시행착오를 일반적으로 경험하게 된다. 그러나 경우에 따라서는 함수관계가 경제이론 자체에서 어느 정도 확인될 수 있는 경우도 존재한다. 예컨대, Cobb-Douglas 생산함수는 $Q=A\cdot L^{\alpha}K^{\beta}$로 표현된다. 경우에 따라서는 함수가 비선형인 경우도 종종 발생한다. 하지만 이러한 경우의 모형도 대부분 선형으로 전환할 수 있음을 지적해 두고자 한다.

분석코자 하는 경제현상을 단일방정식(single equation)으로 표현할 수 있는 경우가 있듯이 때에 따라서는 연립방정식(simultaneous equation) 체계에 의해서만이 적절히 파악되는 경우도 있다. 전자의 경우에는 이론이 시사하는 바에 따라 어느 것이 종속변수이고 또 어느 것이 독립변수가 되는지를 결정하면 된다. 그러나 후자의 경우에는 외생변수(exogenous variable)와 내생변수(endogenous variable)로 구분처리하는 작업이 필요하게 되는데, 이와 관련한 문제는 본서에서는 다루지 않았다.[1)]

모형설정문제와 관련하여 한 가지 분명히 해 두어야 할 사항이 있다. 회귀모형에서 상수항을 생략할 수 있는가 하는 문제이다. 상수항은 수리적 모형에서 본다면 독립변수(들)가 0이 되는 경우의 종속변수값, 즉 절편의 의미를 갖는다. 그러나 계량경제모형에서는 반드시 그러한 절편이 특별한 의미를 갖지는 않는다. 물론 $C_i=\alpha+\beta Y_i+\varepsilon_i$와 같은 소비함수의 경우 β는 한계소비성향, 그리고 α는 절대소비수준을 의미하므로 상수항이 특별한 의미를 지니는 경우도 있다. 그러나 대부분의 경우에 있어서 상수항은 수학적 의미의 절편이라기보다는 생략된 설명변수들이 종속변수에 미치는 평균적인 영향으로 해석하는 것이 타당하다.

사실 모든 독립변수가 0이 되는 경우는 관심이 되는 분석대상의 함수관계와는 무관한 상황이며, 따라서 최소한 한개 이상의 독립변수가 0이 아닌 상황이라야 분석대상이 되는 것이어서 상수항의 의의는 거의 없다고 볼 수 있다. 또한 설명변수의 관측치가 현실적으로 0이 될 수 없다거나 또는 0과는 상당한 차이가 있다면 상수항의 의미는 더더욱 미약해진다.

그러나 회귀분석에서 상수항을 아예 빼버리는 것은 곤란하다. 반드시 상수항이 없어야 하는 상황이 아니라면 말이다. $Y_i=\alpha+\beta X_i+\varepsilon_i$ 대신 $Y_i=\beta X_i+\varepsilon_i$와 같은 모형을 설정하였다 가정하자. 이 때 최소자승법을 적용하여 추정량을 구해 보면

$$\hat{\beta}=\sum X_iY_i/\sum X_i^2$$
$$\mathrm{Var}(\hat{\beta})=\sigma^2/\sum X_i^2 \qquad (\text{단, } s_e^2=\sum e_i^2/n-1)$$

과 같아진다. 이러한 경우의 회귀선은 원점을 지나게 된다(절편이 0이므로). 상수항이 있는 모형의 경우 대응되는 추정량들은 각각 다음과 같았다.

$$\hat{\beta}=\sum x_iy_i/\sum x_i^2$$

1) 자세한 내용은 이종원,「계량경제학」(박영사, 1994), 제15장을 참조.

$$\mathrm{Var}(\hat{\beta}) = \sigma_\varepsilon{}^2 / \sum x_i^2$$
$$s_e^2 = \sum e_i^2 / (n-2)$$

상수항이 있는 모형에서는 $\hat{\beta}$과 $\mathrm{Var}(\hat{\beta})$의 값이 편차형(deviation form)으로 정의되었으나 상수항이 없는 모형에서는 원래 값으로 정의되고 있다. 그리고 미지의 상수항(α)을 더이상 추정할 필요가 없으므로 불편추정량 s_e^2의 정의식에서의 자유도는 $(n-2)$가 아니라 $(n-1)$이 되는 차이가 발생한다.

그러나 문제가 되는 것은 이러한 수학적 차이보다는 오히려 다음과 같은 사항들이다. 즉, 상수항이 없는 회귀분석은 첫째, $\sum e_i$가 반드시 0이 되지는 않는다는 점, 그리고 둘째로는 r^2값이 0 또는 음수가 될 수 있다는 점이 바로 그것이다.[1)] 따라서 상수항이 반드시 없어야 하는 경우가 아니라면 상수항의 경제적 의미가 별무하더라도 회귀분석에서 상수항을 없애는 일은 깊은 주의를 기울여야 할 필요가 있다.

2. 자　　료

일단 모형이 설정됨에 따라서 방정식의 수나 변수의 수와 성격이 모두 확정되면 각 변수의 관측자료를 수집하게 된다. 이 때 수집할 자료는 모형과 변수의 성격에 따라 시계열자료(time series data)가 되기도 하고 또는 횡단면자료(cross-section data)가 되기도 할 것이다. 시계열자료를 활용할 경우 일별·주별·월별·분기별 또는 연도별 자료 중 어느 것을 사용할 것인지도 모형의 성격에 따라 설정되어야 한다. 예컨대, 동태적 분석을 요하는 모형이라면 시간경과에 따른 주기적 변동이나 계절적 변동이 드러나지 않는 연도별 자료는 무의미하기 때문이다.

한편, 경우에 따라서는 원래 자료를 한차례(이상) 조정해야 하는 경우도 있다. 예컨대, $\triangle Y_i = \alpha + \beta(\triangle X_i) + \varepsilon_i$와 같은 모형을 추정하려면 X와 Y의 원자료를 1차차분(first differencing)하여 대입해야 할 것이다.

그런데 자료활용문제와 관련하여 분석자들이 종종 의문을 품게 되는 보다 현실적인 문제점이 있다. 우리가 얻을 수 있는 자료들은 이미 특정 기준에 따라 조정된 자료들뿐이어서 이것을 그대로 사용해도 괜찮은지를 분석자가 확신하지 못하는 경우가 왕왕 있다. 예컨대, GNP값을 찾아보니 특정 연도를 기준

1) 자세한 내용은 Dennis J. Aigner, *Basic Econometrics*(Prentice-Hall, Inc., 1971), pp. 95~98을 참조.

으로 산정된 지수로 표현되어 있는 경우 이를 그대로 사용해도 무방한가 하는 의문이 생기는 것이다.

이러한 의문에 대한 해답을 구하고자 다음의 모형을 고려해 보자.

$$Y_i = \hat{\alpha} + \hat{\beta} X_i + e_i$$

이제 Y와 X에 각각 w_1과 w_2의 비율(factor)을 곱하여 새로운 자료 Y^*와 X^*를 창출한 다음 회귀분석을 수행하였다 하자.

$$Y_i^* = \alpha^* + \beta^* X_i^* + e_i^* \qquad (\text{단, } Y_i^* = w_1 Y_i,\quad X_i^* = w_2 X_i,\quad e_i = w_1 e_i)$$

위의 두 식에서 도출되는 각종 통계량을 대비시켜 보면 다음과 같다.

$$\hat{\alpha} = Y - \hat{\beta} X \qquad \alpha^* = Y^* - \beta^* X^*$$

$$\hat{\beta} = \sum x_i y_i / \sum x_i^2 \qquad \beta^* = \sum x_i^* y_i^* / \sum x_i^{*2}$$

$$\mathrm{Var}(\hat{\alpha}) = \sum X_i^2 \cdot \sigma^2 / n \sum x_i^2 \qquad \mathrm{Var}(\alpha^*) = \sum X_i^{*2} \cdot \sigma^{*2} / n \sum x_i^{*2}$$

$$\mathrm{Var}(\hat{\beta}) = \sigma^2 / \sum x_i^2 \qquad \mathrm{Var}(\beta^*) = \sigma^{*2} / \sum x_i^{*2}$$

$$s_e^2 = \sum e_i^2 / (n-2) \qquad s_e^{*2} = \sum e_i^{*2} / (n-2)$$

따라서

$$\beta^* = (w_1 / w_2) \cdot \hat{\beta}$$

$$\alpha^* = w_1 \cdot \hat{\alpha}$$

$$s_e^{*2} = w_1^2 s_e^2$$

$$\mathrm{Var}(\alpha^*) = w_1^2 \cdot \mathrm{Var}(\hat{\alpha})$$

$$\mathrm{Var}(\beta^*) = (w_1 / w_2)^2 \cdot \mathrm{Var}(\hat{\beta})$$

$$R^{*2} = R^2$$

와 같은 관계가 성립됨을 알 수 있다. 전환된 자료를 사용한 회귀분석 결과가 원래 자료를 사용한 경우와 어떻게 대비되는지를 정확히 인식하여 설명하는 이상 하등 문제가 될 것이 없을 것이다.

여기서 한가지 특기할 사항은, 만일 $w_1 = w_2$라면 $\beta^* = \hat{\beta}$, $\mathrm{Var}(\beta^*) = \mathrm{Var}(\hat{\beta})$가 되고, 반면 Y만 w_1비율만큼 변화시켰으나 X는 그대로 둘 경우(즉, $w_2 = 1$)에는 α^*과 β^* 그리고 $\sqrt{\mathrm{Var}(\alpha^*)}$과 $\sqrt{\mathrm{Var}(\beta^*)}$ 모두가 w_1비율만큼의 변화가 발생하며, 또 한편 X만 w_2비율만큼 변화시키고 Y는 그대로 둘 경우($w_1 = 1$)에는 β^*와 $\sqrt{\mathrm{Var}(\beta^*)}$ 만이 w_2만큼의 비율의 영향을 받고 α^*과 $\sqrt{\mathrm{Var}(\alpha^*)}$은 변화하

지 않음을 알 수 있다.

여하튼 어느 경우를 막론하고 Y와 X 대신 Y^*와 X^*를 사용해도 OLS추정량이 보유하고 있는 바람직한 특성에는 하등의 변화가 발생하지 않으므로 이를 적절히 활용하는 슬기가 필요할 것이다.

3. 모형의 추정결과 검토

일단 자료가 갖추어지면 비로소 우리는 최소자승법에 의해 추정치를 구하게 된다. 추정 결과에 대한 평가는 유의성검정(t검정)과 적합도검정에 의해 이루어진다. 일차적으로 우리는 귀무가설 $H_0 : \beta=0$이 기각될 수 있는가를 확인하는 t검정을 통하여 유의성검정을 실시하게 되며, 적합도는 일반적으로 R^2값으로 판정하게 된다. 기대했던 대로 귀무가설들을 기각할 수 있게 되고, R^2값 또한 높은 적합도를 나타낼 정도로 큰 값(1에 가까운 값)이 관측되면 일단 추정 결과에 대한 일차적인 검토는 합격선에 드는 것으로 볼 수 있다. 그러나 대부분의 경우 실망스럽게도 일차적인 최소자승 추정 결과들은 만족할 만한 결과가 되지 못하는 것이 통례이며, 주된 이유는 대체로 다음과 같다.

첫째, 회귀모형 형태가 잘못 설정된 경우, 예컨대 실제 함수관계는 비선형이거나 여러 개의 설명변수를 요하며 또는 연립방정식체계로만 설명될 수 있는 상황임에도 불구하고 단일방정식의 단순선형회귀식으로 추정했다면 좋은 결과를 기대할 수 없을 것이다.

둘째, 기본가정이 현실적으로 충족되지 못한 상황에서 분석이 이루어졌을 경우,

셋째, 일부 자료가 유실되었거나 적절한 관측치를 활용하지 못한 경우,

넷째, 적절한 변수를 선택하지 못한 경우, 예컨대 들어가야 할 변수를 빼거나 불필요한 변수를 포함시키는 경우에는 좋은 추정 결과를 기대하기 힘들다.

4. 추정결과의 개선 및 활용

이상과 같은 사유로 추정 결과가 만족하지 못할 만한 것으로 판정되면 이를 시정하기 위한 제반 조치를 취해야 한다. 이와 관련한 상세한 설명은 본서에서는 일단 생략하였다.[1)]

1) 자세한 내용은 이종원(1994), 전게서를 참조. 첫번째 유형의 문제는 제3편 제12장과 제

여하튼 일단 각종 조치를 통하여 추정 결과가 만족할 만한 것으로 개선되면 최종적인 추정식에 의거 당초 의도했던 행태분석 및 예측 그리고 각종 정책효과분석을 수행하게 된다. 단, 이러한 과정에서 별도로 취급되지는 않지만 많은 실증분석가들이 활용하는 조치 중의 하나가 있어 소개하도록 한다.

추정 결과가 좋지 못한 경우란 결국 실제 관측치가 표본회귀선에서 떨어진 정도가 심한 경우에 해당되는 것인데 경우에 따라 이러한 현상은 몇 개의 극단적인 관측치의 존재로 인해 악화될 수 있다. 이들을 극단치(outliers)라 하는데, 이러한 극단적 관측치들의 존재이유를 정확히 파악해 낼 수 있다면 추정 결과를 개선시킬 수 있게 된다.

종종, 분석가들은 극단치들의 존재이유를 확인하지 못한 채 단지 분석 결과를 개선키 위해 이들을 추정과정에서 제거해 버리는 경우도 있다. 이 경우 산출되는 표준오차들이나 신뢰구간은 더이상 유효하지 못하게 된다. 반면, 극단치를 하는 수 없이 추정에 활용한다면 적합도가 불량하여 추정 결과가 별 의미를 갖지 못하는 상황에 봉착하게 된다.

따라서 극단치의 처리문제는 분석가의 선택에 달려 있는 셈인데 Fisher (1966)는 전자를, 즉 극단치를 일단 제거해 보는 것이 보다 나은 결과를 기대할 수 있는 과정이 될 것이란 견해를 피력한 바 있다.[1] 그러나 극단치들을 제거하는 것이 항상 바람직한 것만은 아님을 유의할 필요가 있다. 예컨대, 우리가 분석하고 있는 내용이 원유의 수요가격탄력성에 관한 것이라면 1973년도에 관측된 극단적 관측치는 오히려 이러한 탄력성분석에 보다 유용한 자료가 될 수도 있다.

제 8 절 실증분석예: 소비함수의 추정

회귀분석을 이용하는 계량분석에서 가장 빈번하게 예제로 활용되는 것 중 하나가 소비함수다. 경제학원론을 이수한 정도의 사람이라면 누구나 쉽게 이해할 수 있는 이론이며 비단 경제학에 사전지식이 없는 사람이라 하더라도 쉽게 수긍이 갈 수 있는 논리이기 때문이다. J. M. Keynes가 주장한 논리를 빌리지

4편을, 두 번째 유형의 문제는 제9장부터 제11장까지를, 세 번째 유형의 문제는 제13장을, 그리고 네 번째 유형의 문제는 제12장을 각각 참조.

1) F. M. Fisher, *A Priori Information and Time Series Analysis*(North-Holland, 1966), Ch. 1, p. 13.

않더라도 소득수준이 높아질수록 소비수준 또한 높아질 것이란 가설은 쉽게 받아들여질 것이다. 이러한 이유로 본장에서도 소비함수의 추정을 실증분석의 제일 첫번째 예제로 삼았다.

Keynes에 의해 이른바 절대소비함수가설이 주창되자 수많은 학자들이 이 가설의 현실타당성을 확인하기 위한 실증분석을 시도하였다. 그 과정에서 현실상황에 대한 설명력 또는 예측능력을 높이기 위한 노력이 기울여졌고, 그 결과 상대소득가설·절대소득가설 및 평생소득가설 등의 대체적인 이론이 개발되었다. 따라서 한 국가의 소비함수를 추정하는 문제는 이제 더이상 아주 단순한 일로 볼 수 없게 된 셈이다.

1. 모형의 설정

소득과 소비의 관계에 관하여 일반적으로 선형함수관계를 가정하고 있으며 인과관계의 방향에 관해서는 소득수준이 설명변수로서 종속변수인 소비수준의 변동에 영향을 미치는 것으로 파악하고 있다. 소비함수가 국민경제 전반에 관한 거시계량모형체계상의 한 방정식으로 이해될 수도 있으나 단일방정식으로 독립시켜 별도로 실증분석을 시행하기도 한다. 그리고 제7절 제1항에서 언급한 바 있듯이 소비함수모형에서의 상수항은 소득이 전혀 없는 상황에서도 지출해야 하는 절대소비수준을 나타내고 있어 생략해서는 곤란하다고 볼 수 있다.

이상과 같은 모형설정상의 제반 기준은 이미 기존가설들에 의해 공통적으

표 10-4 주요 소비함수모형

함 수 형 태	주 요 특 징
(1) $C_t=\alpha+\beta Y+\varepsilon_t$	Keynes의 절대소득가설
(2) $C_t=\beta_1+\beta_2 Y_t+\beta_3 C_{t-1}+\varepsilon_t$	Friedman의 항상소득가설 Brown의 소비관습모형
(3) $C_t=\beta_1+\beta_2 Y_t+\beta_3 M_{t-1}+\varepsilon_t$	Tobin의 유동자산가설
(4) $C_t=\beta_1+\beta_2 Y_t+\beta_3 C_{t-1}+\beta_4 M_{t-1}+\varepsilon_t$	(2)와 (3)의 결합
(5) $C_t=f(\sum\alpha_i Y_{t-i},\ \sum\beta_j M_{t-j})$	(4)의 변형
(6) $C_t=\beta_1+\beta_2 Y_t+\beta_3 C_{t-1}+\beta_4 R_t+\varepsilon_t$	(2)의 변형
(7) $C_t=\beta_1+\beta_2 Y_t+\beta_3 C_{t-1}+\beta_4 R_t+\beta_4 V_t+\varepsilon_t$	(6)의 확장
(8) $C_t=\beta_1+\beta_2 Y_t+\beta_3 V_t+\beta_4 R_t+\varepsilon_t$	(6)의 변형

단, C_t : 민간소비지출　Y_t : 국민소득　M_t: (총)통화
R_t : 이자율　V_t : 부(wealth)

로 받아들여지고 있는 사항들이다. 그러나 이러한 기준들을 충족시킬 수 있는 함수관계의 설정방안은 실로 다양하며 지금까지 실증분석에서 주목을 받아온 주요 모형을 소개하면 표 10-4와 같다. 단, 본장에서 소개한 회귀분석 내용이 설명변수가 하나인 단순회귀분석인 점을 감안하여 (1)번 형식의 방정식을 중심으로 추정하였으며 나머지는 제12장에서 다루기로 한다.

2. 자 료

별도의 표본조사를 통하여 얻은 횡단면자료를 활용할 수도 있겠으나 소득과 소비에 관한 자료는 국민소득추계상의 주항목인바 대부분 국가가 시계열자료를 집계해 놓고 있어 쉽게 활용할 수 있다. 어떤 자료를 활용하든지간에 정작 문제가 되는 것은 다음과 같은 사항들이다.

첫째, 연도별 자료와 분기별 자료

둘째, 계절조정된 자료와 계절조정 안 된 자료

셋째, 경상가격으로 계측한 자료와 기준연도가격으로 계측한 자료

이상과 같은 자료 형태의 선택문제 외에도 각 변수를 구체적으로 어떻게 정의할 것인가 하는 문제가 아울러 고려되어야 한다. 예컨대, 소득과 소비를 총량변수로 볼 것인지 아니면 총인구수로 나눈 1인당 소득 및 소비로 파악할 것인지를 결정해야 하며, 소득을 국내총생산(GDP)이나 국내순생산(NDP) 개념으로 볼 것인지 아니면 가처분소득 개념으로 파악할 것인지, 그리고 각 변수를 실질변수로 파악할 것인지 아니면 명목변수로 이해할 것인지도 실증분석 이전에 결정되어야 한다. 뿐만 아니라 추정대상 기간은 어느 시기로 선택할 것인지도 분석가가 선택해야 할 주요 과제 중 하나가 된다.

본장에서는 추정할 모형이 장기적 추세연구보다는 동태적 분석을 목적으로 설정된 점을 감안하여 분기별 자료를 활용하였고 국민소득분석에서 통론으로 되어 있듯이 계절조정된 자료 중 기준연도가격으로 계측된 자료를 이용하였다.

한편, 사용할 자료가 횡단면자료가 아니란 점을 감안하여 1인당 소득이나 소득 개념 대신 총량 개념을 선정하되 소득의 경우에는 가처분소득을 사용하였다. 그리고 소득과 소비는 통례에 따라 명목변수로 취급하였다. 단, 추정방법은 본장에서 소개한 통상최소자승법(OLS; ordinary least squares)에 국한하여 실행하였으며, 분석대상 기간은 1970년 1/4분기부터 1988년 4/4분기까지

의 19년 기간을 선택하였다.[1)]

3. 추정결과와 평가

SAS프로그램을 이용하여 OLS를 실시한 결과 다음과 같은 추정 결과를 얻을 수 있었다.

$$\begin{array}{lll} CPXV_t = 1448.233 + 0.695 YDXV_t & : & \text{표본회귀선} \\ \quad (9.487) \qquad (51.932) & : & t\text{값} \\ \quad (152.662) \qquad (0.013) & : & \text{표준오차} \\ \quad R^2 = 0.973 & & \\ \quad s_e = 513.044 & & \end{array}$$

여기서 CPXV는 계절조정된 불변가격표시(1985=100) 소비지출액(단위 : 10억 원)을, 그리고 YDXV는 역시 계절조정된 불변가격표시(1985=100) 가처분소득금액(단위 : 10억 원)을 각각 나타내며, 추정된 표본회귀식 밑의 ( ) 안에 있는 숫자들은 각각 t값과 표준오차($s_{\hat{\alpha}}$, $s_{\hat{\beta}}$)를 나타낸다. 그리고 R^2는 결정계수값을 의미한다. 추정 결과에 따르면 소비지출액 변동의 약 97.3%가 가처분소득금액의 변동에 의해 설명될 수 있으며, 한계소비성향은 약 0.695 그리고 절대소비지출액수준은 1,448.233(10억 원)으로 나타났다.

3.1 유의성검정

과연 추정 결과 얻은 각 회귀계수값이 유의할 만한 것인지, 즉 각 회귀계수값이 0과 현저하게 틀린 값이라고 볼 수 있는지를 확인할 필요가 있다. 이때 귀무가설은 각각 다음과 같다.

$$\begin{cases} H_0 : \alpha = 0 \\ H_A : \alpha \neq 0 \end{cases} \qquad \begin{cases} H_0 : \beta = 0 \\ H_A : \beta \neq 0 \end{cases}$$

회귀분석에서 얻어진 $\hat{\alpha}$와 $\hat{\beta}$의 t값은 각각 9.487과 51.932이며, $\alpha=5\%$ 수준에 대응하는 t의 임계치($n=76 \geq 30$이므로 Z값으로 대체함)는 ±1.96을 훨씬

1) 본장에서 단순히 최소자승법으로 소개한 분석방법은 실제로는 최소자승법의 기본유형인 이른바 통상최소자승법(OLS)에 해당되는 것으로, 예컨대 기본가정이 충족되지 못한 경우에 대처하여 적용하는 일반화최소자승법(GLS; generalized least squares; 본서에서는 다루지 않음)에 대응되는 개념이다. 자세한 것은 이종원, 「계량경제학」(박영사, 1994), 제9장과 제10장을 참조.

상회하므로 귀무가설이 모두 기각된다.

3.2 적합도검정

상대적 적합도를 나타내는 R^2값이 최고한도인 1에 거의 육박하는 0.973으로 산출되어 표본회귀선이 실제 관측점들을 아주 잘 대변해 주고 있음을 쉽게 알 수 있다. 일단 $\alpha=5\%$수준에서 다음과 같은 귀무가설을 검정해 보면

$$\begin{cases} H_0 : \rho=0 \\ H_A : \rho\neq 0 \end{cases}$$

$$t=\frac{r}{\sqrt{(1-r^2)/n-2}}=\frac{\sqrt{0.973}}{\sqrt{0.027/(76-2)}}\fallingdotseq\frac{0.9864}{0.0191}=51.64$$

로, t의 임계치 1.96을 훨씬 상회하므로 역시 귀무가설은 기각되며 적합도는 훌륭한 것으로 판정할 수 있다.[1)]

귀무가설은

$$\begin{cases} H_0 : \rho^2=0 \\ H_A : \rho^2\neq 0 \end{cases}$$

로 놓고 F검정을 실시해 보아도 동일한 결론을 얻을 수 있다.[2)] 즉,

$$F=\frac{r^2/(k-1)}{(1-r^2)(n-k)}=\frac{0.973/(2-1)}{0.027/74}=\frac{0.973}{0.0003648}=2{,}667.2149$$

으로 $F_{(1.74,\,0.05)}=3.92\sim4.0$보다 훨씬 커서 역시 귀무가설은 95% 확신을 가지고 기각할 수 있다. 여기서 분석모형은 설명변수가 하나인 선형회귀식이므로 F검정통계량 값은 앞서의 t통계량값을 제곱한 값과 같아짐에 다시 한번 유의하기 바란다.

3.3 신뢰구간추정

한편, 추정된 회귀계수값과 각종 통계량의 값을 이용하여 모회귀계수에 대한 구간추정을 시행함으로서 회귀계수의 유의성을 재차 확인해 보기로 하자. α와 β에 대한 95% 신뢰구간은 각각 다음과 같이 정의된다.

$$\hat{\alpha}-t\cdot s_{\hat{\alpha}}<\alpha<\hat{\alpha}+t\cdot s_{\hat{\alpha}}$$

1) 여기서 사용된 검정통계량에 대한 구체적인 내용은 제11장에서 소개될 것임.
2) 여기에서 사용된 검정통계량에 대한 구체적인 내용은 제12장에서 소개될 것임.

$$\hat{\beta}-t\cdot s_{\hat{\beta}}<\beta<\hat{\beta}+t\cdot s_{\hat{\beta}}$$

추정결과식에 나타난 자료를 활용하면 다음 결과를 얻게 된다.

$$1141.17548=1448.233-1.96(156.662)<\alpha<1448.233+1.96(156.662)=1755.29052$$
$$0.670=0.695-1.96(0.013)<\beta<0.695+1.96(0.013)=0.72$$

즉, 절대소비수준을 나타내는 절편(α)이나 한계소비성향의 의미를 갖는 기울기(β) 모두가 각각의 95% 신뢰구간 내에 0을 포함하고 있지 않고 있다. 따라서 α나 β값이 0과 같다는 가설은 다시 한번 기각될 수 있는 근거가 마련된 셈이다.

3.4 예 측

일단 적합도 및 유의성 검정 결과가 바람직한 것으로 판정되었으므로 추가적인 조정작업 없이 예측을 시행해 볼 수 있을 것이다. 예측치의 평가를 위해 편의상 추정기간을 1970년 1/4분기에서 1988년 2/4분기로 고쳐 잡고 1988년 3/4분기와 4/4분기에 대한 예측을 시행해 보기로 한다.

우선 변경된 기간에 대한 추정 결과부터 정리하면 다음과 같다.

$$\begin{aligned} CPXV_t &= 1{,}299.003 + 0.711 YDXV_t \\ &\quad (8.545) \qquad (51.507) \\ &\quad (152.027) \qquad (0.014) \\ &\quad R^2=0.974 \qquad d.w.=1.960 \\ &\quad s_e=481.930 \end{aligned}$$

한편, 설명변수 YDXV의 평균과 분산을 구해 보면 10,233.62와 $(4{,}084.352)^2$로 나타난다.

이제 1988년 3/4분기와 4/4분기의 설명변수값(20,419.140057, 22,755.211549)을 이용하여 동기간에 대한 점예측을 실시하면, 종속변수인 CPXV값은 각각 15,817.01와 17,477.96로 산출된다.

그리고 이를 이용하여 구간예측을 시행하면 다음과 같아진다(단, α=5%).

1988년 3/4분기 :

$$CPXV_f \pm t_{\alpha/2}\cdot s_e\sqrt{1+1/n+(YDXV_f-\overline{YDXV})^2/\sum ydxv^2}$$

$$15{,}817.01\pm1.96(481.93)\sqrt{1+1/74+(20{,}419.14-10{,}233.62)^2/(74-1)(4{,}084.354)^2}$$

그림 10-16 소비함수추정에 따른 오차항의 분포도

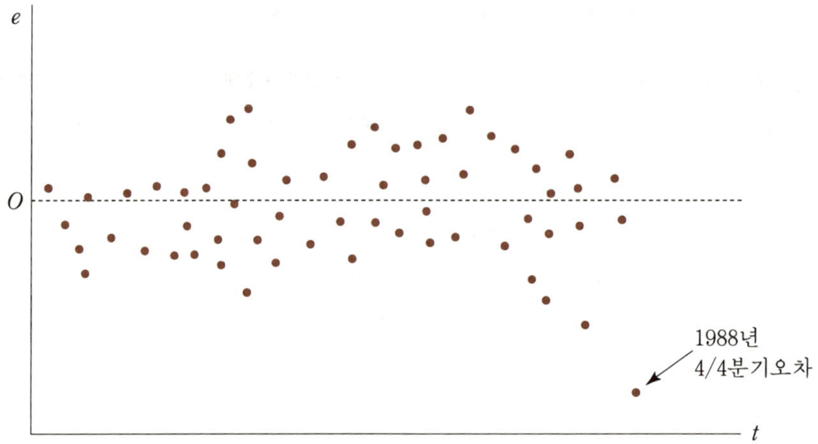

$(\because \ \sum ydxv^2 = \sum(\mathrm{YDXV} - \overline{\mathrm{YDXV}})^2 = (n-1) \cdot s^2_{\mathrm{YDXV}})$

$\therefore$ 15,817.01±990.10 또는 14,826.9～16,807.1

1988년 4/4분기 :

$17{,}477.96 \pm 1.96(481.93)\sqrt{1 + 1/74 + (22{,}755.211549 - 10{,}233.62)^2/73(4{,}084.354)^2}$

$\therefore$ 17,477.96±1,003.6 또는 16,474.36～18,481.56

동기간에 대한 실제 CPXV값은 각각 15,561.1과 15,715.7인 점을 고려하면 1988년 3/4분기의 예측치는 무난하나 4/4분기의 예측치는 실제치와 상당한 차이를 보여 줌을 알 수 있다. 따라서 3/4분기의 구간예측은 실제값을 포함하나 4/4분기의 구간예측은 실제값을 포함하지 못하고 있다. 이는 1988년 4/4분기의 실제치가 극단적으로 낮은 값으로 나타나 이른바 극단치(outliers)현상을 보였음에 기인하는 것으로 볼 수 있으며, 이러한 사실은 오차항의 분포도(그림 10-16)에서도 잘 확인할 수 있다.

제 9 절 단순회귀분석의 한계성

사실 지금까지 소개한 회귀분석방법은 가장 기본이 되는 모형과 가장 이상적인 여건이 충족된 상태하에서 전개될 수 있는 상황에 국한된 것이다. 즉, 종속변수는 단 하나의 독립변수만으로 충분히 설명될 수 있으며, 그것도 1차함수관계식으로 설명되는 경우만을 대상으로 삼았고, 또 다섯 가지 기본가정이 충족된다는 조건하에 분석을 진행하여 왔다.

그러나 현실적으로 종속변수가 단 하나만의 독립변수로 그것도 1차함수관계에 의해 설명이 가능한 경우란 그리 흔치 않다. 즉, 둘 이상의 독립변수들에 의해 종속변수를 설명하는 것이 일반적이며, 이 경우 성립되는 함수관계도 반드시 1차선형관계에 있다고 단정할 수는 없다. 이외에도 현실적으로 회귀분석을 적용함에 있어 우리가 부딪치게 되는 문제는 허다하다.

본절에서는 그 중 중요한 것 몇 가지만 선정하여 지금까지 전개한 분석방법의 한계성을 지적함과 동시에 확대적용 가능성을 간단히 언급하고, 그 중 일부를 다음에 오는 두 장에 걸쳐 소개하고자 한다.

1. 모회귀모형의 형태문제

계량경제학에서 회귀분석을 이용하는 주목적 중 하나는 경제 또는 경영행위에 있어 어떤 행태적 특징에 관하여 가설로 설정해 놓은 인과관계가 실제로 성립되는지의 여부를 확인하는 것이라고 수차 강조한 바 있다.

그러나 특정한 경제행위를 설명함에 있어 단지 한 개의 설명변수만으로 충분히 인과관계를 밝힐 수 있는 경우란 흔치 않다. 즉, 설명변수가 둘 이상이 되는 회귀모형이 보다 일반적이라 할 수 있으며, 이를 다변량회귀모형 또는 다중회귀모형이라 칭하는데 제12장에서 다루기로 한다.[1)]

두 번째는 종속변수가 하나 또는 둘 이상의 독립변수와 인과관계가 있다고 할 때 과연 이들 변수간의 함수관계가 반드시 선형함수인가 하는 점이다. 앞에서도 지적하였듯이 이것은 계산과 분석모형의 간편화를 위해 편의상 1차함수관계로 가정한 것에 불과하며, 실제로는 비선형함수관계로 설정된 가설들이 허다함을 우리는 잘 알고 있다. 그 좋은 예로 코브-다글라스(Cobb-Douglas) 생산함수 형태인 $Q=AL^{\alpha}K^{\beta}$ 등을 들 수 있다. 그러나 대부분의 비선형모형은 일정한 절차를 통하여 쉽게 선형모형으로 변환시킬 수 있기 때문에 지금까지 전개한 분석방법을 확대적용하는 데 큰 불편이 없다. 이 점에 관해서도 제12장 다중회귀분석에서 보다 상세히 설명하기로 한다.

1) 다변수회귀모형 중 특수한 경우의 하나로, 주요 설명변수와 종속변수의 함수관계에는 전혀 변화가 발생치 않았음에도 불구하고 종속변수값의 변화를 일정 기간 동안 발생시키는 요인이 생겼을 때 이를 설명하는 방안인 모의변수(dummy variable)를 사용하는 다변수 형태의 회귀모형이 있는데, 이에 대해서도 제12장에서 상세히 살펴보도록 한다.

세 번째로 변수들간의 관계를 정의함에 있어 시차(lag)변수가 포함된 형태가 보다 적절한 경우를 생각할 수 있다. 예를 들어, $C_t=\alpha+\beta_1 Y_t+\beta_2 C_{t-1}$(단, C_t와 C_{t-1}은 현재 및 과거의 소비수준, Y_t는 현재의 소득수준을 뜻함)에 의해 소비행태를 규정하는 경우를 들 수 있다. 이외에도 다양한 형태의 시차모형이 있는데, 우리는 이들을 보통 동태적 모형(dynamic model) 또는 시차분포모형(distributed lag model)이라 부르고 있다. 이 문제에 관해서는 전문적인 계량경제학 교재를 참고하기 바란다.[1)]

네 번째로 생각할 수 있는 행태방정식으로 연립방정식 체계를 들 수 있다. 즉, 현실세계에서의 경제행위는 서로 연관되어 있으므로 이를 설명하는 각 변수들이 서로 관련을 맺으며 영향을 주거나 받는 형태로 설정하는 것이 보다 바람직한 경우가 많다. 예컨대,

$$
\begin{aligned}
C&=\alpha_1+\alpha_2 Y\\
I&=\beta_1+\beta_2 r\\
G&=G_0\\
Y&=C+I+G
\end{aligned}
\qquad
\left(\begin{array}{l}
\text{단, } C:\text{소비}\\
Y:\text{소득}\\
G:\text{정부지출}\\
r:\text{이자율}\\
I:\text{투자}
\end{array}\right)
$$

와 같은 방정식은 동시적으로 고려하여야만 진정한 인과관계가 정확하게 규명될 것이다. 이러한 모형을 연립방정식모형이라 하는데 본서에서는 설명을 생략키로 한다.[2)]

마지막으로 회귀모형의 다양한 형태를 논하는 데 있어 지적해 둘 만한 것으로 제한조건이 포함된 함수관계식으로 정의되는 모형을 들 수 있다. 예컨대, 앞서 소개한 코브-다글라스 형태의 생산함수가 적당한 것으로 판정되었을 경우에 만일 생산이 규모에 대한 보수불변(constant returns to scale)의 법칙에 준하여 수행된다면 회귀모형은 $\alpha+\beta=1$이라는 제한조건이 붙은 함수, 즉 $Q=AL^{\alpha}K^{(1-\alpha)}$(단, $\alpha+\beta=1$)와 같은 함수관계로 표현되어야 할 것이다. 이처럼 추정하고자 하는 모형에 특정한 조건이 수반될 때에는 별도의 회귀분석이 필요하게 되는데 이른바 제한조건부최소자승법(constrained least squares; CLS)이라 일컫는 방법을 적용한다. 이것 역시 관심 있는 독자는 전문서적을 참조하기 바란다.[3)]

1) 예컨대, 이종원(1994), 전게서, 제12장, 또는 R. S. Pindyck and D. L. Rubinfeld, *op. cit.*, pp. 231~244를 참조.
2) 이종원(1994), 전게서, 제15장부터 제18장까지 내용을 참조.
3) 예컨대, 이종원(1994), 전게서, 제14장이나 Kmenta, *op. cit.*, pp. 430~451을 참조.

2. 기본가정의 현실성여부

두 번째로 본장에서 살펴본 회귀분석이 갖는 한계성으로 지적할 수 있는 사항은 G-M가정이라 부르는 조건들이 현실적으로 충족될 수 있는가 하는 점이다. 이 점에 관하여는 기본가정을 설명하는 과정에서 그 현실타당성 여부를 부분적이나마 설명한 바 있다. 특히 가정 I : $E[\varepsilon_i]=0$와 가정 IV : $E[\varepsilon_i X_i]=X_i E[\varepsilon_i]=0$의 경우에는 분석의 편의성을 위한 측면이 크며, 따라서 비단 그 조건이 충족되지 못한다 하더라도 기존의 회귀분석방법에 큰 영향을 주지 않는다고 지적한 바 있다. 그리고 가정 V : $\varepsilon_i \sim N(0, \sigma_\varepsilon^2)$의 현실성 여부는 표본의 크기가 커질수록 별로 문제시되지 않음을 밝힌 바 있다.[1)]

기본가정 중 문제의 소지가 많은 것은 가정 II : $E[\varepsilon_i^2]=\sigma_\varepsilon^2$와 가정 III : $E[\varepsilon_i \varepsilon_j]=0(i \neq j)$으로 정의된 동분산가정과 오차항간의 독립성에 관한 가정이며, 이들 가정이 충족되지 않는 현상을 이분산(heteroskedasticity) 및 시계열상관(serial correlation)이라 한다. 이러한 현상이 발생하는지를 탐색하는 방법과 이들 현상이 심할 경우 발생하게 되는 문제 및 이를 해소하기 위한 방안 등을 살펴보아야 할 것이지만 이 문제 역시 생략하고자 한다.[2)]

3. 불충분한 자료의 처리문제

경우에 따라 회귀모형을 구성하는 데 필요한 변수 중 일부 또는 전부가 분석대상 기간 중 특정 시기에는 그 관측치가 존재하지 않는 경우(missing observation)가 발생할 수 있다. 또한 정의된 변수에 합당한 값이 제대로 관측될 수 없는 상황도 발생할 수 있다(errors in variables or errors of measurement). 이러한 현상은 관측방법 자체에 문제가 있거나 또는 회귀모형을 구성하는 변수 자체의 수량화작업이 쉽지 않거나 통상적으로 수집된 기존 통계자료로서는 합당한 수치를 얻기 힘들 때 발생한다.

이상과 같은 현상들을 통칭하여 불충분한 자료문제(deficient data pro-

---

1) 정규분포라는 것이 원래 오차들의 분포 형태를 묘사하는 과정에서 도출되었다는 사실을 무시하더라도 일단 표본규모가 증가하면 중심극한정리(central limit theorem)를 간접적으로 적용할 수 있어 최소자승추정량의 활용에 별 문제가 없어진다. 자세한 것은 Kmenta, *Ibid.*, pp. 247～248을 참조.

2) 이종원(1994), 전게서, 제10장과 제11장 참조.

blems)라 하며 별도의 분석방안이 필요하나 자세한 내용은 본서에서는 생략하고자 한다.[1)]

4. 부적절한 변수의 채택여부

본장의 서두에서 밝힌 바 있듯이 모회귀선의 설정에는 특정 변수들간에 성립되는 함수관계를 일단 수식으로 정리하는 과정이 필요하다. 이러한 과정은 대개 분석자의 직관에 의해 설정되는 것으로 설정된 함수관계를 보통 가설(hypothesis)이라 한다. 그리고 이러한 가설의 현실성 여부를 확인하는 작업의 일환으로 회귀분석을 하는 것이다.

그러나 종종 회귀분석을 실시함에 있어 마땅히 포함되어야 할 설명변수가 회귀모형에서 누락(omission of relevant variables)되거나, 또는 부적절한 변수를 회귀모형에 포함(inclusion of irrelevant variables)하는 경우가 발생할 수 있다. 그리고 함수관계를 정의하는 과정에서 부적절한 함수를 설정할 가능성도 있다. 예컨대, 실제로는 1차함수관계가 아닌 경우임에도 불구하고 1차함수관계식을 설정하는 경우를 들 수 있다. 뿐만 아니라 모형 내에 포함된 변수가 질적 변화(qualitative change)가 발생할 가능성을 내포하고 있을 수도 있다. 이상과 같은 상황을 모두 부적절한 모형설정에 따른 오류(specification error)라고 하는데, 이 문제의 해결방안 또한 본서의 수준을 넘는 문제이므로 생략하기로 한다.[2)]

5. 인과관계의 확인문제

앞에서 지적한 것처럼 회귀모형이란 기존의 이론이나 논리적으로 잘 정리된 직관, 즉 가설을 수학적 함수관계식으로 나타낸 것이다. 이 때 이미 기존이론이나 가설은 우리가 모형에 포함할 변수 중 어느 것이 종속변수이고 또 어느 것이 설명변수의 역할을 담당하는 것인지를 이미 내정해 주고 있다. 따라서 회귀분석이란 이처럼 미리 내정된 설명변수들의 종속변수에 대한 설명력을 확인하는 작업으로 이해할 수 있다. 이는 결과적으로 회귀분석을 담당하는 사람이 임의로 변수를 종속변수 또는 설명변수로 내정하거나 변경할 수 없다는 의미를 갖는 것이다. 그러나 물론 기존가설이 인과관계를 잘못 규정하였을 가능

1) 상게서, 제13장 참조.
2) 상게서, 제12장 참조.

성을 배제할 수는 없는 것이어서, 이를 확인하는 문제는 별도의 분석방법을 필요로 한다. 따라서 회귀분석을 행하는 사람은 기존이론이나 가설을 일단 기정사실화된 인과관계로 인정한 후 이러한 관계식을 추정하는 데까지로 회귀분석의 역할이 한정되어 있음을 인식할 필요가 있다. 초보자들이 회귀분석을 적용함에 있어 흔히 범하기 쉬운 문제 중 하나는 바로 위와 같은 사실을 망각하고 자의로 모형을 설정하는, 과감하기는 하나 무모한 오류를 저지른다는 사실이다.

예컨대, 단지 자신의 소견으로 물가수준이란 도매물가지수·소매물가지수·수출입물가지수·환율 등과 관계가 있다고 보고 물가수준을 종속변수로, 그리고 기타 다른 변수를 설명변수로 하는 1차함수 형태의 회귀모형을 설정하였다면 얼마나 우스운 결과가 되겠는가? 일반물가수준을 산정함에 있어 위에 소개한 변수들이 서로 유기적인 상관관계를 지닐 수 있는 것은 당연하지만, 그렇다고 해서 물가수준을 설명하는 독립변수로 볼 수는 없는 것이다. 물가수준을 실업률과 연관시키는 필립스곡선(Phillips curve) 모형이나 화폐론자들의 입장에 따라 물가수준을 통화량과 연결시켜 모형을 설정한다면 이는 기존의 이론이나 가설에 합당한 경우가 될 것이다.

또 다른 예를 들어 보자. GDP(Y)란 경제학 교재에 의하면 소비(C)와 투자(I), 정부지출(G) 그리고 순수출($X-M$)의 합으로 정의된다. 즉, $Y=C+I+G+(X-M)$이라는 관계가 있다. 그러나 이 식은 어디까지나 항등식에 불과한 것일 뿐이지 C, I, G, X와 M이 종속변수 Y를 설명하는 인과관계의 함수식이 아닌 것이다. 그럼에도 불구하고 Y를 위에 열거한 변수들에 대하여 회귀분석을 감행하는 초보자들을 가끔 볼 수 있다.

6. 예측의 한계성

마지막으로 강조하고 싶은 것은 회귀분석이라는 새로운 분석방법을 알게 된 자신감에 넘쳐 무모한 예측(forecasting)을 마구 시도하거나, 또 예측치를 지나치게 과신하는 경향이 있다는 점이다.

앞에서 밝힌 바 있듯이 우리가 일반적으로 계산의 편의 등을 이유로 사용하는 선형(1차함수)관계식이 오류일 수도 있으며, 그 외에 본절의 앞 부분에서 지적한 회귀분석의 여러 가지 한계성이 현실로 나타날 수 있음을 감안하여 비록 정당한 평가를 받을 수 있는 표본회귀선이 도출되었다 하더라도 이에 의해 예측된 값을 맹신해서는 결코 안 될 것이다. 특히 예측은 설명변수의 값(X_f)이 평균치($\bar{X}$)로부터 멀어질수록 그 정확성이 점차 낮아진다는 사실을 명심하여야 할 것이다. 따라서 시계열자료를 이용하는 회귀분석에서 특히 현재로부터 먼 장래에 대한 예측을 시행한다는 것은 무모한 시도에 불과하다고 볼 수 있다. 시계열자료 사용시 먼 장래에 대한 예측일수록 이에 사용될 설명변수 X_f의 값은 표본회귀선 도출시 사용된 X의 평균값인 $\bar{X}$와 현격한 차이가 있을 것이고, 따라서 이 때 얻어진 점예측치의 신뢰구간은 굉장히 넓어질 것이며, 예측에 사용된 X_f값 자체가 장래에 실현될 가능성이 희박하다 볼 수 있기 때문에 결국 예측치의 정확성은 거의 상실되고 말 것이다.

예측이 필요할 경우 우리는 가능한 한 아주 가까운 장래에 한정하되, 예측에 사용될 설명변수값(X_f)이 그 평균과 큰 격차가 없는 상황이기를 기대하는 것이 우리가 할 수 있는 최선일 것임을 명심해야 한다.

제10절 요 약

본장에서 취급한 회귀분석은 한 독립변수값이 주어졌을 때 종속변수값을 추정할 수 있는 단순선형회귀방정식의 도출과정과 관련된 제반 분석방안에 관한 것이다.

회귀분석은 본질적으로 인과관계에 있는 두 변수(이상)간의 함수관계를 실증적으로 규명함으로써 각종 경제현상에 대한 직관이나 가설의 현실타당성을 검증할 수 있게 해줄 뿐 아니라 추정된 회귀방정식을 통한 종속변수의 예측방안을 제공하고 있다.

논리적 가설을 수학적으로 표현한 이른바 모회귀선에 대한 추정방법으로는 최소자승법이 가장 합당한 것으로 판정되었고, G-M 가정이 충족되면 최소자승추정량(LSE)이 BLUE가 됨을 확인하였다.

최소자승법이란 한 마디로 말해서 오차자승합을 극소화시키는 표본회귀선의 도출방법이라 할 수 있다. 한편, 이 방법에 의해 추정된 표본회귀선이 실제 관측치를 어느 정도 잘 대표할 수 있는지의 여부를 우리는 표준추정오차(s_e)나 결정계수(R^2)를 이용하여 검정할 수 있으며, 독립변수가 종속변수 변동을 설명할 수 있는 능력이 있는지의 여부를 이른바 유의성검정을 통하여 판정하였다.

최소자승추정에 의해 도출된 표본회귀선이 일단 적합도검정이나 유의성검정에서 신뢰할 만한 판정을 얻게 되면, 우리는 비로소 이러한 표본회귀선을 이

표 10-5 회귀분석의 주요 내용

내용	구 분		공 식	비 고
추정	절 편(α)		$\hat{\alpha}=\bar{Y}-\hat{\beta}\bar{X}$	$\bar{X}=\frac{\sum X_i}{n}$ $\bar{Y}=\frac{\sum Y_i}{n}$
	회귀계수(β)		$\hat{\beta}=\sum x_i y_i/\sum x_i^2$	$x_i=X_i-\bar{Y}$ $y_i=Y_i-\bar{Y}$
검정	적합도 검 정	절대평가	$s_e=\sqrt{\frac{SSE}{n-2}}=\sqrt{\frac{\sum(Y_i-\hat{Y}_i)^2}{n-2}}$	
		상대평가	$R^2=\frac{SSR}{SST}$	
	유의성검정		$t_{n-2}=\hat{\beta}/s_{\hat{\beta}}$	$s_{\hat{\beta}}=s_e/\sqrt{\sum x_i^2}$
예측	점 예 측		$\hat{Y}_f=\hat{\alpha}+\hat{\beta}X_f$	
	구간예측		$\bar{Y}_{fc}=\hat{Y}_f\pm t_{\alpha/2}s_f$	$s_f=s_e\sqrt{1+\frac{1}{n}+\frac{(X_f-\bar{X})^2}{\sum x_i^2}}$

용한 점예측 및 구간예측을 시행할 수 있다.

그러나 본장에서 전개한 회귀분석 내용은 설명변수가 하나이고, 또 종속변수와는 1차함수관계를 갖는 가장 기본적인 모형에 한정된 것이었고, 아울러 다섯 가지 기본가정이 충족된다는 조건하에 분석이 이루어졌다. 따라서 보다 일반적이고 현실적인 상황에 대한 회귀분석을 시행하기 위해선 회귀모형 형태의 적절한 선정이나 기본가정의 충족 여부를 확인하는 문제는 물론, 불충분한 자료의 처리문제 및 적절한 변수의 채택 여부에 이르는 제반 사항을 적절히 고려해야 할 것이다.

본장에서 소개한 주요 분석내용은 표 10-5와 같이 정리될 수 있다.

□ 보 론

1. OLS가 BLUE가 되는 이유

(1) $\hat{\beta}=\dfrac{\sum x_i y_i}{\sum x_i^2}=\sum C_i y_i$ (단, $C_i=\dfrac{x_i}{\sum x_i^2}$)

(2) $E[\hat{\beta}]=\beta$ (본문 중 식 (10.21) (10.22) 참조)

(3) $$\hat{\beta}=\frac{\sum x_i(Y_i-\bar{Y}_i)}{\sum x_i^2}=\frac{\sum x_i Y_i-\sum x_i\bar{Y}}{\sum x_i^2}=\frac{\sum x_i Y_i-(\sum X_i\bar{Y}-\sum\bar{X}\bar{Y})}{\sum x_i^2}$$

$$=\frac{\sum x_i Y_i-(n\bar{X}\bar{Y}-n\bar{X}\bar{Y})}{\sum x_i^2}=\frac{\sum x_i Y_i}{\sum x_i^2}=\sum C_i Y_i$$

즉, $\hat{\beta}=\sum C_i Y_i$와 같아지는데 이러한 OLS추정량의 형태와 대비하기 위해 또 다른 선형추정량을 $\beta^*=\sum W_i Y_i$라 정의하자. 그러면

$$\begin{aligned}E[\beta^*]&=\sum W_i E[Y_i]\\&=\sum W_i(\alpha+\beta X_i)\\&=\alpha\sum W_i+\beta\sum W_i X_i\end{aligned}$$

가 된다. 여기서 β^*가 불편추정량이 되려면

$$\sum W_i=0$$
$$\sum W_i X_i=1$$

이 만족되야 한다. 그런데

$$\begin{aligned}\mathrm{Var}(\beta^*)&=\mathrm{Var}(\sum W_i Y_i)=\sum W_i^2\mathrm{Var}(Y_i)\quad(\because\ \text{기대치법칙 4번, 제4장 참조})\\&=\sigma^2\sum W_i^2\quad(\because\ \mathrm{Var}(Y_i)=\mathrm{Var}(\varepsilon_i)=\sigma^2)\\&=\sigma^2\sum\left(W_i-\frac{x_i}{\sum x_i^2}+\frac{x_i}{\sum x_i^2}\right)^2\\&=\sigma^2\sum\left(W_i-\frac{x_i}{\sum x_i^2}\right)^2+\sigma^2\frac{x_i^2}{(\sum x_i^2)^2}+2\sigma^2\sum\left(W_i-\frac{x_i}{\sum x^2}\right)\left(\frac{x_i}{\sum x^2}\right)\\&=\sigma^2\sum\left(W_i-\frac{x_i}{\sum x_i^2}\right)^2+\sigma^2\left(\frac{1}{\sum x_i^2}\right)\end{aligned}$$

$$=\sigma^2\sum\left(W_i-\frac{x_i}{\sum x_i^2}\right)^2+\text{Var}(\hat{\beta}) \quad (\because \text{ 제10장 식 (10.52) 참조})$$

따라서

$$\text{Var}(\beta^*)\geq\text{Var}(\hat{\beta})$$

즉, $\text{Var}(\hat{\beta})$이 선형불편추정량 중 최소분산을 갖는다. 따라서 OLS추정량 $\hat{\beta}$은 BLUE가 된다. 마지막 식에서 $\text{Var}(\beta^*)$가 $\text{Var}(\hat{\beta})$와 같아지려면 $W_i=x_i/\sum x_i^2=C_i$가 되어야 하며 이는 β^*이 $\hat{\beta}$ 자체가 될 때 가능할 것이다. 한편, $\hat{\alpha}$이 BLUE가 된다는 사실도 비슷한 과정에 따라 입증할 수 있으므로 생략하였다. 자세한 것은 Kmenta(1971), pp. 209~213을 참조하기 바란다.

2. LSE와 관련된 수학적 특성

1) $\hat{Y}=\hat{\alpha}+\hat{\beta}X=(\bar{Y}-\hat{\beta}\bar{X})+\hat{\beta}X$

$\therefore\ \hat{Y}-\bar{Y}=\hat{\beta}(X-\bar{X})$

따라서 표본회귀선은 X와 Y의 평균값을 좌표로 하는 점을 지난다.

2) Y(또는 y)와 e는 서로 독립적이다. 즉, $\sum y_i e_i=0$

$$\begin{aligned}\sum\hat{y}_i e_i&=\hat{\beta}\sum x_i e_i \quad (\because\ \hat{y}_i=\hat{\beta}x_i)\\&=\hat{\beta}\sum x_i(y_i-\hat{\beta}x_i)\\&=\hat{\beta}\sum x_i y_i-\hat{\beta}^2\sum x_i^2\\&=\hat{\beta}^2\sum x_i^2-\hat{\beta}^2\sum x_i^2 \quad (\because\ \hat{\beta}=\sum x_i y_i/\sum x_i^2)\\&=0\end{aligned}$$

3) X와 e는 서로 독립적이다. 즉, $\sum e_i X_i=0$

$$\begin{aligned}\sum X_i e_i&=\sum(Y_i-\hat{Y})X_i=\sum(Y_i-\hat{\alpha}-\hat{\beta}X_i)X_i\\&=\sum Y_i X_i-\hat{\alpha}\sum X_i-\hat{\beta}\sum X_i^2 \quad (\because\ \text{정규방정식})\\&=0\end{aligned}$$

3. Ballentine도표를 이용한 R^2값의 의미설명

Peter Kennedy가 Ballentine맥주의 포장인 원들의 모양으로부터 이름을 빌려와 계량경제분석을 위한 도표적 설명방안(일종의 Venn diagram)으로 활용하면서 명칭이 부여된 Ballentine도표는 여러 면에서 유용하다. 우선 R^2값의 크기는 아래와 같은 도표모양으로 설명이 가능하다. (a) 경우 Y와 X의 변동량이 서로 중복되는 부분이 없어 $R^2=0$이 된다. (b)와 (c)는 R^2가 0이 아닌 상황을 나타내며 (c)가 (b)보다 R^2값이 높음을 나타내는데 이는 Y의 변동량에 의해 설명되는 부분이 커짐을 의미하며 (d)의 경우는 $R^2=1$이 되는 상황을 나타내고 있다.

그림 10-17 Ballentine도표

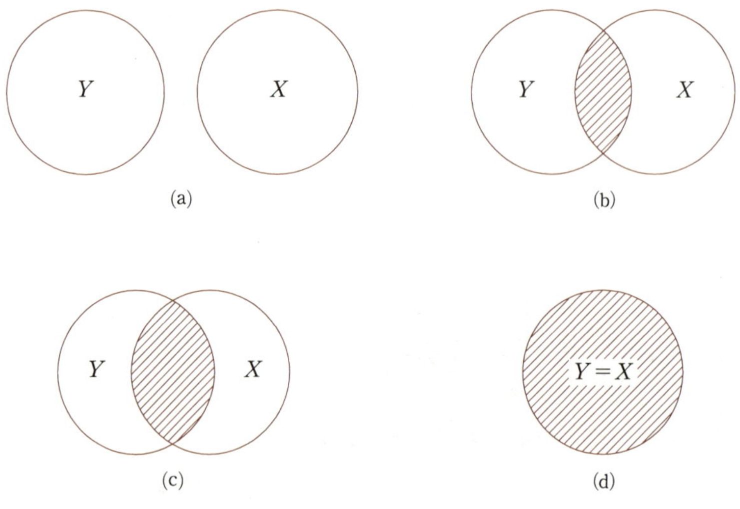

자료 : Peter Kennedy, "Ballentine: A Graphical Aid Econometrics," *Austrailian Economic Papers*, Vol. 20(1981), pp. 414~416.

4. 개별예측과 평균예측

예측을 함에 있어 본문에서처럼 주어진 X값(X_f)에 대응하는 Y값($\hat{Y}_f$)을 도출하는 것이 상례이나 경우에 따라서는 주어진 X값에 대응하는 Y값의 평균에 관심을 두기도 한다. 이 두 가지 종류의 예측을 구분하기 위하여 전자를 개

그림 10-18 개별예측과 평균예측의 예측구간

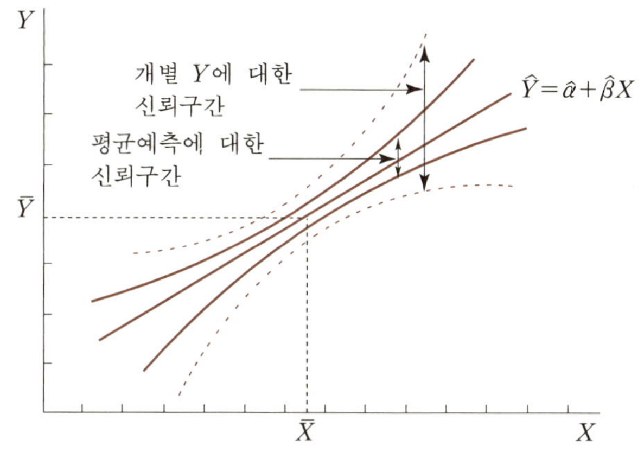

별예측(individual prediction), 그리고 후자를 평균예측(mean prediction)이라 부르기도 한다. 평균예측방법은 결국 모회귀선(population regression line) 자체에 대한 예측치를 찾는 것과 같으며 $E[Y|X=X_f]$와 같이 표현할 수 있다. $\hat{Y}_f=\hat{\alpha}+\hat{\beta}X_f$이므로 $\hat{Y}_f$는(정규분포를 따르는 $\hat{\alpha}$과 $\hat{\beta}$들의 1차함수이므로) 역시 정규분포를 따르게 된다. 이 때 $E[\hat{Y}_f]=\hat{\alpha}+\hat{\beta}X_f$이고, 분산은 $\mathrm{Var}(\hat{Y}_f)=\sigma^2\cdot[1/n+(X_f-\bar{X})^2/\sum x^2]$가 된다. 따라서 미지의 σ^2 대신 s_e^2을 대입한 다음 구간예측공식을 도출하면 다음과 같아진다.

$$\hat{Y}_{fc}=\hat{Y}_f\pm t\cdot s_e\cdot\sqrt{1/n+(X_f-\bar{X})^2/\sum x^2}$$

결과적으로 보아 평균예측 경우에 예측구간은 직관적으로 기대할 수 있듯이 좁아지게 된다. 이를 도표로 비교하여 나타낸 것이 아래의 도표다.

여기서 $\hat{Y}_f$에 대한 분산의 도출과정을 간략하게 살펴보자. $\hat{Y}_f$의 분산은 $\hat{\alpha}$에 의한 오차와 $\hat{\beta}$이 파생시키는 오차의 결합현상으로 표현될 수 있으며 다음과 같이 정의된다.

$$\begin{aligned}\mathrm{Var}(\hat{Y}_f)&=E[\hat{Y}_f-E[\hat{Y}_f]]=E[(\hat{\alpha}+\hat{\beta}X_f)-(\alpha+\beta X_f)]^2\\&=E[(\hat{\alpha}-\alpha)+(\hat{\beta}-\beta)X_f]^2\\&=E[(\hat{\alpha}-\alpha)^2+2(\hat{\alpha}-\alpha)(\hat{\beta}-\beta)X_f+(\hat{\beta}-\beta)^2X_f^2]\\&=E[(\hat{\alpha}-\alpha)^2]+2E[(\hat{\alpha}-\alpha)(\hat{\beta}-\beta)X_f]+E[(\hat{\beta}-\beta)^2X_f^2]\end{aligned}$$

$$=\mathrm{Var}(\hat{\alpha})+2\mathrm{Cov}(\hat{\alpha},\hat{\beta})X_f+\mathrm{Var}(\hat{\beta})X_f^2$$
$$=(1/n+\bar{X}^2/\sum x^2)\cdot\sigma^2-2\bar{X}\cdot X_f\cdot\sigma_\varepsilon^2/\sum x^2+X_f^2\sigma^2/\sum x^2$$
$$=\sigma_\varepsilon^2[1/n+(X_f-\bar{X})^2/\sum x^2]$$

여기서도 $\mathrm{Var}(\hat{Y}_f)$는 X의 모든 값에 대하여 일정한 것이 아니라 $X_f=\bar{X}$일 때 가장 작은 것을 알 수 있으며 $X_f=\bar{X}$이면 $\mathrm{Var}(\hat{Y}_f)=\sigma_\varepsilon^2/n$이 되며 이는 제 2편 제6장에서 살펴본 논리($\sigma_{\bar{X}}^2=\sigma^2/n$)와 같은 맥락에서 이해될 수 있을 것이다.

한편, 개별예측구간 설정시의 $\mathrm{Var}(\hat{Y}_{fc})$는 평균예측구간 설정시의 분산에다 $\mathrm{Var}(e_i^2)=s_e^2$을 더한 것과 같은 의미를 갖는다. 즉,

$$E[(Y_f-\hat{Y}_f)^2]=E[(\alpha+\beta X_f-\hat{\alpha}-\hat{\beta}X_f)^2]$$
$$=\mathrm{Var}(\hat{Y}_f)+\mathrm{Var}(\varepsilon^2)$$
$$=\sigma^2[1+1/n+(X_f-\bar{X})^2/\sum x^2]$$

복습문제

[1] 다음 용어들의 개념을 비교·설명하라.

1) 회귀분석과 상관분석
2) 모회귀선과 모회귀모형
3) 표준추정오차(s_e)와 결정계수(R^2)
4) 적합도검정과 유의성검정
5) 모의변수와 회귀분석상의 ANOVA(제12장 참조)
6) 최소자승법과 최우법
7) 종속변수와 독립변수
8) 사전적 예측과 사후적 예측
9) 조건부예측과 무조건부예측
10) 표준추정오차(s_e), 표준회귀오차($s_{\hat{\beta}}$), 표준예측오차(s_f)
11) 개별예측과 평균예측

[2] 정규방정식(식 (10.9)와 (10.10))을 이용하여 $\hat{\alpha}=\hat{Y}-\hat{\beta}\bar{X}$가 성립됨을 증명하라.

[3] 표본회귀선은 항상 X의 평균과 Y의 평균값으로 정의되는 점을 통과함을 증명하라.

[4] 식 (10.41)을 이용하여 식 (10.42)가 성립됨을 밝혀라.

[5] 다음과 같은 정보에 의거하여 Y를 X에 대하여 회귀분석할 때 표본회귀선을 도출하라.

$\sum X=50$ $\sum XY=2{,}000$ $\sum X^2=1{,}250$

$\sum Y=100$ $n=10$ $\sum Y^2=5{,}000$

[6] 크기가 $n=20$인 표본을 이용한 단순회귀분석 결과 결정계수값은 $R^2=0.6$이고 표준추정오차는 $s_e=9$로 나타났다면 SSE와 SSR 값은?

$$\left(\text{참고 } s_e^2=\frac{\text{SSE}}{n-2},\ R^2=1-\frac{\text{SSE}}{\text{SST}}\right)$$

[7] 월별 매출액은 광고비와 1차함수관계에 있다고 보고 다음 문제를 고려하라.

(단위 : 백만 원)

매 출 액	광 고 비
18	0
26	3
28	4
38	5

1) 두 변수간의 함수관계를 추정하라.
2) 적합도를 R^2값을 통해 추정 결과를 평가하라.
3) $H_0 : \beta=0$을 $\alpha=1\%$ 수준에서 검정하라.
4) 광고비가 6백만 원일 때 매출액은 어느 정도가 되리라고 보는가?
5) 절편(α)에 대한 95% 신뢰구간을 설정하라.

[8] Y가 성적, X는 결석일수를 나타낼 때 18명의 표본에서 다음과 같은 정보를 얻었다 하자.

$\sum X=60$ $\sum XY=3{,}000$ $\sum X^2=300$
$\sum Y=1{,}200$ $n=18$ $\sum Y^2=95{,}000$

1) 표본회귀선을 도출하고 그 결과를 설명하라.
2) R^2은?
3) 3번 결석한 사람의 성적은 평균적으로 몇 점이 되리라 예상하는가?

[9] 다음의 자료를 이용하여 $\hat{\alpha}$, $\hat{\beta}$, SST, SSR, SSE, s_e 및 R^2를 구하라.

$\sum X=200$ $\sum XY=15{,}500$ $\sum X^2=500$
$\sum Y=8{,}000$ $n=100$ $\sum Y^2=643{,}500$

연습문제

[1] 단순선형회귀분석의 한계성을 논하라.

[2] 회귀분석과 분산분석의 유사점과 상이점을 밝혀라(제12장 참조).

[3] 회귀분석의 다섯 가지 기본가정의 현실성 여부를 검토하라.

[4] 최소자승추정량이 BLUE가 되기 위한 조건을 밝혀라.

[5] 일변량분석과 다변량분석으로 구분되는 추측통계 내용을 비교·검토하라.

[6] LSE와 MLE가 같아지기 위한 조건은 무엇이며 또 어떻게 같아지는지를 밝혀라.

[7] 다음 관계가 성립됨을 증명하라.

1) $s_e=\sqrt{\dfrac{\sum Y_i^2-\hat{\alpha}\sum Y-\hat{\beta}\sum XY}{n-2}}$

2) $\text{SST}=\sum Y^2-\dfrac{1}{n}(\sum Y)^2$

3) $\text{SSR}=\hat{\beta}(\sum XY-\dfrac{1}{n}(\sum X)(\sum Y))$

4) SST=SSR+SSE

5) $E[\hat{\alpha}]=\alpha$

[8] 절편에 대한 회귀계수 $\hat{\alpha}$의 평균과 분산이 α와 $\sigma^2\cdot\left(\frac{\sum X_i^2}{n\sum x_i^2}\right)$인 정규분포를 따르게 됨을 증명하라.

[9] $\mathrm{Cov}(\hat{\alpha}, \hat{\beta})=\frac{-\bar{X}\sigma_\varepsilon{}^2}{\sum x_i^2}$을 도출하라.

[10] 이윤(Y)과 연구비(X)에 관하여 다음과 같은 정보를 얻었다.

$n=38$ $\sum X=60$ $\sum Y=120$

$\sum(X-\bar{X})(Y-\bar{Y})=190$ $\sum(X-\bar{X})^2=100$

$\sum(Y-\bar{Y})^2=400$ $\sqrt{\frac{400/36}{100}}=0.33$

1) Y를 X에 회귀분석하라.

2) β에 대한 90% 신뢰구간을 설정하라.

3) $H_0: \beta=0$을 $\alpha=5\%$ 수준에서 검정하라.

4) $H_0: \beta\geq 2.0$을 $\alpha=10\%$ 수준에서 검정하라.

[11] 어느 회사 근로자 중 5명을 임의선정하여 의무교육(초등학교 6년) 이후 정규교육을 받은 연수(X)와 월급수준을 조사한즉 다음 결과를 얻었다 하자.

교육연수	월 급
6	150만 원
4	140만 원
8	170만 원
2	130만 원
5	160만 원

1) 표본산포도를 도시해 보아라.

2) 최소자승추정량을 구하라.

3) 대학 1년을 수료한 자의 월급수준은?

4) 고졸자의 월급수준에 대한 95% 신뢰구간을 설정하라.

5) $H_0: \beta=0$을 $\alpha=5\%$ 수준에서 검정하라.

6) R^2값을 산출하라.

7) F검정법을 이용하여 적합도를 평가하라(단, $\alpha=5\%$, 제12장 참조).

8) 이상의 문제들에 대한 해답을 SAS를 이용하여 도출해 보여라.

[12] 표본회귀분석선과 회귀분석상의 분산분석표가 다음과 같이 주어졌다 하자.

얻었다고 가정하고 SAS를 이용하여 표본회귀선을 구해 보아라.

X	40	50	60	70	80	90	100	110	120	130
Y	44	60	46	62	70	84	85	100	105	110

[14] 제4절 표 10-3에 나타난 자료를 이용하여 Engel이 주장한 기타 분석 결과가 입증되는지 여부를 SAS를 이용하여 확인하라.

[15] H. Schwabe는 1868년 베를린시 가계조사를 통하여 소득수준이 높을수록 주거비의 절대지출액은 증가하지만 상대적 지출비율은 감소한다고 주장한 바 있는데, 표 10-3에 나타난 자료는 그의 주장을 반증하는지를 SAS를 이용하여 확인하라.

[16] 다음은 1980년부터 2001년까지 GDP(1995=100)와 산업구조별 취업자 비중을 나타낸다. 소득수준(GDP)의 증가에 따라 각 산업의 비중이 변화한 내용을 적절한 실증분석모형을 설정하여 확인해 보아라.

연도	GDP 지수 (1995=100)	산업별 취업자 구성비(%)		
		농림어업	광 공 업	사회간접자본 및 기타 서비스업
1980	10.0	34.0	22.5	43.5
1981	12.6	34.2	21.3	44.5
1982	14.4	32.1	21.9	46.0
1983	16.9	29.7	23.3	47.0
1984	19.3	27.1	24.2	48.7
1985	21.5	24.9	24.4	50.7
1986	25.1	23.6	25.9	50.5
1987	29.5	21.9	28.1	50.0
1988	35.0	20.6	28.5	50.9
1989	39.3	19.6	28.3	52.1
1990	47.4	17.9	27.6	54.5
1991	57.4	16.4	27.3	56.3
1992	65.1	15.8	25.9	58.3
1993	73.5	14.7	24.5	60.8
1994	85.7	13.7	23.9	62.4
1995	100.0	12.4	23.6	64.0
1996	110.9	11.7	22.6	65.7
1997	120.1	11.3	21.4	67.3
1998	117.8	12.4	19.6	68.0
1999	127.9	11.6	19.9	68.5
2000	138.3	10.9	20.2	68.9
2001	144.4	10.3	19.8	69.9

[17] 다음은 1980년부터 2001년까지 가처분소득과 저축(민간 및 정부)의 변화 내용을 집계한 자료이다. 저축함수를 전체로 또는 민간과 정부로 구분하여 추정해 보아라(SAS를 이용하여 결과를 제시할 것).

(단위 : 10억 원)

연도	가처분소득	저 축		
		총 저 축	민간저축	정부저축
1980	34,501	9,141	7,179	1,962
1981	42,916	11,355	8,849	2,506
1982	48,997	13,682	10,595	3,087
1983	57,409	18,382	14,085	4,297
1984	65,031	22,360	17,704	4,656
1985	72,030	24,909	20,040	4,869
1986	84,657	32,817	27,264	5,553
1987	99,869	42,741	35,548	7,193
1988	118,942	53,786	43,565	10,221
1989	133,121	55,793	44,396	11,397
1990	160,548	67,226	52,386	14,840
1991	194,849	80,957	64,942	16,015
1992	221,197	89,668	71,129	18,539
1993	249,312	100,519	78,080	22,439
1994	291,570	115,021	86,990	28,031
1995	335,424	133,431	96,963	36,468
1996	370,295	140,845	98,138	42,707
1997	400,499	151,025	103,142	47,883
1998	383,179	149,811	107,509	42,302
1999	417,917	157,596	111,132	46,464
2000	458,216	168,270	100,441	67,829
2001	480,030	162,203	92,841	69,362

[18] 제7절에서 예시한 절차에 따라 소비함수의 추정 및 검정 그리고 예측을 시행하되 가처분소득 대신 GNP(디스켓에 수록된 자료상에서는 YXV로 표기된 자료를 활용)를 사용해 보아라.

[19] 일반적으로 결석일수(X)가 커지면 성적(Y)이 불량해질 것이란 직관하에 다음과 같은 자료를 조사하였다 하자.

$$Y=\alpha+\beta X+\varepsilon$$

SAS를 이용하여 추정 결과를 보이고 그 결과를 평가해 보아라.

성 적(Y)	50	66	92	88	70	84	80	76	81	85
결석일수(X)	5	3	0	1	1	0	2	4	3	1

[20] J. M. Keynes는 대공황 타개책으로 정부가 경제에 적극개입할 것을 권장하면서 정부지출의 증가나 통화량 증가를 구체적 정책대안으로 제시한 바 있으며, 특히 전자의 효과가 보다 효율적이라 강조한 바 있다. 다음 자료를 이용하여 Keynes의 견해를 평가해 보아라. 즉, 1) 정부지출증가는 소득증가를 유도하였는가, 2) 통화량증가는 소득증가를 유도하였는가, 3) 어느 편의 효과가 더 컸는가? 단, 위와 같은 내용에 대한 응답은 다음 두 식의 추정 결과에 근거하여 구할 것.

$$GNP_t = \beta_1 + \beta_2 \ln M_t^s + \varepsilon_t$$

$$GNP_t = \alpha_1 + \alpha_2 \ln G_t + \varepsilon_t$$

(단, 디스켓에 수록된 자료 중 GNP는 YXV, M^s는 $M2X$, 그리고 G는 GEXV로 표기된 것을 활용할 것)

복습문제 해답

[1]~[4] (생략)

[5] $\hat{Y} = 2.5 + 1.5X$

[6] SSE = 1,458, SSR = 2,187

[7] 1) $\hat{Y} = 16.79 + 3.57X$

2) $R^2 = 0.8797$

3) $t_{\text{cal.}} = 3.82 < 9.925 = t_{\alpha/2}$ ∴ H_0는 기각되지 못함.

4) 38.21이 될 것이나 t검정이 실패하여(3) 참조) 예측치의 의의는 거의 없어진다.

5) $16.79 \pm 4.303(3.31)$

[8] 1) $\hat{Y} = 100 - 10X$ 2) 0.67 3) 70

[9] $\hat{\alpha} = 90$, $\hat{\beta} = -5$, $R^2 = 0.7143$, SST = 3,500

SSR = 2,500, SSE = 1,000, $s_e = 3.194$

연습문제 해답

[1]~[9] (생략)

[10] 1) $\hat{Y}=0.16+1.9X$

2) $1.9\pm1.645(0.1)$

3) $Z=19>1.96$ ∴ H_0는 기각됨.

4) $Z=-1>-1.28$ ∴ H_0는 채택

[11] 1) (생략)

2) $\hat{\alpha}=117.5$, $\hat{\beta}=6.5$

3) 163만 원

4) $156.5\pm3.182(8.036)$

5) $t=\dfrac{6.5}{1.607}=4.045>3.182$ ∴ H_0 기각

6) $R^2=0.845$

7) $F=16.35>10.1$

∴ 귀무가설은 기각됨(즉, 표본회귀선의 유의성이 있음).

8) (생략)

[12] 1) 40 2) 486 3) $F=16>4.08$ ∴ 귀무가설 기각

4) 3 5) -43

[13] 1) ① $E[Y|X_i=40]=44.375$

② $E[Y|X_i=50]=50$

③ $E[Y|X_i=60]=55$

④ $E[Y|X_i=70]=62.727$

⑤ $E[Y|X_i=80]=68$

⑥ $E[Y|X_i=90]=74.4$

⑦ $E[Y|X_i=100]=80$

⑧ $E[Y|X_i=110]=86$

⑨ $E[Y|X_i=120]=92.222$

⑩ $E[Y|X_i=130]=99.25$

2) (생략)

3) (생략)

4) $Y=19.558+0.607X$

(8.168) (22.389)

$R^2=0.839$

$s_e=7.464$

5) (생략)

6) $Y=11.588+0.765X$
(1.915) (11.341)
$R^2=0.995$
$s_e=6.126$

[14] 피복비 : 안정적
주거·광열비 : 완만한 상승
문화비 : 거의 일정

[15] 주거·광열비는 완만한 상승(상대적 비율 감소 안함)

[16] GDP 지수를 각 산업별 구성비에 대하여 회귀분석을 실시하면 회귀계수값은 −0.1559, −0.0345, 0.1904 이 됨.

[17] 전체 : $S=2{,}102.88+0.37\text{D}$
민간 : $S=8{,}391.85+0.23\text{D}$
정부 : $S=-6{,}288.97+0.14\text{D}$

[18] $\text{CPXV}=1{,}683.3548+0.5074\text{YXV}$, $R^2=0.99$
(21.265) (97.567)
유의성검정, 적합도검정 : H_0 기각
95% 신뢰구간 : $0.5119<\beta<0.5137$
88년 3/4분기 구간예측치 : 15,495.83∼16,596.81
88년 4/4분기 구간예측치 : 15,692.21∼16,816.11

[19] $Y=88.43-5.615X$, 즉 1회 결석시 5.615점씩 하락함.

[20] $\text{GNP}=-120{,}785.09+18{,}023.23\ln G$
$\text{GNP}=-27{,}307.65+4{,}639.08\ln M^s$
1) 그렇다. 2) 그렇다. 3) 정부지출

(제12장 참조)

$\hat{Y}=5.0=9.6X$		
요 인	*SS*	*d. f.*
회 귀	144	1
잔 차	342	38

1) 이 분석에 사용된 표본의 크기는?

2) SST 값은?

3) F검정법을 이용하여 적합도를 판정하라($\alpha=5\%$).

4) s_e값은?

5) $X=5.0$ 일 때 Y값은?

[13] 다음은 98세대로 구성된 어느 한 아파트단지 내의 가계소득과 월소비수준에 관한 가상적인 자료이다.

(단위 : 만 원)

가계소득(X)	40	50	60	70	80	90	100	110	120	130
소비지출(Y)	44	50	56	62	68	74	80	86	92	98
	40	60	60	61	65	70	80	80	94	108
	48	60	52	62	55	78	90	92	100	110
	45	45	40	64	71	78	70	85	84	85
	46	40	62	56	81	64	95	87	105	99
	47	45	66	75	78	84	65	100	79	90
	49	65	46	65	58	65	70	72	85	106
	36	42	56	59	70	83	85	86	99	98
		35	48	62	66	71	84	81	92	
		55	64	66	68	77	81	91		
		53		58						
		50								

1) 이 대상집단을 모집단으로 보고 주어진 X값에 대응하는 $E[Y|X_i]$를 구하라.

2) 주어진 소득수준(X)에 대응하는 조건부 소비수준(Y)의 분포를 도시하고 조건부 소비수준의 평균을 연결해 보아라.

3) 위에서 발견한 $E[Y|X_i]$의 식을 확인하여 이른바 모회귀선을 구성해 보고 그 의미를 설명하라.

4) 모회귀모형은 변수와 계수에 대하여 선형관계에 있는가 확인하라.

5) 모회귀모형상의 오차항들은 G-M의 기본가정을 잘 만족시키는지를 확인하라.

6) 당초의 모집단에서 SRS에 의해 10가구를 표본으로 뽑아 다음 자료를

제11장 상관분석

앞 장에서 우리는 기존이론이나 가설 또는 직관을 수리적 함수관계로 표현한 다음, 이들 관계식을 수집된 자료를 통하여 추정하고, 또 이러한 관계식의 유효성문제를 검정하는 문제들을 다루어 보았다. 그러나 이러한 회귀분석을 소개함에 있어 우리는 설명변수가 하나이고, 또 종속변수와는 1차선형관계에 있다는 상황만을 제한적으로 다루어 왔다. 그리고 가정된 1차함수관계가 수집된 자료를 근거로 볼 때 적합한 표현이었는지를 판정하는 방법도 고찰해 보았다. 이와 같은 두 변수간의 적합도 판정문제는 선형관계에 있는 두 변수간의 밀접도를 나타내는 이른바 상관분석을 고찰함으로써 완벽을 기할 수 있다.

상관분석의 주내용은 그림 XI과 같이 편의상 구분될 수 있으며, 본장에서는 1차선형관계에 있는 두 변수간의 상관분석만을 제한적으로 다루고 보다 복잡한 상황에서의 분석은 다음 장으로 미루기로 한다.

그림 XI 상관분석의 주요내용

- 상관분석
  - 단순선형상관분석 (제11장)
    - 상관계수의 개념과 의의
    - 단순상관계수의 추정과 검정
    - 상관분석과 회귀분석
  - 다중상관분석 (제12장 후반)
    - 편상관계수와 다중상관계수
    - 다중상관계수와 F검정

제 1 절 상관계수의 개념과 의의

상관관계란 한 마디로 말해서 두 변수간의 밀접도를 의미하며, 이러한 상관관계를 분석하는 것이 상관분석이라 할 수 있다. 상관분석은 일반적으로 두 변수간의 결합도 또는 함수관계의 강도를 측정하는 일종의 지수를 산출하는 지극히 단순한 분석방법에 불과하나, 회귀분석 결과를 평가함에 있어 유용한 개념이 된다는 데 그 의의가 있다. 원칙적으로 말해서 두 모집단을 대변하는 두 변수간의 상관계수 산출문제는 기술통계편에서 다루어지는 것이 당연하나, 우리가 여기서 활용하고자 하는 것은 주로 모상관계수의 추정치인 표본상관계수를 이용하여 회귀분석 결과의 적합도를 판정하는 과정과 관련시키려는 것이므로 추측통계편에서 다루게 된 것이다.

제10장 단순선형회귀분석에서 표준회귀선을 평가함에 있어 우리는 추정치의 표준오차 개념을 이용하여 두 변수간의 밀접도를 판별하였다. 그러나 이러한 방법은 상관관계의 강도를 측정하는 단일지표를 제공하지는 못하였다. 따라서 본장에서는 선형관계를 갖고 있다고 가정된 두 변수가 얼마나 밀접하게 함수관계를 유지하고 있는지를 판별할 수 있는 지표를 산출한 다음, 이를 회귀분석과 관련시켜 이용하고자 하는 것이다. 단, 여기서 주의할 사항은 단순선형상관분석이란 두 변수가 1차선형관계를 갖고 있는지의 여부와 그 강도를 측정하는 방안에 국한된 것이므로, 예컨대 두 변수의 관계가 선형이 아닐 경우에는 그 의미를 상실한다는 점이다.

1. 공분산과 상관계수

제2편 제4장에서 우리는 이미 두 변수간의 밀접도를 나타내는 개념의 하나로 공분산 개념을 배운 바 있다.

$$\mathrm{Cov}(X, Y) = E[(X-\mu_X)(Y-\mu_Y)] \qquad (4.26)'$$

비록 이처럼 정의된 공분산 개념이 중요한 통계학적 유용성이 있음을 수차 확인한 바 있으나, 이 지표의 결정적인 문제는 분석대상이 되는 변수의 측정단위에 따라 그 값이 달라진다는 점이다. 따라서 이 지표는 두 변수간의 밀접도를 상대적으로 비교하는 목적에는 사용될 수 없다. 이러한 문제점은 두 변수의 공분산을 표준화함으로써 해결된다. 즉, 공분산 Cov(X, Y)를 각 변수의 표준편차의 곱으로 나누는 것이다. 이와 같이 표준화된 공분산을 우리는 모상관계수(population correlation coefficient)라 하며, 그리스 문자 ρ("로"라 읽음)로 나타낸다.[1)]

[모상관계수]

$$\rho = \frac{\text{Cov}(X,\ Y)}{\sigma_X \sigma_Y} = \frac{X\text{와 } Y\text{의 공분산}}{(X\text{의 표준편차})(Y\text{의 표준편차})} \tag{11.1}$$

이 정의식은 다음과 같이 표현하기도 한다.

$$\rho = \frac{E[(X-\mu_X)(Y-\mu_Y)]}{\sigma_X \sigma_Y} = E\left[\left(\frac{X-\mu_X}{\sigma_X}\right)\left(\frac{Y-\mu_Y}{\sigma_Y}\right)\right] \tag{11.2}$$

현실적으로 X, Y를 대변하는 두 모집단을 전부 고려하여 모상관계수를 산출할 수 있는 경우는 드물다. 따라서 우리가 통상 사용하게 되는 개념은 표본관측점에서 산출된 표본상관계수(r이라 표기함)가 된다. 이 때 표본상관계수 r은 모상관계수 ρ에 대한 추정량이 된다. 이제 식 (11.1)과 (11.2)를 이용하여 r을 정의하면 다음과 같다.

[표본상관계수]

$$r = \frac{s_{XY}}{s_X \cdot s_Y} = \frac{\frac{1}{n-1}\Sigma(X_i-\bar{X})(Y_i-\bar{Y})}{\sqrt{\frac{1}{n-1}\Sigma(X_i-\bar{X})^2}\sqrt{\frac{1}{n-1}\Sigma(Y_i-\bar{Y})^2}} = \frac{\Sigma x_i y_i}{\sqrt{\Sigma x_i^2 \Sigma y_i^2}} \tag{11.3}$$

또는

$$r = \frac{1}{n-1}\Sigma\left(\frac{X_i-\bar{X}}{s_X}\right)\left(\frac{Y_i-\bar{Y}}{s_Y}\right) \tag{11.4}$$

(단, $x_i = X_i - \bar{X}$, $y_i = Y_i - \bar{Y}$)

여기서 s_{XY}는 표본공분산, s_X는 X의 표본표준편차, 그리고 s_Y는 Y의 표본표준편차를 나타내며, 각각 Cov(X, Y), σ_X 및 σ_Y에 대한 추정량들이다. 여기서 각 추정량들을 정의함에 있어 각종 편차자승합을 각 표본의 크기에서 1을 뺀 값으로 나누어 정의한 것은, 독자가 지금쯤은 익숙해졌으리라 믿는 자유도(de-

1) 이 개념은 피어슨(Karl Pearson)의 초기연구를 기념하여 피어슨의 결합적률상관계수(Pearson product-moment correlation coefficient)라 부르기도 한다.

grees of freedom)를 이용함으로써 불편추정량을 정의하기 위함이다.

2. 상관계수의 의미와 계산예

이제 위에 소개한 식들을 표 11-1에 나타난 S대학교 경제학과 합격자 중 임의추출한 표본그룹 10명의 수능시험 성적과 내신등급에 관한 관측치를 이용하여 음미해 보자. 우선 그림 11-1에서 이들 10명의 성적을 (a)에서 산포도 형태로 나타내 보았다. 그리고 (b)에서는 X와 Y의 편차 개념인 $x=X-\bar{X}$와 $y=Y-\bar{Y}$를 새로운 축으로 삼아 관측점들을 네 개의 상한으로 구분하여 보았고, 마지막으로 (c)에서는 표준화된 편차 개념인 $\frac{X-\bar{X}}{s_X}$ 및 $\frac{Y-\bar{Y}}{s_Y}$를 새로운 축으로 설정하여 표현하였다. 여기에 필요한 값들은 표 11-1 하반부에 밝혀 놓았다. 이와 같은 구분은 원점의 위치와 축의 값을 변환하더라도 결과적으로 계산될 지수에는 아무런 영향을 주지 않는 반면, 계산될 상관계수의 의미를 다각적

표 11-1 수능시험 성적과 내신등급

내신등급 X	수능시험성적 Y	$x=X-\bar{X}$	$y=Y-\bar{Y}$	xy	x^2	y^2
1	310	−1	10	−10	1	100
2	290	0	−10	0	0	100
3	280	+1	−20	−20	1	400
3	300	+1	0	0	1	0
2	320	0	+20	0	0	400
1	295	−1	−5	+5	1	25
4	305	+2	+5	+10	4	25
1	290	−1	−10	+10	1	100
1	315	−1	+15	−15	1	225
2	295	0	−5	0	0	25
$\sum X=20$	$\sum Y=3000$	$\sum x=0$	$\sum y=0$	$\sum xy=-20$	$\sum x^2=10$	$\sum y^2=1400$

$$\bar{X}=\frac{\sum X}{n}=2 \quad \bar{Y}=\frac{\sum Y}{n}=300$$

$$s_X^2=\frac{\sum x^2}{n-1}=\frac{10}{9}=1.\dot{1} \qquad \therefore\ s_X=\frac{\sqrt{10}}{3}=1.05409$$

$$s_Y^2=\frac{\sum y^2}{n-1}=\frac{1400}{9}=155.\dot{5} \qquad \therefore\ s_Y=\frac{10\sqrt{14}}{3}=12.4722$$

$$r=\frac{\sum xy}{\sqrt{\sum x^2 \sum y^2}}=\frac{-20}{\sqrt{(10)(1400)}}=\frac{-20}{100\sqrt{1.4}}=\frac{-20}{118.322}\fallingdotseq -0.17$$

$$\text{Regression } Y \text{ on } X: \quad \hat{\beta}=\frac{\sum xy}{\sum x^2}=\frac{-20}{10}=-2$$

$$\text{Regression } X \text{ on } Y: \quad \hat{\beta}=\frac{\sum xy}{\sum y^2}=\frac{-20}{1400}=-\frac{1}{70}$$

그림 11-1 단순선형상관

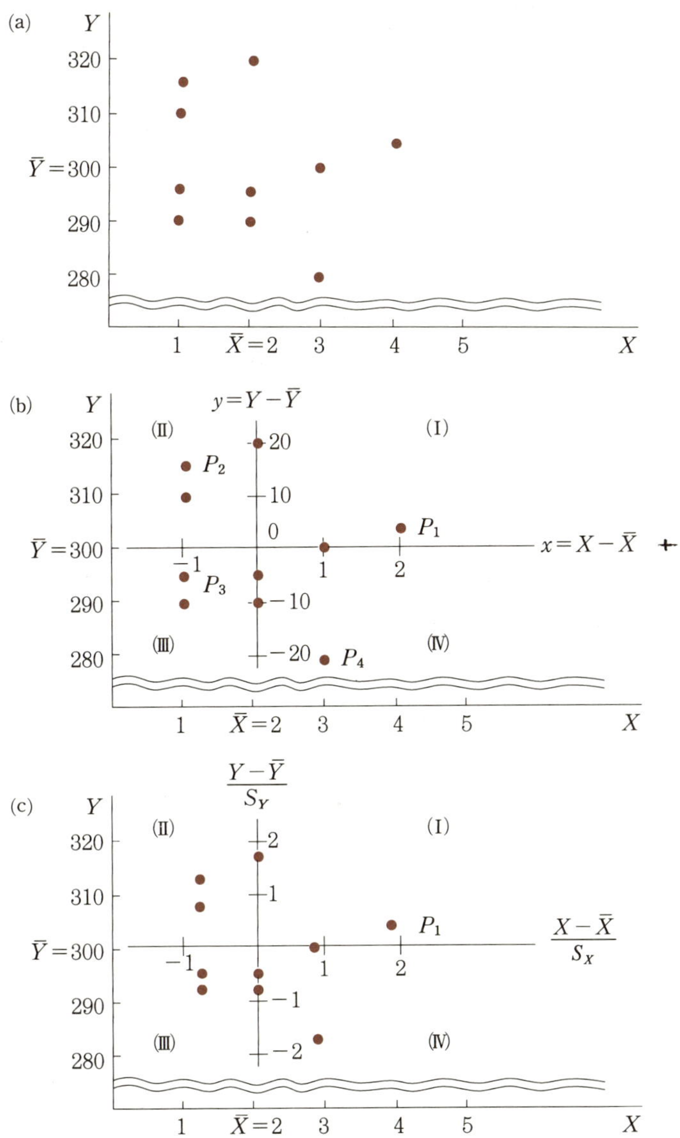

으로 음미할 수 있다는 장점이 있다.

우선 x와 y를 곱한 값들의 합을 보면 $\sum xy=-20$임을 알 수 있다. 이 값은 두 종류의 평가기준(또는 성적)이 서로 어떤 관계를 유지하는지를 잘 나타내 주고 있다. (b)에 나타난 관측점들 중 4개를 골라 각각 P_1, P_2, P_3 및 P_4라 하면 P_1과 P_3 경우에는 xy값이 양(+)인 반면, P_2와 P_4 경우에는 음(−)이 됨을 알 수 있다. 즉, 제Ⅰ상한 및 제Ⅲ상한에 속하는 점들은 xy의 값이 양으로, 그리고 제Ⅱ, 제Ⅳ상한의 점들은 xy의 값이 음으로 산출될 것이다. 만일 대부분의 점들이 제Ⅰ, 제Ⅲ상한에 주로 몰려 있다면 $\sum xy$의 값은 양수가 될 것이고, 반면에 제Ⅱ상한과 제Ⅳ상한에 주로 몰려 있다면 $\sum xy$의 값은 음수가 될 것이다. 이처럼 계산된 $\sum xy$값이 양수인지 음수인지에 따라 우리는 두 변수 X와 Y가 양의 관계인지 또는 음의 관계인지를 판별할 수 있게 된다. 이 예제에서는 $\sum xy=-20$으로 X와 Y는 음의 선형관계를 갖고 있는 것으로 일단 판정할 수 있다. 즉, 내신등급 순위가 높을수록(X값이 작을수록) 수능시험 성적(Y값)이 높아지는 관계가 있다고 풀이할 수 있다. 따라서 이 그림 11-1의 (b)는 표본상관계수의 부호를 확인할 수 있는 근거를 마련해 줄 수 있다. 뿐만 아니라, 각 관측점들이 각 상한에 고르게 분포되어 $\sum xy$의 값이 영에 가깝게 될 경우에는, 두 변수는 상관관계가 없다고, 또는 서로 독립적이라고 판정할 수 있는 유용성을 지니고 있다.

이상과 같은 점을 감안할 때 결국 $\sum xy$값의 크기는 두 변수의 상관관계의 강도를 나타내 주는 것으로 이해될 수 있다. 그러나 $\sum xy$값만으로 상관관계의 밀접도를 판정하기에는 아직 미흡한 측면이 있다. 첫째로 $\sum xy$값은 표본수에 따라 달라진다는 점을 들 수 있다. 이 문제는 $\sum xy$를 그 자유도$(n-1)$로 나눈 값을 사용함으로써 해소될 수 있는데, 바로 이 값 $\dfrac{\sum xy}{n-1}$이 앞에서 정의한 표본의 공분산이다. $\sum xy$값만으로 상관도를 측정하기 곤란한 두 번째 문제점은 두 변수의 측정단위에 따라 $\sum xy$값의 크기가 달라진다는 점이다. 이 문제를 해결하려면 앞서 지적한 바 있듯이 $\dfrac{\sum xy}{n-1}=s_{XY}$값을 X의 표본표준편차 s_X와 Y의 표본표준편차 s_Y로 각각 나누어 주어야 한다. 이러한 과정을 간접적으로 보여준 것이 그림 11-1의 (c)이다. 이와 같이 $\sum xy$가 갖는 문제점을 모두 해소시켜 객관적으로 상호 비교가 가능한 계수를 창출하자면 s_{XY}를 s_X와 s_Y로 나눈 $\dfrac{s_{XY}}{s_X \cdot s_Y}$를 이용해야 할 것이며, 이것이 바로 이 식 (11.3)에서 정의된 표본상관계수라는 지수가 되는 것이다.

식 (11.3)을 이용하여 본 예제의 표본상관계수를 계산해 보면, 표 11-1 하단에 나타난 바와 같이 약 −0.17임을 알 수 있다. 이는 X와 Y가 역의 1차함수관계에 있으나 그 강도는 미약한 정도임을 나타내고 있다. 이처럼 r의 값은 최고 +1부터 최저 −1까지의 값을 가지며, 부호는 두 변수값의 변화방향이 동일한지 여부를, 그리고 절대값의 크기는 상관관계의 강도를 의미한다.

계산된 표본상관계수의 의미를 이해하는 데 시각적인 도움을 주고자 임의로 설정한 여섯 가지 형태의 산포도가 그림 11-2에 나타나 있다.

그림 11-2 산포도의 모양과 상관계수

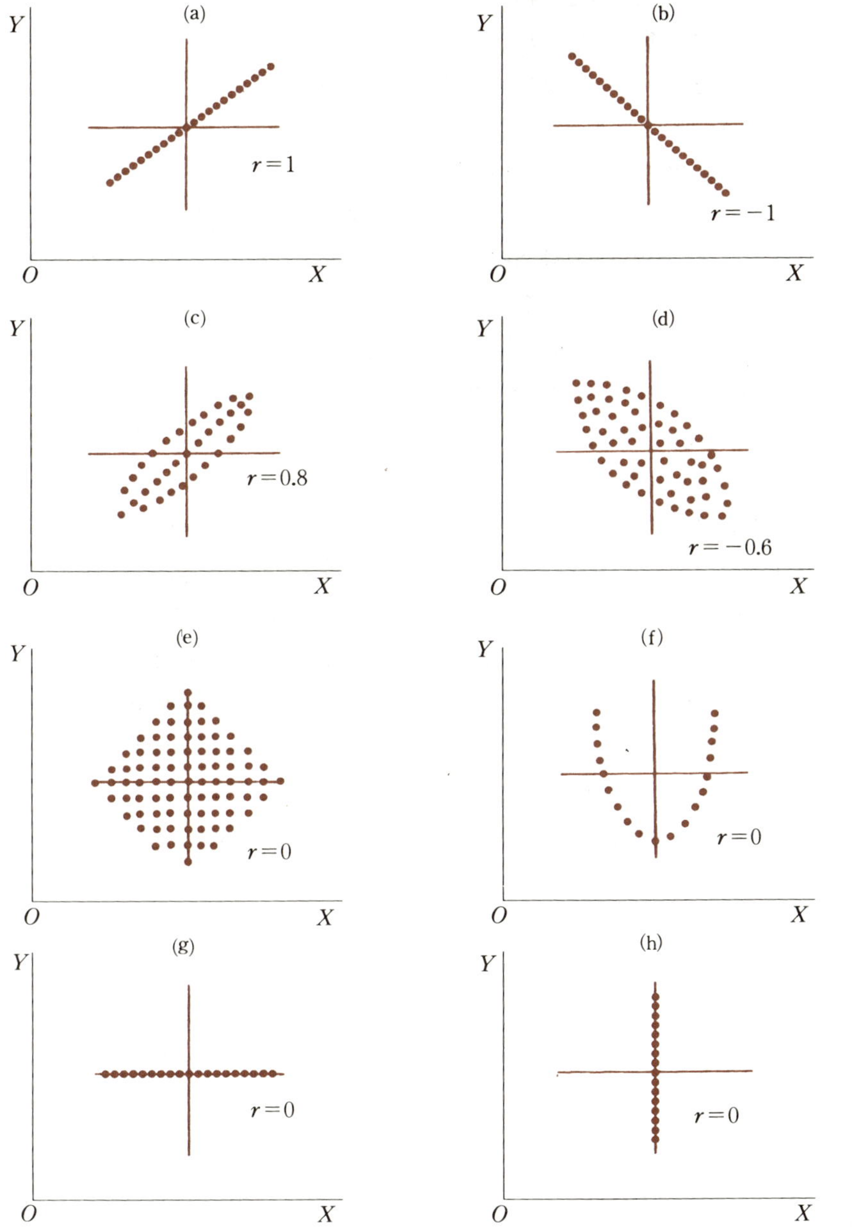

그림 11-2 중 (a)와 (b)의 경우는 r의 절대값이 1로서 각각 X와 Y가 완전한 1차함수관계에 있을 때 나타나는 현상을 보여 주고 있다. 여기서 특기할 사항은 상관계수 r이란 단순히 1차함수관계의 강도만을 계측하여 제시하므로 관측점들이 형성하는 모든 점들이 일직선상에 있는 한 r의 값은 기울기와는 상관없이 그 절대값이 항상 1이 된다는 점이다. (a)는 두 변수가 양의 관계, 그리고 (b)는 음의 관계를 갖고 있다는 점만이 부호에 의해 구분될 뿐이다.

(c)와 (d)의 경우 산포도가 밀집된 정도에 따라 각각 r의 절대값이 달라지고 두 변수의 변화방향에 따라 부호가 결정된다는 점을 잘 대변해 주고 있다.

마지막으로 (e)와 (f) 경우는 산포도의 모양이 서로 상이함에도 불구하고 모두 $r=0$이 된 점은 특기할 만하다. 우선 (e)의 경우를 자세히 살펴보면, 별도로 내부에 설정된 축들을 중심으로 각 관측점들이 정확히 대칭관계에 있어 $\sum xy$의 값이 0이 되어버림을 알 수 있다. 즉, xy값 중 양의 값을 갖는 점들의 xy값의 합이 음의 값을 형성하는 점들의 xy값과 절대치에 있어서 같아지기 때문이다. (f)와 (g) 그리고 (h)의 경우도 이 점에 있어서는 마찬가지로 모든 관측점들이 내부에 설정된 종축 또는 횡축을 중심으로 대칭을 이루고 있다.

r의 값은 일반적으로 두 변수간의 상관관계의 강도를 나타내며, 그 값이 0에 가까울수록 두 변수간에는 상관관계가 거의 없다고 판정한다. 아마 (e)의 경우가 이에 준하는 상황이라 볼 수 있다. 그러나 (f)의 경우는 분명히 Y는 X와 특정한 상관관계를 갖고 있음을(이 경우는 2차함수에 준하는 함수관계) 쉽게 육안으로 확인할 수 있음에도 불구하고 r의 값은 0으로 산출되었다. 따라서 $r=0$이란 반드시 두 변수가 하등의 함수관계도 없다는 의미가 아니라 단순히 두 변수간의 1차함수관계의 강도가 아주 낮다는 것을 의미한다. 즉, 표본상관계수는 비선형관계에 있는 변수간의 밀접도는 판정할 수 없다는 것이다.

제 2 절 표본상관계수에 의한 모상관계수의 추론

우리가 상관분석을 회귀분석과 결부시켜 이용하고자 한 이유는 현실적으로 두 분석방법이 상호 보완적으로 사용되는 사례가 빈번하게 발생하기 때문이다. 물론, 상관분석 또한 독자적인 분석영역을 갖지만 본절에서는 상관분석의 내용 중 경상계열 학문연구에 주로 필요한 표본상관계수의 산출 및 이를 이용한 모상관계수에 대한 추론과정을 위주로 간단히 언급하고자 한다.

1. 모집단의 분포와 상관계수

우리가 표본상관계수 r을 계산하여 모상관계수 ρ에 대한 추론을 하자면 우선 표본상관계수 r을 정의하는 데 사용된 두 변수 X와 Y에 대한 확률분포 형태부터 확인하는 작업이 필요하다. 현실적으로 두 변수 X와 Y가 가질 수 있는 분포 형태는 다양할 것이지만, 여기서는 X와 Y의 결합분포는 2변량정규분포(bivariate normal distribution)의 형태를 취한다고 가정한다. 그러나 표본상관계수는 식 (11.3)에서 정의된 바와 같이 $r=\frac{s_{XY}}{s_X s_Y}$이므로 비록 X, Y 두 변수의 결합분포가 이변량정규분포를 따른다 할지라도 r은 정규분포를 따르지 못하게 된다. 제2편 제6장에서 소개한 정리 (6.1)에 의하면 정규분포를 따르는 확률변수의 1차함수도 정규분포를 따르며, 또 제8장에서 소개한 정리 (8.1)에 따르면 정규분포를 따르는 두 확률변수의 합이나 차(예컨대, $X \pm Y$)로 정의되는 새로운 변수도 정규분포를 갖게 된다. 그러나 r의 정의식 (11.3)을 보면 위에 소개한 어떤 정리도 적용할 수 없으며, 결과적으로 r에 관한 분포는 다른 각도에서 파악되어야 할 것이다.

여기서 한 가지 독자들이 반드시 기억해 두어야 할 사항은 회귀분석의 경우 X값은 상수로 취급하고(가우스-마코프(Gauss-Markov)가정 중 네 번째 가정; $E[\varepsilon_i X_i]=X_i E[\varepsilon_i]=0$) Y만을 확률변수라고 보았던 사실이다. 따라서 확률변수 $Y[=\alpha+\beta X+\varepsilon]$는 상수$(\alpha+\beta X)$와 변수 ε으로 구성되는, 즉 ε의 1차함수이고, 오차항 ε이 정규분포를 따른다는 기본가정이 충족되는 한 Y 또한 정규분포를 따른다고 볼 수 있다. 이러한 논리전개는 X를 독립변수, 그리고 Y는 종속변수로 규정한 이론이나 가설에 의거하여 함수관계가 정의되어 있기 때문에 가능한 것이다.

그러나 상관분석에서는 단순히 두 변수간의 관계가 어느 정도의 밀접도를 갖는지 확인하는 데 주안점이 두어지며, 따라서 두 변수 중 어느 것이 독립변수이고, 또 어느 것이 종속변수인지를 구별할 근거나 필요가 없는 것이다. 결과적으로 상관분석에서는 두 변수 모두 확률변수로 파악하는 것이 당연하다. 회귀분석과 상관분석의 차이는 표 11-1 하단에 계산된 결과를 이용하여 잘 설명될 수도 있다. 표에 제시된 자료를 이용하여 얻은 표본상관계수는 -0.17로 X와 Y 중 어느 것이 종속변수인지를 구별하지 않고 있다. 그러나 Y를 종속변수로 보고 회귀분석하였을 경우의 β의 추정치 $\hat{\beta}$값과 X를 종속변수로 보았을 경우의 β의 추정치 $\hat{\hat{\beta}}$값은 각각 -2와 $-\frac{1}{70}$로서 상이한 결과를 가져다 주

그림 11-3 이변량모집단의 산포도

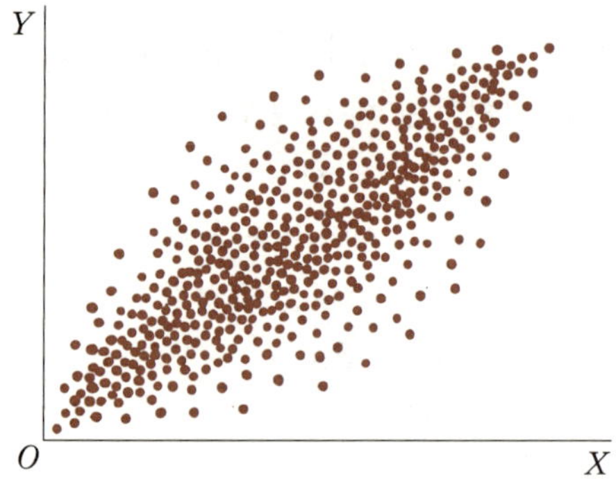

고 있음을 보여 주고 있다(식 (10.13)을 이용).

그러면 과연 X와 Y의 결합분포가 이변량정규분포의 형태를 취한다면 X와 Y에 의해 정의된 상관계수는 어떤 분포를 따르게 될까? 우선 두 변수 X와 Y의 값으로 이루어지는 산포도를 근거로 하여 이변량정규분포라는 일종의 결합확률분포(joint probability distribution)의 형태부터 그림을 통해 파악해 보기로 하자.

임의의 두 변수 X와 Y값으로 구성되는 산포도가 그림 11-3과 같다고 하여 보자. 무수히 많은 점들로 구성된 이 산포도는 일견해서 볼 때 중심부에 가장 많은 점들이 위치해 있으며, 주변으로 갈수록 밀집도가 작아지며, 전체 모양은 동북쪽으로 약간 길게 펼쳐져 있음을 알 수 있다. 이러한 분포상태를 보다 시각적으로 이해하기 쉽게 하기 위해 산포도를 각 위치에 따라 일종의 이변량도수분포 입면체를 작성하여 본 다음, 또 이를 산포도를 구성하는 두 모집단의 크기가 점차 확대됨에 따라 형성되리라 예견되는 보다 완만한 이변량도수다각형으로 나타낸 것이 그림 11-4이다. 이 입면체의 각 부분이 XY면으로부터 떨어진 거리는 두 변수 X, Y의 결합확률값 $P(X, Y)$을 나타낸다.

그림 11-4의 (b)에서 볼 수 있듯이, X의 값을 X_0라 보고 산처럼 생긴 도수다각형을 절단하거나, 또는 Y의 값을 Y_0라 보고 역시 도수다각형을 절단해 보면, 결과적으로 형성되는 X_0X_0'나 Y_0Y_0'는 각각 정규분포의 형태를 취하게 된다. 바로 이러한 점에서 우리는 상관계수를 일단 이변량정규분포 형태의 결합확률분포와 관련지어 분석할 수 있는 것이다.

이제 산모양으로 보이는 도수다각형을 XY면과 수평을 이루는, 즉 XY면

그림 11-4 이변량도수분포 입면체

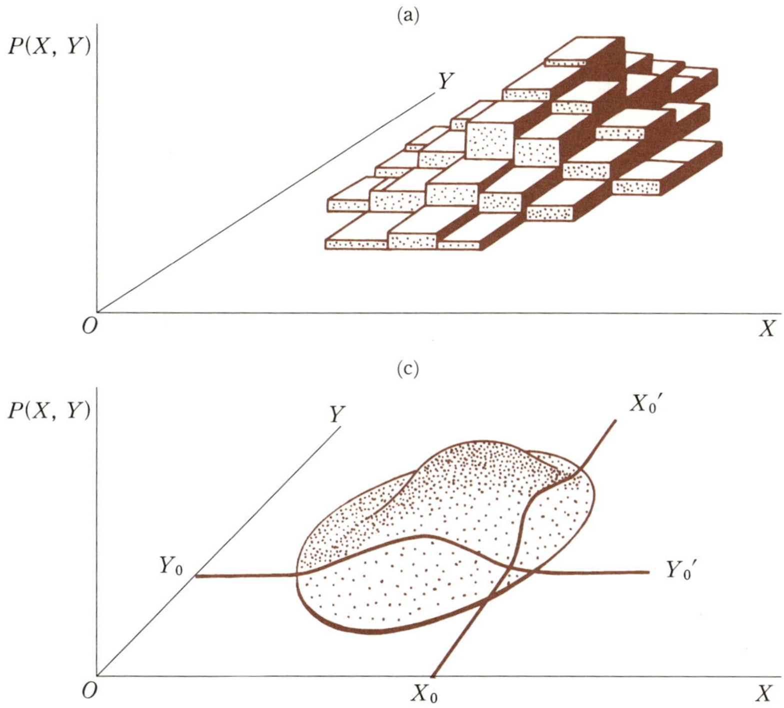

으로부터 같은 높이에 있는 부분의 모양을 높이를 바꾸어 가며 확인해 보기로 하자. 즉, 그림 11-5의 (a)에서처럼 XY면으로부터 h높이에 있는 평면으로 도수다각형을 절단하는 작업을 높이를 달리해 가며 수차례 실시한 다음, 이를 XY면에 투영하면 그림 11-5의 (b)와 같은 모양을 얻을 수 있게 된다.

그림 11-5의 (a)에서처럼 동일한 결합확률밀도를 갖는 면으로 이루어지는 타원형의 곡선을 등결합확률곡선(isoprobability curve) 또는 등고곡선(level curve)이라 칭한다. 이러한 등고곡선을 XY면으로부터 높이를 달리해 가며 찾아낸 다음 이를 XY면에 투영시킨 것이 그림 11-5의 (b)이다. 이 경우에 보다 안쪽에 위치한 등고곡선일수록 결합확률분포밀도값이 커지는 것은 당연한 이치이다.

여기서 한 가지 강조할 사항은 이상과 같은 등고곡선들이 대체로 동일한 축을 중심으로 분포되어 있다는 점이다. 그림 11-5의 경우는 바로 S라는 축을 중심으로 X와 Y가 이변량결합정규분포를 이루고 있다고 볼 수 있다. 이러한

그림 11-5 등고곡선 또는 등결합확률곡선

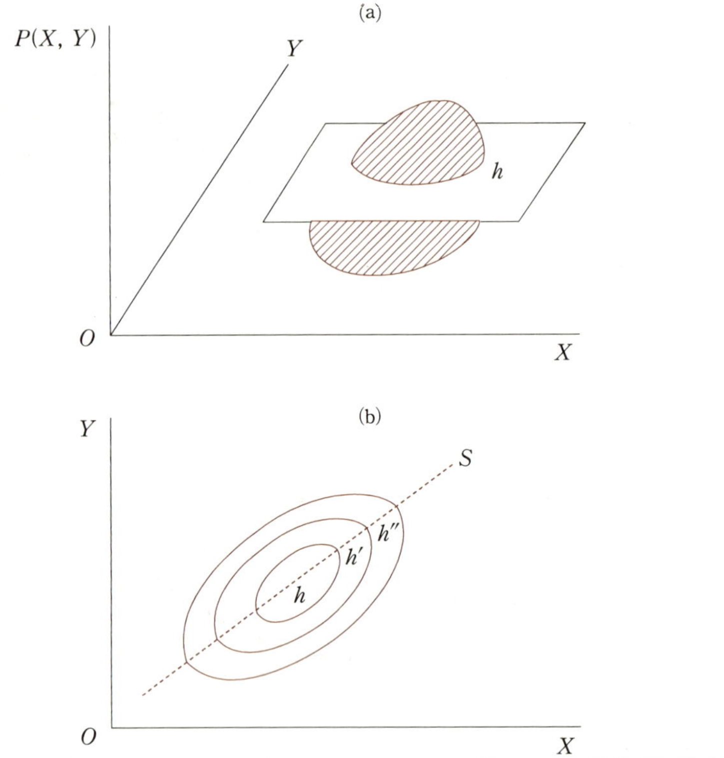

축이 갖는 기울기는 상관관계의 방향은 물론 상관계수값에 결정적인 역할을 한다는 데 그 중요성이 있다.

그림 11-6은 등고곡선의 주축이 이루는 기울기에 따라 상관관계의 부호가 결정되며, 등고곡선이 주축을 중심으로 밀착된 정도에 따라 상관계수의 절대치가 결정됨을 보여 주고 있다. 그림 11-6 중 (d)의 경우는 주축이 수평을 이루고 있는 형태로 상관계수의 부호는 음도 양도 아닌 0이 될 수밖에 없으며, 이때에는 등고곡선이 S_d와 밀착된 정도가 상관계수값에 영향을 주지 못한다는 점에 주의하기 바란다. 이는 제1절에서 지적한 바 있듯이 산포도가 좌우 또는 상하대칭을 이룰 경우 산포도의 모양과는 상관없이 상관계수값은 0이 된다는 사실에 근거하는 것이다.

그림 11-6 등고곡선의 형태와 상관계수

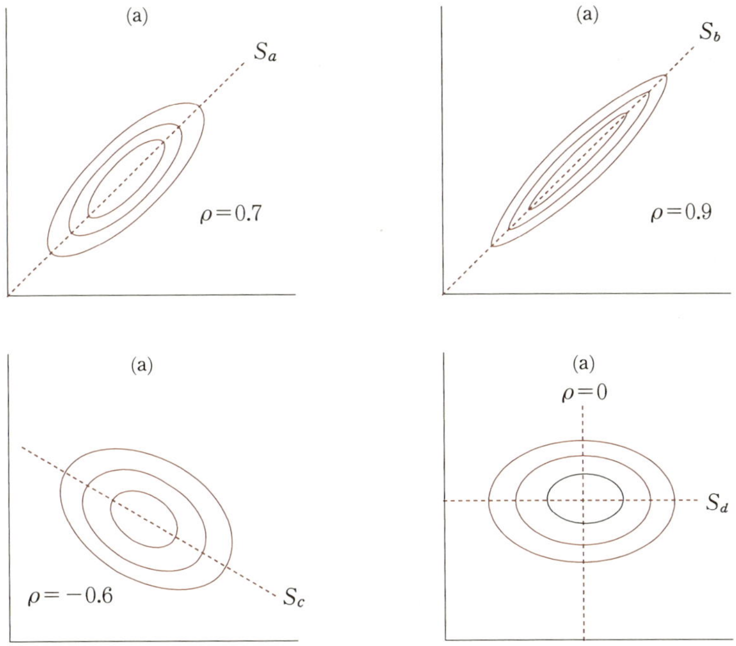

2. 모상관계수에 대한 추론

이상에서 우리는 이변량정규모집단으로 규정할 수 있는 두 변수 X와 Y 사이에 형성되는 모상관계수 ρ의 유형을 다각적으로 분석하고 나아가서는 모상관계수의 부호와 절대치까지 식별할 수 있는 방법까지 강구하여 보았다.

그러나 현실적으로 우리가 실제 계측할 수 있는 것은 표본상관계수에 불과하며, 모집단이 비록 이변량정규분포를 이룬다해도 표본상관계수값이 갖는 확률분포를 직접 규명할 수 없었던 사실을 감안하면 상관계수와 관련된 통계적 추론을 수행하는 일은 더욱 어려운 작업이 될 것임은 명백한 사실이다. 특히 표본의 크기가 작을수록 이러한 문제점은 보다 심각해진다. 그러나 어떻게 해서든 일단은 계측된 표본상관계수값의 신뢰구간을 설정하거나 또는 표본상관계수값이 특정한 값과 같은지의 여부를 판정하는 가설검정을 실시할 수 있는 방안이 강구되어야 한다. 이러한 어려움은 다행히 1921년 피셔(R. A. Fisher)의 연구 결과에 의해 해소되었다.

2.1 모상관계수에 대한 구간추정

피셔는 적어도 표본의 크기가 10보다 크다는 가정하에 표본상관계수 r의 값을 변형시켜 정규분포를 따르는 새로운 변수를 창출해 내었다.

$$Z_r = \frac{1}{2}\ln\left(\frac{1+r}{1-r}\right) \tag{11.5}$$

즉, 식 (11.5)와 같이 정의된 새로운 확률변수 Z_r은 평균이 $\frac{1}{2}\ln\left(\frac{1+\rho}{1-\rho}\right)$이고 분산이 $\frac{1}{n-3}$인 정규분포를 따른다는 사실을 발견하였다.[1] 이를 간단히 정리하면 다음과 같다.

$$Z_r = \frac{1}{2}\ln\left(\frac{1+r}{1-r}\right) \sim N\left(\frac{1}{2}\ln\left(\frac{1+\rho}{1-\rho}\right),\ \frac{1}{n-3}\right) \tag{11.6}$$

$$\left(\begin{array}{l} \text{단, } E[Z_r] = \frac{1}{2}\ln\left(\frac{1+\rho}{1-\rho}\right) \\ \text{Var}(Z_r) = \frac{1}{n-3} \end{array}\right)$$

따라서 Z_r를 표준화하면 평균이 0이고 분산이 1인 표준정규분포를 이루게 됨은 물론이다.

$$Z = \frac{Z_r - E[Z_r]}{\sqrt{\text{Var}(Z_r)}} = \frac{Z_r - \mu_{Z_r}}{\sigma_{Z_r}} \sim N(0,\ 1) \tag{11.7}$$

$$\left(\begin{array}{l} \text{단, } E[Z_r] = \mu_{Z_r} \\ \text{Var}(Z_r) = \sigma_{Z_r}{}^2 \end{array}\right)$$

이제 식 (11.7)을 이용하여 제7장에서 소개한 구간추정법을 적용하면 Z_r의 평균에 대한 $100(1-\alpha)\%$ 신뢰구간은 다음과 같아진다.

$$Z_r - Z_{\alpha/2}\frac{1}{\sqrt{n-3}} \le E[Z_r] \le Z_r + Z_{\alpha/2}\frac{1}{\sqrt{n-3}} \tag{11.8}$$

또는

$$Z_r{}^L \le E[Z_r] \le Z_r{}^U \tag{11.9}$$

(단, $Z_r{}^L$과 $Z_r{}^U$는 신뢰구간의 최저임계치(lower limit) 및 최고임계치(upper limit)를 뜻함)

1) 자세한 내용은 R. A. Fisher, "On the Probable Error of a Coefficient of Correlation Reduced from a Small Sample," *Metron* 1(1921), pp. 3~21을 참조. 개략적인 참고로는 D. L. Harnett, *op. cit.*, pp. 401~403의 내용이 적당할 것이다.

그러나 표본상관계수 r로 모상관계수에 대한 추정을 하기 위해서는 제반 식을 다소 변형시킬 필요가 있다. 우선 식 (11.5)를 r에 대하여 정리하면

$$r=\frac{e^{2Zr}-1}{e^{2Zr}+1} \tag{11.10}$$

과 같아진다. 한편 $E[Z_r]=\frac{1}{2}\ln\left(\frac{1+\rho}{1-\rho}\right)$라는 사실과 식 (11.10), 그리고 (11.8) 및 식 (11.9)를 이용하면 모상관계수 ρ에 대한 신뢰구간을 다음과 같이 설정할 수 있다.

[ρ에 대한 신뢰구간]

$$\frac{e^{2Z_r^L}-1}{e^{2Z_r^L}+1}\le\rho\le\frac{e^{2Z_r^U}-1}{e^{2Z_r^U}+1} \tag{11.11}$$

식 (11.11)이 바로 ρ에 대한 $100(1-\alpha)\%$ 신뢰구간이 된다. 그러나 이 식에 의해 ρ에 대한 신뢰구간을 산출하는 작업은 다소 번거로운 면이 있다. 식 (11.11)에 나타난 식의 값을 표본상관계수값으로부터 산출해 내는 과정이 쉽지 않기 때문이다. 따라서 표본상관계수 r값에 따라 식 (11.5)를 이용하여 Z_r값을 산출한 결과를 권말의 부표 J에 수록해 놓았다. 단, 부표 J는 r이 양의 값을 갖는 경우에 한하여 이에 대응하는 Z_r값을 제공하였으므로, r이 음의 값을 취할 때는 표에서 구한 Z_r값에 음의 부호를 붙여 사용해야 될 것이다.

실제 계산과정의 이해를 돕고자 제1절에서 사용한 표 11-1의 자료를 이용하여 ρ에 대한 95% 신뢰구간을 찾는 과정을 예시해 보기로 한다. 예제에서 표본의 크기는 $n=10$이었고 표본상관계수는 -0.17이었다.

부표 J에 의하면 $r=0.17$이면 Z_r값도 약 0.17로 산정되므로 $r=-0.17$에 대응하는 Z_r값은 -0.17로 볼 수 있다. 한편, 95% 신뢰구간을 설정할 경우 표준정규분포표(부표 D)로부터 $Z_{\alpha/2}$(단 $\alpha=5\%$)의 값은 1.96으로 확인될 수 있음은 이미 독자들에게 친숙한 과정이라 믿는다.

다음으로는 식 (11.9)에 의거 Z_r^L와 Z_r^U를 다음과 같이 계산한다.

$$Z_r^L=-0.17-1.96\left(\frac{1}{\sqrt{10-3}}\right)=-0.17-\frac{1.96}{2.64575}\fallingdotseq-0.911$$

$$Z_r^U=-0.17+1.96\left(\frac{1}{\sqrt{10-3}}\right)=-0.17+\frac{1.96}{2.64575}\fallingdotseq0.571$$

따라서 ρ에 대한 95% 신뢰구간은 다음과 같아진다.

그림 11-7 표본의 크기(n)와 표본상관계수(r)에 따른 모상관계수에 대한 95% 신뢰구간

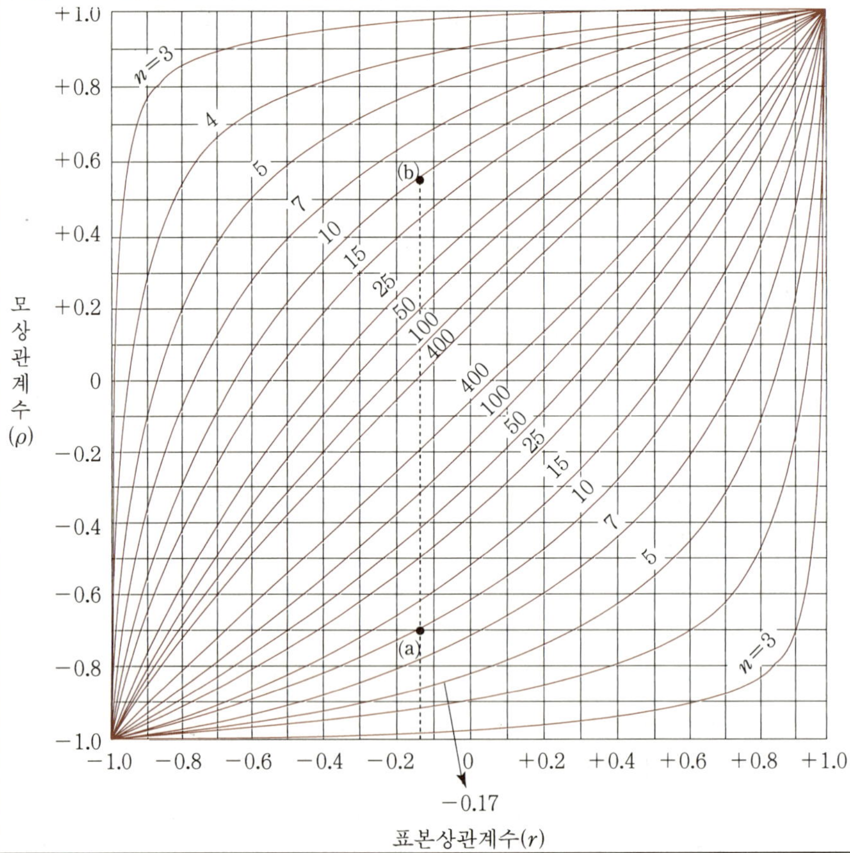

$$\frac{e^{2(-0.911)}-1}{e^{2(-0.911)}+1} \leq \rho \leq \frac{e^{2(0.571)}-1}{e^{2(0.571)}+1}$$

이제 다시 부표 J에 의거 Z_r값이 -0.911과 0.571일 때 이에 대응하는 r값을 찾아보면 약 -0.72와 0.52임을 알 수 있다. 따라서 ρ에 대한 신뢰구간은 최종적으로 다음과 같아진다.

$$-0.72 \leq \rho \leq 0.52$$

이와 같은 표본상관계수에 의한 모상관계수의 추정은 이상에서 본 바와 같이 다소 번거로운 면이 있어 개략적인 신뢰구간을 그림을 활용하여 도출하는 방안이 자주 이용된다. 위의 그림 11-7은 표본의 크기에 따라 일단 표본상관계수가 산정되었을 때 모상관계수에 대한 95% 신뢰구간을 쉽게 읽어낼 수

있도록 고안된 것이다.

그림 11-7에서 $r=-0.17$이고 $n=10$일 때 ρ에 대한 95% 신뢰구간은 앞서 계산된 값과 거의 같아짐을 어림잡아 확인할 수 있다(점 (a)와 점 (b) 사이).

2.2 모상관계수에 대한 가설검정

이상에서 우리는 표본상관계수값(r)을 이용하여 새로 창출한 변수 Z_r가 정규분포를 따른다는 피셔의 연구 결과를 이용하여 모상관계수의 구간추정방안을 강구한 바 있다. 이와 관련하여 본항에서는 모상관계수가 특정한 값과 같다는 가설을 검정할 수 있는 방법을 고려해 보기로 한다.

예컨대, 앞에서 사용한 예제에서 다음과 같은 귀무가설을 검정할 경우를 다루어 보자.

$$H_0 : \rho=\rho_0=-0.2$$
$$H_A : \rho\neq\rho_0=-0.2$$

귀무가설의 형태로 보아 검정방법은 양측검정이 될 것이며, 이에 적용할 검정통계량으로는 식 (11.7)에서 전개한

$$Z=\frac{Z_r-E[Z_r]}{\sqrt{\mathrm{Var}(Z_r)}}$$

가 적당할 것이다. 일단 귀무가설이 사실이라 가정하면 $E[Z_r]=\frac{1}{2}\ln\left(\frac{1+\rho}{1-\rho}\right)=\frac{1}{2}\ln\left(\frac{1+(-0.2)}{1-(-0.2)}\right)$가 될 것이고, 이 식의 값은 부표 J에서 약 -0.2로 확인할 수 있다. 한편, 계측된 표본상관계수값 $r=-0.17$에 대응하는 Z_r값은 역시 약 -0.17이 됨을 알 수 있다. 따라서 검정통계량 Z의 값은 다음과 같이 산출된다.

$$Z=\frac{Z_r-E[Z_r]}{\sqrt{\mathrm{Var}(Z_r)}}=\frac{-0.17-(-0.2)}{\sqrt{\dfrac{1}{n-3}}}=\frac{0.03}{\sqrt{\dfrac{1}{10-3}}}=\frac{0.03}{1/\sqrt{7}}\fallingdotseq 0.079$$

한편, 유의수준 $\alpha=5\%$에 대응하는 $\pm Z_{\alpha/2}$값은 ± 1.96이며 산출된 검정통계량의 값 0.079는 이에 미치지 못하므로 상기 귀무가설은 기각되지 않는다. 그림 11-8은 우리가 제8장에서 사용한 통상적인 가설검정방법을 그림으로 나타내 주고 있다.

위에 전개한 모상관계수에 대한 검정방안은 일반적인 추론방법이며, 그 자체로서의 사용가치가 있다. 그러나 정작 우리의 주 관심사는 상관분석을 회귀분석과 관련시켜 검토하는 것이며, 보다 구체적으로 말하자면 $H_0 : \rho=0$과 같은

그림 11-8 모상관계수의 검정을 위한 Z분포의 사용

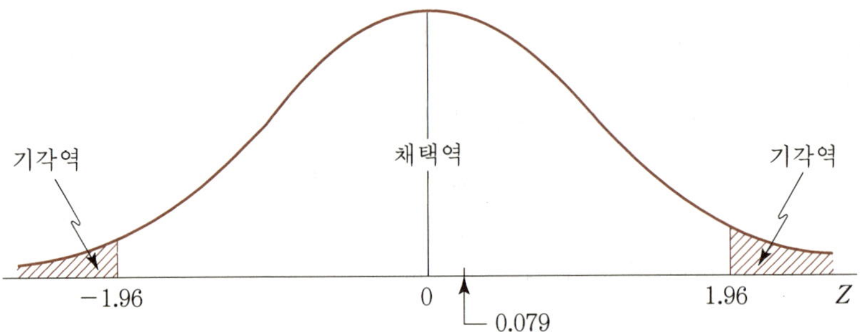

특수한 형태의 귀무가설을 검정하는 일이 될 것이다. 즉, 두 변수 X와 Y 사이에 아무런 상관관계가 존재하지 않는다는 가설을 검정할 필요가 있다.[1] 다음 절에서 보다 상세히 다루겠지만 이러한 가설의 검정은 회귀분석에서의 t검정, 즉 $H_0 : \beta=0$라는 귀무가설의 검정과 일맥상통하기 때문이다. 독자들은 산포도가 좌우대칭을 이룰 때 $\rho=0$이 됨을 보았다. 그리고 회귀방정식에서 회귀선의 기울기가 수평을 이루어 $\beta=0$이 되는 상황은 산포도가 좌우대칭을 이루는 경우 중의 특수한 예에 불과하다는 사실을 기억하리라 믿는다. 그렇다면 $H_0 : \rho=0$과 $H_0 : \beta=0$, 두 귀무가설의 검정 결과가 일면 서로 동일한 의미를 내포하고 있음을 쉽사리 감지할 수 있을 것이다.

물론 $H_0 : \rho=0$의 경우도 앞에서 전개한 일반적인 검정방법을 적용해도 무방하다. 그러나 이 경우($H_0 : \rho=0$)에 한해서는 보다 간편한 t검정을 적용할 수 있는 별도의 방법이 있어 간략히 소개하고자 한다.

우선 식 (11.10)에 의하면 $r=\frac{e^{2Zr}-1}{e^{2Zr}+1}$의 관계가 성립되는데, $\rho=0$라는 가정하에서는 r의 분산이 다음과 같아진다.[2]

$$\mathrm{Var}(r)=\frac{1-r^2}{n-2} \tag{11.12}$$

이제 귀무가설 $H_0 : \rho=0$이 사실이라는 가정과 식 (11.12)의 관계식을 이용하면 다음과 같은 간편한 검정통계량을 설정할 수 있다.

1) $\rho=0$란 단지 두 변수가 1차함수관계에 있지 않다는 것으로 기타의 어떤 함수관계도 존재하지 않는다는 것은 아니라는 점은 전술한 바 있음을 주지하기 바란다.
2) 식 (11.12)의 도출과정은 본교재의 수준을 넘어서므로 생략하기로 한다. 자세한 내용은 R. A. Fisher, *op. cit.*, pp. 3～21을 참조.

그림 11-9 t분포를 이용한 $H_0 : \rho=0$의 검정

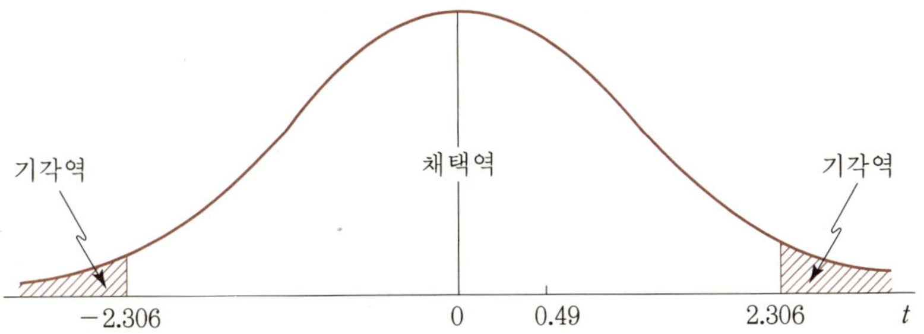

$$t_{n-2}=\frac{r-\rho_0}{\sqrt{\mathrm{Var}(r)}}=\frac{r-0}{\sqrt{\dfrac{1-r^2}{n-2}}}=\frac{r\sqrt{n-2}}{\sqrt{1-r^2}} \tag{11.13}$$

즉, 식 (11.13)에 나타난 관계식은 자유도가 $(n-2)$인 t분포를 따르게 된다. 물론 이 검정통계량도 표본규모가 커지면 $(n\geq30)$ 표준정규분포 Z에 가까워짐은 자명한 사실이다.

앞서 사용한 예제를 계속 사용하여 $H_0 : \rho=0$이란 귀무가설을 검정해 보자. $r=-0.17$이고 $n=10$이므로

$$t=\frac{-0.17\sqrt{(10-2)}}{\sqrt{1-(-0.17)^2}}\fallingdotseq-0.49$$

한편, 자유도가 $n-2=10-2=8$이므로 유의수준 $\alpha=5\%$하에서 t의 임계치를 부표 H에서 찾아보면 $\pm t_{0.025,8}=\pm2.3060$이 된다.

결과적으로 그림 11-9에 나타난 바와 같이 표본정보($r=-0.17$)를 이용한 검정통계량의 값은 약 -0.49로 채택역 내에 있음을 알 수 있다. 따라서 귀무가설 $H_0 : \rho=0$는 기각될 수 없으며 이는 곧 두 변수 X와 Y간의 상관계수(선형관계)는 존재하지 않는다는 결론을 가져다 준다. 물론 이러한 결론은 $\alpha=5\%$의 제1종오류를 범할 가능성을 안고 있다.

제 3 절 상관관계와 회귀분석

앞의 두 절에서 우리는 상관관계에 관한 개략적인 분석내용을 다루었다.

이제 이를 기초로 제10장에서 전개한 단순선형회귀분석과의 관계를 다각적으로 비교 검토함으로써 두 분석방법간의 차이와 보완성을 분명히 밝혀 두고자 한다.

우선 단순선형상관과 단순선형회귀는 두 변수간의 관계를 논하는 데 있어서는 공통점이 있으나, 회귀분석의 목적이 두 변수간의 함수관계의 특성을 분석대상으로 삼는 데 반하여 상관분석은 이러한 관계의 강도 내지 밀접도를 나타내는 데 주안점을 둔다는 점이 서로 다르다.

두 번째로 회귀분석의 경우에는 독립변수를 상수로 취급하고 종속변수 Y만을 확률변수로 취급한 데 반하여 상관분석의 경우에는 두 변수를 구분함이 없이 모두 확률변수로 다루고 있어 표본정보를 이용한 모수에 대한 추론과정이 다소 복잡해질 수밖에 없었던 점은 이미 앞 절에서 지적한 바 있다. 따라서 상관분석은 인과관계, 즉 어느 한 변수(독립변수)의 변화가 다른 한 변수(종속변수)에 미치는 영향을 분석하는 회귀분석과는 구별되어야 할 것이다.

이상과 같은 본질적인 분석방법 및 목적상의 차이에도 불구하고 두 분석방법은 몇 가지 측면에서 유기적인 관련성을 찾아볼 수 있으며, 바로 이러한 특성 때문에 상관분석을 회귀분석과 연관시켜 다음과 같은 유용한 분석 및 추론을 시행할 수 있는 것이다.

1. $\hat{\beta}$과 r의 관계

우선 1차함수관계에 있다고 가정된 두 변수간에 회귀분석을 적용하여 표본회귀선의 기울기 $\hat{\beta}$을 산출하였다고 하자. 아울러 이 때 사용된 두 변수간의 표본상관계수 r을 산출하여 선형함수관계의 강도를 측정하였다면, 두 측정량은 일단 각각 다음과 같이 표현될 것이다.

$$\hat{\beta}=\frac{\sum xy}{\sum x^2} \tag{11.14}$$

$$r=\frac{\sum xy}{\sqrt{\sum x^2}\sqrt{\sum y^2}} \tag{11.15}$$

따라서 이 두 식으로부터 다음과 같은 관계가 성립됨을 확인할 수 있다.

$$\frac{\hat{\beta}}{r}=\frac{\sum xy/\sum x^2}{\sum xy/\sqrt{\sum x^2}\sqrt{\sum y^2}}=\frac{\sqrt{\sum x^2}\sqrt{\sum y^2}}{\sum x^2}=\sqrt{\frac{\sum y^2}{\sum x^2}}=\frac{\sqrt{\sum y^2/n-1}}{\sqrt{\sum x^2/n-1}}$$

$$=\frac{s_Y}{s_X} \tag{11.16}$$

즉, $\hat{\beta}$와 r간의 비율은 Y와 X의 표준편차의 비율과 같아지며 이를 달리 표현하면 다음과 같다.

$$\hat{\beta}=r\cdot\frac{s_Y}{s_X} \tag{11.17}$$

식 (11.17)은 우리에게 중요한 의미를 시사해 주고 있다. 우선 두 변수의 표준편차 s_X나 s_Y값이 양수인 점을 감안한다면 $\hat{\beta}$와 r은 항상 같은 부호를 갖게 된다는 점을 들 수 있다.

두 번째로 $\hat{\beta}$나 r 중 어느 하나가 0이 된다면 다른 하나도 0이 될 수밖에 없다는 점을 지적할 수 있다. 이를 확대해석하면 $\hat{\beta}$의 모수인 β나 r의 모수인 ρ 중 어느 하나가 0이 되면 다른 것도 0이 된다고 볼 수 있다.[1] 따라서 귀무가설 $H_0: \beta=0$을 검정하는 것과 귀무가설 $H_0: \rho=0$을 검정하는 것은 동일한 의미를 내포하고 있으며, 이들 귀무가설이 기각되지 못하면 두 변수간에 1차함수 관계는 성립되지 않는다고 결론지울 수 있다. 그러면 제2절에서 실시한 $H_0: \rho=0$에 대한 t검정 결과가 동일한 자료(표 11-1)를 이용하여 실시한 $H_0: \beta=0$에 대한 검정 결과와 동일한 결론을 가져다 주는지를 확인해 보기로 한다. 본장 제2절에서 실시한 $H_0: \rho=0$에 대한 검정은 검정통계량의 값이

$$\frac{r\sqrt{n-2}}{\sqrt{1-r^2}}=\frac{-0.17\sqrt{(10-2)}}{\sqrt{1-(-0.17)^2}}\fallingdotseq -0.49$$

로 산출된 반면, 임계치가 ±2.306으로 나타나 귀무가설은 기각되지 못했다. 한편 표 11-1 하단에 제시된 회귀분석 결과에서 볼 수 있듯이 $\hat{\beta}=-2$로 계산되었고, 따라서 검정통계량의 값은[2]

$$t=\frac{\hat{\beta}}{s_{\hat{\beta}}}=\frac{\hat{\beta}}{s_e/\sqrt{\sum x^2}}\fallingdotseq -0.49$$

---

1) 물론 이러한 유추해석은 다소의 무리가 있다. 식 (11.17)은 단지 산출된 표본상관계수(r)와 표본회귀계수($\hat{\beta}$)간에 성립되는 수학적 관계에 불과하며, 두 모수 ρ와 β간에 성립되는 관계식이 아니기 때문이다. 그리고 전술한 바 있듯이 $\beta=0$이란 현상은 $\rho=0$이 될 수 있는 여러 경우 중 특수한 경우에 해당될 뿐임을 주지하기 바란다.

2) $$s_{\hat{\beta}}^2=s_e^2/\sum x^2=\frac{\frac{1}{n-2}(\sum Y^2-\hat{\alpha}\sum Y-\hat{\beta}\sum XY)}{\sum x^2}$$
$$=\frac{\frac{1}{10-2}\{901{,}400-304(3{,}000)-(-2)(5{,}980)\}}{10}=17$$

$\therefore\ s_{\hat{\beta}}\fallingdotseq 4.12$와 같이 계산됨.

가 된다. 이 때 역시 임계치는 ±2.306이므로 귀무가설 $H_0: \beta=0$은 기각되지 못한다.

따라서 서로 다른 분석방법에 의해 창출된 검정방법을 적용하였음에도 불구하고 동일한 결론, 즉 두 변수간의 선형관계가 존재한다고 볼 수 없다는 결론에 도달할 수 있음을 알 수 있다.

2. r과 R^2

두 분석간의 관계를 보다 구체적으로 정립할 수 있는 두 번째 사항으로 표본상관계수 r과 회귀분석의 적합도 판정기준으로 설정된 결정계수 R^2과의 관계를 들 수 있다.

우선 회귀분석에서 R^2을 정의한 과정을 잠시 재현해 보자.

$$\Sigma(Y_i-\bar{Y})^2=\Sigma(Y_i-\hat{Y}_i)^2+\Sigma(\hat{Y}_i-\bar{Y}_i)^2 \qquad (10.42)'$$

를 간략하게 SST=SSE+SSR로 표현할 경우

$$\frac{\text{SST}}{\text{SST}}=\frac{\text{SSE}}{\text{SST}}+\frac{\text{SSR}}{\text{SST}}=1 \qquad (10.43)'$$

이 성립되는데, 여기서 $\frac{\text{SSR}}{\text{SST}}=R^2$라 정의하였고, 이는 Y의 총변동량 중 회귀선에 의해 설명될 수 있는 변동량의 비율을 나타내므로 표본회귀선의 적합도를 평가하기 위한 기준으로 사용된 것이다.

한편, 식 (11.7)을 r에 대하여 정리하면

$$r=\hat{\beta}\cdot\frac{s_X}{s_Y} \qquad (11.18)$$

이 되며, 따라서

$$r^2=\hat{\beta}^2\cdot\frac{s_X^2}{s_Y^2} \qquad (11.19)$$

와 같아진다. 반면 결정계수 R^2의 정의식은 다음과 같이 전환될 수 있다.

$$R^2=\frac{\text{SSR}}{\text{SST}}=\frac{\Sigma(\hat{Y}_i-\bar{Y})^2}{\Sigma(Y_i-\bar{Y})^2}=\frac{\Sigma(\hat{\alpha}+\hat{\beta}X_i-\hat{\alpha}-\hat{\beta}\bar{X})^2}{\Sigma y_i^2}$$

$$= \frac{(\hat{\beta})^2 \sum (X_i - \bar{X})^2}{\sum y_i^2}$$

$$= (\hat{\beta})^2 \frac{\sum x_i^2}{\sum y_i^2} = (\hat{\beta})^2 \frac{\sum x_i^2/(n-1)}{\sum y_i^2/(n-1)} = (\hat{\beta})^2 \frac{s_X^2}{s_Y^2} \qquad (11.20)$$

이제 식 (11.19)와 식 (11.20)을 서로 비교해 보면 단순선형상관계수 r을 제곱한 값은 단순선형회귀분석의 적합도 판정기준인 결정계수 R^2과 같은 값을 갖게 됨을 알 수 있다.[1)]

역시 표 11-1에서 사용한 자료를 통하여 식 (11.18)과 식 (11.19) 또는 식 (11.20)의 성립 여부를 살펴보자.

우선

$$r = \hat{\beta} \cdot \frac{s_X}{s_Y} = (-2)\frac{(1.0549)}{(12.4722)} = -0.17$$

이며,

$$r^2 = (-0.17)^2 = 0.0289 = \hat{\beta}^2 \cdot \frac{s_X^2}{s_Y^2} = (-2)^2 \frac{(1.\dot{1})}{155.\dot{5}} \fallingdotseq 0.0289$$

가 되어 위에서 전개한 관련식의 사실 여부를 실증해 주고 있다.

여기서 특기할 사항은 표본상관계수 r의 제곱이 결정계수 R^2과 같아지며, $-1 \leq r \leq +1$ 이므로 $0 \leq R^2 \leq 1$의 관계가 성립된다는 점이다. 만일 $r = \pm 1$ 이라면 $R^2 = 1$이 될 것이고, 이 때 Y의 총변동은 표본회귀선에 의해서 100% 설명된다는, 다시 말해서 Y의 모든 관측점들이 표본회귀선상에 존재한다는 뜻을 가지며, 이러한 경우 기울기에 상관없이 r의 값은 그 절대치가 1이 된다는 사실을 재확인할 수 있다.

3. 상관분석과 회귀분석

지금까지 두 분석방법간의 공통점과 상이점을 간략히 살펴보았다. 이제 본 항에서는 제1항과 제2항에서 비교한 $\hat{\beta}$와 r의 관계 및 r과 R^2간의 관계를 중심으로 두 분석의 유용성과 보완관계를 검토하고자 한다.

---

1) 이러한 관계는 설명변수가 하나인 단순회귀분석과 이에 대응하는 상관분석간에 성립되는 특수한 경우이다. 예컨대, 설명변수가 둘 이상이 되는 다중회귀분석의 경우에는 단순상관계수 r의 제곱이 결정계수 $(R)^2$값과 일반적으로 같지 않다. 자세한 내용은 제12장 제6절을 참고하기 바란다.

첫째, 단순선형상관계수는 단지 두 변수간 선형관계의 강도만을 측정해 줄 뿐 변수간의 인과관계나 선형함수관계의 구체적인 형태에 관한 분석에는 아무런 도움을 주지 못한다. 따라서 $\hat{\beta}$와 r가 비단 같은 부호를 갖게 된다는 점을 지적한 바 있으나, 정작 $\hat{\beta}$값에 결정적 역할을 하는 것은 X와 Y의 분산들임을 명심해 두어야 할 것이다.

둘째, R^2은 r의 제곱과 계산상 같아지나 R^2은 Y의 전체 변동량 중 표본회귀선에 의해 설명될 수 있는 변동량의 비율을 나타내는 반면, r은 두 변수간의 관련성이 어느 정도 강력한 것인지를 나타내 주도록 정의된 것이다. 따라서 상관계수가 두 변수간 상관관계의 방향을 제시해 줄 수 있다는 장점을 지닌 반면, 종속변수의 변동을 독립변수가 설명할 수 있는 정도를 측정하거나 제시해 줄 수는 없다는 한계성이 있다.

셋째, r이 두 변수간의 상관계수의 방향을 제시할 수 있다는 장점은 회귀분석에서는 $\hat{\beta}$의 부호에 의해 설명될 수 있으므로 상관분석이 회귀분석보다 분석상 우위성을 갖고 있다고 볼 수는 없다. 회귀분석은 귀무가설 $H_0: \beta=0$의 검정을 통하여 상관분석의 귀무가설 $H_0: \rho=0$을 대체할 수 있는 등 상관분석이 제시할 수 있는 통계적 추론의 대부분을 감당할 뿐 아니라 보다 폭넓은 분석내용을 담고 있다. 따라서 일반적으로 상관분석보다는 회귀분석이 선호되고 있으며, 따라서 상관분석은 어디까지나 회귀분석의 보조적 역할을 담당하는 것으로 파악하는 것이 정당한 평가가 될 것이다.

마지막으로 지적해 두고 싶은 것은 높은 상관계수값이 나타났다고 할지라도 이는 특정한 함수관계나 상관관계가 없이도 발생할 수 있다는 문제점이 존재한다는 것이다. 이러한 상황을 허위적 상관(spurious correlation or nonsense correlation)이라 부른다. 예컨대, 까마귀 날자 배떨어지는 격으로 아무런 관계가 없는 변수간에도 상관계수값이 우연히 높게 산출될 수 있는 것이다. 만일 소주판매량(Y)과 교수의 근속연수(X)를 나타내는 두 변수간의 상관계수가 $r=0.9$로 산출되었다 하더라도 이 결과만으로 두 변수간에 선형관계가 존재하고 또 강도가 큰 것이라고 결론짓기는 곤란하다는 것이다. 직관적으로 볼 때, 교수의 근속연수보다는 오히려 소주의 가격이나 소비자의 임금수준 등이 소주판매량과 밀접한 함수관계를 가질 것이라는 점을 감안할 때 위와 같은 표본상관계수값은 우연발생적이라고 볼 수 있는 가능성이 크기 때문이다.

제 4 절 요 약

본장에서는 선형관계에 있는 두 변수간의 결합도 내지 밀접도를 측정하는 상관계수에 대하여 추론하였다.

상관계수는 원칙적으로 두 변수간의 관계에만 정립될 수 있는 개념으로, 어느 변수가 독립변수이고 또 어느 변수가 종속변수인지를 구별하지 않으므로 변수간의 인과관계는 무시된다. 그러나 이러한 상관계수는 제10장 회귀분석에서의 표본회귀선에 대한 적합도 판정문제와 관련하여 중요한 역할을 담당하게 된다.

상관계수(r)는 -1과 1 사이의 값을 가지며, 절대치가 1에 가까울수록 두 변수간의 밀접도가 큰 것으로 판정되며, 부호는 두 변수가 정 또는 역의 선형 함수관계를 갖는지를 결정해 준다. 단, r의 값이 0이 되는 것은 두 변수가 하등의 함수관계도 갖지 않는다는 의미가 아니라, 단순히 두 변수간의 1차함수 관계의 밀접도가 아주 미약하다는 것을 의미한다.

표본상관계수(r)로 모상관계수(ρ)를 추정하는 과정은 다소 번거로운 측면이 있는데, 이는 표본상관계수의 분포를 손쉽게 정립할 수 없다는 사실에 기인한다. 이러한 어려움은 모상관계수에 대한 가설검정과정에도 마찬가지다. 그러나 귀무가설이 $H_0 : \rho=0$이 되는 경우의 가설검정은 t분포를 이용할 수 있으며, 이 때 사용되는 검정통계량은 $t_{n-2}=\dfrac{r\sqrt{n-2}}{\sqrt{1-r^2}}$과 같이 간편한 형태를 취하게 된다.

상관계수에 관한 추정 및 검정은 독자적인 분석영역을 가지고 있으나, 이 때 사용되는 표본상관계수 r은 단순회귀분석에서의 추정회귀계수 $\hat{\beta}$은 물론 적합도 판정기준으로 사용되는 결정계수 R^2과도 밀접한 관련성을 맺고 있다. 즉, $\hat{\beta}=r\left(\dfrac{s_Y}{s_X}\right)$와 $(r)^2=R^2$이란 관계식이 성립된다. 따라서 $H_0 : \rho=0$이란 가설에 대한 t검정은 단순선형회귀분석에서의 $H_0 : \beta=0$에 대한 t검정($t=\hat{\beta}/s_{\hat{\beta}}$) 및 $H_0 : R^2=0$에 대한 F검정효과를 동시에 갖게 된다.

복습문제

[1] 다음 용어들의 개념을 비교·설명하라.
1) 공분산과 상관계수
2) 산포도(散布圖)와 산포도(散布度)(제2장 참조)
3) 이변량정규분포와 이변량도수분포
4) 등고곡선과 상관계수
5) 허위적 상관(spurious or nonsense correlation)과 상관계수

[2] 다음 경우의 단순상관계수값은?
1) 한 변수의 값이 일정할 때
2) 한 변수값이 다른 변수값보다 항상 100만큼 클 때
3) 회귀분석에 의해 설명 안 되는 변동량(unexplained variation)이 설명 가능한 변동량(explained variation)의 2배일 때

[3] 15세대의 연간 가계소득(X)과 소비(Y)에 관하여 다음 자료를 얻었다(단위: 천만 원).

$\sum X=80$	$n=15$	$\sum X^2=600$
$\sum Y=60$	$\sum XY=400$	$\sum Y^2=300$

1) 단순상관계수 r을 구하라.
2) $H_0: \rho=0$을 $\alpha=2\%$ 수준에서 검정하라.
3) ρ에 대한 99% 신뢰구간을 구하라.

[4] 11개 관측치에 의거한 단순회귀분석에서 결정계수값(R^2)이 0.36이라 하자. 이 자료를 이용하여 두 변수간의 상관분석을 실시할 때 $H_0: \rho=0$에 대한 검정 결과는 어떻게 될까?($\alpha=10\%$)

[5] 38개월간에 걸쳐 장기 순이자율과 사기업의 순투자간에 단순상관계수를 계산해 보니 $r=0.6$으로 나타났다. $\alpha=1\%$ 수준에서 $H_0: \rho=0$을 검정하라.

[6] 표 11-1에 나타난 자료를 사용하여 표본상관계수를 산출하고 또 이를 근거로 $H_0: \rho=0$을 검정한 본문의 내용을 SAS프로그램을 활용하여 검증해 보여라.

연습문제

[1] 단순표본회귀계수($\hat{\beta}$)와 단순상관계수(r)간의 관계를 설명하라.

[2] 단순회귀모형에서 $H_0 : \rho=0$에 대한 검정통계량

$$t=\frac{r\sqrt{n-2}}{\sqrt{1-r^2}}=\frac{r}{\sqrt{1-r^2}/\sqrt{n-2}}$$

이 $H_0 : \beta=0$에 대한 검정통계량

$$t=\frac{\hat{\beta}}{s_{\hat{\beta}}}=\frac{\hat{\beta}}{s_e/\sqrt{\sum x^2}}$$

과 같아짐을 증명하라.

[3] 단순회귀모형에서 결정계수 R^2은 단순표본상관계수 r의 자승과 같아짐을 보여라.

[4] 단순상관분석과 단순선형회귀분석간의 유사점과 상이점을 대비하여 설명하라.

[5] 다음은 다섯 쌍의 아버지와 아들의 신장을 나타낸다.

아들의 키	168	166	172	173	166
아버지의 키	164	166	171	170	169

1) 단순표본상관계수 r을 구하라.
2) 모상관계수 ρ에 대한 95% 신뢰구간을 설정하라.
3) $H_0 : \rho=0$을 $\alpha=5\%$ 수준에서 검정하라.
4) 위의 문항들에 대한 답을 SAS를 이용하여 검증해 보여라.
5) 이상에서의 통계적 추론은 적절한가? 답하고 이유를 설명하라.

[6] 다음은 다섯 학생의 국어·영어·수학 과목의 평균점수와 전체 과목의 평균을 나타낸다.

학 생	A	B	C	D	E
국·영·수(X)	80	60	40	30	40
전 과 목(Y)	90	70	40	40	60

1) r값을 구하라.
2) ρ에 대한 95% 신뢰구간을 구하라.
3) Y를 X에 회귀분석하여 표본회귀선을 도출하라.
4) β에 대한 95% 신뢰구간을 설정해 보아라.
5) $\alpha=5\%$ 수준에서 $H_0 : \beta=0$과 $H_0 : \rho=0$을 검정하라.
6) 위의 문항들에 대한 답을 SAS를 이용하여 검증해 보여라.

7) 이상에서의 통계적 추론은 적절한가? 답하고 이유를 설명하라.

[7] 표본상관계수 r을 제곱한 값이 0과 1 사이에 있게 된다는 사실을 증명하라.

(Hint: 임의의 두 확률변수 X와 Y에 대하여 다음 관계가 성립한다는 이른바 Cauchy-Schwarz Inequality 관계를 활용하라.

$$(E[XY])^2 < E[X^2]E[Y^2]$$
)

[8] Y를 X에 대해 회귀분석하여 회귀계수 $\hat{\beta}_{Y|X}$를 구하려다 잘못하여 X를 Y에 대해 회귀분석하여 회귀계수 $\hat{\beta}_{X|Y}$ 얻었다고 하자. 이 때 이 두 회귀계수를 곱한 값은 X와 Y간의 표본상관계수값의 제곱과 같아짐을 증명하라.

[9] Spearman의 순위상관계수(r_s)는 다음과 같이 정의된다(제14장 참조).

$$r_s = 1 - (6\sum d_i^2)/n(n^2-1)$$

1) 위 공식을 도출해 보아라.

2) $-1 \leq r_s \leq 1$가 됨을 증명하라.

3) 10명의 대학입시 성적과 대학재학시 성적순위에 관하여 다음과 같은 자료가 얻어졌다고 보고 r_s를 산출하고 귀무가설(H_0: X와 Y의 순위는 무관하다)을 검정하라(단, $\alpha=5\%$).

입시성적	4년간 평균성적
300	3.0
280	3.3
285	3.4
303	3.5
299	3.2
290	3.3
288	3.6
307	3.9
273	3.1
310	3.8

4) 위 문항에서 표본크기가 $n \geq 10$이므로 스피어만의 검정통계량은 $t_{n-2} = \dfrac{r\sqrt{n-2}}{\sqrt{1-r^2}}$으로 대체사용이 가능하다. 이 식으로 검정한 결과를 3)번 문항에서의 결과와 비교해 보아라.

[10] X와 Y 두 변수간의 표본상관계수 r은 X와 Y의 측정단위를 변화시키거나 원점을 바꾸어도 그 값이 변하지 않음을 증명하라.

(Hint: Y와 X간의 표본상관계수와 $(aX+b)$와 $(cY+d)$의 표본상관계수값이 같음을 보일 것.)

[11] r을 X와 Y 두변수간의 표본상관계수라 하면

1) $(-X)$와 $(-Y)$간의 상관계수값의 부호는 달라질까?

2) $(-X)$와 Y 또는 X와 $(-Y)$간의 상관계수값의 부호는?

[12] X_1과 X_2 및 X_3가 서로 독립적인 변수들로 같은 크기의 분산을 갖고 있다 하자.

1) (X_1+X_2)와 (X_2+X_3)간의 상관계수값은 1/2 이 됨을 보여라.

2) 세 변수 중 임의의 두 변수간의 상관계수가 0(서로 독립적이므로 상관성이 없음)이라도 임의의 두 변수를 합하여 새로 정의한 변수들간의 상관계수는 0 이 될 필요가 없음을 밝혀라.

복습문제 해답

[1] (생략)

[2] 1) 0 2) 1 3) $r=0.577$

[3] 1) 0.784 2) $t=4.55>2.650=t_{\alpha/2}$ $\therefore H_0$ 기각 3) $0.3<\rho<0.95$

[4] $r=\pm0.6$, $t=2.25>1.833$ $\therefore H_0$ 기각

[5] $t=4.5>t_{\alpha/2}$ $\therefore H_0$ 기각

[6] (생략)

연습문제 해답

[1]~[4] (생략)

[5] 1) 0.62 2) $-0.579\sim0.971$ 3) $t=1.37<3.182=t_{\alpha/2}$ $\therefore H_0$ 채택
4) (생략) 5) 부적절함. ∵ 표본크기가 너무 작음(제2절, 식 11.5 참조).

[6] 1) 0.943 2) $0.366\sim0.996$ 3) $\hat{Y}=10-+1.0X$ 4) $0.35\sim1.65$
5) 모두 기각됨. 6) (생략) 7) 부적절함. ∵ 표본크기가 너무 작음.

[7]~[8] (생략)

[9] 1) (생략)

2) (생략)

3) $\sum d_i^2 = 80.5 \quad r_s = 1 - \frac{6 \cdot (80.5)}{10(100-1)} = 0.512$

$\alpha = 5\%$에 대응한 임계치는 0.564 $\quad \therefore$ $\alpha = 5\%$에서 H_0 채택

4) $t_{n-2} = \frac{(0.512) \cdot \sqrt{10-2}}{\sqrt{1-(0.512)^2}} = 1.686$

$\therefore$ $\alpha = 5\%$에 대응한 임계치 $t_{8,\,\alpha/2} = 2.306$

$\therefore$ H_0 채택. 따라서 3)과 같은 결론 얻음.

[10] 생략)

[11] 1) 변하지 않음. 2) (−)

[12] (생략)

제 12 장 회귀분석 Ⅱ: 다중선형회귀분석

본장에서 다루고자 하는 회귀분석의 내용은 기본적으로는 제10장에서 소개한 단순선형회귀모형을 확대하는 것이다. 따라서 제10장에서와는 달리 설명변수가 둘 이상이 되는 상황을 대상으로 회귀분석방안을 강구하게 될 것이다. 또한 제11장에서 다룬 상관분석이 설명변수가 둘 이상이 되는 모형에서는 회귀분석과 어떻게 유기적 관계를 맺으며 사용될 수 있는지에 관해서도 본장 후반에서 약술하고자 한다. 한편 제10장 제9절에서 밝힌 바 있는 단순회귀분석모형이 갖는 문제점 중 상대적으로 중요한 사항을 본장에서 다룸으로써 문제해결의 기본방안을 제시하고자 한다. 단, 본장에서의 분석내용은 기본적으로 제10장 및 제11장의 연장에 해당되므로, 분석절차는 앞의 두 장에서의 내용전개과정과 비슷한 절차를 따랐다.

그림 XII 다중회귀분석의 주요내용

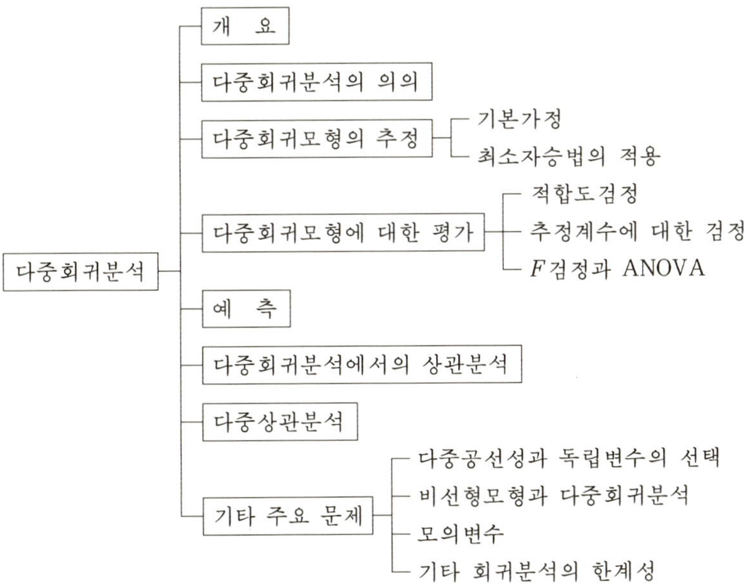

이상과 같은 점을 감안하여 본장을 그림 XII와 같이 구성하였다. 즉, 그림에서 볼 수 있듯이 제2절에서는 다중회귀분석이 갖는 의의에 대하여 논하였는데, 다중회귀분석이란 단순히 설명변수가 2개 이상이 되는 경우에 대한 회귀분석으로 그치는 것이 아니라 각종 경제적 가설 및 이론을 실증분석하는 데 합목적적인 특징이 있음을 밝혔다. 제3절에서는 이와 같은 다중회귀분석을 시행하는 데 필요한 기본가정과 또 이러한 기본가정하에 최소자승법을 적용하는 실제적인 과정을 다루었다. 한편, 표본회귀선에 대한 평가방안으로는 제10장 단순회귀분석에서 소개한 적합도검정 및 유의성검정 외에 F검정통계량을 이용하는 별도의 적합도 판정방안을 소개하였으며, 제11장에서 전개한 바 있는 상관계수의 활용방안 내용을 제6절에서, 그리고 다중회귀분석에 관한 제반 분석이 갖는 한계성 내지 문제점 중 비교적 중요한 사항을 제7절에서 간략히 검토하였다.

제 1 절 개 요

일반적으로 다중회귀분석(multiple regression)은 설명변수가 2개 이상인 회귀모형을 분석대상으로 삼고 있다. 단 본장에서는 논의의 편의상 설명변수는 둘이며 각 설명변수는 종속변수와 선형관계에 있다는 가정하에 논의를 전개하고자 한다. 설명변수가, 예컨대 k개에 이르는 모형을 적절히 다루기 위해서는 행렬(식)과 선형대수에 관한 별도 설명이 상당 부분 필요하게 된다는 점과 비선형모형은 적절한 절차를 통하여 쉽게 선형모형으로 전환될 수 있다는 사실에 근거하여 위와 같은 제약하에서 분석하고자 하는 것이다.

제 2 절 다중회귀분석의 의의

앞 절에서 지적한 바 있듯이 단순회귀분석보다는 다중회귀분석의 적용이 보다 적절한 경우가 일반적이라는 사실 외에 다중회귀분석모형을 채택하여야 하는 이유는 실로 다양한 측면에서 찾아볼 수 있다.

첫째, 두 개(이상)의 독립변수가 종속변수에 미치는 영향을 파악하기 위해서는 다중회귀분석을 시행하는 것이 마땅하다. 그러나 보다 중요한 것은 비단 특정한 한 개의 독립변수와 종속변수의 관계에만 관심이 있다 하더라도 일단 종속변수에 영향을 준다고 믿어지는 타설명변수를 동시에 모형에 포함시켜 분석하는 다중회귀분석은 적어도 다음의 두 가지 이유 때문에 분석내용을 향상시킬 수 있다는 사실이다. 종속변수를 단 한개의 독립변수만으로 설명하는 경우에 비해 추가적인 독립변수를 도입할 경우 오차항의 값은 축소될 것이고, 따라서 통계적 추론에 있어 보다 정확성을 기할 수 있다는 것이 그 첫번째 이유로 지적될 수 있다. 그리고 두 번째 이유는 실제로 종속변수에 지대한 영향을 주는 설명변수를 고려치 않았을 때 발생하는 이른바 편의현상을 제거할 수 있다는 점을 들 수 있는데, 바로 이 점이 핵심적인 사유라 할 수 있다.

그림 12-1은 수요(Y)가 가격(X_1) 및 소득수준(X_2)에 의하여 영향을 받음에도 불구하고 수요를 가격만의 1차함수로 보고 단순선형회귀분석을 하였을 때 얻어질 수 있는 표본회귀선을 $\tilde{Y}$로 표시하였다. 한편, 가격과 수요량간의 관계를 나타내는 산포도를 일단 소득수준(X_2)에 따라 구분하여 보기로 한다. 예

그림 12-1 수요 · 가격 및 소득의 관계

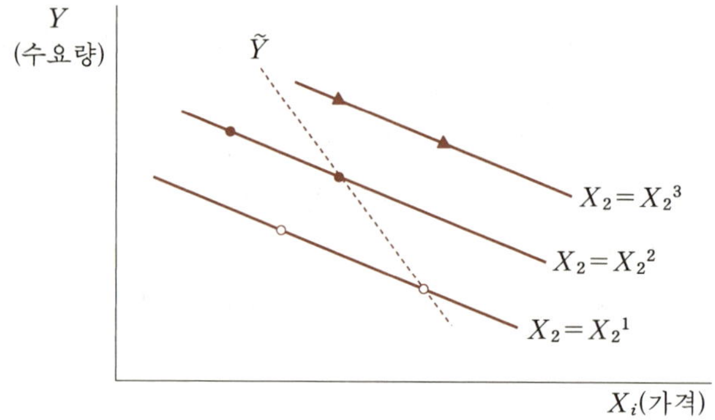

컨대, $X_2=X_2^1$일 경우는 '∘', $X_2=X_2^2$일 경우는 '•' 그리고 $X_2=X_2^3$일 경우는 '⋆'표로 각각 구분 표시한다. 그러면 동일한 소득수준을 갖는 관측치만으로 각각 별도의 회귀분석을 실시할 경우, 즉 소득수준(X_2)이 일정하다는 조건하에서 수요량과 가격간의 표본회귀선을 각각 도출할 경우, 이 때 형성되는 표본회귀선들의 기울기는 대체로 비슷하나 단순회귀분석 결과 도출된 표본회귀선 $\tilde{Y}$와는 상당한 차이가 있음을 알 수 있다(그림 12-1 참조). 따라서 소득수준(X_2)의 변화에 따른 영향을 제거한 상태에서 가격(X_1)만의 변화가 수요량(Y)에 미치는 효과를 파악하려면 반드시 다중회귀분석을 적용해야 한다는 사실을 지적할 수 있다. 즉, 다중회귀분석의 이러한 역할은 회귀모형을 설정함에 있어 종속변수 Y를 설명하는 데 X_1 외에 X_2라는 독립변수를 일단 추가도입해야만 가능하다는 사실을 지적할 수 있다. 한편, 위의 예제를 통하여 다중회귀분석은 앞에서 지적한 두 가지 사항, 즉 마땅히 포함되어야 할 변수를 무시함으로써 발생하는 편의현상을 제거할 수 있을 뿐만 아니라, 나아가서는 회귀분석상의 오차도 줄일 수 있음을 확인할 수 있다.

이상의 논의에서 설명이 불충분하였던 점은 과연 다중회귀분석모형이 어떻게 여타 설명변수의 값을 일정하게 유지시키는 효과를 발휘할 수 있는지에 대한 의문이 될 것이다.

예컨대, Y(수요량)는 X_1(가격)과 X_2(소득수준)에 의존하며 구체적인 함수관계식이 다음과 같다고 하자.

$$Y=\alpha+\beta_1X_1+\beta_2X_2 \tag{12.1}$$

표 12-1 수요량 · 가격 및 소득수준

연 도	수요량(Y)	단가(X_1)	월평균소득수준(X_2)
1996	30	10	15
1997	20	25	15
1998	40	25	20
1999	20	30	20
2000	55	40	40
2001	45	50	40

이상에서의 설명에 의하면 윗식에서 β_1은 X_2값이 일정하게 유지되는 조건하에서 X_1만이 변화할 때 Y에 미치는 영향력의 정도를 나타내며,[1] 반대로 β_2는 X_1이 일정할 때 X_2가 Y에 미치는 영향력의 정도를 측정해 주는 것이어야 할 것이다. 이러한 논리에 대한 증명을 위해 X_1은 당초 X_1^0였던 것이 현재는 (X_1^0+1)로 변한 반면, X_2는 당초 X_2^0였고 현재도 X_2^0로서 동일한 값을 취하고 있다고 가정하자. 그러면 두 시기에 있어서의 Y값은

$$Y^0=\alpha+\beta_1X_1^0+\beta_2X_2^0 \tag{12.2}$$

$$Y^1=\alpha+\beta_1(X_1^0+1)+\beta_2X_2^0 \tag{12.3}$$

(단, 상첨자에서 0은 당초시기, 1은 현재시기를 의미함)

와 같이 표현될 것이다. 이제 식 (12.3)에서 식 (12.2)를 빼면 Y값의 변화(ΔY)를 확인할 수 있을 것이며 계산 결과는 다음과 같아진다.

$$Y^1-Y^0=\Delta Y=\beta_1 \tag{12.4}$$

식 (12.4)가 의미하는 것은 X_2변수의 값을 일정하게 유지시키면서 X_1만을 1단위만큼 변화시켰을 때 Y는 β_1만큼의 변화가 발생한다는 것이다. 따라서 다중회귀분석에서 각 독립변수 앞에 붙는 계수는 수학적 개념으로 표현하자면 편미분값에 해당한다는 것을 알 수 있다. 이 점은 후술하게 될 다중회귀모형의 추정과정에서 보다 상세히 언급키로 한다.

단순회귀분석에서는 기대할 수 없는 다중회귀분석의 의의를 다시 한번 되새겨 보기 위해 표 12-1과 같은 가상적 자료를 활용해 보기로 한다.

표 12-1에 제시된 자료는 특정 재화에 대한 수요량을 단가 및 수요자의 월평균소득수준과 대비하여 6개년에 걸쳐 관측된 자료라 가정하자. 우선 Y를

1) 이 상황은 수요에 영향을 주는 여러 변수 중 가격을 제외한 모든 변수값이 일정한 상태하에서는 수요량이 가격과 역함수관계에 있다는 수요의 법칙을 묘사하고 있다.

단순히 X_1에 대한 1차함수로 파악하여 회귀분석을 하면,

$$\hat{Y}=17\frac{7}{19}+\frac{11}{19}X_1 \fallingdotseq 17.4+0.58X_1 \tag{12.5}$$

이 된다. 그런데 경제이론에 의하면 수요(Y)는 가격(X_1)의 역의 관계를 갖는 함수라는 수요의 법칙이 성립되어야 하는데, 단순선형회귀분석 결과 얻어진 표본회귀선은 두 변수가 정함수관계에 있는 것으로 나타났다. 이러한 예상 밖의 결과가 나온 것은 아마도 수요(Y)에 큰 영향을 주는 기타 변수의 역할을 도외시한 데에서 연유한다고 생각할 수 있다. 그렇다면 그 기타 변수가 과연 무엇인지 또 그 변수의 영향을 어떻게 배제한 가운데 Y와 X_1간의 관계를 파악할 수 있을까? 대답은 간단하다. 기본적인 경제이론에 입각하면 Y에 영향을 미칠 수 있는 X_1 이외의 주요 변수로는 수요자의 소득수준(X_2)을 들 수 있고 이 새로운 변수를 동시에 고려하되 Y와 X_1의 관계를 파악하고자 할 때에는 X_2값을 일정하게 묶어 두는 방안, 즉 다중회귀분석을 활용해야 하는 것이다. 이러한 다중회귀분석의 의의를 살려 다중표본회귀선을 도출한 것이 식 (12.6)이다.

$$\hat{Y}=13.65-0.88X_1+1.91X_2 \tag{12.6}$$

다중회귀분석 결과로 얻은 추정식에서는 수요이론이 시사하는 바 대로 수요(Y)가 가격(X_1)에 대해서는 역의 함수관계에 있고, 소득(X_2)과는 정의 함수관계에 있음이 확인되었다. 현재까지 이와 같은 식의 도출과정은 구체적으로 설명하지 않은 단계인지라 계산과정을 아직 밝힐 수는 없으나 식 (12.6)이 식 (12.5)보다 작은 표준오차를 유발하는 결과도 추후 확인될 수 있다.

여하튼 이상의 예에서 우리는 $Y=f(X_1, X_2)=\alpha+\beta_1X_1+\beta_2X_2$의 관계에 있을 때 X_2의 값을 일정하게 유지시키는 조건하에서는 Y와 X_1은 역의 관계를 갖는 함수, 그리고 X_1의 값을 일정하게 유지시키는 조건하에서는 Y와 X_2는 정함수관계에 있다는 기초 수요이론에 합당한 결과를 다중회귀분석의 도입을 통하여 얻을 수 있음을 확인한 셈이다. 또한 표 12-1과 같은 예제는 단순회귀분석 적용시 도출된 회귀계수의 부호가 기타 독립변수를 추가도입한 다중회귀분석에서 바뀔 수 있음을 입증해 주고 있다. 그림 12-2에 나타난 산포도는 이상과 같은 현상이 나타날 수 있음을 쉽게 확인시켜 줄 수 있으리라 믿는다. 즉, 그림 12-2는 6개의 관측점을 소득수준(X_2)을 무시한 채 단순선형회귀분석한 결과($Y=17.4+0.58X_1$)와, 동일 소득수준을 갖는 관측점들끼리 연결함으로써 소득수준이 일정한 상태에서 수요(Y)와 가격(X_1)간의 관계를 예시한 3개의

그림 12-2 가격과 소득 그리고 수요량

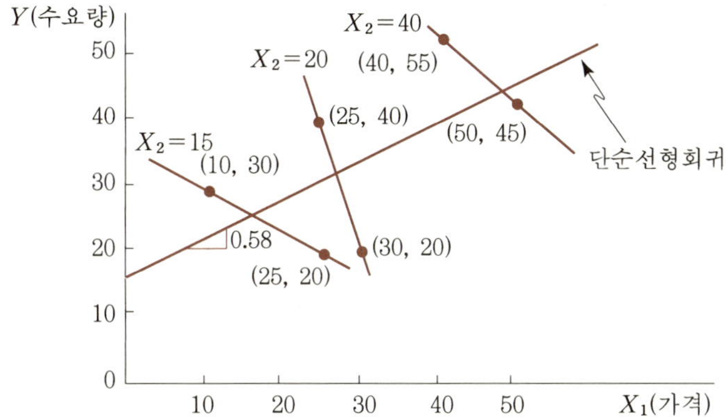

선을 대비하여 보여 주고 있다. 이 그림은 기타 독립변수의 영향을 고려하지 않았을 경우와 고려할 경우 예상되는 회귀 결과를 쉽게 비교할 수 있는 좋은 예제라 볼 수 있다.

제 3 절 다중회귀모형의 추정

앞에서 밝힌 바 있듯이 본장에서 구체적으로 분석할 모형은 설명변수가 둘이면서 종속변수와는 선형관계를 갖고 있는 회귀모형이다. 우리가 추정할 모형을 보다 구체적인 수식으로 표현하면 다음과 같다.

[모집단의 다중선형회귀선]

$$E[Y_i]=\alpha+\beta_1 X_{1i}+\beta_2 X_{2i} \qquad (12.7)$$

또는

[모집단의 다중선형회귀모형]

$$Y_i=\alpha+\beta_1 X_{1i}+\beta_2 X_{2i}+\varepsilon_i \qquad (12.8)$$

식 (12.7)은 모집단의 다중선형회귀선, 그리고 식 (12.8)은 모집단의 다중선형회귀모형에 대한 정의식에 해당된다. 양식에 나타나 있듯이 각 독립변수는 종속변수 Y와 선형관계에 있으며, 또한 앞 절에서 강조한 바 있듯이 β_1과 β_2는 여타 독립변수의 영향이 없거나 일정 수준에 머물러 있다는 가정하에 개별 독립변수가 종속변수에 미치는 영향을 표시하게 된다. 그러므로 β_i를 부분회귀계수(partial regression coefficients)라 부르기도 한다.

여하튼 모집단의 회귀모형에 대한 추정은 제10장에서처럼 표본정보를 이용하는 최소자승법이 된다. 단, 여기서 적용할 최소자승법이 통계적으로 가장 바람직한 방법이 되기 위해서는 이상적인 기초가정이 충족되어야 할 것임은 당연하나, 가정의 내용이 단순선형회귀분석의 경우와 다소 달리 표현되거나 추가되어야 할 사항이 있어, 최소자승법의 적용을 통한 추정작업에 앞서 다중선형회귀분석에 필요한 기본가정을 간략히 정리해 두고자 한다.

1. 다중회귀분석의 기본가정

최소자승법은 모집단에 대하여 아무런 가정을 설정하지 않고도 적용할 수는 있다. 그러나 단순선형회귀분석의 경우에서처럼 몇 가지 이상적인 또한 편의상의 가정을 설정할 경우 최소자승법에 의해 추정된 표본회귀선은 통계적으로 바람직한 특성을 갖게 될 뿐 아니라 전통적인 통계적 추정 및 검정을 실시할 수 있다는 의의를 가진다. 일반적으로 볼 때 다중회귀분석에 기본적으로 설정하는 가정은 제10장에서 소개한 다섯 가지 가정을 다소 변형시켜 표현한 것에 불과하다. 그러나 다중회귀분석에는 두 가지 가정이 별도로 추가되어야 하는데 그 내용은 다음과 같다.

가정 Ⅰ : $E[\varepsilon_i]=0$; 오차의 기대치 또는 평균은 주어진 설명변수들(여기서는 X_1과 X_2)값의 모든 가능한 집합에 대하여 영이다.

가정 Ⅱ : $E[\varepsilon_i^2]=\sigma_\varepsilon^2$; 오차의 분산은 주어진 X_1, X_2값의 모든 가능한 집합에 대하여 일정한 값을 갖는다(동분산가정).

가정 Ⅲ : $E[\varepsilon_i\varepsilon_j]=0$, $i\neq j$; 오차항들은 서로 독립적이며 따라서 그들의 공분산은 영이다.

가정 Ⅳ : $E[\varepsilon_i X_i]=X_i E[\varepsilon_i]=0$; 오차 ε_i는 각 독립변수와 독립적이며, 독립변수는 비확률변수로 간주한다.

가정 Ⅴ : $\varepsilon_i \sim N(0,\ \sigma_\varepsilon^2)$; 주어진 설명변수값의 모든 가능한 집합에 대한 오차항은 정규분포를 따른다. 여기에 가정 Ⅰ과 Ⅱ를 합하여 표현하면 $\varepsilon_i \sim N(0,\ \sigma_\varepsilon^2)$ 이라 표시할 수 있다.

이상은 제10장에 소개한 기본가정들을 설명변수가 두 개인 경우를 감안하여 다소 추가적인 설명을 곁들여 표현한 것에 불과하며 기본적인 내용은 하등의 차이가 없다.

반면 이와는 별도로 다중회귀분석에만 추가되는 두 가지 가정이 있는데 그 내용은 다음과 같다.

가정Ⅵ : 관측된 값들의 수는 독립변수의 수보다 최소한 2 이상 커야 한다. 도입된 독립변수의 수를 k라 하면 미지수인 절편을 포함하여 총$(k+1)$개의 미지의 모수(parameter)를 추정하여야 하며, 따라서 관측치의 수(n)는 $(k+1)$보다 커야 연립방정식체계를 이용해야 하는 최소자승법의 해(solution)가 도출될 수 있기 때문이다. 즉 $n>k+1$ 이라야 한다. 그런데 이 때 자유도는 $n-(k+1)$이 되고 자유도가 적어도 1 이상의 값을 가지려면 $n-(k+1)\geq 1$ 의 관계가 성립되어야 하며, 이를 달리 표현하면 $n\geq k+2$, 즉 관측치의 수는 독립변수의 수보다 적어도 2개 이상 큰 값을 가져야 할 필요가 있는 것이다. 따라서 독립변수가 둘인 모형에서는 관측치의 숫자는 적어도 4 이상이라야 할 것이다.

가정Ⅶ : $\rho(X_i,\ X_j)\neq \pm 1$; 독립변수들간의 상관계수값은 ± 1 이 되어서는 안 된다. 즉, 한 독립변수가 정확히 다른 독립변수와 1차함수관계에 있어서는 안 된다는 의미이며, 다시 말하자면 한 독립변수의 값들이 다른 독립변수의 일정 배수와 같아져서는 곤란하다는 말이다. 이 가정이 필요한 이유는 두 독립변수가 정확히 1차함수관계에 있을 경우, 종속변수의 변화를 설명하는 데 실제로 필요한 정보는 이들 중 한 개의 독립변수값만으로 충분하기 때문이다.

이 가정은 실제로 구속력이 매우 약한 가정이다. 그러나 어떤 두 독립변수가 정확히 1차함수관계에 있지는 않지만 둘 사이의 상관관계가 아주 강하여, 예컨대 $\rho(X_i,\ X_j)$의 값이 ± 1에 가까워지면, 최소자승법의 적용 자체가 어렵게 되는 매우 심각한 국면을 맞게 된다. 이 때 나타나는 현상을 다중공선성(multicollinearity)이라 부르는데, 이 점에 관하여서는 추후 상세히 설명하기로 한다.

2. 최소자승법에 의한 다중회귀모형의 추정

이제 위에서 소개한 모집단에 대한 가정이 일단 충족된다는 가정하에 최소자승법을 적용하여 표본회귀선을 도출하는 과정을 살펴보기로 한다. 이 때 도출될 표본회귀선을 일단 다음과 같이 정의하자.

$$\hat{Y}_i = \hat{\alpha} + \hat{\beta}_1 X_{1i} + \hat{\beta}_2 X_{2i} \tag{12.9}$$

그러면 표본회귀모형은

$$Y_i = \hat{\alpha} + \hat{\beta}_1 X_{1i} + \hat{\beta}_2 X_{2i} + e_i \tag{12.10}$$

과 같이 표현될 것이고, 여기서 $\hat{\alpha}$, $\hat{\beta}_1$ 및 $\hat{\beta}_2$은 모수인 α, β_1 및 β_2에 대한 최소자승추정량이 되며, e_i는 회귀분석에 따른 잔차항(residual)으로 ε_i에 대한 추정에 사용될 것이다.

이제 오차의 자승합을 최소화하는 방안인 최소자승법을 적용하기 위해 표본의 크기를 n이라 보고 다음과 같이 목적함수를 설정한다.

$$\begin{aligned} \text{Min}\, L &= \text{Min} \sum_{i=1}^{n} e_i^2 = \text{Min} \sum_{i=1}^{n} (Y_i - \hat{Y}_i)^2 \\ &= \text{Min} \sum_{i=1}^{n} (Y_i - \hat{\alpha} - \hat{\beta}_1 X_{1i} - \hat{\beta}_2 X_{2i})^2 \end{aligned} \tag{12.11}$$

함수 L의 값을 극소화시키려면 우선 각 미지수에 대하여 1차편미분한 값을 각각 0으로 놓아야 할 것이다.[1)]

$$\partial L / \partial \hat{\alpha} = \partial L / \partial \hat{\beta}_1 = \partial L / \partial \hat{\beta}_2 = 0 \tag{12.12}$$

식 (12.12)를 만족시키는 최소화의 필요조건식들은 다음과 같은 정규방정식(normal equations)의 형태로 정리될 수 있다.[2)]

---

1) 여기서 주의할 것은 $\hat{\alpha}$, $\hat{\beta}_1$ 및 $\hat{\beta}_2$을 구하기 위하여 함수 L을 각각의 미지수에 대하여 편미분한다는 사실이다. 편미분이란 여타 변수값이 일정하다는 가정하에 한 변수의 변화가 종속변수에 미치는 효과를 계측하는 방법론이며 제2절에서 강조한 다중회귀분석의 의의를 고려할 때 바로 이와 같은 편미분법의 적용은 지극히 타당한 방법임을 명심하기 바란다. 또한 이러한 이유 때문에 다중회귀분석에서 도출된 계수를 편회귀계수(partial regression coefficient)라 일컫고 있는 것이다. 이를 수리적 관점에서 보면 $Y=f(X_1, X_2)$의 총변동, 즉 전미분은 $dY=f_1dX_1+f_2dX_2$가 되며, 이 때 각 설명변수의 계수는 Y를 각각 X_1과 X_2에 대하여 편미분한 값임을 알 수 있다.

2) 정규방정식의 정의는 제10장 제4절을 참조할 것. 한편 식 (12.12)의 조건으로부터 정규방정식이 도출되는 과정은 연습문제로 돌리기로 한다.

$$n\hat{\alpha}+(\sum X_{1i})\hat{\beta}_1+(\sum X_{2i})\hat{\beta}_2=\sum Y_i \tag{12.13}$$

$$(\sum X_{1i})\hat{\alpha}+(\sum X_{1i}^2)\hat{\beta}_1+(\sum X_{1i}X_{2i})\hat{\beta}_2=\sum Y_iX_{1i} \tag{12.14}$$

$$(\sum X_{2i})\hat{\alpha}+(\sum X_{1i}X_{2i})\hat{\beta}_1+(\sum X_{2i}^2)\hat{\beta}_2=\sum Y_iX_{2i} \tag{12.15}$$

여기서 추정할 미지수는 $\hat{\alpha}$, $\hat{\beta}_1$ 및 $\hat{\beta}_2$이고, 이 미지수의 값을 찾는 데 사용될 방정식의 수 또한 3개이므로, 정상적인 경우에 이 연립방정식은 유일한 해(unique solution)를 갖는다. 이제 크래머의 법칙(Cramer's rule)을 이용하여 $\hat{\beta}_1$과 $\hat{\beta}_2$을 구하면 다음과 같다.

$$\hat{\beta}_1=\frac{1}{\Delta}\begin{vmatrix} n & \sum Y_i & \sum X_{2i} \\ \sum X_{1i} & \sum X_{1i}Y_i & \sum X_{1i}X_{2i} \\ \sum X_{2i} & \sum X_{2i}Y_i & \sum X_{2i}^2 \end{vmatrix} \tag{12.16}$$

$$\hat{\beta}_2=\frac{1}{\Delta}\begin{vmatrix} n & \sum X_{1i} & \sum Y_i \\ \sum X_{1i} & \sum X_{1i}^2 & \sum X_{1i}Y_i \\ \sum X_{2i} & \sum X_{1i}X_{2i} & \sum X_{2i}Y_i \end{vmatrix} \tag{12.17}$$

$$\text{단, } \Delta=\begin{vmatrix} n & \sum X_{1i} & \sum X_{2i} \\ \sum X_{1i} & \sum X_{1i}^2 & \sum X_{1i}X_{2i} \\ \sum X_{2i} & \sum X_{1i}X_{2i} & \sum X_{2i}^2 \end{vmatrix} \tag{12.18}$$

한편, $\hat{\alpha}$도 같은 방법으로 구할 수 있으나 표본회귀선은 X_{1i}와 X_{2i}, 그리고 Y_i의 평균으로 표현되는 점($\bar{X}_{1i}$, $\bar{X}_{2i}$, $\bar{Y}$)을 항상 지나게 된다는 특성을 이용하면 보다 간편하게 도출이 가능하다. 즉, 식 (12.13)을 n으로 나누면

$$\hat{\alpha}+\hat{\beta}_1\bar{X}_{1i}+\hat{\beta}_2\bar{X}_{2i}=\bar{Y}$$

가 되므로,

$$\hat{\alpha}=\bar{Y}-\hat{\beta}_1\bar{X}_{1i}-\hat{\beta}_2\bar{X}_{2i} \tag{12.19}$$

와 같이 정의된다. 따라서 일단 $\hat{\beta}_1$과 $\hat{\beta}_2$의 값이 산출되면 $\hat{\alpha}$값은 식 (12.19)를 이용하여 쉽게 도출될 것이다.

여기서 문제는 식 (12.16)과 식 (12.17)에서 정의된 최소자승추정량 $\hat{\beta}_1$과 $\hat{\beta}_2$의 값을 산출하는 것이 복잡하고 지리한 과정을 거치게 되며 이러한 현상은 설명변수의 숫자가 많아질수록 가중된다는 점이다. 따라서 통상적으로 우리는 행렬식을 이용한 컴퓨터 프로그램을 활용하여 계산하게 된다.

그러나 경우에 따라서는 설명변수가 2개 정도에 불과할 경우에는 전자계산기의 도움 없이도 계산할 수 있는 방안쯤은 강구해 둘 필요가 있다. 도출과

정을 편의상 생략하고 결과만을 소개하면 식 (12.16)과 식 (12.17)은 각각 다음의 식으로 정리될 수 있다.[1)]

$$\hat{\beta}_1 = \frac{\sum x_{2i}^2 \sum y_i x_{1i} - \sum x_{1i} x_{2i} \sum y_i x_{2i}}{\sum x_{1i}^2 \sum x_{2i}^2 - (\sum x_{1i} x_{2i})^2} \qquad (12.20)$$

$$\hat{\beta}_2 = \frac{\sum x_{1i}^2 \sum y_i x_{2i} - \sum x_{1i} x_{2i} \sum y_i x_{1i}}{\sum x_{1i}^2 \sum x_{2i}^2 - (\sum x_{1i} x_{2i})^2} \qquad (12.21)$$

단, 여기서 각 변수는 평균으로부터의 편차값 형태로 정의된 것으로 원래의 값과 구분하기 위해 소문자로 표기하였다. 즉,

$$x_{1i} = X_{1i} - \bar{X}_1, \quad x_{2i} = X_{2i} - \bar{X}_2, \quad y_i = Y_i - \bar{Y} \qquad (12.22)$$

여기서 식 (12.20)과 (12.21)에 관련하여 독자들에게 강조해 두고 싶은 사항이 하나 있다. 두 식에서 $\hat{\beta}_1$과 $\hat{\beta}_2$이 정의되려면 각 식의 분모(실제로는 두 식에서 동일함)가 0이 되어서는 곤란하다. 즉,

$$\sum x_{1i}^2 \sum x_{2i}^2 - (\sum x_{1i} x_{2i})^2 \neq 0 \qquad (12.23)$$

와 같은 조건식이 추가적으로 필요하다.

그런데 우리는 제11장에서 두 변수간의 상관계수를 $\rho = \frac{\text{Cov}(X_1, X_2)}{\sigma_{X_1} \sigma_{X_2}}$와 같이 정의하였고(식 (11.1) 참조), 이에 대한 추정치인 표본상관계수는 $r = \frac{s_{X_1 X_2}}{s_{X_1} s_{X_2}}$의 형태로 나타냈다(식 (11.3) 참조). r을 보다 구체적인 식으로 나타내면

$$r = \frac{\sum (X_{1i} - \bar{X}_1)(X_{2i} - \bar{X}_2)/n-1}{\sqrt{\frac{\sum (X_{1i} - \bar{X}_1)^2}{n-1}} \sqrt{\frac{\sum (X_{2i} - \bar{X}_2)^2}{n-1}}} = \frac{\sum x_{1i} x_{2i}}{\sqrt{\sum x_{1i}^2} \sqrt{\sum x_{2i}^2}} \qquad (12.24)$$

가 된다. 만일 $r=1$, 즉 X_1과 X_2가 완전히 1차함수관계를 갖는 상황이 생기면 식 (12.24)는

$$r = \frac{\sum x_{1i} x_{2i}}{\sqrt{\sum x_{1i}^2} \sqrt{\sum x_{2i}^2}} = \pm 1 \qquad (12.25)$$

이 될 것이며, 양변을 각각 제곱하면

$$\frac{(\sum x_{1i} x_{2i})^2}{\sum x_{1i}^2 \sum x_{2i}^2} = 1$$

1) 도출과정은 연습문제로 돌린다.

표 12-2 표 12-1을 토대로 한 다중회귀분석자료 계산 예

연도 \ 항목	Y	X_1	X_2	x_{1i}	x_{2i}	y_i	x_{1i}^2	x_{2i}^2	y_i^2	$x_{1i}x_{2i}$	$x_{1i}y_i$	$x_{2i}6y_i$
1996	30	10	15	−20	−10	−5	400	100	25	200	100	50
1997	20	25	15	−5	−10	−15	25	100	225	50	75	150
1998	40	25	20	−5	−5	5	25	25	25	25	−25	−25
1999	20	30	20	0	−5	−15	0	25	225	0	0	75
2000	55	40	40	10	15	20	100	225	400	150	200	300
2001	45	50	40	20	15	10	400	225	100	300	200	150
계	210	180	150	0	0	0	950	700	(SST) 1,000	725	550	700

(단, $\bar{Y}=\frac{210}{6}=35$, $\bar{X}_1=\frac{180}{6}=30$, $\bar{X}_2=\frac{150}{6}=25$ 이며, 식 (12.22)에 따라 x_{1i}, x_{2i}, y_i를 각각 $X_{1i}-\bar{X}_1$, $X_{2i}-\bar{X}_2$, $Y_i-\bar{Y}$로 정의하였다.)

또는

$$\sum x_{1i}^2 \sum x_{2i}^2 - (\sum x_{1i}x_{2i})^2 = 0 \qquad (12.26)$$

의 결과가 초래된다.

식 (12.26)에 나타난 결과식은 $\hat{\beta}_1$과 $\hat{\beta}_2$의 값을 도출하는 데 필요한 조건식인 식 (12.23)과 상반되고 있음을 알 수 있다. 이는 다중회귀분석에 있어서는 독립변수가 서로 1차 독립적이어야 한다는 가정 Ⅶ의 필요성을 잘 증명해 주고 있다. 위에서처럼 X_1과 X_2간에 완전한 1차선형관계(즉, $r=\pm1$)가 나타나면 최소자승추정치는 정의될 수 없게 되며, $r\neq\pm1$이라 하더라도 r의 값이 ±1에 가까울수록 측정오차는 커지게 되어 통계적 검정능력을 무력하게 만드는 결과를 초래하는 것이다. 바로 이러한 현상이 심각한 경우를 다중공선성(multicollinearity)현상이라 하였음을 재확인하기 바란다.

이제 표 12-1의 자료를 이용하여 어떤 재화에 대한 수요함수를 다중회귀분석으로 추정하는 과정을 구체적으로 살펴보자. 이 때 종속변수(Y)는 수요량이 되며, 독립변수 X_1, X_2는 각각 단가 및 수요자의 월평균소득수준을 의미한다. 식 (12.20) 및 식 (12.21)을 이용하여 회귀분석을 수행하기 위해 표 12-1을 계산에 편리하도록 정리한 것이 표 12-2이다.

표 12-2에서 산출된 자료를 토대로 식 (12.20) 및 식 (12.21)에 따라 $\hat{\beta}_1$, $\hat{\beta}_2$를 구하면

$$\hat{\beta}_1=\frac{700\times550-725\times700}{950\times700-(725)^2}=\frac{-122,500}{139,375}\doteqdot-0.88$$

$$\hat{\beta}_2=\frac{950\times700-725\times550}{950\times700-(725)^2}=\frac{266,250}{139,375}\fallingdotseq1.91$$

그리고 이 값들을 식 (12.19)에 대입하여 $\hat{\alpha}$을 구하면

$$\hat{\alpha}=35+0.88\times30-1.91\times25\fallingdotseq13.65$$

가 된다. 따라서 이들을 정리하여 회귀방정식을 나타내 보면

$$Y=13.65-0.88X_1+1.91X_2 \tag{12.6)'$$

와 같이 될 것이다.

이상과 같은 표본회귀선의 추정과정에서 $\hat{\beta}_1$과 $\hat{\beta}_2$값이 정상적으로 산출될 수 있었던 것은 식 (12.20)과 식 (12.21)에 의거하여 $\hat{\beta}$값을 구할 때 각 식의 분모값이 0이 되지 않았기 때문이다. 즉,

$$\sum x_{1i}^2\sum x_{2i}^2-(\sum x_{1i}x_{2i})^2\neq0$$

바꾸어 말하면, 두 변수 X_{1i}와 X_{2i} 사이에 극단적인 다중공선성 문제가 발생하지 않았다는 사실에 연유함을 주목할 필요가 있다. 참고적으로 두 변수 X_{1i}와 X_{2i}간의 단순상관계수를 산출해 보면

$$r=\frac{\sum x_{1i}x_{2i}}{\sqrt{\sum x_{1i}^2\sum x_{2i}^2}}=\sqrt{0.79}\fallingdotseq0.89$$

와 같으며, 이러한 상황($r=0.89$)은 $\hat{\beta}$값 산출에 지장을 초래하지는 않았으나, 표본상관계수의 절대치가 1에 가까우므로 다중공선성 경향이 다소 강하게 나타나 있다고 볼 수 있다.

제 4 절 다중회귀모형에 관한 평가

다중회귀분석 결과 측정된 표본회귀선에 대한 평가는 제10장 단순회귀분석에서와 마찬가지로 적합도의 판정과 추정회귀계수에 대한 t검정으로 구분되며, 적합도의 판정은 다시 절대평가와 상대평가방안으로 분류될 수 있다. 단, 단순회귀분석에도 적용될 수 있으나 편의상 생략하였던 F검정을 이곳에 도입시켜 별도의 적합도판정방안으로서의 유용성을 설명하고자 하며, 이와 관련하여 제9장에 소개한 바 있는 분산분석과의 비교는 보론 4에서 보다 상세히 다

루기로 한다.

1. 적합도검정

우선 적합도를 판정하는 데 필요한 관계식을 다시 정리해 보면(제10장 참조)

$$\Sigma(Y_i-\bar{Y})^2=\Sigma(Y_i-\hat{Y}_i)^2+\Sigma(\hat{Y}_i-\bar{Y})^2 \qquad (10.42)'$$

와 같으며, 이는 간략히 다음과 같이 표현될 수 있다.

$$\text{SST}=\text{SSE}+\text{SSR} \qquad (12.27)$$

이 때 회귀분석에 따른 추정치의 표준오차를 s_e로 표기한다면 이는 다음과 같이 정의될 것이다.

[표준회귀오차]

$$s_e=\sqrt{\frac{\text{SSE}}{n-k-1}}=\sqrt{\frac{\Sigma(Y_i-\hat{Y}_i)^2}{n-k-1}}=\sqrt{\frac{\Sigma(Y_i-\hat{Y}_i)^2}{n-3}} \qquad (12.28)$$

(단, $k=2$)

여기서 $n-k-1$은 자유도를 나타내며 독립변수가 둘($k=2$)이고, 절편을 나타내는 모수 α에 대한 추정값이 아울러 활용되므로 결국 자유도는 $n-3$이 된 것이다.

이처럼 정의된 표준회귀오차는 오차항이 정규분포를 따른다는 가정이 충족될 경우 표본관측치들이 표본회귀선을 중심으로 $\pm s_e$거리 내에 약 68%가, 그리고 $\pm 2s_e$거리 내에는 약 95%가 위치하게 됨을 의미하고 있어 s_e의 크기에 따라 표본회귀선의 적합도를 판정하는 주요한 방안이 될 수 있는 것이다. 그러나 제10장에서도 언급한 바 있듯이 s_e값의 크기는 모형에 사용된 변수들의 절대값 또는 측정단위에 따라 달라지므로 각기 다른 회귀분석 결과에서 도출된 표준회귀오차(s_e)값들로 각 회귀분석 결과의 적합도를 비교하기는 곤란한 측면이 있다. 따라서 다중회귀분석 결과에 대한 평가도 상대적 비교가 가능한 결정계수(R^2)의 사용이 일반화되어 있다. 단, 표준회귀오차와 관련하여 한 가지 지적해 두고 싶은 사항은 일반적으로 회귀모형에 독립변수의 수가 많이 포함될수록 s_e값은 감소하게 된다는 사실이다.[1)]

1) 현실적으로는 독립변수가 추가도입되었음에도 불구하고, s_e값이 커질 가능성이 있음을 전혀 배제할 수는 없다. 이는 독립변수가 추가됨에 따라 자유도($n-k-1$)값이 감소되고

그러면 결정계수의 경우는 어떠한지 알아보자. 다중회귀분석의 경우도 단순회귀분석 경우와 마찬가지로 R^2는 식 (12.27)의 각 항을 SST로 나누어 구한 식에서 정의한다. 즉,

$$\frac{\text{SST}}{\text{SST}}=1=\frac{\text{SSE}}{\text{SST}}+\frac{\text{SSR}}{\text{SST}} \tag{12.29}$$

[결정계수]

$$R^2=\frac{\text{SSR}}{\text{SST}} \quad \text{또는} \quad R^2=1-\frac{\text{SSE}}{\text{SST}}=1-\frac{\sum e_i^2}{\sum(Y_i-\bar{Y})^2} \tag{12.30}$$

그러나 단순회귀분석 때와는 달리 결정계수 R^2에 의한 적합도판정은 다소의 문제를 내포하고 있다. 문제의 근원은 다중회귀분석의 경우 일반적으로 R^2의 값이 독립변수의 수가 많아짐에 따라 증가한다는 데 있다. 이는 식 (12.30)에서 $R^2=1-\frac{\sum e_i^2}{\text{SST}}$이며, 독립변수가 모형에 많이 포함될수록 $\sum e_i^2$, 나아가서는 s_e의 값이 감소하게 된다는 현상과 일맥상통하는 결과이다. 이러한 문제점을 개선하기 위한 방안을 마련함에 있어 독자들은 앞서 s_e의 값이 독립변수의 증가에도 불구하고 오히려 커질 가능성이 있다는 점을 상기할 필요가 있다. 즉, 문제의 요점은 식 (12.30)에 정의된 것처럼 R^2을 정의함에 있어 우리는 단순히 전체 변동량과 회귀선에 의해 설명되는 변동량을 비교하는 데 그쳤고, 각 변동량이 가지는 자유도를 전혀 고려하지 않았다. 따라서 독립변수의 추가도입에 따라 일방적으로 증가되는 문제점을 지니고 있는 R^2를 회귀선에 대한 보다 적절한 평가기준으로 삼으려면 자유도를 동시에 고려하는 적합도판정방안이 강구되어야 할 것이다. 이러한 특성을 감안하여 새로운 결정계수를 도출할 경우 단순한 변동량 대신 자유도 개념을 구체적으로 고려대상에 넣을 수 있는 분산 개념을 사용하게 된다. 즉, 조정된 결정계수를 $\bar{R}^2$로 표기하고 다음과 같이 정의한다.

[조정된 결정계수]

$$\bar{R}^2=1-\frac{\text{Var}(e_i)}{\text{Var}(Y_i)}=1-\frac{\sum e_i^2/(n-k-1)}{\sum(Y_i-\bar{Y})^2/(n-1)} \tag{12.31}$$

결국 s_e값을 증가시킬 수도 있는데, 이 효과가 추가적으로 도입된 독립변수의 설명능력 증가효과보다 크게 나타나면 결국 s_e값이 증가할 수도 있기 때문이다. 그러나 이와 같은 가능성은 표본의 크기가 아주 작을 때 한하여 나타날 수 있을 뿐이며, 표본의 크기가 상당히 큰 경우에는 자유도의 감소에 따른 s_e값의 증가현상은 일반적으로 아주 미미한 상태에 그친다.

이제 식 (12.31)을 식 (12.30)과 대비시켜 보면,

$$\bar{R}^2 = 1-(1-R^2)\frac{n-1}{n-k-1}$$

즉,

$$\bar{R}^2 = \frac{(n-1)R^2-k}{n-k-1} \tag{12.32}$$

와 같은 관계식을 얻을 수 있다. 식 (12.32)에 의하면 k값, 즉 모형 내에 도입되는 독립변수의 숫자가 많아질수록 $\bar{R}^2$는 R^2값보다 작아지게 된다. 물론 이러한 현상은 표본의 크기가 아주 클 때에는 조정효과가 미미해질 것임은 당연하다. 따라서 조정된 결정계수라 할지라도 앞서 지적한 문제를 완전하게 해소시켜 줄 수는 없는 것이며, 이러한 점을 감안하면 회귀모형을 설정함에 있어 추가적인 독립변수의 도입은 신중하게 결정하여야 할 것이다. 이와 관련하여 우리는 과연 회귀모형을 설정하거나 추정함에 있어 몇 개의 독립변수를 도입하는 것이 타당한 것일까 하는 문제를 생각해 볼 필요가 있다. 이에 관해서는 일단 회귀계수에 관한 t검정법을 검토한 뒤 재론하기로 한다.[1)]

이제 지금까지 논의한 각종 표본회귀선의 적합도 판정과정을 앞에서의 예를 이용하여 구체적으로 살펴보기로 한다.

먼저 표준회귀오차 s_e를 이용하여 표본회귀선의 적합도 판정을 할 수 있겠지만, 앞서 설명하였듯이 s_e값의 크기가 모형에 사용된 변수들의 측정단위에 따라 달라지는 문제점이 있다. 따라서 여기서는 식 (12.30)과 식 (12.31)에 표 12-2 및 표 12-3의 계산자료를 대입하여 결정계수(R^2) 및 조정된 결정계수($\bar{R}^2$)의 값을 구해 보기로 한다.

$$R^2 = 1-\frac{\sum e_i^2}{\sum(Y_i-\bar{Y})^2} = 1-\frac{145.8}{1{,}000} \fallingdotseq 0.854$$

$$\bar{R}^2 = 1-\frac{\sum e_i^2/(n-k-1)}{\sum(Y_i-\bar{Y})^2/(n-1)} = 1-\frac{145.8/3}{1{,}000/5} \fallingdotseq 0.757$$

한편, $\bar{R}^2$은 식 (12.32)를 활용하여 R^2이 구해지면 그에 따라 자동적으로 계산된다.

$$\bar{R}^2 = \frac{(n-1)R^2-k}{n-k-1} = \frac{5\times0.854-2}{3} \fallingdotseq 0.757$$

1) 본장 제7절 참조.

이는 식 (12.31)을 이용해 구한 $\bar{R}^2$의 값을 검산한다는 의미로도 사용될 수 있다. 따라서 계산된 결정계수 및 조정된 결정계수의 수치로 보아 식 (12.6)의 표본회귀선의 적합도는 비교적 높은 편이라고 판정을 내릴 수 있다.

2. 회귀계수에 대한 유의성검정

우리는 제10장에서 Gauss-Markov가 설정한 기본가정이 충족될 때 최소자승법에 의해 도출된 추정량은 BLUE가 된다는 사실, 즉 1차함수 형태의 불편추정량 중 최소의 분산을 갖게 된다는 사실을 확인한 바 있다. 다중회귀분석의 경우도 앞서 밝힌 일곱 가지 기본가정이 성립되면 최소자승추정량은 역시 BLUE가 되는 특성이 있으나, 그 증명과정은 다소 복잡하고 지루한 과정을 요하므로 생략하기로 한다.[1)]

다중회귀분석모형에 최소자승법을 적용하여 얻은 추정량이 통계적으로 바람직한 여러 가지 특성을 구비한 BLUE추정량이라 하더라도 제10장에서와 마찬가지로 각 독립변수가 종속변수의 변화를 설명하는 데 유용한지의 여부를 역시 t검정을 통해 확인해야 한다. t검정통계량을 사용할 수 있는 근거는, 각 추정량($\hat{\alpha}$, $\hat{\beta}_1$, $\hat{\beta}_2$)들이 정규분포를 따르는 오차항 ε_i와 1차함수관계를 갖게 되므로 이들 추정량 또한 정규분포를 따르게 된다는 사실과, 모분산값, 즉 $\mathrm{Var}(\varepsilon_i)=\sigma_\varepsilon^2$가 알려져 있지 않다는 사실에 연유한다.

일반적으로 정규분포를 따르는 추정량들을 표준화하면 표준정규분포인 $Z\sim N(0,\ 1)$을 따르게 된다. 따라서 정규분포를 따르는 $\hat{\alpha}$와 $\hat{\beta}_i$를 각각 표준화시키면 다음과 같다. 즉, $\begin{pmatrix} \hat{\alpha}\sim N(\alpha,\ \mathrm{Var}(\hat{\alpha})) \\ \hat{\beta}_i\sim N(\beta_i,\ \mathrm{Var}(\hat{\beta}_i)) \end{pmatrix}$일 때,

$$Z=\frac{\hat{\alpha}-\alpha}{\sqrt{\mathrm{Var}(\hat{\alpha})}} \quad \text{또는} \quad Z=\frac{\hat{\beta}_i-\beta_i}{\sqrt{\mathrm{Var}(\hat{\beta}_i)}}$$

가 된다.

그러나 $\hat{\alpha}$와 $\hat{\beta}_i$의 분산은 ε_i의 분산인 σ_ε^2값에 의존하는데, 일반적으로 ε_i의 분산은 알려져 있지 않으므로 σ_ε^2에 대한 추정치 s_e^2을 사용할 수밖에 없다. 따라서 실제 사용 가능한 검정통계량은 Z분포가 아니라 t분포가 된다.

---

1) 관심 있는 독자는 J. Johnston, *Econometric Methods*, 3rd ed.(McGraw-Hill, 1984), pp. 171～174를 참조.

$$t_{n-k-1} = \frac{\hat{\alpha}-\alpha}{s_{\hat{\alpha}}}, \quad \text{또는} \quad t = \frac{\hat{\beta}_i-\beta_i}{s_{\hat{\beta}_i}} \tag{12.33}$$

식 (12.33)에서 $s_{\hat{\alpha}}$과 $s_{\hat{\beta}_i}$는 각각 $\hat{\alpha}$과 $\hat{\beta}_i$의 표준오차를 나타내며, 이 때 검정통계량 t는 자유도가 $n-k-1$(따라서 $k=2$ 경우에는 자유도가 $n-3$)이 된다. 따라서 이제 개별 추정계수 $\hat{\alpha}$, $\hat{\beta}_1$ 및 $\hat{\beta}_2$가 어느 특정된 값 α^0, $\beta_1{}^0$ 및 $\beta_2{}^0$를 갖는다는 귀무가설, 즉, $H_0: \alpha=\alpha^0$, $H_0: \beta_1=\beta_1{}^0$ 및 $H_0: \beta_2=\beta_2{}^0$에 관한 검정은 통상적인 t검정을 통하여 실시할 수 있다. 그러나 우리가 회귀분석에서 관심을 갖는 귀무가설이란 각 추정계수의 값이 0이 된다는 가설, 즉 독립변수가 종속변수를 설명할 수 있는 유용성이 있는지의 여부를 확인할 수 있는 가설이다. 다시 말해서 어느 특정 독립변수 앞에 붙은 추정계수가 0이 된다면, 즉 해당 회귀선의 기울기값이 0이 된다면, 이 독립변수의 값이 무엇이든 종속변수의 값은 일정 수준을 유지하게 되며, 따라서 이 독립변수는 종속변수의 변화를 설명할 수 없게 되기 때문에 이러한 가설에 대한 t검정은 추정된 회귀계수에 관한 가장 중요한 검정내용이 되는 것이다.[1)]

따라서 이 곳에서는 각 독립변수에 붙은 계수값이 0이 된다는 귀무가설을 검정하는 과정만을 다루고자 한다. 독립변수는 당초 2개로 한정하였으므로 우리가 검정할 귀무가설은 다음의 두 식으로 압축된다.

$$\begin{cases} H_0: \beta_1=0 \\ H_A: \beta_1\neq 0 \end{cases} \quad \text{와} \quad \begin{cases} H_0: \beta_2=0 \\ H_A: \beta_2\neq 0 \end{cases}$$

그리고 이에 대한 검정통계량은 각각

$$t_{n-k-1} = t_{n-3} = \frac{\hat{\beta}_1-\beta_0}{s_{\hat{\beta}_1}} = \frac{\hat{\beta}_1-0}{s_{\hat{\beta}_1}} = \frac{\hat{\beta}_1}{s_{\hat{\beta}_1}} \tag{12.34}$$

$$t_{n-k-1} = t_{n-3} = \frac{\hat{\beta}_2}{s_{\hat{\beta}_2}} \tag{12.35}$$

와 같아진다. 따라서 유의수준 $\alpha=1\%$, 5% 또는 10%에 따른 t의 임계치를 t분포에서 찾아(이 때 자유도는 $n-3=6-3=3$) 식 (12.34)와 (12.35)에서 산출된 값과 비교하여 귀무가설의 기각 여부를 판정하게 된다. 물론 표본규모가 아주 커지면($n\geq 30$) 제10장에서와 마찬가지로 t분포 대신 표준정규분포 Z를 사용할 수 있다. 즉, 산출된 t검정통계량의 값이 기각역에 속하면 귀무가설은 기각되고, 해당 독립변수는 종속변수에 대한 설명능력이 있다고 판정한다.

1) 자세한 설명은 제10장 t검정부분을 참조.

그림 12-3 추정회귀계수에 대한 t검정

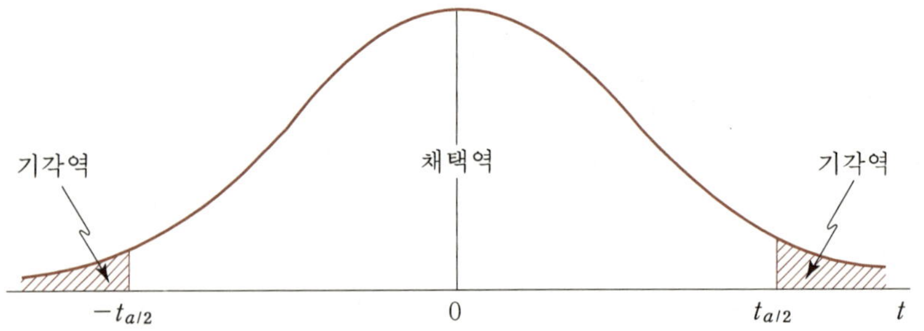

이제 남은 문제는 검정통계량의 값을 산출키 위해서 $\hat{\beta}_1$과 $\hat{\beta}_2$의 표준오차인 $s_{\hat{\beta}_1}$과 $s_{\hat{\beta}_2}$값을 표본정보로부터 도출하는 일이 될 것이다. 그러나 이들의 분산 및 표준오차를 도출하는 과정 또한 번거로운 계산과정을 요하므로 본문에서는 생략하고 단지 결과만을 제시하면 다음과 같다.[1)]

$$\mathrm{Var}(\hat{\beta}_1)=\sigma_\varepsilon^2\sum x_{2i}^2/[\sum x_{1i}^2\sum x_{2i}^2-(\sum x_{1i}x_{2i})^2] \qquad (12.36)$$

$$\mathrm{Var}(\hat{\beta}_2)=\sigma_\varepsilon^2\sum x_{1i}^2/[\sum x_{1i}^2\sum x_{2i}^2-(\sum x_{1i}x_{2i})^2] \qquad (12.37)$$

(단, 이곳에 사용된 소문자들은 각 변수들의 평균으로부터의 편차를 나타냄)

위의 식들은 $\hat{\beta}_1$과 $\hat{\beta}_2$의 분산을 나타내는 식들이다. 그러나 현실적으로 회귀모형의 오차항인 ε_i의 분산(σ_ε^2)이 알려져 있지 않으므로 제10장에서처럼 σ_ε^2에 대한 불편추정량을 대신 사용할 수밖에 없다. 따라서 우리가 실제로 사용할 분산은 다음 식과 같이 정의되며, 이들 값의 평방근이 바로 회귀계수 $\hat{\beta}_1$과 $\hat{\beta}_2$의 표준오차가 될 것이다.[2)]

[회귀계수의 분산]

$$s_{\hat{\beta}_1}^2=s_e^2\sum x_{2i}^2/[\sum x_{1i}^2\sum x_{2i}^2-(\sum x_{1i}x_{2i})^2] \qquad (12.38)$$

$$s_{\hat{\beta}_2}^2=s_e^2\sum x_{1i}^2/[\sum x_{1i}^2\sum x_{2i}^2-(\sum x_{1i}x_{2i})^2] \qquad (12.39)$$

$$\left(\text{단, } s_e^2=\frac{\mathrm{SSE}}{n-k-1}=\frac{\mathrm{SSE}}{n-2-1}=\frac{\sum(Y_i-\hat{Y}_i)^2}{n-3}\right)$$

1) 자세한 도출과정은 Jan Kmenta, *op. cit.*, pp. 360~364를 참조.

2) 참고적으로 결과만을 제시하면 $\hat{\alpha}$의 분산은 다음과 같다.

$$s_{\hat{\alpha}}^2=s_e^2\left(\frac{1}{n}+\frac{\bar{X}_1^2\sum x_{2i}^2+\bar{X}_2^2\sum x_{1i}^2-2\bar{X}_1\bar{X}_2\sum x_{1i}x_{2i}}{\sum x_{1i}^2\sum x_{2i}^2-(\sum x_{1i}x_{2i})^2}\right)$$

표 12-3 SSE 및 SSR 계산예

항목 / 연도	관측치 (Y_i)	추정치($\hat{Y}_i$)	$e_i = Y_i - \hat{Y}_i$	$(Y_i - \hat{Y}_i)^2$ (SSE)	$\hat{Y}_i - \bar{Y}$	$(\hat{Y}_i - \bar{Y})^2$ (SSR)
1996	30	13.65−0.88×10+1.91×15=33.5	−3.5	12.25	−1.5	2.25
1997	20	13.65−0.88×25+1.91×15=20.3	−0.3	0.09	−14.7	216.09
1998	40	13.65−0.88×25+1.91×20=29.9	10.1	102.01	−5.1	26.01
1999	20	13.65−0.88×30+1.91×20=25.5	−5.5	30.25	−9.5	90.25
2000	55	13.65−0.88×40+1.91×40=54.9	0.1	0.01	19.9	396.01
2001	45	13.65−0.88×50+1.91×40=46.1	−1.1	1.21	11.1	123.21
합 계	210	210.2	−0.2	145.82	0.2	853.82

이제 표 12-1과 표 12-2를 이용하여 식 (12.6)의 $\hat{\beta}_1$과 $\hat{\beta}_2$의 표준오차를 구해 보자. 먼저 s_e^2을 구하기 위해서는 관측치와 추정치의 차이의 합을 구해야 한다. 이를 표 12-3에 산출해 놓았다. 따라서

$$s_e^2 = \frac{\Sigma(Y_i - \hat{Y}_i)^2}{n-3} = \frac{145.82}{3} \fallingdotseq 48.6$$

$$s_{\hat{\beta}_1}^2 = \frac{48.6 \times 700}{950 \times 700 - (725)^2} = \frac{34020}{139375} \fallingdotseq 0.24$$

$$s_{\hat{\beta}_2}^2 = \frac{48.6 \times 950}{950 \times 700 - (725)^2} = \frac{46170}{139375} \fallingdotseq 0.33$$

또한 유의수준 $\alpha = 1\%$, 5%, 그리고 10%에서 추정계수 $\hat{\beta}_1$과 $\hat{\beta}_2$에 대해 t 검정을 실시해 보자. 이 때, 각각의 귀무가설 및 대립가설은 다음과 같다.

$$\begin{cases} H_0 : \beta_1 = 0 \\ H_A : \beta_1 \neq 0 \end{cases} \quad \text{와} \quad \begin{cases} H_0 : \beta_2 = 0 \\ H_A : \beta_2 \neq 0 \end{cases}$$

귀무가설이 단순가설이므로 양측검정을 실시해야 하며, 자유도는 3으로 계산되므로 임계치 $t_{\alpha/2}$의 값은 부표 H에서 각각 ±5.841, ±3.182 및 ±2.353으로 확인된다. 한편, 식 (12.34)와 (12.35)에 따라 각 계수에 대한 검정통계량을 구해 보면, $s_{\hat{\beta}_1} = 0.49$, $s_{\hat{\beta}_2} = 0.58$이므로

$$t_3 = \frac{\hat{\beta}_1}{s_{\hat{\beta}_1}} = \frac{-0.88}{0.49} \fallingdotseq -1.80$$

$$t_3 = \frac{\hat{\beta}_2}{s_{\hat{\beta}_2}} = \frac{1.91}{0.58} \fallingdotseq 3.29$$

가 된다.[1] 따라서 추정계수 $\hat{\beta}_1$ 경우는 α수준을 10%까지 허용하더라도 귀무가설이 기각되지 못하며, 따라서 X_1이 Y의 변화를 설명할 수 있는 능력이 없는 것으로 판정할 수 있다. 한편, $\hat{\beta}_2$ 경우는 $\alpha=10\%$ 또는 5% 수준에서 귀무가설이 기각되므로 X_2가 Y의 변화를 설명할 수 있는 능력이 있다고 평가할 수 있다.

이상과 같은 검정과 관련하여 우리는 회귀계수에 대한 구간추정을 시행할 수 있다. 예컨대, 제10장에서 소개한 과정에 따라 식 (12.33)을 변형하면 β_1과 β_2에 대한 $100(1-\alpha)\%$ 구간추정은 다음과 같이 정리될 수 있다.

$$\hat{\beta}_1 - t_{\alpha/2}\cdot s_{\hat{\beta}_1} < \beta_1 < \hat{\beta}_1 + t_{\alpha/2}\cdot s_{\hat{\beta}_1} \tag{12.40}$$

$$\hat{\beta}_2 - t_{\alpha/2}\cdot s_{\hat{\beta}_2} < \beta_2 < \hat{\beta}_2 + t_{\alpha/2}\cdot s_{\hat{\beta}_2} \tag{12.41}$$

식 (12.40)과 (12.41)을 이용해서 앞의 예제에서의 $\hat{\beta}_1$과 $\hat{\beta}_2$의 95% 신뢰구간을 추정해 보자. 자유도 3일 때 $t_{\alpha/2}=t_{0.025}\fallingdotseq 3.18$이므로 각각의 신뢰구간은 다음과 같다.

$$-0.88-3.18\times 0.49 < \beta_1 < -0.88+3.18\times 0.49$$

$$\therefore\ -2.44 < \beta_1 < 0.68$$

$$1.91-3.18\times 0.58 < \beta_2 < 1.91+3.18\times 0.58$$

$$\therefore\ 0.07 < \beta_2 < 3.75$$

3. F검정과 ANOVA

앞의 두 항에서 우리는 일찍이 제10장에서도 전개한 바 있는 표본회귀선에 관한 평가방안을 동일한 순서에 따라 검토해 보았다. 그러나 단순회귀분석과는 달리 다중회귀분석의 경우는 독립변수의 수가 2개 이상이 되며, 따라서 s_e와 R^2(또는 $\bar{R}^2$)을 이용한 적합도 판정방안이나 개별 추정회귀계수에 관한 t검정 이외에도 다른 각도에서 표본회귀선을 평가할 수 있는 방안이 있다.

앞의 항에서 소개한 t검정은 단순히 개별 독립변수들이 종속변수의 변화를 설명하는 데 유용한지의 여부를 확인하는 데 그치고 말았다. 따라서 모든 독립변수들 집단 전체가 총체적으로 보아 종속변수를 설명할 수 있는 능력이 있다고 볼 수 있는지의 여부를 확인할 수는 없었다. 예컨대, 모든 회귀계수들이 동시에 0이 된다는, 즉 $H_0: \beta_1=\beta_2=\cdots=\beta_k=0$과 같은 귀무가설을 설정하

1) 일반적으로 식 (12.6)은 $\underset{\quad\quad\quad\quad\quad(-1.80)\quad(3.29)}{\hat{Y}=13.65-0.88X_1+1.91X_2}$(단, ( ) 안은 t검정통계량의 값)의 형태로 나타낸다.

고 이를 기각할 수 있는지의 여부를 확인하는 방법은 강구된 바 없었다. 그런데 이러한 가설은 F분포를 이용하여 검정될 수 있으며, 흥미 있는 점은 이 때 사용하는 F검정방안은 제9장에 소개한 ANOVA와 유사한 측면이 많을 뿐 아니라, 적합도판정의 기준인 R^2에 대한 유의성을 검정(즉, $H_0: R^2=0$)하는 효과를 아울러 지니고 있다는 사실이다. 회귀분석과 ANOVA에 관한 비교는 특히 중요한 것이므로 보론에서 상세히 다루기로 하고 본절에서는 기본적인 내용만을 약술하기로 한다.

그러면 귀무가설 $H_0: \beta_1=\beta_2=0$를 검정하는 방안을 구체적으로 다루어 보기로 하자. 이러한 가설을 검정하기 위해 우리가 이용할 수 있는 정보 중 가장 적당한 것은 바로 종속변수(Y)의 총변동량 중 회귀분석에 의해 설명되는 변동량과 설명되지 못하는 변동량에 관한 자료가 될 것이다. 앞서 우리는 SST= SSE+SSR이며, SST의 자유도는 $n-1$(왜냐하면, $SST=\Sigma(Y_i-\bar{Y})^2$의 계산은 $\bar{Y}$라는 추정량 한 개의 값을 이용해야 하므로), 그리고 SSE의 자유도는 $n-k-1$(왜냐하면, SSE계산은 $\hat{\alpha}_1, \hat{\beta}_1, \cdots, \hat{\beta}_2, \hat{\beta}_k$와 같은 추정량 $(k+1)$개의 값이 이용되므로)과 같음을 확인한 바 있다. 반면 SST의 자유도는 SSR의 자유도와 SSE의 자유도의 합과 같아진다는 사실을 이용하면 SSR의 자유도는 $(n-1)-(n-k-1)=k$와 같이 되어야 할 것이다.

이제 오차자승의 합(SSE; sum of squared errors)과 회귀분석에 의해 설명되는 변동량의 제곱을 합한 SSR(sum of squared regression)을 각각의 자유도로 나눈 값을 평균오차자승합(MSE; mean square error)과 평균회귀자승합(MSR; mean square regression)이라 칭하고 다음과 같이 정의하자.

$$MSE = \frac{SSE}{n-k-1} = s_e^2$$
$$MSR = \frac{SSR}{k} \tag{12.42}$$

$$F_{(k,\, n-k-1)} = \frac{MSR}{MSE} \tag{12.43}$$

이와 같이 정의된 MSE와 MSR을 일단 계산하였을 때 만일 MSR값이 MSE값에 비해 상대적으로 크다면 이는 종속변수의 총변동량 중 표본회귀선에 의해 설명되는 비율이 높다는 것을 의미하게 된다. 반면 MSE가 오히려 MSR보다 상대적으로 큰 값을 갖게 된다면 도입된 모든 독립변수들에 의해서도 설명될 수 없는 Y의 변동량의 비중이 높다는 뜻이 된다. 상황이 후자의 경

그림 12-4 F검정에 의한 적합도

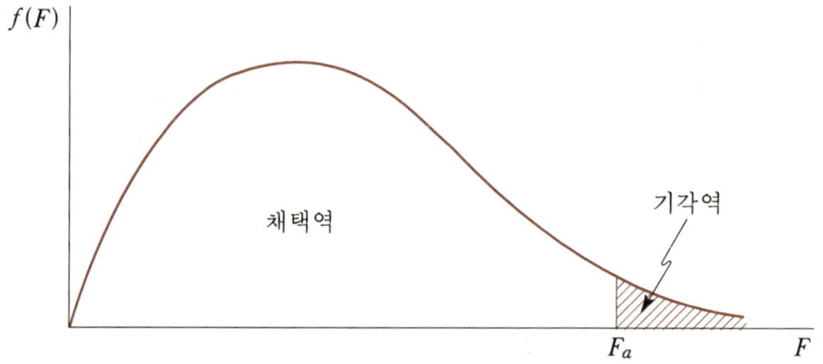

우와 같이 나타난다면 우리는 귀무가설 $H_0 : \beta_1=\beta_2=\cdots=\beta_k=0$을 기각할 수 없게 될 것이고, 반대로 전자에 해당하는 상황이 나타난다면 귀무가설은 기각되고 독립변수들의 설명능력은 인정될 것이다. 이와 같은 사실에 입각하여 우리는 MSE와 MSR 간의 비율을 가지고 귀무가설을 검정할 수 있는 방안을 마련할 수 있다. 그런데 통계학자 챠우(Chow)의 연구 결과에 따르면 이 두 변량 간의 비율은 바로 k와 $(n-k-1)$의 자유도를 갖는 F분포를 따르게 된다는 것이다.[1)]

따라서 일정한 유의수준 α를 선택하여(1%, 5% 등등) F분포표로부터 임계치를 구한 다음 식 (12.43)에서 계산된 F값과 비교하여 귀무가설의 기각 여부를 판정할 수 있다. 즉, 그림 12-4에서처럼 식 (12.43)에 의해 산출된 검정통계량 F값이 유의수준에 따라 확인된 F의 임계치 F_α보다 큰 값을 갖게 되면 귀무가설은 기각되고, 이는 표본회귀선이 종속변수 변동을 설명하는 데 큰 기여를 한다는 뜻이 된다.

여기서 한 가지 주목할 것은 이곳에 소개된 F검정은 귀무가설 $H_0 : \beta_1=\beta_2=\cdots=\beta_k=0$이라는 특수한 가설의 검정을 위해 개발된 방법이기는 하나 이는 제9장에서 전개한 분산분석(ANOVA)과 비슷한 가설($H_0 : \beta_1=\beta_2=\cdots=\beta_k$)의 검정방안임을 알 수 있다. 바로 이러한 이유로 위에 소개한 F검정을 통상 회귀분석에서의 분산분석이라 부르고 있다. 이상의 논의를 분산분석을 위한 형태로 정리한 것이 표 12-4이다.

이와 같은 F검정은 단순회귀분석에도 적용될 수 있다. 그러나 단순회귀분석은 독립변수가 하나뿐이어서 F검정을 적용할 때 특별한 국면이 형성된다.

1) J. Johnston, *op. cit.*, pp. 186～198을 참조.

표 12-4 회귀분석의 분산분석표

변동의 요인	변동량 제곱의 합 (sum of squared variation)	자유도	변동량 제곱합의 평균(mean square variation)	F비율
설명변수 ($X_1, \cdots, X_k$)	SSR	k	SSR/k	$\frac{\text{SSR}/k}{\text{SSE}/n-k-1}=F$
오 차	SSE	$n-k-1$	SSE/$n-k-1$	
합 계	SST	$n-1$		

$$F=\frac{\text{SSR}/1}{\text{SSE}/n-2} \tag{12.44}$$

표 12-4를 이용하여 단순회귀분석에 F검정을 적용한다면 검정통계량은 식 (12.44)와 같아진다. 그리고 식 (12.44)에 의해 검정할 귀무가설은 단지 H_0 : $\beta=0$에 불과하다. 그렇다면 단순회귀분석에서 이러한 귀무가설을 검정하기 위한 방안으로 제시된 검정통계량 $t=\dfrac{\hat{\beta}}{s_{\hat{\beta}}}$과는 밀접한 관계가 있으리라고 예상할 수 있다.

실제로 검정통계량 $t=\hat{\beta}/s_{\hat{\beta}}$의 양변을 제곱하면

$$t^2=\frac{\hat{\beta}^2}{s_{\hat{\beta}}^2}=\frac{\hat{\beta}^2}{s_e^2/\sum x_i^2}=\frac{\hat{\beta}^2\sum x_i^2}{s_e^2}=\frac{\hat{\beta}^2\sum(X_i-\bar{X})^2/1}{\sum e_i^2/n-2} \tag{12.45}$$

와 같아지고, 반면에

$$\text{SSR}=\sum(\hat{Y}_i-\bar{Y})^2=\sum(\hat{\alpha}+\hat{\beta}X_i-\bar{Y})^2=\sum(\bar{Y}-\hat{\beta}\bar{X}+\hat{\beta}X_i-\bar{Y})^2$$

$$\therefore\ \text{SSR}=\hat{\beta}^2\sum(X_i-\bar{X})^2 \tag{12.46}$$

과 같은 관계식이 도출된다. 따라서 식 (12.44)와 식 (12.46)에서 다음 식이 정립될 수 있다.

$$F=\frac{\text{SSR}/1}{\text{SSE}/n-2}=\frac{\hat{\beta}^2\sum(X_i-\bar{X})^2/1}{\sum e_i^2/n-2} \tag{12.47}$$

이제 식 (12.45)와 (12.47)을 비교하여 보면

$$F=\frac{\text{SSR}/1}{\text{SSE}/n-2}=t^2=\frac{\hat{\beta}^2}{s_{\hat{\beta}}^2} \tag{12.48}$$

의 관계가 성립됨을 알 수 있다. 즉, 귀무가설 H_0 : $\beta=0$의 검정은 t분포 또는 F분포를 이용할 수 있으며, 이상과 같은 단순회귀분석 경우에는 F검정통계량

의 값이 t검정통계량값의 자승과 같아진다는 재미있는 관계가 성립됨을 알 수 있다. 물론 이러한 특수한 관계는 단순회귀분석에 국한된 것이며 다중회귀분석의 경우에는 성립될 수 없다.

이제 앞에서 계속 사용해 온 예제에 F검정을 적용해 보자. 귀무가설을 $H_0 : \beta_1=\beta_2=0$과 같이 설정할 때 적용될 F검정통계량의 값은

$$F_{2,3}=\frac{\text{MSR}}{\text{MSE}}=\frac{\text{SSR}/2}{\text{SSE}/3}=\frac{853.82/2}{145.82/3}\fallingdotseq 8.8$$

이 되며, $\alpha=1\%$일 때 $F_{0.01,2,3}=30.8$과 $\alpha=5\%$일 때 임계치 $F_{0.05,2,3}=9.55$(부표 I-c 및 I-a 참조)보다 작은 값에 머무르므로, 귀무가설은 기각되지 못한다. 따라서 종속변수에 대한 독립변수들의 총체적인 설명능력은 의문시된다는 결론에 도달하게 된다.

그러나 이러한 검정 결과는 모형 자체가 불완전해서라기보다는 회귀분석에 사용된 관측치의 수가 지나치게 작기 때문에 초래된 특수한 현상이라 볼 수 있다. 보다 많은 관측치를 이용하여 분석하게 되면 이러한 문제는 개선될 것이다. F검정의 의의를 보다 상세히 밝히고자 이번에는 식 (12.44)에 나타난 F검정통계량을 재음미하여 보기로 한다.

$$F=\frac{\text{SSR}/1}{\text{SSE}/n-2}=\frac{\left(\frac{\text{SSR}}{\text{SST}}\right)\Big/1}{\left(\frac{\text{SSE}}{\text{SST}}\right)\Big/n-2}=\frac{R^2/1}{(1-R^2)/n-2} \qquad (12.49)$$

식 (12.49)는 당초 귀무가설 $H_0 : \beta=0$의 검정을 위해 도출한 검정통계량 F가 $\frac{R^2/1}{(1-R^2)/n-2}$와도 같아짐을 보여 주고 있다.[1)] 따라서, 예컨대 $R^2=0$이면 F값도 0이 될 것이다. R^2값이 1에 가까워질수록 F값은 아주 커지게 될 것이다. 이러한 사실은 F검정이 단순히 귀무가설 $H_0 : \beta=0$에 대한 검정방안으로 한정되는 것이 아니라 적합도를 나타내는 결정계수 R^2에 대한 가설검정방안으로도 활용될 수 있음을 시사해 주고 있다. 즉, 이 때의 F검정은 $H_0 : R^2=0$에 대한 검정을 아울러 시행하는 효과를 가지며, 따라서 표본회귀선의 적합도 판정방안으로도 활용될 수 있다는 의의를 지니고 있다.

이상과 같은 F검정의 의의를 간접적으로 증명하는 의미에서 우리가 제11

1) 물론 이러한 사실은 설명변수가 둘 이상인 다중회귀분석 경우에도 성립되며, 단지 귀무가설의 형태가 $H_0 : \beta_1=\beta_2=\cdots=\beta_k=0$ 이 되고 검정통계량의 형태는 $F=\frac{\text{SSR}/k}{\text{SSE}/n-k-1}$로 조정된다는 점이 다를 뿐이다.

장에서 도출한 표본상관계수에 대한 검정통계량을 이용해 보기로 한다. 이번 역시 편의상 단순회귀분석모형의 경우를 들어 제11장의 식 (11.13)에서 정의된 귀무가설 $H_0 : \rho=0$에 대한 검정통계량을 옮겨 보면 다음과 같다.

$$t_{n-2}=\frac{r-\rho_0}{\sqrt{\text{Var}(r)}}=\frac{r-0}{\sqrt{\dfrac{1-r^2}{n-2}}}=\frac{r\sqrt{n-2}}{\sqrt{1-r^2}} \tag{12.50}$$

한편, 단순회귀분석의 경우 표본상관계수 r을 제곱한 값은 결정계수 R^2과 같아진다는 사실도 확인한 바 있다. 즉,

$$R^2=(r)^2 \tag{12.51}$$

또한 단순회귀분석의 경우 $H_0 : \beta=0$에 대한 검정 결과는 $H_0 : \rho=0$ 검정 결과와 동일하다는 점도 밝힌 바 있다. 이제 이상과 같은 세 가지 사실을 이용하여 우선 식 (12.50)의 양변을 제곱하면

$$t_{n-2}^2=\frac{r^2(n-2)}{1-r^2}=\frac{R^2/1}{(1-R^2)/n-2} \tag{12.52}$$

가 되는데, 식 (12.52)와 식 (12.49)를 비교해 보면 이 경우 또한 F검정통계량의 값은 상관계수에 대한 검정통계량 t의 제곱과 같아진다는 사실을 알 수 있다. 즉,

$$F=\frac{R^2/1}{(1-R^2)/n-2}=(t_{n-2})^2 \tag{12.53}$$

물론 이러한 관계식은 설명변수가 하나인 단순선형회귀분석에서만 성립되는 것이기는 하지만(다중회귀의 경우는 다소의 조정이 필요) F검정통계량이 적합도판정은 물론 상관관계의 강도를 나타내는 상관계수의 검정방법으로도 활용될 수 있다는 사실을 확인한 셈이다. 결국 단순회귀분석에서의 F검정은 $H_0 : \beta=0$과 $H_0 : \rho=0$이라는 귀무가설을 동시에 검정할 수 있게 해 줄 뿐만 아니라 표본회귀선의 적합도를 판정해 줄 수 있는 수단이 된다.

제5절 예 측

일곱 가지 기본가정이 충족된다고 볼 수 있는 상황에서 최소자승법에 의

해 도출된 표본회귀선이 적합도나 통계적 유의성검정에 이르는 제반 평가 결과 합당한 추정식이라고 판정이 된다면, 비로소 우리는 이 추정식을 이용하여 신뢰할 수 있는 예측을 시행할 수 있다. 즉, 표본회귀선을 이용하여 임의의 독립변수값들에 대응하는 종속변수의 값을 계산할 수 있다.

예측에 관하여는 제10장 제6절에서 그 종류 및 한계성에 이르는 제반 사항을 상세히 다룬 바 있으므로 여기에서는 단지 다중표본회귀선에 의하여 시행할 수 있는 무조건부점예측과 점예측치에 대한 신뢰구간 설정과정만을 간략하게 다루기로 한다.[1)]

점예측은 도출된 다중표본회귀식에 임의로 내정된 각 독립변수의 값을 대입함으로써 성립된다. 즉,

$$\hat{Y}_f = \hat{\alpha} + \hat{\beta}_1 X_{1f} + \hat{\beta}_2 X_{2f} \tag{12.54}$$

물론 여기서 X_{1f}와 X_{2f}는 회귀선의 추정과정에서는 사용되지 않은 추가적인 값들이며 분석자의 판단에 의거하여 적절히 책정되는 것이 일반적이다. 그러나 제10장에서도 밝힌 바 있듯이 표본회귀선에 의해 도출된 Y의 점예측치 $\hat{Y}_f$는 독립변수의 값이 X_{1f}, X_{2f}로 주어졌을 때 우리가 평균적으로 기대할 수 있는 종속변수값에 불과한 것이다. 따라서 먼 장래에 대하여 예측을 실시하거나(그리하여 책정된 X_{1f}, X_{2f}의 실현가능성이 희박하거나) 또는 X_{1f}와 X_{2f}값이 표본회귀선 도출에 사용되었던 X_1과 X_2의 표본평균값과 상당한 차이를 보일 경우에는 점예측치의 현실적 실현가능성이 희박해진다. 따라서 가능한 한 예측은 가까운 장래에 한정하는 것이 타당하며, 비록 가까운 장래에 대한 예측이라 하더라도 예측치에 대한 신뢰구간을 아울러 설정하는 것이 바람직하다. 점예측치에 대한 $100(1-\alpha)\%$ 신뢰구간(혹은 구간예측이라 부름)은 다음과 같이 정의된다.[2)]

$$\hat{Y}_{fc} = \hat{Y}_f \pm t_{\alpha/2,\, n-k-1} \cdot s_f \tag{12.55}$$

(단, 여기서

$s_f^2 = s_e^2 + \dfrac{s_e^2}{n} + (X_{1f} - \bar{X}_1)^2 s_{\hat{\beta}_1}{}^2 + (X_{2f} - \bar{X}_2)^2 s_{\hat{\beta}_2}{}^2 + 2(X_{1f} - \bar{X}_1)(X_{2f} - \bar{X}_2) s_{\hat{\beta}_1 \hat{\beta}_2}$

$s_{\hat{\beta}_1}{}^2 = s_e^2 \sum x_{2i}^2 / [\sum x_{1i}^2 \sum x_{2i}^2 - (\sum x_{1i} \sum x_{2i})^2]$

$s_{\hat{\beta}_2}{}^2 = s_e^2 \sum x_{1i}^2 / [\sum x_{1i}^2 \sum x_{2i}^2 - (\sum x_{1i} \sum x_{2i})^2]$

$s_{\hat{\beta}_1 \hat{\beta}_2}$: $\mathrm{Cov}(\hat{\beta}_1, \hat{\beta}_2)$의 추정치 $= -s_e^2 \sum x_{1i} x_{2i} / [\sum x_{1i}^2 \sum x_{2i}^2 - (\sum x_{1i} \sum x_{2i})^2]$

그리고 $\hat{Y}_{fc}$는 Y_f에 대한 신뢰구간의 임계치(critical value)를 의미함.)

---

1) 제10장 제6절 참조.

2) 제10장 제6절 참조.

s_f의 정의에 필요한 $\hat{\beta}_1$, $\hat{\beta}_2$의 분산 및 공분산의 도출과정은 편의상 모두 생략하였다.[1] 그러나 한 가지 분명한 것은 전술한 바와 같이 예측에 사용되는 X_{1f}와 X_{2f}가 각각 $\bar{X}_1$와 $\bar{X}_2$와 가까울수록 s_f값은 작아지며, 따라서 신뢰구간의 폭은 독립변수의 평균치 부근에서 가장 좁아지는 것을 확인할 수 있다.

이제 앞서의 예제에서 2002년도의 수요를 $\alpha=5\%$의 유의수준하에서 구간예측을 실시하여 보자. 2002년도에 단가(X_{1f})가 55로 인상되고 소비자의 월평균소득(X_{2f})이 50이 될 것이라고 가정한다면, 이 때의 수요량예측치에 대한 신뢰구간은 식 (12.55)에 의거 다음과 같아진다.

$$\begin{aligned}\hat{Y}_{fc} &= \hat{Y}_f \pm t_{\alpha/2,\, n-k-1} \cdot s_f \\ &= (13.65 - 0.88 \times 55 + 1.91 \times 50) \pm t_{0.025,\,3} \times 10 \\ &= 60.75 \pm 3.182 \times 10 \fallingdotseq 28.9 \sim 92.6\end{aligned}$$

$$\left(\begin{aligned}&\text{단, } t_{0.025,\,3} = 3.182 \\ &\quad s_f^2 = 48.6 + \frac{48.6}{6} + (55-30)^2 \times 0.24 + (50-25)^2 \times 0.33 \\ &\qquad\qquad + 2(55-30)(50-25) \times (-0.25) = 100.45 \\ &\therefore\ s_f \fallingdotseq 10.0 \\ &\quad s_{\hat{\beta}_1\hat{\beta}_2} = \frac{-48.6 \times 725}{950 \times 700 - (725)^2} = \frac{-35235}{139375} \fallingdotseq -0.25\end{aligned}\right)$$

따라서 $\alpha=5\%$의 유의수준하에서 2002년도의 수요량은 28.9～92.6 사이에 있을 것이라고 예측할 수 있다. 그러나 예상했듯이 X_{1f}, X_{2f}의 가정치가 그 평균들(30과 25)과 상당한 차이가 있어 예측구간의 폭이 크게 나타났다.

제 6 절 다중상관분석

원래 상관분석이란 임의의 두 변수간의 선형관계(1차함수관계)의 유무 내지는 강도 또는 밀접도를 측정하는 방안에 불과하다. 따라서 분석대상이 되는 모형에 2개 이상의 변수가 나타나면 우리는 여러 개의 상관관계를 정의할 수 있다. 그러나 독립변수가 둘 이상이 되는 다중회귀분석과 관련하여 상관분석을 활용할 경우에는 단순히 임의의 두 변수간 관계의 강도를 측정하는 데 그치지

1) Jan Kmenta, *op. cit.*, pp. 374～375와 pp. 380～382를 참조.

않고 상관분석의 기본내용을 보다 확대하여 분석하는 이른바 다중상관분석을 전개할 수 있다. 따라서 본장에서는 우선 단순상관계수 개념과 유사한 편상관계수(partial correlation coefficient)의 개념을 정의하고 이어서 보다 확대된 의미의 상관계수 개념인 다중상관계수(coefficient of multiple correlation)를 다루고자 한다.

1. 편상관계수

우선 편상관계수를 정의함에 앞서 제11장에서 취급한 단순상관계수를 상기해 보기로 하자. 단순상관계수는 단지 특정한 두 변수간의 밀접도를 측정하는 일종의 지수 개념이다. 그런데 본장에서 주로 다루어 온 다중회귀분석모형은 종속변수가 하나이고 독립변수가 둘인 다중선형함수식이므로 전체적으로는 3개의 변수가 사용되고 있다. 따라서 이 경우 어느 것이 독립변수이고 또 종속변수인지를 일단 무시하면 이들 세 변수들 중 임의의 두 변수를 선정하여 단순상관계수를 산출할 수 있다. 즉, Y와 X_1, Y와 X_2, 그리고 X_1과 X_2간에 성립되는 세 가지 단순상관계수를 정의할 수 있는 것이다.[1)]

이제 각각의 경우에 대한 단순상관계수를 r_{YX_1}, r_{YX_2} 및 $r_{X_1X_2}$라 표기하면 다음과 같이 표현될 것이다.

$$r_{YX_1}=\frac{\sum x_{1i}y_i}{\sqrt{\sum x_{1i}^2\sum y_i^2}}=\frac{s_{YX_1}}{s_Y s_{X_1}} \tag{12.56}$$

$$r_{YX_2}=\frac{\sum x_{2i}y_i}{\sqrt{\sum x_{2i}^2\sum y_i^2}}=\frac{s_{YX_2}}{s_Y s_{X_2}} \tag{12.57}$$

$$r_{X_1X_2}=\frac{\sum x_{1i}x_{2i}}{\sqrt{\sum x_{1i}^2\sum x_{2i}^2}}=\frac{s_{X_1X_2}}{s_{X_1} s_{X_2}} \tag{12.58}$$

그러나 이들 단순상관계수들은 다중회귀분석의 기본취지와는 상관없이 성립되는 개념들이며, 따라서 이들 개념을 다중회귀모형의 기본취지와 관련시키고자 할 경우에는 다소의 조정작업이 필요하다. 제2절에서 누차 강조한 바 있듯이 다중회귀분석의 경우에는 개별 독립변수가 Y에 미치는 영향을 파악함에 있어 여타 독립변수값은 일정하게 유지시키거나 고정된 것으로 간주하게 된

1) 독립변수의 수가 k개인 일반적인 모형의 경우는 종속변수를 포함하여 모형 내에 포함된 변수의 총수는 $(k+1)$개가 될 것이고, 이 때 정의 가능한 단순상관계수의 총수는 ${}_{(k+1)}C_2$개가 될 것이다. 위의 예제에서는 $k=2$이므로 가능한 단순상관계수의 숫자는 ${}_3C_2=3$개가 된다.

다. 이러한 분석방법을 이제 상관분석에 결합시킨다면, 예컨대 X_2가 일정할 때의 Y와 X_1의 상관계수, X_1이 고정된 경우의 Y와 X_2의 상관계수, 그리고 Y값이 고정되었다는 조건하에서 X_1과 X_2간의 상관계수 개념을 정의할 수 있다. 각각의 경우를 순서에 따라 통상 r_{YX_1,X_2}, r_{YX_2,X_1} 그리고 $r_{X_1X_2,Y}$와 같이 표기하는데 이들을 우리는 편상관계수라 정의한다. 세 개의 편상관계수(partial correlation coefficient)는 식 (12.59), (12.60) 그리고 (12.61)과 같이 나타낼 수 있는데, 여기서는 그 도출과정을 생략하고 결과만을 제시하기로 한다.[1] 즉, 편상관계수들은 일단 단순상관계수가 산출되면 아래와 같은 식에 의거해서 쉽게 구할 수가 있다.

[편상관계수]

$$r_{YX_1,X_2}=\frac{r_{YX_1}-r_{YX_2}\,r_{X_1X_2}}{\sqrt{(1-r^2_{YX_2})(1-r^2_{X_1X_2})}} \tag{12.59}$$

$$r_{YX_2,X_1}=\frac{r_{YX_2}-r_{YX_1}\,r_{X_1X_2}}{\sqrt{(1-r^2_{YX_1})(1-r^2_{X_1X_2})}} \tag{12.60}$$

$$r_{X_1X_2,Y}=\frac{r_{X_1X_2}-r_{YX_1}r_{YX_2}}{\sqrt{(1-r^2_{YX_1})(1-r^2_{YX_2})}} \tag{12.61}$$

이와 같이 산출된 편상관계수에 대하여서도 통계적 유의성 여부를 검정할 수 있는데, 증명과정을 생략하고 도출된 검정통계량만을 소개하면 다음과 같다.[2]

$$t_{n-k-1}=\frac{r_{YX_1,X_2}\cdot\sqrt{n-k-1}}{\sqrt{1-r^2_{YX_1,X_2}}}=\frac{r_{YX_1,X_2}\cdot\sqrt{n-3}}{\sqrt{1-r^2_{YX_1,X_2}}} \tag{12.62}$$

$$t_{n-k-1}=\frac{r_{YX_2,X_1}\cdot\sqrt{n-3}}{\sqrt{1-r^2_{YX_2,X_1}}} \tag{12.63}$$

$$t_{n-k-1}=\frac{r_{X_1X_2,Y}\cdot\sqrt{n-3}}{\sqrt{1-r^2_{X_1X_2,Y}}} \tag{12.64}$$

각각의 경우 자유도는 $n-k-1$이므로 $k=2$ 경우에는 자유도가 $n-3$이 되며 식 (12.62)~(12.64)에 의거하여 산출된 값이 임계치 $\pm t_{\alpha/2}$보다 절대값이 클 경우 귀무가설 $H_0: \rho_{YX_1,X_2}=0$, $H_0: \rho_{YX_2,X_1}=0$ 또는 $H_0: \rho_{X_1X_2,Y}=0$은 기

1) J. Johnston, *op. cit.*, pp. 81~84 참조.
2) 본서의 수준을 감안하여 자세한 도출과정은 생략하였으나 이 식들은 본질적으로 제11장의 식 (11.13)과 같은 과정을 통하여 도출될 수 있음을 밝혀 두고자 한다.

각되며, 두 변수간의 선형상관계수는 유의할 만한 수준이라고 결론짓게 된다. 물론 이 경우에서도 자유도가 아주 커지면 Z분포를 대신 사용할 수 있음은 주지의 사실이다.

앞에서의 예제를 활용하여 편상관계수를 구해 보고, 아울러 검정까지 실시해 보기로 한다. 먼저 식 (12.56)~(12.58)을 이용하여 단순상관계수를 구해 보면

$$r_{YX_1}=\frac{550}{\sqrt{950\times 1000}}\fallingdotseq 0.56$$

$$r_{YX_2}=\frac{700}{\sqrt{700\times 1000}}\fallingdotseq 0.84$$

$$r_{X_1X_2}=\frac{725}{\sqrt{950\times 700}}\fallingdotseq 0.89$$

이므로, 이를 식 (12.59)~(12.61)에 대입하여 편상관계수를 구할 수 있다. 즉,

$$r_{YX_1,\,X_2}=\frac{0.56-0.84\times 0.89}{\sqrt{(1-0.70)(1-0.79)}}\fallingdotseq -0.75$$

$$r_{YX_2,\,X_1}=\frac{0.84-0.56\times 0.89}{\sqrt{(1-0.32)(1-0.79)}}\fallingdotseq 0.90$$

$$r_{X_1X_2,\,Y}=\frac{0.89-0.56\times 0.84}{\sqrt{(1-0.32)(1-0.70)}}\fallingdotseq 0.93$$

이 된다(단, $r^2_{YX_1}=0.32$, $r^2_{YX_2}=0.70$, 그리고 $r^2_{X_1X_2}=0.79$).

또한 각각의 편상관계수의 유의성 여부를 검정하고자, 귀무가설을 각각 $H_0: \rho_{YX_1,\,X_2}=0$, $H_0: \rho_{YX_2,\,X_1}=0$ 및 $H_0: \rho_{X_1X_2,\,Y}=0$과 같이 설정한다. 식 (12.62)~(12.64)에 의하여 검정통계량은 각각

$$t_3=\frac{-0.75\cdot\sqrt{3}}{\sqrt{1-0.56}}\fallingdotseq -1.96$$

$$t_3=\frac{0.90\cdot\sqrt{3}}{\sqrt{1-0.81}}\fallingdotseq 3.58$$

$$t_3=\frac{0.93\cdot\sqrt{3}}{\sqrt{1-0.87}}\fallingdotseq 4.47$$

과 같이 산출된다(단, $r^2_{YX_1,\,X_2}=0.56$, $r^2_{YX_2,\,X_1}=0.81$, 그리고 $r^2_{X_1X_2,\,Y}=0.87$).

$\alpha=5\%$ 유의수준에서 $t_{0.025,\,3}=3.182$이므로 $H_0: \rho_{YX_1,\,X_2}=0$은 기각되지 못

하나, 나머지 귀무가설은 기각된다. 즉, $\alpha=5\%$ 유의수준에서 유의성이 있는 편상관계수는 r_{YX_2, X_1}과 $r_{X_1X_2, Y}$라고 결론지을 수 있다.

2. 다중상관계수(coefficient of multiple correlation)

이상에서 우리는 다중회귀분석의 기본적 취지를 단순상관분석과 결합하여 편상관계수라는 개념을 창출하고 그 계산실례와 검정방법에 대하여 살펴보았다. 그러나 상관분석의 다중회귀분석에의 적용은 더욱 확대될 수 있으며, 예컨대 종속변수 Y와 k개의 독립변수 전체와의 동시적 결합도를 측정하는 방안을 창안할 수 있는 것이다. 이러한 목적을 위해 설정된 개념을 다중상관계수라 칭하며 다음과 같이 정의된다.

[다중상관계수]

$$R_{Y, X_1X_2}=\sqrt{\frac{\text{SSR}}{\text{SST}}} \tag{12.65}$$

이처럼 정의된 다중상관계수는 개념상 Y와 $\hat{Y}$간의 단순상관계수와 동일한 의미를 갖는다고 볼 수 있다. 즉, Y와 $\hat{Y}$간의 단순상관계수를 $r_{Y\hat{Y}}$이라 표기하면

$$r_{Y\hat{Y}}=\frac{\sum y\hat{y}}{\sqrt{\sum y^2}\sqrt{\sum \hat{y}^2}} \tag{12.66}$$

과 같아진다. 한편, $\sum y\hat{y}$는

$$\sum y\hat{y}=\sum \hat{y}(\hat{y}+e)=\sum \hat{y}^2+\sum \hat{y}e=\sum \hat{y}^2$$

과 같아지므로, 식 (12.66)은 다음과 같이 바꾸어 쓸 수 있다.

$$r_{Y\hat{Y}}=\frac{\sum y\hat{y}}{\sqrt{\sum y^2}\sqrt{\sum \hat{y}^2}}=\sqrt{\frac{\sum \hat{y}^2}{\sum y^2}}=\sqrt{\frac{\text{SSR}}{\text{SST}}}=R_{Y, X_1X_2} \tag{12.66$'$}$$

이와는 별도로 다중상관계수를 다른 각도에서 음미해 볼 수 있다. 예컨대, 다중상관계수와 단순상관계수간에는 다음과 같은 관계가 성립된다(증명과정은 생략한다).[1)]

1) J. Johnston, *op. cit.*, p. 84 참조.

$$R_{Y,\,X_1X_2}=\sqrt{\frac{r_{YX_1}^2+r_{YX_2}^2-2r_{YX_1}r_{YX_2}r_{X_1X_2}}{1-r_{X_1X_2}^2}} \tag{12.67}$$

한편, 식 (12.65)에서처럼 정의된 다중상관계수를 제곱하면

$$R_{Y,\,X_1X_2}^2=\frac{\text{SSR}}{\text{SST}}=1-\frac{\text{SSE}}{\text{SST}}$$

와 같이 표현되는데, 이는 제4절에서 소개한 다중결정계수 R^2과 동일하게 된다는 중요한 의미를 찾을 수 있다. 바로 이러한 이유 때문에 다중상관계수를 대문자 R을 이용하여 표기하는 것이다.

이상과 같은 다중상관계수에 대한 의미를 종합하여 보면 단순회귀분석의 경우처럼 결정계수 R^2이 단순상관계수 r의 제곱과 같아지는 현상은 찾아볼 수 없다. 반면 다중회귀분석에서는 다중상관계수라는 새로운 의미를 가지는 개념이 도입되고, 이 다중상관계수 $R_{Y,\,X_1X_2}$의 제곱이 다중결정계수 R^2과 같아짐을 알 수 있다. 특히 다중상관계수는 내용면에 있어 Y와 $\hat{Y}$간의 단순상관계수 $r_{Y\hat{Y}}$과 의미가 같아지며(식 (12.66) 참조), 통상적인 단순상관계수들과는 식 (12.67)과 같은 관계가 있음을 주지하기 바란다.

그러면 이와 같은 다중상관계수에 대한 검정은 어떻게 이루어질 것인가? 표본의 다중상관계수 $R_{Y,\,X_1X_2}$의 모수를 $\rho_{Y,\,X_1X_2}$라 표기하고, 귀무가설을 H_0 : $\rho_{Y,\,X_1X_2}=0$이라 설정하면 이 때 적용할 검정통계량은 역시 F검정이 될 것이다. 이는 다중상관계수의 제곱이 다중결정계수값과 같다는 사실과 다중결정계수에 대한 검정의 한 방안으로 ANOVA를 이용한 F검정이 이용된다는 사실(제4절 참조)로 미루어 보아 당연한 이치라 하겠다. 여하튼 상기 귀무가설에 대한 검정통계량은 제4절에서와 같은 형태가 될 것이며 다음과 같이 정리될 수 있다.

$$F=\frac{R_{Y,\,X_1X_2}^2/k}{(1-R_{Y,\,X_1X_2}^2)/(n-k-1)} \xrightarrow{(k=2\text{ 일 때})} \frac{R_{Y,\,X_1X_2}^2/2}{(1-R_{Y,\,X_1X_2}^2)/(n-3)}=\frac{\text{MSR}}{\text{MSE}} \tag{12.68}$$

이 검정통계량은 자유도가 k와 $(n-k-1)$인 F분포를 따르므로 임계치 F_α와 비교하여 식 (12.68)에 의거 산출된 값이 큰 것으로 확인되면 귀무가설은 기각되며, 다중상관관계는 유의할 만한 수준이라고 결론지을 수 있다.

다시 앞에서의 예제를 이용하여 다중상관계수를 구하고, 아울러 H_0 : $\rho_{Y,\,X_1X_2}=0$도 검정해 보자. 식 (12.67)에 앞서 구한 단순상관계수치를 대입해 보면

$$R_{Y,\,X_1X_2} = \sqrt{\frac{r_{YX_1}^2 + r_{YX_2}^2 - 2r_{YX_1}r_{YX_2}r_{X_1X_2}}{1 - r_{X_1X_2}^2}}$$

$$= \sqrt{\frac{0.32 + 0.70 - 2 \times 0.56 \times 0.84 \times 0.89}{1 - 0.79}} \fallingdotseq 0.93$$

으로 나타난다. 이는 앞서 구한 결정계수 값인 0.854와 비교해 보면 $R_{Y,\,X_1X_2}^2 = 0.86$으로서 거의 동일함을 알 수 있다.

이미 앞에서 $H_0 : \beta_1 = \beta_2 = 0$에서 F검정을 실시해 보았지만, 여기서는 연습 목적상 위에서 계산된 자료를 이용하여 다중상관계수의 검정도 실시해 보자. 식 (12.68)을 이용하면

$$F = \frac{R_{Y,\,X_1X_2}^2/2}{(1 - R_{Y,\,X_1X_2}^2)/3} = \frac{0.87/2}{0.13/3} = 10.03$$

으로, $\alpha = 5\%$일 때 임계치 $F_{0.05,\,2,\,3} = 9.55$(부표 I-a 및 I-b 참조)보다 크게 나타나므로 $H_0 : \rho_{Y,\,X_1X_2} = 0$이 기각된다. 따라서 다중상관계수는 유의할 만한 수준이라고 할 수 있다.

마지막으로 한 가지 지적해 두고 싶은 사항은 다중상관계수 또한 다중결정계수와 마찬가지로 설명변수를 추가도입함에 따라 점차 그 값이 커질 수밖에 없다는 사실이다. 다중결정계수의 경우는 이 문제를 변동량 대신 분산 개념을 도입한 조정된 다중결정계수 $\bar{R}^2$의 사용을 통해 다소 완화시킬 수 있었다. 그러나 다중상관계수의 경우는 앞서 소개한 편상관계수를 적절히 활용함으로써 추가적인 설명변수 도입에 따른 영향을 배제한 상태에서의 상관계수를 추론할 수도 있음을 지적해 두고자 한다.

제 7 절 기타 주요문제

제10장 마지막 절에서 단순선형회귀분석이 갖는 한계성을 여러 각도에서 음미하여 본 바 있다. 본장에서 전개한 다중회귀분석은 여러모로 보아 단순회귀분석에 비해 보다 월등한 분석방안을 제시해 준 것임에 틀림이 없다. 그러나 단지 다중회귀분석을 적용함으로써 제10장에서 지적한 제반 문제가 모두 해결되는 것은 물론 아니다. 오히려 단순회귀분석에서는 필요 없었던 추가적 가정이 필요하기도 하며, 이들 추가적 가정이 충족되지 못할 경우에 나타나는 새로

운 문제(예컨대, 다중공선성)를 야기시키기도 한다. 이러한 사실을 감안하여 본 절에서는 제10장에서 제기된 문제점 중 일부와 다중회귀분석에서 새로이 대두되는 문제 중 비교적 중요한 문제 몇 가지를 선정하여 간략하게 언급하고자 한다.

1. 다중공선성(multicollinearity)과 독립변수의 선정문제

우선 단순회귀분석에서는 없었으나 다중회귀분석을 시행함에 따라 새로이 발생하는 문제점인 다중공선성 문제부터 논술해 보기로 한다.

본장 제2절에서 우리는 독립변수의 숫자가 2개 이상이 되는 다중회귀분석이 갖는 의의에 대하여 자세히 음미한 바 있다. 그러나 독립변수를 추가도입하여 분석능력을 제고시키기 위해서는 제3절에서 밝힌 바와 같이 두 가지 기본가정을 추가해야 했었다. 추가된 두 가정 중의 하나인 가정 Ⅶ: $\rho(X_iX_j) \neq \pm 1$ 또는 $\rho(X_iX_j)=0$, $(i \neq j)$, 즉 독립변수들간에는 선형상관관계가 없어야 된다는 가정은 현실적으로 완전하게 충족될 수는 없다. 물론 이 가정이 완전하게 위반되는 상황이 실제로 발생할 가능성은 지극히 희박한 것이지만, 특정한 두 독립변수간의 선형상관관계가 상당히 높게 나타날 가능성은 작지 않다. 이러한 경우 $\rho(X_iX_j)$의 값은 ± 1에 가까워지며 최소자승법을 이용하는 다중회귀분석은 이른바 다중공선성이라는 문제에 봉착하게 된다.

다중공선성이 제기하는 문제의 심각성은 이미 제3절 2항에서 최소자승법에 의해 표본회귀계수를 추정하는 과정에서 밝힌 바 있다. $\hat{\beta}_1$과 $\hat{\beta}_2$를 최소자승법에 의해 도출할 때 이용한 식 (12.20)과 식 (12.21)의 분모는 두 독립변수가 완전한 선형관계에 있을 경우 그 값이 0이 되므로 표본회귀계수를 구할 수 없게 되어 버린다. 물론 이와 같은 현상이 발생할 가능성은 희박하나 만일 두 독립변수간의 선형상관관계가 상당히 높아지면 이 때 추정오차는 커지게 되고, 따라서 통계적 검정능력이 떨어지는 결과를 낳게 된다.

직관적으로 보아도 다중회귀분석에 있어 어느 한 독립변수의 회귀계수를 추정할 경우에는 여타 독립변수의 값은 일정하게 유지될 수 있어야 하는데, 추정의 대상이 되는 독립변수값과 1차함수관계를 갖는 여타 독립변수가 모형 내에 있다면 다중회귀분석의 의의가 상실되는 결과가 초래될 것이라는 점을 알 수 있다.

그러면 다중공선성이 유발하는 문제를 보다 분명히 파악하기 위해 제4절에서 산출한 바 있는 추정회귀계수의 표준오차를 재검토해 보기로 한다. 제4절에서는 추정회귀계수에 대한 t검정과정에서 도출된 $\mathrm{Var}(\hat{\beta}_i)$의 추정치를 다음과 같이 도출한 바 있다.[1)]

$$s_{\hat{\beta}_1}{}^2 = s_e^2 \sum x_{2i}^2 / [\sum x_{1i}^2 \sum x_{2i}^2 - (\sum x_{1i}x_{2i})^2] \qquad (12.69)$$

$$s_{\hat{\beta}_2}{}^2 = s_e^2 \sum x_{1i}^2 / [\sum x_{1i}^2 \sum x_{2i}^2 - (\sum x_{1i}x_{2i})^2] \qquad (12.70)$$

이 두 식의 분모는 β_1과 β_2의 최소자승추정계수인 $\hat{\beta}_1$과 $\hat{\beta}_2$의 정의식의 분모와 동일함을 알 수 있다. 따라서 이들 추정계수의 표본오차 또한 X_1과 X_2간의 선형상관계수가 높을수록 커질 수밖에 없다. 왜냐하면, $\rho(x_1,\ x_2)$의 값이 ±1에 가까울수록 상기 두 식의 분모의 값은 0에 가까워지기 때문이다. 이처럼 다중공선성의 정도가 커지면 추정회귀계수의 표준오차는 매우 큰 값으로 나타나므로 결과적으로 귀무가설 $H_0: \beta_i = 0$에 대한 검정통계량 $t = \dfrac{\hat{\beta}_i}{s_{\hat{\beta}_i}}$값은 매우 작아지게 되므로 검정능력이 크게 저해됨을 알 수 있다.[2)] 또한 이처럼 $\hat{\beta}_i$의 표준오차가 커진다는 사실은 추정회귀계수 $\hat{\beta}_i$에 대한 신뢰도를 크게 손상시키게 됨을 의미한다. 이는 회귀계수 β_i에 대한 신뢰구간이 $\beta_i = \hat{\beta}_i \pm t_{\alpha/2} s_{\hat{\beta}_i}$와 같이 정의되므로 $s_{\hat{\beta}_i}$값이 커질수록 신뢰구간의 폭은 넓어지게 되어, 결과적으로 $\hat{\beta}_i$가 부정확한 추정치로 전락함을 뜻하는 것이기 때문이다.

이제 문제는 과연 다중공선성이 심각한지의 여부를 어떻게 판별할 수 있으며, 또 그 심각성이 인정된다면 어떤 대안이 있는지를 확인하는 일이 될 것이다.

우선 다중공선성이 심각한지의 여부를 판정하는 가장 손쉬운 방법은 각 독립변수간의 상관계수값을 계산해 보는 것이다. 그러나 다중공선성이 정말로 심각한 경우에는 $\hat{\beta}_i$값은 산출할 수 없게 되므로($\hat{\beta}_i$의 정의식에서 분자, 분모 모두가 0에 가까워지므로 $\hat{\beta}_i \fallingdotseq \dfrac{0}{0}$의 계산이 불가능해짐) 컴퓨터를 사용할 경우에도 에러 메세지밖에 받아 볼 수 없는 경우가 있다. 이와 같은 직관적인 판별법 외에 다중공선성의 심각성 여부를 판정하는 보다 조직적인 방법으로 페러(Farrar)와 글로버(Glauber)가 개발한 검정법 등이 있으나 여기서는 생략한다.[3)]

---

1) 식 (12.38) 및 식 (12.39) 참조.

2) 다중공선성으로 인하여 $s_{\hat{\beta}_i}$값이 커지면 검정통계량 $t = \dfrac{\hat{\beta}_i}{s_{\hat{\beta}_i}}$의 값은 점차 작아지게 될 것이므로 귀무가설 $H_0: \beta = 0$을 기각할 가능성이 희박해진다는 문제가 발생한다.

3) D. E. Farrar and R. R. Glauber, "Multicollinearity in Regression Analysis; The Problem Revisited," *Review of Economics and Statistics*, Vol. 49(1967), pp. 92~107, 또는 이종원, 「계량경제학」(박영사, 1994), 제9장을 참조.

만일 다중공선성이 심각한 정도로 판별되었다면 어떠한 방도를 취해야 할 것인가? 다중공선성 문제가 없다면 통상적인 추정회귀계수에 대한 t검정(H_0: $\beta_i=0$)을 실시하여 귀무가설이 기각되지 못하는 독립변수를 제거하는 방안을 생각할 수 있다. 그러나 앞서 지적한 바 있듯이 다중공선성이 존재하면 t검정의 검정능력이 상실되므로 달리 대책을 강구해야 할 것이다. 따라서 통상적으로 선형상관관계가 높은 것으로 확인된 두 독립변수와 종속변수간의 편상관계수를 비교하여 계수값이 작은 독립변수를 제거하는 방법이 이용되곤 한다. 이와 비슷한 용도로 사용될 수 있는 개념으로 베타계수 또는 탄력성개념 등이 있으나 생략하기로 한다.[1] 그러나 일단 회귀모형 내에 도입된 변수는 합당한 이론이나 가설에 입각하여 채택된 것인바 무작정 편상관계수를 비교하는 방법 등에 의해 독립변수를 제거하는 일은 신중을 기해야 할 것이다. 정당한 독립변수를 제거하면 다중공선성 문제는 완화될 것이나 그보다 더욱 심각한 이른바 부적합한 모형설정에 따른 오류(specification error)를 유발할 가능성이 있기 때문이다. 이상과 같은 문제점을 감안할 때 만일 다중공선성이 발견되면 최선의 방책은 두 변수간의 상관관계가 감소될 수 있도록 두 변수의 관측치를 회귀분석에 추가적으로 사용하는 것이다. 이외에도 관측된 자료를 다소 변형시킨 후 회귀분석을 시행함으로써 다중공선성의 문제를 다소 완화시킬 수 있는 방안도 있다. 예컨대, 시계열자료를 이용할 경우 각 변수의 관측치 대신 시간의 흐름에 따른 각 변수값의 변화량(예컨대, $\Delta X_{i,t}=X_{i,t}-X_{i,t-1}$)을 사용하면 문제가 다소 완화될 수도 있다.

2. 비선형회귀모형과 다중회귀분석

우리가 지금까지 전개한 회귀분석내용은 사실상 독립변수(들)과 종속변수가 선형함수관계에 있다는 제한된 조건하에 전개된 것이다. 종속변수가 하나인 단순회귀분석모형의 경우도 선형함수가 아닌 함수관계가 설정될 수 있다. 예컨대, $Y=\alpha+\beta X^2$ 또는 $Y=X^\beta$ 등의 함수관계가 성립될 수 있는 것이다. 그러나 다중회귀분석의 경우에는 비선형함수 형태가 더욱 다양한 모습으로 표현될 수 있으며, 바로 이러한 점에 있어서도 다중회귀분석이 단순회귀분석보다 폭넓게 활용될 수 있음을 알 수 있다. 예컨대, $Y=AX_1^{\beta_1}X_2^{\beta_2}$과 같은 함수 형태는 단순

1) 관심 있는 독자는 Robert Pindyck and Daniel Rubinfeld, *Econometric Model and Economic Forecasts*(1981), Ch. 3, 또는 이종원(1994), 상게서, 제9장을 참조.

회귀모형에서는 찾아볼 수 없는 것이다.

그러면 만일 정당한 이론과 가설을 수식으로 표현한 모형이 비선형 형태를 취할 경우에는 어떻게 추정을 할 수 있을까? 이 문제에 해답을 구하기 앞서 일단 우리는 표본관측치를 이용하여 산포도를 그려본 다음 이들 관측치들을 가장 잘 표현할 수 있는 함수 형태를 선정할 필요가 있다. 일단 최적함수형태가 파악되면 적절한 함수변환을 통하여 선형함수관계식으로 바꿀 수 있는지 여부를 확인해야 한다. 대부분의 경우는 일정한 절차를 거쳐 선형함수화가 가능하며, 따라서 지금까지 배워온 회귀분석방법을 변형된 선형함수식에 적용할 수 있다. 몇 가지 구체적인 함수관계를 고려해 보자.

$$Y=\alpha+\beta_1X_1+\beta_2X_2^2+\varepsilon \quad (12.71)$$

$$Y=\alpha+\beta_1X_1^2+\beta_2\log X_2+\varepsilon \quad (12.72)$$

$$Y=\alpha+\beta_1X_1^2+\beta_2X_1X_2+\varepsilon \quad (12.73)$$

$$Y=\alpha\cdot X_1^{\beta_1}X_2^{\beta_2}\cdot\varepsilon \quad (12.74)$$

$$Y=\alpha\cdot e^{\beta T}\cdot\varepsilon \quad (12.75)$$

식 (12.71), (12.72), (12.73) 등의 형태로 산포도 모양이 파악된다면 지금까지 전개된 회귀분석방법을 그대로 적용해도 무방하다. X_1^2이나 X_2^2 또는 $\log X_2$ 등을 새로운 설명변수 X_k로 간주하면 되기 때문이다. 그러나 식 (12.74)와 (12.75) 경우처럼 추정회귀계수가 비선형 형태로 표현된 모형들은 일단 일정 과정을 통해 선형함수 형태로 바꾼 연후에 전통적인 회귀분석법을 적용해야 한다. 예컨대, 식 (12.74)는 코브-다글라스(Cobb-Douglas)생산함수 형태와 같은 모양을 갖고 있으며, 양변에 log를 취하여 선형함수식으로 전환할 수 있다. 즉,

$$\log Y=\log\alpha+\beta_1\log X_1+\beta_2\log X_2+\log\varepsilon \quad (12.76)$$

반면, 식 (12.75)는 단순한 성장모형의 형태로, 이 때 β는 성장률, T는 시간을 표시하는데, 이 또한 양변에 log를 취하면 다음과 같은 선형관계식으로 전환될 수 있다.

$$\log Y=\log\alpha+\beta T+\log\varepsilon \quad (12.77)$$

한편, 경우에 따라서는 선형함수화가 불가능한 경우도 있다. 예컨대,

$$Y=\alpha_0+\alpha_1X_1^{\beta_1}+\alpha_2X_2^{\beta_2}+\varepsilon$$

또는

$$Y=\alpha_1 e^{\beta_1 X_1}+\alpha_2 e^{\beta_2 X_2}+\varepsilon$$

과 같은 함수식은 일반적인 선형함수식으로 전환이 불가능하다. 이와 같은 경우에는 별도의 추정방안이 마련되야 할 것이고 또 실제로 여러 방법이 개발되어 있으나 이 책의 수준문제상 생략하기로 한다.[1)]

3. 모의변수(dummy variable)

당초에 설정된 회귀모형이 독립변수가 하나인 단순회귀모형이라 하더라도 이 때 독립변수와 종속변수간의 함수관계를 추정하기 위해 추출한 표본관측치가 두 가지 서로 다른 여건 속에서 얻어진 경우를 상정하여 보자. 이러한 경우에 우리는 간혹 서로 다른 여건이 미친 영향을 제거한 상태하에서의 함수관계를 확인해야 할 필요를 느낀다. 예컨대, 노동공급(N)은 실질임금수준(W)과 선형의 정함수관계가 있다고 가정하자. 그런데 관측기간중 후반기에 노조의 일부 파업(S)이 발생하였다면, N과 W간의 정상적인 함수관계는 파업기간중 상당한 영향을 받게 될 것이다. 따라서 실제로 분석한 모형의 형태는 다중회귀모형과 흡사해진다. 즉,

$$N_i^s=\alpha+\beta W_i+\gamma S_i+\varepsilon_i \tag{12.78}$$

$$\left(\text{단,}\quad S_i\begin{cases}=0, & \text{파업이 있을 때}\\ =1, & \text{파업이 없을 때}\end{cases}\right)$$

이 때 특기할 것은 S_i라는 변수이며 이는 두 가지 상태, 즉 파업이 없는 상태와 있는 상태를 구분해 주는 역할을 담당할 뿐이므로 두 상태를 수량화하더라도 두 가지(0과 1) 값밖에 취할 수 없다. 이처럼 S_i와 같이 여건의 변화를 나타내는 변수를 모의변수(dummy variable)라 부른다.

그림 12-5는 파업이 없었던 시기와 있었던 시기에 관측된 임금수준과 노동공급량을 나타내는 산포도이다. 이 때 파업의 유무를 무시한 채 회귀분석을 실시하면, 예컨대 L_2와 같은 표본회귀선이 도출될 것이다. 그러나 파업이 발생할 경우 임금에 관한 노동자의 입장이 강화된다는 점을 고려하지 못한 표본회귀선은 정확한 N과 W간의 함수관계를 추정했다고 볼 수는 없다. 파업으로 인

---

1) Jan Kmenta, *op. cit.*, pp. 451～472, 또는 이종원(1994), 상게서, 제12장 참조.

그림 12-5 모의변수와 회귀선의 이동현상

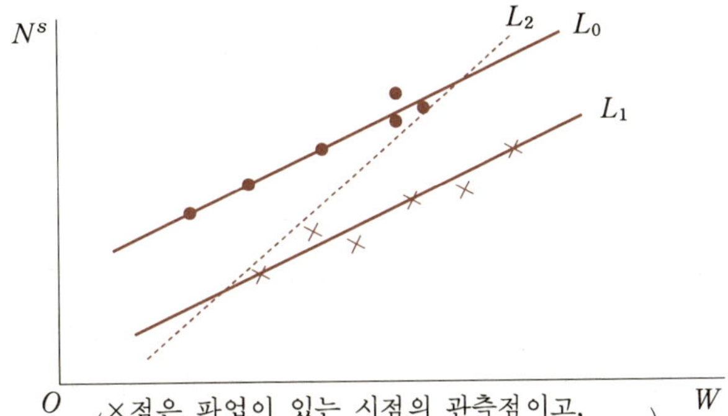

(×점은 파업이 있는 시점의 관측점이고, •점은 파업이 없는 시점의 관측점을 나타냄)

한 영향을 배제한 N과 W간의 정상적 관계를 파악하자면, 파업의 유무를 나타내는 변수를 모형 내에 일종의 독립변수로 포함시켜 다중회귀분석을 실시해야 할 것이다.

한편, 이러한 이유로 도입된 모의변수는 파업이 있었던 시기인 전반부($i=1, 2, \cdots, n_1$)에는 그 값이 0이고, 파업이 없었던 후반부($i=n_1+1, \cdots, n$)에는 그 값이 1이라고 하였으므로 다음과 같은 관계가 성립된다.

$$N_i=\alpha+\beta W_i+\varepsilon_i \quad (i=1, 2, \cdots, n_1) \tag{12.79}$$

$$N_i=\alpha+\beta W_i+\gamma+\varepsilon_i \quad (i=n_1+1, \cdots, n) \tag{12.80}$$

이 두 식이 의미하는 것은 결국 파업의 유무에 따라 달라지는 것은 절편의 값이며, 따라서 파업은 임금과 노동공급간의 함수관계식을 일정 거리만큼 이동시키는 효과를 가져다 주는 것으로 이해할 수 있다. 이러한 결과는 그림 12-5에서 쉽게 확인할 수 있는데, L_1은 파업중, 그리고 L_0는 파업이 끝난 이후의 W와 N간의 관계를 각각 대변해 주고 있다.

이상과 같은 의의를 갖는 모의변수는 필요에 따라 여러 개를 동시에 모형 내에 도입시켜 사용할 수도 있다. 단, 이 때 도입되는 모의변수간에 다중공선성이 발생하는지의 여부를 사전에 확인해 둘 필요가 있다. 또한 상기 예제에서 도입된 모의변수(S_i) 앞에 붙은 계수 γ는 L_1과 L_0간의 거리, 즉 N과 W간에 성립되는 함수관계식을 이동시키는 영향의 정도를 나타낸다. 따라서 추정된 계수값 $\hat{\gamma}$이 아주 작으면(0과 같다고 볼 수 있을 정도로) 이는 L_1으로부터 L_0까지의 이동현상이 미미함을 의미하게 되고, 따라서 모의변수를 사용치 않은 채

회귀분석을 실시하여도 큰 지장이 없다는 의미를 갖는다. 이러한 사실에 입각하여 우리는 $H_0 : \gamma=0$ 이라는 귀무가설을 설정하고, t분포를 이용한 유의성검정을 실시함으로써 모의변수의 사용이 필요한지의 여부를 판정하게 된다.

4. 기타 회귀분석의 한계성

이상에서 우리는 다중회귀분석을 도입함에 따라 새로이 대두된 문제점인 다중공선성 문제와 비선형모형의 처리방안, 그리고 여건의 변화를 고려할 수 있는 모의변수의 사용방법 등에 이르는 비교적 현실적으로 빈번하게 마주치는 현상과 그에 대한 해결방안을 제시하였다.

그러나 이 밖에도 자주 발생하리라 예상되는 문제는 많다. 그 중에서도 우선적으로 생각할 수 있는 문제는 회귀분석과정에서 일반적으로 설정하는 기본가정들의 현실타당성 여부를 들 수 있다. 그 중에서도 가정 Ⅱ와 가정 Ⅲ, 즉 동분산가정과 오차항간의 독립성가정은 충족되지 못하는 경우가 자주 있다. 하지만 이들 가정에 대한 충족 여부를 판별하는 방법이나 해결방안에 관한 내용은 이 책의 목적범위를 벗어나는 것인바 생략하였다.[1]

다음으로 예상되는 문제점으로 독립변수에 시차(lag)가 도입되는 동태적 모형의 처리방안이나 연립방정식체계를 갖는 모형의 추정문제 등 여러 가지 중요한 문제를 들 수 있으나 이들 내용은 전문적인 계량경제학 분야에 속하는 것이라 생각되어 역시 생략하였다.[2] 자세한 해결방안에 대한 내용을 생략해 가면서도 이상에서 지적한 여러 종류의 문제점들을 이곳에서 언급하는 이유는 이 책에서 전개한 회귀분석 및 상관분석은 단지 기본적인 분석방안에 불과한 것이며, 따라서 현실적 분석을 수행하기에는 아직도 상당한 한계성을 가지고 있으므로 이 책에서 소개한 방법의 무분별한 사용이나 이에 의거한 결론을 과신해서는 곤란하다는 사실을 강조하고자 하는 데 있다.

제 8 절 실증분석과정 안내

우리는 제10장에서 계량경제이론을 실제 응용하는 과정에 대한 길잡이로

1) *Ibid.*, pp. 247~305, 또는 이종원(1994), 상게서, 제10장과 제11장 참조.
2) *Ibid.*, pp. 473~497, 또는 이종원(1994), 상게서, 제14장~제17장 참조.

서 모형을 설정하는 방법, 자료의 선정 및 활용방법 그리고 모형의 추정 결과를 검토·평가하는 방법들을 소개한 바 있다. 본장에서는 이어서 특히 추정 결과를 해석·평가하고 또 나아가서는 개선하는 방법에 관한 보다 구체적인 원칙들을 소개하고자 한다.

1. 1차적 평가기준과 활용법[1)]

회귀모형을 일단 적절한 자료를 활용하여 추정하고 나면 추정 결과를 평가하는 가장 기본적인 방법은 각 회귀계수에 대한 유의성을 확인하는 t검정과 설명변수 자체가 종속변수를 설명하는 능력의 척도가 되는 결정계수 R^2값의 유의성을 확인하는 F검정이라 할 수 있다. 이 두 가지 기본검정을 수행함에 있어 현실적으로 예상되는 상황은 다음 다섯 가지 경우로 대별해 볼 수 있다.

Case Ⅰ : R^2과 모든 β_i가 유의적인 경우
Case Ⅱ : R^2은 유의하나 β_i는 일부만 유의적인 경우
Case Ⅲ : R^2은 유의하나 모든 β_i가 유의적이지 못한 경우
Case Ⅳ : 모든 β_i는 유의하나 R^2이 유의적이지 못한 경우
Case Ⅴ : 일부 β_i는 유의하나 R^2이 유의적이지 못한 경우

첫번째 경우는 t검정통계량값이 R^2값과 모든 임계치를 넘어설 정도로 커서 개별 설명변수의 설명력은 물론 모형 전체로서도 적합도가 만족할 만한 상황을 나타내며, 사실 분석가는 이러한 결과를 얻기 위해 다각적으로 노력하게 되는 것이다. 단, 개별 회귀계수값들의 부호가 이론이나 가설에 합당한 것이어야만 상기 검정 결과의 의미가 유지될 수 있음은 물론이다.

두 번째 경우는 분석가가 실증분석과정에서 가장 빈번하게 직면하게 되는 상황으로 결국 t값과 F값의 크기를 참고해 가며 설명변수를 취사선택하는 과정을 밟아 나가게 된다.

세 번째 경우는 설명변수 전체가 집단적으로는 종속변수에 대한 설명능력이 있으나(높은 R^2과 F값) (거의) 모든 설명변수들은 개별적으로는 설명능력이 없는 것으로 보이는(낮은 t값들) 상황에 해당된다. 다중공선성(multicolli-

1) 보다 자세한 내용은 R. C. Geary and C. E. V. Leser, "Significance Tests in Multiple Regression," *The American Statistician*(Feb. 1968)과 Elliot M. Cramer, "Significance Tests and Tests of Models in Multiple Regression," *The American Statistician*(Oct. 1972), 그리고 Maddala, *Econometrics*(1977), pp. 122～124를 참조.

niarity) 문제가 심각할 때 흔히 나타나는 현상이다.

네 번째 경우는 그렇게 흔히 나타나는 현상은 아니며 따라서 다소 특이한 상황에서만 발생한다고 볼 수 있다. 모든 회귀계수의 t값이 충분히 커서 모든 설명변수들이 종속변수를 개별적으로 설명하는 능력들은 (외견상)있는 것으로 보임에도 불구하고 설명변수 집단 전체의 설명능력이 미흡한 것으로 보아야 할만큼 R^2값이 낮다는 사실은 무엇인가 이상한 느낌을 준다. 이러한 상황은, 예컨대 설명변수가 둘(X_1과 X_2)일 때 Y와의 단순상관계수값들(r_{YX_1}, r_{YX_2})은 상당히 낮을 뿐 아니라 두 설명변수간의 단순상관계수값($r_{x_1x_2}$)이 통상 "−"부호를 가질 때 발생할 수 있다.[1)]

다섯 번째 경우는 두 번째 경우보다 심각한 경우로 일단 낮은 t값으로 인해 유의성검정에서 실패한 설명변수들은 제외한 다음 OLS를 다시 적용하여 R^2값이 호전되기를 기대해 볼 수밖에 없다. 이러한 기대가 충족되지 못할 경우 결국 이 회귀방정식은 유의성이 없는 무의미한 것으로 판정하고 추정을 포기할 수밖에 없다.

2. 추가적 평가기준(오차항의 탐색)과 대응방안

일단 이상과 같은 요령으로 t와 F검정을 이용하여 추정 결과의 특징을 일차적으로 파악 내지 평가한 다음 문제가 되는 상황의 원인을 보다 구체적으로 확인하는 과정을 밟게 된다. 이 과정은 회귀분석에서 가장 중요한 부분에 해당되며 기본적으로는 오차항의 내용과 형태를 이용하는 분석의 성격을 갖는다. 즉, 회귀오차 $e_i = Y_i - \hat{Y}_i$값의 크기와 부호 및 분포 형태를 탐색하여 기본가정들의 현실성 여부, 설정된 함수 형태의 오류 여부, 그리고 자료상의 특이성(data peculiarity) 등을 판정하는 방법을 일컫는 것이다.[2)] 이는 일단 회귀모형을 OLS 방법으로 추정한 후 도출되는 회귀오차항의 분포 형태는 다음과 같은 여섯 가지의 현상들을 판독할 수 있는 정보를 제공해 주는 데 근거한다.

Case Ⅰ : 극단적 관측치(outliers)

Case Ⅱ : 적절한 설명변수의 생략

Case Ⅲ : 비선형함수관계

1) Maddala(1977), *Ibid.*, pp. 123~124 참조.
2) 보다 상세한 내용은 *Ibid.*, pp. 83~94를 참조.

그림 12-6 오차항분포의 제형태

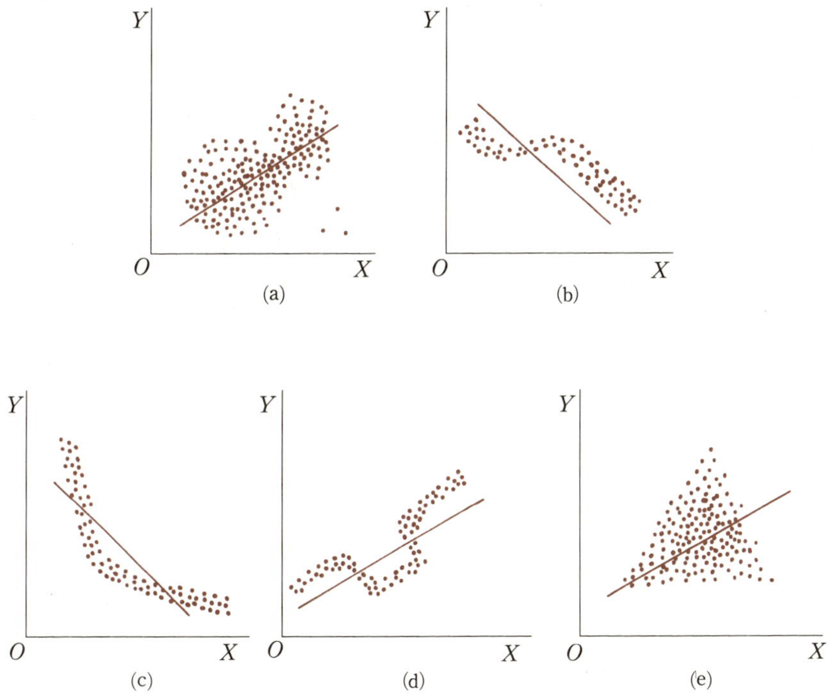

Case Ⅳ : 자기상관현상

Case Ⅴ : 이분산현상

Case Ⅵ : 오차항의 비정규분포성

그림 12-6의 (a) 경우와 같이 극단적인 관측치가 몇 개 존재하면(Case Ⅰ) R^2값이 떨어질 뿐만 아니라 원래의 함수관계를 제대로 파악하지 못할 가능성이 높아 추정 결과가 무의미해진다. 그렇다고 무작정 극단치를 제외시키는 일은 결과적으로 표준추정오차값을 왜곡시켜 검정이나 구간추정의 효력을 상실케 하는 결과를 초래한다는 문제가 발생한다. 따라서 경우에 따라서는 최소자승법(Min $\sum e_i^2$) 대신에 최소절대오차법(LAR method; least absolute residual method)을 사용하기도 한다. 즉, 오차를 자승한 값들을 이용하는 최소자승법의 경우 극단적 관측치들값을 제곱한 값들로 인해 추정이 더욱 왜곡될 가능성이 높으므로 이러한 문제를 완화하기 위한 노력의 일환으로 $\sum e_i^2$ 대신 다음 식을 최

소화하는 방법이 제안된 것이다.[1)]

$$\text{LAR : Min} \sum |e_i| = \text{Min} \sum | Y_i - \hat{Y}_i |$$

그러나 물론 이들 극단적 관측치의 발생원인을 구체적으로 알 수만 있다면 (예컨대, 전쟁이나 파업 또는 원유파동과 같은 급격한 여건변화) LAR방법을 빌리지 않고도 보다 조직적으로 문제를 해소할 수 있다. 즉, 모의변수(dummy variable)를 도입하여 추정하는 방법을 활용하여 문제를 해결하면 된다.

그림 12-6의 (b) 경우와 같은 상황이 발생하는 이유는 여러 가지 있을 수 있으나 우선은 종속변수에 대하여 설명력이 아주 큰 설명변수가 회귀모형에서 생략됨으로서 발생하는 상황으로 이해할 수도 있다. 예컨대, 종속변수는 수요(Y)인데 가격(X_1)이란 설명변수만을 이용하여 회귀분석할 경우 소득(X_2)변화에 따른 수요(곡)선의 이동현상을 제대로 고려하지 못하게 되어 (b)와 같은 오차항의 분포가 발생할 수 있는 것이다. 이러한 상황이 쉽게 판정될 경우는 단지 제외된 변수를 포함시킴으로서 문제는 해결된다. 그러나 포함시켜야 당연한 줄 알면서도 추정이 어려워 적절한 자료를 구할 수 없는 경우에는 이른바 대리변수(proxy variable)를 활용하기도 하는데, 이 때 주의해야 하는 것은 이른바 변수오차(errors-in-variable)현상이란 문제의 유발가능성이 있다는 점이다.[2)] 물론 (b)와 같은 상황은 (a) 경우에서처럼 급격한 변화가 발생한 후 그 효과가 상당기간 지속됨으로써 나타날 수도 있는 것이며, 따라서 모의변수(dummy variable)를 사용하여 문제를 수습할 수 있는 상황도 예상할 수 있다.

(c) 경우는 변수간의 함수관계가 비선형일 때(Case Ⅲ) 나타날 수 있는 대표적인 경우로, 예컨대 이론상 비선형이 분명한 수요곡선이나 Phillips곡선을 선형회귀모형으로 추정할 경우 예상되는 상황이다.

(d) 경우 총비용함수(total cost function)와 같은 3차함수관계에 있는 모형을 선형회귀분석함으로써 나타날 수도 있는 유형으로 볼 수도 있지만, 특별한 이유가 분명하게 존재하지 않는 경우에는 일단 기초가정 중 하나가 깨진 이른바 자기상관현상(이 경우에는 오차항간에 정의 자기상관이 존재하는 형상임)이 발생한 것으로 보고 대응해야 할 것이다.[3)]

(e) 경우에는 오차항들의 분산이 동일하다는 이른바 동분산가정이 깨어진 상황의 대표적 사례로 이러한 이분산현상에 대하여서는 별도의 대응방안이 마

1) LAR방법이 갖는 한계성은 이미 제10장에서 언급된 바 있어 이곳에서는 생략한다.
2) 이 점에 관해서는 이종원(1994), 전게서, 제13장 참조.
3) 이종원(1994), 상게서, 제11장 참조.

련되어야 한다.[1]

그림에 나타난 경우 외에도 오차항분석에서 빠뜨릴 수 없는 항목 중의 하나가 Case Ⅳ, 즉 오차항의 분포가 정규분포로 볼 수 있는지 여부를 확인하는 일이라 하겠다. 결론만 말하자면 비록 오차항의 분포가 정규분포를 따르지 않는다 하더라도 OLS추정량은 여전히 BLUE특성을 유지한다. 단지 t나 F와 같은 검정이나 구간추정 등의 효력이 상실된다는 문제점이 생길 뿐이다.

정규분포성 여부를 가장 손쉽게 개략적으로 파악하는 방법은 오차항의 평균에 대한 제2차, 3차 및 4차 모멘트(moment)를 산출한 다음 3차 모멘트(m^3) 값이 0에 가깝고 4차 모멘트(m^4)값은 $m^4 \fallingdotseq m^3$ 관계가 유지되는 것으로 판정되면 정규분포를 따르는 것으로 인정하는 방법이다. 그런데 정규분포성이 충족되지 못하는 이유 중 가장 흔한 것은 그림 12-6 중 (e) 경우와 같이 이분산의 정도가 심한 상황을 들 수 있으며 따라서 자료를 다소 (점차적으로 축소)조정 내지 전환(deflation or transformation)함으로써 문제를 해소할 수도 있다.[2]

제 9 절 실증분석예

본장의 실증분석예로서는 우선 제10장에서 이미 부분적으로 다룬 바 있는 소비함수의 추정 및 검정문제를 설명변수가 둘 이상인 형태까지 확대하여 고찰해 본 다음 이어서 통화지표에 관한 분석내용을 후반부에서 다루어 보기로 한다.

1. 소비함수에 관한 분석

본항에서는 제10장 제8절에 소개된 주요 소비함수모형을 중심으로 다양한 유형의 방정식을 추정하여 비교해 보고자 한다. 표 12-5는 추정된 여러 방정식 중 상대적으로 그 통계적 유의성이 우수한 것들을 모아 정리해 놓은 것이다.

1번 방정식은 제10장에서 이미 소개하여 활용한 것으로 소비수준을 단지 가처분소득수준만의 함수로 파악하고 있으며, 이 때 한계소비성향은 0.695로

1) 이종원(1994), 상게서, 제10장 참조.
2) Maddala(1977), *op. cit.*, pp. 305~308 참조.

표 12-5 소비함수 추정 결과

분석기간	상수항	YDXV	YDXVMA	R	VC	$M2X$	$CPXV_{t-1}$	$R^2/\bar{R}^2$	d. w.
1 (70:1-88:4)	1448.233 (9.487)	0.695 (51.932)						0.973	1.711
2 (76:4-88:4)	2098.500 (17.210)	0.283 (10.178)			0.043 (13.871)			0.991/ 0.991	1.507
3 (70:2-88:4)	53.466 (0.992)	0.046 (2.461)					0.955 (35.403)	0.999/ 0.998	2.494
4 (71:1-88:4)	3691.187 (11.967)	0.326 (6.696)				0.126 (7.651)		0.985/ 0.984	0.759
5 (76:4-88:4)	2417.616 (8.398)	0.281 (10.138)		-10.012 (-1.222)	0.042 (13.210)			0.992/ 0.991	1.512
6 (76:4-88:4)	1561.408 (5.193)		0.282 (4.951)	-15.613 (-4.114)	0.016 (3.754)		0.378 (2.846)	0.998/ 0.997	1.944

(단, YDXV (가처분소득) YDXVMA (가처분소득의 4분기 이동평균)
R (회사채 수익률) VC (실질부) $M2X$ (총통화)
$CPXV_{t-1}$ (전기의 소비지출)
이상과 같은 변수이름들은 자료디스켓에 정의된 표기방법에 따른 것임)

산출되었다. R^2값이 높고 d.w.값의 수준으로 보아 자기상관현상 또한 우려할 상태가 아니어서 이 추정식을 그대로 활용하여도 하자는 없다.[1)]

그러나 소비함수를 독립적으로 추정하는 경우보다는 국민경제 전체를 구성하는 한 부문으로 고려할 경우 여타 주요 거시경제변수와의 연관성을 추가로 고려하는 것이 일반적이다. 예컨대, 경제이론은 소득수준 이외에도 이자율이나 물가상승률 또는 부의 수준이나 총통화량 그리고 전기의 소비수준 등이 현기의 소비수준에 지대한 영향을 미치는 것이라는 논리를 제공하고 있다.

2번 방정식은 실질부만을, 3번 방정식은 전기의 소비수준만을, 그리고 4번 방정식은 총통화만을 추가시켜 본 추정 결과들로서 전반적으로 통계적 유의성은 무난한 편이다. 단 4번 방정식은 정의 자기상관현상이 존재하는 것으로 보이며, 5번 방정식의 t값은 귀무가설을 기각시킬 수 없는 수준인 것으로 나타났다. 한편 모든 추정계수는 이론과 일치하는 부호를 갖는 것으로 추정되었다.

한편, 5번 방정식 이후부터는 두 가지 이상의 설명변수들을 다양하게 결합시켜 추정해 본 것으로 그 중 통계적 유의성이 우수한 추정 결과 두 가지만

1) 여기에서 d.w.는 자기상관현상(기본가정 Ⅲ이 깨지는 현상)의 심각성 여부를 판정하기 위한 검정통계량으로 d.w.값이 2에 가까우면 자기상관현상이 무시할 만하지만 0이나 4에 가까우면 정의 또는 부의 자기상관현상이 유의할 만한 것으로 판정하게 된다. 자세한 것은 이종원(1994), 전게서, 제11장을 참조.

을 선정하여 제시한 것이다. 5번 방정식은 이자율과 실질부를 포함시킨 경우이고 6번 방정식은 가처분소득을 가처분소득의 4분기 이동평균으로 대체시킨 다음 이자율과 실질부 외에 시차를 둔 종속변수까지를 포함시켜 추정한 결과들이다. 이들 추정 결과들도 모두 통계적 유의성이 우수한 편이어서(단, 5번 방정식은 이자율의 t값이 다소 낮음) 어느 것을 선정하든 무방할 것으로 보인다. 결국 최종적인 선정은 분석가의 취향과 분석목적에 따라 이루어지는 것이 합당할 것이다.

2. 통화지표에 관한 분석

경제학에서 화폐 또는 통화라는 개념은 전통적인 통화 개념인 현금화폐(CC; cash currency)와 요구불예금(DD; demand deposits)의 합으로 정의되는 소위 $M1$ 개념 이외에 총통화 개념인 $M2$, 이를 다소 조정한 $M2A$와 $M2B$ 그리고 최근에는 총통화 개념을 확장한 $M3$에 이르기까지 다양하다. 이와 같이 다양한 통화지표가 탄생한 것은 여러 학자들이 주장한 여러 가지 논리상의 차이뿐 아니라 시대와 국가(또는 지역)에 따라 효율성과 실용성이 상이하다는 데에도 기인한다. 한편, 돌이켜 보면 통화량이란 결국 일종의 (금융)정책지표이며 따라서 통화정책당국의 실용적 기준에서 실증분석을 통해 어느 개념이 적절한지를 확인하는 길이 보다 합리적인 것이다. 즉, 통화지표란, 첫째 국민경제활동수준과 밀접한 관계가 유지되고, 둘째 통화당국에 의한 통제가능성이 높아야 할 것이다. 따라서 이러한 기준에 의거하여 상대적으로 실용적인 통화 개념을 선정함이 합당하다는 얘기다.

국민경제활동수준과의 밀접도는 GNP와의 상관도, 통화수요함수의 예측력, 유통속도(velocity)의 안정성 등에 의해 평가될 수 있다. 우선 GNP(자료상에

표 12-6 GNP와 통화지표간의 관계식 추정(1970:1~1988:4)

방정식	종속변수	상 수	통화지표	R^2	d. w.
Ⅰ	YXV	7167.174 (35.367)	2.057 (46.919)	0.971	0.177
Ⅱ	YXV	8139.595 (44.524)	0.479 (47.903)	0.972	0.178
Ⅲ	YXV	8509.762 (40.157)	0.724 (39.915)	0.960	0.133

주: ( )의 숫자는 t값

서는 YXV)와의 상관도를 알아보기 위해 명목GNP를 각종 통화지표에 대하여 다음과 같은 형식으로 회귀분석을 실시해 보기로 한다.

$$\text{I}: \quad \mathrm{YXV}_t=\alpha_1+\beta_1\sum_{i=0}^{3}M1X_{t-i}/4+\varepsilon_t$$

$$\text{II}: \quad \mathrm{YXV}_t=\alpha_2+\beta_2\sum_{i=0}^{3}M2X_{t-i}/4+\varepsilon_t$$

$$\text{III}: \quad \mathrm{YXV}_t=\alpha_3+\beta_3\sum_{i=0}^{3}M2AX_{t-i}/4+\varepsilon_t$$

위의 식들은 통화지표변수를 GNP(YXV)에 연결시키되 4분기 동안의 단순이동평균을 사용함으로써 시차를 두고 나타나는 상관도를 파악코자 마련된 회귀방정식들이다.

추정 결과 통화지표간의 효율성에 별 다른 차이는 발견되지 않았다. 그러나 일단 $M2X$ 지표가 가장 높은 R^2값을 창출한 점을 지적해 둘 필요가 있다.

다음으로 통화수요함수의 안정성 여부를 가리기 위한 기초자료로서 다음과 같은 회귀방정식들을 추정해 보았다.

$$\frac{M1X_t}{\mathrm{CPIX}_t},\ \frac{M2X_t}{\mathrm{CPIX}_t}\ \text{또는}\ \frac{M2AX_t}{\mathrm{CPIX}_t}$$
$$=\alpha+\beta_1R_t+\beta_2\mathrm{PE}_t(\text{또는 }\mathrm{VC}_t)+\beta_3\mathrm{DYXV}_t(\text{또는 DER})$$
$$+\beta_4\mathrm{FR\$ER}_t+\beta_5(\text{종속변수}_{t-1})+\varepsilon_t$$

(단, R : 회사채수익률 PE : 예상물가상승률
VC : 실질부 DYXV : GNP 성장률
FR$ER : FR$ ∗ER, 즉 원화로 환산한 외환보유고
CPIX : 소비자물가지수 DER : 환율변화율)

표 12-7 중 처음 세 방정식은 1973년 1/4분기부터 1988년 4/4분기에 이르는 64개의 분기별 자료를, 그리고 나머지 방정식들은 1976년 4/4분기부터 1988년 4/4분기까지의 49개 분기별 자료를 사용하여 얻은 추정 결과를 요약한 것이다. 추정 결과 대부분의 경우 높은 R^2값이 관측되었고 추정된 계수들이 예상된 부호를 가지고 있으며 또 대다수 추정계수의 통계적 유의성이 높은 t값에 의해 확인되었다. 그러나 미세하게나마 전반적으로 보아 역시 $M2X$통화지표의 유효성이 상대적으로 높은 것을 알 수 있으며 표 12-7에 제시된 추정 결과 중 최선의 통계적 유의성을 갖는 방정식 또한 $M2X$지표를 이용한 다섯

표 12-7 통화지표별 통화수요함수의 추정결과

종속변수	상 수	R	PE	VC	DYXV	DER	FR$ER	(종속변수)$_{t-1}$	$R^2/\bar{R}^2$	d. w.
$M1X$/CPIX (73:1−88:4)	7.668 (3.196)	−0.154 (−1.526)	−0.326 (−1.467)		7.745 (0.808)		0.547E−06 (1.920)	0.924 (30.521)	0.988/ 0.987	1.743
$M2X$/CPIX (73:1−88:4)	7.212 (2.293)	−0.018 (−0.123)	−1.250 (−4.096)		15.045 (1.136)		0.772E−06 (1.736)	1.000 (103.207)	0.999/ 0.999	1.575
$M2AX$/CPIX (73:1−88:4)	7.273 (2.617)	−0.148 (−1.100)	−0.532 (−1.882)		7.796 (0.631)		0.657E−06 (1.811)	0.990 (84.630)	0.999/ 0.998	0.976
$M1X$/CPIX (76:4−88:4)	13.972 (4.195)	−0.350 (−3.917)		−0.970E−05 (−0.371)		−1.856 (−0.155)	0.723E−06 (2.068)	0.881 (15.886)	0.982/ 0.979	1.912
$M2X$/CPIX (76:4−88:4)	16.094 (3.784)	−0.498 (−3.947)		0.488E−04 (0.736)		−34.000 (−1.962)	0.898E−06 (1.757)	0.963 (31.344)	0.999/ 0.999	1.539
$M2AX$/CPIX (76:4−88:4)	11.675 (3.148)	−0.434 (−3.900)		0.960E−04 (1.627)		−22.376 (−1.568)	0.449E−06 (1.099)	0.916 (26.070)	0.998/ 0.998	1.230

주 : ( )안의 숫자는 t값임.

표 12-8 통화지표와 본원통화와의 관계식 추정(1970:3－1988:4)

종속변수	상 수 항	$DMBX_t$	(종속변수)$_{t-1}$	$R^2/\bar{R}^2$	d. w.
$DM1X_t$	0.028 (3.842)	0.109 (2.747)	0.325 (3.003)	0.227/ 0.204	1.895
$DM2X_t$	0.014 (2.922)	0.014 (0.930)	0.727 (8.718)	0.565/ 0.552	1.888
$DM2AX_t$	0.020 (3.256)	0.002 (0.110)	0.651 (6.989)	0.422/ 0.405	2.088

주 : ( ) 안 숫자는 t값임.

번째 추정식임을 확인할 수 있다.[1)]

마지막으로 정책당국에 의한 통제가능성에 대한 평가를 위해 이번에는 각종 통화지표와 본원통화의 상관도를 다음과 같은 회귀방정식으로 비교 평가해 보았다.

$$DM1X_t = \alpha + \beta_1 DMBX_t + \beta_2 DM1X_{t-1} + \varepsilon_t$$
$$DM2X_t = \alpha + \beta_1 DMBX_t + \beta_2 DM2X_{t-1} + \varepsilon_t$$
$$DM2AX_t = \alpha + \beta_1 DMBX_t + \beta_2 DM2AX_{t-1} + \varepsilon_t$$

(단, MB는 본원통화량(monetary base 또는 reserve base)을 나타내며, 각 변수 앞에 붙은 D는 변화율을 나타냄. 예컨대, $DY_t = (Y_t - Y_{t-1})/Y_{t-1}$을 의미한다.)

역시 동기간의 자료를 활용하여 추정한 결과 표 12-8과 같은 추정 결과를 얻었다.

이번에는 $M2X$ 지표를 사용한 경우가 다른 지표들의 경우보다 상대적으로 상당히 높은 R^2값을 갖게 되었음을 알 수 있다. 즉, 정책당국의 주요 금융정책지표인 본원통화와 본원통화를 증감시켜 통화량을 조절코자 할 때 $M2X$가 가장 통제가능성이 높은 지표라 볼 수 있다.

이상에서 살펴본 세 가지 기준에 의하면 세 가지 주요 통화지표의 유용성은 전반적으로 보아 큰 차이를 보이지 않고 있음이 확인되었다. 단지 미세하게나마 $M2X$가 상대적으로 모든 기준에서 유용성이 보다 우수한 것으로 나타났고 특히 통제가능성부문에서는 상당한 차이를 보여주었다. 이러한 분석 결과는 우리 나라에서 1980년대 이후 $M2X$를 중심통화지표로 운용하여 왔다는 역사적 사실과 무관한 것은 아니다.

1) 통화지표 선정에 관한 실증분석의 좋은 예로 하성근, 「한국의 통화정책」(박영사, 1985) pp. 35～60을 들 수 있다.

제10절 요 약

다중회귀분석이란 2개 이상의 독립변수로 종속변수값을 추론하는 방법이라 할 수 있는데, 본장에서는 독립변수가 2개이며, 종속변수와는 선형함수관계에 있는 상황만을 다루었다.

최소자승법을 통해 도출한 추정량은 다중회귀분석에서는 부분회귀계수라 부르는데, 이는 한 계수값을 추정할 때 회귀모형 내에 포함된 여타 독립변수의 값을 일정하도록 유지시키면서 추정치를 도출하는 데 연유한다. 즉, 다중회귀분석은 2개 이상의 독립변수의 함수로 표현되는 종속변수와 개별 독립변수와의 함수관계가 편미분방법을 통하여 파악되는 효과가 있다.

다중회귀분석에서도 표본회귀선에 대한 적합도를 표준회귀오차(s_e)와 결정계수(R^2)를 이용하여 판정할 수 있다. 그러나 다중회귀분석에서는 R^2값이 회귀모형 내에 포함되는 독립변수의 수가 증가함에 따라 점차 커진다는 문제가 있어 조정된 결정계수라 일컫는 $\bar{R}^2$를 대신 사용한다.

그러나 이와는 별도로 표본다중회귀선의 총체적인 적합도는 F분포를 이용한 일종의 ANOVA 분석법($H_0: \beta_0=\beta_1\cdots=\beta_k=0$에 대한 검정)을 통하여 판정하기도 한다.

다중회귀분석에서 상관계수는 다양한 측면이 있으며, 제11장에서 전개한 단순상관계수 개념 이외에 편상관계수 및 다중상관계수와 같은 개념이 창출되어 활용되며, 이들 개념 상호간에는 유기적인 함수관계가 성립된다. 단, 다중회귀분석에서는 단순상관계수보다는 편상관계수가 더 중요한 의미를 갖게 되며, 다중상관계수의 제곱이 결정계수(R^2)값과 일치한다는 관계가 성립된다.

다중회귀분석에서 가장 흔히 접하게 되는 문제로 다중공선성(즉, 독립변수간의 선형함수관계)문제와 모의변수의 활용문제, 그리고 비선형모형의 추정문제 등을 들 수 있다. 한편, 표본회귀선에 대한 종합적 적합도판정방안으로서의 F검정은 제9장에서 취급한 전통적 분산분석 ANOVA와 유사한 측면이 많아 혼란의 여지가 많으므로 특별한 주의를 기울여야 할 것이다.

본장에서 도출한 제반 분석공식은 표 12-9와 같이 요약·정리될 수 있다.

표 12-9 다중선형회귀분석공식

내 용	구 분		공 식
추 정	절 편		$\hat{\alpha}=\bar{Y}-\hat{\beta}_1\bar{X}_{1i}-\hat{\beta}_2\bar{X}_{2i}$
	회귀계수		$\hat{\beta}_1=\dfrac{\sum x_{2i}^2\sum y_i x_{1i}-\sum x_{1i}x_{2i}\sum y_i x_{2i}}{\sum x_{1i}^2\sum x_{2i}^2-(\sum x_{1i}x_{2i})^2}$ $\hat{\beta}_2=\dfrac{\sum x_{1i}^2\sum y_i x_{2i}-\sum x_{1i}x_{2i}\sum y_i x_{1i}}{\sum x_{1i}^2\sum x_{2i}^2-(\sum x_{1i}x_{2i})^2}$
검 정	적합도 검 정	절대평가	$s_e=\sqrt{\mathrm{SSE}/(n-k-1)}=\sqrt{(\sum(Y_i-\hat{Y}_i)^2/(n-k-1)}$
		상대평가	$\bar{R}^2=(n-1)R^2-k/(n-k-1)$, 단, $R^2=\mathrm{SSR/SST}$
	유의성검정		$t_{n-k-1}=\hat{\beta}_i/s_{\hat{\beta}i}$
	F 검 정		$F=\dfrac{\mathrm{MSR}}{\mathrm{MSE}}=\dfrac{\mathrm{SSR}/k}{\mathrm{SSE}/(n-k-1)}$, $F=\dfrac{\mathrm{SSR}/1}{\mathrm{SSE}/n-2}=\dfrac{R^2/1}{(1-R^2)(n-2)}$ (if $k=1$)
	기 타		$H_0:\beta_i=\beta_j$ 검정 : 보론 참조 $H_0:\beta_i\pm\beta_j\gtreqqless k$ 검정 : 보론 참조
예 측	점 예 측		$\hat{Y}_f=\hat{\alpha}+\hat{\beta}_1X_{1f}+\hat{\beta}_2X_{2f}$
	구간예측		$Y_{fc}=\hat{Y}_f\pm t_{n-2,\, n-k-1}S_f$

□ 보 론

1. R^2

R^2값의 또 다른 측면을 다음 식에서 찾아볼 수 있다. 단순선형회귀분석의 경우에는

$$R^2=\hat{\beta}\cdot\sum xy/\sum y^2$$

이며, 설명변수가 2개 이상인 다중선형회귀분석의 경우에는

$$R^2=(\hat{\beta}_1\sum yx_i+\hat{\beta}_2\sum xy_2+\cdots+\hat{\beta}_k\sum xy_k)/\sum y^2$$

이 된다(제10장 제5절 참조).

2. 주요통계정리

기본추측통계분석에서 활용될 뿐 아니라 회귀분석에서도 반복적으로 사용되는 표본분포 및 검정통계량의 확률분포 결정에 핵심적인 이론적 기초가 되는 것으로 다음의 여섯 가지 정리가 있다.

[정리 1]

만일 $X_1, X_2, \cdots, X_n$ 등의 확률변수들이 서로 독립적으로 정규분포를 따른다면 $Y=\sum k_iX_i$(단, k_i는 상수이며 모든 k_i가 0은 아님) 또한 정규분포를 따를 것이며, 그 평균과 분산은 각각 $\sum k_i\mu_i$, $\sum k_i^2\sigma_i^2$가 된다. 즉,

$$X_i\sim N(\mu_i,\ \sigma_i^2)\text{라면, } Y=\sum k_iX_i\sim N(\sum k_i\mu_i,\ \sum k_i^2\sigma_i^2)$$

[정리 2]

만일 $Z_1, Z_2, \cdots, Z_n$ 등의 확률변수들이 서로 독립적으로 표준화된 정규분포를 따른다면 $\sum Z_i^2=Z_1^2+Z_2^2+\cdots+Z_n^2$은 자유도가 n인 χ^2분포를 따른다. 즉,

$$Z_i\sim N(0,\ 1)\text{이면, } \sum Z_i^2\sim\chi_n^2$$

[정리 3]

만일 $K_1, K_2, \cdots, K_n$ 등의 확률변수들이 서로 독립적으로 χ^2분포를 따른다면 $\sum K_i$ 또한 χ^2분포를 따른다. 즉, 만일 $K_i\sim\chi_{k_i}^2$라면, $\sum K_i\sim\chi_{\sum k_i}^2$가 된다.

[정리 4]

만일 Z가 표준화된 정규분포를 따르는 확률변수이고 K는 Z와는 독립적으로 자유도 k를 갖는 χ^2분포를 따르는 확률변수라면 다음의 관계가 성립된다.

$$t = Z/\sqrt{K/k}$$

[정리 5]

만일 K_1과 K_2가 서로 독립적으로 각각 k_1과 k_2의 자유도를 갖는 χ^2분포를 따르는 확률변수일 때 다음의 관계가 성립된다.

$$F = (K_1/k_1)/(K_2/k_2)$$

[정리 6]

자유도가 k인 t분포를 제곱한 변량은 자유도가 1과 k인 F분포를 따른다.

$$F_{1,\,k} = t_k^2$$

이상과 같은 정리들은 이미 제1편에서 부분적으로 증명된 바 있지만 좀 더 종합적으로 자세히 알고 싶은 독자는 Gujarati, *Basic Econometrics*, pp. 100~102의 내용과 각주를 참고할 것.

3. t 검정의 주요유형

단순회귀분석에서와는 달리 다중회귀분석에서는 두 개(이상)의 회귀계수가 추정된다. 따라서 이들 회귀계수가 개별적으로 각각 0과 같아지는지 여부를 검정하는 이른바 유의성검정을 실시하는 일 외에 임의의 두 회귀계수값이 같은지 여부 또는 임의의 두 회귀계수의 값의 합이 특정한 상수값과 같은지 여부를 아울러 검정할 필요성이 발생할 수 있다. 그러나 이러한 경우에 대응하는 검정방법은 유의성검정에서 사용한 t검정방안을 활용하여 쉽게 도출될 수 있으며 그 구체적인 공식은 각각 다음과 같다.

두 회귀계수간의 동일성 여부에 관한 검정의 경우 검정할 귀무가설과 대립가설은

$$H_0 : \beta_i = \beta_j$$
$$H_A : \beta_i \neq \beta_j$$

가 되며, 이에 대한 검정통계량은

$$t=[(\hat{\beta}_i-\hat{\beta}_j)-(\beta_i-\beta_j)]/s_{\hat{\beta}_i-\hat{\beta}_j}$$
$$=(\hat{\beta}_i-\hat{\beta}_j)/\sqrt{\text{Var}(\hat{\beta}_i)+\text{Var}(\hat{\beta}_j)-2\text{Cov}(\hat{\beta}_i,\ \hat{\beta}_j)} \quad (H_0\text{가 사실일 때})$$

가 된다.

한편, 두 회귀계수의 합에 관한 검정의 경우 검정할 귀무가설과 대립가설은

$$H_0: \beta_i+\beta_j=k$$
$$H_A: \beta_i+\beta_j\neq k$$

가 되며, 이에 대한 검정통계량은

$$t=[(\hat{\beta}_i+\hat{\beta}_j)-(\beta_i+\beta_j)]/\sqrt{\text{Var}(\hat{\beta}_i)+\text{Var}(\hat{\beta}_j)+2\text{Cov}(\hat{\beta}_i,\ \hat{\beta}_j)}$$

가 된다. 귀무가설이 $H_0: \beta_i\pm\beta_j\gtreqless k$인 경우 또한 마찬가지 절차에 따라 검정할 수 있다. 단, 귀무가설이 복합가설(부등호로 정의됨)일 경우 단측검정이 되는 점에 유의해야 한다.

4. 회귀분석과 분산분석(ANOVA)의 비교

독자들은 회귀분석 내용 중 제4절에 소개된 분산분석(ANOVA; analysis of variance)방안에 이르러 다소 혼란에 빠졌으리라 생각된다. 이 책에서는 분산분석을 제3편의 1변량분석편에서 소개할 때 특정 기준(category or treatment)에 의해 구분처리된, 분할된 모집단들의 평균이 동일한지의 여부를 판정하는 방안으로 제시했었다. 즉 이는 어떤 모집단을 특정 기준에 의해 구분하여 처리할 때 구분된 분할모집단들이 서로 다른 특성(예컨대, 평균)을 갖게 되는 결과가 나타나는지를 확인하는 방법이었다. 그러나 이와 같은 분산분석은 기본적으로 어디까지나 한 변량으로 정의되는 모집단이 특정 기준에 의거 분할될 때의 영향을 파악하는 방법론이므로 제3편에서 취급한 것이다. 그러나 제4편은 한 변수의 특성을 나타내는 특성치(예컨대, 평균이나 분산)에 관한 추론이 주목적이 아니라 두 변량(이상)간에 성립되는 관계의 특징을 규명하는 일을 주목적으로 하는 이른바 다변량분석방법을 다루고 있다. 그럼에도 불구하고 회귀분석 결과의 적합도를 평가하는 과정에서 우리가 도입한 방법은 제3편 제9

장에 소개된 분산분석에서 사용된 F검정과 유사한 측면이 있어 이를 회귀분석상의 F검정 또는 회귀분석상의 분산분석(ANOVA)이라 칭하게 된 것이다. 본 절에서는 회귀분석과 분산분석간의 유사점 및 상이점을 분명히 밝힘으로써 독자들이 이들 방법론을 적절하게 사용할 수 있도록 지도하고자 하는 것이다.

4.1 회귀분석모형과 분산분석모형의 유사점

우선 두 분석간에는 다음과 같은 유사점이 있음을 지적할 수 있고, 바로 이러한 형태상의 유사성으로 인하여 초보자들이 곧잘 혼란에 빠진다.

첫째, 형태상으로 보아 단순선형회귀모형(식 (12.81))과 1요소분산분석모형(식 (12.82)), 그리고 다중선형회귀모형(식 (12.83))과 다요소분산분석모형(식 (12.84))은 유사한 형태를 취하고 있다.

$$\begin{cases} Y_i = \alpha + \beta X_i + \varepsilon_i & (12.81) \\ Y_{ij} = \mu + \tau_j + \varepsilon_{ij} & (12.82) \end{cases}$$

$$\begin{cases} Y_h = \alpha + \beta_1 X_1 + \beta_2 X_2 + \beta_3 X_3 + \varepsilon_i & (12.83) \\ Y_{ijk} = \mu + \tau_j + \lambda_k + (\tau\lambda)_{jk} + \varepsilon_{ijk} & (12.84) \end{cases}$$

둘째, 오차항에 대한 기본가정이 동일하다. 즉, 두 분석모형이 모두 오차항은 정규분포를 따르고 분산이 동일하며 공분산은 0(즉, 오차항간의 1차독립성)이라는 가정을 설정하고 있다.

셋째, 분석대상변수(또는 종속변수)의 변동을 초래하는 요인을 찾고자 하는 목적면에 있어 유사점이 있다.

넷째, 다중회귀분석을 평가하기 위해 검정하고자 하는 귀무가설 중 하나 ($H_0 : \beta_1 = \beta_2 = \cdots = \beta_k = 0$)와 1요소 분산분석의 귀무가설($H_0 : \tau_1 = \tau_2 = \cdots = \tau_j = 0$)은 동일한 형태를 취하며, 따라서 이 때 사용되는 검정통계량은 양자 공히 F검정통계량이란 점 등을 들 수 있다.

4.2 회귀분석과 분산분석의 차이점

위에서 지적한 두 분석방법간의 유사성에도 불구하고 두 방법론은 다음과 같은 면에 있어 차이가 있음을 지적할 수 있다.

첫째, 본절의 서두에서 언급한 바 있듯이 기본적으로 회귀분석은 종속변수와 설명변수간의 인과관계를 규명하는 방안임에 반하여, 분산분석은 한 모집단의 특성(예컨대, 평균)이 어떤 기준에 의해 모집단이 구분될 경우 구분된 분할

모집단이 서로 다른 특성(즉, 평균값)을 갖게 되는지의 여부를 확인하는 방법이다. 따라서 분산분석이 한 변량으로 정의되는 한 모집단의 특성치의 변화를 대상으로 하는 반면 회귀분석은 두 변량 이상으로 정의되는 인과관계의 특성을 분석대상으로 한다는 점에서 두 분석방법은 구분되어야 할 것이다.

둘째, 두 분석방법에서 실제로 사용되는 분석모형이 형태상 유사하나 회귀분석의 독립변수는 수량적 자료(numerical data)인 반면 분산분석모형에 나타난 변수는 범주별 자료에 속하는 정보를 이용하여 분석하게 된다. 따라서 수량적 자료를 갖는 독립변수로 정의된 모형을 분산분석방법으로 처리한다면 독립변수 내에 포함된 수량적 정보가 완전히 이용되지 못하므로, 비효율적 분석 결과가 될 것이다. 그러나 모형 내에 정의된 변수가 질적 변화를 나타내는 자료일 때에는 분산분석이 보다 적절한 분석방안이 될 것이다. 따라서 제6절에서 소개한 회귀분석에서의 모의변수 처리방법은 실제로는 분산분석 결과와 동일한 효과를 가지게 된다. 이 점에 관한 설명은 독자의 혼란을 야기할지도 모른다는 우려 때문에 이곳에서는 생략한다.[1] 이들의 비교 분석 결과만을 정리하면 다음과 같다.

1) 기본적인 회귀분석은 수량적 독립변수에 한하여 실시하는 것이 원칙이다.
2) 분산분석은 모의변수에 대한 회귀분석 실시효과와 동일한 효과를 갖는다.
3) 공분산분석(ANOCOVA; analysis of covariance)은 수량적 독립변수와 모의변수를 동시에 포함한 모형에 대한 회귀분석 결과와 동일한 효과를 갖는다.

셋째, 이상에 열거한 차이점들을 종합하여 재정리하면 다음과 같다. 어느 한 변수(독립변수)가 다른 변수(종속변수)에 어느 정도 영향을 미치며 또 이때 독립변수의 설명능력(또는 회귀분석 결과의 적합도)을 판별하려면 회귀분석이 적당하다. 왜냐하면, 분산분석은 변수간의 적합도를 측정하는 것이 아니라 도입된 예측변수(범주별 자료를 가짐)가 단순무작위추출과는 다른 결과들을 산출해낼 수 있는 확률을 결정하는 것에 불과하기 때문이다. 즉, ANOVA는 분석대상변수의 변동이 우연 발생적인지 아니면 분할된 집단들의 평균의 차이에서 발생한 것인지를 확인하는 방법인 것이다. 그리고 분할된 집단들의 평균의 차

1) 자세한 것은 Thomas H. Wonnacott and Ronald J. Wonnacott, *Introductory Statistics*, 3rd ed., pp. 392~398을 참조.

이가 유의할 만한 정도인지를 판별키 위해 집단들간의 분산과 집단 내의 분산의 크기를 비교하는 방법을 채택하기 때문에 "분산값을 이용한 분석"이란 의미에서 분산분석이라 일컫는 것이며, 이 분석에서 모집단을 구분처리한 현상을 설명변수로 취급하므로 당연히 범주별 자료의 성격을 갖게 된다.

예컨대, 상품포장 형태에 따라 판매량의 변화가 발생했을 경우 이것이 우연히 발생한 것인지 아니면 상품포장의 차이가 변화를 유발한 것인지를 파악하려면 ANOVA를 이용함이 타당하며 이 경우 회귀분석의 적용은 곤란하다. 상품포장의 형태란 질적 차이 또는 범주별 구분을 나타내는 변수로서 수량화될 수 없는 것이기 때문이다.

4.3 회귀분석과 분산분석의 F검정통계량 비교

두 분석방법이 검정통계량으로 사용하는 것은 서로 독립적인 두 가지 변동량간의 비율로 정의되는 F검정통계량이라고 앞에서 밝힌 바 있다. 두 분석방법에서 이들 변동량들을 일종의 분산 개념과 유사한 형태로 정의하여 비교하였기 때문에 두 경우 모두 분산분석(ANOVA)이라 일컫고 있다.

표 12-5는 두 분석에서 사용되는 변동량들을 상호 대비하여 표시한 것이다. 회귀분석은 이러한 변동량을 이용하여 귀무가설 $H_0: \beta_1=\beta_2=\cdots=\beta_k=0$에 대한 검정을 실시하며, 분산분석의 경우는 $H_0: \tau_1=\tau_2=\cdots=\tau_k=0$에 대한 검정을 실시하게 된다(단, 여기서 $\tau_k=\bar{Y}_k-\bar{Y}=\bar{Y}_k-\mu$). 그리고 이에 대응하는 검정통계량은 일단 표 12-5에 나타난 변동량들을 각각에 해당하는 자유도로 나눈 후 비율로 표시한다. 즉, 회귀분석의 경우는

$$F=\frac{\sum(\hat{Y}_i-\bar{Y})^2/k}{\sum(Y_i-\hat{Y}_i)^2/(n-k-1)} \tag{12.85}$$

그리고 분산분석의 경우는

표 12-5 회귀분석과 분산분석의 ANOVA표 비교

구 분	총변동량	설명된 변동량	설명 안 된 변동량
회귀분석	(SST) $\sum(Y_i-\bar{Y})^2$	(SSR) $\sum(\hat{Y}_i-\bar{Y})^2$	(SSE) $\sum(Y_i-\hat{Y}_i)^2=\sum e_i^2$
분산분석	$\sum_{i=1}^{n}\sum_{j=1}^{k}(Y_{ij}-\bar{Y})^2$	$\sum_i\sum_j(\bar{Y}_i-\bar{Y})^2$	$\sum_i\sum_j(Y_{ij}-\bar{Y}_i)^2$

$$F=\frac{\sum_i\sum_j(\bar{Y}_i-\bar{Y})^2/k-1}{\sum_i\sum_j(Y_{ij}-\bar{Y}_i)^2/k(n-1)} \tag{12.86}$$

와 같이 나타낼 수 있다.

회귀분석의 경우 식 (12.85)에 의해 계산된 값이 F의 임계치보다 크면 귀무가설은 기각되고 수량적 변수인 독립변수들의 종속변수에 대한 설명능력을 인정하게 된다. 반면 분산분석의 경우는 식 (12.86)에 의해 계산된 값이 F의 임계치를 넘어서면 귀무가설은 기각되고, 모집단의 분할기준이 된 요인이 분석대상 변수 Y_{ij}의 변동을 초래한다고 결론짓게 되는 것이다.

결국 분산분석은 분할의 기준으로 설정된 요인(factor)의 영향력을 F검정을 통해 확인함으로써 인과성의 유무를 판정하는 방안이며, 회귀분석은 독립변수가 종속변수를 설명할 수 있는지의 여부를 F검정을 통해 확인함으로써 "선형함수관계"의 유무를 판정하는 방법론이라고 규정할 수 있다.

복습문제

[1] 다음 용어들의 개념을 간략히 설명하라.

1) 다중공선성
2) 모의변수
3) 정규방정식
4) 조정된 결정계수($\bar{R}^2$)
5) MSE와 MSR
6) 편상관계수
7) 단순상관계수
8) 다중상관계수
9) 시계열상관
10) 이분산현상

[2] 다중회귀분석이 단순회귀분석에서 제시된 기초가정 이외에 추가적으로 필요로 하는 가정을 설명하라.

[3] 다음은 100개의 상장기업체의 주식가격(Y)과 1주당 금년도 배당액(X_1) 및 최근 5년간의 주당 배당액 증가율(X_2)에 관한 자료이다. 선형다중회귀모형을 이용하여 다음에 답하라.

$\sum X_1=240$ $\sum X_1^2=800$ $\sum X_1X_2=1,000$

$\sum X_2=360$ $\sum X_2^2=1,500$ $\sum X_1Y=17,680$

$\sum Y=6,400$ $\sum Y^2=500,000$ $\sum X_2Y=26,100$

1) 표본회귀선을 도출하라.
2) 금년도 주당 배당액이 2이고 최근 5년간 배당액증가율이 4%인 주식의 가격을 추정하라(단, Y와 X_1은 1,000원 그리고 X_2는 %단위로 집계함).
3) 다중결정계수를 산출하라.
4) 회귀분석상의 분산분석표를 작성하고 유의성을 F검정을 통해 판정하라($\alpha=5\%$).

[4] 30개 관측치를 이용한 다중회귀분석 결과가 $\hat{Y}=\hat{\alpha}+\hat{\beta}_1X_1+\hat{\beta}_2X_2$와 같으며, SST=500, SSE=100이라면

1) R^2값은 얼마인가?
2) F검정을 통한 유의성검정을 실시하여 적합도를 평가하라($\alpha=5\%$).

[5] 다음과 같은 회귀분석 결과는 103개의 관측치로부터 얻은 것이라 하자(단, 괄호 내 숫자는 표준추정오차임).

$$\hat{Y}=10+5X_1+16X_2-9X_3$$
$$(3)\quad(2)\quad(8)\quad(1.5)$$

1) 각 회귀계수의 유의성을 $\alpha=5\%$ 수준에서 검정하라.
2) 어느 변수가 Y를 설명하는 데 가장 유용한가?
3) X_1, X_2, X_3는 정책변수들로 다음 회기에 그 값을 각각 10만큼씩 증가시

킬 계획이라면 Y에 발생하는 변화는?

연습문제

[1] $Y=\alpha+\beta_1X_1$에 대한 단순회귀분석에서 β_1의 최소추정량은 $Y=\alpha+\beta_1X_1+\beta_2X_2$에서와 같은 다중회귀분석모형에서는 그 부호(sign)가 바뀔 수 있는 근거를 예를 들어 설명하라.

[2] 다중회귀분석에서 각 독립변수 앞에 붙는 회귀계수들을 부분회귀계수(partial regression coefficients)라 부르기도 한다. 이것이 갖는 의미를 수요함수를 이용하여 설명하라.

[3] 회귀분석에서의 F검정과 전통적 분산분석(ANOVA)상의 F검정간의 유사점과 상이점을 밝혀라.

[4] 비선형모형의 일반적인 회귀분석방안을 논하라.

[5] $H_0: \rho=0$에 대한 t검정과 회귀분석의 적합도판정방안으로서의 F검정과의 관계를 밝혀라.

[6] 회귀분석에 의한 예측의 방법과 한계성을 논하라(제10장 참조).

[7] 다중회귀분석에서 R^2값은 좋으나 각 회귀계수의 t값이 낮은 결과를 얻었다면 이를 어떻게 설명할 수 있는가?

[8] 인플레이션 요인분석의 일환으로 지난 33개월에 걸친 자료에 의거하여 다음과 같은 회귀 결과를 얻었다 하자.

$$\hat{P}=0.02+\underset{(2.0)}{0.82W}+\underset{(3.6)}{2.4D}, \qquad R^2=0.80$$

단, P: 물가상승률
W: 임금상승률
D: 정부예산 적자규모
( ) 안의 숫자는 표준추정오차

1) 다음 달에 임금상승이 발생치 않고($W=0$) 정부예산이 균형을 이루면($D=0$), 인플레이션율은 어느 정도가 될까?
2) W와 D 중 어느 변수가 물가상승에 더 큰 영향을 주고 있다고 보는가? 이에 답하고 그 이유를 설명하라.
3) 어느 학자는 다른 조건이 일정하다면 임금이 1% 상승할 때 물가도 1%씩 증가한다고 주장하고 있다. 위의 회귀 결과를 이용하여 이 학자가

주장하는 바를 $\alpha=10\%$ 수준에서 평가하라.

4) 정부예산 적자의 크기 대신 화폐공급증가율(M)을 사용하여 회귀분석한 결과 다음 회귀방정식을 얻었다면 어느 결과가 인플레이션의 행태를 보다 잘 나타내 준다고 볼 수 있는가? 이에 답하고 그 이유를 설명하라.

$$\hat{P}=0.018+\underset{(0.22)}{0.80W}+\underset{(0.40)}{1.2M}, \qquad R^2=0.98$$

[9] 식 (12.12)에서 정규방정식 식 (12.13)과 (12.14) 그리고 (12.15)가 도출되는 과정을 보여라.

[10] 식 (12.16)과 (12.17)에서 식 (12.20)과 (12.21)이 도출되는 과정을 보여라.

[11] 다음은 경기지역 과수원에서 수확한 100평당 과일의 무게(Y)를 강우량(X_1)과 비료사용량(X_2), 그리고 노동투여시간(X_3)에 대하여 회귀분석한 결과이다(괄호 안 숫자는 표준추정오차임).

$$\hat{Y}=\underset{(15)}{20}+\underset{(1.7)}{51X_1}+\underset{(9)}{36X_2}+\underset{(5)}{8X_3}$$

$$n=10,\ s_e=30,\ s_y=50,\ r^2_{YX_1\cdot X_2X_3}=0.6$$

1) 어느 독립변수의 설명력이 가장 우수한가?

2) 다중결정계수값을 구하라.

3) $R^2_{Y,X_1X_2X_3}$와 $r^2_{YX_1,X_2X_3}$값이 다른 이유를 두 계수가 갖는 의미를 비교하여 밝혀 보아라.

[12] 다음 중 동시에 성립가능한 상관계수값들 그룹은?

a. $r_{23}=0.9$ $r_{13}=-0.2$ $r_{12}=0.8$

b. $r_{12}=0.6$ $r_{23}=-0.9$ $r_{31}=-0.5$

c. $r_{21}=0.01$ $r_{13}=0.66$ $r_{23}=-0.7$

[13] $r_{23}=0$이면 $R^2=r_{12}{}^2+r_{13}{}^2$가 성립하는가?

[14] 본장 제9절에서 소개한 통화지표 선정작업에 관한 분석과정 중 GNP(YXV)와의 상관관계 및 본원통화와의 밀접도 판정을 위한 분석작업을 1982년 1/4분기부터 1988년 4/4분기까지 기간의 자료를 활용하여 실시하고 또 그 결과를 평가해 보아라(SAS 활용).

[15] 노조가 임금인상을 주장할 때 논리적인 근거로 삼는 인상요인 중 대표적인 것은 노동생산성과 물가상승률이다.

1) 부록에 있는 자료를 활용하여 1970년 1/4분기부터 1988년 4/4분기까지에 대하여 다음과 같은 회귀방정식을 추정하고 그 결과를 설명해 보

아라(SAS 활용).

$$Y=\alpha+\beta_1X_1+\beta_2X_2+\varepsilon$$

(단, Y : 비농업부문 임금(WNAX)
X_1 : 노동생산성 또는 노동의 한계생산력 (MPLXV)
X_2 : 소비자물가지수(CPIX))

2) 위의 식 대신 다음 식을 활용하여 추정한 후 그 결과를 비교 · 검토하라.

$$Y=\alpha+\beta_1\ln X_1+\beta_2\ln X_2+\varepsilon$$

3) 위의 두 식에서 물가상승률($\ln X_2$) 대신 예상물가상승률(PE)을 사용하면 어떤 변화가 일어나는가?

복습문제 해답

[1] (생략)

[2] (생략)

[3] 1) $\hat{Y}=10+2.1X_1+13.6X_2$　　2) 68.6(천 원)　　3) $R^2=0.514$

4)

	SS	d. f.	MS
회　귀	46,488	2	23,244
잔　차	43,912	97	453
계	90.400	99	

$F=\dfrac{23,244}{453}=51.3>3.10$　　∴ $H_0 : \beta_i=0$ 은 기각됨.

[4] 1) 0.8　　2) $F=\dfrac{400/2}{100/27}=54>F_\alpha$　　∴ H_0 기각, 즉 회귀선이 유의함.

[5] 1) $Z_1=2.5,\ Z_2=2,\ Z_3=6>1.96=Z_{\alpha/2}$　　∴ 모두 H_0가 기각됨.

2) X_3　　3) 120

연습문제 해답

[1]~[6] (생략)

[7] 1) 적합도가 좋다.
2) 아마도 표본크기가 작아 설명변수간에 다중공선성이 발생하고 따라서 개별 독립변수의 설명력이 미미한 것으로 나타난 것 같음.
3) 왜냐하면, 개별 독립변수의 t값은 낮았으나 독립변수 전체로서의 설명 능력은 높은 R^2값에 의해 인정되었기 때문에

[8] 1) 2%　　2) D(∵ D의 계수값이 큼)
3) $H_0: \beta_1=1$　　$Z=-0.09>-1.645$　　∴ H_0는 기각되지 못함.
4) 후자(∵ 적합도가 높음)

[9] (생략)

[10] (생략)

[11] 1) X_1　　2) $R^2_{Y.\ X_1X_2X_3}=0.76$　　3) (생략)

[12] b, c

[13] 성립 $\left(\because\ R^2_{123}=\dfrac{r_{12}^{\ 2}+r_{13}^{\ 2}-2r_{12}r_{13}r_{23}}{1-r_{23}^{\ 2}}\right)$

[14] (생략)

[15] 1) $Y=-175{,}580.50+526{,}483.34X_1+1{,}522.64X_2$,　$R^2=0.984$
(−19.86)　(14.68)　(11.58)

2) $Y=429{,}199.22+380{,}309.61\ln X_1+12{,}702.11\ln X_2$,　$R^2=0.94$
(5.51)　(12.04)　(0.96)

3) ① $Y=-247{,}065.7+912{,}453.0X_1-138{,}250.7\text{PE}$
② $Y=516{,}451.2+416{,}178.2\ln X_1-333{,}965.4\text{PE}$,　$R^2=0.95$
(51.04)　(32.43)　(−1.95)

5
비모수통계

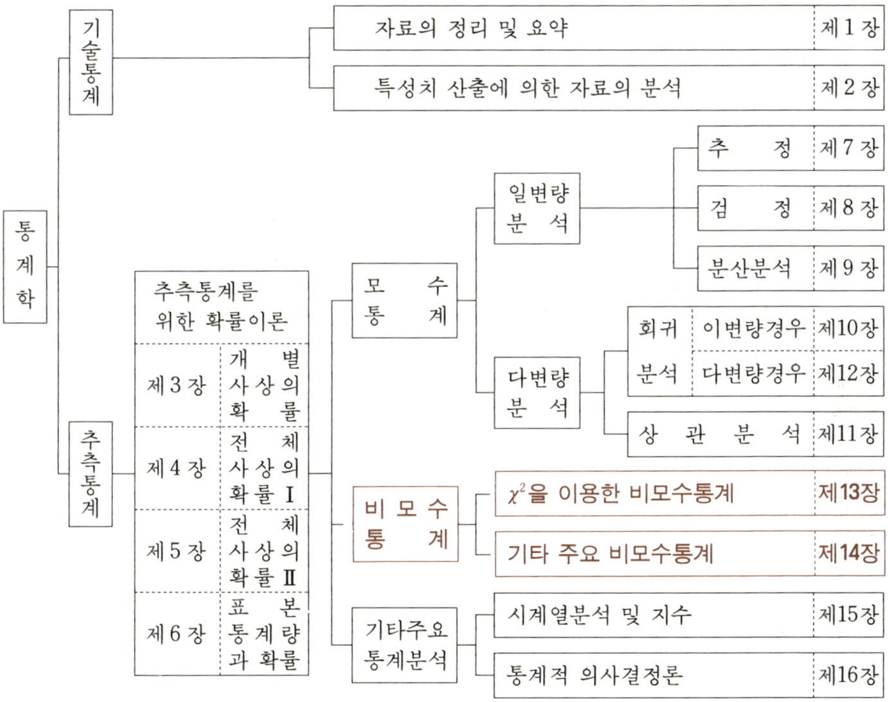

통계학
기술통계
자료의 정리 및 요약
제1장
특성치 산출에 의한 자료의 분석
제2장
추측통계
추측통계를 위한 확률이론
제3장 개별 사상의 확률
제4장 전체 사상의 확률 I
제5장 전체 사상의 확률 II
제6장 표본 통계량과 확률
모수통계
일변량 분석
추정
제7장
검정
제8장
분산분석
제9장
다변량 분석
회귀분석
이변량경우
제10장
다변량경우
제12장
상관분석
제11장
비모수통계
χ^2을 이용한 비모수통계
제13장
기타 주요 비모수통계
제14장
기타주요 통계분석
시계열분석 및 지수
제15장
통계적 의사결정론
제16장

우리가 제1편에서 제4편에 이르기까지 다루어 온 내용들은 그것이 기술통계이든 추측통계이든 본편에서 전개하고자 하는 비모수통계와는 몇 가지 점에서 구별될 수 있다. 지금까지 다루어 온 통계적 추론은 일반적으로 모집단의 분포에 관하여 강력한 가정을 근거로 하고 있다. 예컨대, 모집단은 "정규분포를 따른다"는 가정하에 Z검정, t검정 또는 F검정을 실시하거나 이에 준하여 구간추정하는 방안을 강구하였던 것이다. 또 경우에 따라서는 더욱 강력한, 그리고 제한적인 가정을 요구한 때도 있었다. 즉, 두 집단간의 평균의 차이에 관한 t검정은 두 모집단이 동일한 분산을 가져야 한다는 전제조건을 필요로 한 바 있다. 이와 같은 모집단의 분포에 관한 특별한 가정하에 통계적 추론을 시행하는 방법을 우리는 모수통계학(parametric statistics)이라고 부르고 있다. 그러나 현실적으로 위에서 밝힌 모집단에 대한 가정이 충족된다고 볼 수 없는 상황이거나 또는 단지 모집단에 관한 특별한 가정을 필요로 하지 않는 경우에 대한 통계적 추론을 시행하는 경우가 있으며, 이 때 사용되는 방법을 비모수통계학(non-parametric statistics) 또는 비분포통계학(distribution-free statistics)이라 일컫는다.

비모수통계학과 비분포통계학을 구분하여 취급하는 학자도 있으나, 본서가 기초통계학에 관한 입문서라는 점과 통상적으로 이들 두 부류를 총괄하여 비모수통계학으로 총칭하는 일반적 추세에 따라 이 책에서도 이들을 별도 구분함이 없이 취급하였다. 단, 모수통계학과 비모수통계학을 구분하는 또 하나의 중요한 기준으로 우리는 전자의 경우 모집단의 특성을 대변하는 특성치, 즉 모수(parameter)에 관한 추론을 취급하고 있음에 반하여, 후자의 경우는 평균이나 분산과 같은 모수를 알 수 없거나 필요로 하지 않는 상황에서 통계적 추론을 시행하는 방안을 제시하고 있다는 점을 지적할 수 있다. 이처럼 모수와는 상관이 없는 추론과정에 관한 통계학이라는 점이 비모수통계학이라는 명칭의 의미를 더욱 명백하게 시사해 주고 있다.

비모수통계학은 모집단의 분포 형태나 모수에 관한 정보를 필요로 하지 않는 통계적 추론방안이라는 특성 때문에 모수통계학이 다룰 수 없는 영역을 다룰 수 있다. 일반적으로 모수통계학은 관측치에 숫자를 부여하는 과정, 즉 측정하는 과정에서 주로 기수적(cardinal) 변량이나 비율(ratio)과 같은 수량적 자료를 필요로 한다. 그러나 비모수통계학의 경우는 수량적 자료는 물론 명목적 또는 범주별 자료(nominal or categorical data)나 순위를 나타내는 서수적(ordinal) 변량만을 가지고도 통계적 추론을 전개할 수 있는 장점을 가지고 있다.

이상과 같은 비모수통계학의 특성으로 볼 때 다음과 같은 의의를 찾을 수 있다.

첫째, 모집단의 분포가 불투명하여 모수통계방법의 적용이 곤란하거나 적용한다 해도 큰 오차가 발생할 가능성이 예견될 때,

둘째, 그리고 측정된 자료가 단순히 특정 기준에 의거한 서열만을 나타내거나 또는 몇 개의 범주로 구분되는 정보만을 제공할 경우에는 비모수통계학을 적용함으로써 보다 정확한 추론을 시행할 수 있다.

셋째, 비모수통계는 일반적으로 계산과 적용방법이 간편하며, 경우에 따라서는 모수통계를 적용할 수 있는 상황에서도 모수통계추론보다 효율적인(efficient or having smaller variance) 추정 결과를 제공할 수 있는 방안들을 가지고 있다. 즉, 모수통계에 의해 도출된 신뢰구간과 동일한 신뢰도를 가지면서도 보다 정확한 추론에 의거, 보다 압축된(또는 좁은) 신뢰구간을 설정할 수 있는 방안들이 있다.

넷째, 비모수통계학은 어디까지나 모수통계학의 적용이 곤란하거나 불가능한 상황에서나마 우리가 희망하는 추론방안을 마련하여 사용하는 방법론이며, 일반적으로 보아 모수통계학과 같은 강력한 추론이 불가능한 한정된 추론방안이라 볼 수 있으므로, 기본적으로는 모수통계학의 보조적 역할을 담당하고 있는 분야로 보아야 타당할 것이다.

그림 5 비모수통계의 주요내용과 분류기준

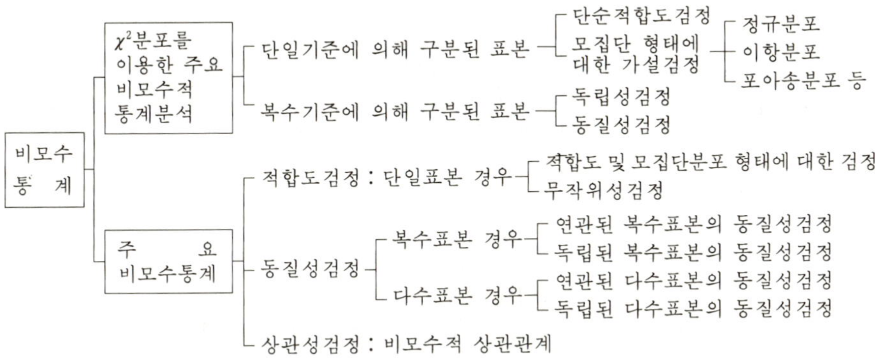

이상과 같이 특징지어지는 비모수통계학은 그 종류와 형태가 매우 다양하여 효율적으로 정리하기가 용이하지 못한 측면이 있다. 이러한 문제 때문에 일반 통계학 교재들은 사용의 빈도가 많거나 설명이 용이한 비모수통계분석방안들을 특별한 기준이나 순서를 설정함이 없이 단순히 열거하는 데 그치고 있다. 따라서 독자들은 실제 이처럼 소개된 방법들을 과연 언제 어떠한 목적을 위해 사용해야 하며, 그러한 목적을 위한 다른 방안들은 어떤 것이 있고, 또 그들보다 어떤 장단점이 있는지를 정확히 이해하지 못하고 있으며 결과적으로는 비모수통계학의 사용을 기피하는 경향을 낳고 있다. 따라서 본서는 이러한 문제점을 해소하고자 다소의 무리를 예상하면서도 비모수통계학의 계보를 그림 5와 같이 구분·설정하여 설명하기로 한다.

사실 비모수통계를 구분하는 작업은 그다지 용이하지 않으며, 용도에 따라 정확한 구분을 하기는 더욱 어려운 측면이 있다. 따라서 본서에서는 효율적 교육방안에 주안점을 두고 다소의 문제점을 감수하면서 위와 같은 제반 비모수통계분석을 구분하여 본 것이다. 이와 같은 구분방법은 다음과 같은 원칙에 의해 창안된 것임을 밝혀 두고자 한다.

첫째, 비모수통계 중 범주별 자료의 성격을 갖는 자료는 일반적으로 χ^2분포를 이용한 검정법이 적용되고 있어 기타 주요 비모수통계분석방안과 구분·처리하였다.

둘째, χ^2분포를 이용하는 검정방안은 자료를 범주별로 구분하는 기준이 하나인 경우(즉, 단일기준에 의해 구분된 표본의 경우)와 둘인 경우(즉, 복수기준에 의해 구분된 표본의 경우)로 구분하여 분석하는 것이 편리하다. 전자의 경우 적용되는 검정은 대체적으로 적합도검정의 성격을 띠고 있는 반면, 후자의 경우 적용되는 검정은 동질성 내지 독립성검정(두 구분기준간의 독립성유무판정법)의 성격을 갖기 때문이다.

셋째, 비모수통계 중 서수적 자료의 성격이 강한 자료는 χ^2분포를 이용한 검정과는 별도의 검정방안이 요구되는데 이들을 기타 주요 비모수통계로 구분·처리하였다.

넷째, χ^2검정을 제외한 기타 주요 비모수통계는 표본의 수에 따라 구분하는 것이 편리하다. 표본의 수가 하나일 경우의 검정은 일반적으로 적합도검정의 성격을 갖게 되나, 둘 이상일 경우의 검정방안들은 본질적으로 동질성검정의 성격을 띠기 때문이다.

다섯째, 표본의 수가 둘 이상인 경우 적용되는 동질성검정방안들은 표본들이 서로 유기적으로 연관되어 있는 경우와 서로 독립적인 경우에 따라 적용방법이 상이하므로 이를 구분·처리하였다.

여섯째, 표본수에 따른 구분으로서는 처리하기 어려운 비모수적 통계분석방안으로 서수적 자료를 이용하는 비모수적 상관분석이 있는데, 적합도검정이나 동질성검정과는 상이한 특성을 갖고 있어 이를 분리하여 처리하였다.

표 5 모수통계와 비모수통계의 주요 분석내용 대비표

	모수통계			비모수통계	
가 정	모집단 및 표본에 대한 주요 가정	모집단의 분포(정규분포, 이항분포, …)		적합도검정	통계추론상의 주요 가정검정방안
		무작위표본추출		적합도검정	
		독립성		독립성검정	
추 론	일변량분석	추정			
		검정	단일표본 ($H_0 : \mu=\mu_0$)	적합도검정	
			복수표본 ($H_0 : \mu_1=\mu_2$)	동질성검정	
			다수표본 ($H_0 : \mu_1=\mu_2$ $=\cdots=\mu_k$) (ANOVA)		
	다변량분석	회귀분석, 상관분석	〈추정, 검정〉	비모수상관분석	

이상과 같은 분류기준과 특성을 감안하여 본편의 제13장에서는 χ^2 검정을 요하는 비모수통계분석을 집중적으로 다루고, 제14장에서는 기타 주요 비모수통계분석을 그림 5와 같은 분류표에 의거하여 비교·설명하기로 한다.

마지막으로 본편에 소개되는 제반 비모수통계분석방안을 모수통계분석과 대비하면 표 5와 같이 요약될 수 있다. 대비표에 표현된 것처럼 모수통계는 특별한 근거 없이 모집단의 분포 형태(예컨대, 정규분포)에 관한 가정을 설정하거나 표본이 독립적으로 무작위추출되었다는 등의 가정을 곧잘 세우곤 한다. 이러한 가정들이 현실적으로 충족되고 있는지의 여부를 판정할 수 있는 비모수통계방안으로 적합도검정과 독립성검정이 있다. 이 경우의 비모수통계는 모수통계가 해결할 수 없는 영역까지를 취급할 수 있다는 점에서 그 의의가 크며, 따라서 비모수통계가 단순히 모수통계의 보조적 분석체계만은 아니라는 점을 잘 표현해 주고 있다.

한편, 추측통계는 변량이 하나인지 여러 개인지에 따라 분석방법이 1차적으로 구분될 수 있으나, 어떤 분석방안이든 두 가지 기본적인 추론과정이 있는데 바로 추정과 검정이다. 비모수적 검정방안은 제반 모수적 검정방안의 구분 형태에 따라 보조적 또는 대체적으로 적용할 수 있는 검정방안을 제시하고 있다. 즉, 모수통계의 단일표본 경우의 검정(예컨대, $H_0 : \mu=\mu_0$)은 적합도검정에 의해, 그리고 표본이 두 개 이상인 경우의 검정(예컨대, $H_0 : \mu_1=\mu_2$ 또는 $H_0 : \mu_1=\mu_2=\cdots=\mu_k$)은 동질성검정에 의해, 그리고 상관관계는 비모수적 상관분석에 의해 보완할 수 있는 검정방안이 마련되어 있는 것이다.

이상에서 미루어 보아 결국 적합도검정이란 특정한 가정이나 가설의 현실성 여부를 판정하는 방안을 일컫고 있는 것이고, 동질성검정이란 모수통계의 특정 모수값이 서로 동일하다는 가설에 대한 검정에 대응하는 검정방안을 총칭하는 것임을 독자들은 쉽게 이해하리라 믿는다. 비모수통계에서는 비교할 만한 모수(평균·분산 등등)가 일반적으로 정의되지 못하는 상황이므로 모수의 사용이 불가능하며, 따라서 별도의 방법을 통하여 두(또는 셋 이상의) 집단이 서로 동질적임을 확인하게 된다. 바로 이러한 연유로 비모수통계에서는 동질성검정이란 용어가 일반적으로 사용되고 있는 것이다.

제 13 장　χ^2검정과 비모수통계

χ^2분포는 이미 모수통계 부분에서도 여러 번 사용되어 왔음을 독자들은 기억할 것이다. 한 마디로 χ^2분포를 표현한다면 정규분포를 따르는 확률변수(예컨대, X)를 표준화한 값의 자승합$\left(\Sigma\left(\frac{X_i-\mu_X}{\sigma_X}\right)^2\right.$ 또는 $\left.\Sigma\left(\frac{X_i-\bar{X}}{s_X}\right)^2\right)$으로 정의되는 확률변수가 갖게 되는 분포라 할 수 있다. 이와 같은 χ^2분포와 거의 동일한 의미를 갖는 검정통계량을 창출하여 비모수적 통계기법에 적용할 수 있는 방안을 바로 본장에서 집중적으로 취급하고자 한다.

본편의 서두에서 밝힌 바 있듯이 χ^2검정은 본질적으로 적합도검정의 성격을 갖고 있다. 표본의 구분기준이 둘 이상인 경우의 χ^2검정법은 독립성검정이라 부르고 있으나 이것도 엄밀히 따져 보면 실제로 관측된 자료가 독립적 추출을 가정하였을 경우 예상되는 기대치와 얼마나 비슷한지, 다시 말해서 실질관측치의 기대치에 대한 적합도를 확인하는 방안에 불과하다고 볼 수 있다. 따라서 독립성검정에 사용되는 수식은 단일표본의 적합도검정에 사용하는 수식을 일반화시킨 형태를 취하고 있다.

한편, χ^2검정의 이러한 특성을 이용하여 적용의 범위를 좀더 확대하면, 특정 모집단의 분포가 이항분포 또는 정규분포 형태를 갖는다고 볼 수 있는지를 판정하는 데 이용할 수도 있다. 예컨대, 관측된 표본자료가 분포되어 있는 모양에 근거하여 이 표본이 정규분포나 이항분포를 갖는 모집단에서 추출된 것으로 간주할 수 있는지 여부를 판정하는 데 χ^2검정통계량을 활용할 수 있는 것이다. 이 경우 또한 표본자료의 분포 형태가 특정 확률분포와 얼마나 비슷한지를 확인하는 일종의 적합도 판정방안임에 틀림이 없다.

이상과 같이 χ^2검정을 비모수통계학에 적용할 때의 특징을 감안하여 본장은 그림 XIII과 같이 구분하여 검정방안을 살펴보기로 한다.

그림 XIII　χ^2분포를 이용한 비모수적 검정방안

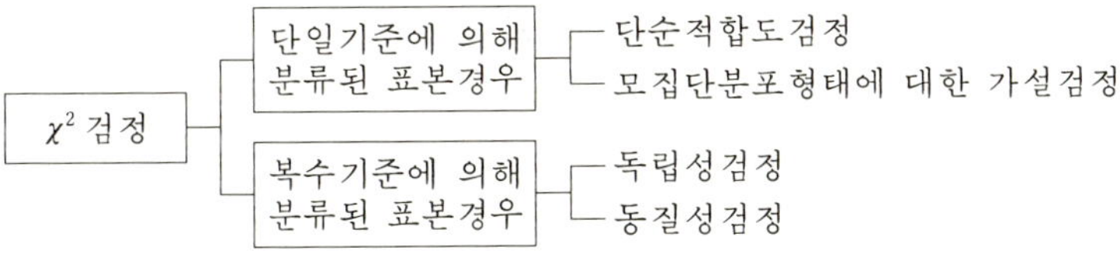

제 1 절 단일기준에 의해 분류된 표본 경우의 검정

표본이 단일기준에 의해 분류된 범주별 자료 형태를 취할 경우의 χ^2검정방안은 단순적합도검정과 모집단분포 형태에 대한 가설검정으로 구분될 수 있다.

1. 단순적합도검정

우선 단일기준에 의거하여 구분된 표본정보를 근거로 작성된 관측도수가 모집단의 예상되는 기대도수 또는 예상도수와 어느만큼 밀접한지의 여부를 판별하는 데 χ^2검정이 사용될 수 있는데, 통상 이 검정방법을 적합도(goodness-of-fit)검정이라 부른다. 예컨대, 주사위를 던지는 실험에서 관측될 수 있는 결과의 종류는 점이 하나인 것부터 여섯 개인 것까지 여섯 가지가 있으며 각종 결과가 발생할 확률은 1/6로 동일하다고 예상할 수 있다. 이 때 주사위를 실제로 여러 번 던져서 나타난 결과가 과연 예상했던 결과와 얼마나 근접된 상태인지를 확인함으로써 실험에 사용된 주사위가 정상적인지의 여부, 즉 여섯 가지 결과가 나타나는 횟수가 동일하다고 인정할 수 있는지를 판정하기 위해 우리는 χ^2검정을 적용할 수 있는 것이다. 이 경우 주사위를 던진 실험횟수를 n이라 하고, 점이 하나인 것부터 여섯인 결과들이 나온 회수를 O_i(단, $i=1, 2, \cdots, 6$), 예컨대 O_1은 점이 하나인 결과가 나온 회수(observed frequency of the dot 1)라 하고, 정상적인 주사위를 던졌을 때 각 결과가 나오리라 예상되는 기대도수를 E_i(expected frequency of the dot i, 단 $i=1, 2, \cdots, 6$)라 하면 다음과 같은 χ^2검정통계량에 의해 적합도를 판정할 수 있게 된다.

[단순적합도검정통계량]

$$\chi^2_{c-1} = \sum_{i=1}^{c} \frac{(O_i - E_i)^2}{E_i} \tag{13.1}$$

여기서 c는 분류된 결과의 수(number of classified results)로 위의 예제에서는 $c=6$이 되며, 따라서 식 (13.1)에 정의된 χ^2분포는 자유도가 $c-1=6-1=5$가 된다.

1.1 χ^2에 의한 적합도검정예

예제를 보다 구체적으로 취급하고자 주사위를 36번 던져 점 1은 네 번, 점 2는 여덟 번, 점 3은 여섯 번, 점 4는 일곱 번, 점 5는 다섯 번, 그리고 점 6은 여섯 번 나왔다고 하자. 이 주사위가 정상적인 것이라면 각종 결과가 나올 확률은 1/6이고 따라서 36번 던지는 실험을 시행할 경우 각 결과는 $(36)\times\left(\frac{1}{6}\right)=6$번씩 관측될 것으로 기대할 수 있다. 이를 정리하면 다음과 같다.

표 13-1 주사위의 기대도수 및 관측빈도수

	⚀	⚁	⚂	⚃	⚄	⚅
O_i	4	8	6	7	5	6
E_i	6	6	6	6	6	6

이제 검정할 귀무가설을 $H_0 : O_i = E_i$라 하면, 구분된 결과의 종류수가 $c=6$이므로 검정통계량의 값은 다음과 같이 계산된다.

$$\begin{aligned}\chi_5{}^2 &= \sum_{i=1}^{6}\frac{(O_i-E_i)^2}{E_i}\\ &= \frac{(4-6)^2+(8-6)^2+(6-6)^2+(7-6)^2+(5-6)^2+(6-6)^2}{6}\\ &= \frac{10}{6}\end{aligned}$$

한편, 자유도가 5이고 유의수준을 $\alpha=5\%$라 설정하면 이 때 χ^2분포표로부터 χ^2의 임계치가 11.07임을 알 수 있다(부표 F 참조). 따라서 계산된 검정통계량의 값이 임계치보다 훨씬 작으므로 귀무가설이 채택된다. 즉, 관측된 빈도수는 예상된 도수와 별 차이가 없는 것으로 판정된다.

이상의 예에서와 같이 χ^2분포를 이용한 적합도검정이란 결국 관측된 빈도수가 기대도수와 얼마나 밀접한지를 확인하는 방법에 불과한 것이다. 귀무가설을 $H_0 : O_i = E_i$라 설정할 경우 관측빈도수(O_i)가 기대도수(E_i)와 상당히 비슷한 값으로 나타나면 χ^2검정량의 값은 작아지게 되고, 따라서 귀무가설이 사실이라고 인정할 근거가 생기는 것이다. 반면 O_i가 E_i와 상당히 다른 값으로 나타날수록 χ^2검정량의 값은 크게 나타나고 귀무가설은 기각될 가능성이 커진다.

이번에는 두 개의 주사위를 동시에 던져 나온 점들의 합을 X_i라 하면 X는 최소 2부터 최대 12까지의 값을 갖게 된다. 그런데 점의 합이 2가 되는 경우

그림 13-1 χ^2의 적합도검정예

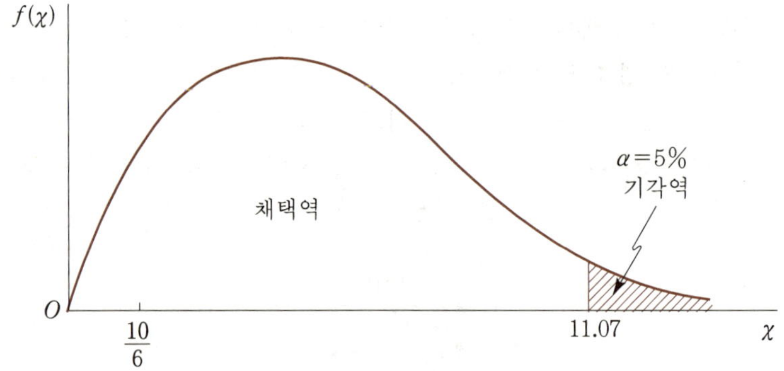

는 각 주사위가 동시에 1이 나와야 되고 점의 합이 3이 되는 경우는 각 주사위가 1과 2 또는 2와 1이 될 때 나타난다. 또 점들의 합이 4가 되려면 1과 3, 2와 2, 그리고 3과 1이 나올 때 나타나며, 합이 5가 되려면 1과 4, 2와 3, 3과 2, 그리고 4와 1이 나타나야 한다. 이러한 식으로 추리하여 보면 두 주사위를 동시에 던지는 실험을 36회 실시할 경우 기대도수는 다음의 표와 같이 정리될 수 있고, 실제로 관측된 빈도수를 동시에 아래의 표에서와 같이 얻었을 때 이 두 주사위는 과연 정상적(즉, 각 점들이 나타날 확률이 각각 1/6씩인)인지 여부를 판정하려면 역시 χ^2검정을 이용할 수 있다.

표 13-2 두 주사위 점의 합에 관한 χ^2검정자료

X_i	2	3	4	5	6	7	8	9	10	11	12	
O_i	0	1	4	5	5	7	4	4	2	2	2	$\sum O_i=36$
E_i	1	2	3	4	5	6	5	4	3	2	1	$\sum E_i=36$

역시 귀무가설을 $H_0: O_i=E_i$라 설정하고 $\alpha=5\%$ 유의수준에서 적합도를 검정해 보기로 한다.

$$\chi^2=\sum\frac{(O_i-E_i)^2}{E_i}=\frac{(0-1)^2}{1}+\frac{(1-2)^2}{2}+\cdots+\frac{(2-1)^2}{1}=3.78$$

한편, 구분된 결과의 총수는 2부터 12까지 11가지이므로 적용할 χ^2임계치는 자유도가 $c-1=11-1=10$이고 $\alpha=0.05$에 대응하는 값을 χ^2분포표로부터 찾아야 할 것이다. 부표 F에 있는 χ^2분포로부터 본 예제에 대한 임계치는

18.31 임을 확인할 수 있다. 따라서 이 경우 또한 귀무가설은 기각되지 않으며 실험에 사용된 주사위는 정상적인 것으로 판정할 수 있다.[1] 또 다른 예제를 다루어 보자.

[예 제]

어떤 보험회사가 채용한 신입사원은 6명이며 객관적으로 보아 이들의 능력은 거의 동일하다고 가정하자. 연수 후 실제 한달간 보험가입실적을 확인한 결과 6명이 총 150만 원의 실적을 올렸으며, 개인별 실적은 A가 27, B가 18, C가 15, D가 24, E가 36, F가 30만 원씩으로 확인되었을 경우 이들의 능력은 과연 서로 같다고 볼 수 있는지 적당한 절차에 따라 판정해 보자.

각 사원의 능력이 동일할 때 기대할 수 있는 실적은 150/6=25만 원이 될 것이므로, 다음과 같이 검정에 필요한 자료를 정리할 수 있을 것이다.

표 13-3 개인실적에 관한 χ^2 검정자료

사 원	A	B	C	D	E	F	합계
실제실적	27	18	15	24	36	30	150
기대된실적	25	25	25	25	25	25	150

이제 χ^2 검정통계량의 값을 구하면 $\chi^2 = \Sigma \dfrac{(O_i - E_i)^2}{E_i} = 12$. 한편, 자유도는 $6-1=5$ 이므로 유의수준 $\alpha=10\%$에서 귀무가설을 검정하려면 χ^2의 임계치는 9.24로 나타날 것이다. 따라서 귀무가설은 약간의 차이로 기각되며 각 사원의 능력이 동일하다고 보기는 힘들다고 판정할 수 있다.

1.2 적합도검정에서의 χ^2분포 사용의 근거

이상의 예에서 우리는 적합도를 판정하는 방안으로 χ^2 검정통계량을 이용하여 범주별로 구분된 결과들의 빈도수와 기대도수를 비교함으로써 해결할 수 있음을 보아 왔다. 이 시점에서 주의 깊은 독자들은 앞에서 정의한 $\Sigma \dfrac{(O_i - E_i)^2}{E_i}$ 가 어떻게 χ^2분포를 따른다고 볼 수 있는지에 의문을 품으리라 믿는다. 이러한 변량이 χ^2분포와 흡사하다는 사실은 피어슨(K. Pearson)의 연구 결과에 따른 것으로 자세한 증명과정을 생략하고 단지 독자의 이해를 다소나마 도울 수 있는 수준에서 소개하기로 한다.[2]

제5장 주요 확률분포를 다루는 과정에서 우리는 이항분포를 따르는 확률

1) 그러나 이 예제는 χ^2 검정에 의한 적합도판정방안으로서는 부적당하다는 측면이 있다. 이에 관하여서는 본절 말미에서 상술하기로 한다.

2) 자세한 증명과정은 W. G. Cochran, "The χ^2 test of goodness of fit," *Annals of Mathematical Statistics*, Vol. 23(1952), pp. 315~345를 참조.

변수는 시행횟수(n)가 아주 커지면 정규분포에 가까워지며, 일반적으로 $n \geq 30$ 일 때 정규분포에 의한 이항분포의 근사치 계산은 무난한 것으로 취급하였다. 즉, $P(X)=\binom{n}{X}p^X q^{n-X}$는 $n \to \infty$ 경우 $f(X)=\frac{1}{\sqrt{2\pi}\cdot\sigma}e^{-\frac{1}{2}\left(\frac{X-\mu}{\sigma}\right)^2}$과 같아진다는 것이다. 그런데 이항분포란 독립적인 실험을 반복시행할 때 나타날 수 있는 결과가 단지 두 가지밖에 없는 상황에 대한 확률분포이다. 이와는 달리 독립적 실험을 반복시행하되 나타날 수 있는 결과는 k가지로 나타나는 확률분포를 다항분포(multinomial distribution)라 하고 $f(n_1, n_2, \cdots, n_k)=\frac{n!}{n_1!n_2!\cdots n_k!}p_1^{n_1}p_2^{n_2}p_k^{n_k}$의 형태를 취한다. 여기서 n은 총시행회수, $n_1, \cdots, n_k$는 각 결과가 실제로 나타난 회수, 그리고 $p_1, \cdots, p_k$는 각 결과가 나타날 확률을 의미한다. 만일 $k=2$라면 위의 식은 $\frac{n!}{n_1!n_2!}p_1^{n_1}p_2^{n_2}$가 되며, 이 때 n_1을 X로, 그리고 $p_1=p$로 대체하면 $\frac{n!}{X!(n-X)!}p^X(1-p)^{n-X}=\binom{n}{X}p^X q^{n-X}$가 되어 이항분포가 됨을 알 수 있다. 말하자면 이항분포는 다항분포의 특수한 예에 불과한 것이다. 따라서 이항분포가 $n \to \infty$에 따라 정규분포에 가까워지는 사실을 다항분포에 확대 적용한 셈이 된다.

만일 X가 이항분포를 따르나 $n \to \infty$일 경우에는 X는 정규분포를 따른다고 보아 이와 관련된 확률계산과정에서

$$\frac{X-E[X]}{\sqrt{\mathrm{Var}(X)}}=\frac{X-np}{\sqrt{npq}}\cong Z \tag{13.2}$$

(단, $E[X]=np$, $\mathrm{Var}(X)=npq$)

와 같이 표준정규분포표를 이용하여 근사치를 계산하였다. 비슷한 논리에 의거하여 n_i(i라는 결과가 실제로 나타난 횟수)가 다항분포를 따른다면, $n \to \infty$ 경우 n_i는 정규분포에 가까워지며, 따라서 이를 표준화하면 표준정규분포에 접근한다. 즉,

$$\frac{n_i-E[n_i]}{\sqrt{\mathrm{Var}(n_i)}}=\frac{n_i-np_i}{\sqrt{np_i}}\cong Z \tag{13.3}$$

식 (13.3)은 n을 총시행횟수, p_i를 i현상이 발생할 확률이라 할 때, i현상이 발생할 기대도수 $E[n_i]$는 np_i와 같아지며 n_i의 분산, 즉 $\mathrm{Var}(n_i)$ 또한 np_i와 같아진다는 사실에 근거하여 도출된 것이다. 한편, n_i는 i번째 현상이 실제 관측된(observed) 빈도수를, 그리고 np_i는 i번째 현상이 발생할 기대도수(expected frequency of the i_{th} event)를 각각 나타내므로 이들을 편의상 O_i와 E_i로

대체하여 표기하면 결국 식 (13.3)은 다음과 같이 재정리될 수 있다.

$$\frac{n_i - np_i}{\sqrt{np_i}} = \frac{O_i - E_i}{\sqrt{E_i}} \cong Z \tag{13.4}$$

(단, n_i는 i번째 결과의 관측된(observed) 빈도수를 나타내므로 O_i로 대체하여 표기함)

그런데 χ^2분포란 표준화된 정규분포(Z)를 제곱한 값의 총합으로 정의되므로, 즉 $\chi^2 = \sum Z_i^2$(예컨대, $\chi^2 = \sum\left(\left(\frac{X_i - \mu}{\sigma}\right)^2\right)$이므로 이제 식 (13.4)로부터

$$\chi^2_{c-1} = \sum_{i=1}^{c}\left(\frac{O_i - E_i}{\sqrt{E_i}}\right)^2 = \sum_{i=1}^{c}\frac{(O_i - E_i)^2}{E_i} \tag{13.5}$$

과 같은 결과를 얻을 수 있다. 바로 식 (13.5)에 의거하여 우리는 실제 관측빈도수(O_i)와 기대빈도수(E_i)를 비교하여 귀무가설 $H_0 : O_i = E_i$의 검정을 χ^2분포를 이용하여 실시할 수 있다.

1.3 χ^2에 의한 적합도검정의 한계

우리는 본절의 제2항에서 적합도를 검정함에 있어 χ^2분포를 사용할 수 있는 근거를 확인한 바 있다. 그러나 여기서 잊어서는 안 되는 중요한 사실이 있다. 즉, 다항분포를 따르는 각 n_i가 정규분포에 가까워지려면 시행횟수 n은 상당히 커야 하며 일반적으로 $np_i \geq 5$조건이 만족되어야 한다는 사실이다. 따라서 반복시행횟수가 상대적으로 적어질수록, 그리고 개별사상의 기대도수 $E_i = np_i$의 값이 작아질수록 앞에서 사용한 χ^2검정방법은 그 검정능력이 점차 떨어질 수밖에 없다.[1] 또 한 가지 χ^2검정과 관련하여 주의할 사항은 나타날 수 있는 결과의 수(c)가 작아질수록 자유도($c-1$)가 낮아지며, 따라서 χ^2분포를

1) 중심극한정리에 의하면 모집단의 분포와는 상관없이 표본의 크기가 30을 상회하면($n \geq 30$) 표본분포(예컨대, $\bar{X}$의 표본분포)는 정규분포와 거의 같아진다는 것을 제2편 제6장에서 배운 바 있다. 또한 제2편 제5장에서 이항분포의 형태는 $n \to \infty$ 경우 정규분포가 되며 $np \geq 5$(단, $p < q = 1-p$) 조건이 달성되면 정규분포에 의한 근사치 계산이 큰 무리가 없음을 확인한 바 있다. 물론 $p = q = 0.5$일 경우 $np \geq 5$란 조건은 훨씬 완화될 수 있는 여지는 있다. 이러한 사실을 다항분포에 적용하면 $np_i \geq 5$ 또는 $np_i = E_i \geq 5$의 조건이 만족될 만큼 각 n_i값, 나아가서는 $\sum n_i = n$의 값이 충분히 큰 값을 가져야 한다는 결론을 얻을 수 있다. 이러한 조건이 지켜지지 않으면 결과적으로 본문에 소개한 χ^2검정의 적합성은 점차 퇴색할 수밖에 없다. 따라서 $E_i < 5$의 경우가 발생하면 이웃구간과 결합하여 검정하도록 권장하고 있다. 그러나 최근에는 대부분의 E_i값이 5 이상일 경우 그 중 한두 개의 E_i가 5 이하로 되어도 χ^2검정능력에 큰 지장이 없으며, 이러한 연구 결과를 발표한 학자들은 E_i값 중 최소값이 1 이상이면 무방하다는 주장을 하고 있다. 이러한 주장을 감안하더라도 본문 중 두 번째 예제인 두 주사위의 합에 관한 χ^2검정방안은 대부분의 E_i가 5 이하이므로 검정 결과의 신뢰성은 아주 미약하며 부적당할 것으로 간주될 수 있다.

이용한 검정은 오차의 폭이 커질 수밖에 없다. 따라서 가능한 한 구분된 결과의 종류가 많을수록 χ^2검정능력이 제 기능을 발휘할 수 있다는 점을 유의할 필요가 있다. 극단적인 예를 들어 나타날 수 있는 결과가 단 두 종류에 불과하다면 이 경우 자유도는 $2-1=1$이 되며, 이 때 χ^2검정능력은 최하의 수준으로 전락된다. 따라서 이러한 경우에는 기타 다른 방안을 사용함이 바람직하며, 경우에 따라 적당한 별도 방법을 강구해야 한다. 예컨대, 두 가지 결과만이 나타나는 반복시행을 내용으로 하는 실험에서는 χ^2검정보다 이항분포에 의한 검정이 보다 강력한 검정력을 갖게 되리란 점은 쉽게 수긍할 수 있을 것이다. 이 점에 관해서는 제14장 적합도검정을 위한 기타 비모수통계편에서 보다 상세히 논술키로 한다.[1)]

2. 모집단분포형태에 관한 가설검정

지금까지 우리는 표본이 단일기준에 의해 분류된 경우 χ^2분포를 이용하여 적합도를 검정하는 방안을 고찰하였다. 이러한 검정방법은 한 가지 기준에 의해 구분된 일종의 범주별 자료를 기초로 통계적 추론을 하는 비모수적 통계기법이라 볼 수 있으며, 모든 방법이 결국은 실제로 관측된 빈도수와 기대(또는 예상)빈도수의 차이가 심각한 정도로 다른지의 여부를 파악하는 작업을 통하여 이루어진다는 사실을 확인할 수 있었다.

이상과 같은 방법론, 즉 χ^2검정통계량을 이용한 일종의 적합도 검정방안은 앞서 소개한 종류의 문제뿐만 아니라 표본이 추출된 모집단의 확률분포 형태를 확인하는 작업에도 적용될 수 있다. 종종 우리는 뚜렷한 근거를 설정함이 없이 모집단은 정규분포를 따른다는 식의 가정을 설정한다. 이러한 경우 추출된 표본의 실제 관측치를 절대치 크기에 따라 적당한 개수의 구간별로 관측빈도수를 살펴서 표본자료의 분포 형태로 표현한 다음, 분류된 각 구간별 기대빈도수를 가정된 정규분포표를 이용하여 산출한다면, 이 때 역시 구간별로 관측된 도수(O_i)와 기대도수(E_i)를 비교함으로써 당초(모집단이 정규분포를 따른다는) 가정의 당위성 유무를 판정할 수 있으며, 이에 적당한 검정방안은 χ^2분포

1) 일반적으로 구분된 항목수(c)가 5 이상이어야 χ^2검정이 타당시된다는 것으로 알려져 있다. 즉, $\chi^2=\sum_{i=1}^{c}\frac{(O_i-E_i)^2}{E_i}$는 $c\geq5$ 경우에만 본문에 소개한 χ^2검정력을 신뢰할 수 있다는 것이다. 이 점에 관한 증명은 생략하고자 한다. 관심 있는 독자는 각종 수리통계학 교재(예컨대, 윤기중, 「수리통계학」, p. 418)를 참조.

그림 13-2 구간별 관측치의 빈도수

(단, n=표본크기$=O_1+O_2+\cdots+O_m$
$O_j=j$번째 구간에 속하는 표본관측치의 개수 (빈도수))

를 이용하는 일종의 적합도 판정방법이 될 수 있음을 쉽게 감지할 수 있을 것이다. 이와 같은 χ^2에 의한 모집단의 분포 형태에 관한 가설검정은 이항분포·포아송분포는 물론 기타 어떠한 분포에 대하여서도 확대 적용될 수 있다. 그러나 본절에서는 모집단이 정규분포를 따른다는 가정에 대한 검정만을 다루고, 나머지 형태의 분포에 대한 검정은 연습문제로 돌리기로 한다.

크기가 n인 표본을 뽑아 이들 중 가장 작은 값과 가장 큰 값 사이의 범위를 적당한 개수의 구간(예컨대, m개)으로 나눈 다음 각 구간에 속하는 관측치들의 빈도수를 $O_1, O_2, \cdots, O_m$이라 한다면 그림 13-2와 같이 표시될 수 있을 것이다.

한편, 표본이 추출된 모집단이 정규분포란 가정하에 표본평균($\bar{X}$)과 표본분산(s_X^2)을 구하여 모평균(μ)과 모분산(σ_X^2)에 대한 추정치로 사용하면, 무작위로 추출된 표본관측치가 m개의 각 구간에 속한 확률을 구할 수 있다.[1] 즉,

$$\begin{aligned} p_j &= \Phi\left(\frac{X_j-\bar{X}}{s_X}\right)-\Phi\left(\frac{X_{j-1}-\bar{X}}{s_X}\right) \qquad (13.6) \\ &= \Phi(Z_j)-\Phi(Z_{j-1}) \end{aligned}$$

위의 식은 X가 정규분포를 따를 경우 X값이 X_j와 X_{j-1} 사이에 있을 확률을 구하기 위해 X_j와 X_{j-1}을 각각 표본평균 및 표본평균편차를 이용하여 표준화함으로써 표준정규분포(Z분포)를 사용할 수 있도록 고안된 것이다.

그림 13-3은 제2편 제5장에서 소개한 정규분포를 갖는 확률변수가 일정 구간 내에 값을 갖게 될 확률을 계산하는 작업을 단일화하기 위하여 표준정규분포로 전환하는 과정을 나타내 주고 있다. 일단 식 (13.6), 그리고 그림 13-3과 같은 과정을 통하여 추출된 관측치가 m개의 각 구간에 속할 확률이 계산되면, 모집단의 크기도 표본크기인 n과 같다는 가정하에 각 구간에 귀속될 기대

1) 이 과정에서 모분산(σ_X^2)에 대한 추정치로는 불편추정량, s^2의 값을 이용할 수도 있으나 통상 최우추정량인 $\hat{\sigma}^2=\dfrac{\sum(X_i-\bar{X})^2 f_i}{n}$가 일반적으로 사용되고 있다.

그림 13-3 정규분포를 따르는 변수 X의 표준화과정

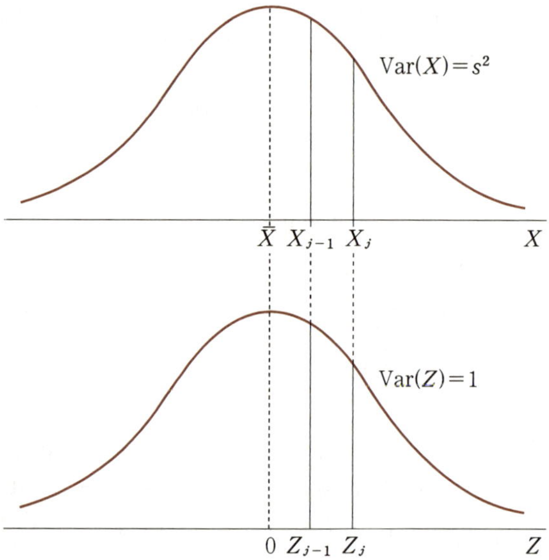

도수(expected frequency)를 $E_j = n \cdot \hat{p}_j$에 의해 산출할 수 있게 된다.

이상에서처럼 각 구간별 관측빈도수(O_j)와 정규분포를 따른다는 가정하에 예측 또는 기대되는 빈도수(E_j)가 산출되면 다음과 같은 관계로 검정통계량이 성립될 것임을 독자들은 쉽게 이해할 수 있을 것이다.

$$\chi^2_{m-k-1} = \sum_{j=1}^{m} \frac{(O_j - E_j)^2}{E_j} = \sum_{j=1}^{m} \frac{(O_j - n\hat{p}_j)^2}{n\hat{p}_j} \tag{13.7}$$

여기서 자유도는 $m-k-1$인데 k는 미지의 모수를 대신하여 사용된 추정량의 수(여기서는 $\bar{X}$와 s^2으로 두 개)를 나타내므로 결국 $(m-3)$이 된다. 식 (13.7)과 같은 검정통계량의 값이, 예컨대 유의수준 $\alpha=5\%$하의 임계치 χ_α^2보다는 크지 않다고 확인되면 귀무가설, 즉 표본이 추출된 모집단은 정규분포를 따른다는 가설을 채택하게 되는 것이다.

[예 제]

다음은 지난번 실시한 행정고시 중 경제학과목에서 합격한(60점 이상) 수험생들 중 무작위추출한 100명의 성적분포이다. 성적을 X라는 확률변수로 정의할 때 과연 X는 정규분포를 따른다고 볼 수 있을까?

표 13-4 무작위추출한 100명의 경제학과목 점수

성 적(X_j)	59.5～62.5	62.5～65.5	65.5～68.5	68.5～71.5	71.5～74.5
관측빈도수(O_j)	5	18	42	27	8
$Z_j=\dfrac{X_j-\bar{X}}{\hat{\sigma}_X}$	−2.72～−1.70	−1.70～−0.67	−0.67～0.36	0.36～1.39	1.39～2.41
$\hat{p}_j=\Phi\left(\dfrac{X_j-\bar{X}}{\hat{\sigma}_X}\right)-\Phi\left(\dfrac{X_{j-1}-\bar{X}}{\hat{\sigma}_X}\right)$	0.0413	0.2068	0.3892	0.2771	0.0743
$E_j=n\hat{p}_j$	4.13	20.68	38.92	27.71	7.43

귀무가설을 "H_0 : 모집단은 정규분포를 따른다"고 설정하고 검정해 보자. 각 구간별 중앙치 61, 64, 67, 70 및 73을 이용한 표본평균과 표본분산은

$$\bar{X}=\frac{\sum X_jO_j}{n}=\frac{1}{100}(61\times5+\cdots+73\times8)=67.45$$

$$\hat{\sigma}^2=\frac{\sum(X_j-\bar{X})^2O_j}{n}=8.5275 \quad \text{또는} \quad \hat{\sigma}=2.92$$

(단, 여기서 표본분산은 불편추정량 s^2이 아니라 최우추정량 $\hat{\sigma}^2$이며, 모집단분포형태검정을 위한 일종의 적합도검정에서는 일반적으로 $\hat{\sigma}^2$이 쓰이는 것이 통례로 되어 있다.)

다음, 산출된 $\bar{X}$와 $\hat{\sigma}^2$을 식 (13.6)에 대입하여 각 계급구간 내에 표본관측치가 속할 가능성을 계산한 것이 표의 넷째 행에 제시되었다. 이어서 $E_j=n\hat{p}_j$의 관계를 이용하여 E_j를 산출한 다음 식 (13.7)에 의해 검정통계량의 값을 구하면 다음과 같다(단, 여기서 k는 사용된 추정량의 수이며, 이 문제에서는 $\bar{X}$와 $\hat{\sigma}^2$ 두 가지가 사용되었음에 유의할 것).

$$\chi^2_{m-k-1}=\sum\frac{(O_j-E_j)^2}{E_j}=\frac{(5-4.13)^2}{4.13}+\cdots+\frac{(8-7.43)^2}{7.43}=0.836$$

한편, 자유도 $m-k-1=5-2-1=2$와 $\alpha=1\%$ 및 5%에 대응하는 χ^2의 임계치는 각각 9.21과 5.99이므로 귀무가설은 기각되지 않는다. 즉, 합격된 수험생들의 경제학과목 시험점수는 정규분포를 따른다고 볼 수 있다(아래 그림 참조).

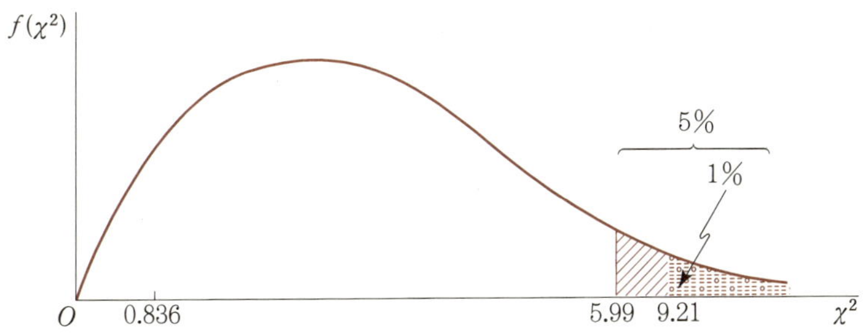

[예 제]

두 자녀를 둔 가정 100집을 무작위로 선정하여 조사해 본즉 그 중 남자 아이가 1명도 없는 집이 18집, 1명만이 남자 아이인 집이 54집, 그리고 2명 모두 남자인 집이 28집으로 나타났다. 2명의 자녀 중 남자 아이를 갖는 수는 과연 이항분포를 따른다고 볼 수 있을까?

우선 귀무가설을 다음과 같이 설정하고 검정해 보자.

H_0 : 모집단은 이항분포를 따른다.

주어진 자료를 검정을 위한 형태로 정리하면 다음과 같다.

표 13-5 두 자녀 가정의 남아 · 여아의 수

남자 아이수(X_j)	0	1	2	계
관측빈도수(O_j)	18	54	28	100
발생확률 $P(X_j)$	0.2025	0.4950	0.3025	1.0
기대빈도수($E_j = n\hat{p}_j$)	20.25	49.50	30.25	100
편차($O_j - E_j$)	−2.25	4.50	−2.25	0

2회 출산($n=2$)을 통하여 낳은 남자 아이의 수(X)가 이항분포를 따른다고 귀무가설을 일단 인정하더라도 남자 아이를 매 출산에서 낳게 될 확률이 알려져 있지 않으므로 일단은 주어진 자료를 이용하여 추정해야 한다. 즉,

$$\hat{p} = \frac{0(18)+1(54)+2(28)}{2(100)} = 0.55$$

와 같이 산출되면, $\hat{p}=0.55$를 이용하여 부표 B에서 $P(X=0|\hat{p}=0.55)$, $P(X=1|\hat{p}=0.55)$, $P(X=2|\hat{p}=0.55)$을 찾을 수 있다. 다음으로 위 표 13-5와 같이 도출된 $P(X_j)$값을 이용하여 $E_i = n\hat{p}_i$를 산출하면 최종적으로 검정통계량의 값을 계산해 낼 수 있다.

$$\chi^2_{c-k-1} = \sum_{j=1}^{3} \frac{(O_j - E_j)^2}{E_j} = \sum_{j=1}^{3} \frac{(O_j - n\hat{p}_j)^2}{n\hat{p}_j} = \frac{(-2.25)^2}{20.25} + \frac{4.5^2}{49.5} + \frac{(-2.25)^2}{30.25}$$
$$= \frac{5.0625}{20.25} + \frac{20.25}{49.5} + \frac{5.0625}{30.25} = 0.25 + 0.41 + 0.167 = 0.827$$

χ^2검정통계량의 자유도는 일반적으로 $c-1$이지만 여기서는 p값이 알려지지 않아 추정치 $\hat{p}$을 대신 활용할 수밖에 없었고, 따라서 추정치의 수만큼($k=1$) 자유도를 추가로 상실하게 된다. 즉, 위 예제에서 χ^2의 자유도는 $3-1-1=1$이 된다. 이에 대응하는 χ^2임계치를 $\alpha=1\%$와 $\alpha=5\%$에 대해 구해 보면(부표 F 참조) 6.63과 3.84가 된다. 따라서 산출된 χ^2값(0.827)은 임계치보다 훨씬 작은 것으로 판명되며, 귀무가설은 기각되지 않는다. 즉, 모집단

은 $\hat{p}=0.55$인 이항분포를 따른다고 볼 수 있는 것이다(아래 그림 참고).

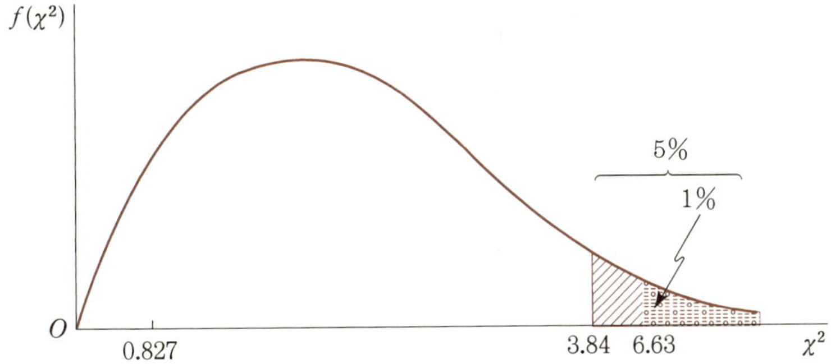

제 2 절 복수기준에 의해 분류된 표본 경우의 검정

표본이 두 가지(이상) 기준에 근거하여 분류된 경우, 적용되는 χ^2검정법은 분석목적에 따라 독립성검정과 동질성검정으로 구분될 수 있다.

1. 독립성검정

앞 절에서는 χ^2분포를 이용하여, 단일기준에 의해 구분될 수 있는 시행 결과를 나타내는 표본과 관련된 적합도검정판정법을 고안하여 보았다. 본절에서는 두 가지(이상)의 분류기준에 의해 시행 결과가 구분될 수 있는 표본관측치를 통하여 두 분류기준이 상호 독립적인지를 확인하는 방법을 역시 χ^2분포를 이용하는 검정방법에 한하여 다루어 보기로 한다. 즉, 두 분류기준 중 하나가 다른 기준에 전혀 영향을 미치지 않을 때 이들 두 분류기준은 서로 독립적이라고 하는데, 이와 같은 현상의 유무를 검정하는 방법을 독립성검정이라 하며, 여러 가능한 방법 중 여기서는 χ^2분포를 이용한 방안만을 소개하고자 하는 것이다.

이제 국회의원선거를 실시하기 전에 연령별 각 정당의 지지도를 추정하고자 n명을 무작위추출하여 정당별 및 연령별로 지지자수를 파악하고, 표 13-6과 같이 행(row)과 열(column)로 구분하여 통계표를 작성할 수 있었다고 하자.

이와 같이 모집단에서 추출된 표본자료를 두 가지 기준에 의거, 행과 열로서 분류하여 작성한 통계표를 분할표(contingency table or cross-classified table)

표 13-6 분 할 표

연령별 \ 정당별	A	B	C	D	E	합 계
20 대	O_{11}	O_{12}	O_{13}	O_{14}	O_{15}	$O_{1\cdot}$
30 대	O_{21}	O_{22}	O_{23}	O_{24}	O_{25}	$O_{2\cdot}$
40 대	O_{31}	O_{32}	O_{33}	O_{34}	O_{35}	$O_{3\cdot}$
50 대	O_{41}	O_{42}	O_{43}	O_{44}	O_{45}	$O_{4\cdot}$
60 대 이상	O_{51}	O_{52}	O_{53}	O_{54}	O_{55}	$O_{5\cdot}$
합 계	$O_{\cdot 1}$	$O_{\cdot 2}$	$O_{\cdot 3}$	$O_{\cdot 4}$	$O_{\cdot 5}$	$O_{\cdot\cdot}=n$

라 부른다. 여기서 O_{ij}는 i연령층의 j정당 지지자수를 의미하고, $O_{i\cdot}$는 정당과는 상관없이 i연령층의 총수를 나타내며, $O_{\cdot j}$는 연령을 불문하고 j정당을 지지하는 사람의 총수를 각각 의미한다. 그리고 $O_{\cdot\cdot}$는 총표본수인 n을 의미한다. 따라서 $O_{i\cdot}/O_{\cdot\cdot}=O_{i\cdot}/n$, 또는 $O_{\cdot j}/O_{\cdot\cdot}=O_{\cdot j}/n$은 총표본의 크기 중 i연령층의 비율 또는 j 정당의 지지율을 각각 의미하며, 확률용어로 표현한다면 $O_{i\cdot}/n$이나 $O_{\cdot j}/n$은 모두 주변확률(marginal probability) 개념에 속하는 것이 된다.[1] 한편, $O_{ij}/O_{\cdot\cdot}=O_{ij}/n$는 i연령층의 j정당 지지율을 나타내며, 확률 개념으로 본다면 임의로 추출된 한 투표권자가 i연령층에 속하며 또 j정당을 지지하는 사람일 확률, 즉 결합확률(joint probability)의 성격을 갖는다. 이 때의 결합확률은 분할표의 형태로 보아 교집합사상의 확률(probability of an intersectionary event)임을 쉽게 확인할 수 있다.

제2편 제3장에서의 분류내용에 의거하면 교집합사상의 확률은 상호 배타적이 아닌 사상에 한하여 정의되며, 결합된 두 사상이 상호 독립적인지의 여부에 따라 계산이 달라지는 것을 배운 바 있다. 예컨대, A와 B의 두 사상으로 결합된 교집합사상의 확률은 일반적으로 다음과 같이 정의된 바 있다.

$$P(A\cap B)=P(A)\cdot P(B|A) \tag{13.8}$$

한편, A와 B가 서로 독립적이라면, 즉 A라는 사상이 B사상이 발생할 확률에 전혀 영향을 주지 못할 때에는

$$P(B|A)=P(B),\ \text{단}\ P(A)\neq 0 \tag{13.9}$$

과 같이 정의되며, 결과적으로 교집합사상의 확률은 다음 식과 같이 조정될 수 있다.

1) 제3장 제4절 참조.

$$P(A \cap B) = P(A) \cdot P(B|A) \underset{\text{식 (13.9)}}{\overset{}{\Longrightarrow}} P(A) \cdot P(B) \qquad (13.10)$$

이제 이상과 같은 확률이론을 상기 분할표에 적용하면, 두 분류기준이 서로 독립적일 때 다음과 같은 결과가 성립되어야 함을 알 수 있다.

$$\frac{O_{ij}}{n} = \left(\frac{O_{i\cdot}}{n}\right) \cdot \left(\frac{O_{\cdot j}}{n}\right) \qquad (13.11)$$

이 결과는 단지 두 분류기준이 서로 독립적 관계에 있을 때 예상되는 결과이므로, 이러한 관계식을 이용하여 다음과 같은 정의식을 설정할 수 있다.

$$\frac{E_{ij}}{n} = \left(\frac{O_{i\cdot}}{n}\right) \cdot \left(\frac{O_{\cdot j}}{n}\right)$$

또는

$$E_{ij} = \left(\frac{O_{i\cdot}}{n}\right) \cdot \left(\frac{O_{\cdot j}}{n}\right) \cdot n = \frac{O_{i\cdot} O_{\cdot j}}{n} \qquad (13.12)$$

즉 두 분류기준이 서로 독립적일 때 크기가 n인 표본에서 i연령층의 j정당 지지자수에 대한 기대치(expected frequency)를 E_{ij}라 표기하면, 식 (13.12)과 같이 정의될 수 있다는 것이다.

이상과 같은 분할표상의 실제 관측된 빈도수(O_{ij})와 두 분류기준이 독립적일 때 예상되는 빈도수(E_{ij})를 비교하여 O_{ij}와 E_{ij}간의 차이가 심하지 않으면 $H_0 : O_{ij} = E_{ij}$라는 귀무가설을 채택할 가능성이 높아지게 될 것임을, 즉 관측된 자료는 두 분류기준이 서로 독립적이란 가설을 채택할 수 있게 됨을 알 수 있다. 바로 이러한 가설(독립성)의 검정을 우리는 χ^2분포를 이용하여 실시할 수 있는 것이다. 즉,

[복수기준에 의해 분류된 표본 경우의 적합도검정통계량]

$$\chi^2_{(r-1)\cdot(c-1)} = \sum_{i}^{r} \sum_{j}^{c} \frac{(O_{ij} - E_{ij})^2}{E_{ij}} \qquad (13.13)$$

이 식은 제1절에서 전개한 바 있는 적합도검정을 위한 검정통계량 $\chi^2_{c-1} = \sum (O_i - E_i)^2 / E_i$의 일반화된 형태이므로, 식 (13.13)에 나타난 검정통계량이 왜 χ^2분포를 따르게 되는지에 관한 설명은 생략해도 무방하리라 믿는다.[1] 단, 여

1) Sidney Siegal, *Nonparametric Statistics*(McGraw-Hill, 1956), pp. 104～111 참조.

기서 자유도는 한 기준에 의해 분류되는 종류수(r)와 또 다른 기준에 의해 분할되는 종류수(c)에 의존하기 때문에, 총자유도는 $(r-1)(c-1)$이 된다. 이는 각 분류기준에 따라 분할된 표본들 중 $(r-1)$개 또는 $(c-1)$개 관측치가 확인되면 분할된 각 표본의 변수를 이미 알고 있는 이상 나머지 한 개씩의 관측빈도수는 저절로 결정되기 때문이다.

또 한 가지 식 (13.13)과 관련하여 지적해 두어야 할 사항은 이 검정통계량은 단측검정(one-sided test or one tail test)에 속한다는 사실이다. 식 자체에서 확인할 수 있듯이 표본정보를 이용하여 계산될 검정통계량의 값은 항상 양수(+)이며 우리가 이 식에 의해 산출된 값이 아주 커져서 임계치(critical value)보다도 커지면 $O_{ij}=E_{ij}$란 가설은 기각하게 되도록 장치된 것이기 때문이다.

식 (13.13)에 나타난 검정통계량의 값은 O_{ij}와 E_{ij}값들간의 차이가 클수록 증가하며, 지나치게 증가하여 주어진 유의수준 α에 대응하는 χ^2분포상의 임계치보다도 커지면 귀무가설(H_0 : $O_{ij}=E_{ij}$)은 기각함이 타당할 것이라는 논리를 독자들은 쉽게 수긍할 수 있으리라 믿는다.

이제 앞서의 예제를 보다 구체화하여 분석과정을 살펴보기로 하자. 다음은 무작위로 추출한 1,000명의 선거권자를 연령 및 지지하는 정당별로 구분하여 놓은 가상적인 분할표이다. 이 표를 토대로 식 (13.13)을 이용하여 연령과 선호하는 정당이란 두 기준은 상호독립적인가를 살펴보기로 하자. 즉, "H_0 : 선거권자들은 연령과는 무관하게 정당들을 선호한다"는 귀무가설이 사실인지의 여부를 밝혀 보기로 한다.

표 13-7 연령별 정당 지지자수(O_{ij}/E_{ij})

연령별 \ 정당별	A	B	C	D	E	합 계
20 대	20 / 60	70 / 45	50 / 30	5 / 7.5	5 / 7.5	150
30 대	70 / 100	90 / 75	70 / 50	5 / 12.5	15 / 12.5	250
40 대	115 / 120	115 / 90	45 / 60	10 / 15	15 / 15	300
50 대	130 / 80	20 / 60	20 / 40	20 / 10	10 / 10	200
60 대 이상	65 / 40	5 / 30	15 / 20	10 / 5	5 / 5	100
합 계	400	300	200	50	50	1,000

표 13-7에서 빗금친 윗부분의 숫자는 1,000명으로 구성된 표본에서 확인된 관측빈도수를 나타내며, 빗금친 아랫부분의 숫자는 두 분류기준이 서로 독립적이란 가정하에 식 (13.12)를 이용하여 계산한 기대빈도수를 각각 나타낸다. 이 때 행(row)의 수(r)가 5, 열(column)의 수(c)가 5이므로 자유도는 $(5-1)(5-1)=16$이 되며, 유의수준 $\alpha=5\%$하에서 독립성을 판정하고자 하면, 우선 χ^2분포로부터 임계치를 찾은 다음 식 (13.13)에 의거, 검정통계량의 값을 계산하여 비교해야 할 것이다. 임계치는 부표 F에서 $\chi^2_{16,\,0.05}=26.296$임을 찾아낼 수 있다. 한편,

$$
\begin{aligned}
\Sigma\Sigma\frac{(O_{ij}-E_{ij})^2}{E_{ij}} &= \frac{(-40)^2}{60}+\frac{25^2}{45}+\frac{20^2}{30}+\frac{(-2.5)^2}{7.5}+\frac{(-2.5)^2}{7.5} \\
&\quad +\frac{(-30)^2}{100}+\frac{15^2}{75}+\frac{20^2}{50}+\frac{(-7.5)^2}{12.5}+\frac{2.5^2}{12.5} \\
&\quad +\frac{(-5)^2}{120}+\frac{25^2}{90}+\frac{(-15)^2}{60}+\frac{(-5)^2}{15}+\frac{0}{15} \\
&\quad +\frac{50^2}{80}+\frac{(-40)^2}{60}+\frac{(-20)^2}{40}+\frac{10^2}{10}+\frac{0}{10} \\
&\quad +\frac{25^2}{40}+\frac{(-25)^2}{30}+\frac{(-5)^2}{20}+\frac{5^2}{5}+\frac{0}{5} \fallingdotseq 213.7
\end{aligned}
$$

이 된다. 즉, 표본정보에 의한 통계검정량의 값은 213.7로 임계치를 훨씬 상회하는 것으로 나타났다. 따라서 귀무가설(H_0 : 선거권자들은 연령과는 무관하게 정당을 선호한다)은 기각되고 두 분류기준간의 독립성은 인정될 수 없다는 결론을 얻게 된다. 이는 바꾸어 말하면 연령층에 따라 선호하는 정당이 다르다는 것을 의미한다. 이와 같은 검정방법을 χ^2분포에 의한 독립성검정이라 일컫고 있으나, 분석과정상의 기법은 H_0 : $O_{ij}=E_{ij}$에 대한 일종의 적합도검정으로 간주될 수 있음을 독자들은 기억해 둘 필요가 있다.

[예 제]

독과점기업들의 행위에 대한 연구의 일환으로 한 기업가가 가격변화에 따른 이윤변동 내용을 관측한 결과 다음과 같은 정보를 얻었다고 하자.

과연 가격변화와 이에 대응하는 이윤변화 형태는 서로 독립적이라고 볼 수 있는지를 살펴보자. 우선 두 분류기준이 서로 독립적이라는 가정하에 식 (13.12)을 이용하여 $E_{ij}=\dfrac{O_{i\cdot}O_{\cdot j}}{n}$를 구한 값을 표 13-8의 각 항마다 빗금 밑에 제시하였다. 이어서 식 (13.13)을 이용하여 검정통계량의 값을 구하면,

표 13-8 가격변화에 따른 독과점기업들의 이윤변동

행위 \ 결과	이윤증가	이윤불변	이윤감소	합계
가격인상	12 / 12.95	5 / 9.25	20 / 14.8	37
가격불변	15 / 11.55	16 / 8.25	2 / 13.2	33
가격인하	8 / 10.5	4 / 7.5	18 / 12	30
합계	35	25	40	100

$$\chi^2_{(r-1)(c-1)}=\Sigma\Sigma\frac{(O_{ij}-E_{ij})^2}{E_{ij}}=\frac{(12-12.95)^2}{12.95}+\cdots+\frac{(18-12)^2}{12}\fallingdotseq 26.9$$

로 $\alpha=5\%$수준의 χ^2임계치 $\chi^2_{4,\,0.05}=9.45$보다 크므로 귀무가설은 기각된다. 즉, 가격변동과 이윤변화 내용은 독립적이 아니며 일정한 관련을 맺고 있다고 볼 수 있다(아래 그림 참조).

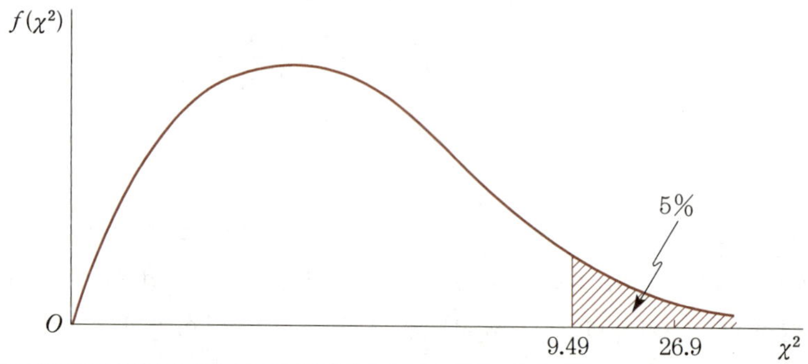

2. 동질성검정(test of homogeneity)

χ^2분포를 이용할 수 있는 검정 중, 독립성검정과 실제적으로 검정방법이나 과정은 동일하지만, 결과를 표현함에 있어 또는 분석목적 자체에 있어 다소의 차이를 갖는 검정과정이 있는데, 이를 우리는 흔히 동질성검정이라 일컫는다. 예컨대, 어느 두(또는 그 이상의) 도시의 산업구조가 동일하다고 볼 수 있는지의 여부를 확인하고자 한다든지, 남·여의 TV프로그램 선호경향을 동일시할 수 있는지를 알고자 할 경우 외형상으로는 구분기준이 두 가지(이상)인 점에서는 독립성검정과 하등의 차이가 없다. 그러나 실제로는 두 분류기준 중 하나에만 주안점을 두며, 따라서 기대도수(expected frequency)를 산정할 때 한 가

표 13-9 도시별 산업구조

산업별 \ 도시별	서 울	부 산	대 구	합 계
1차산업	10 / 10	5 / 7	5 / 3	20
2차산업	40 / 40	30 / 28	10 / 12	80
3차산업	50 / 50	35 / 35	15 / 15	100
합 계	100	70	30	200

지 분류기준에 따라 구분된 주변확률(marginal probability)만을 이용해도 된다는 점에서 독립성검정과 구분하여 별도의 검정 명칭을 부여하고 있다. 그러나 사실상 두 분류기준을 동시에 고려하여 기대도수를 두 분류간의 독립성을 가정하여 산출한 경우와 결과적으로는 같아지며, 따라서 검정과정상 독립성검정과는 하등의 차이가 없다. 구태여 두 검정방안의 차이를 엄밀히 규정하자면 그 차이는 오히려 표본의 추출방법에서 찾아야 할 것이다. 독립성검정 경우는 동일모집단에서 표본을 추출하는 반면, 동질성검정은 일반적으로 서로 다른 두 개 이상의 모집단(도시별·남녀별 등등)에서 별도로 표본을 추출하게 된다. 이처럼 동질성검정은 표본이 서로 다른 모집단에서 서로 독립적으로 추출되므로, 다른 한 분류기준이 동질적이라면 결과적으로 두 분류기준간에는 독립성이 유지될 것이고, 따라서 계산된 기대도수는 두 방법에 있어 동일하게 나타날 수밖에 없다.

표 13-9는 서울과 부산 및 대구란 별도의 세 모집단으로부터 각각 100명, 70명과 30명씩을 무작위추출하여 이들이 종사하는 산업별로 인원수를 파악하여 정리한 분할표이다. 앞서의 예제에서처럼 빗금 위의 숫자들이 바로 관측된 산업별 종사자수를 나타내도록 작성하였다. 이제 세 표본을 합하여 한 개의 종합된 표본으로 보면, 표본의 크기는 $n=30+70+100=200$(명)이 될 것이고, 1차, 2차 및 3차 산업종사자의 총수는 표에서처럼 각각 20, 80, 그리고 100명이 될 것이다. 이 때 만일 세 도시간의 산업구조가 동일하다면 세 도시에 있어서 각 산업별 구성비는 역시 20 : 80 : 100의 비율을 유지한다고 보아야 타당할 것이다. 따라서 각 도시의 산업별 구성비를 1 : 4 : 5로 보고 이 비율에 따라 각 도시별(또는 각 표본별) 기대도수를 산정한 것이 표 13-9에 나타난 빗금 밑부분의 숫자들이다.

이제 귀무가설을 "H_0 : 세 도시의 산업구조는 동질성을 갖는다"라고 설정한 다음 5% 유의수준하에서 검정을 실시하면 다음과 같다. 자유도는 (3−1)(3−1)=4이므로 이에 대응하는 임계치는 $\chi^2_{4,\,0.05}=9.488$이 되고, 검정통계량의 값은

$$\Sigma\Sigma\frac{(O_{ij}-E_{ij})^2}{E_{ij}}=\frac{4}{7}+\frac{4}{28}+\frac{4}{3}+\frac{4}{12}\fallingdotseq 2.4$$

로 임계치보다 훨씬 작게 나타났다. 따라서 귀무가설은 채택되며 세 도시간의 산업구조는 동질적이라고 결론지을 수 있다.

이상의 예에서 보았듯이 동질성검정은 절차상 독립성검정과 하등의 차이가 없으나 표본추출방법상에 차이가 있으며, 따라서 분석의 주안점이 분류기준간의 독립성이 아니라 표본이 추출된 서로 다른 모집단간의 동질성 여부를 판정하는 데 두어진다는 점이 다르다고 볼 수 있다. 한편, 동질성검정방안이 갖는 또 하나의 의의는 제8장 검정부분에서 두 모비율간의 차이에 관한 검정방안을 연장하여 세 집단 이상의 모비율차에 관한 검정을 할 수 있게 되었다는 점에서 찾을 수 있음을 지적해 두고자 한다.

[예 제]

농어촌에 비해 도시가 소득격차가 심하다는 견해의 정당성 여부를 $\alpha=1\%$ 수준에서 판정하고자 각 지역에서 100명씩 무작위로 추출한 표본정보를 다음과 같이 정리하였다고 가정하자.

표 13-10 도시 및 농어촌의 소득격차 정도 비교

소득수준 \ 지역	도 시	농 어 촌	합 계
저 소 득 층	30 (25)	20 (25)	50
중 간 소 득 층	50 (62.5)	75 (62.5)	125
고 소 득 층	20 (12.5)	5 (12.5)	25
합 계	100	100	200

도시와 농어촌의 소득계층별 비중이 동질적이라는 가정하에, 도시와 농어촌 전체의 소득계층별 비율인 50 : 125 : 25를 활용하여 각 항목별 기대도수를 산출하여 빗금 밑 괄호 속에 제시하였다. 다음으로 식 (13.13)을 이용하여 검정통계량의 값을 구하면

$$\chi^2_{(r-1)(c-1)} = \Sigma\Sigma\frac{(O_{ij}-E_{ij})^2}{E_{ij}} = \frac{(30-25)^2}{25} + \cdots + \frac{(5-12.5)^2}{12.5} = 16$$

이 된다. 한편, $\alpha=1\%$에 대응하는 임계치는 $\chi^2_{(3-1)(2-1),\,0.01}=9.21$ 이므로 귀무가설은 기각되며, 따라서 도시와 농어촌의 소득계층별 비중은 동질적이 아니라고 결론짓게 된다.

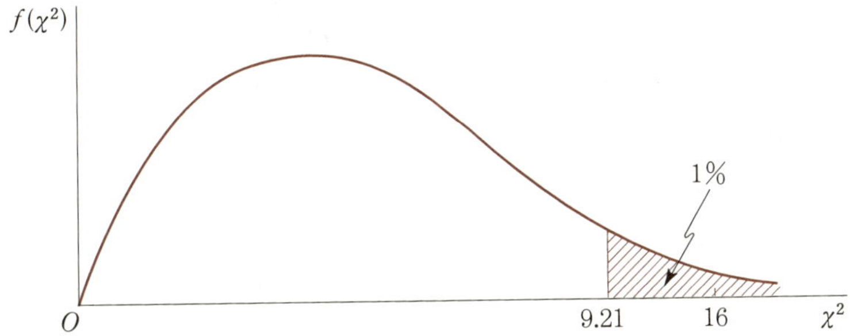

제 3 절 요 약

χ^2분포는 원래 정규분포를 따르는 확률변수를 표준화한 값의 자승합, 예컨대 $\Sigma\left(\frac{X_i-\mu_X}{\sigma_X}\right)^2$으로 정의되는 확률변수가 갖는 분포이다.

한편 여러 종류의 현상이 발생하는 빈도수(O_i)가, 예컨대 다항분포를 따르는 것으로 이해될 경우 관측된 빈도수(O_i)의 기대치를 E_i라 하면($E[O_i]=E_i$), O_i라는 변수를 표준화한 값들의 자승합 개념인 $\Sigma\left(\frac{O_i-E_i}{\sqrt{E_i}}\right)^2$ 또한 χ^2분포를 따른다고 볼 수 있다.

이상과 같은 사실에 근거하여 우리는 관측도수와 기대도수를 비교하는 작업에 χ^2분포를 이용하였다.

관측도수와 가정된 기대도수를 비교한 결과 전자가 후자와 거의 동일하다고 볼 수 있을 정도라고 판정되면, 가정된 상황에 적합한 현상이 발생한 것으로 이해할 수 있다. 이러한 이유로 해서 관측도수와 기대도수를 비교하는 χ^2검정을 적합도검정이라 통칭하고 있다.

한편, χ^2분포를 이용한 적합도검정은 관측 결과가 단일기준에 의해 분류되는 경우와 두 기준에 의해 분류되는 경우로 구분되며, 전자의 경우에 해당되는 검정으로는 단순적합도검정과 모집단 형태에 대한 가설검정이 있다. 그리고 후자의 경우에 적용되는 적합도검정은 상황에 따라 독립성검정 또는 동질성검정 등으로 불리운다.

주지하는 바와 같이 χ^2분포는 본질적으로 연속확률변수의 분포(즉, 확률밀도함수)에 속하며, 이미 모수통계편에서 모집단의 분산(σ^2)에 대한 추론을 하거나 두 모분산을 비교하기 위한 검정통계량을 정의하는 데 활용되었다. 반면 본장에서 전개한 χ^2을 이용한 적합도검정은 단일 또는 복수기준에 의해 구분되는 일종의 범주별 자료를 이용하여 이루어지므로 비모수적 통계라 볼 수 있다. 그런데 연속확률분포함수인 χ^2분포를 빈도수와 같은 이산변수 개념을 이용하여 정의한 적합도 검정통계량으로 활용하는 일은 다소의 무리가 따르게 된다. 즉, 적합도검정에 도입된 χ^2검정통계량은 어디까지나 근사치 계산방법에 의거한 것이고, 따라서 이러한 어림셈은 일반적으로 기대빈도수가 5 이상($E_i>5$)일 때 한하여 신뢰할 만한 검정 결과를 얻게 되는 것이다.

복습문제

[1] 모수통계와 비모수통계의 차이점을 구체적인 사항을 들어 설명하라.

[2] 각종 비모수통계 중 χ^2분포를 이용할 수 있는 검정방법들의 일반적인 특징을 밝혀라.

[3] 정사면체(tetrahedra)의 각 면은 1, 2, 3 및 4라는 숫자가 씌여져 있고 이 정사면체를 던지면 각 면이 밑바닥을 향할 확률은 동일하다고 한다. 이제 이 물체를 16번 던져 1이 3번, 2가 4번, 3이 3번, 그리고 4가 6번 나왔다면 이 정사면체는 정상적인 것으로 볼 수 있겠는가? $\alpha=1\%$ 수준에서 검정하라.

[4] 다음은 수학과 경제학을 동시에 수강한 학생 100명의 성적을 상·중·하로 구분한 결과이다. 두 과목에서의 성적이 서로 독립적이라 볼 수 있는지를 $\alpha=1\%$ 수준에서 검정하라.

(단위 : 명)

경제학 \ 수 학	상	중	하
상	6	14	5
중	12	24	14
하	7	12	6

[5] 다음은 S대 경제학과 신입생 105명 중 졸업예정자, 재수생 및 삼수생의 대학입시 성적분포이다. 재수 및 삼수의 여부와 대학입시 성적은 독립적이라 볼 수 있는가?($\alpha=1\%$)

성 적 \ 신입생구분	졸업예정자	재 수 생	삼 수 생
상	6	9	5
중	18	19	8
하	11	12	17

[6] 고소득자는 영양상태가 좋아 몸무게가 많이 나간다는 주장과 요즈음 고소득자는 적당한 체력관리를 할 수 있어 오히려 몸무게가 적게 나간다는 주장이 있어 500명을 무작위추출하여 소득 및 몸무게를 조사한 결과 다음 자료를 얻었다. 소득과 몸무게는 서로 독립적이란 가설을 $\alpha=5\%$ 수준에서 검정하라.

(단위 : 명)

몸무게 / 소 득	비 만 형	평 균 이 하
고 소 득 층	200	100
중 · 저소득층	100	100

연습문제

[1] 모수통계와 비모수통계에서의 χ^2 검정방법의 유사점과 상이점을 밝혀라.

[2] 적합도검정에서 χ^2분포를 사용할 수 있는 이론적 근거를 밝혀라.

[3] 동전을 36 번 던져서 앞 면이 20 번 나왔다.

1) 귀무가설 $H_0 : p=\frac{1}{2}$을 모수적 검정법에 의거 판정하라($\alpha=5\%$).
2) 같은 귀무가설을 χ^2분포를 이용한 비모수적 검정법으로 판정하여 그 결과를 1)번에서의 것과 비교하라.
3) 두 검정방법이 동시에 적용 가능하다면 어느 것을 선호하겠는가? 그 이유는?

[4] 다음은 통계청「경제활동인구조사」에 나타난 2001 년도 교육정도 및 성별 실업률이다. 교육정도나 성별의 구분 없이 실업률은 동질적이라는 가설을 $\alpha=5\%$ 수준에서 평가하라. 그리고 그 결과를 적절한 SAS 프로그램을 작성하여 확인해 보아라.

(단위 : %)

교육정도 / 성별	초졸 이하	중 졸	고 졸	대졸 이상
남 자	3.3	4.8	4.5	3.8
여 자	1.3	2.5	4.0	3.6

[5] 통계학시험에서 전자계산기 사용을 허용하였더니 총 198 명 중 130 명이 전자계산기를 사용하였고 시험 결과는 다음과 같이 나타났다. 성적과 계산기 사용 여부는 독립적인가? $\alpha=5\%$ 수준에서 평가하라. 그리고 그 결과를 적절한 SAS 프로그램을 작성하여 확인해 보아라.

(단위 : 명)

성 적 / 계산기 사용 여부	A	B	C	D 이하
사 용	30	70	20	10
미 사 용	18	38	8	4

[6] 모회사 전화교환실에 오전 9시와 10시 사이에 걸려오는 전화횟수를 조사해 보니 1분당 평균횟수가 다음과 같이 확인되었다. 1분당 걸려오는 전화횟수는 Poisson분포를 따른다고 볼 수 있는지 $\alpha=1\%$ 수준에서 평가하라(주의 : 각 범주별 기대도수가 5 이상이 되도록 조정할 것).

1분당 전화수(X)	0	1	2	3	4	5	6	7	8	9	10	11	12	13이상
횟 수(O_i)	1	1	4	8	8	11	6	3	4	2	0	1	1	0

복습문제 해답

[1] (생략)

[2] (생략)

[3] H_0 : $O_i=E_i$, $\chi^2_{\text{cal.}}=1.5<11.34=\chi^2_\alpha$ $\quad\therefore$ H_0는 채택됨.

[4] H_0 : $O_{ij}=E_{ij}$, $\chi^2_{\text{cal.}}=0.8<13.28=\chi^2_{4,\,\alpha}$
$\therefore$ H_0는 채택되어 서로 독립적이라 볼 수 있다.

[5] $\chi^2_{\text{cal.}}=6.85<13.28=\chi^2_{4,\,\alpha}$ $\quad\therefore$ 독립적

[6] $\chi^2_{\text{cal.}}=13.89>3.84=\chi_\alpha{}^2$ $\quad\therefore$ H_0를 기각, 즉 종속적

연습문제 해답

[1] (생략)

[2] (생략)

[3] 1) $Z_{\text{cal.}}=0.\dot{6}<Z_{\alpha/2}=1.96$ $\quad\therefore$ H_0는 채택

2) $\chi^2_{\text{cal.}}=\dfrac{4}{9}<3.84=\chi^2_{1,\,\alpha}$ $\quad\therefore$ H_0는 채택

3) 모수적 검정법(∵ 일반적으로 Z나 t검정이 χ^2검정보다 검정력이 높기 때문)

[4] $\chi^2_{\text{cal.}}=0.754<7.81=\chi^2_{3,\,\alpha}$ $\quad\therefore$ 귀무가설을 기각 못함. 따라서 동질적임.

[5] $\chi^2_{\text{cal.}}=0.85<7.81=\chi_\alpha{}^2$ $\quad\therefore$ 독립적임.

[6] $\chi^2_{\text{cal.}}=2.28<16.81=\chi^2_{6,\,\alpha}$ $\quad\therefore$ H_0를 채택함.

제 14 장 기타 주요비모수통계

그림 XIV 주요 비모수통계의 계보

- 주요 비모수통계
  - 적합도검정 (단일표본 경우)
    - 적합도 및 모집단분포형태검정 : 콜모고로프-스미르노프(Kolmogorov-Smirnov one sample test)의 단일표본검정
    - 무작위성검정 : 단일표본에 의한 연의 검정(one-sample runs test)
  - 동질성검정 (다수표본경우)
    - 복수 표본 경우
      - 연관된 표본
        - 부호검정(sign test)
        - 윌콕슨의 쌍계표본에 의한 부호가 붙여진 순위검정(Wilcoxen matched-pairs signed rank test)
        - 맥니만의 유의적 변화검정(McNeman test of the significance of change)*
        - 왈슈검정(Walsh test)*
      - 독립적 표본
        - 중앙치검정(median test)
        - 맨-휘트니의 U검정(Mann-Whitney U test: rank-sum test)
        - 월드-월포비츠의 연검정 (Wald-Wolfowitz runs test)
        - 콜모고로프-스미르노프의 독립적 복수표본검정*
        - 피셔(Fisher)의 적합확률(exact probability)검정*
        - 모지스의 극단적 반응도검정(Moses test of extreme reactions)*
    - 다수 표본 경우
      - 연관된 표본
        - 프리드만(Friedman)의 순위에 의한 이원분산분석
        - 코크란의 Q검정(Cochrane's Q test)*
      - 독립적 표본
        - 크루스칼-월리스(Kruskal-Wallis)의 순위에 의한 일원분산분석
        - 중앙치검정*
        - χ^2 검정*
  - 상관성검정 (비모수적 상관관계)
    - 스피어만(Spearman)의 순위상관계수
    - 켄달(Kendall)의 순위상관계수
    - 켄달의 부분순위상관계수(partial correlation coefficient)*
    - 켄달의 동시적 순위상관계수(coefficient of concordance)*
    - 분할표를 이용한 유의적 관련도계수(contingency coefficient)*

앞 장에서 주로 χ^2분포 내지 χ^2검정통계량을 이용하여 시행할 수 있는 비모수통계분석방안에 대하여 알아보았다. 본장은 χ^2검정통계량의 사용이 갖는 한계성 등을 감안하여 창출된 제반 비모수통계분석방안을 총괄적으로 다루고자 한다. 그러나 앞에서도 지적한 바 있듯이 비모수통계는 그 종류와 방법에 있어 실로 잡다하리만큼 많은 분석도구가 제시되고 있어 이를 특성에 따라 유형별로 구분하지 않고서는 효과적인 활용능력 배양에 문제점이 있다는 점을 감안하여 그림 XIV와 같이 편의상 구분하여 다루기로 한다.

앞의 분류표에서 볼 수 있듯이 비모수통계분석은 크게 보아 적합도검정의 성격을 띠는 것과 동질성여부의 판정을 위한 분석방안, 그리고 비모수적 상관관계를 나타내는 방안 및 그 검정방법에 관한 것으로 크게 세 가지로 구분할 수 있다.

성격상 적합도검정의 특성을 갖는 분석방안은 기본적으로 단일표본을 대상으로 창출된 반면, 표본의 수가 2개 또는 그 이상일 경우에는 동일성 내지 동질성검정(모수통계검정방안의 t검정 및 ANOVA 검정에 대응함)에 관한 분석방안의 성격을 띠고 있다. 이와는 별도로 주어진 자료가 통상적인 상관분석을 적용할 수 없는 종류(예컨대, 서수적 자료)인 경우에도 상관성추정 및 검정을 시행할 수 있는 방안이 있어 이를 별도로 구분·처리하였다.

단, 앞의 분류표 중 *표시한 검정방안들은 사용의 빈도와 검정통계량의 도출 및 적용에 관한 설명수준 등을 감안하여 본서에서는 생략하였다. 자세한 것은 Sidney Siegel, *Nonparametric Statistics*(McGraw-Hill, 1956)을 참조하기 바란다.

제 1 절　적합도검정: 단일표본의 경우

단일표본에서 얻어진 자료이지만 통상적인 모수적 검정통계분석이 곤란한 경우에는 별도의 분석방안이 제시되고 있는데, 이들은 기본적으로 적합도를 판정하는 방안으로 이해될 수 있다. 이러한 목적에서 창출된 분석방안들을 좀더 세분화한다면 단순한 적합도 내지 모집단의 형태에 관한 가설의 적합성여부판정을 위한 것과 표본이 무작위로 추출되었다고 간주할 수 있는지의 여부를 판정키 위한 것으로 구분할 수 있다. 전자를 적합도검정, 후자를 무작위성검정이라 칭하고, 여기에서는 각각의 대표적 검정방안인 "콜모그로브-스미르노브(Kolmogrov-Smirnov)의 검정법"과 "단일표본에 의한 연의 무작위성검정법(one-sample runs test of randomness)"만을 소개하기로 한다.

1. 적합도검정: 콜모고로프-스미르노프(Kolmogorov-Smirnov)의 단일표본검정법

우리는 제13장에서 이미 χ^2분포를 이용하여 적합도를 검정하는 방안을 강구한 바 있다. 그러나 χ^2검정통계량의 사용은 각 범주별 기대빈도수(expected frequency; E_i)가 5 이상이 되어야 하므로, 일반적으로 표본이 상당히 커야만 검정력이 제기능을 발휘할 수 있다는 문제점이 아울러 지적된 바 있다. 이와 같은 문제점을 완전히 해소해 줄 수 있는 별도의 비모수적 적합도판정방안이 콜모고로프(Kolmogorov)와 스미르노프(Smirnov)에 의해 제시되었다.

이들이 고안한 방법 또한 기대빈도 또는 가정된 빈도(expected or hypothesized frequency)와 실제로 관측한 빈도(observed frequency)를 근거로 두 빈도수간의 차이가 심각한 정도인지를 판별할 수 있는 검정방안을 강구한 점에 있어서는 χ^2검정 경우와 동일하다. 그러나 제13장에서 보았듯이 $\sum(O_i-E_i)^2/E_i$가 χ^2분포를 따르려면 각 E_i가 최소한 5 이상 되야 한다는 문제점이 있었다. 따라서 콜모그로브와 스미르노브는 χ^2분포를 이용하지 않고 우회적인 방법을 통하여 적합도를 판정할 수 있는 방안을 구상한 것이다.

예컨대, 5개만의 관측치로 구성된 표본정보를 가지고도 이 표본이 추출된 모집단의 분포 형태에 관한 가설을 다각적으로(정규분포 · 이항분포 등등) 설정하여 검정할 수 있는 방안을 마련한 것이다. 즉, 관측된 표본정보가 가정된

표 14-1 표본의 누적확률분포와 가정된 누적확률분포

표본관측치 X	표본의 누적확률 $F_0(X)$	$Z=\frac{X-\mu}{\sigma}$	이론적인 누적확률 $F_e(X)$	$\|F_0(X)-F_e(X)\|$
6	0.2	−2.9333	0.0017	0.1983
34	0.4	−1.0666	0.1423	0.2577
50	0.6	0.0000	0.5000	0.1000
93	0.8	2.8666	0.9979	0.1979
100	1.0	3.3333	0.9996	0.0004

분포에서 예상되는 정보와 적합한지의 여부를 소규모의 표본의 경우에서도 판정할 수 있는 방법을 고안한 것이다. 이 방법은 관측된 자료를 크기에 따라 나열한 후, 각 관측치들의 누적확률을 구한 다음, 가정된 분포의 누적확률과 비교하되, 이 때 두 누적확률간의 차이의 최대치가 임계치(critical value)보다 작으면 표본이 가정된 분포를 따르는 것으로 보고, 반대의 경우에는 표본이 가정된 분포를 따른다는 가설을 기각할 수 있도록 고안되었다.

예컨대, 표 14-1에서처럼 주어진 표본관측치가 6, 34, 50, 93과 100이라면, 이들 각 관측치가 발생할 확률이 각각 동일하다고 보고 누적확률을 구한 다음 이를 관측된 누적확률 $F_0(X)$라 표시한다. 한편, 모집단은 정규분포를 따르며 평균이 50, 그리고 표준편차는 15라는 가정하에 세 번째 열(column)과 같이 각 관측치를 일단 표준화한 다음, 기대되는 누적확률을 부표 D의 표준정규분포를 이용하여 네 번째 열에 정리한다. 그러면 결국 우리는 다음과 같은 귀무가설을 검정할 수 있게 된다.

H_0 : X는 평균이 50, 표준편차가 15인 정규분포를 갖는다.

그러나 χ^2분포를 이용할 당시처럼 관측치의 관측도수와 기대도수를 이용하여 χ^2검정통계량을 설정함으로써 두 도수간의 근접도 여부를 확인하는 대신, 여기서는 각 관측치가 무작위로 추출되었다고 보고(따라서 동일한 발생확률을 가지고 관측되었다고 봄) 표본관측치를 크기에 따라 순서대로 정리한 후 누적확률($F_0(X)$: cumulative probability of the observed value of X)을 계산하고, 다음 단계에선 X가 일정한 평균과 표준편차를 갖는 모집단에서 추출되었다는 가정하에 표준화된 관측치들이 누적확률($F_e(X)$: cumulative probability of the expected or hypothesized value of X)을 산정한 다음, 두 누적확률간의 밀접도를 확인함에 의해 귀무가설의 채택 여부를 결정하는 방안을 이용하고 있다. 이렇게 함으로써 각 관측치의 기대빈도의 크기에 영향을 받지 않고도 적합도를 판정할 수 있는 우회적인 방법을 사용할 수 있도록 고안된 방법이라 볼 수 있다.

이제 보다 실제적인 검정절차를 살펴보자. 우선 $F_0(X)$는 각 관측치의 발생확률이 $1/N=1/5$로 동일하다고 보면, 누적확률은 1/5, 2/5, 3/5, 4/5 및 5/5로 계산될 것이다. 한편, 귀무가설에 의거, 각 관측치를 표준화시킨 값들의 누적확률을 표준정규분포표(Z분포표)에서 찾아보면 표 14-1의 네 번째 열과 같다. 다음 이처럼 계산된 두 누적확률간의 차이의 절대치를 산정하면 표 14-1의 마지막 열과 같이 될 것이다. 이렇게 산출된 두 누적확률간의 차이의 절대치 중 최대치를 $D=\text{Max}|F_0(X)-F_e(X)|$라 정의한 다음 콜모그로브와 스미르노브가 개발한 유의수준(α)과 표본의 크기(n)에 따른 임계치를 부표 K에서 찾아보면, $n=5$의 경우 $\alpha=5\%$ 또는 1%에 따라 각각 0.565와 0.669임을 확인할 수 있다. 이 부표에 나타난 임계치 D_α는 $P[D_\alpha \leq D=\text{Max}|F_0(X)-F_e(X)|]=\alpha$를 만족시키는 D_α의 값으로 $D \leq D_\alpha$이면 귀무가설을 채택하고 $D > D_\alpha$이면 기각한다.[1] 결국 이러한 과정은 표 14-1에서처럼 산정된 두 누적확률값들간의 차이 중 가장 큰 값($D=0.2577$)을 선정하여 임계치($D_\alpha=0.565$ 또는 0.669)보다 작은 수준이면 두 누적확률간의 차이가 무시할 만한 것으로 판정할 수 있다는 논리에 근거한 검정방안인 것이다.[2] 따라서 이 방법이 χ^2분포를 이용한 적합도검정방안이 갖는 문제점을 해소시킬 수 있었음은 사실이나, 표본의 크기가 커질수록 검정능력이 향상될 수 있다는 점은 지적해 둘 필요가 있다.

2. 무작위성검정(test of randomness): 단일표본에 의한 연의 검정 (one-sample runs test)

단일표본을 이용하는 비모수통계방법들이란 전술한 바 있듯이, 기본적으로 추출된 실제 관측치가 어떤 가정이나 가설(또는 기대)에 입각한 조건에 적합한 양상을 띄고 있는지의 여부를 판정하는 방법들이다. 그러나 이들을 보다 세분한다면 χ^2분포를 이용하거나 콜모그로브-스미르노브의 D분포를 이용하여 실제 관측치들의 분포상태와 가정되거나 기대되는 분포와의 밀접도 여부를 확

1) 콜모고로프와 스미르노프가 개발한 D분포의 형태 및 특성은 매우 복잡하고 난해하여, 이곳에서는 설명을 생략하고 단지 이들이 산정·제시한 각 유의수준 및 표본크기(n)에 따른 임계치만을 부표에 소개하였다(관심 있는 독자는 F. J. Mossag, Jr., "The Kolmogorov-Smirnov test of goodness of fit," *Journal of American Stat. Assn.*, Vol. 46. p. 70 참조).

2) 이 방법은 반드시 귀무가설을 정규분포에 한정시킬 필요가 없으며, 관측치에 의거, 직관에 의해 여타 형태의 분포에 대한 적합도를 판정할 수 있도록 고안되어 있다. 그러나 현실적으로 가장 빈번하게 쓰이는 것은 역시 정규분포 형태에 관한 적합도검정이며, 이 방법은 두 표본의 경우에도 확대사용될 수 있다(본장 서두 부분의 계보표 참조).

인하는 적합도검정 형태와, 우리가 추측통계 전반에 걸쳐 통상적으로 별다른 근거 없이 표본이 무작위로 추출되었다고 가정하는 행위에 대한 검토를 목적으로 하는 이른바 무작위성 판정방안으로 양분할 수 있다. 후자를 흔히 무작위성검정(test of randomness)이라 칭하는데, 검정과정에서 주로 사용하는 정보가 연(run)이라는 사실 때문에 단일표본에 의한 연의 검정(one-sample runs test)이라 부르기도 한다.

표본이 무작위로 추출되었는지의 여부를 판정하는 방안은 모수통계로서는 처리할 수 있는 적절한 대책이 없었다는 점을 감안하면, 비모수통계란 경우에 따라서는 모수통계적 추론을 보조하는 데 그치는 것이 아니라 모수통계기법으로선 감당할 수 없는 영역까지를 다룰 수 있다는 데에서 그 의의를 찾을 수 있다고 볼 수 있으며, 바로 연의 검정은 그 좋은 예가 될 것이다.

지금까지 배워 온 추측통계이론이 대부분 단순무작위추출(simple random sampling)과정에 의해 표본이 구성되었다는 가정을 근거로 전개되어 왔다는 사실, 즉 모집단을 구성하는 개체가 표본으로 뽑히게 될 확률이 모두 동일한 상황에서 표본이 선택되었다는 가정하에 제반 추측통계이론이 정립되어 제시된 사실을 감안할 때 연의 검정이 추측통계의 기본이 되는 가정의 충족성 여부를 확인할 수 있다는 점은 실로 그 의의가 크다고 볼 수 있다.

연의 검정은 표본이 두 가지 특성을 갖는 집단으로 양분될 수 있는 상황(예컨대, 남과 여, 크고 작음, 길고 짧음, 높고 낮음, 흑과 백 등등의 범주별 구분이 가능한 경우)에는 직접 적용이 가능하다. 그러나 보다 일반적인, 말하자면 여러 가지 결과로 뒤섞여진 표본의 경우(수량적 자료를 포함한 모든 경우)에는 중위수(median)를 중심으로 이보다 큰 값과 작은 값을 갖는 두 그룹(A: above median, B: below median)으로 일단 구분한 다음, 다음과 같은 과정에 따라 무작위성 여부를 검정하게 된다.

첫째, 표본정보가 이미 양분되었든, 아니면 중위수를 중심으로 양분되었든 간에 추출된 순서에 따라 표본을 두 가지로 구분하여 표시한다. 예컨대,

(예제 1) 남남 여여여 남 여여 남 여
　　　　① ② ③ ④ ⑤ ⑥

(예제 2) $AAAAA$ $BBBBBB$
　　　　① ②

(예제 3) A B A B A B A B A B A B
　　　　① ② ③ ④ ⑤ ⑥ ⑦ ⑧ ⑨ ⑩ ⑪ ⑫

와 같이 표현한다.

둘째, 위의 예제들에서 같은 특성을 갖는 표본이 연속적으로 발생하는 현상을 연(run)이라 정의하고, 전체 표본 중 이렇게 정의된 연의 숫자를 확인한다. 연의 수를 r이라 표시하면, 각 예제에서 r의 값은 각각 6과 2, 그리고 12가 된다. 직관적으로 보아 두 번째 예제는 단지 2개의 연으로 구성되어 있어, 무작위적 추출 결과로 보기는 힘들 것이라 예상할 수 있으며, 세 번째 예제의 경우는 표본이 임의적이라기보다는 체계적으로 추출되었다는 감을 주고 있다는 생각이 든다. 한편, 첫번째 예제는 검정 결과를 보아야 하겠으나, 두 번째나 세 번째의 극단적 예제에 비해 절충된 형상을 보이고 있어, 무작위적 추출 결과로 볼 수 있는 가능성이 상대적으로 높다고 볼 수 있다.

셋째, 두 종류로 구분된 사상에 속하는 표본수를 n_A와 n_B(단, $n_A+n_B=n$)라 표기하면 각 예제에서 $n_A=4$(남), 5(A) 및 6(A), 그리고 $n_B=6$(여), 6(B) 및 6(B)와 같아질 것이다.

넷째, 아이젠하르트(Eisenhart)와 스웨드(Swed)가 개발한 부표 L을 이용하여 주어진 유의수준(α)하에서 n_A와 n_B값에 대응하는 연의 임계치를 찾아 두 번째 단계에서 확인한 연의 값과 비교하여 무작위성 여부를 결정한다. 여기서 한 가지 유의할 점은 관측된 연의 수(r)가 지나치게 작거나 크면 무작위성을 인정하기 곤란하리란 사실과, 따라서 임계치가 두 개가 되는 양측검정이 되어야 한다는 점이다. 즉, 임계치 중 하한임계치를 r_l, 그리고 상한임계치를 r_u라 하면, $r_l<r<r_u$ 경우에는 귀무가설(H_0 : 표본은 무작위로 추출되었다)을 채택하고, $r \geq r_u$ 또는 $r \leq r_l$일 경우에는 귀무가설을 기각하여야 할 것이다.

앞서의 예제들을 $\alpha=5\%$수준에서 각각 검정하여 보면 다음과 같다.

(예제 1의 경우)

$$n=10=n_A+n_B=4+6$$
$$r=6$$
$$r_l=2,\ r_u=9$$
$$\therefore\ 2=r_l<r=6<r_u=9$$

(예제 2의 경우)

$$n=11=n_A+n_B=5+6$$
$$r=2$$
$$r_l=3,\ r_u=10$$
$$\therefore\ r=2<r_l=3$$

(예제 3의 경우)

$$n=12=n_A+n_B=6+6$$
$$r=12$$
$$r_l=3,\ r_u=11$$
$$\therefore\ r=12>r_u=11$$

이상의 검정 결과로 보아 첫번째 예제에서만이 귀무가설이 채택되어 무작위로 표본이 추출되었다고 볼 수 있으며, 두 번째와 세 번째 예제에선 예상대로 귀무가설이 기각되어 무작위적 추출 결과로 볼 수 없다는 판정을 내릴 수 있다.

이상과 같은 연의 검정과정을 살펴보는 가운데 주의깊은 독자들은 표본의 크기가 상당히 커질 경우 전통적인 모수적 검정통계량의 사용이 가능할 수도 있으리란 생각을 할 수 있을 것이다. 외형적으로 보아 앞서의 예제들은 두 가지 결과만이 발생하는 반복시행 결과를 표현해 놓은 것과 동일함을 알 수 있다. 따라서 이들 현상을 이항분포로 파악할 경우 표본규모가 커져서 30 이상에 가까워질 때($n\geq 30$) 정규분포에 의한 어림셈이 가능해질 것이다.[1] 즉,

$$Z=\frac{r-E[r]}{\sqrt{\mathrm{Var}(r)}}\sim N(0,\ 1) \tag{14.1}$$

$$\text{단, } E[r]=2\cdot n\cdot\frac{n_A}{n}\cdot\frac{n_B}{n}+1=\frac{2n_An_B}{n_A+n_B}+1$$

$$\mathrm{Var}(r)=\frac{(E[r]-1)(E[r]-2)}{n-1}\cong\frac{2n_An_B(2n_An_B-n_A-n_B)}{(n_A+n_B)^2(n_A+n_B-1)}$$

따라서

[단일표본에 의한 연의 검정통계량(단, $n\geq 30$ 경우)]

$$Z=\frac{r-\left(\dfrac{2n_An_B}{n_A+n_B}+1\right)}{\sqrt{\dfrac{2n_An_B(2n_An_B-n_A-n_B)}{(n_A+n_B)^2(n_A+n_B-1)}}}\sim N(0,\ 1) \tag{14.2}$$

한편, 유의수준(α)에 대응하는 임계치($\pm Z_{\alpha/2}$)를 표준정규분포표에서 찾아

1) 학자에 따라서는 n_A와 n_B가 각각 10, 15 또는 20 이상일 것을 조건으로 삼는 경우도 있으나, 상기 과정은 어디까지나 어림셈(approximation)에 해당되므로 결과적으로는 실질 검정 결과에 커다란 차이는 발생치 않을 것인바 크게 개의할 필요는 없다. 식 (14.1)의 도출과정에 대해서는 Sidney Siegel, *op. cit.*, pp. 52~58을 참조.

$-Z_{\alpha/2}<Z<Z_{\alpha/2}$ 이면 귀무가설(무작위성)은 채택되고, 반대의 경우는 기각되는 절차에 의해 연의 검정을 대신할 수도 있다.

[예 제]

예컨대, 시내 모백화점에서 점심시간(12시부터 1시 사이라 가정) 중 몰려오는 고객의 성(남과 여)이 무작위적으로 관측되는지의 여부를 확인하고자 50명의 고객의 성을 도착순서에 따라 조사하여 다음과 같은 결과를 얻었다고 가정하자.

남 여 남 여 남 남 남 여 여 남
여 남 여 남 여 남 남 남 남 여
남 여 남 여 남 남 여 여 여 남
여 남 여 남 여 남 남 여 남 남
여 남 남 남 남 여 남 여 남 남

귀무가설을 "H_0 : 도착하는 고객의 성(남과 여)은 무작위적으로 관측된다"라고 설정하면 이에 적절한 검정은 연에 의한 무작위성검정이 될 것이다. 그런데 표본관측치의 수가 30을 상회하므로 식 (14.2)를 적용할 수 있다. 위의 관측 결과는 남자 30명과 여자 20명이 총 $r=35$개의 연을 형성하며 밀려왔음을 보여주고 있다. 따라서 검정통계량 Z값은 다음과 같이 산출된다.

$$Z=\frac{r-\left(\dfrac{2n_An_B}{n_A+n_B}+1\right)}{\sqrt{\dfrac{2n_An_B(2n_An_B-n_A-n_B)}{(n_A+n_B)^2(n_A+n_B-1)}}}=\frac{35-\left(\dfrac{2(30)(20)}{30+20}+1\right)}{\sqrt{\dfrac{2(30)(20)[2(30)(20)-30-20]}{(30+20)^2(30+20-1)}}}=2.98$$

만일 위의 가설을 $\alpha=1\%$ 수준에서 검정한다면 Z의 임계치는 $\pm Z_{\alpha/2}=\pm 2.575$가 될 것이므로, 귀무가설은 기각된다. 즉, 도착순서에 따른 고객의 성구성은 무작위적이라 볼 수 없다.

제 2 절 동질성검정

앞 절에서 우리는 단일표본의 경우 적용할 수 있는 주요 비모수통계방법을 다루었으며, 주검정내용은 기본적으로는 적합도 판정방안에 속한다고 보았다. 그러나 표본의 수가 2개 이상이 될 경우의 주요 비모수통계는 기본적으로 동질성에 관한 판정방안의 성격을 띠고 있다. 동질성 검정방안은 일반적으로 표본들이 서로 연관되어 있는 경우와 서로 독립적인 경우로 편의상 구분하여 취급하고 있다. 한편, 표본의 수가 단지 2개인 경우와 3개 이상인 경우에 적용되는 비모수통계방안들은 서로 다른 성격을 띠고 있어 독자들의 편리를 위해 이를 또한 구분・처리하고자 한다. 보다 구체적인 사례를 든다면, 2개의 표본간의 동질성을 검정하는 방안은 모수적 검정방안 중 $H_0 : \mu_1 = \mu_2$(제8장 참조)에 대한 t검정법에 상응하는 방법에 속하며, 3개 이상의 표본간의 동질성을 검정하는 방안은 모수적 검정방안 중 $H_0 : \mu_1 = \mu_2 = \cdots = \mu_k$(제9장 참조)에 대한 ANOVA분석에 대응하는 방법에 속하는 것으로 파악할 수 있기 때문이다.

1. 복수표본의 경우

우선 표본의 수가 단지 두 개인 경우부터 다루되, 두 표본이 유기적으로 관련된 경우와 독립적으로 추출된 경우로 구분하여 취급키로 한다.

1.1 연관된 복수표본의 경우

앞서 지적한 바 있듯이 두 개의 표본이 연관된 경우의 주요 비모수통계분석방안은 기본적으로는 동질성검정에 속하는 것이며, 이들 중 가장 대표적인 검정방안으로는 부호검정(sign test)과 윌콕슨(Wilcoxen)의 쌍을 이루는 복수표본에 부호를 붙인 순위에 의한 검정법(matched-pairs signed rank test)이 있다.[1)]

1.1.1 부호검정(sign test)

여기서 소개할 부호검정법이나 다음에 소개할 윌콕슨(Wilcoxen)의 검정법은 모수통계에서 두 모집단의 평균이 동일한지의 여부를 검정하는 방법으로 제시된 바 있는 연관된 두 표본에 대한 t검정법에 대응하는 것이다.[2)] 그러나 모수검정인 t검정은 쌍을 이루는 두 표본이 정규분포를 이루는 모집단으로부터 추출되었다는 가정하에 두 표본자료가 수량적 자료 형태로 주어질 때에만 적용이 가능하였다. 따라서 자료가 단순히 어느 것을 선호한다든지 하는 정도의 질적 차이만을 보여줄 경우 또는 모집단의 분포 형태에 대한 정확한 정보나 확신을 가질 수 없을 경우에 적용이 불가능하였다. 바로 이러한 한계성을 감안하여 창안된 간편한 비모수검정방안을 이곳에서 소개하고자 하는 것이다.

---

1) 이 밖에도 맥니만(McNeman)의 유의성변화검정법(test of the significance of change)과 왈슈(Walsh)의 검정 등이 있으나, 상대적 중요도와 사용빈도를 감안하여 생략하였다.

2) 제8장 참조 $\left(t = \dfrac{d - \Delta}{s_d / \sqrt{n}}\right)$, 단 $\Delta = E[d]$.

표 14-2 펩시콜라와 코카콜라의 선호 성향

조사대상자	펩시콜라	코카콜라	부 호
1	○		+
2		○	−
3		○	−
4	○		+
5	○		+
6	○		+
7		○	−
8	○		+
9	○		+
10	○		+

예컨대, 시내 특정 지역에서 펩시콜라와 코카콜라에 대한 선호성향을 지나가는 행인 10명을 대상으로 실시한 결과가 표 14-2와 같다고 하자.

조사대상자를 눈을 가린 채 두 콜라를 시음케 한 후 선호하는 콜라를 확인한 결과, 펩시를 선호하는 사람이 7명, 그리고 코카콜라를 선호하는 사람이 3명으로 판명되었다고 하자. 전자를 선호할 경우를 "+"부호, 그리고 후자를 선호할 경우를 "−"부호를 부여하면, 위의 표와 같이 표시될 수 있다. 만일 두 종류의 콜라에 대한 선호도가 차이가 없다는 가설을 설정한다면, 이는 곧 "+" 부호나 "−"부호가 나올 가능성이 각각 1/2로 동일하다는 가설과 같은 의미를 갖게 될 것이다. 따라서 우리가 관측하게 되는 + 또는 − 부호의 수는 각각 $p=\frac{1}{2}$인 이항분포를 따른다고 볼 수 있다. 즉, 귀무가설은 다음과 같이 설정될 수 있는 것이다.

H_0 : 두 종류의 콜라에 대한 선호는 같다.
(또는 +나 −부호의 수의 비율은 각각 $p=\frac{1}{2}$로 동일하다)

+부호의 개수를 확률변수 X로 정의한다면, 위에 설정된 귀무가설하에서 +부호가 나올 확률은 1/2이 된다. 위의 가설을 검정키 위해 주어진 자료를 이용하면, 시행횟수는 $n=10$이고, +부호는 7(또는 −부호가 3)이므로 이러한 현상이 나타날 확률을 구하면 다음과 같다(부표 B 이용).

$$P\left(X\geq 7 \,\middle|\, n=10,\ p=\frac{1}{2}\right)$$
$$=P(X=7)+P(X=8)+P(X=9)+P(X=10)$$

$$= \sum_{X=7}^{10} \binom{10}{X} \left(\frac{1}{2}\right)^X \left(\frac{1}{2}\right)^{10-X}$$

$$= \binom{10}{7} \left(\frac{1}{2}\right)^7 \left(\frac{1}{2}\right)^3 + \cdots + \binom{10}{10} \left(\frac{1}{2}\right)^{10} \left(\frac{1}{2}\right)^0$$

$$= 0.1172 + 0.0439 + 0.0098 + 0.0010$$

$$= 0.1719$$

만일 유의수준을 $\alpha=1\%$, 5% 또는 10%로 설정한다면, X가 임계치보다 클 확률이 각각 0.5%, 2.5% 또는 5%(양측검정이므로)가 되므로 산출된 확률값이 0.005, 0.025 또는 0.05보다 작을 경우 귀무가설은 기각되어야 할 것이다. 그러나 위의 예제는 $P(X \geq 7) = 0.1719$이므로 10% 유의수준하에서도 귀무가설은 기각될 수 없다. 따라서 두 가지 콜라에 대한 선호도의 차이는 없다고 판정할 수 있는 것이다. 이상에서 우리는 모수검정방안인 t검정법의 적용이 곤란한 상황에서 연관된 두 표본의 동질성 여부를 판정할 수 있는 이른바 부호검정법을 살펴보았다.

부호검정법과 관련하여 지적해 둘 필요가 있는 사항 중 중요한 것 세 가지를 들면, 첫번째 부호검정은 표본자료가 수량적 자료일 경우에도 물론 적용이 가능하다는 점을 잊어선 안 될 것이다. 예컨대, 두 국가가 상호 교역하는 n개의 품목에 대한 관세율을 각각 X_i와 Y_i로 정의한 다음, $(X_i - Y_i)$의 값이 + 또는 −부호를 갖는지를 확인함으로써 두 국가간의 관세율이 동일시될 수 있는지의 여부를 판정할 수 있다.

두 국가 X와 Y가 교역하는 품목을 8가지로 분류하여 각 품목별 관세율을 조사해 본즉 표 14-3과 같은 결과를 얻었다면, 과연 두 국가가 적용하는 관세율은 동질적이라 볼 수 있는지 확인해 보자.

표 14-3 X와 Y국의 교역품들에 대한 관세율

품 목	X국의 관세율 X_i(%)	Y국의 관세율 Y_i(%)	$(X_i - Y_i)$의 부호
식 품	50	0	+
음료 및 담배	10	0	+
비식용원료	10	0	+
광물성연료	30	10	+
유 지	20	10	+
화 학 품	30	20	+
기 계 류	100	0	+
기타제조품	40	10	+

귀무가설을 "H_0 : 두 국가의 관세율은 동질적이다"라고 설정하면, +나 −부호가 나올 확률은 각각 1/2로 가정한 다음, 표에서처럼 8품목 모두가 +부호를 갖게 될 확률을 계산한다. 부표 B를 이용하면

$$P\left(X \geq 8 \,\middle|\, n=8,\ p=\frac{1}{2}\right)=0.0039$$

가 된다. 이 때 유의수준을 $\alpha=1\%$ 또는 5%라 설정한다면, X가 임계치보다 클 확률은 각각 0.005와 0.025가 된다(양측검정이므로). 그런데 위에 산출된 확률값은 0.0039로 0.005나 0.025보다도 낮으므로 귀무가설은 기각된다. 즉, 두 국가의 관세율은 동질적이라고 볼 수 없다고 결론지을 수 있다.

두 번째로 부호검정방법이 갖는 장점을 지적하자면, 귀무가설을 반드시 $H_0 : P(+)=P(-)=\frac{1}{2}$, 즉 +나 −나 나올 확률이 동일하다는 형태로 설정할 필요가 없다는 것이다. 예컨대, $H_0 : P(+) \geq \frac{2}{3}$ 또는 $\frac{3}{4}$ 등과 같이 설정될 수 있어 부호검정법은 단순히 모수적 t검정($H_0 : \mu_1=\mu_2$)에 대한 별도의 검정방안의 역할을 담당하는 데 그치지 않고 보다 확대 적용될 수 있다.

[예 제]

사회과학분야에 있어서는 남학생이 여학생에 비해 사고력 및 적응력에 있어 앞설 것이라는 직관을 가진 사람이 이러한 생각을 검정하고자 11개 사회과학분야 과목을 수강한 남학생(M_i)과 여학생(F_i)의 평균점수를 아래 표와 같이 수집한 다음, 귀무가설을 다음과 같이 설정했다고 하자.

$$H_0 : P(M_i > F_i) \geq \frac{3}{4} \quad \text{또는} \quad P(M_i - F_i > 0) \geq \frac{3}{4}$$

표 14-4 남녀 학생의 사회과학분야 과목의 평균점수

과 목	M_i	F_i	(M_i-F_i)의 부호
1	80	70	+
2	75	73	+
3	65	70	−
4	70	70	0
5	75	80	−
6	74	73	+
7	68	65	+
8	80	76	+
9	84	82	+
10	85	86	−
11	77	75	+

위의 예제에서 실제 표본의 수는 각각 11이지만, 한 과목에 있어서는 부호가 +도 −도 아닌 경우가 있어 실제 분석상에서는 표본수를 $n=10$으로 취급해야 될 것이다. 한편, 귀무가설은 $H_0 : P(+) \geq \frac{3}{4}$이고 실제 관측된 + 부호의 숫자는 7이므로 +부호의 숫자를 X로 정의할 경우 표 14-4와 같은 현상이 발생할 확률은 부표 B를 통해 다음과 같이 확인된다.

$$P(X \geq 7 | n=10,\ p=0.75) = 0.2503 + 0.2816 + 0.1877 + 0.0563 = 0.7759$$

계산 결과 표 14-4와 같은 현상의 발생가능성은 매우 높은 것으로 나타났고, 따라서 귀무가설은 채택된다.

세 번째로 부호검정과 관련하여 지적해 두어야 할 사항은 표본의 크기가 상당히 커지면(일반적으로 $n \geq 30$ 정도), 이항분포는 정규분포에 의해 어림셈이 가능해진다는 점이다.

예컨대, 귀무가설이 $H_0 : P(+) = P(-) = \frac{1}{2}$과 같이 설정된 경우 X는 + 부호를 갖는 표본수를 나타내는 확률변수라고 정의할 때, 다음과 같은 관계가 성립된다.

$$E[X] = n \cdot p = \frac{1}{2}n$$

$$\mathrm{Var}(X) = n \cdot p \cdot q = \frac{1}{4}n$$

따라서 X를 정규분포에 의한 어림셈을 하기 위해 표준화시키면 다음과 같아진다.

[부호검정의 검정통계량]

$$Z \cong \frac{X - E[X] \pm \frac{1}{2}}{\sqrt{\mathrm{Var}(X)}} = \frac{X - np \pm \frac{1}{2}}{\sqrt{npq}} \Longrightarrow \frac{X - \frac{1}{2}n \pm \frac{1}{2}}{\frac{1}{2}\sqrt{n}} \qquad (14.3)$$

↑ 귀무가설 $H_0 : p = \frac{1}{2}$하에서

(단, $\pm\frac{1}{2}$은 연속변수화조정계수임).

1.1.2 윌콕슨(Wilcoxen)의 검정법

앞서의 부호검정과 동일한 목적으로 창안되었으며, 연관된 두 표본을 이용한 동질성 여부의 판정방안으로 윌콕슨의 부호를 붙인 순위에 의한 검정법

(Wilcoxen matched pairs signed rank test)이 있다. 그런데 부호검정은 주어진 자료가 수량적 자료일 경우에도 단순히 쌍을 이룬 표본값들 중 어느 하나가 크거나 작은가에 따라 "+" 또는 "−"부호를 부여하여 얻은 정보만을 검정과정에서 사용하였으나, 윌콕슨검정은 단순한 크기의 비교에 따른 부호뿐만 아니라 두 표본값의 절대적 차이를 동시에 고려하고 있어 부호검정(sign test)보다 강력한 검정력을 갖추고 있다. 다만 두 표본간의 차이를 수량화할 수 없는 정보만이 주어졌을 경우에는 불가피하게 부호검정방안의 적용으로 만족할 수밖에 없다.

그런데 만일 상기한 바와 같이 윌콕슨이 제시한 검정법이 쌍을 이룬 표본들의 절대적 차이를 고려한다면, 과연 모수적 t검정과 무엇이 다른 것일까? 이러한 의문은 앞으로 소개할 윌콕슨의 검정과정에서 해소될 것이나, 우선 간단히 모수적 t검정과의 차이를 지적한다면, 윌콕슨검정의 경우 두 표본간의 관측치 차이에 관한 정보를 이용하되 관측치 차이 자체를 이용하는 것이 아니라, 관측치 차이의 크기(절대치)에 따라 부여한 순위를 이용하는 데 그친다는 점에서 모수적 검정과 구분된다. 또한 이처럼 수량적 자료 자체가 아닌 순위에 관한 정보만을 이용하므로 비모수적 통계기법에 귀속된다.

예컨대, 대규모의 현대식 백화점과 전통적인 소규모 점포를 대상으로 10개 주요 품목의 가격을 조사한 결과가 표 14-5와 같다고 하자.

귀무가설은 전과 같이 "두 표본은 동질적이다," 즉 "백화점과 소형점포에서의 품목별 가격차이는 없다"라고 설정한다. 그리고 백화점에서의 가격을 X_i, 소형점포에서의 가격을 Y_i로 정의한 다음 $d_i = X_i - Y_i$ 및 d_i의 절대값을 각각

표 14-5 백화점과 소형점포의 품목별 가격

품 목	백 화 점 (X)	소형점포 (Y)	$d=(X-Y)$	$\lvert d \rvert$	R ($\lvert d \rvert$의 순위)	SR 부호붙인순위)
1	1,000	900	100	100	9	9
2	200	150	50	50	7	7
3	150	130	20	20	5	5
4	100	125	−25	25	6	−6
5	1,500	1,350	150	150	10	10
6	80	70	10	10	2	2
7	130	115	15	15	3.5	3.5
8	160	100	60	60	8	8
9	80	65	15	15	3.5	3.5
10	30	36	−6	6	1	−1

계산한 결과가 표 14-5에 나타나 있다. 다음으로 d_i의 절대값, $|d_i|$를 구한 다음 크기에 따라 순위(R; rank)를 설정한다. 이 과정에서 $|d_i|=0$인 것은 분석대상에서 제외하고, 또 $|d_i|$값이 동일한 것은 평균순위를 동시에 부여한다. 예컨대, 3번째와 4번째 순위에 속하는 $|d_i|$값이 같다면 $(3+4)/2=3.5$를 두 품목에 동일하게 배정한다. 일단 이처럼 $|d_i|$의 순위가 설정된 다음 원래의 부호를 내정된 순위값에 부여한다(signed rank). 마지막으로 부호가 붙은 순위값을 양(+)의 순위와 음(−)의 순위로 구분하여 합산한 값의 절대치를 각각 T_p(absolute value of the total positive rank)와 T_n(absolute value of the total negative rank)으로 표시하여 계산한다. 표 14-5로부터 T_p와 T_n은 다음과 같이 산출된다.

$$T_p=9+7+5+10+2+3.5+8+3.5=48$$
$$T_n=|-6-1|=7$$

직관적으로 보아 T_p값과 T_n값이 거의 비슷하다면 두 집단이 동질적이라는 귀무가설을 인정할 수 있으나, T_p와 T_n값의 차이가 심할수록 귀무가설을 기각할 가능성은 커지게 된다.

한편,

$$T_t=T_p+T_n=48+7=55=\frac{10(10+1)}{2}$$

즉,

$$T_t=\frac{n(n+1)}{2}$$

가 되며,[1] 극단적인 경우, 즉 모든 d_i값이 0이라면 T_t값도 0이 될 것이므로

$$T_t=T_p+T_n \tag{14.4}$$
$$0\leq T_t\leq\frac{n(n+1)}{2} \tag{14.5}$$

와 같은 관계식이 성립된다. 아울러 T_p와 T_n 중 작은 것의 값과 T_t의 최소가능치인 0과의 차이(본 예제에서는 $T_n=7<T_p=48$이며 $T_n-0=7-0=7$)와, 둘 중

1) T_t가 취할 수 있는 최대값은 일반적으로 $\frac{n(n+1)}{2}$가 되며, 이것은 1부터 n까지의 (순위) 수를 전부 더한 값이 됨을 유의할 것.

큰 값과 T_t의 최대가능치인 $n(n+1)/2=(10)\cdot(11)/2=55$와의 차이(본 예제에서는 $T_p=48>T_n=7$이며 T_t의 최대가능치가 55이므로 $T_t-T_p=55-48=7$)는 동일함을 알 수 있다. 따라서 우리는 T_p와 T_n 중 어느 하나만을 이용하여 검정해도 무방할 것임을 알 수 있으나, 편의상 둘 중 작은 값을 검정에 사용하는 것이 통례로 되어 있다. 즉, $\text{Min}[T_p, T_n]$값과(이를 $T_{\min}$이라 칭하자) 임계치를 비교하여 귀무가설의 채택 여부를 판정하는 것이다. 본 예제에서는 $T_p=48$, $T_n=7$이므로 최소치인 $T_{\min}=7$과, 표본의 크기 $n=10$과 유의수준 $\alpha=5\%$에 대응하는 T의 임계치인 $T_{\alpha/2}=8$(부표 M 참조)을 비교하게 된다. 표본에서 산출된 $T_{\min}=7$이 하한임계치인 $T_{\alpha/2}=8$보다 작으므로 우리는 귀무가설을 기각할 수밖에 없다. 즉, 두 집단(백화점과 소형점포)간의 가격은 동일한 수준이라고 간주할 수 없다는 의미가 된다.

경우에 따라 앞서 소개한 부호검정과 이곳에서 전개한 윌콕슨의 검정이 동시에 적용 가능할 경우 두 가지 검정 결과가 서로 상반될 수도 있다. 이러한 상황에서는 마땅히 후자가 갖는 검정력이 보다 우수한 점을 감안하여 후자에 의한 판정 결과를 채택함이 타당할 것이다.

윌콕슨검정의 경우도 표본의 크기가 점차 커지면, $T_{\min}$ 또한 정규분포에 의한 어림셈이 가능하다.[1)] 윌콕슨에 의하면,

$$E[T_{\min}]=\frac{n(n+1)}{4}$$

$$\text{Var}(T_{\min})=\frac{n(n+1)(2n+1)}{24}$$

와 같으므로

[윌콕슨의 검정통계량]

$$Z\cong\frac{T_{\min}-E[T_{\min}]}{\sqrt{\text{Var}(T_{\min})}} \tag{14.6}$$

와 같은 관계가 성립된다.

앞서의 예제를 위의 식 (14.6)을 이용하여 검정해 보면,

1) 윌콕슨 자신은 $n>8$ 정도면 무방하다 하였으나, 학자에 따라 다소의 의견차이가 있다. 그러나 분명한 사실은 $n\geq30$ 정도가 되면 중심극한정리(CLT; central limit theorem)를 적용할 수 있다는 원칙을 고려할 때, 표본의 크기가 클수록 정규분포에 의한 어림셈은 보다 정확성을 기할 수 있다는 점이다.

$$Z=\frac{T_{\min}-\dfrac{n(n+1)}{4}}{\sqrt{\dfrac{n(n+1)(2n+1)}{24}}}=\frac{7-\dfrac{10\cdot(11)}{4}}{\sqrt{\dfrac{10(11)(21)}{24}}}\cong\frac{-20.5}{9.8}\cong-2.1$$

한편, 유의수준 $\alpha=5\%$에 대응하는 Z의 임계치는 $\pm Z_{\alpha/2}=\pm1.96$이므로 귀무가설은 기각될 수밖에 없다는 결론을 얻게 되며, 이러한 판정 결과는 앞서의 검정 결과와 동일함을 확인할 수 있다.

1.2 독립적인 복수표본의 경우

두 개의 표본이 서로 독립적으로 추출된 경우에도 두 집단이 동질성을 갖고 있는지의 여부를 판정할 수 있는 여러 비모수통계방안이 있다. 독립적인 두 표본의 경우를 검정하는 것으로서 제8장에서 소개한 모수적 검정방안(H_0 : $\mu_1=\mu_2$에 관한 t검정)은 모집단의 분포 형태에 관한 가정(예컨대, 정규분포), 그리고 주어진 자료의 형태(예컨대, 수량적 자료)와 같은 문제 외에도 두 모집단이 동일한 분산을 갖고 있어야 한다는 추가적인 조건이 충족되어야 하는 적용상의 한계성이 있음을 독자들은 기억하고 있을 것이다.[1] 여기서 소개하고자 하는 검정방안들은 바로 이와 같은 가정에 구속받지 않는 별도의 방법들임은 두말할 나위 없다. 두 표본이 서로 독립적으로 선정되었을 경우에 적용가능한 비모수적 검정방안은 두 표본이 서로 연관된 형태로 선정되었을 경우보다 더 많은 방법이 창안되어 왔으나, 본서에서는 맨-휘트니(Mann-Whitney)검정과 월드-월포비츠(Wald-Wolfowitz)의 검정, 그리고 중앙치검정(median test)만을 다루기로 한다.[2]

1.2.1 맨-휘트니의 U검정(Mann-Whitney U Test: 순위합검정(rank sum test))

맨(Mann)과 휘트니(Whitney)가 개발한 두 모집단의 동질성검정방안은 가장 검정력이 뛰어난 검정방법 중의 하나로, 앞서 지적한 바와 같이 동일한 분산을 갖는 정규모집단이 동일한 평균을 갖는지의 여부를 검정하기 위한 모수

1) 제8장 참조: $t=\dfrac{(\bar{X}_1-\bar{X}_2)-(\mu_1-\mu_2)}{\hat{s}\sqrt{\dfrac{1}{n_1}+\dfrac{1}{n_2}}}$ (단, $\hat{s}=\sqrt{\dfrac{\sum(X_{1i}-\bar{X}_1)^2+\sum(X_{2i}-\bar{X}_2)^2}{n_1+n_2-2}}$ 의 적용은 두 모집단의 분산이 서로 같다는 가정($\sigma_1^2=\sigma_2^2$)하에서만 적용이 가능함을 상기할 것)

2) 이외에도 피셔의 적합확률검정(the Fisher's exact probability test), 콜모그로브-스미르노브의 독립적 복수표본검정(Kolmogrov-Smirnov two-sample test), 모지스의 극단적 반응도검정(the Moses test of extreme reactions), 그리고 복수분포의 동질성 판정을 위한 연의 검정(runs test for identity of two distributions) 등이 있으나 사용빈도수와 수준문제를 감안하여 생략하였다. 관심 있는 독자는 Sidney Siegel, *op. cit.*, pp. 104~152를 참조.

표 14-6 경상계열 및 비경상계열 학생의 통계학 점수

경상계열(A)	92, 90, 94, 95, 86, 80, 82, 91, 88, 85, 68, 70
비경상계열(B)	72, 76, 77, 84, 93, 83, 96, 75, 97, 98

표 14-7 그룹별 · 순위별 성적

점 수	68	70	72	75	76	77	80	82	83	84	85
소 속	A	A	B	B	B	B	A	A	B	B	A
순 위	1	2	3	4	5	6	7	8	9	10	11
점 수	86	88	90	91	92	93	94	95	96	97	98
소 속	A	A	A	A	A	B	A	A	B	B	B
순 위	12	13	14	15	16	17	18	19	20	21	22

적 t검정방안이 갖는 적용상의 한계성을 탈피할 수 있는 가장 유용한 대체방안으로 간주할 수 있다. 따라서 이들이 개발한 방법은 모수적 t검정과 마찬가지 내용의 귀무가설을 검정하는 과정에 속하는 것이다. 즉, 맨-휘트니의 검정은 두 모집단이 동질적이란 귀무가설을 설정하고 있다.

이들의 검정절차를 간략히 단계별로 설명하면 다음과 같다.

첫째, 독립적으로 추출된 두 표본의 관측치를 통합하여 가장 낮은 관측치로부터 순서대로 나열한 뒤 순위를 매기는 동시에 소속된 표본의 표시를 아울러 병기한다. 예컨대, 통계학을 수강한 22명 학생 중 12명은 경상계열, 그리고 나머지 10명은 비경상계열이었으며, 그들의 성적은 표 14-6과 같다고 하자.

이를 위에 설명한 절차에 따라 재편성한 것이 표 14-7이다. 단, A는 경상계열, B는 비경상계열 학생을 표시한다. 표 14-7과 같이 정리된 결과는 A와 B의 순위가 적절히 배합되어 분포되어 있는 형상에 가까울수록 귀무가설의 타당성이 입증될 가능성을 크게 해주므로 검정에 유용한 자료를 제공한다.

둘째, 따라서 두 표본(A와 B)의 관측치가 낮은 순위 또는 높은 순위에 밀집되어 있는지, 아니면 골고루 배합되어 있는지의 여부를 측정할 방안이 필요하게 된다. 이를 위해 맨과 휘트니가 제시한 검정통계량은 U라 표현되며,

[맨-휘트니의 검정통계량]

$$U = \mathrm{Min}[T_A,\ T_B] \tag{14.7}$$

로 정의된다. 여기서 T_A와 T_B는 A 또는 B그룹의 특정 점수(관측치)가 타그룹의 점수를 몇 개씩이나 앞지르고 있는지의 정도를 나타내는 것으로 위의 예제

를 이용하여 계산방법을 설명하면 다음과 같다.

우선 T_A의 계산은 각 B그룹의 점수를 기준으로 이보다 낮은 점수에 속하는(앞서는) A그룹 학생들의 수를 헤아린다. 예컨대, B그룹의 최저점수대인 72, 75, 76 및 77보다 낮은 점수의 A그룹 학생의 수는 2명이고, B그룹의 두 번째 낮은 점수대인 83, 84보다 낮은 점수의 A그룹 학생수는 도합 4명, 그리고 B그룹의 세 번째 낮은 점수대인 93보다 낮은 점수의 A그룹 학생수는 전부 10명, 그리고 B그룹의 가장 높은 점수대인 96, 97 그리고 98보다 낮은 점수의 A그룹 학생수는 총 12명으로 계산된다. 이와 같은 결과를 근거로 T_A는 다음과 같이 계산된다.

$$T_A = 2(4) + 4(2) + 10(1) + 12(3) = 62$$

(4): B그룹의 가장 낮은 점수대의 학생수

2: B그룹의 최저점수대보다 낮은 A그룹의 학생수

같은 절차를 밟아 T_B는 다음과 같이 산출될 것이다.

$$T_B = 0(2) + 4(2) + 6(6) + 7(2) = 58$$

이 때 맨-휘트니의 검정통계량 U의 값은 식 (14.7)에 의해 다음과 같이 계산된다.

$$U = \text{Min}[T_A,\ T_B] = \text{Min}[62,\ 58] = 58$$

바로 이 검정통계량의 값은 두 표본이 비슷하게 어우러져 있을수록 커지는 특성을 갖는다. 따라서 산출된 U값이 지나치게 작으면 귀무가설을 기각하도록 되어 있다.

셋째, 일단 두 번째 과정에서 U의 값이 산정되면($U=58$) 부표 N에서 A그룹의 크기 $n_A=12$와 B그룹의 크기 $n_B=10$, 그리고 예컨대 유의수준 $\alpha=2\%$에 대응하는 경우 U의 임계치를 찾아 비교함으로써 귀무가설의 채택 여부를 결정하게 된다. 본 예제의 경우 U의 임계치는 24(즉, ($P(U \leq 24) = 0.02$)이므로 귀무가설은 채택된다. 즉, 두 집단은 동질적이라 볼 수 있다.

이상에서 우리는 맨-휘트니검정법의 의의와 계산 실례를 확인해 보았다. 그러나 표본의 크기가 점차 확대될수록 T_A와 T_B 나아가서는 검정통계량 U의 계산과정이 상당히 번거러워질 것임을 알 수 있다. 이러한 문제점은 다행히도 다음과 같은 과정을 통하여 해소될 수 있다.

표본들의 전체 순위를 각 소속별로, 즉 A와 B집단별로 각각 합한 값을 r_A와 r_B로 정의하고, 두 그룹에 속하는 표본수를 각각 n_A와 n_B라 정의하면, 다음과 같은 관계식이 성립된다.[1)]

$$T_A = n_A n_B + \frac{n_A(n_A+1)}{2} - r_A \tag{14.8}$$

$$T_B = n_A n_B - T_A \tag{14.9}$$

위의 두 식은 물론 n_A와 n_B가 작을 때에도 성립되며, 두 식에서 어느 표본을 A 또는 B로 삼든 상관이 없다. 앞에서의 예제를 다시 이용하여 T_A와 T_B를 각각 계산하여 보면,

$$r_A = 1+2+7+8+11+12+13+14+15+16+18+19 = 136$$

$$r_B = 3+4+5+6+9+10+17+20+21+22 = 117$$

이므로,

$$T_A = (12)(10) + \frac{(12)(13)}{2} - 136 = 62$$

$$T_B = (12)(10) - 62 = 58$$

과 같아지며, 이는 기존의 T_A, T_B 계산 결과와 동일함을 확인할 수 있다.[2)] 그러나 이러한 간편셈 또한 표본의 크기가 방대해질수록 그 계산이 지루해질 수밖에 없다. 이러한 점을 감안하여 n_A나 n_B가 20 이상이며, 또 두 표본의 크기(n_A와 n_B)가 서로 크게 다르지 않을 경우 U의 분포를 정규분포에 의해 대체하는 방안이 강구되었다.[3)] 즉,

$$Z \cong \frac{U - E[U]}{\sqrt{\mathrm{Var}(U)}} \quad (\text{단}, n_A, n_B \geq 20) \tag{14.10}$$

한편,

$$E[U] = \frac{n_A n_B}{2}$$

1) 증명과정은 *Ibid.*, pp. 271~277을 참조.

2) 식 (14.8)과 (14.9)에 의한 검정통계량 U의 계산은 순위를 합산하는 과정(r_A와 r_B의 계산)을 통하여 산출된다 하여 맨-휘트니의 U검정을 "순위합에 의한 검정"(rank-sum test)이라고도 한다.

3) Sidney Siegel, *op. cit.*, pp. 271~277을 참조.

$$\mathrm{Var}(U) = \frac{n_A n_B(n_A + n_B + 1)}{12}$$

따라서

[맨-휘트니 검정통계량(단, n_A, $n_B \geq 20$)]

$$Z = \frac{U - \frac{n_A n_B}{2}}{\sqrt{\frac{n_A n_B(n_A + n_B + 1)}{12}}} \sim N(0,\ 1) \qquad (14.11)$$

의 관계식이 도출된다.

1.2.2 월드-월포비츠(Wald-Wolfowitz)의 연의 검정(runs test)

독립적으로 추출된 두 표본의 동질성 여부를 검정하는 데 있어서 모수적 t검정에 대신하여 사용될 수 있는 또 다른 검정방안의 하나가 월드(Wald)와 월포비츠(Wolfowitz)에 의해 창안되었다. 이들의 검정법은 맨-휘트니의 U검정만큼 강력한 검정력은 없으나 맨-휘트니의 U검정의 적용이 적절치 못한 상황에도 적용할 수 있다는 유용성이 있다. 물론 월드-월포비츠의 검정에서의 귀무가설은 전과 마찬가지로 "두 표본이 동일한 모집단에서 추출되었다" 또는 "동질적이다"라고 설정된다.

한편, 월드-월포비츠의 검정방법은 연(run)의 수를 이용하는 것으로 단일표본에 의한 연의 검정(일종의 무작위성검정)과 방법론상 동일하다. 단일표본의 경우는 특정 기준(예컨대, 중앙치)을 중심으로 관측된 자료를 구분 표시하는 동시에 이 때 동일집단으로 구분된 자료끼리 연이어 발생한 그룹(즉, 연)의 수를 이용하여 표본추출의 무작위성 여부를 판정하였다.

그러나 독립적으로 추출된 두 표본자료를 갖고 있는 경우에는 소속된 표본에 따라 각각 구분 표시(예컨대, A와 B)한 다음 두 표본자료 전체를 크기에 따라 가장 작은 값부터 순서대로 나열한다. 일단 관측치들이 크기에 따라 나열되면 A표본과 B표본의 순위가 바뀌는 수가 얼마인가는 결국 크기에 따라 순서대로 나열된 관측치에서 동일 표본집단에 속하는 것끼리 연이어 모여 있는 군의 수, 즉 연의 수를 확인하는 결과와 같아진다. 이제 앞에서의 예제를 다시 한번 이곳에서 사용해 보기로 한다.

두 표본의 관측치 전체를 혼합하여 크기 순서대로 정리한 다음 각 관측치의 소속(표본 A 또는 표본 B)을 아울러 표시해 주면 표 14-8과 같이 나타날

표 14-8 표 14-7을 활용한 연의 검정자료

점 수	68	70	72	75	76	77	80	82	83	84	85	86	88	90	91	92	93	94	95	96	97	98
소 속	A	A	B	B	B	B	A	A	B	B	A	A	A	A	A	A	B	A	A	B	B	B
	①		②				③		④		⑤						⑥	⑦		⑧		

것이다. 이 때 동일표본의 관측치끼리 모여 있는 집단군의 수는 총 8개이다.

만일 두 표본이 동일 모집단에서 추출되었다면 연의 총수는 일반적으로 커지게 되는데, 이는 두 표본의 관측치들이 차지하는 순위가 상당히 무작위적으로 결정될 때와 같은 형태를 취할 때 나타나게 된다. 바로 이러한 측면에서 볼 때 월드-월포비츠의 연의 검정방법은 단일표본에서의 연에 의한 무작위성 검정방법과 같은 맥락에서 이해될 수 있다. 여하튼 위와 같은 과정에서 확인된 연의 수가 상당히 작다면(이러한 경우는, 예컨대 한 표본의 관측치가 갖는 순위가 타표본의 관측치가 갖는 순위보다 연속적으로 낮을 때 나타남) 두 표본이 동질적이라 보기 힘들며, 귀무가설은 기각될 가능성이 높아진다. 위의 예제에서는 연의 총수가 8로 집계되었다. 부표 L에서 $n_A=12$, $n_B=10$에 대응하는 임계치를 유의수준 $\alpha=5\%$에서 찾아보면, 7임을 확인할 수 있다(즉, 기각역은 $r\leq 7$이란 뜻임). 따라서 귀무가설은 기각되지 않으며, 두 표본의 동질성은 인정될 수 있게 된다.

한편, 앞서의 단일표본 경우의 연의 검정에서와 같이 월드-월포비츠의 연의 검정에서도 표본크기가 상당히 커지면(일반적으로 n_A, $n_B\geq 20$ 수준이 요구됨), 연의 수(r)는 정규분포에 접근하므로 다음과 같이 표준정규분포화 작업을 통하여 검정할 수 있다.[1)]

[월드-월포비츠의 연의 검정통계량(단, n_A, $n_B\geq 20$)]

$$Z=\frac{r-E[r]}{\sigma_r} \tag{14.12}$$

$$\left(\begin{aligned} \text{단, } E[r]&=\mu_r=\frac{2n_An_B}{n_A+n_B}+1 \\ \sigma_r^2&=\frac{2n_An_B(2n_An_B-n_A-n_B)}{(n_A+n_B)^2(n_A+n_B-1)} \end{aligned}\right)$$

위의 식은 앞서 단일표본 경우 연의 검정과정에서 소개한 식 (14.2)와 물론 동일한 것이다.

1) *Ibid.*, pp. 136～145 참조.

1.2.3 중앙치검정(median test)

앞에서의 두 검정방법은 본질적으로는 모수적 t검정($H_0: \mu_1 = \mu_2$)에 대응하는 동질성검정이라 볼 수 있다. 그러나 두 표본이 동질적 모집단으로부터 추출되었으리라는 가설은 반드시 두 모집단의 평균이 동일하다는 근거에 의해서만 판정될 수 있는 것은 아니다. 예컨대, 두 모집단이 동일한 중앙치를 갖고 있을 경우에도 우리는 두 모집단이 동질적이라고 판정할 수 있는 것이다.[1)]

중앙치검정은 다음과 같은 절차에 따라 실시된다. 첫째, 독립적으로 추출된 두 표본을 전부 합쳐 관측치의 크기에 따라 순위를 부여한 뒤 총체적인 중앙치를 산출한다.

둘째, 중앙치를 중심으로 두 표본의 관측치를 각각 중앙치보다 큰 값과 작은 값의 수를 계산하여 다음의 표와 같이 정리한다(단, 중앙치와 같은 값을 갖는 관측치를 분석대상에서 제외하며, 총 표본수도 그만큼 적어진다).

표 14-9 중앙치검정을 위한 자료의 구분

	표 본 1	표 본 2	합 계
총체적 중앙치보다 큰 관측치수	n_{11}	n_{12}	$n_{11}+n_{12}$
총체적 중앙치보다 작은 관측치수	n_{21}	n_{22}	$n_{21}+n_{22}$
합 계	n_1	n_2	$n=n_1+n_2$

주 : $n_{11}+n_{12}=n_{21}+n_{22}=\frac{n}{2}$ 임에 유의할 것.

셋째, 표 14-9에 나타난 정보는 범주별로 구분된 자료의 일종이므로 χ^2분포를 이용한 적합도 판정방안에 준하는 검정방법이 적용될 수 있다.[2)] 위의 경우처럼 2×2분할표 형태에 적용되는 χ^2검정통계량을 도출과정은 생략하고 결과만을 제시하면 다음과 같다.[3)]

---

1) 물론 중앙치를 중심으로 한 검정이 평균을 기준으로 한 검정보다 우수하다고 볼 수는 없다. 그러나 모집단이 좌우대칭 형태에 가까울수록 중앙치는 평균값과 일치할 가능성이 높아지므로, 중앙치에 근거한 동질성검정은 모집단이 대칭형에 가까울수록 검정력이 향상될 수 있을 것이다.

2) 적합도판정을 위한 χ^2검정의 경우 사용된 검정통계량은 $\chi^2_{(r-1)(c-1)}=\sum\sum\frac{(O_{ij}-E_{ij})^2}{E_{ij}}$ 이었음을 상기하고, 예컨대 위의 설명에서 두 모집단이 동질적이라면 $E_{11}=E_{12}=\frac{n_1}{2}$, 그리고 $E_{21}=E_{22}=\frac{n_2}{2}$와 같이 산정함으로써 일종의 적합도 판정절차를 밟을 수 있음에 유의할 것.

3) Sidney Siegel, *op. cit.*, pp. 111~116 참조.

[동질성검정을 위한 χ^2 검정통계량]

$$\chi^2_{(2-1)(2-1)} = \frac{n\left[\,|n_{11}n_{22} - n_{12}n_{21}| - \dfrac{n}{2}\right]^2}{(n_{11}+n_{12})(n_{11}+n_{21})(n_{21}+n_{22})(n_{12}+n_{22})} \qquad (14.13)$$

(단, $\frac{n}{2}$은 연속변수화를 위한 조정계수(correction factor for continuity)임. 즉, 이산변수를 연속변수로 취급함에 따른 조정계수임)

넷째, χ^2분포표를 이용하여(자유도는 $(2-1)\times(2-1)=1$) 유의수준 α에 대응하는 임계치를 확인한 다음 위의 식 (14.13)에서 계산된 값과 비교하여 귀무가설의 채택 여부를 결정한다. 즉, 계산된 χ^2값이 임계치인 χ_α^2보다 클 경우에는(단측검정임에 유의할 것) 귀무가설은 기각된다. 식 (14.13)에 나타난 검정통계량은 일종의 적합도판정식이며, 따라서 귀무가설(동질적 모집단)이 사실이라면 관측된 도수와 기대도수간의 차이가 작아지는 경향을 갖게 되리라는 사실을 염두에 두기 바란다.

앞에서의 예제를 다시 한번 이용하여 이곳에서 소개한 중앙치검정을 실시해 보기로 하자. 표 14-7에 나타난 자료에 의하면 n_1(먼저는 n_A로 표기됨)$=12$, n_2(먼저는 n_B로 표기됨)$=10$이므로 총체적 중앙치는 $\frac{n_1+n_2+1}{2}$번째 순위를 갖는 값이 될 것이다. 즉, $(12+10+1)/2=11.5$이므로 중앙치는 11번째 순위값인 85와 12번째 순위에 있는 값인 86의 가운데 수, 즉 85.5로 계산된다. 이 중앙치를 기준으로 분할표를 작성하면 다음과 같다.

표 14-10 표 14-7에 근거한 분할표

	표 본 1	표 본 2	합 계
85.5 이상의 관측치수	7	4	11
85.5 이하의 관측치수	5	6	11
합 계	12	10	22

식 (14.13)에 의거, 검정통계량의 값을 계산하면,

$$\chi^2 = \frac{22\left(|(7)(6)-(4)(5)| - \dfrac{22}{2}\right)^2}{(12)(10)(11)(11)} = \frac{11}{60} = 0.18\dot{3}$$

한편 유의수준이, 예컨대 $\alpha=0.05$인 χ^2의 임계치는 부표 F에서 3.84임을 알 수 있다. 따라서 $\chi^2=0.18\dot{3}<\chi_\alpha^2=3.84$이므로 귀무가설은 기각되지 않는다. 즉, 두 집단은 동질적이라 볼 수 있다.

중앙치검정을 위한 χ^2분포의 사용에 있어 한 가지 유의할 사항으로, 제13장에서도 밝힌 바 있듯이, 기대도수(E_{ij})가 5보다 작은 경우에는 직접적인 χ^2분포의 적용이 바람직하지 못하다는 사실이다. 일반적으로 $n_1+n_2>40$이면 식(14.3)의 사용이 무난하지만 $20\leq n_1+n_2\leq 40$ 경우에는 분할표상의 기대도수가 5 이상일 경우에만 식 (14.13)의 사용이 가능한 것으로 주장되고 있다.[1)]

마지막으로 지적해 두고 싶은 사항은 이곳에 소개한 중앙치검정법은 다수표본의 경우에도 확대 적용이 가능하다는 점이다.[2)]

2. 다수표본의 경우

지금까지 우리는 동질성 판정방안으로서 표본의 수가 단 2개인 경우에 한하여 적용할 수 있는 검정방법들을 다루어 왔다. 본항에서는 보다 일반적인 상황, 즉 표본의 수가 3개 이상인 경우에 동질성 여부를 판정할 수 있는 검정법을 소개하고자 한다. 모수적 통계의 경우는 분산분석(ANOVA)에 의해 여러 모집단의 평균이 동일한지의 여부를 검정하였는데, 비모수적 통계의 경우도 분산분석적인 접근을 하는 점은 동일하나, 모집단의 분포 및 자료의 형태와 취급방법이 모수적 통계검정을 적용하기에 부적당한 경우를 대상으로 별도의 검정방법을 제시하고 있다.

환언하면 제9장에서 모수적 통계인 전통적 분산분석은 표본들이 동일한 분산을 가진 정규모집단에서 추출되었다는 가정하에서 적용 가능한 것이었음을 독자들은 기억하리라 믿는다. 그러나 이러한 가정이 충족되지 않거나 관측치가 수량적 자료로 처리하기 곤란한 경우에는 불가피하게 비모수적 분산분석방법을 적용할 수밖에 없다.

비모수적 분산분석방안 또한 전항에서처럼 표본들이 상호 의존적인 경우와 서로 독립적인 경우로 구분하여 다루기로 한다.

2.1 연관된 다수표본의 경우: 프리드만(Friedman)의 검정법

우선 여러 개의 표본들이 유기적으로 관련된 상황에서 이들 표본이 추출된 모집단들이 동질적인지의 여부를 가름하기 위한 방법을 구상해 보기로

1) *Ibid.*, pp. 111~116 참조. Siegel은 $20\leq n_1+n_2\leq 40$이나 최소기대도수가 5 미만인 상황이 발생한 경우, 또는 $n_1+n_2<20$의 경우에는 피셔의 검정(*Ibid.*, pp. 99~104 참조)의 사용을 권하고 있다.

2) *Ibid.*, pp. 179~184 참조.

표 14-11 3개 전자회사 제품에 대한 고객별 선호도

회사 / 고객	삼성	LG	대우
A	2	1	3
B	1	2	3
C	3	1	2
D	3	2	1
E	1	3	2
F	1	2	3
G	3	1	2
H	2	3	1
I	2	3	1
J	2	1	3
합계	20	19	21

하자.

표본이 단 2개뿐이고 서로 연관되어 있는 경우에는 부호검정(sign test)이나 윌콕슨의 검정으로 동질성에 관한 판정이 가능하였다. 그러나 표본의 수가 3개 이상이 될 경우에는 별도의 검정방안이 요구된다. 이러한 상황에 대하여 창안된 방법 중 대표적인 것으로 프리드만이 제시한 순위에 의한 이원분산분석(Friedman's two-way ANOVA by ranks)을 들 수 있는데, 이 방법은 모집단의 분포에 관한 어떤 형태의 가정도 요하지 않으며 이용되는 자료 또한 수량적 자료(numerical data or cardinal data)가 아닌 서수적 자료(ordinal data)만으로 분석이 가능하도록 고안된 것이다.[1] 이 방법을 순위에 의한 이원분산분석이라 칭하는 이유는 자료의 처리방법이 모수적 이원분산분석과 비슷하되, 단지 사용되는 자료가 순위를 나타내는 형태를 취하기 때문이다.

프리드만이 제시한 방법을 설명키 위해 다음과 같은 예제를 사용해 보자. 삼성과 LG 그리고 대우의 전자제품에 대하여 무작위로 선정된 10명의 선호도를 순위에 따라 집계한 결과가 표 14-11과 같다 하자.

직관적으로 보아 각 회사별 순위의 합이 서로 비슷하다면 귀무가설(세 모집단이 동질적이란 가설)을 받아들일 수 있는 가능성이 커지나, 반대의 경우는 기각해야만 할 것이다. 이러한 점에 착안하여 제시된 프리드만의 검정통계량은

1) 프리드만검정과 동일한 목적을 위해 고안된 비모수통계기법으로 코크란의 Q검정 등이 있으나 본서의 수준상 생략하였다. 여기에 관심 있는 독자는 *Ibid.*, pp. 161~166을 참조.

다음과 같다.[1)]

[프리드만의 검정통계량]

$$\chi^2_{c-1} = \frac{12}{rc(c+1)} \sum_{j=1}^{c} (R_j)^2 - 3r(c+1) \qquad (14.14)$$

(단, r : 행의 수(여기선 고객의 수)
c : 열의 수(여기선 제품의 수)
R_j : j번째 열의 순위합
$c-1$: 자유도)

식 (14.14)의 도출과정은 편의상 생략키로 한다.[2)] 그러나 이 식에 나타난 χ^2값은 순위의 합들간의 차이가 클수록 큰 값을 갖게 됨을 일견해서 알 수 있다. 표 14-11의 자료를 식 (14.14)에 대입하면 검정통계량의 값은 다음과 같아진다.

$$\chi^2 = \frac{12}{10(3)(3+1)}[20^2+19^2+21^2] - 3(10)(3+1) = 0.2$$

한편, 이 검정에 필요한 χ^2의 임계치는 부표 O에 있으나, r과 c의 값이 주어진 부표 O의 범위를 넘으면, 자유도가 $c-1=3-1=2$이고 유의수준이 α(예컨대, 5%)인 χ^2 임계치를 χ^2분포표(부표 F)에서 직접 찾아 사용하면 된다. 본 예제의 경우 $\chi^2_{2,\,0.05}=5.99$이며 앞서 계산된 χ^2값은 이 임계치에 훨씬 못 미치므로 귀무가설은 채택되며 세 전자회사 제품을 동질적이라 판정할 수 있다.

2.2 독립적인 다수표본의 경우: 크루스칼-월리스(Kruskal-Wallis)검정법

다수의 표본이 독립적으로 추출된 경우에는 프리드만의 검정절차보다는 다소 간편하게 다루어질 수 있는데, 대표적 검정방안으로 크루스칼과 월리스가 제안한 이른바 순위에 의한 일원분산분석법(Kruskal-Wallis one-way ANOVA by ranks)을 들 수 있다.[3)] 이 방법은 마치 맨-휘트니의 U검정법(두 독립적인 표본의 동질성검정법)을 일반화시킨 결과라고도 볼 수 있는데, 이들이 제시한

1) 원래 프리드만이 제시한 공식은 식 (14.14)와 같은 것으로 이를 χ_r^2이라 정의했는데 이것이 자유도 $(c-1)$을 갖는 χ^2분포에 의해 어림셈이 가능하다는 것이 밝혀졌다. 따라서 본서에서는 식 (14.14)를 직접 χ^2_{c-1}분포(이 때 자유도가 $c-1$)로 파악·제시하였으나 부표 O에서는, 원저자의 χ_r^2라는 통계량 표기법을 그대로 두었다.

2) Sidney Siegel, *op. cit.*, pp. 166~172 참조.

3) 자세한 내용은 *Ibid.*, pp. 184~193 참조. 이외에도 독립적인 두 표본의 경우 동질성검정에 사용된 중앙치검정(the median test)을 확대·적용(extension of the median test; *Ibid.*, pp. 179~184 참조)할 수 있으나 절차가 번거로워 생략하였다.

표 14-12 지역별 생산량

A		B		C	
21	1	32	12	33	13
22	2	26	6	34	14
27	7	23	3	35	15
24	4	31	11	25	5
28	8	29	9	30	10
$R_1=22$		$R_2=41$		$R_3=57$	

검정방법을 다음의 예제를 통해 설명키로 한다.

표 14-12는 3개 지역의 특정 농산물의 생산능력을 비교하고자 단위면적당 생산량을 5회에 걸쳐 실시한 결과를 분류해 놓은 것으로 빗금친 밑의 숫자는 단위당 생산량이 전체 관측치 중 차지하는 순위(최저값으로부터)를 표시한다. 그리고 $R_j(j=1, 2, 3)$는 각 지역별 생산량들의 순위의 합을 나타낸다.

여기서 또한 직관적으로 보아 R_j값들이 서로 비슷한 경우에는 각 지역의 생산력이 동질적이라 볼 수 있을 것이며, 반대의 경우는 이질적이라 판정될 수 있음을 알 수 있다. 이러한 점에 착안하여 크루스칼과 월리스가 제시한 검정통계량은 다음과 같다.[1)]

[크루스칼-월리스 검정통계량]

$$H=\frac{12}{n(n+1)}\sum_{j=1}^{c}\frac{(R_j)^2}{n_j}-3(n+1) \tag{14.15}$$

(단, n : 총관측치수$\left(n=\sum_{j=1}^{c}n_j\right)$
n_j : j번째 표본의 관측치수
c : 표본의 수
R_j : j번째 표본의 순위합(sum of ranks of the jth sample))

이제 표 14-12에 제시된 자료를 식 (14.15)에 대입하면

1) 검정통계량 H는 각 표본의 관측치수 n_j가 5를 상회하면 χ^2분포(이 때 자유도는 $c-1$)로 근사치 계산이 가능하다. 이 어림셈은 특히 표본수(c)가 4 이상 되는 대표본의 경우 더욱 정확성을 기할 수 있다. 이러한 이유로 부표 P는 표본수가 3이고 각 관측치수 n_j가 5 이하인 경우에 한해 H의 임계치를 제공하고 있다.

$$H = \frac{12}{15(15+1)}\left[\frac{22^2}{5}+\frac{41^2}{5}+\frac{57^2}{5}\right]-3[15+1]=6.14$$

한편, H의 임계치는 부표 P에서 유의수준이 $\alpha=1\%$, 5%, 10%에 따라 각 7.98, 5.22 및 4.56임을 확인할 수 있다. 따라서 유의수준을 10% 또는 5%로 잡을 때에는 귀무가설을 기각할 수 있으며, 이는 지역간의 생산성이 이질적이란 결론을 가져다 준다.

제 3 절 비모수적 상관관계검정

우리는 이미 제11장에서 두 변수간의 상관관계에 관한 분석을 자세히 다룬 바 있다. 즉, 이른바 피어슨의 결합적률(product-moment)이라 부르는 두 변수간의 선형관계의 밀접도 측정방법을 살펴보았다. 그러나 이러한 분석(상관관계 r의 추정 및 검정)은 자료가 반드시 수량적 자료이어야 할 뿐 아니라, 두 변수가 2변량정규분포(bivariate normal population)를 이루고 있다는 가정하에서만 적용이 가능한 것이다. 따라서 이들 전제조건이 충족되지 못하는 상황에서 두 변량간의 상관관계를 분석하려면 별도의 분석방법이 마련되야 하며, 이러한 목적을 위해 창안된 것이 본절에서 소개할 비모수적 상관분석이다.

비모수적 상관분석은 서수적 자료(ordinal data) 및 범주별 자료의 사용을 통하여 이루어지며, 이들 자료가 추출된 모집단의 형태에 관하여 어떠한 가정도 요하지 않는다. 또한 일반적으로 피어슨의 모수적 상관계수(r)에 비해 추정 및 검정과정상의 계산이 상대적으로 간편하다는 이점을 갖추고 있다.

주요 비모수 상관분석방안으로는 범주별 자료 형태에 관한 분할표의 이용방법(contingency coefficient; C)과 서수적 자료를 이용하는 순위상관(rank-correlation)접근법이 있다. 전자는 그 내용이 χ^2분포를 이용한 적합도검정의 성격이 강하여 본절에서는 취급하지 않기로 한다. 한편, 순위상관분석은 크게 보아 스피어만(Spearman)의 접근법과 켄달(Kendall)의 접근법으로 이대별할 수 있다.[1)]

---

1) 켄달의 상관분석은 단순순위상관계수 분석방안뿐 아니라 편순위상관계수분석법(제12장 다중회귀분석상의 모수적 편상관계수의 의미 및 활용방안과 대비 참조)과 k변량간의 동시적 순위상관분석법(일종의 순위에 의한 ANOVA 상관분석법임)이 있으나, 본장에서는 단순순위상관계수만을 소개하고자 한다. 나머지 분석법에 관심 있는 독자는 Sidney Siegel, *op. cit.*, pp. 223～238을 참조.

1. 스피어만(Spearman)의 순위상관계수(r_s)

영국의 심리학자 스피어만(C. Spearman)에 의해 개발된 서수적 자료에 의한 두 변수간의 상관계수는 가장 널리 사용되고 있는 비모수적 상관분석이다. 스피어만의 "로"(Spearman's rho) 또는 r_s로 표기되는 순위상관계수는 표본크기가 n인 두 변량이 갖는 순위(수량적 자료 형태로 자료가 주어질 경우에는 그 크기에 따라 순위를 부여하여 사용)간의 차이를 이용하여 두 변량간의 밀접도를 측정할 수 있도록 고안된 것이다. 예컨대, n명의 학생이 구성된 표본을 대상으로 이들의 대학입학 시험성적(X_i)과 대학재학시의 평균성적(Y_i)의 순위가 상호 밀접하게 관련성을 맺고 있는지 아니면 아무런 연관성도 없다고 볼 수 있는지(즉, 독립적인지)를 확인하려면 바로 스피어만의 순위상관계수의 산출을 통하여 판정할 수 있다.

만일 두 변량의 순위가 거의 차이가 없다면 두 변량간의 차이의 자승합(d_i^2)은 아주 작은 값을 갖게 될 것이며 두 변량의 상관관계는 밀접한 것으로 간주될 것이다.[1] 그러나 $\sum d_i^2$의 값이 커질수록 상관관계의 밀접도는 약화될 것인바 이러한 특성에 착안하여 스피어만이 제시한 순위상관계수는 다음과 같다.

표 14-13 10명의 대학입학 시험성적과 대학재학시 성적의 순위

	대학입학시험 성적순위 (X_i)	대학재학시 성적순위 (Y_i)	순위의 차이 $d_i=X_i-Y_i$	순위차의 제곱 d_i^2
A	1	2	−1	1
B	4	1	3	9
C	2	7	−5	25
D	6	3	3	9
E	3	8	−5	25
F	5	10	−5	25
G	9	4	5	25
H	10	9	1	1
I	8	5	3	9
J	7	6	1	1
합 계			$\sum d_i=0$	$\sum d_i^2=130$

1) 단, 두 변량이 당초 수량적 자료이며 그 크기에 따라 순위를 책정해야 될 경우, 만일 동일한 자료가 여러 개 나타나면 평균순위를 산정하여 부여한다.

[스피어만의 순위상관계수]

$$r_s = 1 - \frac{6\sum d_i^2}{n(n^2-1)} \tag{14.16}$$

식 (14.16)에서 만일 $\sum d_i^2 = 0$이라면, 즉 두 변량간의 순위차이가 전혀 없다면 $r_s = 1$이 될 것이고, 반대로 두 변량간의 순위가 완전히 역의 관계에 있다면 $\sum d_i^2$이 최대값을 갖게 되며, 이 때 $r_s = -1$의 결과가 초래된다. 또한 두 변량간의 순위가 무작위적으로 배열된 경우에는 r_s의 값은 0에 가까워지게 되는 특성을 갖고 있다. 따라서 r_s는 그 절대치의 크기에 따라 상관도를 측정할 수 있을 뿐 아니라 부호에 따라 정 또는 부의 상관관계를 확인할 수 있는 것이다.

$$-1 \leq r_s \leq 1 \tag{14.17}$$

표 14-13에 나타난 자료를 식 (14.16)에 적용하면,

$$r_s = 1 - \frac{6(130)}{10(10^2-1)} \fallingdotseq 0.21$$

여기서 귀무가설을 "H_0 : X_i와 Y_i의 순위는 무관하다(또는 독립적이다)"라고 설정한 다음 유의수준 $\alpha = 1\%$와 5% 수준에 대응하는 임계치를 부표 Q에서 찾아보면, 각각 0.746, 0.564임을 확인할 수 있다. 따라서 귀무가설은 상기 어느 유의수준에서도 기각될 수 없다는 결론을 내릴 수 있다.

한편, 표본의 크기(n)가 점차 커져서 $n \geq 10$에 이르면 부표 Q 대신 다음과 같은 검정통계량을 이용하여 t검정을 실시할 수 있다.[1)]

[$n \geq 10$의 스피어만의 검정통계량]

$$t_{n-2} = \frac{r_s\sqrt{n-2}}{\sqrt{1-r_s^2}} \tag{14.18}$$

위의 예제에 이 식을 이용하면

$$t = \frac{0.21\sqrt{8}}{\sqrt{1-0.21^2}} \fallingdotseq 0.607$$

이며, 임계치는 $\pm t_{\alpha/2} = \pm 3.355$($\alpha = 1\%$ 경우) 또는 ± 2.306($\alpha = 5\%$일 경우)이므

1) 이 검정통계량은 제11장에서 제시된 피어슨의 상관계수에 대한 검정식과 동일한 형태를 취하고 있음을 알 수 있다.

로 역시 귀무가설은 채택된다. t검정통계량에 의한 검정은 n의 크기가 증가할수록 보다 정확성을 기할 수 있음은 주지의 사실이다. 또한 n이 아주 커져, 예컨대 $n \geq 30$ 정도가 되면 식 (14.16)는 Z분포에 의해 검정을 대신할 수 있음은 물론이다.

이제까지 스피어만의 순위상관계수가 갖는 의미와 산출방법 및 상관관계의 검정방법 등을 예제의 활용을 통하여 살펴보았다. 남은 문제는 과연 어떻게 하여 식 (14.16)과 같이 r_s가 정의될 수 있으며, $-1 \leq r_s \leq 1$의 관계가 성립될 수 있는지를 확인하는 일이라 믿는다.

$$X_i = 1,\ 2,\ \cdots,\ n$$

$$Y_i = 1,\ 2,\ \cdots,\ n$$

$d_i = X_i - Y_i$라 정의되었으므로

$$\begin{aligned}\mathrm{Var}(d_i) = \sigma_d^2 &= \frac{\sum(d_i - \bar{d})^2}{n} = \frac{\sum d_i^2}{n} - n(\bar{d})^2 \\ &= \frac{\sum d_i^2}{n} \left(\because\ \sum d_i = 0,\ \bar{d} = \frac{\sum d_i}{n} = 0 \right) \qquad (14.19)\end{aligned}$$

반면

$$\begin{aligned}\sigma_d^2 = \sigma_{X-Y}^2 &= \mathrm{Var}(X_i - Y_i) \\ &= \mathrm{Var}(X_i) + \mathrm{Var}(Y_i) - 2\mathrm{Cov}(X_i,\ Y_i) \\ &= 2\mathrm{Var}(X_i) - 2\rho_{XY}\sigma_X\sigma_Y \\ &\quad \left(\because\ \rho_{XY} = \frac{\sigma_{XY}}{\sigma_X\sigma_Y},\ \text{그리고 } \mathrm{Var}(X) = \mathrm{Var}(Y) \right) \\ &= 2\mathrm{Var}(X_i) - 2\rho_{XY}\sigma_X^2\ (\because\ \sigma_X = \sigma_Y) \\ &= 2\sigma_X^2 - 2\rho_{XY}\sigma_X^2\end{aligned}$$

즉,

$$\sigma_d^2 = 2\sigma_X^2(1 - \rho_{XY}) \qquad (14.20)$$

한편,

$$\begin{aligned}\sigma_X^2 = E[X^2] - (E[X])^2 &= \frac{\sum X_i^2}{n} - \left(\frac{\sum X_i}{n} \right)^2 \\ &= \frac{\frac{1}{6}n(n+1)(2n+1)}{n} - \left(\frac{\frac{1}{2}n(n+1)}{n} \right)^2\end{aligned}$$

즉,

$$\sigma_X{}^2 = \frac{(n+1)(n-1)}{12} \tag{14.21}$$

이제 식 (14.19)와 (14.20), 그리고 (14.21)을 결합시켜 ρ_{XY}에 대하여 정리하면,

$$\begin{aligned}\sigma_d{}^2 &= \frac{\sum d_i^2}{n} = 2\sigma_X{}^2(1-\rho_{XY})\\ &= \frac{2(n+1)(n-1)}{12}(1-\rho_{XY})\\ &= \frac{(n^2-1)}{6}(1-\rho_{XY})\\ \therefore\ (1-\rho_{XY}) &= \frac{\sum d_i^2/n}{(n^2-1)/6}\end{aligned}$$

즉,

$$\rho_{XY} = 1 - \frac{6\sum d_i^2}{n(n^2-1)} \tag{14.22}$$

그런데 ρ_{XY}가 바로 서수적 자료를 갖는 두 변수 X, Y 사이의 상관계수이므로

$$r_s = \rho_{XY} = 1 - \frac{6\sum d_i^2}{n(n^2-1)} \tag{14.16$'$}$$

과 같이 고쳐 쓸 수 있으며, 이것이 바로 스피어만의 순위상관계수인 것이다.

또한 $-1 \le r_s \le 1$의 관계를 설명해 보면, 이미 서술한 바 있듯이 $\sum d_i^2 = 0$이라면, 즉 두 변량간의 순위차이가 전혀 없다면 $r_s = 1$임은 쉽게 확인된다. 반면 $\sum d_i^2$이 최대값을 가질 때는 두 변량간의 순위가 완전히 역의 관계일 때이므로 이 때의 $\sum d_i^2$의 값을 우선 구해 보자.

$$\sum d_i^2 = \sum(X_i - Y_i)^2 = \sum X_i^2 + \sum Y_i^2 - 2\sum X_iY_i = \frac{1}{3}n(n+1)(2n+1) - 2\sum X_iY_i$$

그런데

$$\begin{aligned}\sum X_iY_i &= 1\cdot n + 2(n-1) + \cdots + k(n-k+1) + \cdots + n\cdot 1\\ &= \sum_{k=1}^{n} k(n-k+1) = (n+1)\sum k - \sum k^2\end{aligned}$$

$$=\frac{1}{2}n(n+1)^2-\frac{1}{6}n(n+1)(2n+1)$$

$$=\frac{1}{6}n(n+1)(3n+3-2n-1)$$

$$=\frac{1}{6}n(n+1)(n+2)$$

$$\therefore\ \sum d_i^2=\frac{1}{3}n(n+1)(2n+1)-\frac{1}{3}n(n+1)(n+2)$$

$$=\frac{1}{3}n(n+1)(n-1)$$

이 $\sum d_i^2$의 값을 식 (14.16)에 대입하면,

$$r_s=1-\frac{6\cdot\frac{1}{3}n(n^2-1)}{n(n^2-1)}=-1$$

따라서 $-1\leq r_s\leq 1$ 임을 알 수 있다.

2. 켄달(Kendall)의 순위상관계수(τ)

스피어만의 순위상관계수가 가장 일반적으로 사용되고 있는 비모수적 상관분석방법이기는 하지만, 이와 동일한 여건에서 적용될 수 있으며 검정력에 있어서도 하등의 차이가 없는 분석방안으로 켄달(Kendall)이 고안한 순위상관계수에 의한 서수적 자료를 갖는 두 변량간의 순위상관분석이 있다. 켄달이 제시한 순위상관계수는 τ("tau"라 읽음)라 표기되며 다음과 같이 정의된다.[1)]

[켄달의 순위상관계수]

$$\tau=\frac{S}{{}_nC_2}=\frac{S}{n(n-1)/2} \tag{14.23}$$

식 (14.23)과 같이 정의된 식은 엄밀하게 말하자면, 단순순위상관계수 개념에 해당되는 것이며, 전술한 바 있듯이 켄달의 순위상관분석은 이에 그치지 않고 부분순위상관분석(partial rank correlation analysis)과 k개 변량간의 동시적 순위상관분석(analysis by the coefficient of concordance)에까지 확대할 수 있는 장점을 가지고 있다. 그러나 본항에서는 위의 식에 정의된 단순순위상관계

1) 도출과정은 Sidney Siegel, *op. cit.*, pp. 213~223을 참조.

수만을 다루기로 한다.[1)]

이제 식 (14.23)이 갖는 의미 내지는 당위성을 설명하는 동시에 사용방안까지를 밝히고자 다음과 같은 예제를 이용키로 한다.

표 14-14 피아노 경연자에 대한 심사위원별 순위도

심사위원 \ 경연자	A	B	C	D	E
X	3	4	1	2	5
Y	2	1	4	3	5

표 14-14는 어떤 피아노실기 경연대회에 참가한 5명의 연주자에 대한 두 심사위원별 순위채점 내용이다.[2)] 이 자료를 분석의 편의상 첫번째 심사위원(X)의 순위에 따라 재편하면 다음과 같다.[3)]

표 14-15 표 14-14를 X의 판정순위에 따라 재편성한 순위도

심사위원 \ 경연자	C	D	A	B	E
X	1	2	3	4	5
Y	4	3	2	1	5

일단 표 14-15와 같이 채점순위표가 조정되면 심사위원 Y의 판정순위에 어느 정도 대응하는지를 판별할 수 있게 된다. 즉, X의 판정순위를 임의의 두 경연자별로 비교하되(총 ${}_5C_2=10$쌍), Y의 판정순위와 어느 정도 일치하는지를 판단할 수 있는 기준이 마련된 것이다.

---

1) *Ibid.*, pp. 223~238 참조.

2) 여기서 심사위원이 3명 이상이 되는 경우의 순위상관분석은 앞서 지적한 바 있는 켄달의 동시적 순위상관계수(coefficient of concordance)를 이용해야 한다.

3) 이 경우 또한 원래의 자료가 수량적 자료이고 순위를 부여하는 과정에서 동일수치가 여러 개 나올 경우 역시 평균순위를 부여하여 취급한다. 단, 이 경우 적용하는 검정통계량은 식 (14.23)을 다음과 같이 조정하여 사용한다. 즉, 동일순위가 없을 경우에는 $\tau=\dfrac{S}{{}_nC_2}=S\Big/\dfrac{n(n-1)}{2}$를 사용하며, 동일순위가 나타나 평균순위를 사용해야 될 경우에는

$$\tau=\frac{S}{\sqrt{\dfrac{n(n-1)}{2}-T_X}\sqrt{\dfrac{n(n-1)}{2}-T_Y}}$$

$$\left(\begin{array}{l}\text{단, } T_X=\dfrac{1}{2}\sum_{i=1}^{k}t(t-1)\\ T_Y=\dfrac{1}{2}\sum t(t-1)\\ t\text{ : 각 변량의 순위 중 동일순위를 갖는 변량의 수}\\ k\text{ : 동일순위를 갖는 변량군의 수}\end{array}\right)$$

예컨대, Y 심사위원의 판정순위를 경연자 C와 D, C와 A, C와 B, 그리고 C와 E에 대하여 비교한 뒤 그 결과가 X 위원과 같은 서열로 판정된 경우는 (+1)값, 그리고 반대의 서열로 판정된 경우에는 (−1)값을 부여하여 이들 값을 전부 합한다.

$$(-1)+(-1)+(-1)+(+1)=-2$$

같은 방법으로 이번엔 Y 심사위원의 D와 A, D와 B, 그리고 D와 E간의 판정순위를 X 위원의 판정순위와 비교하여 같은 방향으로의 순서가 확인되면 역시 (+1), 반대의 경우는 (−1)값을 부여한 다음 합산하면,

$$(-1)+(-1)+(+1)=-1$$

그리고 A와 B, A와 E, 그리고 B와 E에 대하여 같은 절차를 밟으면,

$$(-1)+(+1)+(+1)=+1$$

으로 계산된다. 이상에서 전체 ${}_5C_2=10$쌍에 대하여 부여한 값들을 전부 합산한 것을 S라 정의하여 그 값을 구하면

$$S=(-2)+(-1)+(+1)=-2$$

가 된다.

한편, 위와 같은 절차에 따라 산출하는 S가 취할 수 있는 최대치는 얼마일까? S의 최대값은 Y 위원의 판정순위가 X 위원과 정확히 일치할 경우이고 이때 ${}_nC_2$쌍 모두에 (+1)의 값이 부여될 것이므로 S의 최대값은 $(+1)\cdot{}_nC_2$가 된다. 즉,

$$\text{Max } S={}_nC_2=\frac{n(n-1)}{2}=\frac{5(5-1)}{2}=10$$

이제 실제 계산된 S와 $\text{Max } S=n(n-1)/2$간의 비율을 구하면, 이 값이 곧 켄달이 제시한 순위상관계수값이 된다.

$$\tau=\frac{S}{n(n-1)/2}=\frac{-2}{10}=-0.2$$

이와 같이 계산되는 τ의 값은 두 위원간의 판정순위의 일치도를 측정하는 기준이 될 수 있음을 독자들은 직감할 수 있으리라 믿는다. 단, S를 산출하는

과정을 형식논리에 따라 계산하자면 다소 번거로워지는 경향이 있으므로 일반적으로 다음과 같은 편법에 의해 계산한다.

우선 자료가 표 14-15와 같이 조정되면 제일 왼편에 위치한 경연자에 대한 Y위원의 판정순위를 기준으로, 기준경연자보다 오른편에 위치한 경연자들에 대하여 Y위원이 판정한 순위들 중 기준경연자보다 낮은 순위(숫자로는 큰 값)를 갖는 사람수에서 기준경연자보다 높은 순위(숫자로는 작은 값)를 갖는 사람수를 차감한 값을 구한다. 같은 방식으로 기준경연자를 두 번째, 세 번째, …로 옮겨 가며 차감한 값을 구한 다음 이처럼 산출된 값을 모두 더하면 S값을 구할 수 있다. 즉, 위의 예제에서

$$S=(1-3)+(1-2)+(1-1)+(1-0)=-2$$

와 같이 계산되며, 이는 전의 계산과정과 동일한 값을 산출하고 있음을 확인할 수 있다.

일단 이상과 같이 τ값이 산출되면 부표 R을 이용하여 임계치를 찾은 다음 계산된 τ값과 비교하여 귀무가설($H_0 : \tau=0$)의 채택 여부를 결정한다. 앞서의 예제의 경우에는 부표 R에서

$$P(S\geq 2|n=5)=0.408 \quad \text{또는} \quad P\left(\tau\geq\frac{2}{5(5-1)/2}=0.2\right)=0.408$$

이므로 $P(\tau\leq -0.2)=0.408$이 되며, 따라서 $\alpha=10\%$ 유의수준에서도 귀무가설은 기각된다. 즉, 두 심사위원간의 평가는 순위상관이 미약하다고 볼 수 있는 것이다.

이상에서 소개한 켄달의 순위상관계수는 일반적으로 스피어만의 순위상관계수보다 작은 값으로 산정된다. 그러나 켄달의 τ의 임계치 또한 스피어만의 r_s의 임계치보다 절대치에 있어서 작은 값을 갖게 되며, 일반적으로 동일한 문제에 두 가지 접근방법을 동시에 적용할 때 대체적으로 동일한 유의수준에서의 검정은 동일한 결과를 가져다 준다. 바꾸어 말하자면 두 집단의 순위상관을 검정하는 능력이 동일하다고 볼 수 있으며, 이는 두 검정방법이 동일한 양의 정보를 활용하여 분석하기 때문이다.

마지막으로, 켄달의 τ에 대한 검정문제와 관련하여 지적해 두어야 할 사항은 $n\geq 10$ 정도로 표본의 수가 증가할 경우 τ검정통계량 또한 정규분포에 근접하게 되므로, 다음과 같이 표준정규분포로 전환하여 검정할 수 있다는 사실이다. 즉,

$$\tau \longrightarrow N(E[\tau],\ V(\tau))\ \text{(단, } n \geq 10 \text{ 일 때)}$$

따라서

[$n \geq 10$ 의 경우 켄달의 검정통계량]

$$Z = \frac{\tau - \mu_\tau}{\sigma_\tau} \sim N(0,\ 1) \qquad \text{(단, } n \geq 10 \text{ 일 때)} \qquad (14.24)$$

$$\left(\begin{aligned} &\text{단, } \mu_\tau = 0 \\ &\qquad \sigma_\tau = \sqrt{\frac{2(2n+5)}{9n(n-1)}} \end{aligned} \right)$$

가 된다.

제 4 절 요 약

비모수통계란 모집단의 분포가 불투명하거나 추정된 자료가 서수적 또는 범주별 자료 형태로 표현되어 모수적 통계분석의 적용이 곤란할 때 실시할 수 있는 기법이다. 일반적으로 비모수통계는 모수통계와 같은 강력한 추론이 불가능한 추론방법이며, 따라서 기본적으로는 모수통계를 보완하는 역할을 담당하는 분석방법이라 볼 수 있다. 그러나 경우에 따라서는 모수통계가 해결할 수 없는 영역까지를 다룰 수 있다는 장점(본편 서두부분의 표 5 참조)이 있으며, 이러한 측면을 감안한다면 비모수통계를 단순히 모수통계의 보조적 분석체계로 보아서는 곤란하다.

비모수적 통계 중 χ^2분포를 이용할 수 있는 검정방법은 이미 제13장에서 별도로 취급하였고, 본장에서는 그 이외의 비모수통계를 몇 가지 기준에 따라 분리하여 정리하였다. 즉, 표본의 수(하나, 둘 또는 그 이상인가)에 따라, 그리고 복수표본의 경우는 표본들이 서로 독립적인지의 여부에 따라 구분하였는데, χ^2검정에서처럼 단일표본 경우의 검정은 기본적으로 적합도검정의 성격을 띠며, 복수표본 경우의 검정은 동질성검정의 성격을 갖는다.

이상과 같은 종류의 검정 이외에 서수적 자료인 순위에 관한 정보만으로 상관분석을 수행할 수 있는 이른바 순위에 의한 상관분석이란 비모수통계가 있으며, 대표적인 것으로 스피어만과 켄달의 순위상관계수 활용방안을 들 수 있다.

복습문제

[1] χ^2분포를 이용하는 적합도검정과 기타 비모수적합도검정은 어떠한 점에서 구별되는가?

[2] χ^2분포를 이용하는 동질성검정과 독립성검정의 유사점과 상이점을 밝혀라.

[3] χ^2분포를 이용하는 동질성검정과 비모수검정법에 의한 동질성검정은 어떤 점에서 구별되는가?

[4] 표본의 무작위추출 여부에 관한 검정법을 유형별로 비교 · 검토하여라.

[5] 모집단분포 형태에 관한 검정법을 유형별로 비교 · 검토하여라.

[6] 독립성 여부에 관한 검정법을 비교 · 검토하여라.

[7] 모수통계의 기본적 검정법을 적절한 기준에 의거하여 분류한 다음 이들 유형에 대응하는 비모수검정법을 대비하여 검토하라.

[8] 커피에 설탕을 넣는 분량을 다섯 등급으로 나누어 10명을 관찰한 결과 다음을 얻었다. 설탕분량의 선택은 거의 무작위로 이루어지며, 따라서 분량별 기대도수는 거의 같다는 귀무가설을 적절한 절차에 따라 검정하라($\alpha=1\%$).

설탕량	1	2	3	4	5	합 계
빈도수	0	1	0	5	4	10

[9] 지난 해 한 봉급생활자가 여유자금을 활용하여 매월 한번씩 주식을 사들였다가 금년 초에 매각했는데, 그 중 5, 6월과 8, 9월에 매입한 것만 중앙치이상의 수익률을 보였음이 판명되었다고 한다. 이와 같이 중앙치 이상의 수익률을 본 주식취득은 무작위적으로 발생했다고 볼 수 있는가?

[10] 다음은 강북과 강남소재 출신 고교생 39명을 무작위선정하여 대학입학 시험을 실시한 결과 다음과 같은 현상이 관측되었다 하자. 지역간의 동질성 유무를 $\alpha=1\%$ 수준에서 검정하라. 그리고 그 결과를 SAS프로그램을 이용하여 검토해 보여라.

(단위 : 명)

성적 \ 학군	강 북	강 남	합 계
중앙치 이상	3	17	20
중앙치 미만	13	6	19
합 계	16	23	39

연습문제

[1] 주요 비모수통계에 속하는 검정방법들을 적절한 기준에 의거하여 유형화한 후 간략히 설명하라.

[2] 대통령 직선제와 간선제에 대한 선호경향을 무작위로 선정한 50명의 유권자로부터 조사한 결과 40명이 직선제를 선호하는 것으로 나타났다. 두 제도에 대한 선호도는 동질적이라 볼 수 있는지를 평가하라(단, $\alpha=1\%$).

1) 모수적 검정법을 이용하여 평가하라.

2) 비모수적 검정법(부호검정)을 이용하여 그 결과를 1)의 결과와 비교하라.

[3] 업종별 대기업과 중소기업의 대졸 신입사원 초임을 비교하여 다음 결과를 얻었다. 대기업과 중소기업의 초임수준을 동질적이라 볼 수 있는지를 검정하라($\alpha=1\%$). 그리고 검정 결과를 SAS프로그램을 이용하여 재확인해 보아라.

(단위 : 만 원)

업종 \ 기업	1	2	3	4	5	6
대기업초임	180	175	170	185	190	175
중소기업초임	176	170	176	184	180	188

[4] 다음은 A대학과 B대학 출신학생들의 5급 행정직 시험평균이다. 맨-휘트니의 U검정($\alpha=5\%$)을 이용하여 학교성적의 동질성 여부를 평가하라.

A교	90	25	87	79	30	42	75	44	59	58
B교	45	71	69	69	49	62	68	63		

[5] 다음은 자가용운전면허 합격에 소요된 시간을 남녀로 구분하여 제시한 것이다. 면허취득에 필요한 시간이 남녀간에 하등의 차이가 없다는 주장을 $\alpha=1\%$ 수준에서 평가하라(참고 : 표본크기가 $n_B\geq20$이므로 정규분포에 의한 어림셈이 가능).

남	23, 8, 24, 15, 8, 6, 15, 15, 21, 23, 16 15, 24, 15, 21, 15, 18, 14, 22, 15, 14
녀	20, 55, 29, 25, 75, 56, 31, 45

[6] 다음은 최종 본선에 진출한 4명의 피아니스트에 대하여 3명의 심사원이 평가한 순위표이다. 심사원별로 경연자에 대한 평가가 동질적이라 볼 수 있는지를 판정하라($\alpha=1\%$). 그리고 분석 결과를 SAS프로그램을 이용하

여 재확인해 보아라.

심사원 \ 경연자	A	B	C	D
가	4	2	1	3
나	3	2	1	4
다	4	1	2	3

[7] 다음은 장래 직종 선택에 있어 금융계·실업계 및 학계에 대한 학생들의 평가를 지수로 환산한 것이다. 세 직종간의 선호도는 동질적이라 볼 수 있는지를 평가하라($\alpha=5\%$). 그리고 SAS프로그램을 이용하여 분석 결과를 재확인하라.

금 융 계	실 업 계	학 계
96	82	115
123	124	149
83	132	166
61	135	147
101	109	

복습문제 해답

[1]~[7] (생략)

[8] $D=\text{Max}|F_0(X)-F_e(X)|=0.5>D_{N=10,\ 0.01}=0.490$ ∴ 귀무가설은 기각됨.

[9] $3<r=5<11$ ∴ H_0 채택

[10] $\chi^2_{(2-1)(2-1)}=9.391>6.63=\chi^2_{1,\ 0.01}$ ∴ 귀무가설을 기각(이질적임)

연습문제 해답

[1] (생략)

[2] 1) $H_0: p=\frac{1}{2}$, $Z=\frac{\hat{p}-p_0}{\sqrt{\frac{p_0q_0}{n}}}=4.24>2.575=Z_{\alpha/2}$ ∴ H_0를 기각

2) $P\left(X \geq 40 \mid n=50,\ p=\frac{1}{2}\right)=0$ $\therefore$ H_0를 기각

정규분포에 의한 어림셈으로 $P\left(Z \geq \dfrac{X-E[X]-\frac{1}{2}}{\sqrt{V(X)}}=4.1012\right)=0$

[3] $T_p=11,\ T_n=10$ $\therefore$ $T_{\min}=10>T_{\alpha/2}=0$ $\therefore$ H_0 채택, 즉 동질적.

[4] $U=\text{Min}[44,\ 36]=36>17$ $\therefore$ H_0 채택, 즉 동질적임.

[5] $Z=\dfrac{\left|r-\left(\dfrac{2n_An_B}{n_A+n_B}+1\right)\right|-0.5}{\sqrt{\dfrac{2n_An_B(2n_An_B-n_A-n_B)}{(n_A+n_B)^2(n_A+n_B-1)}}}=3.86>2.575=Z_{\alpha/2}$ $\therefore$ H_0 기각

[6] $\chi^2=\dfrac{12}{rc(c+1)}\sum_{j=1}^{c}R_j^2-3r(c+1)=7.4$ $P(\chi^2_{3,4}>7.4)=0.033$

$\therefore$ H_0는 기각되지 않음(이 때 α 오류는 3.3%).

[7] $H=\dfrac{12}{n(n+1)}\sum\dfrac{R_j^2}{n_j}-3(n+1)=6.77$ $P(H\geq 6.77)\fallingdotseq 0.049<5\%$

$\therefore$ H_0를 기각, 즉 이질적.

6

기타 주요통계분석

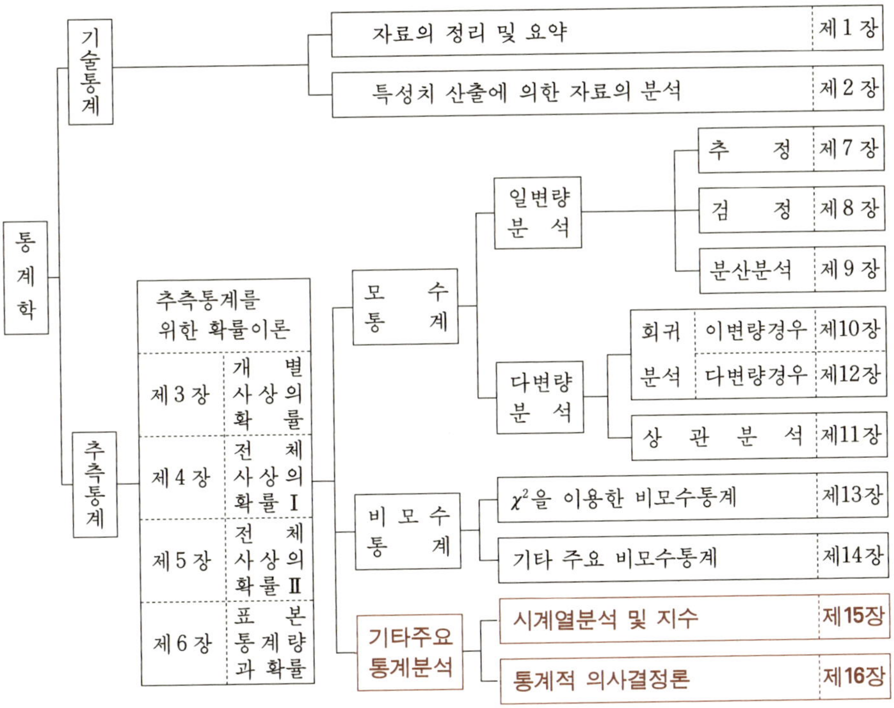

통계학
기술통계
자료의 정리 및 요약 제1장
특성치 산출에 의한 자료의 분석 제2장
추측통계
추측통계를 위한 확률이론
제3장 개별사상의 확률
제4장 전체사상의 확률 I
제5장 전체사상의 확률 II
제6장 표본통계량과 확률
모수통계
일변량분석
추정 제7장
검정 제8장
분산분석 제9장
다변량분석
회귀분석 이변량경우 제10장
회귀분석 다변량경우 제12장
상관분석 제11장
비모수통계
χ^2을 이용한 비모수통계 제13장
기타 주요 비모수통계 제14장
기타주요통계분석
시계열분석 및 지수 제15장
통계적 의사결정론 제16장

지금까지 우리는 5개의 그룹으로 구분하여 각종 통계분석을 취급하여 왔다. 즉, 제1편에서는 기술통계, 제2편에서는 추측통계를 위한 확률이론, 그리고 제3편과 제4편에서는 추측통계분석의 주요 골격을 이루는 제반 분석방법을 다루되 한 변량의 특성을 나타내는 특성치(또는 모수)에 관한 추론은 추측통계 I 이라 칭하여 제3편에서 취급하였고, 두 변량 이상간의 관계에 대한 추론은 추측통계 II 라 칭하여 제4편에서 취급하였다. 반면 제1편에서 제4편에 이르기까지 취급된 전통적인 통계학, 즉 모수통계분석이 경우에 따라서는 적용이 곤란하며 이 때 모수통계를 보완할 수 있는 별도의 통계기법이라 볼 수 있는 비모수통계학을 제5편에서 다룬 바 있다.

이와 같이 구분하여 소개한 제반 통계분석 외에도 현대에 이르러 새로운 분석방법이 많이 개발되어 왔다. 그 중 대표적인 것으로는 통계적 추론 결과에 근거하여 최선의 행위를 선정하는 과정에 대한 통계적 의사결정론과, 두 변수간의 관계에 관한 추측통계적 형태를 취하지만 독립변수가 시간(time)을 나타내는 특수한 변수의 형태를 취하는 이른바 시계열분석(time series analysis)을 들 수 있다. 이들 분석방법은 앞서 5개의 그룹으로 구분 소개된 전통적 통계학의 내용 중 어느 한 부분에 귀속시켜 설명하기가 곤란한 측면이 있어 이들을 본편에서 별도로 취급키로 한 것이다.

제 15 장 시계열분석과 지수

일정 기간에 걸쳐 어떤 한 변수를 관측한 결과를 숫자로 기록한 것을 시계열(time series)이라 부른다. 예컨대, 특정 연도의 GDP, 소비자물가지수 또는 어느 상점의 월간매상고 등은 그 좋은 예가 될 것이다. 이와 같은 시계열자료는 시간이 경과함에 따라 다양한 변화를 보이게 되는데, 이러한 시계열자료의 변동요인을 평가하고, 이를 근거로 시계열변수가 장차 어떤 값을 가질 것인가를 예측하는 방법을 시계열분석(time series analysis)이라 칭한다.

통상적으로 시계열분석은 시계열자료의 변동요인을 추정하고 또 미래의 동태를 예측하는 방법이므로 대부분의 분석내용이 기술통계(descriptive statistics)에 속한다. 그러나 최근에 와서는 시계열분석이 회귀분석과 같은 전통적 추측통계 분석방법이 갖는 문제점을 보완할 수 있을 정도로 장족의 발전을 하였다. 이렇게 발전된 형태의 시계열분석 중 대표적인 것으로 ARIMA 모형에 의한 시계열분석과 스펙트럴분석(spectral analysis)이 있다.

이상과 같은 시계열분석의 특징을 고려하여 그림 XV와 같은 골격하에 주요 분석내용을 소개하였다. 단, 시계열분석은 그 분석과정에서 여러 형태의 지수를 산출하게 되는 점을 감안하여 편의상 본장에 지수문제를 포함시켜 다루었다.

그림 XV 시계열 및 지수분석의 주요 내용

- 시계열분석
  - 전통적 분석내용
    - 시계열의 주요 변동요인
    - 변동요인별 추정방법
    - 추정된 변동요인에 따른 예측
  - 새로운 형태의 분석
    - ARIMA 모형에 의한 시계열분석*
    - 스펙트럴분석*
- 지수
  - 정의
  - 종류
    - 물가지수
    - 물량지수
    - 가치지수
      - 개별지수
      - 종합지수
        - 단순총계지수
        - 단순평균총계지수
        - 가중평균총계지수
          - 라스피레스지수
          - 파쉐지수
  - 주요 경제지수
    - 생산자물가지수
    - 소비자물가지수
    - GDP 디플레이터
  - 한계성

* ARIMA 모형에 의한 시계열분석과 스펙트럴분석에 관한 내용은 이 책의 수준문제상 생략하였음.

제 1 절 시계열의 주요변동요인

시계열분석은 시간경과에 따라 관측된 변수의 측정치를 분석하는 것으로 관측된 값의 변동요인을 파악함으로써 궁극적으로는 경기예측 내지 각종 사업계획을 입안하는 데 그 목적이 있다. 이를 위해서는 우선 시계열자료의 변동요인을 파악할 필요가 있으며, 시계열변동은 전통적으로 추세변동(secular trend)·계절변동(seasonal variation)·순환변동(cyclical variation) 그리고 불규칙변동(irregular variation)의 네 가지 변동요인이 중복되어 나타난다고 가정한다.

추세변동은 시계열 내의 가장 장기적인 변동을 일컫는다. 바꾸어 말하자면 시계열의 장기간에 걸쳐 나타나는 증가 또는 감소현상을 추세변동이라 하는데, 예컨대 국민소득수준·인구·기술수준 또는 물가수준 등의 장기적인 변화상태를 들 수 있다.

계절변동이란 1년 이하의 기간 내에서 반복적으로 발생하는 변화를 말한다. 예를 들면, 매일의 변화를 근거로 한 시계열은 매주 반복되는 것으로 파악할 수 있고, 월별 변화를 근거로 한 시계열은 매년 반복되는 것으로 이해할 수 있다. 또한 4계절에 따라 분기별로 변동하는 시계열도 1년을 주기로 반복되는 계절변동의 한 종류이다. 따라서 분기별 변동만을 계절변동으로 이해하는 것은 잘못이다.

순환변동은 계절변동보다는 주기가 크나 추세변동보다는 주기가 작은 변동으로 1년 이상의 주기를 갖고 반복되는 형태를 갖는다. 순환변동의 특징은 추세변동과는 달리 상승 및 하강현상이 반복적으로 나타난다는 사실이다. 예컨대, 호황·침체·불황 및 회복의 단계로 변동하는 경기순환과정이 대표적인 예가 되며, 따라서 순환변동(cyclical variation)은 경기변동(business cycle movement)이라고도 불리운다.

이상과 같은 세 가지 변동은 조직적인 원인에 근거하여 발생한다고 가정된다. 즉, 시계열변동은 우발적인 현상이 아니며, 위와 같은 변동요인들로부터 규칙적으로 영향을 받는다는 것이다. 한편, 이와는 달리 홍수, 파업, 일시적인 유행 등과 같이 예상할 수 없는 우발적인 요인에 의해 시계열변동이 발생할 수도 있다. 이와 같은 요인들은 불규칙적이며, 예측할 수 없이 돌발적으로 발생하므로 조직적인 설명이 불가능하다. 따라서 이와 같은 변동요인을 불규칙변동(irregular variation)이라 하며, 기술적으로는 시계열변동 중 추세변동·계절변동 및 순환변동을 제거한 나머지 변동량으로 정의한다.

문제는 이상과 같은 네 가지 변동요인들이 보다 구체적으로 어떻게 시계열을 구성하는가 하는 것이다. 현실적으로 우리가 관측할 수 있는 것은 이 네 가지 요인들이 복합된 시계열의 변화추이일 뿐이다. 그리고 시계열을 네 가지 변동요인으로 구분해 보는 것은 분석상의 편의를 위한 것이라 볼 수 있다. 따라서 보다 구체적인 분석을 위해서는 이들 요인들이 서로 어떻게 유기적인 관계를 맺고 있는가에 대한 논리와 근거를 마련할 필요가 있다.

전통적으로 시계열의 변동요인별 구성방법에는 주로 가법모형(additive model)과 승법모형(multiplicative model)의 두 가지 형태가 가정되어 왔다. 시계열분석이란 시계열의 변화추이를 예측하여 각종 경제·경영의사결정에 활용하기 위한 것이므로 위의 두 모형이 이런 목적에 부합되면서 또 취급이 간편한 이상, 가정된 모형의 논리적 근거를 문제삼을 필요는 없을 것이다. 두 모형 모두 결국은 특정 시계열의 변화 중 어느 정도가 추세변동(T)·계절변동(S)·순환변동(C)에 의한 것인지를 측정하기 위한 방편이라는 점에서는 동일하다. 그러나 각 변동요인을 각각 분리하여 산출하려면 이들 요인간의 연관관계에 관해 별도의 가정이 필요한데, 두 모형은 이 점에 있어 차이가 있다.

가법모형은 시계열의 관측치(Y)가 네 가지 변동요인의 합과 같다고 가정한 것으로 다음과 같은 관계식이 성립된다.

$$Y = T + S + C + I \tag{15.1}$$

식 (15.1)이 의미하는 것은 시계열자료의 관측치가 각 변동요인을 모두 합한 값과 같다는 것이며, 이는 결국 각 변동요인간에는 유기적인 연관관계가 없으며, 각 변동요인이 독립적으로 발생한다고 가정하는 것이다.

한편, 승법모형은 시계열의 관측치(Y)가 네 가지 변동요인을 곱한 결과와 같다고 가정한 것으로 다음과 같은 관계식이 성립된다.

$$Y = T \cdot S \cdot C \cdot I \tag{15.2}$$

이 모형은 네 가지의 변동요인들이 서로 다른 원인 때문에 발생하지만 유기적인 관련하에 상호 영향을 미친다고 가정한 것이며, 따라서 각 변동요인이 서로 종속적이라 보는 것이다. 단, 영향을 미치는 구체적 형태는 여러 가지가 있겠으나 식 (15.2)와 같이 정의된 모형은 형태상으로도 간편할 뿐만 아니라 약간의 함수변환과정을 거치면 식 (15.1)과 같은 형태로 전환이 가능하다는 장점이 있어 많이 이용되고 있다. 즉, 식 (15.2)의 양변에 log를 취하면 다음과 같은 가법모형의 형태가 된다.

$$\log Y = \log T + \log S + \log C + \log I \tag{15.3}$$

따라서 두 모형이 결국은 동일한 방법으로 분석될 수 있음을 알 수 있다. 그러나 두 모형을 실제 분석에 사용함에 있어 한 가지 주의할 점이 있다. 가법모형에서는 각 변동요인이 단순히 서로 합산되므로 시계열자료의 관측치와 동일한 단위로 측정되는 반면에 승법모형의 경우에 각 변동요인은 시계열관측치와 같은 단위로 측정되지 못한다. 즉, 추세변동만은 시계열관측치와 같은 단위로 측정되고, 나머지 변동요인들은 추세변동요인에 대한 비율로 측정된다. 각 변동요인을 시계열관측치와 같은 단위로 측정하여 모두 곱한다면 시계열자료 관측치와 같은 단위로 산정될 수 없기 때문이다.

어떤 모형을 이용하든 시계열분석은 일반적으로 추세변동을 먼저 분리·측정하고, 그 다음으로 계절변동 및 순환변동을 분리·측정하게 되며, 일단 모든 변동요인이 측정되면 미래 일정 시점에 대한 시계열예측치는 그 시점의 추세변동추정치를 계절변동 및 순환변동요인을 감안하여 조정함으로써 산정하게 된다.

제 2 절 추세변동의 추정

시계열분석에 있어 첫단계는 가장 장기적인 변동요인인 추세변동을 평가하는 일이다. 추세변동을 분석하는 데 있어 우선적으로 결정해야 할 일은 추세선(trend line)을 선형으로 볼 수 있는지의 여부를 결정하는 것이다. 일단 추세선의 형태에 관한 결정이 내려지면 어떤 방법으로 추세선을 추정할 것인가 하는 문제가 남게 된다.

추세선이 직선 형태를 취하는지의 여부를 시계열자료의 산포도(scatter diagram)를 그려본 후 눈짐작으로 결정할 수 있다. 본절에서는 우선 추세선이 선형인 경우에 있어 추세변동을 추정하는 방법을 먼저 알아본 다음 이어서 비선형추세선에 관한 추정방법을 살펴보기로 한다.

선형추세선은 X가 시간의 단위를 나타낼 때 다음과 같은 방정식으로 표현될 수 있다.

$$Y = a + bX \tag{15.4}$$

식 (15.4)와 같은 선형추세선을 추정하는 방법에는 크게 보아 세 가지가 있다. 첫번째 방법은 시계열자료의 산포도를 작성한 다음 눈짐작으로 대부분의 관측점들을 가장 잘 대표할 수 있는 선을 그려내는 지극히 간편하지만 동시에 원시적인 방법이다. 두 번째 방법으로 준평균법(method of semi-average)이 있다. 이는 단순히 시계열자료를 전후반기로 양분한 다음 전반기와 후반기의 산술평균을 구하여 이를 직선으로 연결함으로써 추세선을 추정하는 방법이다. 이 방법 또한 계산은 간편하나 정밀성이 다소 결여된 방법이며, 따라서 선형추세선의 추정은 일반적으로 제10장에서 소개한 바 있는 최소자승법을 이용하고 있다.

1. 선형추세선(linear trend)의 추정: 최소자승법

추세선이 식 (15.4)와 같은 선형방정식으로 파악될 경우 최소자승법을 이용하여 a와 b의 값을 구하면 다음과 같다.

$$\hat{b} = \frac{\sum X_i Y_i - n\bar{X}\bar{Y}}{\sum X_i^2 - n\bar{X}^2} \tag{15.5}$$

$$\hat{a} = \bar{Y} - \hat{b}\bar{X} \tag{15.6}$$

그런데 여기서 X란 시간단위를 나타낼 뿐 그 절대값이 큰 의미를 갖지는 않는다. 따라서 계산을 간편하게 하기 위해 일반적으로 X값을 일종의 지수로 전환하여 사용한다. 예컨대, X가 1개월 단위로 표현되었다면 중앙에 있는 달의 X값을 0으로 하고, 그 이전과 이후의 달은 $-1, -2, -3, \cdots$ 또는 $+1, +2, +3, \cdots$과 같은 표현으로 전환하는 것이다. 보다 구체적으로 설명하면 시계열의 관측기간수가 홀수인 경우에는 그 기간의 중앙치를 $X=0$으로 하고, $X=0$ 이전의 기간은 $\cdots, -3, -2, -1$ 그리고 $X=0$ 이후의 기간은 $+1, +2, +3, \cdots$ 등으로 X값을 전환한다. 한편, 관측기간수가 짝수일 경우엔 우선 X가 관측기간(년, 월 등)의 $\frac{1}{2}$단위로(즉, 반년, 반달 등) 표현되도록 가정한 다음, 역시 모든 관측기간의 중앙값을 $X=0$이라 놓고, 그 이전 기간은 $\cdots, -5, -3, -1$, 그리고 그 이후 기간은 $+1, +3, +5, \cdots$ 등으로 X값을 전환한다.

이상과 같이 X에 일종의 번호를 부여하는 과정은 X값의 평균이 항상 $\bar{X}=0$이 되어, 최소자승법에 의한 $\hat{b}$와 $\hat{a}$값의 산정, 나아가서는 추세방정식의 도출

표 15-1 어느 기업의 월별 고용인원

기간(월) X	고용인원(명) Y	전환된 X값	X^2	XY
1	100	−11	121	−1,100
2	110	−9	81	−990
3	130	−7	49	−910
4	150	−5	25	−750
5	130	−3	9	−390
6	170	−1	1	−170
7	160	+1	1	+160
8	200	+3	9	+600
9	180	+5	25	+900
10	250	+7	49	+1,750
11	260	+9	81	+2,340
12	240	+11	121	+2,640
합 계	$\Sigma Y=2080$	$\Sigma X=0$	$\Sigma X^2=572$	$\Sigma XY=4080$

및 사용이 간편하게 된다는 장점을 가지고 있다.

표 15-1은 최근 급성장하는 어느 기업의 월별 고용인원을 나타낸다. 여기서는 관측기간의 수가 짝수이므로 X값은 관측기간 단위의 절반, 즉 반달마다 그 값이 변하도록 함과 동시에 6번째와 7번째 달 사이의 X값이 0이 되도록 조정하여 표의 세 번째 열에 적어 놓았다. 이 때 전환된 X값의 평균은 물론 0이 된다. 즉, $\bar{X}=\Sigma X_i/n=0$. 따라서 식 (15.5)와 (15.6)은 다음과 같아진다.

$$\hat{b}=\frac{\Sigma X_i Y_i}{\Sigma X_i^2} \quad (\because \ \Sigma X=\bar{X}=0) \tag{15.7}$$

$$\hat{a}=\bar{Y} \quad (\because \ \bar{X}=0) \tag{15.8}$$

표 15-1의 자료를 위의 등식에 대입하면,

$$\hat{b}=\frac{\Sigma X_i Y_i}{\Sigma X_i^2}=\frac{4080}{572}\fallingdotseq 7.13$$

$$\hat{a}=\bar{Y}=\frac{\Sigma Y_i}{n}=\frac{2080}{12}\fallingdotseq 173.\dot{3}$$

표 15-1을 산포도형태로 도표화한 것이 그림 15-1이다. 또한 위에서 계산된 결과에 따라 추세선을 같은 도표 내에 삽입하여 원래의 관측치와 대비시켜 보았다. 여기서 주의할 점은 계산된 $\hat{a}$값 $173.\dot{3}$은 $X=0$에 대응하는 값으로 6월과 7월 사이에 형성된 고용인원수의 추정치가 된다. 다른 달에 대한 추세선의

그림 15-1 월별 고용인원의 산포도와 추세선

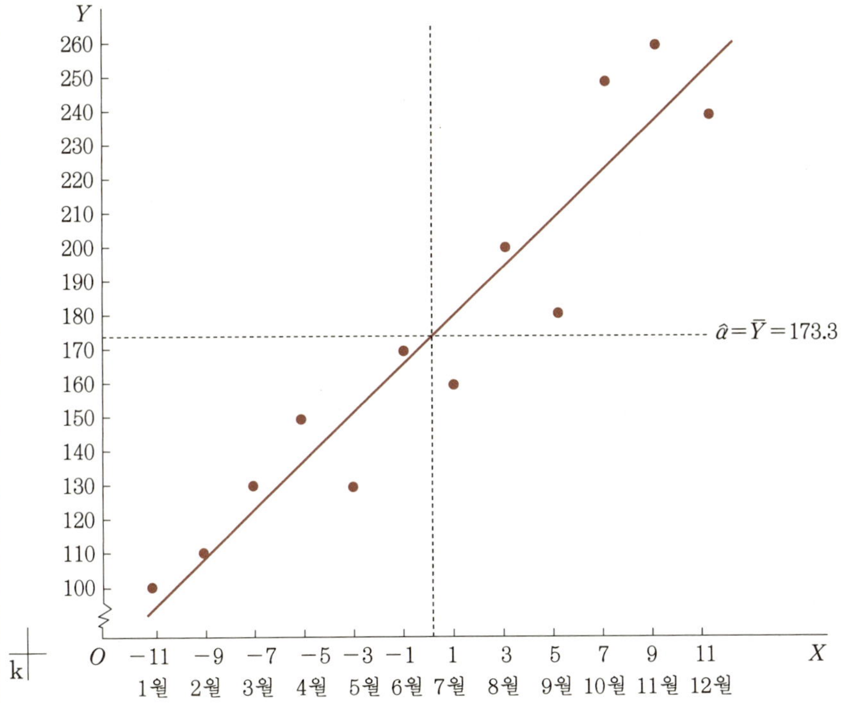

추정치를 구하려면 $\hat{Y}=173.\dot{3}+7.13X$에다 $X=\pm1,\ \pm3,\ \pm5,\ \pm7,\ \pm9,\ \pm11$을 대입하면 된다.

2. 비선형추세선(nonlinear trend)의 추정

관측된 시계열자료의 산포도가 비선형추세선을 갖는 것으로 파악될 경우 앞 항의 방법론을 그대로 적용할 수는 없으며 별도의 추정방법을 강구해야 할 것이다. 이 경우 적용될 방법론은 기본적으로 비선형함수의 회귀분석과 동일하다. 시계열자료의 추세를 추정함에 있어 경제적 특성을 정당화시킬 수 있는 여러 형태의 비선형추세선 중 대표적인 것으로 다음과 같은 함수들이 있다.

2.1 지수함수형(exponential curve)

시계열이 인구증가, 전염병의 감염자수 등과 같이 시간경과에 따라 일정 비율로 증가(또는 감소)하는 자료를 나타낼 경우 그 추세선이 지수함수 형태를

그림 15-2 지수함수형 추세선($Y=ab^X$)

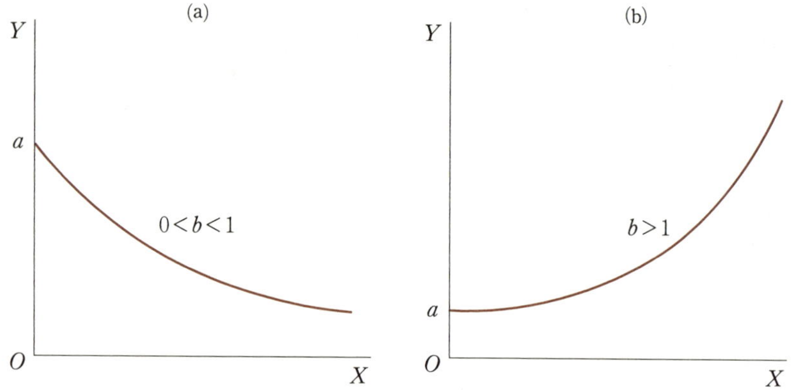

취할 때가 많다.

$$Y=ab^X \tag{15.9}$$

식 (15.9)에 나타난 Y값은 a와 b값에 의존함을 알 수 있으며 a는 Y의 절편, 그리고 b는 변화율을 각각 뜻한다. 그리고 그림 15-2에서 나타난 바와 같이 $0<b<1$의 경우 Y는 X의 증가에 따라 감소하며, $b>1$의 경우에는 X가 증가함에 따라 Y도 증가할 것이다.

일단 시계열의 산포도가 식 (15.9)와 같은 함수 형태의 추세변동을 갖는다고 볼 수 있을 경우 그 추정은 식 (15.9)를 선형으로 전환함으로써 쉽게 이루어질 수 있다. 즉, 식 (15.9)의 양변에 log를 취하면

$$\log Y=\log(ab^X)=\log a+X\cdot\log b \tag{15.10}$$

식 (15.10)과 같이 선형모형으로 전환되며, 따라서 앞 항에서와 같이 최소자승법을 적용할 수 있게 된다.

예컨대, 어느 해 겨울 유행한 홍콩 A형 독감의 주별 감염자수가 표 15-2와 같으며 이를 산포도화한 것이 그림 15-3과 같다 하자.

표 15-2의 자료와 식 (15.10)을 이용하여 최소자승추정을 하면,

$$\log\hat{b}=\frac{\sum X_i\log Y_i}{\sum X_i^2}=\frac{3.9032}{10}=0.39032$$

$$\log\hat{a}=\frac{\sum\log Y_i}{n}=2.8067$$

표 15-2 주별 독감감염자수

기 간 X	감염자수 Y	변화된 X값	$\log_{10} Y$	$X \cdot \log_{10} Y$	X^2
12월 첫째 주	100	-2	2	-4	4
12월 둘째 주	300	-1	2.4771	-2.4771	1
12월 셋째 주	600	0	2.7782	0	0
12월 넷째 주	1,500	$+1$	3.1761	3.1761	1
1월 첫째 주	4,000	$+2$	3.6021	7.2042	4

그림 15-3 독감 감염자수의 산포도

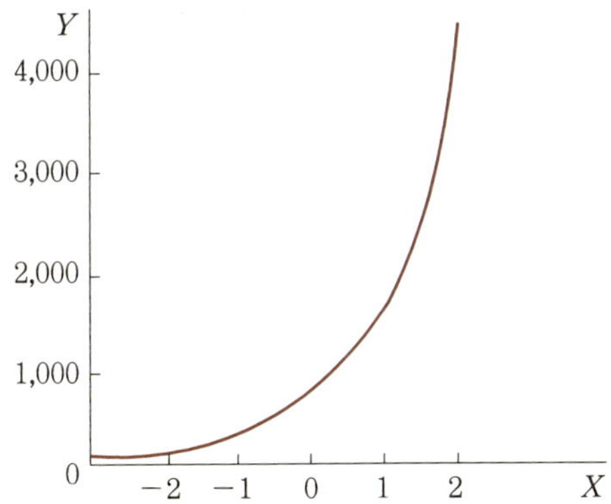

이제 log를 제거하여 a와 b의 최소자승추정치를 구하면,

$$\hat{a} \fallingdotseq 641, \quad \hat{b} \fallingdotseq 2.46$$

따라서 추세방정식은 $\hat{Y} = (641)(2.46)^X$이 된다.

2.2 수정된 지수함수형(modified exponential curve)

식 (15.9)를 다소 조정하면 Y의 값이 증가 또는 감소하되 상한 또는 하한 값을 갖는 추세선을 표현할 수 있다. 즉,

$$Y = c + ab^X \tag{15.11}$$

식 (15.11)은 식 (15.9)를 단지 c만큼 상하로 이동시키는 데 그치지 아니하고 그림 15-4에서처럼 Y의 증감률이 점차 감소하면서 c값을 하한 또는 상한으로 하는 경우를 나타내고 있다.[1)]

1) $b>1$의 경우는 점근선이 존재하지 않으며 단지 식 (15.11)이 식 (15.9)를 상하로 c만큼 이동시키는 결과만을 가져오는데, 이러한 경우는 통상 수정된 지수함수형에서 제외된다.

그림 15-4 수정된 지수함수형 추세선: $Y=c+ab^X$

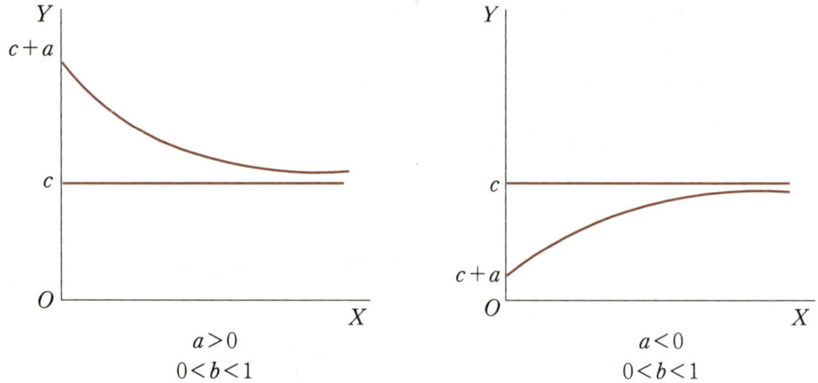

표 15-3 신상품의 연도별 판매량

연 도	X	Y
1998	−2	5
1999	−1	25
2000	0	40
2001	1	45
2002	2	49

식 (15.11)과 같이 수정된 지수함수 형태의 추세선방정식은 쉽사리 선형으로 변환되지 않으므로 최소자승법을 직접 적용하는 것이 불가능하다. 따라서 이런 경우에는 이른바 3점활용법(three-point method)을 이용하여 추세선을 추정한다. 예컨대, 어느 회사가 새로 개발한 제품의 판매가 처음엔 급속히 증가하다가 점차 다른 회사들의 모방제품과의 경쟁으로 그 증가율이 점차 감소하는 상황이 표 15-3과 같다 하자.

이제 세 시기 $X=-2,\ 0,\ +2$의 관측치인 $Y=5,\ 40,\ 49$를 식 (15.11)에 대입하면 다음과 같은 연립방정식을 얻는다.

$$5=c+ab^{-2}$$
$$40=c+ab^{0}$$
$$49=c+ab^{2}$$

이 세 식을 동시에 풀면 $a\fallingdotseq-12.1$, $b\fallingdotseq0.5$, $c\fallingdotseq52.1$이 되며, 따라서 $\hat{Y}=52.1-12.1(0.5)^X$와 같은 추세선이 추정된다.

2.3 기타 곡선형

이상에서 소개한 두 가지 추세곡선 외에도 여러 함수가 사용되는데, 그 중 가장 대표적인 것으로 로지스틱곡선(logistic curve)과 곰페르츠곡선(Gompertz curve) 형태를 들 수 있다. 로지스틱곡선형은 수정된 지수함수의 역으로 다음과 같이 정의된다.

$$Y=\frac{1}{c+ab^X} \tag{15.12}$$

이 함수 또한 그림 15-5에서 Y값이 나타난 바와 같이 증감률이 점차 감소하면서 $Y=\frac{1}{c}$에 점차 접근하는 상황을 나타내 주고 있다. 신장이나 몸무게, 또는 근세의 인구증가 등이 이런 형태를 보인다. 이 경우 또한 최소자승법을 직접적으로 적용하는 것이 불가능하므로 일반적으로 종속변수 Y를 $\frac{1}{Y'}$로 변형시켜, 즉 $\frac{1}{Y}=Y'=c+ab^X$으로 전환한 다음 앞서와 같이 3점활용법을 적용하게 된다.

한편, 19세기 초 벤자민 곰페르츠는 곰페르츠곡선(Gompertz curve)이라 불리는 다음과 같은 추세곡선의 함수 형태를 정의하였다.

$$Y=c\cdot a^{bX} \tag{15.13}$$

이 곡선은 지수가 X 대신 b^X이라는 점 외에는 외형상 지수곡선과 흡사하다. 식 (15.13)과 같은 함수는 $b>1$과 $0<b<1$에 따라, 그리고 $a>1$과 $0<a<1$에 따라 각각 다른 형태의 추세선을 나타낼 수 있으며 그림 15-6과 같이 나

그림 15-5 로지스틱곡선 $Y=\frac{1}{c+ab^X}$

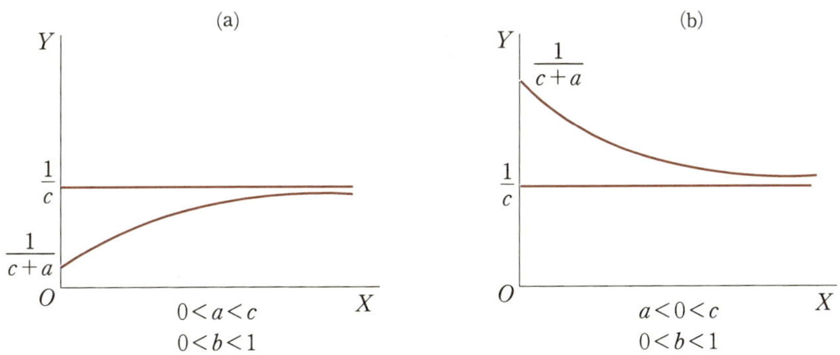

그림 15-6 곰페르츠곡선 $Y=ca^{b^X}$

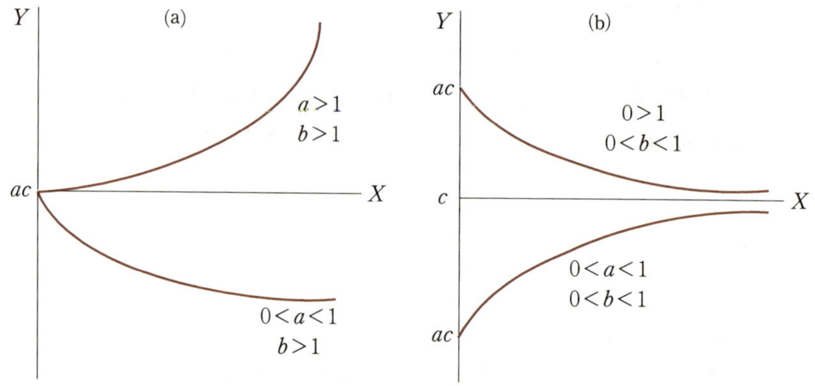

타낼 수 있다.

식 (15.13)의 양변에 log를 취하면 수정된 지수곡선과 같은 형태를 취하게 되며 따라서 추세선의 추정도 3점활용법을 이용할 수 있다.

$$\log Y=\log c+b^X(\log a) \qquad (15.14)$$

즉, 위의 식은 식 (15.11)의 Y, c, a를 $\log Y$, $\log c$ 및 $\log a$로 대체한, 수정된 지수곡선의 특수 형태에 불과한 것이다.

이상에서 우리는 네 가지의 비선형추세선의 특징과 추정방법에 대하여 살펴보았다. 그러나 주어진 관측치들을 가장 잘 대변할 수 있는, 즉 적합도가 좋은 함수 형태가 둘 이상 도출될 수 있는 경우도 종종 있다. 따라서 적합도만으로 특정 함수를 선정한다는 기준은 불충분하다. 특히 비선형추세선을 활용하여 예측을 할 때 오차의 폭이 커질 수 있는 가능성이 많다. 따라서 상품수요와 같이 경제이론상 비선형관계란 특성이 일반적으로 인정되는 경우를 제외하고는 단지 산포도에 의거한 적합도만으로 추세선이 비선형이라고 단정하는 것은 바람직하지 못하다.

3. 이동평균법(method of moving average)에 의한 추세선의 추정

지금까지 우리는 시계열에서 계절변동·순환변동 및 불규칙변동을 완전히 제거시키거나 또는 이들 변동요인을 극소화함이 없이 추세변동 및 추세선을 추정하였다. 그러나 경우에 따라서는 이들 변동요인에 따른 변동을 제거한 다

표 15-4 농촌의 교육비 지출률(연간교육비/연간소비지출)

연 도	교육비 지출률(%)	5개년 이동평균	연 도	교육비 지출률(%)	5개년 이동평균	연 도	교육비 지출률(%)	5개년 이동평균
1985	11.8		1991	10.4	10.46	1997	10.3	10.22
1986	11.7		1992	10.4	10.32	1998	10.4	10.16
1987	11.3	11.34	1993	10.2	10.32	1999	9.7	10.06
1988	11.1	11.08	1994	10.1	10.28	2000	10.2	
1989	10.8	10.82	1995	10.5	10.26	2001	9.7	
1990	10.5	10.64	1996	10.2	10.30			

자료 : 통계청, 「한국의 사회지표」, 2002.

음 추세변동을 추정하는 것이 용이하다. 이 때 다른 변동요인을 제거하는 방법을 평활법(smoothing techniques)이라 하며 가장 보편적인 평활법으로 이동평균법이 있다.

이동평균은 특정 기간 관측된 자료의 평균을 뜻한다. 예컨대, 12개월 이동평균은 시계열자료의 매 12개월간의 평균값으로 정의된다. 이러한 이동평균은 12개월간 일어난 변동이 제거된 새로운 시계열을 구성하게 된다. 여기서 주의할 것은 12개월 이동평균은 12개월 이하의 주기를 가지고 반복되는 모든 변동을 제거한다는 사실이다. 여하튼 이동평균은 원래 값에 비하여 일단 변동폭이 줄어든 완만한 형태를 취할 것이다. 이제 표 15-4에 나타난 시계열자료의 5개년 이동평균을 산출하여 원래 자료의 산포도에 대비하면 그림 15-7과 같다. 즉, 1975년부터 1979년까지의 첫 5년간의 이동평균은 $(1/5)(6.6+8.2+8.5+8.3+9.3)=8.18$이고 같은 방법으로 나머지 이동평균을 계산할 수 있다. 이와

그림 15-7 표 15-4의 산포도

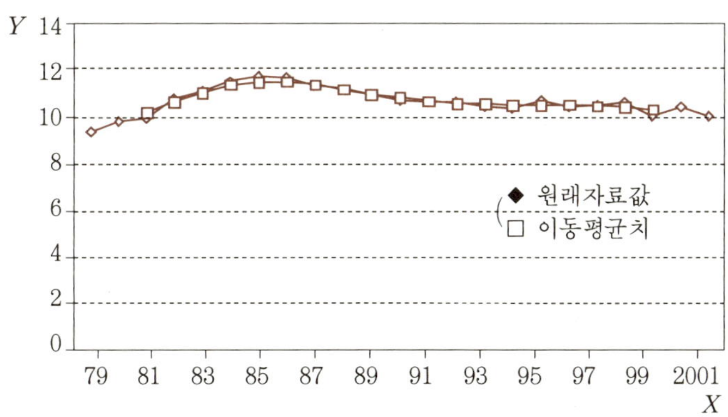

같이 계산된 이동평균값들은 원래의 시계열보다 훨씬 변동폭이 축소된 보다 매끄러운 모양을 하고 있다.

이상에서 소개한 이동평균의 산출은 각 관측치에 동일한 비중(weight)을 둔 예이다. 그러나 경우에 따라서는 각 관측치의 상대적 중요성을 감안하여 상이한 비중을 두는 이동평균법도 있다. 예컨대, 5개년 이동평균의 경우 측정치들 중 중앙에 있는 측정치에 가장 큰 비중을 두고 첫번째와 마지막 측정치에 가장 작은 비중을 둔다는 가정하에 1, 2, 3, 2, 1과 같은 비중을 부여할 수 있다. 물론 비중의 결정은 전적으로 분석자가 어떤 점을 강조하고자 하는가에 달려 있다. 단, 이동평균법은 시계열을 매끄럽게 하여 추세변동을 좀 더 쉽게 파악할 수는 있지만 이 방법에 의해 추세변동을 명확히 추정해 낼 수는 없다. 이동평균들을 연결한 점들은 이동평균을 구하는 데 포함하는 시간대를 증가시킬수록 매끄러운 형태가 되지만 일반적으로 직선이 아니며, 따라서 추세선을 방정식 형태로 나타낼 수도 없다. 단지 이동평균법은 추세변동 이외의 변동요인을 제거하는 효과를 줄 뿐이라는 점을 기억할 필요가 있다. 또한 이동평균법은 관측된 자료의 시작 및 끝부분에 대한 이동평균치를 산출하여 제공할 수 없어 활용가능한 관측자료가 축소된다는 문제점이 있음을 지적해 두고자 한다.

제 3 절 계절변동 및 순환변동의 추정

계절변동이란 1년 이내의 주기를 가지고 반복적으로 발생하는 변동을 말하며, 순환변동이란 1년 이상의 주기를 가지고 반복적으로 발생하는 변동을 일컫는다. 예컨대, 시간당 전기사용량, 요일별 일일매상고는 물론 청량음료 및 연하장의 판매 등은 바로 계절변동의 좋은 예다. 그리고 약 40개월의 주기를 가진 키친(Kitchin)파동(소순환: minor cycle이라고도 함), 약 9년의 주기를 갖는 쥬글러(Juglar)파동(주순환: major cycle이라고도 함), 그리고 약 50～60년을 주기로 발생하는 콘드라체프(Kondratiev)파동 등은 지금까지 알려진 경기순환의 대표적인 예다. 경제학자에게는 물론 기업경영자에게도 장래의 자금사정, 원료의 구입시기, 고용계획 등의 문제를 고려함에 있어 계절변동을 확인하는 작업이 중요하다. 한편, 실업대책・경제성장 등의 경제정책을 입안하는 경제학자들에게는 순환변동을 파악하는 것이 긴요할 것이다. 우선 계절변동에 대하여 살펴보기로 한다.

1. 계절변동의 추정

계절변동은 추세변동과는 달리 시계열 측정단위로 추정되지 않고, 통상적으로 계절지수(seasonal index)라 불리는 지수의 형태로 계측된다. 여기서 계절지수는 전체 관측대상 기간 중의 총 월평균으로 매월의 평균들을 나눈 백분률(percentage)의 일종인데, 이를 계산하는 방법으로는 추세대비법(ratio-to-trend method)과 이동평균대비법(ratio to-moving average method)의 두 가지가 있다.

1.1 추세대비법(ratio-to-trend method)

가장 간단한 계절변동의 추정방법으로 추세대비법이 있다. 추세대비법이란 일단 시계열의 추세변동을 적절한 방법(예컨대, 최소자승법)에 의해 추정한 뒤 원래의 시계열을 추정된 추세치로 나누어 계절변동을 간접적으로 추정하는 방법이다. 예컨대, 주어진 시계열을 다음과 같이 곱의 형태로 나타낼 수 있다고 가정하자.

$$Y = T \times S \times C \times I \qquad (15.15)$$

이 시계열의 추세변동이 최소자승법에 의해

$$T: \hat{Y} = \hat{a} + \hat{b}X \text{ (단, } X\text{는 시간변수)} \qquad (15.16)$$

위와 같이 추정되면 다음 식이 도출된다.

$$\frac{Y}{\hat{Y}} = \frac{Y}{T} = \frac{T \times S \times C \times I}{T} = S \times C \times I \qquad (15.17)$$

그런데 식 (15.17)은 추세변동만을 제거한 것이므로 순수한 계절변동지수의 역할은 할 수 없다. 그러나 일단 식 (15.17)에 의해 계산된 계절변동지수값의 매월별 평균을 구함으로써 불규칙변동(I)을 제거할 수 있다. 물론 이처럼 월별 평균을 구할 수 있으려면 적어도 2년 이상에 걸친 월별 시계열자료가 확보되어야 한다.

$$\left(\frac{Y}{T}\right)\text{의 월별평균} = S \times C \qquad (15.18)$$

즉, 식 (15.18)은 식 (15.17)에서 불규칙변동(I)이 제거된 것으로 이것이 추세대비법에 의한 계절변동치의 산출식이다. 이 방법은 추정과정이 비교적 간편하

표 15-5 산업생산지수(2000=100)

년＼월	1	2	3	4	5	6	7	8	9	10	11	12	평균
1999	74.5	69.5	83.2	81.6	83.2	85.6	86.0	82.9	87.3	95.8	98.9	98.9	85.6
2000	96.9	89.8	102.1	96.4	101.6	100.0	101.2	101.4	99.0	105.9	103.8	102.1	100.0
2001	92.8	94.7	103.5	100.7	103.3	101.2	98.0	99.4	104.9	104.2	108.2	104.7	101.3

자료 : 통계청 홈페이지, 통계정보시스템(KOSIS).

표 15-6 표 15-5 자료의 월별 추세치

년＼월	1	2	3	4	5	6	7	8	9	10	11	12	평균
1999	82.9	83.6	84.4	85.1	85.8	86.6	87.3	88.0	88.7	89.5	90.2	90.9	86.9
2000	91.6	92.4	93.1	93.8	94.6	95.3	96.0	96.7	97.5	98.2	98.9	99.6	95.6
2001	100.4	101.1	101.8	102.6	103.3	104.0	104.7	105.5	106.2	106.9	107.6	108.4	104.4

는 장점은 있으나 식 (15.18)에 나타나 있듯이 순환변동(C)이 제거되지 못한 채 계절변동과 결합되어 있다는 단점이 있다. 이러한 문제를 제거하려면 다소 추정과정이 복잡하더라도 별도 방법을 도입해야 할 것이며, 그 대표적 예가 이동평균대비법(ratio-to-moving average method)이다. 이를 소개하기에 앞서 우선 추세대비법에 의한 계절변동치의 산출과정을 다음 예를 통하여 자세히 살펴보기로 한다.

표 15-5는 1989년부터 1991년까지 3년간의 한국의 산업생산지수를 나타낸다. 계절변동을 추정하려면 우선 추세변동을 파악해야 될 것이다. 초과치는 표 15-5에 나타난 36개 점 모두를 이용한 최소자승추정치를 산출하면 될 것이다. 즉, 위의 표에서처럼 36개 점을 이용하되 시간변수값은 앞 절에서 소개한 방법대로 가운데 시간을 중심으로 대칭되는 값을 사용한다. 따라서 $\sum_{i=1}^{36} X_i = 0$이 되는 추세치의 최소자승추정량은 다음과 같이 계산된다.

$$\hat{a} = \sum Y_i / n = 183.51$$
$$\hat{b} = \sum X_i Y_i / \sum X_i^2 \fallingdotseq 0.63$$

즉, 추세선은

$$\hat{Y} = \hat{a} + \hat{b}X = 183.51 + 0.63X \tag{15.19}$$

가 된다. 식 (15.19)의 결과를 이용하여 각 월별 추세치를 구하면 표 15-6과 같다.

표 15-7 표 15-5 자료의 월별 계절지수

년 \ 월	1	2	3	4	5	6	7	8	9	10	11	12
1999	89.9	83.1	98.6	95.9	96.9	98.9	98.5	94.2	98.4	107.1	109.7	108.8
2000	105.7	97.2	109.7	102.7	107.5	105.0	105.4	104.8	101.6	107.9	104.9	102.5
2001	92.5	93.7	101.6	98.2	100.0	97.3	93.6	94.2	98.8	97.5	100.5	96.6
평 균	96.0	91.3	103.3	98.9	101.5	100.4	99.2	97.8	99.6	104.1	105.0	102.6

그림 15-8 산업생산지수 자료의 추세선과 계절지수

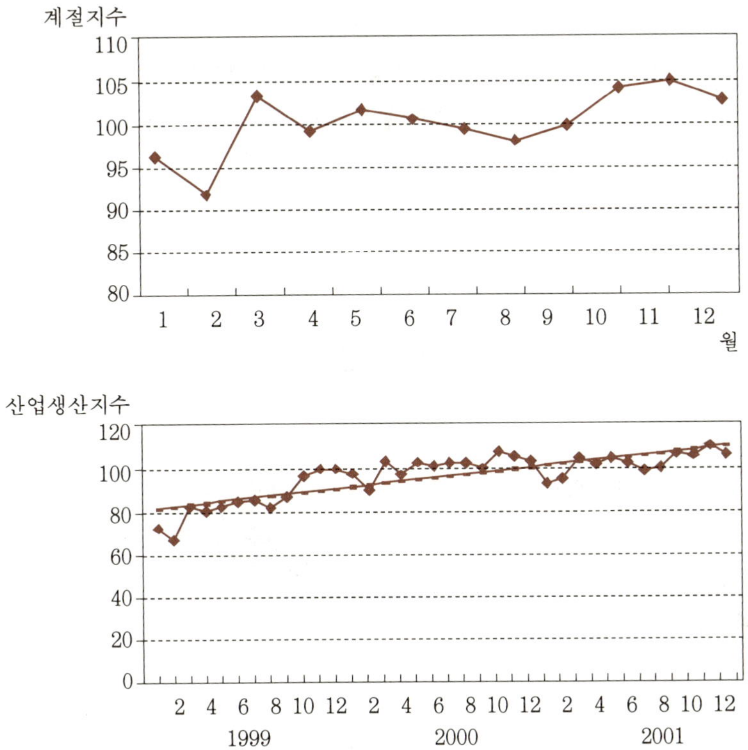

일단 월별 추세치($\hat{Y}$)가 추정되면 원래의 시계열자료(Y)를 산출된 추세치로 나누어 계절지수를 산정할 수 있게 된다. 이제 표 15-5에 나타난 시계열자료를 표 15-6에 나타난 월별 추세치로 나누어 구하면 표 15-7과 같다.

앞서 지적한 바대로 표 15-7에 위로부터 3행에 걸쳐 제시한 월별 계절지수는 불규칙변동과 순환변동이 포함된 지수이다. 이제 이 지수들을 각 월별로 평균을 하면 불규칙변동이 제거되고, 바로 이 값들(표 15-7의 마지막 행)이 추세대비법에 의해 계산된 계절지수인데 순환변동이 분리·제거되지 못한 상태의 지수라는 문제점을 안고 있다.

1.2 이동평균대비법(ratio-to-moving average method)

추세대비법에 의한 계절지수의 산출은 계산이 간편하다는 장점이 있으나 순환변동을 제거하지 못하므로 순수한 의미의 계절변동을 반영하지 못한다는 문제점이 있다. 바로 이러한 문제를 해결할 수 있는 대표적 방법이 이동평균대비법이다.

이 방법은 우선 시계열자료의 12개월 이동평균을 산출한 다음, 원래의 자료를 바로 이 이동평균값으로 나누어 계절변동을 추정하는 방법인데 그 논리적 근거는 다음과 같다. 우선 12개월 이동평균을 구하는 과정은 불규칙변동요인을 무시한다면 일단 계절적 변동을 제거하는 효과를 가져올 것이다. 즉, 12개월 이동평균은 시계열자료($Y=T\times S\times C\times I$)를 계절변동지수로 나눈 효과를 주게 된다$\left(즉,\ MA=\dfrac{T\cdot S\cdot C}{S}=T\cdot C\right)$. 이제 원래의 시계열자료를 다시 12개월 이동평균으로 나누게 되면 그 결과는 아래와 같다.

$$\frac{Y}{MA}=\frac{T\times S\times C\times I}{T\times C}=S\times I \qquad (15.20)$$

즉, 시계열자료에서 추세변동과 순환변동을 제거한 계절변동추정량이 도출된다. 마지막으로 식 (15.20)과 같이 계산된 값을 월별로 평균을 구하면 불규칙변동이 제거될 것이며, 바로 이 단계의 계절지수는 추세·순환 및 불규칙변동이 모두 제거된 순수한 계절변동을 나타낼 수 있다.[1)]

이상과 같은 방법을 앞서의 자료에 적용하기 위해 우선 12개월 이동평균을 작성하면 표 15-8과 같다.

(2), (5), (8)열에는 단순한 12개월 이동평균을 산출하여 적은 것이며, 각 이동평균의 계산기간이 12개월씩이므로 정확히 중앙위치를 선정할 수 없다는 문제가 있다. 따라서 계산된 12개월 이동평균은 6월과 7월 사이, 7월과 8월 사이 등에 적어 놓을 수밖에 없다. 그러나 이러한 문제는 순서에 따라 단순히 12개월 이동평균을 두 개씩 짝을 지어 그 평균값을 구함으로써 해결할 수 있다. 이러한 과정에 따라 산출된 새로운 12개월 이동평균 (3), (6), (9)열에 제

1) 이상과 같은 이동평균의 활용법을 앞서 지적한 대로 시작 및 끝부분의 시기에 대한 자료 손실을 초래한다는 문제점이 있다.

표 15-8 산업생산지수의 12개월 이동평균

월	(1) 1999년 산업생산 지수	(2) 12개월 이동평균	(3) 12개월 중앙이동 평균	(4) 2000년 산업생산 지수	(5) 12개월 이동평균	(6) 12개월 중앙이동 평균	(7) 2001년 산업생산 지수	(8) 12개월 이동평균	(9) 12개월 중앙이동 평균
1	74.5			96.9		95.4	92.8		100.7
					96.0			100.5	
2	69.5			89.8		96.8	94.7		100.5
					97.5			100.4	
3	83.2			102.1		98.0	103.5		100.6
					98.5			100.9	
4	81.6			96.4		98.9	100.7		100.8
					99.3			100.7	
5	83.2			101.6		99.5	103.3		100.9
					99.8			101.1	
6	85.6			100.0		99.9	101.2		101.2
		85.6			100.0			101.3	
7	86.0		86.6	101.2		99.8	98.0		
		87.5			99.7				
8	82.9		88.3	101.4		99.9	99.4		
		89.2			100.1				
9	87.3		90.0	99.0		100.1	104.9		
		90.8			100.2				
10	95.8		91.4	105.9		100.4	104.2		
		92.0			100.6				
11	98.9		92.8	103.8		100.6	108.2		
		93.5			100.7				
12	98.9		94.1	102.1		100.8	104.7		
		94.7			100.8				

표 15-9 표 15-8로부터 산출된 계절지수

년 \ 월	1	2	3	4	5	6	7	8	9	10	11	12
1999							99.4	93.9	97.0	104.9	106.6	105.1
2000	101.6	92.8	104.2	97.5	102.1	100.1	101.4	101.5	98.9	105.5	103.2	101.3
2001	92.2	94.3	102.9	99.9	102.4	100.0						
평균	96.9	93.5	103.5	98.7	102.2	100.1	100.4	97.7	98.0	105.2	104.9	103.2

시되었다. 표 15-8에 나타난 바와 같이 이처럼 계산된 12개월 이동평균은 1989년 7월부터 시작하여 1991년 6월에 이르기까지 정확히 매월별로 그 값이 배정될 수 있다. 이러한 이동평균을 중앙이동평균(centered moving average)이라 한다.

이제 원래의 시계열자료를 표 15-8에서와 같이 계산된 이동평균으로 나누면 표 15-9와 같은 결과를 얻게 된다. 그러나 앞서 논의된 바 있듯이 이처럼 계산된 24개의 이동평균값들은 아직 불규칙변동이 제거되지 못한 상태에 있다. 따라서 이들을 월별로 평균을 구하여 문제를 해결하게 되는데 그 결과가 표 15-9의 맨 밑줄에 나타나 있다. 이렇게 도출된 각 월별 계절지수는 비로소 추세변동과 순환변동 그리고 불규칙변동이 모두 제거된 순수한 의미의 계절변동을 나타내게 된다.

1.3 계절지수의 이용법

추세대비법 또는 이동평균대비법에 의해서 일단 계절지수가 산출되면 이 지수를 통하여 우리는 원시계열자료의 계절변동내용을 파악할 수 있다. 동시에 원시계열자료에서 계절변동요인의 영향을 제거한 새로운 시계열자료를 도출할 수 있다. 즉, 원시계열값을 계절지수로 나눈 후 100을 곱하여 계절변동의 영향을 제거하게 되는데, 이를 수식으로 표현하면 다음과 같다.

$$\text{계절변동이 조정된 자료} = \frac{\text{원래의 시계열자료}}{\text{계절지수}} \times 100 \qquad (15.21)$$

식 (15.21)과 같은 식에 의해 도출된 자료를 계절변동이 조정된 자료(seasonally adjusted data) 또는 계절변동이 제거된 자료(deseasonalized data)라 부른다. 상황에 따라(예컨대, 장기적 분석을 의도할 때) 월별 변동요인보다는 추세 및 순환변동에 초점을 맞추게 되며, 이를 위해서는 계절변동이 제거된 자료형태를 필요로 하게 되는 경우가 많다. 분기별 GDP자료는 통상적으로 계절변동이 조정된 형태로 제시되는 대표적인 예이다. 이제 앞서의 자료 중 1985년도 산업생산지수를 이용하여 계절변동이 조정된 자료를 활용하는 의의를 찾아보기로 하자.

표 15-9에서 제시된 계절지수를 살펴보면 4월의 계절지수는 98.7이고 2월의 경우는 93.5이다. 이는 4월과 2월의 산업생산지수가 장기추세 및 순환변동치를 중심으로 할 때 기준치보다 각각 1.3% 및 6.5%가 작음을 의미한다. 이와 같은 사실에 의거해 볼 때 만일 2002년 2월과 4월의 산업생산지수가 각각 101.7과 105.3으로 집계된다면 이를 어떻게 평가할 수 있겠는가? 우선은 4월이 2월보다 산업생산지수가 높으므로 4월에 생산활동이 활발한 것으로 파악할 수 있을 것이다. 그러나 4월은 항상 연중생산활동이 가장 활발한 기간임을 고려한다면 단순히 집계된 4월의 생산지수가 2월보다 높다는 이유로 4월의 생산이 활발하다고만 평가하는 것은 불충분하다. 이런 경우 각월의 생산지수를 계절지수를 이용하여 계절변동이 조정된 자료로 만들면 두 달의 생산활동을 직접 비교할 수 있게 된다. 즉, 2월의 경우 생산지수는 4월에 비해 작지만 매월의 평균적인 생산활동수준을 나타내는 계절지수를 고려해 보면 오히려 2월이 4월에 비해 그 생산활동이 평균보다 활발하다고 평가할 수 있을 것이다. 이와 같은 평가방법은 특히 계절변동요인이 강한 현상, 예컨대 각종 상품의 수출

입 등을 평가할 때 자주 쓰인다.

2. 순환변동의 추정

호황·침체기·불황·회복기 등을 파악할 필요가 있는 경기순환분석에 있어서는 순환변동의 측정이 주된 관심사가 된다. 순환변동이란 주기가 1년 이상인 장기적인 변동으로 정의할 수 있으나 그 주기와 진폭이 일정치 않으므로 계절변동의 추정과 같은 방법으로는 측정할 수 없다. 그러나 순환변동은 만일 그 변동이 안정적인 주기를 갖는 것으로 분리·측정될 수 있다면 근본적인 경제변화요인을 파악하고, 미래의 상황을 예측하는 데 귀중한 자료를 제공할 수 있다. 그러므로 많은 경제학자들이 순환변동요인에 관해 많은 연구와 복잡한 분석방법을 제시하여 왔으나 여기서는 간접적이지만 계산이 간편한 순환변동계수 산출방법만을 소개하는 정도로 그치고자 한다. 다시 곱의 형태로 표현되는 시계열의 승법모형 $Y=T\times S\times C\times I$를 이용하기로 하자. 우선 최소자승법에 의해 선형(또는 비선형)추세치를 도출한 다음 시계열로부터 추세변동요인을 제거한다. 즉,

$$\frac{Y}{T}=\frac{T\times S\times C\times I}{T}=S\times C\times I$$

다음으로는 적절한 방법(예컨대, 이동평균대비법)에 의하여 계절지수를 산출한 다음 $\left(\frac{Y}{T}\right)$자료로부터 계절변동요인을 제거한다.[1] 즉,

$$\frac{Y}{T\times S}=\frac{T\times S\times C\times I}{T\times S}=C\times I$$

결과적으로 우리는 원시계열자료에서 추세 및 계절변동이 제거된 자료를 얻게 된다. 따라서 순환변동요인을 분리시켜 관찰하려면 남아 있는 불규칙변동(I)을 제거해야 한다. 불규칙변동을 제거하는 방안으로는 계절지수 산출과정에서와 같은 월별 평균치의 이용방법이나 이동평균치를 활용하여 제거할 수 있다. 순환변동 추정과정에서는 전자의 적용이 어려우므로 후자를 사용하고 있다. 그리고 이동평균을 이용하되 가중치를 도입한 가중이동평균치를 일반적으로 쓰고 있다. 보통 중앙에 가장 큰 비중을 두고 중앙에서 멀리 갈수록 작은

1) 원시계열자료가 월별 자료가 아니라 연도별 자료일 경우에는 이미 계절변동요인이 제거된 것으로 볼 수 있어 이 과정을 생략할 수 있다.

표 15-10 1987~2001년 국내총생산의 순환변동지수 (단위 : 10억 달러)

연도(X)	GDP(Y)	Y의 추세치	순환변동지수	순환변동지수의 3개년 이동평균
1987	135.2	199.9	67.6	
1988	180.8	221.2	81.7	80.1
1989	220.7	242.6	91.0	89.5
1990	252.5	263.9	95.7	96.7
1991	295.1	285.3	103.4	100.6
1992	314.7	306.7	102.6	103.8
1993	345.7	328.0	105.4	107.7
1994	402.4	349.4	115.2	117.5
1995	489.4	370.7	132.0	126.6
1996	520.0	392.1	132.6	126.6
1997	476.6	413.4	115.3	107.0
1998	317.7	434.8	73.1	92.4
1999	405.8	456.1	89.0	86.2
2000	461.7	477.5	96.7	90.1
2001	422.2	498.9	84.6	

자료 : 한국은행 홈페이지, 통계DB검색.

비중을 두게 되는데, 계산의 편의상 홀수기간의 이동평균이 이용된다. 단순이동평균 대신에 가중이동평균을 사용하는 이유는 불규칙변동을 완화시키되 순환변동의 순환과정(침체 · 하강 · 상승국면)을 약화시킬 수 있는 가능성을 배제시키기 위함이다. 1987년부터 2001년까지 국내총생산에 대한 연도별 자료를 이용하여 순환변동의 추정과정을 살펴보자.

표 15-10에 제시된 자료는 연도별 자료이므로, 이미 계절변동요인은 제거된 상태의 자료로 간주할 수 있다. 즉, 이 시계열자료는 $Y=T\times C\times I$로 파악할 수 있다. 따라서 일단 최소자승법에 의해 각 연도별 추세치를 산출한 다음 원시계열자료를 여기서 산출된 추세치로 나누면, 비로소 순환변동내용을 추정할 수 있게 된다. 왜냐하면, $\frac{Y}{T}=\frac{T\times C\times I}{T}=C\times I$가 되기 때문이다. 그러나 이 단계의 순환변동지수는 아직도 불규칙 변동요인을 내포하고 있어, 예컨대 이동평균법을 이용하여 제거시켜야 한다.

이상과 같은 논리에 따라 우선 최소자승법에 의해 주어진 자료의 추세선을 도출한 결과

$$\hat{Y}=\hat{a}+\hat{b}X=349.37+21.36X$$

그림 15-9 순환변동지수

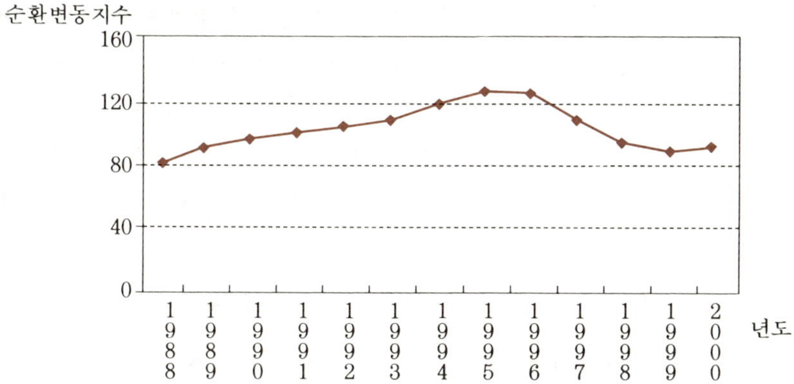

를 얻었다. 단, 관측연도수가 15이므로, 8번째 관측연도, 즉 1994년의 X값을 0으로 놓았으며, 그 이전 시기는 -7, -6, …, -1 그리고 그 이후 시기는 1, 2, …, 7로 각각 환산한 다음 회귀분석을 시행하였다. 회귀분석 결과 도출된 표본회귀추세선을 이용하여 각 연도별 추세치를 산출한 다음 표 15-10에 제시하였다. 다음에는 원래의 자료를 여기서 산출된 추세치로 나누어 순환변동지수를 구하였고, 그 결과는 역시 표 15-10에 수록하였다. 마지막으로 불규칙변동을 제거하기 위하여 앞서 산출된 순환변동지수들의 3개년 이동평균을 계산하여 표의 우단에 제시하였고, 아울러 이렇게 계산된 순수한 순환변동지수를 그림 15-9와 같이 표시해 보았다.

제 4 절 경기예측

시계열분석의 궁극적인 목표는 특정 변수의 시계열자료가 시간이 경과함에 따라 변동하는 형태를 파악함으로써 미래에 대한 예측을 하는 것이다. 이런 목적을 위하여 우리는 지금까지 시계열자료를 주요 변동요인별로 분리하고 또 추정하는 방법을 살펴왔다. 네 가지 주요 변동요인 중 불규칙변동은 규칙성을 갖지 못한 부분이며 따라서 이를 제거하는 것은 다른 변동요인을 추정하기 위해서는 필요한 작업이 되지만 그 자체를 추정할 가치는 없다. 그리고 순환변동은 앞 절에서 지적한 것처럼 그 변동의 주기나 진폭이 일정하지 못하다는 특징이 있어 추정상의 어려움이 있었다. 따라서 이런 순환변동에 관한 추정내용으로 미래를 예측하는 일은 정확성이 많이 결여될 것임을 직감할 수 있다. 이상과 같은 점을 감안하여 불규칙변동요인이나 장기적 주기를 갖는 순환변동요인은 논외로 하고, 단지 추세치와 계절지수만을 이용하여 주로 가까운 미래에 대한 단기예측을 시행하게 되는데 이를 통상 경기예측이라 부른다. 물론 이와 같은 예측은 시계열자료가 미래에도 과거에서와 같은 특징을 지니며 변화할 것이라는 가정하에서 이루어진다. 예측에 사용되는 일반공식과 과정은 다음과 같다.

$$(\text{월별})\text{예측치} = (\text{월별})\text{추세치} \times (\text{월별})\text{계절지수} \qquad (15.22)$$

식 (15.22)가 의미하는 것은 제2절과 3절에서 각각 소개한 방법에 따라 추세치($\hat{Y}=\hat{a}+\hat{b}X$)와 계절지수를 산출한 다음 두 값을 곱해 예측치를 계산해 낸다는 것이다. 즉, 주어진 시계열자료에 최소자승법을 적용하여 일단 추세선이 도출되면 $\hat{a}$와 $\hat{b}$값을 이용하여 가까운 미래에 대한 추세치를 결정할 수 있다. 그리고 나서 이 추세치를 중심으로 한 계절변동내용을 계절지수를 통하여 파악한 다음 앞서 산출된 추세치에다 이 계절지수를 곱하여 미래에 대한 예측을 마무리한다. 이와 같은 경기예측의 내용을 앞서 사용한 산업생산지수를 이용하여 살펴보기로 한다.

표 15-11의 첫째 열은 표 15-5에서 제시된 자료를 이용하여 도출된 추세선, 즉 최소자승법을 적용하여 얻은 회귀방정식, $\hat{Y}=\hat{a}+\hat{b}X=95.64+0.36X$ (식 (15.19) 참조)에 의거하여 산출한 2002년도 월별 추세치를 나타낸다. 두 번째

표 15-11 2002년도 월별 산업생산지수 예측치

월	추 세 치	계절지수	예 측 치
1	109.1	96.0	104.8
2	109.8	91.3	100.3
3	110.6	103.3	114.2
4	111.3	98.9	110.1
5	112.0	101.5	113.7
6	112.7	100.4	113.2
7	113.5	99.2	112.5
8	114.2	97.8	111.6
9	114.9	99.6	114.4
10	115.7	104.1	120.4
11	116.4	105.0	122.2
12	117.1	102.6	120.2

열은 같은 자료를 추세대비법에 의해 산출한 월별 계절지수들이다(표 15-7 참조). 이와 같이 산출된 추세치와 계절지수를 마주 곱한 후 100으로 나누면 비로소 2002년도 각 월별 산업생산지수의 예측치를 얻을 수 있으며, 그 결과가 바로 표 15-11의 마지막 열에 제시되어 있다.

제 5 절 지 수

지금까지 논의해 온 시계열분석과정에서 우리는 이미 지수를 사용하였다. 지수는 시계열분석뿐만 아니라 경제분석 전반에 걸쳐 실로 다양하게 활용되고 있으며, 자료의 특징을 요약하는 일종의 기술통계방법에 속하는데 실제 활용에 있어 시계열자료와 함께 사용되는 경우가 빈번한 점을 감안하여 본절에서 다루게 되었다.

지수(index numbers)란 한마디로 말하자면 서로 다른 둘 이상의 기준시점(이외에도 소득수준, 직업의 종류 등 비교대상으로 분류될 수 있는 모든 형태)에서 관측된 가격(price)·물량(quantity) 또는 가치(value) 등의 비율(ratio)을 뜻한다. 따라서 지수는 가격변화는 물론 생산비·임금수준 및 고용량에 이르기까지 기업경영이나 경제활동의 변화를 묘사하는 데 주로 이용된다. 지수는 물가지수(price index)·물량지수(quantity index) 및 가치지수(value index) 등으로 분류되지만 논의의 편의상 본절에서는 사용빈도가 가장 많은 물가지수를 중심으로 다음과 같은 분류하에서 지수문제를 다루고자 한다.

그림 15-10과 같은 분류는 두 가지 기준에 근거한 것으로 물가지수를 중심으로 볼 때 기준 설정상 두 가지 선택의 문제가 생긴다. 첫째, 기준시점의 선택문제가 있다. 기준시점은 자의적으로 선택될 수 있으며, 시계열의 초기시기부터 최종시기까지 어느 시점이라도 기준시기로 선정될 수 있다. 그러나 지나친 변동이 발생하여 변수값이 매우 극단적인 값을 가지는 시기를 기준시점으

그림 15-10 지수의 종류

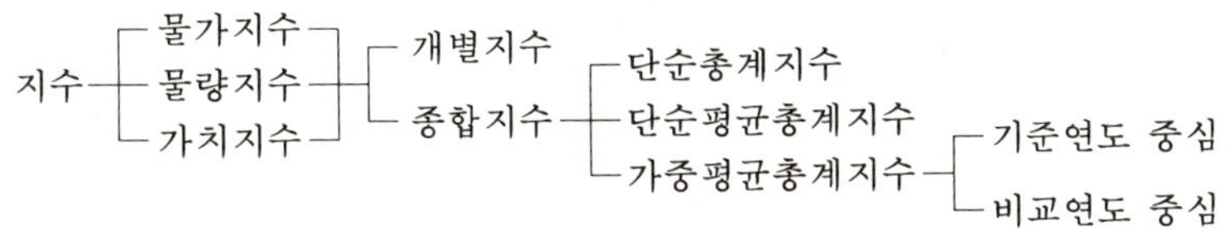

로 선택해서는 곤란하다. 그러한 선택은 결과적으로 산출된 지수값에 큰 영향을 주기 때문이다. 둘째, 사용한 지수 형태의 선택문제로서 단순지수 또는 종합지수 형태를 선택할 것인지, 그리고 가중치를 고려할 것인지의 여부를 결정해야 한다. 특히 종합지수의 경우 가장 일반적이고 대표적인 품목이 포함되어야 하며, 가중치 또한 현실성 있게 고려되어야 한다.[1)]

이제 이와 같은 점을 감안하여 구분된 지수를 형태별로 살펴보고 본절 말미에서는 경제학에서 가장 빈번하게 쓰이는 주요 경제지수(생산자물가지수·소비자물가지수 및 GDP 디플레이터)의 사용 예와 지수작성 및 사용상의 한계성에 대하여 논의하고자 한다.

1. 지수의 종류

가격은 자본주의 경제체제 내에서 가장 중요한 역할을 하는 변수이다. 따라서 적절한 물가지수를 개발하는 데 많은 관심을 기울여 왔고, 모든 종류의 지수 중 가장 빈번히 사용되고 있다. 이런 물가지수를 앞서 밝힌 기준에 따라 분류하여 소개하고자 한다.

1.1 개별지수(상대가격지수)

우리가 사용하는 물가지수 중 가장 단순한 형태는 단지 한 품목의 가격을 기준시점과 비교시점에서 서로 비교하는 이른바 상대가격지수(price relative index)로 다음과 같이 정의된다.

$$\text{PRI(상대가격지수)} = \frac{p_n(\text{비교시점의 가격})}{p_0(\text{기준시점의 가격})} \times 100 \qquad (15.23)$$

이는 단지 두 시점간의 상대가격비를 백분비로 표현한 것으로 기준시점의 지수는 100이 되고, 비교시점의 지수는 기준시점가격에 비해 몇 %가 상승 또는 하락하였는지를 직접 나타낸다. 예컨대, 정부관리양곡의 농가판매가격은 미곡의 경우 1990년에 80kg 1가마당 95,156원, 1995년 114,430원, 1999년 159,874원, 2000년 165,320원, 그리고 2001년 160,948원이었다. 한편, 대두의 경우

1) 물가지수의 분류상의 기준을 마련한다는 이유 외에도 관측대상품목과 기준시기의 선정문제는 물가지수 작성의 가장 중요한 고려사항이 된다. 이외에도 시간이 경과함에 따라 변화하는 소비자의 선호도, 재화 및 용역의 품질개선, 새로운 상품의 출현 등의 문제가 아울러 고려되어야 한다. 물가지수 작성시 포함되는 품목과 가중치를 이런 여건변화를 고려하여 조정하려면 기준시기를 점차 최근시점으로 전환할 필요가 있다.

는 같은 시기에 각각 72kg당 68,026원, 164,836원, 215,620원, 237,271원 및 184,480원이었다.[1)]

이제 1990년을 기준으로 상대가격지수를 식 (15.23)에 따라 계산하면 아래와 같다.

〈미곡〉 〈대두〉

$$1990\text{년}: \frac{95,156}{95,156}\times 100=100.0, \quad \frac{68,026}{68,026}\times 100=100.0$$

$$1995\text{년}: \frac{114,430}{95,156}\times 100=120.3, \quad \frac{164,836}{68,026}\times 100=242.3$$

$$1999\text{년}: \frac{159,874}{95,156}\times 100=168.0, \quad \frac{215,620}{68,026}\times 100=317.0$$

$$2000\text{년}: \frac{165,320}{95,156}\times 100=173.7, \quad \frac{237,271}{68,026}\times 100=348.8$$

$$2001\text{년}: \frac{160,948}{95,156}\times 100=169.1, \quad \frac{184,480}{68,026}\times 100=271.2$$

이것은 정부의 미곡수매가격이 1990년에서 1995년 사이에 20.3%가 상승하였고, 1990년에서 1999년 사이에는 68.0%가, 1990년에서 2000년 사이에는 73.7%, 1990년에서 2001년 사이에는 69.1%가 상승하였음을 나타내 주고 있다. 이 자료에 의하면 정부의 미곡수매가격이 2000년까지 상승해 오다가 일단 2001년에는 소폭 하락되었음을 알 수 있다.

한편, 대두의 경우는 가격이 1990년 대비 1995년에는 142.3%, 1990년 대비 1999년에는 217%, 그리고 2000년은 248.8% 상승하였다가 역시 2001년에는 가격이 소폭 하락하여 1990년 대비 171.2%의 상승을 나타내고 있다.

이상과 같은 상대가격지수는 단순히 어느 한 대상품목의 가격이 시간이 경과함에 따라 어떻게 변화하였는가를 나타낼 뿐이며, 여러 품목들이 종합적인 가격변화를 동시적으로 나타내지는 못한다. 위의 예제에서 우리는 두 가지 서로 다른 품목의 상대가격지수는 산출하였으나 그 가격의 변화율이 서로 다르기 때문에 이것만으로는 두 상품의 가격변화를 종합적으로 나타낼 수 없다.

1) 농림부 홈페이지, 농림업 주요통계.

1.2 종합물가지수

개별품목의 가격변화를 나타내는 상대가격지수의 한계점을 극복하기 위해 여러 품목의 가격변화를 적절한 기준에 따라 동시에 종합하여 나타내는 가격지수를 종합물가지수라 한다.[1] 따라서 종합물가지수는 여러 품목의 가격변화를 평균적으로 나타내는 지수이며, 평균적인 가격변화를 어떤 방법으로 나타내는가에 따라 다시 세 가지로 구분된다. 즉, 단순총계물가지수(simple aggregate price index)·단순평균상대가격지수(simple average of price relatives) 그리고 가중평균상대가격지수(weighted average of price relatives)가 그것이다. 이들 중 처음 두 개는 가중치를 고려하지 않지만 마지막 것은 후술하게 될 여러 기준에 따라 가중치를 두는 평균적 총계지수이므로 다음과 같이 분류할 수도 있다.

그림 15-11 종합물가지수의 분류

- 비가중총계물가지수
  - 단순총계물가지수
  - 단순평균상대가격지수
- 가중총계물가지수
  - 가중평균상대가격지수

1.2.1 단순총계물가지수

단일상품의 가격변화보다는 여러 품목의 가격을 동시에 고려함으로써 일반물가수준을 나타내고자 할 때 사용하는 총계물가지수 중 가장 원시적인 개념으로 단순총계물가지수가 있다. 이 지수는 단순히 표준구매품목(market basket)의 기준연도와 비교연도에서의 단위가격을 합하여 비교하는 것으로 다음과 같이 정의된다.

조사대상품목수를 n개, 기준연도의 품목별 단위가격을 p_{0i}, 그리고 비교대상연도의 품목별 단위가격을 p_{ti}(단 $i=1, 2, \cdots, n$)라 하면 단순총계물가지수는 다음과 같다.

[단순총계물가지수]

$$I_{0,t}=\frac{\sum_{i=1}^{n} p_{ti}}{\sum_{i=1}^{n} p_{0i}}\times 100 \qquad (15.24)$$

1) 일반적으로 한 품목의 가격만이 고려될 경우는 지수를 가격지수라 하는 반면에 여러 품목의 가격이 동시적으로 고려된 종합지수를 물가지수라 부른다.

표 15-12 도시 전가구의 가구당 월평균 가계지출 (단위 : 천 원)

연 도	식료품비	피 복 및 신 발 비	교 육 비	교 통 통신비	잡 비	총 계
1998	365.9	69.8	151.4	183.9	545.2	1,316.2
1999	412.1	80.2	164.2	225.1	597.3	1,478.9
2000	447.0	91.8	182.4	261.4	649.7	1,632.3
2001	463.6	98.1	199.4	286.6	714.4	1,762.1

자료 : 통계청, 「한국주요경제지표」, 2002.

표 15-12는 1998~2001년간 전국 도시 전체 가구의 월평균 호당 소비지출 내용을 5개 총체적 소비품목집단으로 구분하여 제시한 것이다. 이제 이 자료를 이용하여 1998년을 기준으로 하는 단순총계물가지수를 계산하면 다음과 같다.

$$I_{1998,\ 1999}=\frac{(412.1+80.2+164.2+225.1+597.3)}{(365.9+69.8+151.4+183.9+545.2)}\times 100$$

$$=\frac{1{,}478.9}{1{,}316.2}\times 100=112.4$$

$$I_{1998,\ 2000}=\frac{1{,}632.3}{1{,}316.2}\times 100=124.0$$

$$I_{1998,\ 2001}=\frac{1{,}762.1}{1{,}316.2}\times 100=133.9$$

그러나 이와 같이 계산되는 단순총계물가지수는 두 가지 결점을 가지고 있다. 첫째로는 대상품목들의 상대적 중요도가 전혀 고려되지 않고 있으며, 둘째로는 각 대상품목의 측정단위가 서로 다른 상태에서 측정되었다는 점이다.[1] 따라서 측정단위가 상대적으로 큰 물량을 나타내거나 또는 가격이 큰 폭으로 변화한 품목이 물가지수의 변화에 가장 큰 영향을 미치게 된다. 그러나 이러한 문제점은 쉽게 해소될 수 있으니, 두 번째 결점을 해결하기 위한 것이 단순평균상대가격지수이고, 첫번째 결점까지 해결한 것이 가중평균상대가격지수이다.

1.2.2 단순평균상대가격지수

단순총계물가지수가 갖는 결점 중 대상품목의 가격이 서로 다른 단위로 측정됨으로써 발생되는 문제는 상대가격지수(price relative index) 개념을 이용하여 해결할 수 있다. 즉, 각 표준구매품목별로 상대가격지수를 산정한 다음

1) 표 15-12에 제시된 자료는 총가계소비지출 중 실제 각 품목별로 지출된 소비금액을 나타내므로 실제로는 총지출액에 대한 품목별 지출비중이 가중치로서 고려된 셈이다.

이들 지수의 산술평균을 구하여 물가지수로 삼는 방법이다. 이 방법은 측정단위가 서로 다르기 때문에 발생하는 편의(bias)현상을 제거할 수 있는데, 이렇게 산출된 지수를 단순히(가중치 없이) 상대가격지수들을 평균한 개념이라 하여 단순평균상대가격지수(simple average price relatives)라고 부른다.

이제 표준구매품목수를 n, 기준연도의 품목별 단위가격을 p_{0i}, 그리고 비교연도의 품목별 단위가격을 p_{ti}(단 $i=1, 2, \cdots, n$)라 하면 단순평균상대가격지수는 다음과 같이 정의된다.

[단순평균상대가격지수]

$$I_{0,t} = \frac{\text{품목별 상대가격들의 합}}{\text{총품목수}} \times 100 = \frac{\sum_{i=1}^{n} (p_{ti}/p_{0i})}{n} \times 100 \quad (15.25)$$

표 15-12에 나타난 자료를 이용하여 1998년을 기준으로 각 연도의 단순평균상대가격지수를 구하면 다음과 같다.

$$I_{1998,\,1999} = \frac{\left(\frac{412.1}{365.9} + \frac{80.2}{69.8} + \frac{164.2}{151.4} + \frac{225.1}{183.9} + \frac{597.3}{545.2}\right)}{5} \times 100$$

$$= 113.6$$

같은 방법으로 2000년 및 2001년에 대한 지수를 구하면 다음과 같다.

$$I_{1998,\,2000} = 127.1 \qquad I_{1998,\,2001} = 137.2$$

이와 같이 계산된 단순평균상대가격지수는 분명히 품목별로 측정단위가 상이한 데 따른 편의현상을 제거할 수는 있으나 품목별 중요성을 고려하지 않는 단순평균치를 사용하므로 단순히 가격변동률이 큰 품목의 영향이 가장 크게 나타난다는 문제점이 있다.

1.2.3 가중평균상대가격지수

앞에서의 종합물가지수들은 결과적으로 절대적 가격변동폭이 큰 품목이나 (단순총계지수의 경우) 가격변동률이 큰 품목(단순평균상대가격지수의 경우)이 가장 큰 영향을 미치게 되므로, 소비자가 느끼는 전반적인 물가수준의 평균적 변화를 적절히 반영치 못할 위험이 있다. 따라서 이러한 문제점을 해결하기 위해서는 물가지수의 산정에 있어 각 품목들의 상대적 중요성을 적절한 기준에 따라 가중치로 전환하여야 한다. 일반적으로 상대적 중요성은 일정 기간 동안

각 품목구입에 소요된 구매액을 기준으로 잡고 있다. 즉, 각 품목의 단위가격과 해당 시기에 구입한 양을 곱하여 각 품목별 지출액을 구하고, 이것이 전체 지출액에서 차지하는 비중을 가중치로 사용함으로써 각 품목의 상대적 중요성을 나타내는 것이다. 이렇게 결정된 가중치를 각 품목별 상대가격지수(p_{ti}/p_{0i})에 곱한 다음 평균을 구하면 가계의 예산 중 각 소비품목이 차지하는 중요성이 고려된 이른바 가중평균상대가격지수를 구할 수 있게 된다. 결국 가중평균상대가격지수란 품목별 상대가격지수를 가중평균한 물가지수라 할 수 있으며, 가중치를 결정하는 구체적인 방법에는 두 가지가 있다.

[가중평균상대가격지수]

기준년도가중치 사용의 경우 : $$I_{0,t}=\frac{\sum \frac{p_{ti}}{p_{0i}}(p_{0i}q_{0i})}{\sum p_{0i}q_{0i}}\times 100 \quad (15.26)$$

비교년도가중치 사용의 경우 : $$I_{0,t}=\frac{\sum \frac{p_{ti}}{p_{0i}}(p_{ti}q_{ti})}{\sum p_{ti}q_{ti}}\times 100 \quad (15.27)$$

q_{ti}를 t시기에 구입한 i품목의 구입량이라 하면 $p_{0i}q_{0i}$는 기준연도에 i품목 구입에 사용한 화폐총액을 나타내고, $p_{ti}q_{ti}$는 비교연도에 i품목 구입에 사용한 화폐총액을 나타낸다. 따라서 식 (15.26)은 기준연도의 품목별 구입액을, 그리고 식 (15.27)은 비교연도의 품목별 구입액을 각각 가중치로 사용한 가중평균상대가격지수이다.

이제 표 15-13에 주어진 자료를 이용하여 1995년 및 2000년의 구입액을 가중치로 한 2000년도 가중평균상대가격지수를 계산해 보면 다음과 같다.

1995년 가중치 사용의 경우 :

$$I_{0,t}=\frac{\frac{165{,}320}{114{,}430}(68{,}658)+\frac{1{,}000}{1{,}200}(12{,}000)+\frac{9{,}816}{10{,}329}(51{,}645)+\frac{712}{713}(1{,}783)}{68{,}658+12{,}000+51{,}645+1{,}783}\times 100=119.4$$

2000년 가중치 사용의 경우 :

$$I_{0,t}=\frac{\frac{165{,}320}{114{,}430}(82{,}660)+\frac{1{,}000}{1{,}200}(7{,}000)+\frac{9{,}816}{10{,}329}(39{,}264)+\frac{712}{713}(2{,}136)}{82{,}660+7{,}000+39{,}264+2{,}136}\times 100=125.7$$

표 15-13 표준가계의 월별 구입품목과 구입액 (단위 : 원)

품 목	단 위	가 격		구 입 량		구 입 액	
		1995	2000	1995	2000	1995	2000
쌀	1 가마	114,430	165,320	0.6	0.5	68,658	82,660
배 추	1 관(3.75Kg)	1,200	1,000	10	7	12,000	7,000
쇠 고 기	1 Kg	10,329	9,816	5	4	51,645	39,264
계 란	10 개	713	712	2.5	3	1,783	2,136
합 계		126,672	176,848			134,086	131,060

자료 : 농림부 홈페이지, 농림업 주요통계.

이 예에서는 쌀을 제외한 나머지 품목의 가격이 소폭으로 떨어졌으며 이 중 계란의 경우만 가격하락과 소비증가 현상이 나타나고 그 외 품목은 가격이 떨어졌음에도 소비마저 줄어드는 현상을 나타내고 있어 2000년의 구입액을 가중치로 사용할 경우의 지수가 1995년의 구입액을 가중치로 사용할 경우보다 커지게 됨을 알 수 있다. 이처럼 가중평균상대가격지수는 소비패턴의 변화가 심할수록 어느 시기를 기준으로 가중치를 설정하는가에 따라 그 값이 달라지게 된다.

이상에서 설명한 가중평균상대가격지수에서는 기준연도나 비교연도의 구입액을 이용하여 가중치를 사용하고 있으나 실제에 있어서는 편의상 기준 또는 비교연도의 구입량만을 이용하여 가중치로 활용하는 경우가 많다. 즉, 가중평균가격지수를 산정할 때 가격에 기준연도나 비교연도의 구입량을 직접 곱하여 가중시킴으로써 가중총계상대가격지수 개념을 정의하는 것이다. 여기서 기준연도의 구입량으로 가중시킨 지수를 라스피레스(Laspeyres)물가지수, 그리고 비교연도의 구입량으로 가중시킨 지수를 파쉐(Paasche)물가지수라 한다.

라스피레스물가지수 : $$LPI_{0,t}=\frac{\sum p_{ti}q_{0i}}{\sum p_{0i}q_{0i}}\times 100 \qquad (15.28)$$

파쉐물가지수 : $$PPI_{0,t}=\frac{\sum p_{ti}q_{ti}}{\sum p_{0i}q_{ti}}\times 100 \qquad (15.29)$$

우선 라스피레스물가지수는 기준연도 가중치를 이용한 가중평균상대가격지수와 결과적으로 동일한 것임을 알 수 있다.

$$\frac{\sum \frac{p_{ti}}{p_{0i}}(p_{0i}q_{0i})}{\sum p_{0i}q_{0i}}\times 100=\frac{\sum p_{ti}q_{0i}}{\sum p_{0i}q_{0i}}\times 100$$

같은 논리로 볼 때 파쉐물가지수는 비교연도 가중치를 이용한 가중평균상대가격지수와 동등한 의미를 갖게 된다. 그러나 동일한 수리적 관계에 있지는 않다. 이제 표 15-13의 자료를 이용하여 이들 지수를 계산해 보면

$$\text{LPI}=\frac{165{,}320(0.6)+1{,}000(10)+9{,}816(5)+712(2.5)}{134{,}086}\times 100=119.4$$

$$\text{PPI}=\frac{82{,}660+7{,}000+39{,}264+2{,}136}{114{,}430(0.5)+1{,}200(7)+10{,}329(4)+713(3)}\times 100=120.2$$

LPI는 기준년도가중치를 이용한 가중평균상대가격지수값과 일치한 반면 PPI는 비교년도가중치를 이용한 가중평균상대가격지수와 거의 같은 값을 가질 뿐 일치하지 않는다.

한편, 라스피레스물가지수의 정의식 (15.28)을 자세히 살펴보게 되면 분모($\sum p_{0i}q_{0i}$)는 기준연도의 실제 총매입액이고, 분자($\sum p_{ti}q_{0i}$)는 비교연도가격으로 기준연도 매입량을 가상적으로 구입했을 때의 총매입액의 의미를 갖는다. 따라서 라스피레스지수는 기준연도에 매입한 각 품목의 양과 동일한 양만큼을 비교대상연도의 가격으로 구입할 경우 기준연도에 비하여 매입액이 얼마나 증가하였는지를 나타내 주게 된다. 이 지수는 결국 가중치가 기준연도의 매입량으로 고정되어 있어, 시간이 흐름에 따라 비교할 대상연도가 계속 바뀌어도 항상 서로 비교가 가능하다는 장점을 가지고 있다. 그러나 이 지수는 암묵적으로 장차의 소비패턴이 늘 기준연도와 동일한 상태에 머물 것이라는 비현실적 가정을 하고 있다.

반면 파쉐물가지수의 정의식 (15.29)는 분자가 비교연도의 실제 총매입액($\sum p_{ti}q_{ti}$)을 나타내고, 분모는 비교연도에 구입한 각 품목의 양과 동일한 양을 기준연도의 가격으로 구입하였을 때의 가상적인 총매입액을 나타내고 있어 결국 이 지수는 비교연도의 총매입액이 동일물량을 기준연도 가격으로 매입하였을 때에 비하여 얼마나 더 드는지를 대변해 주게 된다. 그리고 파쉐물가지수는 라스피레스물가지수와는 달리 비교연도의 매입량을 가중치로 삼고 있어 소비패턴이 계속 변화하는 상황에 적합한 특성을 갖고 있지만 이 지수는 가중치 사용연도를 계속 변화시켜야 하며, 따라서 기준연도 이외에는 상호 비교가 불가능하다는 문제점을 갖고 있다. 이상과 같은 특징 때문에 통상 라스피레스물가지수가 파쉐물가지수보다는 일반적으로 통용되고 있다. 그러나 소비자의 소비패턴 변화를 감안하여 일정 기간마다 기준연도를 변화할 필요가 있다.[1)]

1) 이와는 별도로 수요곡선이 우하향하는 상황을 고려해 보면 가격이 낮아지는 품목의 수요가 늘고, 가격이 높아지는 품목의 수요가 줄 것인바, LPI는 가격상승을 과대평가하고, PPI는 가격상승을 과소평가하는 경향을 갖는다는 차이점이 발생한다.

2. 주요경제지수

지금까지 우리는 여러 가지 지수를 형태별로 구분하여 살펴보았다. 그러면 실제 우리 사회에서 가장 빈번이 사용되는 지수는 무엇이며, 또 어떤 형태의 지수에 속하는가를 알아볼 필요가 있다. 물론 관심의 대상에 따라 다르겠으나 여기서는 생산자물가지수 및 소비자물가지수와 GDP 디플레이터에 한하여 살펴보고자 한다.

2.1 생산자물가지수(producer price index; PPI)

1910년 이후 한국은행에 의해 작성되어 오던 도매물가지수(Wholesale Price Index; WPI)는 1992년 12월에 그 명칭이 생산자물가지수로 변경되었다. 산업구조 고도화과정에서 중간유통단계(도매, 소매)의 명확한 구분이 곤란해짐에 따라 개편이 불가피했던 것이다. 여하튼 1995년 기준지수의 경우 거래액이 국내시장 상품거래 총액의 1/10,000 이상이 되는 품목(서비스의 경우에는 전체 거래액의 1/2,000 이상인 품목)들 중에서 소속 상품집단의 가격변동을 대표할 수 있고, 시계열 자료수집이 지속적으로 가능한 949개(상품 874개, 서비스 75개) 품목을 대상으로 하되 라스피레스 방식에 의해 작성되고 있다. 따라서 기준년도의 경제구조를 기준으로 선정된 조사대상과 가중치는 시간 경과에 따라 현실반영도가 떨어지는 문제점을 갖고 있어 매 5년마다 기준연도를 변경하고 있다.

그런데 생산자물가지수는 국내에서 생산하여 국내에서 출하되는 모든 재화와 서비스를 조사대상으로 하고 있어 다른 물가지수보다 포괄범위가 넓으며 따라서 전반적인 상품과 서비스의 수급 동향을 반영하는 일반적인 물가수준을 잘 대변하는 특성을 갖고 있다. 이러한 이유로 해서 생산자물가지수는 일반 목적지수라고도 불리우는데, 부가가치세를 제외한 생산자 판매가격(공장도가격)을 원칙으로 작성되고 있다.

2.2 소비자물가지수(consumer price index; CPI)

소비자물가지수는 원래 한국은행에서 작성되었으나 1965년 이후는 통계청에서 작성되고 있으며 1995년 기준지수의 경우 전국 36개 도시가계의 소비지출 중에서 차지하는 비중이 1/10,000 이상인 509개 상품 및 서비스 품목을 대상으로 조사한 소비자 구입가격을 기준으로 하고 있다.

소비자물가지수 또한 기준시점의 품목과 가중치를 이용하는 라스피레스

방식을 따르고 있으며 소비 패턴의 변화를 반영할 수 있도록 매 5년마다 기준시점이 개편되고 있다. 소비자물가지수는 생산자물가지수보다는 대상 범위가 광범위하지 못하나 소비자들이 실제 주로 구입하는 품목의 가격변화를 측정하고 있어 소비자들이 피부로 느끼는 물가변동 개념에 가장 가까운 지수라고 할 수 있다. 또한 이런 이유로 해서 소비자물가지수의 역수를 화폐의 구매력(purchasing power of the currency)의 척도로 사용하며, 실질소득(real income)의 산정이나 생계비 측정에 사용하기도 하며 매년 근로자들의 임금인상 기초자료로 이용되기도 한다.

한편 1995년 기준지수부터는 소비자물가지수의 보조지표로 생활물가지수가 작성되고 있는데 이는 소비자물가 조사대상 품목 중에서 일반 소비자들이 자주 구입하는 생필품 154개를 선정한 후 이들의 평균적인 가격변동을 지수로 나타낸 것으로 소비자가 피부로 느끼는 장바구니 물가에 보다 근접한 물가지수라 하겠다.[1)]

또 한 가지 이 시점에서 강조해 둘 사항은 소비자물가지수와 생산자물가지수는 작성 목적의 차이 때문에 조사대상 품목의 범위, 가격을 조사하는 단계 그리고 같은 품목이라 하더라도 두 지수에 적용되는 가중치들이 서로 다르기 때문에 그 변동의 방향이나 폭이 서로 다를 수 있다.

표 15-14 생산자 및 소비자물가지수의 품목구성 및 가중치 비교

구 분	생산자물가지수		소비자물가지수	
	품 목 수	가 중 치	품 목 수	가 중 치
총 지 수	949	1,000.0	509	1,000.0
농림수산품	60	66.1	76	144.8
광공업제품	807	669.3	298	369.2
서 비 스[1)]	82	264.6	135	486.0

주: 1) 전력, 수도 및 도시가스(7품목) 포함.
자료: 한국은행, 「알기 쉬운 경제지표 해설」, 2000.

특히, 생산자물가지수는 국내재화만을 편입대상으로 삼고 있는 반면 소비자물가지수는 수입 재화 및 용역도 포함하고 있다는 점과 기업이 생산비용 증가요인을 생산성 향상이나 이윤 축소로 흡수할 수도 있기 때문에 두 지수간의 연관도가 높지 않을 수 있다는 점을 이해해 두어야 할 것이다.

1) 한국은행, 「알기 쉬운 경제지표 해설」, 2000년 참조.

2.3 GDP 디플레이터(GDP deflator)

GDP 디플레이터는 GDP 추계시 경상가격에 의한 GDP를 불변가격에 의한 GDP로 나누어 산출되는데, 재화와 서비스의 국내 거래가격뿐만 아니라 수출입가격 변동까지 포함하므로 가장 포괄적이고 종합적인 물가지수라 할 수 있다. 동시에 파쉐 물가지수의 성격을 띠는 특수한 형태의 종합물가지수로 이해할 수도 있다. 그러나 생산자물가지수(PPI)나 소비자물가지수(CPI)와는 달리 가격변동 내용을 직접 조사하여 작성하는 것이 아니므로 엄격한 의미의 물가지수라 할 수는 없다.

또한 GDP 디플레이터는 국내 물가(소비, 투자)뿐만 아니라 국외 물가(수출, 수입)도 포함하므로 국내 물가지수(PPI, CPI)와는 상반된 움직임을 보이기도 한다.

표 15-15 1987~2000년 PPI, CPI 및 GDP 디플레이터

연 도	PPI	CPI	GDP 디플레이터
1987	78.8	60.2	53.9
1988	81.0	64.5	58.0
1989	82.2	68.2	61.3
1990	85.6	77.0	67.9
1991	89.7	80.9	75.2
1992	91.6	86.0	81.0
1993	93.0	90.1	86.7
1994	95.5	95.7	93.3
1995	100.0	100.0	100.0
1996	103.2	104.9	103.9
1997	107.2	109.6	107.2
1998	120.3	117.8	112.6
1999	117.8	118.8	110.3
2000	120.2	121.5	109.1

자료 : 한국은행, 「경제통계연보」, 각 연호.

표 15-15는 1987년부터 2000년까지 실제로 산정된 3가지 종합물가지수들이며 이를 상승률로 전환하여 그림으로 나타낸 것이 그림 15-12이다. 전체 관측기간을 통하여 볼 때 각각의 물가지수들간에 뚜렷한 함수관계가 유지되어 왔다고 보기는 어렵다.

그림 15-12 물가지수의 상승률 추이

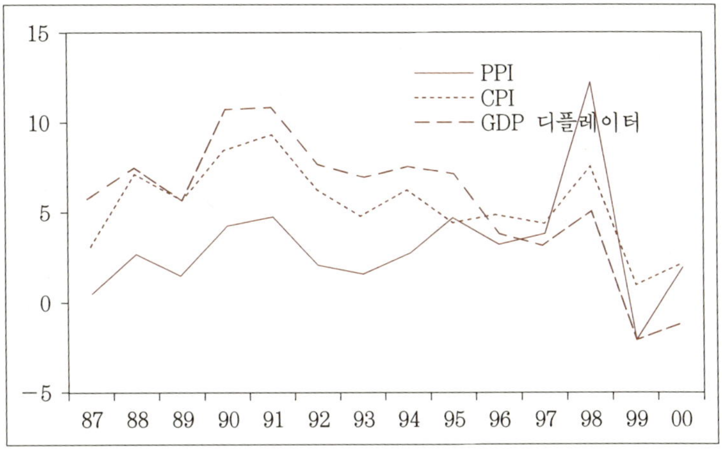

제 6 절 요 약

시계열분석이란 시계열자료의 변동요인을 평가하고 이를 근거로 장래의 시계열변수값을 예측하는 방법이다.

전통적으로 시계열분석은 시계열자료의 주변동요인을 추세(T), 경기순환(C) 및 계절적 변동(S)과 기타 불규칙변동(I)으로 구분한다. 본장에서는 이러한 변동요인들이 서로 연관되어 있다고 보아 시계열자료값을 승법모형($Y=T\times C\times S\times I$)으로 설정한 다음 각 요인별 영향을 분석하는 방법을 전개하였다.

시계열자료의 변동요인 중 가장 대표적이고 또 장기적인 요인이라 볼 수 있는 추세변동은 최소자승법이나 이동평균법에 의해 추정되고, 계절변동은 추세선이나 이동평균값과 대비시켜 얻은 이른바 계절지수의 형태로 추정된다. 한편 순환변동은 일단 시계열자료로부터 추세변동 및 계절변동요인을 제거함으로써 간접적으로 순환변동계수를 산출하는 방법에 따라 추정된다.

일단 시계열의 각 변동요인들이 추정되면 장래 시계열에 대한 예측이 가능하다. 일반적으로 예측은 일단 추세선을 중심으로 제시하되, 순환변동계수 및 계절지수를 상황에 따라 적절히 고려하여 예측치를 조정한다. 단, 시계열은 일반적으로 무작위로 추출된 자료가 아니고, 따라서 시계열상관(serial correlation)현상이 상존하는 자료이므로, 예측치에 대한 신뢰구간을 설정하는 일은 부적당하다고 볼 수 있다.

시계열분석에서뿐만 아니라 경제분석 전반에 걸쳐 빈번하고 다양하게 활용되고 있는 개념으로 지수가 있다. 지수는 분석대상에 따라 물가지수・물량지수 또는 가치지수로 분류되기도 하나, 가장 대표적인 것은 물가지수라 할 수 있다. 물가지수는 한 품목의 가격만을 고려하는 개별지수와 여러 품목을 종합적으로 고려하는 종합지수가 있는데, 후자는 다시 각 품목별 가격을 가중치를 두어 고려하는지의 여부와 가중치를 산정하는 기준연도의 선정방법에 따라 구분된다. 한편, 우리 일상생활에서 가장 자주 사용되는 지수 중 대표적인 것을 든다면 생산자물가지수와 소비자물가지수 그리고 GDP디플레이터를 들 수 있다.

복습문제

[1] 다음 용어들의 개념을 비교·설명하라.

1) 추세변동, 계절변동, 순환변동, 불규칙변동
2) 가법모형과 승법모형
3) 준평균법과 최소자승법 그리고 이동평균법에 의한 추세선의 추정
4) 계절변동과 계절지수
5) 추세대비법과 이동평균대비법
6) 물가지수, 물량지수, 가치지수
7) 개별지수와 종합지수
8) 단순총계지수, 단순평균총계지수, 가중평균총계지수
9) 상대가격지수, 단순평균상대가격지수, 가중평균상대가격지수
10) 생산자물가지수, 소비자물가지수, GDP 디플레이터

[2] 비선형추세선의 주요 예를 들고 그 추정방법을 밝혀라.

[3] 추세치와 계절지수가 추정되었을 때 장래의 시계열에 대한 예측방법을 간략히 설명하라.

[4] 라스피레스물가지수와 파쉐물가지수의 장·단점을 서로 비교하되 각종 주요경제지표(WPI, CPI 등)를 예를 들어 설명하라.

[5] 시계열분석과 회귀분석의 차이점을 구체적으로 밝혀라.

[6] 다음은 국내 D생명보험의 1995년부터 2001년까지의 매출액(가입고)을 나타낸다.

1) 괄호 안의 숫자를 채우고, 2) 또 선형추세선을 최소자승법을 이용하여 산출하라. 3) 그리고 2002년의 매출액은 어느 정도가 될지 추정하라.

연 도	X	매출액(Y)(억 원)	XY	X^2	추세치($\hat{Y}$)
1995	−3	74	−222	9	67.2
1996	−2	79	−158	4	77.8
1997	−1	80	− 80	1	( )
1998	0	90	0	0	( )
1999	1	105	( )	1	( )
2000	2	142	( )	4	( )
2001	3	122	( )	9	( )
합 계	0	692	( )	28	

[7] 다음은 2001년 D회사의 맥주 매출액이다.

분 기	1	2	3	4
매출액(억 원)	3.75	3.23	4.33	5.62
계절지수	83.1	72.2	102.7	142.0

1) 계절변동을 제거한 시계열자료(deseasonalized data)를 산출하여 계절변동요인 외의 영향을 확인하고 그 특징을 적당한 논리에 의해 풀이해 보아라.
2) 2002년 1분기 실제 매출액이 3.06(억 원)으로 나타났다. 1)에서와 같은 현상에 차이가 있는가?

[8] D종합금융의 2001년 1월의 총투자액은 1천 20만 원이었으며 같은 시기의 계절조정한 투자액은 1천 3백 3십만 원이었다.
1) 1월의 계절지수를 추정하라.
2) 5월의 계절지수가 150이라면 5월의 총투자액은 얼마나 될까?

[9] 다음은 1960년대 이후 최초로 마이너스성장을 기록한 1980년과 1981년의 국민총생산내용이다. 괄호 안을 메꾸어라.

GNP / 연 도	경 상 가 격	1980년 불변가격	성 장 률	디플레이터
1980	37,204.98	37,204.98	−5.2	100
1981	45,775.09	39,509.14	(　　)	(　　)

[10] 한국의 1999년 경상가격 GDP는 482,744(십억 원)이고, 2000년 경상가격 GDP는 521,959(십억 원)이다. 한편, GDP 디플레이터 개념으로 본 1999년 및 2000년도 일반물가지수는 110.3과 109.1(1995년=100)이라면 2000년도의 실질성장률은 얼마인가?

[11] 다음은 1995년부터 1999년까지 한국의 임금노동자들의 월평균 명목임금과 소비자물가지수이다.
1) 각 연도 실질임금을 계산하라.
2) 각 연도의 명목임금 및 실질임금의 지수를 1995년을 기준으로 산출하라.

연 도	C P I	명목임금(천 원)
1995	100.0	1,222
1996	104.9	1,367
1997	109.6	1,463
1998	117.8	1,426
1999	118.8	1,599

[12] 다음은 1995년 및 2000년을 기준으로 한 주요 식품들의 도매가격과 특정

지역에서의 거래실적이다.

연도 / 품목	1995		2000	
	수량	단가	수량	단가
쌀(80kg)	100	114,430	80	165,320
닭고기(kg)	400	1,045	1,000	1,062
달걀(10개)	100	713	200	712

1) 각 상품의 상대가격을 구하라.
2) 단순총계물가지수를 구하라.
3) 단순평균상대가격지수를 구하라.
4) 가중평균상대가격지수를 구하라(기준연도 가중치를 사용).

연습문제

[1] 시계열변동을 완화시키는 이동평균법의 활용이 가져오는 이익과 피해내용을 대비·설명하라.

[2] 계절변동이나 순환변동을 추정하기 위해 불규칙변동을 제거하는 방법을 설명하라.

[3] 다음은 K그룹의 최근 5년간 원자재 수입실적이다.

연도	X	수입액 Y (백만 불)	$\log Y$	X^2	$\log \hat{Y}$	$\hat{Y}$
1997	−2	35.8	1.55388	4	1.52579	33.6
1998	−1	28.7	1.45788	1	1.46545	29.2
1999	0	23.2	1.36549	0	1.40511	25.4
2000	1	21.6	(　　)	1	(　　)	(　)
2001	2	20.6	(　　)	4	(　　)	(　)
	0		7.02557			

1) $\log Y$값의 괄호 안을 채워라.
2) 준 log 함수에 의해 추세곡선을 찾아라.
3) 준 log 추세방정식을 이용하여 원래 자료의 추세치 $\hat{Y}$를 찾아 괄호 안을 채워라.
4) 2008년의 추세치를 추정하라.
5) 준 log 추세방정식의 일정한 기울기가 갖는 경제적 의미는?

[4] 다음은 K그룹이 새로 개발한 소형컴퓨터의 매출액이다.

연 도	1997	1998	1999	2000	2001
매 출 액 (100억 원)	2.7	3.9	4.6	5.1	5.4

1) 증가추세를 곰페르츠(Gompertz)곡선으로 파악하여 추정하라.
2) 증가추세를 로지스틱(logistic)곡선으로 파악하여 추정하라.
3) 위의 두 곡선 중 어느 것이 보다 적합한지 밝혀라.

[5] 다음은 1995년 이후 15평형 주공아파트의 연평균 관리비를 나타낸다.

연 도	1995	1996	1997	1998	1999	2000	2001
관 리 비	3.0	4.4	5.0	4.2	5.1	6.8	6.5

(단위 : 백만 원)

1) 최소자승법에 의해 선형추세선을 도출하라.
2) 2000년도 3년 이동평균치를 구하여 최소자승법에 의한 2000년도 추세치와 대비하라.

[6] 1995년 1월을 시점으로 하여 연간 총액을 사용해 추정한 추세선이 $\hat{Y}=3{,}600+480X$라 하자.

1) 월별 자료를 대신 사용하였다고 가정할 경우 추세선은 어떻게 표현될 수 있나?
2) 7월 계절지수가 0.9라면 2001년 7월 관측치의 계절조정된 수치는 얼마인가?

[7] 다음은 국내 계절별 전력사용량을 지수화한 것이다.

계 절	봄	여 름	가 을	겨 울
계절지수	80	95	120	105

내년도 전력사용량을 약 72,000백만kwh가 될 것으로 보고 순환변동의 영향은 무시할 만하다면, 내년도 봄과 가을의 전력사용량은 얼마가 될 것으로 볼 수 있는가?

[8] 다음은 Y지역 주거용 대지와 상가용 대지의 평당 평균거래가격(단위 : 만 원)과 거래량(100평 단위)이다.

품목 / 연도	상가용		주거용	
	평당가격	거 래 량	평당가격	거 래 량
1998	1,250	10	300	30
1999	1,300	20	400	30
2000	1,300	40	450	20
2001	1,400	45	400	25

1) 1998년을 기준으로 Laspeyres물가지수를 계산하라.
2) 1998년을 기준으로 Paasche물가지수를 계산하라.

[9] 다음은 어느 가계의 주요 식품 연간 구입내용이다.

연도 / 상품	1995		2000	
	단위가격(만 원)	구 입 량	단위가격(만 원)	구 입 량
A	0.40	10	0.60	9
B	0.10	35	0.20	30
C	0.50	5	0.40	6

1) 라스피레스물가지수를 구하라(1995년 기준).
2) 이 가계가 1995년에는 식품구입을 위해 1,200(만 원)을 썼고, 2000년에는 1,900(만 원)을 썼다고 하자. 위의 식품가격이 전체 식품을 대표할 수 있다면 2000년의 식품비는 1995년에 비해 증가되었다고 볼 수 있나?

[10] 다음은 1995년 H회사 청량음료의 분기별 판매실적이다.

분 기	매출액(만 원)	추 세 치	계 절 지 수
1	100,000	90,000	80
2	150,000	95,000	130
3	120,000	100,000	110
4	110,000	( )	80

1) 추세선을 도출하고 4분기의 추세치를 산출하라.
2) 계절변동으로 조정한 시계열을 구하라.
3) 추세와 계절변동 패턴의 변화가 없다 보고, 2002년 2분기 시계열값을 예측하라.

복습문제 해답

[1]~[5] (생략)

[6] 1) XY : 105, 284, 366, 295(위에서 아래로)

$\hat{Y}$: 88.321, 98.857, 109.393, 119.929, 130.465(위에서 아래로)

2) $\hat{Y}=98.857+10.536X$

3) $\hat{Y}=98.857+10.536(4)=141.001$

[7] 1) 4.51, 4.47, 4.22, 3.96
계절변동이 제거된 자료는 점차 감소하고 있으며, 순환변동의 영향으로 보는 것이 무난하다.
2) $3.06/0.831 = 3.68 < 3.96$ ∴ 같은 현상이 지속

[8] 1) 76.7 2) 3901 만 원

[9] 1) 6.2% 2) 115.86

[10] 9.31%

[11]

연 도	실질임금	명목임금지수	실질임금지수
1995	1,222	100.0	100.0
1996	1,303	111.9	106.6
1997	1,335	119.7	109.2
1998	1,211	116.7	99.1
1999	1,346	130.9	110.1

[12] 1) 쌀: 144.5, 닭고기: 101.6, 달걀: 99.9
2) 143.81 3) 115.32 4) 142.71

연습문제 해답

[1]~[2] (생략)

[3] 1) 1.33445, 1.31387
2) $\log \hat{Y} = 1.405114 - 0.060345X$
3) 22.1, 19.2
4) $\log \hat{Y}_{1998} = 1.405114 - 0.060345(9) = 0.862009$
$\hat{Y}_{1998} = \text{antilog}\ 0.862009 = 7.3$
5) 추세선이 일정한 변화율을 반영

[4] 1) $\hat{Y} = 5.0817(0.9052)^{0.5486X}$
2) $\dfrac{1}{\hat{Y}} = 0.1766 + (0.0408)(0.4588^{X})$
3) 거의 같음.

[5] 1) $\hat{Y} = 5 + 0.55X$ (X값은 98년을 0으로 하여 기준삼음)
2) $\hat{Y} = 6.1$, $MA_{2000} = 6.1\dot{3}$

[6] 1) $\hat{Y}=300+40X$ 2) 3,078

[7] 각각 14,400 백만 kWh, 21,600 백만 kWh

[8]

연 도	L	P
1998	100.0	100.0
1999	116.3	111.8
2000	123.3	108.9
2001	120.9	114.5

[9] 1) 150 2) 증가

[10] 1) $\hat{Y}=90{,}000+5{,}000X$ (단, 1분기 X값=0)

$\hat{Y}_{4\text{분기}}=105{,}000$

2) 각 분기별로 125,000; 115,000; 109,000; 137,500(만 원)

3) 175,500(만 원)

제 16 장 통계적 의사결정론

제3편에 소개한 추정 및 검정과 같은 일반적인 추측통계의 추론과정은 항상 불확실성을 내포하고 있으나, 이러한 불확실성이 객관적 확률 개념으로 산출될 수 있다는 데 현대통계분석의 존립기반이 있는 것이다. 즉, 우리가 모집단의 특징을 나타내는 미지의 모수를 추정하거나 검정하려고 할 때 우리는 제한된 표본정보만을 가지고 추론할 수밖에 없으며, 따라서 이러한 추론의 결과는 항상 불확실성을 내포하게 된다. 동시에 추론과정에 내재된 불확실성은 장기상대도수(long-run relative frequency) 개념에 입각한 객관적 확률로 환산하여 표현할 수 있게 된다. 이상과 같은 추측통계학의 분석과정은 모수에 대한 추정치를 결정하거나 모수에 대한 특정 가설의 채택 여부를 결정하는 일련의 통계적 의사결정과정임에 틀림없다.

그러나 본장에서는 전통적인 통계적 추론과정에서 한걸음 더 나아가 별도의 기준이나 정보를 활용하여 의사를 결정하는 여러 가지 방법과 이들의 활용방안을 다루고자 하며, 바로 이러한 과정에서의 분석내용을 통계적 의사결정론(statistical decision theory)이라고 한다.

의사결정은 그 과정이 불확실성하에서 이루어지는지의 여부에 따라 그림 XVI에서와 같이 구분될 수 있으며, 본장에서는 물론 불확실성하에서의 의사결정과정을 주분석대상으로 삼고 있다. 확실성하에서의 의사결정은 확률 개념을 수반하지 않으며, 또 이와 같은 상황에서의 의사결정은 협의의 통계적 의사결정론에 속하지 않기 때문이다.

그림 XVI 주요 통계적 의사결정 내용의 분류표

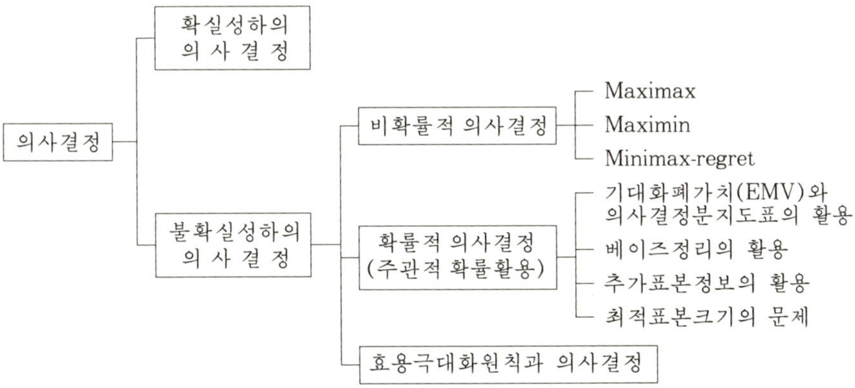

불확실성하에서의 의사결정방법은, 첫째로 객관적 확률, 즉 장기상대도수 개념에 입각한 확률이 사용될 수 없을 경우에는 차라리 발생가능성에 관한 확률문제를 도외시한 상태에서 의사결정을 해야 한다는 원칙 아래 이루어지는 이른바 비확률적 의사결정(non-probabilistic decision)방법과, 둘째로 의사결정자의 주관적 기준이나 새로운 정보에 입각한 주관적 확률개념을 활용하여 의사결정을 수행하는 확률적 의사결정(probabilistic decision)방법이 있다. 전자에 포함시킬 수 있는 방법들로는 Maximin, Minimax 등이 있고, 후자에 속하는 방법은 기본적으로 기대화폐가치(expected monetary value; EMV) 개념과 베이즈정리(Bayes' rule)를 활용하는 방법이 있다. 물론 통계적 의사결정론의 주된 관심사는 후자에 있으며, 따라서 본장에서는 주관적 확률의 산출근거가 되는 새로운 표본정보를 활용하는 방법과 그 과정에서 발생하는 이익과 비용을 고려하는 방법, 그리고 기타 주요 의사결정의 사례를 다루고자 한다.

한편, 기대화폐가치 개념보다는 효용의 개념을 이용하여 의사결정을 하는 것이 보다 합당한 경우가 있는데, 이는 효용극대화원칙과 의사결정이란 제목하에 본장 말미에 별도 항목으로 취급하였다.

제1절 개 요

통계분석의 주된 목적 중의 하나는 불확실성하에서 합리적인 의사결정을 수행하는 과정에 도움을 주는 것이라 할 수 있다. 앞서 지적한 것처럼 전통적인 추정 및 검정과정을 표본정보와 객관적 확률에 의한 일종의 의사결정으로 파악할 수 있다면 본장에서 소개할 방법은 표본정보 및 의사결정자의 주관을 동시에 활용하여 각종 행위의 경제적 귀결(economic consequence)을 주관적 확률에 의거해서 파악하는 의사결정과정이라 볼 수 있다. 결국 통계적 의사결정이란 어느 개인이나 조직이 주어진 상황 및 조건하에서 수집 가능한 정보를 적절히 활용하여 기대할 수 있는 이익을 극대화시키는 최상의 행위를 합리적으로 선정하는 과정이라 할 수 있다. 따라서 본장에서 다루게 될 내용은 전통적인 통계적 추론에서 한걸음 더 나아가 의사결정자의 합리적 주관이 합리적으로 고려되고 강조되는 의사결정방법이라 할 수 있다.

사실 인간의 일상생활은 끊임없는 의사결정과정의 연속인데 대부분의 경우 이러한 과정을 인식하지 못한 채 삶을 영위하고 있다. 예컨대, 복잡한 길을 지날 때 우리는 차량의 통행사정이나 자신이 하고 있는 일의 긴급함 등을 무의식적으로 고려하며 보행할 것이다. 식당에서 메뉴를 보고 음식을 주문할 경우 또한 가격과 본인의 취향 등이 순간적으로 고려될 것이다. 한편, 이와 같이 거의 무의식적으로 의사를 결정하는 경우와는 달리 여러 가지 정보를 근거로 고심해 가며 자신의 행위를 의사결정하는 경우가 있다. 예컨대, 여유자금으로 증권을 구입하거나 부동산을 매입하고자 할 경우, 또는 특정 상품의 생산량이나 생산시설규모의 변화를 결정하고자 할 경우 복잡한 분석과정을 통해서만 최선의 결과가 기대되는 행위를 선정할 수 있을 것이다. 이처럼 선택된 행위에 따라 발생 가능한 결과들이 의사결정자의 이해에 큰 영향을 미칠 수 있을 경우 더 이상 개인이나 조직은 무의식적인 또는 순간적인 의사결정단계에 머무를 수 없게 되며, 합리적인 정보의 활용과 의사결정방법에 몰두하게 된다.

일반적으로 이러한 문제의 해결을 위해, 첫째로 주어진 문제를 주의깊게 인식하여 취할 수 있는 모든 행위(actions)와 발생 가능한 현상을 확인하고, 둘째로 이러한 현상들이 발생 가능한 확률을 산정한 다음, 마지막으로 고려된 각 행위의 결과로 발생할 잠재적인 경제적 귀결(potential economic consequences)을 파악하게 된다. 그리고 이렇게 취득한 정보를 종합적으로 활용함으로써 최선의 의사결정을 수행할 수 있는 것이다.

제 2 절 확실성과 불확실성

통계적 의사결정이론을 본격적으로 다루기에 앞서 일단 확실성과 불확실성에 대해 언급할 필요가 있다. 일반적으로 의사결정자가 예상할 수 있는 결과란 선정된 행위와 발생 가능한 실제상황의 내용에 의존하게 된다. 예컨대, 백만 원을 주식에 투자하되 현재 시장가격이 만 원씩인 A, B, C 세 주식 중 하나를 구매하였다가 1년 후에 판매하려는 상황을 고려해 보자. 이 경우에는 A, B, C 중 한 종류를 선택하는 행위의 결정문제와 1년 뒤에 형성될 세 주식의 가격변화 상황에 따라 예상되는 경제적 귀결문제가 고려될 것이다. 여기서 만일 1년 후 A, B, C 세 가지 주식의 가격이 각각 ₩15,000, ₩5,000 그리고 ₩10,000이 된다는 것을 확실히 알 수 있다면 이러한 상황에서 최선의 결정이란 가장 높은 이익을 보장하는 A주식을 구입하는 것이며, 이와 같이 발생할 상황을 확실히 알 수 있을 경우의 의사결정을 확실성하의 의사결정이라 한다.

그러나 1년 후의 주식가격을 정확히 알 수 있다는 가정은 전적으로 비현실적이다. 물론 전반적인 경기지표나 산업생산지수 또는 주식시장에 관한 분석자료나 전문가의 의견 등을 통해 어느 정도 장래의 주식가격을 전망할 수는 있지만 결코 완전한 지식을 가질 수는 없다. 따라서 우리는 일반적으로 불확실성하에서 의사결정을 하게 되며, 불확실성하의 의사결정은 확실성하에서보다 훨씬 복잡하고 어려운 문제가 될 것임이 명백하다.

그러나 확실성하에서의 의사결정이 모두 용이한 것은 물론 아니다. 문제가 몹시 복잡해서 문제와 관련되는 제반 상황에 대해 완전한 지식을 갖고 있더라도 최선의 의사결정을 수행하기가 쉽지 않은 경우가 종종 있다. 예컨대, 어느 제조업자가 특정 상품을 여러 공장에서 여러 지역의 창고로 해상운송하려는 경우를 상정해 보자. 각 공장마다 일정량이 생산되고, 또 각 창고마다 수용능력이 서로 다를 것이다. 이러한 상황에서 각 공장의 제품을 여러 창고로 수송하여 보관하는 최선의 방법을 선정하는 일은 하등의 불확실성이 게재되어 있지 않다. 물론 불확실성이 개입되면 의사결정문제는 더욱 복잡한 양상을 띨 것이나 비록 확실성이 보장된 상태라도 위와 같은 예제의 해결은 결코 간단한 문제가 아니다. 이러한 문제는 선형계획법(linear programing)을 이용하여 해결할 수 있을 것이나 경우에 따라서는 오퍼레이션 리서치(OR; operation research)와 같은 방법이 활용되기도 하는데 본장의 취급내용범위와는 다소 거리가 있어 생략하였다.

제 3 절 불확실성하의 의사결정기준

장래에 발생할 현상에 대해 확실한 지식이 주어지면 실행 가능한 각 행위에 따른 이득이 확정되므로 단지 그 중 가장 높은 이득을 보장하는 행위를 선택하기만 하면 된다. 그러나 불확실성하에서 발생할 현상들의 불확실성 때문에 각 행위에 따른 이득이 확정적으로 결정되지 못하고, 예상되는 상황의 형태와 선정될 행위의 종류라는 두 요인이 복합적으로 작용하여 보다 복잡한 이득내용을 창출해 낼 것이다.

이러한 상황에서의 의사결정문제를 다루는 데 다음과 같은 종합자료표는 매우 유용하다.

표 16-1은 의사결정도표(decision table) 또는 청산결과표(pay-off table)라고도 불리며, 의사결정에 필요한, 선정 가능한 모든 행위(all possible decision acts)와 발생 가능한 모든 현상(all possible events), 그리고 각 의사결정상황에 대응하는 경제적 결과(economic consequences)를 종합적으로 나타내고 있으므로 본서에서는 의사결정종합자료표라고 부르기로 한다. 이 표에 과거의 자료나 관리자의 판정에 의거한 각 현상의 발생가능성을 확률로 표현하여 포함시키기도 하는데, 표 16-1에서는 각 현상(E_1, E_2, ⋯, E_n) 밑의 괄호 속에 p_1, p_2, ⋯, p_n과 같이 표기하였다.

표 16-1의 A_1, A_2, ⋯, A_m은 선택 가능한 모든 행위 및 전략 또는 의사결

표 16-1 의사결정종합자료표

현 상 (발생확률) / 행 위	E_1 (p_1)	E_2 (p_2)	⋯⋯⋯	E_n (p_n)
A_1	X_{11}	X_{12}	⋯⋯⋯	X_{1n}
A_2	X_{21}	X_{22}	⋯⋯⋯	X_{2n}
⋮	⋮	⋮		⋮
A_m	X_{m1}	X_{m2}	⋯⋯⋯	X_{mn}

정내용을 의미한다. 의사결정과정에서 이들 중 한 가지가 최상의 행위 및 전략으로 선택될 것이며, 이와 같은 선택이 이루어지려면 적어도 두 가지 이상의 선택 가능한 전략 또는 행위가 존재해야 한다. 예컨대, 앞서의 주식투자 문제에서는 A, B, C의 세 가지 주식 중 하나를 선택할 수 있었다.

표 16-1의 E_1, E_2, $\cdots$, E_n은 의사결정자의 통제권을 벗어난 상태에서 발생하는 여러 현상을 나타내며, 사상(events) 또는 상황(state of nature)이라고도 한다. 여기서 사상들은 서로 배타적이어야 하고(mutually exclusive), 또 발생 가능한 모든 사상이 고려되어야 한다는 의미에서 포괄적(exhaustive)이어야 한다. 물론 이 경우도 최소한 두 개 이상의 서로 다른 사상이 발생 가능해야만 의사결정의 조건이 충족될 것이다.

일단 발생 가능한 모든 사상 또는 현상이 파악되면 각 행위 또는 전략에 따라 각기 다른 상황에서 예상되는 경제적 결과가 확인되는데, 이들을 X_{ij}로 표기하였다. 경제적 결과의 내용이 수익(revenues)이나 이윤(profits) 등으로 표현될 때 X_{ij}를 흔히 청산결과 또는 이득(pay-off)이라 부른다.

표 16-1에는 전술한 바와 같이 각 사상이 발생할 확률이 포함되어 있으며, 이 확률값은 기존의 정보나 의사결정자의 주관에 따라 산정되는데, 발생 가능한 모든 사상이 고려되고(exhaustive sets of events), 또 모든 사상이 상호 배타적(mutually exclusive sets of events)이므로 표에 나타난 각 확률값들의 합은 1과 같다$\left(즉,\ \sum_{i=1}^{n} p_i=1\right)$. 여하튼 여기서의 확률은 본질적으로 주관적 확률(subjective or personal probability) 개념이라 볼 수 있는데 이것은 현실적 의사결정 문제에 있어서 사건은 대부분 비반복적인 속성을 가지고 있어 확률의 발생빈도적 해석을 적용하기 곤란하기 때문이다. 그러나 확률의 발생빈도적 해석을 추종하는 사람들은, 즉 확률은 장기적 상대도수(long-run relative frequency)의 의미를 갖는 객관적 확률(objective probability)의 경우에만 활용가치가 있다고 생각하는 사람들은 위와 같은 주관적 확률의 사용이나 또는 이를 이용한 의사결정방법에 거부감을 갖고 있다. 따라서 주관적 확률을 이용하기보다는 차라리 효율성과 논리성이 떨어지더라도 주관적 확률을 사용하지 않는 이른바 비확률적 의사결정방법을 선호하게 되는데, 우선 이러한 방법론에 대하여 간략히 살펴보기로 한다.

제 4 절 비확률적 의사결정

본절에서는 의사결정자가 객관적 확률론자이건 아니건간에 의사결정과정에서 주관적 확률을 사용하지 않거나 또는 사용할 수 없어서 확률 개념의 도입없이 의사결정을 수행하는 방법을 다루고자 한다. 이러한 범주에 속하는 방법으로는 최대이득이 가장 큰 행위를 선정하는 방법(maximax), 최소한의 이득이 가장 큰 행위를 선정하는 방법(maximin), 그리고 최대기회손실이 가장 작은 행위를 선정하는 방법(minimax) 등이 있다.

이제 이들 방법론을 효율적으로 상호 비교하기 위해 우선 주식투자 문제의 예를 이용하여, 의사결정종합자료표을 작성키로 한다. 앞서 우리는 100만원을 가진 투자가가 A, B, C 세 주식 중 하나를 구매하였다가(각 주식의 현재 시장가격은 10,000원으로 동일하다고 가정함) 1년 후에 판매하려는 계획을 갖고 있으며, 세 주식의 1년 후 시장가격이 각각 ₩15,000, ₩5,000, ₩10,000이 될 것이라는 가정하에 의사결정과정을 확인한 바 있다. 이번에는 1년 후에 세 가지 현상이 발생 가능하며, 현상 Ⅰ은 A, B, C 세 주식가격이 ₩15,000, ₩5,000, ₩10,000이 되고, 현상 Ⅱ는 각각 ₩7,000, ₩13,000, ₩11,000, 그리고 현상 Ⅲ은 각각 ₩9,000, ₩14,000, ₩12,000이 될 것이라는 가정하에 다음의 표를 작성하였다.

표 16-2 주식문제의 의사결정종합자료표

행위 \ 현상	Ⅰ ($p_1=0.4$)	Ⅱ ($p_2=0.3$)	Ⅲ ($p_3=0.3$)	최대이득	최소이득
A구입	+5,000	−3,000	−1,000	+5,000	−3,000
B구입	−5,000	+3,000	+4,000	+4,000	−5,000
C구입	0	+1,000	+2,000	+2,000	0

만일 현상 Ⅰ이 발생하면 A주식을 구입하는 행위가 최선일 것이지만 현상 Ⅱ가 발생하면 B주식을 구입하는 행위가, 그리고 현상 Ⅲ이 발생하면 B주식을 구입하는 행위가 최선이 될 것임을 표 16-2에서 쉽게 판별할 수 있다. 그러면 과연 어떻게 최선의 행위를 최종적으로 선정할 것인가? 이러한 문제와 관련하여 다음의 세 가지 기준이 사용되고 있다.

1. 최대이득이 가장 큰 행위의 선정: maximax 기준

첫번째로 제시될 수 있는 기준은 모든 현상하에서 각 행위별로 예상되는 이득 중 큰 값, 즉 최대이득(maximum pay-off)을 상호 비교하여 그 중 최대값(maximum)을 갖는 행위를 선정하는 방법으로 머리글자를 따서 maximax 라 부르고 있다. 이 기준은 발생 가능한 최대이득만을 간주하는 방법이며, 장래에 발생할 현상에 대해 지극히 낙관적인 예상을 하는 의사결정기준이라 볼 수 있다 표 16-2에 주어진 자료를 maximax 기준에 의해 판정할 경우 결국 A주식을 구입하는 행위가 최선의 방법으로 선정될 것이다. A주식은 최대가능이득이 주당 5,000원인 데 반하여 B주식은 4,000원, 그리고 C주식은 2,000원에 불과하기 때문이다. 한편, 이 방법은 발생 가능한 손실내용을 전혀 고려하지 않는 점이 특징이며 또한 문제점으로 지적될 수 있다.

2. 최소한의 이득이 가장 큰 행위의 선정: maximin 기준

두 번째로 제시될 수 있는 의사결정기준으로는 모든 현상에 걸쳐 발생 가능한 이득수준 중 최소이득(minimum pay-off)이 가장 큰(maximum) 행위를 선정하는 방법이며, 머리글자를 따서 maximin 기준이라고 부르는 이 방법은 최소한 보장될 수 있는 이득수준을 판정기준으로 삼는 일종의 소극적인 의사결정방법이라 볼 수 있다. 표 16-2의 자료를 이용할 경우 각 행위별 최소이득은 −3,000원, −5,000원, 그리고 0원이므로 이들 최소이득치 중 최대값을 갖는 행위는 바로 C주식을 구입하는 일이 될 것이다. 이 기준은 최악의 상태를 기준으로 설정함으로써 큰 손실이 발생하는 것을 회피하려는 다소 비관적인 선정기준이며, 큰 이득의 획득기회를 포기하고서라도 큰 손실을 막겠다는 위험회피 전략인 것이다.

3. 최대기회손실이 가장 작은 행위의 선정: minimax-regret 기준

세 번째로 제시될 수 있는 기준은 최대기회손실이 가장 작은 값을 갖는 행위를 선정한다 하여 minimax 또는 minimax-regret 기준이라고 부르는데, 앞서의 두 기준과는 달리 표 16-2에 나타난 경제적 결과, 즉 이득내용(pay-off)을 판정기준으로 직접 사용하지 않는다는 데 특징이 있다. 즉, 이 방법은 일단

표 16-3 주식투자문제의 기회손실내용표

행위 \ 현상	I	II	III	최대기회손실 (maximum regret)
A 구입	5,000−5,000=0	3,000−(−3,000) =6,000	4,000−(−1,000) =5,000	6,000
B 구입	5,000−(−5,000) =10,000	3,000−3,000=0	4,000−4,000=0	10,000
C 구입	5,000−0=5,000	3,000−1,000 =2,000	4,000−2,000 =2,000	5,000

regret 이라고 불리는 일종의 기회손실(opportunity loss)을 산출한 다음 각 행위가 갖는 최대기회손실(maximum-regret) 중 최소값을 갖는 행위를 선정한다. 여기서 기회손실이란 각 현상마다 얻을 수 있는 최대이득(표 16-2 의 각렬에서 갖는 최대치들)에서 각 현상마다 선택된 행위에 따라 실제 얻을 수 있는 이득(표 16-2 에서 해당되는 열의 실제이득)을 차감한 값으로 정의된다. 즉, 기회손실이란 주어진 상황(event)에서 얻을 수 있는 최대이득과, 같은 상황에서 상이한 행위에 따라 발생한 실제 이득의 차이이다. 따라서 기회손실액 중 우리가 기대할 수 있는 최소치는 0이 되며, 이는 선정된 행위에서 얻은 실제 이득이 주어진 상황에서 우리가 기대할 수 있는 최대이득과 같다는 것을 의미한다. 이상과 같은 개념에 입각하여 계산된 기회손실액은 다음 표와 같다.

현상 I 의 경우 최대가능이득은 5,000 원이고, 현상 II 와 III 의 경우는 각각 3,000 원과 4,000 원이다. 따라서 이들 최대가능이득에서 표 16-2에 나타난 각 행위별 이득(pay-off)을 차감하면 그 결과가 표 16-3과 같아진다. 이처럼 계산된 기회손실 중 각 행위별 최대치(maximum-regret)를 확인하여 표의 우단에 병기하였다. 본 예제에서는 C주식을 구입하는 경우 최대기회손실이 최소가 되며, 따라서 minimax-regret 기준에 의하면 바로 이 행위가 최선의 의사결정방법으로 선정될 것이다. 이 방법도 최대기회손실을 가능한 한 극소화시켜 손실을 회피하려는 소극적인 의사결정의 일종으로 간주할 수 있다.

제 5 절 확률적 의사결정

앞 절에서 소개한 세 가지 의사결정기준은 각각이 갖는 개별적인 문제점 외에도 각 현상이 발생할 가능성을 전혀 고려하지 않고 있다는 공통적인 문제점을 안고 있다. 이것은 앞서 지적한 바와 같이 각 현상의 발생가능성에 관한 확률이 알려지지 않았거나 비단 알 수 있다 하더라도 장기상대도수 개념의 의미를 갖는 객관적 확률 개념이 아니라는 이유로 그 사용이 거부된 상태에서 취할 수 있는 의사결정기준들이기 때문이다. 본절에서는 각 현상의 발생가능성에 관한 주관적 확률 개념을 도입함으로써 보다 조직적이고 합리적인 의사결정기준을 제시하는 방법들을 소개하고자 한다.

1. 기대화폐가치(expected monetary value; EMV)와 의사결정분지도표 (decision tree diagram)

논리적으로 보아 불확실성하에서의 의사결정문제에 확률 개념을 도입하는 것이 당연하다. 문제는 과연 각 현상이 발생할 확률을 어떻게 결정할 것인가 하는 점이다. 누차 지적한 바 있듯이 전통적 통계적 의사결정문제에 도입되는 확률은 주관적 확률이며, 구체적인 산출방법은 본절의 후반에서 자세히 다룰 것이다. 본항에서는 일단 적절한 과정을 통하여 확률이 확인되어 있다는 가정하에서 의사결정하는 과정을 살펴보고자 한다.

표 16-1에서처럼 각 현상이 나타날 가능성이 p_1, p_2, $\cdots$, p_n과 같이 주어지면 의사결정의 가장 훌륭한 기준으로서 기대치 개념이 활용될 수 있다. 즉, 각 행위별 기대치는 경제적 이득을 각 현상의 발생확률로 가중시켜 산출될 수 있는데, 그 중 가장 큰 기대이득을 갖는 행위가 최선의 행위로 선정된다. 이 경우 기대이득이 일반적으로 화폐액으로 표현되기 때문에 여기서 사용되는 기준을 기대화폐가치(EMV; expected monetary value)라 부른다.

따라서 표 16-1의 자료에 의거하면 각 행위별(A_1, A_2, $\cdots$, A_m) 기대화폐가치는

$$\text{EMV}(A_i) = X_{i1}(p_1) + X_{i2}(p_2) + \cdots + X_{in}(p_n)$$

$$\therefore\ \text{EMV}(A_i) = \sum_{j=1}^{n} X_{ij}(p_j) \qquad (16.1)$$

와 같아진다. 보다 구체적인 예제로 표 16-2의 자료를 활용하면

$$\text{EMV}(A) = (5000)\times(0.4) + (-3000)\times(0.3) + (-1000)\times(0.3) = 800$$

$$\text{EMV}(B) = (-5000)\times(0.4) + (3000)\times(0.3) + (4000)\times(0.3) = 100$$

$$\text{EMV}(C) = (0)\times(0.4) + (1000)\times(0.3) + (2000)\times(0.3) = 900$$

그림 16-1 주식투자문제에 대한 분지도표

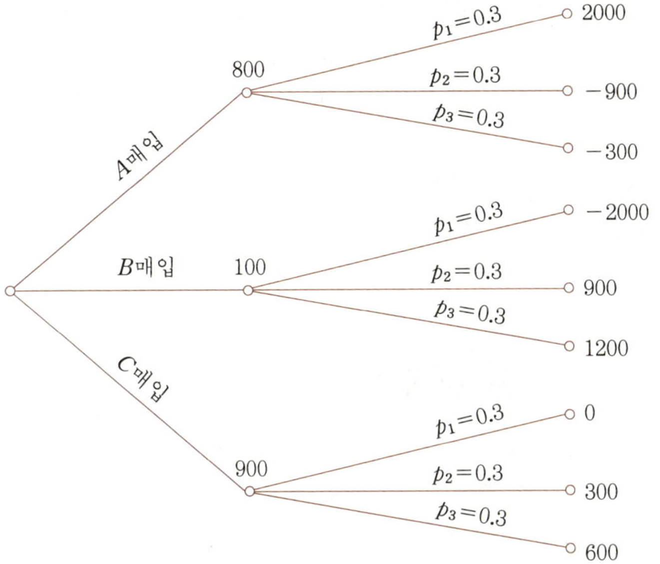

과 같이 산출된다. 따라서 기대치 또는 평균이득 개념에 의거한 EMV 기준에 따르면 위의 예제에서는 C주식의 매입이 가장 바람직한 것으로 판정될 것이다.

기대화폐가치기준에 의거하여 의사결정을 시행할 때 유용하게 쓰이는 도구로 의사결정분지도표(decision tree diagram)가 있다. 이 그림은 의사결정문제의 일반적인 구조와 과정을 쉽게 나타내 주며, 특히 복잡한 의사결정문제에서는 의사결정종합자료표보다 더 자주 사용된다. 그리고 이 그림은 추가적인 표본정보를 의사결정과정에 활용하는 경우에는 결정적으로 유용하다. 우선 EMV 기준에 의거해 주식투자문제에 관한 의사결정을 하는 과정을 의사결정분지도표를 통하여 표현해 보자.

분지도표의 시발점은 그림의 가장 왼쪽 부분이며, 이 점에서 세 가지 행위가 나무가지처럼 분류되어 있는 모양을 하고 있다. 이 때 가장 왼쪽에 있는 분기점을 의사결정분기점(decision fork) 또는 행위결정분기점(action fork)이라 부른다. 한편, 각 행위마다 세 가지 상황 또는 현상에 따라 다시 분류되는 모양새를 취하는데, 이 두 번째 분기점을 현상분기점(event fork) 또는 기회분기점(chance fork)이라 부른다. 이처럼 의사결정분지도표의 각 분기점은 행위결정분기점이거나 현상분기점이 되는데 그림 16-1의 경우는 각 분기점이 한번씩만 나타난 아주 단순한 분지도표이다.

분지도표의 구체적인 활용방법은, 첫째로 현상분기점마다 기대화폐가치를 계산하고, 둘째로 행위결정분기점에서는 가장 높은 기대치를 갖는 행위를 선택하는 것이다. 그림 16-1의 경우 각 현상마다 계산된 EMV는 800, 100 그리고 90이므로 이 중 가장 큰 기대치를 갖는 C주식의 매입이 최선이라는 결론을 얻을 수 있다.

나중에 보게 되겠지만 추가정보를 활용하는 의사결정문제에서는 분지도표가 점차 복잡한 모양이 되고 또 계산도 번거로워질 것이나, 분지도표를 이용한 의사결정과정은 기본적으로 위 예제에서와 동일하다.

2. 베이즈정리(Bayes' rule)의 활용법

본절에서는 제4절과는 달리 각 현상의 발생가능성을 대변하는 확률을 활용하는 의사결정방법에 대하여 논의하고 있으나, 앞 항에서는 단순히 각 현상이 나타날 발생확률이 알려져 있다는 가정하에서 문제해결을 시도하였다. 본항에서는 각 현상의 발생확률을 구체적으로 산출하는 문제를 다루고자 한다. 이러한 확률의 산출방법은 여러 가지 있으나, 의사결정론에서 통상 활용되고 있는 방법은 제2편 제3장에서 다룬 바 있는 베이즈정리(Bayes' rule)를 이용하는 방법이다. 베이즈정리를 본장의 취지에 맞도록 재정리해 보면 다음과 같다.

[베이즈정리]

발생가능한 사상을 E_1, E_2, $\cdots$, E_n, 그리고 이 사상들의 발생확률을 $P(E_1)$, $P(E_2)$, $\cdots$, $P(E_n)$이라 하고 별도의 사상(새로운 정보에 의한 사상)을 S라 표기하면 다음의 관계식이 성립된다.

$$P(E_j|S) = \frac{P(S|E_j)P(E_j)}{\sum_{j=1}^{n} P(S|E_j)P(E_j)} \qquad (16.2)$$

즉, 식 (16.2)는 사전적 확률(a priori probability)을 객관적인 표본정보에 의해 수정한 사후적 확률(posterior probability)의 산출근거를 마련해 주고 있다. 식 (16.2)에서 확률 $P(E_j)$는 표본정보를 얻기 이전에 획득 가능한 각 현상의 발생확률이다. 이 확률값들은 의사결정자의 주관적 판단에 근거한 주관적 확률일 수도 있고, 과거의 표본자료에 근거한 객관적 확률일 수도 있다. 여하튼 새로운 사건 S는 별도의 새로운 표본정보를 나타내며, 따라서 $P(E_j|S)$는 새로

운 표본정보를 활용한 이후에 결정된 각 현상들의 발생 가능 확률을 나타낸다. 결국 사전적 확률 $P(E_j)$를 새로운 표본정보에 입각하여 개편한 것이 사후적 확률 $P(E_j|S)$이며, 따라서 사후적 확률은 본질적으로 우도함수(likelihood function)의 성격을 갖는다. 단, 여기서 사전과 사후라는 개념은 특정 표본정보를 사용하는 데 있어서의 전후를 나타내는 용어에 불과하다.

결국 베이즈정리를 이용하여 얻은 사후적 확률은 본질적으로 제한된 표본정보에 근거한 주관적 확률의 성격을 갖고 있으며, 각 현상들이 발생할 확률에 관한 불확실성을 새로운 표본정보에 의해 개편해 나가는 방법이다. 이와 같은 추가적인 표본정보의 활용은 1회로 한정될 필요가 없으며, 필요에 따라 적절한 횟수만큼 독립적인 표본정보를 의사결정과정에 도입시킬 수 있다. 물론 독립적인 표본정보를 여러번 활용할수록 보다 신뢰할 수 있는 각 현상의 발생확률이 산출될 것이지만 표본수가 증가함에 따라 비용도 증가하므로, 결국 추가적 정보활용에 따른 이익과 비용을 동시에 고려할 필요가 있다.

3. 추가정보활용에 따른 이익과 비용의 고려

앞 항에서 우리는 베이즈정리를 이용하여 각 현상의 발생가능성을 표본정보에 의거해 확인하는 방법을 살펴보았다. 일반적으로 각 현상에 관한 정보를 많이 얻을수록 표본정보를 활용하는 의사결정은 보다 확실하고 용이하게 이루어질 수 있다. 그리고 극단적인 상황으로 사전에 완전한 정보가 획득되어 불확실성이 전혀 없는 가운데 최선의 행위를 선정할 수 있는 경우를 생각할 수 있다. 본항에서는 이처럼 의사결정에 결정적인 역할을 해주는 표본정보의 가치를 파악하고 또 어느 정도의 표본정보가 최적이 되는지를 확인하는 과정을 다루고자 한다. 이러한 분석내용을 효율적으로 제시하고자 편의상 우선 완전한 정보가 주어진 가상적인 상황부터 논의하기로 한다.

3.1 완전한 정보의 기대가치

완전한 정보의 기대가치(the expected value of perfect information)란 의사결정에 있어 모든 불확실성을 제거시킬 수 있는 정보를 획득하는 일로부터 기대되는 장기적 가치 개념이다. 물론 완전한 정보를 획득한다는 일은 대부분의 경우 현실적으로 불가능하다. 그러나 이러한 정보와 관련된 기대치란 표본정보가 가져다 줄 수 있는 가치의 상한치를 마련해 준다는 점에서 중요성을 갖는다. 표본정보는 분명코 불확실성을 줄여나갈 것이나 완전히 제거할 수는 없으며, 따라서 표본정보의 기대치가 완전한 정보의 기대가치보다 클 수는 없다.

완전한 정보가 주어지면 의사결정자는 어떠한 현상이 벌어질지, 그리고 그러한 상황에서는 어떤 행위가 최선인지(즉, 최대이익을 보장하는지) 알 수 있다. 이러한 의사결정에서 예상되는 기대치를 완전정보하의 기대화폐가치(expected monetary value with perfect information; EMV_{PI})라 한다. 한편, 본절 앞부분에서 소개한 바와 같이 불확실성하에서의 의사결정이 갖는 기대화폐가치를 불확실성하의 기대화폐가치(expected monetary value under uncertainty; EMV_{UC})라 한다면, 완전한 정보의 기대가치(expected value of perfect information; EVPI)는 다음과 같이 정의된다.

[완전한 정보의 기대가치]

$$EVPI = EMV_{PI} - EMV_{UC} \tag{16.3}$$

결국 EVPI는 단순히 현재 주어진 정보에 기초한 의사결정에 비해 완전한 정보가 주어진 상황에서는 의사결정의 기대화폐가치가 얼마나 증가될 수 있는지를 나타낸다. 여기서 독자들은 EVPI와 EMV_{PI}를 주의해서 구별해야 한다. EMV_{PI}란 완전한 정보가 주어질 경우 이 정보에 의거해 기대될 수 있는 총이득(total expected pay-off with perfect information)을 나타내며, EVPI는 바로 이러한 총기대이득에서 불확실성하에서 최선의 것으로 선정된 행위의 기대이득을 차감한 개념이다.

한편, 완전한 정보를 획득하는 일은 비현실적이라 볼 수 있으나, 완전한 정보의 기대치를 논리상으로는 계산할 수 있으며, 바로 이러한 사실이 의사결정문제에 있어 EVPI란 개념의 사용을 가능하게 한다는 점을 지적해 두고자 한다. 이 점에 대한 이해를 돕기 위해 한 예를 들어 보기로 한다.

외화절감노력의 하나로 부품산업의 국산화가 꾸준히 추진되어 왔다. 이제 국산승용차 부품 중 하나를 국내제조품으로 대체하고자 하는 상황에서 A회사가 바로 그 부품을 새로운 방법으로 생산하여 공급하고자 한다고 가정한다. A회사는 시험생산된 새 부품을 국내승용차 생산자들에게 판매하거나 아니면 판매를 시도하지 않고 폐기처분하려고 한다. 단, A회사의 제품은 결함(defective)이 있을 수 있으며, 결함이 발견되면 즉시 결함이 없는 새 제품으로 교환해 준다는 보장을 하고 있다. 그렇게 해야만이 판매를 활발히 촉진할 수 있기 때문

표 16-4 새로운 자동차 부품에 대한 의사결정종합자료표(단위 : 천 원)

현상 / 행위	양호(G)	불량(D)
판 매(S)	50	-100
폐 기($\bar{S}$)	-10	-10

이다. 그러나 불량품을 교환해 줄 경우 추가적인 비용이 들게 되며, 따라서 A 회사는 새로운 제품의 결함비율을 가능한 한 정확히 파악하여 제품을 판매하는 것이 이로운지 아니면 판매를 포기하고 폐기처분하는 편이 나은지를 결정해야 한다. 이러한 상황에서 여러 가지 비용을 고려하여 표 16-4와 같은 의사결정종합자료표가 얻어졌다고 하자.

한편, 생산되는 부품의 합격비율을 시험하기에 앞서 만일 사전적으로 불량품비율이 0.1로 알려졌다고 가정하면, 즉 만일 $P(D)=0.1$, $P(G)=0.9$라면 각 행위별 기대화폐금액은 다음과 같아질 것이다.

$$\text{EMV}(S)=(50)\times(0.9)+(-100)\times(0.1)=35(\text{천 원})$$
$$\text{EMV}(\bar{S})=(-10)\times(0.9)+(-10)\times(0.1)=-10(\text{천 원})$$

따라서 이 경우에는 판매(S)할 때의 EMV가 폐기($\bar{S}$)할 때의 EMV보다 크므로 판매하는 행위를 택하는 것이 최선의 결정이 될 것이다. 그러나 이러한 의사결정은 각 개별부품이 불량품인지의 여부를 알 수 없는 불확실성하의 의사결정과정이다.

반면 만일 완전한 정보의 획득이 가능하다면 의사결정내용이 어떻게 달라질까? 즉, 각 제품이 불량품인지 아닌지를 분명히 알 수 있다면, 첫째로 제품이 합격품일 경우에는 분명히 50(천 원)의 이득을 얻는 의사결정(판매행위)을 할 것이고, 둘째로 제품이 불량품일 경우에는 10(천 원)의 손해를 보는 행위(폐기행위)를 선정할 것이다. 따라서 전 제품 중 10%가 불량품이라는 사전정보를 그대로 활용하되 만일 각 제품이 합격품인지 아닌지를 100% 확신할 수 있는 정보가 추가적으로 주어진다면 완전정보하의 기대화폐가치는 다음과 같아질 것이다.

$$\begin{aligned}\text{EMV}_{\text{PI}}&=(\text{합격품일 경우 선택 가능한 행위의 최고이득})\times(\text{합격품비율})\\&\quad+(\text{불량품일 경우 선택 가능한 행위의 최고이득})\times(\text{불량품비율})\\&=50\times(0.9)+(-10)\times(0.1)=44(\text{천 원})\end{aligned}$$

따라서 완전한 정보의 기대가치는 다음과 같이 산출될 수 있다.

$$\begin{aligned} EVPI &= EMV_{PI} - EMV_{UC} \\ &= 44 - 35 = 9(\text{천 원}) \end{aligned}$$

왜냐하면, 사전정보만이 활용 가능한 불확실성하에서 최대의 이득을 가져오는 행위의 기대화폐가치(EMV_{UC})가 35(천 원)인 것으로 계산되었고, 완전한 정보하에서의 기대화폐가치(EMV_{PI})는 44(천 원)으로 각각 계산되었기 때문이다. 이 때 완전한 정보의 기대가치가 9천 원이라 함은 완전한 정보가 취득 가능할 경우 의사결정자가 그 정보를 얻고자 기꺼이 지불할 의사가 있는 최고금액이 9천 원이라는 것이다. 즉, 완전한 정보를 얻는 데 소요되는 비용이 9천 원보다 작다면 그 정보를 새로이 취득하여 의사결정하는 것이 불확실성하에서 하는 최선의 의사결정보다 낫다는 것을 뜻한다.

3.2 표본정보의 기대가치

위에서 우리는 완전한 정보의 기대가치(EVPI) 개념을 통하여 완전한 정보가 얼마나 가치가 있는지, 즉 완전한 정보를 취득하기 위해 얼마를 지불할 만한 가치가 있는지를 알 수 있었다. 그러나 전술한 바 있듯이 대부분의 현실적인 의사결정문제에 있어서 완전한 정보를 획득하는 것은 불가능하다. 비단 논리적으로 완전한 정보를 획득하는 것이 가능한 경우라도 많은 경비가 수반될 것이다. 그러나 완전한 정보의 기대가치(EVPI)는 표본정보를 추가적으로 획득하기 위해 기꺼이 지불할 의사가 있는 비용의 상한치를 제공한다는 점에서 유용하다. 만일 EVPI가 9천 원이라면 불완전한 표본정보를 추가적으로 획득하는 데 있어서 그 이상의 비용을 지불해서는 안 된다.

이상과 같은 논리와 식 (16.3)을 이용하면 다음과 같은 관계식이 성립된다.

[표본정보의 기대가치]

$$EVSI = EMV_{SI} - EMV_{UC} \tag{16.4}$$

[표본정보의 순기대이득]

$$ENGS = EVSI - CS \tag{16.5}$$

식 (16.4)에서 EVSI는 표본정보의 기대가치(expected value of sample information)를, EMV_{SI}는 획득된 표본정보를 활용하여 최선의 행위를 선정할 경우의 기대화폐가치(expected monetary value with sample information)를, 그리고 EMV_{UC}는 표본정보를 추가적으로 획득하기 이전에 사전적 정보만에 의해서 최선의 행위를 선정할 경우의 기대화폐가치(expected monetary value under uncertainty)를 각각 나타낸다. 한편 식 (16.5)에서 ENGS는 표본정보로부터 얻을 수 있는 순기대이득(expected net gain from sample information)을, 그리고 CS는 표본비용(cost of sample)을 의미한다. 결국 식 (16.4)는 표본정보를 의사결정에 활용하여 얻을 수 있는 최대가치를 나타내며, 식 (16.5)는 표본정보가치에서 표본을 취득하는 데 소요되는 비용을 차감한 표본정보의 순기대이득을 나타낸다.

일반적으로 의사결정자는 표본추출에 앞서 이에 소요될 비용을 고려하여 표본추출의 여부를 결정하게 되며, 이 결정은 표본정보의 활용가치가 확인되어야만 가능하다. 그리고 표본정보의 활용가치, 즉 기대가치는 표본정보를 활용하여 각 현상의 발생확률을 개편한 뒤 각 행위별 EMV를 재평가함으로써 계산된다. 앞에서의 예제를 이용하여 새로운 표본관측의 결과를 근거로 사전적 확률을 개편하고(베이즈정리를 이용) 각 행위별 EMV를 수정함으로써 표본정보의 기대치를 확인하는 과정을 살펴보기로 한다.

부품이 불량품(D)이면 「불」, 합격품(G)이면 「합」으로 판정 결과를 나타내는 표본검사기를 이용하여 표본을 시험해 보았더니, 첫째로 합격품 중 95%는 「합」으로 5%는 「불」로 판정되었고, 둘째로 불량품 중 20%는 「합」으로 80%는 「불」로 각각 판정되었다. 즉, 검사기가 결코 완벽한 정보를 주지는 못하는 것으로 판정되었는데, 이는 추가된 표본정보(검사기 관측 결과)로도 아직 완전한 정보가 얻어지지 못하는 상황을 나타낸다. 일단 이상과 같은 관측 결과가 얻어지면 베이즈정리를 이용하여 사전적 확률을 개편할 수 있다. 사전적 확률은

$$P(G)=0.9 \quad P(D)=0.1$$

로 주어졌고, 시험 결과는

$$P(\text{합}|G)=0.95, \quad P(\text{불}|G)=0.05$$
$$P(\text{합}|D)=0.2, \quad P(\text{불}|D)=0.8$$

로 확인되었다. 따라서

$$P(G|\text{합}) = \frac{P(\text{합}|G)P(G)}{P(\text{합}|G)P(G)+P(\text{합}|D)P(D)}$$

$$= \frac{(0.95)(0.9)}{(0.95)(0.9)+(0.2)(0.1)} \fallingdotseq 0.77$$

$$P(D|\text{합}) = \frac{P(\text{합}|D)P(D)}{P(\text{합}|G)P(G)+P(\text{합}|D)P(D)}$$

$$= \frac{(0.2)(0.1)}{(0.95)(0.9)+(0.2)(0.1)} \fallingdotseq 0.023$$

$$P(G|\text{불}) = \frac{P(\text{불}|G)P(G)}{P(\text{불}|G)P(G)+P(\text{불}|D)P(D)}$$

$$= \frac{(0.05)(0.9)}{(0.05)(0.9)+(0.8)(0.1)} = 0.36$$

$$P(D|\text{불}) - \frac{P(\text{불}|D)P(D)}{P(\text{불}|G)P(G)+P(\text{불}|D)P(D)}$$

$$= \frac{(0.8)(0.1)}{(0.05)(0.9)+(0.8)(0.1)} = 0.64$$

가 각각 계산된다.

이상과 같은 확률은 사후적 확률이라 하며, 표본정보의 활용횟수가 증가함에 따라 계속 그 값이 개편될 뿐만 아니라 불확실성의 정도가 점차 감소될 것이다.[1)]

이상과 같은 계산 결과를 토대로 각 행위별 기대이득을 산출해 보자. 우선 검사 결과 합격으로 판정된 부품의 경우 판매하고자 하는 행위는 부품이 실제

---

1) 예컨대, 첫번째 실험에서 합격으로 판정된 부분들만을 가지고 다시 한번 같은 검사기로 관측한다고 하자. 검사기의 성능은 전과 같으므로 합격판정된 부품들 중 2차 판정 결과도 합격판정될 가능성은 0.95, 불합격판정될 가능성은 0.05가 되며, 불합격판정된 부품 중 2차 판정 결과는 합격판정될 가능성이 0.2, 불합격판정될 가능성이 0.8이 된다. 그러므로

$$P(G|\text{합, 합}) = \frac{(0.95)(0.977)}{(0.95)(0.977)+(0.2)(0.023)} \fallingdotseq 0.995$$

가 되며, 이것은 검사기가 합격판정한 부품들이 실제로도 합격품일 가능성이 1차 검사보다 향상되었음을 보여주고 있다. 마찬가지로 각각

$$P(D|\text{합, 합}) = \frac{(0.2)(0.04)}{(0.95)(0.977)+(0.2)(0.023)} \fallingdotseq 0.005$$

$$P(G|\text{불, 불}) = \frac{(0.05)(0.36)}{(0.05)(0.36)+(0.8)(0.64)} \fallingdotseq 0.26$$

$$P(D|\text{불, 불}) = \frac{(0.8)(0.64)}{(0.05)(0.36)+(0.8)(0.64)} \fallingdotseq 0.74$$

이며, 이는 합격판정된 것 중 불량품이 있을 확률이 0.04에서 0.01로 저하되고, 불합격판정된 것 중 합격품이 있을 확률은 0.36에서 0.26으로 떨어졌으며, 불합격판정된 것이 실제로 불량품일 가능성은 0.64에서 0.7로 상승하여 모든 경우에 있어서 2차 검사 후 판정의 정확성이 향상됨을 알 수 있다.

로 합격품일 때 50(천 원)의 이득을 가져오고, 불량품일 때 100(천 원)의 손해를 가져오므로(표 16-4 참조) 합격판정된 부품을 판매하는 행위의 기대치는

$$\text{EMV}(S|\text{합}) = (50)\times(0.977) + (-100)\times(0.023) = 46.55(\text{천 원})$$

이 된다. 한편, 검사 결과 합격판정된 부품을 폐기하는 행위의 기대치는

$$\text{EMV}(\bar{S}|\text{합}) = (-10)\times(0.977) + (-10)\times(0.023) = -10(\text{천 원})$$

이 된다. 마찬가지로 불합격판정된 부품을 판매 또는 폐기하는 행위의 기대치는 각각

$$\text{EMV}(S|\text{불}) = (50)\times(0.36) + (-100)\times(0.64) = -46(\text{천 원})$$
$$\text{EMV}(\bar{S}|\text{불}) = (-10)\times(0.36) + (-10)\times(0.64) = -10(\text{천 원})$$

이 된다.

따라서 검사 결과 합격판정된 경우는 판매하는 것이, 그리고 검사 결과 불합격판정된 경우는 폐기하는 것이 최선의 의사결정행위가 되며, 각각의 경우 EMV는 44(천 원)과 −10(천 원)이 된다.

한편, 검사기가 합격 또는 불합격판정을 할 확률은

$$\begin{aligned} P(\text{합}) &= P(\text{합}|G)P(G) + P(\text{합}|D)P(D) \\ &= (0.95)\times(0.9) + (0.2)\times(0.1) = 0.87 \\ P(\text{불}) &= P(\text{불}|G)P(G) + P(\text{불}|D)P(D) \\ &= (0.05)\times(0.9) + (0.8)\times(0.1) = 0.125 \end{aligned}$$

따라서 검사를 실시하는 표본정보를 활용한 결과 얻게 된 전체 기대이득은

$$\begin{aligned} \text{EMV}_{\text{SI}} &= (\text{합격판정시 최적행위의 EMV})P(\text{합}) + (\text{불합격판정시 최적행위의 EMV})P(\text{불}) \\ &= (46.55)\times(0.875) + (-10)\times(0.125) = 39.48(\text{천 원}) \end{aligned}$$

그러므로 표본정보의 기대가치는 EMV_{SI}에서 불확실성하의 최적행위의 EMV인 35(천 원)을 차감한 값

$$\begin{aligned} \text{EVSI} &= \text{EMV}_{\text{SI}} - \text{EMV}_{\text{UC}} \\ &= 39.48 - 35 = 4.48(\text{천 원}) \end{aligned}$$

그림 16-2 표본정보 활용시 의사결정분지도표

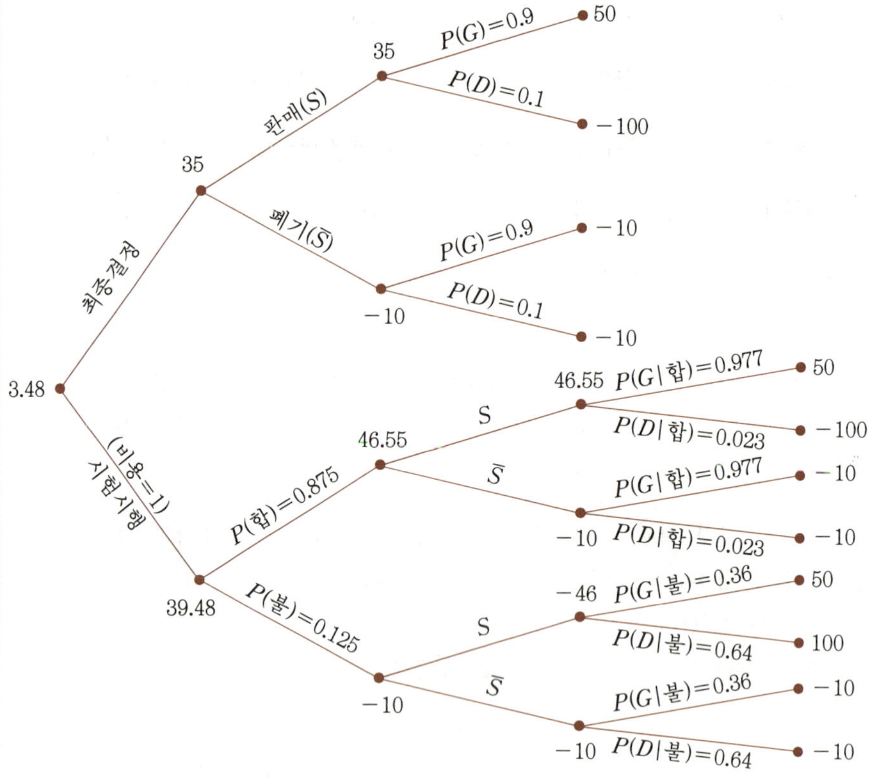

이 될 것이고, 이는 표본정보를 활용하기 위해 조사비용으로 지불할 의사가 있는 최대금액을 나타낸다. 따라서 만일 표본조사비용(CS)이 1천 원이라면 의사결정자는 표본을 활용하게 되는데, 이것은 표본의 순기대이득(ENGS)이 "+" 값을 갖기 때문이다. 즉,

$$\text{ENGS} = \text{EVSI} - \text{CS} = 4.48 - 1 = 3.48 > 0$$

본항에서 다룬 제반 사항은 다소 복잡한 양상을 띠고 있는데 특히 이러한 상황에서는 그림 16-2의 의사결정분지도표를 활용하면 효과적으로 혼란을 막을 수 있다.

그림의 제일 왼쪽 분기점은 표본조사시험의 시행 여부에 관한 결정을 나타낸다. 만약 표본관측이 시행되지 않으면 판매 또는 폐기하는 행위의 결정은 사전적 확률에 의해서만 이루어질 것이다. 반면 표본관측조사를 시행할 때는

다음 분기점이 조사 결과가 합격 또는 불합격 판정의 결과를 나타내는가에 관한 기회분기점이 된다. 만일 합격판정이 난다면 최선의 행위는 판매하는 것이며, 이 때 EMV는 46.55(천 원)이다. 그리고 불합격판정의 경우에는 폐기하는 것이 최선이며, 이 때 EMV는 −10(천 원)이다. 표본정보의 기대가치(EVSI)는 39.48−35=4.48(천 원)이므로 표본조사 시험비용이 1천 원이라면 의사결정자는 표본정보를 취득·활용하는 것이 유리하다. 이 때 표본의 순기대이득(ENGS)은 표본비용(CS) 1천 원을 차감한 4.48−1=3.48(천 원)이 된다. 그림 16-2는 그림 16-1에 비해 다소 복잡해지기는 하였으나 기회분기점(chance fork)에서는 기대치를 계산하고, 행위결정분기점(action fork)에서는 가장 큰 EMV를 갖는 행위를 선택한다는 두 가지 기본법칙이 그대로 적용된다. 앞서 지적한 바대로 지금까지 여러 면에 걸쳐 분석된 내용들을 모두 그림 16-2와 같은 의사결정분지도표화함으로써 혼란을 예방할 수 있을 것이다.

3.3 최적표본크기의 결정문제

앞서 우리는 새로이 생산하여 판매하고자 하는 자동차 부품의 예를 통하여 표본정보의 기대가치(EVSI)와 표본정보의 순기대이득(ENGS)을 산정하고, 최선의 행위를 선택하는 과정을 살펴보았다. 문제의 초점은 표본정보의 사용 여부를 ENGS의 계산을 통해 결정하는 것인데, 실제상황에서는 동일한 목적을 위한 표본조사방법도 여러 가지가 가능하며, 따라서 여러 가능한 표본조사방법 중 어느 것을 선택하는 것이 최선인지를 결정해야 한다. 예컨대, A, B, C 세 방법이 적용 가능하며 이 중 한 가지를 선택해야 하는 경우를 들 수 있는데, 이런 경우 또한 가장 큰 ENGS값을 갖는 방법을 선택하는 것이 최선의 결과를 보장할 것이란 점에서는 하등의 차이가 없다.

반면 표본조사를 시행함에 있어 동일한 방법을(또는 동일한 검사기를) 반복적으로 사용하는 경우를 생각할 수 있다. 이 때에는 검사기를 전혀 사용하지 않는 방법, 한 번만 사용하여 제품을 시험하는 방법, 두 번 시험하는 방법 등을 모두 고려한 다음 최선의 방법을 선정하게 된다. 이 과정은 결국 최적표본의 크기를 결정하는 것과 같은 의미를 갖게 되며, 각 표본크기마다 EVSI와 ENGS를 계산하여 가장 큰 ENGS를 갖는 표본크기를 선택하게 된다.

앞서의 예에서 우리는 표본크기가 1일 때의 EVSI와 ENGS를 계산한 바 있고 표본크기가 2일 때 개편되는 확률값의 일부를 베이즈정리를 이용하여 산출한 바 있다. 두 차례의 검사과정(표본크기가 2라는 의미와 같음)을 거쳐 산출

그림 16-3 표본크기의 변화에 따른 EVSI, CS와 ENGS

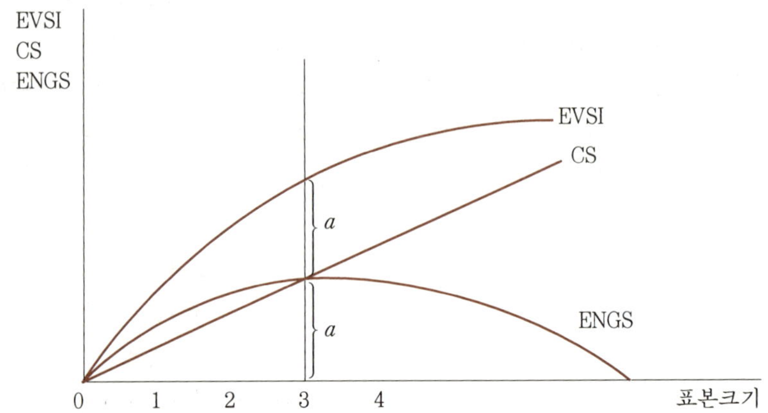

된 사후적 확률들은 분명히 불량품의 판별능력이 개선된 상태임을 나타내 주었다. 따라서 모든 사후적 확률을 일일이 산출하지 않더라도 2회의 표본조사를 활용할 때 EVSI값은 1회 실시할 때보다 향상될 것임을 예상할 수 있을 것이다. 그러나 동시에 표본조사의 실험비용(CS) 또한 실험횟수에 따라 증가할 것이므로 반드시 ENGS가 자동적으로 증가추세를 갖게 되리라 기대할 수는 없다. 표본크기가 확대됨에 따라 계산과정은 점차 복잡해져서 여기서 그 과정을 일일이 제시하는 일은 번거로울 뿐만 아니라 비효율적인 일이 된다. 현실적으로는 전자계산기를 사용하여 쉽게 처리할 수 있기 때문이다.

그림 16-3은 표본크기를 점차 확대시킴에 따라 발생하는 가상적인 표본정보의 기대치(EVSI), 표본비용(CS) 및 표본의 순기대이득(ENGS)의 값들을 도표화한 것이다. 그림에서 EVSI는 처음 단계에선 급격한 증가를 보이나 점차 증가추세가 둔화됨을 보여주고 있는데, 이러한 현상은 표본의 검사능력이 우수할수록 강해진다. 즉, 표본조사실험의 정확성이 클수록 첫번째 조사과정에서 제품의 불량 여부를 가려낼 수 있는 능력이 크게 향상되고, 두 번째 조사과정부터는 향상되는 정도가 점차 감소하기 때문이다.

그러나 표본조사비용(CS)은 표본수 또는 실험조사횟수에 비례하므로 그림에서처럼 표본크기의 1차함수 형태로 표현될 수 있다. 일단 EVSI와 CS가 그림에서와 같은 형태와 크기를 갖는다면 ENGS는 EVSI에서 CS를 차감하여 쉽게 도출할 수 있다. 그림에서는 표본의 크기가 3일 때 ENGS가 최대인 것으로 나타나 있는데, 이 때 EVSI와 CS간의 차이(그림상에는 두 선간의 차이)가 가장 크게 된다. 그리고 이러한 결과는 표본크기를 3으로 할 때 또는 표본조사 횟수를 3회로 할 때의 의사결정이 최대의 순이득을 보장하는 행위라는 것을 나타낸다. 이는 동시에 최적표본의 크기가 $n=3$이라는 것을 나타낸다.

제 6 절 효용극대화원칙과 의사결정

앞 절에서 우리는 불확실성하의 확률론적 의사결정과정을 살펴보았으며, 의사결정의 기준으로 기대화폐가치(EMV)가 활용되고 있음을 확인하였다. 이 기준에 의하면 가장 높은 EMV를 가져오는 행위를 선택하는 것이 최적이라는 결론을 얻게 된다. 그리고 EMV의 최대화가 최선의 전략이 되지 못하는 경우도 있다. 본절은 어떤 경우에, 그리고 왜 EMV의 최대화가 최선의 기준이 되지 못하는가를 지적하고, 이러한 경우에 적용할 수 있는 일반적인 기준인 기대효용의 극대화라는 접근방법을 간단히 검토해 보기로 한다.

1. EMV 기준의 문제점

기대값 또는 기대화폐가치기준이 갖는 결함은 의사결정에 있어 기대이득, 즉 평균적으로 기대할 수 있는 이득만을 고려하며, 이득의 변화가능성(variability)은 전혀 고려하지 않는다는 것이다. 이는 이득을 나타내는 변수의 특성치 중 대표치 개념인 평균만을 고려하고, 산포도를 나타내는 분산(또는 표준편차)은 무시하는 것과 같다.

EMV 기준이 갖는 문제점을 한 예를 들어 확인해 보자. 주사위를 한 번 던져 표 16-5와 같은 이득(또는 손실)을 볼 수 있는 내기를 한다고 하자.

표 16-5에 따르면 A라는 게임으로 내기를 할 때에는 주사위를 던져 짝수가 나오면 1,050원을 받고 홀수가 나오면 1,000원을 내야 하며, B라는 게임에서는 짝수가 나오면 105만 원을 받고 홀수가 나오면 100만 원을 내야 한다는

표 16-5 주사위게임의 종합이득표

행위 \ 현상	짝수(2, 4, 6)	홀수(1, 3, 5)
A	+1,050	−1,000
B	+1,050,000	−1,000,000

것이다. 주사위가 결함이 없다는(즉, 짝수와 홀수가 나올 확률이 동일하다는) 가정하에 두 게임의 EMV를 계산하면

$$\text{EMV}_A = (1{,}050) \times (0.5) + (-1{,}000) \times (0.5) = 25(\text{원})$$
$$\text{EMV}_B = (1{,}050{,}000) \times (0.5) + (-1{,}000{,}000) \times (0.5) = 25{,}000(\text{원})$$

과 같다. 따라서 EMV 기준에 따르면 A게임보다는 B게임을 선택하게 된다. 그러나 만약 독자들이 실제로 이 두 게임 중 하나를 선택할 경우 과연 EMV가 높은 B게임을 택할 것인지 의문시된다. B게임은 기대화폐가치가 크지만 100만 원이라는 잠재적 손실을 각오해야 한다는 위험(risk)이 따르기 때문이다. 100만 원이란 거액의 부채를 갑자기 떠맡게 되는 일은 대부분의 사람들에게 심각한 경제적 손실을 줄 것이기 때문이다. 이 예에서 보다시피 EMV 외에 어떤 다른 요소가 고려되어야 할 것임을 직감했으리라 믿는다.

예제를 보다 현실적인 형태로 전환하여 살펴보자. 100만 원의 여유자금을 가진 개인투자가가 다음 세 가지 방안 중 어느 하나를 선택한다고 가정하자.

방안 I : 6%의 고정된 이자가 보장된 은행저축.

방안 II : 평균 8%, 표준편차 5%의 정규분포를 따르는 수익분포를 가진 보통주 매입.

방안 III : 평균 12%, 표준편차 20%의 정규분포를 따르는 수익분포를 가진 투기성이 강한 주식 매입.

이 문제에서도 만일 EMV만을 기준으로 삼는다면 평균기대수익이 가장 높은 세 번째 투자방안을 선택할 것이다. 방안III의 평균수익, 즉 기대수익이 12%로서 가장 크기 때문이다. 그러나 이러한 의사결정은 투자와 관련된 위험요인을 도외시하고 있다. 방안 I 처럼 고정된 이자가 보장된 저축은 하등의 위험이 없으나 방안II와 III은 위험이 수반되며, 특히 방안III은 그 중에서도 위험이 아주 높은(표준편차가 20%에 달하는) 주식이다. 이러한 상황에서 투자가의 현실적인 의사결정은 기대수익뿐만 아니라 위험부담도 고려될 것이고, 위험부담에 대한 투자가의 태도 여하에 따라 투자내용이 달라질 것이다. 예컨대, 위험에 아주 민감한 안정위주의 사고방식을 가진 사람은 평균투자수익이 작더라도 위험이 완전히 배제된 방안 I, 즉 고정이자수익 6%가 보장된 은행저축을 선택할 것이다. 반면 모험심이 아주 강하여 위험문제를 거의 무시하는 사람이라면 당연히 방안III에 투자할 것이다. 그러나 대부분의 사람들은 평균수익률을

중시하는 동시에 위험문제도 고려하여 투자를 하게 된다. 즉, 보다 높은 수익과 보다 낮은 위험기회를 동시에 찾으려 할 것이다. 본 예제를 활용하여 일반투자가들의 행위를 예상해 본다면 높은 수익을 목적으로 자금의 일부를 투자주 구입에 할당하고, 동시에 전체적인 위험부담의 감소를 위해 저축을 하거나 위험수준이 상대적으로 낮은 주식을 매입하리라 예상할 수 있다. EMV 기준이 엄격히 적용된다면 이렇게 다양화된 행위선정은 불가능하다. 이것은 현실적 투자행태는 많은 사람들이 엄격히 EMV 기준에 따라 행위를 결정하지는 않는다는 사실을 대변해 주고 있다.

이상의 예에서 EMV 기준이 불확실성하의 의사결정기준으로 적당하지 못한 측면을 확인하였다. 위의 예제에서와 같은 상황은 경제학의 투자이론에서 자주 다루어지는 문제이며, 평균수익과 위험을 동시적으로 고려할 수 있는 효용이론이 주로 사용되고 있다. 효용이론에서는 효용함수를 통하여 의사결정자의 선호도를 평가하며, 일반적으로 기대효용의 극대화(maximization of expected utility)기준에 의하여 최적의사결정을 유도한다. 이 기준에 대한 이해를 돕기 위하여 우선 효용의 개념 및 효용함수의 형태 등에 관하여 간단히 논하기로 한다.

2. 효용(utility)

효용(utility)이라 함은 화폐를 포함한 모든 형태의 재화 및 용역(goods and services)을 획득함으로써 발생하는 일종의 만족도를 나타내는 개념으로 19세기 말 한계효용학파들이 소비자이론을 정립하는 과정에서 처음 사용하였다. 당시 학자들은 효용의 크기를 util이라는 단위로 측정가능하다는 가정하에 주어진 소득으로 여러 재화를 구입할 경우 최대의 효용을 가져다 주는 법칙을 제시하였다. 그들은 한계효용체감의 법칙(law of diminishing marginal utility), 즉 어떤 재화를 한 단위씩 추가적으로 취득할 때 마지막 단위를 획득함으로써 얻어지는 효용의 증가분은 점차 감소한다는 법칙을 이용하여 한정된 소득으로 여러 재화를 구입할 경우, 각 재화의 마지막 단위의 구입에서 얻어지는 가중된 한계효용이 동일하게 유지될 때 총효용이 극대화된다는 논리의 소비자이론을 전개하였다(가중한계효용균등의 법칙).

이러한 논리는 곧 효용이라는 추상적 개념의 가측성문제에 의문을 품은 여러 학자들에 의해 조정되어, 20세기에 들어서면서부터는 실제 계측이 불가능한 효용의 크기를 구체적 수량 개념으로 표현하지 않고도 소비자이론을 전개할 수 있는 방법, 즉 무차별곡선이론(theory of indifference curve)이 전개되었다. 이 이론은 효용의 크기를 구체적인 단위로 측정할 수는 없다 하더라도 동일수준의 효용을 주는 재화들의 집합을 찾아낼 수 있으며, 이처럼 동일수준의 효용을 갖는 재화들의 집합내용을 무차별곡선(indifference curve)이라는 개념으로 표현함으로써 최적소비행위를 선택할 수 있는 기준을 마련·제시하였다.

이상과 같은 효용의 개념과 이에 의거한 소비자이론을 의사결정이론에 도입할 경우, 선택 가능한 행위들로부터 얻을 수 있는 이득의 상대적 가치를 표현할 수 있다. 즉, 앞에서의 개인투자가의 선택문제에서처럼 선정된 투자방법에 따라 기대되는 이득과 위험도가 다를 것인데, 이와 같은 화폐적 요소와 비화폐적 요소들은 모두 효용의 개념을 통하여 동시에 고려될 수 있다. 그러나 표현상으로는 화폐적 요소만을 효용과 관련시키는 방법을 주로 사용하게 된다. 물론 비화폐적 요인, 즉 위험에 대한 태도는 화폐적 이득을 효용으로 전환하는 과정에서 결정적 역할을 하게 되는데, 이에 관한 내용은 항을 바꾸어 보다 자세히 살펴보기로 한다.

3. 효용함수(utility function)

일반적으로 화폐단위로 표현된 가치와 효용간의 관계를 나타낸 것을 효용함수라 하는데, 이것은 효용의 크기가 화폐로 표현된 가치의 크기에 의존한다는 것을 의미한다. 물론 화폐가치의 변화가 효용의 크기에 주는 영향은 앞서 지적한 비화폐적 요인, 즉 위험에 대한 투자가의 태도 등에 따라 달라지게 된다.

그림 16-4에서 위험에 대해 민감한 사람과 둔감한 사람, 그리고 중립적인 사람을 각각 A, B, C로 구분하여, 이들의 효용함수 형태를 특징적으로 표현하여 보았다. 투자 결과 얻을 수 있는 수익수준을 횡축에, 그리고 각 수익수준에 대응하는 효용수준을 종축에 표현하였는데 수익수준은 논의의 편의상 w만큼의 수익이 발생하는 경우, 그리고 l만큼의 손실이 발생하는 경우를 A, B, C 세 사람 모두에게 똑같이 적용하였다. A는 위험에 대해 아주 민감한 위험기피자(risk averter)로 가정하였으므로 l만큼의 손실에 대해 상대적으로 큰 충격을 받기 때문에, 그림에서처럼 효용이 l_a만큼 큰 폭으로 떨어지게 될 것이다. 반면 B는 위험에 대해 과감한 위험감수자(risk taker)로 가정하였으므로 l이란 손실

그림 16-4 효용함수의 세 가지 유형

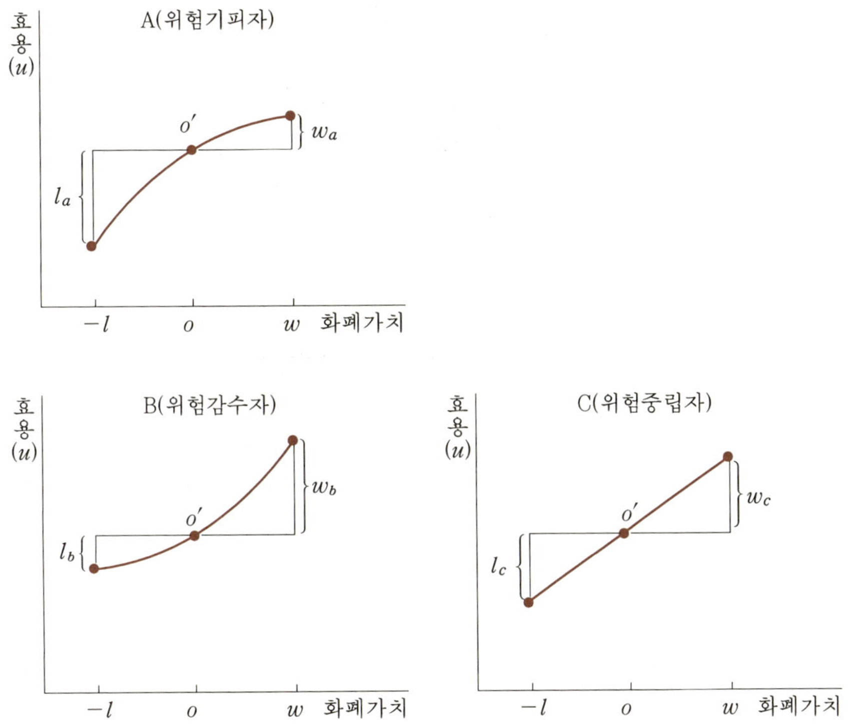

을 별로 크게 개의치 않을 것이며, 따라서 이 때 발생하는 효용의 감소분도 l_b 수준에 머물 것이다. C는 위험에 대해 중립적인 사람의 경우를 나타내고 있다. w만큼의 수익이 발생할 경우 A, B, C 세 사람이 취할 태도를 감안한다면 같은 논리에 따라 효용이 w_a, w_b, w_c만큼 증가할 것이라고 유추해석할 수 있다.

이제 남은 문제는 과연 어떻게 하여 효용의 크기에 따라 최적행위를 결정하는 것이 가능한지를 판정하는 것이다. 우선 이 문제가 구체적으로 다루어지려면 지금까지 주어진 정보 외에 추가적인 자료가 갖춰져야 할 것이다. 즉, w만큼의 이득이건 l만큼의 손실이건 이들 현상이 발생할 확률이 밝혀져야 한다. 이득 또는 손실이 0을 중심으로 그 크기에 따라 정규분포를 따른다고 가정할 수도 있고, 또 완전히 무작위적으로 발생한다고 가정할 수도 있다. 논의의 편의상 비현실적이기는 하지만 나타날 수 있는 현상은 w만큼의 이득이나 l만큼의 손실이 발생하는 두 가지만 있으며, 각 현상이 발생할 확률은 $\frac{1}{2}$로 동일하다고 가정할 경우 세 가지 유형의 투자가들의 기대효용을 계산할 수 있다. 즉,

각 사람의 기대효용(expected utility)은 이득이 발생할 확률에 이 때 얻는 효용의 증가분을 곱한 값과, 손실이 발생할 확률에 이 때 잃는 효용의 감소분을 곱한 값을 더하여 얻을 수 있다.

$$EU_A = \left(\frac{1}{2}\right) \times w_a - \left(\frac{1}{2}\right) \times l_a = \frac{1}{2}(w_a - l_a) < 0$$

$$EU_B = \left(\frac{1}{2}\right) \times w_b - \left(\frac{1}{2}\right) \times l_b = \frac{1}{2}(w_b - l_b) > 0$$

$$EU_C = \left(\frac{1}{2}\right) \times w_c - \left(\frac{1}{2}\right) \times l_c = \frac{1}{2}(w_c - l_c) = 0$$

그림에서처럼 $\overline{ow}$와 $\overline{-lo}$를 동일하게, 즉 이득(w)과 손실($-l$)의 크기를 동일하게 설정할 경우, 만일 이득과 손실이 발생할 확률이 각각 $\frac{1}{2}$이라면 앞 절에서 의사결정기준으로 사용한 EMV값은 세 사람 모두에게 0이 될 것이다. 그러나 위험에 대한 태도라는 비화폐적 요인을 동시에 고려한 기대효용기준에 의하면, 위의 계산 결과와 같이 A의 기대효용은 음수, B의 기대효용은 양수, 그리고 C의 기대효용은 0으로 각각 나타난다. C의 경우에는 $EU_C = 0$으로 이처럼 위험에 무관심한 사람은 EMV를 기준으로 하든지 EU를 기준으로 하든지 하등의 차이가 없다. 즉, 개인의 화폐효용함수가 1차함수이면 가장 높은 EU를 보장하는 행위를 선정하는 것과 가장 높은 EMV를 갖는 행위를 선택하는 것이 서로 같게 된다. 왜냐하면,

$$U = a + b(\text{MV}) \quad (\text{단, } a, b\text{는 상수이고 } b > 0)$$

$$\begin{aligned} E[U] &= E[a + b(\text{MV})] \\ &= E[a] + E[b(\text{MV})] \\ &= a + b \cdot E[\text{MV}] \\ &= a + b \cdot \text{EMV} \end{aligned}$$

가 되므로 EU의 최대값은 EMV값이 최대일 경우에 나타나기 때문이다. 그러나 대부분의 사람들은 비선형함수 형태의 효용함수, 즉 그림 16-4의 A와 같은 효용함수를 갖는 것으로 인식되고 있다.

4. 기대효용의 극대화

화폐효용함수가 일단 결정되면 EU기준은 쉽게 결정된다. 효용함수는 일

그림 16-5 투자문제의 효용함수

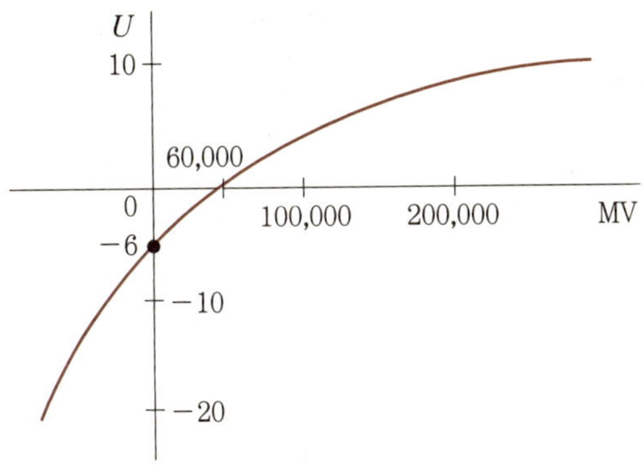

반적으로 그림 16-4의 세 가지 중 A의 형태에 가까운 모양을 갖는데, 구체적인 함수식은 지수함수, log 함수 또는 2차함수 등으로 표현된다.

구체적으로 효용함수식을 이용한 의사결정과정을 효과적으로 논의하기 위해 앞서 사용한 개인투자가의 투자방안 세 가지를 다소 변형하여 이용하기로 한다. 투자가는 세 가지 방안 중 한 가지를 선택하여 100만 원을 1년간 투자하되 한 가지 방법으로만 투자한다고 가정한다. 즉, 다양화의 가능성은 일단 배제하고 *EU*기준을 통하여 어느 방법이 최선인지를 선택하는 과정만을 다루고자 하는 것이다. 투자가의 위험에 대한 태도 등을 고려하여 다음과 같은 효용함수가 도출되었다고 하자.

$$U(\mathrm{MV})=10-\left(\frac{240{,}000-\mathrm{MV}}{60{,}000}\right)^2 \quad (\text{단, } \mathrm{MV}\le 240{,}000) \qquad (16.6)$$

식 (16.6)에서 MV는 이득 및 손실을 화폐단위로 표현한 화폐가치를 나타내며, 이를 그림으로 나타낸 것이 그림 16-5이다.

투자가는 투자수익이 주식시장에 대한 참여 여하에 따라 다르다는 것을 알고 있다. 만일 방안 I을 선택할 경우에는 고정된 저축이자율 6%가 보장되므로 1년 후 그의 이득은 60,000원이 될 것이다. 반면 주식에 투자할 경우 방안 II의 경우 주식시장이 1년 후 상승국면을 보일 때에는 120,000의 이득을, 그리고 하강국면을 보일 때에는 30,000원의 이득을 가져오고, 방안 III의 경우에는 상승국면시 240,000원의 이득을, 그리고 하강국면시에는 120,000원의 손실이 발생한다고 판정되었다고 하자. 그리고 1년 후 장세가 상승국면으로 나타날

표 16-6 의사결정종합자료표

투자방안 \ 현상	상승국면	하강국면
방안 I (저축)	60,000	60,000
방안 II (보통주)	120,000	30,000
방안 III (투기주)	240,000	−120,000

표 16-7 의사결정종합효용표

행위 \ 현상	상승국면	하강국면
방안 I	1	1
방안 II	6	−2.25
방안 III	10	−26

가능성이 0.6, 그리고 하강국면으로 나타날 가능성이 0.4라 가정하자. 이와 같은 손익예상금액을 투자방안별로 정리한 종합자료표가 표 16-6이다.

우리가 앞 절에서처럼 EMV 기준에 의해 의사결정을 한다면 표 16-6에 정리된 자료와 각 현상이 발생할 확률을 직접 이용하여 EMV 값이 최대가 되는 투자방안을 선택하게 된다.[1] 그러나 위험에 대한 태도를 감안한 효용함수를 이용하여 의사결정을 하자면 일단 표 16-6에 나타난 자료를 식 (16.6)에 대입하여 각 투자방안별로 예상되는 손익금액의 화폐가치를 효용 개념으로 전환해야 할 것이다. 손익내용의 화폐가치(MV)를 산출한 결과 표 16-7을 얻었다.

이제 상승 및 하강 국면이 발생할 확률을 고려하여 각 투자행위별 기대효용을 산출하면 다음과 같다.

$$EU_{\mathrm{I}}=1(0.6)+1(0.4)=1$$
$$EU_{\mathrm{II}}=6(0.6)+(-2.25)(0.4)=2.7$$
$$EU_{\mathrm{III}}=10(0.6)+(-26)(0.4)=-4.4$$

계산 결과에 따르면 방안II, 즉 보통주를 구입하는 데 자금을 투자하는 것이 기대효용(EU)을 극대화시키는 최적의 의사결정이 될 것이다. 이는 투자가의 비화폐적 요인, 즉 위험에 대한 태도를 고려하지 않고 단지 평균예상이득만

---

1) 각 행위별 EMV를 계산하면

$$EMV_{\mathrm{I}}=60{,}000\times(0.6)+60{,}000\times(0.4)=60{,}000$$
$$EMV_{\mathrm{II}}=120{,}000\times(0.6)+30{,}000\times(0.4)=84{,}000$$
$$EMV_{\mathrm{III}}=240{,}000\times(0.6)+(-120{,}000)\times(0.4)=960{,}000$$

이 되며, 따라서 방안III이 최대의 EMV를 갖는 최선의 방안으로 판정될 것이다.

을 고려하는 EMV 기준을 이용한 의사결정에 있어서 방안Ⅲ이 최적인 것으로 판정되었던 결과와는 대조적이다. 물론 이상에서 사용한 예제는 아직도 현실과는 거리가 있는 단순화된 모의문제에 불과하다. 그러나 의사결정문제에 효용 개념의 도입이 요구되는 경우와 기대효용의 극대화를 만족시키는 최적행위를 선택하는 의사결정과정에 관한 기본적인 논지는 무리 없이 제시되었다고 본다.

제7절 요 약

전통적인 추측통계분석이 표본정보와 객관적 확률에 의한 것이라면 통계적 의사결정론은 표본정보 외에도 경영자의 판단을 이용하며, 객관적 확률보다는 주관적 확률에 근거하는 분석방법이라 볼 수 있다. 의사결정이란 기본적으로 불확실성하에서의 선택문제이며, 의사결정에 관한 제 방법은 주관적 확률을 구체적으로 활용하는지의 여부에 따라 구분될 수도 있다.

의사결정종합자료표(decision table)와 의사결정분지도표(decision tree diagram)는 의사결정과정에서 가장 유용한 기본적 분석도구이다. 전자는 선택 가능한 행위와 발생 가능한 현상 및 그 발생확률에 따라 예상되는 경제적 이득 내용을 종합적으로 나타낸다. 그리고 각 현상의 발생 가능 확률은 과거의 정보나 경영자의 주관에 근거하여 작성된다. 한편, 이러한 의사결정종합자료를 실제 이용하여 의사결정을 수행하는 과정은 경우에 따라 복잡해질 수 있으며, 과정상의 혼란을 피하기 위한 장치로서 의사결정분지도표가 활용된다. 이 도표는 현상별 이득과 행위의 선택에 따른 경제적 결과의 내용을 나무가지식으로 표현하여 의사결정과정을 일목요연하게 제시한다.

확률이 구체적으로 고려되지 않는 상황에서 주로 사용되는 의사결정기준으로 maximax, maximin 그리고 minimax-regret 기준이 있다. maximax란 각 행위별로 발생 가능한 최상의 상태만을 중시하는 방법이고, maximin은 반대로 각 행위별로 예상되는 최악의 상태만을 고려하는 방법이다. 한편, minimax-regret는 기회손실(opportunity loss)의 최대치가 가장 작은 행위를 선택하는 방법이다. 따라서 maximax는 적극적인 사고방식을 가진 사람이, 그리고 나머지 두 방법은 소극적인 성격의 소유자가 활용할 만한 의사결정기준이라 볼 수 있다.

확률이 구체적으로 의사결정에 활용되는 경우의 의사결정은 기본적으로 기대화폐가치(EMV)를 기준으로 하고 있으며, 각 현상이 발생할 가능성, 즉 확률은 대체로 주관적 확률의 성격을 갖는다. 보다 구체적으로 말하자면 각 현상의 발생가능성은 주관적으로 판정된 값이 사용되는데, 일반적으로 추가적인 표본정보를 근거로 베이즈정리를 이용하여 계산된 사후적 확률이 활용된다. 이 과정에서 베이즈정리가 결정적인 역할을 담당한다는 점을 강조하기 위해 의사결정론을 흔히 베이지안 통계학(Bayesian statistics)이라고도 일컫는다.

표본정보를 활용함에 따라 발생하는 이득(EVSI)과 비용을 동시에 고려함으로써 표본정보의 활용가치를 평가할 수 있는데 이를 표본정보의 순기대이득(ENGS)이라 부른다. 그런데 일반적으로 표본정보를 이용하는 횟수(또는 표본의 크기)를 증가시킴에 따라 각 현상이 발생할 가능성에 대해 보다 확실한 근거가 마련되고, 표본비용(CS) 또한 증가하게 된다. 따라서 결국 표본의 크기가 얼마일 때 ENGS가 최대가 되는지를 확인하는 작업이 요구되며, 이러한 과정을 최적표본크기의 선택문제라 한다.

한편, 확률이 의사결정과정에 구체적으로 활용되는 상황에서도 기대화폐가치(EMV)만으로는 적절한 의사결정이 불가능한 상황이 있다. 대표적인 예로서 각기 다른 수준의 수익률과 위험률을 가진 투자방법 중 최적행위를 결정하는 문제를 들 수 있다. 이러한 문제에서는 평균적으로 기대할 수 있는 예상수익, 즉 기대화폐가치 외에도 위험에 대한 각 개인의 반응도를 동시에 고려할 필요가 있다. 효용 개념은 바로 이러한 상황에 활용될 수 있는 훌륭한 방법론을 제공하고 있는데, 평균수익과 위험도를 동시에 고려한 기대효용(EU) 극대화방안이 바로 그것이다. 대부분의 사람은 위험기피자(risk averter)에 속하며, 따라서 기대효용 극대화방안 활용시 위험기피자의 효용함수가 일반적으로 사용된다. 이 기준은 각 행위 중 기대효용이 가장 큰 행위를 선정하는 방법을 제시하고 있으며, 여러 행위를 다양하게 동시적으로 선택하는 방법에까지 확대·적용될 수 있는 특징을 가지고 있다.

복습문제

[1] 다음 용어들의 개념을 간략히 설명하라.

1) Maximax
2) Maximin
3) Minimax-regret
4) 기대화폐가치(EMV)
5) 의사결정분지도표(decision tree chart)
6) 의사결정종합자료표(pay-off table)
7) 기회분기점(chance fork)
8) 현상분기점(event fork)
9) $EVPI = EMV_{PI} - EMV_{UC}$
10) $EVSI = EMV_{SI} - EMV_{UC}$
11) $ENGS = EVSI - CS$
12) 위험기피자, 위험감수자, 위험중립자

[2] 비확률적 의사결정과 확률적 의사결정방법의 차이점을 비교·검토하라.

[3] 기대화폐가치 개념인 의사결정기준으로서 부적당한 경우를 예시하고, 이러한 경우의 대체방법 중 하나인 기대효용 극대화원칙을 설명하라.

[4] 베이즈정리(Bayes' rule)가 의사결정과정에서 활용되는 구체적인 상황을 예시하라.

[5] 확실성하의 의사결정과 불확실성하의 의사결정의 차이를 비교·검토하라.

연습문제

[1] 세 가지 상황(E_1, E_2, E_3)과 네 가지 행위(A_1, A_2, A_3, A_4)에 따른 이득내용이 다음 표와 같다.

(단위 : 원)

상황 \ 행위	A_1	A_2	A_3	A_4	확률
E_1	100	20	10	−500	0.4
E_2	−50	20	10	1,000	0.5
E_3	−10	30	10	0	0.1

1) Maximax 기준에 의하면 어느 행위가 최선이 되는가?
2) Maximin 기준에 의하면 어느 행위가 최선이 되는가?
3) Minimax-regret 기준에 의하면 어느 행위가 최선이 되는가?
4) 세 가지 상황이 발생할 가능성이 각각 0.4, 0.5 및 0.1 이라면 각 행위별 기대화폐가치는?
5) 기대화폐가치 기준에 의하면 어느 행위가 최선이 되는가?

[2] 거짓말탐지기는 거짓말을 할 경우 80% 정도를 정확히 탐지할 수 있으나 거짓말을 하지 않을 경우에는 약 30% 오판가능성이 있다고 한다. 전체 탐지대상자 중 단 10%만이 거짓말을 한다면 거짓말탐지기가 거짓말한다고 판정한 사람이 실제로 거짓말을 한 사람일 확률을 구하라.

[3] S회사가 수출품을 해외로 우송할 때 항공 또는 선편을 이용하며, 각각의 경우 발생하는 비용은 파업중인지의 여부에 따라 다음과 같이 나타난다고 하자.

파업 여부 / 운송수단	비 파 업 중	파 업 중
항 공	300	400
선 편	100	600

1) 파업가능성이 0.4 라면 각 운송방법의 기대비용은?
2) 운송노동자 내에 둔 정보원이 파업 여부에 관한 소문을 전해 줄 때 그 정보의 정확성이 P(정확한 정보|파업)=0.8, P(정확한 정보|비파업)=0.3과 같다면, 이러한 새로운 확률값을 활용하여 파업이 일어날 확률을 조정하여 보아라(참고 : 베이즈정리 사용).
3) 개편된 파업가능성에 의하면 어떤 운송방법이 보다 더 낫다고 볼 수 있는가?

[4] 국내의 대표적 TV 수출업체에 브라운관을 제공하는 한 하청업체가 있는데 이 회사제품 중 약 30%가 결함이 있다고 한다. 수출업체가 브라운관의 결함을 발견하면 하청업체에게 2만 원씩 벌과금을 요구한다고 한다. 이 하청업체는 이러한 벌칙금이 지불되는 것을 피하고자 납품의 결함 여부를 자체조사하여 결함 있는 제품을 수리한 다음 공급할 수 있다. 이 때 브라운관 한 개마다 평균 7,000 원의 추가비용이 발생한다. 한편, 이 하청업체는 브라운관 검사기기를 임대하여 검사를 수행할 수도 있는데 이 경우에는 1대당 평균 1,000 원의 비용이 발생한다. 그러나 이 검사기기는 완벽한 것은 아니어서 판정상의 오류가 발생할 수도 있으며 오랜 반복시험 결과 다음 표와 같은 사실이 밝혀졌다 하자.

		실 제 상 태	
		합 격	불 합 격
검 사 결 과	합 격	0.75	0.2
	불 합 격	0.25	0.8

1) 의사결정분지도표를 이용하여 무검사납품, 자체검사 후 납품, 검사기에 의한 검사 후 납품하는 행위 중 어느 것을 선택하게 되는지를 보여라.

2) EVSI와 ENGS를 구하라.

복습문제 해답

[1]~[5] (생략)

연습문제 해답

[1] 1) A_4 2) A_2 3) A_4 4) A_1 : 14, A_2 : 21, A_3 : 10, A_4 : 300 5) A_4

[2] 0.229

[3] 1) 항공 : 340, 선편 : 300

2) $P(\text{파업} \mid \text{정확한 정보}) = \dfrac{(0.8)(0.4)}{(0.8)(0.4)+(0.3)(0.6)} = 0.64$

3) 항공편 ∵ EMV가 작음 (EMV(항공)=364, EMV(선편)=420).

[4] 1) 검사기에 의한 검사 후 납품

2) EVSI : 1,895 원 ENGS : 895 원

참고 :

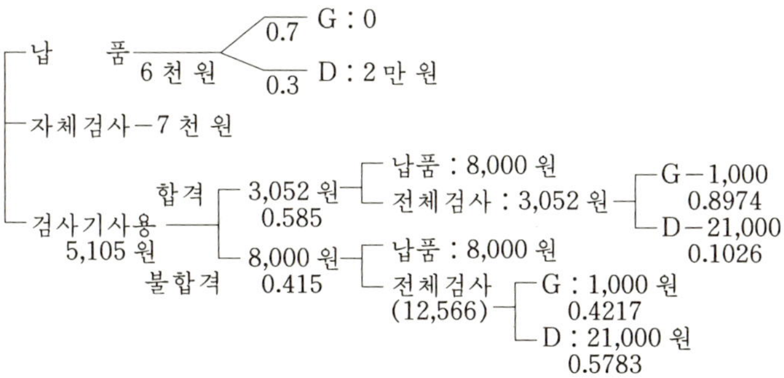

$$P(G|\text{합})=\frac{(0.75)(0.7)}{(0.75)(0.7)+(0.20)(0.3)}=0.8974$$

$$P(G|\text{불합})=\frac{(0.25)(0.7)}{(0.25)(0.7)+(0.80)(0.3)}=0.4217$$

ENGS=6,000−5,105=895

EVSI=1,895

부 록
SAS 사용안내

Ⅰ. Windows SAS 사용방법 기초
Ⅱ. SAS를 이용한 주요통계분석방안

SAS(Statistical Analysis System)란 1975년 North Carolina 대학의 R.W. Helms 박사를 중심으로 한 연구개발팀에 의해 개발된 후 그 동안 꾸준한 보완을 거쳐 발전되어 온 프로그램으로 자료처리 및 통계분석에 관한 한 가장 광범위한 분석능력을 가진 대표적 통계적 프로그램이다. 이러한 SAS 시스템은 PC 및 Workstation에서는 물론 대형 컴퓨터에 이르기까지 어떠한 하드웨어 환경하에서도 자료의 접근, 운영 그리고 분석이 가능한 통합 응용소프트웨어로 발전되고 있으며, 그 이름도 Strategy Application System으로 변경되었다.

본 부록은 SAS를 이용하는 데 필요한 기본적 지식과 이에 근거한 경제·경영통계 분석방안을 Windows용 SAS 버전 8.01(한글판)을 기준으로 간략히 소개함으로써 독자들이 본서에 소개한 각종 통계분석을 컴퓨터를 활용하여 수행하는데 도움을 주고자 작성한 것이다.[1] 효율적인 안내를 위해 다음과 같은 분류체계에 따라 주요 내용을 제시코자 한다.

- SAS 사용안내
  - SAS 사용방법
    - 작업의 시작과 종료
    - Windows SAS 시스템의 환경
    - 기본적인 내용
      - 자료처리
      - 자료분석
  - 주요 통계분석방안

1) Windows용 SAS는 기존 영문판의 각종 명령과 내용을 한글화시킨 한글판이 제공되고 있다. 이하에서는 독자들의 이해를 돕기 위해 한글판을 이용하여 소개하였다.

Ⅰ. Windows SAS 사용방법 기초

1. Windows SAS 작업의 시작과 종료

본절에서 소개하는 Windows SAS 시스템의 기본체계 및 운용방법은 한글 Windows 98 환경을 기준으로 작성되었다. 따라서 Windows SAS의 설치와 운용은 먼저 한글 Windows 98이 설치되어 있음을 가정하고 다음과 같은 과정에 따라 SAS를 실행시킬 수 있다.

1) 한글 Windows 98 환경하에서 아래 그림처럼 '시작'→'프로그램'→'The SAS system'→'The SAS System for Windows V8'의 순서대로 클릭(click)하거나, 또는 바탕화면의 SAS아이콘( )을 더블클릭하면 SAS가 실행된다.

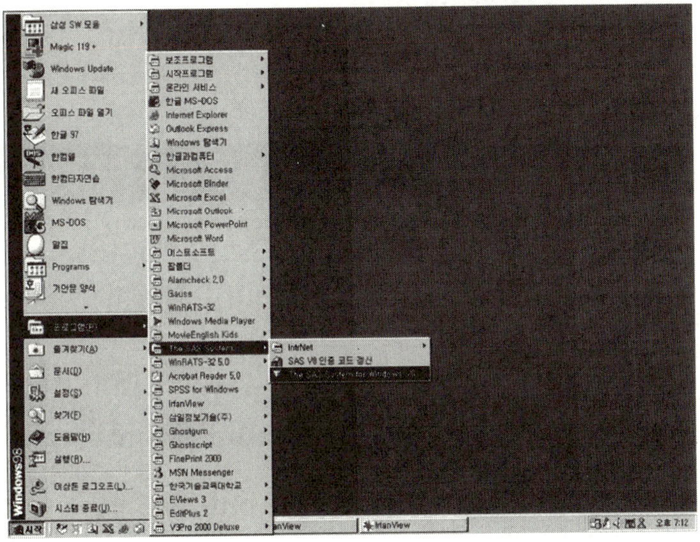

2) SAS가 실행되면 다음과 같은 SAS logo가 나타난뒤 SAS 환경으로 진입하게 된다.

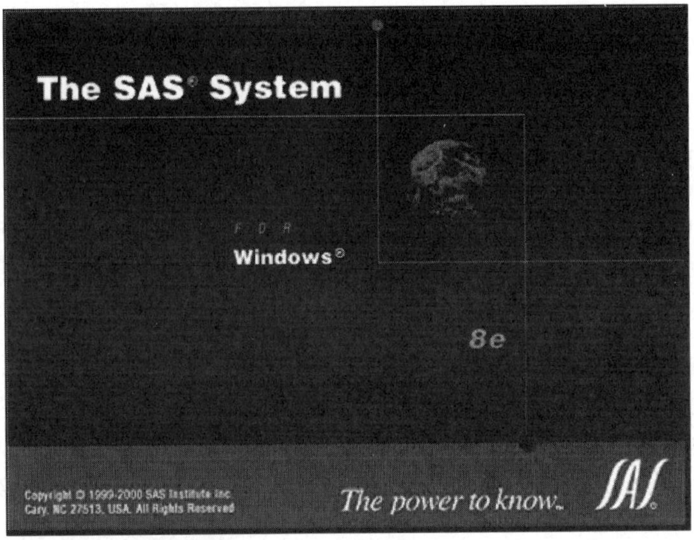

Windows SAS 시스템은 최초에 진입하면 다음과 같은 SAS 적용작업영역(AWS; Application Work-Space)이 나타나며, 이를 통해 전반적인 시스템의 관리가 이루어진다.

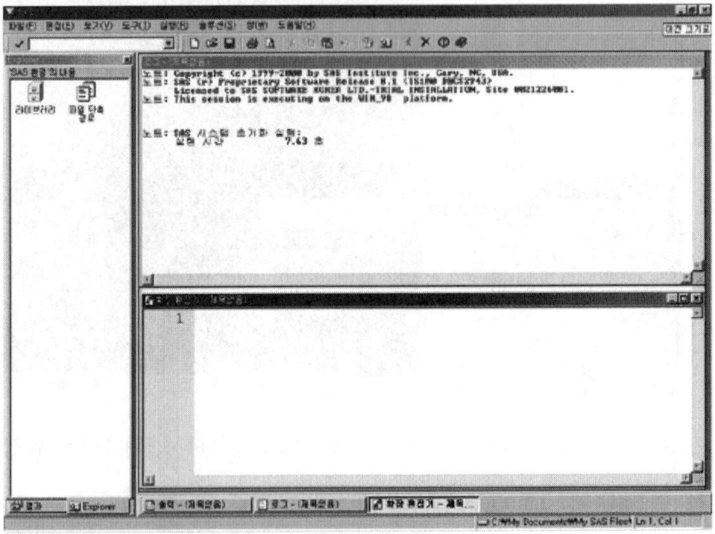

3) SAS 사용이 완료되면 SAS 적용작업영역의 두 번째 줄에 위치한 메뉴들 중에서 다음화면과 같이 파일(F) 메뉴를 선택한 다음 제일 하단의 종료(X) 메뉴를 클릭함으로써 작업을 끝낸다.

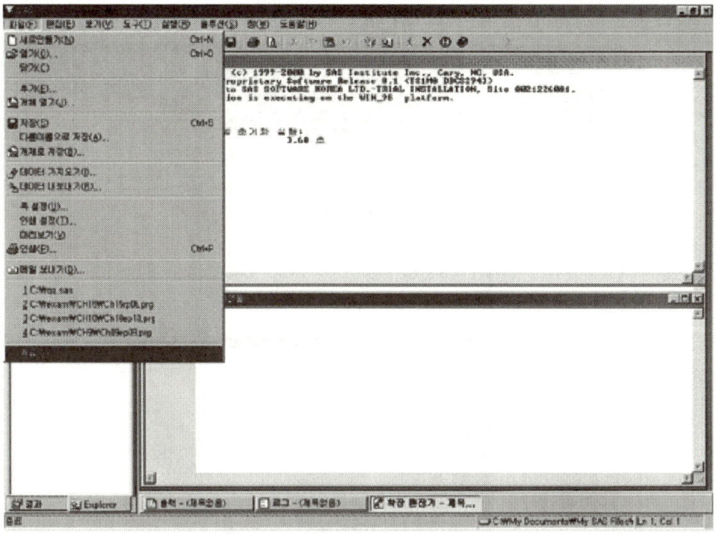

일단, 종료(X)를 선택하고 나면 다음과 같은 대화상자가 나타나면서 SAS의 종료여부를 다시 한번 묻게되며 이때 '확인'을 클릭함으로써 SAS를 종료시키게 된다.

2. Windows SAS 시스템의 환경

SAS 적용작업영역은 아래 그림과 같이 구성되어 있으며, SAS 시스템은 이들 각 구성요소에 의해 관리된다.

〈SAS 적용작업영역의 구성〉

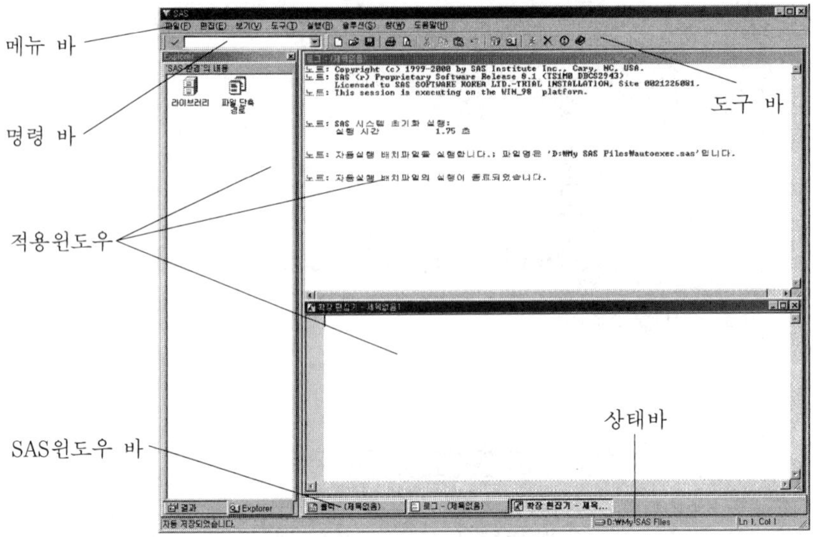

2.1 메뉴 바(menu bar)

윈도우의 제목을 나타내는 타이틀 바(title bar) 다음에 위치한 두 번째 행은 주요 SAS 작업영역의 메뉴들로 구성된 메뉴바가 위치하며, SAS 시스템은 이들 메뉴의 선택을 통하여 이루어지게 된다.

SAS 적용작업영역 내에 설정된 메뉴들은 '파일(F)', '편집(E)', '보기(V)', '도구(T)', '실행(R)', '솔루션(S)', '창(W)', '도움말(H)'의 8가지로 이들은 각각 여러 개의 부메뉴들을 가지고 있다. 각 메뉴에 대한 상세한 내용은 '도움말(H)' 메뉴를 참고하기 바란다.

2.2 명령 바(command bar)와 도구 바(tool bar)

세 번째 행은 SAS 시스템 관리를 위한 명령어들을 입력하기 위한 명령바(command bar)와 각 명령어를 수행할 수 있는 도구버튼들로 구성된 도구바(tool bar)가 위치하고 있다.

명령 바에서 명령상자 [ ]는 명령어를 직접 입력하기 위한 곳이며, 명령상자 우측에 있는 화살표 버튼 ▼은 이전에 실행한 명령어 리스트를 보여줌으로써 이전에 입력한 명령어를 선택하여 그 기능을 수행할 수 있도록 설정된 장치이다. 또한, 직접 입력되거나 이전에 입력되었던것중 선택된 명령어는 명령상자 좌측의 체크버튼 ✓을 클릭함으로써 실행된다.

한편, 도구 바에 나열되어 있는 도구버튼은 모두 15개로 각 도구버튼은 다음과 같은 기능을 수행한다.

새로운 확장편집기를 호출하는 기능으로, '파일(F)' 메뉴의 부메뉴 '새로만들기(N)'와 같은 기능을 수행한다.

확장편집기 윈도우로 파일을 불러들이는 기능으로, '파일(F)' 메뉴의 부메뉴 '열기(O)'와 같은 기능을 수행한다.

활성화되어 있는 적용윈도우의 내용을 파일로 저장하는 기능으로, '파일(F)' 메뉴의 부메뉴 '저장(S)'과 같은 기능을 수행한다.

활성화되어 있는 적용윈도우의 내용을 Windows에 설치된 기본 프린터로 출력한다. '파일(F)' 메뉴의 부메뉴 '인쇄(P)'과 같은 기능을 수행한다.

프린터로 출력하기에 앞서서 화면상에서 출력내용을 사전에 살펴보는 기능으로, '파일(F)' 메뉴의 부메뉴 '미리보기(V)'와 같은 기능을 제공한다.

지정영역(mark area)의 내용을 삭제한다. 따라서 이를 위해서는 반드시 mark 명령어에 의해 삭제할 영역이 미리 지정되어 있어야 한다. 삭제된 내용은 클립보드(Clipboard; 메모리상의 임시 저장공간)에 보관된다.

'편집(E)' 메뉴의 부메뉴 '잘라내기(T)'와 같은 기능을 제공한다.

지정영역(mark area)의 내용을 이후 지정된 위치에 복사하기 위해 클립보드(Clipboard)에 보관한다. '편집(E)' 메뉴의 부메뉴 '복사(C)'와 같은 기능을 제공한다.

클립보드(Clipboard)에 보관중인 내용을 지정된 위치에 복사한다. '편집(E)' 메뉴의 부메뉴 '붙여넣기(P)'와 같은 기능을 제공한다.

이전에 실행시킨 명령을 수행하지 않고 명령수행 전으로 환원하는 실행취소 기능을 수행한다.

새로운 라이브러리(Library; SAS 자료 파일을 저장하는 일종의 폴더를 의미)를 창출한다.

Explorer 윈도우를 호출한다.

확장편집기 윈도우에 작성된 프로그램을 실행하는 기능으로, '실행(R)' 메뉴의 부메뉴 '실행(S)'과 같은 기능을 수행한다.

확장편집기 윈도우의 내용을 모두 지울 때 사용하며, '편집(E)' 메뉴의 부메뉴 '전체지우기(R)'과 같은 기능을 수행한다.

진행중인 프로그램의 실행을 중단(break)한다.

도움말(Help) 윈도우를 호출한다.

2.3 적용 윈도우(application window)

네 번째 행 이하에서는 SAS 시스템을 운영하면서 필요에 따라 호출하는 적용 윈도우들이 위치한다. 이러한 적용 윈도우들 중에서 SAS 시스템에 진입 후 최초로 나타나는 윈도우들은 5가지 기본윈도우들로, 기능에 따라 분석 윈도우그룹과 관리 윈도우그룹으로 구분된다.[1)]

1) 분석 윈도우그룹

적용윈도우의 우측에 위치하며, SAS 프로그램의 작성에서 실행상황 및 분석결과에 이르기까지, 분석과 관련된 일련의 과정들을 제공하는 로그(Log) 윈도우, 확장편집기(Enhanced Editor) 윈도우 그리고 화면상에는 안보이지만 뒷배경에 존재하는 출력(Output) 윈도우 등 3가지 기본윈도우들로 구성되며, 이들은 각각 다음과 같은 기능을 수행한다.

- 로그(Log) 윈도우 : 프로그램의 진행상황(에러 발생 여부, 수행시간등의 각종 정보)을 보여주는 기능을 수행하며, 적용윈도우의 우상단에 위치한다.
- 확장편집기(Enhanced Editor) 윈도우 : SAS를 위한 프로그램을 작성하거나 편집하는 기능을 가지며, 편집과 관련한 다양한 기능들을 수행하며, 적용윈도우의 우하단에 위치한다.

1) SAS에서는 여기서 소개한 5가지 기본 윈도우 이외에도 다양한 기능을 제공하는 부가적인 윈도우들이 존재한다. 이들 윈도우들의 기능에 대한 자세한 내용은 사용지침서나 '도움말(H)' 메뉴를 이용하기 바란다.

- 출력(Output) 윈도우 : 프로그램의 전체 수행결과를 보여주는 기능을 담당하며, 수행결과를 저장하거나 인쇄할 수 있으나 일부분을 복사, 삭제 또는 이동시키는 편집기능은 존재하지 않는다. 적용윈도우의 초기화면에는 로그 윈도우와 확장편집기 윈도우에 가려 보이지 않지만, SAS 프로그램을 실행하면 자동적으로 두 윈도우를 제치고 전면에 나타난다.

2) 관리 윈도우그룹

적용윈도우의 좌측에 위치하며, SAS에서 활용되는 데이터 세트 및 분석결과를 효율적으로 관리하는 기능을 제공하며, Explorer 윈도우와 전면에는 안보이지만 뒷 배경에 존재하는 결과(Results) 윈도우 등 2가지 기본윈도우들로 구성되며, 이들은 각각 다음과 같은 기능을 수행한다.

- Explorer 윈도우 : SAS의 효율적인 활용을 위해 사용되는 데이터 세트(일종의 파일개념)와 라이브러리(일종의 폴더개념) 등 주로 자료들의 관리기능을 수행하며, 부가적으로 라이브러리의 창출 및 즐겨찾는 폴더나 파일을 쉽게 호출할 수 있는 파일단축경로 등의 기능을 지닌다.
- 결과(Results) 윈도우 : 사전에 수행된 SAS 실행결과의 프로시져(procedure)별 목록(list)이 트리(tree)구조로 제시되어, 필요한 목록을 선택하면 분석 윈도우그룹의 출력윈도우에 해당결과가 나타나 수많은 실행결과들을 효율적으로 관리하는 기능을 수행한다.[1)]

적용윈도우의 초기화면에는 Explorer 윈도우에 가려 보이지 않지만, SAS 프로그램이 실행되어 분석 윈도우그룹의 출력윈도우가 전면에 나타남과 동시에 자동적으로 Explorer 윈도우를 제치고 전면에 나타난다.

2.4 SAS 윈도우 바(SAS Window bar)

SAS 적용작업영역의 맨아래에서 두 번째행은 SAS 윈도우 바를 나타내는 것으로써, 현재 사용되고 있는 윈도우를 보여준다. 초기화면에서는 전술한 바처럼 5개의 윈도우만이 사용되고 있음을 확인할 수 있으며, 윈도우간의 이동은 해당 윈도우 버튼을 클릭함으로써 쉽게 이루어진다.

1) 실행결과의 목록은 예를들어 'Print', 'Freq' 등의 프로시져(procedure)별로 제시된다.

2.5 상태선(status line)

SAS 적용작업영역의 제일 마지막 행은 상태선을 나타내는 것으로 오른쪽 하단의 "C:\My Documents\........"라는 표식은 현재 작업이 이루어지게 될 폴더를 나타낸다. 반면 왼쪽 하단은 사용자가 직접 SAS 시스템을 운용해 나가면서 진행사항을 일목요연하게 확인할 수 있도록 해주는 부분이다.

3. SAS 작업구조

SAS 프로그램은 기본적으로 자료처리단계(DATA STEP)와 자료분석단계(PROCEDURE STEP)의 두 단계로 구성되어 있다. DATA STEP은 원자료(raw data)를 읽고 가공하여 데이터 세트를 형성한 후 SAS가 자료를 처리할 수 있도록 하여 주며, PROCEDURE STEP은 DATA STEP에서 형성된 데이터 세트를 이용하여 통계분석하는 과정을 말한다. 이들 두 단계는 각각 혹은 결합하여 구성될 수 있으며, 여러 번 사용되어도 관계없다.

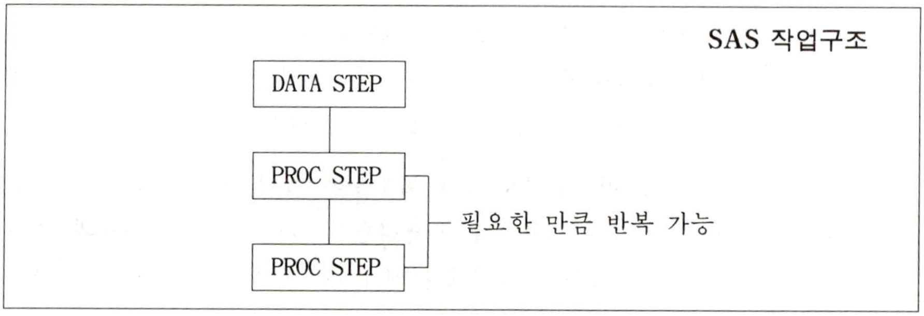

4. 자료의 처리단계(DATA STEP)

SAS의 자료처리단계에서는 원자료를 읽어 데이터 세트를 형성하거나, 데이터 세트를 수정 보완할 수 있고, 사용자가 원하는 형태로 자료를 변화하여 보고서를 출력하거나 필요한 부분의 데이터를 저장할 수 있을 뿐만 아니라, SAS에서 사용되는 자료파일을 복사 내지 이동 그리고 결합하는 작업을 수행할 수 있다.

SAS 데이터 세트는 크게 세 가지 방법으로 창출할 수 있다. 그 첫째는 '확장편집기(I)’ 윈도우상에서 SAS 프로그램 내에 데이터를 직접 입력하는 방법이고, 두 번째 방법은 이미 작성되어 있는 데이터 세트를 불러오는 경우로서 SAS 프로그램 내에 저장된 데이터 파일은 물론 엑셀 등 외부 소프트웨어에 의해 작성된 데이터 파일도 활용이 가능하다. 세 번째 방법은 ‘도구(T)’ 메뉴의 부메뉴인 ‘테이블 편집기(T)’를 이용하여 데이터를 직접 입력하는 방법이다. 이렇게 창출된 데이터 파일은 SAS 시스템 내에 저장하여 재분석시 자료처리 단계를 반복하지 않고 직접 접근할 수도 있다.

이중 세 번째인 ‘테이블 편집기(T)’를 이용한 데이터 입력방법은 독자들에게 익숙한 엑셀프로그램의 사용법과 유사하기 때문에 이하에서는 첫 번째와 두 번째 방법에 대해서만 소개하고자 한다.

4.1 SAS 프로그램 내 직접입력을 통한 자료의 창출

SAS 프로그램 내에 직접입력을 통해 자료를 창출하기 위한 기본작업명령은 확장편집기 윈도우 화면에서 다음과 같은 문장들로 구성된다.

```
ⓐ    DATA 자료명;
ⓑ    INPUT 변수명;
ⓒ    CARDS;

ⓓ    자료(data set)

ⓔ    RUN;
```

ⓐ **DATA 문** 자료처리단계의 시작을 알린다. 여기서 자료명은 SAS 시스템 내에서 사용할 SAS 자료 파일의 이름으로 첫자가 반드시 문자로 시작되어야 한다. 예를 들어,

```
DATA TEST;
```

라고 하면 자료처리단계에서 이루어진 모든 절차에 관한 정보(변수명·관찰값)를 SAS 시스템 내에 TEST라는 파일명으로 SAS 작업이 종료되기 전까지 보관하게 된다. DATA문에서 알 수 있듯이 SAS 내의 모든 프로그램은 ‘;’으로 하나의 문장이 종료된다.

ⓑ **INPUT 문** 입력될 자료의 내용과 형식을 지정한다. 따라서 여기

서 지정된 변수형식(문자・정수・실수)에 따라 해당되는 관찰값이 읽혀지게 되는데 변수명은 반드시 문자로 시작되어야 한다.

자료입력방식은 크게 '열입력방식'과 '행입력방식'으로 나뉘게 된다.

ⓑ-1 열입력방식 : 열입력방식에서의 자료는 다음과 같은 두 가지 방식으로 입력되며, 거의 모든 자료의 입력방식 지정은 이 두 가지 방법과 두 방법을 동시에 사용하는 형태가 된다. 이 때 각 변수의 관측치는 종으로 입력되므로 매행에는 해당 시기에 관측된 모든 변수의 자료가 나타나게 된다.

① 열입력 형태(column input) : 입력될 자료가 사이띄기에 의해 구분되지 못한 경우에는 각 변수의 자료가 차지하는 열의 범위와 변수형식을 지정해 주어야 하는데,

```
INPUT NAME $ 1-8 AGE 11-12;
```

와 같이 NAME과 AGE라는 변수의 자료는 각각 1열과 8열 사이와 11열과 12열 사이의 값을 읽도록 지정할 수 있으며, NAME 변수의 경우는 뒤에 '$' 표시가 붙어 문자로 표시된 변수임을 알려주게 된다.

② 목록입력 형태(list input) : 한편, 자료의 변수값들이 이미 사이띄기에 의해 구분되어 있을 때에는 입력할 자료의 변수형식만 지정하게 되는데, 예컨대

```
INPUT NAME $ AGE;
```

와 같이 자료에 대응되는 변수형식과 변수명만 지정해 주면 된다.

ⓑ-2 행입력방식(row input) : 변수별로 각 변수의 관측치가 관측시기의 순서에 따라 횡으로 입력한다. 예컨대,

```
INPUT NAME $ AGE @@;
```

와 같은 INPUT 문은 NAME이라는 문자형 변수와 AGE라는 변수의 관찰값이 횡으로 입력됨을 알려주게 된다.

ⓒ **CARDS 문** 자료를 프로그램상에서 직접 입력할 것을 알리는 선언문

ⓓ **원자료**(raw data) INPUT문에서 지정한 변수의 구체적 관측치자료

ⓔ **RUN 문** 각 단계의 종료를 선언하여 RUN문 이전의 내용을 실행

시키라는 명령

4.2 외부자료파일(external data file)의 도입

SAS에서는 프로그램상에서 자료를 입력하지 않고 SAS 시스템 외부에서 존재하고 있는 자료파일을 프로그램에서 호출해서 입력할 수도 있다. 이 때 외부파일은 원칙적으로 ASCII코드로 입력된 파일이어야 한다.[1)]

외부파일을 호출하는 경우의 기본프로그램은 다음과 같이 구성된다.

```
ⓐ  DATA 자료명;
ⓑ  INFILE '파일명';
ⓒ  INPUT 변수명;
ⓓ  RUN;
```

ⓑ **INFILE 문** 도입하고자 하는 자료파일명을 지정해 주는 문장으로, 파일이 존재하는 경로와 파일 이름을 지정한다. 예를 들어, A 드라이브에 SAMPLE.DAT라는 파일을 호출한다고 했을 경우 INFILE문의 형식은 아래와 같다.

```
INFILE 'a:\SAMPLE.DAT';
```

4.3 SAS 자료의 영구보관

SAS 프로그램 내에서 자료를 직접 입력하여 생성하였든지 아니면 외부자료파일을 도입하였든지간에 일단 계획했던 작업이 종료되면 사용된 자료는 소실되어 버리고 만다. 따라서 일단 창출된 자료세트를 추후분석에 다시 사용하려면 이를 영구보관 처리해 두어야 한다.

생성된 자료를 보관해 두는 방법은 기본적으로 두 가지가 있다.

4.3.1 하드 디스크(C 드라이브) 내에 보관하는 방법

확장편집기 윈도우에서 분석에 사용할 자료를 입력한 뒤 '파일(F)' 메뉴의 부메뉴인 '저장(S)'을 이용하여 원하는 파일이름으로 저장하면 된다.

그런데 이상과 같이 자료파일을 하드디스크 내에 영구보관하는 것은 기존의 여타 파일들과의 구분이 어려워 사용상 많은 혼란이 초래되므로 권장할 수

1) 외부파일이 Excel이나 dBASE로 작성된 데이터 파일일 경우에는 '파일(F)' 메뉴의 부메뉴 '데이터 가져오기(I)'를 이용하여 SAS 시스템 내로 호출할 수 있다.

없는 방법이라 하겠다.

4.3.2 별도의 디스켓(A 드라이브)에 보관하는 방법

자료파일을 별도로 보관할 디스켓을 A 드라이브에 넣은 후, 역시 '파일(F)' 메뉴의 부메뉴인 '저장(S)'을 이용하여 A드라이브에 원하는 파일이름으로 저장하게 된다.

이상과 같이 자료세트 파일을 하드 디스크나 별도 디스켓에 보관해 두면 4.2항에서 밝힌 외부자료파일의 도입방식에 따라 SAS 시스템 내로 자료를 다시 불러들여 활용할 수 있게 된다.

4.4 자료의 변환

분석목적에 따라 원자료를 가공하여 새로운 변수를 생성하거나, 창출된 자료를 변수별로 또는 자료세트단위로 결합하여야 할 경우가 발생한다. SAS에서는 SAS언어를 이용하여 이러한 문제를 해결할 수 있다.

4.4.1 자료처리단계에서 새로운 변수의 생성 및 함수전환

변수의 관측자료를 전환 내지 결합하여 새로운 자료를 생성할 경우에는 우선 창출할 변수명을 정의한 후 기존 변수의 함수 형태로 표현함으로써 새로운 변수자료를 창출하게 되며 INPUT문 이후에서 다음과 같은 형태로 이루어진다.

```
ⓐ   DATA 자료명;
ⓑ   INPUT 변수명;

ⓒ   새로운 변수명=전환형식;

ⓓ   CARDS;
     자료(data set)

ⓔ   RUN;
```

ⓒ 자료전환은 기본연산을 통해 이루어지기도 하고 SAS가 가지고 있는

함수전환기능을 통해 이루어질 수도 있다. 자료전환에 필요한 주요 SAS 연산자(operator)와 함수로는 다음과 같은 것들이 있다.

1) 주요 연산자

종 류	기 능	종 류	기 능
+	덧셈	^=	같지 않다
−	뺄셈	>	크다
*	곱셈	>=	크거나 같다
/	나눗셈	<	작다
=	같다	<=	작거나 같다

2) 주요 함수

함수명	기 능
ABS	절대값의 산출
MAX	최대값의 산출
MIN	최소값의 산출
MOD	나머지 값을 계산해 줌
SQRT	평방근(루트)
INT	정수값의 계산
ROUND	반올림
EXP	지수함수값을 계산해 줌
LOG	자연대수값을 계산해 줌
LOG10	상용대수값을 계산해 줌
LOG2	밑이 2인 대수값을 계산해 줌
COS	코사인의 값을 계산해 줌
SIN	사인의 값을 계산해 줌
TAN	탄젠트의 값을 계산해 줌
ARSIN	아크사인의 값을 계산해 줌
ARCOS	아크코사인의 값을 계산해 줌
ARTAN	아크탄젠트의 값을 계산해 줌
LAGn(X)	X변수의 n번째 LAG

예컨대, 시차변수를 생성할 경우, $Y=X_{t-13}$이면 SAS에서는

```
Y=LAG13(X);
```

와 같이 표현되며, Y=LAG1(X); 는 Y=LAG(X); 와 동일한 표현이다.

4.4.2 창출된 SAS 자료세트의 조정(축소·확대) 및 결합

앞에서는 자료처리단계에서 새로운 변수를 생성하는 방법을 살펴보았다. 이제는 이미 자료처리단계를 끝내고 하나의 SAS 자료세트가 형성되었을 경우에 새로운 변수를 추가 또는 제외시키거나 자료세트 자체를 결합 내지 조정하는 방법에 대하여 살펴보고자 한다.

(1) 자료세트의 조정 : 변수의 추가나 제외

하나의 자료처리단계를 끝내고 나면 생성된 SAS 자료는 편집을 통해서는 내용을 변경할 수 없고 SAS 시스템만이 조정할 수 있는 파일로 존재하게 된다. 따라서 이러한 자료파일을 조정하거나 결합시키기 위해서는 SAS 자료파일 관리에 관한 별도의 명령어를 사용하여야 하며 그 기본과정은 다음과 같다.

```
ⓐ    DATA 자료명 1;
ⓑ    SET 자료명 2;


ⓒ-1  DROP 변수명;
ⓒ-2  KEEP 변수명;

ⓓ    RUN;
```

ⓑ **SET 문**　　기존의 SAS 자료세트(자료명 2)를 호출하여 변수를 추가하거나 삭제할 준비를 취하게 하며, 예정했던 작업이 완료된 후 형성된 자료는 자료명 1로 다시 생성된다.

이렇듯 SET문은 SET문에 의해 지정한 모든 SAS 자료를 변환시킬 준비를 취하게 한 다음 단순히 변수를 첨가 또는 삭제할 뿐만 아니라 둘 이상의 자료세트를 결합하여 새로운 자료세트를 구성할 수 있게 하는 것이다.

변수의 삭제나 보존을 위해 다음과 같은 명령들이 사용되며, 이들 명령을 통하여 새로운 자료세트를 형성할 수 있게 된다.

ⓒ-1 **DROP 문**　　새로운 자료세트를 형성하는 과정에서 기존 자료세트 내에 존재하는 변수 중 DROP 문 다음에 명시하는 변수를 제외시키라는 명령이다. 예를 들어,

```
DROP var1 var2;
```

라는 명령은 새롭게 생성되는 자료에는 var1, var2라는 변수는 포함되지 않는다.

ⓒ-2 **KEEP 문** 기존 자료세트 내에 존재하는 변수 중 자료처리단계를 종료할 때 KEEP문 다음에 명시하는 변수만을 자료세트에 포함시키라는 명령이다. 예를 들어,

```
KEEP var1 var2;
```

과 같이 지정하면 새롭게 생성되는 자료세트에서는 var1, var2라는 변수만이 포함된다.

한가지 주의할 것은 DROP문과 KEEP문은 동시에 사용될 수 없고 자료처리단계에서는 반드시 두 명령 중 하나만을 사용할 수 있다.

(2) 자료세트의 결합

대표적인 자료결합 명령어로는 앞에서 살펴본 SET문과 MERGE문이 있다. SET문은 기존에 존재하는 자료파일에 새로운 자료를 변수단위로 결합하는 데 반하여 MERGE문은 자료세트단위로 결합하는 형태를 취하게 된다.

1) SET문에 의한 자료의 결합

```
ⓐ  DATA ONE;
ⓑ  INPUT v1;
ⓒ  CARDS;
ⓓ    data set
ⓔ  RUN;

ⓕ  DATA two;
ⓖ    SET one;
ⓗ  INPUT v2;
ⓘ  CARDS;
ⓙ    data set
ⓚ  RUN;
```

ⓐ~ⓔ v1 변수를 데이터 세트 one에 저장하는 과정

ⓕ~ⓚ 데이터 세트 one(v1 변수가 들어 있음)을 불러와 v2 변수를 추가시킨 다음 데이터 세트 two로 저장하는 과정

2) MERGE문에 의한 자료의 결합

```
ⓐ  DATA ONE;
ⓑ  INPUT v1;
ⓒ  CARDS;
ⓓ    data set
ⓔ  RUN;

ⓕ  DATA two;
ⓖ  INPUT v2;
ⓗ  CARDS;
ⓘ    data set
ⓙ  RUN;

ⓚ  DATA three;
ⓛ  MERGE one two;
ⓜ  RUN;
```

ⓐ~ⓔ v1 변수를 데이터 세트 one에 저장하는 과정

ⓕ~ⓙ v2 변수를 데이터 세트 two에 저장하는 과정

ⓚ~ⓜ 기존의 데이터 세트 one과 two를 불러다 결합시킨 후 새로운 데이터 세트 three로 저장하는 과정

5. 자료의 분석단계(PROCEDURE STEP)

SAS에서의 자료분석단계란 자료처리단계에서 창출한 자료를 읽어, 간단한 기술통계분석은 물론 회귀분석이나 시계열분석 등과 같은 추측통계분석까지도 수행해 주는 역할을 한다. SAS 자료분석의 세부적인 내용은 제Ⅱ편에서 다루기로 한다.

Ⅱ. SAS를 이용한 주요통계분석방안[1)]

제1편에서는 통계분석을 시작하기 전에 사전적으로 알아야 할 기본적인

1) Windows SAS에서는 다양한 통계분석을 두 가지 방법으로 처리할 수 있다. 하나는 종전부터 사용되는 전통적인 방법으로 '확장편집기' 윈도우상에서 프로그램을 작성하는 방법

SAS 사용방법에 대해서 간략히 살펴보았다. 본편에서는 앞서 소개한 기본 사용방법을 토대로 본격적으로 SAS를 이용한 통계분석을 실시하는 방안에 대하여 살펴보고자 한다. 단, 논리전개의 편의상 본교재에 소개한 분류체계와 순서에 입각해서 아래와 같은 골격으로 주요 내용만을 소개키로 한다.

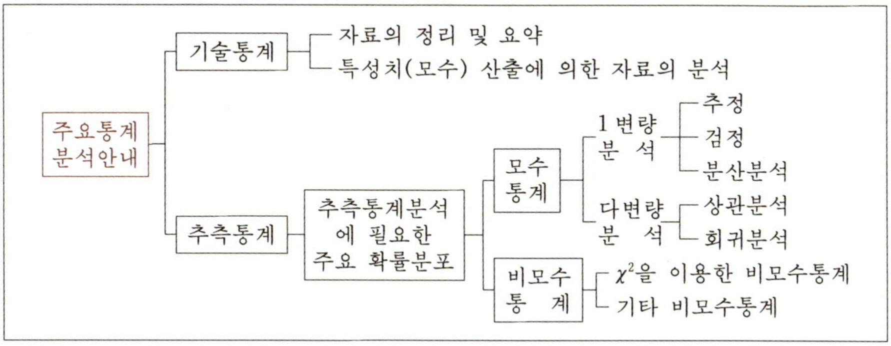

1. 기술통계

주어진 자료를 단순히 정리·요약하여 제시하거나 각종 모수값의 산출에 의해 모집단의 특성을 나타내는 기술통계분석의 SAS 프로그램 활용방안을 아래와 같은 체계로 정리해 본다.

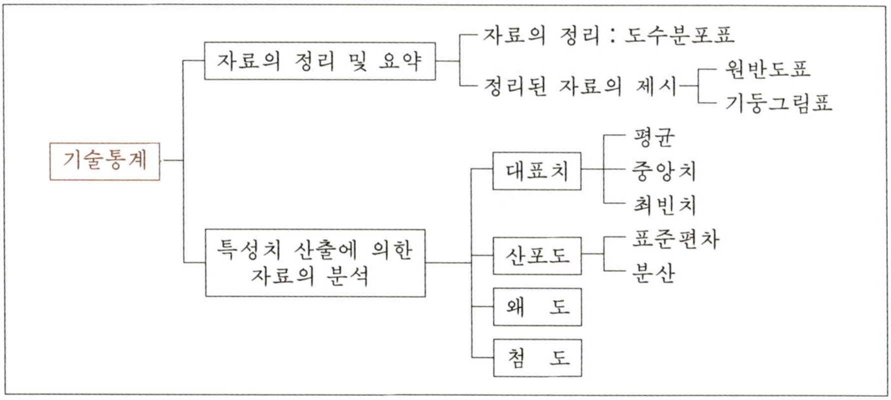

이고, 또다른 방법은 '솔루션(S)' 메뉴의 부메뉴인 '분석(S)'에 내재된 다양한 세부메뉴들을 이용하는 방법이다. 이하에서는 프로그램을 이용한 전통적인 방법에 대해서 소개하고 있다. 메뉴방식을 이용한 통계분석방법은 '도움말(H)' 메뉴를 참고하기 바란다.

1.1 자료의 정리 및 요약

일반적으로 주어진 자료는 일차적으로 도수분포표 형태로 정리되며 이들은 다시 그 특징이 시각적으로 판별될 수 있는 각종 도표 형태로 제시되는데 이들 중 대표적인 것이 기둥그림표·누적기둥그림표 및 원반도표이다. 이러한 도표를 작성하기 위한 기본명령어는 CHART이며, 다음과 같은 요령으로 실행된다.

```
ⓐ  DATA data name;
ⓑ    INPUT v0 v1 v2 v3;
ⓒ    CARDS;
ⓓ      data set
ⓔ  RUN;

ⓕ  PROC CHART;
ⓖ     VBAR v1/sumvar=v0;
ⓗ     HBAR v2/sumvar=v0;
ⓘ     VBAR v1 / TYPE=CFREQ sumvar=v0;
ⓙ     PIE v3/sumvar=v0;
ⓚ  RUN;
```

ⓐ~ⓔ 도표를 작성하기 위한 자료의 입력과 관련된 명령어

ⓕ~ⓚ 도표의 작성과 관련된 명령어

ⓖ v0 변수에 관한 자료를 범주적 변수 v1을 기준으로 수직형 기둥그림표 (vertical bar chart)로 표현하라는 명령어

ⓗ v0 변수에 관한 자료를 범주적 변수 v2를 기준으로 수평형 기둥그림표 (horizontal bar chart)로 표현하라는 명령어

ⓘ 범주적 자료 v1을 기준으로 v0 변수의 수직형 누적기둥그림표(cumulative frequency distribution)를 작성하라는 명령어

ⓙ v0 변수에 관한 자료를 범주적 변수 v3를 기준으로 원반도표로 표현하라는 명령어

1.2 특성치 산출

1.2.1 특성치 산출에 관한 작업명령

(1) 수량변수에 대한 기초통계량 요약 : **PROC MEANS**

ⓐ
```
PROC MEANS DATA=data name options;
  VAR v1;
RUN;
```

ⓐ *options*에서는 아래와 같은 다양한 내용이 선택될 수 있다.

KEYWORD	STATISTIC
N	변수에 대한 관찰값의 수
NMISS	MISSING VALUE의 수
MEAN	평 균
STD	표준편차
MIN	최 소 값
MAX	최 대 값
RANGE	최소값과 최대값의 차이(범위)
SUM	관측치의 총계
CV	변동계수
T	모평균이 영이라는 귀무가설하에서의 t-검정통계량의 값
PRT	$H_0 : \mu=0$ 라는 가정하에 산출된 t-검정통계량의 값($t_{cal.}$)보다 큰 t값이 나타날 확률($p(t>t_{cal})$; t_{cal} 의 우단면적)

(2) 일변량분석에 관한 제반 통계량의 산출 : **PROC UNIVARIATE**

```
PROC UNIVARIATE;
  VAR v1;
RUN;
```

전술한 PROC MEANS 명령은 수량변수에 대한 기초통계량을 산출하는데 그치지만, PROC UNIVARIATE 명령은 극한치(최대 · 최소)는 물론 중앙치 · 최빈치 · 4분위수 등과 분포 형태에 대한 플로팅(ploting)에 이르는 일변량분석에 관한 자세하고도 광범위한 정보를 제공해 준다.

1.2.2 특성치 산출과 관련한 부차적 작업명령

(1) 이미 만들어진 두 변수(v1,v2)에 관한 자료세트를 **OUTPUT** 화면에 생성시켜 주는 과정

```
PROC PRINT;
  VAR v1 v2;
RUN;
```

(2) 입력된 데이터값을 재배열하는 방법

```
ⓐ PROC SORT;
ⓑ   BY v1;
   RUN;

   PROC PRINT;
   RUN;
```

ⓐ 자료의 배열을 지시하는 작업명령

ⓑ 자료를 재배열할 때 v1 변수값을 기준으로 하라는 뜻

(3) 각종 빈도수의 산출(빈도수・퍼센트・누적빈도・누적퍼센트의 계산)

```
ⓐ PROC FREQ;
ⓑ   TABLES v1;
   RUN;
```

ⓐ 계급치들에 대한 빈도분석을 수행하라는 명령

ⓑ 변수(v1)의 빈도에 대한 정보를 1차원의 표로서 나타내라는 명령. 단, TABLES명령은 '*'를 이용하여 두 변수를 연계하여 쓸 수 있다. 예컨대, 'TABLES v1*v2'는 변수 v1과 v2에 대한 빈도수를 2차원의 표로서 나타내 준다.

(4) 변수값의 합계

```
PROC PRINT;
  VAR v1;
```

```
  SUM v1;
RUN;
```

2. 추측통계

표본정보에서 산출한 표본통계량에 근거하여 모집단의 특성치에 관해 추론하고, 이와 같은 분석을 기초로 하여 통계적 의사결정을 하는 추측통계학에 관한 SAS 프로그램 이용방안을 다음 표와 같은 분류체계로 소개한다.

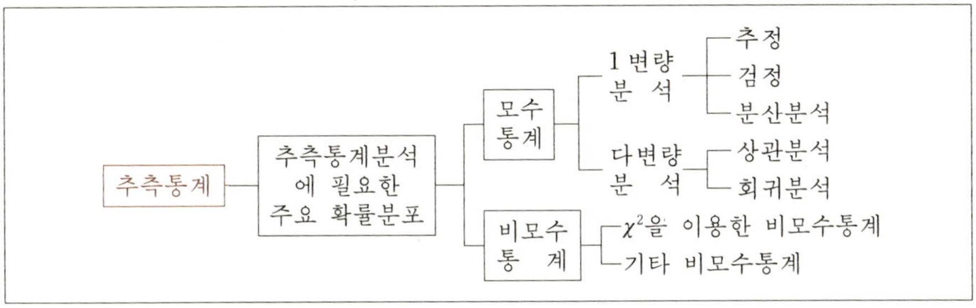

2.1 추측통계분석에 필요한 주요 확률분포

본항에서는 추측통계분석에 필수적인 주요 확률분포의 활용방안에 대하여 살펴보기로 한다. 확률분포의 종류는 실로 다양하나 이하에서는 비교적 사용빈도가 높은 확률분포에 한정하여 아래와 같은 체계로 소개코자 한다. 한가지 주의할 사항은 여기서 소개할 확률분포함수의 표현식은 모두 누적함수 형태로 정의되어 있다는 사실이다. 따라서 이산확률분포의 경우 개별사상의 이산확률값을 구하기 위해서는 두 개의 누적분포값을 차감해야 한다.

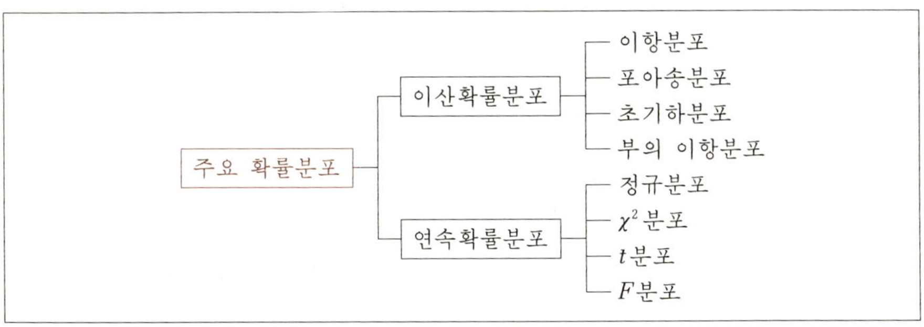

2.1.1 누적이항분포(Cumulative Binomial Distribution)

이항확률분포를 따르고 발생확률이 p인 사건이 n번 시행 중 x번 이하 횟수만큼 나타날 확률($P(X \leq x)$)

```
PROBBNML(p, n, x)
```

2.1.2 누적포아송분포(Cumulative Poisson Distribution)

포아송분포를 따르고 단위시간당 평균발생확률이 λ인 사건이 x번 이하 횟수만큼 발생할 확률($P(X \leq x)$)

```
POISSON(λ, x)
```

2.1.3 누적초기하분포(Hypergeometric Distribution)

K개의 불량품이 포함된 총 N개로 구성된 유한모집단에서 표본 n개를 추출할 때 이 표본 중 x개의 불량품이 섞여 있을 확률은 초기하분포를 이용하여 구하게 되며, x개 이하 개수의 불량품이 포함되어 있는 누적확률은 다음과 같은 형식에 의해서 구해질 수 있다.

```
PROBHYPR(N, K, n, x)
```

2.1.4 누적 부의 이항분포(Cumulative Negative-Binomial Distribution)

부의 이항분포를 따르고 매 시행에서 성공할 확률이 p인 실험에서 r번 실패 후 x번째 이하의 성공을 거둘 누적확률

```
PROBNEGB(p, r, x)
```

이상에서는 누적확률함수로 표현되는 이산확률분포들에 대해서 살펴보았다. 이하에서는 연속확률분포에 대해서 살펴보고자 한다.

2.1.5 표준정규분포(Standard Normal Distribution)

(1) 주어진 확률변수의 값(z)에 대응하는 누적확률 $P(Z \leq z)$값을 구하는 과정

```
PROBNORM(z)
```

예)

ⓐ

```
DATA;
   P=PROBNORM(0);
RUN;

PROC PRINT;
RUN;
```

ⓐ $P(Z \le 0)$값을 구하라는 명령

(2) 주어진 누적확률값($1-\alpha$; 단, α는 우단면적)에 대응하는 확률변수의 값을 구하는 과정

```
PROBIT(1-α)
```

예)

ⓐ

```
DATA;
  P=PROBIT(0.975);
RUN;

PROC PRINT;
RUN;
```

ⓐ $1-\alpha=0.975=P(Z \le z)$가 되는 확률변수값($z$)을 구하라는 명령

2.1.6 χ^2 분포

(1) 주어진 확률변수의 값(χ^2)에 대응하는 누적확률값을 구하는 과정

```
PROBCHI(χ², df)
```

단, df=자유도

(2) 주어진 누적확률값($1-\alpha$)에 대응하는 확률변수의 값을 구하는 과정

```
CINV(1-α, df)
```

2.1.7 t 분포

(1) 주어진 확률변수의 값(t)에 대응하는 누적확률값을 구하는 과정

```
PROBT(t, df)
```

(2) 주어진 누적확률값($1-\alpha$)에 대응하는 확률변수의 값을 구하는 과정

```
TINV(1-α, df)
```

2.1.8 F 분포

(1) 주어진 확률변수의 값(F)에 대응하는 누적확률값을 구하는 과정

```
PROBF(F, ndf, ddf)
```

단, ndf＝분자에 나타난 표본의 자유도
ddf＝분모에 나타난 표본의 자유도

(2) 주어진 누적확률값($1-\alpha$)에 대응하는 확률변수의 값을 구하는 과정

```
FINV(1-α,ndf,ddf)
```

2.2 (구간)추정 : 신뢰구간의 산출

SAS를 이용한 구간추정은 주요 확률분포의 확률함수를 활용하여 쉽게 창출될 수 있는데, 아래와 같은 체계로 소개하고자 한다.

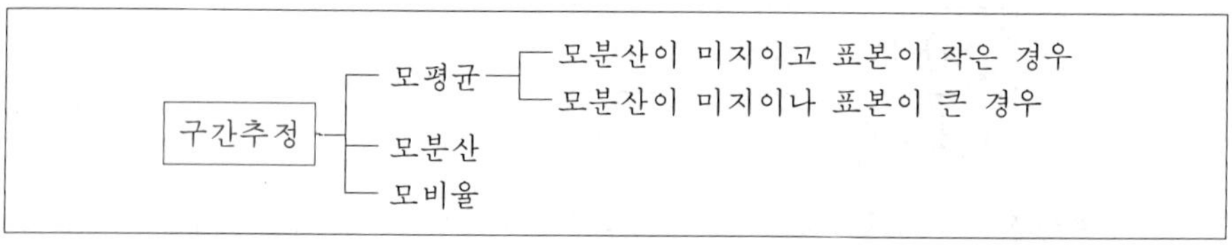

다만, 유의할 사항은 SAS에서 신뢰구간을 구하기 위해서는 여러 단계의 자료분석과정(PROC STEP)을 거쳐야 한다는 점이다. 즉, 첫단계에서 우선 표본의 통계량을 구한 후, 확률분포를 이용하여 주어진 유의수준에 대응하는 임계치를 구하고, 마지막 단계에서는 이렇게 산출된 임계치를 이용하여 신뢰구간

의 상한치와 하한치를 각각 산출하게 된다는 점이다.

2.2.1 모평균추정

(1) 모분산이 미지이고 표본이 작은 경우($n<30$)

```
ⓐ  DATA one;
ⓑ     INPUT v1;
ⓒ  CARDS;
ⓓ     data set
ⓔ  RUN;

ⓕ  PROC MEANS;
ⓖ     VAR v1;
ⓗ     OUTPUT OUT=two MEAN=xbar STDERR=se;
ⓘ  RUN;

ⓙ  DATA three;  SET two;
ⓚ  t=TINV(1-α/2, df);
ⓛ  ub = xbar + t*se;
ⓜ  lb = xbar - t*se;
ⓝ  RUN;

ⓞ  PROC PRINT;
ⓟ  RUN;
```

ⓐ~ⓔ 관측치들을 입력하는 과정

ⓕ~ⓘ 표본의 특성치를 구하는 과정

ⓖ 변수 v1에 대하여 분석하라는 뜻

ⓗ 추출된 특성치를 차후의 분석에 사용하기 위해 새로운 데이터 세트에 저장하는 과정으로 'OUT=two'는 two라는 새로운 DATA SET에 특성치를 저장시키겠다는 의미

'MEAN=xbar' : 표본의 평균을 xbar라는 이름으로 저장하겠다는 의미

'STDERR = se' : 표본의 표준오차를 se라는 이름으로 저장하겠다는 의미(단, $s_e = s/\sqrt{n}$)

ⓙ 전단계의 분석과정에서 산출하여 저장했던 특성치 데이터 세트(two)를 불러들여 새로운 데이터 세트(three)로 활용하기 위한 과정

ⓚ 모분산이 미지이고, 표본이 작은 경우 표본통계량$\{(\bar{x}-\mu)/(s/\sqrt{n})\}$이 t-분포를 따르므로, 이를 이용하여 주어진 유의수준(α)하에서의 임계치를 구함. 이 때 α는 오차율, df는 자유도이고 산출된 t값은 본문내용상의 표기에 따르면 $t_{\alpha/2}$가 된다.

ⓛ 신뢰구간의 상한치(upper bound of C. I.)

ⓜ 신뢰구간의 하한치(lower bound of C. I.)

ⓝ 앞서 ⓛ~ⓜ에서 구한 신뢰구간을 출력하기 위한 명령

(2) 모분산이 미지이고 표본이 큰 경우($n \geq 30$)

```
DATA one;
   INPUT v1;
CARDS;
   data set
RUN;

PROC MEANS;
VAR v1;
OUTPUT OUT=two MEAN=xbar STDERR=se;
RUN;

DATA three;  SET two;
z=probit(1-α/2);                    ⓐ
ub = xbar + z*se;
lb = xbar - z*se;
RUN;

PROC PRINT;
RUN;
```

ⓐ $n \geq 30$ 경우에는 σ^2가 미지라도 $\{(\bar{x}-\mu)/(s/\sqrt{n})\}$는 표준정규분포($Z$)를 따른다는 점이 1)의 경우와 상이함. 이 때 산출된 Z값은 $Z_{\alpha/2}$에 해당함.

2.2.2 모비율추정

```
ⓐ  DATA one;
ⓑ     INPUT v1$;
ⓒ  CARDS;
ⓓ     data set
ⓔ  RUN;

ⓕ  PROC FREQ;
ⓖ  RUN;

ⓗ  DATA two;
ⓘ     phat = 추정된 비율값; qhat = 1-phat;
ⓙ     z = probit(1-α/2);
ⓚ     ub = phat + z*SQRT(phat*qhat/n);
ⓛ     lb = phat - z*SQRT(phat*qhat/n);
ⓜ  RUN;

ⓝ  PROC PRINT;
ⓞ  RUN;
```

ⓑ 이항모집단으로부터 추출된 문자형 변수 v1을 지정함.

ⓕ 지정된 변수의 도수분포표를 작성하라는 명령

ⓘ 점추정치인 표본비율값을 phat($\hat{p}$)라는 이름으로 저장(단, $\hat{q}=1-\hat{p}$)

ⓙ $\{(\hat{p}-p)/(\sqrt{pq/n})\}$이 표준정규분포($Z$)를 따르므로, 이를 이용해 주어진 유의수준(α)하에서의 임계치를 구함.

ⓚ 신뢰구간의 상한치(upper bound of C. I.)

ⓛ 신뢰구간의 하한치(lower bound of C. I.)

2.2.3 모분산추정

```
ⓐ  DATA one;
ⓑ     INPUT v1;
```

```
ⓒ   CARDS;
ⓓ        data set
ⓔ   RUN;

ⓕ   PROC MEANS;
ⓖ      VAR v1;
ⓗ      OUTPUT OUT=two VAR=var N=n;
ⓘ   RUN;

ⓙ   DATA three;  SET two;
ⓚ      chi1 = CINV(1-α/2, df);
ⓛ      chi2 = CINV(α/2, df);
ⓜ      ub = ((n-1)*var) / chi2;
ⓝ      lb = ((n-1)*var) / chi1;
ⓞ   RUN;

ⓟ   PROC PRINT;
ⓠ   RUN;
```

ⓐ~ⓘ 모평균추정의 경우와 동일한 과정

ⓛ~ⓜ $\{(n-1)s^2/\sigma^2\}$이 χ^2분포를 따르므로 이를 이용해 주어진 유의수준 (α)하에서의 임계치를 구함.

ⓝ 신뢰구간의 상한치(upper bound of C.I.)

ⓞ 신뢰구간의 하한치(lower bound of C.I.)

2.3 검 정

이미 본문을 통하여 배운 것처럼 검정이란 모집단의 특성치인 각종 모수에 대하여 가정되었거나 예상되는 값의 진위를 표본정보를 이용하여 판정하는 통계적 추론방법이다. 다양한 검정의 유형을 아래와 같이 단일표본과 복수표본의 경우로 분류하고 이에 대응하는 SAS 활용방안을 살펴보자.

- 검 정
  - 단일표본 경우
    - 모평균
      - 모분산이 미지이고 표본이 작은 경우
      - 모분산이 미지이나 표본이 큰 경우
    - 모비율
    - 모분산
  - 복수표본 경우
    - 모평균의 차
      - 표본들이 작은 경우
      - 표본들이 큰 경우(n_1, $n_2 \geq 30$)
      - 표본이 대응된 쌍을 이룰 경우
    - 모비율의 차
    - 모분산의 비율

2.3.1 단일표본의 경우

(1) 모 평 균

1) 표본이 작은 경우($n<30$)

```
ⓐ  DATA one;
ⓑ     INPUT v1;
ⓒ  CARDS;
ⓓ     data set
ⓔ  RUN;

ⓕ  PROC MEANS;
ⓖ     VAR v1;
ⓗ     OUTPUT OUT=two MEAN=xbar STDERR=se N=n;
ⓘ  RUN;

ⓙ  DATA three;
   SET two;
ⓚ     mu = 가정된 평균; df = n-1;
ⓛ     tcal = (xbar-mu) / se;
ⓜ     t =TINV(1-α/2, df);
ⓝ  RUN;

ⓞ  PROC PRINT;
ⓟ  RUN;
```

ⓐ~ⓘ 관측치들의 입력과 특성치를 구하는 과정

ⓙ 특성치를 저장한 데이터 세트를 불러들임.

ⓚ df는 자유도

ⓛ 검정통계량 t의 값 산출

ⓜ 유의수준에 대응하는 임계치 산출

2) 표본이 큰 경우($n \geq 30$)

```
ⓐ  DATA one;
ⓑ     INPUT v1;
ⓒ  CARDS;
ⓓ     data set
ⓔ  RUN;

ⓕ  PROC MEANS;
ⓖ     VAR v1;
ⓗ     OUTPUT OUT=two MEAN=xbar STDERR=se;
ⓘ  RUN;

ⓙ  DATA three; SET two;
ⓚ     mu = 가정된 평균치;
ⓛ     zcal = (xbar-mu) / se;
ⓜ     z = PROBIT(1-α/2);
   RUN;

ⓝ  PROC PRINT;
ⓞ  RUN;
```

ⓛ~ⓜ 표본이 작은 경우와 동일한 과정을 따르나, 표본이 큰 경우는 표준정규분포(Z)를 이용한다는 점이 다르다.

(2) 모 비 율

```
ⓐ  DATA one;
ⓑ     INPUT v1$;
ⓒ  CARDS;
ⓓ     data set
ⓔ  RUN;
```

```
ⓕ  PROC FREQ;
ⓖ  RUN;

ⓗ  DATA two;
ⓘ     p0 = 가정된 비율값; q0=1-p0;
ⓙ     phat = 표본비율; n = 관측치의 수;
ⓚ     zcal = (phat-p0) / SQRT((p0*q0)/n);
ⓛ     z = PROBIT(1-α/2);
   RUN;

ⓜ  PROC PRINT;
ⓝ  RUN;
```

ⓐ~ⓔ 관측치들의 입력과정

ⓕ~ⓖ 표본비율을 구하는 과정

ⓘ 가정된 비율값을 입력

ⓙ ⓕ에서 산출된 표본비율과 관측치의 수를 입력

ⓚ 표본통계량 z값의 산출

ⓛ 유의수준(α)에 대응하는 Z의 임계치 산출

(3) 모 분 산

```
ⓐ  DATA one;
ⓑ     INPUT v1;
ⓒ  CARDS;
ⓓ     data set
ⓔ  RUN;

ⓕ  PROC MEANS;
ⓖ     VAR v1;
ⓗ     OUTPUT OUT=two VAR=var N=n;
   RUN;

ⓘ  DATA three; SET two;
ⓙ     av = 가정된 분산값; df = n-1;
ⓚ     chical = (df*var) / av;
```

```
ⓛ        chi = CINV(1-α/2, df);
ⓜ     PROC PRINT;
ⓝ     RUN;
```

ⓚ 검정통계량 χ^2 값의 산출

ⓛ 유의수준(α)에 대응하는 χ^2의 임계치 산출

2.3.2 복수표본의 경우

(1) 모평균의 차

두 모분산이 동일한 것으로 가정할 경우에는 PROC TTEST를, 대응된 쌍의 경우에는 PROC MEANS를 이용하여 분석한다.

1) 모분산이 동일한 경우

```
ⓐ     PROC TTEST;
ⓑ        CLASS 구분변수;
ⓒ        VAR 분석대상변수;
ⓓ     RUN;
```

ⓐ 모평균차를 검정하라는 명령

ⓑ 분석대상변수를 분류해 주는 구분변수명 지정

ⓒ 분석대상변수를 지정

예) 본문 제 9 장의 연습문제 2 번을 SAS로 풀이하면 다음과 같다.

```
ⓐ     DATA one;
ⓑ        INPUT sex $ wage @@;
ⓒ     CARDS;
ⓓ     M 24 F 24 M 22 F 18 M 44
ⓔ     F 16 M 32 F 20 M 38 F 32
      ;
ⓕ     RUN;

ⓖ     PROC TTEST;
ⓗ        CLASS sex;
ⓘ        VAR wage;
ⓙ     RUN;
```

ⓐ~ⓕ 자료 입력과정

ⓑ 자료가 문자로 이루어진 sex 변수와 수치로 이루어진 wage 변수를 이하에서 입력한다는 의미

ⓓ~ⓔ 입력자료 중 M, F는 sex 변수의 관측자료, 24, 22 등은 wage 변수의 관측자료임.

ⓖ t검정을 실시하라는 명령어

ⓗ 변수 sex가 변수 wage의 관측치를 남녀로 구분해 주는 구분변수임을 의미

ⓘ ⓗ의 변수 sex로 분류된 wage변수를 남녀간의 봉급수준의 차이 유무를 검정하기 위해 분석하는 변수로 지정

2) 대응된 쌍을 이루는 경우

```
ⓐ  DATA data name;
ⓑ     INPUT v1 v2;
ⓒ     v3=v1-v2;
ⓓ  CARDS;
ⓔ   data set
ⓕ  RUN;
ⓖ  PROC MEANS; T PRT;
ⓗ     VAR v3;
ⓘ  RUN;
```

ⓐ~ⓕ 자료의 입력과정

ⓒ 대응된 표본관측치간의 차이를 산출하여 새로운 변수값을 창출

ⓖ~ⓘ 창출된 변수(v3)의 평균에 대한 검정을 실시하는 과정

(2) 모비율의 차

```
ⓐ  DATA one;
ⓑ     INPUT v1$ v2$;
ⓒ  CARDS;
ⓓ     data set
ⓔ  RUN;
```

```
ⓕ   PROC FREQ;
ⓖ   RUN;

ⓗ   DATA two;
ⓘ      p1=첫번째 표본의 표본비율; n1=관측치 수;
ⓙ      p2=두 번째 표본의 표본비율; n2=관측치 수
ⓚ      phat =(n1*p1 + n2*p2) / (n1+n2); qhat = 1- phat;
ⓛ      zcal = (p1-p2) / SQRT(phat*qhat*(1/n1 + 1/n2));
ⓜ      z = PROBIT(1-α/2);
    RUN;

ⓝ   PROC PRINT;
ⓞ   RUN;
```

ⓐ~ⓔ 관측치들의 입력과정
ⓕ~ⓖ 표본비율의 산출과정
ⓘ~ⓙ ⓕ~ⓖ에서 산출한 두 표본의 표본비율과 관측치수를 입력
ⓚ 공통비율의 산출과정
ⓛ 검정통계량 zcal값의 산출
ⓜ 유의수준(α)에 대응하는 z의 임계치 산출

(3) 모분산 비교

```
ⓐ   DATA one;
ⓑ      INPUT v1 v2;
ⓒ   CARDS;
ⓓ      data set
ⓔ   RUN;

ⓕ   PROC MEANS;
ⓖ      VAR v1 v2;
ⓗ      OUTPUT OUT=two VAR=var1 var2 N=n1 n2;
ⓘ   RUN;

ⓙ   DATA three; SET two;
ⓚ      Fcal = var1 / var2;
```

```
ⓛ      F = FINV(1-α/2, n1-1, n2-1);
ⓜ    RUN;

ⓝ    PROC PRINT;
ⓞ    RUN;
```

ⓐ~ⓔ 관측치들의 입력과정

ⓕ~ⓛ 각 표본의 표본분산 산출과정

ⓝ 검정통계량 F값 산출

ⓞ 유의수준(α)에 대응하는 F의 임계치 산출

2.4 분산분석(ANOVA)

광의의 분산분석은 표본정보 중 분산이라는 통계량의 값을 이용하여 추론하는 일체의 분석내용을 뜻하나, 본서에서는 여러 모집단의 평균들 사이에 유의적 차이가 존재하는지의 여부를 검정하는 것이 주로 다루어졌다. 이러한 바탕하에서 이하에서는 아래와 같은 분류체계에 따라 SAS 활용방안을 살펴보고자 한다.

- 분산분석
  - 기본 ANOVA 명령
  - 일원분산분석
  - 이원분산분석
    - 상호작용이 없는 경우
    - 상호작용이 있는 경우
  - 다중비교
    - 일원분산분석의 경우
    - 이원분산분석의 경우

2.4.1 기본적인 ANOVA 명령어

SAS에서의 분산분석은 PROC ANOVA 명령을 통하여 실행하게 된다. 실행과정을 정리해 보면 다음과 같다.

```
ⓐ    PROC ANOVA;
ⓑ      CLASS 구분요인들;
ⓒ      MODEL 분석대상변수 = 구분요인들;
ⓓ      MEANS 구분요인들 / 옵션;
ⓔ    RUN;
```

ⓐ 분산분석을 실시하라는 명령

ⓑ 관측치를 구분할 때 기준이 되는 기준변수들을 지정

ⓒ 분석대상변수를 구분요인들로 구분하여 구분된 집단간 평균의 동일성 여부를 검정하기 위한 관계식 설정

ⓓ 다중비교를 실시하라는 명령으로 '옵션'은 사용 가능한 다중비교방법 중에서 원하는 방법을 선택함(예 : / SCHEFFE).

2.4.2 일원분산분석

```
ⓐ   DATA one;
ⓑ      INPUT x1 y;
ⓒ   CARDS;
ⓓ      data set
ⓔ   RUN;

ⓕ   PROC ANOVA;
ⓖ      CLASS x1;
ⓗ      MODEL y = x1;
ⓘ   RUN;
```

ⓐ~ⓔ 자료입력과정

ⓕ~ⓘ 분산분석과정

ⓖ 구분요인이 x1 임을 지정

ⓗ 변수 y의 관측치를 기준요인 x1으로 구분하여 구분된 집단간 평균의 동일성 여부를 검정하라는 관계식 설정

2.4.3 이원분산분석

(1) 상호작용이 없는 경우

```
ⓐ   DATA one;
ⓑ      INPUT x1 x2 y;
ⓒ   CARDS;
ⓓ      data set
ⓔ   RUN;
```

```
ⓕ  PROC ANOVA;
ⓖ     CLASS x1 x2;
ⓗ     MODEL y = x1 x2;
ⓘ  RUN;
```

앞서 소개한 일원분산분석의 경우와 유사하나
ⓖ에서 구분요인이 둘이라는 점과,
ⓗ에서도 구분요인이 둘이라는 점이 다름.

(2) 상호작용이 있는 경우

```
    DATA one;
       INPUT x1 x2 y;
    CARDS;
       data set
    RUN;

    PROC ANOVA;
       CLASS x1 x2;
ⓐ     MODEL y = x1 x2 x1*x2;
    RUN;
```

ⓐ 전술한 상호작용이 없는 경우와 유사하나 y와의 관계설정에서 상호작용을 의미하는 x1*x2가 추가된 점이 차이점임.

2.4.4 다중비교(헨리 셰프(Henry Scheffe)의 'S-방법')

ANOVA와 관련하여 수행할 수 있는 구간추정방법 중 대표적인 것으로 셰프의 S-방법이 있으며, 다음과 같은 요령으로 수행될 수 있다.

(1) 일원분산분석의 경우

```
ⓐ  PROC ANOVA;
ⓑ     CLASS x1;
ⓒ     MODEL y = x1;
ⓓ     MEANS x1 / SCHEFFE;
ⓔ  RUN;
```

ⓐ~ⓒ 전술한 분산분석의 과정과 동일

ⓓ 다중비교를 실시하라는 명령으로 'SCHEFFE'는 셰프의 'S-방법'을 사용하도록 지정하는 명령임.

(2) 이원분산분석의 경우

```
PROC ANOVA;
   CLASS x1 x2;
   MODEL y = x1 x2 x1*x2;
   MEANS x1 x2 / SCHEFFE
RUN;
```

2.5 회귀분석

회귀분석은 PROC REG 또는 PROC GLM 명령을 이용하여 실시하는데, 편의상 종속변수가 하나인 단순회귀분석과 둘 이상인 다중회귀분석으로 구분하여 SAS 활용방안을 살펴보기로 한다. 단, PROC GLM은 분산분석을 동시에 수행할 수 있는 보다 포괄적인 명령이므로 여기서는 PROC REG를 위주로 회귀분석방안을 소개코자 한다.

2.5.1 단순회귀분석

```
ⓐ  PROC REG;
ⓑ     MODEL y = x / P R;
ⓒ     OUTPUT OUT = data name P=yhat R=resi;
   RUN;
```

ⓐ 회귀분석을 시행하는 명령어

ⓑ 분석대상이 되는 회귀방정식을 설정(y=x) : 이 때 y는 종속변수이며, x는 독립변수 역할을 함. P는 종속변수의 추정치를, R은 잔차항을 출력하라는 옵션명령어임. 그 밖에 널리 사용되는 옵션으로는 회귀분석시에는 자동적으로 상수항이 포함되어 분석이 이루어므로 상수항을 빼고' 회귀분석을 시행할 때 사용되는 'NOINT'라는 옵션과 자기상관관계를 분석하기 위한 더빈-와트슨 통계량을 구할 때 사용되는 'DW' 등의 옵션이 있다.

ⓒ 분석 결과를 후의 분석에 이용하기 위해 새로운 파일에 저장

OUT=data name : 분석 결과를 저장하기 위한 파일 설정

P=yhat : 종속변수의 추정치를 yhat이라는 변수로 저장

R=resi : 잔차항을 resi라는 변수로 저장

2.5.2 다중회귀분석

```
ⓐ  PROC REG;
ⓑ     MODEL y = x1 x2 / P R;
ⓒ  RUN;
```

분석과정이 단순회귀분석의 경우와 기본적으로 동일하지만 ⓑ에서 독립변수가 하나 이상이 된다는 것이 차이점이다.

2.5.3 회귀계수에 대한 유의성검정 및 구간추정

추정된 표본회귀선의 유의성을 검정하기 위한 t검정 통계량값은 회귀분석시 자동적으로 산출되어 제시되므로 주어진 유의수준(α)에 대응하는 임계치와 비교하여 즉시 유의성검정을 실시할 수 있다. 그러나 회귀계수의 구간추정(신뢰구간 설정) 경우는 일단 회귀분석에 의해 얻은 회귀계수와 회귀계수의 표준편차를 산출한 다음 이를 이용하여 전술한 구간추정을 실시하게 된다.

```
ⓐ  DATA one;
ⓑ     INPUT y x;
ⓒ  CARDS;
ⓓ     data set
ⓔ  RUN;
ⓕ  PROC REG;
ⓖ     MODEL y = x;
ⓗ  RUN :

ⓘ  DATA two;
ⓙ     βhat = x의 추정회귀계수; sdx = x계수의 표준편차;
ⓚ     n = 관측치 수; k = 상수항을 포함한 독립변수의 수;
ⓛ     t = TINV(1-α/2, n-k);
ⓜ     ub = βhat + t*sdx;
ⓝ     lb = βhat - t*sdx;
```

```
ⓞ  RUN;

ⓟ  PROC PRINT;
ⓠ  RUN;
```

ⓕ~ⓗ 회귀분석과 회귀계수에 대한 검정

ⓙ~ⓚ βhat, sdx, n, k는 각각 다음의 계산을 위하여 필요한 수치를 저장하기 위해 임의로 설정한 변수

ⓛ α 제1종 오류

ⓜ~ⓝ 회귀계수 신뢰구간의 상한치 및 하한치 산출

ⓟ 분석 결과를 출력하라는 명령

2.5.4 잔차항을 이용한 이분산 및 자기상관현상 확인

회귀분석을 통해 구한 잔차항을 저장하였다가 PROC PLOT을 이용하여 잔차항의 형태를 그래프를 통해 살펴봄.

```
ⓐ  DATA one;
ⓑ     INPUT y x;
ⓒ    CARDS;
ⓓ        data set
ⓔ  RUN;

ⓕ  PROC REG;
ⓖ     MODEL y = x / R;
ⓗ     OUTPUT OUT=two R=resi;
ⓘ  RUN;

ⓙ  DATA three;
ⓚ     MERGE one two;
ⓛ  RUN;

ⓜ  PROC PLOT;
ⓝ     PLOT resi*y;
ⓞ  RUN;
```

ⓗ 잔차항을 변수 resi로 데이터 파일 two에 저장

ⓙ~ⓚ 데이터 파일 one과 two를 결합하여 새로운 데이터 파일 three 창출

ⓛ 그래프 명령어

ⓜ x축에 resi가 y축에 y 변수가 위치하는 그래프를 그리라는 명령

2.5.5 더빈-와슨 통계량을 이용한 자기상관현상 확인

```
ⓐ  PROC REG;
ⓑ     MODEL y = x / DW;
ⓒ  RUN;
```

ⓑ에서 옵션으로 DW를 사용하면 더빈-와슨 통계량의 값이 산출됨.

2.6 상관분석

상관분석은 PROC CORR을 이용하여 분석되어지며, 분석 결과에 대한 검정은 상관계수와 동시에 검정통계량의 값이 산출되므로 유의수준에 대응하는 임계치와 대비하여 귀무가설 $H_0 : \rho=0$을 검정한다.

한편, 추정의 경우는 추정된 상관계수를 이용하여 전술한 구간추정방식과 동일한 방법으로 수행하여야 함.

2.6.1 상관계수의 검정

```
ⓐ  PROC CORR;
ⓑ     VAR x1 x2 x3;
ⓒ  RUN;
```

ⓐ 상관분석을 실시하라는 명령

ⓑ 분석대상이 되는 변수들을 지정

2.6.2 상관계수의 추정 : 신뢰구간 설정

```
ⓐ  DATA one;
ⓑ     INPUT x1 x2 x3;
ⓒ  CARDS;
ⓓ     data set
```

```
ⓔ    RUN;

ⓕ    PROC CORR;
ⓖ       VAR x1 x2 x3;
ⓗ    RUN;

ⓘ    DATA two;
ⓙ     r=표본상관계수; n=관측치 수;
ⓚ       z=probit(1-α/2);
ⓛ       zl = r - z*(1/SQRT(n-3));
ⓜ       zu = r - z*(1/SQRT(n-3));
ⓝ       rl = (exp(2*zl)-1) / (exp(2*zl)+1);
ⓞ       ru = (exp(2*zu)-1) / (exp(2*zu)+1);
ⓟ    RUN;

ⓠ    PROC PRINT;
ⓡ    RUN;
```

ⓐ~ⓔ 자료입력과정

ⓕ~ⓗ 상관분석과정

ⓙ 구간추정에 필요한 표본상관계수값과 관측치의 수를 입력

ⓚ 해당 유의수준하의 확률변수값을 구하는 과정

ⓛ~ⓜ Zr(본문 중 제11장 식 (11.5) 참조)에 대한 신뢰구간의 최저임계치 및 최고임계치를 구하는 과정

ⓝ~ⓞ 모상관계수에 대한 신뢰구간의 최저임계치 및 최고임계치를 구하는 과정

ⓠ 계산 결과를 출력하라는 명령

2.7 비모수통계

다양한 비모수통계분석 중에서 현재 SAS에서 가능한 비모수통계분석방안은 아래와 같다. 이 중 독립성 및 동질성검정 등 χ^2을 이용하는 검정은 PROC FREQ를, 그 외의 기타 비모수통계분석 중 동질성검정의 경우는 PROC NPAR1WAY를, 상관성검정의 경우는 PROC CORR을 이용하여 분석한다.

- 비모수통계
  - χ^2 검정
    - 독립성검정
    - 동질성검정
  - 기 타
    - 동질성검정
      - 윌콕슨검정
      - 중앙치검정
    - 상관성검정
      - 스피어만의 순위상관계수
      - 켄달의 순위상관계수

2.7.1 χ^2 검정을 이용한 비모수통계

독립성 및 동질성검정은 검정방법이나 과정이 동일하며, 따라서 둘다 PROC FREQ를 이용하여 분석될 수 있다.

```
ⓐ  PROC FREQ;
ⓑ     TABLE v1*v2 / ALL;
ⓒ  RUN;
```

ⓐ 비모수통계분석을 실시하라는 명령

ⓑ v1과 v2는 분석하고자 하는 변수
분석대상변수는 '*'를 이용해 표시함. 여기서 슬래시(/) 이후의 ALL은 일종의 옵션으로서 분석 결과 전체를 나타내라는 의미임.

2.7.2 기타 주요 비모수통계

(1) 동질성검정

1) 윌콕슨의 부호순위검정(Signed Rank Test)

```
ⓐ  PROC NPAR1WAY WILCOXON;
ⓑ     CLASS v1;
ⓒ     VAR v2;
ⓓ  RUN;
```

ⓐ 윌콕슨검정을 실시하라는 명령

ⓑ v1은 분석대상변수를 구분할 때 기준이 되는 변수

ⓒ v2는 분석대상이 되는 변수

2) 중앙치검정

```
ⓐ  PROC NPAR1WAY MEDIAN;
      CLASS v1;
      VAR v2;
   RUN;
```

전술한 윌콕슨검정의 경우와 유사하나 ⓐ에서 WILCOXON 대신 MEDIAN을 쓰는 것이 차이점임.

(2) 상관성검정

1) 스피어만의 순위상관검정

```
ⓐ  PROC CORR SPEARMAN;
ⓑ   VAR variables;
   RUN;
```

ⓐ 스피어만의 순위상관검정을 실시하라는 명령
ⓑ 분석대상변수를 지정

2) 켄달의 순위상관검정

```
ⓐ  PROC CORR KENDAL;
    VAR variables;
   RUN;
```

전술한 스피어만의 순위상관검정과 동일하나 ⓐ에서 SPEARMAN 대신 KENDAL을 쓰는 것이 차이점임.

부 표

A. 상용대수
B. 이항분포표
C. 포아송분포표
D. 누적표준정규분포표
E. 누적지수분포표
F. χ^2분포의 임계치
G. 무작위수표(난수표)
H. t분포의 임계치
I. F분포의 임계치
J. $Z_r = \frac{1}{2}\ln\frac{1+r}{1-r}$ 의 값
K. 콜모그로브-스미르노브의 단일표본검정에서 D의 임계치
L. 연의 검정에 있어서 r의 임계치
M. 윌콕슨 검정에서의 T의 임계치
N. 맨-휘트니 검정에서의 U의 임계치
O. 프리드만의 순위에 의한 2원분산분석에서 χ^2의 임계치
P. 크루스칼-월리스의 순위에 의한 1원분산분석에서 H의 임계치
Q. 스피어만의 순위상관계수 r_s의 임계치
R. 켄달의 순위상관계수 τ의 임계치

A. 상용대수

찾아보기 : 예) log 2.95 = 0.4698

log 2.954 　 log 2.95 = 0.4698

+) 　 0.0006

→ 0.4704

X	0.00	0.01	0.02	0.03	0.04	0.05	0.06	0.07	0.08	0.09	0.001	0.002	0.003	0.004	0.005	0.006	0.007	0.008	0.009
1.0	.0000	.0043	.0086	.0128	.0170	.0212	.0253	.0294	.0334	.0374	.0004	.0009	.0013	.0017	.0022	.0026	.0030	.0035	.0039
1.1	.0414	.0453	.0492	.0531	.0569	.0607	.0645	.0682	.0719	.0755	.0004	.0008	.0012	.0016	.0020	.0024	.0028	.0031	.0035
1.2	.0792	.0828	.0864	.0899	.0934	.0969	.1004	.1038	.1072	.1106	.0004	.0007	.0011	.0014	.0018	.0022	.0025	.0029	.0032
1.3	.1139	.1173	.1206	.1239	.1271	.1303	.1335	.1367	.1399	.1430	.0003	.0007	.0010	.0013	.0017	.0020	.0023	.0027	.0030
1.4	.1461	.1492	.1523	.1553	.1584	.1614	.1644	.1673	.1703	.1732	.0003	.0006	.0009	.0012	.0015	.0019	.0022	.0025	.0028
1.5	.1761	.1790	.1818	.1847	.1875	.1903	.1931	.1959	.1987	.2014	.0003	.0006	.0009	.0012	.0014	.0017	.0020	.0023	.0026
1.6	.2041	.2068	.2095	.2122	.2148	.2175	.2201	.2227	.2253	.2279	.0003	.0005	.0008	.0011	.0014	.0016	.0019	.0022	.0024
1.7	.2304	.2330	.2355	.2380	.2405	.2430	.2455	.2480	.2504	.2529	.0003	.0005	.0008	.0010	.0013	.0015	.0018	.0020	.0023
1.8	.2553	.2577	.2601	.2625	.2648	.2672	.2695	.2718	.2742	.2765	.0002	.0005	.0007	.0010	.0012	.0014	.0017	.0019	.0022
1.9	.2788	.2810	.2833	.2856	.2878	.2900	.2923	.2945	.2967	.2989	.0002	.0005	.0007	.0009	.0011	.0014	.0016	.0018	.0021
2.0	.3010	.3032	.3054	.3075	.3096	.3118	.3139	.3160	.3181	.3201	.0002	.0004	.0007	.0009	.0011	.0013	.0015	.0017	.0019
2.1	.3222	.3243	.3263	.3284	.3304	.3324	.3345	.3365	.3385	.3404	.0002	.0004	.0006	.0008	.0010	.0012	.0014	.0017	.0019
2.2	.3424	.3444	.3464	.3483	.3502	.3522	.3541	.3560	.3579	.3598	.0002	.0004	.0006	.0008	.0010	.0012	.0014	.0016	.0018
2.3	.3617	.3636	.3655	.3674	.3692	.3711	.3729	.3747	.3766	.3784	.0002	.0004	.0006	.0008	.0009	.0011	.0013	.0015	.0017
2.4	.3802	.3820	.3838	.3856	.3874	.3892	.3909	.3927	.3945	.3962	.0002	.0004	.0005	.0007	.0009	.0011	.0013	.0014	.0016
2.5	.3979	.3997	.4014	.4031	.4048	.4065	.4082	.4099	.4116	.4133	.0002	.0003	.0005	.0007	.0009	.0010	.0012	.0014	.0016
2.6	.4150	.4166	.4183	.4200	.4216	.4232	.4249	.4265	.4281	.4298	.0002	.0003	.0005	.0007	.0008	.0010	.0012	.0013	.0015
2.7	.4314	.4330	.4346	.4362	.4378	.4393	.4409	.4425	.4440	.4456	.0002	.0003	.0005	.0006	.0008	.0010	.0011	.0013	.0014
2.8	.4472	.4487	.4502	.4518	.4533	.4548	.4564	.4579	.4594	.4609	.0002	.0003	.0005	.0006	.0008	.0009	.0011	.0012	.0014
2.9	.4624	.4639	.4654	.4669	.4683	.4698	.4713	.4728	.4742	.4757	.0001	.0003	.0004	.0006	.0007	.0009	.0010	.0012	.0013
3.0	.4771	.4786	.4800	.4814	.4829	.4843	.4857	.4871	.4886	.4900	.0001	.0003	.0004	.0006	.0007	.0009	.0010	.0012	.0013
3.1	.4914	.4928	.4942	.4955	.4969	.4983	.4997	.5011	.5024	.5038	.0001	.0003	.0004	.0006	.0007	.0008	.0010	.0011	.0013
3.2	.5051	.5065	.5079	.5092	.5105	.5119	.5132	.5145	.5159	.5172	.0001	.0003	.0004	.0005	.0007	.0008	.0009	.0011	.0012
3.3	.5185	.5198	.5211	.5224	.5237	.5250	.5263	.5276	.5289	.5302	.0001	.0003	.0004	.0005	.0007	.0008	.0009	.0011	.0012
X	0.00	0.01	0.02	0.03	0.04	0.05	0.06	0.07	0.08	0.09	0.001	0.002	0.003	0.004	0.005	0.006	0.007	0.008	0.009

(표 A 계속)

X	0.00	0.01	0.02	0.03	0.04	0.05	0.06	0.07	0.08	0.09	0.001	0.002	0.003	0.004	0.005	0.006	0.007	0.008	0.009
3.4	.5315	.5328	.5340	.5353	.5366	.5378	.5391	.5403	.5416	.5428	.0001	.0003	.0004	.0005	.0006	.0008	.0009	.0010	.0011
3.5	.5441	.5453	.5465	.5478	.5490	.5502	.5514	.5527	.5539	.5551	.0001	.0002	.0004	.0005	.0006	.0007	.0009	.0010	.0011
3.6	.5563	.5575	.5587	.5599	.5611	.5623	.5635	.5647	.5658	.5670	.0001	.0002	.0004	.0005	.0006	.0007	.0008	.0010	.0011
3.7	.5682	.5694	.5705	.5717	.5729	.5740	.5752	.5763	.5775	.5786	.0001	.0002	.0004	.0005	.0006	.0007	.0008	.0009	.0011
3.8	.5798	.5809	.5821	.5832	.5843	.5855	.5866	.5877	.5888	.5899	.0001	.0002	.0003	.0005	.0006	.0007	.0008	.0009	.0010
3.9	.5911	.5922	.5933	.5944	.5955	.5966	.5977	.5988	.5999	.6010	.0001	.0002	.0003	.0004	.0006	.0007	.0008	.0009	.0010
4.0	.6021	.6031	.6042	.6053	.6064	.6075	.6085	.6096	.6107	.6117	.0001	.0002	.0003	.0004	.0005	.0007	.0008	.0009	.0010
4.1	.6128	.6138	.6149	.6160	.6170	.6180	.6191	.6201	.6212	.6222	.0001	.0002	.0003	.0004	.0005	.0006	.0007	.0008	.0010
4.2	.6232	.6243	.6253	.6263	.6274	.6284	.6294	.6304	.6314	.6325	.0001	.0002	.0003	.0004	.0005	.0006	.0007	.0008	.0009
4.3	.6335	.6345	.6355	.6365	.6375	.6385	.6395	.6405	.6415	.6425	.0001	.0002	.0003	.0004	.0005	.0006	.0007	.0008	.0009
4.4	.6435	.6444	.6454	.6464	.6474	.6484	.6493	.6503	.6513	.6522	.0001	.0002	.0003	.0004	.0005	.0006	.0007	.0008	.0009
4.5	.6532	.6542	.6551	.6561	.6571	.6580	.6590	.6599	.6609	.6618	.0001	.0002	.0003	.0004	.0005	.0006	.0007	.0008	.0009
4.6	.6628	.6637	.6646	.6656	.6665	.6675	.6684	.6693	.6702	.6712	.0001	.0002	.0003	.0004	.0005	.0006	.0007	.0008	.0008
4.7	.6721	.6730	.6739	.6749	.6758	.6767	.6776	.6785	.6794	.6803	.0001	.0002	.0003	.0004	.0005	.0006	.0006	.0007	.0008
4.8	.6812	.6821	.6830	.6839	.6848	.6857	.6866	.6875	.6884	.6893	.0001	.0002	.0003	.0004	.0005	.0005	.0006	.0007	.0008
4.9	.6902	.6911	.6920	.6928	.6937	.6946	.6955	.6964	.6972	.6981	.0001	.0002	.0003	.0004	.0004	.0005	.0006	.0007	.0008
5.0	.6990	.6998	.7007	.7016	.7024	.7033	.7042	.7050	.7059	.7067	.0001	.0002	.0003	.0003	.0004	.0005	.0006	.0007	.0008
5.1	.7076	.7084	.7093	.7101	.7110	.7118	.7126	.7135	.7143	.7152	.0001	.0002	.0003	.0003	.0004	.0005	.0006	.0007	.0008
5.2	.7160	.7168	.7177	.7185	.7193	.7202	.7210	.7218	.7226	.7235	.0001	.0002	.0003	.0003	.0004	.0005	.0006	.0007	.0008
5.3	.7243	.7251	.7259	.7267	.7275	.7284	.7292	.7300	.7308	.7316	.0001	.0002	.0002	.0003	.0004	.0005	.0006	.0007	.0007
5.4	.7324	.7332	.7340	.7348	.7356	.7364	.7372	.7380	.7388	.7396	.0001	.0002	.0002	.0003	.0004	.0005	.0006	.0006	.0007
5.5	.7404	.7412	.7419	.7427	.7435	.7443	.7451	.7459	.7466	.7474	.0001	.0002	.0002	.0003	.0004	.0005	.0006	.0006	.0007
5.6	.7482	.7490	.7497	.7505	.7513	.7520	.7528	.7536	.7543	.7551	.0001	.0002	.0002	.0003	.0004	.0005	.0005	.0006	.0007
5.7	.7559	.7566	.7574	.7582	.7589	.7597	.7604	.7612	.7619	.7627	.0001	.0002	.0002	.0003	.0004	.0005	.0005	.0006	.0007
5.8	.7634	.7642	.7649	.7657	.7664	.7672	.7679	.7686	.7694	.7701	.0001	.0001	.0002	.0003	.0004	.0004	.0005	.0006	.0007
5.9	.7709	.7716	.7723	.7731	.7738	.7745	.7752	.7760	.7767	.7774	.0001	.0001	.0002	.0003	.0004	.0004	.0005	.0006	.0007
6.0	.7782	.7789	.7796	.7803	.7810	.7818	.7825	.7832	.7839	.7846	.0001	.0001	.0002	.0003	.0004	.0004	.0005	.0006	.0007
6.1	.7853	.7860	.7868	.7875	.7882	.7889	.7896	.7903	.7910	.7917	.0001	.0001	.0002	.0003	.0004	.0004	.0005	.0006	.0006
6.2	.7924	.7931	.7938	.7945	.7952	.7959	.7966	.7973	.7980	.7987	.0001	.0001	.0002	.0003	.0004	.0004	.0005	.0006	.0006
6.3	.7993	.8000	.8007	.8014	.8021	.8028	.8035	.8041	.8048	.8055	.0001	.0001	.0002	.0003	.0003	.0004	.0005	.0006	.0006
6.4	.8062	.8069	.8075	.8082	.8089	.8096	.8102	.8109	.8116	.8122	.0001	.0001	.0002	.0003	.0003	.0004	.0005	.0005	.0006
6.5	.8129	.8136	.8142	.8149	.8156	.8162	.8169	.8176	.8182	.8189	.0001	.0001	.0002	.0003	.0003	.0004	.0005	.0005	.0006
6.6	.8195	.8202	.8209	.8215	.8222	.8228	.8235	.8241	.8248	.8254	.0001	.0001	.0002	.0003	.0003	.0004	.0005	.0005	.0006
X	0.00	0.01	0.02	0.03	0.04	0.05	0.06	0.07	0.08	0.09	0.001	0.002	0.003	0.004	0.005	0.006	0.007	0.008	0.009

(표 A 계속)

X	0.00	0.01	0.02	0.03	0.04	0.05	0.06	0.07	0.08	0.09	0.001	0.002	0.003	0.004	0.005	0.006	0.007	0.008	0.009
6.7	.8261	.8267	.8274	.8280	.8287	.8293	.8299	.8306	.8312	.8319	.0001	.0001	.0002	.0003	.0003	.0004	.0005	.0005	.0006
6.8	.8325	.8331	.8338	.8344	.8351	.8357	.8363	.8370	.8376	.8382	.0001	.0001	.0002	.0003	.0003	.0004	.0004	.0005	.0006
6.9	.8388	.8395	.8401	.8407	.8414	.8420	.8426	.8432	.8439	.8445	.0001	.0001	.0002	.0003	.0003	.0004	.0004	.0005	.0006
7.0	.8451	.8457	.8463	.8470	.8476	.8482	.8488	.8494	.8500	.8506	.0001	.0001	.0002	.0002	.0003	.0004	.0004	.0005	.0006
7.1	.8513	.8519	.8525	.8531	.8537	.8543	.8549	.8555	.8561	.8567	.0001	.0001	.0002	.0002	.0003	.0004	.0004	.0005	.0006
7.2	.8573	.8579	.8585	.8591	.8597	.8603	.8609	.8615	.8621	.8627	.0001	.0001	.0002	.0002	.0003	.0004	.0004	.0005	.0005
7.3	.8633	.8639	.8645	.8651	.8657	.8663	.8669	.8675	.8681	.8686	.0001	.0001	.0002	.0002	.0003	.0004	.0004	.0005	.0005
7.4	.8692	.8698	.8704	.8710	.8716	.8722	.8727	.8733	.8739	.8745	.0001	.0001	.0002	.0002	.0003	.0004	.0004	.0005	.0005
7.5	.8751	.8756	.8762	.8768	.8774	.8779	.8785	.8791	.8797	.8802	.0001	.0001	.0002	.0002	.0003	.0003	.0004	.0005	.0005
7.6	.8808	.8814	.8820	.8825	.8831	.8837	.8842	.8848	.8854	.8859	.0001	.0001	.0002	.0002	.0003	.0003	.0004	.0005	.0005
7.7	.8865	.8871	.8876	.8882	.8887	.8893	.8899	.8904	.8910	.8915	.0001	.0001	.0002	.0002	.0003	.0003	.0004	.0005	.0005
7.8	.8921	.8927	.8932	.8938	.8943	.8949	.8954	.8960	.8965	.8971	.0001	.0001	.0002	.0002	.0003	.0003	.0004	.0004	.0005
7.9	.8976	.8982	.8987	.8993	.8998	.9004	.9009	.9015	.9020	.9025	.0001	.0001	.0002	.0002	.0003	.0003	.0004	.0004	.0005
8.0	.9031	.9036	.9042	.9047	.9053	.9058	.9063	.9069	.9074	.9079	.0001	.0001	.0002	.0002	.0003	.0003	.0004	.0004	.0005
8.1	.9085	.9090	.9096	.9101	.9106	.9112	.9117	.9122	.9128	.9133	.0001	.0001	.0002	.0002	.0003	.0003	.0004	.0004	.0005
8.2	.9138	.9143	.9149	.9154	.9159	.9165	.9170	.9175	.9180	.9186	.0001	.0001	.0002	.0002	.0003	.0003	.0004	.0004	.0005
8.3	.9191	.9196	.9201	.9206	.9212	.9217	.9222	.9227	.9232	.9238	.0001	.0001	.0002	.0002	.0003	.0003	.0004	.0004	.0005
8.4	.9243	.9248	.9253	.9258	.9263	.9269	.9274	.9279	.9284	.9289	.0001	.0001	.0002	.0002	.0003	.0003	.0004	.0004	.0005
8.5	.9294	.9299	.9304	.9309	.9315	.9320	.9325	.9330	.9335	.9340	.0001	.0001	.0002	.0002	.0003	.0003	.0004	.0004	.0005
8.6	.9345	.9350	.9355	.9360	.9365	.9370	.9375	.9380	.9385	.9390	.0001	.0001	.0002	.0002	.0003	.0003	.0004	.0004	.0005
8.7	.9395	.9400	.9405	.9410	.9415	.9420	.9425	.9430	.9435	.9440	.0000	.0001	.0001	.0002	.0002	.0003	.0003	.0004	.0004
8.8	.9445	.9450	.9455	.9460	.9465	.9469	.9474	.9479	.9484	.9489	.0000	.0001	.0001	.0002	.0002	.0003	.0003	.0004	.0004
8.9	.9494	.9499	.9504	.9509	.9513	.9518	.9523	.9528	.9533	.9538	.0000	.0001	.0001	.0002	.0002	.0003	.0003	.0004	.0004
9.0	.9542	.9547	.9552	.9557	.9562	.9566	.9571	.9576	.9581	.9586	.0000	.0001	.0001	.0002	.0002	.0003	.0003	.0004	.0004
9.1	.9590	.9595	.9600	.9605	.9609	.9614	.9619	.9624	.9628	.9633	.0000	.0001	.0001	.0002	.0002	.0003	.0003	.0004	.0004
9.2	.9638	.9643	.9647	.9652	.9657	.9661	.9666	.9671	.9675	.9680	.0000	.0001	.0001	.0002	.0002	.0003	.0003	.0004	.0004
9.3	.9685	.9689	.9694	.9699	.9703	.9708	.9713	.9717	.9722	.9727	.0000	.0001	.0001	.0002	.0002	.0003	.0003	.0004	.0004
9.4	.9731	.9736	.9741	.9745	.9750	.9754	.9759	.9763	.9768	.9773	.0000	.0001	.0001	.0002	.0002	.0003	.0003	.0004	.0004
9.5	.9777	.9782	.9786	.9791	.9795	.9800	.9805	.9809	.9814	.9818	.0000	.0001	.0001	.0002	.0002	.0003	.0003	.0004	.0004
9.6	.9823	.9827	.9832	.9836	.9841	.9845	.9850	.9854	.9859	.9863	.0000	.0001	.0001	.0002	.0002	.0003	.0003	.0004	.0004
9.7	.9868	.9872	.9877	.9881	.9886	.9890	.9894	.9899	.9903	.9908	.0000	.0001	.0001	.0002	.0002	.0003	.0003	.0004	.0004
9.8	.9912	.9917	.9921	.9926	.9930	.9934	.9939	.9943	.9948	.9952	.0000	.0001	.0001	.0002	.0002	.0003	.0003	.0004	.0004
9.9	.9956	.9961	.9965	.9969	.9974	.9978	.9983	.9987	.9991	.9996	.0000	.0001	.0001	.0002	.0002	.0003	.0003	.0004	.0004
X	0.00	0.01	0.02	0.03	0.04	0.05	0.06	0.07	0.08	0.09	0.001	0.002	0.003	0.004	0.005	0.006	0.007	0.008	0.009

B. 이항분포표

$$P(X=x) = \binom{n}{x} p^x q^{n-x}$$

x	p	0.01	0.02	0.03	0.04	0.05	0.06	0.07	0.08	0.09	0.10	
0		.9900	.9800	.9700	.9600	.9500	.9400	.9300	.9200	.9100	.9000	1
1		.0100	.0200	.0300	.0400	.0500	.0600	.0700	.0800	.0900	.1000	0
		0.99	0.98	0.97	0.96	0.95	0.94	0.93	0.92	0.91	0.90	p x

$n=1$

x	p	0.11	0.12	0.13	0.14	0.15	0.16	0.17	0.18	0.19	0.20	
0		.8900	.8800	.8700	.8600	.8500	.8400	.8300	.8200	.8100	.8000	1
1		.1100	.1200	.1300	.1400	.1500	.1600	.1700	.1800	.1900	.2000	0
		0.89	0.88	0.87	0.86	0.85	0.84	0.83	0.82	0.81	0.80	p x

$n=1$

x	p	0.21	0.22	0.23	0.24	0.25	0.26	0.27	0.28	0.29	0.30	
0		.7900	.7800	.7700	.7600	.7500	.7400	.7300	.7200	.7100	.7000	1
1		.2100	.2200	.2300	.2400	.2500	.2600	.2700	.2800	.2900	.3000	0
		0.79	0.78	0.77	0.76	0.75	0.74	0.73	0.72	0.71	0.70	p x

$n=1$

x	p	0.31	0.32	0.33	0.34	0.35	0.36	0.37	0.38	0.39	0.40	
0		.6900	.6800	.6700	.6600	.6500	.6400	.6300	.6200	.6100	.6000	1
1		.3100	.3200	.3300	.3400	.3500	.3600	.3700	.3800	.3900	.4000	0
		0.69	0.68	0.67	0.66	0.65	0.64	0.63	0.62	0.61	0.60	p x

$n=1$

x	p	0.41	0.42	0.43	0.44	0.45	0.46	0.47	0.48	0.49	0.50	
0		.5900	.5800	.5700	.5600	.5500	.5400	.5300	.5200	.5100	.5000	1
1		.4100	.4200	.4300	.4400	.4500	.4600	.4700	.4800	.4900	.5000	0
		0.59	0.58	0.57	0.56	0.55	0.54	0.53	0.52	0.51	0.50	p x

$n=2$

x	p	0.01	0.02	0.03	0.04	0.05	0.06	0.07	0.08	0.09	0.10	
0		.9801	.9604	.9409	.9216	.9025	.8836	.8649	.8464	.8281	.8100	2
1		.0198	.0392	.0582	.0768	.0950	.1128	.1302	.1472	.1638	.1800	1
2		.0001	.0004	.0009	.0016	.0025	.0036	.0049	.0064	.0081	.0100	0
		0.99	0.98	0.97	0.96	0.95	0.94	0.93	0.92	0.91	0.90	p x

(표 B 계속)

$n=2$

x	p	0.11	0.12	0.13	0.14	0.15	0.16	0.17	0.18	0.19	0.20		
0		.7921	.7744	.7569	.7396	.7225	.7056	.6889	.6724	.6561	.6400		2
1		.1958	.2112	.2262	.2408	.2550	.2688	.2822	.2952	.3078	.3200		1
2		.0121	.0144	.0169	.0196	.0225	.0256	.0289	.0324	.0361	.0400		0
		0.89	0.88	0.87	0.86	0.85	0.84	0.83	0.82	0.81	0.80	p	x

$n=2$

x	p	0.21	0.22	0.23	0.24	0.25	0.26	0.27	0.28	0.29	0.30		
0		.6241	.6084	.5929	.5776	.5625	.5476	.5329	.5184	.5041	.4900		2
1		.3318	.3432	.3542	.3648	.3750	.3848	.3942	.4032	.4118	.4200		1
2		.0441	.0484	.0529	.0576	.0625	.0676	.0729	.0784	.0841	.0900		0
		0.79	0.78	0.77	0.76	0.75	0.74	0.73	0.72	0.71	0.70	p	x

$n=2$

x	p	0.31	0.32	0.33	0.34	0.35	0.36	0.37	0.38	0.39	0.40		
0		.4761	.4624	.4489	.4356	.4225	.4096	.3969	.3844	.3721	.3600		2
1		.4278	.4352	.4422	.4488	.4550	.4608	.4662	.4712	.4758	.4800		1
2		.0961	.1024	.1089	.1156	.1225	.1296	.1369	.1444	.1521	.1600		0
		0.69	0.68	0.67	0.66	0.65	0.64	0.63	0.62	0.61	0.60	p	x

$n=2$

x	p	0.41	0.42	0.43	0.44	0.45	0.46	0.47	0.48	0.49	0.50		
0		.3481	.3364	.3249	.3136	.3025	.2916	.2809	.2704	.2601	.2500		2
1		.4838	.4872	.4902	.4928	.4950	.4968	.4982	.4992	.4998	.5000		1
2		.1681	.1764	.1849	.1936	.2025	.2116	.2209	.2304	.2401	.2500		0
		0.59	0.58	0.57	0.56	0.55	0.54	0.53	0.52	0.51	0.50	p	x

$n=3$

x	p	0.01	0.02	0.03	0.04	0.05	0.06	0.07	0.08	0.09	0.10		
0		.9703	.9412	.9127	.8847	.8574	.8306	.8044	.7787	.7536	.7290		3
1		.0294	.0576	.0847	.1106	.1354	.1590	.1816	.2031	.2236	.2430		2
2		.0003	.0012	.0026	.0046	.0071	.0102	.0137	.0177	.0221	.0270		1
3		.0000	.0000	.0000	.0001	.0001	.0002	.0003	.0005	.0007	.0010		0
		0.99	0.98	0.97	0.96	0.95	0.94	0.93	0.92	0.91	0.90	p	x

$n=3$

x	p	0.11	0.12	0.13	0.14	0.15	0.16	0.17	0.18	0.19	0.20		
0		.7050	.6815	.6585	.6361	.6141	.5927	.5718	.5514	.5314	.5120		3
1		.2614	.2788	.2952	.3106	.3251	.3387	.3513	.3631	.3740	.3840		2
2		.0323	.0380	.0441	.0506	.0574	.0645	.0720	.0797	.0877	.0960		1
3		.0013	.0017	.0022	.0027	.0034	.0041	.0049	.0058	.0069	.0080		0

(표 B 계속)

	0.89	0.88	0.87	0.86	0.85	0.84	0.83	0.82	0.81	0.80	p x

$n=3$

x p	0.21	0.22	0.23	0.24	0.25	0.26	0.27	0.28	0.29	0.30	
0	.4930	.4746	.4565	.4390	.4219	.4052	.3890	.3732	.3579	.3430	3
1	.3932	.4015	.4091	.4159	.4219	.4271	.4316	.4355	.4386	.4410	2
2	.1045	.1133	.1222	.1313	.1406	.1501	.1597	.1693	.1791	.1890	1
3	.0093	.0106	.0122	.0138	.0156	.0176	.0197	.0220	.0244	.0270	0
	0.79	0.78	0.77	0.76	0.75	0.74	0.73	0.72	0.71	0.70	p x

$n=3$

x p	0.31	0.32	0.33	0.34	0.35	0.36	0.37	0.38	0.39	0.40	
0	.3285	.3144	.3008	.2875	.2746	.2621	.2500	.2383	.2270	.2160	3
1	.4428	.4439	.4444	.4443	.4436	.4424	.4406	.4382	.4354	.4320	2
2	.1989	.2089	.2189	.2289	.2389	.2488	.2587	.2686	.2783	.2880	1
3	.0298	.0328	.0359	.0393	.0429	.0467	.0507	.0549	.0593	.0640	0
	0.69	0.68	0.67	0.66	0.65	0.64	0.63	0.62	0.61	0.60	p x

$n=3$

x p	0.41	0.42	0.43	0.44	0.45	0.46	0.47	0.48	0.49	0.50	
0	.2054	.1951	.1852	.1756	.1664	.1575	.1489	.1406	.1327	.1250	3
1	.4282	.4239	.4191	.4140	.4084	.4024	.3961	.3894	.3823	.3750	2
2	.2975	.3069	.3162	.3252	.3341	.3428	.3512	.3594	.3674	.3750	1
3	.0689	.0741	.0795	.0852	.0911	.0973	.1038	.1106	.1176	.1250	0
	0.59	0.58	0.57	0.56	0.55	0.54	0.53	0.52	0.51	0.50	p x

$n=4$

x p	0.01	0.02	0.03	0.04	0.05	0.06	0.07	0.08	0.09	0.10	
0	.9606	.9224	.8853	.8493	.8145	.7807	.7481	.7164	.6857	.6561	4
1	.0388	.0753	.1095	.1416	.1715	.1993	.2252	.2492	.2713	.2916	3
2	.0006	.0023	.0051	.0088	.0135	.0191	.0254	.0325	.0402	.0486	2
3	.0000	.0000	.0001	.0002	.0005	.0008	.0013	.0019	.0027	.0036	1
4	.0000	.0000	.0000	.0000	.0000	.0000	.0000	.0000	.0001	.0001	0
	0.99	0.98	0.97	0.96	0.95	0.94	0.93	0.92	0.91	0.90	p x

$n=4$

x p	0.11	0.12	0.13	0.14	0.15	0.16	0.17	0.18	0.19	0.20	
0	.6274	.5997	.5729	.5470	.5220	.4979	.4746	.4521	.4305	.4096	4
1	.3102	.3271	.3424	.3562	.3685	.3793	.3888	.3970	.4039	.4096	3
2	.0575	.0669	.0767	.0870	.0975	.1084	.1195	.1307	.1421	.1536	2
3	.0047	.0061	.0076	.0094	.0115	.0138	.0163	.0191	.0222	.0256	1
4	.0001	.0002	.0003	.0004	.0005	.0007	.0008	.0010	.0013	.0016	0

(표 B 계속)

	0.89	0.88	0.87	0.86	0.85	0.84	0.83	0.82	0.81	0.80	p x

$n=4$

x p	0.21	0.22	0.23	0.24	0.25	0.26	0.27	0.28	0.29	0.30	
0	.3895	.3702	.3515	.3336	.3164	.2999	.2840	.2687	.2541	.2401	4
1	.4142	.4176	.4200	.4214	.4219	.4214	.4201	.4180	.4152	.4116	3
2	.1651	.1767	.1882	.1996	.2109	.2221	.2331	.2439	.2544	.2646	2
3	.0293	.0332	.0375	.0420	.0469	.0520	.0575	.0632	.0693	.0756	1
4	.0019	.0023	.0028	.0033	.0039	.0046	.0053	.0061	.0071	.0081	0
	0.79	0.78	0.77	0.76	0.75	0.74	0.73	0.72	0.71	0.70	p x

$n=4$

x p	0.31	0.32	0.33	0.34	0.35	0.36	0.37	0.38	0.39	0.40	
0	.2267	.2138	.2015	.1897	.1785	.1678	.1575	.1478	.1385	.1296	4
1	.4074	.4025	.3970	.3910	.3845	.3775	.3701	.3623	.3541	.3456	3
2	.2745	.2841	.2933	.3021	.3105	.3185	.3260	.3330	.3396	.3456	2
3	.0822	.0891	.0963	.1038	.1115	.1194	.1276	.1361	.1447	.1536	1
4	.0092	.0105	.0119	.0134	.0150	.0168	.0187	.0209	.0231	.0256	0
	0.69	0.68	0.67	0.66	0.65	0.64	0.63	0.62	0.61	0.60	p x

$n=4$

x p	0.41	0.42	0.43	0.44	0.45	0.46	0.47	0.48	0.49	0.50	
0	.1212	.1132	.1056	.0983	.0915	.0850	.0789	.0731	.0677	.0625	4
1	.3368	.3278	.3185	.3091	.2995	.2897	.2799	.2700	.2600	.2500	3
2	.3511	.3560	.3604	.3643	.3675	.3702	.3723	.3738	.3747	.3750	2
3	.1627	.1719	.1813	.1908	.2005	.2102	.2201	.2300	.2400	.2500	1
4	.0283	.0311	.0342	.0375	.0410	.0448	.0488	.0531	.0576	.0625	0
	0.59	0.58	0.57	0.56	0.55	0.54	0.53	0.52	0.51	0.50	p x

$n=5$

x p	0.01	0.02	0.03	0.04	0.05	0.06	0.07	0.08	0.09	0.10	
0	.9510	.9039	.8587	.8154	.7738	.7339	.6957	.6591	.6240	.5905	5
1	.0480	.0922	.1328	.1699	.2036	.2342	.2618	.2866	.3086	.3280	4
2	.0010	.0038	.0082	.0142	.0214	.0299	.0394	.0498	.0610	.0729	3
3	.0000	.0001	.0003	.0006	.0011	.0019	.0030	.0043	.0060	.0081	2
4	.0000	.0000	.0000	.0000	.0000	.0001	.0001	.0002	.0003	.0005	1
5	.0000	.0000	.0000	.0000	.0000	.0000	.0000	.0000	.0000	.0000	0
	0.99	0.98	0.97	0.96	0.95	0.94	0.93	0.92	0.91	0.90	p x

$n=5$

x p	0.11	0.12	0.13	0.14	0.15	0.16	0.17	0.18	0.19	0.20

(표 B 계속)

0		.5584	.5277	.4984	.4704	.4437	.4182	.3939	.3707	.3487	.3277		5
1		.3451	.3598	.3724	.3829	.3915	.3983	.4034	.4069	.4089	.4096		4
2		.0853	.0981	.1113	.1247	.1382	.1517	.1652	.1786	.1919	.2048		3
3		.0105	.0134	.0166	.0203	.0244	.0289	.0338	.0392	.0450	.0512		2
4		.0007	.0009	.0012	.0017	.0022	.0028	.0035	.0043	.0053	.0064		1
5		.0000	.0000	.0000	.0001	.0001	.0001	.0001	.0002	.0002	.0003		0
		0.89	0.88	0.87	0.86	0.85	0.84	0.83	0.82	0.81	0.80	p	x

$n=5$

x	p	0.21	0.22	0.23	0.24	0.25	0.26	0.27	0.28	0.29	0.30		
0		.3077	.2887	.2707	.2536	.2373	.2219	.2073	.1935	.1804	.1681		5
1		.4090	.4072	.4043	.4003	.3955	.3898	.3834	.3762	.3685	.3602		4
2		.2174	.2297	.2415	.2529	.2637	.2739	.2836	.2926	.3010	.3087		3
3		.0578	.0648	.0721	.0798	.0879	.0962	.1049	.1138	.1229	.1323		2
4		.0077	.0091	.0108	.0126	.0146	.0169	.0194	.0221	.0251	.0283		1
5		.0004	.0005	.0006	.0008	.0010	.0012	.0014	.0017	.0021	.0024		0
		0.79	0.78	0.77	0.76	0.75	0.74	0.73	0.72	0.71	0.70	p	x

$n=5$

x	p	0.31	0.32	0.33	0.34	0.35	0.36	0.37	0.38	0.39	0.40		
0		.1564	.1454	.1350	.1252	.1160	.1074	.0992	.0916	.0845	.0778		5
1		.3513	.3421	.3325	.3226	.3124	.3020	.2914	.2808	.2700	.2592		4
2		.3157	.3220	.3275	.3323	.3364	.3397	.3423	.3441	.3452	.3456		3
3		.1418	.1515	.1613	.1712	.1811	.1911	.2010	.2109	.2207	.2304		2
4		.0319	.0357	.0397	.0441	.0488	.0537	.0590	.0646	.0706	.0768		1
5		.0029	.0034	.0039	.0045	.0053	.0060	.0069	.0079	.0090	.0102		0
		0.69	0.68	0.67	0.66	0.65	0.64	0.63	0.62	0.61	0.60	p	x

$n=5$

x	p	0.41	0.42	0.43	0.44	0.45	0.46	0.47	0.48	0.49	0.50		
0		.0715	.0656	.0602	.0551	.0503	.0459	.0418	.0380	.0345	.0312		5
1		.2484	.2376	.2270	.2164	.2059	.1956	.1854	.1755	.1657	.1562		4
2		.3452	.3442	.3424	.3400	.3369	.3332	.3289	.3240	.3185	.3125		3
3		.2399	.2492	.2583	.2671	.2757	.2838	.2916	.2990	.3060	.3125		2
4		.0834	.0902	.0974	.1049	.1128	.1209	.1293	.1380	.1470	.1563		1
5		.0116	.0131	.0147	.0165	.0185	.0206	.0229	.0255	.0282	.0313		0
		0.59	0.58	0.57	0.56	0.55	0.54	0.53	0.52	0.51	0.50	p	x

(표 B 계속)

$n=6$

x p	0.01	0.02	0.03	0.04	0.05	0.06	0.07	0.08	0.09	0.10	
0	.9415	.8858	.8330	.7828	.7351	.6899	.6470	.6064	.5679	.5314	6
1	.0571	.1085	.1546	.1957	.2321	.2642	.2922	.3164	.3370	.3543	5
2	.0014	.0055	.0120	.0204	.0305	.0422	.0550	.0688	.0833	.0984	4
3	.0000	.0002	.0005	.0011	.0021	.0036	.0055	.0080	.0110	.0146	3
4	.0000	.0000	.0000	.0000	.0001	.0002	.0003	.0005	.0008	.0012	2
5	.0000	.0000	.0000	.0000	.0000	.0000	.0000	.0000	.0000	.0001	1
	0.99	0.98	0.97	0.96	0.95	0.94	0.93	0.92	0.91	0.90	p x

$n=6$

x p	0.11	0.12	0.13	0.14	0.15	0.16	0.17	0.18	0.19	0.20	
0	.4970	.4644	.4336	.4046	.3771	.3513	.3269	.3040	.2824	.2621	6
1	.3685	.3800	.3888	.3952	.3993	.4015	.4018	.4004	.3975	.3932	5
2	.1139	.1295	.1452	.1608	.1762	.1912	.2057	.2197	.2331	.2458	4
3	.0188	.0236	.0289	.0349	.0415	.0486	.0562	.0643	.0729	.0819	3
4	.0017	.0024	.0032	.0043	.0055	.0069	.0086	.0106	.0128	.0154	2
5	.0001	.0001	.0002	.0003	.0004	.0005	.0007	.0009	.0012	.0015	1
6	.0000	.0000	.0000	.0000	.0000	.0000	.0000	.0000	.0000	.0001	0
	0.89	0.88	0.87	0.86	0.85	0.84	0.83	0.82	0.81	0.80	p x

$n=6$

x p	0.21	0.22	0.23	0.24	0.25	0.26	0.27	0.28	0.29	0.30	
0	.2431	.2252	.2084	.1927	.1780	.1642	.1513	.1393	.1281	.1176	6
1	.3877	.3811	.3735	.3651	.3560	.3462	.3358	.3251	.3139	.3025	5
2	.2577	.2687	.2789	.2882	.2966	.3041	.3105	.3160	.3206	.3241	4
3	.0913	.1011	.1111	.1214	.1318	.1424	.1531	.1639	.1746	.1852	3
4	.0182	.0214	.0249	.0287	.0330	.0375	.0425	.0478	.0535	.0595	2
5	.0019	.0024	.0030	.0036	.0044	.0053	.0063	.0074	.0087	.0102	1
6	.0001	.0001	.0001	.0002	.0002	.0003	.0004	.0005	.0006	.0007	0
	0.79	0.78	0.77	0.76	0.75	0.74	0.73	0.72	0.71	0.70	p x

$n=6$

x p	0.31	0.32	0.33	0.34	0.35	0.36	0.37	0.38	0.39	0.40	
0	.1079	.0989	.0905	.0827	.0754	.0687	.0625	.0568	.0515	.0467	6
1	.2909	.2792	.2673	.2555	.2437	.2319	.2203	.2089	.1976	.1866	5
2	.3267	.3284	.3292	.3290	.3280	.3261	.3235	.3201	.3159	.3110	4
3	.1957	.2061	.2162	.2260	.2355	.2446	.2533	.2616	.2693	.2765	3
4	.0660	.0727	.0799	.0873	.0951	.1032	.1116	.1202	.1291	.1382	2

(표 B 계속)

5		.0119	.0137	.0157	.0180	.0205	.0232	.0262	.0295	.0330	.0369		1
6		.0009	.0011	.0013	.0015	.0018	.0022	.0026	.0030	.0035	.0041		0
		0.69	0.68	0.67	0.66	0.65	0.64	0.63	0.62	0.61	0.60	*p*	*x*

$n=6$

x	*p*	0.41	0.42	0.43	0.44	0.45	0.46	0.47	0.48	0.49	0.50		
0		.0422	.0381	.0343	.0308	.0277	.0248	.0222	.0198	.0176	.0156		6
1		.1759	.1654	.1552	.1454	.1359	.1267	.1179	.1095	.1014	.0937		5
2		.3055	.2994	.2928	.2856	.2780	.2699	.2615	.2527	.2436	.2344		4
3		.2831	.2891	.2945	.2992	.3032	.3065	.3091	.3110	.3121	.3125		3
4		.1475	.1570	.1666	.1763	.1861	.1958	.2056	.2153	.2249	.2344		2
5		.0410	.0455	.0503	.0554	.0609	.0667	.0729	.0795	.0864	.0938		1
6		.0048	.0055	.0063	.0073	.0083	.0095	.0108	.0122	.0138	.0156		0
		0.59	0.58	0.57	0.56	0.55	0.54	0.53	0.52	0.51	0.50	*p*	*x*

$n=7$

x	*p*	0.01	0.02	0.03	0.04	0.05	0.06	0.07	0.08	0.09	0.10		
0		.9321	.8681	.8080	.7514	.6983	.6485	.6017	.5578	.5168	.4783		7
1		.0659	.1240	.1749	.2192	.2573	.2897	.3170	.3396	.3578	.3720		6
2		.0020	.0076	.0162	.0274	.0406	.0555	.0716	.0886	.1061	.1240		5
3		.0000	.0003	.0008	.0019	.0036	.0059	.0090	.0128	.0175	.0230		4
4		.0000	.0000	.0000	.0001	.0002	.0004	.0007	.0011	.0017	.0026		3
5		.0000	.0000	.0000	.0000	.0000	.0000	.0000	.0001	.0001	.0002		2
		0.99	0.98	0.97	0.96	0.95	0.94	0.93	0.92	0.91	0.90	*p*	*x*

$n=7$

x	*p*	0.11	0.12	0.13	0.14	0.15	0.16	0.17	0.18	0.19	0.20		
0		.4423	.4087	.3773	.3479	.3206	.2951	.2714	.2493	.2288	.2097		7
1		.3827	.3901	.3946	.3965	.3960	.3935	.3891	.3830	.3756	.3670		6
2		.1419	.1596	.1769	.1936	.2097	.2248	.2391	.2523	.2643	.2753		5
3		.0292	.0363	.0441	.0525	.0617	.0714	.0816	.0923	.1033	.1147		4
4		.0036	.0049	.0066	.0086	.0109	.0136	.0167	.0203	.0242	.0287		3
5		.0003	.0004	.0006	.0008	.0012	.0016	.0021	.0027	.0034	.0043		2
6		.0000	.0000	.0000	.0000	.0001	.0001	.0001	.0002	.0003	.0004		1
		0.89	0.88	0.87	0.86	0.85	0.84	0.83	0.82	0.81	0.80	*p*	*x*

$n=7$

x	*p*	0.21	0.22	0.23	0.24	0.25	0.26	0.27	0.28	0.29	0.30

(표 B 계속)

0	.1920	.1757	.1605	.1465	.1335	.1215	.1105	.1003	.0910	.0824	7
1	.3573	.3468	.3356	.3237	.3115	.2989	.2860	.2731	.2600	.2471	6
2	.2850	.2935	.3007	.3067	.3115	.3150	.3174	.3186	.3186	.3177	5
3	.1263	.1379	.1497	.1614	.1730	.1845	.1956	.2065	.2169	.2269	4
4	.0336	.0389	.0447	.0510	.0577	.0648	.0724	.0803	.0886	.0972	3
5	.0054	.0066	.0080	.0097	.0115	.0137	.0161	.0187	.0217	.0250	2
6	.0005	.0006	.0008	.0010	.0013	.0016	.0020	.0024	.0030	.0036	1
7	.0000	.0000	.0000	.0000	.0001	.0001	.0001	.0001	.0002	.0002	0
	0.79	0.78	0.77	0.76	0.75	0.74	0.73	0.72	0.71	0.70	p x

$n=7$

x p	0.31	0.32	0.33	0.34	0.35	0.36	0.37	0.38	0.39	0.40	
0	.0745	.0672	.0606	.0546	.0490	.0440	.0394	.0352	.0314	.0280	7
1	.2342	.2215	.2090	.1967	.1848	.1732	.1619	.1511	.1407	.1306	6
2	.3156	.3127	.3088	.3040	.2985	.2922	.2853	.2778	.2698	.2613	5
3	.2363	.2452	.2535	.2610	.2679	.2740	.2793	.2838	.2875	.2903	4
4	.1062	.1154	.1248	.1345	.1442	.1541	.1640	.1739	.1838	.1935	3
5	.0286	.0326	.0369	.0416	.0466	.0520	.0578	.0640	.0705	.0774	2
6	.0043	.0051	.0061	.0071	.0084	.0098	.0113	.0131	.0150	.0172	1
7	.0003	.0003	.0004	.0005	.0006	.0008	.0009	.0011	.0014	.0016	0
	0.69	0.68	0.67	0.66	0.65	0.64	0.63	0.62	0.61	0.60	p x

$n=7$

x p	0.41	0.42	0.43	0.44	0.45	0.46	0.47	0.48	0.49	0.50	
0	.0249	.0221	.0195	.0173	.0152	.0134	.0117	.0103	.0090	.0078	7
1	.1211	.1119	.1032	.0950	.0872	.0798	.0729	.0664	.0604	.0547	6
2	.2524	.2431	.2336	.2239	.2140	.2040	.1940	.1840	.1740	.1641	5
3	.2923	.2934	.2937	.2932	.2918	.2897	.2867	.2830	.2786	.2734	4
4	.2031	.2125	.2216	.2304	.2388	.2468	.2543	.2612	.2676	.2734	3
5	.0847	.0923	.1003	.1086	.1172	.1261	.1353	.1447	.1543	.1641	2
6	.0196	.0223	.0252	.0284	.0320	.0358	.0400	.0445	.0494	.0547	1
7	.0019	.0023	.0027	.0032	.0037	.0044	.0051	.0059	.0068	.0078	0
	0.59	0.58	0.57	0.56	0.55	0.54	0.53	0.52	0.51	0.50	p x

$n=8$

x p	0.01	0.02	0.03	0.04	0.05	0.06	0.07	0.08	0.09	0.10	
0	.9227	.8508	.7837	.7214	.6634	.6096	.5596	.5132	.4703	.4305	8
1	.0746	.1389	.1939	.2405	.2793	.3113	.3370	.3570	.3721	.3826	7
2	.0026	.0099	.0210	.0351	.0515	.0695	.0888	.1087	.1288	.1488	6

(표 B 계속)

3		.0001	.0004	.0013	.0029	.0054	.0089	.0134	.0189	.0255	.0331		5
4		.0000	.0000	.0001	.0002	.0004	.0007	.0013	.0021	.0031	.0046		4
5		.0000	.0000	.0000	.0000	.0000	.0000	.0001	.0001	.0002	.0004		3
		0.99	0.98	0.97	0.96	0.95	0.94	0.93	0.92	0.91	0.90	p	x

$n=8$

x	p	0.11	0.12	0.13	0.14	0.15	0.16	0.17	0.18	0.19	0.20		
0		.3937	.3596	.3282	.2992	.2725	.2479	.2252	.2044	.1853	.1678		8
1		.3892	.3923	.3923	.3897	.3847	.3777	.3691	.3590	.3477	.3355		7
2		.1684	.1872	.2052	.2220	.2376	.2518	.2646	.2758	.2855	.2936		6
3		.0416	.0511	.0613	.0723	.0839	.0959	.1084	.1211	.1339	.1468		5
4		.0064	.0087	.0115	.0147	.0185	.0228	.0277	.0332	.0393	.0459		4
5		.0006	.0009	.0014	.0019	.0026	.0035	.0045	.0058	.0074	.0092		3
6		.0000	.0001	.0001	.0002	.0002	.0003	.0005	.0006	.0009	.0011		2
7		.0000	.0000	.0000	.0000	.0000	.0000	.0000	.0000	.0001	.0001		1
		0.89	0.88	0.87	0.86	0.85	0.84	0.83	0.82	0.81	0.80	p	x

$n=8$

x	p	0.21	0.22	0.23	0.24	0.25	0.26	0.27	0.28	0.29	0.30		
0		.1517	.1370	.1236	.1113	.1001	.0899	.0806	.0722	.0646	.0576		8
1		.3226	.3092	.2953	.2812	.2670	.2527	.2386	.2247	.2110	.1977		7
2		.3002	.3052	.3087	.3108	.3115	.3108	.3089	.3058	.3017	.2965		6
3		.1596	.1722	.1844	.1963	.2076	.2184	.2285	.2379	.2464	.2541		5
4		.0530	.0607	.0689	.0775	.0865	.0959	.1056	.1156	.1258	.1361		4
5		.0113	.0137	.0165	.0196	.0231	.0270	.0313	.0360	.0411	.0467		3
6		.0015	.0019	.0025	.0031	.0038	.0047	.0058	.0070	.0084	.0100		2
7		.0001	.0002	.0002	.0003	.0004	.0005	.0006	.0008	.0010	.0012		1
8		.0000	.0000	.0000	.0000	.0000	.0000	.0000	.0000	.0001	.0001		0
		0.79	0.78	0.77	0.76	0.75	0.74	0.73	0.72	0.71	0.70	p	x

$n=8$

x	p	0.31	0.32	0.33	0.34	0.35	0.36	0.37	0.38	0.39	0.40		
0		.0514	.0457	.0406	.0360	.0319	.0281	.0248	.0218	.0192	.0168		8
1		.1847	.1721	.1600	.1484	.1373	.1267	.1166	.1071	.0981	.0896		7
2		.2904	.2835	.2758	.2675	.2587	.2494	.2397	.2297	.2194	.2090		6
3		.2609	.2668	.2717	.2756	.2786	.2805	.2815	.2815	.2806	.2787		5
4		.1465	.1569	.1673	.1775	.1875	.1973	.2067	.2157	.2242	.2322		4
5		.0527	.0591	.0659	.0732	.0808	.0888	.0971	.1058	.1147	.1239		3

(표 B 계속)

6		.0118	.0139	.0162	.0188	.0217	.0250	.0285	.0324	.0367	.0413		2
7		.0015	.0019	.0023	.0028	.0033	.0040	.0048	.0057	.0067	.0079		1
8		.0001	.0001	.0001	.0002	.0002	.0003	.0004	.0004	.0005	.0007		0
		0.69	0.68	0.67	0.66	0.65	0.64	0.63	0.62	0.61	0.60	p	x

$n=8$

x	p	0.41	0.42	0.43	0.44	0.45	0.46	0.47	0.48	0.49	0.50		
0		.0147	.0128	.0111	.0097	.0084	.0072	.0062	.0053	.0046	.0039		8
1		.0816	.0742	.0672	.0608	.0548	.0493	.0442	.0395	.0352	.0312		7
2		.1985	.1880	.1776	.1672	.1569	.1469	.1371	.1275	.1183	.1094		6
3		.2759	.2723	.2679	.2627	.2568	.2503	.2431	.2355	.2273	.2187		5
4		.2397	.2465	.2526	.2580	.2627	.2665	.2695	.2717	.2730	.2734		4
5		.1332	.1428	.1525	.1622	.1719	.1816	.1912	.2006	.2098	.2188		3
6		.0463	.0517	.0575	.0637	.0703	.0774	.0848	.0926	.1008	.1094		2
7		.0092	.0107	.0124	.0143	.0164	.0188	.0215	.0244	.0277	.0313		1
8		.0008	.0010	.0012	.0014	.0017	.0020	.0024	.0028	.0033	.0039		0
		0.59	0.58	0.57	0.56	0.55	0.54	0.53	0.52	0.51	0.50	p	x

$n=9$

x	p	0.01	0.02	0.03	0.04	0.05	0.06	0.07	0.08	0.09	0.10		
0		.9135	.8337	.7602	.6925	.6302	.5730	.5204	.4722	.4279	.3874		9
1		.0830	.1531	.2116	.2597	.2985	.3292	.3525	.3695	.3809	.3874		8
2		.0034	.0125	.0262	.0433	.0629	.0840	.1061	.1285	.1507	.1722		7
3		.0001	.0006	.0019	.0042	.0077	.0125	.0186	.0261	.0348	.0446		6
4		.0000	.0000	.0001	.0003	.0006	.0012	.0021	.0034	.0052	.0074		5
5		.0000	.0000	.0000	.0000	.0000	.0001	.0002	.0003	.0005	.0008		4
6		.0000	.0000	.0000	.0000	.0000	.0000	.0000	.0000	.0000	.0001		3
		0.99	0.98	0.97	0.96	0.95	0.94	0.93	0.92	0.91	0.90	p	x

$n=9$

x	p	0.11	0.12	0.13	0.14	0.15	0.16	0.17	0.18	0.19	0.20		
0		.3504	.3165	.2855	.2573	.2316	.2082	.1869	.1676	.1501	.1342		9
1		.3897	.3884	.3840	.3770	.3679	.3569	.3446	.3312	.3169	.3020		8
2		.1927	.2119	.2295	.2455	.2597	.2720	.2823	.2908	.2973	.3020		7
3		.0556	.0674	.0800	.0933	.1069	.1209	.1349	.1489	.1627	.1762		6
4		.0103	.0138	.0179	.0228	.0283	.0345	.0415	.0490	.0573	.0661		5
5		.0013	.0019	.0027	.0037	.0050	.0066	.0085	.0108	.0134	.0165		4
6		.0001	.0002	.0003	.0004	.0006	.0008	.0012	.0016	.0021	.0028		3
7		.0000	.0000	.0000	.0000	.0000	.0001	.0001	.0001	.0002	.0003		2

(표 B 계속)

	0.89	0.88	0.87	0.86	0.85	0.84	0.83	0.82	0.81	0.80	*p* *x*

$n=9$

p *x*	0.21	0.22	0.23	0.24	0.25	0.26	0.27	0.28	0.29	0.30	
0	.1199	.1069	.0952	.0846	.0751	.0665	.0589	.0520	.0458	.0404	9
1	.2867	.2713	.2558	.2404	.2253	.2104	.1960	.1820	.1685	.1556	8
2	.3049	.3061	.3056	.3037	.3003	.2957	.2899	.2831	.2754	.2668	7
3	.1891	.2014	.2130	.2238	.2336	.2424	.2502	.2569	.2624	.2668	6
4	.0754	.0852	.0954	.1060	.1168	.1278	.1388	.1499	.1608	.1715	5
5	.0200	.0240	.0285	.0335	.0389	.0449	.0513	.0583	.0657	.0735	4
6	.0036	.0045	.0057	.0070	.0087	.0105	.0127	.0151	.0179	.0210	3
7	.0004	.0005	.0007	.0010	.0012	.0016	.0020	.0025	.0031	.0039	2
8	.0000	.0000	.0001	.0001	.0001	.0001	.0002	.0002	.0003	.0004	1
	0.79	0.78	0.77	0.76	0.75	0.74	0.73	0.72	0.71	0.70	*p* *x*

$n=9$

x *p*	0.31	0.32	0.33	0.34	0.35	0.36	0.37	0.38	0.39	0.40	
0	.0355	.0311	.0272	.0238	.0207	.0180	.0156	.0135	.0117	.0101	9
1	.1433	.1317	.1206	.1102	.1004	.0912	.0826	.0747	.0673	.0605	8
2	.2576	.2478	.2376	.2270	.2162	.2052	.1941	.1831	.1721	.1612	7
3	.2701	.2721	.2731	.2729	.2716	.2693	.2660	.2618	.2567	.2508	6
4	.1820	.1921	.2017	.2109	.2194	.2272	.2344	.2407	.2462	.2508	5
5	.0818	.0904	.0994	.1086	.1181	.1278	.1376	.1475	.1574	.1672	4
6	.0245	.0284	.0326	.0373	.0424	.0479	.0539	.0603	.0671	.0743	3
7	.0047	.0057	.0069	.0082	.0098	.0116	.0136	.0158	.0184	.0212	2
8	.0005	.0007	.0008	.0011	.0013	.0016	.0020	.0024	.0029	.0035	1
9	.0000	.0000	.0000	.0001	.0001	.0001	.0001	.0002	.0002	.0003	0
	0.69	0.68	0.67	0.66	0.65	0.64	0.63	0.62	0.61	0.60	*p* *x*

$n=9$

x *p*	0.41	0.42	0.43	0.44	0.45	0.46	0.47	0.48	0.49	0.50	
0	.0087	.0074	.0064	.0054	.0046	.0039	.0033	.0028	.0023	.0020	9
1	.0542	.0484	.0431	.0383	.0339	.0299	.0263	.0231	.0202	.0176	8
2	.1506	.1402	.1301	.1204	.1110	.1020	.0934	.0853	.0776	.0703	7
3	.2442	.2369	.2291	.2207	.2119	.2027	.1933	.1837	.1739	.1641	6
4	.2545	.2573	.2592	.2601	.2600	.2590	.2571	.2543	.2506	.2461	5
5	.1769	.1863	.1955	.2044	.2128	.2207	.2280	.2347	.2408	.2461	4
6	.0819	.0900	.0983	.1070	.1160	.1253	.1348	.1445	.1542	.1641	3
7	.0244	.0279	.0318	.0360	.0407	.0458	.0512	.0571	.0635	.0703	2

(표 B 계속)

8	.0042	.0051	.0060	.0071	.0083	.0097	.0114	.0132	.0153	.0176	1
9	.0003	.0004	.0005	.0006	.0008	.0009	.0011	.0014	.0016	.0020	0
	0.59	0.58	0.57	0.56	0.55	0.54	0.53	0.52	0.51	0.50	p x

$n=10$

x p	0.01	0.02	0.03	0.04	0.05	0.06	0.07	0.08	0.09	0.10	
0	.9044	.8171	.7374	.6648	.5987	.5386	.4840	.4344	.3894	.3487	10
1	.0914	.1667	.2281	.2770	.3151	.3438	.3643	.3777	.3851	.3874	9
2	.0042	.0153	.0317	.0519	.0746	.0988	.1234	.1478	.1714	.1937	8
3	.0001	.0008	.0026	.0058	.0105	.0168	.0248	.0343	.0452	.0574	7
4	.0000	.0000	.0001	.0004	.0010	.0019	.0033	.0052	.0078	.0112	6
5	.0000	.0000	.0000	.0000	.0001	.0001	.0003	.0005	.0009	.0015	5
6	.0000	.0000	.0000	.0000	.0000	.0000	.0000	.0000	.0001	.0001	4
	0.99	0.98	0.97	0.96	0.95	0.94	0.93	0.92	0.91	0.90	p x

$n=10$

p x	0.11	0.12	0.13	0.14	0.15	0.16	0.17	0.18	0.19	0.20	
0	.3118	.2785	.2484	.2213	.1969	.1749	.1552	.1374	.1216	.1074	10
1	.3854	.3798	.3712	.3603	.3474	.3331	.3178	.3017	.2852	.2684	9
2	.2143	.2330	.2496	.2639	.2759	.2856	.2929	.2980	.3010	.3020	8
3	.0706	.0847	.0995	.1146	.1298	.1450	.1600	.1745	.1883	.2013	7
4	.0153	.0202	.0260	.0326	.0401	.0483	.0573	.0670	.0773	.0881	6
5	.0023	.0033	.0047	.0064	.0085	.0111	.0141	.0177	.0218	.0264	5
6	.0002	.0004	.0006	.0009	.0012	.0018	.0024	.0032	.0043	.0055	4
7	.0000	.0000	.0000	.0001	.0001	.0002	.0003	.0004	.0006	.0008	3
8	.0000	.0000	.0000	.0000	.0000	.0000	.0000	.0000	.0001	.0001	2
	0.89	0.88	0.87	0.86	0.85	0.84	0.83	0.82	0.81	0.80	p x

$n=10$

x p	0.21	0.22	0.23	0.24	0.25	0.26	0.27	0.28	0.29	0.30	
0	.0947	.0834	.0733	.0643	.0563	.0492	.0430	.0374	.0326	.0282	10
1	.2517	.2351	.2188	.2030	.1877	.1730	.1590	.1456	.1330	.1211	9
2	.3011	.2984	.2942	.2885	.2816	.2735	.2646	.2548	.2444	.2335	8
3	.2134	.2244	.2343	.2429	.2503	.2563	.2609	.2642	.2662	.2668	7
4	.0993	.1108	.1225	.1343	.1460	.1576	.1689	.1798	.1903	.2001	6
5	.0317	.0375	.0439	.0509	.0584	.0664	.0750	.0839	.0933	.1029	5
6	.0070	.0088	.0109	.0134	.0162	.0195	.0231	.0272	.0317	.0368	4
7	.0011	.0014	.0019	.0024	.0031	.0039	.0049	.0060	.0074	.0090	3
8	.0001	.0002	.0002	.0003	.0004	.0005	.0007	.0009	.0011	.0014	2

(표 B 계속)

9	.0000	.0000	.0000	.0000	.0000	.0000	.0001	.0001	.0001	.0001	1
	0.79	0.78	0.77	0.76	0.75	0.74	0.73	0.72	0.71	0.70	p x

$n=10$

x p	0.31	0.32	0.33	0.34	0.35	0.36	0.37	0.38	0.39	0.40	
0	.0245	.0211	.0182	.0157	.0135	.0115	.0098	.0084	.0071	.0060	10
1	.1099	.0995	.0898	.0808	.0725	.0649	.0578	.0514	.0456	.0403	9
2	.2222	.2107	.1990	.1873	.1757	.1642	.1529	.1419	.1312	.1209	8
3	.2662	.2644	.2614	.2573	.2522	.2462	.2394	.2319	.2237	.2150	7
4	.2093	.2177	.2253	.2320	.2377	.2424	.2461	.2487	.2503	.2508	6
5	.1128	.1229	.1332	.1434	.1536	.1636	.1734	.1829	.1920	.2007	5
6	.0422	.0482	.0547	.0616	.0689	.0767	.0849	.0934	.1023	.1115	4
7	.0108	.0130	.0154	.0181	.0212	.0247	.0285	.0327	.0374	.0425	3
8	.0018	.0023	.0028	.0035	.0043	.0052	.0063	.0075	.0090	.0106	2
9	.0002	.0002	.0003	.0004	.0005	.0006	.0008	.0010	.0013	.0016	1
10	.0000	.0000	.0000	.0000	.0000	.0000	.0000	.0001	.0001	.0001	0
	0.69	0.68	0.67	0.66	0.65	0.64	0.63	0.62	0.61	0.60	p x

$n=10$

x p	0.41	0.42	0.43	0.44	0.45	0.46	0.47	0.48	0.49	0.50	
0	.0051	.0043	.0036	.0030	.0025	.0021	.0017	.0014	.0012	.0010	10
1	.0355	.0312	.0273	.0238	.0207	.0180	.0155	.0133	.0114	.0098	9
2	.1111	.1017	.0927	.0843	.0763	.0688	.0619	.0554	.0494	.0439	8
3	.2058	.1963	.1865	.1765	.1665	.1564	.1464	.1364	.1267	.1172	7
4	.2503	.2488	.2462	.2427	.2384	.2331	.2271	.2204	.2130	.2051	6
5	.2087	.2162	.2229	.2289	.2340	.2383	.2417	.2441	.2456	.2461	5
6	.1209	.1304	.1401	.1499	.1596	.1692	.1786	.1878	.1966	.2051	4
7	.0480	.0540	.0604	.0673	.0746	.0824	.0905	.0991	.1080	.1172	3
8	.0125	.0147	.0171	.0198	.0229	.0263	.0301	.0343	.0389	.0439	2
9	.0019	.0024	.0029	.0035	.0042	.0050	.0059	.0070	.0083	.0098	1
10	.0001	.0002	.0002	.0003	.0003	.0004	.0005	.0006	.0008	.0010	0
	0.59	0.58	0.57	0.56	0.55	0.54	0.53	0.52	0.51	0.50	p x

$n=20$

x p	0.01	0.02	0.03	0.04	0.05	0.06	0.07	0.08	0.09	0.10	
0	.8179	.6676	.5438	.4420	.3585	.2901	.2342	.1887	.1516	.1216	20
1	.1652	.2725	.3364	.3683	.3774	.3703	.3526	.3282	.3000	.2702	19
2	.0159	.0528	.0988	.1458	.1887	.2246	.2521	.2711	.2818	.2852	18

(표 B 계속)

3	.0010	.0065	.0183	.0364	.0596	.0860	.1139	.1414	.1672	.1901	17
4	.0000	.0006	.0024	.0065	.0133	.0233	.0364	.0523	.0703	.0898	16
5	.0000	.0000	.0002	.0009	.0022	.0048	.0088	.0145	.0222	.0319	15
6	.0000	.0000	.0000	.0001	.0003	.0008	.0017	.0032	.0055	.0089	14
7	.0000	.0000	.0000	.0000	.0000	.0001	.0002	.0005	.0011	.0020	13
8	.0000	.0000	.0000	.0000	.0000	.0000	.0000	.0001	.0002	.0004	12
9	.0000	.0000	.0000	.0000	.0000	.0000	.0000	.0000	.0000	.0001	11
	0.99	0.98	0.97	0.96	0.95	0.94	0.93	0.92	0.91	0.90	p x

$n=20$

x p	0.11	0.12	0.13	0.14	0.15	0.16	0.17	0.18	0.19	0.20	
0	.0972	.0776	.0617	.0490	.0388	.0306	.0241	.0189	.0148	.0115	20
1	.2403	.2115	.1844	.1595	.1368	.1165	.0986	.0829	.0693	.0576	19
2	.2822	.2740	.2618	.2466	.2293	.2109	.1919	.1730	.1545	.1369	18
3	.2093	.2242	.2347	.2409	.2428	.2410	.2358	.2278	.2175	.2054	17
4	.1099	.1299	.1491	.1666	.1821	.1951	.2053	.2125	.2168	.2182	16
5	.0435	.0567	.0713	.0868	.1028	.1189	.1345	.1493	.1627	.1746	15
6	.0134	.0193	.0266	.0353	.0454	.0566	.0689	.0819	.0954	.1091	14
7	.0033	.0053	.0080	.0115	.0160	.0216	.0282	.0360	.0448	.0545	13
8	.0007	.0012	.0019	.0030	.0046	.0067	.0094	.0128	.0171	.0222	12
9	.0001	.0002	.0004	.0007	.0011	.0017	.0026	.0038	.0053	.0074	11
10	.0000	.0000	.0001	.0001	.0002	.0004	.0006	.0009	.0014	.0020	10
11	.0000	.0000	.0000	.0000	.0000	.0001	.0001	.0002	.0003	.0005	9
12	.0000	.0000	.0000	.0000	.0000	.0000	.0000	.0000	.0001	.0001	8
	0.89	0.88	0.87	0.86	0.85	0.84	0.83	0.82	0.81	0.80	p x

$n=20$

x p	0.21	0.22	0.23	0.24	0.25	0.26	0.27	0.28	0.29	0.30	
0	.0090	.0069	.0054	.0041	.0032	.0024	.0018	.0014	.0011	.0008	20
1	.0477	.0392	.0321	.0261	.0211	.0170	.0137	.0109	.0087	.0068	19
2	.1204	.1050	.0910	.0783	.0669	.0569	.0480	.0403	.0336	.0278	18
3	.1920	.1777	.1631	.1484	.1339	.1199	.1065	.0940	.0823	.0716	17
4	.2169	.2131	.2070	.1991	.1897	.1790	.1675	.1553	.1429	.1304	16
5	.1845	.1923	.1979	.2012	.2023	.2013	.1982	.1933	.1868	.1789	15
6	.1226	.1356	.1478	.1589	.1686	.1768	.1833	.1879	.1907	.1916	14
7	.0652	.0765	.0883	.1003	.1124	.1242	.1356	.1462	.1558	.1643	13
8	.0282	.0351	.0429	.0515	.0609	.0709	.0815	.0924	.1034	.1144	12
9	.0100	.0132	.0171	.0217	.0271	.0332	.0402	.0479	.0563	.0654	11

(표 B 계속)

10	.0029	.0041	.0056	.0075	.0099	.0128	.0163	.0205	.0253	.0308		10
11	.0007	.0010	.0015	.0022	.0030	.0041	.0055	.0072	.0094	.0120		9
12	.0001	.0002	.0003	.0005	.0008	.0011	.0015	.0021	.0029	.0039		8
13	.0000	.0000	.0001	.0001	.0002	.0002	.0003	.0005	.0007	.0010		7
14	.0000	.0000	.0000	.0000	.0000	.0000	.0001	.0001	.0001	.0002		6
	0.79	0.78	0.77	0.76	0.75	0.74	0.73	0.72	0.71	0.70	p	x

$n=20$

x p	0.31	0.32	0.33	0.34	0.35	0.36	0.37	0.38	0.39	0.40		
0	.0006	.0004	.0003	.0002	.0002	.0001	.0001	.0001	.0001	.0000		20
1	.0054	.0042	.0033	.0025	.0020	.0015	.0011	.0009	.0007	.0005		19
2	.0229	.0188	.0153	.0124	.0100	.0080	.0064	.0050	.0040	.0031		18
3	.0619	.0531	.0453	.0383	.0323	.0270	.0224	.0185	.0152	.0123		17
4	.1181	.1062	.0947	.0839	.0738	.0645	.0559	.0482	.0412	.0350		16
5	.1698	.1599	.1493	.1384	.1272	.1161	.1051	.0945	.0843	.0746		15
6	.1907	.1881	.1839	.1782	.1712	.1632	.1543	.1447	.1347	.1244		14
7	.1714	.1770	.1811	.1836	.1844	.1836	.1812	.1774	.1722	.1659		13
8	.1251	.1354	.1450	.1537	.1614	.1678	.1730	.1767	.1790	.1797		12
9	.0750	.0849	.0952	.1056	.1158	.1259	.1354	.1444	.1526	.1597		11
10	.0370	.0440	.0516	.0598	.0686	.0779	.0875	.0974	.1073	.1171		10
11	.0151	.0188	.0231	.0280	.0336	.0398	.0467	.0542	.0624	.0710		9
12	.0051	.0066	.0085	.0108	.0136	.0168	.0206	.0249	.0299	.0355		8
13	.0014	.0019	.0026	.0034	.0045	.0058	.0074	.0094	.0118	.0146		7
14	.0003	.0005	.0006	.0009	.0012	.0016	.0022	.0029	.0038	.0049		6
15	.0001	.0001	.0001	.0002	.0003	.0004	.0005	.0007	.0010	.0013		5
16	.0000	.0000	.0000	.0000	.0000	.0001	.0001	.0001	.0002	.0003		4
	0.69	0.68	0.67	0.66	0.65	0.64	0.63	0.62	0.61	0.60	p	x

$n=20$

x p	0.41	0.42	0.43	0.44	0.45	0.46	0.47	0.48	0.49	0.50		
1	.0004	.0003	.0002	.0001	.0001	.0001	.0001	.0000	.0000	.0000		19
2	.0024	.0018	.0014	.0011	.0008	.0006	.0005	.0003	.0002	.0002		18
3	.0100	.0080	.0064	.0051	.0040	.0031	.0024	.0019	.0014	.0011		17
4	.0295	.0247	.0206	.0170	.0139	.0113	.0092	.0074	.0059	.0046		16
5	.0656	.0573	.0496	.0427	.0365	.0309	.0260	.0217	.0180	.0148		15
6	.1140	.1037	.0936	.0839	.0746	.0658	.0577	.0501	.0432	.0370		14
7	.1585	.1502	.1413	.1318	.1221	.1122	.1023	.0925	.0830	.0739		13

(표 B 계속)

8	.1790	.1768	.1732	.1683	.1623	.1553	.1474	.1388	.1296	.1201		12
9	.1658	.1707	.1742	.1763	.1771	.1763	.1742	.1708	.1661	.1602		11
10	.1268	.1359	.1446	.1524	.1593	.1652	.1700	.1734	.1755	.1762		10
11	.0801	.0895	.0991	.1089	.1185	.1280	.1370	.1455	.1533	.1602		9
12	.0417	.0486	.0561	.0642	.0727	.0818	.0911	.1007	.1105	.1201		8
13	.0178	.0217	.0260	.0310	.0366	.0429	.0497	.0572	.0653	.0739		7
14	.0062	.0078	.0098	.0122	.0150	.0183	.0221	.0264	.0314	.0370		6
15	.0017	.0023	.0030	.0038	.0049	.0062	.0078	.0098	.0121	.0148		5
16	.0004	.0005	.0007	.0009	.0013	.0017	.0022	.0028	.0036	.0046		4
17	.0001	.0001	.0001	.0002	.0002	.0003	.0005	.0006	.0008	.0011		3
18	.0000	.0000	.0000	.0000	.0000	.0000	.0001	.0001	.0001	.0002		2
	0.59	0.58	0.57	0.56	0.55	0.54	0.53	0.52	0.51	0.50	p	x

$n=30$

x p	0.01	0.02	0.03	0.04	0.05	0.06	0.07	0.08	0.09	0.10		
0	.7397	.5455	.4010	.2939	.2146	.1563	.1134	.0820	.0591	.0424		30
1	.2242	.3340	.3721	.3673	.3389	.2992	.2560	.2138	.1752	.1413		29
2	.0328	.0988	.1669	.2219	.2586	.2769	.2794	.2696	.2513	.2277		28
3	.0031	.0188	.0482	.0863	.1270	.1650	.1963	.2188	.2319	.2361		27
4	.0002	.0026	.0101	.0243	.0451	.0711	.0997	.1284	.1548	.1771		26
5	.0000	.0003	.0016	.0053	.0124	.0236	.0390	.0581	.0796	.1023		25
6	.0000	.0000	.0002	.0009	.0027	.0063	.0122	.0210	.0328	.0474		24
7	.0000	.0000	.0000	.0001	.0005	.0014	.0032	.0063	.0111	.0180		23
8	.0000	.0000	.0000	.0000	.0001	.0003	.0007	.0016	.0032	.0058		22
9	.0000	.0000	.0000	.0000	.0000	.0000	.0001	.0003	.0008	.0016		21
10	.0000	.0000	.0000	.0000	.0000	.0000	.0000	.0001	.0002	.0004		20
11	.0000	.0000	.0000	.0000	.0000	.0000	.0000	.0000	.0000	.0001		19
	0.99	0.98	0.97	0.96	0.95	0.94	0.93	0.92	0.91	0.90	p	x

$n=30$

x p	0.11	0.12	0.13	0.14	0.15	0.16	0.17	0.18	0.19	0.20		
0	.0303	.0216	.0153	.0108	.0076	.0054	.0037	.0026	.0018	.0012		30
1	.1124	.0884	.0687	.0529	.0404	.0306	.0230	.0171	.0126	.0093		29
2	.2015	.1747	.1489	.1249	.1034	.0844	.0682	.0544	.0430	.0337		28
3	.2324	.2224	.2077	.1898	.1703	.1501	.1303	.1115	.0942	.0785		27
4	.1939	.2047	.2095	.2086	.2028	.1930	.1802	.1652	.1491	.1325		26

(표 B 계속)

5	.1246	.1451	.1628	.1766	.1861	.1912	.1919	.1886	.1819	.1723	25
6	.0642	.0825	.1013	.1198	.1368	.1517	.1638	.1725	.1777	.1795	24
7	.0272	.0386	.0519	.0668	.0828	.0991	.1150	.1298	.1429	.1538	23
8	.0097	.0151	.0223	.0313	.0420	.0543	.0677	.0819	.0964	.1106	22
9	.0029	.0050	.0081	.0125	.0181	.0253	.0339	.0440	.0553	.0676	21
10	.0008	.0014	.0026	.0043	.0067	.0101	.0146	.0203	.0272	.0355	20
11	.0002	.0004	.0007	.0013	.0022	.0035	.0054	.0081	.0116	.0161	19
12	.0000	.0001	.0002	.0003	.0006	.0011	.0018	.0028	.0043	.0064	18
13	.0000	.0000	.0000	.0001	.0001	.0003	.0005	.0009	.0014	.0022	17
14	.0000	.0000	.0000	.0000	.0000	.0001	.0001	.0002	.0004	.0007	16
15	.0000	.0000	.0000	.0000	.0000	.0000	.0000	.0001	.0001	.0002	15
	0.89	0.88	0.87	0.86	0.85	0.84	0.83	0.82	0.81	0.80	p x

$n=30$

x p	0.21	0.22	0.23	0.24	0.25	0.26	0.27	0.28	0.29	0.30	
0	.0008	.0006	.0004	.0003	.0002	.0001	.0001	.0001	.0000	.0000	30
1	.0068	.0049	.0035	.0025	.0018	.0013	.0009	.0006	.0004	.0003	29
2	.0261	.0200	.0153	.0115	.0086	.0064	.0047	.0035	.0025	.0018	28
3	.0647	.0528	.0426	.0340	.0269	.0210	.0163	.0125	.0095	.0072	27
4	.1161	.1005	.0858	.0724	.0604	.0499	.0407	.0329	.0263	.0208	26
5	.1605	.1473	.1333	.1189	.1047	.0911	.0783	.0665	.0559	.0464	25
6	.1778	.1732	.1659	.1565	.1455	.1334	.1207	.1078	.0951	.0829	24
7	.1621	.1674	.1699	.1694	.1662	.1606	.1530	.1437	.1332	.1219	23
8	.1239	.1358	.1459	.1538	.1593	.1623	.1627	.1607	.1564	.1501	22
9	.0805	.0936	.1065	.1187	.1298	.1394	.1471	.1527	.1562	.1573	21
10	.0449	.0554	.0668	.0787	.0909	.1028	.1143	.1247	.1339	.1416	20
11	.0217	.0284	.0363	.0452	.0551	.0657	.0768	.0882	.0995	.1103	19
12	.0091	.0127	.0172	.0226	.0291	.0365	.0450	.0543	.0643	.0749	18
13	.0034	.0050	.0071	.0099	.0134	.0178	.0230	.0292	.0364	.0444	17
14	.0011	.0017	.0026	.0038	.0054	.0076	.0103	.0138	.0180	.0231	16
15	.0003	.0005	.0008	.0013	.0019	.0028	.0041	.0057	.0079	.0106	15
16	.0001	.0001	.0002	.0004	.0006	.0009	.0014	.0021	.0030	.0042	14
17	.0000	.0000	.0001	.0001	.0002	.0003	.0004	.0007	.0010	.0015	13
18	.0000	.0000	.0000	.0000	.0000	.0001	.0001	.0002	.0003	.0005	12
19	.0000	.0000	.0000	.0000	.0000	.0000	.0000	.0000	.0001	.0001	11

(표 B 계속)

	0.79	0.78	0.77	0.76	0.75	0.74	0.73	0.72	0.71	0.70	p x

$n=30$

x p	0.31	0.32	0.33	0.34	0.35	0.36	0.37	0.38	0.39	0.40	
1	.0002	.0001	.0001	.0001	.0000	.0000	.0000	.0000	.0000	.0000	29
2	.0013	.0009	.0006	.0004	.0003	.0002	.0001	.0001	.0001	.0000	28
3	.0054	.0040	.0029	.0021	.0015	.0011	.0008	.0006	.0004	.0003	27
4	.0163	.0127	.0098	.0074	.0056	.0042	.0031	.0023	.0017	.0012	26
5	.0382	.0311	.0250	.0199	.0157	.0123	.0095	.0073	.0055	.0041	25
6	.0715	.0609	.0513	.0428	.0353	.0288	.0233	.0186	.0147	.0115	24
7	.1101	.0983	.0867	.0756	.0652	.0556	.0469	.0391	.0323	.0263	23
8	.1422	.1330	.1228	.1120	.1009	.0899	.0792	.0689	.0593	.0505	22
9	.1562	.1530	.1478	.1410	.1328	.1236	.1136	.1032	.0927	.0823	21
10	.1474	.1512	.1529	.1526	.1502	.1460	.1402	.1329	.1245	.1152	20
11	.1204	.1293	.1369	.1429	.1471	.1493	.1497	.1481	.1447	.1396	19
12	.0856	.0964	.1068	.1166	.1254	.1330	.1392	.1437	.1465	.1474	18
13	.0533	.0628	.0728	.0831	.0935	.1036	.1132	.1219	.1296	.1360	17
14	.0291	.0359	.0436	.0520	.0611	.0708	.0807	.0908	.1007	.1101	16
15	.0139	.0180	.0229	.0286	.0351	.0425	.0506	.0593	.0686	.0783	15
16	.0059	.0079	.0106	.0138	.0177	.0224	.0278	.0341	.0411	.0489	14
17	.0022	.0031	.0043	.0059	.0079	.0104	.0135	.0172	.0217	.0269	13
18	.0007	.0010	.0015	.0022	.0031	.0042	.0057	.0076	.0100	.0129	12
19	.0002	.0003	.0005	.0007	.0010	.0015	.0021	.0029	.0040	.0054	11
20	.0000	.0001	.0001	.0002	.0003	.0005	.0007	.0010	.0014	.0020	10
21	.0000	.0000	.0000	.0000	.0001	.0001	.0002	.0003	.0004	.0006	9
22	.0000	.0000	.0000	.0000	.0000	.0000	.0000	.0001	.0001	.0002	8
	0.69	0.68	0.67	0.66	0.65	0.64	0.63	0.62	0.61	0.60	p x

$n=30$

x p	0.41	0.42	0.43	0.44	0.45	0.46	0.47	0.48	0.49	0.50	
3	.0002	.0001	.0001	.0001	.0000	.0000	.0000	.0000	.0000	.0000	27
4	.0009	.0006	.0004	.0003	.0002	.0001	.0001	.0001	.0000	.0000	26
5	.0031	.0023	.0017	.0012	.0008	.0006	.0004	.0003	.0002	.0001	25
6	.0089	.0068	.0052	.0039	.0029	.0021	.0015	.0011	.0008	.0006	24
7	.0213	.0170	.0134	.0105	.0081	.0062	.0047	.0035	.0026	.0019	23
8	.0425	.0354	.0291	.0237	.0191	.0152	.0120	.0093	.0072	.0055	22

(표 B 계속)

9	.0722	.0626	.0537	.0456	.0382	.0317	.0260	.0210	.0168	.0133		21
10	.1054	.0952	.0851	.0752	.0656	.0567	.0483	.0408	.0340	.0280		20
11	.1331	.1254	.1167	.1074	.0976	.0877	.0779	.0684	.0593	.0509		19
12	.1465	.1438	.1394	.1336	.1265	.1183	.1094	.1000	.0903	.0806		18
13	.1409	.1442	.1456	.1453	.1433	.1396	.1344	.1278	.1201	.1115		17
14	.1189	.1268	.1334	.1387	.1424	.1444	.1447	.1432	.1401	.1354		16
15	.0881	.0979	.1074	.1162	.1242	.1312	.1369	.1410	.1436	.1445		15
16	.0574	.0665	.0759	.0856	.0953	.1048	.1138	.1221	.1293	.1354		14
17	.0329	.0396	.0472	.0554	.0642	.0735	.0831	.0928	.1023	.1115		13
18	.0165	.0207	.0257	.0314	.0379	.0452	.0532	.0619	.0710	.0806		12
19	.0072	.0095	.0122	.0156	.0196	.0243	.0298	.0361	.0431	.0509		11
20	.0028	.0038	.0051	.0067	.0088	.0114	.0145	.0183	.0228	.0280		10
21	.0009	.0013	.0018	.0025	.0034	.0046	.0061	.0080	.0104	.0133		9
22	.0003	.0004	.0006	.0008	.0012	.0016	.0022	.0030	.0041	.0055		8
23	.0001	.0001	.0001	.0002	.0003	.0005	.0007	.0010	.0014	.0019		7
24	.0000	.0000	.0000	.0001	.0001	.0001	.0002	.0003	.0004	.0006		6
25	.0000	.0000	.0000	.0000	.0000	.0000	.0000	.0001	.0001	.0001		5
	0.59	0.58	0.57	0.56	0.55	0.54	0.53	0.52	0.51	0.50	p	x

C. 포아송분포표

$$P(X=x)=\frac{e^{-\lambda}\lambda^x}{x!}$$

x	0.1	0.2	0.3	0.4	0.5	0.6	0.7	0.8	0.9	1.0
0	.9048	.8187	.7408	.6703	.6065	.5488	.4966	.4493	.4066	.3679
1	.0905	.1637	.2222	.2681	.3033	.3293	.3476	.3595	.3659	.3679
2	.0045	.0164	.0333	.0536	.0758	.0988	.1217	.1438	.1647	.1839
3	.0002	.0011	.0033	.0072	.0126	.0198	.0284	.0383	.0494	.0613
4	.0000	.0001	.0003	.0007	.0016	.0030	.0050	.0077	.0111	.0153
5	.0000	.0000	.0000	.0001	.0002	.0004	.0007	.0012	.0020	.0031
6	.0000	.0000	.0000	.0000	.0000	.0000	.0001	.0002	.0003	.0005
7	.0000	.0000	.0000	.0000	.0000	.0000	.0000	.0000	.0000	.0001

x	1.1	1.2	1.3	1.4	1.5	1.6	1.7	1.8	1.9	2.0
0	.3329	.3012	.2725	.2466	.2231	.2019	.1827	.1653	.1496	.1353
1	.3662	.3614	.3543	.3452	.3347	.3230	.3106	.2975	.2842	.2707
2	.2014	.2169	.2303	.2417	.2510	.2584	.2640	.2678	.2700	.2707
3	.0738	.0867	.0998	.1128	.1255	.1378	.1496	.1607	.1710	.1804
4	.0203	.0260	.0324	.0395	.0471	.0551	.0636	.0723	.0812	.0902
5	.0045	.0062	.0084	.0111	.0141	.0176	.0216	.0260	.0309	.0361
6	.0008	.0012	.0018	.0026	.0035	.0047	.0061	.0078	.0098	.0120
7	.0001	.0002	.0003	.0005	.0008	.0011	.0015	.0020	.0027	.0034
8	.0000	.0000	.0001	.0001	.0001	.0002	.0003	.0005	.0006	.0009
9	.0000	.0000	.0000	.0000	.0000	.0000	.0001	.0001	.0001	.0002

x	2.1	2.2	2.3	2.4	2.5	2.6	2.7	2.8	2.9	3.0
0	.1225	.1108	.1003	.0907	.0821	.0743	.0672	.0608	.0550	.0498
1	.2572	.2438	.2306	.2177	.2052	.1931	.1815	.1703	.1596	.1494
2	.2700	.2681	.2652	.2613	.2565	.2510	.2450	.2384	.2314	.2240
3	.1890	.1966	.2033	.2090	.2138	.2176	.2205	.2225	.2237	.2240
4	.0992	.1082	.1169	.1254	.1336	.1414	.1488	.1557	.1622	.1680
5	.0417	.0476	.0538	.0602	.0668	.0735	.0804	.0872	.0940	.1008
6	.0146	.0174	.0206	.0241	.0278	.0319	.0362	.0407	.0455	.0504
7	.0044	.0055	.0068	.0083	.0099	.0118	.0139	.0163	.0188	.0216
8	.0011	.0015	.0019	.0025	.0031	.0038	.0047	.0057	.0068	.0081
9	.0003	.0004	.0005	.0007	.0009	.0011	.0014	.0018	.0022	.0027
10	.0001	.0001	.0001	.0002	.0002	.0003	.0004	.0005	.0006	.0008
11	.0000	.0000	.0000	.0000	.0000	.0001	.0001	.0001	.0002	.0002
12	.0000	.0000	.0000	.0000	.0000	.0000	.0000	.0000	.0000	.0001

(표 C 계속)

x	3.1	3.2	3.3	3.4	3.5	3.6	3.7	3.8	3.9	4.0
0	.0450	.0408	.0369	.0334	.0302	.0273	.0247	.0224	.0202	.0183
1	.1397	.1304	.1217	.1135	.1057	.0984	.0915	.0850	.0789	.0733
2	.2165	.2087	.2008	.1929	.1850	.1771	.1692	.1615	.1539	.1465
3	.2237	.2226	.2209	.2186	.2158	.2125	.2087	.2046	.2001	.1954
4	.1733	.1781	.1823	.1858	.1888	.1912	.1931	.1944	.1951	.1954
5	.1075	.1140	.1203	.1264	.1322	.1377	.1429	.1477	.1522	.1563
6	.0555	.0608	.0662	.0716	.0771	.0826	.0881	.0936	.0989	.1042
7	.0246	.0278	.0312	.0348	.0385	.0425	.0466	.0508	.0551	.0595
8	.0095	.0111	.0129	.0148	.0169	.0191	.0215	.0241	.0269	.0298
9	.0033	.0040	.0047	.0056	.0066	.0076	.0089	.0102	.0116	.0132
10	.0010	.0013	.0016	.0019	.0023	.0028	.0033	.0039	.0045	.0053
11	.0003	.0004	.0005	.0006	.0007	.0009	.0011	.0013	.0016	.0019
12	.0001	.0001	.0001	.0002	.0002	.0003	.0003	.0004	.0005	.0006
13	.0000	.0000	.0000	.0000	.0001	.0001	.0001	.0001	.0002	.0002
14	.0000	.0000	.0000	.0000	.0000	.0000	.0000	.0000	.0000	.0001

x	4.1	4.2	4.3	4.4	4.5	4.6	4.7	4.8	4.9	5.0
0	.0166	.0150	.0136	.0123	.0111	.0101	.0091	.0082	.0074	.0067
1	.0679	.0630	.0583	.0540	.0500	.0462	.0427	.0395	.0365	.0337
2	.1393	.1323	.1254	.1188	.1125	.1063	.1005	.0948	.0894	.0842
3	.1904	.1852	.1798	.1743	.1687	.1631	.1574	.1517	.1460	.1404
4	.1951	.1944	.1933	.1917	.1898	.1875	.1849	.1820	.1789	.1755
5	.1600	.1633	.1662	.1687	.1708	.1725	.1738	.1747	.1753	.1755
6	.1093	.1143	.1191	.1237	.1281	.1323	.1362	.1398	.1432	.1462
7	.0640	.0686	.0732	.0778	.0824	.0869	.0914	.0959	.1002	.1044
8	.0328	.0360	.0393	.0428	.0463	.0500	.0537	.0575	.0614	.0653
9	.0150	.0168	.0188	.0209	.0232	.0255	.0281	.0307	.0334	.0363
10	.0061	.0071	.0081	.0092	.0104	.0118	.0132	.0147	.0164	.0181
11	.0023	.0027	.0032	.0037	.0043	.0049	.0056	.0064	.0073	.0082
12	.0008	.0009	.0011	.0013	.0016	.0019	.0022	.0026	.0030	.0034
13	.0002	.0003	.0004	.0005	.0006	.0007	.0008	.0009	.0011	.0013
14	.0001	.0001	.0001	.0001	.0002	.0002	.0003	.0003	.0004	.0005

x	5.1	5.2	5.3	5.4	5.5	5.6	5.7	5.8	5.9	6.0
0	.0061	.0055	.0050	.0045	.0041	.0037	.0033	.0030	.0027	.0025
1	.0311	.0287	.0265	.0244	.0225	.0207	.0191	.0176	.0162	.0149
2	.0793	.0746	.0701	.0659	.0618	.0580	.0544	.0509	.0477	.0446
3	.1348	.1293	.1239	.1185	.1133	.1082	.1033	.0985	.0938	.0892

(표 C 계속)

4	.1719	.1681	.1641	.1600	.1558	.1515	.1472	.1428	.1383	.1339
5	.1753	.1748	.1740	.1728	.1714	.1697	.1678	.1656	.1632	.1606
6	.1490	.1515	.1537	.1555	.1571	.1584	.1594	.1601	.1605	.1606
7	.1086	.1125	.1163	.1200	.1234	.1267	.1298	.1326	.1353	.1377
8	.0692	.0731	.0771	.0810	.0849	.0887	.0925	.0962	.0998	.1033
9	.0392	.0423	.0454	.0486	.0519	.0552	.0586	.0620	.0654	.0688
10	.0200	.0220	.0241	.0262	.0285	.0309	.0334	.0359	.0386	.0413
11	.0093	.0104	.0116	.0129	.0143	.0157	.0173	.0190	.0207	.0225
12	.0039	.0045	.0051	.0058	.0065	.0073	.0082	.0092	.0102	.0113
13	.0015	.0018	.0021	.0024	.0028	.0032	.0036	.0041	.0046	.0052
14	.0006	.0007	.0008	.0009	.0011	.0013	.0015	.0017	.0019	.0022
15	.0002	.0002	.0003	.0003	.0004	.0005	.0006	.0007	.0008	.0009
16	.0001	.0001	.0001	.0001	.0001	.0002	.0002	.0002	.0003	.0003
17	.0000	.0000	.0000	.0000	.0000	.0001	.0001	.0001	.0001	.0001

x	6.1	6.2	6.3	6.4	6.5	6.6	6.7	6.8	6.9	7.0
0	.0022	.0020	.0018	.0017	.0015	.0014	.0012	.0011	.0010	.0009
1	.0137	.0126	.0116	.0106	.0098	.0090	.0082	.0076	.0070	.0064
2	.0417	.0390	.0364	.0340	.0318	.0296	.0276	.0258	.0240	.0223
3	.0848	.0806	.0765	.0726	.0688	.0652	.0617	.0584	.0552	.0521
4	.1294	.1249	.1205	.1162	.1118	.1076	.1034	.0992	.0952	.0912
5	.1579	.1549	.1519	.1487	.1454	.1420	.1385	.1349	.1314	.1277
6	.1605	.1601	.1595	.1586	.1575	.1562	.1546	.1529	.1511	.1490
7	.1399	.1418	.1435	.1450	.1462	.1472	.1480	.1486	.1489	.1490
8	.1066	.1099	.1130	.1160	.1188	.1215	.1240	.1263	.1284	.1304
9	.0723	.0757	.0791	.0825	.0858	.0891	.0923	.0954	.0985	.1014
10	.0441	.0469	.0498	.0528	.0558	.0588	.0618	.0649	.0679	.0710
11	.0244	.0265	.0285	.0307	.0330	.0353	.0377	.0401	.0426	.0452
12	.0124	.0137	.0150	.0164	.0179	.0194	.0210	.0227	.0245	.0263
13	.0058	.0065	.0073	.0081	.0089	.0099	.0108	.0119	.0130	.0142
14	.0025	.0029	.0033	.0037	.0041	.0046	.0052	.0058	.0064	.0071
15	.0010	.0012	.0014	.0016	.0018	.0020	.0023	.0026	.0029	.0033
16	.0004	.0005	.0005	.0006	.0007	.0008	.0010	.0011	.0013	.0014
17	.0001	.0002	.0002	.0002	.0003	.0003	.0004	.0004	.0005	.0006
18	.0000	.0001	.0001	.0001	.0001	.0001	.0001	.0002	.0002	.0002
19	.0000	.0000	.0000	.0000	.0000	.0000	.0001	.0001	.0001	.0001

x	7.1	7.2	7.3	7.4	7.5	7.6	7.7	7.8	7.9	8.0
0	.0008	.0007	.0007	.0006	.0006	.0005	.0005	.0004	.0004	.0003

(표 C 계속)

1	.0059	.0054	.0049	.0045	.0041	.0038	.0035	.0032	.0029	.0027
2	.0208	.0194	.0180	.0167	.0156	.0145	.0134	.0125	.0116	.0107
3	.0492	.0464	.0438	.0413	.0389	.0366	.0345	.0324	.0305	.0286
4	.0874	.0836	.0799	.0764	.0729	.0696	.0663	.0632	.0602	.0573
5	.1241	.1204	.1167	.1130	.1094	.1057	.1021	.0986	.0951	.0916
6	.1468	.1445	.1420	.1394	.1367	.1339	.1311	.1282	.1252	.1221
7	.1489	.1486	.1481	.1474	.1465	.1454	.1442	.1428	.1413	.1396
8	.1321	.1337	.1351	.1363	.1373	.1381	.1388	.1392	.1395	.1396
9	.1042	.1070	.1096	.1121	.1144	.1167	.1187	.1207	.1224	.1241
10	.0740	.0770	.0800	.0829	.0858	.0887	.0914	.0941	.0967	.0993
11	.0478	.0504	.0531	.0558	.0585	.0613	.0640	.0667	.0695	.0722
12	.0283	.0303	.0323	.0344	.0366	.0388	.0411	.0434	.0457	.0481
13	.0154	.0168	.0181	.0196	.0211	.0227	.0243	.0260	.0278	.0296
14	.0078	.0086	.0095	.0104	.0113	.0123	.0134	.0145	.0157	.0169
15	.0037	.0041	.0046	.0051	.0057	.0062	.0069	.0075	.0083	.0090
16	.0016	.0019	.0021	.0024	.0026	.0030	.0033	.0037	.0041	.0045
17	.0007	.0008	.0009	.0010	.0012	.0013	.0015	.0017	.0019	.0021
18	.0003	.0003	.0004	.0004	.0005	.0006	.0006	.0007	.0008	.0009
19	.0001	.0001	.0001	.0002	.0002	.0002	.0003	.0003	.0003	.0004
20	.0000	.0000	.0001	.0001	.0001	.0001	.0001	.0001	.0001	.0002
21	.0000	.0000	.0000	.0000	.0000	.0000	.0000	.0000	.0001	.0001

x	8.1	8.2	8.3	8.4	8.5	8.6	8.7	8.8	8.9	9.0
0	.0003	.0003	.0002	.0002	.0002	.0002	.0002	.0002	.0001	.0001
1	.0025	.0023	.0021	.0019	.0017	.0016	.0014	.0013	.0012	.0011
2	.0100	.0092	.0086	.0079	.0074	.0068	.0063	.0058	.0054	.0050
3	.0269	.0252	.0237	.0222	.0208	.0195	.0183	.0171	.0160	.0150
4	.0544	.0517	.0491	.0466	.0443	.0420	.0398	.0377	.0357	.0337
5	.0882	.0849	.0816	.0784	.0752	.0722	.0692	.0663	.0635	.0607
6	.1191	.1160	.1128	.1097	.1066	.1034	.1003	.0972	.0941	.0911
7	.1378	.1358	.1338	.1317	.1294	.1271	.1247	.1222	.1197	.1171
8	.1395	.1392	.1388	.1382	.1375	.1366	.1356	.1344	.1332	.1318
9	.1256	.1269	.1280	.1290	.1299	.1306	.1311	.1315	.1317	.1318
10	.1017	.1040	.1063	.1084	.1104	.1123	.1140	.1157	.1172	.1186
11	.0749	.0776	.0802	.0828	.0853	.0878	.0902	.0925	.0948	.0970
12	.0505	.0530	.0555	.0579	.0604	.0629	.0654	.0679	.0703	.0728
13	.0315	.0334	.0354	.0374	.0395	.0416	.0438	.0459	.0481	.0504
14	.0182	.0196	.0210	.0225	.0240	.0256	.0272	.0289	.0306	.0324
15	.0098	.0107	.0116	.0126	.0136	.0147	.0158	.0169	.0182	.0194
16	.0050	.0055	.0060	.0066	.0072	.0079	.0086	.0093	.0101	.0109

(표 C 계속)

17	.0024	.0026	.0029	.0033	.0036	.0040	.0044	.0048	.0053	.0058
18	.0011	.0012	.0014	.0015	.0017	.0019	.0021	.0024	.0026	.0029
19	.0005	.0005	.0006	.0007	.0008	.0009	.0010	.0011	.0012	.0014
20	.0002	.0002	.0002	.0003	.0003	.0004	.0004	.0005	.0005	.0006
21	.0001	.0001	.0001	.0001	.0001	.0002	.0002	.0002	.0002	.0003
22	.0000	.0000	.0000	.0000	.0001	.0001	.0001	.0001	.0001	.0001

x	9.1	9.2	9.3	9.4	9.5	9.6	9.7	9.8	9.9	10
0	.0001	.0001	.0001	.0001	.0001	.0001	.0001	.0001	.0001	.0000
1	.0010	.0009	.0009	.0008	.0007	.0007	.0006	.0005	.0005	.0005
2	.0046	.0043	.0040	.0037	.0034	.0031	.0029	.0027	.0025	.0023
3	.0140	.0131	.0123	.0115	.0107	.0100	.0093	.0087	.0081	.0076
4	.0319	.0302	.0285	.0269	.0254	.0240	.0226	.0213	.0201	.0189
5	.0581	.0555	.0530	.0506	.0483	.0460	.0439	.0418	.0398	.0378
6	.0881	.0851	.0822	.0793	.0764	.0736	.0709	.0682	.0656	.0631
7	.1145	.1118	.1091	.1064	.1037	.1010	.0982	.0955	.0928	.0901
8	.1302	.1286	.1269	.1251	.1232	.1212	.1191	.1170	.1148	.1126
9	.1317	.1315	.1311	.1306	.1300	.1293	.1284	.1274	.1263	.1251
10	.1198	.1210	.1219	.1228	.1235	.1241	.1245	.1249	.1250	.1251
11	.0991	.1012	.1031	.1049	.1067	.1083	.1098	.1112	.1125	.1137
12	.0752	.0776	.0799	.0822	.0844	.0866	.0888	.0908	.0928	.0948
13	.0526	.0549	.0572	.0594	.0617	.0640	.0662	.0685	.0707	.0729
14	.0342	.0361	.0380	.0399	.0419	.0439	.0459	.0479	.0500	.0521
15	.0208	.0221	.0235	.0250	.0265	.0281	.0297	.0313	.0330	.0347
16	.0118	.0127	.0137	.0147	.0157	.0168	.0180	.0192	.0204	.0217
17	.0063	.0069	.0075	.0081	.0088	.0095	.0103	.0111	.0119	.0128
18	.0032	.0035	.0039	.0042	.0046	.0051	.0055	.0060	.0065	.0071
19	.0015	.0017	.0019	.0021	.0023	.0026	.0028	.0031	.0034	.0037
20	.0007	.0008	.0009	.0010	.0011	.0012	.0014	.0015	.0017	.0019
21	.0003	.0003	.0004	.0004	.0005	.0006	.0006	.0007	.0008	.0009
22	.0001	.0001	.0002	.0002	.0002	.0002	.0003	.0003	.0004	.0004
23	.0000	.0001	.0001	.0001	.0001	.0001	.0001	.0001	.0002	.0002
24	.0000	.0000	.0000	.0000	.0000	.0000	.0000	.0001	.0001	.0001

x	11	12	13	14	15	16	17	18	19	20
0	.0000	.0000	.0000	.0000	.0000	.0000	.0000	.0000	.0000	.0000
1	.0002	.0001	.0000	.0000	.0000	.0000	.0000	.0000	.0000	.0000
2	.0010	.0004	.0002	.0001	.0000	.0000	.0000	.0000	.0000	.0000
3	.0037	.0018	.0008	.0004	.0002	.0001	.0000	.0000	.0000	.0000

(표 C 계속)

4	.0102	.0053	.0027	.0013	.0006	.0003	.0001	.0001	.0000	.0000
5	.0224	.0127	.0070	.0037	.0019	.0010	.0005	.0002	.0001	.0001
6	.0411	.0255	.0152	.0087	.0048	.0026	.0014	.0007	.0004	.0002
7	.0646	.0437	.0281	.0174	.0104	.0060	.0034	.0019	.0010	.0005
8	.0888	.0655	.0457	.0304	.0194	.0120	.0072	.0042	.0024	.0013
9	.1085	.0874	.0661	.0473	.0324	.0213	.0135	.0083	.0050	.0029
10	.1194	.1048	.0859	.0663	.0486	.0341	.0230	.0150	.0095	.0058
11	.1194	.1144	.1015	.0844	.0663	.0496	.0355	.0245	.0164	.0106
12	.1094	.1144	.1099	.0984	.0829	.0661	.0504	.0368	.0259	.0176
13	.0926	.1056	.1099	.1060	.0956	.0814	.0658	.0509	.0378	.0271
14	.0728	.0905	.1021	.1060	.1024	.0930	.0800	.0655	.0514	.0387
15	.0534	.0724	.0885	.0989	.1024	.0992	.0906	.0786	.0650	.0516
16	.0367	.0543	.0719	.0866	.0960	.0992	.0963	.0884	.0772	.0646
17	.0237	.0383	.0550	.0713	.0847	.0934	.0963	.0936	.0863	.0760
18	.0145	.0255	.0397	.0554	.0706	.0830	.0909	.0936	.0911	.0844
19	.0084	.0161	.0272	.0409	.0557	.0699	.0814	.0887	.0911	.0888
20	.0046	.0097	.0177	.0286	.0418	.0559	.0692	.0798	.0866	.0888
21	.0024	.0055	.0109	.0191	.0299	.0426	.0560	.0684	.0783	.0846
22	.0012	.0030	.0065	.0121	.0204	.0310	.0433	.0560	.0676	.0769
23	.0006	.0016	.0037	.0074	.0133	.0216	.0320	.0438	.0559	.0669
24	.0003	.0008	.0020	.0043	.0083	.0144	.0226	.0328	.0442	.0557
25	.0001	.0004	.0010	.0024	.0050	.0092	.0154	.0237	.0336	.0446
26	.0000	.0002	.0005	.0013	.0029	.0057	.0101	.0164	.0246	.0343
27	.0000	.0001	.0002	.0007	.0016	.0034	.0063	.0109	.0173	.0254
28	.0000	.0000	.0001	.0003	.0009	.0019	.0038	.0070	.0117	.0181
29	.0000	.0000	.0001	.0002	.0004	.0011	.0023	.0044	.0077	.0125
30	.0000	.0000	.0000	.0001	.0002	.0006	.0013	.0026	.0049	.0083
31	.0000	.0000	.0000	.0000	.0001	.0003	.0007	.0015	.0030	.0054
32	.0000	.0000	.0000	.0000	.0001	.0001	.0004	.0009	.0018	.0034
33	.0000	.0000	.0000	.0000	.0000	.0001	.0002	.0005	.0010	.0020
34	.0000	.0000	.0000	.0000	.0000	.0000	.0001	.0002	.0006	.0012
35	.0000	.0000	.0000	.0000	.0000	.0000	.0000	.0001	.0003	.0007
36	.0000	.0000	.0000	.0000	.0000	.0000	.0000	.0001	.0002	.0004
37	.0000	.0000	.0000	.0000	.0000	.0000	.0000	.0000	.0001	.0002
38	.0000	.0000	.0000	.0000	.0000	.0000	.0000	.0000	.0000	.0001
39	.0000	.0000	.0000	.0000	.0000	.0000	.0000	.0000	.0000	.0001

D. 누적표준정규분포표

$$\Phi(Z)=\frac{1}{\sqrt{2}}e^{-z/2}dz$$

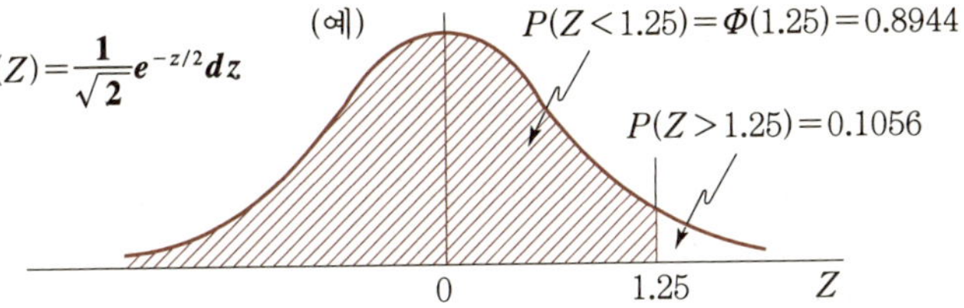

z	.00	.01	.02	.03	.04	.05	.06	.07	.08	.09
.0	.5000	.5040	.5080	.5120	.5160	.5199	.5239	.5279	.5319	.5359
.1	.5398	.5438	.5478	.5517	.5557	.5596	.5636	.5675	.5714	.5753
.2	.5793	.5832	.5871	.5910	.5948	.5987	.6026	.6064	.6103	.6141
.3	.6179	.6217	.6255	.6293	.6331	.6368	.6406	.6443	.6480	.6517
.4	.6554	.6591	.6628	.6664	.6700	.6736	.6772	.6808	.6844	.6879
.5	.6915	.6950	.6985	.7019	.7054	.7088	.7123	.7157	.7190	.7224
.6	.7257	.7291	.7324	.7357	.7389	.7422	.7454	.7486	.7517	.7549
.7	.7580	.7611	.7642	.7673	.7704	.7734	.7764	.7794	.7823	.7852
.8	.7881	.7910	.7939	.7967	.7995	.8023	.8051	.8078	.8106	.8133
.9	.8159	.8186	.8212	.8238	.8264	.8289	.8315	.8340	.8365	.8389
1.0	.8413	.8438	.8461	.8485	.8508	.8531	.8554	.8577	.8599	.8621
1.1	.8643	.8665	.8686	.8708	.8729	.8749	.8770	.8790	.8810	.8830
1.2	.8849	.8869	.8888	.8907	.8925	.8944	.8962	.8980	.8997	.9015
1.3	.9032	.9049	.9066	.9082	.9099	.9115	.9131	.9147	.9162	.9177
1.4	.9192	.9207	.9222	.9236	.9251	.9265	.9279	.9292	.9306	.9319
1.5	.9332	.9345	.9357	.9370	.9382	.9394	.9406	.9418	.9429	.9441
1.6	.9452	.9463	.9474	.9484	.9495	.9505	.9515	.9525	.9535	.9545
1.7	.9554	.9564	.9573	.9582	.9591	.9599	.9608	.9616	.9625	.9633
1.8	.9641	.9649	.9656	.9664	.9671	.9678	.9686	.9693	.9699	.9706
1.9	.9713	.9719	.9726	.9732	.9738	.9744	.9750	.9756	.9761	.9767
2.0	.9772	.9778	.9783	.9788	.9793	.9798	.9803	.9808	.9812	.9817
2.1	.9821	.9826	.9830	.9834	.9838	.9842	.9846	.9850	.9854	.9857
2.2	.9861	.9864	.9868	.9871	.9875	.9878	.9881	.9884	.9887	.9890
2.3	.9893	.9896	.9898	.9901	.9904	.9906	.9909	.9911	.9913	.9916
2.4	.9918	.9920	.9922	.9925	.9927	.9929	.9931	.9932	.9934	.9936
2.5	.9938	.9940	.9941	.9943	.9945	.9946	.9948	.9949	.9951	.9952
2.6	.9953	.9955	.9956	.9957	.9959	.9960	.9961	.9962	.9963	.9964
2.7	.9965	.9966	.9967	.9968	.9969	.9970	.9971	.9972	.9973	.9974
2.8	.9974	.9975	.9976	.9977	.9977	.9978	.9979	.9979	.9980	.9981
2.9	.9981	.9982	.9982	.9983	.9984	.9984	.9985	.9985	.9986	.9986
3.0	.9987	.9987	.9987	.9988	.9988	.9989	.9989	.9989	.9990	.9990
3.1	.9990	.9991	.9991	.9991	.9992	.9992	.9992	.9992	.9993	.9993
3.2	.9993	.9993	.9994	.9994	.9994	.9994	.9994	.9995	.9995	.9995
3.3	.9995	.9995	.9995	.9996	.9996	.9996	.9996	.9996	.9996	.9997
3.4	.9997	.9997	.9997	.9997	.9997	.9997	.9997	.9997	.9997	.9998
3.5	.9998	.9998	.9998	.9998	.9998	.9998	.9998	.9998	.9998	.9998
3.6	.9998	.9998	.9999	.9999	.9999	.9999	.9999	.9999	.9999	.9999
3.7	.9999	.9999	.9999	.9999	.9999	.9999	.9999	.9999	.9999	.9999
3.8	.9999	.9999	.9999	.9999	.9999	.9999	.9999	.9999	.9999	.9999
3.9	1.000	1.000	1.000	1.000	1.000	1.000	1.000	1.000	1.000	1.000
4.0	1.000	1.000	1.000	1.000	1.000	1.000	1.000	1.000	1.000	1.000

E. 누적지수분포표

$$F(x)=\int_0^x \lambda e^{-\lambda x}dx$$

단, 이 표는 편의상 x값 대신 λx값에 대한 누적확률표의 형태로 작성되었음. 따라서, 예컨대 $\lambda=1/6$일 때 x가 9 이하일 확률은 표에서 $\lambda x=1/6(9)=1.5$에 대응하는 값, 0.777을 찾아 구하게 된다.

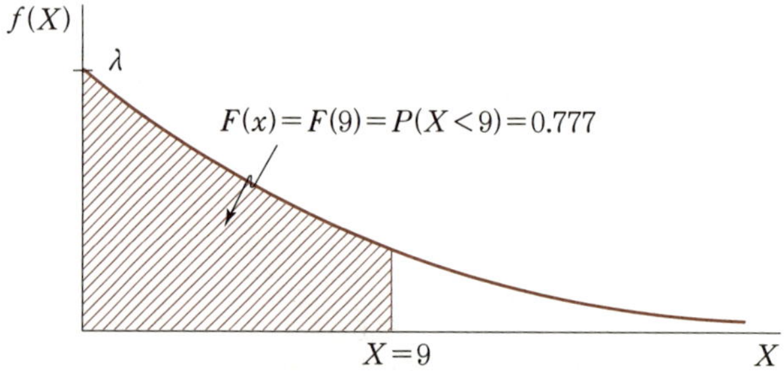

λx	$F(x)$	λx	$F(x)$	λx	$F(x)$	λx	$F(x)$
0.0	0.00000	2.5	0.91792	5.0	0.99326	7.5	0.99945
0.1	0.09516	2.6	0.92573	5.1	0.99390	7.6	0.99950
0.2	0.18127	2.7	0.93279	5.2	0.99448	7.7	0.99955
0.3	0.25918	2.8	0.93919	5.3	0.99501	7.8	0.99959
0.4	0.32968	2.9	0.94498	5.4	0.99548	7.9	0.99963
0.5	0.39347	3.0	0.95021	5.5	0.99591	8.0	0.99966
0.6	0.45119	3.1	0.95495	5.6	0.99630	8.1	0.99970
0.7	0.50341	3.2	0.95924	5.7	0.99665	8.2	0.99973
0.8	0.55067	3.3	0.96312	5.8	0.99697	8.3	0.99975
0.9	0.59343	3.4	0.96663	5.9	0.99726	8.4	0.99978
1.0	0.63212	3.5	0.96980	6.0	0.99752	8.5	0.99980
1.1	0.66713	3.6	0.97268	6.1	0.99776	8.6	0.99982
1.2	0.69881	3.7	0.97528	6.2	0.99797	8.7	0.99983
1.3	0.72747	3.8	0.97763	6.3	0.99816	8.8	0.99985
1.4	0.75340	3.9	0.97976	6.4	0.99834	8.9	0.99986
1.5	0.77687	4.0	0.98168	6.5	0.99850	9.0	0.99988
1.6	0.79810	4.1	0.98343	6.6	0.99864	9.1	0.99989
1.7	0.81732	4.2	0.98500	6.7	0.99877	9.2	0.99990
1.8	0.83470	4.3	0.98643	6.8	0.99889	9.3	0.99991
1.9	0.85043	4.4	0.98772	6.9	0.99899	9.4	0.99992
2.0	0.86466	4.5	0.98889	7.0	0.99909	9.5	0.99993
2.1	0.87754	4.6	0.98995	7.1	0.99917	9.6	0.99993
2.2	0.88920	4.7	0.99090	7.2	0.99925	9.7	0.99994
2.3	0.89974	4.8	0.99177	7.3	0.99932	9.8	0.99994
2.4	0.90928	4.9	0.99255	7.4	0.99939	9.9	0.99995

F. χ^2분포의 임계치(χ^2_α)

$P(\chi^2 \leq \chi^2_\alpha) = 1-\alpha$ 또는 $P(\chi^2 > \chi^2_\alpha) = \alpha$

(단, α는 우단면적)

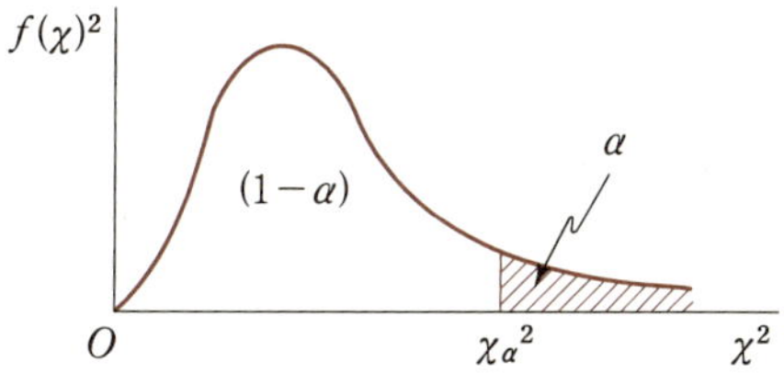

	0.995	0.990	0.975	0.950	0.900	0.100	0.050	0.025	0.010	0.005
1	0.00	0.00	0.00	0.00	0.02	2.71	3.84	5.02	6.63	7.88
2	0.01	0.02	0.05	0.10	0.21	4.61	5.99	7.38	9.21	10.60
3	0.07	0.11	0.22	0.35	0.58	6.25	7.81	9.35	11.34	12.84
4	0.21	0.30	0.48	0.71	1.06	7.78	9.49	11.14	13.28	14.86
5	0.41	0.55	0.83	1.15	1.61	9.24	11.07	12.83	15.09	16.75
6	0.68	0.87	1.24	1.64	2.20	10.64	12.59	14.45	16.81	18.55
7	0.99	1.24	1.69	2.17	2.83	12.02	14.07	16.01	18.48	20.28
8	1.34	1.65	2.18	2.73	3.49	13.36	15.51	17.53	20.09	21.95
9	1.73	2.09	2.70	3.33	4.17	14.68	16.92	19.02	21.67	23.59
10	2.16	2.56	3.25	3.94	4.87	15.99	18.31	20.48	23.21	25.19
11	2.60	3.05	3.82	4.57	5.58	17.28	19.68	21.92	24.72	26.76
12	3.07	3.57	4.40	5.23	6.30	18.55	21.0	23.34	26.22	28.30
13	3.57	4.11	5.01	5.89	7.04	19.81	22.36	24.74	27.69	29.82
14	4.07	4.66	5.63	6.57	7.79	21.06	23.68	26.12	29.14	31.32
15	4.60	5.23	6.26	7.26	8.55	22.31	25.00	27.49	30.58	32.80
16	5.14	5.81	6.91	7.96	9.31	23.54	26.30	28.85	32.00	34.27
17	5.70	6.41	7.56	8.67	10.09	24.77	27.59	30.19	33.41	35.72
18	6.26	7.01	8.23	9.39	10.86	25.99	28.87	31.53	34.81	37.16
19	6.84	7.63	8.91	10.12	11.65	27.20	30.14	32.85	36.19	38.58
20	7.43	8.26	9.59	10.85	12.44	28.41	31.41	34.17	37.57	40.00
21	8.03	8.90	10.28	11.59	13.24	29.62	32.67	35.48	38.93	41.40
22	8.64	9.54	10.98	12.34	14.04	30.81	33.92	36.78	40.29	42.80
23	9.26	10.20	11.69	13.09	14.85	32.01	35.17	38.08	41.64	44.18
24	9.89	10.86	12.40	13.85	15.66	33.20	36.42	39.36	42.98	45.56
25	10.52	11.52	13.12	14.61	16.47	34.38	37.65	40.65	44.31	46.93
26	11.16	12.20	13.84	15.38	17.29	35.56	38.89	41.92	45.64	48.29
27	11.81	12.88	14.57	16.15	18.11	36.74	40.11	43.19	46.96	49.64
28	12.46	13.56	15.31	16.93	18.94	37.92	41.34	44.46	48.28	50.99
29	13.12	14.26	16.05	17.71	19.77	39.09	42.56	45.72	49.59	52.34
30	13.79	14.95	16.79	18.49	20.60	40.26	43.77	46.98	50.89	53.67
40	20.71	22.16	24.43	26.51	29.05	51.81	55.76	59.34	63.69	66.77
50	27.99	29.71	32.36	34.76	37.69	63.17	67.50	71.42	76.15	79.49
60	35.53	37.48	40.48	43.19	46.46	74.40	79.08	83.30	88.38	91.95
70	43.28	45.44	48.76	51.74	55.33	85.53	90.53	95.02	100.43	104.21
80	51.17	53.54	57.15	60.39	64.28	96.58	101.88	106.63	112.33	116.32
90	59.20	61.75	65.65	69.13	73.29	107.57	113.15	118.14	124.12	128.30
100	67.33	70.06	74.22	77.93	82.36	118.50	124.34	129.56	135.81	140.17
Z_α	−2.576	−2.326	−1.96	−1.646	−1.28	+1.28	+1.646	+1.96	+2.326	+2.576

단, 자유도(ν)가 100 이상일 경우에는 표하단에 제시한 Z_α값을 다음 식에 대입하여 χ^2_α값의 근사치를 구할 수 있다.

$$\chi^2 = \nu\left[1 + \frac{2}{9\nu} + Z_\alpha + \sqrt{\frac{2}{9\nu}}\right]^2 \quad \text{또는} \quad \chi^2 = \frac{1}{2}[Z_\alpha + \sqrt{(2\nu-1)}]^2$$

G. 무작위수표(난수표)

88862	47146	64314	64253	76747	26393	7380	43411	79442	34325
78933	64933	94980	24460	32979	29261	88289	85653	85887	3205
30860	51531	56274	63704	55912	93811	72967	7939	53836	34615
27030	12217	33990	49426	65815	44482	87670	52217	38565	65213
54082	47999	74846	20844	37486	20939	67029	57155	44487	21553
68063	74286	35030	51836	15323	76626	57647	90056	28037	81372
42644	61032	24283	87191	53204	47784	54855	66473	66943	40817
27132	73347	40424	71344	53118	77595	71366	46602	29105	75777
79225	48234	10418	58098	45746	11172	64067	26359	36756	68182
27938	77389	58569	54036	51829	43900	57654	38023	16003	30040
57433	70641	62807	55461	55320	52257	42448	28207	42176	47481
30717	83787	66626	36070	76032	28052	70978	50353	49783	58570
58726	51976	50381	53103	53465	69359	100205	8743	53783	32221
39886	32204	36735	83915	76176	49033	37426	39213	34039	26141
52417	24341	57069	36162	55448	28789	67630	69544	120249	29956
74319	26205	19684	55022	51480	5132	61118	72218	28724	33670
34759	21154	46231	45445	86584	87036	21982	55277	10179	49426
36005	45531	33220	59149	75847	39428	62023	33442	34846	48862
56027	52509	18217	18020	102246	57899	55752	37459	82683	115545
15666	41195	52647	39715	51264	13267	76919	22515	44335	2056
76845	85598	56711	43374	5955	44834	12640	71830	47137	27142
56538	33137	40901	1772	49327	72378	79690	40001	67834	53359
69030	32121	43964	10745	52580	1125	80493	52411	60600	41122
38752	64274	10133	21839	61531	36215	20539	77433	43950	10459
58492	76875	75331	14113	51558	49533	85766	45644	36914	45028
70684	50818	66212	34977	60469	91163	45231	38386	79841	36678
26107	35397	22941	61715	53195	10656	34639	46588	78885	24525
47901	66365	69833	11735	36564	57470	16029	34931	52185	37757
66686	43769	47675	22385	54107	33228	69736	53750	81929	123273
40116	6850	50535	47997	51469	71948	32587	66835	45465	94441
68503	52714	100478	13645	89439	60593	101982	90501	35967	37478
62529	76688	74224	46694	73801	14628	51362	63537	46601	41236
91370	50410	39616	83707	7750	57193	70876	48463	12328	21825
24314	73231	51289	123335	29016	60621	9843	71540	62653	89416
52269	89342	47927	70902	53577	49741	64025	42877	56937	79597

H. t분포의 임계치(t_α)

$P(t \leq t_\alpha)=1-\alpha$ 또는 $P(t \geq t_\alpha)=\alpha$
(단, α는 우단면적)

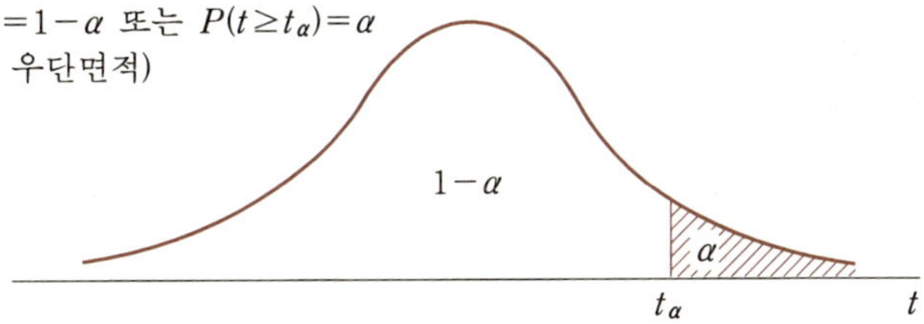

자유도(ν) \ α	0.10	0.05	0.025	0.02	0.01	0.005	0.0005
1	3.078	6.314	12.706	15.895	31.821	63.657	636.619
2	1.886	2.920	4.303	4.849	6.965	9.925	31.599
3	1.638	2.353	3.182	3.482	4.541	5.841	12.924
4	1.533	2.132	2.776	2.999	3.747	4.604	8.610
5	1.476	2.015	2.571	2.757	3.365	4.032	6.869
6	1.440	1.943	2.447	2.612	3.143	3.707	5.959
7	1.415	1.895	2.365	2.517	2.998	3.499	5.408
8	1.397	1.860	2.306	2.449	2.896	3.355	5.041
9	1.383	1.833	2.262	2.398	2.821	3.250	4.781
10	1.372	1.812	2.228	2.359	2.764	3.169	4.587
11	1.363	1.796	2.201	2.328	2.718	3.106	4.437
12	1.356	1.782	2.179	2.303	2.681	3.055	4.318
13	1.350	1.771	2.160	2.282	2.650	3.012	4.221
14	1.345	1.761	2.145	2.264	2.624	2.977	4.140
15	1.341	1.753	2.131	2.249	2.602	2.947	4.073
16	1.337	1.746	2.120	2.235	2.583	2.921	4.015
17	1.333	1.740	2.110	2.224	2.567	2.898	3.965
18	1.330	1.734	2.101	2.214	2.552	2.878	3.922
19	1.328	1.729	2.093	2.205	2.539	2.861	3.883
20	1.325	1.725	2.086	2.197	2.528	2.845	3.850
21	1.323	1.721	2.080	2.189	2.518	2.831	3.819
22	1.321	1.717	2.074	2.183	2.508	2.819	3.792
23	1.319	1.714	2.069	2.177	2.500	2.807	3.768
24	1.318	1.711	2.064	2.172	2.492	2.797	3.745
25	1.316	1.708	2.060	2.167	2.485	2.787	3.725
26	1.315	1.706	2.056	2.162	2.479	2.779	3.707
27	1.314	1.703	2.052	2.158	2.473	2.771	3.690
28	1.313	1.701	2.048	2.154	2.467	2.763	3.674
29	1.311	1.699	2.045	2.150	2.462	2.756	3.659
30	1.310	1.697	2.042	2.147	2.457	2.750	3.646
40	1.303	1.684	2.021	2.123	2.423	2.704	3.551
60	1.296	1.671	2.000	2.099	2.390	2.660	3.460
120	1.289	1.658	1.980	2.076	2.358	2.617	3.373

I. F분포의 임계치

I-a F분포의 임계치(F_α)

(α=0.05 경우)

$P(F \leq F_\alpha)=1-\alpha=0.95$, 또는 $P(F \geq F_\alpha)=\alpha=$ 0.05 (단 α는 우단면적)

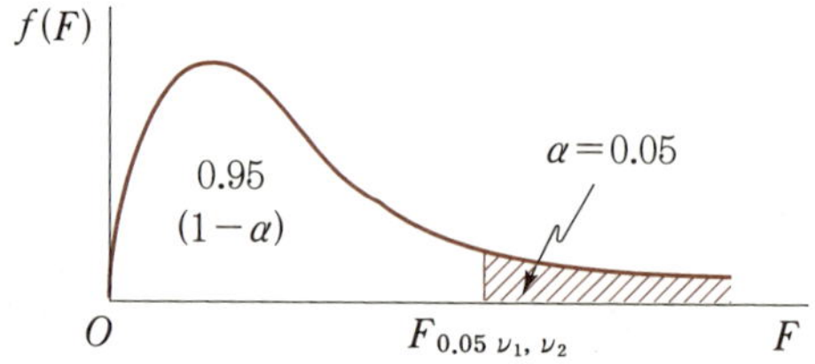

ν_1=분자의 자유도
ν_2=분모의 자유도

ν_2 \ ν_1	1	2	3	4	5	6	7	8	9	10	11	12	13	14	15	16
1	161.45	199.50	215.71	224.58	230.16	233.99	236.77	238.88	240.54	241.88	242.98	243.91	244.69	245.36	245.95	246.46
2	18.51	19.00	19.16	19.25	19.30	19.33	19.35	19.37	19.38	19.40	19.40	19.41	19.42	19.42	19.43	19.43
3	10.13	9.55	9.28	9.12	9.01	8.94	8.89	8.85	8.81	8.79	8.76	8.74	8.73	8.71	8.70	8.69
4	7.71	6.94	6.59	6.39	6.26	6.16	6.09	6.04	6.00	5.96	5.94	5.91	5.89	5.87	5.86	5.84
5	6.61	5.79	5.41	5.19	5.05	4.95	4.88	4.82	4.77	4.74	4.70	4.68	4.66	4.64	4.62	4.60
6	5.99	5.14	4.76	4.53	4.39	4.28	4.21	4.15	4.10	4.06	4.03	4.00	3.98	3.96	3.94	3.92
7	5.59	4.74	4.35	4.12	3.97	3.87	3.79	3.73	3.68	3.64	3.60	3.57	3.55	3.53	3.51	3.49
8	5.32	4.46	4.07	3.84	3.69	3.58	3.50	3.44	3.39	3.35	3.31	3.28	3.26	3.24	3.22	3.20
9	5.12	4.26	3.86	3.63	3.48	3.37	3.29	3.23	3.18	3.14	3.10	3.07	3.05	3.03	3.01	2.99
10	4.96	4.10	3.71	3.48	3.33	3.22	3.14	3.07	3.02	2.98	2.94	2.91	2.89	2.86	2.85	2.83
11	4.84	3.98	3.59	3.36	3.20	3.09	3.01	2.95	2.90	2.85	2.82	2.79	2.76	2.74	2.72	2.70
12	4.75	3.89	3.49	3.26	3.11	3.00	2.91	2.85	2.80	2.75	2.72	2.69	2.66	2.64	2.62	2.60
13	4.67	3.81	3.41	3.18	3.03	2.92	2.83	2.77	2.71	2.67	2.63	2.60	2.58	2.55	2.53	2.51
14	4.60	3.74	3.34	3.11	2.96	2.85	2.76	2.70	2.65	2.60	2.57	2.53	2.51	2.48	2.46	2.44
15	4.54	3.68	3.29	3.06	2.90	2.79	2.71	2.64	2.59	2.54	2.51	2.48	2.45	2.42	2.40	2.38
16	4.49	3.63	3.24	3.01	2.85	2.74	2.66	2.59	2.54	2.49	2.46	2.42	2.40	2.37	2.35	2.33
17	4.45	3.59	3.20	2.96	2.81	2.70	2.61	2.55	2.49	2.45	2.41	2.38	2.35	2.33	2.31	2.29
18	4.41	3.55	3.16	2.93	2.77	2.66	2.58	2.51	2.46	2.41	2.37	2.34	2.31	2.29	2.27	2.25
19	4.38	3.52	3.13	2.90	2.74	2.63	2.54	2.48	2.42	2.38	2.34	2.31	2.28	2.26	2.23	2.21
20	4.35	3.49	3.10	2.87	2.71	2.60	2.51	2.45	2.39	2.35	2.31	2.28	2.25	2.22	2.20	2.18
21	4.32	3.47	3.07	2.84	2.68	2.57	2.49	2.42	2.37	2.32	2.28	2.25	2.22	2.20	2.18	2.16
22	4.30	3.44	3.05	2.82	2.66	2.55	2.46	2.40	2.34	2.30	2.26	2.23	2.20	2.17	2.15	2.13
23	4.28	3.42	3.03	2.80	2.64	2.53	2.44	2.37	2.32	2.27	2.24	2.20	2.18	2.15	2.13	2.11
24	4.26	3.40	3.01	2.78	2.62	2.51	2.42	2.36	2.30	2.25	2.22	2.18	2.15	2.13	2.11	2.09
25	4.24	3.39	2.99	2.76	2.60	2.49	2.40	2.34	2.28	2.24	2.20	2.16	2.14	2.11	2.09	2.07
26	4.23	3.37	2.98	2.74	2.59	2.47	2.39	2.32	2.27	2.22	2.18	2.15	2.12	2.09	2.07	2.05
27	4.21	3.35	2.96	2.73	2.57	2.46	2.37	2.31	2.25	2.20	2.17	2.13	2.10	2.08	2.06	2.04
28	4.20	3.34	2.95	2.71	2.56	2.45	2.36	2.29	2.24	2.19	2.15	2.12	2.09	2.06	2.04	2.02
29	4.18	3.33	2.93	2.70	2.55	2.43	2.35	2.28	2.22	2.18	2.14	2.10	2.08	2.05	2.03	2.01
30	4.17	3.32	2.92	2.69	2.53	2.42	2.33	2.27	2.21	2.16	2.13	2.09	2.06	2.04	2.01	1.99
40	4.08	3.23	2.84	2.61	2.45	2.34	2.25	2.18	2.12	2.08	2.04	2.00	1.97	1.95	1.92	1.90
60	4.00	3.15	2.76	2.53	2.37	2.25	2.17	2.10	2.04	1.99	1.95	1.92	1.89	1.86	1.84	1.82
120	3.92	3.07	2.68	2.45	2.29	2.18	2.09	2.02	1.96	1.91	1.87	1.83	1.80	1.78	1.75	1.73

(표 I-a 계속)

17	18	19	20	21	22	23	24	25	26	27	28	29	30	40	60	120
246.92	247.32	247.69	248.01	248.31	248.58	248.83	249.05	249.26	249.45	249.63	249.80	249.95	250.10	251.14	252.20	253.25
19.44	19.44	19.44	19.45	19.45	19.45	19.45	19.45	19.46	19.46	19.46	19.46	19.46	19.46	19.47	19.48	19.49
8.68	8.67	8.67	8.66	8.65	8.65	8.64	8.64	8.63	8.63	8.63	8.62	8.62	8.62	8.59	8.57	8.55
5.83	5.82	5.81	5.80	5.79	5.79	5.78	5.77	5.77	5.76	5.76	5.75	5.75	5.75	5.72	5.69	5.66
4.59	4.58	4.57	4.56	4.55	4.54	4.53	4.53	4.52	4.52	4.51	4.50	4.50	4.50	4.46	4.43	4.40
3.91	3.90	3.88	3.87	3.86	3.86	3.85	3.84	3.83	3.83	3.82	3.82	3.81	3.81	3.77	3.74	3.70
3.48	3.47	3.46	3.44	3.43	3.43	3.42	3.41	3.40	3.40	3.39	3.39	3.38	3.38	3.34	3.30	3.27
3.19	3.17	3.16	3.15	3.14	3.13	3.12	3.12	3.11	3.10	3.10	3.09	3.08	3.08	3.04	3.01	2.97
2.97	2.96	2.95	2.94	2.93	2.92	2.91	2.90	2.89	2.89	2.88	2.87	2.87	2.86	2.83	2.79	2.75
2.81	2.80	2.79	2.77	2.76	2.75	2.75	2.74	2.73	2.72	2.72	2.71	2.70	2.70	2.66	2.62	2.58
2.69	2.67	2.66	2.65	2.64	2.63	2.62	2.61	2.60	2.59	2.59	2.58	2.58	2.57	2.53	2.49	2.45
2.58	2.57	2.56	2.54	2.53	2.52	2.51	2.51	2.50	2.49	2.48	2.48	2.47	2.47	2.43	2.38	2.34
2.50	2.48	2.47	2.46	2.45	2.44	2.43	2.42	2.41	2.41	2.40	2.39	2.39	2.38	2.34	2.30	2.25
2.43	2.41	2.40	2.39	2.38	2.37	2.36	2.35	2.34	2.33	2.33	2.32	2.31	2.31	2.27	2.22	2.18
2.37	2.35	2.34	2.33	2.32	2.31	2.30	2.29	2.28	2.27	2.27	2.26	2.25	2.25	2.20	2.16	2.11
2.32	2.30	2.29	2.28	2.26	2.25	2.24	2.24	2.23	2.22	2.21	2.21	2.20	2.19	2.15	2.11	2.06
2.27	2.26	2.24	2.23	2.22	2.21	2.20	2.19	2.18	2.17	2.17	2.16	2.15	2.15	2.10	2.06	2.01
2.23	2.22	2.20	2.19	2.18	2.17	2.16	2.15	2.14	2.13	2.13	2.12	2.11	2.11	2.06	2.02	1.97
2.20	2.18	2.17	2.16	2.14	2.13	2.12	2.11	2.11	2.10	2.09	2.08	2.08	2.07	2.03	1.98	1.93
2.17	2.15	2.14	2.12	2.11	2.10	2.09	2.08	2.07	2.07	2.06	2.05	2.05	2.04	1.99	1.95	1.90
2.14	2.12	2.11	2.10	2.08	2.07	2.06	2.05	2.05	2.04	2.03	2.02	2.02	2.01	1.96	1.92	1.87
2.11	2.10	2.08	2.07	2.06	2.05	2.04	2.03	2.02	2.01	2.00	2.00	1.99	1.98	1.94	1.89	1.84
2.09	2.08	2.06	2.05	2.04	2.02	2.01	2.01	2.00	1.99	1.98	1.97	1.97	1.96	1.91	1.86	1.81
2.07	2.05	2.04	2.03	2.01	2.00	1.99	1.98	1.97	1.97	1.96	1.95	1.95	1.94	1.89	1.84	1.79
2.05	2.04	2.02	2.01	2.00	1.98	1.97	1.96	1.96	1.95	1.94	1.93	1.93	1.92	1.87	1.82	1.77
2.03	2.02	2.00	1.99	1.98	1.97	1.96	1.95	1.94	1.93	1.92	1.91	1.91	1.90	1.85	1.80	1.75
2.02	2.00	1.99	1.97	1.96	1.95	1.94	1.93	1.92	1.91	1.90	1.90	1.89	1.88	1.84	1.79	1.73
2.00	1.99	1.97	1.96	1.95	1.93	1.92	1.91	1.91	1.90	1.89	1.88	1.88	1.87	1.82	1.77	1.71
1.99	1.97	1.96	1.94	1.93	1.92	1.91	1.90	1.89	1.88	1.88	1.87	1.86	1.85	1.81	1.75	1.70
1.98	1.96	1.95	1.93	1.92	1.91	1.90	1.89	1.88	1.87	1.86	1.85	1.85	1.84	1.79	1.74	1.68
1.89	1.87	1.85	1.84	1.83	1.81	1.80	1.79	1.78	1.77	1.77	1.76	1.75	1.74	1.69	1.64	1.58
1.80	1.78	1.76	1.75	1.73	1.72	1.71	1.70	1.69	1.68	1.67	1.66	1.66	1.65	1.59	1.53	1.47
1.71	1.69	1.67	1.66	1.64	1.63	1.62	1.61	1.60	1.59	1.58	1.57	1.56	1.55	1.50	1.43	1.35

I-b F분포의 임계치(F_α)
(α=0.025 경우)

$P(F \le F_\alpha) = 1 - \alpha = 0.975$, 또는 $P(F \ge F_\alpha) = \alpha =$ 0.025 (단 α는 우단면적)

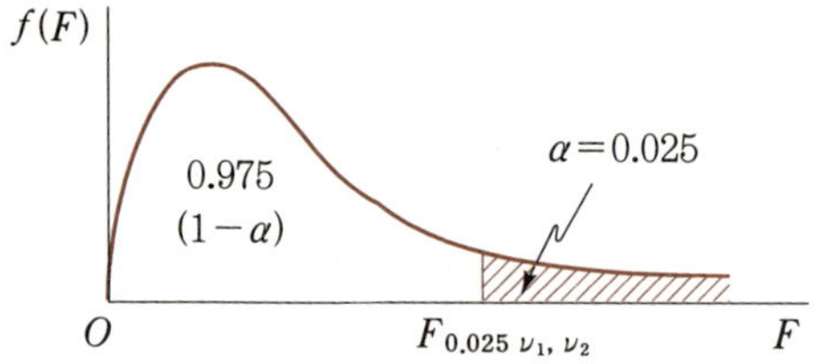

ν_1=분자의 자유도
ν_2=분모의 자유도

ν_2 \ ν_1	1	2	3	4	5	6	7	8	9	10	11	12	13	14	15	16
1	647.79	799.50	864.16	899.58	921.85	937.11	948.22	956.66	963.28	968.63	973.03	976.71	979.84	982.53	984.87	986.92
2	38.51	39.00	39.17	39.25	39.30	39.33	39.36	39.37	39.39	39.40	39.41	39.41	39.42	39.43	39.43	39.44
3	17.44	16.04	15.44	15.10	14.88	14.73	14.62	14.54	14.47	14.42	14.37	14.34	14.30	14.28	14.25	14.23
4	12.22	10.65	9.98	9.60	9.36	9.20	9.07	8.98	8.90	8.84	8.79	8.75	8.71	8.68	8.66	8.63
5	10.01	8.43	7.76	7.39	7.15	6.98	6.85	6.76	6.68	6.62	6.57	6.52	6.49	6.46	6.43	6.40
6	8.81	7.26	6.60	6.23	5.99	5.82	5.70	5.60	5.52	5.46	5.41	5.37	5.33	5.30	5.27	5.24
7	8.07	6.54	5.89	5.52	5.29	5.12	4.99	4.90	4.82	4.76	4.71	4.67	4.63	4.60	4.57	4.54
8	7.57	6.06	5.42	5.05	4.82	4.65	4.53	4.43	4.36	4.30	4.24	4.20	4.16	4.13	4.10	4.08
9	7.21	5.71	5.08	4.72	4.48	4.32	4.20	4.10	4.03	3.96	3.91	3.87	3.83	3.80	3.77	3.74
10	6.94	5.46	4.83	4.47	4.24	4.07	3.95	3.85	3.78	3.72	3.66	3.62	3.58	3.55	3.52	3.50
11	6.72	5.26	4.63	4.28	4.04	3.88	3.76	3.66	3.59	3.53	3.47	3.43	3.39	3.36	3.33	3.30
12	6.55	5.10	4.47	4.12	3.89	3.73	3.61	3.51	3.44	3.37	3.32	3.28	3.24	3.21	3.18	3.15
13	6.41	4.97	4.35	4.00	3.77	3.60	3.48	3.39	3.31	3.25	3.20	3.15	3.12	3.08	3.05	3.03
14	6.30	4.86	4.24	3.89	3.66	3.50	3.38	3.29	3.21	3.15	3.09	3.05	3.01	2.98	2.95	2.92
15	6.20	4.77	4.15	3.80	3.58	3.41	3.29	3.20	3.12	3.06	3.01	2.96	2.92	2.89	2.86	2.84
16	6.12	4.69	4.08	3.73	3.50	3.34	3.22	3.12	3.05	2.99	2.93	2.89	2.85	2.82	2.79	2.76
17	6.04	4.62	4.01	3.66	3.44	3.28	3.16	3.06	2.98	2.92	2.87	2.82	2.79	2.75	2.72	2.70
18	5.98	4.56	3.95	3.61	3.38	3.22	3.10	3.01	2.93	2.87	2.81	2.77	2.73	2.70	2.67	2.64
19	5.92	4.51	3.90	3.56	3.33	3.17	3.05	2.96	2.88	2.82	2.76	2.72	2.68	2.65	2.62	2.59
20	5.87	4.46	3.86	3.51	3.29	3.13	3.01	2.91	2.84	2.77	2.72	2.68	2.64	2.60	2.57	2.55
21	5.83	4.42	3.82	3.48	3.25	3.09	2.97	2.87	2.80	2.73	2.68	2.64	2.60	2.56	2.53	2.51
22	5.79	4.38	3.78	3.44	3.22	3.05	2.93	2.84	2.76	2.70	2.65	2.60	2.56	2.53	2.50	2.47
23	5.75	4.35	3.75	3.41	3.18	3.02	2.90	2.81	2.73	2.67	2.62	2.57	2.53	2.50	2.47	2.44
24	5.72	4.32	3.72	3.38	3.15	2.99	2.87	2.78	2.70	2.64	2.59	2.54	2.50	2.47	2.44	2.41
25	5.69	4.29	3.69	3.35	3.13	2.97	2.85	2.75	2.68	2.61	2.56	2.51	2.48	2.44	2.41	2.38
26	5.66	4.27	3.67	3.33	3.10	2.94	2.82	2.73	2.65	2.59	2.54	2.49	2.45	2.42	2.39	2.36
27	5.63	4.24	3.65	3.31	3.08	2.92	2.80	2.71	2.63	2.57	2.51	2.47	2.43	2.39	2.36	2.34
28	5.61	4.22	3.63	3.29	3.06	2.90	2.78	2.69	2.61	2.55	2.49	2.45	2.41	2.37	2.34	2.32
29	5.59	4.20	3.61	3.27	3.04	2.88	2.76	2.67	2.59	2.53	2.48	2.43	2.39	2.36	2.32	2.30
30	5.57	4.18	3.59	3.25	3.03	2.87	2.75	2.65	2.57	2.51	2.46	2.41	2.37	2.34	2.31	2.28
40	5.42	4.05	3.46	3.13	2.90	2.74	2.62	2.53	2.45	2.39	2.33	2.29	2.25	2.21	2.18	2.15
60	5.29	3.93	3.34	3.01	2.79	2.63	2.51	2.41	2.33	2.27	2.22	2.17	2.13	2.09	2.06	2.03
120	5.15	3.80	3.23	2.89	2.67	2.52	2.39	2.30	2.22	2.16	2.10	2.05	2.01	1.98	1.94	1.92

(표 I-b 계속)

17	18	19	20	21	22	23	24	25	26	27	28	29	30	40	60	120
988.73	990.35	991.80	993.10	994.29	995.36	996.35	997.25	998.08	998.85	999.56	1000.2	1000.8	1001.4	1005.6	1009.8	1014.0
39.44	39.44	39.45	39.45	39.45	39.45	39.45	39.46	39.46	39.46	39.46	39.46	39.46	39.46	39.47	39.48	39.49
14.21	14.20	14.18	14.17	14.16	14.14	14.13	14.12	14.12	14.11	14.10	14.09	14.09	14.08	14.04	13.99	13.95
8.61	8.59	8.58	8.56	8.55	8.53	8.52	8.51	8.50	8.49	8.48	8.48	8.47	8.46	8.41	8.36	8.31
6.38	6.36	6.34	6.33	6.31	6.30	6.29	6.28	6.27	6.26	6.25	6.24	6.23	6.23	6.18	6.12	6.07
5.22	5.20	5.18	5.17	5.15	5.14	5.13	5.12	5.11	5.10	5.09	5.08	5.07	5.07	5.01	4.96	4.90
4.52	4.50	4.48	4.47	4.45	4.44	4.43	4.41	4.40	4.39	4.39	4.38	4.37	4.36	4.31	4.25	4.20
4.05	4.03	4.02	4.00	3.98	3.97	3.96	3.95	3.94	3.93	3.92	3.91	3.90	3.89	3.84	3.78	3.73
3.72	3.70	3.68	3.67	3.65	3.64	3.63	3.61	3.60	3.59	3.58	3.58	3.57	3.56	3.51	3.45	3.39
3.47	3.45	3.44	3.42	3.40	3.39	3.38	3.37	3.35	3.34	3.34	3.33	3.32	3.31	3.26	3.20	3.14
3.28	3.26	3.24	3.23	3.21	3.20	3.18	3.17	3.16	3.15	3.14	3.13	3.13	3.12	3.06	3.00	2.94
3.13	3.11	3.09	3.07	3.06	3.04	3.03	3.02	3.01	3.00	2.99	2.98	2.97	2.96	2.91	2.85	2.79
3.00	2.98	2.96	2.95	2.93	2.92	2.91	2.89	2.88	2.87	2.86	2.85	2.85	2.84	2.78	2.72	2.66
2.90	2.88	2.86	2.84	2.83	2.81	2.80	2.79	2.78	2.77	2.76	2.75	2.74	2.73	2.67	2.61	2.55
2.81	2.79	2.77	2.76	2.74	2.73	2.71	2.70	2.69	2.68	2.67	2.66	2.65	2.64	2.59	2.52	2.46
2.74	2.72	2.70	2.68	2.67	2.65	2.64	2.63	2.61	2.60	2.59	2.58	2.58	2.57	2.51	2.45	2.38
2.67	2.65	2.63	2.62	2.60	2.59	2.57	2.56	2.55	2.54	2.53	2.52	2.51	2.50	2.44	2.38	2.32
2.62	2.60	2.58	2.56	2.54	2.53	2.52	2.50	2.49	2.48	2.47	2.46	2.45	2.44	2.38	2.32	2.26
2.57	2.55	2.53	2.51	2.49	2.48	2.46	2.45	2.44	2.43	2.42	2.41	2.40	2.39	2.33	2.27	2.20
2.52	2.50	2.48	2.46	2.45	2.43	2.42	2.41	2.40	2.39	2.38	2.37	2.36	2.35	2.29	2.22	2.16
2.48	2.46	2.44	2.42	2.41	2.39	2.38	2.37	2.36	2.34	2.33	2.33	2.32	2.31	2.25	2.18	2.11
2.45	2.43	2.41	2.39	2.37	2.36	2.34	2.33	2.32	2.31	2.30	2.29	2.28	2.27	2.21	2.14	2.08
2.42	2.39	2.37	2.36	2.34	2.33	2.31	2.30	2.29	2.28	2.27	2.26	2.25	2.24	2.18	2.11	2.04
2.39	2.36	2.35	2.33	2.31	2.30	2.28	2.27	2.26	2.25	2.24	2.23	2.22	2.21	2.15	2.08	2.01
2.36	2.34	2.32	2.30	2.28	2.27	2.26	2.24	2.23	2.22	2.21	2.20	2.19	2.18	2.12	2.05	1.98
2.34	2.31	2.29	2.28	2.26	2.24	2.23	2.22	2.21	2.19	2.18	2.17	2.17	2.16	2.09	2.03	1.95
2.31	2.29	2.27	2.25	2.24	2.22	2.21	2.19	2.18	2.17	2.16	2.15	2.14	2.13	2.07	2.00	1.93
2.29	2.27	2.25	2.23	2.22	2.20	2.19	2.17	2.16	2.15	2.14	2.13	2.12	2.11	2.05	1.98	1.91
2.27	2.25	2.23	2.21	2.20	2.18	2.17	2.15	2.14	2.13	2.12	2.11	2.10	2.09	2.03	1.96	1.89
2.26	2.23	2.21	2.20	2.18	2.16	2.15	2.14	2.12	2.11	2.10	2.09	2.08	2.07	2.01	1.94	1.87
2.13	2.11	2.09	2.07	2.05	2.03	2.02	2.01	1.99	1.98	1.97	1.96	1.95	1.94	1.88	1.80	1.72
2.01	1.98	1.96	1.94	1.93	1.91	1.90	1.88	1.87	1.86	1.85	1.83	1.82	1.82	1.74	1.67	1.58
1.89	1.87	1.84	1.82	1.81	1.79	1.77	1.76	1.75	1.73	1.72	1.71	1.70	1.69	1.61	1.53	1.43

I-c F분포의 임계치(F_α)
($\alpha=0.01$ 경우)

$P(F \leq F_\alpha)=1-\alpha=0.99$, 또는 $P(F \geq F_\alpha)=\alpha=$ 0.01 (단 α는 우단면적)

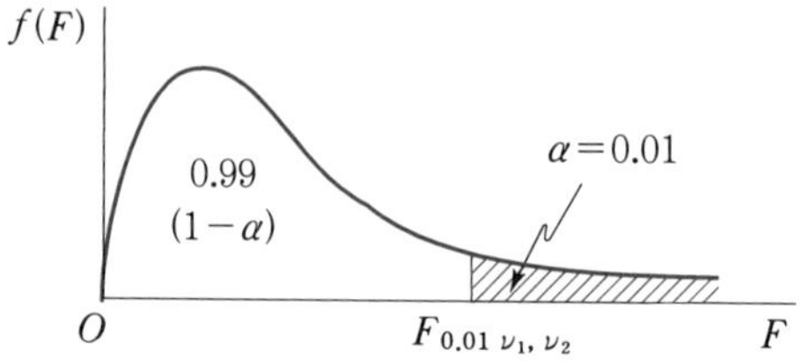

ν_1=분자의 자유도
ν_2=분모의 자유도

ν_2 \ ν_1	1	2	3	4	5	6	7	8	9	10	11	12	13	14	15	16
1	4052.2	4999.5	5403.4	5624.6	5763.6	5859.0	5928.4	5981.1	6022.5	6055.8	6083.3	6106.3	6125.9	6142.7	6157.3	6170.1
2	98.50	99.00	99.17	99.25	99.30	99.33	99.36	99.37	99.39	99.40	99.41	99.42	99.42	99.43	99.43	99.44
3	34.12	30.82	29.46	28.71	28.24	27.91	27.67	27.49	27.35	27.23	27.13	27.05	26.98	26.92	26.87	26.83
4	21.20	18.00	16.69	15.98	15.52	15.21	14.98	14.80	14.66	14.55	14.45	14.37	14.31	14.25	14.20	14.15
5	16.26	13.27	12.06	11.39	10.97	10.67	10.46	10.29	10.16	10.05	9.96	9.89	9.82	9.77	9.72	9.68
6	13.75	10.92	9.78	9.15	8.75	8.47	8.26	8.10	7.98	7.87	7.79	7.72	7.66	7.60	7.56	7.52
7	12.25	9.55	8.45	7.85	7.46	7.19	6.99	6.84	6.72	6.62	6.54	6.47	6.41	6.36	6.31	6.28
8	11.26	8.65	7.59	7.01	6.63	6.37	6.18	6.03	5.91	5.81	5.73	5.67	5.61	5.56	5.52	5.48
9	10.56	8.02	6.99	6.42	6.06	5.80	5.61	5.47	5.35	5.26	5.18	5.11	5.05	5.01	4.96	4.92
10	10.04	7.56	6.55	5.99	5.64	5.39	5.20	5.06	4.94	4.85	4.77	4.71	4.65	4.60	4.56	4.52
11	9.65	7.21	6.22	5.67	5.32	5.07	4.89	4.74	4.63	4.54	4.46	4.40	4.34	4.29	4.25	4.21
12	9.33	6.93	5.95	5.41	5.06	4.82	4.64	4.50	4.39	4.30	4.22	4.16	4.10	4.05	4.01	3.97
13	9.07	6.70	5.74	5.21	4.86	4.62	4.44	4.30	4.19	4.10	4.02	3.96	3.91	3.86	3.82	3.78
14	8.86	6.51	5.56	5.04	4.69	4.46	4.28	4.14	4.03	3.94	3.86	3.80	3.75	3.70	3.66	3.62
15	8.68	6.36	5.42	4.89	4.56	4.32	4.14	4.00	3.89	3.80	3.73	3.67	3.61	3.56	3.52	3.49
16	8.53	6.23	5.29	4.77	4.44	4.20	4.03	3.89	3.78	3.69	3.62	3.55	3.50	3.45	3.41	3.37
17	8.40	6.11	5.18	4.67	4.34	4.10	3.93	3.79	3.68	3.59	3.52	3.46	3.40	3.35	3.31	3.27
18	8.29	6.01	5.09	4.58	4.25	4.01	3.84	3.71	3.60	3.51	3.43	3.37	3.32	3.27	3.23	3.19
19	8.18	5.93	5.01	4.50	4.17	3.94	3.77	3.63	3.52	3.43	3.36	3.30	3.24	3.19	3.15	3.12
20	8.10	5.85	4.94	4.43	4.10	3.87	3.70	3.56	3.46	3.37	3.29	3.23	3.18	3.13	3.09	3.05
21	8.02	5.78	4.87	4.37	4.04	3.81	3.64	3.51	3.40	3.31	3.24	3.17	3.12	3.07	3.03	2.99
22	7.95	5.72	4.82	4.31	3.99	3.76	3.59	3.45	3.35	3.26	3.18	3.12	3.07	3.02	2.98	2.94
23	7.88	5.66	4.76	4.26	3.94	3.71	3.54	3.41	3.30	3.21	3.14	3.07	3.02	2.97	2.93	2.89
24	7.82	5.61	4.72	4.22	3.90	3.67	3.50	3.36	3.26	3.17	3.09	3.03	2.98	2.93	2.89	2.85
25	7.77	5.57	4.68	4.18	3.85	3.63	3.46	3.32	3.22	3.13	3.06	2.99	2.94	2.89	2.85	2.81
26	7.72	5.53	4.64	4.14	3.82	3.59	3.42	3.29	3.18	3.09	3.02	2.96	2.90	2.86	2.81	2.78
27	7.68	5.49	4.60	4.11	3.78	3.56	3.39	3.26	3.15	3.06	2.99	2.93	2.87	2.82	2.78	2.75
28	7.64	5.45	4.57	4.07	3.75	3.53	3.36	3.23	3.12	3.03	2.96	2.90	2.84	2.79	2.75	2.72
29	7.60	5.42	4.54	4.04	3.73	3.50	3.33	3.20	3.09	3.00	2.93	2.87	2.81	2.77	2.73	2.69
30	7.56	5.39	4.51	4.02	3.70	3.47	3.30	3.17	3.07	2.98	2.91	2.84	2.79	2.74	2.70	2.66
40	7.31	5.18	4.31	3.83	3.51	3.29	3.12	2.99	2.89	2.80	2.73	2.66	2.61	2.56	2.52	2.48
60	7.08	4.98	4.13	3.65	3.34	3.12	2.95	2.82	2.72	2.63	2.56	2.50	2.44	2.39	2.35	2.31
120	6.85	4.79	3.95	3.48	3.17	2.96	2.79	2.66	2.56	2.47	2.40	2.34	2.28	2.23	2.19	2.15

(표 I-c 계속)

17	18	19	20	21	22	23	24	25	26	27	28	29	30	40	60	120
6181.4	6191.5	6200.6	6208.7	6216.1	6222.8	6229.0	6234.6	6239.8	6244.6	6249.1	6253.2	6257.1	6260.6	6286.8	6313.0	6339.4
99.44	99.44	99.45	99.45	99.45	99.45	99.46	99.46	99.46	99.46	99.46	99.46	99.46	99.47	99.47	99.48	99.49
26.79	26.75	26.72	26.69	26.66	26.64	26.62	26.60	26.58	26.56	26.55	26.53	26.52	26.50	26.41	26.32	26.22
14.11	14.08	14.05	14.02	13.99	13.97	13.95	13.93	13.91	13.89	13.88	13.86	13.85	13.84	13.75	13.65	13.56
9.64	9.61	9.58	9.55	9.53	9.51	9.49	9.47	9.45	9.43	9.42	9.40	9.39	9.38	9.29	9.20	9.11
7.48	7.45	7.42	7.40	7.37	7.35	7.33	7.31	7.30	7.28	7.27	7.25	7.24	7.23	7.14	7.06	6.97
6.24	6.21	6.18	6.16	6.13	6.11	6.09	6.07	6.06	6.04	6.03	6.02	6.00	5.99	5.91	5.82	5.74
5.44	5.41	5.38	5.36	5.34	5.32	5.30	5.28	5.26	5.25	5.23	5.22	5.21	5.20	5.12	5.03	4.95
4.89	4.86	4.83	4.81	4.79	4.77	4.75	4.73	4.71	4.70	4.68	4.67	4.66	4.65	4.57	4.48	4.40
4.49	4.46	4.43	4.41	4.38	4.36	4.34	4.33	4.31	4.30	4.28	4.27	4.26	4.25	4.17	4.08	4.00
4.18	4.15	4.12	4.10	4.08	4.06	4.04	4.02	4.01	3.99	3.98	3.96	3.95	3.94	3.86	3.78	3.69
3.94	3.91	3.88	3.86	3.84	3.82	3.80	3.78	3.76	3.75	3.74	3.72	3.71	3.70	3.62	3.54	3.45
3.75	3.72	3.69	3.66	3.64	3.62	3.60	3.59	3.57	3.56	3.54	3.53	3.52	3.51	3.43	3.34	3.25
3.59	3.56	3.53	3.51	3.48	3.46	3.44	3.43	3.41	3.40	3.38	3.37	3.36	3.35	3.27	3.18	3.09
3.45	3.42	3.40	3.37	3.35	3.33	3.31	3.29	3.28	3.26	3.25	3.24	3.23	3.21	3.13	3.05	2.96
3.34	3.31	3.28	3.26	3.24	3.22	3.20	3.18	3.16	3.15	3.14	3.12	3.11	3.10	3.02	2.93	2.84
3.24	3.21	3.19	3.16	3.14	3.12	3.10	3.08	3.07	3.05	3.04	3.03	3.01	3.00	2.92	2.83	2.75
3.16	3.13	3.10	3.08	3.05	3.03	3.02	3.00	2.98	2.97	2.95	2.94	2.93	2.92	2.84	2.75	2.66
3.08	3.05	3.03	3.00	2.98	2.96	2.94	2.92	2.91	2.89	2.88	2.87	2.86	2.84	2.76	2.67	2.58
3.02	2.99	2.96	2.94	2.92	2.90	2.88	2.86	2.84	2.83	2.81	2.80	2.79	2.78	2.69	2.61	2.52
2.96	2.93	2.90	2.88	2.86	2.84	2.82	2.80	2.79	2.77	2.76	2.74	2.73	2.72	2.64	2.55	2.46
2.91	2.88	2.85	2.83	2.81	2.78	2.77	2.75	2.73	2.72	2.70	2.69	2.68	2.67	2.58	2.50	2.40
2.86	2.83	2.80	2.78	2.76	2.74	2.72	2.70	2.69	2.67	2.66	2.64	2.63	2.62	2.54	2.45	2.35
2.82	2.79	2.76	2.74	2.72	2.70	2.68	2.66	2.64	2.63	2.61	2.60	2.59	2.58	2.49	2.40	2.31
2.78	2.75	2.72	2.70	2.68	2.66	2.64	2.62	2.60	2.59	2.58	2.56	2.55	2.54	2.45	2.36	2.27
2.75	2.72	2.69	2.66	2.64	2.62	2.60	2.58	2.57	2.55	2.54	2.53	2.51	2.50	2.42	2.33	2.23
2.71	2.68	2.66	2.63	2.61	2.59	2.57	2.55	2.54	2.52	2.51	2.49	2.48	2.47	2.38	2.29	2.20
2.68	2.65	2.63	2.60	2.58	2.56	2.54	2.52	2.51	2.49	2.48	2.46	2.45	2.44	2.35	2.26	2.17
2.66	2.63	2.60	2.57	2.55	2.53	2.51	2.49	2.48	2.46	2.45	2.44	2.42	2.41	2.33	2.23	2.14
2.63	2.60	2.57	2.55	2.53	2.51	2.49	2.47	2.45	2.44	2.42	2.41	2.40	2.39	2.30	2.21	2.11
2.45	2.42	2.39	2.37	2.35	2.33	2.31	2.29	2.27	2.26	2.24	2.23	2.22	2.20	2.11	2.02	1.92
2.28	2.25	2.22	2.20	2.17	2.15	2.13	2.12	2.10	2.08	2.07	2.05	2.04	2.03	1.94	1.84	1.73
2.12	2.09	2.06	2.03	2.01	1.99	1.97	1.95	1.93	1.92	1.90	1.89	1.87	1.86	1.76	1.66	1.53

I-d F분포의 임계치(F_α)
(α=0.005 경우)

$P(F \le F_\alpha) = 1-\alpha = 0.995$, 또는 $P(F \ge F_\alpha) = \alpha =$ 0.005 (단 α는 우단면적)

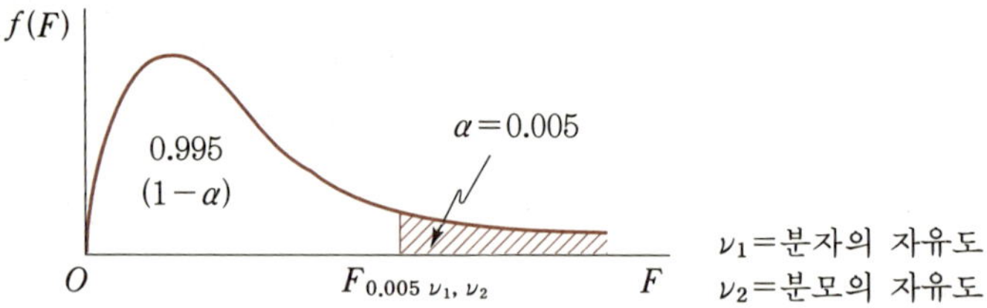

ν_2 \ ν_1	1	2	3	4	5	6	7	8	9	10	11	12	13	14	15	16
1	16211	19999	21615	22500	23056	23437	23715	23925	24091	24224	24334	24426	24505	24572	24630	24681
2	198.50	199.00	199.17	199.25	199.30	199.33	199.36	199.37	199.39	199.40	199.41	199.42	199.42	199.43	199.43	199.44
3	55.55	49.80	47.47	46.19	45.39	44.84	44.43	44.13	43.88	43.69	43.52	43.39	43.27	43.17	43.08	43.01
4	31.33	26.28	24.26	23.15	22.46	21.97	21.62	21.35	21.14	20.97	20.82	20.70	20.60	20.51	20.44	20.37
5	22.78	18.31	16.53	15.56	14.94	14.51	14.20	13.96	13.77	13.62	13.49	13.38	13.29	13.21	13.15	13.09
6	18.63	14.54	12.92	12.03	11.46	11.07	10.79	10.57	10.39	10.25	10.13	10.03	9.95	9.88	9.81	9.76
7	16.24	12.40	10.88	10.05	9.52	9.16	8.89	8.68	8.51	8.38	8.27	8.18	8.10	8.03	7.97	7.91
8	14.69	11.04	9.60	8.81	8.30	7.95	7.69	7.50	7.34	7.21	7.10	7.01	6.94	6.87	6.81	6.76
9	13.61	10.11	8.72	7.96	7.47	7.13	6.88	6.69	6.54	6.42	6.31	6.23	6.15	6.09	6.03	5.98
10	12.83	9.43	8.08	7.34	6.87	6.54	6.30	6.12	5.97	5.85	5.75	5.66	5.59	5.53	5.47	5.42
11	12.23	8.91	7.60	6.88	6.42	6.10	5.86	5.68	5.54	5.42	5.32	5.24	5.16	5.10	5.05	5.00
12	11.75	8.51	7.23	6.52	6.07	5.76	5.52	5.35	5.20	5.09	4.99	4.91	4.84	4.77	4.72	4.67
13	11.37	8.19	6.93	6.23	5.79	5.48	5.25	5.08	4.94	4.82	4.72	4.64	4.57	4.51	4.46	4.41
14	11.06	7.92	6.68	6.00	5.56	5.26	5.03	4.86	4.72	4.60	4.51	4.43	4.36	4.30	4.25	4.20
15	10.80	7.70	6.48	5.80	5.37	5.07	4.85	4.67	4.54	4.42	4.33	4.25	4.18	4.12	4.07	4.02
16	10.58	7.51	6.30	5.64	5.21	4.91	4.69	4.52	4.38	4.27	4.18	4.10	4.03	3.97	3.92	3.87
17	10.38	7.35	6.16	5.50	5.07	4.78	4.56	4.39	4.25	4.14	4.05	3.97	3.90	3.84	3.79	3.75
18	10.22	7.21	6.03	5.37	4.96	4.66	4.44	4.28	4.14	4.03	3.94	3.86	3.79	3.73	3.68	3.64
19	10.07	7.09	5.92	5.27	4.85	4.56	4.34	4.18	4.04	3.93	3.84	3.76	3.70	3.64	3.59	3.54
20	9.94	6.99	5.82	5.17	4.76	4.47	4.26	4.09	3.96	3.85	3.76	3.68	3.61	3.55	3.50	3.46
21	9.83	6.89	5.73	5.09	4.68	4.39	4.18	4.01	3.88	3.77	3.68	3.60	3.54	3.48	3.43	3.38
22	9.73	6.81	5.65	5.02	4.61	4.32	4.11	3.94	3.81	3.70	3.61	3.54	3.47	3.41	3.36	3.31
23	9.63	6.73	5.58	4.95	4.54	4.26	4.05	3.88	3.75	3.64	3.55	3.47	3.41	3.35	3.30	3.25
24	9.55	6.66	5.52	4.89	4.49	4.20	3.99	3.83	3.69	3.59	3.50	3.42	3.35	3.30	3.25	3.20
25	9.48	6.60	5.46	4.84	4.43	4.15	3.94	3.78	3.64	3.54	3.45	3.37	3.30	3.25	3.20	3.15
26	9.41	6.54	5.41	4.79	4.38	4.10	3.89	3.73	3.60	3.49	3.40	3.33	3.26	3.20	3.15	3.11
27	9.34	6.49	5.36	4.74	4.34	4.06	3.85	3.69	3.56	3.45	3.36	3.28	3.22	3.16	3.11	3.07
28	9.28	6.44	5.32	4.70	4.30	4.02	3.81	3.65	3.52	3.41	3.32	3.25	3.18	3.12	3.07	3.03
29	9.23	6.40	5.28	4.66	4.26	3.98	3.77	3.61	3.48	3.38	3.29	3.21	3.15	3.09	3.04	2.99
30	9.18	6.35	5.24	4.62	4.23	3.95	3.74	3.58	3.45	3.34	3.25	3.18	3.11	3.06	3.01	2.96
40	8.83	6.07	4.98	4.37	3.99	3.71	3.51	3.35	3.22	3.12	3.03	2.95	2.89	2.83	2.78	2.74
60	8.49	5.79	4.73	4.14	3.76	3.49	3.29	3.13	3.01	2.90	2.82	2.74	2.68	2.62	2.57	2.53
120	8.18	5.54	4.50	3.92	3.55	3.28	3.09	2.93	2.81	2.71	2.62	2.54	2.48	2.42	2.37	2.33

(표 I-d 계속)

17	18	19	20	21	22	23	24	25	26	27	28	29	30	40	60	120
24727	24767	24803	24836	24866	24892	24917	24940	24960	24980	24997	25014	25029	25044	25148	25253	25359
199.44	199.44	199.45	199.45	199.45	199.45	199.46	199.46	199.46	199.46	199.46	199.46	199.47	199.47	199.47	199.48	199.49
42.94	42.88	42.83	42.78	42.73	42.69	42.66	42.62	42.59	42.56	42.54	42.51	42.49	42.47	42.31	42.15	41.99
20.31	20.26	20.21	20.17	20.13	20.09	20.06	20.03	20.00	19.98	19.95	19.93	19.91	19.89	19.75	19.61	19.47
13.03	12.98	12.94	12.90	12.87	12.84	12.81	12.78	12.76	12.73	12.71	12.69	12.67	12.66	12.53	12.40	12.27
9.71	9.66	9.62	9.59	9.56	9.53	9.50	9.47	9.45	9.43	9.41	9.39	9.37	9.36	9.24	9.12	9.00
7.87	7.83	7.79	7.75	7.72	7.69	7.67	7.64	7.62	7.60	7.58	7.57	7.55	7.53	7.42	7.31	7.19
6.72	6.68	6.64	6.61	6.58	6.55	6.53	6.50	6.48	6.46	6.44	6.43	6.41	6.40	6.29	6.18	6.06
5.94	5.90	5.86	5.83	5.80	5.78	5.75	5.73	5.71	5.69	5.67	5.65	5.64	5.62	5.52	5.41	5.30
5.38	5.34	5.31	5.27	5.25	5.22	5.20	5.17	5.15	5.13	5.12	5.10	5.08	5.07	4.97	4.86	4.75
4.96	4.92	4.89	4.86	4.83	4.80	4.78	4.76	4.74	4.72	4.70	4.68	4.67	4.65	4.55	4.45	4.34
4.63	4.59	4.56	4.53	4.50	4.48	4.45	4.43	4.41	4.39	4.38	4.36	4.34	4.33	4.23	4.12	4.01
4.37	4.33	4.30	4.27	4.24	4.22	4.19	4.17	4.15	4.13	4.12	4.10	4.09	4.07	3.97	3.87	3.76
4.16	4.12	4.09	4.06	4.03	4.01	3.98	3.96	3.94	3.92	3.91	3.89	3.88	3.86	3.76	3.66	3.55
3.98	3.95	3.91	3.88	3.86	3.83	3.81	3.79	3.77	3.75	3.73	3.72	3.70	3.69	3.58	3.48	3.37
3.83	3.80	3.76	3.73	3.71	3.68	3.66	3.64	3.62	3.60	3.58	3.57	3.55	3.54	3.44	3.33	3.22
3.71	3.67	3.64	3.61	3.58	3.56	3.53	3.51	3.49	3.47	3.46	3.44	3.43	3.41	3.31	3.21	3.10
3.60	3.56	3.53	3.50	3.47	3.45	3.42	3.40	3.38	3.36	3.35	3.33	3.32	3.30	3.20	3.10	2.99
3.50	3.46	3.43	3.40	3.37	3.35	3.33	3.31	3.29	3.27	3.25	3.24	3.22	3.21	3.11	3.00	2.89
3.42	3.38	3.35	3.32	3.29	3.27	3.24	3.22	3.20	3.18	3.17	3.15	3.14	3.12	3.02	2.92	2.81
3.34	3.31	3.27	3.24	3.22	3.19	3.17	3.15	3.13	3.11	3.09	3.08	3.06	3.05	2.95	2.84	2.73
3.27	3.24	3.21	3.18	3.15	3.12	3.10	3.08	3.06	3.04	3.03	3.01	3.00	2.98	2.88	2.77	2.66
3.21	3.18	3.15	3.12	3.09	3.06	3.04	3.02	3.00	2.98	2.97	2.95	2.94	2.92	2.82	2.71	2.60
3.16	3.12	3.09	3.06	3.04	3.01	2.99	2.97	2.95	2.93	2.91	2.90	2.88	2.87	2.77	2.66	2.55
3.11	3.08	3.04	3.01	2.99	2.96	2.94	2.92	2.90	2.88	2.86	2.85	2.83	2.82	2.72	2.61	2.50
3.07	3.03	3.00	2.97	2.94	2.92	2.89	2.87	2.85	2.84	2.82	2.80	2.79	2.77	2.67	2.56	2.45
3.03	2.99	2.96	2.93	2.90	2.88	2.85	2.83	2.81	2.79	2.78	2.76	2.75	2.73	2.63	2.52	2.41
2.99	2.95	2.92	2.89	2.86	2.84	2.82	2.79	2.77	2.76	2.74	2.72	2.71	2.69	2.59	2.48	2.37
2.95	2.92	2.88	2.86	2.83	2.80	2.78	2.76	2.74	2.72	2.70	2.69	2.67	2.66	2.56	2.45	2.33
2.92	2.89	2.85	2.82	2.80	2.77	2.75	2.73	2.71	2.69	2.67	2.66	2.64	2.63	2.52	2.42	2.30
2.70	2.66	2.63	2.60	2.57	2.55	2.52	2.50	2.48	2.46	2.45	2.43	2.42	2.40	2.30	2.18	2.06
2.49	2.45	2.42	2.39	2.36	2.33	2.31	2.29	2.27	2.25	2.23	2.22	2.20	2.19	2.08	1.96	1.83
2.29	2.25	2.22	2.19	2.16	2.13	2.11	2.09	2.07	2.05	2.03	2.01	2.00	1.98	1.87	1.75	1.61

J. $Z_r=\frac{1}{2}\ln\frac{1+r}{1-r}$의 값

r	0.00	0.01	0.02	0.03	0.04	0.05	0.06	0.07	0.08	0.09
0.0	0.0000	.01000	.02000	.03001	.04002	.05004	.06007	.07012	.08017	.09024
0.1	.10034	.11045	.12058	.13074	.14093	.15114	.16139	.17167	.18198	.19234
0.2	.20273	.21317	.22366	.23419	.24477	.25541	.26611	.27686	.28768	.29857
0.3	.30952	.32055	.33165	.34283	.35409	.36544	.37689	.38842	.40006	.41180
0.4	.42365	.43561	.44769	.45990	.47223	.48470	.49731	.51007	.52298	.53606
0.5	.54931	.56273	.57634	.59014	.60415	.61838	.63283	.64752	.66246	.67767
0.6	.69315	.70892	.72500	.74142	.75817	.77530	.79281	.81074	.82911	.84795
0.7	.86730	.88718	.90764	.92873	.95048	.97295	.99621	1.02033	1.04537	1.07143
0.8	1.09861	1.12703	1.15682	1.18813	1.22117	1.25615	1.29334	1.33308	1.37577	1.42192
0.9	1.47222	1.52752	1.58902	1.65839	1.73805	1.83178	1.94591	1.09229	2.29756	2.64665

단, r의 값이 음수일 때에는 표에서 찾은 값에 "—"를 붙여 사용함

K. 콜모고로프-스미르노프의 단일표본검정에서 D의 임계치

표본크기 (n)	$D = \max\|F_0(X) - F_e(X)\|$의 유의수준				
	.20	.15	.10	.05	.01
1	.900	.925	.950	.975	.995
2	.684	.726	.776	.842	.929
3	.565	.597	.642	.708	.828
4	.494	.525	.564	.624	.733
5	.446	.474	.510	.565	.669
6	.410	.436	.470	.521	.618
7	.381	.405	.438	.486	.577
8	.358	.381	.411	.457	.543
9	.339	.360	.388	.432	.514
10	.322	.342	.368	.410	.490
11	.307	.326	.352	.391	.468
12	.295	.313	.338	.375	.450
13	.284	.302	.325	.361	.433
14	.274	.292	.314	.349	.418
15	.266	.283	.304	.338	.404
16	.258	.274	.295	.328	.392
17	.250	.266	.286	.318	.381
18	.244	.259	.278	.309	.371
19	.237	.252	.272	.301	.363
20	.231	.246	.264	.294	.356
25	.21	.22	.24	.27	.32
30	.19	.20	.22	.24	.29
35	.18	.19	.21	.23	.27
35 이상	$\frac{1.07}{\sqrt{N}}$	$\frac{1.14}{\sqrt{N}}$	$\frac{1.22}{\sqrt{N}}$	$\frac{1.36}{\sqrt{N}}$	$\frac{1.63}{\sqrt{N}}$

L. 연의 검정에 있어서 r의 임계치(α=0.05)

표 L-a와 표 L-b는 n_A 및 n_B 값에 따라 α=5%에 대응하는 r의 임계치를 나타낸다. 예컨대, 단일표본에 의한 연의 검정 경우에는 관측된 r값이 표 L-a에 나타난 값보다 작거나 같을 때, 또는 표 L-b에 나타난 값보다 크거나 같을 때, α=0.05 수준에서 유의적이라 할 수 있다. 단, 월드-월포비츠의 이표본에 의한 연의 검정 경우에는 관측된 r값이 표 L-a에 나타난 값보다 작거나 같을 때 α=0.05 수준에서 유의적인 것으로 판정한다.

L-a

n_A \ n_B	2	3	4	5	6	7	8	9	10	11	12	13	14	15	16	17	18	19	20
2											2	2	2	2	2	2	2	2	2
3					2	2	2	2	2	2	2	2	2	3	3	3	3	3	3
4				2	2	2	3	3	3	3	3	3	3	3	4	4	4	4	4
5			2	2	3	3	3	3	3	4	4	4	4	4	4	4	5	5	5
6		2	2	3	3	3	3	4	4	4	4	5	5	5	5	5	5	6	6
7		2	2	3	3	3	4	4	5	5	5	5	5	6	6	6	6	6	6
8		2	3	3	3	4	4	5	5	5	6	6	6	6	6	7	7	7	7
9		2	3	3	4	4	5	5	5	6	6	6	7	7	7	7	8	8	8
10		2	3	3	4	5	5	5	6	6	7	7	7	7	8	8	8	8	9
11		2	3	4	4	5	5	6	6	7	7	7	8	8	8	9	9	9	9
12	2	2	3	4	4	5	6	6	7	7	7	8	8	8	9	9	9	10	10
13	2	2	3	4	5	5	6	6	7	7	8	8	9	9	9	10	10	10	10
14	2	2	3	4	5	5	6	7	7	8	8	9	9	9	10	10	10	11	11
15	2	3	3	4	5	6	6	7	7	8	8	9	9	10	10	11	11	11	12
16	2	3	4	4	5	6	6	7	8	8	9	9	10	10	11	11	11	12	12
17	2	3	4	4	5	6	7	7	8	9	9	10	10	11	11	11	12	12	13
18	2	3	4	5	5	6	7	8	8	9	9	10	10	11	11	12	12	13	13
19	2	3	4	5	6	6	7	8	8	9	10	10	11	11	12	12	13	13	13
20	2	3	4	5	6	6	7	8	9	9	10	10	11	12	12	13	13	13	14

L-b

n_A \ n_B	2	3	4	5	6	7	8	9	10	11	12	13	14	15	16	17	18	19	20
2																			
3																			
4				9	9														
5			9	10	10	11	11												
6			9	10	11	12	12	13	13	13	13								
7				11	12	13	13	14	14	14	14	15	15	15					
8				11	12	13	14	14	15	15	16	16	16	16	17	17	17	17	17
9					13	14	14	15	16	16	16	17	17	18	18	18	18	18	18
10					13	14	15	16	16	17	17	18	18	18	19	19	19	20	20
11					13	14	15	16	17	17	18	19	19	19	20	20	20	21	21
12					13	14	16	16	17	18	19	19	20	20	21	21	21	22	22
13						15	16	17	18	19	19	20	20	21	21	22	22	23	23
14						15	16	17	18	19	20	20	21	22	22	23	23	23	24
15						15	16	18	18	19	20	21	22	22	23	23	24	24	25
16							17	18	19	20	21	21	22	23	23	24	25	25	25
17							17	18	19	20	21	22	23	23	24	25	25	26	26
18							17	18	19	20	21	22	23	24	25	25	26	26	27
19							17	18	20	21	22	23	23	24	25	26	26	27	27
20							17	18	20	21	22	23	24	25	25	26	27	27	28

M. 윌콕슨검정에서의 T의 임계치

n	단측검정에서의 유의수준		
	.025	.01	.005
	양측검정에서의 유의수준		
	.05	.02	.01
6	0	–	–
7	2	0	–
8	4	2	0
9	6	3	2
10	8	5	3
11	11	7	5
12	14	10	7
13	17	13	10
14	21	16	13
15	25	20	16
16	30	24	20
17	35	28	23
18	40	33	28
19	46	38	32
20	52	43	38
21	59	49	43
22	66	56	49
23	73	62	55
24	81	69	61
25	89	77	68

N. 맨-휘트니검정에서의 U의 임계치

N-a $\alpha=0.001$(단측검정) 또는 $\alpha=0.002$(양측검정) 경우

n_A \ n_B	9	10	11	12	13	14	15	16	17	18	19	20
1												
2												
3									0	0	0	0
4		0	0	0	1	1	1	2	2	3	3	3
5	1	1	2	2	3	3	4	5	5	6	7	7
6	2	3	4	4	5	6	7	8	9	10	11	12
7	3	5	6	7	8	9	10	11	13	14	15	16
8	5	6	8	9	11	12	14	15	17	18	20	21
9	7	8	10	12	14	15	17	19	21	23	25	26
10	8	10	12	14	17	19	21	23	25	27	29	32
11	10	12	15	17	20	22	24	27	29	32	34	37
12	12	14	17	20	23	25	28	31	34	37	40	42
13	14	17	20	23	26	29	32	35	38	42	45	48
14	15	19	22	25	29	32	36	39	43	46	50	54
15	17	21	24	28	32	36	40	43	47	51	55	59
16	19	23	27	31	35	39	43	48	52	56	60	65
17	21	25	29	34	38	43	47	52	57	61	66	70
18	23	27	32	37	42	46	51	56	61	66	71	76
19	25	29	34	40	45	50	55	60	66	71	77	82
20	26	32	37	42	48	54	59	65	70	76	82	88

N-b $\alpha=0.01$(단측검정) 또는 $\alpha=0.02$(양측검정) 경우

n_A \ n_B	9	10	11	12	13	14	15	16	17	18	19	20
1												
2					0	0	0	0	0	0	1	1
3	1	1	1	2	2	2	3	3	4	4	4	5
4	3	3	4	5	5	6	7	7	8	9	9	10
5	5	6	7	8	9	10	11	12	13	14	15	16
6	7	8	9	11	12	13	15	16	18	19	20	22
7	9	11	12	14	16	17	19	21	23	24	26	28
8	11	13	15	17	20	22	24	26	28	30	32	34
9	14	16	18	21	23	26	28	31	33	36	38	40
10	16	19	22	24	27	30	33	36	38	41	44	47
11	18	22	25	28	31	34	37	41	44	47	50	53
12	21	24	28	31	35	38	42	46	49	53	56	60
13	23	27	31	35	39	43	47	51	55	59	63	67
14	26	30	34	38	43	47	51	56	60	65	69	73
15	28	33	37	42	47	51	56	61	66	70	75	80
16	31	36	41	46	51	56	61	66	71	76	82	87
17	33	38	44	49	55	60	66	71	77	82	88	93
18	36	41	47	53	59	65	70	76	82	88	94	100
19	38	44	50	56	63	69	75	82	88	94	101	107
20	40	47	53	60	67	73	80	87	93	100	107	114

N-c $\alpha=0.025$(단측검정) 또는 $\alpha=0.05$(양측검정) 경우

n_A \ n_B	9	10	11	12	13	14	15	16	17	18	19	20
1												
2	0	0	0	1	1	1	1	1	2	2	2	2
3	2	3	3	4	4	5	5	6	6	7	7	8
4	4	5	6	7	8	9	10	11	11	12	13	13
5	7	8	9	11	12	13	14	15	17	18	19	20
6	10	11	13	14	16	17	19	21	22	24	25	27
7	12	14	16	18	20	22	24	26	28	30	32	34
8	15	17	19	22	24	26	29	31	34	36	38	41
9	17	20	23	26	28	31	34	37	39	42	45	48
10	20	23	26	29	33	36	39	42	45	48	52	55
11	23	26	30	33	37	40	44	47	51	55	58	62
12	26	29	33	37	41	45	49	53	57	61	65	69
13	28	33	37	41	45	50	54	59	63	67	72	76
14	31	36	40	45	50	55	59	64	67	74	78	83
15	34	39	44	49	54	59	64	70	75	80	85	90
16	37	42	47	53	59	64	70	75	81	86	92	98
17	39	45	51	57	63	67	75	81	87	93	99	105
18	42	48	55	61	67	74	80	86	93	99	106	112
19	45	52	58	65	72	78	85	92	99	106	113	119
20	48	55	62	69	76	83	90	98	105	112	119	127

N-d $\alpha=0.05$(단측검정) 또는 $\alpha=0.1$(양측검정) 경우

n_A \ n_B	9	10	11	12	13	14	15	16	17	18	19	20
1											0	0
2	1	1	1	2	2	2	3	3	3	4	4	4
3	3	4	5	5	6	7	7	8	9	9	10	11
4	6	7	8	9	10	11	12	14	15	16	17	18
5	9	11	12	13	15	16	18	19	20	22	23	25
6	12	14	16	17	19	21	23	25	26	28	30	32
7	15	17	19	21	24	26	28	30	33	35	37	39
8	18	20	23	26	28	31	33	36	39	41	44	47
9	21	24	27	30	33	36	39	42	45	48	51	54
10	24	27	31	34	37	41	44	48	51	55	58	62
11	27	31	34	38	42	46	50	54	57	61	65	69
12	30	34	38	42	47	51	55	60	64	68	72	77
13	33	37	42	47	51	56	61	65	70	75	80	84
14	36	41	46	51	56	61	66	71	77	82	87	92
15	39	44	50	55	61	66	72	77	83	88	94	100
16	42	48	54	60	65	71	77	83	89	95	101	107
17	45	51	57	64	70	77	83	89	96	102	109	115
18	48	55	61	68	75	82	88	95	102	109	116	123
19	51	58	65	72	80	87	94	101	109	116	123	130
20	54	62	69	77	84	92	100	107	115	123	130	138

O. 프리드만의 순위에 의한 이원분산분석에서 χ^2의 임계치

(단, p는 표에 나타난 χ_r^2보다 크거나 같은 값을 얻을 확률을 나타냄)

O-a c=3 경우

$r=2$		$r=3$		$r=4$		$r=5$	
χ_r^2	p	χ_r^2	p	χ_r^2	p	χ_r^2	p
0	1.000	.000	1.000	.0	1.000	.0	1.000
1	.833	.667	.944	.5	.931	.4	.954
3	.500	2.000	.528	1.5	.653	1.2	.691
4	.167	2.667	.361	2.0	.431	1.6	.522
		4.667	.194	3.5	.273	2.8	.367
		6.000	.028	4.5	.125	3.6	.182
				6.0	.069	4.8	.124
				6.5	.042	5.2	.093
				8.0	.0046	6.4	.039
						7.6	.024
						8.4	.0085
						10.0	.00077

$r=6$		$r=7$		$r=8$		$r=9$	
χ_r^2	p	χ_r^2	p	χ_r^2	p	χ_r^2	p
.00	1.000	.000	1.000	.00	1.000	.000	1.000
.33	.956	.286	.964	.25	.967	.222	.971
1.00	.740	.857	.768	.75	.794	.667	.814
1.33	.570	1.143	.620	1.00	.654	.889	.865
2.33	.430	2.000	.486	1.75	.531	1.556	.569
3.00	.252	2.571	.305	2.25	.355	2.000	.398
4.00	.184	3.429	.237	3.00	.285	2.667	.328
4.33	.142	3.714	.192	3.25	.236	2.889	.278
5.33	.072	4.571	.112	4.00	.149	3.556	.187
6.33	.052	5.429	.085	4.75	.120	4.222	.154
7.00	.029	6.000	.052	5.25	.079	4.667	.107
8.33	.012	7.143	.027	6.25	.047	5.556	.069
9.00	.0081	7.714	.021	6.75	.038	6.000	.057
9.33	.0055	8.000	.016	7.00	.030	6.222	.048
10.33	.0017	8.857	.0084	7.75	.018	6.889	.031
12.00	.00013	10.286	.0036	9.00	.0099	8.000	.019
		10.571	.0027	9.25	.0080	8.222	.016
		11.143	.0012	9.75	.0048	8.667	.010
		12.286	.00032	10.75	.0024	9.556	.0060
		14.000	.000021	12.00	.0011	10.667	.0035
				12.25	.00086	10.889	.0029
				13.00	.00026	11.556	.0013
				14.25	.000061	12.667	.00066
				16.00	.0000036	13.556	.00035
						14.000	.00020
						14.222	.000097
						14.889	.000054
						16.222	.000011
						18.000	.0000006

O-b $c=4$ 경우

$r=2$		$r=3$		$r=4$			
χ_r^2	p	χ_r^2	p	χ_r^2	p	χ_r^2	p
.0	1.000	.2	1.000	.0	1.000	5.7	.141
.6	.958	.6	.958	.3	.992	6.0	.105
1.2	.834	1.0	.910	.6	.928	6.3	.094
1.8	.792	1.8	.727	.9	.900	6.6	.077
2.4	.625	2.2	.608	1.2	.800	6.9	.068
3.0	.542	2.6	.524	1.5	.754	7.2	.054
3.6	.458	3.4	.446	1.8	.677	7.5	.052
4.2	.375	3.8	.342	2.1	.649	7.8	.036
4.8	.208	4.2	.300	2.4	.524	8.1	.033
5.4	.167	5.0	.207	2.7	.508	8.4	.019
6.0	.042	5.4	.175	3.0	.432	8.7	.014
		5.8	.148	3.3	.389	9.3	.012
		6.6	.075	3.6	.355	9.6	.0069
		7.0	.054	3.9	.324	9.9	.0062
		7.4	.033	4.5	.242	10.2	.0027
		8.2	.017	4.8	.200	10.8	.0016
		9.0	.0017	5.1	.190	11.1	.00094
				5.4	.158	12.0	.000072

P. 크루스칼-월리스의 순위에 의한 1원분산분석에서 H의 임계치

표본크기			H	p
n_1	n_2	n_3		
2	1	1	2.7000	.500
2	2	1	3.6000	.200
2	2	2	4.5714	.067
			3.7143	.200
3	1	1	3.2000	.300
3	2	1	4.2857	.100
			3.8571	.133
3	2	2	5.3572	.029
			4.7143	.048
			4.5000	.067
			4.4643	.105
3	3	1	5.1429	.043
			4.5714	.100
			4.0000	.129
3	3	2	6.2500	.011
			5.3611	.032
			5.1389	.061
			4.5556	.100
			4.2500	.121
3	3	3	7.2000	.004
			6.4889	.011
			5.6889	.029
			5.6000	.050
			5.0667	.086
			4.6222	.100
4	1	1	3.5714	.200
4	2	1	4.8214	.057
			4.5000	.076
			4.0179	.114
4	2	2	6.0000	.014
			5.3333	.033
			5.1250	.052
			4.4583	.100
			4.1667	.105
4	3	1	5.8333	.021
			5.2083	.050
			5.0000	.057
			4.0556	.093
			3.8889	.129
4	3	2	6.4444	.008
			6.3000	.011
			5.4444	.046
			5.4000	.051
			4.5111	.098
			4.4444	.102
4	3	3	6.7455	.010
			6.7091	.013
			5.7909	.046
			5.7273	.050
			4.7091	.092
			4.7000	.101
4	4	1	6.6667	.010
			6.1667	.022
			4.9667	.048
			4.8667	.054
			4.1667	.082
			4.0667	.102
4	4	2	7.0364	.006
			6.8727	.011
			5.4545	.046
			5.2364	.052
			4.5545	.098
			4.4455	.103
4	4	3	7.1439	.010
			7.1364	.011
			5.5985	.049
			5.5758	.051
			4.5455	.099
			4.4773	.102
4	4	4	7.6538	.008
			7.5385	.011
			5.6923	.049
			5.6538	.054
			4.6539	.097
			4.5001	.104

(표 P 계속)

표본크기			H	p	표본크기			H	p
n_1	n_2	n_3			n_1	n_2	n_3		
5	1	1	3.8571	.143	5	4	3	7.4449	.010
								7.3949	.011
5	2	1	5.2500	.036				5.6564	.049
			5.0000	.048				5.6308	.050
			4.4500	.071				4.5487	.099
			4.2000	.095				4.5231	.103
			4.0500	.119					
					5	4	4	7.7604	.009
5	2	2	6.5333	.008				7.7440	.011
			6.1333	.013				5.6571	.049
			5.1600	.034				5.6176	.050
			5.0400	.056				4.6187	.100
			4.3733	.090				4.5527	.102
			4.2933	.122					
					5	5	1	7.3091	.009
5	3	1	6.4000	.012				6.8364	.011
			4.9600	.048				5.1273	.046
			4.8711	.052				4.9091	.053
			4.0178	.095				4.1091	.086
			3.8400	.123				4.0364	.105
5	3	2	6.9091	.009	5	5	2	7.3385	.010
			6.8218	.010				7.2692	.010
			5.2509	.049				5.3385	.047
			5.1055	.052				5.2462	.051
			4.6509	.091				4.6231	.097
			4.4945	.101				4.5077	.100
5	3	3	7.0788	.009	5	5	3	7.5780	.010
			6.9818	.011				7.5429	.010
			5.6485	.049				5.7055	.046
			5.5152	.051				5.6264	.051
			4.5333	.097				4.5451	.100
			4.4121	.109				4.5363	.102
5	4	1	6.9545	.008	5	5	4	7.8229	.010
			6.8400	.011				7.7914	.010
			4.9855	.044				5.6657	.049
			4.8600	.056				5.6429	.050
			3.9873	.098				4.5229	.099
			3.9600	.102				4.5200	.101
5	4	2	7.2045	.009	5	5	5	8.0000	.009
			7.1182	.010				7.9800	.010
			5.2727	.049				5.7800	.049
			5.2682	.050				5.6600	.051
			4.5409	.098				4.5600	.100
			4.5182	.101				4.5000	.102

Q. 스피어만의 순위상관계수 r_S의 임계치

n	유의수준(단측검정)	
	.05	.01
4	1.000	
5	.900	1.000
6	.829	.943
7	.714	.893
8	.643	.833
9	.600	.783
10	.564	.746
12	.506	.712
14	.456	.645
16	.425	.601
18	.399	.564
20	.377	.534
22	.359	.508
24	.343	.485
26	.329	.465
28	.317	.448
30	.306	.432

R. 켄달의 순위상관계수 τ의 임계치

(표 안의 숫자는 관측된 τ값이 표에 주어진 τ값보다 크거나 같아질 확률을 나타냄)

S	n				S	n		
	4	5	8	9		6	7	10
0	.625	.592	.548	.540	1	.500	.500	.500
2	.375	.408	.452	.460	3	.360	.386	.431
4	.167	.242	.360	.381	5	.235	.281	.364
6	.042	.117	.274	.306	7	.136	.191	.300
8		.042	.199	.238	9	.068	.119	.242
10		.0083	.138	.179	11	.028	.068	.190
12			.089	.130	13	.0083	.035	.146
14			.054	.090	15	.0014	.015	.108
16			.031	.060	17		.0054	.078
18			.016	.038	19		.0014	.054
20			.0071	.022	21		.00020	.036
22			.0028	.012	23			.023
24			.00087	.0063	25			.014
26			.00019	.0029	27			.0083
28			.000025	.0012	29			.0046
30				.00043	31			.0023
32				.00012	33			.0011
34				.000025	35			.00047
36				.0000028	37			.00018
					39			.000058
					41			.000015
					43			.0000028
					45			.00000028

국 문 색 인

영 문 색 인

저자약력

성균관대학교 경제학 학사
Kent State University 경제학 석사
Indiana University 경제학 박사
George Washington University Visiting Scholar(Fulbright Researcher)
Stanford University Visiting Scholar
Yale University 초빙교수(Fulbright Senior Lecturer)
한국응용경제학회 회장
한국경제연구학회 회장
한국경제학회 회장
한국사회과학협의회 회장
현: 성균관대학교 경제학과 명예교수 겸 다산경제연구원 원장

저 서

한국경제의 거시계량분석(공저), 성대출판부, 1991
국제경제와 한국경제(공편저), 박영사, 1992
경제경영통계학, 박영사(초판 1986, 전정판 1994, 제 3 판 2004)
SAS를 이용한 통계분석(공저), 박영사(초판 1995, 전정판 1996, 제 3 판 1999, 제 4 판 2003)
RATS를 이용한 계량경제분석(공저), 박영사(초판 1995, 제 2 판 1999, 제 3 판 2004)
통일경제론(공편저), 해남, 1997
한국경제의 발전과정과 미래(공저), 해남, 1998
부패의 경제(공저), 해남, 2000
한국제조업의 고용조정 분석(공저), 집문당, 2001
한국경제론: 한국자본주의 발전의 명암과 미래전망, 율곡, 2002
한국경제의 산업조직(공저), 해남, 2003
통일실현시 경제안정화를 위한 주요 정책과제, 한국노동연구원, 2003
한국경제론, 해남, 2004
북한인력에 관한 법제 · 실태와 활용방안(공저), 한국노동연구원, 2004
THE KOREAN ECONOMY AND ITS PROSPECTS, East West Research Institute, 2004
경제예측론, 해남, 2006
경제학, 해남, 2009
국제금융위기와 한국경제, 대한상공회의소, 2010

제 3 판
경제경영통계학

1986년 11월 15일 초판발행
1994년 2월 15일 전정판발행
2003년 3월 25일 제 3 판발행
2013년 3월 5일 중판발행

저 자 이 종 원
발행인 안 종 만
발행처 (주) 박영사
서울특별시 종로구 평동 13-31번지
전화 (733)6771 FAX (736)4818
등록 1959. 3. 11. 제300-1959-1호(倫)

www.pybook.co.kr e-mail: pys@pybook.co.kr

정 가 40,000원 ISBN 978-89-6454-420-4